C000180020

1 MONTH OF
FREE
READING

at

www.ForgottenBooks.com

By purchasing this book you are eligible for one month membership to ForgottenBooks.com, giving you unlimited access to our entire collection of over 700,000 titles via our web site and mobile apps.

To claim your free month visit:
www.forgottenbooks.com/free1052466

* Offer is valid for 45 days from date of purchase. Terms and conditions apply.

ISBN 978-0-365-60922-3
PIBN 11052466

This book is a reproduction of an important historical work. Forgotten Books uses
state-of-the-art technology to digitally reconstruct the work, preserving the original format
whilst repairing imperfections present in the aged copy. In rare cases, an imperfection in
the original, such as a blemish or missing page, may be replicated in our edition. We do,
however, repair the vast majority of imperfections successfully; any imperfections that
remain are intentionally left to preserve the state of such historical works.

Forgotten Books is a registered trademark of FB &c Ltd.
Copyright © 2017 FB &c Ltd.
FB &c Ltd, Dalton House, 60 Windsor Avenue, London, SW19 2RR.
Company number 08720141. Registered in England and Wales.

For support please visit www.forgottenbooks.com

Die Matrikeln
der Universität Tübingen

— —

Im Auftrag der Württembergischen Kommission
für Landesgeschichte herausgegeben von

Dr. Heinrich Hermelink

Erster Band: Die Matrikeln von 1477—1600

Stuttgart
Druck und Verlag von W. Kohlhammer
1906

LF 3131
C5 T9
V. 1

Digitized by Googl

Vorwort.

In der Sitzung vom 1. Mai 1903 beschloss die Württembergische Kommission für Landesgeschichte die Herausgabe der Tübinger Universitätsmatrikeln und übertrug diese Arbeit mir, als dem damaligen Hilfsarbeiter an der Universitätsbibliothek, unter der Leitung von Herrn Professor Dr. Busch in Tübingen. Nach mancherlei Unterbrechungen, die zum Teil in mannigfacher Veränderung meiner äusseren Lebensstellung ihren Grund hatten, liegt heute der erste Band, bis zum Jahre 1600 reichend, vor. Ein zweiter Band, mit den Registern und den Einleitungen zu den Matrikeln von 1477 bis 1600, wird binnen Jahresfrist folgen. Darin wird auch über die Grundsätze der Edition das Nähere gesagt werden. Hier sei nur soviel bemerkt, dass es sich als wünschenswert herausgestellt hat, den in Rud. Roths Urkunden der Universität Tübingen (1877) schon gedruckten Teil der Matrikeln vom Jahre 1477—1545 noch einmal herauszugeben, mit umfassender Herbeiziehung der Fakultätsmatrikeln und mit weiteren biographischen und bibliographischen Nachweisen. Dadurch zerfällt die bisherige Edition in zwei ungleichartige Hälften: Bis zum Jahre 1545, soweit die Vorarbeit Roths reicht, sind in den Anmerkungen alle Notizen, die über den Einzelnen gelegentlich gefunden werden konnten, zusammengestellt. Vom Jahre 1545 ist prinzipiell darauf verzichtet, über den ferneren Lebensgang der Studenten etwas zu berichten. Nur bei den Theologen ist auch nach 1545 aus den Stiftsakten die Notiz über die erste Anstellung entnommen, lediglich zu dem Zweck, um die Dauer des Studiums zur Erleichterung der Frequenzstatistik nachzuweisen. Für später ist ein biographischer Appendix zu der gesamten Matrikelausgabe in Aussicht genommen. Die Abschrift der Hauptmatrikel selbst und in den Anmerkungen die aus den Fakultätsmatrikeln und aus sonstigen Quellen gewonnenen Daten über den

Studiengang in Tübingen sind in recta gedruckt. In Kursiv stehen die Angaben der Fundorte *(z. B. MFA. = Matricula facultatis artium)*, sowie alle Notizen über den Lebenslauf des Einzelnen vor oder nach seinem Tübinger Studium.

Meinem verehrten Lehrer Herrn Professor Dr. Busch, der mit mir den Plan der Edition entworfen hat, und Herrn Pfarrer D. Bossert, der oft mit seiner einzigartigen Personen- und Ortskenntnis mir zur Seite gestanden ist, sage ich meinen herzlichsten Dank. Ausserdem danke ich all den Vielen, die mit Hilfsarbeiten oder mit einzelnen Nachweisen das Gelingen des mühsamen Werks unterstützt haben.

Leipzig, 15. Oktober 1906.

H. Hermelink.

Verzeichnis der Abkürzungen.

a. = anni, anno.

a. art. = artium (baccalaureus, facultas).

A.D.B. = *Allgemeine Deutsche Biographie 1875 ff.*

Adelberg. = Adelbergensis *(Angabe des Besuchs der dortigen Klosterschule).*

aet. = aetatis (z. B. 16. anno aet.).

Alb. stip. = *Album stipendii.*

Alberti = *Otto von Alberti, Württ. Adels- und Wappenbuch 1889 ff.*

ant. = antiqua (via).

ap. = apostolus.

August. = Augustensis (diocesis).

B. bacc. = baccalaureus.

b. = beatus.

Basil. = Basiliensis.

Bebenhus. = Bebenhusanus *(bei Besuch der Klosterschule).*

Bl. f. württ. K.-Gesch. = *Blätter für württ. Kirchengeschichte 1886 ff.*

can. = canonicum (ius).

Cless = *Dav. Friedr. Cless, Versuch einer kirchlich-politischen Landes- und Kulturgeschichte von Württemberg I, II, 1. 2 1806—1808.*

colleg. = collegiata (ecclesia).

Colon. = Coloniense (studium).

cons. = consilium, consortium (baccalaureorum oder magistrorum).

Const. = Constantiensis (diocesis).

Crusius = *Mart. Crusius, Annales Succici I, II 1595: mit einem Register in der deutschen Übersetzung von J. J. Moser 1733.*

D. Dom. = Dominus.

Dr. = Doctor.

D.B. = *Dienerbuch, Fürstlich-Württembergisches. Herausgeg. v. E. von Georgii-Georgenau 1876.*

dt. = dedit.

Dec. = Decanus (z. B. facultatis artium).

decr. = decretorum (Doctor).

dioc. = diocesis.

div. = divus.

Erf. = *Erfurter Matrikel in Akten der Erfurter Universität, bearb. von Herm. Weissenborn I—III = Geschichtsquellen der Provinz Sachsen VIII, 1—3. 1881—1899.*

evang. = evangelista.

F. fac. = facultas (artium u. s. w.).

Freib. = Freiburg (s. Moritz Gmelin, Verzeichnis der Studierenden zu Freiburg aus Orten, die jetzt zum Königreich Württemberg gehören, in Württ. Viertelj.-Hefte 1880, 177—193).

fr. = frater.

Hartmann = Heinrich Hartmann, Die evangelische Geistlichkeit im Umfang des jetzigen Königreichs Württ. seit der Reformation bis jetzt (1856); Manuskript auf d. K. Landesbibliothek in Stuttgart.

Heidelb. = Heidelberg. (Die Matrikeln der Univ. Heidelberg. Herausgeg. von G. Toepke I—III 1884—93.)

Heyd = Wilh. Heyd, Bibliographie der württ. Geschichte I 1895, II 1896.

Hirsaug. = Hirsaugiensis (bei Besuch der Klosterschule in Hirsau).

Herrenalb. = Herrenalbensis (bei Besuch der dortigen Klosterschule).

id. = idem.

iur. = iuridica (facultas).

Jur. = die Matrikel der in der juristischen Fakultät Promovierten.

inscr. inscrib. = inscribitur.

Kath. = Katharinae (festum).

Lib. dec. art. = Liber decanatus artium, das bis 1489 reichende älteste Dekanatsbuch der Artistenfakultät.

Luc. = Lucae (festum).

Maulbronn. = Maulbronnensis (bei Besuch der dortigen Klosterschule).

M. Mag. = Magister.

MFA. = Matricula facultatis artium, mit den beiden Unterabteilungen: Mag. = Magistri; Bacc. = Baccalaurei.

MFJur. = Matricula facultatis iuridicae; im Unterschied von Jur. (s. oben) die juristische Studentenmatrikel bezeichnend.

med. = medicinae (Doctor).

Mog. Moguntin. = Moguntinensis (diocesis), Moguntinense (studium).

mod. = moderna (via).

O.A.B. = Oberamtsbeschreibung.

o. O. = ohne Ortsangabe.

e paedag. = e paedagogio (d. h. aus dem Tübinger Pädagogium).

e paedag. Stutgard. = e paedagogio Stutgardiano.

Pellikan = Chronicon des K. Pellikan, herausgeg. von Bernh. Riggenbach 1877.

Phil. et Jac. = Philippus und Jacobus.

Prantl = K. Prantl, Geschichte der Ludwig-Maximiliansuniversität (Ingolstadt-München) I, II 1872.

Prof. = Professor.

prom. = promotus.

rec. = receptus.

Rect. = Rector.

Roth! = vgl. Rud. Roth, Urkunden zur Geschichte der Universität Tübingen (1877) an der betreffenden Stelle.

s. = sacra (theologia), sanctus (Augustinus).

S. = siehe.

s. n. = sub nomine.

S.S. = Sommersemester.

Schmoller = Otto Schmoller, Geschichte des theologischen Stipendiums oder Stifts in Tübingen I 1893.

Schreiber = II. Schreiber, Geschichte der Universität Freiburg I—III 1857—60.

Spir. = Spirensis (diocesis).

Spit. Urk. = Spitalurkunden; Regesten des Tübinger Spitalarchivs, bearbeitet von K. Steiff und K. Geiger (Manuskript auf der Tübinger Universitätsbibliothek).

St. A. = Nach Urkunden des Staatsarchivs in Stuttgart.

Stälin = Chph. Fr. Stälin, Wirtembergische Geschichte I—IV. 1841—73.

Steiff = K. Steiff, Der erste Buchdruck in Tübingen 1881.

Steinhofer = Joh. Ulr. Steinhofer, Neue württembergische Chronik I—IV. 1744—55.

T. = Tübingen.

Theol. = Matrikel der Theologischen Fakultät (Promoviertenregister).

univ. = universitas.

utr. iur. = utriusque iuris.

Vischer = W. Vischer, Geschichte der Universität Basel 1860.

W.S. = Wintersemester.

Weyermann = Albr. Weyermann, Nachrichten von Gelehrten, Künstlern u. s. w. aus Ulm [I.] 1798. [II.] 1829.

Wittenberg = Album academiae Vitebergensis ed. C. Ed. Foerstemann I. 1841, II. 1894, III. 1905.

Zapf = Geo. Wilh. Zapf, Heinrich Bebel. 1802.

Zeller = Andr. Chrph. Zeller, Ausführliche Merkwürdigkeiten der Universität und Stadt Tübingen. 1743.

Zimmerische Chronik, herausgeg. von Karl Aug. Barack 2. A. I—IV 1881—82.

Druckfehler.

S. 81. 25, 33: Statt Bochholtz l. *Bachholtz.*

S. 85. 26, 62: Statt 63 l. *62.*

S. 174. 60, 118 Note: Statt Schriftsteller l. *Schreibfehler.*

S. 217. 70, 80 Note: Statt Kosp. l. *Kasp.*

S. 407. 152, 28 Note: Statt 162, 128 l. *160, 128.*

S. 456. 163, 2 Note: Statt 177, 72 l. *177, 77.*

S. 456. 163, 8 Note: Statt 169, 122 l. *169, 112.*

S. 463. 164, 72: Streiche die Nota und setze bei 164, 42: *Vgl. 171 6.*

Matricula alme universitatis Túwingensis.

Juramentum intitulandorum ut infra:

Ego .. iuro quod ab hac hora inantea ero fidelis universitati Túwingensi eius comoda promovendo, et incomoda pro posse precavendo, ipsiusque universitatis rectori pro tempore existenti, vel illius vices gerenti in licitis et honestis obediens ero, statutaque et ordinationes, tam edita quam edenda, statum meum concernentia, firmiter observabo, sic me Deus adiuvet et sacrorum evangeliorum conditores.

Euwang.
Johannis. In principio erat verbum etc.
Luce. Exiit edictum a Cesare Augusto etc.
Mathei. Liber generationis Jesu Christi etc.
Marci. Initium ewangelii etc.[a]

Prospiciens de sursum altissimus, ut yma superis et terrena iungeret celestibus, humane largitus est facture, unde laboris estu, studioque vigenti et labore, sue saluti consulere, ambiguitatis laqueos dissolvere ac denique licitum ab illicito discernere queat. Universitate itaque studii generalis in opido Túwingen Const. dioc. feliciter inchoata, diversarum nationum viri, morum venustate virtutumque et scientiarum floribus perornati, illuc confluere non recusarunt. Quorum doctrina salutari ad altitonantis laudem ignorantie rubigo populi confluentis depellitur ac denique rudes continuato studio in

---

a) Die Überschriften, Evangeliumsanfänge und das Kreuz sind mit roter Tinte, der Eid selbst ist mit schwarzer Tinte geschrieben. Marcus ist erst später mit schwarzer Tinte beigefügt und fehlt auch sonst in den älteren Schwurformeln.

scios commutantur. Ne autem personarum huiusmodi varios per
eventus transeat memoria, sed earundem nomina scriptis arata
legentium mentes aperiant, lapsamque sic innovent memoriam, non
immerito persone ipse dicte universitatis matriculam representantes
scriptis solidis veniunt annotande. Qua ex re nos Johannes
Vergenhans, decretorum Doctor, rector primevus alme universitatis Túwingensis memorate anno a nat. Dom. 1477 die festa sancte
et vivifice crucis [15. September], anno inditionis decimo tunc
currentis atque pontificatus sanctissimi in Christo patris et domini
nostri, Dom. Sixti divina providentia pape quarti sexto, imperii
quoque invictissimi principis et domini Dom. Friderici Romanorum
imperatoris semper augusti etc. vigesimo quinto, personas et supposita infra notatos ipsi nostre matrici incorporare cepimus, eorundem nomina ceu subscribitur seriatim annotantes.

1. Inprimis itaque incorporari desideravit matrici nostre universitatis et previo juramento solito incorporatus est reverendus in
   Christo pater et dominus Dom. Heinricus abhas monasterii in
   Blaubúren ord. s. Benedicti Constantiensis diocesia.
2. Item venerabilis vir M. Johannes Tëgen prepositus ecclesie
   collegiate beatissime virginis Marie et s. Georii martiris atque
   cancellarius apostolicus ipsius nostre universitatis Túwingensis.
3. Dom. Anthonius de Pforr rector ecclesie parrochialis in opido
   Rotemburg prope Neccarum.
4. M. Johannes Hegkbach decretorum Doctor, canonicus ecclesie
   collegiate supradicte.
5. M. Baltazar Messnang decretorum Doctor, consul illustris et
   magnifici domini Dom. Eberhardi comitis in Wirtemberg et
   Montipeligardo etc. patroni nostri.
6. M. Lucas Spetzhart medicine Doctor, iam dictique domini
   comitis phisicus iuratus.
7. M. Laurentius Marenchus Novanus Civis Genuensis iuris utriusque Doctor in dicta nostra universitate legum ordinarius.
8. M. Johannes Giltlinger supra memorate ecclesie collegiate
   canonicus.
9. M. Johannes May utriusque medicine Doctor ordinarius.

---

*1—12. Von diesen 12 Personen, welche sich honoris causa zuerst ein-
zeichnen, sind nur 2, 4, 7, 8, 9 und 10 wirkliche Mitglieder der Universität.
Über sie vgl. Roth und Freib. Diöz.-Arch. 31 (1903) S. 180 ff. und 193. Über
Vergenhans vgl. Schilling, Reichsherrsch. Justingen S. 136. — Vergenhans war
Rektor 1477/78; Truchsess von Höfingen im S.S. 1479.*

10. M. Ludovicus Truchsess de Höfingen Doctor in iure canonico.
11. Dom. Albertus de Rechberg prepositus in Ellwangen etc.
12. Dom. Wolfgang de Zulnhart prepositus in Göppingen etc.

1. Nomina magistrorum sub primo rectoratu:

1. M. Johannes Stein de Schorndorf, ipsius universitatis collegiatus atque facultatis artium decanus primus.
2. M. Vdalricus Frëuell. plebanus in Tërendingen.
3. M. Johannes Riser plebanus in Entringen.
4. M. Johannes Hann de Hörhen s. theologie Bacc. formatus dicte nostre universitatis sindicus et procurator primevus, librorum sententiarum lector.
5. M. Georius Hartzesser.
6. M. Petrus Rumetsch de Bülach.
7. M. Johannes Liechtkamrer plebanus in Öttlingen.
8. M. Hermannus Vetter de Bernstat.
9. M. Conradus Vessler eiusdem universitatis collegiatus.

---

1. Freib. 1461. — Lib. dec. art.: clericus Const. dioc., M. art. promotus in alma universitate Friburgensi. — Examinator viae mod. — Dec. fac. art. 77/78. — Rect. 79/80: decr. Dr.; 88/89. — *Vgl. Freib. Diös.-Arch. 31 (1903) S. 194.*

2. Freib. 1463: art. liberal. Mag. Wiennensis, sacerdos Const. dioc.

3. Lib. dec. art.: sacerdos Const. dioc., Mag. in univ. Wiennens. 1461. — *Vgl. Roth.*

4. Lib. dec. art.: Hann de Horhen, presb. Spirens. dioc., Mag. in univ. Wiennens., anno 1467 Bacc. s. theol. formatus. — Examinator viae mod. — Dec. fac. art. 78/79. — *Zeller: monachus Bebenhus. (?). — Pfarrer in Brackenheim 1487 bis 1508 (Hartmann). — OAB Brackenheim 165: † 1508.*

5. Freib. 1461. — MFAMag.: Hartsesser de Waiblingen. — *Lib. dec. art.:* sacerdos Const. dioc., Mag. in studio Friburg. Prisgavii 2. Febr. 1466. — Rect. 1482/83: decr. Dr.

6. Lib. dec. art.: de Bülach sacerdos Const. dioc., Mag. in univ. Parisiensi circa Pasce (6. Apr.) 1466. — 1478: plebanus in Terendingen, hospes universitatis.

7. Lib. dec. art.: de Rotemburgo, sacerdos Const. dioc. plebanus in Ötingen. Mag. in studio Wiennensi circa Penthecoste 1466.

8. Lib. dec. art.: clericus August. dioc., Mag. in studio Erford. ante purificationem (2. Febr.) 1467. — Examinator viae mod. 1477. — *Erf. nicht zu finden.*

9. Lib. dec. art.: Fesseler de Cella Eberhardi, clericus Const. dioc., Mag. in studio Basiliensi 14. Juli 1467. — Examinator viae ant. — Dec. fac. art.

10. M. Johannes Marchtolf de Rotemburg.
11. M. Wilhelmus Mútschelin similiter collegiatus.
12. M. Johannes Büchler de Herremberg.
13. M. Conradus Huiff de Wisensteig.
14. M. Conradus Schöferlin eiusdem universitatis collegiatus.
15. M. Conradus Blenderer.
16. M. Bartholomeus de Aulen.
17. M. Georius Schútz de Rútlingen.
18. M. Johannes Megenhart.
19. M. Georius Coci plebanus in Lustnow.
20. M. Daniel Gienger de Vlma.

1479/80. — *Theol.:* 2. Juli 82 principiavit in cursum biblie sibi assignatum, tenendo solemnitates baccalaureatum in theologia concernentes. — Rect. 1478; 90/91: decr. Lic.; 1497: decr. Dr.; 1502/03: iur. pontificii Dr. — *Freib. Diöz.-Arch. 31 (1903) S. 192.*

10. MFAMag.: 1477 Martolff. — *Lib. dec. art.:* id. presb. Const. dioc., Mag. in univ. Basiliensi a⁰ Dom. 14. Juli 1467. — Dec. fac. art. 81/82. — *An der Pest 1482 gestorben? (Vgl. Roth S. 488: quondam.)*

11. Heidelb.: 11. April 1466. — *Lib. dec. art.:* Mag. in univ. Haidelb. circa Galli (16. Okt.) 1469. — Examinator viae ant. — Dec. fac. art. 1478. — *Freib. Diöz.-Arch. 30 (1902) S. 151 f.*

12. Heidelb.: Buchler, *inscrib. 11. April 1470. Bacc. viae ant. 22. Mai 1470.* — *MFAMag.:* Bühler. — *Lib. dec. art.:* Büchler, Mag. in studio Colon. 27. März 1473.

13. MFAMag.: Huff.

14. MFAMag.: de Esslingen. — *Lib. dec. art.:* clericus Const. dioc. Mag. in univ. Treverensi in mayo 1473. — Examinator viae ant. — Rect. 81/82: canonicus eccles. colleg. Stutgard. — *Soll von 1472—77 Stadtpfarrer in Rottenburg gewesen sein (Hartmann).*

15. Freib.: 1470 Blender. — *MFAMag.:* Blennderer de Stutgardia. *Lib. dec. art.:* Mag. in studio Friburgensi 1474 ante festum purificationis (2. Febr.). — Dec. art. fac. 80/81. Rect. 83/84. — *Vgl. Roth.*

16. MFAMag.: de Aulon. — *Lib. dec. art.:* Barth. Scherenmüller de Aulon, clericus August. dioc. Mag. in studio Erford a⁰ Dom. 1476 ante purificat. (2. Febr.). — *Erf.: 1469 und 1471.* — *Vgl. Roth S. 93; Stälin III, 761.*

17. Canonicus in Horb. (Roth.)

18. Heidelb: 16. Mai 1477. — *MFAMag.:* de Blawburen. — *Lib. dec. art.:* clericus Const. dioc., Mag. in alma univ. Ingelstetten 1476 ante purificationem (2. Febr.).

19. Freib.: 1464 Georius Kochle de T. — *Heidelb.:* Ieorius Coqui de T. *Bacc. in art. Friburgensi inscrib. 1. Dez. 1466; alias „Wynman" rec. ad consortium bacc. 5. Jan. 1467.*

21. M. Alexander Marchtolf de Rotemburg.
22. M. Jacobus Lindlin.
23. M. Johannes Öfinlin de Kirchen.
24. M. Conradus Húf de Munsingen.
25. M. Leonhardus de Cannstatt.
26. M. Albertus Strupper de Rúdemshein.
27. M. Johannes Hug de Beblingen.
28. M. Joannes Vetter ex Wilperg.
29. D. Heinricus de Sax baro.[a]
30. M. Johannes Böpplin de Marpach.
31. M. Michahel Brecklin de Canstat ⎫
32. M. Johannes Brecklin de Canstat ⎬ fratres.
33. M. Wendelinus Franck de Bessicken.
34. M. Petrus Crafft ex Reittlingen.
35. M. Andreas Silberer de Wil.
36. M. Mangoldus, canonicus huius ecclesie.
37. M. Johannes Pfott de Esslingen.
38. Dom. Folmarus de Manschperg.
39. Thomas Ernst ex Ratispano artium magister.
40. M. Berchtoldus Merck de Oppowiler.

---

a) *Von anderer Hand:* renuntiavit privilegiis universitatis in praesentia doctorum et magistrorum de consilio 28. Jan. 1479.

21. MFAMag.: Martolff. — Rect. fac. art. 1483/84.

24. MFAMag.: Conradus Huff de Munsingen. — *Lib. dec. art.:* Mag. in studio Coloniensi 1473 ante annunciat. b. Marie virg. (25. März).

25. Roth: L. Wernheri. *Woher?*

26. Erf.: 1464 Schriepper. — *Lib. dec. art.:* Schrümpfer, promotus in univ. Erford. 1469 circa festum purificat. glorios. virg. Marie (2. Febr.).

28. Lib. dec. art.: clericus Const. dioc. prom. in studio Wiennensi 1476 (ca. 24. März). — *Vgl. Roth:*

29. Das Geschlecht stammt aus Esslingen.

30. Erf.: 1469. — *Lib. dec. art.:* Böpplin, Mag. stud. Erford.

31 u. 32. Lib. dec. art.: Mag. Parisienses post Pasca (14. April) 1476.

33. Lib. dec. art.: clericus Spir. dioc., Mag. in studio Treverensi 24. Juni 1477. — *MFAMag.:* Wendalinus de B.

34. Vgl. Roth.

35. Freib.: 1463 Andreas S. alias Wassertrúb de Wila Spir. dioc. — *Lib. dec. art.:* prom. Friburgi 1468. — *Vgl. Roth.*

36. MFAMag.: Mang. Widman. — Rect. 1488; 91/92; decr. Dr. — *Vgl. Freib. Diöz.-Arch. 31 (1903) S. 192.*

40. Lib. dec. art.: B. Merk de Calw in univ. Lipsiensi prom. in octava post Purificat. (9. Febr.) 1467; rec. in cons. 12. Juli 78 his sub privilegiis, quibus gaudebant advene ante Phil. et. Jac. in primo anno universitatis.

Ceterorum suppositorum nomina:

41. Frater Üdalricus Pföwlin de Gamundia, prior domus fratrum heremitarum ord. s. Augustini in Túwingen.
42. Dom. Otl de Pawhaussen.ᵃ⁾
43. Dom. Conr. Brúnig senior decanus ruralis et plebanus in Túwingen.
44. Dom. Conradus Fabri plebanus in Boltringen ipsius decanatus ruralis decanus modernus.
45. Dom. Johannes Ernst capellanus hospitalis in Túwingen, ac fabrice supratacte ecclesie collegiate procurator.
46. Dom. Conradus Büchlin capellanus castri in Túwingen.
47. Dom. Mathias Horn prothonotarius et commissarius causarum matrimonialium.
48. Dom. Gregorius May notarius et rector scolarum particularium in Túwingen curieque Constatiensis causarum matrimonialium commissarius generalis.
49. Dom. Johannes Äber capellanus in Schwertzloch.
50. Dom. Caspar Motzbeck primissarius in Lustnow.
51. Dom. Hainricus Braittenstain capellanus apud s. Jacobum in Túwingen.
52. Dom. Jodocus Widman de Öttlingen vicarius supradicte ecclesie collegiate in Tuwingen.
53. Dom. Georius Kenlin de Mägstatt ipsius ecclesie vicarius.
54. Dom. Jodocus Mëder de Wila vicarius eiusdem ecclesie.
55. Dom. Michael Cûn de Rûtlingen socius divinorum in Túwingen.
56. Dom. Johannes Adler presbyter.
57. Dom. Rüdolfus Kûrner presbyter.
58. Dom. Vdalricus Brúchsell artium Bacc. capellanus in Túwingen.
59. Dom. Baltazar Mollitoris.

a) Von anderer Hand eingefügt und kaum leserlich (namentlich der Ortsname ist zweifelhaft); deshalb in beiden Abschriften und von Crusins ausgelassen. Roth liest Dom. Otl de Stainhaussen.

43. Vgl. Roth.
47. D. B. 560, 593: von Ellingen, clericus Spirensis et prothonotarius.
48. Freib.: 1461. — Heidelb.: Greg. Meyg 4. Juli 61.   B. a. viae mod. 5. Jan. 63.
49. Spitalurk.: Eber. — Vgl. Freib. Diöz.-Arch. 31 (1903) S. 194.
51. Vgl. Freib. Diöz.-Arch. 31 (1903) S. 195.
56. MFAMag.: Joh. Aquilae de Hall. — Dec. fac. art. 1495/96: utr. iur. Lic.; Rect. 1497/98: utr. iur. Dr.
58. Vgl. Freib. Diöz.-Arch. 31 (1903) S. 194.

60. Dom. Michahel Rücker vicarius perpetuus in Eningen.
61. Johannes Scharner alias Bart de Túwingen procurator foraneus curie episcopalis Constantiensis.
62. Georius Ezechielis de Túwingen.
63. Conradus Becklinfol de Túwingen.**a)**
64. Gabriel Ritter de Túwingen.
65. Bertholdus Pryning de Túwingen.
66. Georius Hëller de Túwingen.
67. Georius Wishart de Túwingen.**b)**
68. Johannes Trúmlin de Rotemburg.
69. Petrus Glatz de Ottembúren.
70. Dom. Johannes Gabler de Augusta plebanus in Dorfhusen.
71. Martinus Kúng de Vilingen.
72. Michahel Binder de Constancia.
73. Matheus Amman ⎫
74. Sigismundus Hepp ⎭ de Vlma.
75. Dom. Conradus Waldstetter de Balingen plebanus in Remss.
76. Jacobus Saltzmann de Merspurg.
77. Gallus Balneatoris de Túwingen.**c)**
78. Bernhardus Grúckler de Bulach.
79. Conradus Calceatoris de Altenstaig.
80. Dom. Johannes de Houen prope Vrach de armigerorum genere.
81. Johannes Priester de Nipperg.
82. Georius Epp de Gúglingen.
83. Michahel Klett de Grünigen.

---

a) *Von späterer Hand angefügt:* renunciavit privilegiis et obtinuit eciam locacionem a rectore et suis consiliariis 29. Jan. 1480.
b) *Von späterer Hand:* renunciavit privilegiis 11. Sept. 81.
c) *Von späterer Hand sehr undeutlich angefügt:* commissarius Ulmensis.

62. B. a. 8. März 79. — M. a. 5. Febr. 81. — Dec. fac. art. 86/87.
64. B. a. 8. März 79.
65. B. a. 22. Dez. 78. *MFA.:* Brúnig.
66. B. a. 22. Dez. 78.
69. B. a. 8. Juni 79. *MFA.:* de Ottembúrren.
71. B. a. 22. Dez. 78.
73. B. a. 22. Dez. 78. *MFA.:* Aman. — M. a. 28. Dez. 79.
77. B. a. 22. Dez. 78.
80. *Das Geschlecht war begütert in Böhringen. S. Alberti I, 327 f.*
81. B. a. 22. Dez. 78. — M. a. Febr. 83.
82. B. a. 22. Dez. 78. — M. a. 5. Febr. 81. — *Vgl. Pellikan S. 7.*
83. B. a. 22. Dez. 78.

84. Symon Haid de Vlma.
85. Martinus Hëger de Grünigen.
86. Johannes Teschler de Bibraco.
87. Johannes Rembold de Túwingen.
88. Johannes Schmatzger de Túwingen.   Nichil dedit pauper.
89. Melchior Marquardi de Wimpina.
90. Nicolaus Cantrifusoris de Wimpina.
91. Johannes Becklin de Túwingen.
92. Petrus Spaet de Pfullendorf.
93. Georius Sellatoris ⎫
94. Christianus Hüber^{a)} ⎬ de Pfullendorff.
95. Ludowicus Arnoldi.
96. Nicolaus Felberg de Franconia.
97. Sixtus Sydler de Bopfingen.   .
98. Michahel Sper de Plochingen.
99. Johannes Wedelin pedellus iuratus universitatis nostre prefate.
100. Johannes Scriptoris de Esslingen.
101. Ludowicus Gúgeluff de Túwingen.
102. Michahel Dystell de Bietikein. 5 β.^{b)}
103. Gallus Kern de Althein. dt.
104. Mathias Grammer de Bondorf. dt.
105. Bartholomeus Eglin de Lindow. dt.
106. Jodocus Hablützeler de Rauenspurg. dt.
107. Georius Banthell de Rauenspurg. dt.   ʹ

----

a) *Von späterer Hand: decanus Scheuenbergensis.*
b) *Damit beginnen, vorerst noch sehr unregelmässig, die Bemerkungen über Gebührenzahlung.*

84. B. a. 8. März 79.
86. B. a. 22. Dez. 78. *MFA.:* Deschler. — *D. B. 520.*
87. B. a. 22. Dez. 78. *MFA.:* Rembolt.
90. B. a. 22. Dez. 78.
92. B. a. 22. Dez. 78. *MFA.:* Spät. — M. a. 28. Dez. 79 nur Petrus de Pf.
93. B. a. 22. Dez. 78.
94. B. a. 8. März 79. *MFA.:* Huber.
95. B. a. 8. März 79. *MFA.:* de Trochtelfingen.
97. B. a. 8. März 79. *MFA.:* Sidler.
98. B. a. 8. März 79. *MFA.:* de Blochingen.
100. *Lib. dec. art.:* pedellus fac. art. 77. — B. a. 26. Okt. 77.
103. B. a. 22. Dez. 78. *MFA.:* de Horw.
104. *Lib. dec. art.:* 1477 pro festo Katharine rec. M. Grammer de Bonstetten Bacc. Heidelberg. 29. Dez. 77 M. a. viae ant. — *MFAMag.:* 1478 de Bondorff. (*Heidelb. nicht zu finden.*) — *Theol.:* principiavit in bibliam 27. Jan. 84.
106. B. a. 22. Dez. 78. *MFA.:* Hablützel.

108. Dom. Johannes Krúslin plebanus in Tailfingen. dt.
109. Ambrosius Organista de Vlma. dt.
110. Bernhardus Calceatoris de Elchingen. dt.
111. Wilhelmus Bomgart de Vlma. dt.
112. Jacobus Herbrand de Giengen. dt.
113. Christoferus Vetter decretorum Bacc. dt.
114. Dom. Felix capellanus in Oberndorf. dt.
115. Johannes Coci de Vrach. dt.
116. Sebastianus frater eiusdem. dt.
117. Wernherus de Göppingen. dt.
118. Johannes Mayer de Pregantia.
119. Hainricus Winckelmess de Múlhusen. dt.
120. Alexius Stumphart de Canstatt.
121. Jacobus de Kaltentall.
122. Johannes Kachel de Guglingen Bacc. Coloniensis. dt.
123. Gregorius Lamparter de Bibraco studens Basiliensis. dt.
124. Jodocus Stebinger de Wangen, cum Mag. Wilhelmo [Mütschelin] nihil dedit.
125. Jacobus Murer de Marppach. dt.
126. Berchtoldus Tuneler de Marppach. dt.
127. Johannes Rich de Blaubúren. dt.
128. Petrus Frick de Asperg. dt.

— — — —

109. B. a. 8. Sept. 79.
110. B. a. 8. Sept. 79.
111. B. a. 8. Sept. 79. *MFA.:* Bronwart.
112. B. a. 8. Sept. 79. *MFA.:* Herbrät.
115. B. a. 8. März 79. — M. a. 5. Febr. 81.
116. B. a. 8. März 79.
117. B. a. 22. Dez. 78. *MFA.:* Wernherus de G. dispensatus est simpliciter. — [Wernczhuser] *s. Heidelb. I, 349 u. unten 5,17.*
118. B. a. 8. März 79.
119. B. a. 22. Dez. 78. *MFABacc.:* Múlhusen. — M. a. 28. Dez. 79: o. O.
120. B. a. 22. Dez. 78. — M. a. 5. Febr. 81. *MFAMag.:* Stunpart.
121. B. a. 16. Dez. 84. *MFABacc.:* Jac. Kaltental.
123. *Vgl. Roth.* B. a. 26. Okt. 77. — M. a. 2. Jan. 79. — Rect. 1487: utr. iur. Lic. 1493: utr. iur. Dr.
124. M. a. 21. Febr. 82. *MFAMag.:* de Böblingen.
125. B. a. 22. Dez. 78. *MFABacc.:* Murr. — M. a. 28. Dez. 79. *MFAMag.:* nur Jac. de M.
126. B. a. 22. Dez. 78. *MFA.:* Dummeler.
127. *Spit.Urk.: 1483 Stadtschreiber, später Untervogt in Tübingen.*
128. B. a. 8. März 79.

129. Vlricus Bemmerlin de Ehingen. dt.

130. Conradus Bundroß de Stüttgardia. dt.

131. Georius Episcopi de Tusis. Nondum dedit.

132. Johannes Girnholt studens Heidelbergensis. dt.

133. Vlricus Klingler de Stütgardia. dt.

134. Johannes Hiller de Dornstetten.

135. Michahel Noter de Gertringen studens Heidelbergensis. dt.

136. Johannes Lupfdich Bacc. Heidelbergensis.[a]

137. Vlricus Kraft   } de Vlma. dt.
138. Jeronimus Kraft

139. Georius Northouer. dt.

140. Vlricus Beckenler dt.

141. Benedictus Strub   } de Vlma. dt.
142. Ludwicus Surlin

143. Petrus Greyss filius kornmesser de Böblingen.[b] dt.

144. Georius Keppeler de Böblingen. dt.

145. Sigismundus Vogel de Schordorf; pro V β scripsit.

---

a) Der Name ist später an dieser Stelle einkorrigiert.
b) Böblingen an Stelle eines ausgestrichenen Esslingen.

129. B. a. 8. März 79. *MFA.*: Bemerlin.

133. B. a. 26. Okt. 77. — *Lib. dec. art.*: Clingler. — M. a. 2. Jan. 79. — Dec. fac. art. 1488. *Pfaff, Stuttgart 1,398.*

134. B. a. 26. Okt. 77. — M. a. 2. Jan. 79. — *Theol.*: in bibliam principiavit 8. Febr. 85 et in sentencias, quas de hinc pro forma legit, habuitque conkathedrales M. M. Plansch *[1,223]* et Steinbach *[9,15]*, tunc in bibliam principiantes (27. April 86). Licentiam recepit in theol. cum M. Martino *[1,223; 28. April 94]* et habuit primatum inter eos, qui secum receperunt licentiam *[nämlich 1,223. 21,22. 28,20]*. — Dec. fac. art. 84/85. — Rect. 1488. — *Ein Brief Hillers von 1487 an den Buchdrucker Joh. Otmar von Reutlingen findet sich abgedruckt als Einleitung zu den Exercitata paruorum logicalium secundum viam modernorum von Joh. Fabri de Werdea (Hain 6849; Proctor 2710). Vgl. Steiff S. 236.*

135. *Heidelb.*: 16. Okt. 76 Mich. Notter. — B. a. 9. Febr. 78.

136. *Heidelb.*: 24. Mai 76. B. a. 10. Juli 77 *viae mod.* — *Lib. dec. art. u. MFA.*: de Blaubüren; rec. 1477 pro festo Kath. (25. Nov.). — M. a. 2. Jan. 79. — Dec. fac. art. 89/90. — Rect. 95: utr. iur. Lic.

137. *Roth: in Basel inscr. 1475.* — B. a. 26. Okt. 77. — M. a. 2. Jan. 79. — 1480 D. iur. caesarei in Padua. — *Weyermann I, 347.* — Rect. 1485: utr. iur. Dr.

138. *Roth: in Basel inscr. 1475.* — B. a. 26. Okt. 77.

139. B. a. 26. Okt. 77. *MFA.*: G. Northofer de Northofen. — M. a. 5. Febr. 81. *Roth. Zimmerische Chron. II, 582—586.*

140. B. a. 26. Okt. 77. *MFA.*: Beckeler de Kirchberg.

142. B. a. 8. März 79. *MFA.*: Surlin.

144. B. a. 15. Sept. 79.

146. Georius Mensch }
147. Georius Gartner } de Túwingen. dt.

148. Johannes Haim }
149. Bernhardus Vient }
150. Johannes Kúrisschmid } de Túwingen. dt.
151. Johannes Erwin }
152. Heinricus Heller }

153. Albertus de Entringen. dt.
154. Bernhardus Mecklin de Grünigen. dt.
155. Fridericus Gryff de Constantia. dt.
156. Jacobus Hüher de Vrach Bacc. dt.
157. Andreas Trostell de Onswil dt.
158. Wolfgangus Byser de Bruckhusen. dt.
159. Conradus Mercklin de Brackenheim.
160. Marcus Krafft de Ygershem. dt.
161. Andres Cleiber de Geilrdorff. dt.
162. Alexander Tornatoris de Stütgardia. dt.
163. Nicolaus Appothecarii art. Bacc. de Spira. dt.
164. Georius Vogt de Holtzgirringen.
165. Stephanus Knobloch de Norderach prope Gengenbach.
166. Johannes Giltlinger de Herremberg.
167. Michahel Vot de Zufenhusen.

---

146. B. a. 8. März 79. — *Vgl. Freib. Diös.-Arch. 31 (1903) S. 194.*
147. B. a. 8. März 79. — *Vgl. Freib. Diös.-Arch. 31 (1903) S. 195.*
148. B. a. 8. März 79. *MFA.* Haym.
150. B. a. 23. Febr. 81. *MFA.:* Kúrischmid.
151. B. a. 8. Dez. 79.
152. B. a. 15. Sept. 79. — *D. B. 115.*
153. B. a. 8. Dez. 79.
156. *Lib. dec. art.:* Jac. Fabri de U. 25. Sept. 77 rec. Bacc. studii Friburg.
— *MFAMag.:* 29. Dez. 77. M. a. viae mod.
157. *Lib. dec. art.:* 1477 pro festo Kath. (25. Nov.) rec. Trostell de Oswil.
M. a. 29. Dez. 77 viae mod. — *MFAMag.:* 1478 Trostell de Osswiler. — Dec. fac.
art. 92/93. Rect. 98/89: utr. iur. Dr. 01/02. — *Vgl. Roth.*
158. *Lib. dec. art.:* 1477 pro festo Kath. (25. Nov.) rec. Peysser de Burckhusen bacc. Ingelstett. 29. Dez. 77 M. a. viae mod. *MFAMag.:* M. Wolfgangus
de Ingolstadt.
162. B. a. 22. Dez. 78. *MFA.:* Torneatoris de Stütgardia.
164. B. a. 8. März 79. *MFA.:* de Holtzgirringen *(von späterer Hand:*
Herrenbergensis). — M. a. 19. Sept. 82.
165. B. a. 8. März 79. *MFA.:* de Zell.
167. B. a. 8. März 79. M. a. 5. Febr. 81. — *MFAMag.:* Vott.

168. Dom. Aurelius Fabri de Deckenpfron capellanus in Öttlingen.
169. Georius Dúrr de Zella.
170. Bernhardus Laut de Heintzen.
171. Simon Vicht de Heymtzen.
172. Marcus Held de Núwhusen.
173. Eberhardus Gerung de Gretzingen.
174. Conradus Nigri de Blawbúren Bacc.
175. Michahel Húmel de Schweningen Bacc.
176. Johannes Künlin de Schorndorf.
177. Pelagius Bletz de Rotwila.
178. Simon Brentzlin.[a]
179. Conradus Winman de Zuffenhusen.
180. Wendalinus Lemp de Bäsickan.
181. Johannes Brintzler ⎱ de Stütgardia.
182. Heinricus Lorcher ⎰
183. Johannes Stainmacher de Wisenstaig.
184. Johannes Amman de Windelshein Bacc.
185. Johannes de Fúrst.
186. Jacobus Lutz.
187. Dom. Petrus de Sindelfingen.
188. Petrus Louphart.
189. Bernhardinus de Cänstat.
190. Conradus Wipperlin de Schorndorf.
191. Franciscus Schertlin de Nagoldt.

---

a) *Später korrigiert statt* Rentz.

169. B. a. 8. Juni 79. *MFA.:* Georius de Zel sub Deck.
170. B. a. 8. März 79. *MFA.:* Lott de Haimssen.
171. B. a. 8. März 79. *MFA.:* Fúcht de Haimssen.
172. *Vgl. 1,296* ª.
173. B. a. 8. März 79. *Vgl. Roth.*
176. B. a. 23. Febr. 81. *MFA.:* Kenlin.
179. B. a. 27. Sept. 78.
180. B. a. 8. März 79. *MFA.:* de Besicken.
182. B. a. 15. Sept. 79. — *Spit.-Urk. 1509:* Loricher. — *D. B. 115; Roth.*
184. *Heidelb.:* 7. *Okt. 68 de Tübingen Nobilis. B. a. viae mod. 10. Juli* 70: *de Wündelszhem.* — *Vgl. Roth.*
185. *Vgl. Roth.*
189. *Lib. dec. art.:* Bernh. Decker de C. 9. Febr. 78 tanquam insufficiens a baccalaureatu reprobatus; 18. Mai 78 admissus ad baccal.; *ist unter den bestandenen nicht aufgeführt.*
191. B. a. 8. Juni 79. M. a. 5. Febr. 81.

192. Johannes Túfell de Nagoldt.
193. Johannes Biegysen de Túwingen.
194. Adam Koch de Kirchen Bacc.
195. Johannes Fischart de Hewstetten.
196. Johannes Alberti de Vrbach Bacc.
197. Johannes Schirpff de Sancto Gallo.
198. Leonardus Calciatoris de Waiblingen nihil dedit.
199. Johannes Piscatoris.
200. Johannes Dymnaw de Horw.
201. Erhardus de Pfaltzgrauenwiler Bacc.
202. Martinus Hipp de Rottempurg.
203. Conradus Blicklin de Ebingen Bacc.
204. Burckhardus Vogt de Pfaffenhoffen.
205. Jeorius Wagner ⎫
206. Stephanus Schlatterer ⎬ de Nesselwangen.
207. Wernherus Grüsinger de Haigerloch.
208. Gregorius Streler sacerdos plebanus in Hirsach.[a]
209. Johannes de Zymern.
210. Nicolaus de Hylspach.
211. Johannes Keppler Bacc.
212. Jacobus Krays Bacc.

a) Der Zusatz ist später angefügt.

192. B. a. 8. Dez. 79. *MFA.:* dispens communi foro. — M. a. 28. Febr. 84.
193. B. a. 23. Febr. 80.
196. *Leipz.: inscr. S. S. 1466.* B. a. *W. S. 1468 de Awrbach.* — *Lib. dec. art.:* 1477 pro festo Kath. (25. Nov.) rec. Bacc. Lips. de Vrbach. — *MFA.:* de Vrach. — M. a. viae ant. 29. Dez. 77.
197. *Lib. dec. art.:* 1477 (25. Nov.) rec. bacc. Basil. — M. a. viae ant. 29. Dez. 77. Dr. med. 9. Mai 1498. *Med.:* Schürpff. — *Vgl. Roth., Später Arzt in St. Gallen (Hartmann):* Schurff.
198. B. a. 25. Mai 81.
199. *Heidelb.: inscr. 21. Mai 74 Joh. Keller de Herrenberg alias „Fischer".* B. a. viae ant. 31. Mai 76. — *Lib. dec. art.:* 77 pro festo Kath. (25. Nov.) rec. Bacc. Heidelb. — *Heidelb.: Lic. art. 16. Okt. 79. B. iur. can. 24. Okt. 86.*
201. *Lib. dec. art.:* Erh. de Pfaltzgrauenwiler Bacc. Basil. 27. Febr. rec.
202. B. a. 21. Sept. 80. *MFA.:* o. O.
203. *Roth, Beiträge S. 35.*
208. *Hirsach = Hirschau.*
209. B. a. 9. Febr. 78. — *Lib. dec. art.:* de Zimmern.
211. *Lib. dec. art.:* B. Wienn. rec. 29. Jan. 78. — *MFABacc.:* Käppeler.
212. *Lib. dec. art.:* B. Wienn. rec. 29. Jan. 78; Kraiss. — *MFABacc.:* Krais. — M. a. 2. Jan. 79. — Dec. fac. art. 85/86.

213. Ambrosius de Nóuo Castro.
214. Conradus Wiger de Lawe.
215. Michahel Trecsel de Rauenspurgo.
216. Johannes Piscatoris ⎫
217. Albertus Piscatoris ⎬ de Talfingen.
218. Christannus Springinshus de Vlma Bacc.
219. Conradus Schelcklin de Rafenschspurg.
220. Ludowicus Kruss de Herenberg.
221. Caspar Herbick de Herenberg.
222. Georgius Gassenmayer de Naw.
223. Martinus Plansch de Dornstetten.
224. Medardus Bayer de Dornstetten.
225. Johannes Grünbach de Schorndorff.
226. Johannes Keller ⎫
227. Nicolaus Decker ⎬ de Nùrtingen.
228. Erhardus Schlacker de Brackenhain.
229. Hainricus Benn ⎫
230. Cristoferus Spengler ⎬ de Sancto Gallo.
231. Franciscus Ehinger de Vlm.
232. Reinhardus de Núhussen.

---

216. Lib. dec. art.: 12. Febr. 78 rec. Bacc. Basiliens. de Talfingen.

217. B. a. 21. Sept. 80. MFA.: o. O.

219. B. a. 15. Sept. 79. MFA.: Schelklin, dispensatus communi foro.

220. B. a. 15. Sept. 79. MFA.: Krus.

221. B. a. 15. Sept. 79. — M. a. Febr. 88. MFAMag.: C. Lutz de H. (identisch ?).

222. B. a. 15. Sept. 79.

223. B. a. 19. Mai 78. MFABacc.: Plantsch. — M. a. Febr. 88. — Theol.: 27. April 86 principiavit in bibliam; in sentencias vero, quas et legendo pro forma complevit, die 17. Mai 87. Cui conkathedralis fuit M. Johannes de Franckfordia, qui tunc in bibliam principiavit. Licentiam vero in theologia recepit in die Vitalis (28. April) 94 [mit 1.134. 21,22. 26,20]. Insignia autem magistralia in theologia recepit statim sequenti die et habuit primatum in cathedra [sc. vor 21,22 u. 26,20]. — Dec. fac. art. 88/89. Rect. 89/90. — Vgl. Roth, Beiträge S. 40. Heyd. — † 18. Juli 1533; vermachte 200 aureos an Bebenhausen.

224. B. a. 19. Mai 78. — M. a. 28. Dez. 79.

225. S. Radlkofer, Eberlin v. Günsburg S. 138.

226. Vgl. Roth.

229. B. a. 28. Febr. 82. MFA.: o. O.

230. B. a. 15. Sept. 79.

232. B. a. 8. Dez. 79. MFA.: Benhardus, dispens. communi foro. — Heyd, Hz. Ulrich 1,327.351; Zimmerische Chronik 2,327. 3,124.

233. Jeorius Last de Túwingen.
234. Kylianus de Sancto Gallo.
235. Jacobus Scriptoris de Kirchen.
236. Petrus Geppinger de Rúttlingen.
237. Mathias Schol de Núrtingen.
238. Johannes Gerwer de Núrtingen.
239. Egidius Daglieber clericus.
240. Jeronimus Worm de Vlma.
241. Jodocus Sytz de Vlma.
242. Bartholomeus Gúntzburger de Vlma.
243. Johannes Rentz de Horw.
244. Alexander Winter de Weühingen.
245. Erhardus Schlegel de Nuwhusen.
246. Vlricus Wehelin de Núrtingen.
247. Johannes Sytz de Rauenspurg.
248. Petrus Schwab de Gretzingen.
249. Dom. Petrus Schenck canonicus in Wisensteig.
250. Conradus Schafflútzel de Höstetten Bacc.
251. Laurentius Rücker de Öttlingen. dt.
252. Johannes Teber de Rotemburg. dt.
253. Johannes Negelin de Liphain. dt.
254. Mathias Zener de Besickein. dt.

233. Über die Familie vgl. Schönhuth, Wanderungen in der Umgegend Tübingens S. 86. Freib. Diöz.-Arch. 30 (1902) S. 189.
237. B. a. 8. Dez. 79. *MFABacc.:* Schell. — M. a. Febr. 83. *MFA.-Mag.:* Scholl.
238. B. a. 8. Dez. 79. — M. a: Febr. 83. *MFAMag.:* Gerber. — *W. Vierteljahrsh. 1887 S. 50.*
240. B. a. 15. Sept. 79. *MFA.:* Wurm.
241. Lib. dec. art.: 21. April 78 rec. B. Ingelstett. 1475. — *MFA.:* Sútz.
242. B. a. 15. Sept. 79. *Weyermann 2,142.*
243. B. a. 22. Dez. 78.
244. B. a. 8. März 79.
246. B. a. 9. Febr. 78. *Lib. dec. art.:* 9. Mai 78 Ulr. Wälin de Ensingen publice promotus est in Bacc. art.
247. B. a. 8. März 79. *MFA.:* Sitz.
250. Lib. dec. art.: 25. Nov. 77 rec. Schafflitzel de Heustetten Bacc. Ingelstett. — 29. Dez. 77 M. a. viae mod. Schafflútzel de Heestetten. — *MFA.-Mag.:* 1478 de Höwstett.
252. B. a. 8. Juni 79. *MFA.:* Döber.
253. B. a. 26. Okt. 77. — *Lib. dec. art.:* de Lypa. — *Weyermann 2,351.*
254. Freib.: inscr. 1476 Zehender. — B. a. 26. Okt. 77. — M. a. 2. Jan. 79. *MFA. u. Lib. dec. art.:* Zenhender. *MFA.:* de Besickon.

255. Dom. Hainricus Förlin. dt. 3 ß.

256. Wilhelmus Mollitoris de Backnach.

257. Philippus Hana circa Francfordiam.

258. Petrus Fabri de Gúntzburg.

259. Johannes Vahinger de Pfortzen.

260. Lucas Schleplin de Pfortzen.

261. Conradus Sartoris de Argentina.

262. Johannes Strüss de Wissemburg.

263. Rüpertus de Pfortzen.

264. Thomas Finck de Heilprun.

265. Johannes Fabri de Brackenhein.

266. Burckardus Bruckberger de Campidona.

267. Onofrius Geissberg de Schorndorff.

268. Bernhardus Scheltz.

269. Rudolfus Örm de Turego.

270. Dom. Johannes Wassertrüb vicarius in Túwingen.

271. Joachim Vetter de Bernstat. dt.

272. Cristannus Ecker de Kaufbúren.

273. Andreas Streler de Vlma.

274. Cûnradus de Furst.

275. Jo Winman de Wissenburg.

276. Alexander Burger de Nürtingen.

277. Leonhardus Gesell de Wangen.

278. Jacobus Mennell de Pregantia.

---

256. *Freib.: inscr. 1476.* — B. a. 18. Mai 78. *MFA.:* Molitoris de Backenack.

258. B. a. 8. März 79.

260. *Weihbischof von Speier 1511—20. Remling, Gesch. der Bisch. zu Speier 2,221: Schlepel.*

261. B. a. 8. Juni 79.

262. B. a. 15. Sept. 79. *MFA.:* Strus.

263. B. a. 8. März 79. *MFA.:* Rûpertus Rätgeb de Pf.

264. *Vgl. Roth.*

267. B. a. 8. Juni 79. *MFA.:* Onoferus Gaisperg.

268. B. a. 8. Juni 79. *MFA.:* de Sindelfingen.

271. B. a. 25. Mai 81. *MFA.:* de Vlma.

272. B. a. 8. März 79. *MFA.:* Cristannus de Koufbúrren dispensatus.

273. B. a. 8. März 79. *MFA.:* Stráler.

274. *Heidelb.: Conr. Fúrst, nobilis de Dúbingen 31. März 75.* — *OAB. Rottenburg 2,320.*

278. B. a. 21. Sept. 81. *MFABacc.:* J. Mennler de P. — M. a. 28. Febr. 84.

279. Eberhardus Welling.
280. Wilhelmus Ochsemberg.
281. Nicolaus de Hösteten nihil dedit.
282. Johannes Hipp de Wangen.
283. Johannes Pfeler de Stůtgardia.
284. Laurentius Phfanzelt de Ehingen. 5 β.
285. Conradus Currifficis de Sindelfingen.
286. Bertholdus Plender de Sindelfingen.
287. Cristofferus Man de Vlma.
288. Hainricus Armbroster de Phfullendorff.
289. Conradus Mollitoris de Stuckgardia.
290. Wendellinus Sitz de Kalb.
291. Frater Georius Gütter de Marchtallo.
292. Jeorius Hess de Schorndorff.
293. Allexander Hess de Schorndorff.
294. Conradus Prynyng ex Tůwingen.
295. Dom. Nicolaus Magold de Vlma.
296. Geronimus Streicher de Vlma.

---

279. B. a. 8. Juni 79. *MFABacc.:* de Stutgardia.

280. *Vgl. 1,296 b.*

283. *Lib. dec. art.:* 27. Febr. 78 rec. Bacc. Friburg. — *Roth.*

284. *Erf.: Pfuczeldt: W. S. 1476.*

287. *MFAMag. u. Lib. dec. art.:* Chr. Mann M. a. 22. Mai 78. — *Lib. dec. art.:* 9. April 78 rec. Christoferus Mag de Vlma Bacc. Erford. promov. 1473. *(Wohl identisch, denn je an demselben Tage wurde auch z. B. 2,4 recipiert und magistriert.)* — *Erf.:* S. S. 1471 inscr. *Christoferus Calceatoris de V. (identisch?).*

288. B. a. 8. Dez. 79. *MFA.:* H. Balistarii.

290. B. a. 15. Sept. 79.

292. B. a. 8. Dez. 79. — M. a. 19. Sept. 82. *MFAMag.:* o. O.

293. B. a. 8. Dez. 79. — M. a. 19. Sept. 82. *MFAMag.:* o. O.

294. B. a. 8. Dez. 79. *MFA.:* Brúnig.

296 a. *Lib. dec. art. u. MFABacc.:* Marcus Kûner de Nůwhusen, B. a. 8. Juni 79. *Nach Roth identisch mit 1,172.*

296 b. *Lib. dec. art. u. MFABacc.:* Wilhelmus Wappenmaister de Gamundia, B. a. 8. März 79. *Nach Roth vielleicht identisch mit 1,280.*

296 c. *Lib. dec. art.:* Eberhardus Schlegel de Nústatt 1477.

296 d. *Lib. dec. art.:* Johannes Schabringer de Logingen Bacc. Ingelstatt. rec. 27. Febr. 78. — Lic. art. 2. Jan. 79: ex Loingen. *MFABacc.:* de Lauwingen.

2. Sub rectoratu secundo celebrato sub spectabili viro artium liberalium M. **Conrado Vesseler** in artibus collegiato a. d. **1478** a festo Phil. et Jac. app. intitulati sunt infra nominati:

1. Johannes Peler de Magstatt. dt. quinque β.
2. Michahel Wiest de Magstatt. dt. V β.
3. Petrus Keller de Schär. dt. V β.
4. Bacc. Jeronimus Baldung de Gamundia dt. V β.
5. Georgius de Vberichingen. dt. VI β.
6. Johannes Klett de Messingen.ᵃ⁾
7. Georgius Textoris de Rotemburgo.
8. Vdalricus Suter de Brochenzell.
9. Ludwicus Spiser de Tuwingen.
10. Nicolaus Vollrät de Sennhein.
11. Jacobus Jocher de Rüdlingen.
12. Bacc. Johannes Müller ex Blaubüren.
13. Albertus ⎱
14. Johannes ⎰ Piscatoris de Tälfingen.
15. Johannes Haim ᵇ⁾ de Herremberg.
16. Burkardus Cuspidis de Sindelfingen.
17. Mauritius Matern de Rotemburgo.
18. Michahel Hissler de Vrach.
19. Albertus Baser de Vlma.

a) *Von hier an ist der Eintrag über Zahlung der Gebühr für die Inskription in der Edition weggelassen, sofern er regelmässig (bis 1588) sechs Schilling beträgt. Wo er fehlt, ist das durch ein Nil dt. u. ä. im Text angedeutet.*

b) *Oder* Hann.

1. B. a. 15. Sept. 79.

3. B. a. 27. Sept. 78. *MFA.:* de Scheer. *Lib. dec. art.:* de Schör.

4. *Heidelb.: inscr. 23. Mai 74; B. a. 20. Jan. 76 Baldum — Lib. dec. art.:* 9. April 78 rec. J. Balduinus de G. Bacc. Heidelberg., prom. Valentini (14. Febr.) 1476. — M. a. 22. Mai 78.

5. *Erfurt: inscr. S. S. 1473 Jeorius Beynhart de Gyselingen. — Lib. dec. art.:* Georgius Beinhart de Ybrichingen clericus Const. dioc. prom. in bacc. in studio Erfordiensi circa Michaelis (29. Sept.) 1477. — *MFABacc.:* Bonhart de Ybrichen Erford. — *Vgl. 2,69.*

6. B. a. 8. Dez. 79.

8. B. a. 15. Sept. 79. *MFA.:* de Prochenzell.

9. B. a. 8. Dez. 80.

11. B. a. 8. Dez. 79. *MFA.:* o. O.

14. B. a. 8. Dez. 80.

15. B. a. 8. Dez. 79. *MFA.:* Haym.

17. B. a. 21. Sept. 80. *MFA.:* M. Maternus o. O. dispens. communi foro.

19. B. a. 21. Sept. 81.

20. Vdalricus Swiker de Wil. Nihil dedit quia pauper.
21. Jacobus Bëcht de Vlma.ᵃ⁾
22. Wiprechtus Ehinger de Vlma.
23. Johannes Klein de Brida. Nihil dedit, pro quo magister Wan-dalinus [Franck] de Besiken fideiussit.
24. Johannes Bernhuser de Tüwingen.
25. Jacobus Hägelin de Calw.
26. Johannes Friess de Magstatt.
27. Maximinus Kupler de Messingen.
28. Sixtus Currificis de Aufkirchen.
29. Bacc. Johannes Koher de Swaigern.
30. Johannes Hetzer de Wilperg.
31. Johannes Sutor de Böswil.
32. Dom. Johannes Holtzman.
33. Bacc. Petrus Bïrchbart canonicus in Montepeligardo.
34. Dom. Theodoricus Gütbrott de Minsingen plebanus in Grürn.
35. Jacobus Schütz de Horw.
36. Theobaldus de Offertingen.
37. Fr. Michahel de Sindelfingen artium determinator ord. Cister-tiensis.
38. Dom. Georgius de Emershouen canonicus in Backnang.
39. Dom. Georgius de Fridingen Bacc. Basiliensis.
40. Dyonisius Entringer de Rottwila.

---

a) *Spätere Hand:* renunciavit privilegiis universitatis dominica proxima post Petrum et Paulum (3. Juli) 1481.

20. B. a. 23. Febr. 80. *MFA.:* Swicker dispens. communi foro. *Vgl. Blätter für württ. K.Gesch.* 7 (1892) S. 20.

22. B. a. 15. Sept. 79. *Steinhofer 4,250. 259.*

24. B. a. 23. Febr. 80.

25. B. a. 8. Dez. 79. — M. a. Febr. 83.

27. B. a. 8. Dez. 79. *MFA.:* nur Maximinus de M.

30. B. a. 8. Dez. 79. *MFA.:* J. Hertz de W.

31. B. a. 8. Dez. 79. *MFA.:* J. Suter o. O. dispens. simpliciter.

33. *MFABacc.:* Bürckhart. — Petrus Bophart, utr. iur. Dr. decanus Montispeligardensis Rect. 1486/87 *(identisch?).*

35. B. a. 8. Dez. 79. *MFA.:* dispens. communi foro. *Vgl. Wiener Sitzungsberichte Philos.-hist. Kl.* 107, 204. *OAB. Horb* 102: † 1545. — *Zur Geschichte dieser vom Eutinger Talhof bei Horb stammenden Familie vgl. OAB. Horb* 175; *unten 29,41 und 65,107.*

36. B. a. 8. Dez. 79.

37. *D. B. 263: Mich. Sondelfinger;* 1482 *Prior in Bebenhausen; Brief-wechsel mit der Familie Fridingen* 1479—1516 *(St.A.).*

41. Dom. Cristannus Sener subdyaconus.
42. Caspar Sellatoris de Öttlingen.
43. Jacobus Knoder de Öttlingen.
44. Ludwicus Rentz de Horw.
45. Johannes Jäger de Ehingen.
46. Arnoldus Häck de Balingen.
47. Martinus Leo de Balingen.
48. Jacobus Lapicida de Spira. Nil dedit quia pauper.
49. Hainricus Schall de V́wingen.
50. Sigismundus de Haimenshouen.
51. Dom. Leonhardus de Sunnemberg.
52. Dom. Caspar Alber.
53. Georgius Búhelin de Tuwingen.
54. Dom. Gábriel Kúrwedell cappellanus in Grünigen.
55. Dom. Johannes de Wellden.
56. Mathias Piscatoris de Rüdlingen.
57. Jacobus Höwlin de Herremberg.
58. Conradus Muttschlerus de Zainingen aromaticus famulus doc-
    toris Johannis [Maii] phisici. Nihil dedit.
59. Sixtus Carnificis de Eschembach.
60. Martinus Búrklin de Gintzburg.
61. Johannes Stëh de Túwingen.
62. Sebastianus Ochs de Gamundia.
63. Philippus Lannghans de Gartach.
64. Bernhardinus Richembach de Gislingen.

---

42. B. a. 23. Febr. 80. *MFA.:* Caspar Franck de Ö. dispens. communi foro.
43. B. a. 23. Febr. 80. *MFA.:* Jacobus de Ötlingen.
44. B. a. 8. Dez. 79.
46. B. a. 21. Sept. 80.
47. B. a. 8. Dez. 79. *MFA.:* Martinus de B.
48. B. a. 23. Febr. 80. *MFA.:* J. Lapicide, dispens. communi foro.
53. B. a. 8. Dez. 80. *MFA.:* Búhel.
56. *Lib. dec. art.:* 21. Dez. 78 de Rüdlingen de bursa Haidelbergensi
retardatus ab examine pro bacc., quia testimonium habere non potuit sue completionis in universitate Ingelstett. (ut asseruit) factę. — B. a. 8. Juni 79.
MFABacc.: M. Fischer de R.
57. B. a. 23. Febr. 80. — M. a. Febr. 83.
59. B. a. 15. Sept. 79. *MFA.:* dispens. communi foro. *S. 13,56 b.*
60. B. a. 23. Febr. 80. *MFA.:* Mart. de Gintzburg.
61. B. a. 23. Febr. 80. *MFA.:* Stöb.
62. B. a. 21. Sept. 80. *MFA.:* o. O.
64. B. a. 23. Febr. 80. *MFA.:* Bernh. de G. dispens. communi foro.

65. Matheus Gyss ⎱ de Gislingen.
66. Jodocus Fridell ⎰

67. Bruno Lantz de Constantia.
68. Petrus Egen de V̈tingen famulus D. Crutzlingeri. Nichil dt.
69. Georius Bainhart de V̇brichingen.
70. M. Johannes de Lapide s. theol. professor plebanus huius loci Tûwingen.ᵃ⁾
71. Dom. Thomas Rûss de Gemingen art. et med. Dr. et facultatis medicinalis ordinarius.
72. Dom. Johannes Crûtzlinger de Constancia utr. iur. Dr.
73. M. Cristannus Wolman s. theol. professus et in fac. theol. ordinarius.
74. Dom. Matheus Ochsenbach decr. Dr.
75. M. Caspar Mugat de Dinckelspûhell.
76. M. Conradus Summerhart de Calw.
77. M. Helyas Flick de Ysnina Bacc. formatus in theologia.

3. Sequuntur nomina intitulatorum sub rectoratu tertio huius alme universitatis Tuwingensis celebrato sub insigni et egregio viro M. **Johanne de Lapide**, s. theol. D. atque ecclesie collegiate beatissime

a) *70—77 sind offenbar Nachtrag der im Lauf des Rektorats berufenen Lehrer.*

65. B. a. 23. Febr. 80. *MFA.*: Math. de G. dispens. communi foro.
66. B. a. 23. Febr. 80. *MFA.*: Fridel, dispens. communi foro.
69. *Vgl. 2,5.*
70. Rect. 78/79. — *W. Vischer, Gesch. d. Univ. Basel S. 157 ff.: Freib. Diöz.-Arch. 30 (1902) S. 179; Zentralbl. f. Bibliothekwesen 1885 S. 88: Joh. Heynlin de Lapide dioc. Spirensis.*
71. *Vgl. Roth.*
72. Rect. 80/81.
73. Rect. 1480: Dr. theol. *Vgl. Freib. Diöz.-Arch. 31 (1903) S. 193.*
74. *S. Crusius.*
76. *Lib. dec. art.*: 6. Sept. 78 rec. M. Conr. Summerhart. prom. in univ. Parisiensi circa Ambrosii (4. April) 78. — *MFA Mag.*: Parisiensis. — *Theol.*: principiavit in die Johannis Crisostomi (27. Jan.) 84 in cursum biblie sibi assignatum; deinde 8. Febr. 85 in sentencias, quas dehinc pro forma legit. Die vero 12. Okt. 89 licentiam recepit et illico vesperiatus die sequenti aulam tenuit magistralem. Conkathedralis ei fuit Dom. Wend. Steinbach *[9,15]*, qui cum eo birretatus extitit ab eximio viro M. Galthero de Werfla *[5,44]*. — Dec. fac. art. 87/88. Rect. 1484; 91: theol. Prof.; 96/97; 1500. — *Vgl. Heyd.*
77. *Freib.*: *1465.* — Dr. theol. 1480. Rect. 1481.

virginis Marie et ss. Georgii et Martini in Tuwingen rectore et
plebano bene merito, a festo divi Luce evang. a. d. **1478**, usque ad
festum Phil. et Jac. app. a. **1479**.

1. Bernhardus Schientz de Rotemburgo.
2. Heinricus Beltz de Marppach.
3. Iodocus Schludenmayer de Grünigen.
4. Jacobus Truncken de Waiblingen.
5. Bartholomeus Irmeler de Nellingen.
6. Conradus Etzel de Grünigen.
7. Simon Currificis de Bäsica.
8. Baltazar Messnang de Memmingen.
9. Ludwicus Waldvogt de Túwingen.[a]
10. Georgius Lägerlin de Túwingen.[b]
11. Ludowicus de Liechtenstain.
12. Johannes Strecker de Vlma.
13. Fridericus Doliatoris de Grünigen.
14. Johannes Gouch de Franckfordia.
15. Dom. Johannes Aulbrand de Cannstatt.
16. Caspar de Lapide.
17. Adam Gúntner de Göppingen.
18. Johannes Riser de Tuwingen.
19. Martinus Sturmbúhel de Enwis. Nichil dedit quia pauper est.

---

a) *Später angefügt:* renunciavit privilegiis coram tota universitate.

b) *Spätere Hand:* renunciavit privilegias sabbato ante Gregorii (10. März) a. 1492 et fuit facta renunciatio in publico consistorio.

1. B. a. 21. Sept. 80. *MFABacc.:* o. O.

3. B. a. 23. Febr. 80. *MFABacc.:* Jod. de G. dispens. communi foro.

4. B. a. 23. Febr. 80. *MFABacc.:* Drunck dispens. communi foro.

6. B. a. 23. Febr. 80. *MFABacc.:* dispens. communi foro.

7. B. a. 8. Dez. 79. *MFABacc. u. Mag.:* Symon dé B. — M. a. 19. Sept. 82. — *Theol.:* principiavit in bibliam 6. Juli 1490. *Vgl. 12,4.*

10. B. a. 25. Mai 80. — M. a. Febr. 83. *MFABacc. u. Mag.:* G. Läger de T.

11. B. a. 28. Febr. 82. *MFA.:* Ludw. Liechtenstain.

12. B. a. 23. Febr. 80. *MFA.:* Joh. Streler de V.

14. B. a. 23. Febr. 80. *MFABacc.:* Gäch, dispens. communi foro. — M. a. 19. Sept. 82. *MFAMag.:* nur Joh. de Fr. — *Theol.:* Geuch; principiavit in bibliam 17. Mai 87 ac in sentencias una cum M. Simone de Beseken [3,7] tunc in bibliam initiante 6. Juli 1490. — Dec. fac. art. 90/91: Geuch. — *Vgl. Roth S. 51.*

18. B. a. 22. Mai 83.

19. B. a. 25. Mai 80. *MFA.:* o. O. dispens. communi foro.

20. Jacobus Schnitzer de Münsingen.
21. Dom. Remigius Bolback capellanus in Klewbrunn.
22. Johannes Vergenhanns alias Ziegler.
23. Petrus Wielannt de Tüttlingen.
24. Wihelmus Stesnner.
25. Dom. Philippus Lockem vicarius universitatis in Stetten. Nil dedit sed pedello dedit duos solidos h.
26. Albertus Brennlin de Stütgardia.
27. Petrus }
28. Johannes } Megerlin de Merspurg.[a]
29. Johannes Sutoris de Schär.
30. Lazarus Rüpp de Ulma.
31. Wernherus Hirtzel de Mury.
32. Petrus Swartz famulus D. Ytali, nil dedit quia pauper est neque pedello quid dedit.
33. Michahel Kirchen de Munderichingen.
34. Gregorius Waldman de Marchtall.
35. Baltazar Fabri de Munderichingen.
36. Johannes Vesseler Bacc. Basiliensis.
37. Dom. Johannes Häter ordinis Premonstratensis.

---

a) *Von einer annähernd gleichzeitigen Hand aus* Marpurg *korrigiert. Beide Kopien haben* Marpurg.

20. B. a. 21. Sept. 80. *MFA.:* dispens. communi foro.
21. *Pfarrer zu Kleebronn. OAB. Brackenheim 286.*
22. *Vgl. Roth.*
23. B. a. 25. Mai 80. *MFABacc.:* Wieland o. O.
26. B. a. 29. Sept. 82. *MFABacc.:* Brendlin de Stükardia. *Vgl. Roth.*
27. B. a. 21. Sept. 80. *MFABacc.:* de Merspurg, dispens. communi foro.
29. B. a. 25. Mai 80. *MFABacc.:* dispens. communi foro. — M. a. 15. Febr. 87. *MFAMag.:* Joh. Waiss de Sch.
30. B. a. 8. Dez. 80. *MFABacc.:* nur Lazarus de V.
33. B. a. 25. Mai 80. *MFABacc.:* o. O. dispens. communi foro. — *Pfarrer zu Ehingen a. D. 1499—1519.*
34. B. a. 25. Mai 80. *MFABacc.:* o. O. disp. wie 33.
35. B. a. 25. Mai 80. *MFABacc.:* o. O. disp. wie 33. — M. a. 26. Febr. 88. *MFAMag.:* Dom. B. F.
36. *MFABacc.:* de Mundrachingen receptus 1478 *(noch unter dem ersten Dekanat des Joh. Stein).*
37. B. a. 21. Sept. 80. *MFA.:* Dom. J. H. dispens. communi foro.

38. Michahel Walter.   Nil dedit quia pauper est sed pedello
    dedit 1 β.
39. Sixtus Munckhumer de Hall Bacc.
40. Nicolaus Michahelis de Biblis.
41. Rolandus Heyd de Vlma.
42. Ludwicus de Hall.
43. Fridricus de Nůwhusen.
44. Sebastianus Rentz de Vlma.
45. Jacobus de Schuttern.
46. Ludwicus de Wisenstaig.
47. Johannes Kopp de Marpach.
48. Johannes de Eschembach.
49. Leonhardus de Eschembach.
50. Silvester Schlicher de Vlma.
51. Johannes Dinckell de Vrach Bacc.
52. Johannes Caspar de Bübenhoven.
53. Vlricus Gyslinger de Winterthur.
54. M. Wernherus de Vnnhusen.
55. M. Caspar de Magstat, nil dedit.

- - - - - -

38. B. a. 21. Sept. 80. *MFA.:* o. O.
41. B. a. 15. Sept. 79. *MFA.:* Rulandus Haid.
44. Vgl. Roth.
45. B. a. 21. Sept. 80. *MFA.:* Jac. Schutter, dispens. communi foro.
46. B. a. 21. Sept. 80.
47. B. a. 25. Mai 80. *MFA.:* o. O.
48. B. a. 15. Sept. 79. *MFA.:* Joh. Karoli de E.
49. B. a. 15. Sept. 79. *MFA.:* Leonh. Hamer de E.
50. B. a. 21. Sept. 80.
51. MFABacc.: Dinckel 1477 *aufgeführt als ein in T. promotus.* —
M. a. 5. Febr. 81.
*52. Landvogt in Mömpelgart. OAB. Suls 154. Schilling, Reichs-
herrsch. Justingen S. 28 ff. 1542 in Hettlingen (Türkensteuerlisten).*
54. Heidelb.: inscr. 29. März 73. B. a. viae mod. 9. Juli 74: de
„Onsxhusen“ u. „Umbshusen“. — *Lib. dec. art.:* Johannes Wernheri de Onshusen respondit 6. Febr. 79, quia ante Lucie (13. Dez. 78) ad fac. susceptus
fuit hac tamen conditione, quod ante festum penthecostes respondere deberet.
— *MFAMag.:* 1479 de Vnshusen Maguntinus rec. — *Vgl. Roth; Steiff
S. 65 f; Cless, Register s. n.*
55 a. MFABacc.: Fr. Johannes de Augia minori dispens. communi foro.
B. a. 8. Dez. 1479. *Vgl. 9,43.*
55 b. MFABacc.: Johannes Prüntzler B. a. 8. Dez. 79.
55 c. MFABacc.: Hainricus Scholl B. a. 8. Dez. 79.

4. Sequuntur nomina intitulatorum quarti rectoratus huius alme universitatis Tuwingensis celebrati sub insigni viro M. **Ludowico Truchsess** decr. Dr. a festo Phil. et Jac. a. **1479** usque ad festum s. Luce anni eiusdem.

1. Ludewicus Wölflin de Rútlingen.
2. Vlricus Wirtemberger de Stütgardia.
3. Liberius Lesch de Rochlitz nondum solvit.
4. Johannes Bachman de Nörlingen.
5. Johannes Coci de Schorndorf, pauper est nil dedit.
6. Jodocus Lentzlin de Vrach.
7. Georgius Rentz de Herremberg.
8. Georgius Crista plebanus in Balshan.
9. Johannes Crafft de Vlm.
10. Wernherus de Núwhusen.
11. Martinus Motzer de Túwingen.
12. Zacharias Molitoris de Aldingen.
13. Michahel Felenschmid de Vilingen.
14. Johannes Pistoris de Vlma.
15. Bartholomeus Swartzburger de Vlma in bursa M. Hermanni [Vetter], nil dedit quia pauper.
16. Bonifatius Viglin de Messkirch.
17. Johannes Sartoris de Túwingen May dictus.
18. Alexander Penesti de Basilea.
19. Johannes Vollant de Löwemberg.
20. Wilhelmus Aduocati de Grünigen.
21. Johannes Bamberger de Scheffterse.
22. Johannes Húglin de Haidelberga, famulus doctoris medici [Thomas Russ] nil dedit.
23. Bernhardus Scheffel de Plieningen.

---

1. B. a. 28. Febr. 82. *MFABacc :* o. O. *1535 Canonicus in Ehingen a. N. (?).*
2. B. a. 8. Dez. 79. *Vgl. Roth.*
6. B. a. 21. Sept. 80. *MFA.:* o. O. dispens. communi foro.
10. *S. Nr. 33.*
12. B. a. 21. Sept. 80. *MFA.:* o. O. dispens. communi foro.
14. B. a. 21. Sept. 80.
19. B. a. 8. Dez. 80. *MFA.:* Vollat de Leonberg.
20. B. a. 8. Dez. 80. *MFA.:* de Grüningen.
23. B. a. 21. Sept. 80. — M. a. 19. Sept. 82. *MFAMag.:* nur Bernhardus de Plieningen.

24. Albertus Staimlin, plebanus in Huchlingen.
25. Hainricus Mettelin de Tůwingen.
26. Johannes Schrimpf de Swainhaim.
27. Andres Trůtler de Simeringen.
28. Georgius de Giengen, famulus dom. Dr. Cristanni [Wolman] nil dedit.
29. Gregorius Nytthart de Vlma.
30. Jeronimus Nithart de Vlma.
31. Conradus Müniger de Eschembach.
32. Johannes Maler de Thurego.
33. Wernherus de Nůwhusen.
34. Michahel Stecker de Kalw.
35. Johannes Jacobi de Helmssdorff, canonicus in Wisenstaig.
36. Petrus Stöbenhär de Vlma.
37. Johannes ⎫
38. Volmarus ⎭ Spētt fratres.
39. Johannes Hukeler de Dillingen, nil dedit quia pauper.
40. Ludwicus Vögelin de Rosenfeld.
41. Georgius de Plieningen.
42. Vitus Theoderici de Constantia.
43. Nicolaus Pregell de Memmingen.
44. Johannes Hartlieb de Stamhain.
45. Vlricus Hofner de Ehingen.
46. Conradus Lamparter de Calw.
47. Vitus Vetter de Plieningen.
48. Hainricus Sartoris de Calw.
49. Johannes Sartoris de Calw.
50. Georgius May de Vlma.

---

24. Huchlingen abgeg. bei Nehren OA. Tübingen.
31. B. a. 8. Dez. 79. MFABacc.: Conr. de E. — M. a. 5. Febr. 81.
MFAMag.: Müniger. — Pfarrer in Weil im Schönbuch 1489—1519.
33. S. Nr. 10.
36. Erf.: P. Stebenhaber de U. 1476. — Über die Familie vgl. Alberti.
37. Über einen Hans von Speth um 1485 vgl. OAB. Ehingen 107.
40. B. a. 8. Dez. 80 dispens. communi foro.
41. B. a. 8. Dez. 80. MFA.: G. Schrimpff de Pl.
44. B. a. 28. Febr. 82. MFABacc.: Hertlieb o. O.
45. B. a. 23. Febr. 81. MFA.: Hafner dispens. communi foro.
48. B. a. 28. Febr. 82.
49. B. a. 28. Febr. 82.
50. Erf.: Gregorius Meyer de V inscrib. 1475 (identisch?).

5. Sequuntur nomina intitulatorum in quinto rectoratu huius alme universitatis Túwingensis sub insigni viro M. **Johanne Stein** de Schorndorff decr. Dr. a festo s. Luce evang. a. d. **1479**, usque ad festum ss. Phil. et Jac. app. a. d. **1480**:

1. Johannes Findysen de Vhingen in die Luce ewangeliste (18. Okt.).
2. Melchior Hiller de Augusta (18. Okt.).
3. Vdalricus Schüler de Denckendorff (20. Okt).
4. Paulus Pfefferlin de Offtertingen (21. Okt.).
5. Gregorius Krëmer de Sindelfingen (22. Okt.).
6. Rudolfus Westerstetter armiger (25. Okt.).
7. Dom. Stephanus Zürn plebanus in Möringen Bacc. Wienensis (25. Okt.).
8. Johannes Hiltprant de Grünigen (30. Okt.).
9. Johannes Mur de Mur (4. Nov.).
10. Georgius Bentzinger de Eltingen (6. Nov.).
11. Matheus Gienger ⎫
12. Zacharias Gienger ⎬ de Vlma (6. Nov.)
13. Heinricus Stamler de Dornstetten. Nil dedit quia pauper. Dedit pedello 6 β (6. Nov.).
14. Johannes Lutz de Bülach. (9. Nov.).
15. Stephanus Keller de Herremberg Bacc., Othmari (16. Nov.).
16. Johannes Blinck de Fúrbach, concept. Marie (8. Dez.).
17. Wernherus Werntzhuser de Göppingen (8. Dez.).
18. Petrus Gemmel de Fridtperg. Nil dedit quia pauper. (8. Dez.)
19. Laurentius de Emershofen armiger Bacc. Friburgensis die Lucie (13. Dez.).
20. Albertus Rösch de Tuwingen in vigilia nativ. Dom. (24. Dez.).

---

1. B. a. 20. Dez. 81. — M. a. 25. Febr. 85.
2. B. a. 20. Dez. 81.
3. B. a. 25. Mai 81. *MFABacc.*: Vlricus de D. — M. a. 25. Febr. 85.
4. M. a. Febr. 83. *MFAMag.*: de Ofertingen.
5. M. a. Febr. 90. *MFAMag.*: G. Krömer, o. O.
10. B. a. 25. Mai 81. *MFA.*: Georgius de E.
11. B. a. 25. Mai 81. *MFA.*: o. O.
12. B. a. 25. Mai 81. *MFA.*: o. O.
14. B. a. 24. Febr. 81.
16. B. a. 24. Febr. 81. *MFA.*: J. Linck de Fúrbach.
17. *S. oben 1,117.* — *Vgl. D. B. 435.*

1480.

21. Conradus Haid de Calw. Bacc. Basiliensis (2. Jan.).
22. Paulus de Pfedershain Bacc. Maguntinensis. Nil dedit, pauper et famulus M. Galtheri [de Werfia] (3. Jan.).
23. Eberhardus Gresser de Rotemburg in vigilia Epiph. (5. Jan.).
24. Ludwicus Fulhabern de Balingen presbyter (18. Jan.).
25. Johannes Molitoris de Mundrachingen die Sebastiani (20. Jan.).
26. Nicolaus Mayer de Obernhusen. Nil dedit, quia pauper, famulus M. Helye [Flick] (30. Jan.).
27. Nicolaus Currificis de Herbertingen Bacc. Friburgensis. (4. Febr.).
28. Johannes Emendorfer de Eschembach (10. Febr.).
29. Johannes Martini de Möringen (10. März).
30. Jacobus Dauid de Endelsbach (10. März).
31. Thomas Rösch de Marchtorff (13. März).
32. Jacobus Swartzach de Constancia (13. März).
33. Bernhardus Braitnower de Zwifalten (14. März.)
34. Sebastianus Schiser de Giltlingen.
35. Quirinus de Martolff. Nil dedit quia pauper et terciarius burse Heidelbergensis (6. April).
36. Paulus Moshein de Ravenspurg (8. April).
37. Heinricus Romer de Feldkirch (8. April).
38. M. Samuel ex Monte rutilo poeta. Nil dedit quia pauper.
39. Silvester Weckerlin de Babenhusen (10. April).
40. Vlricus Kadus de Mundrachingen (17. April.)
41. Johannes Rusticus de Rútlingen (17. April).

---

21. *Lib. dec. art.:* 11. Febr. 80 conclusum est, quod quidam Bacc. de Calw univ. Basiliensis recipiatur, ita tamen, quod ante suam ulteriorem promotionem de sua promotione facultatem melius informet.
23. B. a. 80. Mai 82. *MFABacc.:* Erhardus G. de R.
25. B. a. 11. März 84.
26. B. a. 21. Sept. 80. *MFA.:* o. O. dispens. communi foro. — M. a. 23. Febr. 84.
32. B. a. 28. Febr. 82. *MFABacc.:* Schwartzach o. O.
33. B. a. 28. Febr. 82. *MFABacc.:* Bernhardus Zwifaltensis.
34. B. a. 20. Dez. 81. *MFABacc.:* nur Seb. de G.
35. B. a. 20. Dez. 81. *MFABacc.:* Quirinus de M. nil dt., quia servitor burse.
36. *Steinhofer 4,529.*
39. B. a. 28. Febr. 82. *MFABacc.:* Silvester de B.
40. B. a. 21. Sept. 81.

42. Dom. procerus Johannes Beckinger de Wil Bacc. utr. et iur.
civilis Lic. (22. Okt.).[a]
43. Dom. Conradus Mälius utr. iur. Dr. collegiatus collegii Papiensis,
die s. Lucie (13. Dez.).
44. Dom. Galtherus de Weruia M. a. et s. theol. Lic. studii Parisiensis (13. Jan.).
45. Bartholomeus Lecher de Gislingen M. a. studii Ertfordiensis
(17. Febr.).

6. Sequuntur nomina intitulatorum in et sub rectoratu universitatis huius sub insigni viro M. **Christanno Wolman** sacr.
theol. Dr. a festo Phil. et Jac. app. donec ad festum s. Luce evang.
celebrato a. **1480** ut ecce:

1. Gregorius Lind de Constantia, IV feria Rogationum (10. Mai).
2. Sebastianus Martini de Tuttlingen sabbato post ascensionem
(13. Mai).
3. Johannes Schick de Marpach dom. post ascensionem famulus
burse M. Wilhelmi [Mütschelin]. Nil dedit quia pauper.
(14. Mai).
4. Alexius Fůrhelm de Nüremberga IV feria post ascensionem
(17. Mai)
5. Thomas Kühorn de Stütgardia, feria III post penthecostes.
(23. Mai).
6. Johannes Laisen de Episcopali cella, III feria post penthecostes (23. Mai).
7. Vlricus Scheck de Tůwingen, feria II post corporis Christi.[b]
Nil dedit quia pauper, sed pedello solvit 1 β (5. Juni).

---

a) *Nr. 42—45: mit schwärzerer Tinte als das Vorhergehende geschrieben, kennzeichnen sich
als Nachtrag der im Lauf des Rektoratsjahrs zur Universität gekommenen Lehrer. Vgl. 2,70—77.*

b) *Wahrscheinlich verschrieben statt feria II ante corp. Chr. (Mai 29).*

44. Doct. theol. 1480: G. de Werfia, Traiectens. dioc. — *Vgl. Roth
S. 90 N. 2.*

45. Erf.: *1476 Barth. Locher de Ehingen.* — *MFAMag.: B. Leher
de G. receptus.*

2. B. a. 21. Sept. 81.
4. B. a. 21. Sept. 80. *MFA.:* Fierhelm o. O.
7. B. a. 20. Dez. 81. *MFA.:* o. O.

8. Osualdus Aygel de Oswila, III feria ante corp. Chr. (30. Mai).
9. Ludowicus Wirtemberger. Nil dedit ob reverentiam domine archiducisse Austrie, in vig. corp. Chr. (31. Mai).
10. Jo Schertwegk de Vrach in vig. corp. Chr. (31. Mai).
11. Hammanus Holtzhuser de Franckfordia in vig. corp. Chr. (31. Mai).
12. Georgius Vergenhans. } Nil dederunt ob honorem
13. Philippus Vergenhans. } dom. D. Vergenhans.
14. Mathias Richter de Metzingen feria II post corp. Chr. (5. Juni).
15. Petrus Calceatoris de Nyffen (5. Juni).
16. Johannes Danckwart de Schaffhusen professus in Crützlingen, feria III post corp. Chr. (6. Juni).
17. Marcellus Rolman de Argentina Bacc. art. VI feria post Medardi (9. Juni).
18. Johannes Flick de Ysnin sabbato Barnabe (10. Juni).
19. Laurentius Werher de Ebingen II feria post Barnabe (12. Juni).
20. Heinricus Heslin de Memingen art. Bacc. in die Albani (21. Juni.)
21. Martinus Reman de Halfingen in die Johannis et Pauli. (26. Juni).
22. Benedictus Nickell de Ravenspurg in die septem dormientium. (27. Juni).
23. Albertus Matz de Ebingen, die Vdalrici (4. Juli).
24. Johannes Vberrúter de Gislingen, solvit pedello unum β, alias nil dedit quia pauper.
25. Johannes Sitz de Marpach in die septem fratrum dormientium (27. Juni).
26. Mangoldus } Kůhorn de Stútgardia, divisionis apostolorum.
27. Bernhardus } (15. Juli).

---

8. B. a. 28. Febr. 82. — M. a. 25. Febr. 85. *MFABacc. u. Mag.:* Osvaldus ex Oswil.

9. Steinhofer III, Register s. n. Schwäb. Kronik 1888 Nr. 256 Beil.

12. Domherr in Konstanz und bei der Zuricher Disputation 1523 Genosse des Joh. Faber. Wiener Sitzungsberichte, philos. Kl. 107 S. 144.

15. B. a. 28. Febr. 82. *MFA.:* o. O.

19. B. a. 21. Sept. 81. *MFABacc.:* Laurencius Wernher. — M. a. Febr. 83. *MFAMag.:* L. Wernheri.

21. B. a. 21. Sept. 81. *MFA.:* Renman de Hälfingen.

24. B. a. 30. Mai 82. *MFABacc.:* Überrüter.

25. B. a. 28. Febr. 82.

28. Marcus } Berlin de Dinckelspibel, Jacobi ap. (25. Juli).
29. Lucas

30. Bernhardinus Schenck de Lanndegk canonicus in Episcopali cella V feria post assumpt. (17. Aug.).

31. Frater Bernhardus Gibinsliecht de Vrach professus in Bebenhusen sabbato ante Augustini (26. Aug.).

32. Johannes Baldung de Gamundia dom. ante Augustini (27. Aug.).

33. Leonhardus Dirr
34. Conradus Erman } professi in Adelberg die s. Augustini (28. Aug.).
35. Johannes Jud

36. Conradus Clem } de Rútlingen in die Mauritii et soc. (22. Sept.).
37. Johannes Eplin

38. Johannes Wagner alias dictus Tappenhan de Mägstat altera die post Francisci (5. Okt.).

39. Bernhardus Hisslin de Nyffen eodem die, pauper est (5. Okt.).

40. Kylianus Gompolt de Louffen in die Fidis virginis (6. Okt.).

41. Georgius Suapp de Múnsingen die Sergi et Bachi (7. Okt.).

42. Fridericus Meyberg de Biethart Herpipolensis dioc. solvit pedello 1 β, alias nil, quia pauper.

43. Johannes Vetter de Plieningen.

44. Thomas Glöss de Elwangen.

45. Berehtoldus Múrlin de Trochtelfingen M. Friburgensis, die Bachi et Sergii (7. Okt.).

---

28. B. a. 20. Dez. 81. *MFA.:* Börlin o. O.

29. B. a. 20. Dez. 81. *Wie Nr. 28.*

31. Theol.: fr. Johannes Gibisliecht de V. professus in Bebenhusen fecit principium in cursum biblie 1484; habuit quoque conkathedrales fr. Joh. Bentzenrúter *[10,14]*, tum principiantem in sentencias et fr. Joh. Nathin *[12,19]* in bibliam.

33. B. a. 28. Febr. 82. *MFABacc.:* fr. L. de Adelberg. — M. a. 28. Febr. 84. *MFAMag. (von späterer Hand):* abbas in Adelberg. — *Vgl. Sattler, Topogr. Gesch. 564.*

34. B. a. 28. Febr. 82. *MFA.:* fr. C. de Adelberg.

36. B. a. 28. Febr. 82.

37. B. a. 28. Febr. 82. *MFA.:* Äpplin.

38. B. a. 30. Mai 82.

41. B. a. 28. Febr. 82. *MFABacc.:* Schwapp. — M. a. 25. Febr. 85. *MFAMag.:* Swap.

42. Vgl. Steiff 9 ff.: Fr. Meinberger bibliopola, kann identisch sein mit dem bei Pellican S. 20 genannten Fridericus Tubingensis. — Vgl. unten 24,19.

43. B. a. 28. Febr. 82.

45 a. MFABacc. Jeronimus Umbgelter de Ulma B. a. 30. Mai 82; *rangiert zwischen 6,38 und 7,15.*

7. Sequuntur nomina intitulatorum sub rectoratu insignis et
egregii viri M. **Johannis Crützlinger** utr. iur. D. a festo s. Luce
evang. a. d. **1480** usque ad festum ss. Phil. et Jac. apostolorum a. d.
1481, ut ecce:

1. Johannes Dietterlin de Heffingen.
2. Erhardus Scheltz de Hailprunn.
3. Ludwicus Keller de Vilingen.
4. Bartholomeus Castner de Cüppenbain.
5. Frater Nicolaus Hass professus in Zwifalten.
6. Marcus Giser de Veringen.
7. Johannes de Núhusen in die animarum (31. Okt.).
8. Johannes Hinssamer de Kirchen.
9. Rüdolfus Vnger de Blaubúren dominica post omnium sanctorum.
   (5. Nov.).
10. Georgius de Höwdorff, quarta feria ante Martini (8. Nov.).
11. Johannes Doleatoris de Tüwingen.
12. Calixtus Bomber de Rotemburg III feria post Martini
    (14. Nov.)
13. Vlricus Ülin de Trochtelfingen IV feria post Martini
    (15. Nov.).
14. Conradus Spörlin de Nagolt sabbato post Othmari (18. Nov.).
15. Johannes Intzer de Eschembach crastina Andree (1. Dez.).
16. Dom. Georgius Überrúter de Vlma presbyter.
17. Johannes Koufman de Rotwila in die Nicolai (6. Dez.).
18. Johannes Mecker de Rútlingen dominica post conc. Marie
    (10. Dez.).

---

1. B. a. 26. Febr. 82. *MFA.:* Dieterlin o. O.
2. B. a. 26. Febr. 82. *MFA.:* Schältz o. O.
3. B. a. 28. Febr. 82. *MFA.:* de Filingen.
4. B. a. 28. Febr. 82. *MFA.:* Kastner o. O.
6. B. a. 29. Sept. 82. — M. a. 25. Febr. 85.
9. B. a. 29. Sept. 82. — M. a. 27. Febr. 86. — Dec. med. fac. 1518. 21.
24. 26. 29. — *Vgl. Roth S. 166.*
12. B. a. 28. Febr. 82. *MFA.:* Bomer.
13. B. a. 20. Febr. 83.
15. B. a. 30. Mai 82.
17. B. a. 30. Mai 82. *MFA.:* Kouffman.
18. B. a. 28. Febr. 82. *MFA.:* Möcker ex Rotwila. — *Zimmerische*
Chronik 2,179.

19. Frater Symon ex Biell, die Thome (21. Dez.).
20. Michahel Swartzemberg in vigilia nativitatis (24. Dez.).

1481.

21. Johannes Renhart de Rotemburg (8. Jan.).
22. Jacobus Gröschtz de Pregantia.
23. Calixtus Vscheler de Rotemburg.
24. Gabriel Ezechielis de Túwingen in octava Epiphanie (13. Jan.).
25. Michahel Lutz de Tusslingen (26. Jan.).
26. Martinus Pfäfflin de Eych (26. Jan.).
27. M. Johannes Heyminger de Vaichingen (30. Jan.).
28. Martinus Wenck de Vilingen (31. Jan.).
29. Johannes Klain de Montepeligardo (3. Febr.).
30. Johannes Wydman de Haymsen (12. Febr.).
31. Erhardus Jäger de Bülach (12. Febr.).
32. Frater Johannes Fridinger professus in Bebenhusen (16. Febr.).
33. Albertus Zürnner de Rütlingen (16. Febr.).
34. Berchtoldus Egen de sancto Monte (5. März).
35. Frater Dasen ordinis Carmelitarum (16. März).
36. Jacobus Scheck de Rütempshen (16. März).
37. Vitus de Fúrst, die Benedicti (21. März).
38. Cyriacus Dürg de Rúxingen (22. März).
39. Johannes de Núwhusen (24. März).

---

19. B. a. 28. Febr. 82. *MF'ABacc.:* fr. Symon Leonis de Biell ord.
s. Joh. Jerosolymitani. — M. a. 28. Febr. 84. — *Theol.:* principiavit in cursum
biblie in die s. Benedicti (21. März) 1492 una cum M. Andrea *[12,45]* et M.
Herdewico *[28,20].* Dehinc anno dom. 1498 in die b. Cosme et Damiani
(27. Sept.) M. Simon tunc rector universitatis principiavit in sentencias. — Dec.
fac. art. 91/92. — Rect. 1498: s. theol. Bacc. formatus.

*20. Der Mönch M. Schwartzenberger in Bebenhausen? Dessen Inventar
v. 1531 vgl. Staatsanzeiger 1877 Nr. 166.*

30. B. a. 22. Mai 83. — M. a. 25. Febr. 85.

31. B. a. 18. Sept. 83. — *D. B. 394.*

*32. Joh. von Friedingen, 1493 Abt in B. Sein umfangreicher Brief-
wechsel auf dem Staatsarchiv in Stuttgart. Bebel an ihn im Liber hymnorum
1501. Vgl. Zapf S. 138.*

36. B. a. 29. Sept. 82. — M. a. 25. Febr. 85. *MF'ABacc. u. Mag.:* Schäck
de Rütemsheim.

37. Rect. 93/94: utr. iur. Dr. — *S. Reutlinger Gesch.Bl. 1891 S. 100;
1892 S. 18—22; 1895 S. 31 f.; Coccinius, de tralatione C III.*

38. B. a. 29. Sept. 82. *MFA.:* Durg.

39. B. a. 19. Sept. 82.

40. Johannes Andree de Kirchen (24. März).
41. Hainricus Dienstman de Vlma (1. April).
42. Petrus Ehinger de Vlma (4. April).
43. Matheus ⎱ Rotemberg de Arbona.
44. Vlricus ⎰
45. Johannes Dúrr de Talhen (10. April).
46. Petrus Scriptoris de Waiblingen (21. April).
47. Johannes Präwlin de Marchtolff (27. April).
48. Nicolaus Múnch de Constancia (27. April).
49. Vlricus Zäsy de Constancia (27. April.)
50. Erhardus Kedler de Baccama, nil dedit pauper, crastino Symonis et Jude (28. Okt. 1480).
51. Wolfgangus Springinhafen de Sindelfingen, pauper, IIIᵃ feria post Martini (14. Nov. 1480).
52. Johannes Sellatoris de Sindelfingen, pauper (14. Nov. 1480).
53. Michahel Howenstain de Scher, famulus burse, pauper.
54. Johannes Bursatoris de Herremberg, famulus burse, pauper.
55. Conradus Balneatoris de Kirchen, famulus burse, pauper.
56. Martinus Schmidhans de Esslingen, pauper dt. 1 β, die Thome (21. Dez. 1480).
57. Steffanus Brisnagel de Gúnssburg, famulus burse. dt. 1 β.

8. Subscribuntur intitulatorum nomina sub rectoratu insignis viri M. **Helye Flick**, sacr. theol. D., a festo Phil. et Jac. apostolorum a. d. **1481** usque ad festum s. Luce evang. anni eiusdem. Vt ecce:

1. Rückherus Spätt cognominatus Mager die Philippi etc. praedicta. (1. Mai).
2. Johannes Tegen de Vrach VI ydus May (10. Mai).
3. Sebastianus Kolb de Rútlingen die Johannis ante portam latinam. Nil dedit, pauper (6. Mai).

---

42. B. a. 20. Febr. 83. — *Erf. 399: Ost. 1483.*
43. B. a. 19. Sept. 82. — M. a. 28. Febr. 84. *MFAMag.:* Rötemberg.
49. *Vgl. Jos. Neff, Udalr. Zasius (Gymn.-Prog. 1890) I, 7 f.*
51. B. a. 30. Mai 82. *MFA.:* W. Spring in cle de S.

2. B. a. 29. Sept. 82. — M. a. 25. Febr. 85. — *Theol.:* J. Degen principiavit in biblie cursum 26. Okt. 95, M. Jac. Lemp *[10,4]* tunc principiante in sentencias.

4. Johannes Waibel de Stüslingen (6. Mai).
5. Conradus Wolff de Nüremberga VII ydus May (9. Mai).
6. Hainricus Hailman de Winpina.
7. Conradus Jung de Episcopalicella IV ydus May (12. Mai).
8. Rüdolfus Engelhart de Thurego, die Gangolfi (11. Mai).
9. Johannes Gessler de Vlma III ydus May (13. Mai).
10. Michahel Schapeler de Blochingen pridie ydus May (14. Mai).
11. Ůdalricus Mayer de Episcopalicella, XVII kal. Junii (16. Mai).
12. Johannes Schenck de Landegk de Episcopalicella, eodem die (16. Mai).
13. Generosus dom. Erhardus comes de Tengen, die Vrbani. dt. florenum (25. Mai).
14. Johannes Rüss de Constancia eodem die (25. Mai).
15. Johannes Klainhans de Constancia eodem die (25. Mai).
16. Eberhardus Bächt de Rútlingen, IV non. Junii (2. Juni).
17. Conradus Ochsenbach de Brackenhain.
18. Johannes Hummell de Rútlingen, IX kal. Julii (23. Juni).
19. Theodericus Wiler de Bilstain eodem die, dedit 1 β pedello (23. Juni).
20. Johannes Keller de Obereschembach, die Joannis baptiste (24. Juni).
21. Georgius Ror de Yesingen dedit unum β quia pauper.
22. Johannes Metzger de Messingen crastina Ůdalrici (5. Juli).
23. Johannes Grünwegg de Stütgardia IV idus Julii (12. Juli).
24. Ludwicus Widman de Stütgardia XVII kal. Augusti (16. Juli).
25. Adam de Fulach XIV kal. Augusti (19. Juli).

---

5. B. a. 25. Mai 81.
6. B. a. 20. Febr. 83. *MFABacc.:* Hälman. — M. a. 25. Febr. 85. *MFAMag.:* Halman.
8. B. a. 22. Mai 83.
9. Heidelb.: J. Kesszler de Gislingen 9. März 1478. B. a. viae mod. 13. Jan. 80. — *Über Casellius vgl. Weyermann (1798) S. 261 u. Zapf, Bebel S. 28. 73.*
13. Zimmerische Chronik 2,414. 3,153.
16. B. a. 29. Sept. 82. *MFABacc.:* Becht. — M. a. 25. Febr. 85.
18. B. a. 29. Sept. 82. *MFA.:* Humell.
19. B. a. 29. Sept. 82. — M. a. 28. Febr. 84. *MFAMag.:* Theod. de Wyler. — *D. B. 539. 382. 399. Vgl. Roth.*
23. 1507 Organist des Stifts in Stuttgart (Bossert aus Protokollen des Speirer Domkapitels).
24. B. a. 24. Febr. 85.

26. Cristoferus Gebhart de Múndelhain, dt. 1 β quia pauper.
27. Johannes Schinbrunner de Zug, die Jacobi (25. Juli).
28. Johannes Fabri de Zabernia. Nil dedit quia dixit se pauperem.
29. Joachim Österricher de Vlma } in vigilia assumptionis b. virg.
30. Johannes Bäbolt de Liphain } Marie (14. Aug.).
31. Johannes Siber de Rútlingen die decollationis s. Joannis (29. Aug.).
32. Stephanus Widman de Wisenstaig, die Egidii (1. Sept.).
33. Dom. Conradus Osterman de Ysnina } III non. Septem-
34. Dom. Johannes Voller de Ysnina, pauper } bris (3. Sept.).
35. Jacobus Boll de Stütgardia II idus Sept. (12. Sept.).
36. Sebastianus Hieber de Babenhusen, die Leodegarii (2. Okt.).
37. Vitus Ferber de Windelshain, XVI kal. Novembris (17. Okt.).
38. Wernherus Hopp de Vrach, die Luce (18. Okt.).

9. Sub rectoratu spectabilis viri M. **Conradi Schöferlin** canonici ecclesie collegiate Stütgardiensis intitulati sunt subnotati a festo s. Luce evang. a. d. **1481** usque ad festum Phil. et Jac. apostolorum a. **1482** immediate sequentes:

1. Waltherus Swartzemberger de Francfordia (24. Okt.).
2. Jacobus Nüwhuss de Francfordia (24. Okt.).
3. Georgius Lanng de Riedlingen (25. Okt.).
4. Petrus Hainlin de Gomeringen, die Simonis et Jude (28. Okt.).
5. Bartholomeus Schetterlin de Túwingen (28. Okt.).
6. Ludwicus Stiguff de Gisslingen (30. Okt.).
7. Conradus Erler de Gislingen (30. Okt.).
8. Johannes Erler de Gisslingen[a] (30. Okt.).
9. Johannes Rynam aromatarius nil dedit.
10. Caspar Fúrer de Ebingen.

---

a) *An den Rand der Seite nach Nr. 28 eingeflickt und durch Kreuze an diese Stelle verwiesen.*

32. B. a. 18. Sept. 83.
35. B. a. 22. Mai 83. *MFA.:* cocus burse; nil dt.
36. B. a. 21. Dez. 81. *MFA.:* nur Seb. de B.
38. B. a. 20. Febr. 83. — M. a. 25. Febr. 85.

7. B. a. 22. Mai 83.
8. B. a. 22. Mai 83.
10. B. a. 20. Febr. 83.

11. Michahel Winlin de Stütgardia. Pauper dedit pedello 1 β die Martini (10. Nov.).
12. Petrus Dannhuser de Nüremberga Bacc. Ingelstadiensis.
13. Bernhardus Mayer de Tüwingen.
14. Johannes Kúbler de Endelspach.
15. Wendelinus Stainbach de Butspach plebanus in
castro Tüwingensi ᵃ⁾ (14. Nov.)
16. Jacobus Sartoris de Erbach (14. Nov.)
17. Antonius de Rennch (14. Nov.)   presbyteri et
18. Wernherus Calceatoris de Kirchberg (14. Nov.)   canonici in
19. Johannes Jeckel de Martolff (14. Nov.)   Urach.
20. Hainricus Stainbach de Butspach (14. Nov.)
21. Johannis Mollitoris de Merspurg (14. Nov.)
22. Wilhelmus de Tulpeto (14. Nov.)
23. Johannes Gangper de Constancia, pauper dedit pedello 1 β. IX kal. Dec. famulus in hursa antiquorum (23. Nov.).
24. Paulus Wentzelhuser de Stütgardia, V kal. Dec. (27. Nov.).
25. Johannes Engelhart de Meglingen, eod. die (27. Nov.).
26. Vlricus Pfiffer de Episcopalicella, pauper dedit 1 β pedello, famulus burse antiquorum (28. Nov.).
27. Conradus Schülmaister de Stockach, famulus burse modernorum dt. 1 β pedello (28. Nov.).
28. Sifridus Schön de S. Quirino, famulus, nil dedit.

ᵃ⁾ *Der Zusatz ist von derselben Hand später eingefügt.*

12. In Ingolstadt 17. April 1479. B. a. in der Fastenzeit 1481. Vgl. Bauch, Ingolstadt S. 28. — MFABacc.: 1481 rec. in consort. bacc. *— Vgl. G. Andr. Will, Nürnberg. Gelehrtenlexikon; B. Hartmann, K. Celtis in Nürnberg (1889) S. 18 f. 24; M. Herrmann, Humanismus in Nürnberg (1898) S. 96.*

15. Theol.: plebanus castri in Tuwingen; principiavit 27. April 86 in bibliam; et 17. Mai 87 in sentencias, quas pro forma legit et complevit. Insuper recepit licentiam in aula 16. Juli 89. Vesperiatus fuit una cum M. C. Sumerhart *[2,76]* 12. Okt. ac denique die crastina sequente aulatus et birretatus cum eodem, presente et expensante illustri domino Dom. Eberhardo comite de Wirtemberg et Montipeligardo seniore, nostre universitatis fundatore aliisque non minoris numeri dignitatisque universitatum et facultatum prelatis, doctoribus, comitibus, baronibus et nobilibus. — Rect. 90: theol. professor. 94. 99/00. 07/08. 11/12. 15/16. *— Vgl. Heyd u. Steiff S. 56 f. u. s. n.*

20. Theol.: canonicus in Urach, principiavit in bibliam 13. Okt. 89 una cum dom. priore *[sc. 21,22]*; in sentencias vero 7. Nov. 91; anno vero 1496 Juni 14 recepit licentiam in theologia cum M. Jacobo Horn *[30,54]*.

24. B. a. 22. Mai 83. MFA.: Wintzelhuser. *— D. B. 540.*

29. Dom. Johannes de Tegenfeld armiger.
30. Vincencius Wolff de Stûtgardia.
31. Johannes Geltz de Wilhain.
32. Dom. Johannes Lure vicarius ecclesie Tüwingensis.
33. Michahel Tinctoris de Vlma, in vigilia Thome (20. Dez.).
34. Hainricus de Zimern, die Thome Cantuariensis (29. Dez.).
35. Michahel Stehelin de Sindelfingen, pauper, dedit pedello 1 β. famulus burse antiquorum.
36. Georgius Mayer de Vlma, Pauli primi heremite (10. Jan.).

1482.

37. Caspar Kettner de Vlma (11. Jan.).
38. Sebastianus Hilber de Vrach (11. Jan.).
39. Wilhelmus Bonbast de Riett, pauper, dedit pedello 1 β.
40. Michahel Lindenbach de Ochsenfurt (18. Febr.).
41. Lucas Struwinger de Tüwingen (18. Febr.).
42. Jacobus Johannis Jacobi de Bach, die Prisce virginis (18. Jan.).
43. Seboldus Ützmaier de Augusta, die Agnetis (21. Jan.).
44. Hainricus Amlung de Baden, die Valerii (29. Jan.).
45. Michahel Currificis de Rütelshain, V kal. Marcii (24. Febr.).
46. Matheus Gantz de Canstat, dedit 1 β pedello, pauper et famulus Dr. Georgii [Hartzesser].
47. Frater Martinus de Ebingen, IV kal. Marcii (25. Febr.).
48. Ludwicus de Dornstetten, nil dt. quia pauper
49. Johannes de Dornstetten
50. Otto de Eschingen
51. Conradus de Pfeffingen

} pridie
kal. Marc.
(27. Febr.).

---

30. Vgl. *Württ. Jahrbücher 1870 S. 535.*
31. B. a. 22. Mai 83.
34. *Ruckgaber, Gesch. d. Grafen v. Z. 153 ff.*
35. B. a. 16. Dez. 84. — *MFA.:* nil dt. famulus burse.
36. B. a. 18. Sept. 83.
40. *Steht in MFABacc. schon beim Jahr 1479.* — M. a. 19. Sept. 82. *MFAMag.:* Michael de Ossenfurt. — *Vgl. Steiff S. 211 f. 226: Lindelbach;* *Roth S. 466 Nr. 99.*
41. B. a. 18. Sept. 83.
42. B. a. 22. Sept. 85. *MFA.:* Jac. Piscatoris de B.
43. *Steht in MFABacc. wie Nr. 40 schon beim Jahr 1479.*
45. B. a. 18. Dez. 83.
48. B. a. 16. Sept. 84. *MFA.:* L. Nusskern de D.
50. B. a. 16. Dez. 84.
51. B. a. 16. Dez. 84. *MFABacc.:* C. Raid de·Pf. — M. a. 26. Juli 87.

52. Georgius Starck de Wilhain, kal. Marcii (1. März).
53. Franciscus Bischoff de Wila, III non. Marcii (5. März).
54. Paulus Häbich de Stetten, III non. Marcii, nil dedit pauper (5. März).
55. Johannes Winckelmess de Núwhusen, III non. Marcii, nil dedit pauper (5. März).
56. Johannes de Felbach, XVII kal. Aprilis (16. März).
57. Johannes Horber de Ysnina, XV kal. Aprilis. Nil dedit quia pauper (18. März).
58. Vdalricus Westerstetter de Katzenstain, die s. Benedicti (21. März).
59. Ludwicus Rütlinger de Wilhain, eod. die (21. März).
60. Johannes Rudolfus Schencklin ⎰ sabb. ante palmarum
61. Vdalricus Rösch de Wila ⎱   (30. März).
62. Theodericus Husman de Constancia, IV feria post palmarum (3. April).
63. Frater Blasius Erler de Rotemburgo, ⎱ conventuales domus
64. Frater Ludwicus Henne de Rotemburgo, ⎰ ord. Carmelitarum
65. Frater Johannes Bur de Nördlingen,   in Rotemburg.
66. Johannes Sculteti de Möringen.
67. Dom. Gabriel Chabotus de Camberiaco, iur. utr. Dr.
68. M. Johannes Röchlin de Pfortzen, legum licenciatus V idus Dec. dedit 1 β pedello (9. Dez.).
69. M. Leonhardus Jöchel de Pferingen.
70. M. Michahel Kúhler de Enndelspach, curatus in Ybach.

---

55. B. a. 16. Sept. 84. — M. a. 26. Juli 87. *MFAMag.:* de Stôkgardia.

58. Ulrich v. Westerstetten. S. Sattler, Grafen 2A. 4,29. OAB. Neresheim 275.

59. B. a. 18. Sept. 83.

63. Von 1502 an Prior. Die Angabe Holzherrs, dass er Dr. theol. und Professor in Tübingen gewesen sei (Diözesanarchiv 1885 S. 12), erscheint zweifelhaft.

65. B. a. 21. Sept. 81. *MFA.:* de Rûtlingen.

66. B. a. 16. Sept. 84.

68. Über Reuchlins Beziehungen zu Württemberg vgl. Jul. Klaiber in Beil. z. Staatsanz. 1880 S. 113 ff.

70a. MFABacc.: Johannes de Faihingen Bacc. Coloniensis rec. est Juni 82.

70b. MFABacc.: Andreas Dornsrieder Bacc. Viennens. rec. VI[a] feria post Jacobi (26. Juli) 82 et fuit prom. anno 82 *(Vgl. 37,18).*

10. Sub rectoratu eximii viri dom. **Georgii Hartzesser** decretorum doctoris subscripta supposita intitulata sunt a festo Phil. et Jac. apostolorum a. 1482 vsque ad ipsum festum a. 1483 immediate sequentis; huiusmodi rectoratu propter pestilenciales eventus, quibus [universitas] patria exulavit, in tantum protenso:

1. Burckardus de Angwil de Zellaepiscopali in profesto crucis *) (1. Mai).
2. Johannes Helfrid de Leomberg.
3. Conradus Burkardi de Wylhen.
4. Jakobus Lemp de Marpach.
5. Adam Rösslin de Marpach.
6. Johannes de Nydeck, feria sexta post crucis (10. Mai).
7. Jodocus Bayer de Rauenspurg,   ⎫ fratres ordinis Carme-
8. Johannes Waching de Rauenspurg ⎭   litarum.
9. Dom. Sebastianus Mayer capellanus in Messingen.
10. Martinus Prünig de Tuwingen II post ascensionem (20. Mai).
11. Jodocus Kegell de Mengen, feria IV penthecostes (29. Mai).
12. Georgius Schopper de Pfullingen.
13. M. Reinerus de Texalia, presbyter Traiectensis dioc.
14. Frater Johannes Bentzenryter ordinis Carmelitarum s. theol. lector.

De his universitati ratio facta est die 21. Junii.

----

a) *In diesem Rektorat findet sich bei den Einträgen keine Bemerkung über Bezahlung der Gebühren.*

1. Bologna: 1483 Dom. Burcardus de Anwil (Unwil) canonicus eccl. s. Pelagii in Zella Episcopale.

4. B. a. 18. Dez. 83. — M. a. 27. Febr. 86. — *Theol.:* M. Jac. Lempp de Marbach principiavit in cursum biblie 1493 proxima die ante vigiliam Thome apostoli (19. Dez.), in sentencias vero 26. Okt. 1497; recepit licentiam 21. Aug. 1497; vesperiatus fuit 6. Juli et die sequente birretatus et magistralibus insigniis decoratus 1500 cum M. Andrea Rempis *[12,45]* et Joh. Stupitz *[39,20]*. — *Theol. (an anderer Stelle):* de Steinach. — Dec. fac. art. 93/94. — Rect. 94/95. 00/01: decr. et. theol. Dr.; 06/07: sacr. canonum atque theol. Dr.; 10/11. 14/15. 17/18. 21. 25. 26/27. 28/29; Okt. 1531 — 2. April 32 (ad diem, quo vita functus est). — *Vgl. Heyd u. Arch. f. Ref.-Gesch. 2,90 ff.*

10. B. a. 18. Dez. 83. *MFABacc.:* Brünig. — M. a. 27. Febr. 86. — *Vgl. Roth.*

12. B. a. 26. Mai 85. — *Vgl. Roth.*

14. Theol.: Bentzenrüter, conkathedralis M. Conr. Vessler *[1,9]*; 2. Juli 82 proformiter principiavit in cursum biblie; item anno 1484 in sentencias, quas deinceps pro forma legit. Fuit preterea vesperiatus in profesto convers. s. Pauli (24. Jan.) et in festo eiusdem s. Pauli (25. Jan.) magistralibus decoratus 1486.

15. Vlricus Schmid de Holtzgirringen,
16. Andreas Schoch de Tagershain,
17. Georgius Vesperliter de Tuwingen,
18. Johannes Zoll de Dornstetten,

nativ. Marie in Dornstetten intitulati sunt ex privilegio universitatis et dederunt 15 β tantum (8. Sept.).

19. Johannes Vogelgesang de Ehingen
20. Rûdolfus Fridinger de Tuwingen [a]

in Dornstetten Katherine (25. Nov.).

1483.

21. Conradus de Hirnhain, Nobilis.
22. Johannes Mammer de Vrach.
23. Laurentius Mammer de Vrach.

In Vrach Brigide 1483 (1. Febr.).

24. Johannes Currificis de Waiblingen.
25. Georgius Wichselberger de Lebaco.

In Waiblingen Blasii (3. Febr.).

26. Johannes Renner de Leomberga die Valentini (14. Febr.).
27. Dom. Anthonius Hipschman de Elschnitz presbyter.
28. Hainricus de Roggwil.
29. Renhardus Frick
30. Caspar Frick
31. Ulricus Abstang

de Constantia, kathedre Petri (22. Febr.).

32. Vitus Merck de Magstat die Mathie (24. Febr.). .
33. Albertus Murer de Horw.
34. Simon Siboldt de Lustnow.
35. Caspar Klingelin de Vrach IV[a] post Mathie (26. Febr.).
36. Michahel Schlapparitzi de Arbona.

---

a) *Wieder ausgestrichen mit der Bemerkung am Rand* : renunclavit privilegiis.

15. B. a. 24. Febr. 85. *MFA.:* Schmidlin.

17. B. a. 16. Sept. 84. — M. a. 15. Febr. 87. *MFABacc. u. Mag.:* Vesperlûter.

18. *Vgl. 17,20.* — *Coccinius, de Tralatione CIII: bibliopola. Vgl. 17,20.*

20. *1516 u. 1527 Deutschordens-Kommenthur in Zell bei Koniz (Roth). Wohl Bruder v. 7,32. Vgl. 57,94.*

22. B. a. 26. Mai 85.

23. B. a. 22. Sept. 85.

25. B. a. 16. Sept. 84. *MFABacc.:* Wiselberger de Waiblingen. — M. a. 27. Febr. 86. *MFAMag.:* Wechselberger de W.

26. B. a. 22. Sept. 85.

27. *MFABacc.:* A. Hüpschman de Olschnitz rec. ad consortium baccalar. 19. Febr. 83. — *Lib. dec. art.:* Bacc. Erdford., cum quo (quia tunc tempus examinis instabat) super responsione magistris ante receptionem facienda exstitit dispensatum — M. a. Febr. 83.

33. M. a. 26. Febr. 88.

36. B. a. 10. Juni 84. *MFA.:* Schlapparici de Arbana.

37. Ambrosius Vollant de Grüningen.
38. Johannes Sickinger de Herremberg.
39. Johannes Brisch de Eschelbrunn.
40. Wolfgangus Bainhart de Gisslingen.
41. Georgius Ress de Messingen.
42. Martinus Bichler de Eschelbach.
43. Caspar Balistarii de Tüwingen die Gregorii (12. März).
44. Johannes Wissler de Grünigen.
45. Sebastianus Calceatoris de Herremberg.
46. Melchior Calceatoris de Tüwingen annunc. Marie (25. März).
47. Georgius Herman de Kouffburen.
48. Erasmus Marschalk Biberbach.
49. Ciriacus Horn de Vrach die Tiburcii (14. April).
50. Jacobus Piscatoris de Wurtzach.
51. Fridericus Solyer de Mutzich nobilis.
52. Dom. Andreas Stenglin de Holtzgirringen, plebanus in Waiblingen.
53. Eberhardus Brandenburg
54. Johannes Schad
55. Job Schad   de Bibraco altera Georgii
56. Johannes Ryff   (24. April).
57. Hainricus Moll
58. Johannes Renbolt
59. Johannes Spangenlang de Rotemburgo.
60. Stephanus Anhofer de Bäbenhusen.
61. Blasius de Wirtingen pauper dedit 1 β.
62. Johannes Schrepfer de Lur, pauper dedit 1 β.

---

37. S. Heyd.
38. B. a. 26. Mai 85.
41. B. a. 16. Dez. 84. *MFA.:* Räss.
44. B. a. 16. Sept. 84.
*47. Vgl. Zeitschr. d. hist. Vereins für Schwaben und Neuburg 1878
S. 247: Chorherr zu Wiesensteig und Pfarrer zu Aufkirch B.A. Kaufbeuren 1488.*
49. Vgl. Roth.
51. B. a. 15. Dez. 85. *MFA.:* Sulger.
53. B. a. 18. Mai 86. *MFA.:* Prandenburg.
54. B. a. 26. Mai 85. — *Weyermann 2,459. OAB. Biberach 139.*
56. B. a. 16. Sept. 84. — M. a. 27. Febr. 86.
57. B. a. 16. Sept. 84.
58. B. a. 16. Sept. 84. *MFA.:* Rembolt.
60. B. a. 18. Mai 86. *MFA.:* Steph. de B.
62. B. a. 10. Juni 84. *MFA.:* de Ar.

63. Georgius Calceatoris de Sindelfingen dedit 1 β.
64. Nicolaus Lemlin pauper dedit 1 β.
65. Jacobus Münsinger de Vrach pauper dedit 1 β.
66. Johannes Fritz de Agya maiori pauper dedit 1 β.
67. Dom. Conradus Bömlin, quondam plebanus et decanus in Vrach· et hodie. primus decanus eccl. colleg. Tüwingensis.

Ex licentia universitatis tempore pestilentiali tradita subscripti intitulati sunt in Rotemburg per quondam M. Johannem Martolff ex Rotemburg et M. Georgium Northofer a. d. 1482:

68. Trittwinus Herter de Rotemburg Johannis et Pauli (26. Juni).
69. Matheus Carnificis de Rotemburg (26. Juni).
70. Caspar Helin de Herremberg septem dormientium (27. Juni).
71. Georgius Planck de Altensickingen (27. Juni).
72. Conradus Scriptoris de Hechingen die Margarete (13. Juli).
73. Martinus Ycher de Kübingen die s. Pauli primi heremite (10. Jan. 1483).

Ex causa, qua supra, infrascripti intitulati sunt per M. Wilhelmum Mütschelin extra locum universitatis a. 1482.

74. Johannis Wachter ⎫
75. Johannes Pistoris ⎬ ex Plaubüren ⎱ divisionis apostolorum
76. Anthonius Pistoris ⎭ ⎰ (15. Juli).
77. Johannes Huber de Berckhiln ⎭
78. Nicolaus Scriptoris de Blaubüren die Alexii, nil dedit, quia pauper (17. Juli).
79. Geruasius Geltz ex Blaubüren die Panthaleonis (28. Juli).

---

64. B. a. 8. März 87. *MFA.:* Lemblin de Cella Eberhardi dt. facultati cyrographum de solvendo floreno, quem in prompto non habuit.
66. B. a. 10. Juni 84. *MFA.:* de Augia maiori.
67. Rect. 84/85. — *Vgl. Freib. Diöz.-Arch. 31 (1903) S. 193.*
70. MFABacc.: Jacobus Henlin de H. — B. a. 10. Juni 84. — *Freib.: 1487 Casp. Helin. — Pfarrer in Rottenburg a. N. 1499—1508; dann in Kempten.*
71. B. a. 15. Dez. 85. *MFABacc.:* Blanck. — M. a. 22. Aug. 88.
72. B. a. 16. Sept. 84.
74. B. a. 10. Juni 84.
75. B. a. 11. März 84.
76. B. a. 16. Sept. 84.

80. Ambrosius Tubicinis de Vrach die s. Gebhardi (27. Aug.).

81. Vitus Forestarii ex Plaubŭren die s. Pelagii (28. Aug.).

82. Johannes Molitoris de Elwangen, clericus Augustensis diocesis et Bacc. Ingolstad. universitatis die Johannis Crisostomi (27. Jan. 1483).

83. Johannes Gislinger de Grienigen, clericus Maguntinensis diocesis Bacc. Ertford. die eodem (27. Jan.).

11. Sub rectoratu spectabilis viri M. **Mangoldi [Widman]** canonici ecclesie collegiate huius loci infranotati intitulati sunt a festo Phil. et Jac. apostolorum a. **1483** vsque ad festum Luce evangeliste anni eiusdem:

1. Balthasar Lorch de Husen (7. Mai).
2. Johannes Hofman de Elwangen (7. Mai).
3. Conradus Böss de Messkirch (13. Mai).
4. Berchtoldus Reubolt de Oberneuhenheim ⎱ dt. 2 β (14. Mai).
5. Johannes Fröd de Mŭlhusen ⎰
6. Petrus Carnificis de Metzingen dt. 1 β (15. Mai).
7. Laurencius Rentz de Vlma dt. 1 β (17. Mai).
8. Wendalinus Bock de Calw dt. 1 β (18. Mai).
9. Jeronimus Lutzman de Öningen dt. 1 β (16. Mai).
10. Hainricus Gremper de Vähingen (19. Mai).
11. Johannes de Maltz pauper (19. Mai).
12. Dom. Georgius abbas in Zwifalten dt. 1 fl. (3. Juni).
13. Fr. Ludwicus de Ebingen, ⎫
14. Fr. Ludwicus Replin de Rŭtlingen, ⎬ monachi professi in Zwifalten (3. Juni).
15. Fr. Bartholomeus Lentzlin de Kirchen, ⎭

———

80. B. a. 11. März 84. *MFABacc.*: Trumeter. — M. a. 15. Febr. 87. *MFAMag.*: Ambr. Pfiffer de Stutgarten; *identisch?*

81. B. a. 11. März 84. *MFABacc.*: de Blaubŭrren. — M. a. 27. Febr. 86. *MFAMag.*: V. Hartzer de Bl.

82. M. a. Febr. 88. *MFAMag.*: J. Pistoris; *identisch?*

83. *Erf.*: 1479 Joh. Giseler de Grunningen. — M. a. Febr. 88. *MFA.-Mag.*: Gissler.

3. B. a. 26. Mai 85. *MFA.*: C. de Kruchenwiss.

6. B. a. 28. Febr. 88.

9. B. a. 17. Sept. 89. *MFA.*: Luxman de Eningen.

10. B. a. 16. Dez. 84. *MFA.*: Griemper. — M. a. 15. Febr. 87.

11. B. a. 21. Sept. 86. *MFA.*: Joh. de Metz seu Maltz.

12. *Georg Fischer, Gönner H. Bebels. Heyd, Ulrich 1,37.*

16. Fr. Paulus Meck de Wingarten,
17. Fr. Jacobus Schiler de Riedlingen,
18. Fr. Johannes Flüguff de Simeringen,
19. Fr. Johannes Dätt de Ebingen,
20. Fr. Conradus Wölflin de Rûtlingen,

} monachi professi in Zwifalten (3. Juni).

21. Vitus Link de Lipa Bacc. Wienensis^{a)} (3. Juni).
22. Johannes Haga de Dirna (3. Juni).
23. Ludwicus de Essendorff de Horn Bacc. Friburgensis (3. Juni).
24. Jacobus Riser de Walsee (6. Juni).
25. Simon Caldeatoris ex Bibrach, studens seu baccalaureandus Basiliensis^{b)} (9. Juni).
26. Bartholomeus Hug ex Mundrachingen (9. Juni).
27. Conradus Adalman } de Adelmannsfelden (11. Juni).
28. Caspar Adalman
29. Hermannus Linder de Vlma (12. Juni).
30. Joachim Schad ex Bibraco (16. Juni).
31. Virgilius Cantzler ex Saltzburga (16. Juni).
32. Wolffgangus Rûland ex Wienna (16. Juni).
33. Pangratius de Stöffel (17. Juni).
34. Conradus Krëmer de Sindelfingen canonicus ecclesie Túwingensis (20. Juni).
35. Johannes Sellatoris de Hechingen (29. Juni).

---

a) *ausgestrichen mit der Bemerkung:* renuntiavit privilegiis.
b) *Der Zusatz ist von anderer Hand und dahinter eine Rasur.*

22. B. a. 16. Dez. 84. *MFA.:* Hagen de Dúrnen.

23. Adeliger aus dem Geschlecht der Essendorf zu Horn (OA. Biberach). Vgl. Alberti u. OAB. Waldsee 173.

24. B. a. 16. Sept. 84.

25. B. a. 18. Dez. 83. *MFABacc.:* S. Kessler de B. *[von zweiter Hand]:* Basiliensis. — M. a. 1. Febr. 93. *MFAMag.:* S. Caldaraficis. — *Vgl. 50,46. Es ist möglich, dass dieser Sim. Kessler 1509/10 Dec. fac. art. war, wenn man vergleicht, dass Lemp (10,4) erst 1508 Dec. fac. art. wurde.*

27 u. 28. Vgl. Thurnhofer, Bernh. Adelmann (1900) bes. S. 12 ff.

30. Dr. decr. Kanonikus und Dompropsteiverweser in Konstanz 1518 Vgl. Wiener Sitzungsber. philos. Kl. 107 S. 184.

31. B. a. 16. Sept. 84. *MFA.:* o. O.

32. B. a. 26. Mai 85. *MFA.:* Rûlam.

33. Heyd, Ulrich 1,331: D. B. 582.

34. MFABacc.: Dom. Conradus de S. Bacc. Wiennensis receptus est ad facultatem 11. Aug. 83. — M. a. 23. Febr. 84. — *Chorherr und Prediger in Horb 1495 u. 1498 (Roth).*

35. B. a. 22. Sept. 85.

36. Albertus Hewberck de Rosenfeld (1. Juli).
37. Johannes Wirtemberger (3. Juli).
38. Georgius Schöferlin de Eslingen (3. Juli).
39. Conradus Enderlin de Mengen (4. Juli).
40. Georgius Scriptoris de Offemburg (4. Juli).
41. Wendelinus Gantz de opido Wil (7. Juli).
42. Johannes Bantel ex Walse (21. Juli).
43. Johannes Bantel ex Markdorff (21. Juli).
44. Georgius Leonhardi ex Ensenwiler (21. Juli).
45. Magnus Vetter de Vlma (21. Juli).
46. Johannes Marquart de Mengen (21. Juli).
47. Michahel Purhans de Tagershain (21. Juli).
48. Georgius Ganntz de Gislingen (25. Juli).
49. Conradus de Riexingen (29. Juli).
50. Andreas Helsenwin de Sindelfingen pauper (31. Juli).
51. Johannes Vogel de Wolfach (8. Aug.).
52. Benedictus Krafft de Vlma (9. Aug.).
53. Lampertus Kirchmayer ex Brunegk (9. Aug.).
54. Petrus Molitoris de Kirchen infra Teck (9. Aug.).
55. Sixtus Nerer de Munchsmünster (9. Aug.).
56. Johannes Rebmann de Nûwhusen (26. Aug.).
57. Mathias Türnlin de Rotemburg cis Enum (29. Aug.).
58. Georgius Spät de Pfullendorff (29. Aug.).
59. Bernhardinus Litfrid de Leomberg (6. Sept.).

— — ---

37. *Vgl. oben 6,9.*

41. B. a. 24. Febr. 85. *MFA.:* Gentz.

42. B. a. 10. Juni 84. *MFA.:* Pantel de Waldsew.

43. B. a. 18. Dez. 83. *MFA.:* Pantell.

44. B. a. 16. Sept. 84. — M. a. 15. Febr. 87. *MFABacc. u. Mag.:* de Lindow.

45. *MFABacc.:* Mangoldus V. de U. Bacc. Coloniensis receptus 17. Sept. 83. — M. a. 28. Febr. 84.

49. *Vgl. 20.16.*

51. B. a. 24. Febr. 85. — M. a. 15. Febr. 87.

54. B. a. 15. Dez. 83.

56. *Theol.:* canonicus in Urach, principiavit in bibliam 7. Nov. 1491 una cum duobus immediate precedentibus, principiantibus in sentencias *[sc. 9,20 u. 21,22];* principiavit autem in primum librum senteciarum 3 Dez. 1499 et licentiam recepit 3. Febr. 1502 una cum M. Petro *[28,38]: [am Rand:]* prepositus in Herrenberg.

58. B. a. 16. Dez. 84. *MFA.:* Gregorius Sp.

60. Hainricus Alts de Pregantia (25. Sept.).
61. Vlricus Beck de Pregantia (25. Sept.).
62. Caspar Grettler ex Pregantia (25. Sept.).
63. Johannes Riling ex Pregantia (26. Sept.).
64. Vitus Oltz ex Pregantia (26. Sept.).
65. Johannes Schöferlin de Esslingen (6. Okt.).
66. Alexander Sutoris ex Ylsfeld (7. Okt.).
67. Dom. Petrus Kempchin, prepositus ad s. Gwidonem Spire dedit
1 fl. (14. Okt.).
68. Martinus Dietz de Yttenhusen (15. Aug.).
69. Erhardus Wölfflin de Rútlingen (15. Aug.).
70. Vlricus Krafft de Pfullingen (16. Aug.).
71. Johannes Genslin de Pfullingen (16. Aug.).
72. Caspar Nell de Pregantia (16. Aug.).
73. Caspar Derrer de Pregantia (16. Aug.).

12. Nomina intitulatorum sub rectoratu spectabilis viri M. **Conradi Plenderer** de Stütgardia a festo s. Luce evang. a. **1483** vsque festum Phil. et Jac. app. a. **1484** immediate sequentis:

1. Petrus Bomer de Marchdorff die Januarii et sociorum (19. Okt.).
2. Stephanus Nithart de Lowingen ad crastinam eiusdem diei (20. Okt.).
3. Hainricus Zan de Gröningen die Severi episcopi (22. Okt.).
4. Symon Currificis de Besikon ad crastinam eiusdem diei (23. Okt.).
5. Bernhardus Smalholtz de Landtsperg Bacc. Jngelstet. in vigilia Symonis et Jude app. (27. Okt.).

---

60. B. a. 16. Febr. 86. *MFA.:* Eltz.
62. B. a. 18. Mai 86. *MFA.:* Gretler.
63. *S. 11,73a.*
64. B. a. 16. Sept. 84. *MFA.:* V. Eltz de Pr.
65. B. a. 18. Mai 86. — M. a. 25. Jan. 92.
67. Rect. 1486.
68. B. a. 24. Febr. 85. *MFABacc.:* de Itenhusen. — *Vgl. 31,44c.*
72. B. a. 18. Dez. 83.
73a. *MFABacc.:* Johannes Finck de Pregancia B. a. 16. Sept. 84. *Vielleicht identisch mit 11,63.*
73b. *MFAMag.:* Johannes Riser ex Tuebingen M. a. 1. Febr. 93 *ist aufgeführt vor 11,25.*

4. *Vgl. 3,7.* — *Theol.:* princip. in bibliam 6. Jul. 1490.
5. *MFABacc.:* rec. 14. Juli 86. — M. a. 15. Febr. 87.

6. Ludwicus Smalholtz eodem die (27. Okt.).
7. Jacobus Merck de Magstat crastina Narcissi (29. Okt.).   Nil
   dedit quia pauper.
8. Leonhardus Hayin de Deckenpfrün eodem die (29. Okt.).
9. Anthonius Chabodi de Chambariaco crastina animarum (3. Nov.).
   Nil dedit.
10. Johannes Bart de Tusslingen eodem die (3. Nov.).
11. Michahel Sattler de Waiblingen eodem die (3. Nov.).
12. Anthonius de Vfenloch (4. Nov.).
13. Anthonius Huser de Augusta (5. Nov.).
14. Jacobus Raiser de Riedlingen studens Ingelstet. in profesto
    Martini (9. Nov.).
15. Conradus Osualdi de Elwangen die Brictii (13. Nov.).
16. Nicolaus Hirnheimer de Elwangen eodem die (13. Nov.).
17. Georgius Mayerhofer de Gamundia in profesto Othmari (15. Nov.).
18. Johannes Truchsess de Rauenspurg crastina Othmari (17. Nov.).
19. Fr. Johannes Nathin de Nova ecclesia, art. M. lector et frater
    ord. s. Augustini IIᵃ post Othmari (18. Nov.).   Nil dedit.
20. Rudolfus Mag de Constantia die Elisabeth (19. Nov.).
21. Conradus Borer de Bibrach die Katherine virginis (25. Nov.).
22. Frater Johannes Arnoldi de Rotemburg, ⎫ conventuales in
23. Frater Johannes Betz de Rútlingen,   ⎪ Bebenhusen die s.
24. Frater Matheus Sibolt de Lustnow,   ⎬ Conradi episcopi
25. Frater Johannes Balduff de Lustnow,   ⎭ (26. Nov.).
26. Nicolaus Gösslin de Rútlingen proxima post Conradi (27. Nov.).

---

    6. B. a. 16. Sept. 84. *MFA.:* Swalotz de Landsperg.

    10. B. a. 18. Mai 86. — M. a. 26. Febr. 88.

    11. B. a. 26. Mai 85. — M. a. Febr. 91. *MFABacc. u. Mag.:* M. Sellatoris.

    12. B. a. 16. Febr. 86. — *Nach Bossert wahrscheinlich ein Herr von Sontheim zu Wendelsheim.*

    17. B. a. 16. Dez. 84. *MFABacc.:* Georgius de G. — M. a. 27. Febr. 86. *MFAMag.:* Mairhöfer. — Vgl. Roth.

    19. Erf.: *J. Natin de Nuwenkirchen 1465. — Theol.:* principiavit in cursum biblie 1484 ac in sentencias, quas legit pro forma in die 25. Jan. 1486, cum Bentzenrúter [10,14] tenuit aulam magistralem. — Heidelb.: Fr. J. Natin de Nova Ecclesia Mogunt. dioc. 11. Jul. 1488. — Erf.: J. Natynn de N. E. 1493. — Dr. theol. 21. Okt. 93. Vgl. Motschmann. Erfordia literata 1. Forts. (1733) S. 24. — Vgl. Köstlin, Luther s. n.

    21. B. a. 24. Febr. 85. *MFA.:* de Rain. (*Vielleicht Reinstetten OA.Biberach.*) Vgl. unten Nr. 44.

    23. *Joh. Betz 1545 Pfarrer in Lustnau.*

27. Conradus Riser de Alensshusen, terciarius in bursa antiquorum, dedit 1 β pedello die Andree (30. Nov.).
28. Petrus Widman de Bülach crastina Andree (1. Dez.).
29. Lucas Spetzhart de Rotemburg eodem die (1. Dez.).
30. M. Caspar Reyner de Argentina dedit 1 β die Lucie virginis (13. Dez.).
31. Frater Stephanus Ringler de Augusta ord. Carmelitarum s. theologie lector die Thome apostoli (21. Dez.).

1484.

32. Georgius Vlstatt de Augusta studens Ingelstet. crastina circumcisionis (2. Jan.).
33. Paulus Stör de Lutkirch eodem die (2. Jan.).
34. Vlricus Elembog ⎤ de Memingen die Anthonii (17. Jan.).
35. Johannes Elembog ⎦
36. Melchior Trutman de Túwingen crastina Prisce virginis dedit 1 β pauper (18. Jan.).
37. Jheronimus Keller de Ilsfeld⁻ ⎤ die Sebastiani (20. Jan.).
38. Cristiannus Bichler de Mittelbibrach ⎦
39. Wilhelmus Dusans de Montepeligardo decanus ecclesie illic, die Vincencii martyris (22. Jan.) dt. VII β.
40. Hainricus Stůdlin de Campidona die purificationis b. virginis (2. Febr.).
41. Petrus Mannsperger de Túwingen die Juliane virginis[a] (16. Febr.).
42. Gregorius Dyem de Dornstetten. Nil dedit quia pauper (20. Jan.).
43. Sebastianus Průnig de Túwingen (20. Jan.).
44. Georgius Barer de Rain (29. Febr.).

a) *Am Rand:* renunciavit privilegiis universitatis die Mercurii post Palmarum (22. März) 1486.

27. B. a. 18. Mai 86. *MFA.:* de Bibraco; pauper nil dt.

29. B. a. 18. Mai 86. — M. a. Febr. 91. *MFAMag.:* de Ruttlingen. — *Med.:* L. Spechtzhert de R. Dr. med. 17. Jan. 1508.

33. B. a. 26. Mai 85: de Lůkirch. — *Pfarrer in Urlau OA. Leutkirch* † *1517 (Rud. Roth, Gesch. v. Leutkirch 2 [1872] S. 411).*

34. B. a. 15. Dez. 85. — *Vgl. Roth.*

35. B. a. 22. Sept. 85. *MFABacc.:* Elemboger o. O. — M. a. 18. Sept. 88. *MFAMag.:* Elenbog.

38. B. a. 18. Mai 86. *MFA.:* Bühler.

43. *D. B. 560. Stälin 4, 142 ff.*

44. *Vgl. oben Nr. 21.*

45. Andreas Rempiss de Gislingen (4. März).
46. Johannes Pauli de Alenspach (10. März).
47. Stephanus Sailer   } de Rútlingen (11. März).
48. Condraus Mendler }
49. Conradus Swartz de Haigerloch (11. März).
50. Balthasar Gerhart de Rütemshain die Gregorii pape (12. März).
51. Johannes Waller de Elwangen (14. März).
52. Nicolaus Gering de Waldsew (14. März).
53. Fridericus Koch de Waiblingen (14. März).
·54. Johannes Himmelrich de Herremberg proxima ante Benedicti abbatis (20. März).
55. Vlricus Sellatoris de Staingaden professus ord. Premonstratensis (20. März).
56. Johannes Haym de Waltorff proxima post Benedicti (22. März).
57. Ludwicus Martini de Tutlingen conventualis monasterii in Schaffhusen ord. s. Benedicti in profesto annunciationis Marie (24. März).
58. Burckardus Rockembuch de Wil crastina annunciationis (26. März).
59. Caspar Menishofer de Vberlingen (31. März).
60. Johannes Molitoris de Winterbach (7. April).
61. Remboldus Finck de Memingen (20. April).
62. Andreas Röm de Grienigen die Marci evangeliste (25. April).
63. Georgius Zwingysen de Wangen proxima post Marci (26. April).
64. Jacobus Sibolt de Marpach (28. April).

_____

45. B. a. 26. Mai 85. *MFABacc.:* Rumpis. — M. a. 15. Febr. 87. *MFAMag.:* Rintpiss. — *Theol.:* Principiavit in bibliam 21. März 92; in sentencias 13. Okt. 94; licentiam recepit 21. Aug. 97; insignia magistralia recepit 7. Juli 1500 cum M. M. Jacobo Lemp *[10,4]* et Johanne Stüpitz *[39,20].* — Dec. fac. art. 96/97. Rect. 95/96: theol. Bacc. formatus; 1501: sacre pagine professor.

46. B. a. 22. Sept. 85. — M. a. 22. Aug. 89.

48. B. a. 15. Dez. 85. — M. a. Febr. 90. *MFABacc. u. Mag.:* Mennler.

49. *Ein Konr. Schwars ist 1542 Pfarrer in Zaimingen.*

50. B. a. 15. Dez. 85. *MFA.:* de Entastain; nil dt.

51. B. a. 22. Sept. 85. — M. a. 15. Febr. 87.

52. B. a. 22. Sept. 85.

55. *Ein Mag. Ulrich Sattler wird 1533 Abt in Weissenau. W. Viertelj.-H. 1883 S. 292.*

56. B. a. 7. Juni 87. *MFA.:* Heim.

57. B. a. 20. Sept. 87. *MFA.:* Fr. Ludw. de Schaffhusen.

58. S. Nr. 67a.

60. B. a. 22. Sept. 85.

62. B. a. 24. Febr. 85. *MFA.:* Rem.

65. Cristoferus Clammer de Tanheim (30. April).
66. Johannes Alberti de Lindaw. Dedit 1 β quia pauper (30. April).
67. Johannes Burck de Raperswil nil dedit quia pauper et famulus
.burse die Phil. et Jac. app. (1. Mai).

13. Sequuntur insuper nomina intitulatorum sub rectoratu
spectabilis viri M. **Conradi Sümerhart** de Calw a festo ss. Phil.
et Jac. apostolorum a. **1484** donec ad festum S. Luce evang. anni
eiusdem:

1. Johannes Spilman de Raperswil proxima ante inventionem s.
crucis (2. Mai).
2. Johannes Beltzinger
3. Johannes Sitz   } de Vlma die inventionis s. crucis
4. Johannes Ber   }   (3. Mai).
5. Conradus Köll
6. Johannes Volmar de Thurego }
7. Michahel Bayel de Swaitz   } proxima post invent. s. crucis
8. Johannes Cauler de Swaitz }   (4. Mai).
9. Johannes Äblin de Thurego studens Basil. proxima post Gor-
diani (11. Mai).
10. Nicolaus Rigler de Wolfach crastina Gangolfi (14. Mai).
11. Baltasar Fabri de Ebingen (16. Mai).
12. M. Vdalricus Bernhardi de Bludentz Mag. univ. Basil. (7. Mai).
13. Johannes Vlricus Linss de Veldkirch (7. Mai).
14. Marcus Pretzger de Rain proxima ante Vrbani (24. Mai).
15. Berchtoldus Rüter de Scher eadem die (24. Mai).

--- --- ———

67a. *MFABacc.*: Burkhardus Keppeler de Wyl. B. a. 16. Febr. 86.
Vgl. Roth, der ihn mit Nr. 58 identifiziert.

2. B. a. 14. Sept. 84. *MFA.:* o. O.
3. B. a. 14. Sept. 84.
4. B. a. 14. Sept. 84.
5. *Vielleicht der Dominikaner Köllin, der gegen Luther schrieb und
dessen Geburtsjahr dann etwas früher angesetzt werden müsste. Vgl. N. Paulus,
Die deutschen Dominikaner im Kampf gegen Luther (1903) S. 111 ff.*
8. B. a. 16. Febr. 86. *MFABacc.*: Cauter de Swatz. — M. a. 26. Febr. 88.
MFAMag.: Kaudler ex Schwäutz.
9. B. a. 24. Febr. 85.
11. B. a. 16. Dez. 84.
15. B. a. 15. Dez. 85. *MFA.*: Riter.

16. Johannes Webel de Swabach die s. Erasmi (3. Juni).
17. Othmarus Molitoris de Lindow proxima ante Medardi (7. Juni).
18. Eustachius Funck de Memingen proxima ante Viti (14. Juni).
19. Leonhardus Pewerllen plebanus in Geströss die Viti (15. Juni).
20. Michahel Wachteler de Yesingen prope Kirchen crastina Viti (16. Juni).
21. Johannes Frúce de Schussenriet Marci et Marcelliani (18. Juni).
22. Johannes Wysshär de Rotemburgo (19. Juni).
23. Johannes Stoll de Eppingen ⎱ hi duo nil dt. quia pauperes.
24. Nicolaus Lupus de Benfeld ⎰ Gervasii et Protasii (19. Juni).
25. Marcus Sartoris de Hailprunna
26. Johannes Venatoris de Biel
27. Georgius Goldhaber de Messingen
28. Stephanus Schmidhober de Messingen
29. Sixtus Molitoris de Jnchenhofen
30. Johannes Rorbach de Hilspach

decem millium marty-
rum (22. Juni), nil dede-
runt, quia pauperes.

31. Zacharias Currificis de Baubenhusen crastina Vlrici (5. Juli). pauper nil dedit.
32. Michahel Holtzheu ⎱
33. Caspar Lenger   ⎰ de Stütgardia
34. Andreas Gallus de Pegantia
35. Georgius Pleicher de Vlma

VIIIa apostolorum Petri et Pauli (6. Juli).

36. Valentinus Sellatoris de Túwingen VII filiorum Felicitatis (10. Juli).
37. Georgius Planck de Pludentz
38. Johannes Capitell de Veltkirch

die Margarethe (13. Juli).

39. Andreas Werlin de Vlma
40. M. Georgius Rich de Gamundia

crastina Martini (5. Juli).

---

16. B. a. 21. Sept. 86. MFA.: Waibel.
17. B. a. 16. Febr. 86.
21. B. a. 15. Dez. 85. MFABacc: Joh. Fiel de Soret. - M. a. 25. Febr. 89. MFAMag.: Joh. Frie.
22. B. a. 15. Dez. 85. MFA.: Wishar.
30. B. a. 15. Dez. 85.
32. B. a. 18. Mai 86. MFABacc.: Holtzhey. — M. a. Febr. 90.
33. B. a. 18. Mai 86.
35. B. a. 22. Sept. 85. — M. a. 15. Febr. 87. MFABacc. u. Mag.: Blaicher. — 1518 Pfarrer in Giengen OA. Geislingen. Wiener Sitzungsber. philos. Kl. 107 S. 190.
36. B. a. 12. März 89.

41. Cristoferus de Tridento, dt. 1 β quia pauper) die Apolinaris
42. Conradus Bertsch de Urach } (23. Juli).
43. Thomas Rümelin de Stockach crastina Anne (27. Juli).
44. Albertus Saltzmau de Ditzingen crastina vinculorum Petri (2. Aug.).
45. Georgius Silber de Geppingen inventionis s. Stephani (3. Aug.).
46. Johannes Kramer de Sindelfingen die decollacionis s. Johannis (29. Aug.).
47. Ludwieus Hack de Balingen die Egidii (1. Sept.).
48. Reinhardus Switzer de S. Germano eadem die, nil dt. quia pauper (1. Sept.).
49. Marcus Sigloch de Grünigen exaltationis s. crucis (14. Sept.).
50. Vdalricus Truchsess de Blaubúren crastina exaltationis (15. Sept.).
51. Sebastianus Schiller de Vlma proxima ante Cipriani (25. Sept.).
52. Matheus Fischer de Läwingen die Dionisii (9. Okt.).
53. Caspar Rentz de Balingen die Fidis virginis (6. Okt.).
54. Wernherus Sydensticker de Thurego (12. Okt.).
55. Conradus Stahell de Gechingen (12. Okt.).
56. Dom. Johannes Widman de Möchingen vtriusque medicine doctor in octava Petri et Pauli apostolorum (6. Juli).

14. Intitulati sub rectoratu venerabilis viri dom. **Conradi Bömlin** decani ecclesie collegiate huius loci a festo s. Luce evangeliste a. d. **1484:**

42. *Vgl. Radlkofer, J. Eberlin (1887) S. 128.*
43. B. a. 18. Mai 86. — M. a. 26. Febr. 88.
44. B. a. 15. Dez. 85. *MFA.:* Seltzman.
46. M. a. 26. Febr. 88. *MFAMag.:* Krämer.
47. B. a. 16. Febr. 86.
49. B. a. 16. Febr. 86.
50. B. a. 16. Febr. 86.
51. B. a. 16. Febr. 86. *MFA.:* Schilher.
52. B. a. 16. Dez. 84. *MFA.:* Piscatoris.
53. B. a. 18. Mai 86.
56. *Heidelb.:* Joh. W. de Möchingen scolaris Const. dioc. 1. Oct. 1459. B. a. viae mod. 9. Jul. 1461. — In Tübingen: Dec. fac. med. 1497: Joh. Meu-chinger.
56a. *MFAMag.:* Jacobus Sartoris de Zwifalten. M. a. 25. Febr. 89 *ist mit 56b aufgeführt zwischen 16,24 u. 13,21.*
56b. *MFAMag.:* Sixtus Flaischmau de Eschenbach. M. a. 25. Febr. 89 *identisch mit 2,59?*

1. Ludwicus Fahri de Dornstetten IVa feria ante undecim millium
   virginum (20. Okt.).
2. Michahel Bolender de Schorndorff (20. Okt.).
3. Johannes Klepfer de Waiblingen (20. Okt.).
4. Fridericus Hess undecim millium virginum (21. Okt.)
5. Johannes Steller de Zell die Severini (23. Okt.).
6. Henckelinus de Butspach ⎱ in profesto Symonis et Jude
7. Hartmannus de Butspach ⎰   (27. Okt.)
8. Conradus Molitoris de Campidona ead. die (27. Okt.).
9. Andreas Kúngspach de Stútgardia ead. die (27. Okt.).
10. Caspar Hausman de Yefflingen die Simonis et Jude (28. Okt.).
11. Georgius Keller de Göppingen die Narcissi (29. Okt.).
12. Erhardus Lemp de Wolffach omnium sanctorum (1. Nov.).
13. Jacobus Haid de Enterspach die animarum (2. Nov.). Nil dedit.
14. Diethmarus Aschman de Vaihingen ⎱ crastina animarum
15. Andreas Ûdall de Bietiken ⎰   (3. Nov.).
16. Georgius Biderman de Ellwangen in profesto Martini (10. Nov.).
    Nil dedit.
17. Conradus Eberlin de Canstat die Britii (13. Nov.).
18. Johannes Wayss de Chur in profesto Elisabeth (18. Nov.).
19. Johannes Schick de Kirchen in profesto presentationis (20. Nov.).
20. Johannes Linser de Stüba ⎱ die Cecilie (22. Nov.).
21. Georgius Lynss de Feldkirch ⎰
22. M. Gabriel Byel s. theol. licentiatus (in Vrach prepositus et
    ordinarius theologie in hac universitate)ᵃ⁾ (22. Nov.).

---

a) *Das Eingeklammerte ist späterer Zusatz.*

1. B. a. 18. Mai 86.
2. B. a. 21. Sept. 86. *MFA.:* de Oppenhain.
9. *Vgl. Roth.*
10. B. a. 18. Mai 86.
11. B. a. 21. Sept. 86.
12. B. a. 21. Dez. 86.
13. B. a. 18. Mai 86. *MFA.:* de Etterbach.
14. B. a. 16. Febr. 86. — M. a. 15. Febr. 87. *MFABacc. u. Mag.:* Astman.
— Rect. 92/93.
15. B. a. 21. Dez. 86. *MFA.:* V̌dal de Bietikain.
17. B. a. 24. Febr. 85. *MFA.:* Conradus de C.
19. B. a. 18. Mai 86.
21. B. a. 18. Mai 86. *MFA.:* G. Kruss de F.
22. Rect. 85/86: praep. eccl. coll. Urach; 89. — *Vgl. Heyd u. Steiff.*

23. Jacobus Arnoldi de Wyle ⎱ in festo Cecilie
24. Nicolaus Fryenstain de Franckfordia ⎰ (22. Nov.).
25. Burkardus Fürderer de Stütgardia in profesto s. Katherine (24. Nov.).
26. Melchior Sparbrot de Offemburg ⎱ die s. Conradi (26. Nov.).
27. Currificis de Göppingen ⎰
28. Bonifacius Dinckmůt de Göppingen ⎱ feria V a post Andree
29. Johannes de Werdnow ⎬ (2. Dez.).
30. Conradus Vesseler de Loemberg ⎰
31. Nicodemus Wůrster de Vrach in profesto Barbare (3. Dez.).
32. Fridericus Sturmfeder in profesto conceptionis Marie (7. Dez.).
33. Balthasar Lutz de Memingen ead. die (7. Dez.).
34. Ludwicus Wisgerber de Růtlingen in vigilia Thome apostoli (20. Dez.).
35. Nicolaus Boll de Wisman III a feria ante nativitatis (21. Dez.).
36. Ciriacus Egloffer de Wimpfen.

1485.

37. Johannes Knoll de Ebhusen in octava innocentium (4. Jan.) Nil dt.
38. Hainricus de Wissenhorn in vigilia epiphanie (5. Jan.).
39. Generosus dominus dom. Felix comes de Werdemberg in profesto epiphanie (5. Jan.). Dt. 1 fl.
40. Georgius Truchsess de Ringingen eadem die (5. Jan.).
41. Simon de Rischach ead. die (5. Jan.). ·
42. Marquardus ⎱ de Lapide fratres eadem die (5. Jan.).
43. Berchtoldus ⎰

---

23. *S. unten 81b.*
25. *D. B. 540.*
28. B. a. 18. Mai 86. — M. a. 22. Aug. 89.
29. *Steinhofer 3,719.*
30. B. a. 28. Febr. 88. *MFABacc.:* Fessler. — M. a. 13. Aug. 93.
32. *Steinhofer 4,650. OAB. Backnang S. 281.*
33. B. a. 18. Mai 86.
34. B. a. 26. Sept. 86. *MFABacc.:* Wissgerwer; pauper nil dt. — M. a. 13. Aug. 93. *MFAMag.:* Ludw. Candidarii de R. — *Chorherr in Öhringen. K. Fr. Dietzsch, Einführung der Reformation in Hohenlohe (1817) S. 18.*
35. *N. Poll, Arzt in Innsbruck vor 1503. Ztschr. d. hist. Ver. f. Schwaben und Neuburg 2 (1875) S. 98.*
40. B. a. 20. Sept. 87. *MFA.:* o. O. — M. a. Febr. 91. — *Heyd, Ulrich 1,162.*
41. M. a. Febr. 91. *MFAMag.:* de Reuschach. — *Vgl. Roth.*

44. Dominicus Machdorff de Pfortzen ead. die (5. Jan.).
45. Sebastianus Lotzer de Horw in profesto Hilarii (12. Jan.).
46. Leonhardus Künlin de Canstat ⎫
47. Johannes Gäser de Waiblingen ⎰ die Hilarii (13. Jan.).
48. Jacobus Rethaber de Túwingen ⎫
49. Johannes Castratoris de Möchingen ⎰ die Agnetis (21. Jan.).
50. Ludwicus Hafner de Balingen die Vincentii (22. Jan.).
51. Wendalinus Piscatoris de Entzwibingen ⎫
52. Eberhardus Struber de Marchdorff ⎰ die Timothei (24. Jan.).
53. Johannes Baldinger de superiori Ennelhain ead. die (24. Jan.).
    Nil dedit.
54. Jheronimus Lupfdich de Blaubûren die Thimothei (24. Jan.).
55. Vlricus Friderici de Bludentz die Brigide (1. Febr.).
56. Johannes Mayer de Malmsen feria IIa post Invocavit (21. Febr.).
57. Frater Matheus de Augia minore ord. Premonstratensis.
58. Frater Cristoferus Gotfrid (ambo de Pregantia).ᵃ⁾
59. Georgius Molitoris de Balingen IVa feria post Reminiscere
    (2. März).
60. Johannes Sifridi de Vberlingen die tunc crastina (3. März).
61. Ludwicus Schertlin de Leomberg VIa feria post Reminiscere
    (4. März).
62. Generosus dominus dom. Johannes Ludwicus comes de Nassaw
    et Sarbruck dedit 1 fl. sabbato post Reminiscere (5. März).

———   ———

a) Das Eingeklammerte ist späterer Zusatz.

*45. Kürschnermeister und Schriftsteller in Memmingen. Vgl. Dobel.
Memmingen im Reformationszeitalter (1877) 1,28.*

47. B. a. 7. Juni 87. *MFA.:* Gaisser.

48. Freib.: 1488 Retthaber. · *Erf.: 1490 de Dubingen Bacc. Friburgensis.*

50. S. 30,76 a.

51. MFABacc.: Wend. Pisc. de E. Bacc. Erdtford rec. 16. März 86.
ita tamen, quod locandus sit ante baccalareos promotos in angaria penthecostes
1485 (26. Jun.). — M. a. 15. Febr. 87.

52. B. a. 18. Mai 86. *MFA.:* E. Stuber de Martolff.

54. B. a. 21. Dez. 86.

56. B. a. 18. Mai 86. — M. a. 18. Sept. 88.

57. B. a. 21. Sept. 86. — *MFABacc.:* Fr. M. Gretler de Angia minore.
— M. a. 18. Sept. 88. *MFAMag.:* Fr. M. Gretler ex Pregantia.

58. B. a. 21. Sept. 86. *MFABacc.:* Fr. Cr. Götfrid de A. m. — M. a.
18. Sept. 88. *MFAMag.:* Göpfrid ex Pregantia.

59. B. a. 18. Mai 86. — M. a. 26. Febr. 88.

61. B. a. 21. Dez. 86.

63. Johannes de Liebenstain eadem die (5. März). Nil dedit.
64. M. Jacobus-Spinnellwagner de Memmingen eadem die (5. März). Nil dedit.
65. Mathias Walker de Rûtlingen feria IIa post Oculi (7. März).
66. Johannes Widman de Schlaitorff die Gregorii (12. März).
67. Georgius Lûtfrid de Sigmaringen dominica Letare (13. März).
68. Johannes Jöppell de Xûrmberga feria IIa post Letare (14. März). Nil dedit.
69. Melchior Hüter de Nördlingen VIa feria post Letare (18. März).
70. Kylianus Pfitzer de Dornstetten feria IIIa post Judica (22. März). Nil dedit.
71. Otto Röt de Vlma sabbato ante Quasimodo (9. April).
72. Georgius May de Stütgartia eadem dominica (10 April).
73. Michabel Balneatoris de Bretten feria IVa post Quasimodo (13. April). Nil dedit.
74. Leonhardus Starck de Krälsam
75. Vdalricus Schlimpff de S. Gallo
76. Johannes Vderboltz de S. Gallo
77. Sebastianus Lutifiguli de Vberlingen

} VIa feria post Quasimodo (16. April).

78. Dom. Johannes Kanterfoser de Grünigen ex Frisia, dominica Misericordia domini (17. April). Nil dedit.
79. Jacobus Bächt de Rûtlingen VIa feria post Miseric. domini (23. April).
80. Johannes Rorbach de Franckfordia IVa feria post Jubilate (27. April).
81. Conradus Spinnellwager de Memmingen cad. die (27. April).

63. D. B. 487; Steinhofer 4,583: OAB. Besigheim 232.
65. B. a. 18. Mai 86. — M. a. 26. Febr. 88.
66. B. a. 21. Dez. 86.
67. B. a. 18. Mai 86. — M. a. 26. Juli 87. MFAMag.: de Simeringen.
68. B. a. 8. März 87. MFA.: Joppel.
71. B. a. 21. Sept. 86. — M. a. 26. Febr. 88. MFAMag.: O. Raut. — Weyermann 2,443.
72. B. a. 21. Sept. 86. MFA.: G. Mayer.
73. B. a. 21. Dez. 86.
74. B. a. 21. Sept. 86. MFA.: de Crelsam.
75. B. a. 21. Sept. 86. MFA.: Schlumpf.
76. B. a. 21. Sept. 86. — M. a. 26. Febr. 88. MFABacc. u. Mag.: M. Oderboltz.
79. B. a. 21. Sept. 86. MFABacc.: Becht. — M. a. 26. Febr. 88.
81a. MFAMag.: Johannes Keller ex Leonberg. M. a. 18. Sept. 88, rangiert zwischen 14,56 u. 57.
81b. MFABacc.: Jacobus Nämlin de Zell. B. a. 16. Febr. 86; rangiert

15. Intitulati sub rectoratu eximii viri dom. **Vlrici Krafft** de Vlma utr. iur. D. a. Philippi et Jacobi a. d. **1485:**

1. Georgius Mayer ex Úlengen (9. Mai).
2. Anthonius Stecher de Chur (10. Mai).
3. Frater Petrus Babemberger professus in Crútzlingen (14. Mai).
4. Georgius Kanss de Mundrachingen (14. Mai).
5. Nicolaus Herman de Mundrachingen (14. Mai).
6. Conradus de Bittenfeld (16. Mai).
7. Vitus Thör de Vlma (16. Mai).
8. Michahel Kolbecker de Baden die lune ante corp. Christi (30. Mai).
9. Benedictus Göffe ex Büel (2. Juni).
10. Ambrosius Hedlnman de Rietnow (3. Juni).
11. Jheronimus de Bietikan die lune post corp. Christi (6. Juni).
12. Eberhardus Rebitzer de Hollestain (5. Juli).
13. Erhardus Kurmayr (5. Juli).
14. Laurentius Baldumb (5. Juli).
15. Jacobus de Löemberg (5. Juli).
16. Magnus Marschalk de Bappenbain.
17. Johannes Spätt die Margarete (15. Juli).
18. Georgius Brunner de Eschenbach (19. Juli).
19. Georgius Scrinatoris (26. Juli).

---

zwischen 14,14 u. 16,20: vielleicht identisch mit 14,23: Zell u. T. bei Weilheim u. T.

1. B. a. 21. Dez. 86. *MFA.:* de Rüdlingen.

2. B. a. 7. Juni 87. *MFA.:* Stächer.

3. B. a. 21. Dez. 86. *MFABacc.:* de Constancia. — M. a. Febr. 90. *MFAMag.:* Fr. J. Bawmberger de Crützlio.

4. B. a. 21. Sept. 86. *MFA.:* Ganss.

5. B. a. 21. Sept. 86.

6. B. a. 21. Sept. 86. *MFABacc.:* Conr. de Bittelfeld. — M. a. 26. Febr. 88. — *MFAMag.:* Conr. Zimmermann de Bütefeld.

8. B. a. 21. Sept. 86. *MFA.:* Kolbeck.

9. B. a. 21. Dez. 86. *MFA.:* de Bühel.

11. B. a. 8. März 87.

12. B. a. 22. Sept. 85. *MFA.:* Rebentzer de Holenstain.

15. B. a. 20. Sept. 87.

18. B. a. 28. Febr. 88.

19. B. a. 18. Sept. 88. *MFA.:* ex Tuwingen.

20. Martinus Brick (1. Aug.).
21. Johannes Kugell feria VIa post assumpt. Marie (19. Aug.).
22. Joachim de Ellerbach (31. Aug.).
23. Gregorius Buler de Vlma (31. Aug.).
24. Johannes Pistoris de Nagolt (11. Okt.).
.25. Frater Erhardus Stecke de Stütgardia ⎫ ord. Premonstr.
26. Frater Jodocus Gropper de Backenhain ⎭ (15. Okt.).
27. Berchtoldus Gräff de Rotemburg die s. Magni (6. Sept.).
28.* Ludwicus Wirtemberger de Münsingen die Gorgonii (9. Sept.).
29. Michel Wild de Haidgöw in die Cosme et Damiani (27. Sept.).
30. Vitus Mang de Baubenhusen dt. 1 β hl. (16. Okt.).

16. Intitulati in et sub rectoratu venerabilis et eximii viri
M. **Gabrielis Byell** s. theologie licenciati necnon prepositi eccl. col-
legiate in Vrach a festo s. Luce a. **1485** vsque ad festum Phil. et
Jac. a. **1486** hic seriatim subscripti reperiuntur:

1. Georgius Gastmaister de Altenstatt (19. Okt.).
2. Johannes Brackenheimer de Sassenhein (19. Okt.).
3. Johannes Friberger de Constantia canonicus regularis in Crützlingen (24. Okt.).
4. Johannes Sigelhuser de Marpach (25. Okt.).

---

20. B. a. 28. Febr. 88. *MFABacc.:* M. Trück de Baiersbrunn. — M. a.
Febr. 91. *MFAMag.:* Trick de B.
21. B. a. 8 März 87. *MFA.:* Kügelin de Ulma.
23. B. a. 21. Dez. 86. *MFA.:* Büler. *Weyermann 2 S. 15: Gr. Bauler.*
24. B. a. 8. März 87.
25. B. a. 8. März 87. *MFABacc.:* Fr. Erh. de St. — M. a. 25. Febr. 89.
MFAMag.: Erh. de St.
26. B. a. 8. März 87. *MFABacc.:* Fr. Jod. de B. — M. a. 22. Sept. 89.
27. B. a. 8. März 87. *MFA.:* Gräf.
29. B. a. 8. März 87. *MFA.:* de Haidgeew.
30a. *MFABacc.:* Frater Jheronimus Buchstetter de Marchtall. B. a.
22. Sept. 85.
30b. *MFABacc.:* Fr. Caspar Fabri de Marchtall. B. a. 22. Sept. 85.
30c. *MFABacc.:* Fr. Ulricus Sailer de Stötgardia. B. a. 22. Sept. 85.
Alle 3 stehen nebeneinander in MFABacc. zwischen 15,12 u. 9,42.
1. B. a. 7. Juni 87. *MFA.:* G. Gastmeyer de Altensteig.
2. B. a. 8. März 87. — M. a. 22. Aug. 89. *MFABacc. u. Mag.:* Joh.
Sachsenhain de Esslingen.
4. B. a. 21. Dez. 86. — M. a. 26. Febr. 88.

5. Philippus Vntrost de Waiblingen (25. Okt.).
6. Caspar Sartoris de Vrach (26. Okt.).
7. Johannes Schüler de Chur (26. Okt.).
8. Johannes Hammer de Mengen (31. Okt.).
9. Johannes Pistoris de Bernhusen (4. Nov.).
10. Wilhelmus Truchsess de Walpurg (4. Nov.). Dedit 1 florenum.
11. Vdalricus Grafnegk (4. Nov.).
12. Melchior Swartzemberger de Franckfordia (4. Nov.).
.13. Georgius Fabri de Augusta (23. Nov.).
.14. Anthonius Swartzembach (28. Nov.).
15. Sebastianus Treumlin de Cellaratolfi (4. Dez.).
16. Petrus Krafft de Plaubürren (12. Dez.).
17. Frater Caspar Sybold de Vrse ordinis s. Benedicti (19. Dez.).
18. Frater Sebastianus de Braitenstein professus eiusd. ord. monasterii in Campidona (19. Dez.).

1486.

19. Gabriel Schlicher de Vlma (5. Jan.).
20. Johannes Fritz de Winiden (10. Jan.).
21. Nicolaus Sigwart de Nyderbaden art. Mag., die conversionis Pauli (25. Jan.). Remissa est pecunia ob magisterii honorem.
22. Georgius Winckental de Vrbach (17. Jan.).
23. Frater Nicolaus Ottonis de Steindal professus ord. heremitatarum s. Augustini dt. 4 β (31. Jan.)
24. Dionisius Bickel de Wila dt. 1 β (1. Febr.).
25. Paulus de Mansfelt (3. Febr.).

5. B. a. 8. März 87. — M. a. 11. Aug. 96. *MFAMag.*: ex Wayblingen {*an Stelle des gestrichenen* Kanstat.]. — *Vgl. Freib. Diös.-Arch. 31 (1903) S. 196.*
6. B. a. 8. März 87.
8. B. a. 8. März 87.
13. B. a. 21. Dez. 86.
16. B. a. 28. Febr. 88.
18. *Necrol. Ottenbur. in Zeitschr. d. hist. Ver. für Schwaben u. Neuburg 5 (1878) S. 406: abbas Campidonensis † 1536.*
20. B. a. 16. Febr. 86. — M. a. 18. Sept. 88.
24. B. a. 7. Juni 87. *MFABacc.*: Dyonisius de Böblingen. — M. a. 25. Febr. 89. *MFAMag.*: D. B. de Böblingen. — *Theol.*: D. B. ex Canstat principiavit in cursum biblic anno 1499; sententias legit in universitate Wittemberg; licentiam recepit cum M. Sigism. Epp [31,44] 12. Febr. 1504. — *Vgl. Schnurrer, Erläuterungen 290. Corp. Ref. 12,90. Kolde, Augustinerkongregation S. 221.*

26. Vdalricus Irmler de Feltkirch (5. Febr.).
27. Heinricus Held de Diffennaw (9. Febr.).
28. Jeronimus Setzinger de Babenhusen dt. 1 β (12. Febr.).
29. Dom. Jheronimus de Curwaria utr. iur. Dr. (15. Febr.).
30. Philippus Altinger de Wila (15. Febr.).
31. Albertus Sculteti de Grünigen (18. Febr.).
32. Johannes Molitoris de Bütiken (20. Febr.).
33. Cristannus Brem de Merona (22. Febr.).
34. ˙Johannes Traber de Babenhusen dt. 1 β (23. Febr.).
35. Conradus Morgenmůss de Brackenhain (23. Febr.).
36. Johannes Bebinger de Stutgardia (25. Febr.).
37. Johannes Kesler de Veringen (27. Febr.).
38. Vlricus Vaiglin ⎫
                ⎬ de Veringen (8. März).
39. Ludwicus Fischer ⎭
40. Caspar Fyelin ⎫
              ⎬ de Tagershain (9. März).
41. Johannes Gugbart ⎭
42. Johannes Magni de Altenuil primissarius in Schönaich (13. März).
43. Ambrosius Jungk de Vlma (30. März).
44. Johannes Schäffer de Túwingen (4. April).
45. Jodocus Erny de Felkirch (4. April).
46. Jodocus Swicker de Pfaffenhofen (22. April).
47. Johannes Orb de Kaltenwesten (28. April).
48. Johannes Macellatoris de Gersspach (28. April).
49. Johannes Swenkrist de Wissenborn (28. April).
50. Jacobus Reulin de Blochingen dt. 1 β (29. April).

---

27. *Schultheiss in Horb und Leonberg.*
29. Rect. 92: Crovaria; 96. — *Vgl. Roth: Mitteil. des Vereins für Gesch. u. Altertumsk. in Hohenzollern 5,63 u. 66: Prantl 1,116: Bauch, Ingolstadt, S. 62. 70.*
30. B. a. 7. Juni 87. *MFA Bacc.:* Phil. de W. — M. a. 25. Febr. 89.
33. B. a. 20. Sept. 87.
34. B. a. 18. Sept. 88.
36. B. a. 7. Juni 87. *MFA Bacc.:* Joh. de Stukardia. — M. a. 11. Aug. 90. *MFA Mag.:* Böbinger.
37. B. a. 20. Sept. 87. *MFA.:* Gessler.
38. B. a. 20. Sept. 87.
40. B. a. 29. Mai 88.
43. B. a. 20. Sept. 87. *MFA.:* Jung. — *Weyermann 2,202.*
44. B. a. 23. Sept. 90. *MFA.:* Jo. Schefferhans.
46. B. a. 20. Dez. 87. *MFA.:* Schwicker.
47. B. a. 20. Sept. 87. *MFA.:* Orp.
49. B. a. 18. Mai 86. *MFA.:* Swincrist.

51. Gregorius Mollitoris de Geppingen (29. April).
52. Georius Walteri de Riedlingen (29. April).
53. Johannes Kerler de Blabúren (30. April).
54. Dypoldus Eschaij de Munderchingen (30. April).

17. Intitulatorum in et sub rectoratu venerabilis viri dom.
Petri [Kempchin] prepositi eccl. s. Guidonis Spirensis a Phil. et
Jac. a. 1486 vsque ad festum Luce evang. eiusdem anni nomina
hic subscripta reperiuntur:

1. Johannes Peler de Schorndorff (2. Mai).
2. Benedictus Morder de Grünigen Mag. Coloniensis.   Dedit
   pedello 1 β h. (9. Mai).
3. Johannes de Nòuo Molendino, canonicus in Butzbach (27. Mai).
4. Michael Pes de Túwingen (28. Mai).
5. Johannes Heinricher de Bülach (31. Mai).
6. Johannes Loy de Owen. Nil dedit quia pauper, sed pedello 1 β.
7. Marquardus Bayer de Waldsew (1. Juni).
8. Johannes Kobolt de Vlma (2. Juni).
9. Heinricus Wonhart de Schorndorff (2. Juni).
10. Fr. Philippus von Stein de Campidona ord. s. Benedicti (2. Juni).
11. Johannes Cesar de Malmshein (13. Juni).
12. Andreas Krafft de Füssen (14. Juni).
13. Michahel Hetzel de Enssen (16. Juni).
14. Vdalricus Man de Constancia (23. Juni).

---

51. B. a. 20. Sept. 87.
52. B. a. 20. Sept. 87. *MFA.:* Waltheri de Rúdlingen.
53. B. a. 7. Juni 87. *MFA.:* o. O.

2. *MFAMag.:* receptus est ac precedit magistros hoc anno *(27. Febr.
86)* promotos et sequitur magistros anno transacto *(25. Febr. 85)* promotos. —
Vgl. Roth S. 466 N. 99.
4. B. a. 18. Dez. 88. *MFABacc.:* Pess. — M. a. Febr. 91. — Dec. fac.
art. 00/01: Poess, incola Tubingensis.
5. B. a. 20. Sept. 87.
6. B. a. 20. Sept. 87. *MFA.:* Oûwen.
8. B. a. 20. Sept. 87. — *In Bologna 1491. Vgl. Knod S. 259.*
9. B. a. 20. Sept. 87.
10. *Necrol. Ottobur. in Zeitschr. d. hist. Ver. f. Schwaben u. Neuburg*
5 *(1878) S. 416: abbas in Issin † 1532.*
11. B. a. 21. Sept. 86. — *Vgl. Roth.*
12. B. a. 20. Sept. 87. *MFA.:* de Fiesen.
14. B. a. 20. Sept. 87.

15. Guilbelmus Nydeck de Rauenspurg (5. Juli).
16. Dom. Johannes Stainmayer de Lindow utr. iur. D., dedit pedello 1 β (9. Juli).
17. Dom. Johannes Mästrich, plebanus in Altingen (13. Juli).
18. Johannes Carpentarii de Entringen (3. Juli).
19. Albertus Riser de Entringen (3. Juli).
20. Johannes Zell de Dornstetten illigator librorum vxoratus propter mercaciam suam privilegiis non gaudebat, denique receptus est ad universitatem die 15 Julii, nil dedit.
21. Michael Göltz de Wylhain (18. Juli).
22. Conradus Väsch de Plaubúren (20. Juli).
23. Bernhardus Rorbach de Hailprunn Mag. Wiennensis, dedit pedello 1 β (19. Aug.).
24. Heinricus Gartner de Nüremberga (9. Okt.).
25. Johannes Hominger de Vahingen (18. Sept.).
26. Sebaldus Laung de Esslingen (9. Okt.).
27. Johannes Kemphin (9. Okt.).
28. Wernherus Byter de Balingen (10. Okt.).
29. Georgius de Ow (11. Okt.).
30. Johannes Brinckofer de Gamundia (12. Okt.).

15. B. a. 11. Juli 89. — M. a. 21. Aug. 92. *MFABacc. u. Mag:* Wilh. de Nideck. — *Die Identität mit dem Obervogt in Neuenstadt 1543 (D. B. 511 vgl. Roth) ist wegen der Zeitdifferenz kaum wahrscheinlich.*

16. Rect. 87/88.

18. B. a. 18. Sept. 88.

19. B. a. 12. März 89. *MFABacc.:* Alb. de E. — M. a. 1. Febr. 93.

20. *Vgl. 10,18.*

21. B. a. 28. Febr. 88. *MFA.:* de Wila.

22. B. a. 20. Dez. 87.

23. *MFA Mag.:* receptus est et sequitur M. Benedictum Morderum *(s. 17,2).* — *Med.:* Dr. med. 97. — Dec. fac. med. 1511/12; 1518; 20; 25; 28. — *Roth, Beitr. 38.*

25. B. a. 20. Dez. 87. *MFABacc.:* Hemminger. — M. a. 12. Aug. 90. — Dec. fac. art. 98/99: Licent. Heminger de Veyhingen. — *Roth, Beitr. 35.* — *Nach Spitalurkunde von 1533 hat er einen Sohn Martin.*

26. B. a. 28. Febr. 88.

27. *Vgl. Roth.*

28. B. a. 28. Febr. 88. *MFA.:* Büter.

29. B. a. 18. Sept. 88. *MFABacc.:* de Rottwila. — M. a. Febr. 90. — *Wahrscheinlich Georg v. Ow der Jüngere, Statthalter in Mömpelgart OAB. Rottenburg 2,299.*

spach (13. Okt.).

32. Baltasar Romingen de Ebingen (13. Okt.).

18. Nomina intitulatorum sub rectoratu eximii viri domini
Petri Bophart utr. iur. D. decani Montispeligardi a festo s. Luce
a. **1486** vsque ad festum Philippi et Jacobi a. **1487**:

1. Johannes de Múlhusen (12. Okt.).
2. Johannes de Albavilla (14. Okt.).
3. Johannes Wolle de Esslingen (31. Okt.).
4. Osualdus Winkelmess (31. Okt.).
5. Petrus Schinagel de Esslingen (31. Okt.).
6. Jacobus Hartman de Cellaratolfi, dedit 1 ß, quia pauper.
7. Joachim Sartoris (2. Nov.).
8. Symon Cantzler de Bretten (7. Nov.).
9. Vlricus Strowhacker de Vlma (7. Nov.). Nil dedit, quia pauper.
10. Wilhelmus Schmid de Blaubúren (9. Nov.).
11. Johannes Goldstein (14. Nov.).
12. Fridericus Röler (16. Nov.).
13. Johannes Buck de Vlma (23. Nov.).
14. Conradus Kúrischmid de Túwingen (23. Nov.).
15. Johannes Scheck de Tagershain (2. Dez.).

1487.

16. Johannes Gryff (8. Jan.).
17. Johannes Rick de Spira (9. Jan.).

---

32. B. a. 28. Febr. 88. *MFA.*: Balth. Coppelhan de E.

1. B. a. 28. Febr. 88. — M. a. 21. Aug. 92. *MFABacc. u. Mag.*: Joh. Sculteti de Milhusen.

3. B. a. 29. Mai 88. *MFA.*: Woller.

4. B. a. 18. Sept. 88.

5. B. a. 29. Mai 88.

6. B. a. 29. Mai 88.

8. B. a. 18. Sept. 88.

9. B. a. 18. Sept. 88. *MFA.*: Strohacker.

10. B. a. 29. Mai 88. *MFA.*: W. Fabri.

13. B. a. 21. Dez. 86. — *Wiener Sitzungsberichte philos. Kl. 107,204*: Absolutio presbiteri Johannis Buck capellani in Rutlingen, qui patriam defendendo in hostes sagittavit.

15. B. a. 29. Mai 88. *MFA.*: Scháck.

16. B. a. 17. Sept 89. *MFABacc.*: de Ulma. — *Weyermann 2,140.*

Digitized by Google

18. Johannes Linss de Winiden (10. Jan.).
19. Johannes Wiss de Eningen (10. Jan.).·
20. Wolfgangus de Zúllhart (20. Jan.).
21. Cristannus Lutifiguli de Stütgardia (2. Febr.).
22. Georgius Kûch de Stütgardia (2. Febr.).
23. Johannes Mayer de Dúrncken (5. März).
24. Johannes Färlin de Raparswila (6. März).
25. Jacobus Krútlin de Tegerloch (8. März).
29. Vlricus Wecker (8. März).
27. Johannes Stricher de Pfullendorff (9. März).
28. Johannes Hess de Múnsingen, detit 1 β pedello, quia pauper.
29. Martinus Meger der Gerspach, pauper, dedit 1 β pedello
(15. März).
30. Sebastianus Ziegler de Mengen (16. März).
31. Michael Hirsman de Schorndorff (16. März).
32. Luduicus Haintzelman. Nil dedit, quia pauper.
33. Johannes Kripperlin de Tûwingen (20. März).
34. Johannes Pistoris de Brackenhain (22. März).
35. Bacc. Fridelinus Landholt de Glarona (26. März).
36. Michael Liener de Vlma (6. April).
37. Augustinus Yesinger de Esslingen (10. April).

19. Nomina intitulatorum sub rectoratu spectabilis viri M.
Gregorii Lamparter de Bibraco, utr. iur. Lic. a Phil. et Jac. vsque
ad Luc. evang. a. **1487** sequuntur:

18. B. a. 18. Sept. 88. — M. a. Febr. 91.
19. B. a. 12. März 90.
24. Vgl. 25,62 b.
25. B. a. 18. Sept. 88. — M. a. Febr. 90. *MFA Mag.:* Jac. de Tegerloch.
— *Med.:* Jac. Tegerloch, Lic. med. 20. Aug. 97. — Dec. fac. art. 97/98: Lic.
Krytlin. — Dec. fac. med. 1498. 1508: Dr. med. *Der Übergang von der Artisten-*
fakultät in die medizinische fand zwischen 25. Jan. und der angaria cinerum
1498 statt. — *1522 gibt es einen gleichnamigen Pfarrer in Burgfelden. OAB.*
Balingen 313.
26. B. a. 29. Mai 88. *MFA Bacc.:* Wälker. — M. a. Febr. 90. *MFA.-*
Mag.: Ulr. Walcker de Horw.
31. B. a. 18. Sept. 88. — M. a. Febr. 90. *MFA Mag.:* Hûrsman.
32. B. a. 18. Sept. 88. *MFA.:* de Horw.
33. B. a. 17. Dez. 89. *MFA.:* Crüpperlin.
34. B. a. 18. Dez. 88.
37. B. a. 18. Dez. 88.

1. Caspar Forstmaister de Kirchow (8. Mai).
2. Johannes Vogel de Schorndorff (9. Mai).
3. Jacobus Túwinger de Rotemburg (14. Mai).
4. Johannes Mayer de Stetten (17. Mai).
5. Georgius Ycher de Rotemburg (26. Mai).
6. Wilhelmus Mansperger de Rotemburg (26. Mai).
7. Erhardus Klarer de Hornberg (30. Mai).
8. Wilhelmus Bletz ⎱ de Rotwila (7. Juni).
9. Vlricus Bletz ⎰
10. Philippus Bůb ⎱ de Horw (11. Juni).
11. Albertus Schornhart ⎰
12. Wernherus Mütschelin de Herremberg (13. Juni).
13. Baltasar Rindschenckel de Schorndorff Bacc. Friburg. (15. Juni).
14. Vitus Wytstich de Obermädlingen dedit 1 β pauper (16. Juni).
15. Gregorius Pistoris de Balingen dedit 1 β pauper (17. Juni).
16. Jacobus Molitoris de Canstat (25. Juni).
17. Symon Mager de Canstat (25. Juni).
18. Adam Purman de Vlma (26. Juli).
19. Jacobus de Audlow nobilis (27. Juli).
20. Benedictus Erhardi de Biel (1. Aug.).
21. Adam Lutifiguli de Mundach (3. Aug.). Nil dedit, quia pauper.
22. Johannes Alberti de Künssegk canonicus Constantiensis dedit 1 florenum (11. Aug.).
23. Johannes Fabri de Bruntrut (15. Aug.).

---

1. B. a. 12. März 89. *MFABacc.*: Caspar de K. — **M.** a. 21. Aug. 92. *MFAMag. [am Rand]*: iurisconsultus. — Dec. fac. art. 99/00: eximius licentiatus C. ex K. — Rect. 03/04: utr. iur. interpres profundissimus. — *Spit.-Urk.: Siegelt 1524 als Dr. iur. utr.*

2. B. a. 18. Dez. 88.

3. B. a. 18. Dez. 88. — M. a. 11. Aug. 90. *MFABacc. u. Mag.:* Tübinger.

4. B. a. 18. Sept. 88. *MFA.:* Joh. Vögelin de St.

5. Pfarrer in Eutingen 1510 (Roth).

8. B. a. 28. Febr. 88. — M. a. 22. Aug. 89. *MFAMag.:* Pletz.

9. B. a. 28. Febr. 88. — M. a. 22. Aug. 89; *s. Nr. 8.*

10. B. a. 17. Dez. 89.

11. B. a. 18. Dez. 88.

12. B. a. 18. Dez. 88. — M. a. 28. Jan. 94.

13. M. a. 26. Juli 87. — *Vgl. Roth.*

17. B. a. 18. Sept. 88. *MFABacc.:* S. Meyer de C. — M. a. Febr. 91. *MFAMag.:* Mayer.

20. B. a. 17. Dez. 89.

21. Hafner; vgl. Roth.

24. Richardus Generis de Bruntrut (15. Aug.).
25. Hermannus Rot de Vima (16. Aug.).
26. Johannes Finck de Gamertingen (17. Aug.).
27. Othmarus Richlin de Veringen (30. Aug.).
28. Frater Ludvicus Dúr de Rot ord. Premonstratensis (19. Sept.).
29. Johannes Hohenfels de Herbertingen (21. Sept.).
30. Melchior de Bisingen dt. 1 β (2. Okt.).
31. Leonhardus Gerlach de Böblingen (13. Okt.).
32. Georgius Bächt de Rútlingen (15. Okt.).
33. Amandus Húsler de Vrach (15. Okt.).
34. Bernhardus Mäder de Búlach (16. Okt.).
35. Heinricus Wäselin de Schorndorff (18. Okt.).

20. Nomina intitulatorum sub rectoratu eximii viri domini **Johannis Stainmayer** de Lindow utr. iur D. a festo s. Luce evang. a. **1487** vsque ad Phil. et Jac. a. **1488**.

1. Conradus Rücker de Túwingen.
2. Leonhardus Möchinger.
3. Johannes Rock de Sweygern.
4. Michael Gfrör.
5. Michael Rem de Vils pauper.
6. Jacobus Lúdold de Lúkirch pauper.
7. Johannes Schúrman de Holtzgirringen.
8. Nicolaus Trutman de Túwingen.
9. Baltasar de Behenhusen pauper die present. b. virginis (21. Nov.).

---

24. *Vgl. 25,62 b.*
25. B. a. 17. Sept. 89. — M. a. Febr. 91. — *Canonicus in Augsburg 1506.* *Weyermann 2,435.*
26. B. a. 18. Dez. 88.
28. B. a. 18. Dez. 88. — M. a. 25. Jan. 92. *MFA Mag.: ex* Madelberg.
31. B. a. 12. März 89. *MFA Bacc.:* Leonh. de B. — M. a. 11. Aug. 90.
32. B. a. 12. März 89. — *Erf.: 1490 Bacc. Dybingensis.*
33. B. a. 12. März 89. — M. a. 21. Aug. 92. *MFA Bacc. u. Mag.:* Amandus de Urach.

1. B. a. 11. Juni 89. *MFA.:* Riegger.
2. B. a. 11. Juni 89. *MFA.:* L. Cleinmayger de Möchingen.
5. B. a. 12. März 90.
8. M. a. 25. Jan. 92.

10. Baltasar Herckinger de Lowingen V a feria ante Kath. pauper
    (22. Nov.).
11. Johannes Augstaintreger de Wisenstaig die s. Conradi (26. Nov.).
12. Gabriel Kapp de Nagolt pauper (1. Dez.).
13. Michael Fabri   ⎫ de Wilperg (1. Dez.).
14. Georgius Spiess pauper ⎭
15. Jheremias Egen de Dinckelspühel in profesto s. Nicolai (5. Dez.).
16. Conradus de Rügksingen canonicus Wormatiensis prius sub
    rectoratu dom. D. Mangoldi Wydman intitulatus de novo III a
    feria ante Thome (18. Dez.) revenit a. 87.
17. Thomas Haim de Chur pauper die Stephani prothomartyris
    (26. Dez.).

1488.

18. Jodocus Senger de Esslingen pauper (13. Jan.).
19. Johannes Richart de Esslingen sabbato post Pauli (11. Jan.).
20. Georgius Fiechtner de Ettingen ⎫
21. Ludvicus Honolt de Koufbüren ⎬ die purificationis b. virginis
22. Caspar Rötemberg de Arbona   ⎭ Marie (2. Febr.).
23. Johannes Schüchenwin de Swatz (8. Febr.).
24. Mathias Klammer non dedit (10. Febr.).
25. Johannes Vigelmayer de Rüdlingen (14. Febr.).
26. Nicolaus Schlich de Tannhusen in vigilia Mathie (23. Febr.) pauper.
27. Georgius Vogel de Wilhain (26. Febr.).
28. Sebastianus Berner de Ingelstat (26. Febr.).
29. Heinricus Grascünrat de Leomberg pauper (29. Febr.).
30. Sebastianus Scherer de Rotemburg III a feria post Reminiscere
    (4. März).

---

10. *Erf. 401: Erkinger, Mich. 1483.* — B. a. 28. Febr. 88. *MFABacc.:*
Erkinger.
11. B. a. 12. März 89. *MFA.:* Joh. de W. — M. a. 26. Jan. 93.
12. B. a. 17. Sept. 89. *MFA.:* Capp. — *D. B. 502.*
16. *Vgl. 11,49.*
17. B. a. 11. Juni 89. *MFA.:* de Kur.
24. *Baumann, Akten zur Gesch. d. Bauernkriegs (1877) S. 76: Matheis
Klamer, Stadtamman zu Kaufbeuren.*
25. B. a. 11. Juni 89.
26. B. a. 12. März 90. *MFA.:* Schlicher.
27. B. a. 28. Febr. 88. — *Ein Jörg Vogel ist 1545 Schulmeister und
Mesner in Pleidelsheim.*
28. B. a. 28. Febr. 88 *MFA.:* Perner.

31. Philippus Milhuser pauper de Waiblingen die Viti (4. März).
32. Johannes Howenloch de Waiblingen (4. März.).
33. Johannes Fries de Eltingen (5. März).
34. Conradus Hofhanns de Nühusen pauper (5. März).
35. Martinus Diem de Leomberg pauper nil dedit nec pedello (5. März).
36. Jacobus Fabri de Rauenspurg (10. März).
37. Jacobus Hug de Cellaratolfi (10. März).
38. Rüdolfus Marmoltz *) de Cellaratolfi (10. März).
39. Johannes Spies de Nagolt pauper (10. März).
40. Luduicus Scholl de Rütlingen (13. März).
41. Johannes Knuss de Thichenhusen pauper (15. März).
42. Johannes Jusel ᵇ⁾ de Geppingen (15. März).
43. Georgius Stähelin de Naw pauper (17. März).
44. Johannes Fabri de Canstat pauper (18. März).
45. Jacobus Wagner de Schemberg pauper (20. März).
46. Hainricus Herpfinger de Metzingen (20. März).
47. Johannes Derdinger de Calw (20. März).
48. Baltasar Frëch de Höwmaden (21. März).
49. Johannes Stahel de Esslingen (12. April).
50. Vdalricus Dälmon de Hempach, pauper est (12. April).

a) *Der Personenname ist mit schwärzerer Tinte auf Rasur aufkorrigiert.*
b) *Oder* Insel.

31. B. a. 17. Sept. 89. *MFA.*: Mülhuser.
32. B. a. 11. Juni 89. — M. a. 11. Aug. 91. *MFABacc. u. Mag.*: Hohenloch.
33. *MFABacc.*: Joh. Fryss ex Eltingen Bacc. Wiennensis prom. penthe-cost. 94; *rangiert nach den promoti des Jahres 1493.* — M. a. 24. Jan. 97.
36. B. a. 29. Mai 88.
40. *MFABacc.*: L. Schol Bacc. Friburg. *rangiert nach den Bacc. des 9. Juni 90.* — M. a. 21. Jan. 92. *MFAMag.*: Ludw. Lending alio nomine dictus Scholl de R.
42. B. a. 11. Juni 89. *MFA.*: Gusel.
43. B. a. 17. Sept. 89.
44. B. a. 17. Sept. 89. *MFABacc.*: J. Achtsenit de C. — M. a. 11. Aug. 91. *MFAMag.*: Achtznit. — Dec. fac. art. 02/03: Achzenit. — *Pfarrer in Aldingen OA. Ludwigsburg. (Zeitschr. d. hist. Ver. f. Schwaben u. Neuburg 7 (1880) S. 323. 347.) 6. Aug. 1505 durch das Stift Stuttgart dahin präsentiert (StA.). Vgl. auch Wiedemann, Eck S. 7.*
46. B. a. 17. Dez. 89. *MFABacc.*: H. Erpfinger.
48. *MFABacc.*: Bacc. Erdfordiensis *rangiert wie 20,40.* — *MFAMag.*: Balthasar Heumaden de Stätgert. — M. a. 21. Aug. 92.
49. B. a. 17. Sept. 89. — M. a. 21. Aug. 92.
50. B. a. 17. Sept. 89. *MFA.*: Thelman.

51. Alexius Calceatoris de Rüdlingen (12. April).
52. Johannes Scholl de Rütlingen (12. April).
53. Laurentius Koch de Pfaffenhofen pauper (15. April).
54. Kalixtus Schüler de Stetten zum kalten Markt (15. April).
55. Sigismundus Distel de Büchorn pauper (16. April).
56. M. Reinhardus Summer de Wetzflar [a] IV a feria post Georgii (30. April).
57. Vitus Carpentarii de Horw   } IV a feria post Georgii (30. April).
58. Sebastianus Martini de Ensen }
59. Johannes Lapicida de Rütlingen pauper V a feria post Georgii (24. April).
60. Matheus Knopfer de Rüdlingen (24. April).
61. Vrbanus Sellatoris de Pludentz   } III a feria post Georgii
62. Vrsus Ingolt Calceatoris de Solodoro }   (29. April).
63. Johannes Visierer der Kouffbürren in vigilia Philippi et Jacobi (30. April).

21. Sequuntur nomina intitulatorum sub rectoratu spectabilis viri M. **Johannis Hiller** de Dornstetten s. theol. Bacc. a festo Phil. et Jac. a. **1488** vsque ad festum s. Luce anni ciusdem:

1. Gregorius Hofstetter de Rauenspurg, die Epimachi et sociorum eius (10. Mai).
2. Johannes Trutwin de Tengen (15. Mai).
3. Matheus Bübenhofer de Bübenhofen (23. Mai).
4. Georgius Stimplin de Bábenhusen, dedit 1 β quia pauper est (3. Juni).
5. Daniel Wyss de Dornstetten Bacc. Wiennensis sabbato post corp. Christi (7. Juni).

---

a) *Der Ortsname ist mit schwärzerer Tinte korrigiert über ein ursprüngliches* Bettsler (?).

52. B. a. 17. Dez. 89. — M. a. 25. Jan. 92. *MFAMag.:* Joh. Lending, alio nomine vocatus Scholl de R.

54. B. a. 12. März 90. *MFABacc.:* Schüler de St.

56. *Steinhofer 3,528: Lizentiat 1492.*

57. B. a. 17. Sept. 89. — M. a. 11. Aug. 91. *MFAMag.:* Vitus Ryss de Horw.

1. B. a. 23. Sept. 90. *MFA.:* Hoffstetter.

5. *MFABacc.:* Daniel ex Dornstet Bacc. Wienn. rec. 7. Febr. 90. — M. a. 11. Aug. 91.

6. Johannes Muckler de Mossbach (11. Juni).
7. Caspar Swertfur de Vlma (16. Juni).
8. Johannes Weger de Rúdlingen stuflens universitatis Haidelbergensis (17. Juni).
9. Johannes Glaser de Rüdelsperg (21. Juni).
10. Johannes Krus ⎤
11. Conradus Schäber ⎬ de Nördlingen in vigilia Johannis Baptiste
12. Martinus Rälin ⎦ (23. Juni).
13. Sebastianus Schilling de Vrach (27. Juni).
14. Sebastianus Wernheri de Dapfen (27. Juni).
15. Johannes Struchler de Horw dedit 1 β quia pauper (30. Juni).
16. Johannes Meynrat de Dunsdorff studens Haidelbergensis visitationis Marie (2. Juli).
17. Johannes Ylsenbrand de Múnsingen (16. Juli).
18. Johannes Betzel de Gamertingen (18. Juli).
19. Caspar Gebhart de S. Gallo ⎤
20. Fridericus Mötelin de Rockwil ⎦ Marie Magdalene (22. Juli).
21. Arnoldus Arnolt de Balingen (29. Juli).
22. Frater Johannes Brühem de Gotha lector s. theologie.
23. Frater Heinricus Schreck Bacc. theol. nil dederunt (11. Aug.).

---

6. B. a. 12. März 90. *MFABacc.*: Mosbach. — M. a. 21. Jan. 92. *MFAMag.*: Mückler.
7. B. a. 12. März 90. *MFA.*: Schwertfür.
10. B. a. 17. Dez. 89.
11. B. a. 17. Dez. 89. *MFA.*: Scheber.
12. B. a. 23. Sept. 90. *MFA.*: Rhelin.
13. B. a. 17. Dez. 89. *MFABacc.*: o. O. *[in normaler Reihenfolge aufgeführt mit der Bemerkung]* habet primum locum, quia nobilis. — *Heyd, Ulrich* 2,25.
14. B. a. 17. Dez. 89.
15. B. a. 17. Sept. 89. *MFA.*: Strucher.
16. B. a. 18. Sept. 88. *MFABacc.*: Meinrat de Tünsdorff. — M. a. Febr. 90. *MFAMag.*: Jo. Mirant de Tuntzdorff.
17. B. a. 17. Dez. 90. *MFABacc.*: Ilsenbrant. — M. a. 1. Febr. 93.
18. B. a. 23. Sept. 90.
21. B. a. 17. Dez. 89. — M. a. 25. Jan. 92.
22. *Theol.*: Prior conventus fratrum heremitarum s. Augustini in Tuwingen; 13. Oct. 89 principiavit in bibliam una cum H. Stainbach *[9,20]* tempore birretationis magistrorum, de quibus supra *[sc. 2,76 u. 9,15]*; in sentencias vero 7. Nov. 91. Licentiam in theologia recepit 28. Apr. 94; insignia recepit cum M. Martino *[1,223]* et habuit secundum locum in cathedra.
23. *Pfarrer in Rottenburg a. N. 1480—86.*

24. Dom. Jacobus de Klingemberg canonicus Augustensis et studens
Basiliensis dedit 1 flor. 7 β hl. (18. Aug.).

25. Johannes Kisling de Wurmlingen studens Basiliensis dedit 1 β,
quia pauper est.

26. Pangratius Truchsess de Vetzenhusen canonicus Augustensis
dedit 18 β 4 d. (12. Sept.).

27. Johannes Sutor de Walsee (15. Sept.).

28. Balthasar Haim de Walsee (15. Sept.).

29. Johannes Althanns de Altingen (27. Sept.).

30. Nikolaus Röser de Deckenpfrün die Jheronimi (30. Sept.).

31. Sebastianus Carpentarii de Nusbôm, dedit 1 β pauper (30. Sept.).

32. Ludvicus Pannificis de Tůwingen (30. Sept.).

33. Johannes Hörnler de Lindaw die Fidis (6. Okt.).

34. Laurentius Trostel de Öswil crastina Fidis virginis (7. Okt.)
dedit 1 solidum, quia pauper.

35. Johannes Gnapper de Meglingen (7. Okt.).

36. Johannes Grüninger de Aldingen (7. Okt.).

37. Johannes Burenhans de Wancken.

38. Georgius Kreyer de Obersdorff ⎫
39. Johannes Buhelman de Pregantia ⎭ crastina Galli (17. Okt.).

22. Sequuntur nomina intitulatorum in rectoratu eximii viri
M. **Johannis Stein** de Schorndorff decr. D. a festo Luce a. **1488**
vsque ad festum Phil. et Jac. a **1489**:

1. Fr. Laurentius Ziegler de Mengen professus monasterii Augie
minoris (20. Okt.).

2. Georgius Hausman *) de Calw (21. Okt.).

———————

a) Oder Hansmann.

25. Hans Kysling, Pfarrherr in Möggingen bad. B.A. Konstanz 1518
s. Wiener Sitzungsber. philos. Kl. 107 S. 189.

28. B. a. 9. Juni 90. MFA.: de Walze.

30. B. a. 12. März 90.

34. B. a. 12. März 90. — M. a. 11. Aug. 91.

36. B. a. 12. März 90. MFABacc.: Grieniger. — M. a. 25. Jan. 92.

37. B. a. 31. Mai 91. — M. a. 6. Aug. 94. MFAMag.: Joh. Bürr.

39. B. a. 9. Juni 90. MFA.: Bühelman.

1. B. a. 23. Sept. 90. MFA.: ex Meyngen.

2. B. a. 12. März 90. MFA.: Hansman.

3. Laurentius Küssenpfenning de Calw (21. Okt.).
4. Johannes Krämer de Ötlingen (21. Okt.).
5. Caspar Marpach (24. Okt.).
6. Wolfgangus Stähelin de Ergentzingen (28. Okt.).
7. Johannes Sculteti de Hallis Suevie (5. Nov.).
8. Johannes de Niefern (7. Nov.).
9. Alexander Sytz de Marpach (19. Nov.).
10. Conradus Burkardi de Brackenhain pauper (19. Nov.).
11. Georgius de Zafelstain (19. Nov.).
12. Johannes Mercatoris de Asperg M. a. studii Wiennensis (24. Nov.).
13. Vlricus Uisierer de Oberndorff (27. Nov.).
14. Jacobus Sytz de Lär (1. Dez.).
15. Johannes Jacobi de Pregalia pauper (7. Dez.).
16. Laurencius de Calw promisit se soluturum 6 solidos, sed nil
    dum dedit (8. Dez.).
17. Johannes Fürderer de Vaihingen (15. Dez.).

1489.

18. Vlricus Bertsch de Linsenberg (12. Jan.).
19. Vlricus Wachter de Nydlingen (18. Jan.).
20. Andreas Scriptoris de Stütgardia (18. Jan.).
21. Jacobus Calceatoris de Stütgardia (18. Jan.).
22. Matheus Lang de Augusta Bacc. Ingolstadiensis (27. Jan.).
23. Leonhardus Frölich de Werdea (10. Febr.).

---

3. B. a. 12. März 90. — *Vgl. 52,63 c.*
4. B. a. 12. März 90. *MFA.:* Joh. de Öttlingen. — *Pfarrer in Ober-
jettingen 1545.*
6. B. a. 12. März 90. *MFABacc.:* Stehelin de Ergetzingen. — M. a.
21. Aug. 92. — Dec. fac. art. 98: Stachelin, de Rotenburg. — *Vgl. Roth.*
9. B. a. 12. März 90. — M. a. 20. Aug. 95. — *Vgl. Heyd, Bibliographie
und Heyd, Ulrich 1,327. 362.*
13. B. a. 12. März 90. *MFA.:* Visierer.
17. *Vgl. 24,52 a.* — *Propst in Göppingen und später Mainzischer Kanzler.
Sattler, Hz. 3,69.*
18. B. a. 9. Juni 90. *MFA.:* de Linsenhofen.
19. B. a. 9. Juni 90. — *Vor 1538 Pfarrer in Breitenholz, dann Pfarrer
in Machtolsheim.*
21. B. a. 9. Juni 90. — *Vgl. unten 44 a.*
22. *MFABacc.: einkorrigiert zwischen die promoti de angaria Lucie
(20. Dez.) 87 und die der angaria cinerum (28. Febr.) 88.* — M. a. 11. Aug. 90.
MFAMag. (am Rand): cardinalis s. Angeli, archiepiscopus Saltzburgensis.

24. Dom. Caspar Rockembach cursor theol. ord. s. Augustini (15. Febr.).
25. Jacobus Bonner de Baden M. a. studii Parisiensis (25. Febr.).
26. Johannes Apothecarii de Túwingen (13. März).
27. Michael Zäch de Mengen (13. März).
28. Conradus Renboldt de Túwingen (15. März).
29. Bernhardus Pannitonsoris de Brethen pauper (15. März).
30. Johannes Zwifel de Vaihingen Bacc. Coloniensis (24. März).
31. Johannes Spidler de Waltsee (26. März).
32. Johannes Piscatoris de Túwingen (26. März).
33. Jacobus Herman de Gamundia (29. März).
34. Johannes Kielysen de Gilstain (29. März).
35. Gallus Stapp de Masmúnster pauper (2. April).
36. Johannes Ypperlin de Gilstain (4. April).
37. Georgius Schöblin de Esslingen Bacc. Haidelb. (18. April).
38. Petrus Brun de Kirchen (29. April).
39. Conradus Gremper de Vaihingen (29. April).
40. Frater Caspar Rentz   } conventuales monasterii Soratensis
41. Frater Johannes Henlin } ord. Premonstratensis (30. April).
42. Caspar Fúnfhaller de Grünigen (1. Mai).

- - --- ——-.

24. Vgl. Freib. Diöz.-Arch. 31 (1903) S. 194.
26. D. B. 575.
27. B. a. 17. Dez. 90. MFA.: Zech.
29. B. a. 3. März 91.
30. Vgl. 24,52a. — Vgl. Steiff S. 129 f.
31. B. a. 23. Sept. 90. MFA.: de Walshein.
32. B. a. 15. März 92. — M. a. 7. Febr. 96.
34. B. a. 17. Dez. 90.
36. B. a. 4. Okt. 91. — M. a. 9. Aug. 98. MFAMag.: Iplin.

    37. MFABacc.: Rangiert zwischen den promoti vom 18. Sept. und 18. Dez. 88. — M. a. Febr. 90.

    38. MFABacc.: Bacc. Basil.; rangiert ebenso wie 37. — M. a. 25. Jan. 92. — Theol.: prepositus collegii canonicorum ad s. Petrum in silva dicta Schönbůch principiavit in bibliam 27. Sept. 98 una cum M. Simone [7,19] tunc principiante in sententias. Anno vero 1501 Jan. 29 principiavit in sententias; 3. Febr. 1502 accepit licentiam una cum M. Johanne Rebmann preposito in Herenberg [11,56]. Insignia magistralia recepit 27. Nov. 1504. — Rect.; 1503; 08/09; 13/14; 18; 22/23; 26; 28; 32; 34. — Vgl. Schnurrer, Erläuterungen S. 300.

    39. Vgl. Roth.

    41. B. a. 4. Okt. 91. MFABacc.: Fr. Joh. Heynlyn de Sorett.

44. Sebastianus Schnitzer de Munsingen (2. Mai).

23. Sequuntur nomina intitulatorum in rectoratu venerabilis viri
M. **Gabrielis Byel,** s. theol. Lic. a Phil. et Jac. a. **1489** usque ad
festum Luce a. eiusdem:

1. Georgius Brant de Aich (20. Mai).
2. Fr. Johannes de Ludesdorp ordinis minorum Bacc. s. theologie.
Nil dedit (3. Juni).
3. M. Johannes Greusser de Rotemburg prope Tuberum dedit 1 β
pro pedello, reliqui quinque sunt remissi ob honorem magisterii (3. Juni).
4. Johannes Gruner de Pferingen dedit grossum magnum valen-
tem 12 cruciferos die s. Viti (15. Juni).
5. Dom. Thomas de Falckenstain baro dedit 1 florenum (15. Juni).
6. Petrus Flander de Gamertingen (15. Juni).
7. Jacobus Frantz de Rüdlingen dt. 3 β hl. (15. Juni).
8. Frater Johannes Murgol professus monasterii Rotenburgensis
ord. Premonstratensis (16. Juni).
9. Johannes Sigmer de Gamundia (22. Juni).
10. Bernhardus Friess de Vrach pauper (10. Juni). Nil dedit.
11. Gaudentius Volmer de Veltkirch (18. Juni).
12. Stephanus Lindenfels de Bulach (18. Juni).

44a. MF'AMag.: Jacobus Zyppriani ex Stütgardia. M. a. 1. Febr. 93.
(Wahrscheinlich identisch mit 22,21.)
44b. MF'ABacc.: Luduicus Pess de Tůwingen. B. a. 4. Okt. 91; *rangiert*
nach 22,41. — M. a. 9. Aug. 98. — *Vgl. Freib. Diös.-Arch. 31 (1903) S. 196.*

1. B. a. 17. Sept. 89. *MFA.*: Brand.
3. MF'AMag.: Joh. Grüser, Mag. Parisiens.; *rangiert unmittelbar nach*
den promoti des 26. Juli 87.
4. B. a. 23. Sept. 90. *MF'ABacc.*: Grüner de Pferingen *(an Stelle des*
gestrichenen Hechingen). — M. a. 26. Jan. 93. *MF'AMag.:* ex Pferring.
6. B. a. 17. Dez. 90. — M. a. 30. Jan. 94.
7. B. a. 17. Dez. 90.
8. B. a. 3. März 91. *MF'ABacc.*: Fr. Joh. Mirgel de Rott ord. Premonstr.
9. B. a. 23. Sept. 90. *MF'ABacc.*: Sigmar de Gmünd. — *MF'AMag.*:
Mag. Joh. Sigmar Gamundianus, prom. in alma univ. Friburgensi 13. Jan. 1495
receptus et incorporatus est magistrorum consortio anno 1509 et habet locum
ante promotos Jan. 1502. — Dec. fac. art. 1511. — *Med.:* J. Sigmayr, Dr.
med. 1512.

Digtl

13. Jheronimus Ederlin de Wangen (22. Juni).
14. Cirus Buckler de Tůwingen (25. Juni).
15. M. Cristoferus Swicker de Vberlingen dedit 1 β pedello (1. Juli.
16. Sebastianus de Gamertingen (1. Juli).
17. Jodocus Brudner de Nördlingen (2 Juli).
18. Hermannus de Pfaffenhofen (4. Juli).
19. Fr. Martinus Altweg ord. s. sepulcri Jherosolimitani professus in Denckendorff (6. Juli).
20. Johannes Vnuerzagt de Holtzgirringen (10. Juli).
21. Wilhelmus Hess de Schorndorff (22. Juli).
22. Johannes Wolter de Vrach (23. Juli).
23. Johannes Menner de Vrach (23. Juli).
24. Bernhardus Scriptoris de Tůwingen, dedit 1 β pauper (31. Juli.
25. Franciscus Bachman de Nördlingen (8. Aug.).
26. Johannes Rotmiller de Schorndorff (18. Aug.).
27. Georgius Krusmann de Lendingen (19. Aug.).
28. Johannes Wanger de Göppingen (26. Sept.).
29. Johannes Merck de Rüdlingen (28. Sept.).
30. Georgius Sigloch de Backenhen artium Bacc. (11. Okt.).
31. Balthasar de Mengen dedit 1 β quia pauper (11. Okt.).
32. Matthens Wild de Mengen pauper (15. Okt.).
33. Conradus Preconis de Calw (17. Okt.).
34. Johannes Kefer M. a. studii Coloniensis canonicus ecclesie Tů- wingensis die Michaelis (29. Sept.).
35. Johannes Köl de Constantia in profesto Dyonisii (8. Okt.).

---

14. Vgl. 32,38 a.
16. B. a. 15. März 92. *MFA.:* Seb. de G. cognomine Clenck.
17. B. a. 17. Dez. 90. *MFABacc.:* Brydner. — M. a. 25. Jan. 14 *MFAMag.:* Bridner.
19. Propst in Denkendorf 1516. Vgl. OAB. Esslingen 193. Bl. f. württ. K.-Gesch. 1,14.
21. B. a. 17. Dez. 90.
25. B. a. 17. Dez. 90. — M. a. 26. Jan. 93.
27. B. a. 9. Juni 90.
28. B. a. 31. Mai 91. — *Lebt 1525 in Göppingen als alter Priester.*
30. M. a. 11. Aug. 90.
31. B. a. 3. März 91. — M. a. 21. Aug. 92. *MFABacc. u. Mag.:* B. Ge- wachsenman de M.
32. B. a. 3. März 91.
34. Vgl. Freib. Diöz.-Arch. 31 (1903) S. 194.
35. B. a. 3. März 91. *MFABacc.:* alias Brassicanus. — M. a. 13. Aug. 93. *MFAMag.:* Köll. — *Vgl. A. D. B. u. Korresp.-Blatt f. Gelehrten- u. Real- schulen Württembergs 29 (1882), 351—66.*

24. Sequuntur nomina intitulatorum sub rectoratu spectabilis viri M. **Martini Plantsch** de Dornstetten s. theologie Bacc. formati a festo Luce a. **1489** usque ad festum Phil et Jac. a. **1490**:

1. Caspar Derolt ⎫
2. Johannes Merstat ⎭ de Hall.
3. Johannes Fabri de Hechingen (22. Okt.).
4. Wolfgangus Has de Rotemburg (26. Okt.).
5. Johannes Knöringer de Vlma (27. Okt.).
6. Eglinus Merk de Engen (30. Okt.).
7. Conradus Ziegler ⎫
8. Johannes Mûse ⎭ de Nûrtingen (30. Okt.).
9. Anshelmus de Berg (30. Okt.).
10. Nicolaus Textoris de Mengen (3. Nov.).
11. Caspar Sartoris de Waiblingen dt. 1 β (5. Nov.).
12. Johannes Äpp de Brackenhain (5. Nov.).
13. Bartholomeus Gryff de Möchingen (5. Nov.).
14. Hainricus Rehman de Tengen, dt. 1 β (13. Nov.).
15. Johannes Editui de Blietzhusen (18. Nov.).
16. Beatus Wydman de Baden die Elisabeth (19. Nov.).

---

36. B. a. 3. März 91.

37. B. a. 3. März 91. — M. a. 21. Aug. 92. *MFAMag.:* Widmer. — *Theol.:* Seb. Frickinger principiavit in bibliam 29. Jan. 1501. — Dec. fac. art. 01/02.

37a. MFAMag.: Sebastianus Keller de Leonberg. M. a. 21. Aug. 92; *rangiert nach 23,37.*

37b. MFABacc.: Johannes Wan de Wila. B. a. 23. Sept. 90; *nach 23,9.*

37c. MFABacc.: Johannes Messner de Metzingen. B. a. 17. Dez. 90; *rangiert nach 23,25.*

4. Radlkofer, Eberlin S. 63 f.: Roth, Augsburgs Ref.-Gesch. 1,89.

5. B. a. 3. März 91. *MFA.:* Knoringer.

7. B. a. 30. Mai 98.

8. B. a. 15. März 92. *MFA.:* Mûsi.

10. B. a. 3. März 91.

11. B. a. 4. Okt. 91. *MFA.:* Casp. Hug de W.

13. B. a. 3. März 91. — M. a. 21. Aug. 92.

14. B. a. 15. Dez. 91. *MFA.:* de Töngen.

15. B. a. 15. März 92.

16. B. a. 4. Okt. 91. — M. a. 13. Aug. 98. — *Vgl. Roth.*

17. Jacobus Tölker de Dornstetten die presentationis b. virginis
Marie (21. Nov.).
18. Nicolaus Bermeter de Esslingen (5. Dez.).
19. Jacobus Meinberg de Biethart (8. Dez.).
20. Johannes Schüchlin de Esslingen (12. Dez.).
21. Johannes Carpentarii de Bynútingen (17. Dez.).
22. Symon Birlin de Gislingen (24. Dez.).

1490.

23. Georgius Nafftz de Memingen (8. Jan.).
24. Johannes Wetzel de Wilhain (19. Jan.).
25. Georgius Oberhofer de Múldorf M. a. Ingelstetensis dedit 1 β
(20. Jan.).
26. Georgius de Gernböck de Filtzbyburg B. a. universitatis Ingelstetensis (20. Jan.).
27. Melchior Stapf de Vnderdúrnken dedit 1 β (25. Jan.).
28. Frater Nicolaus Swab de Gundelstain Bacc. Haidelb. (25. Jan.).
29. Frater Thomas Riss de Dresdenn (25. Jan.).
30. Stephanus ⎫
           ⎬ de Gundelfingen barones, dt. 2 fl. (29. Jan.).
31. Swickerus ⎭
32. Petrus Strang de Núfern (29. Jan.).
33. Johannes Doleatoris de Monasterio (29. Jan.).
34. Nicolaus de Baldegk (4. März).
35. Johannes Kopp de Rött (4. März).

---

17. B. a. 31. Mai 91. *MFA.:* Dulcker.

18. B. a. 15. März 92. *MFA.:* N. Bermenter vel Teschler de E.

19. B. a. 4. Okt. 92. *MFABacc.:* Menberg. — M. a. 30. Jan. 94. *MFA.-*
Mag.: Mëmberg. — *Vgl. oben 6,42.*

21. B. a. 31. Mai 91. *MFA.:* de Bunitingen.

26. *MFABacc.:* G. Digerbeck rec. 30. Jan. 90. — M. a. Febr. 90. *MFA.-*
Mag.: Digerbeck o. O.

27. B. a. 15. Dez. 91. *MFA.:* de Underntürken.

28. *Heidelb.:* Fr. Nic. Swabhans de Gundesheim dioc. Herbipol. inscr.
19. Mai 85. B. a. viae ant. 29. Mai 88: de Gündelsheim.

30. Steinhofer 3,797.

31. Steinhofer 4,808. S. Zimmerische Chronik s. n.

32. B. a. 31. Mai 91. *MFA.:* de Riedlingen.

33. *MFABacc.:* J. D. de Monasterio Suevie Bacc. Heydelberg. rec.
30. Jan. 90. — M. a. Febr. 90. *MFAMag.:* de schwebschen Münster.

34. Vgl. 35,47.

35. B. a. 4. Okt. 91. *MFA.:* de Dornstetten.

36. Vlricus Klaiber
37. Johannes Roracker } de Stütgardia (7. März).

38. Jacobus Jungerman
39. Michael Köchlin } de Tûwingen die Gregorii (12. März).

40. Thomas Mayer
41. Johannes Mayer } de Kur (15. März).

42. Mathias Rockembuch de Magstatt (19. März).
43. Johannes Han de Rotemburg die s. Benedicti (21. März).
44. Johannes Mak de Hohenstatt (21. März).
45. Johannes Belser de Öttingen die annunciationis dominice (25. März).
46. Gallus Latrificis de Leomberg (27. März).
47. Johannes de Mürstain (21. April).
48. Jacobus Prälin de Vnderdûrncken (22. April).   '
49. Cristoferus de Stadion (22. April).
50. Petrus Bûchsenmaister de Wissenstain (24. April).
51. Laurencius Pistoris de Mercklingen (24. April).
52. Conradus Loser de Gamertingen (24. April).

25. Subscribuntur insuper nomina intitulatorum in rectoratu eximii viri domini **Wendalini Steinbach** s. theol. professoris a festo Phil. et Jac. usque ad festum s. Luce evang. a. **1490**:

36. B. a. 31. Mai 91. *MFA.*: Claiber.
37. B. a. 4. Okt. 92.
38. B. a. 20. Juni 92. *MFABacc.*: Jüngerman.
39. B. a. 4. Okt. 91. *MFABacc.*: Kochlyn. — M. a. 6. Aug. 94. — Dec. fac. art. 05. *Der Humanist Coccinius: vgl. A. D. B.*
40. B. a. 4. Okt. 91. — M. a. 1. Febr. 93. *MFABacc. u. Mag.*: de Tintzen.
41. B. a. 4. Okt. 91. *MFA.*: de Schwaininingen.
42. B. a. 15. März 92. *MFABacc.*: Roggenbuch. — M. a. 30. Jan. 94.
43. B. a. 4. Okt. 91. *MFABacc.*: Prelin. — M. a. 30. Jan. 94. *MFA.- Mag.*: Preylin.
49. B. a. 15. Dez. 91. — M. a. 28. Jan. 94. *MFABacc. u. Mag.*: Chr. Stadion de Schelklingen. — *Vgl. Knod, D. Studenten in Bologna S. 542; u. Heyd.*
52. B. a. 4. Okt. 91. *MFABacc.*: Losser. — M. a. 27. Jan. 95. *MFA.- Mag.*: Laser.
52a. *MFA.Mag.*: Johannes de Vaihingen. — M. a. Febr. 90. *Identisch mit 22,17 oder 22,30?. Der erstere ist nicht als Bacc. überliefert.*
52b. *MFABacc.*: Gregorius Krämer de Sindelfingen Bacc. Wiennensis rec. in consortium baccalaureorum 19. Okt. 89; habet locum ante promotos des 20. Dez. 87. — *Identisch mit 5,5?*
52c. *MFABacc.*: Johannes Knnsch ex Ithenhusen. B. a. 17. Dez. 89.

1. Georgius Institoris de Stütgardia (4. Mai).
2. Petrus Knepfler de Mercklingen pauper (5. Mai).
3. Rudolfus Dischmacher de Raperswil pauper (8. Mai).
4. Johannes Stickel de Stutgardia (8. Mai).
5. Leonhardus Nunenmacher de Möchingen (8. Mai).
6. Johannes Höttel de Weset Bacc. Ingelst. (11. Mai).
7. Johannes Hagen de Owingen (26. Mai).
8. Sebastianus Hofsess de Durlach Bacc. Heidelb. (29. Mai).
9. Johannes Hamer de Vrach (3. Juni).
10. Daniel Bömler de Hallis dedit 1 β quia pauper (3. Juni).
11. Vdalricus Kön de Vlma dedit 1 ξ quia pauper (11. Juni).
12. Matheus Nallinger de Adelberg pauper (14. Juni).
13. Gregorius Beltz de Núrtingen pauper (14. Juni).
14. Johannes Albrecht de Mosbach (17. Juni).
15. Johannes Wild de Offemburg pauper (20. Juni).
16. Sebastianus Alwig de Vberlingen (25. Juni).
17. Fr. Johannes Ziegler de Mengen ord. Premonstr. (27. Juni).
18. Bernhardus Bach (3. Juli).
19. Balthasar Mag de Rotwil (26. Juli).   Nil dedit pauper.
20. Johannes Rain de Göppingen (28. Juli).
21. Hainricus Tinctoris de Wil (28. Juli).
22. Laurencius Calceatoris de Herremberg (28. Juli).
23. Georgius Bocklinger de Confluentibus (28. Juli).
24. Wilhelmus Sesler de. Hallis (26. Juli).
25. Georgius Lengenberg de Bibraco (25. Aug.).

---

1. B. a. 15. März 92.
2. B. a. 23. Sept. 90. *MFABacc.:* o. O.
4. B. a. 4. Okt. 91. *Vgl. Roth.*
5. *Vgl. 25,62 a.*
6. M. a. 11. Aug. 90. *MFAMag.:* Hettel ex Wiseth.
7. B. a. 16. Dez. 94. *MFABacc.:* de Whingen. — *Verf. des Tractatus de regimine religiosorum s. l. et a. Panzer, Annales typographici 9,178.*
8. M. a. 11. Aug. 90. *MFAMag.:* Hochsäss.
9. *MFABacc.:* J. Hammer rec. habet locum post promotos 15. März 92, quia noviter in Friburg promotus fuit.
10. B. a. 15. März 92. *MFA.:* Bömli.
13. B. a. 4. Okt. 92.
14. B. a. 15. Dez. 91. *MFA.:* Jo. Albrecht vel Alberti de M.
15. B. a. 15. Dez. 91. — *Herr Hans Wild im Schainbuch lebt 1542 in Tübingen.*
25. B. a. 15. Dez. 91. *MFABacc.:* Lengenberger. — M. a. 13. Aug. 93. *MFAMag.:* Lanngennberger.

26. Eberhardus Korn de Esslingen (25. Aug.).
27. Michael Armificis de Mûlhusen (2. Sept.).
28. Heinricus Opf de Thurego (6. Aug.).
29. Wolfgangus Haim de Landshût studens Ingelstet. (13. Sept.).
30. Georgius Besserer de Rauenspurg (13. Sept.).
31. Jacobus Feld de Schönegk studens Haydelbergensis (18. Sept.), nil dedit quia spoliatus in itinere.
32. Johannes Fyraubet de Landshût studens Ingelstet. (19. Sept.).
33. Wernherus Bochholtz de Onshusen (21. Sept.).
34. Dom. Albertus comes de Hoenlö dedit 1 fl. (22. Sept.).
35. Fridericus Fryberger (22. Sept.).
36. Caspar Fryberger (22. Sept.).
37. Albertus Thommen (22. Sept.).
38. Wilhelmus Stoffer (22. Sept.).
39. Johannes Ziegler de Tûwingen (22. Sept.).
40. Petrus Öler de Offemburg (22. Sept.).
41. Johannes Strus de Stûtgardia (22. Sept.).
42. Hermannus Sachsenhaim (22. Sept.).
43. Sebastianus Beringer de Tûwingen (22. Sept.).
44. Mathias Haiden de Tûwingen (22. Sept.).
45. Renhardus Gaisser de Felbach (22. Sept.).

---

28. B. a. 15. Dez. 91. — M. a. 26. Jan. 93. *MFAMag.:* Heinricus de T.
29. B. a. 28. Sept. 90.
30. *Vgl. Roth.*
31. *Heidelb.:* 30. Sept. 89 inscr. Jac. Felbe de Schoneck August. dioc.
32. B. a. 23. Sept. 90. *MFA.:* Füraubend
33. B. a. 15. März 92. *MFABacc.:* Bûchholtz de Unsshüsen. — M. a. 28. Jan. 94. *MFAMag.:* de Vnssenhusen.
35. *D. B. 529.*
36. *OAB. Ehingen 104. D. B. 388.*
38. B. a. 20. Juni 92. *MFABacc.:* Stöuffer; *offenbar Bruder von 26,8.*
39. B. a. 14. Dez. 93. *MFABacc.:* Jo. Ziegler dictus Vergenhans. — M. a. 18. Aug. 95. *MFAMag.:* Jo. Fergenhans (Nauclerus).
40. B. a. 15. März 92.
, *41.* B. a. 4. Okt. 92.
42. B. a. 4. Okt. 92. — *Sattler, Grafen 2. A. 4,29.*
43. B. a. 4. Okt. 92. — M. a. 20. Aug. 95.
44. B. a. 15. März 92. — M. a. 29. Jan. 95.
45. B. a. 15. Dez. 91. — M. a. 13. Aug. 93. *MFAMag.:* Gaysslin. — *Theol.:* Reinh. Gaisser ex Stüttgardia principiavit in bibliam 10. Jan. 99 et habuit collegam dom. priorem Joh. Stüpitz *[39,19]*; in sentencias vero principiavit 1. Apr. 1501 et habuit conkathedralem M. Leonh. Wernheri *[29,56]*; licentiam

46. Johannes Molitoris de Waiblingen (22. Sept.).
47. Wilhelmus Fúrst de Tuwingen (23. Sept.).
48. Martinus Lauger de Bodolshusen, dedit 1 β pedello quia pauper (23. Sept.).
49. Ambrosius Widman de Túwingen (24. Sept.).
50. Georgius Zölinger de Tuwingen (25. Sept.).
51. Vlricus Haber de Gislingen (25. Sept.).
52. Cristannus Molitoris de Túwingen (28. Sept.).
53. Michael Schölkopf de Gislingen (30. Sept.).
54. Conradus May de Túwingen (30. Sept.).
55. Johannes Steffan Rúss de Constancia (30. Sept.).
56. Frater Jodocus Gerwer de Nürtingen ord. Premonstratensis (4. Okt.).
57. Frater Jacobus Rehman de Endelspach eiusdem ord. (4. Okt.).
58. Conradus Wild de Mengen M. a. Haidelbergensis dt. 1 β pedello (15. Okt.).
59. Johannes Schaih de Eslingen (15. Okt.).
60. Nicolaus Piscatoris alias Swertzloch de Tuwingen (18. Okt.).
61. Wernherus Lutz de Tuwingen (18. Okt.).
62. Hainricus Núnegk (18. Okt.).

26. Sequuntur nomina intitulatorum sub rectoratu spectabilis viri M. **Conradi Vesseler** in decretis licentiati a festo s. Luce a. 1490 usque ad Phil. et Jac. 1491:

1. Georgius Calceatoris de Waiblingen (19. Okt.).

recepit solus 7. Jul. 1503 et insignia magistralia 27. Nov. 1504. — Rect. 1504: sacr. theol. professor.

    47. Vgl. Roth.
    48. B. a. 15. März 92.
    49. B. a. 15. März 92. *MFABacc.:* de Baden. — *Vgl. Freib. Diöz.-Arch. 31 (1903) S. 185 ff. und Heyd.*
    52. B. a. 4. Okt. 92.
    54. B. a. 15. März 92. — M. a. 20. Aug. 95.
    56. B. a. 20. Juni 92. *MFA.:* Fr. Jod. Cerdonis ex Adelberg.
    57. B. a. 20. Juni 92. *MFA.:* ex Adelberg.
    58. Heidelb.: 19. Juli 85 inscr. B. a. viae ant. 7. Juni 87: Wield.
    61. B. a. 4. Juni 99. *MFABacc.:* Dom. Wernh. Lutz. — M. a. 18. Jan. 01.
    62. Vgl. Roth.
    62 a. MFABacc.: Bernhardus Nünnenmacher ex Möchingen. B. a. 6. März 93; *identisch mit 25,5?*
    62 b. MFABacc.: Johannes Pannitonsoris de Raperschwil. B. a. 28. Sept. 90; *rangiert nach 25,2; vielleicht identisch mit 18,24 (Roth).*

    1. B. a. 15. März 92.

2. Martinus Fritz de Binnigen (19. Okt.).
3. Sebastianus Hegkbach nil dedit quia pauper (19. Okt.).
4. Valentinus de Argentina (21. Okt.).
5. Paulus Widman (22. Okt.).
6. Conradus Lutz de Tuwingen (23. Okt.).
7. Georgius Keller de Tuwingen (23. Okt.).
8. Philippus Stoffer de Tuwingen (26. Okt.).
9. Theodorus Heller de Tuwingen (26. Okt.).
10. Conradus Lamparter artium Bacc. ad kal. Oct. (!) (1. Nov.).
11. Conradus Falch de Túwingen (3. Nov.).
12. Jacobus Switzer de Cupingen (4. Nov.).
13. Johannes Wáffen de Calw (4. Nov.).
14. Cristoferus Knöringer (4. Nov.).
15. Johannes Hunger ex Esslingen Bacc. art. (9. Nov.).
16. Hainricus Schön de Backnach. Nil dedit pauper (12. Nov.).
17. Blasius Beltz de Núrtingen (12. Nov.).ª)
18. Johannes Grüniger de Talfingen (17. Nov.).
19. Conradus Pellificis de Calw (17. Nov.).
20. Baltasar Mútschelin (19. Nov.).
21. Conradus Blattenhart de Esslingen Bacc. (20. Nov.).
22. Johannes Rieck de Talfingen (26. Nov.).
23. Luduicus Sachs ex Franckfordia (30. Nov.).
24. Johannes Eberlin de Adelberg pauper (13. Dez.).
25. Albertus Rotemburger ex Túwingen (13. Dez.).
26. Caspar Wirt de Wettenhusen (21. Dez.).

---

a) *Ausgestrichen mit der Bemerkung am Rand:* Renunciavit privilegiis et deleri petiit de matricula 6. Aug. 91 in consistorio publico rectoris protunc; *[von anderer Hand:]* est iterum receptus ut primum (?) in tertio rectoratu.

2. B. a. 15. März 92. *MFABacc.:* ex Marpach.
3. B. a. 4. Okt. 92. *MFABacc.:* Seb. Pfarrer de Heckbach.
6. B. a. 14. Dez. 93. — M. a. 7. Febr. 96. — *Vgl. Roth.*
7. B. a. 14. Dez. 93.
8. B. a. 20. Juni 92. *MFA.:* Stouffer.
10. D. B. 412.
11. B. a. 26. Sept. 93.
12. B. a. 15. März 92. *MFA.:* Schwitzer.
15. *MFABacc.:* Bacc. Haidelberg: *rangiert zwischen den Baccalaurei vom 17. Sept. u. 17. Dez. 89.* — M. a. Febr. 91. — *Propst in Denkendorf. OAB. Esslingen 197. Oder der praeceptor Melanchtons. Corp. Ref. X, 190. 268.*
20. B. a. 14. Dez. 93. *MFABacc.:* ex Túwingen.
22. B. a. 15. März 92. *MFA.:* Riegg.
25. *Heyd, Ulrich 1,495; Steinhofer 4,380: Aberlin Rotenburger.*
26. B. a. 20. Juni 92. *MFA.:* de Wietenhusen.

27. Georgius Cellerarii (21. Dez.).
28. Theodricus Loner de Balingen Bacc. a. Friburg. (21. Dez.).
29. Conradus Küffer de Balingen (21. Dez.).
30. Johannes Pauli de Rútlingen (21. Dez.).
31. Theodricus Rieber de Ebingen (21. Dez.).
32. Vlricus Blawfůss de Gisslingen (21. Dez.).
33. Adam Haselman (23. Dez.).
34. Dom. Martinus Prenninger utr. iur. D. ordinarius gratis ex statuto (31. Dez.).
35. Johannes Holtzhow famulus eiusdem (31. Dez.). Nil dedit pauper.

1491.

36. Valentinus Natau de Augusta (4. Jan.).
37. Vrbanus Biel de Stütgardia (5. Jan.).
38. Johannes Spenler de Túwingen (25. Jan.).
39. Johannes Binniger de Engen (26. Jan.).
40. Jodocus Sigel de Waiblingen pauper (19. Febr.).
41. Johannes Hertzog de Horw (20. Febr.).
42. Johannes Hug de Stütgardia (20. Febr.).
43. Vlricus Rot de Heningen. Nil dedit quia pauper (21. Febr.).
44. Vlricus Vlin de Grosselfingen (23. Fehr.).
45. Caspar Koch de Stetten (23. Febr.).
46. Johannes Hug de Marpach (23. Febr.).
47. Johannes Wernheri de Trochtelfingen (1. März).
48. Conradus Glader (2. März).

---

28. *MFABacc.:* Lüner de B., *rec. rangiert nach den promoti des 12. März* 90. — M. a. Febr. 91. *MFAMag.:* Laner.
29. B. a. 3. März 91. *MFABacc.:* Kyefer.
31. B. a. 26. Sept. 93 — M. a. 7. Febr. 96. *MFABacc. u. Mag.:* Rüber o. O. — *Dietrich Rieber, Schultheiss von Ehingen, Bruder des M. Balth. Rieber, der als Messpriester zu Benzingen 1517 gegen den Ablass predigt und eine Prädikatur des Evangelii in Balingen stiftet (Roth aus einem Wolfenbüttler Codex).*
33. B. a. 16. Dez. 91. *MFABacc.:* de Rütlingen. — M. a. 13. Jan. 93.
34. *OAB. Herrenberg 263.* † 1501 *und begraben in der Kirche zu Bebenhausen.*
38. B. a. 24. Sept. 95. *MFA.:* Spengler.
40. B. a. 24. Sept. 95. *MFA.:* de Endelspach.
41. B. a. 23. Sept. 94. — M. a. 11. Aug. 96.
42. B. a. 18. Dez. 92. *MFA.:* unicus Bacc. prom. in angaria Lucie.
46. B. a. 4. Okt. 92.
47. B. a. 4. Okt. 92.
48. B. a. 4. Okt. 92. *MFA.:* Cônrodus Gl. de Wil.

49. Johannes Epp de Nagolt (5. März).
50. Jacobus Bock de Nûwiler (7. März).
51. Johannes Müssbach (16. März).
52. Leonardus Kolb nil dedit quia pauper (17. März).
53. Georgius Gantz de Gisslingen (17. März).
54. Vlricus Bûb de Blaubûrren (20. März).
55. Georgius Lanng de Esslingen (10. April).
56. Johannes Dele de Ach (10. April).
57. Gabriel Dele de Ach (10. April).
58. Johannes Rietmüller. Nil dedit quia pauper (11. April).
59. Vlricus Rinderbach
60. Bernhardus Rinderbach
61. Vitus Rinderbach } ex Hallis (29. April).
62. Mathias Rinderbach
63. Johannes Schönleben de Tuwingen (29. April).ª⁾

27. Intitulatorum nomina sub rectoratu eximii viri M. **Conradi Summerhart** s. theologie professoris a Phil. et Jac. a **1491** usque ad Luce evang. a. eiusdem hic subscripta reperiuntur:

1. Michael Trûwernher de Tûwingen (4. Mai).
2. Johannes Steimlin de Nagolt (6. Mai).

a) *Es folgt eine Rasur, aus der noch zu entziffern ist:* Georgius .... famulus [dom. D.] Ludvici Truchsess et .... famula (?) dom. decani ecclesie huius loci iuraverunt obedientiam rectori iuxta eorum famulatus durationem (?)

49. B. a. 20. Juni 92. — M. a. 30. Jan. 94. — Rect. 1521/22: iur. Lic.
50. B. a. 4. Okt. 92. *MFA.:* Bok.
51. B. a. 4. Okt. 92. *MFABacc.:* J. Müssbach de Hirsow. — M. a. 7. Febr. 96.
52. Bürgermeister in Wangen. S. Baumann, Akten zur Gesch. des Bauernkriegs (1877) S. 4. 76.
53. B. a. 4. Okt. 92.
55. B. a. 4. Okt. 92.
56. B. a. 4. Okt. 92. *MFA.:* G. Dyelin.
59. Über das Haller Patriziergeschlecht der Rinderbach, vgl. Alberti u. Württ. Geschichtsquellen 1 u. 6 Register s. n.
63. B. a. 14. Dez. 93. *MFABacc.:* dictus Waltvogt. — M. a. 7. Febr. 96. *MFAMag.:* Schonleber. — *D. B. 575. 578. — Oder Propst in Faurndau, Sattler Herzoge 3,69.*
63a. MFAMag.: Johannes Sitz de Rauenspurg; M. a. 29. Jan. 95; *aufgeführt zwischen 28,6 u. 31,28.*

1. B. a. 23. Sept. 94. *MFA.:* Trwwernher.
2. B. a. 23. Sept. 94.

3. Michael Richart de Gisslingen (10. Mai).
4. Hainricus de Helmstorff canonicus iu Episcopalicella (13. Mai).
5. Michael Hilprand de Vberlingen (16. Mai).
6. Johannes Blúcklin de Ebingen (17. Mai).
7. Michael Helbling de Hall (17. Mai).
8. Jacobus Bart de Vrach nil dedt quia pauper (27. Mai).
9. Georgius Kúrnhart de Minsingen nil dedit (6. Juni).'
10. Martinus Múrnlin de Trochtelfingen (8. Juni).
11. Fridericus Letschman de Dornstetten nil dedit pauper (8. Juni).
12. Georgius Meschlin de Ärsingen (10. Juni).
13. Georgius Spiler de Wangen nil dedit pauper (12. Juni).
14. Martinus Horn de Vrach (13. Juni).
15. Johannes Lorcher de Stütgardia (13. Juni).
16. Johannes Waltheri de Terendingen (25. Juni).
17. Othmarus Vögelin de Memingen nil dedit pauper (29. Juni).
18. Rûdolfus Röschlin de Thurego nil dedit (21. Juni).
19. Melchior Rotenkopff de Friburgo in Brisgau nil dedit (2. Aug.).
20. Johannes Sartoris de Vrach nil dedit (30. Aug.).
21. Jodocus Koler de Westerheim ⎫
22. Caspar Höltzlin de Stutgardia ⎬ nil dederunt (21. Aug.).
23. Georgius Tischmacher de Túwingen (26. Aug.).
24. Caspar Scriptoris de Grünigen exaltationis crucis nil dedit (14. Sept.)
25. Hainricus Sartoris de Constantia nil dedit (14. Sept.).
26. Mathias Fabri de Stockach die Lamperti (17. Sept.).
27. Conradus Palmer de Wyla die Mathei (21. Sept.).
28. Georgius Winächter de Schöngaw die Mauricii (22. Aug.), nil dedit.

---

3. B. a. 4. Okt. 92.
7. B. a. 30. Mai 93.
9. B. a. 6. März 93.
10. B. a. 4. Okt. 92. *MFA.:* Mürlin.
12. B. a. 26. Sept. 93. *MFA.:* G. Meselin o. O.
14. B. a. 30. Mai 93. — M. a. 7. Febr. 96. *MFAMag.:* de Stütkarten.
15. B. a. 30. Mai 93. — M. a. 20. Aug. 95. — *Vgl. Roth.*
17. B. a. 30. Mai 93. *MFA.:* Fögelin.
20. B. a. 23. Sept. 94. *MFABacc.:* Joh. Vetter de V.
21. B. a. 6. März 93.
22. *Kaplan K. Maximilians und Kapellensänger, im Alter erblindet, geniesst noch 1535 eine Pfründe in Rottenburg-Ehingen, lebt aber in Tirol (Bossert).*
23. *Vgl. Roth.*
25. B. a. 6. März 93.

29. Hainricus Mener de Offemburg (22. Sept.).
30. Jacobus Summerhart de Calw (24. Sept.).
31. Bernhardus Keppler de Wila (2. Okt.).
32. Michael Rethaber de Túwingen (3. Okt.).
33. Martinus Búrninger de Obernow (4. Okt.).
34. Johannes Wernheri de Sultzbach nil dedit (12. Okt.).
35. Michael Krus de Waiblingen (12. Okt.).

28. Subsignata reperiuntur nomina intitulatorum sub rectoratu eximii viri dom. **Mangoldi Widman** decr. D. a festo s. Luce evang. a. **1491** usque ad Phil. et Jac. a. **1492**:

1. Albertus Weller de Reningen (22. Okt.).
2. Johannes Benslin Appotecarii (24. Okt.).
3. Laurencius Schietinger de Metzingen (29. Okt.).
4. Hainricus Mayer de Marpach nil dedit quia pauper (5. Nov.).
5. Joachim Hummel de Friburgo Bacc. art. (5. Nov.).
6. Johannes Burger de Horw (15. Nov.).
7. Johannes Garh der Horw (15. Nov.).
8. Magnus Schellemberger de Augusta (15. Nov.).
9. Caspar Zimerman de Augusta pauper nil dedit nisi 1 β (22. Nov.).
10. Albertus de Rechberg (28. Nov.).
11. Vdalricus Önss de Constancia (1. Dez.).
12. Johannes Mang de Stütgardia (8. Dez.).
13. Bernhardus Rasoris de Túwingen (8. Dez.).

---

29. B. a. 30. Mai 93.
31. B. a. 26. Sept. 93. *MFABacc.*: o. O. — M. a. 7. Febr. 96.
33. B. a. 20. Febr. 94. *MFA.*: Búringer.

1. B. a. 6. März 93. — M. a. 27. Jan. 95.
2. *D. B. 575*: Joh. *Apotecker, Untervogt in Tübingen. — Joh. Benslin, Apotheker in T. 1542. (Bossert nach den Türkensteuerlisten.)*
3. B. a. 26. Sept. 93. *MFABacc.*: Laur. ex M.
5. *MFABacc.*: Jo. Hümel de Fr., Bacc. Friburg. rec. 21. Nov. 91; *rangiert nach den Bacc. des 12. März 90.* — M. a. 26. Jan. 93.
6. B. a. 15. März 92. — M. a. 29. Jan. 95.
7. B. a. 15. März 92. *MFABacc.*: Garpp. — *Über das Haus der Familie in H. vgl. OAB. Horb S. 105.*
8. B. a. 26. Sept. 93. *MFABacc.*: M. Schellenbergk o. O.
9. B. a. 6. März 93.
10. *Vgl. Knod, D. Studenten in Bologna (1899) S. 432.*
12. B. a. 14. Dez. 93. *MFABacc.*: ex Stügarth.
13. B. a. 24. Sept. 95. — M. a. 24. Jan. 98.

14. Johannes Sigel de Stütgardia; dedit 1 β quia pauper (8. Dez.).
15. Blasius Beltz de Núrtingen (8. Dez.).
16. Bartholomeus Pellificis de Reningen (12. Dez.).
17. Gregorius Gyr de Mundrachingen, dedit 1 β pauper (16. Dez.).
18. Johannes Viti de Marpach (18. Dez.).
19. Johannes Fabri plebanus in Sersain artium determinator (18. Dez.).
20. Fr. Hertwicus ord. s. Augustini de Goslaria M. a. dedit 1 β (18. Dez.).
21. Sebastianus Búschlin de Rotwila dedit 1 β pauper (20. Dez.).
22. Jacobus Has de Constantia (30. Dez.).
23. Jheronimus Pes de Túwingen (31. Dez.).
24. Bartholomeus Staimer de Yesingen (31. Dez.).

1492.

25. Johannes Auch de Lustnow (2. Jan.).
26. Martinus Rücker de Lustnow (2. Jan.).
27. Johannes Túblin de Giltlingen (4. Jan.).
28. Sigismundus Gyss de Gissemberg (7. Jan.).
29. Ingermanus de Eltin (7. Jan.).
30. Caspar Molitoris de Marpach M. a. dedit 1 β (8. Jan.).
31. Petrus Schûler de Tischingen (11. Jan.).

---

14. B. a. 20. Febr. 94.

16. B. a. 14 Dez. 93.

17. B. a. 26. Sept. 93. *MFABacc.:* o. O. — *S. 37,33 b.*

20. Theol.: Herdewicus Themmen de Porta celi, professus de ordine fratrum s. Augustini, principiavit in bibliam 21. März 1492 una cum M. Symone *[7,19]* et cum M. Andrea *[12,45]*; et in die Dionysii martiris (9. Okt.) in sentencias (accedente dispensatione) eodem anno solvens principiavit. Non sine rationali causa facultas pro tanto tempore secum dispensavit. Licentiam autem ac insignia recepit cum M. Martino *[1,223]* 28. Apr. 94.

21. B. a. 30. Mai 93. — M. a. 6. Aug. 94. *MFAMag.:* Sebast. Rotwill uxoratus.

23. B. a. 12. Jan. 96. *MFABacc.:* Pess.

25. B. a. 3. Juni 94.

26. B. a. 14. Febr. 94. — M. a. 24. Jan. 98. *MFAMag.:* Riecker. — Dec. fac. art. 03/04: sacr. theol. Bacc. *MFAMag.:* qui finito suo decanatu hinc cum rebus suis abiens nullam reliquit post se promotionis scedulam, *d. h. die Promotionslisten für das betr. Dekanatsjahr wurden nur nach dem Gedächtnis des Pedellen nachgetragen.*

27. B. a. 30. Mai 93. — M. a. 27. Jan. 95. *MFAMag.:* Dúblin.

29. B. a. 30. Sept. 01. *MFABacc.:* Ingermanus Rûter de E.

30. MFAMag: M. C. Molitoris de M. promotus in universitate Treverensi circa festum Jacobi (25. Juli) [1490?], rec. et incorporatus magistrorum consorcio Jan. 92, habet locum ante promotos Febr. 91.

32. Andreas Wagner de Bäbenhusen dedit 1 β (12. Jan.).
33. Dom. Fridericus comes de Helfenstain dedit 1 flor. (16. Jan.).
34. Gerhardus de Wassenberg (16. Jan.).
35. Johannes Haintzell de Múndelhain (23. Jan.).
36. Dyonisius Haiden de Vlma (24. Jan.).
37. Rudolfus Fontana de Ryamss (30. Jan.).
38. Jacobus Pulschi de Tintza pauper dedit 1 β (1. Febr.).
39. Melchior Senfft de Hallis (8. Febr.).
40. Philippus Scheltz de Hallis (8. Febr.).
41. Johannes Bittel de Nyffen (10. Febr.).
42. Leonhardus Fahri de Múnsingen (12. Febr.).
43. Johannes Seratoris ex Cur pauper dedit 1 β (16. Febr.).
44. Gregorius Weselin de Schorndorff die Gregorii (12. März).
45. Michael de Bösingen (15. März).
46. Thobias Lutz de Rútlingen (26. April).
47. Johannes Fischer de Stûtgardia (29. April).
48. Johannes Sisenhofer de Franckfordia pauper dt. 1 β (28. April).
49. Caspar Andree de Honow (29. April).
50. Jacobus Schellenberg de Talendorff (30. April).
51. Cristoferus Goll de Esslingen (30. April).

29. Intitulati sub rectoratu eximii viri doṁ. **Jheronimi de Crouaria** utr. iur. D. a festo Phil. et Jac. a. **1492** usque ad festum s. Luce anni eiusdem:

1. Johannes Lapicide de Vrach (4. Mai).
2. Michael Schüp de Búrren prope Kirchen (9. Mai).

---

33. Vgl. Roth.
35. Baumann, Akten zur Gesch. des Bauernkriegs (1877) S. 4. — Identisch mit Dr. Hainzel, Pfarrer zu Beersbach und Chorherr in Ellwangen Württ. Vierteljahrsh. 1884 S. 174. OAB. Ellwangen S. 470?
39. Vgl. Haller Chroniken in Württ. Gesch.-Quellen 1 u. 6 Register s. n.
40. Vielmehr Ph. Schlets, Haller Kriegshauptmann; s. ebenda.
42. B. a. 30. Mai 93.
44. B. a. 26. Sept. 93. MFABacc.: Jeorius ex Sch. — Dec. fac. art. 06/07: M. Gr. Wesselin. — Vgl. Altensiaig, Vocabularius.
47. Joh. Fischer, Pfarrer zu Grossbettlingen 1545.
49. B. a. 4. Okt. 92. MFABacc.: de Hanow. — M. a. 27. Jan. 95.
50. B. a. 8. Juni 94. MFABacc.: o. O. nobilis. — M. a. 11. Aug. 96. MFAMag.: de Dalsdorff.

1. B. a. 26. Sept. 93. — M. a. 7. Febr. 96. MFABacc. u. Mag.: Joh. de Urach.

3. Cristoferus Stöllin de Horw (9. Mai).
4. Johannes Schenck de Stütgardia (18. Mai).
5. Ludovicus Meglinger de Vrach (20. Mai).
6. Caspar Gerwig de Röttelen (26. Mai).
7. Leonardus Hertelin de Stütgardia (27. Mai).
8. Johannes Molitoris de Dättingen prope Mengen (28. Mai).
9. Johannes Stamler de Augusta (30. Mai), nil dedit pauper.
10. Johannes Gnaffer de villa Beringen (5. Juni), nil dedit.
11. M. Caspar Hummel de Friburgo (8. Juni), nil dedit.
12. Berchtoldus Herman de Vilingen (8. Juni).
13. Johannes Bitschhans de Balingen (12. Juni).
14. David de Húrnhaim (14. Juni).
15. Erckinger de Rechberg de Hohenrechberg (14. Juni).
16. Wolfgangus Mangolt de Constantia (16. Juni).
17. Adam Howenschilt de Túwingen (19. Juni).
18. Diepoldus Gerstlin de opido Wilhain (19. Juni), nil dedit pauper.
19. Jacobus Locher de Ehingen poeta dedit 1 ·β hl. (24. Juni).
20. Benedictus de Richembach dedit 1 β quia pauper (24. Juni).
21. Leonardus Egk de Schorndorff dedit 1 β pauper (24. Juni).
22. Michael Rehman de Endelspach dedit 1β quia pauper (24. Juni).
23. Andreas Pistoris de Böblingen (28. Juni).
24. Johannes Ÿliñ de Alschhusen (29. Juni).
25. Blasius Gessler de Veringen ᵃ⁾ (30. Juni).

---

a) *An Stelle eines ausgestrichenen* Ehingen.

3. B. a. 26. Sept. 98. *MFABacc.*: Christ. de Horb. — M. a. 20. Aug. 95. *MFAMag.*: Stellin.
4. B. a. 3. Juni 94. — M. a. 24. Jan. 98.
7. B. a. 3. Juni 94. — M. a. 24. Jan. 98.
9. *Verf. des Dialogus de diversis gentium sectis et mundi religionibus August. Vind. 1508. S. Panzer 6,137.*
11. *MFAMag.*: M. Casp. Hümel ex Fr. prom. ibidem die Hilarii (13. Juli) 91; rec. 6. Juli 92, habet locum ante omnes isto anno (92) promotos. — *Aus Kirchheim u. T.; Freund der Humanisten. Dekan der Juristenfakultät 1500. Vgl. Bl. f. württ. K.-Gesch. 3,8.*
19. *Vgl. Heyd: Schreiber 1,70; Bauch, Ingolstadt S. 29. 71 ff.*
20. B. a. 26. Sept. 93. *MFABacc.*: Benedictus Varner ex Dornstetten. — M. a. 27. Jan. 95. *MFAMag.*: Farner ex D. — *Vgl. Roth.*
21. B. a. 14. Dez. 93.
23. B. a. 20. Febr. 94.
24. B. a. 26. Sept. 93. *MFABacc.*: Joh. de Alsshusen. — M. a. 27. Jan. 95. *MFAMag.*: Wlin.
25. B. a. 14. Dez. 93.

26. Dionisius Textoris de Mengen dedit 1 β pauper (30. Juni).
27. Johannes Wolher de Stügarten (6. Juli).
28. Vrbanus Wolher de Stütgardia fratres (6. Juli).
29. Johannes Spiler de Schaitteg prope Pregantiam (11. Juli). nil dedit.
30. Conradus Epp de Brackenhain (11. Juli).
31. Hainricus Blyss de opido Wilen (12. Juli).
32. M. Mathias Rûdolfi de Trochtelfingen dedit 1 β (17. Juli).
33. Adolfus Sartoris de Nûwiler (23. Juli).
34. Vdalricus de Rickembach (26. Juli).
35. Conradus Fëser de opido Ehingen (19. Juli).
36. Conradus Rotemburger de Tûwingen (31. Juli).
37. Wilhelmus Lending de Rûtlingen dedit 1 β (7. Aug.).
38. Gregorius Diengen de Vrach (9. Aug.).
39. Johannes Altzinger de Monaco nil dedit pauper (9. Aug.).
40. Conradus Heslin de Mundrachingen dedit 1 β (14. Aug.).
41. Georgius Schûtz de Horw (17. Aug.).
42. Jacobus Füss de Eschelbrunn (21. Aug.).
43. Johannes Anshelmi de villa Maltz (30. Sept.).
44. Matheus Hartmanni de Cellaratolfi dedit 1 β (3. Okt.)
45. Johannes Rorman de Hallis (20. Sept.).
46. Caspar Mayer de Möglingen (5. Sept.).

---

27. B. a. 14. Dez. 98. *MFABacc.:* Wolhower. — M. a. 7. Febr. 96. *MFAMag.:* o. O.

28. B. a. u. M. a. *ebenso wie* 27.

30. Vgl. *Zeitschr. f. Gesch. d. Oberrheins 33 (1880) S. 300: Rothenhäusler, Abteien und Stifte (1886) S. 29.* — Vgl. dazu *Zeitschr. d. hist. Ver. f. Schwaben und Neuburg 2 (1875) S. 102.*

32. MFAMag.: Mathias Rûdolph ex T. prom. in Friburgo in die Hilarii (13. Jan.) 92, rec. 22. Nov. et habet locum ante promotos 21. Aug. 92.

35. MFABacc.: Conr. Veser de E₁ Bacc. Friburg. rec. 17. Aug. 92; *rangiert nach den promoti des 4. Okt. 91.*

38. MFABacc.: Greg. Tegen ex Vrach Bacc. Friburg. rec. 11. Sept. 92; *rangiert nach den promoti des 31. Mai 91.* — M. a. 30. Jan. 94. *MFAMag.:* Tegen. — *Vielleicht der Urachius, bei dem Eck hört: s. Epistola de ratione studiorum (1538) A. 2.*

39. B. a. 30. Mai 93. — M. a. 24. Jan 98. *MFAMag.:* o. O. — *Pellican, Chronikon 11: Landshutensis.*

41. B. a. 20. Febr. 94. — M. a. 11. Aug. 96. — Vgl. *Knod, Deutsche Studenten in Bologna S. 513.*

44. B. a. 20. Febr. 94. *MFABacc.:* M. Hartman ex Zell. — M. a. 24. Jan. 97. *MFAMag.:* Hartman ex Cella Eberhardi.

45. B. a. 8. Juni 94.

46. B. a. 30. Mai 93.

47. Marcus Gnapper de Meglingen (5. Sept.).
48. Alexander Fridenstain de Marpach (10. Sept.).
49. Ciriacus Textoris de Wissenhorn Bacc. Ingelstet. (13. Okt.).
50. Alexander Pistoris de Schafhusen (13. Okt.).
51. Johannes Fabri de Bodelshusen (15. Okt.).
52. Albertus Trummeter de Hechingen (15. Okt.).
53. Einhardus Gütjar de villa prope Grüningen (15. Okt.).
54. Johannes Heppeler de Canstatt (15. Okt.).
55. Kilianus Vogler de Canstat (15. Okt.).
56. Lienhardus Wernheri de Canstatt dedit 1 β (15 Okt.).
57. Martinus Winleder de Canstatt dedit 1 β pauper (15. Okt.).
58. Simon de Asperg (15. Okt.).
59. Michael Coci de Tuwingen nil dedit pauper (15. Okt.).
60. Philippus Müg de Argentina (16. Okt.).
61. Alexander Krymysen de Marpach (16. Okt.).
62. Petrus Ziegler de Kirchen prope Neccarum (16. Okt.).
63. Wilhelmus de Schorndorff (16. Okt.).

30. Intitulatorum nomina sub rectoratu M. **Diethmari Asch-man** de Vaihingen a festo. Luce a. **1492** usque ad Phil. et Jac. a. **1493**:

————— - -

48. B. a. 14. Dez. 93. *MFABacc.:* Frödensteyn. — M. a. 11. Aug. 96. *MFAMag.:* Fröudenstain.

49. MFABacc.: C. T. ex Wisenhorn rec. 4. Dez. 92 et fatebatur se fuisse Bacc. Ingelstat.; et precederet omnes baccalaureos in anno 91 et 92 promotos, immo et quosdam alios. — M. a. 26. Jan. 93. — *Med.:* Ciriacus ex W. Dr. med. 1508. — *Dobel, Memmingen zur Reformationszeit 1,58:* Stadtarzt Dr. Cir. Weber. — *Vgl. die Schriften von Altenstaig u. Wiedemann, Eck s. n. Textrinus.*

51. B. a. 30. Mai 93.

53. B. a. 23. Sept. 94. *MFA.:* de Tam.

54. B. a. 3. Juni 94.

55. B. a. 20. Febr. 94. *MFABacc.:* Fogler. — M. a. 7. Febr. 96. *MFA.-Mag.:* o. O. — *Vgl. Roth.*

56. B. a. 20. Febr. 94. — M. a. 18. Aug. 95. — *Theol.:* principiavit in bibliam 11. Jul. 1501, in sentencias solus anno 1503. — Dec. fac. art. 04/05. — *Vgl. Bl. f. württ. K.-Gesch. 6 (1891) S. 31.*

57. B. a. 20. Febr. 94. *MFA.:* Martinus de C.

58. B. a. 14. Dez. 93. *MFA.:* Simon Aldinger de A.

59. B. a. 3. Juni 94. — M. a. 11. Aug. 96.

61. B. a. 20. Febr. 94. *MFA.:* Crimyssen.

63. B. a. 23. Sept. 94. — M. a. 24. Jan. 97. *MFABacc. u. Mag.:* Wilh. Zoller de Sch.

1. Petrus Schüchman de Murstat (22. Okt.).
2. Mathias Stolp de Bleydelshaim (24. Okt.).
3. Johannes Falkner de Thurego (24. Okt.).
4. Conradus Theofili de Winterbach (24. Okt.).
5. Jacobus Cesar de Gislingen (24. Okt.).
6. Georgius Romberg de Schengaw dedit 1 β pauper (25. Okt.).
7. Benedictus Landemberg de Winterthur (26. Okt.).
8. Wolfgangus Keller de Rotemburg (29. Okt.).
9. Albertus de Clam (29. Okt.).
10. Georgius Syboldt de Gretzingen (30. Okt.).ᵃ⁾
11. Jacobus Koler de Eschelbrunn dedit 1 β quia pauper (30. Okt.).
12. Johannes Wappler de Rotemburg (1. Nov.).
13. Conradus Knör de Plochingen (6. Nov.).
14. Johannes Valch de Túwingen dedit 1 β pedello (9. Nov.).
15. Georgius Vntrost de Waiblingen (14. Nov.).
16. Wendalinus Ochsembach de Túwingen (18. Nov.).
17. Vdalricus Scharer de Ysnin (21. Nov.).
18. Gregorius Moll de Marchtall (21. Nov.).
19. Frater Georgius Frick professus in Marchtall (27. Nov.).
20. Frater Johannes Wolfgangi (27. Nov.).
21. Cristoferus Gwerlich de Augusta dedit 1 β pauper (3. Sept.). .
22. Sebastianus Müller de Túwingen die Nicolai dt. 1 β pauper (6. Dez.).
23. Cornelius de Liechtenfels (17. Dez.).

a) *Steht nach Nr. 22 und ist durch Randzeichen an diese Stelle verwiesen.*

1. B. a. 20. Febr. 94. *MFA.:* de Myerstat.
2. *MFABacc.:* M. Stollpp ex Plidelshain Bacc. Friburg. prom. circa festum crucis (14. Sept.) 90; rec. 4. Dez. 92; habet locum ante omnes baccalaureos anno 92 promotos — M. a. 30. Jan. 94. *MFAMag.:* Blyedelshen.
3. B. a. 20. Febr. 94. *MFA.:* Falckner.
4. B. a. 20. Febr. 94.
6. B. a. 20. Febr. 94. *MFA.:* de Schongaw.
8. *Vgl. Bl. f. württ. K.-Gesch. 2,93 Note.*
10. B. a. 20. Febr. 94. *MFA.:* Jeorius ex Gretzingen.
12. B. a. 20. Febr. 94. *MFA.:* Bappeler ex R.
13. B. a. 20. Febr. 94. — M. a. 20. Aug. 95. *MFAMag.:* Kner. - Sattler, *Herzoge 3,69.*
16. B. a. 28. Sept. 96. *MFABacc.:* de Twingen. — M. a. 21. Jan. 00. — *D. B. 451; 420. Vgl. Roth.*
17. B. a. 3. Juni 94. *MFA.:* Schovar.
21. B. a. 12. Jan. 96. — M. a. 24. Jan. 98. *MFAMag.:* Christoforus ex Augusta.
22. B. a. 19. März 95. — M. a. 16. Aug. 97. *MFABacc. u. Mag.:* Seb. Molitoris de Tybingen.

1493.

24. Johannes Furer de Cellaratolfi dedit 1 β pauper (7. Jan.).
25. Johannes Vogler de Plidershusen (10. Jan.).
26. Michael Hossinger de Rotwila dedit 1 β (11. Jan.).
27. Mathias Zymer de Nouo foro prope Nürmbergam (16. Jan.).
28. Wilhelmus de Greding (16. Jan.).
29. Leonhardus Haber de Eystetten (16. Jan.).
30. Dionisius Röchlin de Pfortzen (17. Jan.).
31. Mathias Rauman de Schaffhusen (18. Jan.).
32. Wilhelm Kúnler de Schaffhusen (18. Jan.).
33. Georgius Schieck de Ossenfurt dedit 1 β pauper (18. Jan.).
34. Dom. D. Johannes Fridericus Vfflinger de Vilingen die Vin-
    cencii 1 β (22. Jan.).
35. Wilhelmus Wölfflin de Rútlingen (26. Jan.).
36. Ambrosius Schmerstein de Rotemburg Tūbris 1 β pauper (29. Jan.).
37. Jacobus Mör de Horw dedit 1 β pauper (2. Febr.).
38. Georgius Böpplin de Marpach (15. Febr.).
39. Paulus Meger de Esslingen canonicus in Tachenhusen
40. Michael Cüntzeberlin canonicus in Tettingen
41. Johannes Meysterlin de Vrach
42. Johannes Pauli Pannificis de Vrach
} Kathedrae Petri (22. Febr.).
43. Caspar Molitoris de Campidona dedit 1 β (24. Febr.).
44. Johannes Mösch de Vlma (1. März).
45. Sebastianus Pflumm de Vlma (1. März).
46. Johannes Karrer de Diethenhain dt. 1 β pauper (1. März).

---

26. B. a. 23. Sept. 94.

30. *MFA Bacc.:* D. R. de Pf. Bacc. Basil. prom. in angaria crucis (14. Sept.) 90 et habet ordinem ante omnes promotos 4. Okt. 91; rec. 26. Jan. 93. — M. a. 28. Jan. 94. — *Bruder des Joh. Reuchlin.*

31. B. a. 6. März 93.

32. B. a. 6. März 93. *MFA Bacc.:* Cünler. — M. a. 18. Aug. 95. *MFA.- Mag.:* Kienler.

35. B. a. 12. Jan. 96: Wolflin. — M. a. 24. Jan. 98. — *Bl. f. württ. K.- Gesch. 1,44: Kaplan in Rottenburg a. N.*

37. B. a. 16. Dez. 94. *MFA.:* Mör.

38. B. a. 14. Dez. 93.

42. B. a. 4. Juni 99. *MFA.:* Dominus J. P. P.

44. B. a. 23. Sept. 94. *MFA.:* J. Mosch de Gyesslingen. — *Weyermann 2,340. Vgl. Roth. Ein Joh. Möst ist 1542 Pfarrer in Gomadingen und ein solcher 1545 Pfarrer in Tuttlingen.*

45. Vgl. 34,46 b.

46. B. a. 23. Sept. 94.

47. Adam Mennel de Pregantia (4. März).
48. Marcus Datt de Ebingen (6. März).
49. Berchtoldus Sartoris de Neckerwihingen (6. März).
50. Michael Vesser de Ehingen (9. März).
51. Heinricus de Beyern de Steineck (10. März).[a]
52. Aurelius } Maler de Túwingen (11. März).
53. Andreas }
54. M. Jacobus Horn Bacc. theol. Ingelst. de Öringen (12. März).
55. Simpertus Gessell de Augusta (13. März).
56. Johannes Heller de Túwingen (14. März).
57. Johannes Zynder de Schär (21. März).
58. Jacobus Hess de Pfullingen (22. März).
59. Adam Henckin de Hallis dedit 1 β pauper (22. März).
60. Bruno de Hornstain (25. März).
61. Dom. Laurentius de Göffingen (25. März).
62. Liepardus Lieppart de Vlma (28. März).
63. Baltasar Härschlin de Rotemburg (1. April).
64. Vitus Calceatoris de Hirsshorn dedit 1 β pauper (2. April).
65. Vdalricus Molitoris de Gúnssburg (12. April).
66. Luduicus Augstaindreger de Wisenstaig (16. April).
67. Johannes Kúngspach de Stútgarten (17. April).
68. Georgius Kolb de Vlma Bacc. (20. April).
69. Jacobus Prúnlin de Vlma (20. April).
70. Fridericus Schriber de Bothwar (23. April).
71. Johannes Cryss de Naw (24. April).

---

a) Steht unten am Rand der Seite und ist durch Zeichen an diese Stelle verwiesen.

48. B. a. 8. Juni 94.
49. B. a. 24. Sept. 95.
52. B. a. 14. Juni 96. *MFABacc.:* Aurel. Scher de Twingen. — M. a.
29. Jan. 99. *MFAMag.:* Aur. Pictoris.
54. Theol.: M. Jac. Horn, Bacc. biblicus univ. Ingelstat. rec. est in consortium bacc. 23. März 1488; 16. Jul. 1483 principiavit in sentencias; anno vero
1496 Jun. 14. recepit licentiam in theologia una cum dom. Heinrico Steinbach
[9,20]; insignia recepit 6. Febr. 1498.
56. Vgl. Roth.
57. B. a. 23. Sept. 94. *MFA.:* Jo. zum Türren de Scherr.
58. B. a. 19. März 95. — M. a. 24. Jan. 97. — *Vgl. Roth.*
63. B. a. 19. März 96. *MFA.:* Hersle.
64. B. a. 26. Sept. 93. *MFABacc.:* Vitus Cornucerui.
66. Vgl. Roth.
67. B. a. 16. Dez. 94. *MFABacc.:* Kinspach. — M. a. 11. Aug. 96. —
D. B. 78: Lic.; Heyd, Ulrich 1,146.
71. B. a. 23 Sept. 94. *MFA.:* Kriess.

72. Sebastianus Kurtz de Vlma (24. April).
73. Johannes Suter de Symeringen (27. April).
74. Vrbanus Röblin de Offemburg (30. April).
75. Caspar Seckach de Schorndorff (30. April).
76. Leonhardus Ernst de Hechingen (30. April).

31. Nomina intitulatorum sub rectoratu eximii viri M. **Gregorii Lamparter** utr. iur. D. a Phil. et Jac. a. **1493** usque ad festum Luce eiusdem anni:

1. Dom. Georgius Nússlin de Ingerschen (1. Mai).
2. Fridericus de Basilica (1. Mai).
3. Nicolaus Carnificis de Offemburg (3. Mai).
4. Melchior de Rinow (6. Mai).
5. Waltherus de Bainming de Buchswiler dedit 1 β (6. Mai).
6. Ambrosius Megenhart de Plaubúren (7. Mai).
7. Petrus Gúnther de Plaubúren (7. Mai).
8. Caspar Stich de Húser (8. Mai).
9. Sigismundus Etlinger de Monaco dedit 1 β (13. Mai).
10. Johannes Swartz (23. Mai).
11. Stephanus Murer de Wissenhorn (23. Mai).
12. Cristannus Hätzeler de Vlma (6. Juni).
13. Martinus Wilant de Vlma (6. Juni).

---

72. B. a. 28. Sept. 94.

73. B. a. 28. Sept. 94. *MFA.:* J. Süter de Ehingen. — *1540 Pfarrer in Bühl bei Rottenburg.*

74. B. a. 28. Sept. 94.

75. B. a. 28. Sept. 94.

76a. *MFABacc.:* Luduicus Häffner ex Balingen Bacc. Friburg. promotus in angaria Lucie (16. Dez.) 1490; rec. 19. Aug. 93 et habet locum ante promotos 20. Jun. 92. — M. a. 30. Jan. 94. *MFAMag.:* sacerdos. — *Identisch mit 14,50?*

76b. *MFABacc.:* Ambrosius Bawr ex Nagolt Bacc. Mogunt. rec. 22. Okt. 95; habet ordinem ante Dionysium Röchlin [30,50]. — M. a. 11. Aug. 96. *MFA.- Mag.:* Bür.

3. B. a. 16. Juni 95.

5. B. a. 28. Sept. 94. *MFA.:* W. Bomeck de Büsswieler.

6. B. a. 16. Dez. 94. — M. a. 16. Aug. 97. *MFAMag.:* de Plabúr.

7. B. a. 16. Juni 95. *MFA.:* P. Ginther.

8. B. a. 28. Sept. 96. *MFA.:* de Campidona.

12. B. a. 28. Sept. 94. *MFA.:* Hetzeler.

13. B. a. 28. Sept. 94. *MFA.:* Wieland. — *Weyermann 2,614.*

14. Johannes Ycher de Offemburg dedit 1 β (6. Juni).
15. Johannes Spierhans de Grünigen (7. Juni).
16. Cristoferns Sartoris de Naw dedit 1 β (15. Juni).
17. Marcus Derendinger de Calw (25. Juni).
18. Wendalinus Wämer de Bülach dedit 1 β (26. Juni).
19. Valentinus Jäger de Dintz dedit 1 β (30. Juni).
20. Gallus Bentzlin de Gerlingen (18. Juli).
21. Martinus Vollant de Grünigen (19. Juli).
22. Jheronimus Emser de Geldorff (19. Juli).
23. Conradus Swenck de Dintzlingen (23. Juli).
24. Johannes Sartoris de Sursee (30. Juli).
25. Vlricus Rötiman de Frowenfeld (2. Aug.).
26. Jacobus Scriniatoris de Horw (2. Aug.).
27. Stephanus Summerhart (14. Aug.).
28. Vitus Lutz de Túwingen (14. Aug.).
29. Martinus Gerhuser de Vlma (14. Aug.).
30. Blasius Hofmar ex Vlma (14. Aug.).
31. Johannes Hofmar de Vlma (14. Aug.).
32. Erasmus Brendlin de Brunbach (20. Aug.).
33. Sebastianus Prendlin de Brunbach (20. Aug.).
34. Conradus Schott de Vrach (20. Aug.).
35. Vdalricus Boss de Vri (31. Aug.).
36. Wilhelmus Fabri de Pfortzen (6. Sept.).
37. Johannes Beckinger de Brackenhain (10. Sept.).

18. B. a. 12. Jan. 96. *MFA.:* Wend. Farner de Bülach.
20. B. a. 16. Juni 95.
21. B. a. 19. März 95. *MFABacc.:* Vollat.
22. Vgl. Heyd.
24. B. a. 16. Juni 95. *MFA.:* Joh. Sartor.
26. B. a. 12. Jan. 96.
27. B. a. 16. Juni 95. *MFABacc.:* Steph. Sumelhart de Grieningen. —
M. a. 16. Aug. 97. *MFAMag.:* Sumenhart de G. — *Theol.:* princip. in bibliam
23. Sept. 1506. — *1542 alter Pfarrer zu Neckarweihingen.*
28. MFABacc.: Vitus Lucz Bacc. Ingelst. rec. et antecedit promotos
15. Dez. 91. — M. a. 29. Jan. 95.
29. S. unten 44c.
30. S. 44b.
32. B. a. 24. Sept. 95. *MFA.:* de Messkirch.
35. B. a. 16. Dez. 94. *MFABacc.:* Böss de Vre.
36. B. a. 19. März 95.
37. B. a. 21. Febr. 99. — M. a. 8. Juli 00. — *Kaplan der S. Anna-Pfründe
in Sülchen † 1533.*

38. M. Cristoferus Ott Fridrich de Argentina dt. 1 β (10. Sept.).
39. Stephanus Bock de Confluencia (24. Sept.).
40. Berchtoldus Rangendinger de Trochtelfingen dt. 1 β (30. Sept.).
41. Jacobus Schonleben de Weltzen dedit 1 β (8. Okt.).
42. Johannes Waibel de Pfortzen (14. Okt.).
43. M. Thomas Rayter de Wienna dedit 1 β (16. Okt.).
44. Stephanus Epp de . . . . . . .ª⁾ (18. Okt.).

32. Sequuntur nomina intitulatorum sub rectoratu eximii viri
dom. **Viti de Fúrst** utr. iur. D. a festo s. Luce a. **1493** usque ad
festum Phil. et Jac. a. **1494:**

1. Johannes Sartoris de Liphain dedit 1 β (25. Okt.).
2. Georgius Walther de Munsingen (28. Okt.), nil dedit.
3. Mathias Stump de Núwiler (28. Okt.).
4. Erhardus Pfortzen de Bläbúren (28. Okt.).
5. Georgius Mecheler de Zabernia (6. Nov.).
6. Nicolaus Opilionis de Kornwesta (12. Nov.).
7. Martinus Opilionis de Kornwesta (12. Nov.).

---

a) *Für den Ortsnamen ist vom Abschreiber Raum frei gelassen.*

41. B. a. 18. Dez. 93. *MFA.:* Schonoglin.
42. B. a. 16. Juni 95. *MFA.:* Waybel.
44. Matr. Heidelb.: Sigism. Eppe de Bunnigheim inscrib. 30. Dez. 89.
B. a. 11. Jan. 92 viae mod. — *MFABacc.:* Sigismundus Epp ex Bönniken Bacc.
Heidelberg. prom. circa 25. Dez. 91; rec. ad consorcium bacc. 30. Okt. 93; habet
locum ante omnes promotos anno 93. — M. a. 27. Jan. 94. *MFAMag.:* ex Núwen-
burg *[von späterer Hand:]* provincialis doctor theologiae. — *Theol.:* Sigism. Epp
ord. heremit. s. August conv. Tübingensis professus principiavit in cursum biblie
14. Nov. 1499; sentencias legit in univers. Wittenbergensi; promotus fuit in
licentiatum una cum M. Dionisio Bickel *[16,24]* 12. Febr. 1504. Recepit insignia
magistralia 27. Nov. 1504. — Rect. 04/05. *Vgl. die Literatur bei 16,24.*
44a. MFABacc.: Johannes Böpplin de Marchpach. B. a. 16. Dez. 94.
44b. MFABacc.: Blasius Adam ex Wyssenhorn. B. a. 16. Juni 95; *(identisch mit 31,30?).* — M. a. 24. Jan. 98.
44c. MFABacc.: Martinus Idelhusen ex Ulma. Bacc. Wiennens. prom.
circa festum Mathie (24. Febr.) 92; rec. ad consort. baccal. 12. Nov. 93, habet
locum ante omnes promotos 30. Mai 93. — M. a. 28. Jan. 94, *MFAMag.:* Idels-
husen. — *Von Roth identifiziert mit 11,68. Vielleicht identisch mit 31,29.*

1. B. a. 19. März 95. *MFABacc.:* Joh. Ruess de L. — M. a. 29. Jan. 99.
MFAMag.: Rüss.
4. B. a. 16. Juni 95. *MFA.:* Erhardus de Bl.

8. Stephanus Wau de Wila (17. Nov.).
9. Dom. Johannes Gackmayer de Rotemburg (26. Nov.).
10. Wolfgangus Schenck de Rotemburg (27. Nov.).
11. Frater Laurentius Gûtbier de Merenberg ord. s. Augustini nil dedit quam 1 β (2. Dez.).
12. Johannes Ren de Swabach (3. Dez.).
13. Johannes Haintzinger de Memmingen (15. Dez.).
14. Hainricus Carpentarii de Mengen dedit 1 β (15. Dez.).

1494.

15. Petrus Widman de Haimsen (7. Jan.).
16. Dom. Melchior baro imperii pincerna de Limpurg dt. 1 flor. (7. Jan.).
17. Jheronimus frater eiusdem, similiter dt. 1 fl. (7. Jan.).
18. Georgius de Vohenstain (15. Jan.).
19. Johannes Hartman de Husen im Schûnbûch (15. Jan.).
20. Georgius Diener de Altorff (15. Jan.).
21. Bernardus Rebstock de Korwesta (15. Jan.).
22. Erhardus Rieck de Vberlingen dedit 1 β (16. Jan.).
23. Vlricus Becht de Ehingen dedit 1 β (16 Jan.).
24. Baltasar Griff de Möchingen (16. Jan.).
25. Michael Kûnsegger de Äldorff (5. Febr.).
26. Caspar Wirt de Alsshusen (20. Febr.).
· 27. Dionisius Mûnsinger de Vlma (26. Febr.).
28. Johannes Pistoris de Munchingen (26. Febr.).
29. Oswaldus Huser de Horw (4. März).
30. Luduicus Pfortzen de Schelklingen dedit 1 β (13. März).
31. Vlricus de Schellemberg (5. April).
32. Jacobus Swinck de Niefern (8. April).
33. Johannes Genger de Nydlingen dedit 1 β (11. April).

---

8. B. a. 19. März 95. *MFABacc.*: St. Wei de Will. — M. a. 16. Aug.
97. *MFAMag.*: Wey.
9. *Vgl. Freib. Diöz.-Arch.* 31 (1903) S. 195.
13. B. a. 24. Sept. 95. *MFA.*: de Danhein.
15. *Hat 1542 eine Pfründe in Ossweil.*
18. B. a. 2. Okt. 98.
19. B. a. 4. Dez. 96.
20. B. a. 12. Jan. 96. *MFA.*: Georius de A.
24. B. a. 24. Sept. 95. *MFA.*: Greiff.
26. B. a. 16. Juni 95. *MFA.*: Caspar Schmid de Alschhusen.
29. B. a. 14. Juni 96. *MFA.*: Oswaldus ex Horw.
33. B. a. 24. Sept. 95. *MFABacc.*: Gienger.

34. Johannes Sculteti de Constantia (21. April).
35. Blasius Schentzer de Stutgardia (21. April).
36. Nicolaus de Zymern (24. April).
37. Sebastianus Biderb `de Rútlingen (27. April).
38. Nicolaus Wolher (28. April).

33. Intitulatorum nomina sub rectoratu eximii viri dom. **Wendalini Steinbach** s. theol. professoris a festo Phil. et Jac. a. **1494** usque ad festum Luce anni eiusdem:

1. Nicolaus Stécklin de Gislingen (5. Mai).
2. Johannes Reber de Zwifalten (10. Mai).
3. Gabriel de Zwifalten (10. Mai).
4. Sebastianus Keller de Túwingen (14. Mai).
5. Hainricus Scheber de Bietikain (15. Mai).
6. Jacobus Bierer de Waiblingen Bacc. Erfordiensis (15. Mai).
7. Conradus Plarer de Constantia (27. Mai).
8. Johannes Molitoris de Stislingen (31. Mai).
9. Leonardus de Zofingen (8. Juni).
10. Conradus Mundelhain de Ertzingen (8. Juni).
11. Hainricus Hecker de S. Gallo dt. 1 β pauper (8. Juni).
12. Antonius Arnold de Augusta (9. Juni).
13. Vdalricus Kurtz de Bülach dt. 1 β pauper (10. Juni).
14. Johannes Wingeber de V́berlingen (14. Juni).
15. Gallus Hihler de V́berlingen (14. Juni).

34. Ein Distychon an ihn in Bebel, Distychon ad Musam etc. (s. Steiff S. 228), am Ende.

35. B. a. 24. Sept. 95. *MFA.:* Schentz.

36. B. a. 19. März 96.

38. B. a. 24. Sept. 95. *MFA.:* de Stutgardia.

38a. MFABacc.: Cirus Pannificis de Tybingen. B. a. 24. Sept. 95; *vielleicht identisch mit 23,14.*

1. B. a. 24. Sept. 95. *MFABacc.:* Stöcklin. — M. a. 16. Aug. 97. *MFA.-Mag.:* Stocklin.

4. B. a. 15. Juni 00. — *D. B. 515.*

6. MFABacc.: rec. 13. Apr. 95 et antecedit omnes promotos 16. Dez. 94.

8. B. a. 24. Sept. 95.

10. B. a. 24. Sept. 95. *MFABacc.:* Conradus Mandili de Riedlingen.

11. B. a. 24. Sept. 95.

14. Studiert in Wien: Kaplan in Messkirch † 1547 mit ca. 80 Jahren. Vgl. Zimmerische Chronik s. n. Weingeber.

16. Adam Gloss de Ditzingen Bacc. Lipsiensis (17. Juni).
17. Jacobus Gloss de Ditzingen Bacc. (17. Juni).
18. Wolfgangus Sifrid de Memmingen Bacc. Ingelst. (17. Juni).
19. Vrbanus Prebusinus de Brun (26. Juni).
20. Heinricus Winckelhofer de Ehingen (29. Juni).
21. Paulus Henseatis de Bûlach dt. 1 β pauper (30. Juni).
22. Dom. Johannes Finck de Gusselstat presbyter (30. Juni).
23. Wilhelmus Löblin de Liebenzell (9. Juli).
24. Dom. Conradus Rüf de Balingen presbyter dt. 1 β pauper (1. Aug.).
25. Johannes Kast de Vlma Bacc. Lipsiensis (18. Aug.).
26. Vdalricus Frij de Constantia (28. Aug.).
27. Caspar Fischer de Lorch Bacc. Friburgensis (11. Okt.).
28. Benedictus Molitoris de Naw dt. 1 β pauper (17. Okt.).
29. Georgius Sporer de Monaco dedit 1 β pauper (17. Okt.).

34. Nomina intitulatorum sub rectoratu spectabilis viri M. **Jacobi Lemp** de Marpach a festo s. Luce a. **1494** usque ad Phil. et Jac. **1495** sequentis:

1. Georgius Augstaindreger de Wisenstaig (21. Okt.).
2. Johannes Molitoris de Steinhen (21. Okt.).
3. Luduicus Stûrmlin de Bietiken (2. Nov.).
4. Georgius Brecht de Schorndorff (3. Nov.).
5. Gebhardus Klingler de Obernwintertur dedit 1 β (15. Nov.).

20. B. a. 12. Jan. 96. — M. a. 16. Aug. 97. *MFAMag.*: o. O. — *Vgl. Roth, Beiträge 36; Württ. Vierteljahrsh. 1880 S. 54*; † *die s. Catherine 1526 in Hirsau.*
23. B. a. 19. März 96. *MFA.*: de Lybenzel.
24. B. a. 24. Sept. 95. *MFABacc.*: Rueff. — M. a. 24. Jan. 97. *MFA.-Mag.*: Rûff.
25. *MFABacc.*: J. Cast de U. rec. 7. Sept. 94; habet locum ante promotos 4. Okt. 92. — M. a. 20. Aug. 95.
26. B. a. 14. Juni 96.
27. *Pfarrer in Bopfingen 1527. OAB. Neresheim 242.*
29. *Prediger in Forchheim 1528 und Freund Pirkheimers. Ein Brief von ihm in Joh. Heumann, Documenta literaria (1758) S. 313.*

1. B. a. 15. Dez. 99.
2. B. a. 19. März 96. — M. a. 18. Juli 01. *MFAMag.*: ex Stainenn.
3. B. a. 19. März 96. *MFA.*: Ludouicus de Byddickain.
4. B. a. 24. Sept. 95. — M. a. 9. Aug. 98.

6. Michael Lupfdich de Bläbúren (21. Nov.).
7. Cristannus Textoris de Grafertzhofen (25. Nov.).
8. Wendelinus Pregel de Loffen (26. Nov.).
9. Sebastianus Schröter de Oberndorff (3. Dez.).
10. Johannes Böplin de Plieningen (3. Dez.).

1495.

11. Georgius de Rot nobilis (15. Jan.).
12. Georgius Sperlin de Diethenhusen (15. Jan.).
13. Jodocus Wehinger de Pregantia, nil dedit (7. Febr.).
14. Lampertus Rúd de Pfaffenhofen (14. Febr.).
15. Conradus Stúcklin de Simeringen (23. Febr.).
16. Vlricus Scriniatoris de Rotemburg (25. Febr.).
17. Frater Conradus Heiden de Geiselwind ⎫ ord. s. Aug. quilibet
18. Frater Johannes Mantel de Nürmberga ⎬ dt. 1 β (6. März).
19. Frater Simon Cesaris de Kolmar ⎭
20. Laurentius Caphan de Flacht (6. März).
21. Johannes Rülin de Cösen (11. März).
22. Michael Stor de Murr (15. März).
23. Johannes Scholl de Bläbúren dedit 1 β (16. März).
24. Wilhelmus Baldecker de Ehingen (16. März).

---

6. Pfarrer in Altheim OA. Horb 15.27.

7. B. a. 14. Juni 96. *MFABacc.:* Cristannus de Wysenhorn.

8. Matr. Heidelb.: inscr. 21. Juni 92. B. a. viae mod. 13. Jan. 94. — *MFABacc.:* W. Bregell de L. Bacc. Heidelberg rec. 7. Jan. 95 et antecedit omnes promotos 23. Sept. 94. — M. a. 29. Jan. 95. — *Theol.:* Bregel, princip. in bibliam 13. März 09.

9. *MFABacc.:* Seb. Schretter de O. Bacc. Wiennens. rec. 31. Jan. 95 et antecedet omnes promotos in angaria Lucie (16. Dez.) 95 (!).

10. B. a. 19. März 96. *MFA.:* Joannes de Bleiningen.

11. D. B. 393.

13. B. a. 22. Dez. 97.

15. B. a. 24. Sept. 95. — Vierordt, Bad. Reformationsgesch. 316.

16. B. a. 19. Dez. 96. — M. a. 11. Jan. 02.

18. *MFABacc.:* Fr. Joh. Mantel ord. heremit. Bacc. Ingelst. rec. 14. April 95 et antecedit omnes promotos 31. Mai 91. — M. a. 7. Febr. 96. — A. D. B. — Pellikan 12.

19. B. a. 18. Mai 97. *MFA.:* Fr. Simon de Kulman.

22. B. a. 28. Sept. 96. *MFABacc.:* Mich. Storr de Marpach. — M. a. 9. Aug. 98. *MFAMag.:* Mich. Mürr de Marpach.

23. B. a. 16. Juni 96. *MFA.:* Joh. de Blaubúren.

24. *MFABacc.:* Bacc. Ertfordens. rec. 13. Apr. 95 et antecedet omnes promotus 23. Sept. 94. — M. a. 11. Aug. 96. *MFAMag.:* de Eppingen.

25. Andreas Schellemberger de Talendorff (16. März).
26. Wilhelmus Schilling nobilis (17. März).
27. Bernhardus Appotecarii de Túwingen (17. März).
28. Johannes Möfferlin de Túwingen (21. März).
29. Johannes Prúnig de Tuwingen (21. März).
30. Martinus Prúnig de Túwingen (21. März).
31. Sebastianus Schúber de Túwingen (23. März).
32. Heinricus Tretlin de Egessin (30. März).
33. Johannes Buwentistel de Túwingen (1. April).
34. Wilhelmus Horcam zum Horn (1. April).
35. Johannes Bernhuser de Bittenfeld (1. April).
36. Michael Dauid de Endelspach (1. April).
37. Johannes Hofmayer de Haideck (1. April).
38. Georgius Dúrr de Herremberg dedit 1 β (1. April).
39. Sigismundus Finsterholtz de Gundelfingen dedit 1 β (5. April).
• 40. Wolfgangus Flechter de Memingen (7. April).
41. Johannes Huschelin de Túwingen (9. April).
42. Karolus Golle de Thurego (10. April).
43. Conradus Scius de Rútlingen (24. April).
44. M. Conradus Göslinger de Trieberg (27. April).
45. Frater Johannes Búhel de Lör dedit 1 β (28. April).
46. Frater Jheronimus Gandelfinger de Esslingen dt. 1 β (28. April).

---

25. B. a. 22. Dez. 97. *MFABacc.*: Andr. Schellenberg de Allndorff. —
M. a. 21. Jan. 00. *MFAMag.*: ex Alendorff.
27. B. a. 18. Mai 97. — M. a. 21. Jan. 00. *MFAMag.*: Appecarii.
29. B. a. 22 Juni 98. *MFA.*: Prúning.
30. B. a. 22. Juni 98 *(wie 29)*. — M. a. 24. Juni 02. *MFAMag.*: Brüning.
31. B. a. 1. März 98.
32. B. a. 28. Sept. 96. *MFA.*: H. Drötle de Egissen.
34. *Über die Horkheim zu Horn vgl. Alberti.*
36. B. a. 28. Sept. 96.
37. B. a. 28. Sept. 96.
39. B. a. 18. Mai 97. *MFA.*: Finsterfels de Mundrichen.
41. *MFAMag.*: *Ist unter den Magistern des Februar 90 eingetragen und wieder gestrichen.*
44. *Bl. f. württ. K.-Gesch. 1,43. (Die dortige Anmerkung beruht auf Verwechslung mit Nr. 41. Vgl. Roth S. 529.)*
46a. *MFABacc.*: Vdalricus Túschmacher de Tuwingen. B. a. 1. März 98; *vor 34,31.*
46b. *MFABacc.*: Sebastianus Pflawm ex Vlma Bacc. Ingelstet. promotus circa natal. dom. [Dec.] 94; rec.; *rangiert nach den promoti des 12. Jan. 95, Wahrscheinlich identisch mit 30,45.*

35. Intitulatorum nomina in et sub rectoratu spectabilis viri
M. **Johannis Lupfdich** de Plaubúrren utr. iur. Lic. a Phil. et Jac.
usque ad Luce evang. **1495**:

1. Johannes Vauth de Greifenstain (4. Mai).
2. Johannes Tigelin de Wil (5. Mai).
3. Georgius Súblin de Backena dedit 1 β (5. Mai).
4. Frater Johannes Hug de Esslingen ord. fratrum heremitarum
   s. Augustini dedit 1 β (11. Mai).
5. Dom. Johannes Aierman de Vima (15. Mai).
6. Gabriel de Termis (16. Mai).
7. Caspar Nothelfer de Bibraco (16. Mai).
8. Jheronimus Clawfligel de Bibraco (16. Mai).
9. Lucas de Merstetten dt. 1 β (18. Mai).
10. Conradus Pfaffencúnratlin de Stútgardia (18. Mai).
11. Johannes Switzer de Constantia (18. Mai).
12. Petrus Epp de Wimpina (18. Mai).
13. Johannes Tilman de Lútlishusen dedit 1 β (21. Mai).
14. Johannes Heslin de Constantia dedit 1 β (21. Mai).
15. Wolfgangus Gienger de Aldingen (22. Mai).
16. Jacobus Hofman de Rotenfels dedit 1 β (27. Mai).
17. Martinus Stumm de Dornstetten (30. Mai).
18. Jacobus Kelblin de Haslach (31. Mai).
19. Georgius Eltz de Pregantia (1. Juni).

---

1. Zimmerische Chronik 3,542 f.

2. B. a. 16. Febr. 97.

5. Vgl. unten 58 a.

7. B. a. 28. Sept. 96. *MFABacc.*: Casp. Nothafft. — M. a. 24. Jan. 98.
— *Später Chorherr in Stuttgart.*

8. B. a. 28. Sept. 96. *MFABacc.*: Klofugel de Bibraw.

9. B. a. 28. Sept. 96. — M. a. 9. Aug. 98. *MFAMag.: (von anderer
Hand); abbas in Alba Dominorum factus. — MFABacc. u. Mag.:* Lucas Götz
ex Minsingen.

11. Universitätssyndikus 1531.

15. B. a. 28. Sept, 96. *MFABacc.*: Wolfg. ex Aldingen. — M. a. 29. Jan.
99. *MFAMag.:* Grieninger.

16. B. a. 28. Sept. 96. *MFA.*: Hoffman de Rotenfeils. — *1542 Pfarrer
in Uhlbach.*

17. MFABacc.: Martinus Stump de D. rec. ad consortium bacc. zwischen
28. Sept. u. 15. Dez. 01 *[scheint demnach auswärts promoviert zu haben].* — M. a.
Jan. 08.

18. B. a. 14. Juni 96. *MFABacc:* Kelble de Hasloch.

19. B. a. 16. Juni 95.

20. Johannes Fabri de Kirchen (8. Juni).
21. Johannes Mayer de Tagershein (13. Juni).
22. Johannes Rösslin de Botwar (15. Juni).
23. Heinricus Ickerling ex Lowenberg (15. Juni).
24. Lenhardus Karr ex Dissen dedit 1 β (15. Juni).
25. Frater Conradus Frosch ex Culnbach dedit 1 β (19. Juni).
26. Vlricus Kursin de Schelklingen (19. Juni).
27. Stephanus Erck de Hailprunn (22. Juni).
28. Johannes Rasoris de Túwingen (24. Juni).
29. Johannes Hüber de Tintzlingen (25. Juni).
30. Conradus Pistoris de Tintzlingen (25. Juni).
31. Luducius Hipp de Balingen Petri et l'auli apostolorum (29. Juni).
32. Vrsus de Grünigen (30. Juni).
33. Johannes Brabel (1. Juli).
34. Jacobus Scharnatal ex Verona (10. Juli).
35. Wolffgangus Búrklin de Waiblingen die l'anthaleonis (28. Juli).
36. Andreas Kúbler ex Endelspach (2. Aug.).
37. Vlricus Lyer de Hailprunn (2. Aug.).
38. Viricus Búhler die Bernhardi (20. Aug.).
39. Conradus Rupp (10. Aug.).
40. Georgius de Werdnow (7. Sept.).
41. Jacobus Egen de Calw (19. Aug.).

---

20. B. a. 28. Sept. 96.
22. B. a. 4. Dez. 96.
23. B. a. 14. Juni 96. *MFA.:* Eckerlin.
24. B. a. 18. Mai 97. *MFA.:* Leonh. Karer de Dussen.
28. B. a. 16. Febr. 97. *S. 38,63a.*
29. B. a. 4. Dez. 96. *MFA.:* de Dintzlingen.
30. B. a. 4. Dez. 96.
31. B. a. 12. Jan. 96. *MFA.:* L. Hip ex Frümern.
32. B. a. 16. Febr. 97.
33. *MFABacc.:* Joh. Crabēl de Ingelstadio Bacc. Wiennens. rec. 13. Jul.
95 et antecedet omnes promotos 20. Jun. 92. — M. a. 20. Aug. 95. *MFAMag.:*
Krabel ex I.
34. B. a. 21. Sept. 97. *MFA.:* Jac. de Scharnatall.
36. *Pfarrer in Grossheppach,* † *vor 1545.*
38. B. a. 4. Juni 99. *MFABacc.:* Dom. Ulr. Buchler ex Rapfenspurg. —
M. a. Jan. 06. — *Theol.:* Büheler, canonicus eccl. s. Amandi in Urach, princip.
in bibliam 18. Des. 10; in sentencias 30. Jan. 13.
41. *MFABacc.:* Johannes Jacobus Eger de Calw Bacc. Lipsiens. prom.
circa penthecost 93 rec. 22. Okt. 95; secundum statuti nostrae art. facult. tenorem
habet ordinem post Georgium Eltz; *s. 33,19.* — M. a. 7. Febr. 96.

42. Henricus Fin ex Vlma dedit 1 β die Mauricii (22. Sept.).
43. Michael de Wissenstein die Mauricii (22. Sept.).
44. Johannes Mayer de Tintzlingen (22. Sept.).
45. Vlricus   } Jung de Augusta crastina Mauricii (23. Sept.).
46. Johannes }
47. Nicolaus de Baldeck (24. Aug.).
48. Georgius Fabri de Tintzlingen (25. Aug.).
49. Johannes Wanner (25. Aug.).
50. Johannes Gerst Bacc. Ingelstetensis (25. Aug.).
51. Johannes de Molendino Bacc. Ingelstetensis (25. Aug.).
52. Conradus Heschlin die Cosme (27. Sept.).
53. Johannes Pistoris de Ytingen (30. Sept.).
54. Georgius Osuald de Vlma (17. Juli).
55. Gangolfus Stricher de Pfullendorf dedit 1 β (19. Juli).
56. Johannes Kentner de Diechenhusen dedit 1 β (2. Sept.).
57. Blasius Raid de Sindelfingen (3. Okt.).
58. Johannes Hůber de Berckhofen in profesto Galli (15. Okt.).

36. Sequuntur nomina intitulatorum sub rectoratu spectabilis viri M. **Andree Rumpis** de Gislingen s. theol. Bacc. formati a festo Luce a. **1495** usque ad Philippi et Jacobi a. **1496:**

42. B. a. 12. Jan. 96. *MFA.:* H. Fry ex U.
45. *Vgl. Roth.*
47. *Vgl. Nr. 24,34.*
48. B. a. 18. Mai 97. — M. a. 21. Jan. 00. *MFAMag.:* Berghoffen.
49. *Vgl. unten 58 b.*
50. *MFABacc.:* J. G. ex Wyssenhorn Bacc. Ing. rec. 22. Okt. 95; habet ordinem ante promotos 28. Sept. 94. — M. a. 7. Febr. 96.
53. B. a. 21. Sept. 97. *MFABacc.:* Joh. de Ytingen.
54. *Heidelb.: inscrib.* 16. Juni 92. *B. a. viae ant.* 7. Nov. 93. — *MFA.-Bacc.:* G. Oswald de U. Bacc. Heidelberg. rec. 29. Aug. 95; antecedet promotos 28. Sept. 94. — M. a. 18. Aug. 95. — *Vgl. hist.-pol. Blätter* 51 *(1863) 33 f.; Württ. Vierteljahrsh. 1878 S. 114; Weyermann 2,384; Zeitschr. f. K.-Gesch. 21 (1900) S. 89; Strophe ad Georgium Oswaldi in Bebel, Distychon ad Musam dc. (Steiff S. 228) letztes Blatt.*
57. B. a. 16. Febr. 97. *MFABacc.:* Blasius Gundelfingen; *zweifellos identisch mit obigem; in der derzeit sehr schlecht geführten Fakultätsmatrikel ist G. mit Sindelfingen verwechselt.*
58. B. a. 16. Febr. 97. *MFABacc.:* o. O.
58 a. *MFABacc.:* Johannes Adam de Ulma. B. a. 21. Sept. 97; *kann identisch sein mit 35,5.*
58 b. *MFABacc.:* Johannes de Ychenhusen. B. a. 21. Sept. 97; *kann identisch sein mit 35,49.*

1. Jacobus Frölin de Pfortzen crastina Luce (19. Okt.).
2. Jacobus Sytz de Laur (20. Okt.).
3. Jacobus Ychar de Laur (20. Okt.).
4. Vlricus Gothar de Offemburg (21. Okt.).
5. Jacobus Ymehaber de Horw (21. Okt.).
6. Hainricus Tischmacher de Túwingen (21. Okt.).
7. Conradus Folmer de Bittelspach*a)* (22. Okt.).
8. Stephanus Ganser de Liphain Bacc. pauper dedit 2 β (22. Okt.).
9. Hainricus Höslin de Dilingen (22. Okt.).
10. Jacobus Rein de Terendingen (26. Okt.).
11. Bernhardinus Kurtz de Vlma (28. Okt.).
12. Wolfgangus de Schellemberg (29. Okt.).
13. Berchtoldus Rûff de Rotembnrg (30. Okt.).*b)*
14. Allexius Schich de Kirchen (31. Okt.).
15. Gabriel Burckart de Brackenhain (31. Okt.).
16. Siluanus Othmar de Rútlingen (31. Okt.).
17. Johannes Glaser de Túwingen (2. Nov.).
18. Paulus Marck de Zug (2. Nov.).
19. Johannes Vitz de loco Heremitarum (2. Nov.).
20. Johannes Egen de l'lieningen (3. Nov.).
21. Johannes Dinckel de Bietiken (3. Nov.).
22. Severinus Brun de Kirchen (4. Nov.).

---

a) *Oder* Butelspach.

b) *Ausgestrichen mit der Randbemerkung:* Idem Berchtoldus a. 1500 in festo cathedrae (22. Febr.) publice in consistorio eximii Wandalini Steinbach, tunc rectoris petiit deleri de matricula universitatis, renunciatis privilegiis, qui sic exauditus fuit et est ex matricula deletus.

1. *Vgl. unten* 77 *b.*
3. B. a. 21. Sept. 97. *MFA.:* Jac. Ycher de Laür.
5. B. a. 21. Sept. 97. *MFA.:* Hymahaber.
7. *MFABacc.:* Conr. Volmar ex Beutelspach Bacc. Lipsens. prom. circa Michael. (29. Sept.) 93; rec.; *rangiert nach den promoti des 3. Juni 94.* — M. a. 24. Jan. 97. *MFAMag.:* Conradus de Bútelspach.
8. *Vgl.* 41,32 *a.*
10. B. a. 21. Febr. 99. *MFA.:* ex Derdingen.
13. *Canonicus in Ehingen* † *1535.*
14. B. a. 18. Mai 97. *MFA.:* Allexius de K.
15. B. a. 16. Febr. 97. *MFA.:* Burckhardus de Br.
16. *Sohn des Buchdruckers Joh. Otmar. S. Steiff.*
17. B. a. 21. Sept. 97.
18. B. a. 14. Juni 96. *MFA.:* Merck o. O.
19. B. a. 21. Sept. 97. *MFA.:* Vytz.
21. B. a. 21. Sept. 97.

23. Sebaldus Wagner de Nürnberga (5. Nov.).
24. Conradus West de Wihingen (6. Nov.).
25. Vlricus Wagner de Nördlingen (7. Nov.).
26. Johannes Molitoris de Löffen (8. Nov.).
27. Osualdus Piscatoris de Feldkirch dedit 1 β pauper (9. Nov.).
28. Kraffto de Riegsingen (10. Nov.).
29. Vdalricus Stinpplin de Múnsingen 1 β pauper (10. Nov.).
30. Caspar Bechtlin de Canstat Bacc. (13. Nov.).
31. Johannes Pistoris de Nagolt dedit 1 β pauper (17. Nov.).
32. Paulus de Schuttern ordinis s. Benedicti (19. Nov.).
33. Frater Johannes Spalter de Nürnberga dedit 1 β (19. Nov.).
34. Burckardus ⎫
⎬ de Ehingen[a] (22. Nov.).
35. Thomas ⎭
36. Wendalinus Selin de Vaihingen (25. Nov.).
37. Johannes Vlrici de Hallis dedit 1 β (25. Nov.).
38. Georgius de Ow (2. Dez.).
39. Gangolfus de Seltz dedit 1 β quia pauper (2. Dez.).
40. Leonhardus Henser de Hallis dedit 1 β pauper (2. Dez.).
41. Vlricus de Westerstetten (8. Dez.).
42. Diethardus de Westerstetten (8. Dez.).
43. Leonhardus Klecker de Dúrnken Bacc. (10. Dez.).
44. Georgius Flander de Gamertingen (14. Dez.).
45. Johannes de Croaria (31. Dez.).
46. Daniel Epp de Bininken (15. Dez.).

---

a) *Oder Ebingen?*

23. B. a. 12. Jan. 96. *MFABacc.*: Seb. Currificis de N. — *Wittenberg:* *1504 M. a. et Bacc. theol. Engelstadensis.*

24. MFABacc.: Conradus Wüst de Vebingen *ist aufgeführt unter den promoti des 21. Febr. 97, aber wieder gestrichen. Er wurde B. a. 22. Dez. 97.*

25. Prädikant in Neufra (Hohenzollern) 1544.

26. B. a. 12. Jan. 96.

27. Bebel, Distychon ad Musam etc. (Steiff 226) enthält Strophen Oswaldi Piscatoris Pludicensis ad praeceptorem suum H. Bebel.

29. B. a. 18. Mai 97. *MFA.*: Stumplin.

31. B. a. 22. Dez. 97.

32. B. a. 18. Mai 97. — *M. a.* 29. Jan. 99. — *Pellican 12: Paulus Volsius monachus Schutteranus; vgl. A. D. B. s. n. Volz.*

38. Rat Herzog Ulrichs.

39. B. a. 21. Sept. 97.

42. Vgl. Roth.

45. B. a. 8. Juni 01.

46. B. a. 19. März 66. *MFA.*: Hep.

1496.

47. Wolfgangus [a] Virkorn de Murhart (29. Jan.).

48. Caspar Franck } de Bietikain (2. März).
49. Mathias Groshans }

50. Wendalinus Doleatoris de Brackenhain (3. März).

51. Haimbrandus Herer sindicus Nürmbergensis (3. März).

52. Fridericus } filii eiusdem Haimbrandi (3. März).
53. Andreas }

54. Anshelmus Winckentaler (4. März).

55. Georgius Winckentaler (4. März).

56. Baltazar Stapf de Vnderdürken (8. März).

57. Johannes Wirtemberger (11. März).

58. Kilianus Swamm de Leonstain (14. März).

59. Jacobus Cûnlin (15. März).

60. Jacobus Schäfmayer de Rauenspurg dt. 1 β (16. März).

61. Theoderus Braitenstain (16. März).

62. Philippus Nothafft (17. März).

63. Onoferus Schlegel de Ehingen (23. März).

64. Henricus Behel de Justingen (2. April).

65. Blasius Birlin de Leomberg (10. April).

66. Antonius Zech de Eslingen (14. April).

67. Jacobus Rûber de Stutgardia (18. April).

68. Georgius Heller de Túwingen (18. April).

69. Johannes Hertz de Nürmberga (18. April).

70. Wolfgangus Habrunner de Babenhusen dedit 1 β (18. April).

71. Philippus Rembold de Louffen dedit 1 β (18. April).

a) *An Stelle eines gestrichenen* Johannes.

47. B. a. 22. Dez. 97. *MFA.:* Fúrkorn.
48. B. a. 21. Sept. 97. *MFA.:* Caspar de B.
49. B. a. 21. Sept. 97. *MFA.:* Mathias de B.
50. B. a. 18. Mai 97. *MFA.:* Wanndalinus de Br.
52. B. a. 21. Sept. 97. *MFA.:* Herer de Gamäunndia.
53. B. a. 21. Sept. 97 *(wie 52).*
58. *Matr. Heidelberg.: Kil. Sculteti de L. inskrib. 19. Aug. 93. — MFA.-Bacc.:* Kil. Schwemblin de Leonstain Bacc. Heidelberg. prom. penth. 94; rec. 26. Jul. 95. — M. a. 11. Aug. 96. *MFAMag.:* Schwemlin.
59. *Vgl. unten 77 a.*
60. B. a. 22. Dez. 97. *MFABacc.:* Schaufmaier.
64. *Heyd.*
65. B. a. 22. Juni 98. *MFA.:* Burlin.
67. B. a. 22. Juni 98. *MFA.:* Rieber.
70. B. a. 28. Sept. 96. *MFA.:* Wolfg. Haipprunner de Dabershusen.
71. B. a. 22. Dez. 97. *MFA.:* Rebolt.

72. Andreas Binder de Husen (18. April).
73. Erhardus Sartoris de Dornhen (25. April).
74. Blasius Wermaister de Merspurg (25. April).
75. Michael Hofmeister de Rotemburg (25. April).
76. Valerius Anshelmi de Rotwila (30. April).
77. Philippus Fürstemberg de Mittelhain (1. Mai).

37. Nomina intitulatorum in rectoratu eximii viri dom. **Jheronimi de Croaria** utr. iur. D. a. Phil. et Jac. a. **1496** donec ad Luce anni eiusdem:

1. Johannes Tettinger de Tettingen (7. Mai).
2. Laurentius Mercklin de Kirchen (10. Mai).
3. Petrus Schradi de Hailprunn Mag. art. (17. Mai).
4. Michael Dietrich de Ensach (27. Mai).
5. Paulus Strus de Nördlingen (3. Juni).
6. Johannes Hertz de Nürmberga (3. Juni).
7. Petrus Nesselbach (6. Juni).
8. Jacobus·Heplin de Kirchen (11. Juni).
9. Frater Adam de Reiss (17. Juli).
10. Georgius Döst de Dornstetten Bacc. Friburg. (21. Juli).
11. Leonhardus Noideman[a] de Kaisersperg (24. Juli).

---

a) *Man ist versucht* Wideman *zu lesen, wie es vielleicht auch in der Vorlage hiess.* Roth *liest* Nordemann.

72. B. a. 22. Dez. 97. *MFA.:* Bender.
73. B. a. 28. Sept. 96. *MFABacc.:* de Dornhein. — M. a. 9. Aug. 98.
75. B. a. 28. Sept. 96. — M. a. 29. Jan. 99.
76. *MFABacc.:* Bacc. Cracouiens. rec. ad consorcium baccal. 15. Sept. 96 et habet locum post promotos in angaria Lucie 95 (i. e. 16. Jan. 96). — M. a. 16. Aug. 97. *MFAMag. (von späterer Hand):* Doctor medicus, historias scripsit. Vgl. Heyd u. Beil. zur Allg. Zeitung 1879 Nr. 112.
77a. *MFABacc.:* Jacobus de Scheid. B. a. 21. Sept. 97, *wohl mit 36,59 zu identifizieren.*
77b. *MFABacc.:* Jacobus Üsinger de Pfortzhein. B. a. 16. Febr. 97; *kann der Reihenfolge nach identisch sein mit 36,1.*
77c. *MFABacc.:* Conradus Haiger de Lanndshût. B. a. 16. Febr. 97.
1. B. a. 22. Juni 98. *MFA.:* Jo. Doleatoris de Töttingen.
2. B. a. 1. März 98. *MFA.:* Märcklin.
4. B. a. 1. Okt. 99. *MFA.:* de Wissach.
5. B. a. 2. Okt. 98. *MFA.:* Struss de Nörnlingen.
7. B. a. 14. Juni 96. *MFA.:* Messelbach o. O.
10. *MFABacc.:* Georgius de Dornstat, Bacc. Friburg. prom. in capite jejunii (17. Febr.) 96; rec. in consorcium baccal. 31. Aug. 96. — M. a. 16. Aug. 97. *MFAMag.:* Ge. Wiest de D.
11. B. a. 22. Dez. 97. *MFA.:* Lenhardus Widenman de Lansperg.

12. Augustinus Bintel de Plaubůren (24. Juli).
13. Georgius Gigerwang de Vlma dt. 1 β quia pauper.
14. Baltazar Scharber de Waldsee dt. 1 β pauper (3. Juli).ª⁾
15. Cristoferus Gesell ex Ymestat (6. Juli).
16. Franciscus Zinck de loco Heremitarum (17. Juli).
17. Johannes Minner de Kornwesten (27. Juli).
18. Andreas Důrnsrieder de Napurga (30. Juli).
19. Vlricus Dilman de Lůtlishusen dedit 1 β pauper (31. Juli).
20. Victor Bayer de Marchdorf (1. Aug.).
21. Johannes Wanger de Nördlingen (30. Aug.).
22. Albertus Wintzler de Horw dedit 1 β pauper (7. Sept.).
23. Wolfgangus Rem de Bibraco (8. Sept.).
24. Felix Rem de Bibraco (8. Sept.).
25. Johannes Hertzog de Nissa dedit 1 β, addixit se residuum soluturum (9. Sept.).
26. Nicolaus Rückinger de Frankfordia (20. Sept.).
27. Johannes Rückinger de Franckfordia (20. Sept.).
28. Petrus Wick de Vnshusen prope Franckfordiam.
29. Wolgangus Rasoris de Gamundia (23. Sept.).
30. Johannes Sutor de Vilingen (14. Juni).
31. Jacobus Kratzer de Wolfach (14. Juni).

---

a) *Zwischen 16 u. 17 ist ein Strich und am Rand die Bemerkung:* Ita (? Coutra?) continetur in carta originali.

13. B. a. 22. Dez. 97. *MFA.:* Greg. Girwang.

14. B. a. 22. Dez. 97. *MFABacc.:* de Waltzen. — M. a. 21. Jan. 00. *MFAMag.:* Balthasar ex Walsseim.

15. B. a. 2. Okt. 98. *MFA.:* Gsell de Ymenstorff.

16. B. a. 22. Dez. 97. — M. a. 11. Jan. 02. *MFAMag.:* Zing ex loco Heremitarum Ainsydlen. — *Diakonus in Zürich;* † *1. Febr. 1530. Pellican* 117. 142.

17. B. a. 22. Juni 98. — M. a. 18. Juli 01. — Dec. fac. art. 05/06. — *Med.:* Jo. ex Kornwesten, Dr. med. 9. Mai 1508.

18. *MFABacc.:* A. Dornsrieder de Nätpurg Bacc. Wienn. prom. anno LXXX(!); rec. 27. Aug. 96. — M. a. 11. Aug. 96. *MFAMag.:* de Nötpurg. *Wie die Daten in Einklang zu bringen sind und ob 9,70b mit diesem identisch ist, ist ungewiss.*

19. *Frühmesser in Wäschenbeuren und Kämmerer des Kapitels Lorch* 1522 *(M. S. auf U. B.: Statuta capituli ruralis Lorch).*

23. B. a. 22. Dez. 97.

24. B. a. 22. Juni 98. — *MFA.:* Fölix Räm de Bibraco.

29. B. a. 1. März 98.

30. B. a. 1. März 98.

31. B. a. 22. Dez. 97. — M. a. 18. Juli 01.

32. Johannes Terhorne de Kalk (11. Juli).
33. Cristoferus Plest de Esslingen dedit 1 β (14. Juli.).

88. Sequuntur nomina intitulatorum sub rectoratu eximii viri M. **Conradi Summerhart** de Calw s. theol. professoris a festo s. Luce a. **1496** usque ad festum Phil. et Jac. a. **1497**:

1. Simon Hertlieb de Grünigen (25. Okt.).
2. Tritwinus Mager de Vaihingen (26. Okt.).
3. Nicolaus Arnolt de Bondorff (26. Okt.).
4. Johannes Vngelter de Rútlingen (5. Nov.).
5. Cristoferus Stoffel de Túwingen (9. Nov.).
6. Matheus Fabri de Pregantia nil dedit pauper (11. Nov.).
7. Johannes Pistoris de Schorndorff (15. Nov.).
8. Johannes Tierberger de Lutlingen (17. Nov.).
9. Melchior Bantel de Waldsee (18. Nov.).
10. Petrus Kirser de Baden (18. Nov.).
11. Antonius Sidenfaden de Rotemburg (28. Nov.).
12. Bartholomeus Stoll de Boltringen (28. Nov.).
13. Jacobus Hagen de Rútlingen (30. Nov.).
14. Thomas Witenbach de Biel (16. Dez.).

1497.
15. Fridericus Trutwin de Stütgardia Bacc. Basiliensis (9. Jan.).
16. Georgius Pfaw de Waldse nil dedit quia pauper (9. Jan.).

33a. MFAMag.: Jorius Gauss ex Möndarchingen. M. a. 13. Juli 01. *Identisch mit 28,17?*

1. B. a. 22. Juni 98.
2. B. a. 16. Febr. 97. *MFA.*: Truttwinus.
3. B. a. 1. März 98. — M. a. 8. Aug. 99.
5. B. a. 2. Okt. 98. *MFA.*: Chr. Stopfel Carnificis.
7. B. a. 1. März 98. — M. a. 21. Jan. 00.
8. MFABacc.: Joh. Dierberger ex L. Bacc. Friburg. rec. ad consorcium bacc. 21. März 99 et habet locum ante omnes promotos in angaria penthecostes (16. Juni) 95. — M. a. 21. Jan. 00. — *OAB. Balingen 350.*
9. B. a. 22. Dez. 97. *MFABacc.*: Banthel. — M. a. 8. Aug. 99. *MFA.-Mag.*: ex Waltza.
12. B. a. 1. Okt. 99. *MFABacc.*: Stol.
13. B. a. 22. Juni 98.
14. B. a. 1. März 98. — M. a. 8. Juli 00. — *Theol.*: M. Thomas de Biel principiavit in cursum biblie 10. Juli 1504. — *Vgl. Theolog. Realencyklopädie s. n. Wyttenbach.*
15. MFABacc.: Bacc. Basil. prom. fuit crucis (14. Sept.) 95. — M. a. 24. Jan. 98. *MFAMag.*: Trytwin.
16. B. a. 22. Juni 98.

17. Georgius Engelgöw de Stütgardia (13. Jan.).
18. Frater Johannes Dachhower de Nürenberga ord. herem. s. Augustini conventus Nürmbergensis dt. 1 ß (25. Jan.).
19. Frater Nicolaus Metzner de Núrmberga dictorum ordinis et conventus 1 ß (25. Jan.).
20. Johannes Wiss de Vlma (26. Jan.).
21. Johannes Ytel de Thermis dedit 1 ß (28. Jan.).
22. Johannes Hemerlin de Ensin, nil dedit, famulus pedelli (28. Jan.).
23. Hainricus Nithart ex Vlma (28. Jan.).
24. Egidius Krutwasser de Böblingen, nil dedit pauper (10. Febr.).
25. Johannes Rorbach de Hailprunna, nil dedit (11. Febr.).
26. Georgius de Wendingen (13. Febr.).
27. Johannes Rŭmetsch de Bŭlach (13. Febr.).
28. Fridericus Megenhart de Plaubúren (14. Febr.).
29. Georgius Rebman de Schönaich (15. Febr.).
30. Beatus Bliss de Pfortzen dedit 1 ß quia pauper (16. Febr.).
31. Burkardus Lútzelstein de Zabernia (16. Febr.).
32. Gregorius Streler de Rútlingen (16. Febr.).
33. Georgius Binder de Kirchen dedit 1 ß quia pauper (16. Febr.).
34. Johannes Löchlin } de Canstat (17. Febr.), nil dederunt quia
35. Conradus Schik } pauperes.
36. Thomas Fabri de Nördlingen (23. Febr.).
37. Johannes Häckel de Schmiden (23. Febr.).
38. Georgius Coci de Sacromonte dedit 1 ß quia pauper (23. Febr.).
39. Franciscus Stamler de Rútlingen (27. Febr.).

---

17. B. a. 2. Okt. 98. *MFABacc.:* G. Engelgöwer. — M. a. Jan. 04. *MFAMag.:* G. Engelger.

20. B. a. 1. März 98.

21. B. a. 22. Juni 98.

24. *Bl. f. württ. K.-Gesch. 2,89.*

27. B. a. 22. Juni 98. — M. a. 19. Jan. 08. — *Decanus ecclesie Tubingensis 1528 (nach dem Ms. des J. King auf U. B.). — Vgl. Freib. Diöz.-Arch. 31 (1903) S. 196 f.*

28. B. a. 2. Okt. 98. *MFA.:* Mögenhart. — *Über die Megenhart in Blaubeuren vgl. A. Schilling, Justingen S. 30.*

29. B. a. 2. Okt. 98.

30. *B. Pleiss, Prior in Kniebis (vgl. Rothenhäusler, Abteien und Stifte 228 f.); † 1544 als Kaplan zu Bildechingen.*

33. B. a. 22. Juni 98.

34. B. a. 22. Juni 98.

35. B. a. 22. Juni 98. *MFA.:* Schieck.

38. B. a. 2. Okt. 98. *MFA.:* de Sancto Monte.

40. Michael Falkner de Núrtingen (7. März).
41. Jheronimus Johannis de Brackenhain, nil dedit pauper (9. März).
42. Michael Friess ex Eltingen (13. März).
43. Bartholomeus Möringer de Vilingen (15. März).
44. Sigismundus Fabri de Monaco (15. März).
45. Lucas Härtlin ex Vlma (16. März).
46. Michael Offinger de Riedlingen (22. März).
47. Georgius Clösterlin de Amberg (22. März).
48. Johannes Carpentarii de Gislingen dedit 1 β pauper (31. März).
49. Joachim Hennenberg de Gislingen (31. März).
50. Fr. Johannes Busch de Winsperg ord. Carmelitarum dedit 1 β
    pedello (2. April).
51. Sebastianus Vlmer ex Vlma (3. April).
52. Gabriel Stähelin de Stûtgartia (3. April).
53. Johannes Kolhart ex Vlma (4. April)).
54. Johannes Ybeli de Ow (4. April).
55. Johannes Sältzlin ex Ow (4. April).
56. Caspar Fabri de Hechingen (5. April).
57. Leonhardus Riemp de Tarmsheim (7. April).
58. Felix Boll de Lindaw dedit pedello 1 β (7. April).

---

40. *MFABacc.*: M. Fälckner Nirtingensis Bacc. Haidelberg. rec. 27. Juli
95; *rangiert vor den magistri des 24. Sept. 95.* — M. a. 16. Aug. 97.
41. B. a. 2. Okt. 98. *MFABacc.*: Jer. Johannis de Backana. — M. a.
8. Juli 00. *MFAMag.*: de Backenheym.
42. B. a. 18. Mai 97. *MFA.*: ex Öltingen. — *Vgl. 96,15.*
43. B. a. 22. Juni 98.
45. B. a. 18 Mai 97. *MFA.*: Hertelin.
48. B. a. 2. Okt. 98.
49. B. a. 2. Okt. 98.
50. *Theol.*: Fr. J. B. ord. Carmel. conventus Esslingensis rec. est ad
consortium bacc. nostrorum 2. Apr. 1497 tanquam Bacc. formatus theol. universitatis Tholosane exhibito nobis super hec fideli literarum testimonio; licentiam
recepit 21. Aug. 97, insignia vero magistralia 6. Febr. 98 una cum M. Jacobo
Horn *[30,54].*
51. B. a. 19. Dez. 98.
52. *Vikar am Stift zu Stuttgart 1534.*
53. B. a. 2. Okt. 98. *MFA.*: Kalhart.
54. B. a. 2. Okt. 98. *MFA.*: Ybelin de Now.
55. B. a. 2. Okt. 98. *MFA.*: de Now.
56. B. a. 2. Okt. 98.
57. B. a. 2. Okt. 98. *MFABacc.*: Römp. — M. a. Juni 03. *MFAMag.*:
L. Rem de Darmsheim.

59. Petrus Sutor de Campidona Mag. Ingelst. dedit 1 β pedello (8. April).
60. Clemens Tagner de Louffen dedit 1 β (11. April).
61. Philippus Pistoris de Lauffen dedit 1 β (11. April).
62. Martinus Schimpff ex Eschelbrunn (26. April).
63. Michael Heher de Bercken (1. Mai).

39. Nomina intitulatorum sub rectoratu eximii viri M. **Conradi Vesseler** decr. D. a Phil. et Jac. usque Luce a. **1497:**

1. Servatius Fry de Gerstetten (5. Mai).
2. Jacobus Loberschoff de Vlma (5. Mai).
3. M. Johannes Langysen de Rotwila dedit 1 β pedello (12. Mai).
4. Johannes Vdalricus Holtzwart de Eslingen (12. Mai).
5. Georgius Rieber de Zwifalten (12. Mai).
6. Philippus Trostell (20. Mai).
7. Sebastianus Rot de Campidona (20. Mai).
8. Gregorius Oppenhain, nil dedit pauper (22. Mai).
9. Stephanus Endelspach, nil dedit pauper (22. Mai).
10. Mathias Schüchlin de Vlma (22. Mai).
11. Johannes Schönleber de Blaubúrren (23. Mai).
12. Johannes Kurtz de Búrren (27. Mai).
13. Hainricus Fischer de Rotemburg (29. Mai).
14. Johannes Luduici de Engelsperg (29. Mai).
15. Johannes Egk de Berna (29. Mai).
16. Johannes Pistoris de Oberstorff (29. Mai).
17. Wolfgangus de Ow (30. Mai).

60. B. a. 1. Okt. 99. *MFA.:* Dagner.
62. B. a. 2. Okt. 98. *MFABacc.:* de Obereschelbrunn. — M. a. Jan. 04. *MFAMag. [von späterer Hand]:* canonicus huius ecclesie decanus. — *Vgl. K. Rothenhäusler, Abteien und Stifte 215; Freib. Diöz.-Arch. 31 (1903) S. 195. — Lebt 1542 in Öschelbronn (nach den Türkensteuerlisten).*
63a. MFAMag.: Johannes Ritter ex Tubingen. M. a. 8. Juli 00; *rangiert nach 38,41 (vielleicht identisch mit 35,28).*

5. B. a. 22. Juni 98.
7. B. a. 2. Okt. 98.
11. B. a. 19. Dez. 96.
14. B. a. 2. Okt. 98. *MFA.:* de Engelsperg ex Friburg.
15. B. a. 2. Okt. 98. *MFA.:* Egg.
17 *Vgl. Roth.*

18. Vitalis Stryt de Eslingen (30. Mai).
19. Petrus Calceatoris de Túwingen (30. Mai).
20. Frater Johannes de Stapitz M. a et s. theol. lector ordinis heremitarum s. Augustini, dedit 1 β pedello (30. Mai).
21. Fr. Gregorius Mayer eiusdem ord. dedit 1 β pedello (31. Mai).
22. Dom. Martinus Amlung presbyter (31. Mai).
23. Petrus Krafft de Landshut (11. Juni).
24. Siluester Krafft ex Plaubúrren (11. Juni).
25. Johannes Kûnig de Mindelhain dedit 1 β (23. Juni).
26. Johannes Friess de Möchingen dedit 1 β (28. Juni).
27. Fr. Johannes Lügmer de Rockemburg (30. Juni).
28. Fr. Quirinus Stainlin de Rockemburg (30. Juni).
29. Johannes Negelin de Wilperg (2. Juli).
30. Bonifacius Kremer ex Baccana (7. Juli).
31. Gebhardus Vngelter de Eslingen (15. Juli).
32. Johannes Vogler de Vrach (16. Juli).
33. Hainricus Sinintz de Haigerloch (19. Juli).
34. Johannes Altenstaig dedit 1 β quia pauper (27. Juli).
35. Dom. Wolfgangus de Höwen baro canonicus ecclesiarum kathedralium Argentinensis Treverensis et Curiensis dedit 1 fl. et pedello 7 β (31. Juli).
36. Nicolaus Prendlin B. a. pedagogus eiusdem (31. Juli).
37. Sigismundus de Rainstetten (31. Juli).

---

18. B. a. 1. Okt. 99. *MFABacc.:* Stritt.
19. B. a. 1. Okt. 99.
20. Theol.: J. Stûpitz, ord. herem. s. August. conventus Tubing. prior, principiavit in bibliam 29. Okt. 1498; in sentencias vero 10. Jan. 1499 et habuit conkathedralem M. Reinh. Gaisser *[25,45]*; recepit licentiam 6. Jul. 1500 et insignia magistralia die sequente *[mit 10,4 u. 12,45].* — *Vgl. Theol. Realensyklopädie s. n. Staupitz.*
21. B. a. 11. Mai 01.
23. B. a. 1. März 98.
24. B. a. 1. März 98. *MFABacc. verbindet 24 u. 25:* fratres ex . . . . .
25. B. a. 19. Dez. 98. *MFA.:* Konning.
27. B. a. 19. Dez. 98. *MFA.:* Lickinger de R.
28. B. a. 19. Dez. 98.
30. B. a. 19. Dez. 98. *MFA.:* Krämer ex Backenheim.
32. B. a. 21. Febr. 99.
33. B. a. 19. Dez. 98. *MFA.:* Sinnüntz.
34. B. a. 19. Dez. 98. — M. a. 11. Jan. 02. *MFABacc. u. Mag.:* ex Mindelheim. — *Theol.:* princip. in bibliam 21. Jan. 07. — Dec. fac. art. 07. — *Vgl. A. D. B. u. Veith, Bibliotheca Augustana 4,151.*

38. Zacharias Hofmaister dedit 1 β et reliquum remissum est, quia famulus domini cancellarii universitatis (2. Aug.).
39. Hainricus Beger de Argentina (2. Aug.).
40. Vlricus Käss de Langenargen (8. Aug.).
41. Stephanus Bonhart dedit 1 β pauper (13. Aug.).
42. Mathias de Gamertingen dedit 1 β (14. Aug.).
43. Jacobus Vesen de Túwingen (14. Aug.).
44. Gabriel Cesar de Rotemburg (14. Aug.).
45. Philippus Astman (25. Aug.).
46. Johannes Cerdonis, nil dedit pauper (4. Sept.).
47. Cristannus Crútzer de Campidona (24. Sept.).
48. Wilhelmus Kerpel de Túwingen (26. Sept.).
49. Anshelmus Gech de Tagershain (2. Okt.).
50. Jheronimus Veslin de Túwingen (9. Okt.).
51. Doctor Ludvicus Truchsess de Hefingen denuo, nil dedit (13. Okt.).
52. Jacobus Elsesser de Schorndorff (15. Okt.), dahit post quatuor dies.
53. Johannes Schúrer de Offterdingen (27. Okt.).
54. Conradus Fabri de Thurego, nil dedit quia pauper (28. Okt.).

40. Intitulati in rectoratu eximii viri M. **Johannis Aquila** de Hallis utr. iur. D. a. festo Luce evang. a. **1497** donec ad Phil. et Jac. a. **1498.** [a]

1. Nicolaus Úlhart de Schipff ⎫
2. Petrus Betzel de Ötingen ⎬ pauperes (31. Okt.).
3. Melchior Ferber de Augusta ⎭
4. Conradus Grieb de Horw dt. 6 β (31. Okt.).

---

a) *Unten am Rand der Seite steht: Ita continet in carta dom. rectoria, pecunia intitulature alias non specificata. Die, wie hiemit konstatiert wird, sehr spärlichen Bemerkungen über Gebührenzahlung sind für dieses Rectorat entgegen, der sonstigen Übung vollständig abgedruckt.*

38. B. a. 15. Juni 00. *MFA.*: Z. Hoffmeister de Bliderhusen.
41. B. a. 16. Dez. 05. *MFABacc.*: Banhart ex Tinczlingen; nil dt. — *Kaplan zu Aich bis 1541; dann Pfarrer in Neckarhausen.*
43. *Vgl. 41,32 b.*
44. B. a. 2. Okt. 98. *MFABacc.*: Kaiser. — M. a. Juli 08.
45. B. a. 4. Juni 99. *MFABacc.*: Ph. Aschman ex Vayhingen.
48. B. a. 15. Juni 00. *MFABacc.*: Kerpell. — M. a. Jan. 02. *MFA.-Mag.*: Cörpl.
51. *Vgl. oben S. 2 Nr. 10.*
53. B. a. 21. Febr. 99. — M. a. 11. Jan. 02. — Dec. fac. art. 06: M. Joh. Schurrer. — Rect. 12/13: Dr. Joh. Scheurer. — *Vgl. Roth S. 175.*
54. B. a. 2. Okt. 98. — M. a. Jan. 05. *MFAMag.*: de Kussnach.

5. Marsilius ⎱
6. Virgilius ⎰ Vranei filii Dom. Martini Prenninger (4. Nov.).

7. Johannes Franck de Bamberga pauper (5. Nov.).
8. Bernhardus Schön de Rûtlingen dt. 6 β (18. Nov.).
9. Jacobus Hainrichman de Blaubûren dt. 6 β (29. Nov.).
10. Frater Johannes Schouffer de Rotemburg ord. Carmelit. (22. Nov.).
11. Frater Johannes Stûdlin de Culpach ⎫ ord. heremitarum s.
12. Frater Cristoferus Fladenstain ⎬ Augustini die Othmari
13. Frater Johannes Tinctoris de Tressel ⎭ dt. 1 β (16. Nov.).
14. Frater Georgius Betz de Nürnberga ⎫
15. Frater Johannes Kütmar de Byhertingen ⎬ canonici regulares quilibet dt. 6 β.
16. Frater Jheronimus Karol ⎭
17. Vlricus Vlmer ex Vlma sabbato post Othmari dt. 6 β (18. Nov.).
18. Vitus Hetler de Reith (19. Nov.).
19. Michael Kempten de Vrach (19. Nov.).
20. Philippus Bernheck de Kissingen (20. Nov.).
21. Hainricus Rot de Laudemberg (20. Nov.).
22. Rudolfus Braiter de Bûlach (27. Nov.).

1498.

23. Johannes Schering de Eltingen (10. Jan.).
24. Wolfgangus Lemblin de Gamundia (17. Jan.).
25. Frater Melchior Schûrer ex Esslingen (27. Jan.).
26. Cristannus Maii de Vlma (30. Jan.).
27. Johannes Rich de Tûwingen (30. Jan.).
28. Johannes Hertzer de Rauenspurga 1 β (30. Jan.).

---

5. B. a. 11. Mai 01. — M. a. Jan. 04. *MFAMag.:* iurisconsulti Martini filius. — *Vgl. Roth.*

6. B. a. 11. Mai 01.

8. B. a. 22. Juni 98.

9. B. a. 4. Juni 99. — M. a. 24. Juni 02. *MFAMag.:* ex Sindelfingen. — *Über Henrichmann vgl. Heyd.*

10. B. a. 4. Juni 99. *MFA.:* Schufel.

18. B. a. 19. Dez. 98. *MFA.:* de Rieth.

19. B. a. 1. Okt. 99. *MFA.:* Kempel.

20. B. a. 22. Dez. 97. *MFABacc.:* de Kitzingen.

21. B. a. 22. Dez. 97. *MFABacc.:* H. Rod de Landenburg.

22. B. a. 22. Dez. 97.

23. B. a. 15. Dez. 99. *MFABacc.:* Johannes Schurling ex Altingen.

24. *MFABacc.:* Wolffg. Lemelin ex Gamundia Bacc. Friburg. rec. ad consorcium baccal. 8. März 98; habet locum ante omnes baccalaureos prom. in angaria Lucie 96 (i. e. 12. Jan. 97). — M. a. 9. Aug. 98.

29. Nicolaus Textoris de Wissenhorn dedit 1 β.
30. Johannes Hipp de Remingshain.
31. Conradus Sindlinger (20. Febr.).
32. Wilhelmus Herpst de Augusta dedit 1 β (22. Febr.).
33. Johannes Graser de Balingen (4. März).
34. Caspar Freuel de Balingen (4. März).
35. Georgius Steinlin de Calw (4. März).
36. Johannes Pannificis de Stütgardia (6. März).
37. Johannes Mayenschin de Vlma (10. März).
38. Jheronimus Leonardi Engelin (11. März).
39. Johannes Gúgelin de Böblingen (16. März).
40. Cirillus Rûdolfi de Trochtelfingen (16. März).
41. Johannes Feslin de Sülgen (1. April).
42. Mauricius Textoris de Rotemburg dedit 1 β (21. April).
43. Matheus Fehinger (23. April).
44. Sifridus Gentner de Gailndorff dedit 1 β (23. April).
45. Nicolaus Mayer de Naw (30. April).
46. Georgius Visel de Talfingen (30. April).

.

41. In rectoratu spectabilis viri M. **Simonis Leonis** de Biel s. theol. Bacc. formati a Phil. et Jac. donec ad Luce evang. **1498** intitulati sunt hij qui sequuntur:

1. Luduicus Walch de Naw (4. Mai).
2. Johannes Egkinger de Vlma (5. Mai).

---

29. B. a. 16. Dez. 00. *MFABacc.*: Nicolaus ex W. — M. a. 26. Jan. 12. *MFAMag.*: Nic. Weber, presbyter.
31. B. a. 1. Okt. 99. *MFABacc. u. Mag.*: ex Altingen. — M. a. 13. Juli 01. — *Pfarrer in Engstlatt 1521.*
33. B. a. 4. Juni 99.
34. B. a. 1. Okt. 99.
35. B. a. 11. Mai 01. *MFABacc.*: Staimler. — M. a. Jan. 03. *MFA.-Mag.*: Stainilin. *Pfarrer in Echterdingen, Dekan des Kapitels Nellingen.*
36. B. a. 1. Okt. 99.
41. B. a. 1. Okt. 99. *MFA.*: Veslin.
43. B. a. 1. Okt. 99. *MFABacc.*: Vayhinger ex Wil. — M. a. 11. Jan. 02. *MFAMag.*: Waynger ex W̊.
45. B. a. 1. Okt. 99. *MFA.*: de Nau.
46. B. a. 1. Okt. 99. *MFA.*: de Dalfingen.

2. B. a. 22. Juni 98. *MFA.*: Eckinger.

3. Wendalinus ex Vnderdúrken (7. Mai).
4. Johannes Murer de Sulgen (7. Mai).
5. Johannes Wehelin de Schorndorff (7. Mai).
6. Johannes Zain de Búchow (11. Mai).
7. M. Johannes Othmar de Rútlingen dedit 1 β (15. Mai).
8. Conradus Mangolt de Constantia (22. Mai).
9. Vlricus Fabri de Blauburen dedit 1 β (23. Mai).
10. Michael Swartz de Blaubúren (25. Mai).
11. Hermannus Rot ex Vlma (11. Juni).
12. Johannes Sutoris de Kronenberg (11. Juni).
13. Bernhardus Sutoris de Vrach (11. Juni).
14. Andreas Freuel filius editui huius loci dedit 1 β (11. Juni).
15. Johannes Sellatoris de Biel dedit 1 β (13. Juni).
16. Martinus de Altingen (13. Juni).
17. Johannes Smithaimer de Ehingen (17. Juni).
18. Conradus Dreger de Ofterdingen (18. Juni).
19. M. Michael Siguardi de Etlingen dedit 1 β (20. Juni).
20. Frater Caspar Scheffer de Grünigen ordinis S[ancti] S[piritus].
    (7. Juli).
21. Johannes Merck de Sindelfingen (8. Juli).
22. Bernhardus Dúrr de Schorndorff (12. Juli).
23. Georgius Vcher de Offemburg (26. Juli).
24. David Textoris de Vlma (27. Juli).
25. Georgius Köchlin de Túwingen (31. Juli).
26. Johannes Wüst de Magstat (3. Aug.).

3. OAB. Cannstatt 668: Wendel Kamm, Pfarrer in Untertürkheim.
4. B. a. 2. Okt. 96. MFA.: de Sulgo.
6. J. Zenlin, Pfarrer in Merklingen OA. Blaubeuren 1522.
8. Baumann, Akten zur Gesch. des Bauernkriegs S. 49: Vogt in
Wolfegg 1525.
10. B. a. 1. Okt. 99. MFA.: Schwartz.
12. B. a. 1. Okt. 99. MFA.: de Cronberg.
13. B. a. 1. Okt. 99. — M. a. 11. Jan. 02. MFAMag.: frater B. Sprenger
ex U. — B. Schuhmacher, Pfarrer in Mundingen 1542 u. 1545.
15. MFABacc.: Joannes Rúmel ex Byhel. B. a. 8. Juni 01.
16. B. a. 1. Okt. 99. MFABacc.: M. Fabri ex A.
18. B. a. 1. Okt. 99. MFABacc.: Treer. — M. a. 24. Juni 02. MFA-
Mag.: Drãger. — Augustinerprovinsial in Strassburg (Roth).
20. B. a. 15. März 00.
22. B. a. 1. Okt. 99.
24. B. a. 15. Dez. 99. MFA.: D. Jung de U.
26. B. a. 15. Juni 00. — M. a. 11. Jan. 02. MFAMag.: Weist. — Vgl.
Freib. Diös.-Arch. 31 (1903) S. 196.

27. Michael Gut de Cellaratolfi dedit 1 β (6. Aug.).
28. Conradus Bron de Kirchen (9. Aug.).
29. Johannes Schöngrieger ex Gorlitz (18. Aug.).
30. Johannes de Ow (28. Aug.).
31. Johannes Stäbelin de Burgdorff (3. Sept.).
32. Johannes Pistoris de Büchow Bacc. Basiliensis. (1. Okt.).

42. In rectoratu eximii viri M. **Andree Troschtel** de Osswil utr. iur. D. a Luce evang. a. **1498** usque ad Phil. et Jac. **1499** intitulati sunt sequentes:

1. Petrus Crafft de Mengen (20. Okt.).
2. Balthazar Salzman ex Hailprun (23. Okt.).
3. Johannes Aubend de Thurego (27. Okt.).
4. Rudolphus Sigismundus (28. Okt.).
5. Paulus Carpentarii de Waltenbuch (31. Okt.).
6. Marcus Pfullinger ex Schorndorff (1. Nov.).
7. Martinus Trunck de Waiblingen (1. Nov.).
8. Jeorius Mayer de Canstatt (5. Nov.).
9. Gebhardus Gundelfinger de Hagen[a] (7. Nov.).
10. Jeronimus Sculteti ex Grunigen (13. Nov.).

---

a) Hagn *mit Abkürzungsstrich darüber, so dass man auch Hagenau lesen könnte.*

28. B. a. 28. Febr. 02. *MFABacc.:* Frater Conr. Br. — M. a. Juni 04. *MFAMag.:* ex Kirchen prope Besicken. — *Theol.:* canonicus ad s. Petrum ad heremitas in Schainbůch, princip. in bibliam 18. Dez. 10, in sentencias 30. Jan. 13. — *Vgl. 112,30.* — *Vgl. Bl. f. württ. K.-Gesch. 1,15: K. Rothenhäusler, Abteien und Stifte S. 226.*

29. B. a. 2. Okt. 98. *MFA.:* de Görlitz.

30. Vgl. Roth.

31. B. a. 19. Dez. 98. *MFA.:* Stelin de Burckdorff.

32. MFABacc.: J. P. ex Büchhen Bacc. Basil. rec. 2. Sept. 99. — M. a 21. Jan. 00.

32 a. MFABacc.: Steffanus Hantfol ex Lyphaim Bacc. Ingelstat. rec. ad consortinim baccalaureorum 17. Jun. 98. — M. a. 9. Aug. 98. *MFAMag.:* Hamfol. *(identisch mit 36,8?).*

32 b. MFABacc.: Jacobus Fabri de Tubingen. B. a. 15. März 00; *rangiert zwischen 41,20 u. 42,2; wohl identisch mit 39,43.*

1. B. a. 15. Juni 00. — M. a. 24. Juni 02.

2. B. a. 15. März 00. *MFA.:* Balth. Balderman ex Halbrn.

6. B. a. 16. Dez. 00.

7. B. a. 15. März 00.

10. B. a. 16. Dez. 00. *MFA.:* J. Schulthaiss.

11. Augustinus Bratzler de Hallis (17. Nov.).
12. Andreas Goss de Gertringen (20. Nov.).
13. Joannes Haiden de Thuwingen (23. Nov.).
14. Andreas Pictoris ex Kirchperg (26. Nov.).
15. Johannes Zerrenweck ex Marpach Bacc. Friburg (1. Dez.).
16. Symon O'glin de Thuwingen (2. Dez.).
17. Erhardus O'glin de Thuwingen (2. Dez.).
18. Wolffgangus Sperwersecker (5. Dez.).
19. Albrechtus Krell (5. Dez.).
20. Paulus Probscht ex Pfortzhein (17. Dez.).
21. Thomas Brunner ex Bingingen Bacc. Ingelstetensis (24. Dez.).
22. Frater Augustinus Luppff ex Haidelberga ord. s. Aug. (30. Jan.).
23. Conradus Kussling de Messkirch (22. Dez.).

1499.

24. Jacobus Fabri de Sindelfingen (6. Febr.).
25. Adam Kaiser (15. Febr.).
26. Caspar Genser (17. Febr.).
27. Jeronimus Töber (18. Febr.).
28. M. Wilhelmus Walcker Mag. Heidelbergensis (19. Febr.).
29. Gregorius Veser de Tuwingen (19. Febr.).
30. Jacobus Kessler de Wisensteig (24. Febr.).

---

12. B. a. 15. Juni 00. — M. a. 11. Jan. 02.

14. B. a. 21. Febr. 99

15. MFABacc.: Joh. Zerrweck [o. O.] Bacc. Friburg. habet locum ante promotos 22. Jun. 98. — M. a. 8. Jul. 00. *MFAMag.:* Zerweck. — *Lehrer in Wittenberg.*

17. Der Erfinder der Noten: Roth, Ref.-Gesch. Augsburgs S. 17?

18. B. a. 16. Dez. 00. *Vgl. Roth.*

19. S. unten 46 a.

20. B. a. 15. Juni 00. *MFA.:* Probst.

21. MFABacc.: Th. Bruner ex Laüingen. Bacc. Ingelstat. rec. 24. Dez. habet locum ante promotos Lucie 97 (22. Dez. 97). — M. a. 29. Jan. 99. *MFA.-Mag.:* Th. Prüner ex Logingen. — *Ein Th. Brumer ist 1542 Pfarrer in Plieshausen.*

22. Theol.: Honorabilis pater A. Lufft, ord. heremit. s. Aug. recepit licentiam 1508; insignia magistralia recepit premissis vesperiis anno 1510. — *K. Fr. Vierordt, Bad. Ref.-Gesch. 110: Prior in Heidelberg.*

24. B. a. 15. Juni 00.

27. B. a. 15. Juni 00. *MFABacc.:* Jeorius Töber de Ehingen.

28. Vgl. Roth.

29. B. a. 23. Febr. 02.

30. M. a. Jan. 03. *Vgl. Roth.*

31. Joannes Demler de Rutlingen (26. Febr.).
32. Michael Huber de Entringen (26. Febr.).
33. Heinricus Aichman ex Schorndorff (5. März).
34. Joannes Nass de Magstatt (5. März).
35. Nicolaus Temler ex Sindelfingen (5. März).
36. Cristofferus Planck ex Vlma (9. März).
37. Wigamundus de Gemmingen (12. März).
38. Theodorus de Rotemburg (12. März).
39. Caspar Ammweck Bacc. Friburgensis (25. März).
40. Johannes . . . .ᵃ⁾ de Rotemburg (9. April).
41. Conradus Kung ex Stütgardia (10. April).
42. Johannes Steinbych ex Dornstetten (11. April).
43. M. Erasmus Hericius ex Bohemia Mag. Coloniensis (14. April).
44. Georius Tempfer ex Kirchen (20. April).
45. Symon Wolffhart ex Waiblingen (25. April).
46. Franciscus Fabri de Tuwingen (30. April).

43. A Phil. et Jac. a. **1499** sub **Laurentio Hornstein** utr.
iur D. universitatis rectore intitulati sunt sequentes:

a) *Der hier fehlende Name* Eck *scheint dem Abschreiber unleserlich gewesen zu sein.*

31. B. a. 8. Juni 01.
32. B. a. 15. Juni 00. — M. a. 24. Juni 02. — Dec. fac. art. 07/08.
34. B. a. 15. Juni 00. *MFA.:* Nas; obiit circa Nicomedis 1502.
35. M. a. Jan. 05. *MFA.:* Tendler.
36. Vgl. Bl. f. württ. K.-Gesch. 3,96.
39. *MFABacc.:* Casp. Amweg ex Friburgo Bacc. Frib. rec. iuranda
iuravit et habet locum ante promotos 1. März 98.
40. B. a. 1. Okt. 99. *MFABacc.:* Jo. Mayer ex Eck *[am Rand]:* Idem
Eckius, qui supra inter magistros anni 1501. — M. a. 13. Jan. 01. *In Rotten-*
burg lebte Eck seit 1495 (vgl. Bl. f. württ. K-Gesch. 1,60 f.): daher die obige
Heimatsangabe.
41. Vgl. Roth.
42. B. a. 16. Dez. 05. *MFA.:* Frater Joh. Steinbich ex D. nil dt.
44. B. a. Dez. 09. *MFA.:* Dom. Georius Dempfer ex opido Kyrchen
subter Tegk oriundus.
45. *Diacon in Stuttgart 1536: lebt 1542 daselbst; 1545 in Waiblingen.*
46. B. a. 8. Juni 01. *MFA.:* Franc. Ferrarii.
46 a. *MFABacc.:* Albertus Heller. B. a. 16. Dez. 00 *zwischen 42,6 und*
43,1. — M. a. Jan. 03. *MFAMag.:* Alb. Heller ex Tuwingen. — *Von Roth*
identifisiert mit 42,19.
46 b. *MFAMag.:* Ludowicus Rentz ex Horb. M. a. Jan. 03.

1. Valentinus Horn de Vrach (10. Mai).
2. Joannes Gössler de Vlma (16. Mai).
3. Jeronimus Pur de Nagolt dedit 1 β pauper (31. Mai).
4. Conradus Bener ex Geppingen (3. Juni).
5. Leonardus Lang ex Augusta (11. Juni).
6. Andreas Rem ex Bietica (5. Juli).
7. Jeorius Gerber ex Nurtingen Bacc. Coloniensis (7. Juli).
8. Plasius de Rottenburg ord. Carmelitarum 1 β dedit (9. Juli).
9. Georius Mufilin de Minsingen dedit 1 β (5. Aug.).
10. Johannes Wendeluol de Willnow nobilis (1. Aug.).
11. Bernhardus Markpach (2. Sept.).
12. Joannes Sehaidlin de Esslingen (1. Sept.).
13. Wilhelmus Wernherus de Zimmer baro (8. Sept.).
14. Cristannus Vnnhuser oriundus ex Nollein (9. Sept.).
15. Conradus Stõr de Schelcklingen (9. Sept.).
16. Volck ex Urach.[a]
17. Joannes Venatoris ex Blochingen (10. Sept.).
18. Plasius Lichtermut de Basilea 1 β impressor (29. Sept.).
19. Narcissus Negelin de Augusta 1 β impressor (29. Sept.)
20. Joannes Bûb de Plauburen 1 β impressor librorum (29. Sept.).
21. Oswaldus Zitgung de Marpach (1. Okt.).
22. Heinricus Laii ex Vlma (10. Okt.).
23. Paulus Wint de Wettenhusen (18. Sept.).
24. Leonardus Kollman de Nurnberg oriundus (17. Okt.).
25. Magnus Holldenberger de Lantzsperg (17. Okt.).
26. Joannes Andree de Lantzsperg (17. Okt.).

a) *Ist am Rand später eingefügt.*

2. *Identisch mit 55,38 a?*

4. B. a. 11. Mai 01. *MFABacc.:* Benner.

7. *MFABacc.:* Jeorgius Gerwer de N. Bacc. Colon. rec. iuranda iuravit 2. Sept. 99 et habet locum ante promotos 19. März 96. — M. a. 21. Jan. 00.

11. B. a. 23. Febr. 02.

13. *Verfasser der Zimmerischen Chronik. Er wohnt bei Andreas Trostel und ist noch 1503 Schüler in Tübingen. (Vgl. die Handschriften der gross-herzogl. badischen Hof- und Landesbibliothek in Karlsruhe Beil. II Deutsche Hdschr. S. 69).*

16. B. a. 11. Mai 01. — M. a. Jan. 02. *MFABacc. u. Mag.:* Johannes Volck ex U.

21. B. a. 8. Juni 01. *MFA.:* Zitgnûge.

22. B. a. 11. Mai 01. — *Ulmer Stadthauptmann und Bauherr (Roth).*

25. B. a. 11. Mai 01. — M. a. 16. Juli 05. *MFABacc. u. Mag.:* Haldenberger.

26. B. a. 11. Mai 01.

27. Bernhardus Franck de Cuppingen 1 β famulus (18. Okt.).
28. Joannes Rumler de Sindelfingen dedit 1 β (18. Okt.).

44. Anno domini **1499** sub eximio viro **Wandalino Steinbach** s. theol. professore universitatis rectore a festo Luce anni eiusdem donec ad festum Phil. et Jac. a. **1500** intitulati sunt sequentes:

1. Wolffgangus Wölfflin ex Oberndorff (23. Okt.).
2. Conradus Hann de Munderichingen (25. Okt.).
3. Symon Vogler de Vrach (28. Okt.).
4. Pangracius Beschtler de Robenstain (31. Okt.).
5. Johannes Drechsel de Gundelfingen (8. Nov.).
6. Johannes Löblin de Wila (18. Nov.).
7. Wilhelmus Dachtel ex Herrenberg (20. Nov.).
8. Petrus Nitthart ex Wissenburga (2. Dez.).
9. Augustinus Wickmann ex Wissenburga (2. Dez.).
10. Joannes Coci ex Wissenburga (2. Dez.).
11. Joannes Bauerus ex Kirchen dedit 1 β (2. Dez.).
12. Andreas Hyrsenn de Stainhen[a] (4. Dez.).
13. Joannes Klette ex Gamertingen (18. Dez.).
14. Joannes Doman de Vlma dedit 1 β (19. Dez.).

1500.

15. Joannes Schmellerer ex Vrach (10. Jan.).
16. Caspar Schwartzenfelder ex Wissenburga (10. Jan.).

a) *Nach dem Zunamen ist eine Lücke; das* hen *des Ortsnamens ist mit andrer Tinte darüber korrigiert.*

27. M. a. 24. Juni 02.
28a. *MFAMag.:* Jacobus Segger ex Will. M. a. 11. Jan. 02; *identisch mit 44,20?*
28b. *MFAMag.:* Joannes Hoggen ex Hyningen. M. a. 24. Juni 02.

1. B. a. 11. Mai 01. *MFABacc.:* Welffly. — M. a. Juni 08.
2. B. a. 8. Juni 01. *MFABacc.:* Conradus ex Munderkingen. — *Vgl. Roth.*
5. B. a. 15. Dez. 99. *MFABacc.:* Tresell. — M. a. Jan. 22. *MFAMag.:* Dom. J. Trechsel de G.
6. B. a. 8. Juni 01. *MFA.:* Lebly. — *Ein Priester Hans Löblin lebt 1545 in Marbach.*
7. *D. B. 394:* Dachtler, Vogt in Böblingen 1521.
8. M. a. 21. Jan. 00. — *Württ. Vierteljahrsh. 1883 S. 174.*
9. B. a. 15. Dez. 99.
11. B. a. 23. Sept. 01. *MFA.:* Bauarus.
12. B. a. 28. Sept. 01. *MFABacc.:* A. Hirsen de Stain. — *Vgl. 44,44a.*

17. Ludovicus Beringer ex Hemmingen (14. Jan.).
18. Andreas Vlmer ex Altingen (22. Jan.).
19. Michael Hess de Britzena (22. Jan.).
20. Jacobus Wûrst de Wila (30. Jan.).
21. Mauritius Wicker de Keisserstül (6. Febr.).
22. Dom. Vlricus comes de Hôlffenstein dedit 1 fl. (7. Febr.).
23. Nicolaus Kûehorn de Weiblingen (9. März).
24. Jacobus Reinbold de Stûtgardia (12. März).
25. Remigius Hamer de Urach (14. März).
26. Petrus Kurwôdel ex Vahingen dedit 1 β (17. März).
27. Albertus Meyer ex Sachsenhen (17. März).
28. Jacobus Voig ex Nyfen (17. März).
29. Fr. Andreas Irrer ord. Carmelitarum ex conventu Nürnbergensi dedit 1 β (21. März).
30. Fr. Nicolaus Morhart ex eodem conventu dedit 1 β (21. März).
31. Fr. Joannes Ferenschildt ex eodem conventu dedit 1 β (21. März).
32. Joannes Erberwin de Stainenprun (22. März).
33. Thomas Herman de Bettnûf^a^) dedit 1 β (24. März).
34. Cristianus Einhart ex Urach (27. März).
35. Heinricus Doring ex Hassia^b^) (31. März).
36. Jodocus ex Gusslingen dedit 1 β (4. April).
37. Michael Zecker ex Vrach dedit 1 β (6. April).
38. Leonardus Arnoldt de Meymshein (23. April).
39. Joannes Knorr de Meymshen (23. April).
40. Nicolaus Steymer de Holtzgeringen (24. April).
41. Jacobus Hepp ex Waiblingen (25. April).

---

a) *Roth liest* Bettnus.
b) *Die Ortsbezeichnung ist von anderer Hand hinzukorrigiert.*

17. B. a. 23. Sept. 01.
20. *Vgl. 43,28 a.*
22. *Vgl. G. Knod, D. Studenten in Bologna S. 193; Heyd, Ulrich 1,554.*
24. B. a. 15. Dez. 01.
25. B. a. 23. Sept. 01. *MFA.:* R. Hanner de Niffen.
26. *1542 Pfarrer in Ensweihingen, später in Kleinsachsenheim.*
27. B. a. 23. Sept. 01.
28. B. a. 23. Sept. 01. *MFA.:* Jac. Hilber de Niffen.
34. B. a. 23. Sept. 01. *MFA.:* Sebastianus E. ex U.
36. B. a. 15. Dez. 01. *MFABacc.:* Jodocus ex Gysslingen.
37. B. a. 23. Sept. 01. — M. a. Juni 03. *MFABacc. u. Mag.:* Mich. Megling Urachius. — Dec. fac. art. 09: Mögling.
40. B. a. 15. Dez. 01.
41. *Nach Bossert ist zu lesen* Happ *[von Hapenberg]. Vgl. Alberti.*

42. Joannes Lyb de Schaffhusen (25. April).
43. Steffanus Binder de Messkirch dedit 1 β (27. April).
44. Joannes Plûm de Uberlingen (28. April).

45. Anno domini **1500** sub eximio viro **Conrado Summenhart** ex Kalw s. theol. professore universitatis rectore a festo Phil. et Jac. anni eiusdem donec ad festum Luce prefati anni intitulati sunt sequentes:

1. Conradus Krâb de Munderchingen (5. Mai).
2. M. Joannes Gray de villa Gigantis ex Scotia Bacc. theol. formatus nihil dedit (7. Mai).
3. Joannes Fingisin de Araw (9. Mai).
4. Joannes Tonger de Monaco (11. Mai).
5. Ludovicus Kraiss de Bôblingen (12. Mai).
6. Joannes Diepold ex Ulma nihil dedit (13. Mai).
7. Fr. Jodocus Strâli de Besicka conventus Esslingensis ord. Carmelitarum (14. Mai).
8. Wolffgangus Hôw de Meyefeld nihil dedit (15. Mai).
9. Petrus Han ex Uberlingen (17. Mai).
10. Joannes Aschman ex Fahingen (24. Mai).
11. Joannes Doleatoris ex Wyla civitate nihil dedit (25. Mai).

---

43. B. a. 23. Sept. 01.
44. B. a. Mai 02. *MFABacc.:* Blum. — M. a. Juni 04.
44a. *MFAMag.:* Andreas Lemp de Steinha. M. a. Juni 04; *vielleicht identisch mit 44,12.* — Dec. fac. art. 06: Steinensis. — *Meister Andr. Lemp ist Pfarrer zu Ringingen 1542.*

1. B. a. Mai 02. *MFA.:* Kreb.
2. *MFAMag.:* Mag. Gray de Scotia rec. ad facultatem die Martis post Jubilate (12. Mai) 1500 et habet locum ante omnes magistros promotos Nativitat. Christ. 1496. — *Theol.:* Anno 1500 Jul. 6 rec. fuit a facultate in consort. baccal. tanquam Bacc. formatus universitatis .... *[statt des Namens eine Lücke]* exhibitis prius litteris testimonialibus facultati de eius alibi facta promotione et idoneitate.
3. B. a. 8. Juni 01. *MFA.:* Fingyssen o. O.
4. B. a. 23. Sept. 01. *MFA.:* J. Danmer de M.
5. B. s. 23. Sept. 01. — M. a. Jan. 05.
6. B. a. 15. Juni 00. — *Weyermann 1,142.*
9. B. a. 15. Dez. 01.
10. B. a. 23. Sept. 01. — M. a. Jan. 03. — *Theol.:* princip. in bibliam 23. Okt. 08. — Dec. fac. art. 08/09: Asman, Astman, sacr. theol. Bacc.; 12/13. — *Vgl. Rothenhäusler, Abteien und Stifte 203. Kustos des Stifts Backnang 1534; später Propst des Michaelisstifts in Pforzheim. — Vgl. Bl.f. württ. K.-Gesch. 3,8.*
11. B. a. 23. Febr. 02.

12. Joannes Penditorius de Auffkirch (27. Mai).
13. Benedictus Ber de Constantia nihil dedit (27. Mai).
14. Joachim Setzlin de Balingen nihil dedit (27. Mai).
15. Wolffgangus Richhart ex Guslingen (19. Juni).
16. Johannes Lantz de Buchhorn (29. Juni).
17. Joannes Demmer de Vrach nihil dedit (30. Juni).
18. Calixtus Serifficis de Prâgantia nihil dedit (13. Juli).
19. Eberhardus Fogel de Melchingen (19. Juli).
20. Johannes Storer ex Munderichingen (21. Juli).
21. Jeorius Kridlin ex Vrach (21. Juli).
22. Johannes Currifficis de Schorndorff nihil dedit ((31. Juli).
23. Heinricus Schwaner ex Diessenhoffen alias ex Wisensteig (11. Aug.).
24. Thomas Schmaldienst ex Eminngen (13. Aug.).
25. Johannes Fritz ex Wininda (19. Aug.).
26. Bernhardus Fabri de Môglingen (31. Aug.).
27. Frater Clemens Nunnenmacher de Symentzen professus divi ord. s. Benedicti conventus Hirsaugiensis (9. Sept.).
28. Johannes Marcus Repphun ex Pfortzen (13. Sept.).
29. Cristoferus Huser de Ethenheim (18. Sept.).
30. Bernhardus Mieg de Pfullendorf (18. Sept.).
31. Jacobus Rôuslin de Wila nihil dedit (25. Sept.).

---

13. B. a. 23. Febr. 02.
15. B. a. Sept. 02. *MFABacc.:* Richart. — M. a. 15. Juli 09. *MFA-Mag.:* Rychart. — *Vgl. Coccinius, de tralatione A II.*
16. B. a. 15. Dez. 01.
17. B. a. Sept. 02.
18. B. a. 15. Dez. 01. *MFA.:* Cal. Fabri de Pr.
19. B. a. 23. Febr. 02. *MFABacc.:* Vogel. — M. a. Jan. 04.
20. B. a. 23. Febr. 02.
21. B. a. 23. Febr. 02. *MFABacc.:* Krydlin. — M. a. Jan. 05. *MFA-Mag.:* Cridlin.
22. B. a. 15. Dez. 01.
24. B. a. 15. Dez. 01. *MFA.:* ex Engen.
25. B. a. 15. Dez. 01.
26. *Lebt 1542 als verleibdingter Priester in Marbach.*
27. B. a. 23. Febr. 02. — M. a. Jan. 04. *MFAMag.:* Clemens frater tunc temporum in Hyrsau.
29. B. a. 23. Sept. 01. *MFABacc.:* Chr. Tüfel de E. — M. a. Jan. 03. *MFAMag.:* Tuffel.
30. B. a. 8. Juni 01. *MFA.:* B. Mie o. O.
31. B. a. Mai 02. *MFA.:* Rôsslin.

32. Mathias Jenner de Schorndorff (27. Sept.).
33. Martinus Kern de Lor (30. Sept.).
34. Vlricus Sellatoris de conventus Zwifaltensi ord. s. Benedicti (1. Okt.).
35. Fr. Sebastianus Molitoris eorundem conventus et ordinis (1. Okt.).
36. Vlricus Stigotesch de Geppingen (1. Okt.).
37. Alexander Graü de Hadenton in Scotia nil dedit (13. Okt.).
38. Johannes Stahel de Fahingen (15. Okt.).

46. Anno domini **1500** sub eximio viro **Jacobo Lempp** de Stainhen decr. ac s. theol. D. universitatis rectore a festo Luce evang. anni eiusdem donec ad festum Phil. et Jac. a. **1501** intitulati sunt sequentes:

1. Wendalinus Rückerus de Kirchen ord. s. Petri de Silua (19. Okt.).
2. Ambrosius de Silua ord. heremitarum s. Augustini nil dt. (20. Okt.).
3. Berchtoldus Horcher ex Balingen (22. Okt.).
4. Conradus Ortolff de Ebingen (27. Okt.).
5. Johannes Sutoris de Herrenberg dedit 1 β (1. Nov.).
6. Jacobus Jegerus de Wyllvilla (4. Nov.).
7. Henningus Gramman de Magdaburg ord. s. Augustini dedit 1 β. (6. Nov.).
8. Petrus Begen de Schöning prefati ordinis dedit 1 β (6. Nov.).
9. Nicolaus Bartt de Haydenhaim ord. s. Benedicti (21. Nov.).
10. Caspar Wolflin de Rütlingen (2. Dez.).

---

34. B. a. 15. Dez. 01. *MFA.:* Fr. Ud. Sellatoris ex Zw.
. *35.* B. a. 15. Dez. 01.
36. B. a. Sept. 02. *MFA.:* Stigentäsch.
38. B. a. 23. Febr. 02. *MFA.:* Stachel ex Wayngen.
38a. *MFABacc.:* Johannes Thome ex Ulma. B. a. Sept. 02; *rangiert zwischen 45,36 u. 45,15.*

1. B. a. 23. Febr. 02. — M. a. Jan. 07. *MFAMag.:* Riegger o. O.
3. B. a. 22. Sept. 03.
4. B. a. 23. Febr. 02. — M. a. Jan. 04. *MFAMag.:* Conradus ex Öbingen.
6. *MFABacc.:* Jac. Jeger ex Will; rec. *zwischen 23. Sept. u. 15. Dez. 01.*
10. M. a. 17. Juli 06. *MFAMag.:* ex Rietlingen. — *Dekan und Pfarrer in Reutlingen; dann bis 1527 Pfarrer in Wannweil; dann Prediger und von 1535—42 Propst zu St. Moritz in Ehingen a. N. Vgl. Bl. f. württ. K.-Gesch. 3,66.*

11. Jodocus Fabri de Cansatt

12. Cristannus Morler de Flemschhusen   impressores librorum;

13. Wernherus Wydenbösch de Franckfordia   dt. 1 β (6. Dez.).

14. Jodocus Vogler de Canstat (8. Dez.).

15. Conradus Abell de Massenbachusen, Bacc. Haydelb. (11. Dez.).

1501.

16. Fr. Wolffgangus Ausermayer de Monaco ord. s. Augustini dedit 1 β (5. Jan.).

17. Fr. Baltasar Schürer de Tüwingen eiusd. ord. dt. 1 β (5. Jan.).

18. Dom. Jacobus Banholtz de Ehingen adiutor in divinis (6. Jan.).

19. Thomas Wernheri de Nyphen (8. Jan.).

20. Stephanus Bartenschlag de Stutgardia dt. 1 β (14. Jan.).

21. Simon Dietermann ex Esslingen (31. Jan.).

22. Johannes Langysen de Rotwill (1. Febr.).

23. Mathias Wernheri de Rotwyll (1. Febr.).

24. Conradus Schlenck de Offenburg (4. Febr.).ᵃ⁾

25. Johannes Widmann de Vrach (4. Febr.).

26. Johannes Wendelstain de Rottenburg (7. Febr.).

27. Erhardus Stainbach ex Kayserstül (7. Febr.).

28. Georgius Wernn ex Echterthingen (11. Febr.).

29. Michael Kerlin de Zürczach (23. Febr.).

30. Johannes Ehinger ex Gertringen (2. März).

31. Anthonius Brön de Calw (2. März).

32. Mathias Brengwecklin ex Landsperg dedit 1 β (7. März).

33. Nicolaus Mücher de Walsen (9. März).

a) *Zwischen 24 und 25 ist eine Lücke.*

14. B. a. Sept. 02.

17. B. a. 16. Dez. 05. *MFABacc.:* nil dt.

18. *Sattler, Herzoge 3 Beil. S. 121: Pfarrer in Lustnau 1531.*

21. B. a. 11. Mai 01. *MFABacc :* Dieterman. — M. a. 17. Juli 06.

22. B. a. 15. Dez. 01. *MFA.:* Langynsen.

23. B. a. Mai 02. *MFA.:* Werner.

25. B. a. Sept. 02.

26. B. a. 11. Mai 01. — *Kleriker in Freiburg 1503: 1530 Prokurator am Hofgericht zu Rottweil.*

27. B. a. 28. Sept. 01.

28. B. a. 11. Mai 01. *MFA.:* Wern.

29. B. a. 8. Juni 01. *MFA.:* Mich. Kernly ex Kur.

30. B. a. 17. Dez. 02.

31. B. a. Sept. 02. · *MFABacc.:* Bron. — M. a. Juni 04.

33. B. a. 28. Febr. 02.

34. Georgius Hegner de Horw (10. März).
35. Jacobus Schneblin de Horw (10. März).
36. Bernhardus Schelhamer de Wyttingen (10. März).
37. Martinus Grieninger de Entringen (15. März).
38. Vlricus Schawer de Nidlingen (18. März).
39. Anthonius Fessler ex Reusten*) (2. April).
40. Bartlomeus Spitzer de Stütgardia (13. April).
41. Laurentius Fuchs de Backnaw dedit 1 β (16. April).
42. Georgius Wickaer de Lauingen (23. April).
43. Melchior Leonis de Balingen (26. April).
44. Martinus Rück de Wyttingen (30. April).
45. Georgius Zymermann de Dantisco nil dedit (30. April).

47. Anno domini **1501** sub eximio viro **Andrea Geysslinger**
s. pagine professore doctissimo univ. rectore a festo Phil. et Jac.
app. anni eiusdem donec ad festum s. Luce anni presignati intitulati sunt subscripti:

1. Johannes Sachsenhaim (23. Mai).
2. Nicolaus Hartlib Bacc. (3. Juni).
3. Cristoferus Eberhart de Hirlingen (8. Juni).
4. Rudolfus de Adlica (11. Juni).

---

a) *Die Ortsbezeichnung ist später hinzugesetzt.*

35. In *Wittenberg 1502.*

36. B. a. Sept. 02. — M. a. Jan. 05. *MFAMag.:* Schölhamer.

37. B. a. Sept. 02. — *Vgl. Corpus inscript. Rhenanarum ed. W. Bram-
bach (1867) Nr. 1609: ante domum Mag. Martini Gruninger 1508 in Rotenburg.*

38. B. a. Sept. 02. *MFA.:* Schower.

40. B. a. 17. Dez. 02.

41. B. a. Sept. 02.

42. MFABacc.: Jorius Wickauer ex L. rec. ad consortium bacc. *zwischen
8. Juni u. 23. Sept. 01.* — M. a. 13. Juli 01. *MFAMag.:* Wicksuer ex Laubingen.

43. B. a. 23. Febr. 02. *MFA.:* Löw.

44. B. a. Sept. 02. *MFABacc.:* M. Rück ex Horw. — M. a. Jan. 05
MFAMag.: Rück ex Wytingen.

45. B. a. 23. Sept. 01.

1. B. a. Sept. 02. *MFA.:* Joannes Sachsana. — *Pfarrer in Metter-
zimmern OA. Besigheim 1525.*

2. MFABacc.: Nic. Hertzlieb ex Grieningen rec. *zwischen 23. Sept. u.
15. Dez. 01.*

3. B. a. Sept. 02. *MFA.:* Cristoferus ex Hirnlingen.

5. Johannes Siglin }
6. Michael Bretter } de Blieningen (14. Juni).

7. Dom. Eberhardus Laniatoris de Wila Bacc. Lipsiensis (14. Juni).

8. Johannes Lebenther de Langenzen Bacc. Ingelst. (27. Juni).

9. Scirus Cristiner ex Kirchen dedit 1 β (1. Juli).

10. Wolffgangus Fabri de Esslingen (12. Juli).

11. Hainricus de Bosswil (13. Juli).

12. Jacobus Miesch ex Candstatt dedit 1 β (14. Juni).

13. Ernestus de Empss (21. Juli).

14. Johannes Dülger ex Winadow dedit 1 β (1. Aug.).

15. Hermannus Fulhaber ex Haigerloch dedit 1 β (10. Aug.).

16. Jacobus Lorcher de Stûttgardia (23. Aug.).

17. Bernhardus Muratoris de Bûlach dedit 1 β (4. Sept.).

18. Augustinus Lapicida ex Augusta (7. Sept.).

19. Laurencius de Kuppingen dedit 1 β (8. Sept.).

20. Conradus Wescher de Tuwingen (14. Sept.).

21. Hainricus de Stotzingen (15. Sept.).

22. Wernherus Stocker de Kalw (17. Sept.).

23. Fellix Relling ex Bibaraco (17. Sept.).

24. Mathias Kell de Nurtingen (22. Sept.).

25. Georius Ster de Zwifalten (26. Sept.).

26. Pangracius Mayer de Yettingen (7. Okt.).

27. Laurencius de Haigerloch (7. Okt.).

5. B. a. 17. Dez. 02. — M. a. Juni 04. — Dec. fac. art. 1520/21: utr. iur. Dr. — *Wird 1518 collegiatus.*

6. *S. 48,13.*

7. *MFABacc.:* E. Laniatoris, Bacc. Lipsiensis rec. 8. Dez. 01; habet locum ante promotos 12. Dez. 97. — M. a. 24. Juni 02. *MFAMag.:* Dom. Eberhardus ex W.

8. *MFABacc.:* Jo. Lebenter de Langenzen Bacc. Engelstat. rec. 27. Juni 01; *rangiert nach den promoti des 1. Okt. 99.* — M. a. 13. Juli 01.

9. B. a. 17. Dez. 02. *MFA.:* Cirus Cr.

10. B. a. 23. Sept. 01. *MFA.:* W. Ferrarii.

14. B. a. 22. Sept. 03. *MFABacc.:* Johannes N. de Winadaw.

15. *In Wittenberg 1502. — D. B. 362.*

16. B. a. 17. Dez. 02. — M. a. Juni 04. — *K. Rothenhäusler, Abteien und Stifte S. 203.*

19. B. a. 17. Dez. 02. *MFABacc.:* Laur. Zan ex K. — *Bis 1534 Pfarrer in Altensteig, soll 1539 Pfarrer in Altingen bei Herrerberg werden (Bossert).*

25. B. a. 22. Sept. 03. *MFA.:* Stär.

26. B. a. 22. Juni 03. *MFA.:* de Ütingen.

27. B. a. Sept. 01. *MFABacc.:* Laur. Sun de H. — M. a. Jan. 05. *MFAMag.:* Sûn.

28. Rudolfus Rechberger de loco Heremitarum (8. Okt.).
29. Wernherus Vndergenger ex Bondorff Bacc. Frib. (10. Okt.).
30. Nicolaus Vischer ex Rottenburgo (10. Okt.).

48. Anno domini **1501** a festo Luce usque ad diem Veneris
ante dom. Reminiscere (18. Febr.) anni **1502** sub rectoratu eximii
viri **Andree Trostel** de Osswil utr. iur. D. intitulati sunt subscripti:

1. Jheronimus Schirpf de Sancto Gallo M. Basiliensis (19. Okt.).
2. Ludwicus Wasenfelder de Monaco (21. Okt.).
3. Jodocus Keser ex Rittlingen (24. Okt.).
4. Cristannus Pfuser ex Rittlingen (24. Okt.).
5. Albanus Doleatoris ex Husen (27. Okt.).
6. Johannes Schwicklin ex Augusta art. Bacc. Ingolst. (27. Okt.).
7. Gastallus Hoffvischer ex Augusta pauper (1. Nov.).
8. Martinus Laurin ex Esslingen (3. Nov.).
9. Johannes Egen de Tetingen (6. Nov.).
10. Rudolphus Schedler de Bern (19. Nov.).
11. Melchior Múrlin ex Trochtelfingen (2. Dez.).
12. Alexander Altmulsturner de Stutgardia (17. Dez.).

1502.

13. Jacobus Veiter ex Pliningen pauper (5. Jan.).

29. *MFABacc.*: W. Untergenger Bacc. Friburg. rec. circa 30. Nov. 01.
— M. a. Jan. 04.
30. *Vgl. Bl. f. württ. K.-Gesch. 2,93. — Kaplan zu Hildrishausen 1542.*
30 a. *MFAMag.*: Johannes ex Enyngen. M. a. Jan. 04.

1. *MFAMag.*: Jeo. Schurpf, prom. in univers. Basiliensi incorporatus
est magistrorum consortio 8. Dez. 01 et habet locum ante Thomam ex Biel *(38,14)*.
— *Ordinarius legum in Wittenberg; vgl. Corp. Ref. XII 86 ff.*
3. B. a. 17. Dez. 02. *MFABacc.*: Käser. — M. a. Juni 04.
4. *Gayler, Reutlingen S. 319: Kaplan in Reutlingen.*
8. *MFABacc.*: Mart. Lare ex E. Bacc. Colon. rec. 8. Dez. 01 habet
locum ante promotos 16. Dez. 00. — M. a. Jan. 02. *MFAMag.*: Lare. —
*Baumann, Akten zur Gesch. d. Bauernkriegs S. 361: 1525 Notar in Lauffen;
Theol. Studien aus Württemberg 1883 S. 214: Martin Lorin 1547 Stadtschreiber in Lauffen.*
11. B. a. Mai 02. *MFA.*: Murlin.
12. B. a. 22. Sept. 03. *MFABacc.*: Al. Altmülstainer.
13. B. a. 1504. *MFABacc.*: N. N. ex Plöningen. *(Kann auch mit
47,6 identisch sein.)*

14. Dyonisius Sutoris ex Ruxingen (22. Jan.).
15. Gregorius Pistoris ex Tailfingen cis Neccarum (25. Jan.).
16. Johannes Wúrtzburger ex Burckdorff (5. Febr.).
17. Bartolomeus Vincencii de Wila (11. Febr.).
18. Johannes Lutz de Wila (13. Febr.).
19. Martinus Aichman ex Schorndorff (17. Febr.).
20. Albertus ex Rottenburgk (17. Febr.).

49. Anno domini **1502** sub clarissimo viro D. **Conrado Fessler** juris pontificii doctore prestantissimo vniu. rectore a die Jouis ante kath. Petri (17. Febr.) anni eiusdem donec ad festum Phil. et Jac. app. anni presignati intitulati sunt subscripti:

1. Johannes Seger ex Schenberg (22. Febr.).
2. Onoferus Gremper ex Vahingen (27. Febr.).
3. Caspar Siesskind ex Esslingen (2. März).
4. David de Lapide (3. März).
5. Johannes Bregli de Wila (15. März).
6. Johannes Welter de Zella episcopali (19. März).
7. Jeorius Kemfringer de Augusta (28. März).
8. Frater Jacobus Renger (28. März).
9. Johannes Púr (28. März).
10. Johannes Österricher (28. März).
11. Conradus Hirlibuss (30. März).
12. Leonhardus Hug (6. April).

14. B. a. 22. Sept. 03. *MFA.:* D. Sutor de Wila.
15. B. a. 22. Sept. 03. *MFA.:* Georius N. de Talfingen.

1. B. a. Mai 02.
2. D. B. 106.
3. B. a. 22. Sept. 03. — M. a. Juli 05. *MFABacc. u. Mag.:* Siesking. — *Examinator beim Magisterexamen des Joh. King. 1509 (Manuskr. der U.B.). Vgl. über den Grabstein des 1501 in Esslingen verstorbenen Hans Caspar Siesskind Schwäb. Chron. 1882 Nr. 160.*
6. B. a. Sept. 02. *MFABacc.:* filius episcopi. *Alle Baccalare der angaria crucis 1502 sind in Dornstetten und Nagold promoviert worden.*
11. B. a. 22. Sept. 03. *MFA.:* Hürlibus ex Gamundia.
12. B. a. 22. Sept. 03. *MFABacc.:* ex Deffingen. - M. a. Jan. 06. *MFAMag.:* Täyfingensis.

50. Anno domini eodem quo supra a festo Phil. et Jac. apost. eximius vir dom. **Conradus Vessler** iuris pontificii doctor prestantissimus continuavit officium rectoratus ad hoc rite electus ab his quorum interest et preordinatus usque ad idem festum a. 1503, sub quo subscripti sunt intitulati per ordinem ut sequitur:

1. Conradus Dolmesch ex Gryningen (9. Mai).
2. Joannes Trach de Spira (10. Mai).
3. Casper Messnang (11. Mai).
4. Fr. Hainricus Sitz ord. Carmelitarum ⎫ ambo dederunt 2 ß
5. Fr. Ludwicus Spiegel eiusdem ordinis ⎭ (11. Mai).
6. Bacc. Rättinger ex Nörlingen (15. Mai).
7. Johannes Beck ex Nörlingen (15. Mai).
8. Bernhardus Märck de Landsperg (16. Mai).
9. Joannes Ryser ex Landsperg (19. Mai).
10. Johannes Sigloch ex Backnang (19. Mai).
11. Lenhardus Schnuffer ex Deffingen (23. Mai).
12. Lenhardus ex Emershoffen (27. Mai).
13. Laurentius Nipenpurger (27. Mai).
14. Wolffgangus Widman (31. Mai).
15. Petrus Vilenpach de Pregantia (2. Juni).[a]
16. Simon Dietherlin ex Esslingen (4. Juni).
17. Jeorius Nitel ex Stütgardia (12. Juni).
18. Thomas Seratoris (15. Juni).
19. Bernhardus Rychart (15. Juni).
20. Sebastianus Frisinger (22. Juni).

---

a) Ist am Rand einkorrigiert.

4. *Heidelb.*: H. Syts de Heilpronna, *Erpipilens. dyoc.* 2. Okt. 97. — B. a. viae ant. 17. Mai 99. — *MFABacc.*: H. Sitz, ord. Carmelitarum, conv. Hailbrunensis Bacc. Haidelb. rec. 20. Jun. 02 et habet locum post promotos 8. Jun. 01. — M. a. Juni 03. — *Heidelb. II, 599:* Fr. Henricus Sytzel de ordine Carmelitarum Dr. theol. 1513.

6. *MFABacc.*: Paulus Rötinger ex N. Bacc. Ingelstat. rec. secunda feria ante Nicomedis (30. Mai) 02; habet locum post promotos 16. Dez. 00. — M. a. 24. Juni 02. *MFAMag.*: Rötinger, obligavit facultati 3 fl.

7. B. a. Mai 02.

10. B. a. 22. Sept. 03. — M. a. Jan. 05. — *Theol.*: plebanus in Backana, princip. in bibliam 17. Febr. 1511. — *OAB. Backnang 149.*

15. B. a. 22. Sept. 03. *MFABacc.*: Fillembach. — M. a. Jan. 05. — *Vgl. Zimmerische Chronik 3,446; sein Sohn s. 95,12.*

16. B. a. 17. Dez. 02.

17. Freib. 1503. — *Vgl. Roth.*

20. *MFABacc.*: Seb. Frysinger ex Lautzhöt, Bacc. Ingelstat. rec. 20. Juni

21. Jeorius Wachter (24. Juni).
22. Johannes Goss ex Reningen (1. Juli).
23. Fr. Remigius Wysshärn de Bondorff ord. s. Johannis (14. Juli).
24. Fr. Hainricus Rach dedit 1 β ord. Augustini (15. Juli).
25. Bacc. Othmarus Rasoris de Esslingen (4. Aug.).
26. Martinus Löli ex Glatt (31. Aug.).
27. Felix Blübel ex Dornstetten pauper (31. Aug.).
28. Caspar Gelter ex Dornstetten pauper (31. Aug.).
29. Jacobus Köffeli ex Kalw (1. Sept.).
30. Joannes Schertlin ex Nagolt (8. Sept.).
31. Bernhardus Wernher ex Bondorff (13. Sept.).
32. Johannes Bigel ex Stutgardia pauper (31. Okt.).
33. Theodorus Mayer ex Ebhusen (11. Dez.).

1503.

34. Georius Hug de Holtzgeringen pauper (12. Febr.).
35. Simon Vorbuch ex Pregantia pauper (17. Febr.).
36. M. Joseph Münsinger ex Vlma pedello dedit 1 β (7. März).
37. Johannes Hecker ex Minchingen in vig. annunc. Marie (24. März).
38. Jeorius Miller ex Tarmsbein dominica Letare (26. März).
39. Joh. Schopt de Seckingen. a)
40. Michel Drest ex Waltenbůch pauper pedello dedit 1 β die iune post Letare (27. März).
41. Johannes Schulthais (2. April).
42. Stephanus Stör de Tiessenhoffen (6. April).
43. Joannes Hesslin de Echingen (6. April).

---

a) *Der Name ist am Rand einkorrigiert.*

02; habet locum post promotos 8. Juni 01. — M..a. 24. Juni 02. *MFAMag.:* Fryssinger.

  25. MFABacc.: Othmarus Rasoris ex E. Bacc. art. rec. dominica proxima ante crucis (1. Mai 02); habet locum post promotos 8. Juni 01.

  26. M. a. Juli 08. *MFAMag.:* Mart. Leblin ex Dornsteten.

  30. M. a. 17. Juli 06.

  33. B. a. 22. Sept. 03. *MFA.:* Theodorus ex Ebbusen.

  36. D. B. 16.19; genannt von Frondeck.

  37. B. a. 1504. — M. a. 26. Jan. 12. *MFAMag.:* sacerdos.

  38. B. a. Febr. 05. *MFABacc.:* Jeorius Rûf de Darmsen.

  39. B. a. Dez. 04. *MFABacc.:* Schept.

  42. Vgl. Pellican S. XXII u. 103: Confessor in Gnadenthal und Verf. einer Schrift über die Priesterehe (Weller, Repertorium typographicum 3180).

  43. B. a. Febr. 05. — M. a. 17. Juli 06. *MFAMag.:* Höslin.

44. Cristannus Dörer de Aichstetten pauper dedit 1 β (6. April).
45. Martinus Kirchher de Superiori Stadion (6. April).
46. Simon Scolastici Caldeatoris cognominatus[a] (6. April).
47. M. Bernhardus Bin ex Nagolt dedit 1 β pedello (7. April).
48. Georius Smotzer de Constantia (26. April).
49. Echarius Sartoris de Güsslingen (27. April).
50. Jeorius Mösch de Augusta (29. April).
51. Johannes Schopp de Seckingen s. Marci evangeliste (25. April).
52. Thomas Hunger de Süssen (25. April).

51. Anno domini **1503** sub prestantissimo viro **Petro Bronn** preposito ad s. Petrum in Silva s. theol. Lic. universitatis rectore a festo Phil. et Jac. apost. anni eiusdem usque ad festum Luce evang. intitulati sunt sequentes:

1. Michel Einhart de Vrach (5. Mai).
2. Achathius Linckehager de S. Gallo Bacc. Haidelb. (6. Mai).
3. Bartholomeus Decker de Wyla civitate dedit 1 β pauper (18. Mai).
4. Eberhardus Horn de Stugardia (23. Mai).
5. Jacobus Loberschoff de Vlma Bacc. Wienensis (30. Mai).

---

a) *Zusatz von späterer Hand:* resignavit nona die septembris anni undecimi.

45. M. a. Jan. 07. *MFAMag.*: Mart. ex Stadion, cognomine Supplinger.
46. B. a. Dez. 04. *MFABacc.*: Symon Kessler filius magistri tunc rectoris scolarium in Tuwingen. — M. a. 14. Juli 07. *MFAMag.*: Sim. Caldeatoris ex Bibraco. Is examinatus tam privatim, quam publice sub decanata Mag. Gregorii [Wesselin] ex Schorndorf (Jan. 1507); et cum istis [= promotis Juli 1507] magisterii insignia recepit. Fuitque ab universitate conclusum, ut eum locum, quem antea habuisset, si determinasset, ... [teneret]. — Dec. fac. art. 1509/10; 1512: collegiatus ex Bibraco Dr. med. 1512. — *Vgl. Roth S. 97. Vgl. 11,25.*
48. B. a. 1504. *MFABacc.*: Schmotzer. — M. a. 17. Juli 06.
50. B. a. 1504. *MFABacc.*: Georius N. de Augusta *[am Rand]*: Schmöschs. — M. a. 17. Juli 06. *MFAMag.*: Schmösch.

1. B. a. 1504. — M. a. 17. Juli 06. — *Pfarrer in Oberlenningen, Fiskal des Bischofs in Konstanz (Bossert). Als solcher in Gayler, Reutlingen S. 319.*
2. Heidelb.: professus monasterii Langnaw ord. s. Pauli primi heremite. — B. a. viae ant. Nov. 1501. — *MFABacc.*: Fr. Achatius Linckenhager de S. G. Bacc. Heidelb. rec. 30. Mai 1503 et precedit promotos Sept. 02. — M. a. Juni 03.
5. *MFABacc.*: J. Loberschoff de U. Bacc. Wiennens. rec. 20. Juni 1503 et precedit promotos 16. Dez. 1500. — M. a. Juni 03.

6. Joannes de Örnberg nobilis (30. Mai).

7. Arnestus Bauff de Bedenkap famulus ex Hassia 1 β (30. Mai).

8. Bernhardus Goldslager de Vlma (3. Juni).

9. Jacobus Mantz de Turego
10. Rûlandus de Thurego } dt. 1 β pauperes (9. Juni).
11. Jacobus Herlin de Turego

12. Joannes Gerum
13. Jeorius Gerum } de Gretzingen (12. Juni).

14. Conradus Kull de Balingen dedit 1 β pauper famulus burse (12. Juni).

15. Sebastianus Loner de Balingen (12. Juni).

16. Bernhardus Nâpper de Kur (5. Juli).

17. Joannes Dachs de Donssdorff (6. Juli).

18. Jeorius de Aüen (7. Juli).

19. Petrus Hamma de Fridingen (7. Juli).

20. Joannes Sartoris de Monacho dedit 1 β pauper (24. Juli).

21. Joannes Müschelin de Hernberg (31. Juli).

22. Johannes Klinghaimer de Faygingen (5. Aug.).

23. Gallus Rüchlin de Nâllingen Bacc. Ingestatt (7. Aug.).

24. Sebastianus Bappyrier de Ryttlingen (25. Aug.).

25. Amandus Zäcker de Vrach famulus burse 1 β (13. Sept.).

26. Vlricus Grâblin de Wyssenhorn Bacc. Ingelst. (16. Sept.).

27. Johannes Kûsslingen de Horb Bacc. Albigensis (16. Sept.).

28. Wolffgangus Böbel de Justingen (16. Sept.).

---

6. B. a. Febr. 05. *MFABacc.:* Joh. de Erberg nobilis et canonicus.

10. B. a. Dez. 04. *MFABacc.:* Rul. Zeg de Th.

11. B. a. 20. Mai 05. — M. a. Jan. 07. *MFABacc. u. Mag.:* ex Tubinga.

14. B. a. 1504. *MFABacc.:* Kyl.

15. B. a. 1504. — M. a. 17. Juli 06. — Collegiatus 1509. — Dec. fac. art. 1511/12.

19. B. a. 1504. *MFA.:* Hama.

22. B. a. Dez. 04. *MFABacc.:* o. O. — *Lebt 1542 als verleibdingter Priester in Vaihingen.*

24. B. a. 28. Sept. 05. *MFA.:* Bappirer.

25. B. a. Dez. 04. *MFABacc.:* A. Megling Urachius. — M. a. 17. Juli 06. *MFAMag.:* iuris consultus. — Dec. fac. art. 10/11. — *Vgl. Roth u. Heinrichmanns Grammat. Institutiones.*

26. *MFABacc.:* Ulricus N. de Wissenhorn Ingelstad. rec. 22. Sept. 03 precedit promotos 17. Dez. 1502. — M. a. Jan. 04. *MFAMag.:* Griebel.

27. M. a. Jan. 05. *MFAMag.:* Kûsslin.

28. B. a. 1504. *MFABacc.:* ex Schälklingen. — M. a. 17. Juli 06. *MFA.-Mag.:* de Justingen *[am Rand]:* Dr. medicus. — Dec. fac. art. 14/15. — *Bruder des Heinrich Bebel.*

29. Johannes Mollitoris de Husen (19. Sept.).
30. Petrus Weckmann de Vlma (23. Sept.).
31. Johannes Besch ex Esslingen pauper dedit 1 β (30. Sept.).
32. Jodocus Balneatoris ex Túwingen dedit nil quia pedellus remisit (5. Okt.).
33. Bacc. Joannes Kress ex Blaubúren (9. Okt.).
34. Joannes Macellatoris (10. Okt.).
35. Johannes Goldschmid conventualis in Murhart (14. Okt.).

52. Anno domini 1503 sub egregio et prestantissimo viro D. **Caspar Forestarii** ex Kyrchen utr. iur. interprete profundissimo universitatis rectore a festo Luce evang. anni eiusdem usque ad festum Phil. et Jac. a. **1504** intitulati sunt sequentes:

1. Georius de Sternenvels in vigilia Simonis et Jude (27. Okt.).
2. Alexander Kôss ex Túwingen Simonis et Jude (28. Okt.).
3. Conradus Wattmann de Messkyrch IIa feria post Simonis et Jude dedit 1 β (30. Okt.).
4. Arnestus King de Eningen, omnium animarum (2. Nov.).
5. Nicolaus Wyttenbach ex Byel altera post omnium animarum (3. Nov.).
6. Joannes Vmendarii ex Solendar dedit 1 β (3. Nov.).
7. Johannes Schútz ex Wayblingen VI feria ante Martini (10. Nov.).
8. Rupertus Húrssenman (10. Nov.).

- -

29. B. a. Febr. 05.
30. B. a. Febr. 05.
32. B. a. 16. Dez. 05. *MFABacc.*: nil dt.
33. *MFABacc.*: Joh. Kress rec. in angaria Lucie (20. Dez.) 03. — M. a. Jan. 05. — *Theol.*: Kreuss, princip. in bibliam 30. Jan. 13; in sentencias 14. Febr. 14; 10. Febr. 17 rec. insignia doctoralia. — Dec. fac. art. 13/14. — Rect. 1516. — *OAB. Ellwangen S. 496 ff.: Stiftsprediger in Ellwangen 1521 ff.; evang. Märtyrer.* — *Lehrer Melanchtons: Joh. Croesus; Corp. Ref. X, 297.*
35. B. a. Febr. 05. *MFABacc.*: de Haylprun, frater ex M. — *1515 Pfarrer in Buoch.*

1. B. a. 20. Mai 05. *MFABacc.*: Georgius Sternafels. — *Vgl. Roth.*
2. B. a. 16. Dez. 05.
4. B. a. 15. Juni 06. *MFABacc.*: Arnestus Rex de Eningen.
7. *Wittenberg 1503.* — B. a. 1504. *MFABacc.*: Schytz. — M. a. Jan. 10.
8. B. a. Dez. 04. *MFA.*: Rûbertus Hirsman ex Schorndorf.

9. Joannes Byttel ex Zwyfalten VI feria post Othmari (17. Nov.).
10. Leonhardus Kôlin de Vlma (17. Nov.).
11. Mathias Biechner de Tybingen IIa feria post Conradi (28. Nov.).
12. Ludwicus Stechelin ex Stûgartten in vigilia Andree (29. Nov.).
13. Mathias Messnang ex Campidona dedit 1 β die Barbare (4. Dez.).
14. Vitus Stainlin'de Kalb dedit 1 β (13. Dez.).
15. Joannes Rempp de Stainen (13. Dez.).
16. Wolgangus (!) Coci de Sancto Monte dedit 1 β (17. Dez.).
17. Joannes Yckinger de Gamundia (19. Dez.).
18. Conradus Bombamer de Ryttlingen (20. Dez.).
19. Joannes Bartholomeus de Velberg IVa post Lenhardi (8. Dez.).
20. Joannes Scharpff de Augusta (8. Dez.).
21. Johannes Wyssar de Gryeningen Va post Lenhardi (9. Dez.).
22. Nicolaus Gayssberger de Schorndorff Innocentium (28. Dez.).
23. Johannes Nuffer de loco eodem. Innocentium (28. Dez.).
24. Georius de Siglingen (28. Dez.).
25. Joannes Ryth de Horw die Thome episcopi et martyris (21. Dez.).

1504.

26. Georius Binder ex Kyrchen, trium regum (6. Jan.).
27. Franciscus Wolffberger ex Yessingen dedit 1 β (6. Jan.).
28. Joannes Lûger de Pregancia IIIa post trium regum (9. Jan.).
29. Joannis Carnificis ex Kalw (9. Jan.).

10. B. a. 20. Mai 05. *MFABacc.:* Kôlle ex U.; nihil dt.
11. B. a. 20. Mai 05. *MFABacc.:* Beichner. — M. a. 14. Juli 07. *MFA.-Mag. (von späterer Hand):* Dr. med. — *Vgl. 63,72.* — *Med.:* Bycchler, Dr. med. 19. Febr. 1520.
12. B. a. 20. Mai 05. *MFA.:* Stehelin. — *Bürgermeister in Stuttgart.*
14. B. a. 20. Mai 05. *MFABacc.:* Staimlin; nil dt.
15. B. a. 28. Sept. 05.
16. B. a. Febr. 05.
20. B. a. 20. Mai 05.
21. B. a. Dez. 04. *MFA.:* Wysshart.
22. *In Wittenberg 1503.*
23. B. a. 20. Mai 05.
24. B. a. 20. Mai 05. *MFABacc.:* Georgius Siglinger. — M. a. Jan. 07. *MFAMag.:* Gg. Siglinger ex Schorndorff.
25. *Rytt, Frühmesser in Leidringen 1545.*
26. *Vgl. Roth.*
29. B. a. 20. Mai 05. *MFABacc.:* Joh. Metzger. — M. a. Febr. 07. *MFAMag.:* J. Lanii. — *Vgl. 57, 79.*

30. Joannes Kellin ex Schorndorff dominica post Hylarii (14. Jan.).
31. M. Joannes Byssinger IVa feria ante Anthonii (10. Jan.).
32. Alberthus Sartoris ex Wyla dedit 1 β IIa post Agnetis (22. Jan.).
33. Jacobus Stayger ex Baccana (22. Jan.).
34. Wendelinus Gugelin de loco eodem (22. Jan.).
35. Frater Joannes Schürer ex Canstat ord. s. Augustini dedit 1 β. altera post conversionis s. Pauli (26. Febr.).
36. Martinus Vesslin de Sulgen die Dorothee (6. Febr.).
37. Fridericus Stumpfart de Canstatt (6. Febr.).
38. Michael Alber de Gysslingen 1 β ipsa die (6. Febr.).
39. Marcus } Rott de Vlma (12. Febr.).
40. Lucas }
41. Joannes Schürer ex Bondorff in vigilia Mathie (23. Febr.).
42. Euchstachius de Westernach in vigilia Martini [a] (23. Febr.).
43. Dom. Joannes Pfitzer de Richartzhusen (23. Febr.).
44. Georius Hann de Siechelfingen sabato ante Reminiscere (2. März)..
45. Eberhardus de Ernberg IIa feria post Reminiscere (4. März).
46. Laurentius Wolff de Spira (4. März).
47. Theobaldus Bernhardi de Montepeligargo IVa post Reminiscere (6. März).
. Bacc. Marcus Burger ex Nyerttingen Va post Rem. (7. März).
. Joannes Albrecht ex Durckain dedit 1 β domin. Oculi (10. März)..
48. Cristannus Lauryn de Göppingen IVa post Oculi (13. März).
50. Lienhardus Piscatoris ex Donsdorff dedit 1 β (13. März).
52. Conradus Calciatoris de BömdorffIVa post Letare dt. 1β (20. März).
53. Vlricus Fryck ex Güsslingen VIa post Letare (22. März).

a) Soll heissen Mathie.

30. B. a. 28. Sept. 05.
33. Wittenberg 1502: Steicher. — B. a. 28. Sept. 05.
37. B. a. 20. Mai 05. MFA.: Stümphart. — D. B. 394.
39. B. a. 16. Dez. 05. — M. a. 19. Jan. 08.
40. B. a. 16. Dez. 05.
41. B. a. Febr. 06. — M. a. 27. Jan. 11.
46. Heidelb.: inscr. 13. Juli 97. — B. a. viae mod. 15. Jan. 99. — M. a..
Jan. 05. — In Heidelberg Dec. fac. art. 1508 u. theol. Bacc. Rector in Heidelb.
1517; † 1519 als Vicerector und Concionator oppidi. — Vgl. Vierordt, Bad.
Ref.-Gesch. 110 Note.
47. B. a. 20. Mai 05. MFA.: Theobaldus de M. P.
48. M. a. Juli 05.
49. B. a. 16. Dez. 05. MFA.: ex Durnckhayn; nil dt.
52. B. a. 28. Sept. 05. MFA.: nil dt.
53. B. a. 28. Sept. 05. MFA.: nil dt.

54. Michael Conrat ex Kûcha (22. März).
55. Sebastianus Keffer ex Schörndorff sabato (23. März).
56. Joannes Mollitoris ex Messkyrch sabato ante Quasimodogeniti (13. April).
57. Gallus Myttelburger ex Kirhain IVa ante Georgii (17. April).
58. Dom. Leonhardus Clemens plebanus in inferiori Zwyfalten (17. April).
59. Matheus Spett ex Pfûllendorff ipsa die Georii (23. April).
60. Joannes Zwicker ex Böblingen altera post Marci (26. April).
61. Jacobus Kirnbach ex Mindelhaim dominica Jubilate (28. April).
62. Gabriel Köchlin ex Tüwingen in vigilia Philippi (30. April).
63. Joannes Zellarii (30. April).

53. Anno domini **1504** sub rectoratu insignis viri **Renhardi Gaisser** (s. theologie professoris)[a] a Phil. Jacobique usque ad festum s. Luce anni ciusdem sunt infrascripti intitulati:

1. Egidius Närer de Hoff 1 β (2. Mai).
2. Georius Megenhart de Blauburen (5. Mai).
3. Georius Arminianus Tribotes 1 β (6. Mai).
4. Erhardus de Argentina (11. Mai).
5. Georius Waibel ex Tuwingen (11. Mai).
6. Conradus de Altenstaig (16. Mai).
7. Joannes Lenser de Eppiano (19. Mai).
8. Mathias Inbrun de Eppiano (19. Mai).

--- --- ---
a) *Das Eingeklammerte ist am Rand hinzukorrigiert.*

55. B. a. 28. Sept. 05. — M. a. 14. Juli 07. *MFAMag.:* Kefer. — *Theol.:* princip. in bibliam 30. März 12. — *Geistlicher in Schorndorf.* — *Schüler Henrichmanns. Vgl. dessen Grammaticae Institutiones.*
56. B. a. 28. Sept. 05.
58. M. a. Jan. 05. — *Coccinius, de tralatione B V. — Er dichtet Elegiam ob victoriam Turci und ist Freund Bebels. Vgl. auch Bebel, Ars versificandi.*
59. B. a. Febr. 06.
60. B. a. 28. Sept. 05. — *Kaplan in Oberriexingen 1542.*
61. B. a. 28. Sept. 05.
63a. *MFAMag.:* Bartholomeus ex Horb. M. a. Jan. 05.
63b. *MFAMag.:* Jeorius Fabri ex Tuwingen. M. a. Jan. 05.
63c. *MFAMag.:* Laurentius Kissenpfenning. M. a. 19. Jan. 08; *identisch* mit 22,3?
2. B. a. 28. Sept. 05. — M. a. 19. Jan. 08.
4. M. a. Juni 04. *MFA.:* Erhardus de Arg.
5. B. a. 28. Sept. 06. *MFABacc.:* Weibel. — M. a. 27. Jan. 11.

9. Maximinus Wagner de Mesingen (31. Mai).
10. Melchior Lengerer de Stutgardia (5. Juni).
11. Theodolus Schlegel de Chür (13. Juni).
12. Florinus Jonot de Flims (13. Juni).
13. Barmundus Issung (15. Juni).
14. Georius Sigloch de Grienigen (16. Juni).
15. Egidius de Pfeffingen 1 β (17. Juni).
16. Ludwicus Tholmetsch de Grunigen (18. Juni).
17. Ludwicus Rentz de Wysenstaig (18. Juni).
18. Georius Crafft ex Vlma (19. Juni).
19. Jacobus Munch de Memmingen (3. Juli).
20. Joannes Wagel de Augusta (3. Juli).
21. Michael de Gechingen (5. Juli).
22. Conradus Werner de Walsen (5. Juli).
23. Joannes Höffner de Hilpolstain (23. Juli).
24. Georius Riecker de Schorndorff (28. Juli).
25. Balthasar Kömely ex Willa (30. Juli).
26. Gregorius Greck de Vlma dedit 1 β (1. Aug.).
27. Joannes Merhart ex Lansperg (8. Aug.).
28. Joachim Kirchberger ex Wissenhorn (9. Aug.).
29. Jeronimus Juntz de Vlma (9. Aug.).
30. Thomas Bechlin ex Sindelfingen (9. Aug.).
31. Joannes Wyser ex Schauffhusen (15. Aug.).

---

9. B. a. 16. Dez. 05. *MFABacc.*: Maximinus Böshans ex M. — M. a.
Juli 08. *MFAMag.:* Maxim. de M.
10. B. a. 15. Juni 06. *MFA.*: Langerer.
13. B. a. 16. Dez. 05. *MFA.*: Barmundus Ylsung ex Augusta.
14. B. a. 16. Dez. 05. — M. a. Juli 08. *MFAMag.*: Siglin. — *Ein G. Siglin
ist 1542 Pfründner im Spital zu Leonberg.*
16. B. a. 16. Dez. 05. *MFABacc.*: Tolmoetsch. — M. a. 19. Jan. 08.
MFAMag.: Dolmetsch.
17. B. a. 28. Sept. 05. — M. a. 14. Juli 07. — *Vgl. Roth.*
18. M. a. Jan. 07. *MFAMag.*: Dom. Geo. Krapf.
22. B. a. Dez. 04. *MFA.*: Conr. Wern ex Waltzen.
24. M. a. 17. Juli 06. — *Theol.*: Ryecker, princip. in bibliam 19. Febr. 1512.
25. B. a. 15. Dez. 05. *MFABacc.*: Kymlin. — M. a. Juli 08. *MFA.-
Mag.*: Kemlin.
26. *Vgl. Weyermann 2,136.*
28. B. a. Febr. 05.
29. *Vgl. 56,75 b.*
30. B. a. 15. Juni 06.

32. Wendalinus de Brackenhaim (15. Aug.).
33. Joannes de Fridingen (21. Aug.).
34. Mathias Gibutz de Sisa (22. Aug.).
35. Joannes Biber ex Munchsterkingen (28. Aug.).
36. Andreas Flain ex Weinlingen (28. Aug.).
37. Mathias Birer ex Weinlingen dedit 1 β (28. Aug.).
38. Sebastianus Schuttilin de Zwyfalten (30. Aug.).
39. Joannes Schnupffer de Reningen (30. Aug.).
40. Marcus Hannackam ex Tuwingen (6. Sept.).
41. Joannes de Babenhusen (17. Sept.).
42. Georius Reincker ex Tuwingen (18. Sept.).
43. Jeorius Rottenburger ex Tuwingen 1 β (18. Sept.).
44. Andreas Slais ex Wyssenhorn (1. Okt.).
45. Michel Hartz ex Dornstetten (1. Okt.).
46. Mathias Kretz ex Lansperg (6. Okt.).
47. Martinus Wagner ex Tuwingen (14. Okt.).
48. Anthonius Mollitor ex Nuwenburg (17. Okt.).
49. Joannes Ludwici de Stütgardia 1 β (17. Okt.).
50. Joannes Hornbach de Dirn (18. Okt.).
51. Joannes Fabri ex Münster intitulatus a dom. Gaspere [Fore-
    starii] tanquam vicerectore et non inventus dixit se advenisse
    post Anthonium Müller [Nr. 48].[a]

a) *Der ganze Eintrag ist von späterer Hand.*

32. Könnte Wend. Hock sein; vgl. OAB. Brackenheim S. 173.

39. B. a. 15. Juni 06. *MFABacc.:* Schnufer. — M. a. 19. Jan. 08. *MFA.-
Mag.:* Schnuffer *[von anderer Hand]:* Dr. med.

41. B. a. Dez. 04.

42. B. a. 15. Juni 06. — M. a. Jan. 09. *MFABacc. u. Mag.:* Rincker. —
Vgl. Freib. Diöz.-Arch. 31 (1903) S. 196.

43. B. a. 15. Juni 06. *MFABacc.:* Routhenburg.

44. B. a. Dez. 04. — M. a. Jan. 10. *MFABacc. u. Mag.:* Andr.
Schlayss o. O.

45. B. a. 15. Juni 06. *MFABacc.:* Hartzer.

46. MFABacc.: Math. Cretz ex L. Bacc. Wenensis, rec. iuxta tenorem
statuti 1505, habet locum ante promotos Dec. 04. — M. a. 17. Juli 06. *MFA.-
Mag.:* Krötz. — *Theol.:* princip. in bibliam 30. März 12. — *Schüler Henrichmanns; vgl. dessen Grammat. Instit. 1507. — Vgl. Prantl 2,486; Wetzer und
Welte, Kirchenlexikon s. n.*

48. B. a. 15. Juni 06. *MFA.:* Ant. Miller o. O.

49. B. a. Febr. 06. *MFA.:* nil dt.

50. B. a. Febr. 06. *MFA.:* de Dürn. — *Vikar am Stift in Stuttgart † 1510.*

51. B. a. 15. Juni 06. *MFA.:* J. Fabri ex Canstat.

54. Anno domini **1504** sub rectoratu eximii viri **Sigismondi Epp** ex Bennicken s. theol. D. a festo s. Luce anni eiusdem usque ad festum Phil. et Jac. a. **1505** sunt infra scripti intitulati:

1. Joannes Pannithonsoris de Horb (23. Okt.).
2. Joannes Hurnüss de Plapurn (24. Okt.).
3. Marcus Fistulatoris de Rotenburg dt. 1 β (24. Okt.).
4. Bartholomeus Schwärtzlocher de Tuwingen (30. Okt.).
5. Vdalricus Stamler ex Soldern (3. Nov.).
6. Joannes Stultz de Balingen (3. Nov.).
7. Joannes Marcus de Bubenhoffen (8. Nov.).
8. Joannes Vysel ex Offtertingen (18. Nov.).
9. Wernherus Wyssler ex Gröningen (20. Nov.).
10. Georius Fentel de Etlingen*) (20. Nov.).
11. Balthasar Sellarius de Canstat (1. Dez.).
12. Bartholomeus ex Esslingen (1. Dez.).
13. Joannes Decker de Canstat (4. Dez.).
14. Philippus Senfft de Hallis (4. Dez.).
15. Wendalinus Welscher de Horw (7. Dez.).
16. Cristoferus ⎫
17. Wolfgangus ⎭ Marsalck ex Bappenhaim (8. Dez.).

---

a) Etlingen *ist korrigiert statt* Kltingen.

1. B. a. Febr. 05.
2. B. a. Febr. 05. *MFA.:* Hûrnûss.
3. B. a. Febr. 06. *MFA.:* M. Pfifer de R. nil dt. — *Pfarrer in Külchberg.*
6. B. a. Dec. 04.
8. B. a. Febr. 06. *MFA.:* Viselin; nil dt. — *Pfarrer in Öschingen.* Sattler *Herzoge Beil. S. 121.*
9. B. a. 15. Juni 06. *MFABacc.:* Wysshaw. — M. a. Jan. 10. *MFAMag.:* Wysshan.
10. B. a. 15. Juni 06. *MFABacc.:* Ieorius ex Ödtlingen.
11. *Leipzig:* Balth. Saleler inscr. S. S. 1501. — B. a. 17. Sept. 02. *MFABacc.:* Baltasser ex Cantstat Bacc. Lipsensis rec. ad facultatem Dez. 04. — M. a. Jan. 05. — *Theol.:* Sellatoris, princip. in bibliam 8. April 10; recepit licentiam 21. April 13, insignia autem doctoralia 18. Juni 16. — Dec. fac. art. 1510; 17/18. — Rect. 1515; 19. — *Roth, Beitr. S. 34; Tübinger Blätter 1902, 36; Zeitschr. f. Gesch. d. Oberrheins, N. F. 19, 610.*
12. B. a. Dez. 04. *MFABacc.:* Barth. Klee ex E. — M. a. 17. Juli 06. *MFAMag.:* Clew. — Dec. fac. art. 1515/16: Cleuw.
13. B. a. 15. Juni 06. *MFA.:* Döcker.
14. B. a. 15. Juni 06. *MFA.:* Semft. — *S. Württ. Gesch.-Quellen 1 und 6 s. n.*
15. B. a. Febr. 06. *MFA.:* ex Hora; nil dt.

18. M. Caspar Ruch ex Grüebach (8. Dez.).
19. Vdalricus Vlman de Augusta dedit 1 β (8. Dez.).
20. Amandus Richtenberger de Eningen (16. Dez.).
21. Michael Biner ⎫
22. Joannes Nunner ⎬ ex Horb (19. Dez.).
23. Bechdoldus Kecheller ⎭
24. Vdalricus Fronsperger ex Mindelhaim (29. Dez.).
25. Bartholomeus Edelman ex Tuwingen (23. Dez.).
26. Fabianus Piscatoris ex Sultz (29. Dez.).
27. Michael Heninger de Tuwingen (20. Dez.).
28. Wolffgangus Arnoldi ⎫
29. Hainricus Hertzog ⎬ de Gamundia (21. Dez.).
30. Michael Scriptoris ⎭
31. Thomas Fabri de Lonsa (22. Dez.).
32. Wolffgangus Schuwer de Tuwingen dedit 1 β (21. Dez.).

1505.

33. Georius Guldinfüss de Wasserburg (7. Jan.).
34. Joannes Tublin de Vrach dedit 1 β (10. Jan.).
35. Jacobus Kiehorn de Nuwhusen (10. Jan.).
36. Petrus Bucheler ex Plieningen dedit 1 β (11. Jan.).
37. Jeorius Frick ex Vsswiler (14. Jan.).
38. Ambrosius Blarer de Constantia (17. Jan.).
39. Joannes Ycher de Rotenburg (10. Febr.).
40. Joannes Bubel de Mynfeld (10. Febr.).
41. Jeorius Hertzog de Horb (14. Febr.).

----

18. Vgl.Baumann,Akten z.Gesch.d. Bauernkriegs S.405: OAB. Gmünd 243.
19. B. a. 15. Juni 06. MFA.: Ulr. Ulma ex A.
24. MFABacc.: Ud. Fronsperger ex M. Bacc. Wenensis rec. anno 1505, habet locum ante promotos Dez. 1504.
25. B. a. Febr. 07. — Vgl. Roth.
27. B. a. Sept. 07. — M. a. 15. Juli 10. — MFABacc. u. Mag.: Heminger.
30. M. a. Jan. 10.
31. B. a. 15. Juni 06. MFA.: ex Lonsow.
33. B. a. 15. Juni 06.
34. B. a. 15. Juni 06. MFA.: Thublin. — Vgl. Roth.
36. B. a. Dec. 06. MFABacc.: Biecheler. — M. a. 24. Jan. 15. MFAMag.: Dom. Petrus Biecheler.
38. B. a. 28. Dec. 11. MFABacc.: Fr. A. Plarer ex C., cenobita in Alppersbach. — M. a. Juli 12. — Vgl. Heyd.
39. B. a. Febr. 05. — M. a. 14. Juli 07. — Vgl. Bl. f. württ. K.-Gesch. 2,93.
41. B. a. 15. Juni 06.

42. Jacobus Soldner de Schorndorff (17. Febr.).
43. Joannes Müller de Stutgardia (6. Febr.).
44. Leonhardus Winther de Hailbrun (17. Febr.).
45. Erhardus Solleder de Sültz (18. Febr.).
46. Georius Krisslin de Arnach (19. Febr.).
47. Vdalricus Veihinger de Stutgardia (24. Febr.).
48. Melchior Lutz de Rosenfeld (24. Febr.).
49. Joannes Haberkalt ⎱ de Machtelberg[a] (27. Febr.).
50. Jacobus Jiclin ⎰
51. Allexius Fabri de Oberlendingen (7. März).
52. Jodocus Tinctoris de Hallis (10. März).
53. Vdalricus Zinck ex Mindelhaym (12. März).
54. Jacobus Rychlin ex Gertringen (21. März).
55. Wilhelmus Rietheim (27. März).
56. Petrus Rottacker de Wyla (2. April).
57. Conradus Hockenschnoss ⎱ ex Esslingen (4. April).
58. Ludwicus Cleinerspecht ⎰
59. Jeorius Keym de Donssdorff (4. April).

---

a) Machtelberg *auf einer Rasur.*

42. B. a. 15. Juni 06. *MFA.:* Söldner. — *Lebt 1542 als verleibdingter Priester in Schorndorf.*
43. *MFABacc.:* rec. ad consortium bacc. sub decanatu magistri Leonardi ex Canstat (Okt. 1504/05); premium dedit 1 fl. ad facultatem sub decanatu M. Joh. Minner (Okt. 1505/06). — M. a. 17. Juli 06. — *Vgl. Roth.*
44. B. a. 28. Sept. 06. *MFA.:* Leonh. Meng de H.
45. B. a. Febr. 07.
46. *Matr. Heidelb.:* G. Krüslin de A. Const. dioc. 24. Juli 03. — B. a. Tubing. 20. Mai 05. *MFABacc.:* G. Kritlin ex Arna.
47. *Wittenberg:* 1503. *Faichinger.* — B. a. 28. Sept. 05. *MFABacc.:* Vaihinger. — M. a. 19. Jan. 08. *MFAMag.:* Feichinger. — *Vgl. Zeitschr. d. hist. Ver. f. Schwaben u. Neuburg 7 (1880) S. 324: Pfarrer in Kannstadt.*
48. B. a. 28. Sept. 05. *MFABacc.:* Hutz.
49. B. a. 15. Juni 06. *MFABacc.:* Habenkalt. — *Vgl. Henrichmann, Institut grammat.*
50. B. a. 15. Juni 06. *MFABacc.:* Jecklin; *mit dem Vorhergehenden zusammengefasst als* fratres Martho[s] (?)
51. B. a. 15. Juni 06.
52. B. a. 15. Juni 06. *MFABacc.:* Jacobus T. d. H. — M. a. 19. Jan. 08. *MFAMag.:* Jod. Feldner ex H.
53. B. a. 28. Sept. 06. — M. a. 15. Juli 09. *MFAMag.:* Uldalricus Z.
56. B. a. 28. Sept. 06. *MFA.:* Routacker.
58. B. a. 15. Juni 06.

60. Leonhardus Schwindelin de Esslingen (4. April).
61. Sebastianus Gigeluff de Holtzgerlingen (14. April).
62. Joannes Textoris ex Wyssenhorn (23. April).
63. Joannes Kessler ex Hor (24. April).
64. Vdalricus Troschel de Mindelhaim (26. April).
65. Leonhardus Hochenstain de Hall (29. April).
66. Vdalricus Buhler de Geppingen (30. April).
67. Sebastianus Calceatoris de Butelspach dedit 1 ß (30. April).
68. Burckhardus Rielin de Herrenberg (30. April).

55. Sequuntur nomina intitulatorum sub rectoratu spectabilis M.
Joannis Vesenmeyger * ex Donssdorff huius opidi Tuwingen ecclesie
collegiate decani (**1505**):
1. Joannes Pistoris de Backenahaim (3. Mai).
2. Matheus Mercklin ex Esslingen (13. Mai).
3. Laurentius Reich ex Hechsteten (17. Mai).
4. Joannes Harder (17. Mai).
'5· Jeorius de Ehingen (17. Mai).
6. Joannes de Ehingen (17. Mai).
7. Joannes Pieer de Thalhaim (21. Mai).
8. Johannes Röminger de Ytingen (28. Mai).
9. Caspar Ginter de Riedlingen (31. Mai).

60. B. a. 28. Sept. 06. *Pfarrer in Heumaden 1521.*
61. B. a. 15. Juni 06. *MFA.:* Gigelluff.
62. B. a. 28. Sept. 06. — M. a. 27. Jan. 11. *MFAMag.:* J. Weber. —
Dec. fac. art. 16/17. — Dr. med. 7. Febr. 1518. — *Vgl. Henrichmann, Institut.*
grammat.
65. B. a. 28. Sept. 06. *MFABacc.:* Hohenstain.
67. B. a. 28. Sept. 06. *MFABacc.:* Seb. Byttelspach.
68. B. a. Sept. 07. *MFABacc.:* Rieli. — M. a. 15. Juli 10. — *Vor dem*
Interim evang. Pfarrer in Sersheim.
    * *Über J. Vesenmayer aus Donzdorf, der in der Matrikel nicht inskribiert*
ist, vgl. Freib. Diöz.-Arch. 31 (1903) S. 195.
1. B. a. 28. Sept. 06. — M. a. Juli 06.
2. B. a. 28. Sept. 06.
7. B. a. Febr. 07. *MFABacc.:* Joh. de Thalhen. — M. a. Jan. 09.
MFAMag.: Joh. Thalen.
8. B. a. Dez. 06. *MFABacc.:* Joh. Rämiger ex Jötingen. — M. a. Jan. 10.
MFAMag.: J. Reninger o. O. — *Med.:* Reninger, Dr. med. 28. Sept. 18. —
Dec. fac. art. 1519/20. — *Vgl. Roth S. 168.*
9. B. a. 28. Sept. 05. *MFA :* Kinthart.

10. Vlricus Haintz de Mindelhaim (3. Juni).
11. Ludwicus Schlycher ex Vlm (3. Juni).
12. Lucas Wererling de Plabur (8. Juni).
13. Martinus Paulus ex Naw (11. Juni).
14. Joannes Huglin ex Sindelfingen (13. Juni).
15. Joannes Jager de Wil (14. Juni).
16. Conradus Ochsenbach (16. Juni).
17. Petrus Ot de Rutlingen nil dt. (18. Juni).
18. Philippus Epfelbrün (18. Juni).
19. Jacobus Turinger de Gassershusen (5. Juni).
20. Bonauentura ex Vlm (4. Aug.).
21. Hainricus Visches ex Vrach (22. Aug.).
[Age: 14!] 22. Georgius Herman ex Kauffburen nil dt. (31. Aug.). ✗ see below
23. Jacobus Clein ex Augusta (31. Aug.).
24. Jacobus Huser ex Botzen (31. Aug.).
25. Johannes Flech ex Echingen (9. Sept.).
26. Jeorius^a) Sigloch (17. Sept.).
27. Vlricus Huser de Horb (12. Sept.).
28. Johannes Jung de Pfeffingen (22. Sept.).
29. Leonhardus Voland ex Gröningen (23. Sept.).
30. Bernhardus Ritter (24. Sept.).
31. Nicodemus Gotzfrid ex Lopenhusen (26. Sept.).
32. Simon Ruschlin (27. Sept.).
33. Johannes Rasoris de Auffkirch feria IIIa ante Galli (14. Okt.).
34. Frater Jeorgius Beham^b) ⎫
35. Frater Joannes ⎬ de Nernberga (15. Okt.).

———

a) *Vor Jeorius ist Johannes gestrichen.*
b) *Beham ist später eingeflickt.*

11. MFABacc.: Lud. Schlycher rec. 23. Nov.; prom. in univ. Ingelstad. Michaelis (29. Sept.) 1502; habet locum in nostra universitate ante promotos in angaria penthecostes 1504. — M. a. 14. Juli 07.
12. B. a. 28. Sept. 06. *MFA.:* Lucas de Pl.
16. B. a. Dez. 09.
21. B. a. Dez. 06. *MFA.:* Fischess.
23. B. a. Febr. 07.
26. B. a. Sept. 07. *MFABacc.:* Georgius S. o. O. — M. a. 15. Juli 09.
27. B. a. Sept. 07.
29. B. a. Febr. 07. *MFABacc.:* Vollant. — M. a. 15. Juli 09.
31. B. a. 28. Sept. 06. *MFA.:* o. O.
32. B. a. 1. Juni 07. *MFABacc.:* Rysslin de Binicka.
34. B. a. 1. Juni 07. *MFA.:* Fr. G. Böhem, ord. Carmelitarum.

✗ See Contemporaries of Erasmus, II (pp. 203-4) for Georg Hörmann (1491-1552); he worked for Fuggers...
& NB: his son Johann Georg Hörmann: was with Ulrich Fugger in Siena in 1536!

36. Valerius Clain (17. Okt.).

37. Wilhelmus } Kielschamer (17. Okt.).
38. Caspar

56. Sub rectoratu clarissimi viri **Johannis Hallett** utr. iur. D. a festo Luce a. **1505** usque Phil. et. Jac. a. sequentis **1505** sunt infra scripti incorporati:[a]

1. Bernhardus Wuchter de Offtertingen (19. Okt.).
2. Johannes Thiel de Offtertingen (19. Okt.).
3. Johannes Hoffman de Anultzbach (21. Okt.).
4. Joannes Fabri ex Leukirch (22. Okt.).
5. Mathias Glathar de Wasserburg (22. Okt.).
6. Jacobus Ott ex Duntzbach (22. Okt.).
7. Wolfgangus Alberti de Sachsenhain (28. Okt.).
8. Vdalricus Alber de Constantia (4. Nov.).
9. Andreas Apprel ex Memmingen (10. Nov.).
10. Alexander Rieger de Vehingen (10. Nov.).
11. Simon Pistoris de Riedlingen dt. 1 β (15. Nov.).
12. Johannes Wintzelhuser de Stutgardia (15. Nov.).
13. Marcus Wil de Vayhingen (16. Nov.).

---

a) *Die spärlichen Bemerkungen über Gebührenzahlung innerhalb dieses Rektorats sind im folgenden vollständig aufgeführt.*

36. B. a. Juni 08.

38 a. *MFABacc.*: Joannes Gechler ex Vlma, rec. 28. Okt. 1505; prom. Wiene in angaria Lucie (Dez.) 1508; quare inxta statutorum nostrorum ordinacionem habet locum post baccal. in univ. nostra prom. in angaria Lucie 1504. — *Vgl. 43,2.*

38 b. *MFABacc.*: Johannes Zutz ex Dinckelspihel. B. a. Dez. 06. — *Rangiert nach 55,8.*

1. B. a. 1. Juni 07. — M. a. Jan. 10. *MFAMag.*: Bernh. Ofterdinger.

2. B. a. 1. Juni 07. — M. a. Jan. 10. *MFAMag.*: o. O.

4. Über Joh. Heigerlin genannt Faber rgl. Heyd u. Theol. Real-Ensyklopädie.

9. B. a. Febr. 07. *MFA.*: o. O.

10. B. a. Febr. 07. *MFABacc.*: o. O. — M. a. Jan. 09. — Collegiatus 1510. — Rect. 1517.

11. Identisch mit dem Reichsregimentsrat in Esslingen (s. Baumann, Akten zur Gesch. d. Bauernkriegs S. 230 ff.)?

12. B. a. Febr. 07.

13. B. a. Febr. 07. *MFABacc.*: Marcus Wild o. O. — *MFAMag.*: Marcus Wyld ex V. Mag. Wienensis rec. 10. März 1512 et habet locum post promotos 15. Juli 1510.

14. Joannes Fabri de Beblingen (18. Nov.).
15. Bernhardinus de Stauffen baro in Erenfels dt. 1 fl. (20. Nov.).
16. Conradus artium magister de Schwabach (20. Nov.).
17. Johannes de Schwabach (20. Nov.).
18. Balthasar Scheberlin de Eningen (21. Nov.).
19. Georgius Röll de Monaco (22. Nov.)
20. Jacobus Haffner ex Rotenburg (24. Nov.).
21. Joannes Stenglin de Gruningen (24. Nov.).
22. Joannes Ludwig de Werdea (25. Nov.).
23. Hieronimus Wurm de Guntzenhusen (27. Nov.).
24. Petrus Coci ex Halbrunen dedit 1 β (3. Dez.).
25. Joannes Bald ex Werdea dt. 6 β (11. Dez.).
26. Dominicus Mayer ex Rotenburg dt. 6 β (4. Dez.).
27. Sebastianus ex Horb dt. 6 β (12. Dez.).
28. Jacobus Furderer ex Stutgardia (13. Dez.).
29. Joannes Schup de Gechingen (18. Dez.).

1506.

30. Joannes Veter ex Lowingen (2. Jan.).
31. Christofferus Thom de Augusta circumcisionis (1. Jan.).
32. Ludwicus Plenderer de Goppingen (5. Jan.).
33. Georgius Pfeffer Maguntinensis (5. Jan.).
34. Mathias Pess ex Tubingen dt. 6 β (5. Jan.).
35. Joannes Sitzinger de Hallis (7. Jan.).
36. Wolffgangus Haym ex Rotenburg (8. Jan.).

---

14. B. a. 1. Juni 07. *MFABacc.:* Frater J. F.

18. B. a. Febr. 07. *MFABacc.:* Schöberlin.

19. MFABacc.: rec. 15. Dez. 1505; prom. in univ. Lipsensi Michaelis (29. Sept.) 1502, habet locum post 56,11. — M. a. Jan. 06.

20. MFABacc.: J. Hafner ex R. acceptus ad consortium bacc. 27. Jan. 06 habet autem locum ante promotos 28. Sept. 05.

21. B. a. Febr. 07. — *Pfarrer in Pflugfelden vor 1534: in Mark-gröningen 1539.*

25. B. a. 1. Juni 07.

28. D. B. 463. 540: Baumann, Akten zur Gesch. d. Bauernkriegs 304.

29. Von Roth fälschlich mit Nr. 63,57 identifiziert.

30. MFABacc.: Jo. Vetter ex L. assumptus ad consortium bacc. 30. Dez. 05 eodem quo die admissus est ad examen seu temptamen licentie. — M. a. Jan. 06.

34. B. a. 1. Juni 07. *MFABacc.:* Pöss.

35. B. a. 1. Juni 07.

36. B. a. 1. Juni 07. *MFABacc.:* Han.

37. Petrus Sifrid de Ehingen dt. 6 β (15. Jan.).
38. Joannes Lenger Roracker dedit (16. Jan.).
39. Marcus Böck de Menga dt. 6 β (18. Jan.).
40. Wecelaus Engwiller (28. Jan.).
41. Joannes Schnel ex Stutgardia dt. 6 β (3. Febr.).
42. Heinricus Kobold Vlmensis (3. Febr.).
43. Joannes Keller ex Offterdingen (5. Febr.).
44. Matheus Satler de Menga (13. Febr.).
45. Sigismundus Dyn de Genga (3. März).
46. Symon Kartz de Butelspach (5. März).
47. Joannes Heschlin de Windelsen (7. März).
48. Wylhelmus Gaysser ex Geisslingen (19. März).
49. Joannes Scheuffer de Hag 1 β (9. März).
50. Michael Liechtenstainer Ingolstadiensis (14. März).
51. Eberhardus de Karpffen (11. März).
52. Laurentius Rowser ex Backenhain (12. März).
53. Joannes Fabri ex Yckenhusen (16. März).
54. Joannes Mayr de Bilstein (16. März).
55. Sebastianus Ynselin de Riedlingen dt. 6 β (17. März).
56. Joannes Sifrid de Ey prope Vlmam dt. 1 β (17. März).
57. Petrus Burghardi de Wylhain (18. März).
58. Bernhardus Scheuffelin de Wylhain (18. März).
59. Mathias Finck de Stutgardia (19. März).
60. Eustachius de Stain (1. April).

38. B. a. Sept. 07. *MFABacc.:* Lengerer. — M a. 15. Juli 10. *MFAMag.:* Lengerer de Waltenbůch.
39. B. a. 1. Juni 07. *MFABacc.:* Beck; factus postea prefectus Wiennensis. — M. a. Jan. 10. *MFAMag.:* Marcus Menga.
40. B. a. Sept. 07. *MFABacc.:* Egweiler ex Aichstetten.
41. B. a. Sept. 07. *MFABacc.:* Schnell. — M. a. Juli 09. — *Manuskr. des Joh. King:* praeterea ad spacium dimidii anni repetii magistrandis in phisica Arestotelis pro Mag. J. Schnell *[zwischen 1509 und 13].*
42. B. a. Sept. 07. — *Weyermann 2,227.*
44. B. a. 1. Juni 07.
46. B. a. Sept. 07.
47. *Wittenberg: 1503 Joh. Heischlin de Rotenberga.*
51. *DB. 178.*
52. B. a. Sept. 07. *MFABacc.:* Röwser. — M. a. 15. Juli 10. *MFAMag.:* Röser.
53. B. a. 1. Juni 07. *MFA.:* de Jebenhusen.
54. B. a. 1. Juni 07. — M. a. 15. Juli 10. *MFAMag.:* Maier.
55. B. a. Sept. 07.
59. B. a. Sept. 07.

61. Bernhardus Zimerman de Beringen (31. März).
62. Vdalricus Wirtenberger de Kirchen (1. April).
63. Sebastianus Scriptoris ex Schorndorff (8. April).
64. Joannes Garmenschwanger de Vberlingen (8. April).
65. Joannes Vetter de Wilperg dt. 6 β (11. April).
66. Joannes Krafft de Lanssbut (12. April).
67. Bernhardus Vranius de Tubingen dt. 6 β (14. April.)
68. Joannes Jager ex Lowenberg (18. April).
69. Joannes Kussenpfenning ex Kalb (23. April).
70. Georgius Gabler ex Kalb (29. April).
71. Melchior Detz de Groningen dt. 1 β (24. April).
72. Vitus Schleffer de Gamundia (27. April).
73. Conradus Vischer de Goppingen (28. April).
74. Joannes Hainrici ex Vlma (29. April).
75. Nicolaus Gulden de Harthusen (29. April).

57. Sequuntur nomina intitulatorum in et sub rectoratu excellentissimi viri **Jacobi Lemp** sacrorum canonum atque theologie D. a Phil. et [Jacobi] a. **1506** usque ad idem festum a. **1507**:

1. Stephanus Schock de Nagolt dt. 1 β (2. Mai).
2. Cristofferus Langmantel ex Augusta (5. Mai).
3. Andreas Hensel ex Trochtelfingen dt. 1 β (7. Mai).

62. B. a. Sept. 06. *MFA.*: U. Wurtenberg o. O.
63. B. a. 13. Nov. 07.
65. B. a. Sept. 07. *Vor dem Interim evang. Diakonus in Balingen (Roth).*
67. B. a. Dec. 06. *MFA.*: B. Glaser ex T.
68. B. a. 13. Nov. 07. *MFA.*: Jeger.
69. B. a. Sept. 07. *MFABacc.*: Kissepfennig. — M. a. 15. Juli 09.
70. B. a. Febr. 08. — *Evang. Diakonus in Herrenberg (Roth).*
72. B. a. 13. Nov. 07. *MFABacc.*: Schlerfer. — M. a. 15. Juli 10. *MFAMag.*: Schlerferer.
75. B. a. Sept. 07. *MFA.*: Guldin.
75 a. *MFABacc.*: Sebastianus Isselin ex Herrenberg. B. a. Febr. 07. *Rangiert zwischen 56,12 u. 13.*
75 b. *MFABacc.*: Jeromus Jung ex Ulma. B. a. Jan. 08. *Rangiert vor 57,64. Verschrieben und identisch mit 53,29 ?*

1. B. a. Febr. 08. *MFA.*: Scheck.
3. B. a. Sept. 07. *MFABacc.*: Heinsel; examinatus, sed non determinavit penaria pecunie; et postea factus dives determinavit sequenti angaria Lucie (Nov. 1507).

4. Jeorius Cipperer de Ottlingen dt. 1 β (11. Mai).
5. Caspar Bilss de Wangen (12. Mai).
6. Mathias Finck de Loffen (13. Mai).
7. Martinus Fabri de Böblingen dt. 1 β (14. Mai).
8. Gallus Betz de Wyssenhorn dt. 1 β (13. Mai).
9. Georgius Schlicher de Vlma (15. Mai).
10. Volckius de Scharffenberg (16. Mai).
11. Georgius Krafft de Vlma plebanus in Bretzingen (20. Mai).
12. Johannes Lininger ex Offtertingen (25. Mai).
13. Siluester Negelin ex Augusta 1 β (27. Mai).
14. Vitus Eptle de Kurnbach 1 β (2. Juni).
15. Johannes Conradus Spirnelwager de Constantia (12. Juni).
16. Johanes Otter de Spira (13. Juni).
17. Frater Petrus Biber de Nörnberg,
18. Frater Heinricus Salbert de Colmbach,   } ord. hermitarum dt. 1 β
19. Fr. Johannes Wiess de Nornberga,   (15. Juni).
20. Balthasar Forster de Tutlingen 1 β (19. Juni).
21. Georgius de Bernhusen (19. Juni).
22. Fr. Jeronimus Fabri ord. Augustini Esslingensis 1 β.
23. Johannes Pistoris de Pregantia (19. Juni).
24. Thomas Keck de Dettingen (24. Juni).
25. Wolffgangus Danner de Goppingen dt. 1 β (27. Juni).
26. Fr. Simpertus de Layingen ord. heremitarum Augustini 1 β (21. Juni).

---

4. B. a. Sept. 07. *MFABacc.*: Zipperer de Ettlingen.
5. B. a. 28. Sept. 06.
6. B. a. Sept. 07.
7. Pfarrer in Obergriesheim 1525.
9. Weyermann 2,478.
10. B. a. Sept. 10. *MFA.:* Volckus de S.
12. B. a. 15. Juni 06. *MFABacc.:* Lieniger. — M. a. 19. Jan. 08.
MFAMag.: Lening. — *DB. 412. 540: Leininger.*
13. B. a. Sept. 07. *MFA.:* ex Gamundia. — *Weyermann 2,352.*
15. B. a. 13. Nov. 07. *MFA.:* Joh. Conradi Spindelwager de C.
16. B. a. Sept. 07.
19. B. a. Febr. 09. *MFA.:* Wysser Nerbergensis.
22. B. a. Febr. 09. *MFA.:* Fr. Johannes Fabri ex E.
23. B. a. Febr. 08.
25. B. a. 13. Nov. 07. — M. a. 15. Juli 09. *MFAMag.:* Daner. — *Lebt 1545 in Göppingen als Priester.*
26. Vielleicht Simprecht Schenck von Lauingen, der Reformator Memmingens, später Pfarrer in Herrenberg und Dornstetten. Schenck gehörte dem Prediger- und dann dem Karthäuserorden an.

27. Frater Allexius Jater de Vrach ord. heremit. Aug. 1 β (29. Juni).
28. Martinus Sietz de Snebrantz (29. Juni).
29. Joannes Mayer de Memingen (29. Juni).
30. Anthonius Bechlin de Schaffhusen (2. Juli).
31. Heinricus Wettershusen de Marpurg (2. Juli).
32. Fr. Johannes Kruss de Tubingen ord. heremitarum Augustini dt. 1 β (5. Juli).
33. Jodocus Hackgenman de Ehingen dt. 1 β (6. Juli).
34. Ciriacus Lor de Horb (6. Juli).
35. Johannes Gulden de Ehingen*) (14. Juli).
36. Petrus Gschiedlin de Winada (18. Juli).
37. Mathias Pannithonsoris de Baden (27. Juli).
38. Wolffgangus Wagenbach.
39. Johannes Murer de Horb (1. Aug.).
40. Jeronimus Pistoris de Mengen (2. Aug.).
41. Johannes Welling ex Stutgardia (5. Aug.).
42. Martinus Salm (5. Aug.).
43. Bechdoldus Nuttel (5. Aug.).
44. Petrus Linck de Schwabach (13. Aug.).
45. Johannes Kartler de Stutgardia (19. Aug.).
46. Philippus Horn de Stutgardia (21. Aug.)

a) Von späterer Hand in Ebingen korrigiert.

28. M. Seitz 1545 Pfarrer in Weiler OA. Weinsberg.
30. B. a. Sept. 07. MFA.: Bechlin ex Schauffhusen.
33. B. a. Sept. 07. MFA.: Jod. Hailigman ex E.
34. MFABacc.: Dom. Ciriacus ex Horw rec. ad consortium baccal. 3. Juli 06. — M. a. 17. Juli 06.
35. B. a. 18. Nov. 07. MFA.: Guldin de Ebingen. — Zimmerische Chronik 2,117. 602.
36. B. a. Febr. 08. MFA.: Gschidlin. — Pfarrer in Beilstein und in Bottwar; Pfaff 2,580; Schneider, Württ. Ref.-Gesch. S. 46.
37. Vgl. 63,118b.
38. Vgl. unten 117d.
39. B. a. 18. Nov. 07. MFABacc.: de Harbw. - M. a. 15. Juli 89. — Freib. 1511.
40. B. a. Juni 08. — M. a. Jan. 10.
41. Bürgermeister in Stuttgart 1519.
42. Vgl. unten 117a.
43. B. a. Febr. 09. — M. a. 21. Juli 12. MFABacc. u. Mag.: B. Nitel ex Stuttgardia. — OAB. Aalen 331.
44. B. a. Juni 08.
45. B. a. Juni 09. MFABacc.: Karther.
46. Roth: Pharmacopola.

47. Johannes Dentzel de Berghulen.
48. Ludwicus Schmalkaller (7. Sept.).
49. Jodocus Leple de Bern (9. Sept.).
50. Matheus de Butelspach (14. Sept.).
51. Rudolffus Schwegler de Augusta (16. Sept.).
52. Johannes Negelböck ex Berndorff (24. Sept.).
53. Georius Geltinger de Veltkirch nobilis (24. Sept.).
54. Johannes Hertzog de Horb (27. Sept.).
55. Johannes Pfeffer de Sefeld (7. Okt.).
56. Rasse Schwab de Augusta (9. Okt.).
57. Johannes Compost ⎫
                ⎬ de Näw (15. Okt.). ·
58. Otmarus Keck ⎭
59. Sigismundus Hertzog de Pregantia (15. Okt.).
60. Vlricus Figulus de Schelcklingen (15. Okt.).
61. Jacobus de Weinssberg 1 β (15. Okt.).
62. Caspar Mayer de Offtertingen (16. Okt.).
63. Johannes Schad de Menga 1 β (16. Okt.).

A festo Luce:
64. Blasius Schwab de Esslingen (21. Okt.).
65. Bernhardus Tischmacher de Tubingen (21. Okt.).
66. Georgius Satler de Lindaw (22. Okt.).
67. Conradus Richart ex Möglingen (28. Okt.).
68. Eberhardus Gameringer ex Pfüllingen dt. 1 β (29. Okt.).
69. Johannes Aman de Näw (31. Okt.).
70. Georgius Scheübel Spirensis (31. Okt.).
71. Bernhardus Gugel de Pregantia 1 β (1. Nov.).
72. Caspar Cuppell de Menga dedit 1 β (4. Nov.).
73. Guntherus Wenck de Wayblingen (11. Nov.).
74. Melchior Vischer de Guntzburg (12. Nov.).

---

51. *MFABacc.*: Bacc. Friburg; rec. Dez. 06. *Von ihm und Nr. 82 und*
95 heisst es: Illi tres baccalaurei statim post assumptionem in consort. bacc.
magisterium subierunt. — M. a. Jan. 07.
    54. B. a. Febr. 08. — M. a. 15. Juli 09.
    60. B. a. Febr. 08.
    62. B. a. Febr. 08.
    64. B. a. Juni 08. *MFA.:* de Ulbach.
    65. B. a. Dez. 09.
    67. B. a. Febr. 08. *MFA.:* Richhart.
    68. B. a. Sept. 08. *MFA.:* Eberhardus Pfullinger.
    69. Pfarrer in Giengen 1542.

75. Zacharias de Guntzburg (12. Nov.).
76. Michael Klayber de Gretzingen (14. Nov.).
77. Johannes Scheck de Vayhingen (16. Nov.).
78. Conradus Wintzelhuser de Stutgardia (16. Nov.).
79. Johannes Macellatoris de Kalb dt. 1 β (16. Nov.).
80. Jacobus Rüger de Hingen (17. Nov.).
81. Gregorius Saltzman de Vlma (18. Nov.).
82. Thomas Beringer de Feringen (20. Nov.).
83. Andreas Amman de Esslingen (20. Nov.).
84. Johannes Farner de Dornstetten (23. Nov.).
85. Johannes Brüner de Kür (23. Nov.).
86. M. Paulus Hügmaier de Laüffen (27. Nov.).
87. Simon Her de Wysensteig (27. Nov.).
88. Caspar de Kaltental nobilis (29. Nov.).
89. Johannes de Kaltental nobilis (29. Nov.).
90. Johannes Wernhuser de Geppingen (30. Nov.).
91. Mathias Fabri de Bissingen (1. Dez.).
92. Georgius Hess de Pfullingen dedit 1 β (1. Dez.).
93. Johannes ⎫
94. Rüdolffus ⎬ de Fridingen germani (4. Dez.).

76. B. a. Sept. 08. *MFABacc.:* Cleiwer. — M. a. 15. Juli 10. *MFAMag.:* Cleuwer [*von anderer Hand:*] iurisconsultus. — *In den Acta Consil. Univ. erscheint 1531 ein Dr. Michel Cleber.*

78. B. a. Dez. 08. -- *Frühmesser im Stift zu Stuttgart 1520.*

79. B. a. Sept. 08. *MFABacc.:* Metziger. — M. a. 15. Juli 10. *MFAMag.:* Mätzger. — *Vgl. 52,29.*

80. B. a. Febr. 08. *MFABacc.:* J. Rigger ex Echingen.

81. Weyermann 2,450.

82. MFABacc.: Thomas Berner de Feringen, prom. in Libsensi universitate, rec. Dez. 1506 *(s. Nr. 51).* — M. a. Jan. 07. — *Med.:* Th. Bernher de V., Dr. med. 1511. — *Liber conductionum:* 1513 ordinarius medicine professor. *1509 Examinator von Joh. King beim Baccal.-Examen.*

83. B. a. 1. Juni 07. — M. a. 15. Juli 09. *MFAMag.:* Oma. — *Vgl. Rothenhäusler, Abteien und Stifte S. 221, und Heyd, Ulrich 2,314: Propst in Rheinfelden, von 1527—1534 in Stuttgart. — 1538 Offizial des Bischofs von Konstanz (Bossert).*

84. B. a. Sept. 08.

88. Roth, Ref.-Geschichte Augsburgs 1,12.

90. Wernhuser, im kleinen Ausschuss des Landtags 1522 (Roth).

93. Vgl. 64,30. Hofmeister und Offisial des Bischofs zu Konstanz; s. Wiener Sitzungsberichte philos. Kl. 107 S. 189; Baumann, Akten zur Gesch. d. Bauernkriegs 19,346.

94. Vgl. 10,20.

95. Martinus Wagner de Walse (16. Dez.).
96. Johanes Weber de Horb (16. Dez.).

1507.

97. Georgius Molitoris de Kirchen (11. Jan.).
98. Jacobus Bernhecker de Rotwil (13. Jan.).
99. Petrus Ehinger de Vayhingen dt. 1 β (14. Jan.).
100. Johannes Rott de Plaburen (1. Febr.).
101. Cristoferus de Schwartzenberg baro dt. 1 fl. (22. Febr.).
102. Simon Kessler de Wysenstaig 1 β (24. Febr.).
103. Wolffgangus Doleatoris de Stutgardia (26. Febr.).
104. Jacobus de Schornbach (27. Febr.).
105. Conradus Cocus de Vrach (5. März).
106. Johannes Wicher de Augusta M. Parisensis (22. März).
107. Wolffgangus Prellin de Vnderndurncken (23. März).
108. Georgius Krider de Vnderndurncken (23. März).
109. Gallus Ryff de Raŭenspurg (24. März).
110. Cristoferus Crotzinger nobilis (23. März).
111. Johannes Schmid de Marpach (1. April).
112. Joannes Jungmeyer de Tyllingen (26. März).
113. Bernhardus Eny de Wysenstayg (26. März).
114. Jacobus Hug de Mundrichingen (10. April).
115. Johannes Ott de Kirchen civitate (12. April).

---

95. *Leipzig: inscr. W. 1502; B. a. S. 1504. — MFABacc.*: Wagner ex Wallisen Bacc. Lips. rec. 30. Nov. 1506 *(s. oben Nr. 51)*. — M. a. Jan. 07. *MFAMag.*: ex Wallisen.

96. B. a. Sept. 08.

101. Vgl. *Altenstaig, Vocabularius; Zimmerische Chronik 2,402; N. Paulus in Hist.-politische Blätter (1893) 111,11 ff; 112,144 ff.*

102. B. a. Sept. 08.

103. B. a. Sept. 08. *MFABacc.*: Binder. — M. a. 15. Juli 11. *MFAMag.*: W. Vietoris *[von anderer Hand:]* Chartusianus apud Friburgum.

104. B. a. Juni 08. *MFA.*: Jac. Schornbach.

107. B. a. Sept. 08. *MFABacc.*: Prelin. — M. a. 15. Juli 10. *MFAMag.*: Brelin de Túrckem.

109. B. a. Dez. 08. *MFA.*: Rieff.

111. B. a. Sept. 08. *MFABacc.*: Joh. Marpachus Fabri. — M. a. 27. Jan. 11. *MFAMag.*: J. Fabri de M.

112. B. a. Sept. 08. *MFA.*: J. Jungmayger ex Dilingen.

113. B. a. Sept. 08. *MFA.*: Leonhardus Ens de W.

114. *MFABacc.*: J. Hug de M., predicator ibidem, receptus ad consort. bacc. 7. Mai 1507. — M. a. 14. Juli 07.

116. Wolffgangus Petrus de Kirchen civitate (29. April).
117. Johannes Appenzeller de Binnicken 1 β (30. April).

58. Sequuntur nomina intitulatorum sub rectoratu insignis viri
Wendalini Stainbach s. theologie professoris a Phil. et Jac. a.
1507[—1508]:

1. Ludwicus Geiling ex Bracken (2. Mai).
2. Johannes Hieffelin Elwangensis nil dt. (4. Mai).
3. ˙Heinricus Currificis Tuwingensis (5. Mai). ˙
4. Nicolaus Aucupius Constanticnsis (7. Mai).ᵃ⁾
5. Johannes Waltzen ex Bracken (25. Mai).
6. Johannes Herman de Stainhaim (31. Mai).
7. Vdalricus Wysshar de Dietnau (7. Juni).
8. Johannes Lanius ex Nuwhusen (7. Juni).
9. Martinus Sigwart de Weltzen (7. Juni).
10. Leonhardus Sartoris ex Backenhaim 1 β (8. Juni).
11. Ludwicus Kunig de Kauffburen 1 β (21. Juni).

---

a) *Späterer Zusatz:* resignavit et acceptatum (?) ab universitate.

116. B. a. Sept. 08. *MFABacc.*: Wolfg. Kirchen. — M. a. 28. Juli 15.
MFAMag.: Dom. Wolfg. Pictoris de K.

117. B. a. Dez. 08. *MFA.*: in ordine heremitarum.

117a. *MFABacc.*: Martinus Now rec. 9. Sept. 06 ad consort. baccal.;
identisch mit 57,42?

117b. *MFABacc.*: Anno 1506 rec. est Georius adiutor extunc in divis
in Thubingen. *Beide sind zusammen mit 57,34 eingetragen.*

117c. *MFABacc.*: Andreas Köss, bacc. Friburg; *rangiert nach 57,51
und vor den promoti des Febr. 1507.*

117d. *MFABacc.*: Fr. Wolffgangus Wolprecht; B. a. Febr. 09; *rangiert
zwischen 57,19 und 22: identisch mit 38?*

117e. *MFABacc.* Johannes Weber ex Tagerschen. B. a. Febr. 09.

2. *OAB. Crailsheim 329: Pfarrer in Jagstheim, dann in Dinkelsbühl.*

3. B. a. Juni 09. *MFABacc.*: Wagner.

4. B. a. Sept. 08. *MFABacc.*: Nic. Vogler o. O. — M. a. 28. Juli 15.
MFAMag.: Dom. Nic. Vogler ex Canstadt.

5. *Vgl. Zeitschr. f. württemb. Franken 1903 S. 68 und Bl. f. württ.
K.-Gesch. 1872 S. 20; 40. — War 1542 Prädikant in Nürtingen.*

6. B. a. 3. Juni 10.

9. B. a. Dez. 08. — *Stiftsherr in Stuttgart bis 1534; Pfarrer in Regen-
bach 1549.*

10. B. a. Dez. 08.

12. Johannes Schainbain ex Rüdlingen 1 β.

13. Franciscus Kopp ex Bondorff 1 β (25. Juni).

14. Johannes Weg^{a)} ex Mundelhaim (25. Juni).

15. Vlricus Sefer ex Geppingen (25. Juni).

16. Johannes Pistoris ex Ebingen (2. Juli).

17. Dionisius Gotfrid ex Pregantz.

18. M. Johannes Stöffler plebanus Jústingensis (5. Juli).

19. Vitus Gewch ex Suntau (6. Juli).

20. Fr. Conradus Brenhalder Schussenried (28. Juli).

21. Frater Onno Schleglin ord. Premonstratensis Schussenried (28. Juli).

22. Johannes Dagner ex Sindelfingen (29. Juli).

23. Nicolaus Koch ex Winterlingen (11. Aug.).

24. Cristofferus Nitert ex Vlma (12. Aug.).

25. Johannes Messner ex Tagersen (25. Aug.).

26. Fr. Sebastianus Richer ord. herem. s. Aug. (26. Aug.).

27. Petrus Hirteman de Gengen (30. Aug.).

28. Johannes ex Stainen^{b)} (7. Sept.).

29. Conradus Mutschler ex Rudlingen dt. 1 β (19. Sept.).

30. Beatus Schill de Chor (22. Sept.).

31. Cristofferus Unbain ex Lindau (23. Sept.).

32. Fr. Bernhardinus Zwicker de Augea seu Alba ord. Premonstratensis (30. Sept.).

33. Wilhelmus Besserer ex Vlma (5. Okt.).

---

a) Wech *ist darübergeschrieben.*
b) *kann auch* Staman *gelesen werden.*

12. B. a. Dez. 08. — M. a. Juli 14. *MFABacc. und Mag.*: Schinbain.
13. B. a. Dez. 09.
14. B. a. Dez. 08. *MFA.:* Wech.
16. B. a. Sept. 08. — M. a. 27. Jan. 11.
17. B. a. Dez. 08. *MFA.:* Dion. Pregantia.
18. Rect. 1522: mathematicus. — *Vgl. Heyd.*
20. B. a. Dez. 08. — M. a. Juli 23. *MFAMag.:* Dom. Conr. Prenhalder de Stafflanga.
21. B. a. Dez. 08. *MFA.:* Schlegel.
22. B. a. Dez. 08.
23. *MFABacc.:* Nicolaus Winterlinger rec. ad consort. bacc. 13. Nov. 07. — M. a. 15. Juli 09. *MFAMag.:* Nic. Wintterlinger alias Koch.
24. *Vgl. unten 108 b.*
25. *Gayler, Reutlingen 319: Johann Mesner genannt Beck, Kaplan in R.*
32. *MFABacc.:* Bernh. Zwincke de Bischofszell rec. ad consort. bacc. Dez. 07. — M. a. 19. Jan. 08.
33. *Baumann, Akten zur Gesch. d. Bauernkriegs S. 36 ff.*

34. Johannes Funck de Dietnau (5. Okt.).
35. Vlricus Kelln de Nellingen (11. Okt.).
36. Wolffgangus ex Herrenberg Sartoris 1 ß (12. Okt.).
37. Leonhardus Weber Vlmensis (18. Okt.).
38. Blasius Fromeier Hinstetensis (22. Okt.).
39. Ludwicus Fing Gumedingensis (25. Okt.).
40. Johannes Rechberger (28. Okt.).
41. Bartholomeus Streler Vlmensis (28. Okt.).
42. Conradus Scheiblin (30. Okt.).
43. Martinus Gering de Liphain (30. Okt.)
44. Petrus Philippus ex Wysenstaig (4. Nov.).
45. Martinus Riser de Rutlingen (4. Nov.).
46. Jacobus Doringer de Balingen (4. Nov.).
47. Heinricus Besserer ex Stutgarten (9. Nov.).
48. Nicolaus Esslinger de Gamundia 1 ß (17. Nov.).
49. Caspar Forster ex Tutlingen 1 ß (17. Nov.).
50. Johannes Wyland ex Heymsen (16. Nov.).
51. Johannes Herholt ex Hallis (19. Nov.).
52. Wernberus Sags de Esslingen (20. Nov.).
53. Conradus Vngelter de Esslingen (20. Nov.).
54. Johannes Cellerarius Haidelbergensis (28. Nov.).
55. Conradus Wysshar de Canstat (29. Nov.).
56. Fr. Jacobus Vngelter ex Stutgarten ord. Prem. in Adelberg (29. Dez.).

---

36. B. a. Febr. 10. *MFA.*: Saratoris; nil dt.
37. Vgl. *Weyermann 2,203: Leonh. Weber genannt Jung.*
38. B. a. Juni 09. *MFA.*: Hingstetensis.
41. Weyermann *s. n. 2,533 (S. 524—543 sind doppelt!).*
44. Vgl. *unten 108a.*
45. B. a. Febr. 09. *MFABacc.*: Mart. Spiser ex R. — M. a. Juli 14. *MFAMag.*: Riser. — *Gayler, Reutlingen 318: Prädikant am Spital in R.; Blätter f. württ. K.-Gesch. 1,15: Pfarrer in Urach.*
47. B. a. Juni 09.
48. B. a. Juni 09. — M. a. 21. Juli 12. — Dr. med. 1521. *Med.*: o. O. — Rect. fac. art. 1521. — *Collegiatus 1525; Notarius publicus 1531. — Vgl. Roth S. 168. Seine Witwe besitzt 1535 Güter in Tübingen (Spital-Urk.).*
49. B. a. Juni 09.
50. Pfarrer in Oberriexingen, dann in Pforzheim; 1535 Prediger in Vaihingen a. E.
51. B. a. 3. Juni 10. — M. a. 21. Juli 12. *MFABacc. u. Mag.*: Herolt. — Vgl. Heyd.
55. B. a. Juni 09. *MFABacc.*: Wysshart.

Matrikeln der Universität Tübingen. 11

57. Jeronimus Hüniger ex Esslingen (3. Dez.).
58. Zacharias Sartoris Augustanus Bacc. Wienensis (3. Dez.).
59. Johannes Wylhalm de Stutgardia (3. Dez.).

1508.

60. Conradus Wachendorff de Rotenburg Bacc. Wytenburgensis (1. Jan.).
61. Wolffgangus Rockenburg ex Gysslingen 1 β (6. Jan.).
62. Thomas Berdotus de Montepelligardo studens Parisiensis (7. Jan.).
63. Nicolaus Sellatoris ex Wayblingou (7. Jan.).
64. Conradus Boss ex Vberlingen studens Friburgensis (8. Jan.).
65. Dominicus Schutz ex Wayblingen (8. Jan.).
66. Anthonius Brun ex Herenberg (10. Jan.).
67. Andreas Kretz de Wolfach (13. Jan.).
68. Vincentius Linck de Fürbach (17. Jan.).
69. Heinricus Rutlinger ex Rotenburg Bacc. Witenburgensis (20. Jan.).
70. Johannes Glockenthon ex Nurnberga Bacc. Lipsiensis (20. Jan.).
71. Albertus Gsell ex Harthusen Bacc. Friburgensis (20. Jan.).
72. Thomas Kados ex Munnderchingen 1 β (3. Febr.).
73. Simon Fabri ex Heffingen 1 β (8. Febr.).
74. Johannes Geffler de Horb 1 β (9. Febr.).
75. Petrus Wylhain de Buchen Bacc. Friburgensis (14. Febr.).
76. Johannes Vnglert de Grunbach 1 β (21. Febr.).
77. Gernasius Boebisch de Campidona 1 β (22. Febr.).

---

57. M. a. Juli 13. *MFAMag.:* Heniger.
59. B. a. 8. Juni 10. *MFABacc.:* Wilhalm.
60. *Wittenberg 1503. Canonicus in Ehingen 1525. Vgl. Bl. f. württ. K.-Gesch. 3,66.*
63. B. a. Juni 09. *MFABacc.:* Sattler. — M. a. 27. Jan. 11. *MFAMag.:* Satler. — *Vikar am Stift in Stuttgart † 1526.*
65. B. a. Dez. 09. *MFA.:* Schytz. — *Vikar in Reutlingen 1522; Pfarrer in Schanbach 1529.*
66. B. a. Dez.09. *MFABacc.:* Bronn.—M.a.25.Jan.14. *MFAMag.:* Brunn.
67. M. a. 15. Juli 09. *MFAMag.:* Ketz.
68. B. a. Sept. 08. *MFA.:* Vinc. Furbach.
71. *Matr. Heidelb.: A. Gesel ex H. Constant. dioc. 12. Juli 07. — In MFA. Bacc. rangiert er vor den Baccalaren des Februar 1506, nach 56,20. — M. a. Juli 08. MFAMag.:* Gsel.
72. B. a. Sept. 10. *MFA.:* de Vnderkingen.
73. B. a. Dez. 09. *MFA.:* ex Herrenberg.
76. B. a. Dez. 08. *MFA.:* ex Griencnbach.
77. B. a. Sept. 11. *MFA.:* Gernasius ex. K.; nil dt.

78. Eglolphus Riethaimer Angelbergensis (1. März).
79. Johannes Brasperger ex Vrach (9. März).
80. Caspar Glockeler de Gamertingen (10. März).
81. Johannes Stoll ex Rotenburg (10. März).
82. Wolffgangus Fischer ex Elwangen (13. März).
83. Johannes Syngrün ex Rutlingen.
84. Petrus Ott de Rutlingen (13. März).
85. Jacobus Hegner ex Ringingen (13. März).
86. Ottmarus Eblin ex Ehingen (14. März).
87. Christofferus Gayssberger ex Schorndorff (14. März).
88. Joachim Forstmeister ex Kirchen (17. März).
89. Jacobus Morhart ex Kirchen (17. März).
90. Osswaldus Weglin de Monderchingen Bacc. Friburgensis (17. März).
91. Leonhardus Wachtel ex Kirchen (18. März).
92. Andreas Platenhart ex Esslingen (18. März).
93. Lucas Scheltz de Hekgbach (18. März)..
94. Wolffgangüs Laurin ex Geppingen (19. März).
95. Petrus Fatt ex Esslingen 1 β (22. März).
96. Johannes Widdinman de Nerlingen 1 β (23. März).

78. B. a. Dez. 09. MFA : Egolffus Rietthaimer.
79. M. a. 21. Juli 12. MFAMag.: Joh. Prasperger ex U.
80. B. a. Sept. 09. MFABacc.: Gogel. — M. a. 26. Jan. 12. MFAMag.: Gockel.
81. B. a. Sept. 10. — M. a. 27. Jan. 12. — Med.: o. O. Dr. med. 28. Sept. 25.
82. B. a. Sept. 10. — Zögling des Prof. Jac. Lemp, der für ihn den Joh. King als paedagogus anstellt (Manuskr. U.B.).
83. B. a. Juni 09. MFABacc.: Seingröw. — Gayler, Reutlingen 319: Kaplan in R. 1528.
85. B. a. Sept. 09. MFA.: Jacobus ex Rinigen. — Vgl. Freib. Diöz.-Arch. 31 (1903) S. 196. Pfarrer in Derendingen 1540.
86. B. a. Sept. 09. MFA.: Epplin. — Joh. Voigt, Briefwechsel der berühmtesten Gelehrten mit Herzog Albrecht von Preussen (1841) S. 366: Oberpfarrer in Görlitz; seit 1553 Hofprediger in Preussen.
87. D. B. 351.
88. B. a Sept. 09. MFABacc.: J. Forastarii. — M. a. 26. Jan. 12. MFAMag.: Joach. ex Kirchen.
89. B. a. Dez. 09. MFABacc.: Monratt.
91. Med.: Leonh. Coturninus de Kirchen, Dr. med. 28. Sept. 1518. — Acta Consil. iurid: noch 1535 der Arznei Dr.: 1553 wird über seine Witwe verhandelt.
93. B. a. Sept. 09. — M. a. 26. Jan. 12. MFABacc. u. Mag.: ex Heppach.
96. B. a. Sept. 08. — M. a. 26. Jan. 12. MFABacc. u. Mag.: Widman· MFAMag.: nil dt. facultati. Med.: Dr. med. 7. Febr. 1518. Joh. Widman o. O.

97. Jeronimus Ainckorn ex Nerlingen (23. März).
98. Sebastianus Knoll ex Reningen (24. März).
99. Paulus Stocker (24. März).
100. Jacobus Hetzel ex Gröubingen (1. April).
101. Renhardus Zugkmantel ex Vberlingen (6. April).
102. Conradus Krachff ex Vlm artium et legum D. dt. 1 fl.
 (6. April).
103. Martinus Kappen ex Flacht (8. April).
104. Audreas Schienntz ex Rotenburg (8. April).
105. Ambrosius Strelin de Beringen 1 β (9. April).
106. Absalon Gruner de Vlma (10. April).
107. Wendalinus Binder ex Tubingen (10. April).
108. Michel Alber de Vrach (28. April).

59. Sequuntur nomina intitulatorum sub rectoratu egregii viri
Dom. **Petri Brun** s. theologie D. Phil. et Jac. a. **1508—1509**:

1. Johannes Schwäblin ex Phortzen (1. Mai).
2. Johannes Adam de Stain custos ecclesie Ellwangensis
 (4. Mai).
3. Georgius Wysselin de Wylheim 1 β (4. Mai).
4. Dominicus Scheurer de Tuwingen (7. Mai).
5. Nicolaus Gerbel ex Phortzen M. art. (10. Mai).
6. Johannes Schnider ex Augusta 1 β (11. Mai).
7. Petrus Bettinger dt. 1 β ⎫
8. Johannes Pfarer dt. 6 β ⎭ de Blabüren (11. Mai).

---

97. B. a. Juni 09. — M. a. 15. Juli 11.
98. B. a. Sept. 11.
102. *Weyermann 2,256; vgl. dazu Roth.*
103. B. a. Febr. 10. *MFABacc.:* Mart. Flach ex Caphanhain.
106. R. a. Dez. 08. *MFABacc.:* Abs. Grieninger o. O. — M. a. 15. Juli
10. *MFAMag.:* Groner.
108a. *MFABacc.:* Philippus Petri de Memmingen rec. ad consort. bacc.
13. Nov. 07; *zusammen mit 58,23: identisch mit 58,44?* — M. a. 19. Jan. 08.
108b. *MFABacc.:* Johannes Nithart ex Ulma. B. a. Sept. 08; *könnte
identisch sein mit 58,24.*
108c. *MFAMag.:* Jacobus Bomhel (Bonchel?) M. a. Jan. 1509.

1. *Reformator in Zweibrücken.*
2. *Ebenso wie 58,52 Zögling im Hause des Jac. Lemp.*
4. *Kaplan in Kirchheim.*
5. *Bauch, Wien S. 18.*
8. B. a. Sept. 10. *MFABacc.:* Joh. Sporer de Plaubira.

9. Vdalricus Rockenburg ex Vlma (20. Mai).
10. Georgius Epplin (22. Mai).
11. Wolffgangus Nippenburg canonicus in Brüsel (22. Mai).
12. Johannes Hack (24. Mai).
13. Mathias Beblinger ex Esslingen (24. Mai)..
14. Conradus Fûng de Detnaw 1 β (1. Juni).
15. Johannes ⎫
16. Conradus ⎭ Riecker ex Tuwingen (3. Juni).
17. Michael Ritter ex Tubingen (4. Juni).
18. Jeronimus Trust ex Ehingen (7. Juni).
19. Dom. Jacobus Bomer de Wysenburg (9. Juni).
20. Simon Calceatoris de Feringen (12. Juni).
21. Laurentius Beltz ex Nagolt (16. Juni).
22. Stepfanus Mössinger ex Rutlingen (16. Juni).
23. Johannes Gerum ex Platenhart (17. Juni).
24. Andreas Fünck de Augusta (18. Juni).
25. Sebastianus Plibel de Dornsteten (26. Juni).
26. Wolffgangus Volbracht de Novacivitate 1 β (27. Juni).
27. Johannes Rosennacker ex Sindelfingen (28. Juni).
28. Georgius Beck de Cantstat (29. Juni).
29. Caspar Lepplin de Zäuingen 1 β (6. Juli).
30. Johannes Kuwhorn ex Kirchen (17. Juli).
31. Gabriel Rotengatter ex Vlma (19. Juli).
32. Burghardus Tusslinger ex Bondorff (31. Juli).
33. Dionisius Freuel ex Tubingen (31. Juli).
34. Remigius Gwinner Bondorffensis 1 β (31. Juli).
35. Martinus Siber de Gysslingen 1 β (5. Sept.).
36. Oswaldus Rüdiger de Wila 1 β (11. Aug.).

9. B. a. Juni 09. — M. a. 27. Jan. 11. MFABacc. u. Mag.: Rockenburger. — Collegiatus 1514.
10. B. a. Dez. 09. MFA.: ex Ochsenhusen.
12. B. a. Dez. 08. MFABacc.: J. Hag ex Bopfingen. — Identisch mit Hans Hack von Dürnheim (OAB. Aalen 153?
20. B. a. Dez. 09. MFA.: Calciatoris de Ferringen.
23. B. a. Dez. 09. MFA.: Gering.
27. B. a. Febr. 10. MFA.: Joannes Sindelfinger.
28. B. a. Febr. 10. MFA.: G. Pistoris ex C.
29. B. a. Dez. 09.
32. B. a. Dez. 09. MFA.: Tussling.
34. B. a. Sept 10. MFA.: Quinner.
36. B. a. Dez. 09. — M. a. 26. Jan. 12. MFABacc. u. Mag.: Rieger.

37. Dionisius Beuss de Esslingen (12. Aug.).
38. Johannes Leb[a)] Wysenstaig (11. Aug.).
39. Bartholomeus Pür de Wil (16. Sept.).
40. Philippus Klinger de Minore Aspach (16. Sept.).
41. Jacobus Balistarii de Horb (22. Sept.).
42. Sigismundus Alberstorff (23. Sept.).
43. Wendalinus Dopsen ex Kempten (27. Sept.).
44. Jacobus Brünlin de Kanstat 1 ℥ (30. Sept.).
45. Johannes Vogt
46. Wolffgangus Mayer, ⎫ ex Gamundia (11. Okt.).
47. Bartholomeus Mayer ⎬
48. Heinricus Negelin ⎭
49. Heinricus Mösch de Mossbach 1 ℥ (11. Okt.).
50. Albertus Thüm de Nuwenburg (23. Okt.). ·
51. Mauricius Brun de Kirchen (25. Okt.).
52. Johannes Lotzer de Horb (25. Okt.).
53. Heinricus Geroltsecker de Lor (25. Okt.).
54. Nicolaus Rümau ⎫ de Dornen (26. Okt.).
55. Johannes Hilprand ⎬
56. Jacobus Obermau ex Kempten (3. Nov.).
57. Sigismundus Mayer de Werthain 1 β (3. Nov.).
58. Magnus Weselin de Schorndorff (6. Nov.).
59. Simon Sigismundus ex Wilppad (9. Nov.).
60. Bernhardus Hopp ex Wayblingen (9. Nov.).

a) Leb *ist später einkorrigiert.*

38. B. a. Dez. 09. *MFA.:* Leb.
41. B. a. Dez. 09. — *Jacob Armbruster 1521 Kaplan in Horb.*
43. B. a. Dez. 09. *MFABacc.:* Dossried. — M. a. 15. Juli 11. *MFAMag.:*
Dópssried.
48. B. a. Febr. 10. *MFABacc.:* ex Augusta.
49. B. a. Febr. 10. *MFABacc.:* Metsch.
50. *OAB. Esslingen 204: Propst zu Ellwangen bis 1523.*
51. *MFABacc.:* M. Bron ex K., Bacc. Treverens. acceptus 9. Dez. 10;
habet locum post prom. Sept. 10.
52. B. a. Dez. 09. — M. a. 21. Juli 12. — *Leibarzt des Bischofs zu
Strassburg 1521: schreibt eine Schrift gegen die Pest. Vgl. Weller, Repertorium
typographicum 1818. Vgl. Bl. f. württ. K.-Gesch. 1,58.*
55. B. a. Febr. 11.
58. B. a. Febr. 10.
59. B. a. 3. Juni 10.
60. B. a. 3. Juni 10.

61. Conradus Winsshaim (9. Nov.).
62. Johannes de Obernkilch 1 β (16. Nov.).
63. M. Vitus de Wangbeck (26. Nov.).
64. Sebastianus Spengler ex Rutlingen 1 β (5. Dez.).
65. Jeronimus Berlin ex Dunkelspuhel (19. Dez.).
66. M. Vener de Kyssléck (19. Dez.).
67. Egelolffus Angelberg 1 β (21. Dez.).
68. Bernhardus Rorbach de Tübingen (27. Dez.).

1509.

69. Gregorius Köler ex Rutlingen (12. Jan.).
70. Sigismundus Winderer Canstatensis (17. Jan.).
71. Balthasar Eck de Schletstet 1 β (29. Jan.).
72. Johannes Bumaister de Hagenaw [a] (2. Febr.).
73. Leonhardus Schöpffer ex Bilstain (3. Febr.).
74. Jacobus Sayler ex Herenberg (8. Febr.).
75. Martinus Nibel de Dytzingen (8. Febr.).
76. Matheus Ort ex Wilpad (17. Febr.).
77. Wendalinus Fabri ex Ettlingen (17. Febr.).
78. Wilhelmus Schulthayss de Tubingen (22. Febr.).
79. Sinbertus de Burga (22. Febr.).
80. Paulus Nassaberlin de Kuppingen 1 β (26. Febr.).
81. Vdalricus Schwytzer de Kuppingen (26. Febr.).
82. Mathens Beringer (17. Febr.).

———————

a) Späterer Zusatz: resignavit et universitas acceptavit.

61. B. a. 3. Juni 10. MFA.: Conr. Hyrner de Winshain.
67. B. a. 3. Juni 10. MFA.: E. Müller ex A.
69. M. a. 15. Juli 10. — Theol.: Koler, princip. in bibliam 2. März 19.
71. B. a. Sept. 11.
72. M. a. 15. Juli 09.
73. M. a. Jan. 10. MFAMag.: Leonh. ex B.
74. B. a. Sept. 10.
75. B. a. Sept. 10.
76. B. a. 3. Juni 10. — M. a. 26. Jan. 12. MFAMag.: Ortt Thermopolitanus, nil dt. facultati. — Dec. fac. art. 1519.
78. B. a. Febr. 11. MFA.: Frater G. Sch.
81. B. a. Sept. 10.
82. B. a. 3. Juni 10. MFABacc.: Matth. Ditzler de Beringen. — M. a. 26. Jan. 14. MFAMag.: Dom. Matth. Ditzler ex B.

83. Franciscus Kircher de Stadion (3. März).

84. Jacobus de Kirchen (5. März).

85. Marcus Mercklin.

86. Jodocus Fogler ⎫ ex Vrach (8. März).
87. Georius Schöller ⎭

88. Johanes Hetzel ex Wysenstaig (11. März).

89. Balthasar Nippenburger (12. März).

90. Anthonius Alberstat (12. März).

91. Johannes Rotenburg M. art. (12. März).

92. Vitus Liesch ex Phortzen (1. April).

93. Marcus Krafft ex Kirchen 1 β (2. April).

94. Michel Hieber de Wetehusen (13. April).

95. Marcus Schilling de Lauffenberg (14. April).

96. Johannes King de Öttingen Bacc. Friburgensis dictus Kingsattler (15. April). ᵃ⁾

97. Stephanus Wolff de Öttingen (15. April). ᵇ⁾

98. Johannes Wörnschuser de Geppingen (16. April).

99. Fr. Caspar de Hornstain   ⎫ ord. s. Benedicti monasterii
100. Fr. Vdalricus de Gundelsshain ⎭ Campidonensis (29. April).

-----

a) *Ist mit anderer Tinte am Fuss der Seite nachgetragen.*

b) *Späterer Zusatz:* exutus est iuxta universitatis statuta die Bartholomei anno X°, quᵃ fuit tota universitas congregata.

83. B. a. 3. Juni 10. *MFABacc.:* Kürchner. — M. a. 21. Juli 12. *MFAMag.:* Fr. Supplinger, nil dt. facultati. — *Theol.:* Fr. Süpplinger de St. princip. in bibliam 21. April 17, in sentencias 2. März 19. — Rect. 1518/19: Franciscus Stadianus. - - *Vgl. Württ. Viertelj.-H. 1881 S. 186 f.; Blätter für württ. K.-Gesch. 6 (1891) S. 21: Roth, Beiträge 39.*

85. B. a. Sept. 10. *MFABacc.:* ex Kirchen.

86. B. a. Sept. 10. — *Vgl. Freib. Diöz.-Arch. 31 (1903) S. 196. Dazu Wiener Sitzungsberichte philos. Kl. 107, 205. Später Canonicus in Ehingen a. N.*

87. B. a. Sept. 10. *MFA.:* Schneller.

88. B. a. Sept. 10. — *MFA.:* Hytzer.

92. *MFABacc.:* Bacc. Colon. rec. 11. Nov. 09; habet locum ante promotos 1508. — M. a. 27. Jan. 11.

94. B. a. Sept. 10. *MFA.:* de Wetenhusen.

96. *MFABacc.:* rec. 23. Mai 09. — M. a. Jan. 10. *MFAMag.: [von späterer Hand]:* iuris professor huius scholae. — Rect. 1530/31: art. liberal. et iur. utr. Dr., Sexti et Clementinarum ordinarius; 1532: novorum iurium canonicorum ordinarius; 1533. — *Vgl. seine Selbstbiographie; Manuskript in U.-B — Vgl. Roth S. 166.*

97. *Pfarrer in Deiningen im Riess: 1525 im Rat der Bauern.*

99. B. a. Sept. 10.

100. B. a. Sept. 10.

101. M. Balthaser Her ex Kempten (20. April).
102. Johannes Hiemer de Kauffburen (20. April).
103. Vdalricus Mayer de Kempten (20. April).
104. Vdalricus Knor ex Stutgardia 1 β (23. April).
105. Johannes Kneller de Wil (23. April).
106. Johannes Spidel de Wil (23. April).
107. Johannes Bur de Lütkirch 1 β (26. April).
108. Michel Back de Canstat 1 β (27. April).
109. Jeorius Wesselin de Schorndorff (30. April).

60. Nomina intitulatorum sub et in rectoratu eximii viri Dom. **Heinrici Winckelhoffer** ex Ehingen utr. iur. D. a. 1509—1510:

1. Johannes Hemm ex Wal dedit 1 β (2. Mai).
2. Jeronimus Anfang de Pfaffhoff (2. Mai).
3. Annastasius Lapicide de Biettikhain (2. Mai).
4. Augustinus Thannhaimer ex Vlm (4. Mai).
5. Petrus Calciatoris ex Rotenburg (18. Mai).
6. Conradus Fabri de Dietenhain dedit 1 β (21. Mai).
7. Johannes Harder ex Wildperg (23. Mai).

102. B. a. Sept. 10. *MFA.:* Hymer.
103. B. a. Sept. 10. — M. a. Jan. 13.
105. B. a. Sept. 10. — *Dr. iur. und kaiserlicher Rat (Bossert).*
106. B. a. Sept. 10.
107. *MFABacc.:* Joh. Paur ex Lukirch rec. 1509 in consort. baccal., qui deinde sub decanatu M. Amandi Megling Urachii promotus est in magistrum. — M. a. 27. Jan. 11. — Dr. med. 28. Sept. 25. *Med.:* Pur o. O.
108. B. a. Febr. 11. *MFA.:* M. Bac Cantharopolitanus, nil dt. facultati. — *Zuletzt Pfarrer in Dusslingen: vgl. über seinen unglücklichen Eheprozess Heyd, Ulrich 3,163 ff.*
109. B. a. 21. Juni 12. *MFA.:* Wesselin.
109a. *MFABacc.:* Johannes Mutschler. B. a. Juni 09; *rangiert nach 59,9.*
109b. *MFABacc.:* Johannes Mauth de ... B. a. Dez. 09; *rangiert nach 59,52.*

2. B. a. 3. Juni 10. *MFA.:* o. O.
3. B. a. Sept. 10.
4. B. a. Sept. 10. *MFA.:* Danhaimer. — *Pfarrer in Nasgenstadt OA. Ehingen.*
5. B. a. Sept. 10. *MFABacc.:* Petr. Wern. de R.
6. *Pfarrer in Grossingersheim 1542.*
7. B. a. Sept. 10. — *Baumann, Akten zur Gesch. d. Bauernkriegs S. 268: Hans Harder v. Gertringen, Vogtsverweser in Herrenberg.*

8. Gallus Held de 'Rotwil (30. Mai).
9. Johannes Vfflinger (30. Mai).
10. Johannes Gosselt ex Wirmlingen (13. Mai).
11. Gallus Muller de Furstenberg (1. Juni).
12. Michael Sattelin de Rauenspurg (1. Juni).
13. Marcus Goltz de Owen (4. Juni).
14. Gregorius May de Tubingen (4. Juni).
15. Johannes Bütelin   } canonici monasterii s. Petri in Walsen
16. Nicolaus Calciatóris | (10. Juni).
17. Ludwicus Briechlin de Kempten 1 β (11. Juni).
18. Michael ex Angelsperg 1 β (15. Juni).
19. Cristofferus Currificis ex Walsshüt (20. Juni).
20. Balthasar Schwicker de Kirchen (15. Juni).
21. Johanes Moch de Hirssland (20. Juni).
22. Daniel Vfflinger (3; Juli).
23. Johannes Weberlin (5. Juli).
24. Simon Hëlin de Eningen (7. Juli).
25. Johannes Weltz de Wernsperg (22. Juli).
26. Hartmannus Heuninger de Kochendorff (22. Juli).
27. Johannes Mayer de Boppenwiler 1 β (28. Juli).
28. Johannes Butelin de Scheppach 1 β (30. Juli).
29. Cristofferus Gopp de Biberach (2. Aug.).
30. Johannes Busch de Stutgarten (4. Aug.).

8. B. a. Sept. 10.

11. *MFABacc.*: Gallus Miller, Bacc. Coloniensis rec. 11. Nov. 09; habet locum ante promotos 1508. — M. a. 15. Juli 10. *MFAMag.*: [*von späterer Hand:*] theologus, professor et pastor ecclesie Tubingensis. — *Theol.*: princip. iu bibliorum cursum 12. Febr. 1515; in sentencias 21. April 17; insignia doctoralia recepit 2. Mai 1519. — Dez. fac. art. 18/19. — Rect. 1516/17; 19/20; 24/25; 27; 29/30; 32/33. *Vgl. Roth 165 und Steiff S. 246.*

16. B. a. Sept. 10. *MFABacc.*: Fr. ex monasterio in Waltzen posito.

17. B. a. Sept. 10.

18. *OAB. Backnang 149: Michel Angelberger.*

20. B. a. 23. Dez. 11.

23. B. a. Dez. 10. *MFA.*: Joh. Textoris ex Stutgardia.

24. B. a. Febr. 11. *MFA.*: S. Weiss de E.

26. B. a. Dez. 10. *MFA.*: Heninger de Winsperg. — *1542 Pfarrer in Gronau.*

29. B. a. Sept. 10. *MFABacc.*: Gab.

30. *MFABacc.*: Bacc. Fripurg. angaria carismatum [= *penthec.*] 09 prom. — M. a. 27. Jan. 11. — *Chorherr zu Stuttgart 1527—39. Vgl. Rothenhäusler, Ableien und Stifte 219.*

31. Franciscus Beringer de Tubingen 1 ß (10. Aug.).
32. Albertus Berlin de Dinckelspuhel (11. Aug.).
33. Philippus Lepkiechler de Halprün (16. Aug.).
34. Vitus Sporhan de Vlm (17. Aug.).
35. Conradus Heuffelin de Oberlendingen (21. Aug.).
36. Wilhelmus Reiblin de Rotenburg (21. Aug.).
37. Conradus Riter de Schorndorff (21. Aug.).
38. Caspar Spät de Hepfficken (23. Aug.).
39. Georgius Gerlach de Behlingen (29. Aug.).
40. Conradus Vischer de Vrach 1 ß (31. Aug.).
41. Michael Pfau (4. Sept.).
42. Niclaus Monschin ex Esslingen 1 ß (5. Sept.).
43. Eberhardus Gerlach de Beblingen (8. Sept.).
44. Martinus Pfefflin de Nurtingen (13. Sept.).
45. Matheus Billing de Villingen (14. Sept.).
46. Georgius Rüff de Rutlingen 1 ß (14. Sept.).
47. Johannes Kuning de Villingen (14. Sept.).
48. Melchior Satler ex Eschelbrun. *)
49. Matheus Wern ex Echtertingen.
50. Johannes Fabri de Tann 1 ß (16. Sept.).
51. Johannes Lutz de Altingen (18. Sept.).
52. Conradus Welle de Vrach 1 ß (18. Sept.).
53. Jeorius Merck de Stadion (18. Sept.).
54. Wolffgangus Mayer de Emerckingen (18. Sept.).
55. Fr. Dionisius Grieb ordinis predicatorum (20. Sept.).

---

*) No. 48 und 49 sind mit anderer Tinte am Fuss der Seite ohne Datum eingetragen.

32. Vgl. Bl. für württ. K.-Gesch. 4.64.
34. B. a. Febr. 10.
36. Vgl. Bl. für württ. K.-Gesch. 4,74.
39. D. B. 394. 395.
40. B. a. 25. Juni 11. MFABacc.: Fischer; nil dt. facultati.
41. MFABacc.: Bacc. Friburg. rec. in consort. baccal. 10. Apr. 1511; rangiert nach 61,32.
43. B. a. 23. Dez. 11.
44. B. a. 25. Juni 11.
48. B. a. Sept. 11. MFABacc.: Melch. Ephipiarii.
49. B. a. Sept. 11.
51. Kaplan zu Joh. Bapt. in Sülchen.
53. B. a. 25. Juni 11.
54. B. a. Febr. 12.
55. Heidelb. II, 599: Fr. Dion. Gryeb prior Esslingensis ex Esslingen ord. pred. Dr. theol. 1513.

56. Paulus Rol de Nagolt 1 β (24. Sept.).
57. Thomas Goppelt de Botmar (28. Sept.).
58. Fr. Otmarus Flück } conventuales ord. monasterii s.
59. Fr. Jacobus Neckensecker } Galli (13 Okt.).
60. Gregorius } fratres die Lamparter nominati, filii illustr. principis
61. Johannes } cancellari (13. Okt.).
62. Michael Sporer de Kämpten 1 β (18. Okt.).
63. Heinricus Kiehorn de Waiblingen (22. Okt.).
64. Michael Kreber de Nurtingen 1 β (23. Okt.).
65. Johannes Calciatoris de Stutgarten (23. Okt.).
66. Johannes Rockelin de Elwangen (23. Okt.).
67. Michael Hailenhaintz de Stutgarten (27. Okt.).
68. Martinus Veter de Echtertingen 1 β (27. Okt.).
69. Caspar Mertz de Stutgarten (31. Okt.).
70. Georgius Glock de Kutzingen (2. Nov.).
71. Johannes Heinrici Goldlin de Thurego (2. Nov.).
72. Conradus Pfyl de Dornstetten (8. Nov.).
73. Georgius Gotprod de Esslingen (9. Nov.).
74. Petrus Burghardi de Oberkirch (13. Nov.).
75. Andreas Falbenberg de Pregantia 1 β (21. Nov.).
76. Georgius Lepkiechler de Wimpfen (22. Nov.).
77. Otto de Langen (26. Nov.).

---

56. B. a Dez. 10. *MFABacc.:* Roll.

57. B. a. 25. Juni 11. *MFABacc.:* Thom. Wolff de Bautwar; nil dt. facultati.

58. *MFABacc.:* Fr. Othmarus Flügk ex cenobio S. Galli rec. 30. Nov. 09 et habet locum ante prom. 1506.

63. B. a. 25. Juni 11.

64. B. a. Febr. 11. *MFABacc.:* nil dt. facultati. — *Keim, Schwäb. Ref.-Gesch. 72: Chorherr in Stuttgart.*

65. B. a. Febr. 11. *MFA.:* Calcearii.

66. *Heidelb.: Joh. Rocklin (Röcklin) de Elwangenn August. dioc. inscrib 10. Okt. 01; Bacc. art. viae antiquae Juni 03.* — *MFABacc.:* Joh. Recklingen o. O. Bacc. Heidelb. rec. 30. Nov. 09; habet locum ante prom. 1506. — M. a. Jan. 10. *MFAMag.:* Recklin.

67. B. a. Febr. 11.

69. B. a. 25. Juni 11.

71. *Vgl. Roth.*

73. *MFABacc.:* Georius Gottpratt, Bacc. Friburg. prom. Juni 09; rec. 1. März 1510. — M. a. 15. Juli 11.

77. *MFABacc.:* Otto Langen Maguntinus rec. 15. Jan. 1510; Bacc. Treverens. prom. 1. Aug. 09.

78. Cristofferus Sailer de Herrenberg (28. Nov.).
79. Johannes Wagner de Pfulingen 1 ß (29. Nov.).
80. Sebastianus Lindenman de Ogelspurenn (8. Dez.).
81. Bernhardus Sichelschmid de Horb 1 ß (8. Dez.).
82. Michael Rück de Esslingen (8. Dez.).
83. Conradus Sain*) de Rotnacker (8. Dez.).
84. Johannes Mangolt de Augusta (20. Dez.).
85. Frater Thomas Mang in Vrsperg (20. Dez.).
86. Jeronimus Yselin de Mundelhaim (20. Dez.).b)
87. Burghardus Wetzel de Wangen 1 ß (31. Dez.).

1510.

88. Petrus Hablutzel de Oberkirchberg (7. Jan.).
89. Maximilianus Krodler de Niffen (10. Jan.).
90. Jochachim Rupp de Rutlingen (14. Jan.).
91. M. Johannes Höss de Friburg (19. Jan.).
92. Johannes von Stain canonicus Eystettensis (19. Jan.).
93. Albertus Kruss de Melchingen (19. Jan.).
94. Cristofferus Sturtzel de Buchow canonicus Waldkirchensis (19. Jan.).
95. Johannes Zipperer de Herenberg (25. Jan.).
96. Joseph Schlick ex Haidelberg (29. Jan.).
97. Beatus Holtzer de Salem (29. Jan.).
98. Sebastianus Nithart ex Vlm (8. Febr.).
99. Gallus Muller de Menga 1 ß (17. Febr.).

---

a) Über dem ersten Strich nach dem a ist deutlich ein Punkt.
b) Von Nro. 82—86 fehlt die Bemerkung über Gebührenzahlung.

79. 1542 und 1544 Pfarrer in Neuenbürg.
83. Über den Reformator Sam vgl. Heyd und Theol. Real-Encyclopäd. 3. Aufl. s. n.
85. B. a. 3. Juni 10. MFA.: de Ursperg.
86. B. a. Dez. 10.
88. MFABacc.: P. Hablútzel, Bacc. Ingolstad. rec. 1510; habet locum ante promotos Dec. 09. — M. a. 21. Juli 12. MFAMag.: ex Kylberg.
89. B. a. 25. Juni 11. MFABacc.: Krödler.
93. MFAMag.: Alb. Krauss de M. Mag. Friburgensis receptus est 1511 et habet locum ante prom. Jan. 1510. — Prior in Güterstein 1515; Propst in Wolfegg, Pfarrer in Wurzach 1532, dann Weihbischof in Brixen. S. Wiedemann, Eck 243.
95. B. a. 23. Dez. 11.

100. Vlricus Klingler de Scharenstain (18. Febr.).
101. Adam Botznhart ex Vlm (19. Febr.).
102. Michael Schneller de Vrach (19. Febr.).
103. Conradus Rosch de Furstenberg (19. Febr.).
104. Laurentius Kläser de Turego (24. Febr.).
105. Johannes Woring de Stutgart (24. Febr.).
106. Johannes Gör de Betlingen (24. Febr.).
107. Johannes Vöt de Canstat (26. Febr.).
108. Johannes Knoder de Rotenburg (26. Febr.).
109. Martinus Bengel de Leükirch 1 β (27. Febr.).
110. Johannes de Gultlingen (1. März).
111. Mathias Schutz de Weyl (1. März).
112. Johannes Schwitz de Geppingen (8. März).
113. Johannes Pistoris de Herenberg 1 β (13. März).
114. Johannes Wolder de Rutlingen (16. März).
115. Thomas Ot de Schenberg (22. März).
116. Martius Rinacher de Basilee (5. März).
117. Bernhardus Reb de Zwyfalten (9. April).
118. Johannes Waltheri Löffen 1 β (9. April).
119. Johannes Lindenfelss de Brackenhain (9. April).
120. Wendalinus Walkmüller de Kalb (9. April).

101. B. a. 25. Juni 11. *MFA.:* Botzenhartt.

102. B. a. Sept. 11. — M. a. Jan. 13. — *Rothenhäusler, Abteien und Stifte 223:* Chorherr in Urach, † 1556.

103. B. a. Sept. 11. *MFA.:* Conr. Taubennest ex F. — *Zur Familie vgl. Baumann, Akten zur Gesch. d. Bauernkriegs 410.* — *S. Steiff S. 246 N. 2.*

105. B. a Sept. 11. *MFABacc.:* J. Wern. — *Bl. für württ. K.-Gesch. 1.15.*

107. B. a. Sept. 11. *MFABacc.:* Faut; postea regius consiliarius factus. — M. a. 23. Juli 15. *MFAMag.:* Faut.

108. B. a. 3. Juni 10. — M. a. Jan. 13. — Dec. fac. art. 1528/24: utr. censure Dr. Rautenburgius. — *D. B. 12 u. 17.*

111. *MFABacc.:* Bacc. Lips.; rec. 1510; habet locum post promotos Sept. 1507. — M. a. 27. Jan. 11. *MFAMag.:* Schitz.

113. B. a. 23. Dez. 11. *MFABacc.:* Piscatoris *(derselbe Schriftsteller lässt sich auch sonst nachweisen).* — *Pfarrer in Gönningen 1526.*

115. B. a. Sept. 11. *MFABacc.:* Ott. — M. a. Juli 13. *MFAMag.:* Oth. *Pfarrer in Gönningen noch 1545.*

117. B. a. Sept. 11. — M. a. Juli 14. *MFABacc. u. Mag.:* Rieber.

118. B. a. Sept. 11. *MFABacc.:* ex L. nil dt. facultati.

119. B. a. Sept. 11. *MFABacc.:* Lindenfetz. — M. a. Juli 13.

120. B. a. Sept. 11. *MFA.:* Walckmiller.

121. Sebastianus Griff de Rutlingen 1 β (10. April).
122. Sigismundus Kün de Gysslingen (13. April).
123. M. Wernherus Mayer de Minster (22. April).
124. Niclaus Fabri de Stöffen (22.. April).
125. Paulus von Welperg (24. April).
126. Cristofferus von der Vest (24. April).
127. Vdalricus Nurtinger (24. April).
128. Thomas Decker de Plochingen (25. April).
129. Dominicus Grupp de Donssdorff (28. April).
130. Johannes Ritlang de Eppingen 1 β (29. April).

61. Intitulati sunt infrascripti anno **1510** sub eximio domino
D. **Jacobo Lemp —1511:**

1. Vitus Stippel ex Elwangen (2. Mai).
2. Henricus Winckelhoffer ex Ebingen (6. Mai).
3. Johannes Scriniatoris de Offenburg 1 β (14. Mai).
4. Johannes Bewesch de Tettingen (23. Mai).
5. Johannes Schubelin ex Holtzgerlingen (23. Mai).
6. Balthasar Hiller ex Holtzgerlingen (23. Mai).
7. Jeorius Will de Scher 1 β (24. Mai).
8. Georius Nagolt de Nagolt 1 β (26. Mai).
9. Jacobus Lamerscher de Lamerschen (26. Mai).

121. B. a. Sept. 11. *MFA.:* Greiff, nil dt. facultati.

122. Sattler, Hz. 3,70: Pfarrer in Reichenbach.

123. MFAMag.: M. Wernh. Maioris de Minster Friburge promotus, hic receptus, habet locum ante promotos 15. Juli 1510.

124. MFABacc.: N. Fabri de Stouffen Bacc. Friburg. habet locum post prom. Febr. 10. — M. a. 27. Jan. 11. *MFAMag.:* de Staufen.

125. B. a. 21. Juni 12. *MFABacc.:* P. Welsperger de Proneg. — *Corpus Reformatorum 1,17.*

127. B. a. Sept. 11 *MFABacc.:* Ud. Stadel ex Nurtingen.

128. B. a. Sept. 11. — M. a. Juli 13. *MFAMag. [von anderer Hand]:* Dr. medicus, praefectus Uracensis.

129. B. a. Sept. 11.

130. B. a. Sept. 11. *MFABacc.:* Rudland; nil dt. facultati.

5. B. a. 23. Dez. 11. *MFA.:* Schibelin.

6. B. a. Febr. 12. — M. a. 25. Jan. 14.

9. B. a. Febr. 12. *MFA.:* Jac. ex Lamerschen.

10. Johannes Rockenbuch de Reningen (27. Mai).

11. Conradus Metzinger de Ottelfingen 1 β (27. Mai).

12. Eberhardus Herdach de Türn (27. Mai).

13. Johannes Taurus jer steur (?) de Holtzgeringen[a] (2. Juni).

14. Conradus Wittinger (4. Juni).

15. Johannes Mayer dt. 6 β ⎫

16. Blasius Widman dt. 6 β ⎬ de Tagerschen (5. Juni).

17. Caspar Schwartz dt. 1 β ⎭

18. Ludwicus Schaffhuser de Sindelfingen (5. Juni).

19. Friedericus Kölle de Schorndorff (6. Juni).

20. Andreas Gronberg de Lindaū (6. Juni).

21. Paulus Rechberg canonicus ex Elwangen (8. Juni).

22. ·Johns Rischacher de Friburg (9. Juni).

23. Johannes Rempfer de Wilperg (11. Juni).

24. Conradus Husenconrat ex Stutgardia (13. Juni).

25. Jacobus Hablützel ex Kirchberg (24. Juni).

26. Georgius Hirsenbuch de Stainhaim (24. Juni).

27. Michael Mayr de Kampidona dedit 1 β (26. Juni).

28. Georgius Simler de Wimppina (1. Juli).

29. Sebastianus Liesch de Phortzen (1. Juli).

---

a) *Die Ortsbezeichnung ist von anderer Hand darübergeschrieben.*

10. B. a. Sept. 12. *Sattler, Herz. 3,69: Frühmesser in Heiningen 1534.*

12. B. a. Sept. 11. *MFA.:* Eberh. Hornbach ex Dürnen.

13. B. a. 23. Dez. 11. *MFA.:* Thauri.

15. B. a. 23. Dez. 11.

16. B. a. 23. Dez. 11. — *Theol. Studien aus Württ. 1883 S. 221: Pfarrer in Neckarrems.*

18. B. a. 23. Dez. 11. *MFA.:* Schafhyser. — *1542 Pfarrer in Möttlingen.*

20. B. a. Sept. 11. *MFABacc.:* Grienenberg, nil dt. facultati.

23. B. a. 23. Dez. 11. — *Resigniert 1535 auf die Vikarie des hl. Kreutes in Horb (Roth).*

24. B. a. 21. Juni 12. — M. a. 23. Juli 15. *MFABacc. u. Mag.:* Conr. Huser.

26. B. a. 16. März 15. *MFABacc.:* G. Lemp de Staibaim. — M. a. Jan. 18. *MFAMag.:* Hyrsenbuch.

28. *Leipzig: G. Symeller, inscrib. W. S. 1490. B. a. W. S. 1492. — MFABacc.:* G. Symler d. W., Bacc. Lips. fuit immediate ad examen magistrandorum 1510 admissus. — M. a. 15. Juli 10. *MFAMag. [von späterer Hand]:* iurisconsultus.· — *Roth, Beitr. 37. — ADB. — Vgl. Bl. f. württ. K.-Gesch. 1,58. Steiff S. 84 f.*

29. *MFABacc.:* Bacc. Colon. rec. 1510 et habet locum post prom. Febr. 1509.

30. Cristofferus Hiller de Dornstetten (8. Juli).
31. Jeorius Weinleder ex Cantstat dt. 1 β (10. Juli).
32. Leonhardus Sterchle ex Rauenspurg (19. Juli).
33. Balthasar Lederle de Campidona dt. 1 β (19. Juli).
34. Gerwicus de Riethaim (20. Juli).
35. Jeorius Fudle ⎫
36. Johannes Rotach ⎮
37. Johannes Friding ⎬ Campidonenses (25. Juli).
38. Jacobus Lug ⎮
39. Johannes Mosslin 1 β ⎭
40. Johannes Vranii de Tubingen (29. Juli).
41. Ezechael de Tübingen (29. Juli).
42. Augustinus Pictoris de Wila 1 β (29. Juli).
43. Johannes Heser ⎫
⎬ de Campidona (30. Juli).
44. Balthasar Himelberg ⎭
45. Jodocus Boss de Bernbür (31. Juli).
46. Jeorius Ebel de Gron dt. 1 β (21. Aug.).
47. Johannes Mutterer de Moringen (21. Aug.).
48. Conradus Doleatoris de Herenberg (22. Aug.).
49. Jacobus Hertzog*) de Wila (2. Sept.).
50. Jeorius Wegner de Tubingen 1 β (2. Sept.).
51. Simon Lipfrid de Rotenburg (2. Sept.).
52. Jacobus Sitz de Esslingen (3. Sept.).

a) *Übergeschrieben ist von anderer Hand:* Gross.

30. B. a. 28. Dez. 11. *MFABacc.:* Hyller. — M. a. Juli 13. — *Vikar des Stifts in Herrenberg.*

32. Freib.: 1506 Conradus Storglin de R. — *MFABacc.:* L. Stercklin, Bacc. Friburg. rec. 9. Dez. 10; habet locum ante prom. Dez. 09.

36. B. a. 28. Dez. 11. — *Diaconus in Krailsheim; 1535 Pfarrer in Lorch; OAB. Welzheim 196.*

37. B. a. 28. Dez. 11. *MFABacc.:* Fraiding. — M. a. Juli 13. *MFAMag.:* Fraidung.

38. B. a. 28. Dez. 11.

40. B. a. 21. Juni 12. *MFA.:* Jo. Uranius vulgo Brenninger de T.

42. B. a. Febr. 12.

44. B. a. Juni 13. — *Erster evang. Stadtpfarrer in Schorndorf.*

46. B. a. Sept. 11. *MFA.:* Jeorgius Eber ex Grein; nil dt. omnino.

47. B. a. 28. Dez. 11. *MFA.:* Muter.

49. B. a. Febr. 12. *MFA.:* Jac. Gross de Wilhain.

51. Freib. 1504. — *MFABacc.:* Sim. Lypfrid de R. Bacc. Friburg. rec. 9. Dez. 10 et habet locum ante prom. Dez. 08. — M. a. 27. Jan. 11.

52. B. a. Sept. 10. *MFA.:* Sytz.

53. Vitus Doleatoris de Stutgardia (5. Sept.).
54. Martinus Denckendorff de Stutgardia (5. Sept.).
55. Johannes Rotdecker de Simeringen (5. Sept.).
56. Johannes Wyss de Wila civitate (14. Sept.).
57. Johannes Wachter de Wangen (14. Sept.).
58. Sebastianus Kessel de Wangen (14. Sept.).
59. Andreas Wech de Lütkirch (14. Sept.).
60. Lenhardus Keffele de Kalb (18. Sept.).
61. Blasius Kerner de Kalb (18. Sept.).
62. Andreas Reser de Vrach dt. 1 β (20. Sept.).
63. Cristofferus Gundelfinger ex Hayingen (21. Sept.).
64. Johannes Wurschhorn de Brielingen (28. Sept.).
65. Johannes Storitz*) de Kircha (23. Sept.).
66. Laurentius Hipp de Rotenburg (29. Sept.).
67. Petrus Rayd de Franckfordia (3. Okt.).
68. Johannes Bernhardi de Iagberg (3. Okt.).
69. Johannes Butspach de Wimpina dt. 1 β (3. Okt.).
70. Conradus Richard de Eningen (9. Okt.).

a) Oder Storm?

53. B. a. Febr. 12.   MFA.: Binder.
54. B. a. Febr. 12.
55. B. a. Febr. 12.   MFA.: Joh. Raudeck de S.
56. B. a. 23. Dez. 11. — M. a. Jan. 18. — Stiftsherr in Stuttgart.
57. B. a. 23. Dez. 11.
58. B. a. 23. Dez. 11.   MFA.: Kesel.
59. B. a. 23. Dez. 11. — M. a. Juli 13.
60. B. a. Febr. 12. — MFA.: L. Keufflin.   .
61. B. a. 21. Juni 12. — Zeitschr. f. Gesch. des Oberrheins 25,215: Blas.
Kern, Beichtiger in Veltuna bei Feldkirch; 1543 Prediger im Barfüsserkloster
in Überlingen.
62. B. a. Febr. 12.   MFA: Röser.
63. MFABacc.: C. G. ex Haihingen, Bacc. Friburg. rec. 11. Juli 1511;
habet locum ante prom. Febr. 1510. — M. a. 26. Jan. 12.   MFAMag.: o. O.
64. B. a. 23. Dez. 11.   MFA: Wurstkorn de Brylingen.
66. B. a. Febr. 12. — M. a. Juli 13. — Stiftsherr in Ehingen a. N.: dann
Pfarrer in Remmingsheim; 1537 evangelisch.
67. B. a. Febr. 12. — MFA.: Rod.
68. B. a. Febr. 12. — MFABacc.: Leonhardi. — Vgl. Württ. Vierteljahrsh.
1880 S. 168 N. 4.
69. B. a. 21. Juni 12. — M. a. 21. Juli 17.   MFAMag.: nil dt. — 1520
zur Lectio in poesi et oratoria angenommen. — Vgl. Bl. für Württ. K.-Gesch.
4,64 u. 7,22.
70. B. a. Febr. 12.   MFABacc.: Rychardt.

71. Fr. Melchior Bentzhaimer de conventu Mindelhaim ordinis heremitarum s. Augustini dt. 1 β (11. Okt.).
72. Bernhardus Sytter de Sigelmingen (11. Okt.).
73. Martinus Scius de Rutlingen (11. Okt.).
74. Johannes Grissing de Augusta (13. Okt.).
75. Martinus Tickle de Kalb 1 β (13. Okt.).
76. Paulus Kaytenberg de Dornstetten (14. Okt.).
77. Johannes Kloss de Beringen (15. Okt.).
78. Niclaus Kenlin de Tubingen (15. Okt.).
79. Conradus Brun de Kirchen (19. Okt.).
80. Heinricus Wirt de Liechtenstain (21. Okt.).
81. Burghardus Molitoris de Wil (21. Okt.).
82. Petrus Spuhel de Wil (21. Okt.).
83. Jeorius Rempp de Beblingen (22. Okt.).
84. Jacobus Rülin de Gengenbach (22. Okt.).
85. Jochachim Loffer (23. Okt.).
86. Conradus Enij de Nurtingen (24. Okt.).
87. Matheus Krum ex Sindelfingen (25. Okt.).
88. Erasmus Lirer de Lansperg dedit 1 β (25. Okt.).
89. Balthasar Keffle de Wilperg (25. Okt.).
90. Balthasar Vogt de Constantia (26. Okt.).

72. B. a. Febr. 12. *MFABacc.*: Bernh. Sihelmingen. — M. a. Juli 14. *MFAMag.*: Siter. — Dec. fac. art. 1521/22: Seuter. — *Theol.*: Süter, princip. in bibliam 24. Mai 24.
75. B. a. Febr. 12. *MFABacc.*: Dicklin.
77. B. a. Febr. 12.
79. B. a. Febr. 12. — M. a. Juli 13. *MFAMag.*: iurisconsultus. — Rect. 1523/24. — *Vgl. Heyd u. Roth.*
80. B. a. Febr. 12.
82. B. a. Febr. 12. *MFABacc.*: P. Spul de Wiladingen.
83. B. a. 21. Juni 12.
84. B. a. Sept. 11.
85. B. a. Febr. 12. *MFABacc.*: Joach. Messer ex Lauffen. — *Von Roth ist fälschlicherweise der zu 58,88 gehörige M. Jouch. ex Kirchen mit diesem identifiziert.*
86. *1542 Frühmesser in Benningen.*
87. B. a. Febr. 12.
89. B. a. Febr. 12. *MFABacc.*: Keuffelin. — M. a. Juli 18. *MFAMag.*: Kefflin *[von späterer Hand:]* eximius theologus in nostra schola. — *Theol.*: princip. in sentencias 2. März 19; rec. insignia doctoralia 18. Juni 1521. — Rect. 1520/21; 25/26; 27/28; 30; 33/34; 35; 36; 39/40: Koeffelin; 41/42: Käffelin; 46/47; 48/49; 50; 52. — *Vgl. Heyd.*
90. *Roth, Leutkirch 2,356: Von 1523—37 Pfarrer in Engerazhofen.*

91. Gregorius Conradi de Bühel (29. Okt.).

92. Johannes Karler de Wyssenburg (29. Okt.).

93. Michael Gaylin de Lutkirch (29. Okt.).

94. Jacobus Fer ⎱
95. Jacobus Last ⎰ de Episcopalicella (30. Okt.).

96. Marcus Alber de Constantia (31. Okt.).

97. Erhardus Lobhart de Constantia (31. Okt.).

98. Wernherus Keller de Lenberg (31. Okt.).

99. Henricus Schlacker de Crocouia (4. Nov.).

100. Caspar Mütschelin de Tubingen (7. Nov.).

101. Johannes Bemler de Kalb (8. Nov.).

102. Jeronimus Hayd de Kalb (8. Nov.).

103. Conradus Rich de Stutgardia (9. Nov.).

104. Matheus Doleatoris ª) de Stutgardia (9. Nov.).

105. Thomas Opilionis de Anttenhusen (15. Nov.).

106. Augustinus Hanckher de S. Gallo (16. Nov.).

107. Caspar Flam de Bubenhoffen 1 β (18. Nov.).

108. Philippus Syblin ⎱
109. Marcus Syblin ⎰ de Vayhingen (28. Nov.).

110. Caspar Bloss de Bonlanden 1 β (2. Dez.).

111. Sebastianus de Rott (7. Dez.).

112. Jeorius Nipperg (10. Dez.).

a) *Übergeschrieben ist* Heller.

92. B. a. Febr. 12.

93. B. a. Sept. 12.

96. B. a. Febr. 12.

97. B. a. Febr. 12. *MFA.:* Lebhart.

98. B. a. Febr. 12. — M. a. 25. Jan. 14. — *Erster evang. Geistlicher in Marbach.*

100. B. a. Febr. 13. *MFABacc.:* Muschelin. — M. a. Jan. 16. — *Evang. Pfarrer in Weilheim OA. Tübingen 1534.*

101. B. a. 21. Juni 12.

103. B. a. Febr. 12. *MFA.:* Rych.

104. B. a. Febr. 12. — M. a. 24. Jan. 15. *MFABacc. u. Mag.:* M. Heller de St.

106. B. a. Febr. 12.

107. B. a. Febr. 12. — M. a. 23. Juli 15.

108. B. a. Febr. 12. *In MFABacc. ist 108 u. 109 durch eine Klammer verbunden und der Personenname nicht leserlich:* Grma? — M. a. Juli 18. *MFA.-Mag.:* Seiblin. — *1525 im Landtag: Keller in Vaihingen. D. B. 595 u. 597. Oder der Rentkammermeister u. Verwalter des geistl. Guts (Vgl. Württ. Jahrb. 1903 S. 90).*

109. B. a. Febr. 12. — *Priester in Vaihingen, verleihdingt 1542.*

113. Andreas Winstain de Schwaygern (10. Dez.).
114. Johannes Mayr de Augusta (11. Dez.).
115. Jacobus Tachtler de Tubingen (13. Dez.).
116. Leonhardus Ellenhans de Wimppina 1 β.
117. Martinus Fuchs de Esslingen 1 β (16. Dez.).

1511.

118. Jacobus Degen.
119. Petrus Dintzen de Schorndorff (5. Jan.).
120. Johannes Balneatoris de Schorndorff (5. Jan.).
121. Stephanus Raid ⎫
122. Nicolaus Sperler ⎬ de Schorndorff (5. Jan.).
123. Leonhardus Petri de Schorndorff (5. Jan.).
124. Jeorius Karss de Pfullingen 1 β (6. Jan.).
125. Andreas Gros de Ottenbüren 1 β.
126. Johannes Klenck de Kalb (18. Jan.).ᵃ⁾
127. Thomas Tulin de Japperg 1 β (19. Jan.).
128. Caspar Gutherr de Japperg (19. Jan.).
129. Sebastianus Langwaer de Vlma (20. Jan.).
130. Sebastianus Osenbach de Nurtingen (27. Jan.).
131. Wolffgangus Funckel de Hallis (30. Jan.).

---

a) *Ohne Gebührenangabe.*

114. *MFABacc.:* Jo. Mayer ex A. Bacc. Ingolst.; rec. 13. März 1511, precedit omnes prom. Sept. 1509. — M. a. 15. Juli 11.

115. B. a. Dez. 12. *MFABacc.:* Dachler ex Herenberg. — M. a. 24. Jan. 15. *MFAMag.:* Dachtler. — *Bei der Landschaft 1516; Kammermeister 1535.* — *Ein Jac. Dachtler ist aber auch Pfarrer in Ebersbach; Schneider, Ref.-Gesch. S. 80.*

116. B. a. 21. Juni 12. *MFABacc.:* Ellahans.

117. B. a. Febr. 12. — *Erster evang. Stadtpfarrer in Neuffen.*

119. B. a. 21. Juni 12. *MFA.:* Dintzel.

120. B. a. 21. Juni 12.

121. B. a. Sept. 12.

123. B. a. 21. Juni 12. *MFABacc.:* Leonh. Fabri alias Petri. — M. a. 25. Jan. 14. *MFAMag.:* Leonh. Fabri.

124. *Pfarrer in Holzelfingen, 1523 Dekan in Reutlingen.*

125. B. a. Sept. 12.

126. *1542 Pfarrer in Sulz bei Wildberg.*

127. B. a. 21. Juni 12. *MFA.:* Thielin ex Jagperg.

129. B. a. 21. Juni 12. *MFA.:* Lougenouger.

130. B. a. Sept. 12. *MFA.:* Ochsenbach. — *Pfarrer in Ehingen a. D. 1536.*

131. B. a. Sept. 12. *MFA.:* Vunckel.

132. Johannes Felder de Pregantia (30. Jan.).

133. Vitus Menhofer de Vlma (30. Jan.).

134. Paulus Grusinger de Constantia 1 β (30. Jan.).

135. Vlricus Morlin de Lorch 1 β (1. Febr.).

136. Lenhardus Krayss de Sindelfingen (2. Febr.).

137. Andreas Wendelstain de Rotenburg.

138. Ambrosius Nere de Rotenburg (7. März).

139. Jodocus Lorcher Doctor et canonicus de Brandenburg (10. März).

140. Johannes Mayr de Malmsen.

141. Leonhardus Bür de Vlma 1 β (15. März).

142. Johannes Schwartz de Sindelfingen (15. März).

143. Emricus   ⎰ comites de Liningen germani quilibet dedit

144. Engelhardus ⎱   1 flor. (31. März).

145. Michael Hentschüch de Rauenspurg 1 β (17. März).

146. Heinricus Wyssgerber de Gamundia (19. März).

147. Michael Franck de Gamundia (19. März).

148. Michel Nigahemer ex Landaü 1 β (19. März).

149. Wendalinus Fabri de Rutlingen (20. März).

150. Thomas   ⎱ Anshelmi (20. März).

151. Johannes ⎰

152. Conradus Harm de Tubingen 1 β (20. März).

153. Vitus Wysshaüpt de Minsingen (27. März).

154. Itelperegrinus de Höudorff (28. März).

---

132. Roth, Gesch. Leutkirchs 2.73: J. Felter, plebanus in Werlach † 1542.

133. B. a. Sept. 12. *MFA.:* Menhöffer.

134. B. a. Sept. 12. *MFA.:* Griesser.

136. B. a. Sept. 13. *MFA.:* Krais.

137. Freib. 1509. — MFABacc.: Bacc. Friburg. rec. 10. Apr. 1511; habet locum post, prom. Sept. 1510.

138. Freib. 1509: Ambr. Negerius. MFABacc.: Bacc. Friburg. rec. 10. Apr. 1511; habet locum post precedentem *[Nro. 137].*

139. Theol.: Dom. Dr. Jod. L., decanus in Anaspach princip. in cursum biblie 1. Apr. 1511. — *Roth, Ref.-Gesch. Augsburgs 2. A. S. 48.*

140. B. a. Dez. 12. *MFA.:* Meier.

145. B. a. Sept. 12. *MFA.:* Hendtschoch.

146. MFABacc.: H. Weisgerber ex G. Bacc. Frib. rec. 10. April; habet locum ante prom. Sept. 1510.

150. S. Steiff S. 13.

151. B. a. Dez. 12. *MFABacc.:* ex Pfortzenn. — *Sohn des bekannten Buchdruckers (Nr. 150).*

154. Zimmerische Chronik 2,330.

155. Vitus Krafft de Bessica (6. April).
156. Johannes Schick de Kirchen (16. April).
157. Laurentius Rentz de Wilpperg (25. April).
158. Vitus Kolin de Gamundia (28. April).
159. Jodocus Gertenstyl de Oberndurncken 1 β.
160. Michael Bül de Güglingen (29. April).
161. Gregorius Ainckurn de Norlingen (1. Mai).

62. Sub rectoratu eximii viri **Wendalini Staiubach** s. theol. Mag. a. **1511** Phil. et Jacobi —**1512.**

1. Matheus Hermanus ex Nallingen 1 β (3. Mai).
2. Adam Getz ex Constantia (3. Mai).
3. Johannes Finck ex Halbron *) 1 β (4. Mai).
4. Johannes Fhisches ex Vrach 1 β (5. Mai).
5. Sebastianus Weber ex Wyssenhorn (5. Mai).
6. Laurentius Wysshorn ex Gröningen (6. Mai).
7. Fr. Sebastianus Rapp ordinis s. Augustini conventus Esslingensis 1 β (6. Mai).
8. Lucas Stain ex Rotenburgo (7. Mai).
9. Mathias Hirsgartten ex Altorff 1 β (7. Mai).
10. Bernhardus Schuenngeringer de Menssingen (10. Mai).

a) *Überkorrigiert ist* ex **Massenbach**.

155. B. a. 28. Dez. 11.
157. B. a. Sept. 12.
158. B. a. Sept. 12. *MFABacc.:* Kôlin. — M. a. Juli 16. *MFAMag.:* Kellin.
159. B. a. Sept. 12. *MFABacc.:* Jod. Gertenstain ex Oberkirch. — M. a. Juli 16. *MFAMag.:* Jod. Gerbelstill de Oberdirckein.
160. B. a. Sept. 12. *MFA:* Büll.
161a. *MFABacc.:* Jacobus Lutz de Erttingen. B. a. 21. Juni 12., *rangiert nach* 61,129. *Identisch mit* 62,124 ?
161b. *MFAMag.:* Johannes Rap ex Holzgerlingen. M. a. 25. Jan. 14. *Von Roth identifiziert mit* 62,7.

1. B. a. Sept. 12. *MFA.:* M. Germanus Molonensis. — *Steinhofer* 4,360.
3. B. a. Sept. 12. *MFA.:* Vinck ex Massenbach.
4. B. a. Sept. 12. *MFA.:* Vischsess.
5. B. a. Sept. 12. *MFABacc.:* Textoris. — M. a. 25. Jan. 14. *MFA.-Mag.:* Seb. Weber ex Memingen.
6. B. a. Dez. 12. *MFA.:* Weysshart.
7. *Vgl.* 61,161b.
8. B. a. Sept. 13.

11. Johannes Hilttebrant de Schuitzingen Bacc. Haidelb. (11. Mai).
12. Georgius Wympffer ex Rutlingen (11. Mai).
13. Sixtus Weselin de Schorndorff (15. Mai).
14. Michel Linck ex Walen (17. Mai).
15. Laurentius Wanroider ex Wangen (20. Mai).
16. Anthonius Cesar de Gamundia (20. Mai).
17. Gallus Mutti de Gamertingen 1 β (20. Mai).
18. Adam Nismehoffer de Franckfordia (24. Mai).
19. Dionysius Koster ex Esslingen 1 β (24. Mai).
20. Gabriel Rasspe de Zapernia 1 β (2. Juni).
21. Martinus Wuchster ex Offtertingen (3. Juni).
22. Johannes Cultellificis ex Stutgardia (9. Juni).
23. Johannes Doleatoris ex Phortzen 1 β (10. Juni).
24. Conradus Kupfferschmid ex Tubingen 1 β (12. Juni).
25. Bartholomeus Molitoris ex Frickingen (12. Juni).
26. Georgius Wysshardt de Kalb (13. Juni).
27. Johannes Kurinschmid ex Tubingen (13. Juni).
28. Wolff Knoringer (14. Juni).
29. Eberhardus Kieber de Kirchen (19. Juni).
30. Thomas Dillinger ex Fussen 1 β (21. Juni).
31. Johannes Tettinger ex Tubingen 1 β (21. Juni).
32. Vlricus Sigler ex Minsingen (22. Juni).

11. *Matr. Heidelb.: J. Hiltebrant de Schwetzingen Wormat. dioc. inscrib.*
7. März 96. B. a. viae ant. 9. Nov. 97. — *MFABacc.:* J. Hidprant Haidelbergensis, rec. 7. Juli 11 et habet locum ante omnes nostri gymnasii bacc. nunc
existentes in loco. — M. a. 21. Juli 12. *MFAMag.:* Hyltebrant ex Swetzingen.
— Vgl. *ADB. u. Steiff s. v.*

12. MFABacc.: G. Wimpffer ex R., rec. 7. Juli 1511; habet locum ante
prom. Febr. 11. — M. a. Juli 14. *MFAMag.:* Winpfer Ritlingensis.

13. 1545 Stadtschreiber in Schorndorf.

16. B. a. Sept. 12. *MFA.:* Cessar.

18. B. a. Febr. 13. *MFABacc.:* Instenhofer. — M. a. Juli 16. *MFAMag.:*
Ad. Instenhofer Maguntinensis.

19. B. a. Febr. 13. *MFA.:* D. Kesler ex E.

21. B. a. Dez. 12. — M. a. 24. Jan. 15. *MFABacc. u. Mag.:* Wuchter.

22. B. a. Dez. 12. — *MFA.:* o. O. — *Vgl. Roth.*

23. B. a. Dez. 12.

24. B. a. Sept. 13. *MFABacc.:* Loricarii ex T. — *Kaplan am Altar*
S. Margaretha am Spital Tübingen, belehnt 1533. Vgl. Rothenhäusler, Abteien
u. Stifte 216: canonicus Tubingensis.

27. B. a. 16. März 15. *MFABacc.:* Kirischmid.

31. Vgl. Heyd: Der Geschichtsschreiber Joh. Pedius Tethinger.

32. B. a. Dez. 12. *MFA.:* Ulricus Lateratoris.

33. Balthasar Ramenstain ex Marpach (29. Juni).
.34. Luduicus Vollandt Hallensis (7. Juli).
35. Cristofferus Kupler ex Basilea 1 β (17. Juli).
36. Sebastianus Trunck de Waiblingen (21. Juli).
37. Fr. Thomas Beck de Deckingen ordinis s. Benedicti (27. Juli).
38. Jacobus Adler de Bergfeld (4. Aug.).
39. Bartholomeus Rot Vlmensis (7. Aug.).
40. M. Jacobus Spiegel caesareae maiestatis secretarius (7. Aug.).
41. Erasmus Schriber de Biberaco (18. Aug.).
42. Vlricus Götler de Horb (21. Aug.).
43. Simon Beck de Bochen 1 β (23. Aug.).
44. Thomas Schneckenbehel de Althain (27. Aug.).
45. Balthasar Henffinger ex Ehingen (27. Aug.).
46. Guntherus Vaihinger ex Stutgardia (27. Aug.).
47. Petrus Draconis ex Culmer (?) Bacc. Friburgensis.
48. Jacobus Brucker ex Zabernia.
49. Jochim Truchsäss de Ringingen iunior (5. Sept.).
50. Georgius Truchsäss (5. Sept.).
51. Bartholomeus Cesar de Entringen (6. Sept.).
52. Michel Wentzenhuss de Stutgardia (18. Sept.).
53. Johannes Kopfferer de Isnina 1 β (23. Sept.).
54. Heinricus Nestling de Nagolt (25. Sept.).
55. Johannes Kopper de Nagolt 1 β (25. Sept.).
56. Vlricus Wilandt ex Vlma 1 β (29. Sept.).
57. Michel Kleiner Esshusenus 1 β (23. Sept.).
58. Georgius de Thono (2. Okt.).
59. Philippus de Thono (2. Okt.).

---

37. B. a. Dez. 12. *MFABacc.*: Fr. Thomas de D.
39. Über einen Barthlome Roth vgl. Baumann, Akten zur Gesch. d.
Bauernkriegs S. 359.
40. S. Roth S. 142.
41. B. a. Sept. 13. — M. a. Jan. 16.
43. B. a. Dez. 12. *MFABacc.*: Pistoris ex Buchenn. — Vgl. Rothenhäusler, Abteien u. Stifte 219: Kanonikus in Stuttgart bis 1535, später Pfarrer
in Kanzach.
44. B. a. Dez. 12. *MFABacc.*: Scheckenbuttel.
52. B. a. Juni 13. *MFABacc.*: Winzelhuser. — Rothenhäusler, Abteien
u. Stifte 229: Stiftsvikar in Stuttgart.
54. B. a. Febr. 13. *MFABacc.*: H. Nestlin.
55. B. a. Febr. 13. — M. a. 24. Jan. 15. *MFABacc. u. Mag.:* Kapp.
56. B. a. Dez. 12. — Weyermann 2,615.

60. Paulus Nigri de Plaburn (22. Okt.).

61. Martinus Ganterel de Granijs Bacc. iuris Dolensis (30. Okt.).

62. Conradus Lacher de Duttlingen 1 β (5. Nov.).

63. Niclaus Holtzhewer de Kampten 1 β (6. Nov.).

64. Michael Metzger Ingeringensis (7. Nov.).

65. Melchior Ruch Campidonensis (8. Nov.).

66. Johannes Selbman Campidonensis (8. Nov.).

67. Niclaus Schmeter ex Phortzen (9. Nov.).

68. Conradus Braitenberg Dornstettensis (17. Nov.).

69. Conradus Gruninger ex Entringen (18. Nov.).

70. Jacobus Friderici de Irrdenberg (20. Nov.).

71. Adam Hoch de Hofen dt. 1 β (22. Nov.).

72. Eberhardus de Stain dt. 1 β (22. Nov.).

73. Alexander Margtolff Bacc. Haidelb. (1. Dez.).

74. Mathias Wyss ex Kauffburen (5. Dez.).

75. Jodocus Kess de Lindaw (6. Dez.).

76. Wolffgangus Herman de Ötingen (7. Dez.).

77. Albertus Schenck Semperfry ecclesiarum kathedralium Argentinensis et Bombergensis canonicus dedit 1 flor. (11. Dez.).

78. Wilhelmus Schenck Semperfry germanus eiusdem, ambo de Linpurg dedit 1 flor. (12. Dez.).

79. Burghardus Öler de Mulhusenn ord. s. Johannis (12. Dez.).

80. Georgius Kluss de Nanspach (18. Dez.).

81. Georgius Richhart de Bochbron (18. Dez.).

82. Johannes Gretzinger ex Offterdingen (22. Dez.).

60. B. a. Febr. 13. *MFABacc.:* P. Schwarz ex Bibrach. — M. a. Jan. 17. *MFAMag.:* P. Schwarz ex Treffenspuch

65. B. a. Juni 13. — M. a. Juli 23. *MFAMag.:* Rüch. — *Theol.:* princip. in bibliam 21. Juli 29. — Dec. fac. art. 1531/32; Rector contubernii bis 1533.

66. B. a. Juni 93. *MFABacc.:* Seltman.

68. B. a. Febr. 12. *MFA.:* Braithberg.

69. B. a. Juni 13. *MFABacc. :* o. O. — M. a. 23. Juli 15. *MFAMag.:* Grieninger. — *1528 Canonicus in Ehingen.*

73. Matr. Heidelb.: Al. *Marckolff physici Spirensis 19. April 07.* B. a. *riae mod. 9. Juli 09: Marckdorff.* — *MFABacc.:* Al. Martholff ex Spira, Bacc. Haidelb. rec. 12. Jan. 1512. — M. a. 25. Jan. 12. *MFAMag.:* Martolf. — *Med.:* Martolff de Rotenburg, Dr. med. 19. Febr. 1520.

74. B. a. Febr. 12.

75. B. a. Febr. 12.

79. MFABacc.: Bacc. Friburg. rec. 12. Jan. 1512. — M. a. Juli 14.

80. B. a. Juni 13. *MFA.:* G. Claus ex Anspach.

82. B. a. Juni 13.

83. Marcus Hübler Augustanus (22. Dez.).
84. Johannes Betzel ex Nagolt dedit 1 β (24. Dez.).
85. Matheus Lang Augustensis (27. Dez.).
86. Johannes Rossler (27. Dez.).
87. Anthonius Langmantel (27. Dez.).
88. Johannes Roten (27. Dez.).
89. Johannes Simon ⎫
90. Johannes Walther ⎭ ex Stadion (31. Dez.).

1512.

91. Matheus Wyssertrub Wilensis (4. Jan.).
92. Laurentius Fabri ex Brackenhain (5. Jan.).
93. Sebastianus Schertlin Schorndorffensis (9. Jan.).
94. Johannes Demer Elwangensis dedit 1 β pauper (12. Jan.).
95. Heinricus Martin ex Totlingen (12. Jan.).
96. Martinus Cles Owingensis Bacc. Friburgensis (13. Jan.).
97. Wolffgangus Wyser de Gruningen dedit 1 β (16. Jan.).
98. Johannes Gutrecht Constantiensis 1 β (16. Jan.).
99. Valentinus Roter de Rodlingen 1 β (16. Jan.).
100. Ipolitus Stemler Lanspurgensis 1 β (16. Jan.).
101. Paulus Abelin ex Wysenborn 1 β (16. Jan.).
102. Georgius Straus Esslingensis 1 β (16. Jan.).
103. Anthonius Frij Rödlingensis 1 β (16. Jan.).
104. Sepoldus Hurner Gamundianus 1 β (16. Jan.).
105. Georgius Wint de Ringingen 1 β (16. Jan.).
106. Melichior Schulthayss ex Groüningen (23. Jan.).

---

84. B. a. 24. März 14. *MFABacc.*: Hetzel.
88. *MFABacc.*: Joh. Rattin ex Aichach, Bacc. Auripol., rec. 12 Jan. 1512.
93. B. a. Juni 13. *MFABacc.*: Johannes Sch. — M. a. Jan. 16. *MFA.-Mag. [am Rand]*: pius et praeclarus miles factus. — *Wiener Sitzungsberichte, phil.-hist. Kl. 107, 189: 1518 curie Constantiensis scriba iuratus;* vgl. Heyd *s. n. Schertlin von Burtenbach.*
96. *MFABacc.*: ex Vhingen, Bacc. Friburg. rec. 12. Jan. 1512. — M. a. Juli 13. *MFAMag.*: M. Claus Uingensis. — *Vgl. Heyd, Bibliographie u. Heyd, Ulrich 2,306.*
98. B. a. Juni 13.
101. B. a. Juni 13. *MFABacc.*: Aubelin.
102. B. a. Juni 13. — M. a. 24. Jan. 15. *MFABacc. u. Mag.*: Strom. *MFAMag.*: nil dt. facultati.
104. B. a. 23. März 17. *MFABacc.*: Seboldus Thurner.
106. B. a. Juni 13. *MFABacc.*: Schulthas.

107. Johannes Schütz de Wila (27. Jan.).
108. Petrus Honacker (3. Febr.)
109. Conradus Plender dedit 1 β (13. Febr.).
110. Vlricus Wysserer Bacc. Wenensis (14. Febr.).
111. Ludwicus Metzger de Nyffen (25. Febr.).
112. Renhardus de Rethberg (25. Febr.).
113. Conradus Barner de Rodlingen 1 β (26. Febr.).
114. Philippus Nossbom de Wila 1 β (2. März).
115. Martinus Sellarius Stutgardiensis (4. März).
116. Wernherus Heninger de Groüningen (5. März).
117. Egidius Fieg de Schemberg (10. März).
118. Wendalinus Ronss ex Schenberg 1 β pauper (10. März).
119. Johannes Vdalricus Löblin ex Thermiscellarum dedit 1 β pauper (14. März).
120. Conradus Gonsser ex Lopphein 1 β pauper (16. März).
121. Johannes Hurterfeldt ex Elwangen 1 β pauper (16. März).
122. Morandus Fabri ex Frowenfeld (22. März).
123. Sebastianus de Ehingen (23. März).
124. Jacobus Lutz de Rodlingen (23. März).
125. Burghardus Stadion (29. März).
126. Petrus Sumer de Landaůnoi (7. April).

— — —

107. B. a. Juni 13.
110. *MFABacc.:* Wyser ex Wangen, Bacc. Wien. rec. 12. Jan. 1512. — M. a. Jan. 13. *MFAMag.:* Wysser.
111. B. a. Juni 13.
112. B. a. 19. Dez. 14. *MFABacc.:* Renh. Riebberger.
113. *1542 Diakonus in Kirchheim: 1544 Pfarrer in Owen. Vgl. Roo-schütz, Owen S. 168.*
114. B. a. 2. Okt. 14. *MFABacc.:* Nüssbům.
115. B. a. Juni 13. — M. a. 24. Jan. 15. *MFABacc. u. Mag.:* Cellarius. *Vgl. Heyd s. n. Borrhaus.*
116. B. a. 21. Juni 14.
117. B. a. Sept. 13.
118. B. a. Sept. 13. *MFABacc.:* W. Kuntz ex Sch.
119. M. a. 19. Dez. 13. *MFABacc.:* Jo. Ulrici ex Th. C. — *Löblin 1545 Diakonus in Pfullingen.*
120. B. a. Sept. 13. *MFABacc.:* Ganser.
123. *Baumann, Akten zur Gesch. d. Bauernkriegs 360. Acta Senatus 1529:* interdixit agris manipulos decimarum universitatis in Nellingen.
124. *Vgl. 61,161 a.*
125. *A. Schilling, Reichsherrschaft Justingen S. 110. Vgl. Roth.*

127. Georgius Schelling de Entringen 1 β (7. April).
128. Sebaldus Gladiatoris de Nerlingen Bacc. Erdfordiensis (14. April).
129. Philippus Epp de Brackenhaim Bacc. Engelstatensis (15. April).
130. Johannes Niperg de Brackena Bacc. Ingelstetensis (15. April).
131. Stephanus Betz de Vlma 1 β (15. April).
132. Caspar de Wernaw (16. April).
133. Wolffgangus Widner Argentinensis 1 β (16. April).
134. Casperus Leb de Balingen (20. April).
135. Jacobus Westetter (23. April).
136. Vitus Faut ex Stutgardia (27. April).
137. Michael Guckemus de Campidona 1 β (27. April).
138. Cornelius Zain de Buchen (27. April).
139. Johannes Sehrotenbach de Gissen (28. April).
140. Fr. Dionisius Dath ex Esslingen ordinis heremitarum s. Augustini 1 β (29. April).

63. Infrascripti sunt intitulati sub eximio domino D. **Johanne Scheurer** ex Offtertingen Philippi et Jacobi a. **1512—1513:**

1. Michael Hoss de Nürberga (2. Mai).
2. M. Johannes Plyfuss ex Rudlingen (3. Mai).
3. Conradus Rentz ex Wyssenstaig (4. Mai).
4. Johannes Aichelin ex Wyssenstaig (4. Mai).

128. MFABacc.: Dom. Sebaldus Gladiatoris rec. 28. Juni 12. — M. a. 21. Juli 12.

129. MFABacc.: Bacc. Crisopolensis rec. 28. Juni 12. — M. a. Juli 13.

130. MFABacc.: Joh. Ypper, Bacc. Crisopol. rec. 28. Juni 12. — M. a. Juli 13. *MFAMag.:* Joh. Nupperg de Vaichingen.

132. OAB. Ehingen 109: verkauft 1515 Bach.

133. Vgl. 72,48 b.

134. B. a. Sept. 13. *MFABacc.:* Lieb. — M. a. 23. Juli 15. *MFA.-Mag.:* Leub.

136. B. a. 2. Okt. 14. *MFABacc.:* Pfat.

137. B. a. 19. Dez. 13. — M. a. 23. Juli 15. *MFABacc. u. Mag.:* Guckumus.

140. Bl. für württ. K.-Gesch. 3,64; Röhrich, Gesch. der evang. Kirche im Elsass 1,431: 1525 Pfarrer in Wolfisheim bei Strassburg.

1. B. a. Sept. 13. *MFABacc.:* Hes.

3. B. a. Sept. 13. — M. a. 24. Jan. 15.

4. B. a. Sept. 13.

5. Mathias Grúlich   ⎱
6. Augustinus Wetzel   ⎰ ex Tubingen Augustini dt. 1 β (6. Mai).
.7. Johannes Fabri Ilmensen (12. Mai).
8. Johannes Schuster de Augusta (13. Mai).
9. Wolffgangus Keller de Rotenburg (17. Mai).
10. Johannes Cultrifaber de Werdea (18. Mai).
11. Ambrosius Khon Vlmensis 1 β (18. Mai).
12. Fr. Johannes Hirsshorner de Haidelberg 1 β (21. Mai).
13. Fr. Jacobus Brenhamer de conventu Alziensi 1 β (25 Mai).
14. Johannes Abelin ex Dischingen 1 β (26. Mai).
15. Fr. Egidius Stomp de conventu Wilensi 1 β.
16. Niclaus Entringer ex Tubingen (27. Mai).
17. Fr. Vdalricus Otter de conventu Tubingensi 1 β (11. Juni).
18. Wolffgangus Vnpau de Wysenhorn 1 β (13. Juni).
19. Niclaus Frick de Pregantia (17. Juni).
20. Fridericus Riff de Plydeck 1 β (17. Juni).
21. Jodocus Kurtz de Kirchen 1 β (19. Juni).
22. Valentinus Dyl de Mossbach (20. Juni).
23. Wigandus Rasoris de Backanang dedit 1 β (22. Juni).
24. Johannes Hoss de Rotenburg (23. Juni).
25. Johannes Klinger de Gamundia (23. Juni).
26. Fr. Stephanus de conventu Argentinensi 1 β.
27. Fr. Wolffgangus de conventu Argentinensi 1 β.
28. Petrus Brikan de Vlma (25. Juni).
29. Fr. Nicolaus Sydenbinder de conventu Wormaciensi 1 β (3. Juli).
30. Leo Braitnower de Zwifalten (11. Juli).

5. Vgl. 64,31.
6. B. a. 19. Dez. 14. MFABacc.: Frater A. W. nil dt.
9. B. a. Sept. 12. — M. a. Juli 14. — Vgl. Bl. f. württ. K.-Gesch. 2,93.
11. B. a. Sept. 13. MFABacc.: Kůn. — Roth, Ref.-Gesch. Augsburgs
2. A. S. 311: 1527 Kleriker in Augsburg.
12. Matr. Heidelb.: Fr. Joh. Hirshornerr Spir. dioc. ord. s. August.
10. Aug. 08. — MFABacc.: Fr. Hirsshorgner conv. Heidelb. B. a.
10. Dez. 13.
13. B. a. 19. Dez. 13. MFABacc.: Fr. J. Brunheimer conv. Altiensis.
14. 1559 Superintendent in Laichingen (Bossert).
22. MFABacc.: Val. Thyll ex Mossbach, Bacc. Crisopol. rec. 28. Juni 12.
— M. a. 21. Juli 12.
24. B. a. 21. Juni 14. MFABacc.: Hass.
30. MFABacc.: Breitmeyer, rec. 16. Febr. 13, habet locum ante prom.
25. Juni 11.

31. Sebastianus Sperwerseck (6. Juli).
32. Johannes Aquila de Rosenveld (13. Juli).
33. Ludwicus Braiter ex Wila (21. Juli).
34. Conradus Satler de Cantstat dedit 1 β (13. Juli).
35. Johannes Helprün de Richenwiler 1 β (22. Juli).
36. Johannes Mercklin de Marpach 1 β (25. Juli).
37. Mathias Styr de Leükirch 1 β (28. Juli).
38. Georgius Müller de Augusta*) (2. Aug.).
39. Conradus Weber de Wysenhorn 1 β (3. Aug.).
40. Johannes Zimerman de Biberaco dedit 1 β (24. Aug.).
41. Ludwicus Betz de Rutlingen (24. Aug.).
42. Lampertus Mermachart (30. Aug.).
43. Burghardus Firderer de Stutgardia (6. Sept.).
44. Casper Textoris ex Nagolt dt. 1 β (11. Sept.).
45. Sigismundus Herter (13. Sept.).
46. Philippus Schwartzerd ex Preten (17. Sept.).
47. Johannes Mülich de Rudlingen (19. Sept.).
48. Johannes Kretz de Augusta (20. Sept.).
49. Marcus Thonsor ex Tubingen (20. Sept.).
50. Johannes Bolay de Erenbach 1 β (22. Sept.).
51. Johannes Hep de Erenbach 1 β (22. Sept.).
52. Johannes Hegelin de Ruchlingen. b)

a) Ohne Bemerkung über Gebührenzahlung.
b) Ruchlingen an Stelle eines gestrichenen Rudlingen.

· 31. *MFABacc* : Seb. Sperbersegel rec. 10. Nov. habet locum ante prom.
21. Juni 12. — M. a. Juli 14. *MFAMag.*: Seb. de Sp., nobilis.
32. B. a. Sept. 12.
34. B. a. 19. Sept. 13. *MFABacc.*: Conr. Blanck ex Kanstatt.
35. B. a. 19. Dez. 13. *MFABacc.*: Halprunn.
36. B. a. 19. Dez. 13.
37. *MFABacc.*: M. Stör de L. rec. 11. Dez. 12; habet locum ante precedentem Schwartzen *(63,46)*. — M. a. 25. Jan. 14. *MFAMag.*: Stör, nil dt. facultati.
39. B. a. 18. Dez. 15. *MFABacc.*: nil dt.
41. B. a. 19. Dez. 13. — M. a. 21. Juli 17. *MFAMag.*: nihil dt.
44. B. a. 19. Dez. 13.
45. *Herter v. Herteneck, Obervogt in Tübingen 1546—50.*
46. *MFABacc.*: rec. ad facult. 11. Dez. 12 et habet locum ante prom.
Febr. 12. — M. a. 25. Jan. 14. *MFAMag.*: Philippus Schwarzerd ex Bretteim
[von späterer Hand]: Melanchthon.
48. B. a. 24. März 14.
49. B. a. 21. Juni 14. *MFABacc.*: Tousoris. — M. a. Jan. 17. *MFA.-*
Mag.: Scherer. — *Versieht 1519 die lectio poeticae.*
51. B. a. 13. Juni 15. *MFABacc.*: de Erbach.

53. Jorius Schutz de Kyssingen (23. Sept.).

54. Petrus Faber de Vilingen 1 β (23. Sept.).

55. Lenhardus Meier de Hettingen 1 β (23. Sept.).

56. Gallus Mayer de Nellingen (26. Sept.).

57. Johannes Schop de Bessickain (6. Okt.).

58. Fridericus Schaup de Bessickain (6. Okt.). ·

59. Johannes Witershusen de Ehtzen 1 β (9. Okt.).

60. Johannes Mesch de Scharenstetten 1 β (13. Okt.).

61. Georius Piscatoris de Tailfingen (18. Okt.).

62. Johannes Piscatoris de Tailfingen (18. Okt.).

63. Johannes Herer de Gamundia 1 β (21. Okt.).

64. Jacobus Krafft Vlmensis (21. Okt.).

65. Vdalricus Doller ex Waiblingen (25. Okt.).

66. Mathias Scheblin ex Frenngingen 1 β (26. Okt.).

67. Johanes Rorbach ex Tubingen (29. Okt.).

68. Jacobus   ⎱ Weber de Memingen.
69. Johannes ⎰

70. Jacobus Faber Vlmensis (1. Nov.).

---

55. B. a. 2. Okt. 14. *MFABacc.:* de Yettingen.

57. B. a. 24. März 14. — M. a. 23. Juli 15. *MFABacc. u. Mag.:* Schaup. — Dr. med. 19. Febr. 20. *Med.:* Schaup de B.

58. B. a. 24. März 14. — M. a. 23. Juli 15. — *Theol.:* princip. in bibliam 3. Juli 21; in sententias 24. Mai 24. — Dec. fac. art. 22/23: M. Fydenrichus Schauppius Besecensis. — Rect. 1524. — *Bis 1534 Prediger in Riedlingen: Zeitschr. f. K.-Gesch. 1900, 89.*

59. B. a. 24. März 14. *MFABacc.:* de Eschen.

61. B. a. 23. März 14. *MFABacc.:* Vischer. — *Pfarrer in Schlaitdorf; 1542 ist ein solcher Pfarrer in Kochersteinsfeld.*

62. B. a. 23. März 14. — M. a. Jan. 17. *MFAMag.:* Vischerus *[von anderer Hand]:* Dr. medicus. — Dr. med. 3. Juli 26. *Med.:* J. Talfinger. — Dec. fac. art. 1526/27: Joh. Vischer Thalfingensis, art. et med. Dr.

64. B. a. 19. Dez. 14.

65. B. a. 21. Juni 14. *MFA.:* Dobler.

66. B. a. 2. Okt. 14. *MFA.:* ex Ringingen.

67. B. a. 13. Juni 15. — M. a. Jan. 18. *MFAMag.:* Roürbach *[am Rand]:* prepositus Uracensis, Dom. Dr. Bernharti decani filius. — *Pfarrer und Dekan in Reutlingen (vgl. Gayler 209): dann in Urach: dann Pfarrer in Sülchen bis 1545: zuletzt in Hailfingen.*

68. B. a. 30. Sept. 16.

69. B. a. 30. Sept. 16.

70. Weyermann 2,87: Schüler des Erasmus u. Magister in Paris: gelegentlich mit Jac. Faber Stapulensis verwechselt.

71. Johannes Groner ex Vlma (3. Nov.).
72. Mathias Buchler ex Tubingen (3. Nov.).
73. Michael Buchler de Pleningen 1 ₰ (4. Nov.).
74. Wendalinus Ciperer ex Herrenberg (9. Nov.).
75. Dom. Hainricus Vogler vicarius Herpipolensis (20. Nov.).
76. Jeorius Albrecht de Memingen (12. Nov.).
77. Jodocus Detzler ex Nürnberg (21. Nov.).
78. Johannes Stopel ex Memingen (16. Nov.).
79. Jacobus Stopel de Memingen (16. Nov.).
80. Walterus Rich de Tubingen (19. Nov.).
81. Johannes Fridel de Gisslingen (21. Nov.).
82. Bernhardus Vagck de Vrach 1 ₰.
83. Johannes Hell ex Ehingen (12. Nov.).
84. Mauritius Sideler ex Offtertingen 1 ₰ (29. Nov.).
85. Johannes King ex Wyssenstaig 1 ₰.
86. Hainricus[a] Krietzer ex Memingen (13. Dez.).
87. Johannes Margwardus de Schellenberg (17. Sept.!)
88. Nicolaus Weltza (30. Dez.).

1513.

89. Vdalricus Stadel de Esslingen 1 ₰ (14. Jan.).
90. Lucianus Groner ex Vlma (4. Jan.).
91. Hainricus Hetler de Ach (7. Jan.).

a Heinricus *an Stelle eines gestrichenen* Johannes.

71. *MFABacc.*: Gruner, rec. 16. Febr. 18; habet locum ante prom. 8. Juni 10. — M. a. Juli 18. *MFAMag.*: Grüner. — *Weyermann 2,138: Schulrektor u. Buchdrucker in Ulm.*
72. *Vgl. 52,11.*
73. B. a. 28. März 14. *MFABacc.*: Bicheler.
74. *Rothenhäusler, Abteien und Stifte 155: W. Zipper, Klosteramtmann in Alpirsbach 1535.*
76. B. a. 21. Juni 14. — *Wiener Sitzungsberichte phil.-hist. Kl. 107, 203: curie Constantiensis scriba iuratus.*
78. B. a. 21. Juni 14. — *Dobel, Memmingen [1],58: Arzt in Memmingen.*
79. B. a. 21. Juni 14. — *Steinhofer 1,206: Physikus in Memmingen.*
80. *Vom Gericht in Tübingen 1534: Beisitzer des Hofgerichts.*
81. B. a. 19. Dez. 13.
83. *MFABacc.*: J. Häll ex E., rec. 16. Febr. 13; habet locum ante prom. Dez. 11.
86. B. a. 21. Juni 14. *MFABacc.*: Critzer.
88. B. a. 16. März 15. *MFABacc.*: N. Weltz de Schorndorf.
90. B. a. Febr. 13. *MFABacc.*: Gruner.

92. Conradus Stanger de Hofftertingen 1 β (10. Jan.).
93. Johannes Sigelin de Nagolt (21. Jan.).
94. Augustinus Scheurer ex Tubingen 1 β (18. Jan.).
95. Johannes Franck de Kuppingen (19. Jan.).
96. Johannes Steür de Vlma 1 β (20. Jan.).
97. Dom. Bartholomeus Heckel de Retlingen (21. Jan.).
98. Johannes Kuppel de Simeringen 1 β (26. Jan.).
99. Mathias Rieg de Tailfingen (28. Jan.).
100. Johannes Ebinger de Tubingen.
101. Gregorius de Niffen (5. Febr.).
102. Michel Hitzer de Wysenstaig (11. Febr.).
103. Oswaldus Dieterich de Lochain 1 β.
104. Bartholomeus Leukirch (25. Sept.).
105. Johannes Siglin de Tubingen (27. Febr.).ᵃ⁾
106. Petrus Gesslin de Bessicka (3. März).
107. Jacobus Sorger de Ehingen (3. März).
108. Conradus Holtzlin de Retenbach (7. März).
109. Benedictus Vischman de Dinckelspihel (16. März).
110. Conradus Pfudler de Kampten (30. März).
111. Jacobus Haselman de Stutgardia 1 β (1. April).
112. M. Johannes Icolumbadius de Winsperg (9. April).
113. Petrus Krüss de Metziugen (10. April).

a) Febr. *ist überkorrigiert über ein gestrichenes* Sept.

92. B. a. 21. Juni 14. *MFABacc.:* de Ofterdingen.
93. B. a. 2. Okt. 14. *MFABacc.:* J. Hefelin de N.
95. *MFABacc.:* Bacc. Friburg. rec. ad consort. bacc. Dez. 17. — M. a.
Jan. 18. — *OAB. Neuenbürg 128: 1520 Pfarrer in Birkenfeld.*
96. B. a. 2. Okt. 14. *MFABacc.:* Stier.
98. B. a. 21. Juni 14.
99. B. a. 2. Okt. 14. *MFABacc.:* Rieck.
100. B. a. 21. Juni 14. — M. a. Jan. 16. — *Theol.:* Öbinger, princip. in
bibliam 24. Mai 24 — Collegiatus 1520. — Dec. fac. art. 1524/25. — *Die Bemerkung
bei Roth betrifft seinen Vater, den berühmten Rechtslehrer Plicklin. Vgl. Heyd,
Melanchton in Tübingen 68 Anm. 4.*
101. B. a. 21. Juni 14. *MFABacc.:* Gr. Güger de N.
102. B. a. 21. Juni 14.
104. B. a. 2. Okt. 14. *MFABacc.:* B. Locher de L.
106. B. a. 19. Dez. 14. *MFABacc.:* P. Gaislin de B. — *Vgl. 118,32a.*
107. B. a. 2. Okt. 14.
110. B. a. 13. Juni 15. *MFABacc.:* nil dt.
111. B. a. 2. Okt. 14. — *Kaplan an St. Leonhard in Stuttgart 1530.*
112. *Ökolampad kam von Stuttgart aus, wo er sich bei Reuchlin auf-
hielt, nach Tübingen.*

114. Nicolaus Vndergenger de Bondorff (18. April).
115. Theodoricus Spet prepositus Stutgardiensis (19. April).
116. Clemens Miller de Balingen (21. April).
117. Martinus Schlinger ex Ebingen (21. April).
118. Joseph Wygoldi nil quia pedelli filius (29. April).

64. Sub rectoratu eximii viri Mag. et theol. D. **Petri Brun** a festo Phil. et Jac. a. **1513** usque Phil. et Jac. a. **1514:**

1. Andreas Wiler de Vrach (11. Mai).
2. Conradus Delphin de Stutgardia 1 β (21. Mai).
3. Luduicus Mayer de Plabür 1 β (23. Mai).
4. Caspar Richenbach } de Gamundia 1 β (29. Mai).
5. Wolffgangus Billing }
6. Hainricus Ort de Ophenhaim (29. Mai).
7. Michael Eberbach (30. Mai).
8. Jacobus Ringer[a] de Vlma (1. Juni).
9. Jeorgius Muller de Rutlingen 1 β (5. Juni).
10. Johannes Buchler de Tubingen (7. Juni).
11. Balthasar Stump ex Waiblingen (8. Juni).
12. Johannes Wendalini de Winada 1 β (9. Juni).
13. Georgius Röm de Tubingen (10. Juni).
14. Michael Schwitzer de Wilperg 1 β (13. Juni).

---

a) *Darübergesetzt ist* Echinger.

114. B. a. 19. Dez. 14.

115. *Vgl. Bl. f. württ. K.-Gesch. 3,72.*

116. B. a. 2. Okt. 14. *MFABacc.:* Molitoris.

118a. *MFABacc.:* Joannes Krus de Tutlingen. B. a. 2. Okt. 14; *rangiert zwischen 63,107 u. 111.*

118b. *Med.:* Matheus Thermius Dr. med. 19. Febr. 20; *rangiert neben 63,72; identisch mit 57,37?*

1. B. a. 21. Juni 14.

2. B. a. 19. Dez. 14. *MFA.:* Delfin; nil dt.

3. B. a. 19. Dez. 14. *MFA.:* nil dt. — *Theol. Studien aus Württ. 1884, 166: 1551 Pfarrer in Altdorf.*

4. *Pfarrer in Würtingen 1542.*

6. B. a. 2. Okt. 14. *MFA.:* de Oppenheim.

10. B. a. 27. Sept. 15. *MFA.:* Biechner.

11. B. a. 19. Dez. 14. *MFABacc.:* nil dt. — M. a. Juli 16. *MFAMag.:* de Mulhusen. — *Lehrer und Notar in Stuttgart 1516.*

13. B. a. 13. Juni 15. *MFA.:* Rem.

14. B. a. 19. Dez. 14. *MFA.:* Schnitzer; nil dt.

15. Sigismundus Happ de Wyda prope Stain 1 β (13. Juni).
16. Simpertus Feldrich ex Vlma (14. Juni).
17. Martinus Vogler de Wending (22. Juni).
18. Carolus Bangarter de Östetten (22. Juni).
19. Leonhardus Fritzinger de Lansshüt (22. Juni).
20. Johannes Schúring de Schenberg 1 β (1. Juli).
21. Petrus Koler de Wysenstaig 1 β (2. Juli).
22. Petrus Fritag de Vlma 1 β (5. Juli).
23. Hainricus Ortulani de Nernberg (10. Juli).
24. Jacobus Jecklin de Rosenfeld*) 1 β (11. Juli).
25. Johannes Koler de Stutgardia·(8. Juli).
26. Jeorius Dantiscus de Dantisco (8. Juli).
27. Wendalinus Tubicinatoris de Stuttgardia (8. Juli).
28. Usatius Koler de Monaco (8. Juli).
29. Sigismundus Vnck de Monaco (8. Juli).
30. Johannes de Fridingen canonicus Wormaciensis 1 fl. (26. Juli).
31. Mathias Lymperius Augustianus (26. Juli).b)   ·
32. Jeorius Köchler de Kotz 1 β (5. Aug.).
33. Andreas Grönwald de Memingen 1 β (17. Aug.).
34. Michael Widman de Vrach (18. Aug.).
35. Michael Cuder de Playchingen (22. Aug.).
36. Johannes Hainricus de Vaylingen (31. Aug.).

---

a) Rosenfeld *an Stelle eines gestrichenen* Herrenberg.
b) *Ohne Bemerkung über Gebührenzahlung.*

17. M. a. Juli 13.
18. M. a. Juli 13. *MFAMag.:* Karolus Bomgartner Aistettensis.
19. M. a. Juli 13.
20. *Theol. Studien aus Württ. 1884, 70: Hans Scheyring 1556 Pfarrer in Faurndau.*
21. B. a. 16. März 15. *MFABacc.:* nil dt.
24. B. a. 16. März 15. *MFABacc.:* nil dt.
25. B. a. 19. Dez. 14. — *1542 Pfarrer in Bernhausen (Bossert): Vgl. dagegen Roth, Ref.-Gesch. Augsburgs 1. Aufl. S. 12: Probst Joh. Koler, der mit Erasmus in Briefwechsel steht.*
26. B. a. 2. Okt. 14.
27. B. a. 27. Sept. 15. *MFABacc.:* Trutmetter. — M. a. Juli 18. *MFA.-Mag.:* Trümetter. *Vgl.* 57,93.
30. *Vgl.* 57,93.
31. B. a. 19. Dez. 14. *MFA.:* Frater Mathias Limperger Friburgensis, nil dt. *(Von Roth ist dieser Frater mit 63,5 identifiziert).* — *Vgl. Archiv f. Frankf. Gesch. 5,222: Prediger in Frankfurt, Pfarrer zu St. Peter.*
33. B. a. 16. März 15. *MFABacc.:* Andr. Grienenwald de Wyssenhorn.
35. B. a. 18. Dez. 15.

37. Jeorius Ludonicus de Friburga (31. Aug.).
38. Hainricus Fortmuller de Walsshut 1 β (31. Aug.).
39. Laurentius Prentzlin de Husen 1 β (31. Aug.).
40. Vitus Weinlin de Vayhingen (1. Sept.).
41. Franciscus Schnierlin de Vlma (12. Sept.).
42. Gabriel Hass de Vlma (12. Sept.).
43. Michael Bůrster de Lükirch (20. Sept.).
44. Jacobus Byttelmůller de Wayblingen (20. Sept.).
45. Jeronimus Rot de Vlma (22. Sept.).
46. Michael Spyser[a] de Tubingen (24. Sept.).
47. Pangratius Rossner de Bruneck (25. Sept.).[b]
48. Jeorius Rudolffer de Pregantia (1. Okt.).
49. Jeorius Bainda de Memingen (12. Okt.).
50. Jeorius Stamler de Constantia 1 β (20. Okt.).
51. Jacobus Law de Feldkirch 1 β (31. Okt.).
52. Johannes Butelschiess de Ehingen 1 β (22. Okt.).
53. Jeorius Degelin de Mündelhaim 1 β (23. Okt.).
54. Eustachius Dachtler de Tubingen (28. Okt.).
55. Conradus Nellinger de Vrach 1 β (25. Okt.).
56. Hugo Spet de Kirchen.
57. Wendalinus Safferman (24. Okt.).
58. Wolffgangus Balneatoris de Gamundia (30. Okt.).

a) Spyser ist von anderer Hand über ein ausgestrichenes Pangratius aufkorrigiert.
b) Von Nro. 40—47 keine Bemerkung über Gebührenzahlung.

38. B. a. 19. Dez. 14. *MFABacc.:* nil dt.
39. *MFABacc.:* Brentzlin „discretus" Bacc. Cracov. rec. 10. Jan. 14 et habet locum ante prom. Sept. 13. — M. a. Jan. 16.
40. B. a. 19. Dez. 14. *MFABacc.:* Wynlin; nil dt. — *Ein Veit Winlin ist 1542 Pfarrer zu Beilstein. In Metzingen stirbt 1562 ein evang. Pfarrer dieses Namens.*
41. B. a. Sept. 13. — M. a. 23. Juli 15. — Dr. med. 19. Febr. 20.
42. B. a. Sept. 13.
44. B. a. 16. März 15. *MFA.:* Beutenmiller.
45. B. a. 13. Juni 15. — *Weyermann, 2.440 u. Heyd.*
46. B. a. 13. Juni 15. — M. a. 21. Juli 17. *MFAMag.:* Speyser.
52. B. a. 16. März 15. *MFABacc.:* Bytelschies.
53. B. a. 13. Juni 15. - *MFABacc.:* Tegelin, nil dt.
54. B. a. 16. März 15. — *Freib. 1516: Eucharius D. Bacc. Tubing.* — *MFAMag.:* Eust. Dachtler Mag. Parisiensis rec. ad facultatem 14. Nov. 1524.
55. B. a. 13. Juni 15. — M. a. Jan. 18. *MFAMag* : dt. cirographum pro 2 fl.
56. B. a. 16. März 15. — M. a. Juli 16.
57. B. a. 16. März 15. *MFA.:* de Geppingen. — *Sattler, Herz. 3,70: Pfarrer in Albershausen 1534.*

59. Leonhardus Klinger de Wending (30. Okt.).
60. Caspar Beltz de Nagolt (31. Okt.).
61. Martinus Kiehorn de Kirchen.
62. Gabriel Offinger de Hopfficken.
63. Johannes Spet de Linda.
64. Sebastianus Grubel de S. Gallo.
65. Johannes Berlin de Plieningen.
66. Matheus Alber de Rûtlingen.
67. Johannes Stirmlin de Biettickain.
68. Hainricus Schulmaister de Klingnar.
69. Caspar Kayser de Gamundia.
70. Valentinus Riser de Behlingen.
71. Sebastianus Waymer de Brackhhain.[a]
72. Wilhelmus Dachs de Superiori Friburgo (26. Nov.).
73. Luduicus Hirter de Rûtlingen (27. Nov.).
74. Johannes Dolearius de Rûtlingen 1 β (27. Nov.).
75. Jacobus Lutz de Schussenried (4. Dez.).
76. Vdalricus Gyr de Ehingen 1 β (8. Dez.).
77. Vitus Wörn de Raffenspurg (13. Dez.).
78. Hainricus Schertlin de Brussel (15. Dez.).
79. Johannes Schwicker de Cantstat 1 β (19. Dez.).
80. Jeorius Styger de Pfullingen 1 β (28. Dez.).

a) *Von Nro. 61—71 keine Bemerkung über Gebührenzahlung.*

60. B. a. 16. März.

63. B. a. 16. März 15. — *MFABacc.*: de Lindau. — *Wiener Sitzungsberichte, phil.-hist. Kl. 107, 193: 1519 Pfarrer in Opfenbach Bez.-A. Lindau.*

64. *MFABacc.*: S. Grübel, „discretus“ Bacc. Cracov. 30. Dez 13 (altera
Thomae pontificis et martinis) et habet locum ante prom. Sept. 12. — M. a. Jan.
16. *MFAMag.*: Griebel.

65. B. a. 16. März 15. — M. a. Jan. 17. *MFAMag.*: [*von anderer
Hand*]: Dr. medicus. — *Med. J. Pleninger, Dr. med. 3. Juli 26. — Stadtphysikus
in Stuttgart 1544—63.*

66. B. a. Mai 16. — M. a. Jan. 18. *MFAMag.*: Aulber. — Dr. theol.
8. Dez. 39. — *Vgl. Heyd.*

67. B. a. März 15. — M. a. Juli 16. — *MFAMag.*: Stûrmlin. — Dec.
fac. art. 1527: J. Sturmius Bietingensis.

68. B. a. 13. Juni 15. *MFA.*: de Klingaw.

69. B. a. 13. Juni 15.

70. B. a. 13. Juni 15.

75. B. a. 13. Juni 15. *MFA.*: Frater J. L.

77. B. a. 13. Juni 15. *MFA.*: Wern; nil dt.

78. B. a. 13. Juni 15. *MFA.*: de Brûchsa.

80. B. a. 13. Juni 15. *MFA.*: nil dt.

1514.

81. Andreas Seb de Turego (2. Jan.).
82. Vdalricus Ort de Termis (4. Jan.).
83. Alexander Köll de Tubingen (13. Jan.).
84. Michel Happ de Wayblingen (13. Jan.).
85. Johannes Schantz ordinis s. Spiritus Groningensis (15. Jan.).
86. Benedictus Maler de Kür (26. Jan.).
87. Johannes Staig de Plabür (9. Febr.).
88. Sebastianus Steltzlin de Vptingen 1 β (15. Febr.).
89. Vdalricus Butelschiess de Ehingen 1 β (20. Febr.).
90. Johannes Klocker de Tubingen (5. März).
91. Martinus Rentz de Wilperg 1 β (2. März).
92. Johannes Bachman de Nerlingen (12. März).
93. Jacobus Satler de Simeringen (13. März).
94. Vdalricus Kauffman de Schelklingen 1 β (13. März).
95. Cristiannus Wideman de Mundelhaim (14. März).
96. Johannes Eucharicus de Brackana (15. März).
97. Thomas Mynderlin de Cantstat 1 β (15. März).
98. Simon Knol de Cantstat (15. März).
99. Adam Vend de Mundelhaim 1 β (21. März).
100. Petrus Geltz de Boll (21. März).
101. Wernherus Martinus de Tutlingen (22. März).
102. Georgius Schwartzerd de Bretten (24. März).
103. Stephanus Weber de Lutkirch ᵃ⁾ (25. März).
104. Wilhelmus Welwarter de Heckbach (25. März).

----

a) Lutkirch an Stelle eines gestrichenen Rutlingen.

81. B. a. 13. Juni 15.
83. B. a. 13. Juni 15. *MFABacc.*: (Jo.) Al. Kel *(von späterer Hand: alias Brassicanus, postea poeta).* — M. a. 21. Juli 17. *MFAMag.*: Brassicanus. — *Vgl. Heyd u. Wiener Sitzungsberichte phil.-hist. Kl. 86,274; 85,188; Aschbach, Gesch. d. Wiener Univ. III, 126—135; Döllinger, Reformation I, 525; Hartl u. Schrauf, Gesch. d. Wiener Univers. (1898) S. 43—101. — Sohn von 23,35: er liest in Tübingen 1520 Poesis u. Oratoria.*
85. *Bis 1535 „Meister" in Gröningen. — Vgl. 65, 117 b.*
89. B. a. 13. Juni 15. *MFA.*: Byteschies; nil dt.
91. B. a. 27. Sept. 15. *MFA.*: nil dt. — *1525 im Landtag.*
95. B. a. 27. Sept. 15. *MFA.*: Widomann, uxoratus.
97. B. a. 13. Juni 15. *MFA.*: nil dt.
98. B. a. 30. Sept. 16. *MFA.*: Knoll.
99. B. a. 27. Sept. 15. *MFA.*: Uendt; nil dt.
100. B. a. 27. Sept. 15. *MFA.*: P. Geppinger ex Boll uxoratus.

105. Georius Wigel } fratres ordinis Carmelitarum Nerbergenses
106. Johannes Hass } dt. 1 β (26. März).
107. Heinricus Sprenger de Öbingen (3. April).
108. M. Jeorius Bruck de Waltze (6. April).
109. Johannes Negelin de Bieticken (21. April).
110. Thomas Ysinga de Gretzingen (21. April).
111. Johannes Kyssling de Mösskirch (21. April).
112. Johannes Mayer ex Termis (23. April).
113. Johannes Wessler de Tubingen (25. April).
114. Bernhardus Kesser de Rutlingen (27. April).
115. Basilius Brecht de Tůbingen 1 β.
116. Jeorius Bayer } de Aichrich (1. Mai).
117. Johannes Engel }
118. Stephanus Pistoris de Gysslingen.

65. Sub rectoratu eximii domini D. **Jacobi Lemp** Phil. et Jac. a. **1514** sunt infrascripti intitulati —**1515:**

1. Bernhardus Holtzapfel de Bibraco (2. Mai).
2. Eberhardus Stuber de Blapurn (5. Mai).
3. Andreas Bart, } dt. 1 β } (8. Mai).
4. Michel Bart } de Rinstetten dt. 6 β }
5. Vdalricus Costman Constantiensis (10. Mai).
6. Arnoldus Munch de Cliuis (16. Mai).
7. Felix Jung ex Simeringen (20. Mai).

105. B. a. 27. Sept. 15. *MFA.:* nil dt.

106. B. a. 27. Sept. 15. *MFA.:* nil dt.

112. B. a. 27. Sept. 15.

113. B. a. 27. Sept. 15. *MFABacc.:* Vesler. — M. a. 21. Juli 15. *MFA.-Mag.:* Vessler *[am Rand]:* cancellarius Wirtenbergensis. — *Vgl. Heyd s. v. Vessler.*

114. *MFABacc:* Bernh. Keser ex R., Bacc. Wenensis rec. 5. März 15 et habet locum post prom. 21. Juni 14. — M. a. Juli 16. *MFAMag.:* Keser.

115. B. a. 27. Sept. 15. *MFABacc.:* *Das ursprüngliche* nil dt. *ist am Rand ersetzt durch:* Dedit anno 1540. — M. a. Jan. 17. *MFAMag.:* nil dt. facultati; iurisconsultus.

1. B. a. 1. März 16.

2. B. a. 27. Sept. 15. *MFA.:* Stüber.

4. B. a. 27. Sept. 15. *MFA.:* Ochsenhusensis.

5. B. a. 2. Okt. 14.

6. B. a. 27. Sept. 15. *Arnoldus Cluis.*

7. B. a. 27. Sept. 15.

8. Johannes Hallis Pfortzensis (7. Mai).
9. Wolffgangus Ernst ex Ehingen (7. Mai).
10. Martinus Lutz de Gundelfingen.
11. Caspar Buman de Deckingen 1 β (8. Juni).
12. Gregorius Ruff de Furndaw (10. Juni).
13. Martinus Pfand*⁾ ex Talfingen dedit 1 β (12. Juni).
14. Leonhardus Cokken ex Thame nihil (12. Juni).
15. Richardus Bird ex Fallen nihil (12. Juni).
16. Georgius Farner de Kircheim dedit 1 β (20. Juni).
17. Marius Merstet de Hallis (20. Juni).
18. Joannes Russ alias Lipenn dedit 1 β (30. Juni).
19. Joannes Schabler de Schorndorff (1. Juli).
20. Joannes Metzger de Kalw dedit 1 β (6. Juli).
21. Bartholomeus Hartman de Augusta dedit 1 β (14. Juli).
22. Joannes Widmer de Frickingen (20. Juli).
23. Michael Tretnack de Rudlingen dedit 1 β (29. Juli).
24. Paulus de Nühusen (29. Juli).
25. Martinus Nühusen dedit 1 β (29. Juli).
26. Niclaus Gaschaf (29. Juli).
27. Joannes Graff de Hailcrustal (29. Juli).
28. Wilhelmus Wolfflin de Baselea (29. Juli).
29. Joannes Rutlich de Termis dedit 1 β (3. Aug.).
30. Anthonius Herwolt de Riette (20. Aug.).
31. Adam Schmid de Mündelhaim (29. Aug.).

---

a) Oder Pfaud.

8. B. a. 13. Juni 15. *MFA.*: Joh. Judenhut Phorcensis.
10. B. a. 13. Juni 15. *MFA.*: Mart. Gundelfinger, nil dt. — *Pfarrer in Hohenhaslach OA. Vaihingen bis 1534; vgl. Schneider, Ref.-Gesch. S. 11.*
11. B. a. 13. Juni 15. *MFA.*: nil dt.
12. *Sattler, Herz. 3,69: Canonicus in Faurndau.*
14. B. a. 1. März 16. *MFABacc.*: L. Katz de Tham; nil dt. pauper. *[Von anderer Hand am Rand]*: Anglicus.
16. B. a. 18. Dez. 15. *MFABacc.*: nil dt. — M. a. 21. Juli 17. — Dec. fac. art. 1524. — *Vgl. Roth S. 154.*
20. *Bl. f. württ. K.-Gesch. 4,64.*
22. B. a. 18. Dez. 15.
23. B. a. 18. Dez. 15. *MFA.*: Mich. Kettnacker de Riedlingen, nullam dt. taxam.
29. B. a. 1. März 16. *MFA.*: Joh. Endlich; nil dt. famulus.
30. B. a. 30. Sept. 16. *MFA*: Ant. Herwart de Ernberg.
31. B. a. 18. Dez. 15. — M. a. 21. Juli 17.

32. Petrus Cier ex Stutgardia dedit 1 β (1. Sept.).
33. Conradus Aurificis de Calw studens Basiliensis (2. Sept.).
34. Joannes Winckelhoffer de Vlma (14. Sept.).
35. Luduicus Berner de Rutlingen dedit 1 β (15. Sept.).
36. Hainricus Ayderbach ex Stutgardia (18. Sept.).
37. Vitus de Auw de Eschingen (14. Sept.).
38. Erhardus de Gumppenberg canonicus Frisingensis dedit 1 fl.
39. Ambrosius de Gumppenberg.
40. Georgius Turlinger nobilis.
41. Erhardus Vrmuler Wienensis de Monaco.
42. Paulus Altman de Saltzburg.
43. Joannes Doler de Plochingen (26. Sept.).
44. Sebastianus Lang de Gretzingen (26. Sept.).
45. Cristofferus Engelfrid de Pregantia dedit 1 β (27. Sept.).
46. Egidius Murmüler de Rotenburg 1 β (27. Sept.).
47. Eberhardus Böss de Metzingen (27. Sept.).
48. Jeorius Schnitzer de Minsingen 1 β (29. Sept.).
49. Benedictus Schlegel de Messingen (13. Okt.).
50. Philippus Winterling de Stutgardia 1 β (18. Okt.).
51. Conradus Pfister Augustensis 1 β (19. Okt.).
52. Joannes Gessler de Horb 1 β (19. Okt.).
→ 53. Melichior Volmer Rotwilensis (20. Okt.).
54. Michel Gytz de Gysslingen 1 β (20. Okt.).
55. Joannes Conradi Lieberman de Gamundia (20. Okt.).
56. Joannes Rüff de Oberndurcken, Wienensis (21. Okt.).
57. Wendalinus Loner ex Balingen (22. Okt.).

———

32. B. a. 18. Dez. 15. *MEA.:* Zier.
34. B. a. 18. Dez. 15. *MFABacc.:* o. O. — M. a. 21. Juli 17.
35. B. a. 18. Dez. 15. *MFA.:* de Riedlingen; nil dt. famulus.
36. B. a. 1. März 16. *MFA:* Afterbach.
42. *Über Gerãander vgl. Wiener Sitzungsberichte phil.-hist. Kl. 85,159:*
Steiff S. 24 u. Bl. f. württ. K.-Gesch. 4,64.
44. B. a. Mai 16. — *Pfarrer in Rommelshausen 1542.*
48. *Heyd, Ulrich 3,540: 1544 „gewesener Pfarrer zu Bietigheim“: 1542*
(Türkensteuerliste) u. später Pfarrer in Kirchheim u. T.
50. B. a. Mai 16. *MFABacc.:* nil dt. facultati.
51. B. a. 1. März 16. *MFABacc.:* C. Pistoris; nil dt. famulus.
53. B. a. 1. März 16. — *Der Lehrer Calvins: vgl. Heyd u. Roth S. 171.*
— *Vgl. 121,29.*
56. B. a. 1. März 16. *Pfarrer zu Obertürkheim 1542 u. 1545.*
57. B. a. 1. März 16. — M. a. Juli 18.

'Volmer' (1497–1560)

58. Jeorius Gaysser de Foringen (22. Okt.).
59. Martinus Zimerman de Biberaco (29. Okt.).
60. Vitus Wertwin de Esslingen ⎫
61. Sebastianus Rotenburger ⎭ Wienenses (31. Okt.).
62. Joannes Nyeffer de Mensingen (2. Nov.).
63. Joannes Pistoris Stutgardia (3. Nov.).
64. Michel Sartoris de Gaylhusen dedit 1 β (4. Nov.).
65. Cristofferus Rudler Monacensis, Parisiensis 1 β (8. Nov.).
66. Bernhardus Gabler ex Kirchen (8. Nov.).
67. Wolffgangus Katzmer de Tiessen dedit 1 β (8. Nov.).
68. Fridericus de Nuhusen, Wienensis (8. Nov.).
69. Jacobus Kysel Wormaciensis (8. Nov.).
70. Laurentius Riepper de Rutlingen dedit 1 β (9. Nov.).
71. Mathias Behem de Sigelmingen, Wienensis (9. Nov.).
72. Gallus Hass de Biberaco (12. Nov.).
73. M. Andreas Wurtz Mag. Friburgensis (12. Nov.).
74. Joannes Rasch de Pregantia 1 β (18. Nov.).
75. Simpertus Wirt de Wetenhusen (20. Nov.).
76. Conradus Schlechlin de Tischingen 1 β (28. Nov.).
77. Gabriel Wacker de Schwaygern, Ingolst. dedit 1 β (4. Dez.).
78. Georgius Sigismundus de Emss ecclesiarum canonicus Constantiensis et Basiliensis, Friburgensis studens 1 flor (5. Dez.).
79. Joannes Heniesen ex Schaffhusen (7. Dez.).

---

59. B. a. Mai 16.
60. B. a. 30. Sept. 16.
62. B. a. 1. März 16. — M. a. 21. Juli 17. *MFABacc. u. Mag.:* Nifer. — *Vgl. Keim, Schwäb. Ref.-Gesch. 72: Rothenhäusler, Abteien u. Stifte S. 197: geb. 1500, Vikar in Stuttgart, Canonikus in Herrenberg; von 1535 an Stiftskeller. † 1589.*
66. B a. Mai 16. *MFABacc.:* nil dt. — M. a. Jan. 18. — *DB. 262,515: Vogt in Nürtingen u. Pfleger in Esslingen.*
68. *OAB. Esslingen 218: wohl der bei Weinsberg 1525 Getötete.*
69. B. a. 1. März 16.
71. B. a. 16. März 15. *MFA.:* de Sihelmingen. — *Sattler, Herz. 2,168: 1527 Propst in Nellingen.*
74. B. a. Mai 16. *MFABacc.:* nil dt.
75. B. a. 1. März 16.
76. B. a. Mai 16. *MFA.:* Schleli de Dischingen; nil dt.
77. B. a. 27. Sept. 15.
79. B. a. 1. März 16. *MFABacc.:* Hönysen ex Sch. [sive ex Alteim *ist von anderer Hand beigesetzt].* — M. a. Jan. 18

80. Thomas Keppellin de Memingen Bacc. Wienensis. (11. Dez.).
81. Joannes Stier de Gröningen 1 β (11. Dez.).
82. Jacobus Rudler de Vayhingen 1 β (14. Dez.).
83. Paulus Hubenschmid Stutgardia 1 β (15. Dez.).
84. Jeorius Rettich de Rutlingen 1 β.
85. Jeorius Kirser ex Tubingen 1 β (16. Dez.).

1515.

86. Conradus Helmschrot (5. Jan.).
87. Joannes Priel de Ehingen 1 β (5. Jan.).
88. Joannes Hug de Constantia 1 β (6. Jan.).
89. Jeorius Jecklin de Ehingen 1 β (8. Jan.).
90. Martinus Schopper de Nurttingen (13. Jan.).
91. Joannes Per de Wilperg (14. Jan.).
92. Joannes Matheus Schad (3. Febr.).
93. Philippus Schwertfeger de Gröningen 1 β (6. Febr.).
94. Joannes Steumile[a] de Lansberg 1 β (22. Febr.).
95. Pangratius Viel de Bieticka (25. Febr.).
96. Joannes Feltmuller de Ingolstet Bacc. Ingelst. 1 β (27. Febr.).
97. Vlricus Hucker de Hayenstet (30. Febr.!)
98. Bartholomeus Schumayer de Eystet famulus canonici Marstaler.
99. Joannes Brotbeck[b] de Zabernia (3. März).
100. Joannes Seicher de Rauenspurg 1 β (5. März).
101. Michel Protbeg de Bernhusen (8. März).
102. Martinus Luduicus de Sulgaü 1 β (13. März).
103. Joannes Sigismondus de Eberbach (13. März).

a) Stenmile?
b) *Mit anderer Tinte ist übergeschrieben:* Bertol.

80. MFABacc.: Th. Keppeli ex M. Bacc. Wenens. rec. 7. April 1515 et habet locum ante prom. 2. Okt. 14. — M. a. Juli 16. *MFAMag.:* Keppelin.
81. B. a. Mai 16. *MFA.:* Stur; nil dt.
82. B. a. Mai 16. *MFA.:* Jac. Reder de Entzwichingen; nil dt.
86. B. a. Mai 16. — M. a. Jan. 19. *MFAMag.:* Helmschroth de Tubingen. *Theol.:* Helmschrät; princip. in bibliam 9. April 27. — Dec. fac. art. 1528/29.
87. B. a. Mai 16. *MFA.:* Brihel; nil dt.
94. B. a. 30. Sept. 16. *MFA.:* Joh. Stemelin; famulus.
97. B. a. Mai 16. *MFABacc.:* Ulr. Rucker de Hohenstet. — M. a. Jan. 19. *MFAMag.:* Ulr. Rucker de Wysenstaig, iurisconsultus.
99. B. a. 30. Sept. 16. *MFA.:* Joh. Berchtold de Z.
101. B. a. 18. Dez. 16. *MFABacc.:* Michel Wernhuser. — M. a. Jan. 19. *MFAMag.:* M. Brottbeck de Bernhusa.

104. Rudolffus Welsperger (13. März).

105. Leonhardus Riching de Esslingen (16. März).

106. Bernhardus Coci de Hayingen 1 β (18. März).

107. Gallus Schutz de Yfingertal (19. März).

108. Martinus Tegenfeld Witenburgensis (23. März).

109. Gallus Mollitoris ex Rotnacker dedit 1 β (24. März).

110. Fridericus Stainchuser ex Gamundia (24. März).

111. Joannes Pess ex Tubingen[a] (13. April).

112. Joannes Locher de Ehingen 1 β.

113. Michel Muschewang de Ehingen 1 β.

114. Johannes Gutknütz ex Horb (26. April).

115. Conradus Sumerhart de Gröningen (29. April).

116. Vlricus Vischer de Veltkirch (29. April).

117. Urbanus Wust de Magstat.

66. Sub eximio Dom. Lic. **Balthasar Sellarii** ex Cantstat a.
1515 sunt infra scripti intitulati a Phil. et Jac. usque Luce:

1. Thimoteus Spet (3. Mai).

2. Joannes Schauer ex Esslingen (5. Mai).

3. Adam Mom ⎫
4. Jacobus Karcher ⎬ ex Zaynbingen (6. Mai).

5. Erhardus Wyss de Dornstetten dedit 1 β (11. Mai).

6. Georgius Pistoris de Esslingen (12. Mai).

a) *Ist zwischen 108 und 109 gestrichen und hierher gesetzt. Dort heisst er: Pöss.*

106. B. a. 18. Dez. 16. *MFA.:* de Haychingen; nil dt.

107. B. a. 30. Sept. 16. *MFABacc.:* Schitz de Horw. — *Vgl. Knod,*
Deutsche Studenten in Bologna S. 513.

109. B. a. 18. Dez. 16. *MFA.:* nil dt. facultati.

110. OAB. Gmünd 242: Mag. Friedr. Steinhauser custos im Ansbacher
Stift (?).

111. B. a. Dez. 18. *MFA.:* J. Pess de Nagoltt. — *1519 in Wittenberg.*

113. B. a. 30. Sept. 16. *MFABacc.:* o. O. — M. a. Juli 18.

116. B. a. 30. Sept. 16.

117. B. a. 30. Sept. 16. *MFA.:* Wiest.

117 a u. b. *MFABacc.:* Jacobus Pistoris ex Biettica, Joannes Faberlig-
nanus ex Bessica. *Beide sind durch eine Klammer verbunden, mit der Be-*
merkung professionis sancti spiritus in Grieningen. *Sie werden Bacc. art. Sept.*
1518 und rangieren vor 66,30. — Ist der eine mit 64,85 identisch?

1. B. a. 30. Sept. 15. *MFA.:* ex Kirchen.

2. B. a. 30. Sept. 16.

6. B. a. 30. Sept. 16. *MFA.:* G. Piscatoris o. O.

7. Bartholomeus ⎱
8. Martinus ⎰ Butzig impressores; nihil (29. Mai).

9. Joannes Ruff de Metzingen.

10. Joachim Furderer de Stutgardia (2. Juni).

11. Balthasar Hytzer de Grabingen (6. Juni).

12. Joannes Empss (6. Juni).

13. Mauritius Ybelser (6. Juni).

14. Frater Jacobus Ingerscher de Wila civitate (9. Juni).

15. Joannes de Carpfen (11. Juni).

16. Conradus Ehinger (11. Juni).

17. Sebastianus Fuchs ⎱
18. Eberhardus Fogler ⎰ ex Vrach (11. Juni).

19. Joannes Friger ex Vrach dedit 1 β (11. Juni).

20. Ernestus Spiess ex Termis dedit 1 β (13. Juni).

21. Vdalricus Frymer ex Stutgardia.

22. Heinricus Kenss de Kalb (18. Juni).

23. Georgius Leder de Horb 1 β (18. Juni).

24. Joannes Knobloch de Frangfordia (18. Juni).

25. Wernherus Zwyfel ex Tubingen (19. Juni).

26. Joannes Hieber ex Gunssburg Bacc. iur. (6. Juli).

27. Valentinus Spreng de Vrach 1 β (10. Juli).

28. Joannes Wynman ex Cantstat (11. Juli).

29. Fridericus Fot ex Cantstat (24. Juli).

30. Albertus Vollant ex Gröningen (25. Juli).

31. Michel Hebsamer de Stutgardia dedit 1 β (30. Juli).

32. Andreas Lut ex Berckain (30. Juli).

33. Joannes Klinger de Bylstain (6. Aug.).

34. Rudolffus Hyller de Marpach (6. Aug.).

———

11. B. a. 30. Sept. 16. *MFA.:* B. Hytzel o. O.; famulus.

15. Vgl. *DB.:* Obervogt in Balingen, Tuttlingen und Oberrat.

17. B. a. 18. Dez. 16. — *1542 Pfarrer in Kayh.*

18. B. a. 18. Dez. 16. *MFA.:* Vogler.

20. B. a. 18. Dez. 16. *MFA.:* nil dt.

22. B. a. 18. Dez. 16.

23. B. a. Juni 17. *MFA.:* nil dt. — *1545 Pfarrer in Strümpfelbach.*

27. B. a. Juni 17.

29. Chorherr in Stuttgart 1534.

30. B. a. Sept. 18. — *Lebt in Leonberg 1542 als verleibdingter Priester.*
Vgl. dazu Roth.

31. B. a. 23. März 17. *MFA.:* Hebamer.

35. Georgius Aichelin ex Geppingen (11. Aug.).
36. Lucas Hilbrecht de Krümpach (13. Aug.).
37. M. Andreas Ermitoparus de Meiningen (25. Aug.).
38. Bartholomeus Walch de Ehingen 1 β (25. Aug.).
39. Joannes Muller de Vrach (5. Sept.).
40. Wolffgangus Schlerffer Gamundianus (6. Sept.).
41. Johannes Bosch de Constantia (10. Sept.).
42. Georgius Vogler de Lukirch (11. Sept.).
43. Jeorius Syfart de Rudlingen (15. Sept.).
44. Allexander Pur ex Nagolt (17. Sept.).
45. Caspar Steltz de Entringen (24. Sept.).
46. Bartholomeus Kayser de Nuhusen (29. Sept.).
47. Joannes Werckman ex Stutgardia 1 β (25. Sept.).
48. Remigius Hutzel ex Rotenburg.
49. Joannes Bock ex Kirchen (30. Sept.).
50. Jacobus Schwytzer ex Rotenburg (30. Sept.).
51. Franciscus Sachsenhaymer ex Eglesen (2. Okt.).
52. Felix Leonis ex Thurego (8. Okt.).
53. Theobaldus Mollitoris ex Legnäboden in Schwitz (8. Okt.).
54. Martinus Westerler ex Lamerschen (17. Okt.).
55. Andreas Mutschelin ex Tubingen (18. Okt.).
56. Luduicus Mutschelin ex Tubingen (18. Okt.).

67. Sub eximio **Wendalino Stainbach** s. theol. professore a.
1515 sunt infrascripti intitulati, Luce —**1516**:

1. Sebastianus Bosch Vrachcensis 1 β (19. Okt.).
2. Jacobus Kyser Vracensis (19. Okt.).

36. B. a. 18. Dez. 16.
37. *Ornithoparchus, Musiker. Vgl. Roth.*
38. *Sattler, Herz. 3 Beil. S. 121: B. Wall, Kaplan in Hagelloch 1535.*
39. B. a. 23. März 17. — M. a. Juli 18.
40. B. a. 23. März 17.
43. B. a. 23. März 17. *MFA.:* Syffart.
44. M. a. Juli 19. *MFAMag.:* Bur.
46. B. a. 18. Dez. 16.
54. B. a. 23. März 17. *MFA:* ex Lemmerschaim.
55. B. a. Febr. 20. *MFABacc.:* Muschelin. — M. a. Jan. 22.
56 a. *MFABacc.:* Andreas Henlin de Lindow Bacc. Engelstad. rec. 20. Dez.
1515; *rangiert vor* 67,9. — M. a. Jan. 16.
1. B. a. 18. Dez. 15. *MFABacc.:* nil dt.
2. *1542 u. 1545 Pfarrer in Feldstetten.*

3. Michael Müntz Vracensis.
4. Matheus Rieber Groningensis.
5. Wolffgangus Bryss Gepingensis (20. Okt.).
6. Bartholomeus Schertlin de Brackenhaim (21. Okt.).
7. Bernhardus Aichlin de Walen (22. Okt.).
8. Martinus Docher de Rotwil (23. Okt.).
9. Leonhardus Zymerman de Riebenpach Bacc. Ingelst. (24. Okt.).
10. Paulus Fridingen de Ebingen (25. Okt.).
11. Bartholomeus Strohecker de Eglissen (26. Okt.).
12. Martinus Mettelin Wilensis (26. Okt.).
13. Dominicus Möringer (2. Nov.).
14. Anastasius Herpst (26. Nov.).
15. Martinus Nittel Stutgardianus (6. Dez.).
16. Philippus Waltz Grieningensis (21. Dez.).
17. Gallus Filinger (21. Dez.).[a]
18. Conradus Veser (21. Dez.).
19. Anthonius Klocker.
20. Luduicus Hebsacker circa omnium sanctorum (1. Nov.).
21. Joannes Sebalt circa omnium sanctorum (1. Nov.).

1516.

22. Pangratius Stauffen   }
                          } ex Wil (6. Jan.).
23. Sebastianus Harpffe   }

a) *Von hier bis zum Schluss des Rektorats keine Bemerkung über Gebührenzahlung.*

 5. B. a. 23. März 17.
 6. B. a. 23. März 17. — M. a. Jan. 19.
 7. B. a. 23. März 17. — M. a. Jan. 19. *MFAMag.:* Erhardus Aychyle de Wala.
 8. B. a. 18. Dez. 16. *MFA.:* Tucher. — *Ein Martin Decker ist 1545 Prädikant in Balingen.*
 9. *MFABacc.:* rec. ad consortium bacc. Dez. 15.
 10. B. a. Juni 17. *MFA.:* P. Fraüder ex E., nil dt.
 11. B. a. 23. März 17.
 12. B. a. 23. März 17.
 13. B. a. Juni 17. *MFA:* Dominicus Gogel ex Möringen; nil dt.
 14. B. a. 23. März 17. — M. a. Jan. 22.
 15. B. a. 24. Sept. 17. *MFA:* Nutel. — *Vgl. DB. 36.*
 18. B a. 23. März 17. *MFABacc.:* Fesser o. O.; nil dt.
 20. B. a. 18. Dez. 16. *MFABacc.:* L. Heppsack o. O.
 21. *MFABacc.:* Sebaldus Thurner Gamundianus. B. a. 23. März 17 (*identisch?*).

24. Joannes Olificis (6. Jan.).
25. Adam Bentile (2. März).
26. Caspar Kurrer (2. März).
27. Vrbanus Strobel Altenhusensis.
28. Franciscus Schmid Tubingen (15. März).
29. Joannes Studlin Tubingen[a] (15. März).
30. Joannes Wesch ex Nagolt (22. März).
31. Bartholomeus Pur ex Nagolt (22. März).
32. Vitus Gall ex Nagolt (22. März).
33. Allexander Pur ex Nagolt (22. März).
34. Georgius Altenburg (29. März).
35. Joannes Goppinger.
36. Joannes Zimbret (4. April).
37. Hainricus Halbrun (4. April).
38. Michel Necker (1. Mai).
39. Paulus Monacensis (26. April).
40. Joannes Sunentag Nurtingensis.
41. Jacobus Knechtlin (23. April).
42. Bernhardus Brackenhaim.
43. Joannes ⎫
44. Andreas ⎬ Muller Furstenbergenses circa Phil. et Jac. (1. Mai).
45. Symon Barbierer ex Nurtingen.

---

a) *Späterer Zusatz*: ematriculatus est a. 1522 in Maio sub rectoratu Joannis Stöffler Justingensis mathematici.

24. B. a. Juni 17. *MFA.:* Oleificis ex Novo Castro; nil dt.
26. B. a. Juni 17. — M. a. Jan. 19. *MFA Bacc. u. Mag.:* ex Schorndorf.
— *Roth S. 166: Schnurrer, Nachrichten von Lehrern der hebr. Literatur S. 88 f.: Hartfelder, Melanchton S. 45: Steiff s. n. Churrer.*
27. B. a. Juni 17. *MFA:* ex Aletzhusen.
28. B. a. Mai 18. *MFA.:* Fabri; dt. cirographum pro 1 fl.
29. B. a. Mai 18. — *1537 Pfarrer in Täfenroth, † 1547.*
33. B. a. 24. Sept. 17. *MFA.:* Bur.
36. Joh. Zembrot, prior in Oxenhusen in Necrologium Ottenburanum. Zeitschr. d. hist. Ver. f. Schwaben u. Neuburg 5 (1878).
39. B. a. 24. Sept. 17. *MFA.:* P. Huber Monacensis; nil dt.
40. B. a. Dez. 17. *MFA.:* Sonnentag; dt. cirographum pro 1 fl.
41. B. a. 30. Sept. 16. *MFA.:* famulus; ex Gysslingen.
42. Wohl Bernh. Maurus, der Schüler Melanchtons: Steiff S. 243: Hartfelder S. 47: Corp. Reform. 1,18. 24. 62.
43. B. a. Mai 18.
45. B. a. 24. Sept. 17. *MFA.:* Sigismundus Barbierer ex N.

46. Joannes Bersch.
47. Joannes Fuchs Termipolitanus.
48. Joannes Nurtinger natali ᵃ⁾ (20. März).
49. Conradus Ebinger ⎫
50. Georgius Ebinger ⎬ Ascensionis (1. Mai).
51. Joannes Winfeld ⎫
52. Joannes Kel ⎬ Vlmenses (10. Mai).
53. Joannes Daub ⎭
54. Joannes Kruss.
55. Conradus Findysen ex Gamertingen circa Letare (2. März).

68. Sub rectoratu venerabilis M. **Joannis Kreuss** Philippi et Jacobi **1516**:

1. M. Philippus Erer Halbrun (7. Mai).
2. Allexander Schranckel ex Marpach (7. Mai).
3. Martinus Buchner ex Tubingen (10. Mai).
4. Georius Man Elwangen (10. Mai).

---

a) *Zu diesem von Roth für unleserlich erklärten Wort ist wohl* culicis *zu ergänzen als Datumsangabe für Gründonnerstag.*

46. B. a. 23. März 17. *MFABacc.:* Bertsch ex Bessica; nil dt. — M. a. Jan. 21. *MFAMag.:* Bersch; nil dt. facultati; ex Pyetigen *ist ebenso ausgestrichen, wie das darübergesetzte* Bessica.

47. M. a. Juli 19. *MFAMag.:* Joh. Fuchs de Urach.

49. B. a. 24. Sept. 17. *MFABacc.:* Conr. Ebinger ex Tubingen; nil dt. — M. a. Jan. 19. *MFAMag.:* Conr. Ebinger *[darüberkorrigiert]:* Blickli de T. iurisconsultus. — Dec. fac. iur. 1534: Plicklin; Ebinger iunior.

50. B. a. Mai 18. *MFABacc.:* Gg. Ebinger Thuwingensis. — M. a. Juli 20. *MFAMag. [am Rand]:* Dr. medicus. — Dr. med. 1. Febr. 29. *Med.:* o. O.

55. B. a. 23. März 17. *MFABacc.:* Findcysen o. O. — M. a. Jan. 22. — *1556 Pfarrer zu Heiningen.*

55a. *MFABacc.:* Fridericus Keppeler ex Ballingen. B. a. 18. Dez. 16; nil dt.; *rangiert zwischen 67,8 u. 20.*

55b. *MFABacc.:* Johannes Stainlin ex Lauffen. B. a. Juni 17; *rangiert zwischen 67,10 u. 13.*

55c. *MFABacc.:* Leonhardus Kielman ex Göppingen. B. a. 24. Sept. 17; *rangiert zwischen 67,39 u. 45.*

55d. *MFABacc.:* Sebastianus Schäffer ex Appetzella. B. a. 24. Sept. 17 nil dt.; *rangiert zwischen 67,45 u. 49.*

1. *DB. 540.*
2. B. a. 24. Sept. 17. *MFA.:* Srankel.
3. B. a. Okt. 19. *MFABacc.:* Mart. Biecheler ex T. — M. a. Juli 22.

5. Joannes Brackenhosen Augustensis (13. Mai).
6. Jacobus Hemer ex Stutgardia (15. Mai).
7. Franciscus Fritz Etlingen (16. Mai).
8. Jacobus   ⎫
9. Joanes   ⎬ Össler Tubingen (19. Mai).
10. Joachim Humel ex Tubingen (19. Mai).
11. Conradus Maier ex Tubingen nil dedit (20. Mai).
12. Joannes Volland ex Bessica (21. Mai).
13. Joannes Remolt ex Lauffen (22. Mai).
14. Conradus Konman ex Ehingen (23. Mai).
15. Jacobus Burstjeger ex Mindelhaim (25. Mai).
16. Cristofferus Sutter ex Campidona (25. Mai).
17. Luduicus Schmid ex Pfullingen (27. Mai).
18. Petrus Rot ex Geisslingen nihil dedit (27. Mai).
19. Martinus Kartar ex Stutgardia Bacc. Witenburg. (30. Mai).
20. Andreas Ritlich ex Mergethen (30. Mai).
21. Frater Michael Kempel ex Vrach (31. Mai).
22. Caspar Winter ex Mindelhaim (30. Mai).
23. Thomas Henssler[a] de Furstenberg (7. Juni).
24. Sebastianus Gebhart ex Wolfach (7. Juni).
25. Petrus Mayer ex Ertzingen (7. Juni).
26. Petrus Krieg ex Hechingen (7. Juni).

---

a) *Oder Henssler?*

5. *Vgl. mit 74,33 d.*
6. B. a. 24. Sept. 17. *MFA.*: Hämer.
7. *MFABacc.*: Fr. Fritz Ettlingensis rec. 13. Juli 1516. — *Friedlieb, Irenicus. S. ADB.; Keim, Schwäb. Ref.-Gesch. s. n.: Hist. Zeitschr. 25 (1871) S. 82 ff.: Hartfelder, Melanchthon 44.*
11. B. a. 24. Sept. 17. *MFABacc.*: C. May; nil dt. — M. a. Jan. 19. *MFAMag.*: May.
12. B. a. Mai 18. — M. a. Jan. 21. *MFAMag.*: ex Grieningen.   *1542 alter Kaplan in Markgröningen.*
13. B. a. Juni 17.
15. B. a. 24. Sept. 17. *MFA.*: Burssjäger; nil dt.
16. R. a. Dez. 17. *MFA.*: Suter.
17. B. a. Dez. 17. *MFA.*: Fabri.
18. *Sattler, Herz. 3 Beil. S. 121: 1534 Pfarrer in Walddorf: „ein Denkendorfer".*
20. B. a. 23. März 17. — *Wittenberg 1520: A. Ruthlich.*
23. B. a. Dez. 17. — M. a. Jan. 20.

27. Hainricus Miluius de Lucerna Bacc. Coloniensis (16. Juni).
28. Seboldus Nithart ex Kayssleck (19. Juni).
29. Caspar Rielin Cantaropolitanus (22. Juni).
30. Fridericus de Aw Bacc. Engelstettensis (24. Juni).
31. Vitus Goldstainer de Elwangen (28. Juni).
32. Petrus Eschel ex Nurttingen (30. Juni).
33. Laurentius Graff de Dantisco nihil dt. (2. Juli).
34. Hainricus Erbpinger (3. Juli).
35. Joannes Laterarius ex Nurttingen (22. Juli).
36. Georgius Schwab ex Geppingen (24. Juli).
37. Jeronimus Schnel ex Stutgardia (26. Juli).
38. Joannes Gobler de Stutgardia (30. Juli).
39. Joannes Trewwegner de Tubingen (6. Aug.).
40. Nicolaus Künlin ex Stutgardia (8. Aug.).
41. Michael Bentz ex Wiler (9. Aug.).
42. Gallus Schucker ex Cantstat (18. Aug.).
43. Nicolaus Molitoris de Wimpina (24. Aug.).
44. Theodorus Betz ex Balingen (26. Aug.).
45. Petrus Burghart ex Vlma (11. Sept.).
46. Joannes Brymüller ex Vlma nihil dt. (11. Sept.). ·
47. Wendalinus Nathanei Ettlingen (19. Sept.).
48. Burghardus Meyer ex Kalb (20. Sept.).

27. *MFABacc.:* H. Milphus de L. Bacc. Coloniensis rec. ad consort. bacc. Dez. 17. — M. a. Jan. 18.

29. B. a. 24. Sept. 17. *MFABacc.:* Ruelin ex Cannstadt; nil dt.

30. M. a. Juli 16. — *1541 auf dem Reichstag zu Regensburg mit dem Bischof von Augsburg.*

31. B. a. Dez. 17. — M. a. Jan. 20. *MFAMag.:* Vitus Elwanger *[am Rand:]* Bulor(?).

36. B. a. Febr. 18.

39. B. a. Dez. 17. *MFA.:* Truwernher. — *Sattler, Herz. 3 Beil. S. 121: Druwerner Pfarrer in Bodelshausen 1535.*

40. B. a. 24. Sept. 17. — *Vikar im Stift zu Stuttgart 1534.*

42. B. a. 24. Sept. 17. *MFABacc.:* G. Schweiger ex C.

43. *Baumann, Akten zur Gesch. des Bauernkriegs S. 361: Klaus Müller, Bürgermeister zu Weinsberg.*

44. M. a. Jan. 21. *MFAMag.:* Theodorus de B.

47. B. a. Febr. 18. *MFA.:* Nathei; dt. cirographum pro 1 fl.

48. B. a. Sept. 18. *MFABacc.:* Eberhardus Maier ex C. — M. a. Jan. 21. *MFAMag.:* Erhardus M. — *Burkh. M. Pfarrer in Effringen OA. Nagold 1545.*

49. Mathias Müschlin Constantiensis (28. Sept.).
50. Georius Buwmeister Geppingensis (1. Okt.).
51. Burghardus Wyler Dillingensis (5. Okt.).
52. Anthonius Hewmesser de Buhel (6. Okt.).

69. Sub rectoratu M. **Galli Muller** a festo Luce anno
1516—1517:

1. Joannes Böck de Rotwila (20. Okt.).
2. Eberhardus Burckhart de Pfüllingen (20. Okt.).
3. Martinus Betz de Rutlingen dedit 1 β (20. Okt.).
4. Joannes Rentz de Wyssensteig (20. Okt.).
5. Caspar Lengerer de Waltenbuch (20. Okt.).
6. Sebastianus Fyser de Sindelfingen (21. Okt.).
7. Lutius Kannd de Cur (22. Okt.).
8. Lampertus Lamparter de Kalb (22. Okt.).
9. Joannes Brugel de Fúrbach (22. Okt.).
10. Lenhardus Knab de Riedlingen (23. Okt.).
11. Conradus Gwingut de Nirttingen 1 β (23. Okt.).
12. Mathias Bentz de Wysenstaig (25. Okt.).
13. Michael Widman de Wysenstaig (25. Okt.).
14. Melchior Haselman de Brackana (28. Okt.).
15. Petrus Eplin de Pfullingen (30. Okt.).
16. Wendalinus Lutz de Syndelfingen (31. Okt.).

---

49. B. a. Febr. 18. *MFA.:* Mŏschlin.

52. Sattler, Hers. 3 Beil. S. 121: Hŏmesser, *Pfarrer in Osterdingen 1535.*

52 a. MFABacc.: Johannes Faut de Canstat rec. ad consort. bacc. Juli 1516; *rangiert nach 68,7.*

52 b. MFABacc.: Sebastianus de Brachna rec. ad consort. bacc. Juli 1516; *rangiert nach vorigem.*

52 c. MFABacc.: Eberhardus Grober. B. a. 23. März 17; *rangiert nach 68,20. — Vgl. 70,34.*

52 d. MFABacc.: Cristoferus Mayer ex Stutgardia. B. a. 24. Sept. 17; *rangiert zwischen 68,15 und 29.*

4. 1545 Pfarrer in Ebingen.

5. B. a. Mai 18. — M. a. Juli 21. *MFAMag.:* ex Rorbach.

8. B. a. Febr. 18.

9. Joh. Prigel, 1542 Pfarrer in Feuerbach.

11. B. a. Dez. 17. *MFA.:* Quingüt; dt. cirographum pro 1 fl. — *1532 Prediger in Geislingen, 1535 Pfarrer in Köngen; später in Walheim.*

12. B. a. Febr. 18. *MFA.:* Bertsch.

17. Conradus Stamler de Huffingen (5. Nov.).
18. Georgius Noacker de Marpach (7. Nov.).
19. Georius Fabri de Pfullingen (17. Nov.).
20. Georgius Harman de Metzingen (24. Nov.).
21. Franciscus Löer de Munderkingen (4. Dez.).
22. Gregorius Mencknecht (8. Dez.).
23. Conradus Margward de Sindelfingen (8. Dez.).
24. Wilhelmus Vetterlin ex Cantstat (10. Dez.).
25. Melchior Winer de Nerlingen (10. Dez.).
26. Stephanus Lindenfels de Herrenberg (11. Dez.).
27. Vitus Tal de Zabernia (14. Dez.). ·
28. Luduicus Tufringer ex Tubinga (15. Dez.).
29. Petrus Sartoris de Diessenhoffen (15. Dez.).
30. Martinus Amsler Pfulingensis.

1517.

31. Bartholomeus Staimer de Blaburen (3. Jan.).
32. Nicolaus Ezel de Groningen (4. Jan.).
33. Augustinus Wurm de Constantia (10. Jan.).
34. Georgius Ailinger de Margdorff (14. Jan.).
35. Georgius Schmid de Lauigen (14. Dez.).
36. Joannes Wendalinus de Malmsen (17. Jan.).
37. Joannes Tutschelin (20. Jan.).
38. Petrus Melich de Cantropoli (23. Jan.).
39. Hainricus Haffner de Waiblingen (26. Jan.).
40. Symon Rowleder de Kornwesten (26. Jan.).
41. Andreas Schwertlin de Nuhusen (28. Jan.).

---

17. B. a. Febr. 18. *MFA.:* ex Hyfingen.
18. B. a. Mai 18. *MFA.:* Moacker.
24. B. a. Mai 18.

25. B. a. Mai 18. *MFABacc.:* Wynter; dt. cirographum pro 1 fl. — *M. Winter, Pfarrer in Aichschiess 1542.*

32. B. a. Mai 18.
36. B. a. Sept. 18. *MFA.:* nil dt., quia famulus.

37. B. a. Mai 18. *MFABacc.:* Tuschelin ex Kurchen. — M. a. Jan. 20. *MFAMag.:* Tuschelin, iurisconsultus. — Dec. fac. art. 1525/26: o. O. — *Vgl. Zimmerische Chronik Register sub Tuschalin: Dr. u. Kanzler des Stifts zu Strassburg.*

40. B. a. Mai 18. *MFA.:* Rauleder.
41. *Vgl. 70,53c.*

42. Martinus Sckenck de Nurttingen.
43. Fridericus Agschelin de Zwingenberg (14. Febr.).
44. Theodoricus Schulthaiss ex Tubingen (1. März).
45. Eberhardus Tuber de Mulhusen (2. März).
46. Georgius Faber de Aletzhusen (2. März).
47. Joannes Hengel de Deckenpfrundt (3. März).
48. Aurelius Eckhart Stutgardia (4. März).
49. Cristannus Sichler de Rotwila (4. März).
50. Joannes Decker de Gerspach (12. März).
51. Caspar de Lebenberg (14. März).
52. Petrus Andler de Herrenberg (15. März).
53. Conradus Coriarius ex Rotwila (15. März).
54. Sebastianus Hubschnider Bitelspach (15. März).
55. Joannes Brun de Blidelsen (15. März).
56. Hainricus Lutz de Groningen (15. März).
57. Wolffgangus Waidellich ex Gröningen (26. März).
58. Eberhardus Morhart ex Husen (29. März).
59. Conradus Steur de Villingen (19. März).
60. Allexander Richschacher de Filingen (2. April).
61. Sigismundus Faber de Ridlingen (15. April).
62. Mathias Gabler ⎱ Stutgardia (16. April).
63. Thomas Gabler ⎰
64. Wilhelmus Hainbain de Wysenstaig (22. April).
65. Joannes Schlotzenbeck de Riedlingen (23. April).
66. Caspar Vollant de Gröningen (26. April).

––– –––

42. B. a. Mai 18. *MFA.:* Marcus Schlenck ex Byren.
44. B. a. Dez. 18. — M. a. Jan. 21. *MFAMag.:* Theodorus Winckelheuffer Tubingensis.
52. B. a. Sept. 18.
53. B. a. Mai 18. *MFA.:* dt. cirographum pro 1 fl.
54. B. a. Mai 18. *MFA.:* ex Byttlspach; dt. cirographum pro 1 fl.
56. B. a. Mai 18. *MFA.:* dt. cirographum pro 1 fl.
57. *DB. 442. 443.*
58. B. a. Sept. 18. *MFA.:* Bernhardus M.
60. B. a. Sept. 18.
62. *In Wittenberg 1518. — Med. Tubing.:* o. O. Dr. med. 28. Sept. 25.
63. *Wittenberg 1522.*
64. B. a. Sept. 18. *MFABacc.:* Hanbain.
66. B. a. Sept. 18. *MFABacc. [von späterer Hand]:* ordinarius iuris canonici postea factus. — M. a. Jan. 20. *MFAMag. [am Rand]:* Professor huius scholae. *Liest in poesi et oratoria 1520—29: Stadtschreiber in Tübingen 1533. Weiteres s. 109,6.*

67. Quirinus Richkemer de Zymer (29. April).

68. Joannes Sebastianus Esenbri de Esingen (29. April).

70. Intitulati sub M. **Allexandro Rieger** ex Vayhingen a festo Phil. et Jac. a. **1517:**

1. Philippus Lang ex Gartdach ⎫
2. Josephus Piscatoris Franckfordia ⎬ prima die rectoratus (1. Mai).
3. Oswaldus Burck ex Kirchen ⎭

4. Eadamundus Brecht ⎫ ex Ellerbach (3. Mai).
5. Simon Vogler ⎭

6. Vlricus Mayer Myndelhaim (3. Mai).

7. Jacobus ⎫ Wintzelhuser Stutgardiani (3. Mai).
8. Vlricus ⎭

9. Johannes Gross de Gussenstat vicarius in Elwangen Veneris post. dom. Jubilate (8. Mai).

10. Matheus Mangolt Constantiensis (9. Mai).

---

67. B. a. Sept. 18. *MFABacc.*: Reuchkemer. — M. a. Juli 20. *MFA.-Mag.*: Rechkemer o. O. — Dr. med. 4. März 28. *Med.*: Reckemer o. O. — *Acta consistorii universitatis 1521*: Rechekem u. Röckkämer; *in einen Raufhandel zwischen dem Provisor Marcus Unger und dem Poeten Joh. Alex. Brassicanus verwickelt. — Scheint 1551 nach den Acta Consistorii Fechtmeister zu sein.*

68. B. a. Sept. 18. *MFABacc.*: Eusenbri ex Ensingen. — M. a. Jan. 20. *MFAMag.*: Sebast. Ensinger.

68a. *MFABacc.*: Johannes Vetter ex Cappel, Bacc. Ingolstad. rec. ad consort. bacc. Dez. 1517. — M. a. Jan. 1518.

68b. *MFAMag.*: Frater Johannes Grein (Grem?) M. a. Jan. 20; *rangiert zwischen 69,68 und 70,1.*

68c. *MFAMag.*: Johannes Schwitzer de Sancto Gallo. M. a. Juli 20.

1. B. a. Sept. 18. *MFABacc.* [*von späterer Hand*]: factus Doctor et consiliarius principalis. — M. a. Jan. 20. *MFAMag.*: iurisconsultus. — *Ist 1521 in denselben Handel verwickelt, wie 69,67. — Vgl. Roth S. 173: Zentralbl. f. Bibliothekew. XIII, 496.*

4. B. a. Sept. 18. *MFABacc.*: Euamundus B. o. O. — *Acta Consist. academici: 1531 in einen Streit mit den Erben Jac. Lemps, in dessen Hause er lange lebte, verwickelt. Er ist 1531 Hauptmann, wohnhaft zu Zell am Untersee. — 1542 Hauptmann in Tuttlingen (Türkensteuerlisten).*

5. B. a. Dez. 19. *MFABacc.*: o. O.

7. B. a. Dez. 18. *MFABacc.*: Wintzelhysser. — *Vgl. 70,53d.*

8. B. a. Dez. 18. — M. a. Jan. 21. — *DB. 542. 543.*

11. Gallus Bock ex Gysslingen (20. Mai).
12. Claudius Musetus (19. Mai).
13. Caspar Rott de Biettica (22. Mai).
14. Rupertus Wiest ex Magstat (30. Mai).
15. Johannes Schelpplin ex Bessingen aput Kirchen (4. Juni).
16. Jacobus Diettickhoffer Constantia (4. Juni).
17. Andreas Siff Geppingensis (10. Juni).[a]
18. Onofrius Haffner Raffenspurg (6. Juni).
19. Cristanus Rosslin Eberspach (9. Juni).
20. Jeorius Trutman Tubingen (10. Juni).
21. Blasius Michel Veltkirch (11. Juni).
22. Silvester Constetter Veltkirch (11. Juni).
23. Martinus Rorbach Tubingen (12. Juni).
24. Wendalinus Böck ex Herrenberg (16. Juni).
25. Philippus Halbprunner ex Husen (16. Juni).
26. Jacobus Gamundia (16. Juni).
27. Jeronimus Fabri de Bessica (16. Juni).
28. Marcus Metzger ex Kirchen (17. Juni).
29. Balthasarus Ritter de Kronsaw (19. Juni).
30. M. Petrus Neser ex Firstenberg (19. Juni).
31. Matheus frater dicti Magistri Petri (19. Juni).
32. Martinus Wegerlin de Gilstain (19. Juni).
33. Martinus Lebnawer ex Elchingen (6. Juli).
34. Jacobus Grober ex Ebinga (19. Juli).
35. Wolffgangus Schower de Besendorff (6. Aug.).
36. Andreas Weldelin de Orinchingen (6. Aug.).

a) Ist am Rand später eingefügt.

11. B. a. Dez. 19. *MFA.:* Bock.
14. B. a. Sept. 18.
17. B. a. Juni 19. *MFA.:* Zyff.
19. B. a. Sept. 18. *MFA.:* dt. cirographum pro 1 fl.
20. B. a. Dez. 18. *MFABacc.:* Truttman. — *Pfarrer in Affaltrach.*
24. B. a. Dez. 18. *MFA.:* Beg. — *Wend. Beg, Untervogt in Herrenberg 1528 (Roth aus Wolfenhäuser Akten im Univ.-Archiv).*
25. Erster evang. Pfarrer in Ötisheim; 1545 in Oberriexingen.
30. Vgl. Roth S. 166; Tochtermann des Kosp. Forstmeister u. 1525 bis 1535 Ordinarius des kanonischen Rechts.
31. B. a. Sept. 18. *MFABacc. [von späterer Hand]:* Neeser, Doctor iuris et assessor camere. — M. a. Jan. 20. *MFAMag.:* Nesser, iurisconsultus. — *Zimmerische Chronik 3,522.*
32. B. a. Dez. 18. *MFA.:* de Bylstain.
34. Vgl. 68,52c u. 70,53a u. 53c.

37. Bartholomeus Nifer ex Munsingen (19. Aug.).
38. Valentinus Fri ex Kirchen (20. Aug.).
39. Aidemus Plochingensis (20. Aug.).
40. Thomas Negelin Plochingensis (5. Sept.).
41. Wolffgangus Stup*) (10. Sept.).
42. Jeorius de Minsingen¹⁾ (6. Sept.).
43. Joannes Schaiwer (10. Sept.).
44. Nicolaus Ducker Kirchen (10. Sept.).
45. Jeorius Laufehanns (16. Sept.).
46. Bernhardus Faut ex Cantstat (19. Sept.).
47. Philippus Lorman de Westernaw (20. Sept.).
48. Johannes Heninger Tubingensis (24. Sept.).
49. Sebastianus Rist^) de Metzingen (16. Okt.).
50. Jacobus Wick de Wangen (16. Okt.).
51. Bernhardus Faut ex Cantstat (15. Okt.).
52. Caspar Wolffangel de Tubingen (23. Sept.).
53. Andreas Schmid ex Thurego (24. Sept.).

a) *Von späterer Hand ist mit ganz blasser Tinte hinter dem* p *noch ein* to *eingefügt, so dass der Name zusammen mit dem folgenden Zahlzeichen (10) auch* Scriptoris *gelesen werden kann (vgl. Roth).*
b) *Steht am Rand und ist durch Striche an diese Stelle verwiesen.*
c) Rist *ist von späterer Hand einem gestrichenen* Cristhanns *überkorrigiert.*

37. B. a. Dez. 18. *MFABacc.:* Nyffer. — M. a. Juli 21. *MFAMag.:* Nyeffer o. O.
38. *B. a.* Febr. 19. *MFA.:* Val. Sutor.
40. *Sattler, Herz. 3,69:* Frühmesser in Boll bis 1534.
43. B. a. Febr. 19. *MFA.:* Joh. Schwitzer ex Wintertur.
46. B. a. Febr. 19.
47. B a. Okt. 19. *MFA.:* Phil. Laurman ex Wisenstaig.
48. B. a. Mai 23. — M. a. Jan. 24. *MFAMag.:* Heminger.
49. B. a. Febr. 19.
50. B. a. Dez. 18. *MFA.:* J. Fiel de W.
52. B. a. Juni 19.
53. *Pfarrer in Obercisisheim 1542 und 1545.*
53a. *MFABacc.:* Conradus Gruer de Tubinga. B. a. Febr. 19.; *rangiert vor 70,38: von Roth mit 70,34 identifiziert.*
53b. *MFABacc.:* Johannes Schwaderer de Giessenhofen. B. a. Juni 19, *mit dt. facultati; rangiert zwischen 70,52 u. 71,9.*
53c. *MFABacc.:* Andreas Mer de Nuhusen. B. a. Dez. 1519; *rangiert zwischen 70,11 u. 72,31; identisch mit 69,41?*
53d. *MFAMag.:* Jacobus Seckler Stutgardianus. M. a. Juli 20; *kann identisch sein mit 70,7.*
53e. *MFAMag.:* Jacobus Gruer ex Tubinga. M. a. Jan. 21; *nach Roth identisch mit 70,34.*

71. Sub rectoratu eximii dom. D. **Jacobi Lemp** a festo s. Luce pro anno 1517—1518:

1. Johannes Schelling de Maiori Ingerschen (24. Okt.).
2. Joannes Bruner de Chiburg (24. Okt.).
3. Johannes Choch de Wiel studens Wienensis (30. Okt.).
4. Dominicus Wygolt (30. Okt.).
5. Vdalricus Eehalt de Geppingen studens Erfordiensis (8. Nov.).
6. Johannes Ryffenstain de Francfordia Bacc. Maguntinus.
7. Cristannus Gabler de Kauffbür (19. Nov.).
8. Wilhelmus Kechler de Schwandorff (3. Dez.).
9. Magnus Mayer de Fiessen 1 β (17. Dez.).
10. Johannes Kuder ex Tubingen (21. Dez.).
11. Sebastianus Klein ᵃ⁾ de Bonicka (23. Dez.).

1518.

12. Jacobus de Rechberg canonicus Elwangensis (3. Jan.).
13. Amandus Satler de Vrach (5. Jan.).
14. Ludwicus Senger de Esslingen (7. Jan.).
15. Johannes Buck de Terendingen (8. Jan.).
16. Petrus Rieder de Esslingen (9. Jan.).
17. Johannes Bletzer de Metzingen 1 β (31. Jan.).
18. Hainricus Nieffer de Esslingen (31. Jan.).
19. Georgius Decker de Rutlingen (10. Febr.).
20. Ambrosius Widman ex Haymsen (11. Febr.).
21. Johannes Sigwart de Etlingen (20. Febr.).

------

a) *Oder* Klemm?

1. B. a. Okt. 19. *MFA.:* Joh. de Ingerschen.

4. 1530 Pedell, 1533 Fiskal, bis 1551 Syndikus der Universität; daneben Procurator Bursae; 1553 erscheint seine Witwe vor dem Consistorium Univ.

5. B. a. Dez. 17.

9. B. a. Juni 19. *MFABacc.:* nil dt. facultati.

10. MFABacc.: Fr. Joh. Kuderer ordinis N. [S. Pauli eremitae] ex Rorhalden *[bei Kiebingen OA. Rottenburg]*, Prior. B. a. Okt. 1522; *identisch mit Obigem?*

13. B. a. Juni 19.

14. B. a. Juni 19. — M. a. Juli 22. *MFAMag.:* Sengerer *[am Rand]:* Milchschupp (?).

18. B. a. Dez. 19. — M. a. Juli 21. *MFAMag.:* Nyeffer.

19. B. a. Okt. 19. — M. a. Jan. 21.

21. B. a. Juni 19.

22. Petrus Neschlin ex Nagold (26. Febr.).
23. Johannes Mollitoris de Gunssburg 1 β (28. Febr.).
24. Johannes Burghardus Faber de Rauenspurg (28. Febr.).
25. Cristofferus Scriptoris de Vberlingen 1 β (28. Febr.).
26. Johannes Ratz de Remintza (1. März).
27. Vdalricus Huser de Campidona (7. Febr.).
28. Bernhardus Rule de Moringen (8. Febr.).
29. Jeorius Spet de Vberlingen (8. Febr.).
30. Josephus Stratarius de Gröningen (23. März).
31. Gregorius Sumer de Tetingen prope Vrach 1 β (25. März).
32. Anthonius Pantellionis de Rauenspurg (27. März).
33. Albertus Rumetsch de Herrenberg (30. März).
34. Wendalinus Schwendi (9. April).
35. Johannes Fryc de Tettingen cis Vrach (16. April).
36. Nicolaus Berner de Altorff (17. April).
37. Allexander Mergkling de Marpach (19. April).
38. Johannes Sayler de Rüdlingen, Wenensis (20. April).
39. Petrus Rach de Alttorff (21. April).
40. Jeorius Rentz de Wayblingen (27. April).
41. Dominicus Vischer de Boppenwiler 1 β.
42. Johannes Osswaldus Lamparter de Wiel (29. April).
43. Vitus Kapp de Nagolt (29. April).
44. Philippus comes de Eberstain (30. April).
45. Johannes Stainbrecher, Maguntinus studens (29. April).
46. Johannes Glauberg de Francfordia (29. April).
47. Hainricus de Zimern (29. April).

— — —

33. Pfarrer in Metsingen 1542.
36. B. a Okt. 19.
37. Marcoleon, Pädagogarcha in Stuttgart: vgl. Heyd.
38. B. a. Dez. 18. *MFABacc.;* de Riedlingen.
    40. M. a. Juli 19. *MFAMag. [am Rand]:* Dr. medicus. — *Casp. Brusch.*
Progymnasmata: 1537 Wirt. principis physicus.
    41. Vgl. unten 49a. — Pfarrer in Steinheim a. d. Murr, † 1552.
    42. B. a. Okt. 19. — M. a. Juli 22. *MFAMag.:* o. O.
    43. B. a. Mai 20. *MFABacc.:* Udalricus Kapp de N. — M. a. Jan. 23.
MFAMag.: Vitus Kapp de N. — *Vgl. 74,7. — Ein Ulrich Kapp ist 1542*
Pfarrer in Nagold.

48. Vrbanus Schlaffer Pfullingensis (5. Mai).
49. Jeorius Fabri de Plaburn[a] (5. Okt.).

72. Sub rectoratu eximii dom. D. **Petri Brün** Phil. et Jac.
a. 1518:

1. Andreas Althamer Gundelfingensis (8. Mai).
2. Marcus Krötz de Vlma (22. Mai).
3. Pfach de Rutlingen 1 β (13. Mai).
4. Sebastianus Essich de Kalb (1. Juni).
5. Albertus Klain de Talfingen (3. Juni).
6. Johannes Múl de Nubusen dedit 1 β (4. Juni).
7. Johannes Has de Tettingen (4. Juni).
8. Jacobus Husnar de Stutgardia (7. Juni).
9. Johannes Lux de Mynsingen (8. Juni).
10. Georgius Hetzer de Nurttingen (9. Juni).
11. Georgius Tinctor de Neckerhusen (9. Juni).
12. Andreas Mayer Heman de Mynsingen 10. Juni).
13. Symon Bruner de Vrach (15. Juni).
14. Johannes Sprandel de Vrach (18. Juni).
15. Caspar Obehanck de Luterbach (20. Juni).
16. Bechdoldus Frid de Groünigen (28. Juni).
17. Johannes Elmen dictus Hoss de Nuwenstatt (30. Juni).

------

a) *Mit anderer Tinte nachgetragen.*

48. B. a. Mai 21. *MFABacc.*: Schlauffer o. O.

49a. *MFABacc.:* Dominicus Rach ex Marpach prom. Okt. 19; nil dt. facultati; *identisch mit 71,41?*

49b. *MFABacc.:* Jacobus Hysler de Stôgardia prom. Okt. 19; *identisch mit 72,8?*

49c. *MFABacc.:* Laurentius Beringer, Esslingensis; prom. Dez. 19.

49d. *MFABacc.:* Filius Penicelli (?) B. a. Febr. 20; *rangiert vor 72,43.*

1. B. a. Sept. 18. *MFA.:* Althainer. — *ADB.: Heyd; Württ. Jahrb. 1879 S. 30.*

2. B. a. Dez. 19. *MFA.:* Marc. Ken.

3. B. a. Okt. 19. *MFA.:* Mich. Pfau de Rittlingen; nihil dt. facultati.

5. B. a. Mai 20. *MFABacc.:* Albertus Talfinger. — *Pfarrer in Neckartailfingen wohl schon vor 1534; † 4. Febr. 1555.*

7. Pfarrer in Trichtingen, † 1542.

8. S. 71,49b.

10. B. a. Okt. 19. — *Pfarrer in Oberboihingen 1542.*

11. B. a. Okt. 19. *MFA.:* de Nürtingen.

18. Jacobus Dollinger de Tytzingen (9. Juli).
19. Johannes Fry de Constantia (10. Juli).
20. Jacobus Dem de Gerspach (12. Juli).
21. Frater Stephanus Opilionis Augustinianus (12. Juli).
22. Fridericus Sünten Frickenhusen (17. Juli).
23. Johannes Vber de Rutlingen (7. Aug.).
24. Jeorius de Nuwenstaig.
25. Benedictus Bapireus de Rutlingen (6. Sept.).
26. M. Johannes Hilt de Rotwila (16. Sept.).
27. Conradus Ambach de Mulhusen (16. Sept.).
28. Johannes Vberher de Argentina (16. Sept.).
29. Vlricus Zwurner de Nagolt 1 β.
30. Bonauentura de Gamundia (24. Sept.).
31. Johannes Plüm de Geppingen (26. Sept.).
32. Bartholomeus Mayer de Betzingen (27. Sept.).
33. Johannes Hainricus de Klingenberg (12. Okt.).
34. Jeorius Murlin de Trochtelfingen Mag. art. (15. Okt.).
35. Johannes Wernheri de Wayblingen (15. Okt.).
36. Johannes Vnfried de Bieticka 1 β (18. Okt.).
37. Hainricus Schwöniger de Villingen[a] (24. Juni).
38. Johannes Scherlin de Yetingen Augustianus nihil dedit (25. Juni).
39. Caspar Huc de Rauenspurg (5. Juli).
40. Johannes Melchior de Bubenhoffen canonicus Constantiensis (9. Juli).
41. Johannes Stamler de Schaffhusen (16. Juli).
42. Johannes Hafner de Ehingen (31. Juli).

------

a) Bei 37—48 steht am Rand hinter einer zusammenfassenden Klammer: Hii subtracti per istam figuram (= Klammer) fuerant presentati per vicerectorem.

18. B. a. Oct. 19. *MFA Bacc.*: de Ditzingen. — M. a. Juli 21. *MFA Mag.*: Joe. Dotzinger ex D.

19. *Joh. Frey, Pfarrer in Metzingen 1542.*

25. B. a. Sept. 18. *MFA Bacc.*: Papirius. — M. a. Jan. 21. *MFA Mag.*: Ben. Gretzinger ex R.

27. B. a. Febr. 20. *MFA.*: Conr. Arnbroch o. O.

29. *1542 Pfarrer in Nufringen, † das. Mai 1547.*

30. B. a. Dez. 19. *MFA.*: Bonaventura Teber o. O.

31. B. a. Dez. 19. *MFA.*: Phim.

35. *Pfarrer in Kirchenkirnberg 1545.*

36. B. a. Juni 22. *MFA Bacc.*: Johannes Bietica. *(Sind beide identisch?)* — *DB. 348 : 358.*

43. Jacobus Boni de Lynsenhoffen (2. Sept.).
44. Gregorius Fistulicen de Wysenborn (3. Sept.).
45. Martinus Geltz de Rotenburg (19. Sept.).
46. Michel Coler de Rutlingen (20. Sept.).
47. Jeorius Lachenman ex Rutlingen (21. Sept.).
48. Conradus Staynmer de Nera (23. Sept.).

73. Intitulati sub M. **Francisco Stadiano** a festo Luce a. **1518** usque ad festum Phil. et Jac. a. **1519:**

1. Johannes Rotbletz de Villingen (21. Okt.).
2. Johannes Kast de Gerspach (22. Okt.).
3. Cristofforus Cyr de Stutgardia (26. Okt.).
4. Johannes Mosap de Nagolt (26. Okt.).
5. Jacobus Lotzer de Horb (26. Okt.).
6. Conradus Schienck ex Graffenberg (26. Okt.).
7. Johannes Hanussman de Kornwesten (29. Okt.).
8. Jeorgius Brecht de Tubingen 1 β (29. Okt.).
9. Michael Eckart de Ettlingen (30. Okt.).
10. Leonhardus Lauber de Lükirch (30. Okt.).
11. Johannes Fassnacht ex Waiblingen (5. Nov.).

43. B. a. Febr. 20. *MFABacc :* o. O. — M. a. Jan. 23. *MFAMag.:* ex Lysenhoffen. — Dr. med. 1. Febr. 29. *Med.:* o. O. — *Vgl. Roth.*
44. In sacerdotem ordinatus 1519: scheint in Reutlingen gelebt zu haben (Roth).
46. B. a. Febr. 20. *MFABacc.:* Conr. Stainilin o. O.
46a. *MFABacc.:* Fridericus Fiertag o. O. prom. Mai 1520; *rangiert zwischen 72,11 u. 72,8.*
46b. *MFABacc.:* Wolffgangus Widner. B. a. Febr. 1520; *rangiert zwischen 74,10 u. 72,27; identisch mit 62,133?*

3. B. a. Okt. 19. — M. a. Juli 22. *MFABacc. u. Mag.:* Christ. Zyr. — Dec. fac. art. 1530/31: Cirus.
4. B. a. Febr. 20. MFABacc.: Mossbach. — M. a. Juli 21. *MFAMag.:* Mosap o. O; nil dt. facultati.
5. Diakonus in Markgröningen (1542): vorher Pfarrer in der Pfalz.
6. B. a. Febr. 20. *MFABacc.:* Schenck. — M. a. Juli 21. *MFAMag..* Schennck; nil facultati dt.
7. Vielleicht Joh. Hanemann, Pfarrer in Neckargröningen. Theol. Studien aus W. 4 (1883) S. 221.
8. B. a. Mai 20. *MFA.:* G. Precht.
11. B. a. Mai. 20. *MFABacc.:* o. O. — M. a. Juli 24. — *Sattler, Herz. 3,69: Vikar in Göppingen.*

12. Johannes Ott ex Heppach (8. Nov.).
13. Johannes Foculus de Simeringen (13. Nov.).
14. Johannes Schopff de Stutgardia (14. Nov.).
15. Philippus Gloner de Blidelsshaim (14. Nov.).
16. Martinus Säman ex Canstatt Bacc. Wittenburgensis (15. Nov.).
17. Bernhardus Textoris ex Wallen (18. Nov.).
18. Michael Schwiepertinger (19. Nov.).
19. Johannes Hoffman de Binicken (28. Nov.).
20. Andreas Rischacher de Riet (3. Dez.).
21. Conradus Kon de Mitelstat (11. Dez.).
22. Johannes Wilhelmus de Bûlach (25. Dez.).
23. Georgius Rinderbach de Binicken (30. Dez.).

1519.

24. Caspar Sybolt de Ritlingen (9. Jan.).
25. Cristophorus Truchsess baro de Waltpurg dedit 1 fl. et 7 ₰ (11. Jan.).
26. Johannes Mangolt de Walpurg (11. Jan.).
27. Leonhardus Fabri Herpipolensis canonicus collegii s. Johaunis in Hauchis (22. Jan.).
28. Michael Romel de Vrach (30. Jan.).
29. Marcus Wetzel de Herrenberg (1. Febr.).
30. Johannes Bender ex Brackenhaim (10. Febr.).
31. Sebastianus Hormolt de Bieticka (17. Febr.).
32. Blasius Essich de Nagolt (20. Febr.).
33. Martinus Schwartz de Pfäffingen (15. März).
34. Johannes Albicus de Tübingen (20. März).
35. Martinus Schott de Wila (24. März).
36. Georgius Man de Nellingen (25. März).
37. Conradus Heffelin de Nagolt (26. März).

---

14. B. a. Febr. 20. *MFA.*: Joh. Schapffen o. O. — *1534 Vikar am Stift zu Stuttgart, 1537 evang. Pfarrer in Nellingen.*
15. B. a. Febr. 20. *MFA.*: Phil. Gluner o. O.
19. B. a. Dez. 20. *MFA.*: o. O.
24. *Caspar Seibold 1542 und 1545 Pfarrer in Oberbrüden.*
30. B. a. Mai 20. — M. a. Juli 22. *MFA Bacc. u. Mag.*: Binder.
31. *Vogt in Bietigheim, dann Kirchenratsdirektor.*
32. *Pfarrer in Bondorf 1542.*
37. B. a. Febr. 21. *MFA Bacc.*: Conr. Hefelin o. O.; nil dt. facultati. — *1542 Stadtpfarrer in Haiterbach; bis 1560.*

38. Hainricus Wiglin de Kirchen (1. Mai).
39. Conradus Bensslin de Tubingen (6. Mai).
40. Johannes Siess componista principis Vdalrici.[a]

74. Intitulati sub venerabili et eximio **Baltasare Canstät** a Phil. et Jac. usque ad festum Luce a. **1519:**

1. Jacobus Heyl de Memingen (8. Mai).
2. Job Vlin de Offingen prope Memingen (8. Mai).
3. Baltassar Fuchs ex Suppingen (21. Mai).
4. Baltassar Quechlin de Isnnwingen 1 β (5. Juni).
5. Johannes Sattler ex Herremberg 1 β (21. Juni).
6. Gregorius Wolfhart ex Schangaw in Bavaria 1 β (21. Juni).
7. Vitus Kapp ex Nagolt (21. Juni).
8. Jacobus Fúrst praepositus apud s. Stephanum (22. Juni).
9. Theodoricus Leeb ex Balingen Bacc. Friburgensis (24. Juni).
10. Georgius Molitoris de Constantia (24. Juni).
11. Jodocus Bösch ex Constantia (24. Juni).
12. Jacobus Cosmas Rijs ex Constantia (24. Juni).
13. Joachimus Erny ex Constantia (24. Juni).
14. Ludouicus Schwicker ex Esslingen (28. Juni).
15. Johannes baro de Haideck ecclesie cathedralis Bombergensis canonicus (1. Juli).
16. Juuenalis Wyss ex Dornstetten (2. Juli).
17. Caspar Neser ex Fürstenberg (10. Juli).
18. Joannes Scheblin ex Esslingen (19. Juli).
19. Bartholomeus Rieger ex Wyla (16. Juli).

a) *Der Zusatz stammt von anderer Hand.*

38. B. a. Sept. 20. *MFA.:* Wiglin *ohne Ort und Vornamen.*
40. *Sattler, Herz. 1,231: Kapellmeister der herzoglichen Sänger: Vgl. Roth S. 602, Nr. 37.*

3. B. a. Sept. 20. *MFABacc.:* o. O. — M. a. Juli 22. *MFAMag.:* ex Suplingen. — Dr. med. 3. Juli 26. *Med.:* o. O.
7. B. a. Dez. 20. *MFABacc.:* Ulricus Cap de N. — M. a. Juli 23. *MFAMag.:* Vitus Kapp de N. — *Vgl.* 71,43.
10. B. a. Febr. 20. *MFABacc.:* o. O.
16. B. a. Mai 21. *MFABacc.:* Juv. Weyss o. O.
17. B. a. Dez. 21. — M. a. Juli 23.
18. *Meister Joh. Schoble, Schulmeister in Leonberg 1542.*
19. B. a. Sept. 20. *MFABacc.:* o. O.

20. Conradus Halder de Zwifalten (20. Juli).
21. Joannes Amstain de Constantia (23. Juli).
22. Baltassar de Wernauw (21. Juli).
23. Georgius Dolinger ex Melchingen (27. Juli).
24. Ambrosius Paulin ex Langenargen (29. Juli).
25. Jacobus Fabri de Veringen (30. Juli).
26. Matheus Hummel ex Ysnen (12. Aug.).
27. Menradus Schuster ex Obernew (12. Aug.).
28. Johannes Blanck de Wilperg (12. Aug.).
29. Johannes Moll ex Kirchen (18. Aug.).
30. Vrbanus Rogius ex Lindaw Mag. universitatis Ingolstadiensis (20. Aug.).
31. Leonhardus Reber ex Nurtingen (16. Aug.).
32. Petrus Scheiner de Altorff (20. Sept.).
33. Johannes Hardar de Messkirch 1 β (19. Okt.).

75. Sub rectoratu egregii viri dom. **Galli Miller** sacr. theol. D. a festo Luce **1519** usque ad festum Phil. et Jac. **1520**:

1. Wolffgangus Piscatoris de Megklingen (8. Nov.).
2. Georgius Rûff de Hengen (8. Nov.).
3. Sebastianus Aberlin de Hengen (11. Nov.).

29. B. a. Dez. 20.
30. Über Urb. Rhegius vgl. Heyd u. ADB.
32. B. a. Mai 21. MFABacc.: Scheuner o. O. — M. a. Juli 23. MFAMag.: P. Schnurrer de A.
33a. MFABacc.: Michael Brotbeck Geppingensis prom. Dec. 1519; nach Roth wohl identisch mit 75,6.
33b. MFABacc.: Marcus Staimlin ex Schaffhusen; prom. Dec. 1519.
33c. MFABacc.: Symon ex Wyssenhorn. B. a. Febr. 21; rangiert zwischen 75,1 u. 73,37.
33d. MFABacc.: Dominus Johannes ex Augusta. B. a. Febr. 21; rangiert ebenso wie 74,33c; identisch mit 68,5?
33e. MFABacc.: Joannes Fabri. B. a. Mai 21.
33f. MFABacc.: Andreas Pireus (?). B. a. Mai 21; identisch mit 75,9?
33g. MFABacc.: Georgius Rusch. B. a. Mai 21; identisch mit 75,11?
Alle diese nach der Pestzeit sehr unsorgfältig und wenig leserlich nachgetragenen Baccalare rangieren zwischen 74,32 und 75,21.
33h. MFABacc.: Matheus Wegner ex Brachana. B. a. Mai 21; rangiert wie die vorhergehenden.

1. B. a. Febr. 21.
3. 1535 Pfarrer in Schwieberdingen, 1548 in Markgröningen.

4. Guilelmus Thon de Gysslingen (13. Nov.).
5. Balthasar Andler de Herenberg (16. Nov.).
6. Michael Rohag de Geppingen (18. Nov.).
7. Joannes May de Bragkana (23. Nov.).
8. Simon Wisshar de Wittendorff (23. Nov.).
9. Andreas Pistoris de Buren (26. Nov.).
10. Wolffgangus Gronberg de Werd (30. Nov.).
11. Georgius Schuff ex Stutgardia (30. Nov.).
12. Conradus Andree de Stogkach 1 β (2. Dez.).
13. Bartholomeus Herb de Riedlingen (23. Dez.).
14. Jacobus Garhman de Rauenspurg (23. Dez.).
15. Simon Fabri de Feldkirch (23. Dez.).
16. Diepoldus Schwartz de Wyssenhorn (24. Dez.).

1520.

17. Jacobus Freud de Constantia[a] (7. Jan.).
18. Joannes Armbruster de Waltdorff (7. Jan.).
19. Augustinus Rotenburger de Tubingen (10. Jan.).
20. Jacobus Mollitoris de Rechdenbach dedit 1 β (1. Febr.).
21. Berchtoldus Stainlin de Lauffen (8. März).
22. Simon Kirssman de Kalb (8. März).
23. Sebastianus Stainlin de Lauffen (8. März).
24. Balthasar Mollitoris ex Tubingen (8. März).
25. Georgius Gantz de Munderkingen (10. März).
26. Joannes Treger de Rogkenburg (10. März).

———

a) Oder Freud?

6. Vgl. 74,33a. — OAB. Göppingen 149: M. Brodhag, Pfarrer in
Göppingen.
7. M. a. Jan. 22. — Hans Mai 1542 Schulmeister in Brackenheim.
9. Vgl. 74,33f. — Sattler, Hers. 3 Beil. S. 121: 1534 Pfarrer in Nehren.
11. Vgl. 74,33g.
16. B. a. Dez. 21. MFABacc.: Theobaldus Sch. — M. a. Juli 23.
18. B. a. Dez. 21. — M. a. Juli 23. MFAMag. [am Rand]: canonicus
Herbipolensis. — Theol.: princip. in bibliam 3. April 28; in sentencias 16. Aug. 30.
— Rect. 1534/35: theol. Lic. — Roth S. 165.
21. B. a. Mai 21. MFABacc.: Steinlin o. O.
24. B. a. Febr. 22. — M. a. Juli 24. — Acta consist. acad. 1535: Sohn
des damals verstorbenen „Syndikus Balth. Mollitoris" (vgl. 1,59).
26. B. a. Sept. 20. MFABacc.: nur Rockenburg ohne Vorname. — M. a.
Jan. 23. MFAMag.: Joh. Rockenburger.

27. Joannes Ott de Tubingen (19. März).
28. Joannes Graff de Luikilch 1 β (25. März).
29. Siluester Prendlin de Marchdorff (25. März).
30. Georgius Heminger de Fahingen (11. April).
31. Hugo Theodorus de Ow (12. April).
32. Paulus Scriptoris de Kirchain (13. April).
33. Joannes Spindler de Messkirch 1 β (20. April).
34. Martinus Kugelin de Birchenfelt[a] (22. April).
35. Lenhardus Feychtwegk de Leningen (23. April).
36. Joannes Brun de Töttingen (24. April).
37. Georgius Bufeld de Eschlingen 1 β (30. April).

76. Sub rectoratu egregii viri dom. **Balthasaris Keffelin** de Wilperg sacr. theol. D.[b] a festo Phil. et Jac. **1520** usque ad idem festum a. **1521:**

1. Petrus Riser de Laubingen realium[c] [viae] nil dedit pro intitulatura (3. Mai).
2. Mattheus Heller de Gröningen (5. Mai).

a) *Ursprünglich stand* Kirchenfel *da, über welches in der oben angegebenen Weise korrigiert ist. Darüber steht* Birkenfelt.

b) *B. Käufelin wurde erst 18. Juni 1521 Dr. theol. Also wurde obige Überschrift erst nach diesem Zeitraum ins reine geschrieben.*

c) *Genauer* reul *mit Strich durch das* l. *Kann die Abkürzung wie oben gedeutet werden?*

27. B. a. Juni 22.
30. B. a. 19. Sept. 21.
32. B. a. Sept. 20. *MFABacc.:* o. O.
33. B. a. 19. Sept. 21. *MFABacc.:* nil dt. facultati. — *Kaplan in Messkirch: Zimmerische Chronik s. n.*
34. B. a. 19. Sept. 21. *MFABacc.:* ex Pfortzheim; *[von anderer Hand ist ergänzend dazugeschrieben:]* ex Birckenfelt. — M. a. Juli 23. — *Theol.:* princip. in bibliam 3. April 28; in sentencias 4. Juli 31. — Rect. 1529; Dec. fac. art. 1529/30: Mart. Kigelin de Birckenfelt. — Collegiatus 1525; *vgl. Schreiber, Univ. Freiburg 1,153 u. 2,279 ff.*
37. B. a. 19. Sept. 21. *MFABacc.:* G. Bophey Esslingensis; nil dt. facultati. — M. a. Jan. 23. *MFAMag.:* G. Bouae Esslingensis.
37a. *MFABacc.:* filius Sartoris Nicolai Tubingensis prom. Sept. 1520; *rangiert zwischen 76,6 u. 75,26.*
37b. *MFABacc.:* Balthasar ex Plieningen. B. a. Mai 1521; *rangiert zwischen 75,21 u. 76,64.*
37c. *MFABacc.:* Joannes Kremer Waiblingensis. B. a. 19. Sept. 21; *rangiert zwischen 75,30 u. 76,22.*

2. B. a. Febr. 22. — *Kaplan an St. Leonhard: Konsistorialrat.*

3. Conradus Startzler de Horb (7. Mai).
4. Joannes Gudin de Marchtal ordinis Premonstratensis (9. Mai).
5. Melchior Mayr de Marchtal (9. Mai).
6. Sigismundus Welfflin de Rotenburg (9. Mai).
7. Erhardus Stickel de Stugkardia (21. Mai).
8. Marcus Miller de Rotenburg famulus 1 β (21. Mai).
9. Hieronimus Kuehorn (21. Mai).
10. Philippus Mayr de Sindelfingen famulus 1 β (22. Mai).
11. Joannes Mayr de Rotwyl famulus 1 β (16. Mai).
12. Frater Jacobus Boleck de Wyler nil dedit pro intitulatura (16. Mai).
13. Crispinus Spindler de Geppingen famulus 1 β (23. Mai).
14. Joannes Gayling Ilfeldensis feria II penth. (28. Mai).
15. Melchior Jeger de Lenberg feria III penth. (29. Mai).
16. Petrus Mule de Stutgardia (2. Juni).
17. Wigileus Schilling de Regenspurg (4. Juni).
18. Joannes Farner de Dornstett famulus 1 β (5. Juni).
19. Adamus Knuss de Stutgardia 1 β (6. Juni).
20. Joannes' Sellarius de Canstat (8. Juni).
21. Diopoldus Spett de Schilssburg (11. Juni).
22. Georgius Wirt de Rotenburg (13. Juni).
23. Joannes Marquart de Altorff (15. Juni).
24. Conradus Binder de Gemrica (16. Juni).
25. Philippus Zwifel de Tubingen (18. Juni).
26. Gaspar Wirtzburg (20. Juni).

---

3. Vgl. *Blätter f. württ. K.-Gesch. 2,89.*
4. B. a. Dez. 21. *MFA.:* Gudyng.
5. B. a. Dez. 21. *MFA.:* Mayer ord. Premonstr.
6. B. a. Sept. 20. *MFA.:* Sig. Wölfflin o. O.
7. B. a. 19. Sept. 21. *MFABacc.:* Stückel. — M. a. Jan. 24. — *Tritt 1551 als Zeuge auf in den Acta Consistorii Universitatis.*
9. B. a. 19. Sept. 21. *MFABacc.:* Kiehorn Stugardiensis.
10. B. a. Dez. 22. *MFABacc.:* Mayer, famulus.
13. B. a. 19. Sept. 21. *MFABacc.:* nil dt. facultati, quia famulus erat.
14. Vgl. *Heyd: einer der ersten evang. Pfarrer in Württ.*
15. B. a. 19. Sept. 21. *MFABacc.:* ex Lienberg. — *DB. Register s. n.*
16. B. a. Dez. 21. — M. a. Juli 24. *MFABacc. u. Mag.:* Mülin.
18. B. a. Dez. 21.
20. B. a. Okt. 22.
22. B. a. 19. Sept. 21.
24. B. a. Sept. 20. *MFA.:* o. O.
25. B. a. Mai 24. *MFA.:* Zwyffell.

27. Georgius Stertzer de Holtzgerlingen (20. Juni).
28. Georgius Palmer de Rotenburg (25. Juni).
29. Gallus Nothelffer de Bibrach (26. Juni).
30. Melchior Warbeck de Gamundia (1. Juli).
31. Alexander Schuele de Elmendingen (4. Juli).
32. Petrus Mercklin de Kirchain (14. Juli).
33. Joannes Scheck de Gröningen (17. Juli).
34. Matheus Han de Rotenburg (17. Juli).
35. Joannes Rebman de Schönaych (19. Juli).
36. Conradus Ehinger de Waltzhut famulus plebani 1 β.
37. Vdalricus Buckaler Uracensis 1 β (21. Juli).
38. Paulus Kronisse de Vrach realium [viae]ᵃ⁾ (22. Juli).
39. Georgius Wisshorn (26. Juli).
40. Joannes Fischess de Vrach (30. Juli).
41. Joannes Hagnauer de Zirch nihil dedit (2. Aug.).
42. Eustachius Kain de Ehingen nihil dedit (4. Aug.).

Intitulati Rottenburgi ob pestem hic Tubinge ingruentem:
43. Martinus Birer de Vrach famulus 1 β (2. Aug.).
44. Andreas Ritel de Rotenburg (22. Aug.).
45. Thomas Haberstro de Kirchain (22. Aug.).
46. Ludovicus Eger de Birstingen (27. Sept.).
47. Vitus Leser famulus 1 β (27. Sept.).
48. Georgius Hyp (28. Sept.).
49. Michael Metzger de Kalb (16. Okt.).

----

a) *Vgl. S. 228 Anm. c.*

27. B. a. 19. Sept. 21.
28. *Georg Palmer, Kaplan zu St. Stefan in Rottenburg,* † 1565.
30. B. a. Dez. 21. *MFA.:* Warbec.
33. B. a. Dez. 21. *MFA.:* Schöck.
35. *Vogt in Suls 1539 (Roth).*
36. B. a. Febr. 22.
37. B. a. Febr. 22. *MFA.:* Dom. Udalr. Buccalar.
38. B. a. Febr. 22. *MFA.:* Kronysin.
43. *1542 Pfarrer in Hengen.*
44. B. a. Febr. 22. *MFA.:* de Stutgardia. — *Archivar in Stuttgart; D.B.*
47. B. a. Febr. 22. *MFA.:* de Schenberg.
48. B. a. Okt. 22. *MFABacc.:* G. Hypp ex Tubingen; [*von späterer Hand:*] cesareus consiliarius factus. — M. a. Jan. 24. *MFAMag.:* Remingensis. — *Liber conductionum:* 1524 lector oratoriae, 1524 collegiatus. — *Acta Consist.* 1531: *heisst Dr. und stellt einen Verteidiger.* — *Zimmerische Chronik, 3,515. 519.*
49. *1545 Pfarrer in Stammheim.*

50. Valentinus Reiger Wilensis (19. Okt.).
51. Joannes Dantzenbecher de villa Banff (19. Okt.).
52. Joannes Bilsan de Brenckhusen (19. Okt.).
53. Bernhardus Mercklin de Kirchain (19. Okt.).
54. Sebastianus Werner de Backenhaim famulus 1 β (4. Nov.).
55. Bartholomeus Neuhuser de Rotenburg (22. Nov.).
56. Joachim Kegel de Neren (29. Dez.).
57. Joachim de Gröningen (29. Dez.).
58. Jacobus de Schorndorff famulus 1 β (29. Dez.).
59. Franciscus Beck Venetianus (29. Dez.).

1521.

60. Joannes de Gröningen famulus 1 β (4. Jan.).
61. Joannes Pfost de Rotenburg (20. Febr.).
62. Conradus Husler (28. Febr.).
63. Jacobus Hamerle de Kirchen famulus 1 β (4. März).
64. Ludovicus Schertlin de Vlma (9. März).
65. Vitus Knup de Elwangen (9. März).
66. Matheus Wolfart de Wohlingen (9. März).
67. Jacobus Haubenschmid de Stutgardia (10. März).
68. Joannes Startzler de Horb famulus 1 β.
69. Petrus Schnitzer de Wilperg 1 β (3. April).
70. Joannes Hering de Detingen (4. April).
71. Bernhardus Vnger (8. April).
72. Conradus Felix de Nurtingen famulus 1 β (9. April).
73. Joannes Daderer de Minore Saxenhaim (9. April).

---

53. B. a. Febr. 22.
54. B. a. Febr. 22. *MFA.:* Seb. Schmid de Baccaham.
56. B. a. Febr. 22. *MFABacc.:* Joachimus ex N. — M. a. Jan. 24. —
Dec. fac. art. 1533/34: Kegele. — *Roth S. 166: Zimmerische Chronik 3,629:*
1550 Kammerrichter zu Speier.
57. B. a. Febr. 23. *MFABacc.:* Joach. Gryninger. — M. a. Jan. 26.
MFAMag.: Joach. Gröninger Rottenburgensis.
63. B. a. Dez. 22. *MFA.:* Haimkale, famulus.
64. B. a. Mai 21. *MFA:* o. O.
67. B. a. Juni 22. *MFA.:* Hubenschmid.
68. B. a. Dez. 23.
71. B. a. Dez. 25. — M. a. Jan. 28. *MFAMag.:* Tybingensis *[am Rand]:*
Dr. medicus obiit Rottenburgi ad Nierum 1594. — Dr. med. 5. Nov. 33. —
Panser, Annales typographici VII: Verf. von Defensio medicorum arabum
Lugd. 1533.

74. Martinus Ferrarius de Kirchaim (14. April).
75. Joannes Henlin de Tagersshaim (19. April).
76. Vitus Milhuser de Wayblingen (26. April).
77. Simpertus Sophier Phorcensis 1 β (29. April).
78. Albertus Wildt de Magstat (6. Mai).

77. Sub rectoratu egregii et eximii viri dom. **Jacobi Lemp** sacr. theol. D. a festo Phil. et Jac. usque ad festum Luce a. 1521:

1. Joannes Schwertlin de Hailprun (18. Mai).
2. Erasmus Viatoris vel Scriba de Gröningen (23. Mai).
3. Christophorus Lutz ⎱ de Tübingen (26. Mai).
4. Georgius Lutz ⎰
5. Georgius Muse de Nurtingen (28. Mai).
6. Joannes Hainegker de Malmsen (2. Juni).
7. Wendalinus Hainrichman de Wilperg (4. Juni).
8. Petrus Megenhart de Canstat (10. Juni).
9. Mag. Balthasar Lagnawer de Vlma 5 β (11. Juni).
10. Jeronimus Burger de Nurtingen 1 β (12. Juni).
11. Jacobus Byder de Tubingen (14. Juni).
12. Blasius Han de Pfullendorff (15. Juni).
13. Joannes Schenck de Memingen frater ordinis heremitarum (20. Juni).
14. Vdalricus Rigel de Geppingen famulus 1 β (24. Juni).

75. B. a. Mai 21. *MFABacc.:* o. O.

78a. *MFABacc.:* Nicolaus Lesch ex Metzingen. B. a. 19. Sept. 1521; *rangiert nach 76,27.*

78b. *MFABacc.:* Albertus Messerschmid de Gröningen. B. a. Febr. 22; *rangiert zwischen 76,47 u. 76,53.*

78c. *MFABacc.:* Sebastianus Konlin Stutgardiensis. B. a. Juni 22; *rangiert zwischen 75,27 u. 76,67.* — M. a. Juli 24. *MFAMag.:* Könlin.

78d. *MFABacc.:* Johannes Ganser Achantinopoli. B. a. Okt. 22; *rangiert zwischen 76,20 u. 48.*

78e. *MFABacc.:* Udalricus Renz de Wysenstaig. B. a. Okt. 22; *rangiert zwischen 76,48 u. 77,8.*

78f. *MFABacc.:* Stainilin de Rotenburg, nomine Jacobus. B. a. Okt. 22. *rangiert wie der Vorhergehende.*

5. B. a. Dez. 22. *MFA.:* Mûse.

6. B. a. Dez. 22. *MFA.:* Joh. Malmsa Haenneker, stipendiatus.

8. B. a. Okt. 22. — M. a. Juli 24. — *Hofmedikus in Stuttgart (Roth).*

13. *1526 in Wittenberg.*

14. *Erster evang. Pfarrer in Lotenberg (OA. Göppingen).*

15. Marquardus de Ehingen (26. Juni).
16. Gabriel Stempffel de Memingen 1 β (27. Juni).
17. Hainricus Ruile de Schorndorff (28. Juni).
18. Joannes Renhart de Kirchaim (29. Juni).
19. Wolffgangus Bosch de Dinckelspühel (2. Juli).
20. Lucas Landstrasser de Saltzburg (2. Juli).
21. Sebastianus Bosch de Dinckelspühel (2. Juli).
22. Fridericus Noenarius comes 1 flor. (2. Juli).
23. Justinus Brandenburg de Colonia pedagogus (2. Juli).
24. Sebastianus Schmid de Beringen (10. Juli).
25. Christophorus Goldochs ⎫
26. Eustachius Goldochs ⎬ de Dinckelspühel (14. Juli).
27. Guilielmus Schöfflin de Gintzburg (17. Juli).
28. Joannes Kessler de Wisenstayg 1 β (17. Juli).
29. Michael Schuirlin de Altenstayg (18. Juli).
30. Joachim Sigismundi de Immenstat 1 β (21. Juli).
31. Joachim Lindtlin de Stutgardia (24. Juli).
32. Joannes Kreydenweyss de Esslingen (29. Juli).
33. Christophorus Rawenberger de Saltzburg (29. Juli).
34. Dom. Maximinus Wagner de Messingen (29. Juli).
35. Martinus Zwifel de Tübingen (12. Aug.).
36. Petrus Kirchbuler de Kutzbuler (14. Aug.).
37. Michael Rügker de Wisenstayg 1 β (15. Aug.).
38. Melchior Redlin de Schorndorff 1 β (16. Aug.).
39. Joannes Tischmacher de Stutgardia (21. Aug.).

---

19. Bayrischer Kanzler † 1558.
20. Präzeptor von 84,20.
24. B. a. Dez. 22. *MFA.:* Seb. Beringer Uracensis, stipendiatus.
27. B. a. Juni 22. *MFABacc.:* Wilh. Schoffel o. O. — M. a. Juli 24. *MFAMag.:* Scheffell.
28. B. a. Dez. 22. · *MFA.:* famulus.
31. B. a. Dez. 22. *MFA.:* Lindle. — *Im Rat zu Stuttgart 1534.*
36. B. a. Dez. 22. *MFABacc.:* Kyrchpeler o. O., famulus. — M. a. 8. Juli 33. *MFAMag.:* Kürchpüchler ex Kitzbiel.
37. B. a. Dez. 22. *MFABacc.:* Rucker, famulus. — M. a. Jan. 26. — Dr. med. 1. Febr. 29. — Dec. fac. med. pirmo 1533; ultimo 1560. — Rect. 1539; 43; 48; 51; 57. — *Roth S. 166.*
38. B. a. Sept. 23. *MFA.:* Redele.
39. B. a. Mai 24. *MFA.:* Tuschmacher. — *Lebt 1542 in Stuttgart als alter Priester.*

40. Joannes Wernlin de Magstat (23. Aug.).
41. Conradus Spreter de Rotweyl (25. Aug.).
42. Gebhardus Brastberger de Vrach (26. Aug.).
43. Pangratius Brunug de Horb (26. Aug.).
44. Martinus Ridlinger de Tubingen nihil dedit (26. Aug.).
45. Henricus Egen de Gamundia (29. Aug.).
46. Philippus de Lichaw ex Vrich (29. Aug.).
47. Joannes Genglin de Dinckelspuhel (2. Sept.).
48. Marcus Heminger de Backenaw (5. Sept.).
49. Stephanus Faber de Nurmberga (10. Sept.).
50. Joannes Althamer de Dinckelspühel (13. Sept.).
51. Joannes Ernst de Nurmberg (14. Sept.).
52. Georgius Heger de Bauaria Messbach (14. Sept.).
53. Lenhardus Schnuerlin de Hallerschweine (15. Sept.).
54. Michael Fech de Brackenaw (22. Sept.).
55. Petrus Haim de Nurtingen (23. Sept.).
56. Joannes Thome de Nurtingen (23. Sept.).
57. Nicolaus Gallus de Hechingen (25. Sept.).
58. Daniel Wich de Hechingen (25. Sept.).
59. Jeronimus Schnell de Detwang (30. Sept.).
60. Joannes Riech de Bibrach (30. Sept.).
61. Jacobus Knawr de Pfullingen (7. Okt.).

— ——
.

40. B. a. Dez. 22. *MFABacc.:* Joh. Wernle Wyllensis, stipendiatus. — M. a. Jan. 24. *MFAMag.:* Wernle ex Magstat. — *Kirchenrätlicher Beamter vgl. DB.*

41. B. a. Febr. 23. *MFABacc.:* Sprayter. — M. a. Jan. 25.

42. Rangiert in MFABacc. zwischen den Bacc. des Mai und den des Sept. 1521. — M. a. Jan. 23. *MFAMag. [am Rand]:* iurisconsultus. — Dec. fac. art. 1532/33. — Rect. 1537; 43/44: iur. utr. Dr.; 47/48; 51/52; 59. — *Vgl. Roth 166.*

43. Nach Bossert vielleicht identisch mit Pancr. Prunlin, Pfarrer in Höfingen (Theol. Stud. aus Württ. 1883,222), bis 1548 in Weil im Schönbuch, dann Prediger in Leonberg.

45. B. a. Dez. 22.

51. Ein Joh. Ernst ist 1534 Pastor in Gretza (= Graz); vgl. Zeitschr. f. K.-Gesch. 1900,89: dieser oder 79,41?

52. B. a. Dez. 21. *MFA.:* G. Hecker o. O.

54. B. a. Febr 22. — M. a. Jan. 24. *MFABacc. u. Mag.:* Fay. — Dec. fac. art. 1535/36: Vaey; 40/41: Vey. — *Roth S. 167.*

57. MFABacc: Nic. Gallus de Niderhächingen, *rangiert nach den Bacc. des Sept. 1518.* — M. a. Jan. 22. *MFAMag.:* Dom. Nic. Gallus de H.

62. Felix Gayler de Frawenfeld (13. Okt.).
63. Bonauentura de Geysenberg ordinis heremitarum nihil (13. Okt.).
64. Kilianus Hiess de Oehsenhusen (13. Okt.).

78. Intitulati sub rectoratu eximii viri dom. **Johannis Epp** iur. Lic. a festo Luce' a. **1521** usque ad festum Phil. et Jac. a. **1522**:

1. Joannes Marquart ⎫
2. Joannes Georgius ⎬ fratres barones in Alendorff de Kingsegk, dederunt 3 flor. (19. Okt.).
3. Joannes Jacob ⎭
4. Matheus Wernlin de Öttingen (19. Okt.).
5. Georgius Brock de Wolffegk (19. Okt.).
6. Pangratius de Lucepoli (21. Okt.).
7. Mauricius Kern de Augusta (22. Okt.).
8. Onoffrius Mor de Vlma (22. Okt.).
9. Erasmus baro de Lympurg vulgo des heligen römischen reychs erbschenck semperfrey canonicus Bambergensis 1 flor. (23. Okt.).
10. Cristophorus Bron de Kirchaim (23. Okt.).
11. Benedictus Neer de Rotenburg 1 β (23. Okt.).
12. Gregorius Kütz 1 β (24. Okt.).
13. Georgius Schrof de Onstrach (30. Okt.).
14. Jacobus Kalt de Constantia (30. Okt.).
15. Conradus Wellenberger de Pfirt (30. Okt.).
16. Ludovicus Schorndorffer de Stutgardia (28. Okt.).

---

62. Dr. iur. 1540.
64. *MFABacc.:* Kylianus Heyss; *rangiert zwischen den Bacc. des Mai und den des Sept. 1521.* — M. a. Jan. 23.
64a. *MFABacc.:* Thomas Prol Wilensis; *ebenso wie 77,64 und 78,14.*

7. *Pfarrer in Welzheim 1539 (Schneider, Ref.-Gesch. 65): später 1542 und 1544 Diakonus in Göppingen: OAB. Welzheim 132: v. Krumbach.*
8. B. a. Febr. 23. *MFABacc.:* Onofr. Mann.
11. B. a. Febr. 23. *MFABacc.:* Neger.
12. B. a. Febr. 23. *MFABacc.:* G. Kurtz Waltzensis.
13. B. a. Okt. 22. *MFABacc.:* Schroff ex Ostach.
14. *Rangiert in MFABacc. zwischen den Bacc. des Mai und den des Sept. 1521.* — M. a. Jan. 23. *MFAMag. [am Rand]:* iurisconsultus. — Dec. fac. art. 1527/28. — *Vgl. Roth S. 166; später wurde er Assessor des K. Kammergerichts.*
15. B. a. Febr. 22. *MFABacc.:* o. O.

17. Othmarus Sietz de Tübingen (3. Nov.).
18. Valentinus Scriba de Rotenburg (4. Nov.).
19. Jeronimus Goss de Feltstetten (5. Nov.).
20. Michael Rieger de Weyl (6. Nov.).
21. Martinus Nyfer de Minsingen (6. Nov.).
22. Georgius Erbesser de Tubingen (6. Nov.).
23. Marcus Klingler de Osterou 1 β (7. Nov.).
24. Martinus Wagner de Schenaich (7. Nov.).
25. Jacobus de Waltenbuch (7. Nov.).
26. Jacobus Montanus (7. Nov.).
27. Joannes Hatt de Wayblingen (9. Nov.).
28. Wilibaldus Biest (9. Nov.).
29. Helias Walderstain de Augusta (10. Nov.).
30. Paulus Goldstainer de Elwangen (10. Nov.).
31. Anthonius Fabri de Wylhain 1 β (12. Nov.).
32. Joannes Ludouicus Gayssberger (13. Nov.).
33. Petrus Bidler Wenensis (15. Nov.).
34. Johannes Lominit de Furstenberg 1 β (15. Nov.).
35. Michael Franciscus Epp de Biettigka Bacc. Wenensis (18. Nov.).
36. Burchardus Garb de Horb (18. Nov.).
37. Bernhardus Mueg de Riedlingen (27. Nov.).
38. Joannes Siedenbender de Wormatia famulus Hessen nil dedit
    (1. Dez.).

——— - - -

17. B. a. Sept. 23. — M. a. Jan. 27. *MFAMag.:* Seytz.
18. B. a. Mai 23. *MFA.:* Val. Neukauffer ex R.
19. B. a. Okt. 22. *MFA.:* Gauss ex Felstet, nomine Jheromus.
20. B. a. Mai 23. *MFA.:* Joh. Michael Ryger Willensis.
21. B. a. Febr. 22. *MFABacc.:* Niffer o. O. — Dr. med. 28. Sept. 31.
Med.: Nufer o. O.
22. B. a. Sept. 23. *MFABacc.:* Erbysser. — M. a. Jan. 27. *MFAMag.:*
Herbisser. — *Ein Jac. Erbisser aus Tübingen ist 1530 in einen Raufhandel
verwickelt.*
24. B. a. Mai 23. *MFA.:* Wegner de Schenauch.
25. B. a. Juni 22. *MFA.:* Jacobus Molitoris de W.
26. B. a. Mai 23. *MFA.:* de Schorndorf.
32. B. a. Febr. 23. *MFABacc.:* Jo. L. Gaysperger. — M. a. Jan. 27.
MFAMag.: Lud. G. ex Schorndorff. — *Lebt 1542 in Schorndorf (Türkensteuerlisten).*
35. M. a. Jan. 23. *MFAMag.:* Mich. Epp. — *Pfarrer in Kirchheim a. N.
1542 und 1545.*
36. B. a. Febr. 23.
37. B. a. Mai 23. *MFA.:* Mye.

39. Christophorus de Feldkirch (1. Dez.).
40. Beatus Girttler de Helprun (2. Dez.).
41. Joannes Lenglin de Bintzdorff (2. Dez.).
42. Andreas Hechel de Campidona studens Friburg. (3. Dez.).
43. Achatius Klein Phorcensis (4. Dez.).
44. Melchior Sprenger de Riedlingen studens Friburg. (5. Dez.).
45. Theodoricus de Wyler (10. Dez.).
46. Joannes Theodoricus de Pleningen (11. Dez.).
47. Joannes Faber de Pfullingen (26. Dez.).
48. Nicolaus de Dornstatt (26. Dez.).

1522.

49. Joannes Schradin de Riedlingen (7. Jan.).
50. Petrus Schauber de Riedlingen (7. Jan.).
51. Allexander Zipper de Herrenberg (18. Jan.).
52. Joannes Fester de Fahingen 1 β (31. Jan.).
53. Georgius Wolff de Altmisshouen (31. Jan.).
54. Ludouicus Ruffeg de Ginningen (7. Febr.).
55. Sebastianus Stadelman conventualis de Rot (8. Febr.).
56. Martinus Hetzel de Haytterbach (6. März).
57. Joannes Mertelin de Stutgardia (8. März).
58. Michael Architectoris de Nurtingen (11. März).
59. Bernhardus Notthafft (13. März).

39. B. a. Mai 24. MFABacc.: Chr. Kuntzet de F.

41. Joh. Lenglin, Prediger in Strassburg, Reformator in Ravensburg.

44. B. a. Dez. 22. MFABacc.: ex Rudlingen.

45. Vor Weinsberg durch die Spiesse gejagt 1525. Vgl. oben 8,19.

46. Acta consist. academ.: 1529 in einen Raufhandel verwickelt. — 1531 in Wittenberg. — Landhofmeister Herzog Christophs; vgl. Heyd u. DB.

47. Pfarrer in Kornwestheim 1542.

49. B. a. Mai 23. MFABacc.: Ritlingensis. — *Reformator in Reutlingen, Hofprediger in Mömpelgart: Dichter. Vgl. Heyd u. Geo. Dav. Beger, Ruralkapitel Reutlingen S. 70 (wo 1496 zu lesen ist).*

50. B. a. Mai 23. — M. a. 11. Juli 26. MFAMag.: Schaber de Reutlingen. — *Pfarrer in Hohenstaufen, Prädikant in Göppingen, zuvor in Winnenden.*

56. B. a. Febr. 24. MFA.: Mart. Hayterbach.

57. B. a. Mai 24. MFABacc.: J. Martinus, [von späterer Hand]: Dr. med. — M. a. 11. Juli 26. *MFAMag.:* Joh. Martinus, medicus. — *Rector bursae realium 1531.*

60. Vdalricus Stöcklin de Tueffen (14. März).
61. Joannes Hetzer de Tueffa (14. März).
62. Jodocus Cultellificis de Geppingen 1 β (15. März).
63. Sebastianus Vselin } conventuales Roggenburg (15. März).
64. Georgius Herman
65. Joannes Siesser de Schorndorff (17. März).
66. Magnus Fetzer de Ockenhusen (18. März).
67. Ludovicus Sattler de Lenberg 1 β (21. März).
68. Michael Vogel de Mittelstat (21. März).
69. Laurentius Bentz de Gundelfingen 1 β (21. März).
70. Joannes Fabri de Maltzen (21. März).
71. Michael Schwygker de Canstat 1 β (22. März).
72. Wolfgangus Walch de Osterberg (26. März).
73. Martinus Zegker de Kirchain (27. März).
74. Leodegarius Keess de Gengen M. Wenensis (28. März).
75. Joannes Settelin de Blauburen (30. März).
76. Christophorus de Bolstatt studens Ingolstetensis (6. April).
77. Sixtus Birck de Augusta studens Erfordensis (19. April).
78. Johannes Birschlag de Vlma (24. April).
79. Zeno Richart de Vlma (24. April).
80. Johannes Miller de Dettingen (24. April).
81. Melchior Gerst de Neyffa (26. April).

---

60. 1545 Pfarrer in Holzelfingen.
61. B. a. Sept. 23. MFA.: ex Niffeu.
63. B. a. Mai 23. MFA.: Seb. Isale de R.
64. B. a. Mai 23. MFA.: G. Erman de R.
66. Über die Familie vgl. Alberti.

71. B. a. Dez. 23. MFABacc.: Schwycker. — M. a. Jan. 26. MFA.-Mag.: Schweycker, [am Rand]: iurisconsultus. — Dec. fac. art. 36/37: Schneicker: 42/43. — Dr. iur 23. Febr. 1544. — Roth S. 167.
72. B. a. Sept. 23. MFABacc.: Walck.
73. B. a. Sept. 23. MFABacc.: Zeucker.
74. Rangiert in MFAMag. nach den Promoti des Jahres 1520.
75. B. a. Febr. 23. MFABacc.: J. Sytzeler. — M. a. Juli 29. MFA.-Mag.: Seitzeler.
77. B. a. Febr. 23. — Genannt Betulejus, Schulmann in Basel u. Augsburg. Vgl. Zeitschr. d. hist. Ver. für Schwaben u. Neuburg 4 (1878) S. 29; Veith, Bibl. August. V, 2.

78. B. a. Febr. 23. MFA.: J. Byschlag Augustanus.
79. B. a. Febr. 23. MFA.: Z. Richardus Augustanus.
80. 1542 Pfarrer in Mägerkingen.

82. Paulus Marchdorff studens Lipsiensis (26. April).
83. Melchior Kigaler de Wolffach (30. April).

79. Sub rectoratu eximii viri M. Joannis Stöfflerii Justingensis mathematici a festo Phil. et Jac. usque ad festum Luce a. 1522 intitulati sunt:

1. Gallus Múlich ex Cantstat 1 β (6. Mai).
2. Michel Vetteler ex Campidona 1 β (6. Mai).
3. Johannes Hussler de Leonberg (7. Mai).
4. Georgius Bauhand de Kauffburen (7. Mai).
5. Damianus Gienger Vlmanus (7. Mai).
6. Georgius Ycher Vilingensis (7. Mai).
7. Cristofferus Linde de Hechingen (9. Mai).
8. Christanus Herlin ⎫
9. Christofferus Hirsitus ⎬ Argentinenses (10. Mai).
10. Johannes Rumel de Fürstenberg 1 β (10. Mai).
11. Johannes Linss Vlmensis (11. Mai).
12. Florianus Wagenrieder Vlmensis (12. Mai).
13. Johannes Spiegler de Marchdorff (13. Mai).
14. Petrus Beler de Kauffburen 1 β (14. Mai).
15. Jacobus Muller Bibracensis (14. Mai).
16. Nicolaus Stainhart de Stainhilben (14. Mai).
17. Anthonius Danhuser de Blydersshusen (18. Mai).
18. Johannes Wolffgang Rorbach Franckfordensis (24. Mai).
19. Fridericus Wolffgang Rorbach Franckfordensis (24. Mai).
20. Johannes Jacobus Kinser Badensis (24. Mai).
21. Jacobus Seckell Hallensis (25. Mai).
22. Seruatius Buwmayster ex Wylhan (26. Mai).
23. Michael Bayer ex Meytzen (27. Mai).
24. Jeronimus Aman Esslingensis (28. Mai).

---

83 a. MFABacc.: Joannes Myntzinger Stutgardianus, B. a. Mai 23; *rangiert vor 78,18.* — M. a. Jan. 25. *MFAMag.:* Minsinger [*am Rand*]: iurisconsultus.

2. B. a. Febr. 24. *MFA.:* Feteler.
5. B. a. Febr. 24.
7. *Syndicus universitatis 1544.*
11. B. a. Sept. 23. *MFA.:* Lyntz.
18. M. a. Jan. 24. *MFAMag.:* Jo. Guolfgangus Franckfordianus.
21. B. a. Dez. 23.

25. Jacobus Rottenburger Tubingensis (29. Mai).
26. Leonhardus Piscator Augustanus (30. Mai).
27. Ludovicus Ehinger de Tubingen (30. Mai).
28. Johannes Syff de Geppingen (31. Mai).
29. Nicolaus Treuerensis (2. Juni).
30. Conradus Raut nobilis (3. Juni).
31. Jacobus Widman de Kalb (5. Juni).
32. Vitus Michten Herbipoli (6. Juni).
33. Wolffgangus Graber (6. Juni).
34. Georgius Gienger Vlmanus (7. Juni).
35. Anthonius de Andelaw nobilis (7. Juni).
36. Franciscus Scheubel de Andelaw Mag. art. (7. Juni).
37. Geronimus Geltz Blochingensis (10. Juni).
38. Sebastianus Vischelin Cantaropoli 1 β (18. Juni).
39. Jodocus de Bicken canonicus Wetzfloriensis 1 fl. (19. Juni).[a]
40. Wilhelmus de Bicken canonicus ecclesie metropolitane Magunti-
    nensis 1 fl. (19. Juni).
41. Johannes Ernst de Eningen 1 β (20. Juni).
42. Leonhardus Blüm de Bar (20. Juni).
43. Anthonius Degen Zeletzen (?) (22. Juni).
44. Johannes Furderer de Syndelfingen (27. Juni).
45. Beatus Trincklin de Gamundia (28. Juni).
46. Joannes Monschein Esslingensis (29. Juni).
47. Ludovicus Meiser de Sultzmad (1. Juli).
48. Hainricus Eckelspach de Bibraco (2. Juli).
49. Gregorius Rorer de Waltdorff (6. Juli).
50. Marquardus Wagner de Messingen (6. Juli).
51. Maximinus Molitoris ex Eschingen (9. Juli).
52. Nicolaus Kuppinger (9. Juli).

---

a) *Am unteren Rand der Seite steht von späterer Hand:* Dom. Jodocus a Bicken ad totum temporis biennium in completione probe suas absolvit partes.

26. M. a. Jan. 23.
27. B. a. Mai 24.
28. B. a. 11. April 25.   *MFA.:* Syf.
30. *Konrad Rot, Herr von Oberhausen bei Weissenborn: vgl. Weyermann 2,435.*
37. B. a. Sept. 23.
40. *In Marburg 1532: nobilis.*
41. *Vgl. 77,51.*
47. B. a. Mai 24.   *MFA.:* Meser ex Sultzmat.
51. B. a. Mai 24.   *MFA.:* Maxim. Ryd de E.

53. Nicolaus Hornbach (10. Juli).
54. Nicolaus baro de Fleckenstain (10. Juli).
55. Johannes Suiter de Bermadingen (11. Juli).
56. Georgius Volgelman Hallensis } studentes Haydelbergenses
57. Philippus Buscher Hallensis } (11. Juli).
58. Johannes Wolff de Ottenburg studens Haydelbergensis (11. Juli).
59. Bartholomeus Wier Augustanus studens Haydelbergensis (11. Juli).
60. Jacobus Weckerlin Wurtzach (11. Juli).
61. Johannes Emsslin Wilmadingen 1 β (11. Juli).
62. Johannes Nythart Vlmanus Bacc. (14. Juli).
63. Martinus Con de Pfullingen (16. Juli).
64. Georgius Wachter de Blaburn (19. Juli).
65. Christannus Mayer de Bregantia (22. Juli).
66. Daniel Mauch Vlmauus (23. Juli).
67. Johannes Gennicher Kauffpurn (24. Juli).
68. Johannes Rychss de Dulen (25. Juli).
69. Vdalricus Albrecht de Krombach (27. Juli).
70. Anthonius Kyrwang Kauffpuren (31. Juli).
71. Johannes Elsässer ex pago circa Stutgardiam (9. Aug.).
72. Vitus Grysing de Bopffingen (14. Aug.).
73. Robertus Wackasoldus Hebreus (16. Aug.).
74. Josephus Hehenberger de Hochenfryburg nobilis (21. Aug.).
75. Johannes Ber de Wilperg (22. Aug.).
76. Rudolfus Bur de Dyttenhain (25. Aug.).

---

53. B. a. Dez. 28. *MFA.: Nic.* Hornbachensis famulus.
56. *Heidelb.: inscrib. 8. April 21.*
57. *Heidelb.: Buschler: inscrib. 26. April 20.*
58. *Heidelb.: J. W. Hailprunensis; inscrib. 1. Juli 21.*
59. *In Matr. Heidelb. nicht zu finden.*
61. *Ein Ensslin ist 1545 Pfarrer in Ditzingen.*
63. B. a. Dez. 28. *MFA.:* Mart. Kain, famulus. — *Khen, 1545 Pfarrer in Pfullingen.*

66. *Weyermann 2,296: Der vielgereiste Humanist: 1557 ist er als Auditor von wegen Mainz zum Religionsgespräch in Worms geordnet und den Württembergern verddächtig. — In Marburg 1544; war auf mehr als 20 Universitäten immatrikuliert.*

69. B. a. Dez. 28. *MFA.:* U. Albertbus ex Cr.
71. B. a. Febr. 24. *MFA.:* de Vayhingen.

73. *Der Engländer Wakefield, 1522—24 Lehrer des Griechischen und Hebräischen in Tübingen; vgl. Schnurrer, Lehrer der hebr. Literatur in Tübingen S. 67 ff.*

77. Hainricus Raut de Múlhain (26. Aug.).
78. Conradus Bub Esslingensis (2. Sept.).
79. Johannes Murer Eschingensis (3. Sept.).
80. Johannes Hartlieb de Hennsen (12. Sept.).
81. Lupoldus*) de Hornstein nobilis (15. Sept.).
82. Johannes Stromayr (3. Sept.).
83. Nicolaus Diemer·Halbrun (3. Sept.).
84. Johannes Schwartz de Wysenhorn (4. Sept.).
85. Jacobus Kernlin (15. Sept.).
86. Johannes Krusslin (15. Sept.).
87. Schenck Eberhardus dominus in Erpbach (18. Sept.).
88. Johannes Marquardus Mag. art. (18. Sept.).
89. Johannes Schmeltz de Memmingen (22. Sept.).
90. Hainricus Faut de Cantstat (24. Sept.).
91. Johannes Müserlin de Leukirch (25. Sept.).
92. Georgius Seruulus Pfortzensis (28. Sept.).
93. Johannes Gösslin ex Nyffen (23. Sept.).
94. Valentinus Boltz Horbensis (1. Okt.).
95. Johannes Ger de Symeringen (1. Okt.).
96. Johannes Owingensis (7. Okt.).
97. Caspar Grosselfingensis (7. Okt.).
98. Jacobus Mirgellius Lindawensis (10. Okt.).
99. Vdalricus Merlinus Feldkirchensis (10. Okt.).
100. Beatus Ettlinger 1 β (14. Okt.).
101. Johannes Schwartz Waltzensis (14. Okt.).

Animadverte lector candide a principio huius alme universitatis usque in festum Luce ev. a. 1522 intitulati sunt 4889.b)

80. Sub rectoratu eximii D. **Petri Brun**, a Luce a **1522** usque Phil. et Jacobi **1523**:

a) *Von anderer Hand ist daraus* Dypoldus *korrigiert.*
b) *Genau sind es 4978.*

78. B. a. Dez. 23. — M. a. 11. Juli 25. *MFABacc. u. Mag.:* Esselingensis. — *Schulmeister in Rottweil, 1535 in Esslingen.*
83. B. a. Dez. 23. *MFABacc.:* Demer, stipendiatus. — M. a. Jan. 26. *Vikar am Stift in Stuttgart 1534.*
84. B. a. Febr. 24.
85. B. a. Febr. 24. *MFABacc.:* Wurcensis.
90. B. a. Febr. 24. — M. a. Jan. 26. — *Noch 1531 an der Universität* (*Acta senatus*).
91. B. a. Mai 24. *MFA.:* J. Musserle.
95. B. a. Febr. 24. *MFA.:* Her.

1. Vdalricus Bantel (5. Okt.).
2. Caspar Neser ⎫
3. Wolffgangus Hennssler ⎬ Fürstenbergeuses (6. Okt.).
4. Johannes Angster ⎭
5. Wolffgangus Bruniug de Tubingen (20. Okt.).
6. Jacobus Truchsess her zu Walpurg dt. 1 fl. (25. Okt.).
7. Johannes Schwartz ex Riegsingen (25. Okt.).
8. Jeronimus Nithart Vlmensis (27. Okt.).
9. Joachim Ranser Gamundia (29. Okt.).
10. Laurentius Lutterer ex Esslingen (30. Okt.).
11. Luduicus Dolmetsch ex Leonberg (30. Okt.).
12. Johannes Konlin de Magstat 1 ß (30. Okt.).
13. Cristofferus Rorbach de Tubingen (11. Nov.).
14. Vincentius Hartweg de Kirchen vnder Eck (19. Nov.).
15. Johannes Silber de Magstat (20. Nov.).
16. Petrus Spat de Bylstain (21. Nov.).
17. Laurentius Motzer de Ehingen (26. Nov.).
18. Minsinger Wernherus Stutgardianus (3. Dez.).
19. Otmarus Dytzler de Beringen (10. Dez.).
20. Stephanus de Bütsch (13. Dez.).
21. Cirillus Nesperlin de Stein (20. Dez.).
22. Sebastianus Eberhart de Merspurg (23. Dez.).
23. Paulus Seberger de Hag (24. Dez.).

1523.

24. Valentinus Ecber de Messelbrun (2. Jan.).
25. Anastasius Talinger de Grâuenhusen 1 ß (3. Jan.).

4. B. a. Sept. 26.
5. B. a. Febr. 24. *MFABacc.*: Brening o. O. — M. a. 11. Juli 26. *MFAMag. [am Rand]*: iurisconsultus. — Dr. iur. utr. 26. Okt. 35.
9. B. a. Dez. 22. *MFABacc.*: Rensser. — M. a. Juli 27. *MFAMag.*: Rannser de G. *[am Rand:]* Dr. medicus.
10. M. a. Juli 23. *MFAMag.*: Laur. Lutherer.
11. *Rothenhäusler 215: Chorherr in Tübingen: vgl. Freib. Diöz.-Arch. 31 (1902) S. 197.*
12. B. a. Febr. 24. *MFA.*: Kenlin. — *Pfarrer in Renningen 1542: Joh. Kienlin.*
14. B. a. Mai 24. — M. a. Jan. 26. *Theol.*: Princip. in bibliam 23. Febr. 32. — *Sattler, Herz. 3 Beil. S. 121ff.: Pfarrer in Balingen 1534; K. Roth von Schreckenstein, Mainau S. 106, 312; Zeitschr. f. Gesch. d. Oberrheins 24, 130ff.: Pfarrer in Überlingen 1545—57, ein Zelot.*
15. B. a. Sept. 24.
18. B. a. Febr. 26. *MFA.*: Wernh. Münsinger de St. — *Vgl. 111,27.*

26. Panthalion Hirsman de Schorndorff (9. Jan.).
27. Martinus Rösslin de Schorndorff.
28. Melchior Theodoricus.
29. Mathias Plieninger de Stutgardia.
30. Matheus Henssler de Furstenberg (18. Jan.).
31. Conradus Schot de Tagerschen 1 β (26. Jan.).
32. Stephanus Franciscus Wormacensis (7. Febr.).
33. Nicolaus Cades de Meiningen 1 β (8. Febr.).
34. Johannes Yssrahel de Zulhart (10. Febr.).
35. Vitus de Liebenstain (21. Febr.).
36. Wernherus Ainborn de Bacharach (21. Febr.).
37. Johannes Vdalricus de Warthusen (23. Febr.).
38. Andreas Haberstrow de Bregantia (25. Febr.).
39. Matheus Spengler de Waltsteten (26. Febr.).
40. Thomas Gerstler de Wyssebach (28. Febr.).
41. Johannes Zerryssen de Gundelffingen (3. März).
42. Johannes Gigelin 1 β (13. März).
43. Wolffgangus Lutz de Geppingen 1 β (17. März).
44. Conradus Vlin de Tuwingen 1 β (19. März).
45. Petrus Erenbut de Berge in Flandria (19. März).
46. Jeronimus Mertz de Oberndorff (22. März).
47. Jeorius Martinus de Aytrang (22. März).
48. Mathias Vmenhuser de Rudlingen (24. März).
49. Jeorius Schurrer de Cantstat (24. März).
50. Vdalricus Klingler (29. März).
51. Marcus Deas de Feringen (10. April).
52. Blasius Bensslin de Tubingen (10. April).
53. Johannes Frosch de Franckfordia (10. April).
54. Otto Waybel de Franckfordia (11. April).
55. Johannes Fabri de Beblingen (12. April).

---

26. *In Wittenberg 1520.*
31. B. a. Sept. 24. — M. a. 26. Jan. 30. *MFA Mag. [am Rand]:* Inris-
consultus. — Dec. fac. art. 1538/39; 43/44; Dr. iur. utr. 23. Febr. 1544. -- *Vgl.
Roth S. 168.*
34. *Oberrat (Roth).*
37. B. a. Sept. 24. *MFA.:* ex Fellkirch.
38. B. a. Febr. 23. *MFA.:* Haberstrau.
43. B. a. Dez. 24.
49. B. a. Dez. 24. — M. a. Juli 27. *MFA Bacc. u. Mag.:* Schnurrer.
54. B. a. Dez. 24.

56. Vdalricus Kornwachs (13. April).
57. Rudolffus Baldeck de Hertneck (13. April).
58. Johannes Sternschatz[a] de Schorndorff (14. April).
59. Michael Heneberger de Gysslingen (19. April).
60. Jeronimus Zeller de Constantia (20. April).
61. Johannes Rinck de Nagolt (26. April).
62. Johannes Wolff de Wimpina (27. April).
63. Leonhardus }
64. Vdalricus } Langmantel Augustenses (27. April).
65. Michael Frytschen de Furstenberg (29. April).

81. Sub rectoratu eximii dom. D. **Johannis Eschenbach** *
a Phil. et Jac. usque Luce a. **1523:**

1. Georgius Limer de Argentina (5. Mai).
2. Georgius Mollinger de Lauphain (4. Mai).
3. Johannes Schwartzbach de Lauphain (4. Mai).
4. Johannes Op de Gaymertingen 1 β (5. Mai).
5. Johannes Rüdel de Frangfordia (10. Mai).
6. Joannes Bösch de Stadion (12. Mai).
7. Caspar Gleser ex Horb (12. Mai).
8. Conradus Rockenbuch de Stutgardia (19. Mai).
9. Daniel Frey de Asperg (16. Mai).
10. Joannes Fender de Symeringen (17. Mai).
11. Joannes Ledergerber de Munderkingen 1 β (18. Mai).
12. Martinus Genssler de Sulgaw (4. Juni).
13. Vdalricus Vlmenss de Constantia (6. Juni).
14. Leonhardus Wolff de Knoringen (6. Juni).

——— ‒ ‒ ‒

a) *Über das ursprünglich dastehende* Schatz *ist* Stern *noch dazukorrigiert.*

59. B. a. Sept. 23. *MFA.:* Hennenberger.
62. B. a. Sept. 24. *MFA.:* Alexander W. de W.
65 a. *MFAMag.:* Gallus Jacob de Wysenstayg. — M. a. 11. Juli 25.

* *Der sonst unbekannte Rektor dieses Semesters könnte mit 3,48
identisch sein.*

1. B. a. Sept. 24. *MFABacc.:* Lymer, *[von späterer Hand:]* consul
Argentinensis, Ammaister zu Strassburg.
8. B. a. Sept. 24. *MFABacc.:* o. O. — M. a. 11. Juli 26.
9. B. a. Sept. 24. *MFABacc.:* Daniel ex A. — *1542 Pfarrer in Asperg.*
† *1550.*
10. B. a. Mai 23. — M. a. Jan. 25. *MFABacc. u. Mag.:* J. Pfender.
14. B. a. Dez. 25.

15. Andreas Letsch de Schwendingen (7. Juni).
16. Gallus Busch de Tutlingen (7. Juni).
17. Benedictus Mayr de Tutlingen (7. Juni).
18. Siluester Hayd de Tutlingen (7. Juni).
19. Martinus Wetzel de Göppingen (8. Juni).
20. Johannes Christofferus Widman, Friburgensis (15. Juni).
21. Balthasar Bernhardi de Gamertingen (16. Juni).
22. Joannes Sibenhaller de Hoffen (8. Juli).
23. Valentinus Pistoris de Aichaim 1 β (10. Juli).
24. Vdalricus Rütthys de Feldkirch (11. Juli).
25. Joannes Zerrweck de Vnder Thurncken (11. Juli).
26. Georgius Vincentii de Feldkirch (12. Juli).
27. Imerius Fetzel de Feldkirch (12. Juli).
28. Matheus Kayser de Kirchen (14. Juli).
29. Johannes Waybel de Tubingen (14. Juli).
30. Balthasar Burck de Leukirch 1 β (23. Juli).
31. Johannes filius Heinrici de Stutgardia (27. Juli).
32. Joannes Cocus de Üpptingen (28. Juli).
33. Joannes Heuberger de Rosenfeld (4. Aug.).
34. Philippus Rayss de Kuchen (6. Aug.).
35. Franciscus Clenck de Berneck (11. Aug.).
36. Seboldus Busch de Nornberga Mag. Ingolstetensis (19. Aug.).
37. Walthasar Weber de Wysenhorn 1 β (27. Aug.).
38. Conradus Wetzel de Dornstetten (11. Sept.).
39. Valentinus Mayr de Nouo Castro (14. Sept.).
40. Joannes Möck de Wilmadingen 1 β (14. Sept.).
41. Cristofferus Hört de Eningen (23. Sept.).
42. Georius Fabri de Pfullingen 1 β (25. Sept.).
43. Georius Schrot de Tubingen (25. Sept.).
44. Joannes Coriarius de Tubingen (27. Sept.).
45. Andre Guttel de Dornsteten (5. Okt.).
46. Petrus Contius Arolonensis (6. Okt.).

---

17. *1542 Pfarrer in Kuppingen.*
18. *1550 Pfarrer in Dürbheim O.A. Spaichingen.*
21. B. a. Dez. 24.   *MFA.:* B. Bernhart.
23. B. a. Sept. 24.
43. *Sattler, Herz. 3 Beil. S. 121: Pfarrer in Jesingen.*
44. B. a. Sept. 26. *MFABacc. [am Rand]:* Mendlinus. — M. a. Jan. 39.
MFAMag.: J. Mendlinus *[am Rand:]* Professor. — Dec. fac. art. 1547/48;
54/55; 59/60; 66/70; 72/73. — Rect. 1565. — *S. Roth S. 234, 404.*

47. Georius Raff de Nagolt (12. Okt.).
48. Cristofferus Ortlin de Messkirch (13. Okt.).
49. Dom. Albertus de Landenberg canonicus ecclesie Constantiensis 1 fl. (13. Okt.).

82. Infrascripti sunt intitulati sub eximio domino D. **Conrado Brun** a festo s. Luce a. **1523** usque ad festum ss. Phil. et Jac. a. **1524:**

1. Johannes Moser de Vberlingen (19. Okt.).
2. Gotfridus de Walterdorff (21. Okt.).
3. Nicolaus de Alendorff (21. Okt.).
4. Anthonius Zorn de Bingen (21. Okt.).
5. Jacobus Pludens 1 β (21. Okt.).
6. Petrus Hartman de Waltzen (23. Okt.).
7. Albertus Binder de Brackenhaim (23. Okt.).
8. Gallus Zyrer (23. Okt.).
9. Luduicus Zebron de Endelspach (25. Okt.).
10. Valentinus Rossler Germerscha (27. Okt.).
11. Leonhardus Schertlin de Clingenmünster (27. Okt.).
12. Franciscus Sumenhardt de Kalw (27. Okt.).
13. Burghardus Zymerman de Balingen (30. Okt.).
14. Cristofferus Mathias Rychlin (4. Nov.).
15. Johannes Vitmayer de Scheren (6. Nov.).
16. Johannes Bender de Biberaco (6. Nov.).
17. Joannes Rotenberg Constantiensis (8. Nov.).
18. Joannes Anthonius Cassoniensis Dr. med. dedit 1 fl. (4. Dez.).
19. Conradus Eck Tubingensis (11. Dez.).
20. Michael Mayer ex Memingen (13. Nov.).

49a. *Univ.-Archiv VI,21:* Sub rectore Dom. Jo. Eschenpach intitulati sunt sequentes famulantes: Udalricus Morhart de Augusta impressor 20. Maii.
49b. Nicolaus Messer de Argentina famulus impressor eodem 1 β.
49c. Jeorius Lypp de Leidan famulus impressor eodem 1 β.

9. B. a. 21. Sept. 25. *MFABacc.*: Lud. Bebion de E. — *Vgl. Bl. f. württ. K.-Gesch. 4,64.*

14. *Zimmerische Chronik 3,515:* Dr. u. Advokat in Innsbruck; „hat in Tübingen des würts zu der Cronnen dochter fürgeschlagen." — Ist 1539 in einen Handel gegen M. Joh. Raminger (91,15) verwickelt wegen Besorgung einiger juristischer Bücher (Acta consist. academ.).

20. *MFABacc.*: Bacc. Ingolst. rec. zwischen Sept. u. Dez. 1523. — M. a. Jan. 25. — *In Wittenberg 1525.*

21. Petrus Brunhamerius (18. Nov.).
22. Joannes Landerer de Mittelberg (18. Nov.).
23. Georgius March de Rotenburg (20. Nov.).
24. Simon Bufler de Plaburen (27. Nov.).
25. Johannes Rudlingensis Erbp*) (10. Dez.).
26. Philipus Buman Mag. Haidelbergensis.
27. Georgius Luduicus Gut de Suitz (15. Dez.).
28. Joannes Salemarius de Friessa (17. Dez.).
29. Conradus Brelin de Vnderndurncken (17. Dez.).
30. Joannes Schechinger ex Vnderndurncken.
31. Joannes Gaymertinger (18. Dez.).
32. Balthasar Bosch Vrachensis (20. Dez.).

1524.

33. Joannes Lamparter de Vrach (3. Jan.).
34. Jacobus Pellio Vrachensis (3. Jan.).
35. Cristofferus Brotbeck (3. Jan.).
36. Jacobus Creuel de Mynsingen (7. Jan.).
37. Andreas Hurst de Dann (16. Jan.).
38. Valentius Victor de Wolfach (16. Jan.).
39. Caspar Fatz   ⎱
40. Michel Widman   ⎰ de Blochingen (19. Jan.).
41. Wolffgangus Denga Stutgardianus (21. Jan.).
42. Bernhardus Schulmayster (24. Jan.).
43. Thomas Mang Vlmensis (24. Jan.).
44. Joannes Rudolffus ex Veringen (30. Jan.).
45. Joannes Faber de Sulgaw (2. Febr.).
46. Andreas de Hepenum (7. Febr.).
47. Jeronimus Welling Stutgardianus (7. Febr.).
48. Jacobus Rotfelder Wilpergensis (14. Febr.).
49. Joannes Reppeller de Behlingen (15. Febr.).

---

a) *Von hier bis 85,1 fehlen die Bemerkungen über Gebührenzahlung.*

24. B. a. Mai 26.
29. M. a. Jan. 24. *MFAMag.:* Prelin.
41. B. a. Dez. 29. *MFA.:* W. Dengen.
42. B. a. 21. Sept 24. — M. a. Jan. 28. *MFABacc. u. Mag.:* de Canstat.
44. *MFABacc.:* Bacc. Wienn. rec. in consort. bacc. *und rangiert nach*
82,48. — M. a. Juli 24.
47. *Bürgermeister in Stuttgart 1547.*
48. B. a. Mai 24.

50. Joannes Vogle Vrachensis (16. Fcbr.).
51. Jeronimus Goldschmid de Martinskirch (6. März).
52. Georgius Rörlin Biberachensis.
53. Vitus Pfluger Wilpergensis (2. April).
54. Franciscus Molitoris Pfullingensis (7. April).
55. Hainricus Essendorf (9. April).
56. Felix Haintzinger ex Ochsenhusen (13. April).
57. Michael Pfeffinger de Pfaffenhoffen (15. April).
58. Dionisius Kessel Phorzensis (15. April).
59. Caspar Spet (15. April).
60. Frater Georgius Herpst ex Nagolt (29. April).
61. Theodoricus Icher (1. Mai).

83. Sub venerabili M. **Friderico Schaup** et eius rectoratu sunt infrascripti intitulati a festo Phil. et Jac. 1524 usque Luce:

1. Conradus Schmid de Messkirch (2. Mai).
2. Johannes Berner e Saxonia nobilis (8. Mai).
3. Wolffgangus Plücklin Gretzingensis famulus (18. Mai).
4. Georgius de Thierberg von Wildenthierberg (19. Mai).
5. Georgius Spyser Tubingensis (19. Mai).
6. Leonardus Lang ex ....*)
7. Joannes Binder de Pfulingen (22. Mai).
8. Martinus Kruss de Stainhaim famulus (23. Mai).
9. Jodoacus Erleholtz ex Vberlingen (23. Mai).
10. Petrus Hochrat (23. Mai).
11. Joannes Rulinus de Pfullingen (30. Mai).
12. Michael Plest de Kedershusen (2. Juni).
13. Anastasius Keufflin ex Wilperg (7. Juni).
14. Jacobus Schaller de Nüwenbürg (8. Juni).

---

a) Die beiden folgenden Worte heissen deutlich Murmerachtlordiam die. Der zweite Teil des Wortungstüms ist wohl aus eodem (die) durch den Abschreiber verdorben.

55. OAB. Waldsee 173: Letzter des Geschlechts.
60. B. a. Juni 27. — Pfleger des Klosters Stein a. Rh. u. alter Kaplan in Nagold 1542.
7. 1542 Pfarrer in Breitenholz.
8. Mart. Krauss, Pfarrer in Plieningen 1542. Er ist nicht identisch mit dem Vater des M. Crusius, der ca. 1490 in Botenstein geboren ist und 1536 Geistlicher in Steinenberg wurde (vgl. Roth).
14. Pfarrer in Neuhausen OA. Urach 1545 u. 1546.

15. Georgius Widman ex Tagerschen (18. Juni).
16. Joannes Braich Augustensis (21. Juni).
17. Marcus Renhart ex Wilperg (23. Juni).
18. Hainricus Eberlin de Cel Maria (28. Juni).
19. Bernhardus Berner Tubingensis (29. Juni).
20. Michel Spyser de Pfulingen (1. Juli).
21. Casparus Schenberger de Schentall (4. Juli).
22. Jacobus Laterarius ex Wayblingen.
23. Symon Kuntell Baracensis (10. Juli).
24. Andreas Delspergius (19. Juli).
25. Cristofferus Meandel ex Ochsenhusen (22. Juli).
26. Magister Wilhelmus Osterrat ex Nasteten (8. Sept.).
27. Jacobus Muller ex Thon Eschingen (10. Sept.).
28. Sebastianus Vnger ex Isna (13. Sept.).
29. Dionisius Dieterlin ex Cantstat (13. Sept.).
30. Leonhardus Rumerer ex Plochingen (26. Juli).
31. Bechtoldus Bessing ex Stutgardia (29. Sept.).
32. Caspar Binger de Trochtelfingen (30. Sept.).
33. Joannes Philipus de Nipenburg (4. Okt.).
34. Johannes Kemper de Vberlingen (16. Okt.).

84. Sub rectoratu eximii dom. D. **Galli Mullers** a festo s.
Luce **1524** usque Phil. et Jac. **1525:**

1. M. Johanes Bender ex Rotwila (23. Okt.).
2. Joachim Rayser ex Kalb (23. Okt.).
3. Adam Wesser de Kauffpurn (26. Okt.).
4. Joannes Caltionarius ex Wilhain (26. Okt.).
5. Sebastianus Faut ex Cantstat (27. Okt.).
6. Jacobus Damianus Risch Constantiensis (28. Okt.).

— — — — —

17. B. a. Dez. 25. — M. a. Juli 27. — *Vor 1534 Frühmesser zu Effringen;
1542 u. 1545 Pfarrer in Böhringen.*

*19. Rothenhäusler, Abteien u. Stifte 219: Stiftsherr in Stuttgart 1534
und 1549; Pfarrer in Nattheim 1542.*

26. Dr. med. 28. Sept. 1524.

*28. Rothenhäusler, Abteien und Stifte 220: Messpriester in Stuttgart
1531. — Med.: Sebastianus Vngerus Isninus. Dr. med. 11. Mai 52. Identisch?*

32. B. a. Okt. 27. MFABacc.: Bingar. — M. a. Juli 29. — *Nach Bossert
identisch mit dem 1540 in Rottenburg verstorbenen Prediger Binzer.*

2. B. a. Mai 26.

7. Wendalinus Ochsenbach Tubingensis (31. Okt.).
8. Joannes Vlricus de Rosenfeld (1. Nov.).
9. Wolffgangus Mayschaff de Paupana canonicus Bombergensis (6. Nov.).
10. Gregorius de Stain canonicus Augustensis (6. Nov.).
11. Conradus Binding de Vlff (10. Nov.).
12. Leonhardus Scheblin de Esslingen (14. Nov.).
13. Joannes Lutolt Detnangensis (15. Nov.).
14. Joannes Schmid de Laich (1. Dez.).
15. Joannes Gessler Detnangensis (1. Dez.).
16. Hainricus Beringer Tubingensis (2. Dez.).
17. Luduicus Schradin ex Schornopia (15. Dez.).
18. Melchior Walter ex Terendingen.
19. Virgilius Knoder ex Tubingen.
20. Otho Truchsass baro ex Walpurg (23. Dez.).
21. Hainricus Mayer ex Nagolt (26. Dez.).
22. Vdalricus Riter de Tubingen (27. Dez.).
23. Theodoricus de Friberg (29. Dez.).

1525.

24. Joannes Glaser de Backenhain (3. Jan.).
25. Caspar Fecklin de Aldingen (3. Jan.).
26. Wilhelmus de Nuihusen (3. Jan.).
27. Vitus Volkmayer ex Vrach (12. Jan.).
28. Joachim Cementarius Tubingensis (22. Jan.).
29. Wolffgangus Vogelman Hallensis (17. Jan.).
30. Wolffgangus Adolff ex Walenfels canonicus Bombergensis (28. Jan.).

---

7. B. a. Juni 27.
12. B. a. Sept. 26.
13. B. a. Mai 26. *MFA.*: J. Leythold Tettnangensis.
17. B. a. Dez. 26. *MFABacc. u. Mag.*: ex Schorndorf. — M. a. Jan. 28. — *Steiff S. 190.*
19. *DB. 420: Vogt in Dornstetten 1544.*
20. *Knod, Deutsche Studenten in Bologna 606; vgl. Heyd: Kardinal und Bischof von Augsburg.*
22. B. a. Okt. 27. *MFA.*: Rytter.
24. B. a. Sept. 26. *MFA.*: Jo. Brackana Glaser.
25. B. a. Febr. 26. *MFABacc.*: Feckelin. — M. a. Juli 27. *MFAMag.*: Vecckelin.
26. *Knod, Deutsche Studenten in Bologna S. 373; vgl. dazu Zimmerische Chronik 3,137. 599.*
30. *Wittenberg: 1519 W. A. de Waldenfels.*

31. Joannes Zwicker Tubingensis.
32. Joannes Rudolfus Prasperger (1. Febr.).
33. Michel Sibolt ex Yesingen, Augusti[nianus].
34. Conradus Staimlin ex Sindelfingen (8. Jan.).
35. Joannes Zing Esslingensis (13. Febr.).
36. Matheus Mosang Augustensis (20. Febr.).
37. Erhardus ⎱ Daw (21. Febr.).
38. Melichior ⎰
39. Laurentius Quentzler ex Giltlingen (21. Febr.).
40. Balthasar Elehaintz de Stetten (22. Febr.).
41. Jodocus Thietz de Stetten.
42. Jacobus Huber de Turego.

85. Sub rectoratu eximii dom. D. **Jacobi Lemp** a festo Phil.
et Jac. a. **1525** usque Luce eiusdem anni sunt subscripti intitulati:

1. Cristoferus Feher ex Gretz (27. Mai).
2. Nicolaus Buchner professus monasterii Zwifaltensis (31. Mai).
3. Joannes Vlricus a Sumeraw nobilis (29. Juni).
4. Johannes Kussman de Wila civitate.
5. Johannes Stickel de Stutgardia (9. Juni).
6. M. Jacobus Sculteti ex Wolffach submissarius ecclesie collegiate s. Thome Argentinensis presbyter (21. Juni).
7. Petrus Buchstetter ex Pfullendorff (18. Aug.).
8. Cristofferus Hass ex Nesselwang (22. Juli).
9. Johannes Herman ex Kolbach (22. Aug.).
10. Wolffgangus Mandatus nobilis professus monasterii Kempten (15. Sept.).
11. Johannes Otto de Campidona (15. Sept.).
12. Johannes Kauffmann de Renningen (16. Sept.).

---

31. 1542 verleibdingt in Oberriexingen.
34. Pfarrer in Ofterdingen 1535—1548, 1556—1569.
35. B. a. Sept. 26. MFABacc.: Zink. — M. a. Jan. 28. MFAMag.:
Zinck. — *Roth S. 170.*

40. Vgl. Freib. Diöz.-Arch. 31 (1903) S. 197: Rothenhäusler, Abteien und Stifte 215: Chorherr in Tübingen, 1535 Pfarrer in Altdorf; 1559 Superintendent in Böblingen.

2. Schnurrer, Erläuterungen S. 302 ff.: Abt in Zwiefalten 1538.
12. B. a. Juni 27.

13. Martinus Doltinger de Trochtelfingen (16. Sept.).
14. Jacobus Bambast de Stutgardia promotus Wennensis Mag. (23. Sept.).
15. Generosus dom. Rudolffus comes de Helffenstain 1 flor. (12. Okt.).

86. Sub rectoratu eximii dom. D. **Balthasar Keuffelin** a festo s. Luce a. **1525** usque Phil. et Jacobi a. **1526:**

1. Georgius Reuter de Beblingen 1 β.
2. Luduicus Gremper de Stutgardia.
3. Conradus Schaffer de Furt.
4. Vitus Mol de Kirchen.
5. Joannes Pur de Tubingen.
6. Hainricus Hettinger de Horb.
7. Joannes Beg ex Herenberg.
8. Jacobus Huller de Herenberg.
9. Bernhardus Scholl de Herenberg.
10. Vrbanus Balneatoris de Leuckirch 1 β.
11. Joannes Biegysen.
12. Michel Mayer ex Binicka 1 β.
13. Luduicus Candel de Eppe.
14. Anshelmus Betzinger de Reutlingen.
15. Joannes Fridericus de Rischach.
16. Michael Molitoris Ridlingensis.

14. Freiburg 1515: de Hedelfingen, clericus. — Wittenberg 1522: J. B. de Esslingen. — Vgl. Theol. Studien aus Württ. 4,286.

15. Geb. 1513: am Hof Karls V.: † in Maulbronn 1532.

2. Rect. 1538/39; utr. iur Dr. — Vgl. Heyd: dazu Zeller S. 444; Zimmerische Chronik 3, 67. 330.

4. B. a. März 27. — M. a. Jan. 28. MFABacc. u. Mag.: Moll.

7. B. a. März 27. -- M. a. Juli 28. MFAMag. [am Rand]: iuris-consultus. — Gehört zu den nächtlichen Tumultuanten (Roth S. 158); versetzt den Senat in Aufregung durch seine Weigerung in den Karzer zu gehen: „ich weil kummen, wan ich der weil hab.“ Acta senatus 1533 fol. 60 f.

8. B. a. März 27. — M. a. Juli 28. MFABacc. u. Mag.: Hiller.

9. B. a. Dez. 28. MFA.: de Kay.

12. B. a. Febr. 32.

14. B. a. Juni 27. — M. a. Jan. 28.

16. B. a. Juni 27. MFABacc. u. Mag.: M. Holding Rydlingensis. — M. a. Jan. 29. MFAMag. [am Rand]: factus est suffraganeus Augustinensis et postea episcopus Mersburgensis in Misnia eximius evangelii hostis. — Vgl. Heyd.

17. Ruppertus Stritter Etlingensis.
18. Sebastiannus Ebinger Tubingensis.

1526.

19. Jacobus Siglinus de Roracker (17. Febr.).
20. Michael Bechtoldi de Esslingen (23. Febr.).
21. Joannes Mercklin de Keteshain (26. Febr.).
22. Jacobus Jana ex Feldkirch (26. Febr.).
23. Luduicus Hussman ex Schorndorff (28. Febr.).
24. Jeronimus de Hirhaim.
25. Dom. Sigismundus de Groupach canonicus ecclesie maioris Herbipolensis dt. 1 fl.
26. Georgius Kimerlin de Vrach.
27. Conradus Ber de Wilperg 1 β.
28. Vitus Daniel de Wilperg 1 β.
29. Sebastianus Linck de Stutgardia.
30. M. Conradus Fisch Wimpinensis.
31. Sebastianus Linck ᵃ⁾ ex Vpfingen.
32. Dom. Johannes de Stain canonicus Augustensis dt. 1 fl.
33. Petrus Gayssperger Stutgardiensis.
34. Blasius Stadler ⎫
35. Petrus Langhanns ⎬ de Sulgaw (17. April).
                    ⎭

a) Linck *ist überkorrigiert über ein gestrichenes* Schwertlin.

17. B. a. Dez. 26. *MFABacc.*: Rup. Pugil ex Aetlingen. — M. a. Juli 28. *MFAMag.*: Rup. Streyter. — Dr. med. 5. Nov. 33. *Med.*: Stryter.

18. B. a. Okt. 27. — M. a. Juli 29. — *Württ. Vierteljahrsh. 1903, 4 ff.: Archivar in Stuttgart 1550.*

21. B. a. Dez. 28. *MFABacc.*: de Keterhausen. — M. a. 14. Juli 31. *MFAMag.*: ex Keterschussen.

22. Acta sen.: Jonas. — *Schnurrer, Nachrichten von Lehrern der hebräischen Literatur in T. S. 71 ff. Vgl. Heyd sub Jonas: über einen Brief von ihm an Joh. Travers vom 13. Febr. 1529 vgl. Conr. v. Moor, Gesch. v. Currätien II, 1 S. 117. Dazu Zimmerische Chronik s. n.; Sattler, Hers. 3,267; 4,116.*

25. Ein Herr von Krumbach oder von Grönenbach?

26. B. a. Okt. 27. — M. a. 13. Juli 30. *MFAMag.*: Kymerlin, nil dt. facultati, sed datarum se sub chirographo promisit a die promotionis post quadriennium. *[Am Rand:]* Dr. medicus. — Dr. med. 16. Sept. 39. *Med.*: Chemerlinus. — *Vgl. Roth S. 168: Schmoller 20 ff.*

29. B. a. Dez. 27. *MFABacc.*: Seb. Sutoris. — M. a. Juli 29. — *Prantl, 1,212: Lehrt Rhetorik in Ingolstadt von 1535 an: † 1548 in Freising.*

33. B. a. Dez. 29.

35. B. a. Dez. 27. *MFA.*: de Sülga.

36. Nicolaus de Behlingen dedit 1 β.
37. Bernhardus Schwertlin.

87. Sub eximio D. **Petro Brun** Phil. et Jac. anni **1526**:

1. Johann Grempe de Pfortzen (4. Mai).
2. Joann Jacob comes de Eberstain 1 flor. (5. Mai).
3. Renhardus de Husen (9. Mai).
4. Johannes Hanch[a]) de Rinhingen (9. Mai).
5. Georgius Epp de Nüwenburg (14. Mai).
6. Guilhelmus Truchsäss baro de Walpurg 1 fl. (17. Mai).
7. Marsilius Prenninger de Tubingen (17. Mai).
8. Gabriel Satler ex Waiblingen (23. Mai).
9. Gregorius Lomerer de Stain (23. Mai).
10. Johannes Brun de Bessickan (31. Mai).
11. Johannes Richenbach de Gamundia (8. Juni).
12. Jacobus Suntz de Pfullingen (20. Juni).
13. Johannes Fabricius civis in Pregetz (22. Juni).
14. Philippus Ymser Argentinensis (16. Juli).
15. Martinus Prenysin Rotwilensis (22. Juli).
16. Johannes Karter Esslingensis (7. Aug.).
17. Georgius Henninger Tubingensis.
18. Jacobus Denga de Stutgardia (9. Aug.).

a) *Oder* Hauch?

37. B. a. Dez. 27. *MFA.:* ex Upfingen.

2. † 8. *März 1574. Über ihn G. H. Krieg, Gesch. d. Grafen von Eber-stein 142. 149 ff.*

3. B. a. Okt. 27. *MFABacc.:* R. de Hûsa. — M. a. Jan. 28. *MFAMag.:* R. de Hausen ex Lauterburg. — Dr. iur. utr. 26. Okt. 35.

6. *Bruder des Otto; s. 84,20.*

8. B. a. Mai 26. — M. a. Jan. 28. — Dec. fac. art. 1534/35. — *Roth S. 168.*

12. B. a. Dez. 29. — M. a. 29. Jan. 33. *MFABacc. u. Mag.:* Syntz.

14. *Mathematiker und Nachfolger Stöfflers: vgl. Roth 167. 236. 240: dazu Steiff 180. 186. 195.*

16. B. a. Dez. 27. *MFABacc.:* J. Carther Stutgardianus. — M. a. Juli 29. *MFAMag.:* Stuttgardianus [am Rand:] iurisconsultus. — *Wohnt 1532 im Collegium (Acta sen.).*

17. B. a. März 28. *MFABacc.:* Johannes Heminger Tubingensis. — M. a. Jan. 30. *MFAMag.:* Josephus Heminger ex T. *Sind alle drei identisch?*

18. B. a. Dez. 27. *MFABacc :* J. Denger. — M. a. Juli 29. *MFAMag.:* Dengen.

19. Jeronimus Gentner Pfortzensis (11. Aug.).
20. Martinus Nedelin Stutgardia.
21. Michael Wonhart de Furn 1 β (11. Sept.).
22. Symon Maür Tubingensis (16. Okt.).

88. Sub eximio viro D. **Jacobo Lemp** sunt infrascripti intitu‑
lati a festo s. Luce a. **1526** usque ad festum Phil. et Jac. a. **1527**:

1. Jeronimus Herung de Mittelstat (18. Okt.).
2. Jacobus Lauinger de Tiefenbach ⎫
3. Bartholomeus Ehrman ⎬ ambo ...[a]
4. Jacobus Maulius ex Buell (23. Okt.).
5. Johannes Haneker de Stain (23. Okt.).
6. Martinus Feckelin de Aldingen (24. Okt.).
7. Jacobus Faut de Cantstat (25. Okt.).
8. Erasmus Welschbillich Treverensis studens (2. Nov.).
9. Joachim Schillerius ab Herderen (2. Nov.).
10. Stephanus Schillerius studens Friburgensis (2. Nov.).
11. Jacobus de Schorndorff (2. Nov.).
12. Jeronimus Lamparter canonicus Constantiensis et prepositus
    Mossbachensis 1 fl. (3. Nov.).
13. Martinus Augustinus Lamparter (3. Nov.).
14. Symon Schwetzer de Pfrondorff (4. Nov.).
15. Valentinus Mortin de Spira (12. Nov.).
16. Adrianus Ferrarius de Munderchingen (12. Nov.).

———

a) *Der Schreiber wollte offenbar für beide die Herkunftsbezeichnung hinausetzen, die wir aus
MFABacc. erfahren.*

19. B. a. März 28.
22. B. a. Dez. 28. *MFABacc.*: S. Morr. — M. a. 14. Juli 22.

2. B. a. März 28. *MFABacc.*: Marcus Lauiger ex Marchdal.
3. B. a. März 28. *MFABacc.*: Barth. Erman ex Marchdal.
4. *Superintendent in Tuttlingen 1551 f., ein Jacob Manlich ist 1545
Pfarrer in Aidlingen.*
5. B. a. Dez. 26. *MFABacc.*: Hochnecker. — M. a. Juli 28. *MFAMag.*:
Joh. Hannecker o. O. — *Die Angabe bei Roth beruht auf Verwechselung mit
dem Vorhergehenden.*
9. *Verf. r. De peste britannica Commentariolus Basileae 1531: Panzer
VI, 284. 845. — Vgl. P. P. Albert, die Schiller von Herderen (1905) S. 13 f.:
Schreiber 1, 228. 231.*
10. *Vgl. P. P. Albert (s. Nro. 9).*
15. B. a. Juni 28. — M. a. Juli 29. *MFABacc. u. Mag.*: V. Motter.

17. Ernestus Bampff de Bidenkapp 1 β (13. Nov.).
18. Johannes Finger de Rapperswier (13. Nov.).
19. Hainricus de Lubaw studens Ingolstetensis (19. Nov.).
20. Jeorius Kysel de Rauenspurg (22. Nov.).
21. Jeorius ab Ehingen (29. Nov.).
22. Joannes Lutius de Schowenstain canonicus Kurcensis (3. Dez.).
23. Joachim de Hewdorff (4. Dez.).
24. Johannes Gaudens de Reutlingen (5. Dez.).
25. Johannes Wiehenliechter de Vlma (10. Dez.).
26. Guilhelmus Kelleman ab Hailbrun (11. Dez.).
27. Wolffgangus Andrea Rem prepositus s. Mauritii Augustensis dt.
    1 fl. (20. Dez.).
28. Siluester Jeberg de Rekenberg (20. Dez.).

1527.

29. Mathias Sindringer (2. Jan.).
30. Wendalinus Carbonarius ab Hirnlingen (6. Jan.).
31. Cristofferus Ryser (8. Jan.).
32. Germanus de Schwalbach (16. Jan.).
33. Johannes Boninger de Bieticka (16. Jan.).
34. Johannes de Schowenberg canonicus Bombergensis (21. Jan.).
35. Joannes Herler de Pfullendorf (24. Jan.).
36. Georius Ceuter de Schorndorff.

- - - -

17. Vgl. Freib. Diöz.-Arch. 31 (1903) S. 196: Ernst Hess de B.

21. Acta consist. acad.: 1529 in einen Raufhandel wider einen Tübinger Bürger verwickelt.

22. Vgl. 90,13.

23. Acta consist. acad.: 1530 in einem Raufhandel wider einen Tübinger Bürger.

24. B. a. März 28. — M. a. Juli 29. MFAMag.: Joh. Gaudens Anhauser Reutlingensis [am Rand:] episcopus Vienensis. — Theol.: princ. in bibliam 13. März 34. — Roth S. 170; OAB. Reutlingen S. 479: Schnurrer, Erläuterungen S. 305 ff.

29. B. a. Febr. 29. MFABacc.: M. Sindlinger. — M. a. 17. Juli 32. MFA.-Mag.: M. Kylor de Sindlingen.

31. B. a. Okt. 28. MFABacc.: Chr. Raiser ex Plaubeuren. — M. a. 14. Juli 31. MFAMag.: Reisser ex Urach. — Conventor: Rosarius. — Dr. iur. utr. 1540: Röser Uracensis.

33. Vgl. 104,26 a.

35. B. a. Juni 28. MFA.: Hertler.

36. B. a. Juni 28. — M. a. 29. Jan. 33. MFABacc. u. Mag.: Gregorius Currer ex Schorndorf.

37. Joannes Klopffer de Schorndorff.
38. Jacobus Schöck de Schorndorff.
39. Blasius Molitoris de Wilperg (11. Febr.).
40. Joannes Keller Stutgardiensis (11. Febr.).
41. Conradus Kempfer de Hayingen 1 β (13. März).
42. Philippus Trostel (14. März).
43. Andreas Zecker de Wysenstaig 1 β (15. März).
44. Thomas Beck de Buchaw (19. März).
45. Joannes Schulmayster de Cantstat (21. März).
46. Joannes Bonauentura Pier de Eschingen (29. März).
47. Joannes Brunner de Sancto Monte 1 β (1. April).
48. Paulus Treer de Trochtelfingen 1 β.
49. Egius Steinler de Newenstein Mag. Basiliensis (9. April).
50. Vitus Hermann de Huten (10. April).
51. Matheus Bing ⎫
52. Cristofferus Bing ⎪ de Schwabach fratres et studentes
53. Cristofferus ⎬ Ingolstetenses (10. April).
54. Martinus ⎭
55. Nicolaus Riech de Hora 1 β (29. April).

89. Nomina inscriptorum a Phil. et Jac. **1527** sub eximio D.
Gallo [Müller] usque ad festum Luce:

———

37. B. a. Juni 28. *MFA*: J. Clopfer. — *Pfarrer in Bolheim. Verf.
einer „überaus feinen" Busspredigt. Augsburg, Heinr. Stegner 1546 (Jöcher)*.
38. B. a. Juni 28. *MFABacc.*: Scheck; [von späterer Hand]: Dr. med.
et professor. — M. a. 26. Jan. 30.'— Dr. med. 16. Sept. 39. — Dec. fac. art. 1537/38;
41/42; 49/50. — Rect. 1544; 1558: philos. et artis medicae Dr.; 1558/59; 62/63;
66/67; 70/71; *über ihn Roth S. 167; Heyd sub Schegk*.
39. B. a. März 30. *MFABacc.*: Balthazar Miller de W. — M. a. 17. Juli 32.
MFAMag.: Blas. Müller.
40. *Pfarrer in Weiler OA. Weinsberg, † vor 1545*.
42. B. a. Mai 29. *MFA.*: Rottenburgensis.
43. B. a. Mai 29.
44. B. a. Dez. 28. *MFA.*: de Bucha.
45. B. a. Okt. 28.
49. *Württ. Vierteljahrshefte 1880 S. 170 N. 6: Stembler, hohenlohischer
Rat. — Danach sollte oben eher Stemler gelesen werden; allein über dem ersten
Strich nach e ist ein Punkt*.
55. B. a. Okt. 28. *MFA.*: N. Rich de Horen.
55a. *MFABacc.*: Gaspar Retenberger Constanciensis. -- B. a. Dez. 28;
rangiert zwischen 88,44 u. 89,2.

1. Sigismundus Horstain.
2. Caspar Thomas de Wolffschlugen (15. Mai).
3. Luduicus Nithart de Elwangen (16. Mai).
4. Vrbanus Brun de Laugingen Mag. art. (16. Mai).
5. Martinus Walter de Esslingen 1 β (21. Mai).
6. Blasius Tresch de Eisteten 1 β (21. Mai).
7. Sebastianus King Stutgardia (22. Mai).
8. Johannes Schad de Biberaco (23. Mai).
9. Christopherus Vl de Rotwila (29. Mai).
10. Dom. Philippus baro de Limpurg pincerna imperii canonicus Bombergensis et Herpipolensis 1 fl. et 7 β (30. Mai).
11. Martinus Greher domini supradicti pedagogista de Stotzingen Bacc. Haidelbergensis (31. Mai).
12. Jacobus Bender ex Brackena.
13. Jacobus Hoffsteter de Greningen Mag. art. Wenensis (13. Juni).
14. Jacobus Bock de Memingen (18. Juni).
15. Vincentius Schieck Augustensis (26. Juni).
16. Leonhardus Henger de Tubingen (12. Juli).
17. Georgius Holtzschücher Nerbergensis (16. Juli).
18. Jheronimus Hinnberger de Biberach 1 β (24. Juli).
19. Johannes Stickel ex Hechingen 1 β (1. Aug.).
20. Michael Appenzeller de Kirchen (11. Aug.).
21. Johanes Winman de Schenberg (28. Aug.).
22. Jeronimus Besserer ex Stutgardia (4. Sept.).
23. Conradus Faut ex Stutgardia (4. Sept.).
24. Jos Zecker de Wysenstaig (6. Sept.).
25. Bartholomeus Gisslingen (6. Sept.).
26. Johannes Ehinger ex Constantia (7. Sept.).
27. Georgius Sitz ex Witingen (7. Sept.).
28. Josephus Leninger de Offtertingen (12. Sept.).

2. B. a. Dez. 28. *MFA Bacc.*: Caspar Thomas Klett de W. — M. a. 13. Juli 30. *MFA Mag.*: C. Thom de W. — *Erster evang. Pfarrer in seinem Heimatort.*

7. *Ratsherr in Stuttgart und Verf. einer württ. Chronik (Roth).*

8. *Acta Senatus: genannt* Gretzinger. — *Dompropst in Konstanz.*

13. *DB. 412. 414: Vogt u. Geistl. Verwalter in Cannstadt.*

14. *Rothenhäusler, Standhaftigkeit S. 67: J. Bok, Pfarrer in Vaihingen 1552 (identisch ?).*

23. B. a. Okt. 31. *MFA.*: Tubingensis.

25. B. a. Dez. 28. *MFA.*: Barth. Kapfer de G.

28. *Vgl. Blätter f. württ. K.-Gesch. 4,64.*

29. Petrus Hermannus Prusella (13. Sept.).
30. Valentinus Kein de Altorff (14. Sept.).
31. Kilianus Fuss de Hassfurt canonicus Herpipolensis 1 flor.
32. Vlricus Hecker Tubingensis (25. Sept.).
33. Jos Meck Rotwila.
34. Conradus Fuchss de Mergatan Mag. art. canonicus s. Johannis novi monasterii Herpipolensis (11. Okt.).
35. Leonhardus Stecher de Wissach 1,β (12. Okt.).

90. Subscriptorum nomina a festo s. Luce a. **1527** sub eximio dom. D. **Balthasaro [Käuffelin]—1528:**

1. Jacobus Satler de Werdea (23. Okt.).
2. Joannes Rinckenberger Esslingensis (30. Okt.).
3. Marcus Ror Esslingensis (30. Okt.).
4. Eberhardus Gayler Rutlingensis (4. Nov.).
5. Johannes Conradus Stadianus canonicus Augustensis 1 flor. (9. Nov.).
6. Michael Werber Augustensis (12. Nov.).
7. Joannes Wolfflin de Nagolt (14. Nov.).
8. Luduicus Casimirus comes a Poenloa 1 fl. (24. Nov.).
9. Georgius Becht Esslingensis (29. Nov.).
10. Philipus Megetzer a Feldorff (3. Dez.).
11. Bernhardus Schlurinus Luodomensis (18. Dez.).

1528.

12. Leonhardus Lemp (1. Jan.).

---

32. B. a. Sept. 32. *MFABacc.*: Huldalricus Hägker. — M. a. 90. Jan. 35. *MFAMag.*: Höcker. — *Acta cons. acad. 1534: su Rutenstreichen vom Rektor verurteilt* „durch einen conventor in der burs communitet in ansehen aller studenten" *wegen Nachtskandal u. a.*

33. *Wohl Hans Meck, Prokurator am Hofgericht in Rottweil; Zimmerische Chronik 2,367.*

3. *Wittenberg 1531:* M. Raur. — *Crusius ad 1542: Dr. † in Esslingen im 29. Jahr seines Alters am Sonntag nach Kreuzerhöhung 1542.*

8. *Wohl ein Graf von Hohenlohe.*

10. OAB. Horb 150.

11. *Med.*: Bernhardinus Schludin o. O. Dr. med. 28. Sept. 32. — *Sind beide identisch?*

12. B. a. Okt. 31.

13. Johannes Lutius a Schowenstain canonicus Curciensis chatedralis ecclesie dt. 1 flor. fuit prius intitulatus sed tantum pro locatione hic notatus.
14. Matheus Ror Esslingensis (15. Jan.).
15. Christianus Mayer de Tubingen (16. Jan.).
16. Martinus Sturmlin de Stutgardia (20. Jan.).
17. Johannes Dipfinger de Vrbach (24. Jan.).
18. Hainricus Schärtlin de Schorndorff studens Ertfordiensis.
19. Johannes Furderer de Stutgardia (31. Jan.).
20. Jeorius Jeger Reutlingensis (8. Febr.).
21. Issrahel . . . de Tubingen*) (8. Febr.).
22. Joannes Faut de Cantstat (1. März).
23. Allexander Spet de Kirchen (5. März).
24. Johannes Jacobus a Groningen (10. März).
25. Philipus Sasan canonicus ecclesie chathedralis Herpipolensis 1 fl. (10. März).
26. Petrus Höss de Bidenkopf 1 β (13. März).
27. Plasius Ber de Wilperg (31. März).
28. Sebastianus Heusenstain (3. April).
29. Leonhardus Weltzle Augustensis, illigator.
30. Johannes Pliderhusen (26. April).
31. Richardus Hugonis ⎫
32. Hugo Hugonis   ⎬ germani (30. April).

91. Nomina subscriptorum sub eximio dom. D. **Petro Brun** Phil. et Jac. a. **1528** usque ad festum s. Luce anni eiusdem:

1. Johanes Jacobus Widman (15. Mai).
2. Lucas Söglin de Lindaw 1 β (10. Mai).
3. Sebastianus Mock de Veltkirch (10. Mai).

---

a) *Zwischen* Issrahel *und* de *ist vom Abschreiber eine Lücke gelassen.*

13. *Vgl.* 88,22.
16. *Dr. med.* 5. *Nov.* 38. *Med.:* Stirmlin o. O.
27. *B. a. März* 30. *MFA:* Beer.
28. *Seb. ad Heusenstein ist Erzbischof u. Kurfürst in Mainz 1545 bis 1555. Caspar Brusch widmet ihm sein magnum opus.*
31. *B. a. Sept.* 29. *MFABacc.:* Rich. Hugo ex Gamundia. — M. a. 7. Febr. 32.
32. *B. a. Sept.* 29. *MFABacc.:* H. Hugonis ex G. — M. a. 7. Febr. 32. — *Acta consist. acad.* 1533: M. Hugo Hug.

4. Balthasar Koch de Hohedengen 1 β (15. Juni).
5. Johannes Schmid de Vberlingen (15. Juni).
6. Jodocus Buffler Lipsensis (16. Juni).
7. Dominus Johannes Her de Wysenstaig.
8. Dominus Jacobus Landes de Kirchen (25. Juni).
9. Petrus Wickmar de Haylprun.
10. Jacobus Sigwart de Staineberg (10. Juli).
11. Jacobus de Constantia cognomine Richlin (6. Aug.).
12. Laurentius Haidecker vss dem Ergew (16. Aug.).
13. Josephus Zwyfel de Tubingen.
14. Johannes Léndlin ord. Predicatorum conventus Stutgardiensis
    1 β (17. Aug.).
15. Johannes Ramminger Stutgardiensis (18. Aug.).
16. Thouerus[a] (1. Okt.).
17. Valentinus Hagdorn Sindelfingensis 1 β (7. Okt.).
18. Andreas Rayd de Backena (9. Sept.).
19. Renhardus Lutz (15. Sept.).
20. Jacobus Muntbrot de Constantia (16. Sept.).
21. Johannes Muntbrot de Constantia (16. Sept.).
22. Nicolaus Imstainhuss de Constantia (16. Sept.).
23. Cristopherus Hundt (16. Sept.).

92. Intitulati sub eximio viro **Jacobo Lemp** a festo Luce a.
1528 usque ad festum Phil. et Jac. a. **1529:**

a) *Undeutlich; kann auch* Theuerer *gelesen werden.*

5. B. a. März 30. *MFA:* Joh. Fabri.
6. *Leipzig: W. S. 1517 Jod. Buffeler Lipsicus. — Acta consist. acad.
1529: Joss Büfler mit Hans Dietrich v. Plieningen und Jörg von Ehingen in
einen Raufhandel wider einen Tübinger Bürger verwickelt. — Identisch mit
dem Joss Bufler aus Jsny, der in Konstanz eine Schule stiftet (J. Marmor,
Topographie v. Konstanz 185)? Vgl. 120,38.*
8. *Rothenhäusler, Standhaftigkeit S. 121: Jac. Lander, Kaplan des
Dominicusaltars in Kirchheim bis 1542.*
10. B. a. Dez. 30. *MFABacc.:* ex Schorndorff. *— Acta consist. acad.
1531: Er schwängert die Tochter der Barbara Lupfdich aus Blaubeuren.*
12. B. a. März 30. *MFABacc.:* ex Müre prope Lucernam Eluetiorum.
— M. a. 17. Juli 32. *MFAMag.:* ex Muro prope L.
15. B. a. Okt. 30. — M. a. 28. Jan. 34. *MFAMag. [am Rand]:* iurisconsultus. *— Bruder des Registrators (Steiff S. 150) Jacob Raminger; vgl.
oben 82,14.*
19. B. a. Sept. 33. *MFA.:* Rotwylensis.

1. Melchior Fuchs de Gretzingen (2. Nov.).
2. Johannes Klingelin Tubingensis (26. Nov.).
3. Hubaldus de Braytenbach nobilis Missnensis dioc. (1. Dez.).
4. Jeorius Lieber Vlmensis prius (?)[a] studens (1. Dez.).
5. Christoferus de Munchingen nobilis canonicus Spirensis (6. Dez.).
6. Nicolaus Winman studens Wenensis.
7. Bartholomeus Muller Stutgardiensis (22. Dez.).
8. Otto a Mellungsenn canonicus Spirensis.

1529.

9. Jacobus Tresch nobilis filius Hoss (3. Jan.).
10. Conradus Etling de Blochingen (8. Jan.).
11. Michael Ruff Darmsenn 1 β (13. Jan.).
12. Jeorius de Husensteynn famulus Sebastiani de Husenstain.
13. Johannes Säl de Kalw (6. März).
14. Joannes Bocklin de Campidona (21. März).
15. Rupertus Schmidlapp de Schorudorff (14. April).
16. Petrus Auer de Amberg (18. April).
17. Wolffgangus Henger de Tubingen (19. April).
18. Johannes Ansshelmi de Phortzen (21. April).
19. Balthasar Rometsch (30. April).
20. Melchior Mütschelin (31. Mai).
21. Johannes Widman (31. Mai).
22. Johannes Reuhardus a Neunneck (6. Mai).
23. Joannes Missner Stutgardiensis (22. Mai).

93. Sub rectoratu spectabilis viri M. **Martini Kugelin** a die Phil. et Jac. a. **1529** usque ad festum Luce anni eiusdem intitulati sunt:

1. Johannes Gruer ex Tubingen (28. Mai).
2. Wolffgangus Stetter Rotwilensis (29. Mai).

---

a) *Vielleicht hiess es in der originalen Niederschrift* Parisiensis.

> *1.* B. a. Sept. 33. — *Wittenberg 1536: gratis inscriptus. — Pfarrer in Schlaitdorf bis 1558.*
> *11.* B. a. Dez. 31. *MFA.:* Ruoff ex Darmsee.
> *13.* B. a. Dez. 30. *MFA.:* Sal.
> *14.* B. a. Okt. 30.
> *15.* B. a. Mai 32. — *Knod, Deutsche Studenten in Bologna S. 498.*
> *20.* B. a. Juni 33. *MFABacc.:* M. Mitschelin Tubingensis. — M. a. Jan. 39. *MFAMag.:* Mutzschle.
> *2. Notar der Universität 1531.*

3. Heinricus Muller ex Vrach (30. Mai).
4. Georgius Truchses a Balderschaim nobilis (1. Juni).
5. Johannes Forstmaister ex Strimpfelbach (5. Juni).
6. Johannes Piscatoris conventualis ord. divi Bernhardi in Salm (7. Juni).
7. Augustinus Raminger eiusdem conventus (7. Juni).
8. Leonhardus de Zadeck Polonus (30. Juni).
9. Gallus Schweller ex Metzingen 1 β famulus (3. Juli).
10. Sebastianus Beck ex Heckbach (3. Juli).
11. Johannes Hofmaister ex monasterio Marchtal (10. Juli).
12. Johannes Tryer ex Leonberg (18. Juli).
13. Wolffgangus Vlrich Lypsensis (21. Juli).
14. Vitus Steiger ex Mulbrunna (29. Juli).
15. Bonaventura Funk Lipsensis (4. Aug.).
16. Paulus a Nydeck nobilis de Rauenspurg (8. Aug.).
17. Enoch Mertz de Neckerremss (21. Aug.).
18. Joannes de Heppenhaim vom Sal (22. Aug.).
19. Conradus Haldner de Buchau (12. Sept.).
20. Conradus Rudolph de Feringen (26. Sept.).
21. Georgius Satler de Hechingen (24. Okt.).
22. Franciscus Satler de Hechingen (24. Okt.).

94. Sub rectoratu eximii viri D. **Galli Muller** a die Luce a. **1529** usque ad diem Phil. et Jac. a. **1530** intitulati sunt:

3. B. a. Sept. 32.

10. 1542 Pfarrer in Breitenberg.

11. B. a. 14. Juni 31. MFABacc.; modernus. — M. a. 29. Jan. 33. MFA.-Mag.: Professor ordinis Marchtalensis. — Ist er identisch mit dem Augustinerprovinzial Joh. Hofmeister aus Oberndorf (Zimmerische Chronik 3,397 f.)?

12. B. a. Dez. 80. MFABacc.: Treer. — M. a. 17. Juli 32. MFAMag.: Dräer. — Acta sen. 1540: Soll die lectio des B. Amantius erhalten. — Vgl. Knod, Deutsche Studenten in Bologna S. 96. Dazu Töpke, Heidelberg I, 561: duxit filiam Dilin anno 42, 7. Mai.

13. In Leipzig W. S. 1522.

14. B. a. Dez. 30. — M. a. 29. Jan. 33. MFABacc. u. Mag.: Steger.

15. In Leipzig inscrib. S. S. 1516: B. a. 1522. — Bacc. iur. utr. 1528: Lic. u. Dr. 1585.

16. Der letzte seines Geschlechts (OAB. Wangen 251).

21. B. a. Okt. 31.

22. B. a. Okt. 31. — M. a. 8. Juli 33. MFAMag.: Franciscus Hugo ex Hechingen.

1. Wilhelmus Vli canonicus regularis Adelbergensis (26. Okt.).
2. Marcus Rechclau de Memingen (3. Nov.).
3. Valentinus Fabri de Mindelhaim 1 β (16. Nov.).
4. Cornelius Wilhelmi ex Artesia 1 β (16. Nov.).
5. Petrus Mayer de Vberlingen (20. Nov.).
6. Jacobus Goltschmid Rudlingensis frater ord. s. Augustini 1 β (9. Dez.).
7. Lucas Tod de Blauburen frater ord. s. Augustini 1 β (9. Dez.).
8. Hainricus Baumaister de Jetingen (9. Dez.).
9. Sebastianus Egon ex Kalw (29. Dez.).
10. Johannes Nicolaus Gaissberger de Schorndorf (30. Dez.).
11. Caspar Ber ex Bunica (31. Dez.).

1530.

12. Steffanus Weig de Wyla civitate (5. Jan.).
13. Jeorgius Prenninger de Thubingen (7. Jan.).
14. Joannes Jacobi a Gemmingen canonicus Spirensis 1 fl. (22. Jan.).
15. Joannes Jacobus Ketz ex Wolfach (28. Jan.).
16. Ambrosius Becht ex Esslingen (31. Jan.).
17. Jacobus Bertst ex S. Gallo professus s. Galli (8. Febr.).
18. Marcus Schenck de S. Gallo professus ibidem (8. Febr.).
19. Johannes Hess de S. Gallo professus ibidem (8. Febr.).
20. Sebastianus Stentzing ex Rotouia (17. Febr.).
21. Jacobus Regenschit de Constantia (28. Febr.).
22. Johannes Kruss ex Waiblingen (10. März).
23. Claudius Widman a Meringen (10. März).
24. Bartholomeus Kirner de Brisach (14. März).
25. Leonhardus Gressig de Brixen (17. März).

1. Schnurrer, Nachrichten von Lehrern der hebr. Literatur S. 89 ff.: Steiff 183: Ulinus, Lehrer des Hebräischen in Tübingen und Ingolstadt.
4. B. a. Febr. 32. MFABacc.: C. Gulielmi Audumarensis ex Flandria. — M. a. 20. Jan. 35. MFAMag.: C. Wilhelmus Authomarus.
7. OAB. Esslingen 204: Pfarrer in Köngen: 1547 Pfarrer in Güglingen (Theol. Studien aus Württ. 1883, 218).
8. B. a. Dez. 29. MFABacc.: sacerdos.
11. B. a. Okt. 31. MFABacc.: iurisconsultus. — M. a. 8. Juli 33. — Conventor 1535. — Dr. iur. utr. 2. März 1546. — DB. 50: Gelehrter Oberrat: vorher Vogtamtsverweser in Stuttgart. Besitzer eines Zehntlehens in Meimsheim (OAB. Brackenheim 328).
12. B. a. 17. Juni 30. MFABacc.: St. Waig ex W. modernus. — M. a. 29. Jan. 38. MFAMag.: Wayg. — Anwalt vor dem consist. academicum 1535.
22. B. a. Okt. 31. MFABacc.: Crus. — In Wittenberg 1532. — Vgl. 112,31.

26. Jeorgius Ehinger ex Vlma (21. März).
27. Michel Vollanndt de Gruningen (23. März).
28. Matheus Hespamuller ex Kauffbura (26. März).
29. Senesius Forster de Zella Ratolphi (12. April).
30. Volcardus Heber ex Neuenstain (25. April).
31. Dietericus Reut ex Spira (29. April).
32. Conradus.Wyttinger de Herrenberg 1 β (30. April).

95. Sub rectoratu eximii viri D. **Balthasaris Keuflin** a festo Phil. et Jac. a. **1530** intitulati sunt sequentes:[a]

1. Cristopherus a Friberg de Eisenpurg (3. Mai).
2. Joannes Cleps de Kirchen (14. Mai).
3. Dilemannus Guntenrott Lipsensis.
4. Conradus Wegsetzer Tubingensis nihil dedit (3. Aug.).
5. Joannes Sattler de Hechingen (8. Juni).
6. Sebastianus Mürer ord. Premonstratensis ex Augea (8. Juni).
7. Cristophorus Knupf de Hayhingen 1 β (8. Juli).
8. Antonius Bret Tridentinus (18. Juli).
9. Vrbanus Mercklin ex Kirchen (24. Juli).
10. Joannes Stillenfüss de Dettingen (1. Aug.).
11. Cristophorus Widman ab Möringen (7. Aug.).
12. Petrus Villenpachius (9. Aug.).

----

a) *Die Aufzeichnungen dieses und des folgenden Rektorats sind Originaleinträge von der Hand der betreffenden Rektoren.*

27. B. a. Dez. 33. *MFABacc.:* ex Marckt Gröningen. — *DB. 440: geistl. Verwalter in Gröningen.*

29. B. a. Dez. 31. — M. a. 28. Jan. 34. *MFAMag.:* Sinesius Vorster.

32. Pfarrer in Tailfingen OA. Herrenberg 1539.

5. B. a. Dez. 33.

6. B. a. Dez. 31. *MFABacc.:* S. Murer de sancto Gallo, professus Augie minoris.

7. B. a. Okt. 30. *MFA.:* Knupfer.

9. B. a. Mai 32. — M. a. 28. Jan. 34. *MFABacc. u. Mag.:* ex Kirchen sub Degk. — *Zimmerische Chronik 3,532: Prokurator in Rottweil.*

12. Sohn von 50,15. Vgl. 111,39. — Vgl. Zimmerische Chronik 3,450 f.: studiert in Frankreich und Italien: „weit und preit ist er des fatzwerks halb bekannt und angenem gewesen.“ — Acta senatus 1532: wirft dem M. Jacob Scheck einen Feuerbrand durchs Fenster.

13. Andreas Kirchenperger (9. Aug.).
14. Conradus Fidal de Feltkirch (13. Aug.).
15. Cristophorus Engraben de Feldkirch (13. Aug.).
16. Georgius de Berstain Spirensis (24. Aug.).
17. Conradus de Rugneck (11. Sept.).
18. Michael Spengler de Tüllingen 1 β (12. Sept.).
19. Mag. Theodorus Raissman Haidelbergensis (1. Okt.).
20. Leonardus Puserus Nörlingensis (1. Okt.).
21. Philippus Schenck ab Winterstetten dedit 6 β, item unum florenum pro locatione, est autem canonicus Augustensis ecclesie cathedralis (5. Okt.).

96. Sub rectoratu eximii viri **Johannis Kingsattler** dicti King Öttingensis Suevi artium liberalium et iur. utr. Dr. Sexti et Clementinarum ordinarii fuit universitas disgregata propter morbi epidemiæ seu pestis pericula et bursa antiquorum sive realium in Blapeuren, bursa modernorum seu nominalium in Nouo Castro, ipse vero rector in Offtertingen. Et tunc a festo s. Luce a. salutis restauratae **1530** intitulati sunt sequentes usque ad festum s. Luce **1531**;

1. Georgius Pictor ex Ehingen ludimagister in Plabeuren ibidem intitulatus est per Mag. Mart. Kügelin (25. Okt.).
2. Jacobus Schwindelin Tubingensis eodem die intitulatus est in Nouo Castro per Mag. Joannem Stürmlin ex Biettighain.

---

13. B. a. Dez. 33. MFA.: Andr. Kirchberger Rottenburgensis. — Über die Adelsfamilie der Kirchberger vgl. Crusius ad 1480; über Andreas und seine Frau ebenda 1537.

14. B. a. Mai 32. — M. a. 20. Jan. 35. MFA Mag.: Fidall.

15. B. a. Febr. 32. MFA.: Joh. Cristophorus Im Graben.

16. Canonicus in Speier.

18. Wittenberg 1535: gratis inscriptus.

19. Matr. Heidelb.: Theodoricus Reysman Haidelbergensis inscrib. 6. Juli 1570. — Im Heidelberger Album magistrorum artium: Theod. Reyssman Bodorinus bacc. Wynthenbergensis, rec. in consort. bacc. 3. Febr. 1523; Mag. art. viae mod. 5. März 1523. — Rothenhäusler, Abteien und Stifte S. 54 ff.; poeta laureatus, Lehrer in Tübingen, Lesemeister in Hirsau, zuletzt Pfarrer in Cleebronn. S. Bl. f. württ. K.-Gesch. 8 (1893), 14—19.

21. Vgl. Roth, S. 138, OAB. Vaihingen 213: nennt sich 1547 „von Oberriexingen"; kauft 1560 ein Schlossgut in Ehningen, das er nicht bezahlen kann (Roth).

3. Johannes Epp ex Nouo Castro ibidem per eundem (26. Okt.).

4. Cristophorus Wertwein Phortzensis per eundem in Nouo Castro (1. Dez.).

1531.

5. Dom. Jodocus Finck de Genckingen sacerdos in Plabeuren per Kugelin 1 β (18. Jan.).

6. Melchior Erer ex Hailprun per Mag. Mart. Kügelin in Plabeuren (6. März).

7. Hainricus Giltz ex Diettlingen per Mag. Joannem Stirmliu in Nouo Castro (15. April).

Sub rectore supra scripto Tubinge:

8. Joannes Altweger Constantiensis (1. Mai).

9. Sebastianus Haller ex Sülge (16. Mai).

10. Conradus Haller ex Sülge (19. Mai).

11. Matheus Biler Herrenbergensis (16. Mai).

12. Conradus Krenner de Esslingen (22. Mai).

13. Nicolaus Schaid ex Hagnau (30. Mai).

14. Albertus Rotenpurger Thübingensis (30. Mai).

15. Michael Friess ex Backana (1. Juni).

16. Jacobus Stehelin de Studtgardia (26. Juni).

17. Georgius Ramsperger (1. Juli).

18. Benedictus Aigen (1. Juli).

19. Bonifacius Wiglin ex Messkirch (2. Juli).

20. Joannes Jacobus Haug Constantiensis (5. Juli).

21. Philippus Melchior de Pinnicka (15. Juli).

22. Lazarus Berner Argentinensis (28. Juli).

23. Adam Effner de Wingarten (1. Aug.).

---

3. B. a. Dez. 33. *MFABacc.:* ex Neuwenburg.

4. B. a. Mai 32. — *Vierordt, Ref.-Gesch. Badens 333: studiert später in Freiburg; Propst in Waldkirch,* † *1553 als Bischof in Wien.* — *Pellikan S. 171: 1545 in Zürich.*

13. *MFABacc.:* Bacc. Haidelb. rec. 16. Nov. 31, habet locum post promotos Dez. 30. — M. a. 28. Jan. 34. *MFAMag.:* Scheyd.

15. B. a. Dez. 32. — *Der gleichnamige Diakonus in Pfullingen 1545 ist wohl eher mit diesem, als mit 38,42 identisch.*

18. B. a. März 33. *MFABacc.:* B. Ayger ex Bermendingen. — M. a. 20. Jan. 35. *MFAMag.:* Aygen. — *Vgl.* 122,15.

19. *Zimmerische Chronik 2,543: Sohn des Stadtammanns; wird Kriegsmann.*

20. B. a. Dez. 32. *MFABacc.:* Joh. Jac. Hugo ex C.

23. *Oefner, Notar der Universität 1540.*

24. Claus Scherer de Ridissen ligator librorum dedit 1 β (4. Aug.).
25. Sebastianus Waibel Tubingensis (28. Aug.).
26. Heinricus de Habern (4. Sept.).
27. Dom. Joannes Dietz premissarius in Oftertingen (13. Sept.).
28. Joannes Prenninger dictus Vranius Thubingensis (16. Sept.).

97. Sub rectoratu viri spectatissimi D. **Jacobi Lempen** s. theol. professoris egregii, a divi Lucae festo a. **1531** ad 2 aprilis diem usque (quo vita functus est) anni **1532** scripti sunt illi, qui sequuntur:

1. Nicolaus ⎫
2. Sebastianus ⎬ Esslinger, fratres (22. Okt.).
3. Friderichus ab Wirsberg stud. Ingoltstadiensis canonicus Aistatensis (23. Okt.).
4. Joannes Held de Bamberg Bacc. Ingoltstadiensis (23. Okt.).
5. Michael Scherb de Murr studens Freiburgensis (21. Nov.).
6. Joannes Gros (28. Nov.).
7. Joannes Friderici Bacc. Haidelbergensis (2. Dez.).
8. Hainrichus Maier de Ebingen (8. Dez.).
9. Christoferus a Westerstetten stud. Ingoltstadiensis canonicus Elwangensis (18. Dez.).
10. Joannes Georgius a Westernach stud. Ingoltstadiensis canonicus Elwangensis (18. Dez.).
11. Joannes Fabri de Enstetten 1 β (18. Dez.).

1532.

12. Philippus Halbaicher de Hechingen (2. Jan.).
13. Jacobus Kubel de Stuggardia (2. Jan.).
14. Sebastianus Nittel de Waiblingen (11. Jan.).
15. Jacobus Stain de Rotenburg, pauper nihil dedit (17. Jan.).

---

25. B. a. Febr. 34. *MFA.*: ex Gerspach.

1. B. a. Dez. 33. *MFABacc.*: Tubinganus.

4. *MFABacc.*: rec. 4. Sept. et habet locum ante prom. Juni 31.

6. *Prädikant in Winnenden 1542.*

9. *Dechant in Ellwangen 1553; Canonicus in Augsburg 1557.*

12. B. a. Juni 33. — M. a. 20. Jan. 35. *MFAMag.*: Halbaycher.

13. B. a. Juni 33. — M. a. 20. Jan. 35. *MFABacc. u. Mag.*: Kibel, iurisconsultus.

14. *Keim, Ref.-Bl. v. Esslingen 142: Pfarrer in Üffingen 1548; dann Interimist in Esslingen.*

15. B. a. Febr. 34. — M. a. 21. Juli 40. *MFABacc. u. Mag.*: Staym.

16. Joannes Hildbrant de Rotweil (28. Jan.).
17. Joannes Grienss de Stuggardia (21. Febr.).
18. Hainrichus Plüklin filius D. Cunradi Ebingeri ordinarii decretorum (1. März).
19. Georgius Vetter de Thetnang studens Ingoldstadiensis (16. März).
20. Bernhartus Rôser de Beblingen (28. März).

98. Sub rectoratu præstantissimi viri D. **Joannis Kunigsatler** dicti Kunig iur. utr. Dr. novorum iurium canonicorum ordinarii a 2 Aprilis usque ad 1 Maii a. **1532** intitulati sunt sequentes:

1. Conradus Mang Hailprunnensis (8. April).
2. Georgius Grieter ex Neuenthann (18. April).
3. Joannes Gemmel ex Fiessen stud. Ertfordiensis et Ingoldstadiensis (28. April).

99. Horum nomina qui a festo ss. Phil. et Jac. ad usque festum Lucæ diem egregio s. theol. D. **Petro Brun** rectore intitulati sunt, atque iam in hunc album referri debebant, interciderunt a. **1532**.

[Die Namen, die sich aus anderen Quellen ergänzen lassen, sind unten aufgeführt.]

— — ——

18. B. a. Sept. 33. — M. a. 21. Juli 40. *MFABacc. u. Mag.:* H. Ebinger Tubingensis.

99. 1—3: Zimmerische Chronik 3,138 ff.: Johann Christof und Froben Christof von Zimmern warden mit irem preceptore gen Tibingen geschickt: beschach etliche tag vor sant Jacobs tag, alles im vorbenennten 1531 iar. Zu Tibingen warden die baid iungen herren deponirt ... Baide gebrüeder sein schier bei den zehen monaten zu Tibingen in studio gewesen. — Den Präceptor brachte der Domherr Johann Christof von Zimmern aus Strassburg mit, „ein magistrum, genannt Christofferus Mathias, ein gelehrten man, het etliche iar darvor zu Wittenberg gestudiert und war pirtig von Lauterburg, eim stetlin, nit weit vom Rein gelegen, dem [Strassburger] stift zugehörig“. — Vgl. dazu 117,48.

4. MFABacc.: Valentinus Viel Gamundianus Bacc. Ingolstad. rec. ad consort. bacc. 17. Juni 32; habet locum post prom. Dez. 30. — M. a. 28. Jan. 34. *MFAMag.:* V. Viola Gamundianus.

5. MFABacc.: Michael Schütz Dilingensis, appellatus Toxites. B. a. 27. Sept. 32. — *MFAMag.:* In locum M. Pauli Calberi, qui praefuit oratoriae professioni, receptus est ab universitate et collegio nostro ex commendatione et nominatione principali doctissimus vir M. Michael Toxites poeta laureatus et comes Palatinus. — Dec. fac. art. 1559. *Vgl. Roth S. 652; Beil. zur Schwäb. Kronik 1888 Nr. 256. Akten über seinen Prozess sind im K. Staatsarchiv. Biographie von K. Schmidt, 1888.*

100. Sub celeberrimo theol. s. professoris officio, nimirum rectoris dom. D. **Galli Muller** Furstenbergensis a s. Lucae festo a. **1532** ad usque Phil. et Jac. diem **1533**:

1. Hainrichus Mielich ex Lantsperg Mag. art. (24. Okt.).
2. Joannes Ottinger ex Chollenstain (24. Okt.).
3. Joannes Joachimus Kürsser ex Baden (25. Okt.).
4. Petrus Echter a Messelbrun (27. Okt.).
5. Sebastianus Im Graben a Felchkirchen (2. Nov.).
6. Joannes Vogler ex Vndernturken (4. Nov.).
7. Stephanus Sax ex Esslingen (11. Nov.).
8. Bernhardus Kosing ex Vnderntürken (12. Nov.).
9. Vitus Lung de Planek (20. Nov.).
10. Wilhelmus Rot ex Vlma (21. Nov.).
11. Petrus Jodocus ex superiori Engendina 1 β (21. Nov.).
12. Hainricus Shedel de Stuggardia (18. Nov.).

Zu **99.** *6. MFABacc.: Johannes Mecker ex Rotwyla. B. a. Dez. 32. Zimmerische Chronik 2,179: maister Hanns Mecker in R.*

7. MFABacc.: Johannes Stepeckh, Bacc. Ingolstad. rec. 22. Nov. 32; habet locum post promotos Okt. 30. — M. a. 20. Jan. 35. MFAMag.: Staubeck Areatunus.

8. MFABacc.: Martinus Pfeflin Nürtingensis. B. a. Juni 33.

9. MFABacc.: Jacobus Faut Cantharopolitanus. B. a. Sept. 33; oder identisch mit 90,22?

10. MFABacc.: Joachim Keller Stutgardianus. B. a. Febr. 34.

11. MFABacc.: Alexander Breunlin Uracensis. B. a. Febr. 34.

12. MFABacc.: Johannes Wilhelmus Villenbach Argentinus. B. a. Febr. 34.

13. MFABacc.: Dom. Johannes Anthraceus ex Rayn in Bavaria. B. a. Sept. 34. — Kohler, 1540 Pfarrer in Rottenburg, dann in Böblingen, Interimist in Reutlingen; vgl. 114,14.

14. MFABacc.: Udalricus Ruotland Bretheymensis. B. a. Sept. 34.

15. MFABacc.: Christoforus Nusskern ex Dornstett. B. a. Sept. 34.

16. MFABacc.: Apollinaris Kirsser ex Pfortzenhaim [von späterer Hand:] medicus. B. a. Febr. 35.

17. Roth (woher?): Damian Beham; später Dr. med. Physikus in Augsburg.

1. Schnurrer, Nachrichten von Lehrern der hebr. Literatur S. 84: † 1550 als Bischof von Wiener-Neustadt.

4. Zimmerische Chronik 2, 202. 341 f.

5. B. a. Febr. 35. MFABacc.: Seb. Emgraben.

6. B. a. Febr. 35.

9. Roth S. 138. Noctivagii et scorti causa mehrmals vor dem Senat und im Karzer.

12. B. a. Sept. 34. MFABacc.: Schedel.

13. Cûnratus Thum ex Neuburg (18. Nov.).
14. Vitus Mutzel ex Herrenberg (26. Nov.).
15. Sebastianus a Leonrod canonicus Eistettensis stud. Ingolstetensis (5. Dez.).
16. Christoferus Lemberger a Tryphstain stud. Ingolstetensis (6. Dez.).
17. Jacobus Spangerus ex Winenda 1 β (20. Dez.).
18. Georgius Rasoris ex Hiuingen 1 β (26. Dez.).

1533.

19. Joannes Fuchs a Bimbach etc. (3. Jan.).
20. Eberhartus Hainlin de Pfullingen (14. Febr.).
21. Georius Ritter de Ötingen, capellanus hospitalis Tubingensis (25. März).
22. Vitus Tholl ex Wetenhusen (25. März).
23. Lutouicus Tholmetsch de Gröningen (28. März).
24. Wernherus de Munchingen (29. März).
25. Joannes Wilhelmus de Wernau (29. März).
26. Jacobus de Ehingen (29. März).
27. Christoferus de Hohenstain canonicus s. Albani extra muros Moguntiae civitatis (29. März).
28. Sebastianus Rind ex Apfeldorf 1 β (5. April).
29. Georgius Bappus ex Feldkirch (5. April).
30. Joannes Kepp ex Bakenna (25. April).
31. Joannes Klopfer ex Dillingen 1 β (25. April).
32. Sebaldus Wisenstain ex Kalb (26. April).
33. Caspar Hicher de Achach (28. April).
34. Hugo de Münchingen (30. April).
35. Jacobus Hol de Ertingen (5. Mai).

13. Vgl. Knod, D. Studenten in Bologna S. 577.
14. B. a. Febr. 85. MFABacc.: V. Mutschelin.
15. Gehört su den noctivagi Roth S. 138; trotz des Kanonikats ein wilder Student, dessen Name häufig in den Senatsakten vorkommt.
17. B. a. Febr. 85.
18. B. a. Sept. 84. MFABacc.: G. Scherer ex Hyfungen, modernus.
19. Wie 15; s. Roth S. 138.
20. B. a. Sept. 84. MFABacc.: Haynlun, modernus.
24. DB. 77. 106. 476: Obervogt in Leonberg u. Hofgerichtsbeisitzer: später Kammermeister.
26. In Wittenberg 1536: gratis inscriptus. — Crusius ad annum 1520.
32. B. a. Febr. 85. MFABacc.: Seb. Bichsenstain. — M. a. 3. Juli 41. MFAMag.: Buchsenstain.

36. Joachimus Minsinger de Stuggardia. Nihil [dt.] quia condonatum (7. Mai).
37. Christoferus Spar ex Biettighaim (8. Mai).ᵃ⁾
38. Joannes Renhartus Bub de Horb (10. Mai).
39. Rochius Birer de Vrach (15. Mai).
40. Cunratus König de Brunswig (20. Mai).
41. Franciscus Dietenhaimer ex Wisenstaig (24. Mai).

101. Sub rectoratu præstantissimi viri dom. **Joannis König-satler** Ötingensis, dicti König iur. utr. Dr. novorum iurium canoni-corum ordinarii post Phil. et Jac. festum a. **1533** electi, hi qui se-quuntur attitulati sunt, ad festum Lucæ anni eiusdem:

1. Josephus Minsinger ex Stuggardia. Nihil dedit quia con-donatum (28. Mai).
2. Mathias Pleiel ex Ehingen 1 β quia pauper (28. Mai).
3. Christophorus Bomgarter filius Francisci Augustanus (31. Mai).
4. Hezechiel Zechel Tubingensis (4. Juni).
5. Christophorus Erbin Tubingensis (7. Juni).
6. Joannes Dietter ex Brakana (16. Juni).
7. Joannes Bart ex Monachio ceu München studens Ingolstatensis (2. Juli).
8. Franciscus Aierimschmaltz ex Monacho seu Munchen studens Ingolstatensis (2. Juli).
9. Joannes Bart ex Monachio, hoc est Munchen (2. Juli).
10. Joannes Philippus ex Feltkirch 1 β (5. Juli).
11. Andreas Vetter ex Feltkirch 1 β (5. Juli).
12. Bernhardus Retromontanus ex Feldkirch (13. Juli).
13. Joannes Urricus Krel ex Felkirch (13. Juli).
14. Christophorus Stehelinn a Stokburg (14. Juli).

---

a) *Vom Abschreiber wohl falsch gelesen statt* Spaz.

36. *Sohn des Kanzlers in Würtemberg; Kanonist in Freiburg, dann Kansler in Braunschweig. Zimmerische Chronik 3,628; 4,103; Schreiber, Freiburg 2,359 f. Vgl. Heyd u. Jöcher.*
37. B. a. Febr. 35. *MFA.:* Christof. Passer ex Stuotgardia.
39. B. a. Dez. 34. *MFA.: ex* Urachia, modernus.

1. *Sohn des Kanzlers Joseph Minsinger, Bruder von 100,36.*
8. *Zur Familie vgl. Knod, Deutsche Studenten in Bologna S. 6 f.: Bavarus.*
11. B. a. Febr. 35. — *In Wittenberg 1540: gratis inscr. pauper omnino.*

15. Michael Wern ex Stuggardia (20. Juli).
16. Joannes Sigismundus a Reitsbach (1. Aug.).
17. Stephanus Marcianus Stuggardiensis (10. Aug.).
18. Joannes Fabricius Dillingensis (1. Sept.).
19. Georgius Maier Nörlingensis (9. Sept.).
20. Rabanus Eisenhut ex Oringen (9. Sept.).
21. Joannes Schwartzdorffer (16. Sept.).
22. Joannes Rottenburger Tubingensis (21. Sept.).
23. Jacobus Müller de Philingen (21. Sept.).
24. Joannes ex Grauenekk canonicus Frisingensis (24. Sept.).
25. Christophorus Pfister Memmingensis (24. Sept.).
26. Baltassar Rantz Rauenspurgensis 1 β (24. Sept.).
27. Sebastianus Widmaier Cupingensis (13. Okt.).
28. Dionysius Reuchlin Waiblingensis Bacc. Wittemberg. (16. Okt.).
29. Joannes Reuchlin Waiblingensis (16. Okt.).   .

102. Præstantissimo viro dom. **Baltassare Kefelin** sacr. theol.
Dr. ac rectore a s. Lucæ festo die a. **1533** ad usque Phil. et Jac.
diem a. **1534** hi qui sequuntur huc asscripti sunt:

1. Michaël Satler de Sindelfingen (28. Okt.).
2. Joannes Georgius Megetzer nobilis (31. Okt.).
3. Joannes Rosa Erntfordensis famulus 1 β (2. Nov.).
4. Wilhelmus Bletzger Stuggartianus (7. Nov.).

15. B. a. Febr. 34. — *1533 im stipendium Martinianum „qui abductus*
a flagiliosissimo Turca toto triennio durissimae servitutis iugum pertulit."
17. B. a. Dez. 34. *MFABacc.:* modernus.
18. Stadtpfarrer in Schorndorf 1544 (Roth).
19. MFABacc.: Georgius Marius Nordlingensis Bacc. Heidelb.; rec. ad
consort. baccal. 30. Dez. 33 et habet locum post promotos Febr. 32. — M. a.
28. Jan. 34.
20. Dr. iur. u. Kammerrichter in Speier 1550.
22. B. a. Dez. 36.
28. In Wittenberg 1531.

1. B. a. Sept. 36. — M. a. 28. Jan. 41. *MFAMag.:* Waiblingensis.
2. Zur Familie Megetzer von Felldorf gehörig.
3. MFABacc.: Bacc. Erford. rec. 26. Febr. 34; habet locum post prom.
März 33. Et quia pauper erat, remissus est ei dimidius ille florenus, quem ex
statuto fisco facultatis debebat, ad tempus pinguioris fortune.
4. Vgl. Bl. f. württ. K.-Gesch. 4,64.

5. Basilides Resslin Schorndorfensis (7. Nov.).
6. Mathias Comber de Würtzen (9. Nov.).
7. Jacobus Peurlin de Dornstet (9. Nov.).
8. Sebastianus Meichnerus Stuggartianus (9. Nov.).
9. Christoferus Gebfurt de Herrenberg (9. Nov.).
10. Georgius Nittel ex Stuggartia (16. Nov.).
11. Michael Gokkeler e villa Boll (19. Nov.).
12. Vitus Seger Herrenbergensis (19. Nov.).
13. Joannes Carrarius Stuggartianus (21. Nov.).
14. Joannes Pronorius dominus de Laiter Herr zu Bern und Vicents 1 flor. (1. Dez.).
15. Valentinus Lantfaut ex Ingershaim (4. Dez.).
16. Wolfgangus Theodoricus a Shaimberg (28. Dez.).

1534.

17. Martinus Greiph de Neuhusen (7. Jan.).
18. Rodolfus Andler ex Herenberg (14. Jan.).
19. Sigismundus Ephipiarius de Brakkenhaim (21. Jan.).
20. Nicolaus Plankenhorn de Vrach (23. Febr.).
21. Martinus Hos de Ginningen (4. März).
22. Joannes Melber Tubingensis (5. März).
23. Georgius Bart de Sulgau (6. März).
24. Joannes Murer de Tubingen (30. März).

————— ··

5. B. a. Febr. 35. *MFABacc.*: Rösslin. — M. a. 28. Jan. 41. *MFAMag.*: Röslin. — *Lebt 1542 in Schorndorf.*

7. B. a. Sept. 37. — M. a. 28. Jan. 41. — Dr. theol. 1551. — *MFAMag.* *[am Rand] u. Theol.*: Jac. Beurlinus in professorem theol. facult. rec. anno 1551; factus est scholae cancellarius anno 1561, sed mox ab illustrissimo principe missus in Galliam ad componenda religionis dissidia Parisiis peste correptus circa diem Simonis et Jude 1561 ex hac vita ad dominum migravit. — Rect. 1553/54; 57/58.

8. B. a. Febr. 35. *MFABacc.*: Meisner iurisconsultus. — Dr. iur. 23. Febr. 44. *Jur.*: Seb. Meichsner Phorcensis.

9. B. a. Febr. 35. *MFABacc.*: Gepphort.

11. *1542 Pfarrer in Albershausen.*

13. B. a. Febr. 35. *MFABacc.*: J. Kercher ex St.

14. *Bruniori, soll 1544 in der Schlacht bei Carignan gefallen sein (Roth).*

15. B. a. Febr. 35.

18. B. a. Sept. 35.

19. B. a. Sept. 35. *MFA.*: Satler.

20. B. a. Mai 37.

23. *Schulmeister in Ravensburg 1544 (Hafner S. 78).*

25. Mauritius Kletberger de Rauenspurg (1. April). .
26. Franciscus Ricius dominus a Sprintzenstain præpositus Tridentinus 1 flor. (6. April).
27. Joannes Creber Nurmberger de Shorndorf (8. April).
28. Mag. Aegidius Rösslin ex Laugingen (16. April).

103. Sub rectoratu dom. **Petri Bronn** a Phil. et Jac. festo usque Luce a. **1534** intitulati:

1. Jacobus Bronn de Kalb (14. Mai).
2. Johannes Carbonarius ex Neuwburg (20. Juni).   -
3. Casparus Sengell de Herpipoli (1. Aug.).
4. Georgius Scharer de Vlma (1. Aug.).
   . Lucas Musolt de Geppingen 1 β (2. Aug.).
   Christophorus Erer ex Hayllpronn (28. Aug.).
   Conradus de Schellennberg (21. Aug.).
8. Berchtholdus de Schellennberg (21. Aug.).
9. Johannes Wilhelmus Krus de Leonberg (15. Sept.).
10. Johannes Rodolphus ab Oschenhausen (15. Sept.).
11. Sebastianus Schraut de Tubinngen (16. Sept.).
12. Johannes Epp de Nagollt (10. Okt.).

104. Sub rectoratu M. **Joannis Armbroster** theol. lic. a festo Luce a. **1534** usque Phil. et Jac. a. **1535** intitulati ut sequuntur:

---

27. Stip. 6. April 37; *Schmoller 53:* Joh. Nürnberger von Schorndorf. — B. a. März 88. *MFABacc.:* Jo. Noricus Schorndorfensis iurisconsultus *(letzteres von anderer Hand).* — M. a. 2. Jan. 42. *MFAMag.:* Joh. Nurnberger Schorndorf. — Dr. iur. utr. 11. Mai 52.

28. *Vgl. 122,40.*

1. B. a. Mai 37. — M. a. 21. Juli 40. *MFABacc. u. Mag.:* Braun. — *Schmoller 24: Präzeptor im Stipendium.*

7. u. 8. *Vgl. Knod, Deutsche Studenten in Bologna S. 486. Beide inskribieren sich schon 26. Okt. 1534 in Freiburg.*

11. B. a. März 38. *MFABacc.:* Seb. Schreter de T.

12. B. a. Sept. 36. — M. a. Jan. 39. *MFAMag. [am Rand:]* iurisconsultus. — Dr. iur. utr. 11. Mai 52. — *Acta consist.: 26. Jan. 1555 belangt wegen Äusserungen gegen die Stadtbehörden; scheint also zur Universität zu gehören.*

1. Laurentius Widmann ex Kirchen 1 β (21. Okt.).
2. Kilianus Vogler ex Canstat (24. Okt.).
3. Petrus Memler ex Herrenberg 1 β (80. Okt.).
4. Conradus Weller de Bunicka 1 β (1. Nov.).
5. Balthasar Vischer de Blawbyrren 1 β (1. Nov.).
6. Martinus Hartbrunner de Vlma (18. Nov.).
7. Joachimus Furbringer de Justingen (18. Nov.).
8. Johannes Rylich de Rottenburg an der Tauber (18. Nov.).
9. Ludovicus Oschenbach ex Tubingen (20. Nov.).
10. Josephus Maier a Lychtenfells (29. Nov.).
11. Johannes Sebastianus a Westernach (29. Nov.).
12. Alexander Blessinng de Kirchen 1 β (11. Dez.).
13. Kilianus Vessler ex Tubingen (11. Dez.).
14. Caspar Sommer de Thillingen (20. Dez.).
15. Cristoferus Binnder de Gretzingen (20. Dez.).

1535.

16. Christianus Bierer de Pfullingen (21. Jan.).
17. Jacobus Hartman ex Durlach (9. Febr.).
18. Nicolaus Marius ex Nörlingen (23. Febr.).
19. Gregorius a Stetten Augustanus (8. März).
20. Johannes Scheybel ex Kirchen sub Theckh (8. März).
21. Johannes Schraut ex Thubingen 1 β (8. März).
22. Nicolaus Promius[a] Franckfordanus (11. März).

a) *Oder* **Promig.**

2. B. a. Dez. 36. — M. a. Juli 39. *MFAMag. [am Rand]:* iurisconsultus professor. — Dr. iur. 2. März 56. — Rect. 1556/57; 62; 66; 70; 75; 79/80. — *Zeller, Tübingen S. 447.*

6. B. a. Dez. 37. — M. a. 27. Jan. 40. *MFAMag.:* Hardtprunner *[am Rand:]* iurisconsultus. — *Prokurator am Kammergericht zu Speier; vgl. Zimmerische Chronik s. n.*

9. B. a. Dez. 36.

10. Vgl. *Knod, Deutsche Studenten in Bologna S. 338.*

12. Stip. 18. März 89; *vgl.* 113,11 u. 132,24. *Schmoller 58: ehe er nach Balingen kam, war er 1539 Superintendent zu Nürtingen, 1542 Pfarrer in Derendingen (Bossert).*

15. B. a. Sept. 37. — M. a. 28. Jan. 41. — *1565 evang. Abt in Adelberg.*

18. **Pfarrer in Meimsheim (Roth).**

20. *MFABacc.:* Joh. Scheyblin Kirchamensis Bacc. Lypsensis proxima die dominica post Martini (17. Nov.) anno 1539 rec. est in consortium baccal. — M. a. 27. Jan. 40. *MFAMag.:* Scheyble *[am Rand:]* Professor Scheubelius. — *Vgl. Roth S. 236.*

 See p. VI

23. Johanes Jacobus Varnbiller ex Lindouw (11. März).
24. Vlricus Varnbieller Wormacensis (11. März).
25. Franciscus Varnbiller Wormacensis (11. März).
26. Albertus Arbogastus dom. baro de Hebenn 1 flor. (18. April).

105. Sub rectore dom. **Balthasare Köffelin** a Phil. et Jac. apost. festo usque Luce a. **1535** intitulati:

1. Georgius Pistor de Genga (4. Mai).
2. Ludovicus Knyesser de Zwaybricken (4. Mai).
3. Bartolomeus Amantius iurium Dr. nihil dedit (10. Mai).
4. Joannes Speckmesser Bipontanus (18. Mai).
5. Eberardus Hinder de Halprun impressor librorum 1 β (23. Mai).
6. Richardus de Colonia etiam impressor 1 β (23. Mai).
7. Joannes Sechel Tubingensis (24. Mai).
8. Andreas Dotzinnger de Calb 1 β (24. Mai).
9. Wilelmus Bigocius Lauauensis 1 β (27. Mai).
10. Joannes Augustinus Pricher Vlmensis (2. Juni).
11. Hieremias Meglin Tubingensis (10. Juni).
12. Vitus Frantz Kirchensis (10. Juni).
13. Ambrosius Faber de Dintzlingen (15. Juni).

---

23. 1528 in Wittenberg. — Dr. iur. utr. 26. Okt. 35.

26. Rect. 1541. *— Statthalter zu Mömpelgart: letzter seines Stamms. Vgl. Crusius ad 1561.*

26a. MFAMag.: Johannes Benignus Vitenberge magistrales honores consecutus, in collegium mag. rec. 1. Juni 35. — Dec. fac. art. 1539/40: J. Benigni Büticamensis; 44/45; 50/51. *Zusammenhängend mit 88,33 ?*

1. B. a. Dez. 36. — M. a. Jan. 39. — Dr. med. 22· April 51. *Med.:* Pistorius.

2. B. a. 19. Sept. 41. *MFA.:* Kneysser Bipontinus.

3. Prantl 1,211: 2,489: Roth S. 171.

7. B. a. Febr. 37. *MFABacc. u. Mag. [von anderer Hand]:* iurisconsultus. — M. a. 27. Jan. 40. — *Roth S. 233: Joh. Ezechiel.*

8. B. a. März 38.

9. 1532 in Marburg; 1535 in Basel. Vgl. Roth S. 171. — Verf. einer Schrift Catoptron ad emendationem iuventutis Basel 1536 (Vorr. Tübingen 1535 an Sim. Grynaeus u. Joh. Sichard).

11. B. a. Sept. 37. *MFA.:* Megling.

12. Stip. 7. Mai 39; *Schmoller 58.* — B. a. Sept. 39. — M. a. 28. Juli 48. *MFABacc. u. Mag.:* de Kirchain iuxta Neccarium.

14. Conradus Schertlin Rotenburgensis (18. Juni).
15. Joannes Sichardus Doctor et ordinarius 1 β (28. Juni).
16. Raphael Maier 1 β (15. Juli).
17. Joannes Monterus Gandauensis (17. Juli).
18. Jacobus Gutgesell Friburgensis (19. Juli).
19. Joannes Hiltenbrant (19. Juli).
20. Bernardus Stöcklin ex Gyslingen (24. Juli).
21. Joannes Balinger de Husen
22. Conradus Dupps de Hausen
23. Joannes Steub de Herrenberg } omnes simul inscripti (28. Juli).
24. Joannes Mayer de Callb
25. Dionisius Keller Beblingensis
26. Jacobus Schwimmer de Schorndorff (13. Aug.).
27. Leonardus Fuchsius Doctor nihil dedit (17. Aug.).
28. Michael Ritter de Schertting nihil dedit (19. Aug.).
29. Stephanus Ross ex Landau (19. Aug.).
30. Benedictus Liber ex Ginsburga (19. Aug.).
31. Hieronimus Wolff ex Öttingen (20. Aug.).
32. Bernardus Ber de Calw 1 β (28. Aug.).
33. Felix Reutter de Buchhorn (31. Aug.).
34. Martinus Hisinger ex Pfullinga (4. Sept.).
35. Jeorius Balinger de Bretten (8. Sept.).

14. B. a. Dez. 36.

15. Rect. 1535/36: Joh. Sichardus Francus; 42/43; 45/46: legum ordin.; 49; *Roth S. 171.*

19. B. a. Dez. 36. — M. a. 27. Jan. 40. *MFABacc. u. Mag.:* Hilteprandus Argentinensis. — Notarius universitatis 1556. — Dec. fac. art. 1549; 54; 58; 66. — *Schnurrer, Nachrichten von Lehrern der hebr. Sprache S. 92.*

21—25. Gewesene Mönche aus Bebenhausen (Rothenhäusler, Abteien und Stifte S. 13).

21. 1542 *Prädikant in Ensingen.*

24. Ein Hans Maier ist 1545 Pfarrer in Sülzbach OA. Weinsberg.

26. B. a. Febr. 39. *MFABacc.:* Schwemmer.

27. Med.: 18. Aug. 35 receptus est in facultatis consortium et praestitit praestanda. Obiit 10. Mai 66 mane post septimam antemeridianam Tubingae suaeque functioni diligenter et cum laude praefuit perpetuos annos triginta et unum. — Dec. fac. med. primo 1535; ultimo 1564. — Rect. 1536/37; 40/41; 46; 49/50; 54/55; 60/61; 64/65. — *Roth S. 171: Prantl 2, 488; ·Heyd.*

31. Vgl. ADB.

32. M. a. 8. Juli 41. *MFAMag.:* Boer; *vgl. 105,60c.*

33. Dr. iur. utr. 26. Okt. 35. *Jur.:* Raiter.

35. Schmoller 25: Conventual in Hirsau; 1543—1573 Prokurator des Stipendiums.

36. Joachimus Bartenschlag ex Stutgardia (9. Sept.).

37. Joannes Grauner Vlmensis (14. Sept.).

38. Joannes Lutz Spirensis nihil dedit (16. Dez.).

39. Beatus Frey ex Basilea (23. Sept.).

40. Paulus Constantinus Phrygio Doctor nihil dedit (23. Sept.).

41. Jeorius Varnbiller Lindauiensis (24. Sept.).

42. M. Sebaldus Hauvenreiter Nierbergensis (27. Sept.).

43. Laurentius Engler a Parhisiis (27. Sept.).

44. Cristopherus Bomgarter (27. Sept.).

45. Carolus Holtzschuher Neurbergensis (27. Sept.).

46. Joachimus Spengler Neurbergensis (27. Sept.).

47. Jodocus Baier Neurbergensis (27. Sept.).

48. Gregorius Lachner Mayenburgensis 1 β (27. Sept.).

49. Sebastianus Gerhot Argentinensis (2. Okt.).

50. Hieronimus Hoffman Nurbergensis (7. Okt.).

51. Heinricus Wickersriter de Schwabach (7. Okt.).

52. Paulus Reubacher Saltzburgensis (7. Okt.).

53. Joannes Aichhorn Neurbergensis (7. Okt.).

54. Hieronimus Schnöd Neurbergensis (7. Okt.).

55. Ludovicus Schnöd Neurbergensis (7. Okt.).

---

36. B. a. Juni 38. *MFABacc.:* Johannes B. — M. a. 3. Juli 41. — Dr. med. 22. April 51. *Med.:* Joach. Barthenschlag. — *Identisch mit dem Schulmeister in Esslingen (Keim, Esslingen S. 71), der 1545 in Schorndorf, 1548 Pfarrer in Horkheim war?*

40. *Theol.:* 18. Okt. 36 rec. in ordinarium facult. theol. — Rect. 1537/38: sacr. theol. Dr. — *Vgl. Heyd u. ADB.*

42. *MFAMag.:* Seb. Hauenreiter Noricus Mag. Wittenberg. rec. in collegium magistr. 29. Juni 35. — Dr. med. 16. Sept. 39. *Med.:* Hauenreutterus. — *Vgl. Will, Nürnberg. Gel.-Lexikon s. n. Hauenreuter.*

43. B. a. Mai 38. *MFABacc.:* Noricus. — *Präceptor der folgenden Nürnberger, lehrt später in Strassburg (Roth).*

45. *Vorher in Wittenberg.*

46. *Vorher in Wittenberg.*

50. *Vgl. Knod, Deutsche Studenten in Bologna S. 205.*

51. B. a. Sept. 37. *MFABacc.:* Weickersreiter. — M. a. Juli 39. *MFA.-Mag. [am Rand]:* abbas in Hirsau. — Dr. theol. 31. Aug. 58. *Theol.:* parochus Calvensis. — *1545 Diakon in Tübingen.*

52. B. a. März 38. *MFABacc.:* Reypacher. — M. a. 21. Juli 40. *MFA.-Mag.:* Reytpacher.

53. *Bl. f. württ. K.-Gesch. 4,64. Vgl. Nopitsch, Nürnberg. Gel.-Lexikon s. n. Sciurus; dasu Casp. Brusch, Progymnasmata.*

54. *Nopitsch, Nürnberg. Gel.-Lexikon s. n.*

56. Cristopherus Koler Neurbergensis (7. Okt.).
57. Wolphgangus Andreas Linck Schwabachensis (7. Okt.).
58. Albertus Römer,   ⎫
59. Leonardus Grundher ⎬ Neurbergenses (7. Okt.).
                         ⎭
60. Jacobus Schrautboltz Wilpergensis nihil dedit (10. Okt.).[a]

106. Nomina intitulatorum sub dom. **Joanne Sichardo** Franco rectore a festo Luce a. **1535** usque ad festum Phil. et. Jac. **1536**:

1. M. Bartolomeus Zeubelriedt Kutzingensis (29. Okt.).
2. Jacobus Rabus Memingensis (2. Nov.).
3. Magnus Zangmeyster Memingensis (2. Nov.).
4. Joannes Funck Memingensis (2. Nov.).
5. Georgius Laupin Memingensis (2. Nov.).
6. Michael Mendler Memingensis (2. Nov.).
7. Carolus Eheym Augustensis (2. Nov.).
8. Joannes Kleberus ludimagister nihil dedit (4. Nov.).
9. Cyprianus Teuber Memingensis (4. Nov.).
10. Joanes Schilling Brigantinus nobilis (8. Nov.).
11. Georgius Munck Argentinensis (9. Nov.).
12. Paulus Herbart Argentinensis (12. Nov.).
13. Valentinus Moser ex Kirchaim sub Teck (14. Nov.).
14. Nicolaus Schleycher Norinbergensis (14. Nov.).

On Rabus: see Günther Oestmann art [2005] in Von Kaisers Gnaden p.258

a) Schrautboltz *ist von anderer Hand überkorrigiert über* Sartoris.

56. *In Wittenberg 1539.*
57. *In Wittenberg 1532.*
60a. *MFABacc.:* Gregorius Dasch Wirtzburgensis. B. a. März 38.
60b. *MFABacc.:* Leonardus Leinlayer Noricus. B. a. März 38. — *Identisch mit 105,59? Beide rangieren zwischen 105,43 u. 106,17.*
60c. *MFABacc.:* Conradus Ber Stutgardiensis. B. a. Juni 38. *Wohl identisch mit 105,32.*
60d. *MFABacc.:* Joannes Andree Stutgardiensis. B. a. Juni 38. — *Beide rangieren mit 105,36.*

2. *B. a. Dez. 37. — M. a. 21. Juli 40. — 1544 in Wittenberg.*
3. *1545 Pfarrer in Mülheim OA. Sulz.*
4. *B. a. Dez. 37. — Knod, Deutsche Studenten in Bologna S. 146.*
8. *Präzeptor der schola anatolica in Memmingen, dann Rektor in Memmingen. Crusius ad 1552.*
13. *Vgl. 117,50.*
14. *Knod, Deutsche Studenten in Bologna S. 493.*

15. Lazarus Lochinger Norinbergensis (14. Nov.).
16. Joannes Schwartz Augustensis (14. Nov.).
17. Cristopherus Stehelin Balingensis (3. Dez.).
18. Marcus Krus Nurtingensis.
19. Sixtus Marckart Rottenburgensis in Tubero (6. Dez.).
20. Wilelmus Wager de Dutlingen professus Alpirspach.
21. Joannes Walcker Nurtingensis professus Alpirsbach (11. Dez.).
22. Petrus Antuerpianus Sturio nihil dedit (18. Dez.).
23. Matheus Vogell Norinbergensis (20. Dez.).
24. Joannes a Stotzingen nobilis (27. Dez.).

1536.

25. Joannes Schrib ex Dalfingen (3. Jan.).
26. Vlricus Buchner Lipsensis (10. Jan.).
27. Sebastianus a Vesenberg nobilis (11. Jan.).
28. Joachimus Camerarius nihil dedit (9. Jan.).
29. Albertus Brun ex Kalb 1 β (4. März).
30. Conradus Hecht Stutgardianus (21. März).
31. Joannes Reyschacher ex Wasserburgo (3. März).
32. Mauritius Zoch Hallensis Saxo (1. April).
33. Jacobus Cappelbeck Augustanus ⎫
34. Joannes Hospinianus Tigurinus ⎪
35. Eustachius Burguner Eychensis ⎬ uno die (1. April).
36. Ambrosius Jung Augustanus ⎪
37. Timotheus Jung Augustanus fratres ⎭

16. MFAMag.: Joh. Schuuartz Nurtingensis. M. a. 6. Aug. 44 *[am Rand]:* Dr. medicus, ducis Wirtembergici archiatrus. *(Identisch?) — Es gab später 2 Mediziner dieses Namens in württ. Dienst. Crusius ad 1563 u. 1580.*

17. B. a. März 38. — † *1566 in Balingen als Spitalpfleger und als Alpirsbachischer und Stettischer geistl. Pfleger: rgl. DB. 378.*

18. Stip. 17. Aug. 40. — B. a. März 38. MFABacc.: Craus. — M. a. 2. Jan. 42. MFAMag.: Denkendorffensis. — *Schmoller 59f. — Vgl. 131,38.*

20. Pfarrer in Mähringen OA. Tübingen; 1559 Superintendent.

23. Vgl. Will, Nürnberg. Gel.-Lexikon u. Nopitsch, Nachtrag s. n.; † *1591 als Abt in Alpirsbach, vorher Prof. in Königsberg.*

28. Rect. 1538. — *Vgl. ADB. u. Theol. Realencycl.*

30. B. a. Febr. 39.

33. Rect. 1556: iur. utr. Dr. et prof. ordin; 61; 67; 71; 77/78. — *Zeller 447; studierte in Wittenberg u. Ferrara.*

34. B. a. Febr. 37. MFABacc.: de Stain. — M. a. Jan. 39. MFAMag.: Stainanus *[am Rand:]* mortuus Basilee 1575. — † *1576 als Professor in Basel.*

38. Joannes Langnauer Augustanus (1. April).
39. Hieronymus Binder ex Schorndorff (3. Mai).
40. Osualdus Gabeleofer (3. Mai).
41. Cristophorus Schick ex Kirchaim (4. April).
42. Hieronimus Plato Hyrsen ex Stein (7. April).
43. Joannes Crisostomus Hyrsen ex Stein (7. April).
44. Cristophorus Pfannius*) Norinbergensis (13. April).
45. Conradus Cristophorus a Buhel nobilis (13. April).
46. Bernardus ab Emersbosk nobilis (16. April).
47. Joannes Hutter Lipsensis (19. April).
48. Joannes Schehelin ex Balingen (25. April).
49. Joannes Vilelmus Stutgardianus (26. April).

107. Nomina intitulatorum sub dom. **Balthasare Keuffelin** rectore a festo Phil. et Jac. usque festum divi Luce a. 1536:

1. Gaspar Nutzel Neurnbergensis (4. Mai).
2. Volfgangus Theodericus de Saxana (31. Mai).
3. Volfgangus Schuartznauer (6. Juni).
4. Vendelinus Lanng ex Gartach (7. Juni).
5. Heinricus Woluius ex Ottingen (15. Juni).
6. Kilianus Lilgenfien (22. Juni).
7. Gregorius Bretzger ex Kirchen (27. Juni).
8. Andreas Brantell ex Reichenhall (1. Juli).
9. Cristophorus Schöblin ex Jesingen 1 β (2. Juli).
10. Joannes Flaschnerus b) Nornberg (6. Juli).
11. M. Joannes Lipparinus Brantcharensis (10. Juli).
12. Christianus Hospinianus ex Stain (11. Juli).

a) Oder Pfanmus?
b) Oder Haschnerus?

40. Der Vater des württ. Geschichtsschreibers, aus Leoben stammend: über die Familie vgl. Heyd.

41. Vor dem Interim Pfarrer in Beuren, 1554 in Althengstett.

47. Leipzig: inscr. S. S. 1524: B. a. S. S. 1531; M. a. W. S. 1536.

4. B. a. Sept. 37. — M. a. 21. Juli 40.

5. B. a. Juni 38. — M. a. 2. Jan. 42. MFABacc. u. Mag.: Wolfius [am Rand:] med. Dr. Hieronymi Wolfii frater. — Vgl. Will, Nürnberg. Gel.-Lexikon u. Nopitsch, Nachtrag s. n.

6. B. a. Dez. 37. MFABacc.: Lilgenfien ex Carlenstatt. — M. a. 27. Jan. 40. MFAMag.: Gilgenfeyn Caralstadiensia. — In Marburg 1533. Später Superintendent in Fellbach und auf anderen Pfarreien.

7. Pfarrer in Steinenberg 1545.

13. Barnabas Voreus a Fossa Gallus ⎫
14. Heluinus a Lino Petreius Gallus ⎭ VII bacios dederunt (17. Juli).
15. Thomas Teboldus de Sele Anglus (18. Juli).
16. Antonius a Madiis Bernensis (18. Juli).
17. Thomas Allman Mattenburgensis (18. Juli).
18. Blasius Rillerius Aurelianensis Gallus famulus Volmari 1 ß (18. Juli).
19. Bernardus Schlager ex Waiblinga (7. Aug.).
20. Fabianus Egon ex Sultz (9. Aug.).
21. Jeorius Sailer de Geislingen 1 ß (9. Aug.).
22. Laurentius Hug ex Gernspach (17. Aug.).
23. Jacobus Hesch ex Sultz (26. Aug.).
24. Matheus de Rotenhan ex Reutwinsdorff (28. Aug.).
25. Joannes ex Sambam*) Bombergensis (28. Aug.).
26. Georgius ⎫
27. Joannes ⎬ Schoder Herpipolitani (21. Sept.).
28. Matheus ⎭
29. Laurentius Leu ex Feldkirch nihil dedit (2. Okt.).
30. Joannes Conradus Walkirch Schaffhusensis (14. Okt.).
31. Paulus Pfintzing Nornbergensis (17. Okt.).
32. Maximilianus Brombart de Basilea nihil dedit (18. Okt.).
33. Gasparus Bruschio Egranus (25. Okt.).
34. Jeorius Volcamerus Nornbergensis (25. Okt.).

108. Nomina intitulatorum sub rectoratu **Leonardi Fuchsii** med. Dr. a divi Luce festo a. **1536** usque Phil. et Jac. apost. festum a. **1537**:

———
a) *Oder* Saurham?

13. Vgl. Bl. f. württ. K.-Gesch. 4,64.

15. Freund des Caspar Brusch: vgl. Progymnasmata.

19. B. a. März 38. MFABacc.: Schlaher. — Stip. 1. Juli 38; *Schmoller 54.* — Vgl. 122,2.

20. B. a. Sept. 39. MFABacc.: Sültzensis. — *Stadtschreiber in Reutlingen und Kammerprokurator.*

23. Stip. 9. April 37. — B. a. Febr. 39. MFABacc.: Sültzensis. — M. a. 28. Juli 43. — *Schmoller 54:* Hösch.

31. Nopitsch, Nürnberg. Gel.-Lexikon Forts. 3,148. † 1570 zu Madrid als Rat Philipps II.

33. Der bekannte Humanist und Geschichtsschreiber; vgl. ADB. Biographie von Adalbert Horawiz 1874.

34. Septemvir in Nürnberg (Roth).

1. Joannes Jacobus Mendleschofferus Constantiensis (30. Okt.).
2. Joannes Vdalricus Ehingerus Constantiensis (30. Okt.).
3. Vuolfgangus Rösle Logingensis (30. Okt.).
4. Venerandus Gablerus Nurtingensis (2. Nov.).
5. Hieronymus Hyrus Constantiensis (2. Nov.).
6. Nicolaus Ross ex Landau (8. Nov.).
7. Heinricus a Neineck nobilis (25. Nov.).
8. Joannes Grabisgaden Stutgardiensis (28. Dez.).

1537.

9. Anastasius Deimler Marpachensis (6. Jan.).
10. Bernardus König Tubingensis (15. Jan.).
11. Joannes Freschlen Stutgardiensis (16. Jan.).
12. Joannes Sebastianus Schertlin Augustanus (3. Febr.).
13. Joannes Metzger Tubingensis (8. Febr.).
14. Nicolaus Locher Ebingensis (19. Febr.).
15. Sebastianus Philenus Auensis (19. Febr.).
16. Absalon Brunfelsius Gundelfingensis (20. Febr.).
17. Andreas Fridericus de Gemingen (3. März).
18. Martinus Greniger Winadensis nihil dedit (15. März).
19. Sigmannus Gailing Stutgardiensis (21. März).
20. Joannes Wackerus Stutgardiensis (21. März).
21. Bernardus Bocemus Badensis (5. April).

---

4. B. a. März 38. *MFABacc.:* o. O. — Dr. med. 29. Okt. 44. — Dec. fac. med. 1564; 65/66; 66/67. — *Zeller 463 f.*

8. Stip. 16. Mai 37. — B. a. März 38. *MFABacc. u. Mag.:* Grabinsgaden. — M. a. 2. Jan. 42. — *Schmoller 52.*

9. B. a. März 38. — M. a. 3. Juli 41. *MFABacc. u. Mag.:* Demler. — Dr. iur. utr. 19. April 53. — Rect. 1560: iur. utr. Dr. et prof.; 64; 68/69; 72/73; 76; 80/81; 83. — *Zeller 448.*

12. Joh. Gg. Rösch, Schorndorf S. 88: Sohn von 62,93.

13. B. a. Mai 39. *MFABacc. u. Mag.:* Paulus M. — M. a. 2. Jan. 42.

15. Stip. 10. Aug. 37. — B. a. 25. Febr. 40. *MFABacc.:* Seb. Philoenus Aurgensis. — M. a. 23. Juli 43. *MFAMag.:* Seb. Lieb Augiensis. — *Schmoller 55:* Lieb von Owen.

16. B. a. Febr. 39. — *Erster evang. Pfarrer in Warmbronn; früher Mönch in Herrenalb; vgl. Zeitschr. f. Gesch. d. Oberrheins 33 (1880) S. 303.*

19. Stip. 16. März 37. — B. a. Mai 38. — M. a. 3. Juli 41. — *MFA.-Bacc. u. Mag.:* Sigmundus G. — *Schmoller 53.*

20. Stip. 16. März 37. — B. a. 9. Sept. 40. — *Schmoller 53. — 1545 Schulmeister in Brackenheim (Türkensteuerlisten).*

21. Vgl. 120,55.

22. Georgius Hausser Kopffstainus (13. April).
23. Jacobus Gretterus Hallensis (14. April).
24. M. Joannes Brentius nihil dedit (15. April).
25. Sigismundus Haisentaler Frondenhausensis (24. April).
26. Sigismundus Krafft Vlmensis (28. April).
27. Christophorus Zengkle Vuendingensis nihil dedit (28. April).

109. Nomina intitulatorum sub rectoratu M. **Gebhardi Brast-perger** Vracencis a festo ss. Phil. et Jac. usque ad divi Lucæ diem a. **1537**:

1. Joannes Banmayer Vlmensis, coquus adeoque famulus con-tubernii, nihil ob paupertatem dedit (13. Mai).
2. Friderichus Jacobus a Schenow ⎫ nobiles fratres (22. Mai).
3. Joannes Ludovicus a Schenow ⎭
4. Balthasar Bruch Gamundianus (22. Mai).
5. Christophorus Bamfus Tubingensis (28. Mai).
6. M. Gaspar Vollandius indicavit se rursus sub universitate futurum. Nihil dedit, quia prius inscriptus et pecuniam solvit (5. Juni).
7. Ludovicus Mundtprot Constantiensis (12. Juni).
8. Joachimus Agricola Schaffhussensis, nihil quia famulus doctoris (14. Juni).
9. Bernhardus Brentius Wylensis (18. Juni).
10. Hieronymus Gerhardus Haydelshaimensis (18. Juni).
11. Aegidius Broll Wylensis (25. Juni).

23. B. a. Febr. 39. — M. a. 2. Jan. 42. *MFAMag.:* Greter. — *Evang. Abt in Murrhardt.*

24. Roth S. 173 f.

4. B. a. Sept. 37. *MFABacc.:* Brauch; *von späterer Hand:* Dr. med.

6. Vgl. 69,66. — Dr. iur. 1540. — Rect. 1540; 45: iur. utr. Dr. et canonici ordinarius; 50/51; 52/53. — *Vgl. Zeller 445.*

9. In Wittenberg 1532. — *MFABacc.:* Bacc. Wittenberg. receptus 25. Juni 37. — M. a. Jan. 39. *MFAMag.:* Brincius.

10. MFABacc.: Bacc. Wittenberg. receptus 25. Juni 37. — M. a. Jan. 39. *MFAMag. [am Rand]:* vicecancellarius Wirtemberg., utr. iur. Dr. — *Schmoller 24: Magister domus im Stipendium, später Vizekanzler des Herzogs Christof. Schnurrer, Erläuterungen S. 435.*

11. Zeitschr. f. Gesch. d. Oberrheins 33 (1880) S. 356: Mönch in Herrenalb bis 1536, später Senator in Weil † 1553.

12. Joannes Wingartner e Wembdingen (28. Juni).
13. Jacobus Riep e Riedlingen (28. Juni).
14. Joannes Baptista Winman }
15. Michaël Winman } Tubingenses fratres (28. Juni).
16. Eustachius Pictor Spirensis (28. Juni).
17. Joannes Getz ex Balingen; nihil ob paupertatem (29. Juni).
18. Wilhelmus in Harena ex Schorndorff (30. Juni).
19. Laurentius Bentz ex Horren (4. Juli).
20. Ludovicus Deicker Tubingensis (5. Juli).
21. Wolfgangus Forster ex Strubinga (6. Juli).
22. Joannes Burger ex Vrach (10. Juli).
23. Marcus Wild }
24. Gaspar Wild } Fayengenses (quoad patrem) fratres (13. Juli).
25. Joannes Hessler Friburgensis. Nihil quia famulus doctoris, sed pedello 1 β˙(13. Juli).
26. Wilhelmus Fabri Winspergensis (15. Juli).
27. Jacobus Epp ex Bietiken (17. Juli).
28. Joannes Wyckersryter de Schwabach (21. Juli).
29. Christophorus Hafenberg Stutgardianus (26. Juli).
30. Michaël Hainckin Kirchensis (1. Aug.).

13. Vgl. 109,45 a.
14. B. a. 20. Dez. 40. *MFABacc.:* Weinman.
18. Stip. 24. Febr. 38. — B. a. Sept. 39. — M. a. 2. Jan. 42. *MFAMag.:* W. in Arena. — *Schmoller 56:* W. vom Sand.
19. Bl. f. württ. K.-Gesch. 4,64.
20. Stip. 27. April 38. — B. a. 9. Sept. 40. *MFABacc.:* Däker. — M. a. 6. Aug. 44. *MFAMag.:* Teucker. — *Schmoller 56 f.:* Deckher.
22. Stip. 1. Juli 38. — B. a. 25. Febr. 40. *MFABacc.:* Auracensis. — *Schmoller 54.*
23. DB. 403. 442. 443.
24. Stip. 1538. — B. a. 9. Sept. 40. *MFABacc.:* Spirensis. — M. a. 6. Aug. 44. *MFAMag. [am Rand]:* Moratur Tubinge 6. Febr. 84 cum mandato principis visitator scholae. — *Schmoller 55.* — *Kirchenratsdirektor u. Verfasser der grossen Kirchenordnung.*
25. B. a. Sept. 43. *MFABacc.:* Hesler. — M. a. 23. Febr. 46. — Dr. iur. utr. 11. Mai 52. *Jur.:* Heslerus.
27. Stip. 13. Juli 38. — B. a. 8. Juni 40. — M. a. 23. Juli 43. — *Schmoller 54: 1545 Diakonus in Winnenden.*
29. B. a. Mai 39.
30. Stip. 13. Juli 38. — B. a. 15. Juli 41. — M. a. 4. Febr. 44. *MFAMag.:* M. Hinckin sub arce Deck. — *Schmoller 54:* Hainckh; *Theol. Studien aus Württ. 5,69.*

31. Vitus Sacellius Kirchensis (1. Aug.).

32. Michaël Biechner Spirensis (6. Aug.).

33. Vergilius Walher Saltzburgensis 6 kritzer, reliquum ob paupertatem ei remissum est (8. Aug.).

34. Georgius Liebler ex Tintzlingen 6 kritzer, reliquum ob paupertatem ei est remissum (9. Aug.).

35. Jacobus Dalhaimerus ex Brackenhaim (11. Aug.).

36. Paulus Olinger Argentinensis (13. Aug.).

37. Burckhardus Stattman ex Halla suevica (14. Aug.).

38. Joannes Palmakeros vel Palmacker ex Stocken (14. Aug.).

39. Bartholomeus Fabricius seu Felyssen ex Obern Ensingen (15. Aug.).

40. Christannus Rocker Vlmensis (19. Aug.).

41. Kilianus Sinapius Schwinfortensis (21. Aug.).

42. Jacobus Kingspach Stutgardiensis (31. Aug.).

43. Johannes Fischer Wembdingensis (17. Sept.).

44. Wolfgangus Kirchberger ex Burckhusen nihil quia pauper et famulus doctoris (15. Okt.).

45. Michaël Hefer de Wertbaim (15. Okt.).

---

31. Stip. 1537. — B. a. 19. Sept. 41. — *Schmoller 55.*

33. Pfarrer in Grabenstetten 1551; 1552 Schulmeister in Dettingen u. T.: später Pfarrer in Rosswälden.

34. Stip. 10. Aug. 37. — B. a. 11. März 41. — M. a. 6. Aug. 44. *MFA.-Mag. [am Rand]:* physicus professor postea electus anno 1553 successor Doctori Schekio. — Dec. fac. art. 1556; 61; 68; 74; 79; 84; 90. — Rect. 1588. — *Schmoller 55.*

35. B. a. Sept. 39. *MFA.:* Thalhamer.

37. *MFABacc.:* Inscriptus in album bacc. 21. Dez. 37. B. Stattman ex H., creatus Wittenberge Bacc. — M. a. Juli 39.

38. Stip. 20. April 38. — B. a. Febr. 39. *MFABacc.:* Balmacker Stoccamensis. — M. a. 2. Jan. 42. *MFAMag.:* Palmacker. — *Schmoller 55:* Balmacker von Güglingen. *Theol. Studien aus Württ. 1883, 215. Schon 1545 Schulmeister in Weinsberg (Türkensteuerlisten).*

39. Stip. 17. Aug. 40. — B. a. 19. Dez. 39. *MFABacc.:* B. Fieleysin Nyrtingensis. — M. a. 4. Febr. 44. *MFAMag.:* Veeleyssen. — *Schmoller 59:* Velysin.

42. Vgl. 121,20.

43. B. a. 19. Dez. 39. *MFABacc.:* Wentingensis *[von anderer Hand:]* Dr. medicus. — *In Wittenberg 1542.* — Rect. 1573; 78; 82. — *Zeller 464.*

45 a. *MFABacc.:* Joannes Jacobus Riepp Thubingensis. B. a. 11. März 41; *rangiert vor 109,34; identisch mit 109,13? — Stip. 24. April 40; Schmoller 60.*

110. Sub celeberrimo viro dom. **Paulo Constantino Phrygione** sacr. theol. Dr. ac rectore a s. Lucæ festo die a. **1537** ad usque Phil. et Jac. diem a. **1538** hi qui sequuntur studiosorum albo ascripti sunt:

1. Joachimus Plattenhart Esslingensis (20. Okt.).
2. Ludovicus Hafenbergius ex Stuetgart (23. Okt.).
3. Barptholomeus Neiffer Tubingensis (25. Okt.).
4. Huldenrichus Naterus Gundelfingensis (26. Okt.).
5. Barptholomeus Rem Vlmensis (27. Okt.).
6. Vitus Kaiersperger de Wembdingen (10. Nov.).
7. Vitus Rittelhuet de Kreilsheim (15. Nov.).
8. Laurentius Oesterlin de Cantstat (20. Nov.).
9. Georgius Kleiber ex Gretzingen (20. Nov.).
10. Mag. Mathias Illyricus ordinarius græcæ linguæ, quia ordinarius huc vocatus nihil (21. Nov.).
11. Albertus Waltstromayr Nornbergensis (24. Nov.).
12. Hieronymus Stud Annæmontensis ex Mysnia (5. Dez.).
13. Petrus Illinger ex Illingen 13 cruciatos.[a] (5. Dez.).
14. Leoboldus Trincklin ⎫
15. Joannes Baptista Trincklin ⎭ Augustani 6 batzen 2 cr. (15. Dez.).
16. Joannes Specker de Wels Austriacus (18. Dez.).

---

a) *Von da an bis zum Schluss des Rektorats lautet die Zahlungsnotiz statt 6 β regelmässig 13 cruciatos.*

1. B. a. Mai 39.

2. DB. 318: *Klosterpfleger in Unteröwisheim 1549—69.*

3. Schmoller 24 f. — Über die Frau des Mag. Barth. Neuffer notiert Roth aus einer Wolfenbüttler Handschrift als Epitaphium in Hirsau: 24. Okt. 1542 Walburgis Holtzmennin Tubingensis, M. Barth. Neuferum maritum pestem fugientem huc secuta . . . obdormivit. •

6. Der kaiserliche Interimskommissar in Esslingen (Bossert).

8. Stip. 1537. — B. a. Sept. 39. *MFABacc.:* Ösferlin Cantharopolitanus. — M. a. 2. Jan. 42. — *Schmoller 52.*

9. Stip. 1. Dez. 39. — B. a. Febr. 39. *MFABacc.:* Claiber. — M. a. 2. Jan. 42. *MFAMag.:* Cleuwer. — *Schmoller 59 u. 22.*

10. In Wittenberg 1534. — MFAMag.: M. Mathias Garbicius Illyricus rec. 1546 secundum novam ordinationem *(vgl. 121,29).* — Dec. fac. art. 1545/46; 51/52; 56/57. — *Roth S. 174.*

12. Bl. f. württ. K.-Gesch. 4,64.

13. B. a. Sept. 39. *MFABacc.:* Illinger Vayingensis.

17. Jacobus Bern de Rotemburg am Necker (18. Dez.).
18. Joannes Ludovicus Scheller ex Feltkirch (21. Dez.).

1538.

19. Laurentius Dyrr Nornbergensis (2. Jan.).
20. Sebastianus Wagner de Balingen (16. Jan.).
21. Christophorus Wiest ⎫
22. Achatius Wiest ⎭ Bombergenses fratres (17. Jan.).
23. Thomas Leer Bombergensis.
24. Marcus Zot de Rauris Saltzburgensis (31. Jan.).
25. Joannes Netzely ex Nyrtingen (8. Febr.).
26. Wilhelmus Dyrrenbacher de Rostat (13. Febr.).
27. Thomas Thilianus Boleslauiensis (16. Febr.).
28. Michael Kilianus Nurenbergensis, quia pauper et famulus D. Ludovici Gremp, nihil (17. Febr.).
29. Joannes Waltenburger de Kachershausen (27. Febr.).
30. Christophorus Reiniger Tubingensis (3. März).
31. Georgius Lessota a Lignitz (10. März).
32. Georgius Piscator de Talfingen (23. März).
33. Ludovicus Rabus Memmingensis (27. März).
34. Balthasar Krafft ⎫
35. Melchior Krafft ⎭ de Metingen (29. März).
36. Mathias Epple de Wemdingen (29. März).
37. Bernhardus Kress de Lochen (29. März).
38. Sebastianus a Rheno de Jagspurg (5. April).
39. Gualterus Senfft ex Halla Suevorum (6. April).

---

17. Karmeliter; Prediger in Rottenburg a. N.; Pfarrer in Remmingsheim; 1536 Diakonus in Tübingen; 1543 Pfarrer in Eningen.

18. B. a. 8. Juni 40. *MFABacc.:* Ludov. Scheller.

19. B. a. Mai 38. *MFABacc.:* Dur. — *Nopitsch, Nürnberg. Gel.-Lexikon Forts.* 1,261.

21. Dr. iur. 23. Febr. 44. — Dec. fac. iurid. 1546. — *Zeller 447.*

27. Prediger in Ravensburg; Tob. Hafner, Die evang. Kirche in R. S. 29.

28. B. a. 9. Sept. 40. *MFABacc.:* Mich. Chilianus.

32. Stip. 18. März 38. — B. a. 8. Juni 40. *MFABacc.:* Fischer. — M. a. 23. Febr. 46. *MFAMag.:* Neckertalfingensis. — *Schmoller 57.*

33. Dr. theol. 19. April 53. *Theol.:* Mag. Lud. Rabus Argentinensis ecclesiastes, cum quo ratione defectus in tempore completionis illustrissimus princeps noster dispensavit, quam [dispensationem] ratam habuit universitas et facultas. Principis literae adservantur in cistula facultatis. — *Prediger in Strassburg u. Ulm.*

40. Ludovicus Schöffheuser de Sindelfingen (9. April).
41. Mathias Hacus Danus (12. April).
42. Georgius Honestus Nornbergensis (15. April).
43. Ludovicus Plaphart Strubingensis (17. April).
44. Joannes Hauenbaur de Phreimd (17. April).
45. Stephanus Vmhouer Strubingensis (17. April).
46. Mag. Balthasar Cellarius Hallensis (17. April).
47. Burghardus Coquus de Stetten juxta Hegerloch, quia pauper et famulus bursæ dedit nihil (23. April).
48. Casparus Hammer Franckfordianus (25. April).

111. Istis dum gestat **Camerariades Joachimus**
Sceptra, Tubingensis civibus aucta scola est.
Annorum minimus tunc post te Christe creatum
Ibat bis quatuor terque decem numerus,
Atque ætatis idem spacium ipsius, sed et annus
Tunc æstatifero tempore lætus erat.

1. Georgius Holtzschueher Norinbergensis petiit se sub ditionem rectoris recipi, idque factum est revocato illi in memoriam sacramento dato (5. Mai).
2. Christophorus Meychsnerus ⎫
3. Thomas Lœfelholtz ⎪
4. Bernardus Nutzelius ⎬ Norinbergenses (8. Mai).
5. Paulus Nutzelius fratres ⎭
6. Joannes Gunge ⎫ Constantienses (14. Mai).
7. Jacobus Funckle ⎭
8. Georgius Bemberlin Tubingensis nihil dedit affirmata paupertate (15. Mai).
9. Matthias Stehelin Alberspachensis (20. Mai).
10. Gabriel Telu Columbariensis (20. Mai).
11. Joannes Truchet Trecensis Gallus (31. Mai).
12. Ahraam Spengler Tubingensis (31. Mai).
13. Joannes Suno Hechingensis, nihil dedit affirmata paupertate (5. Juni).

48a. Schmoller 57: Sebastian Kornmesser von Wildberg, Stipend. rec. 30. Sept. 38; *ausgemustert von den Herrn Visitatoribus von wegen seines Ubelhaltens, Unfleiss u. Unzucht 21. Juni 41.*

12. Stip. 1. Dez. 39. — B. a. 9. Sept. 40. — M. a. 23. Juli 48. — *Schmoller 59.*

14. Wolfgangus Muntzerus Noricus (6. Juni).

15. Bernardus Gablerus (7. Juni).

16. Joannes Haberberger Noricus, nihil dedit, quia manifestam esse diceret egestatem suam (7. Juni).

17. Alexander Huno Marpacensis (15. Juni).

18. Paulus Baiac Styrius, nihil dedit excusatus famulitio Illyrici.

19. Lucas Bregitzer Tubingensis (17. Juni).

20. Bartholomeus Hago Tubingensis, dedit numulos 8, reliquum ob paupertatem remissum (18. Juni).

21. Jacobus Meüser Confluentinus, nihil dedit excusatus famulitio D. Amantii (30. Juni).

22. Joannes Gabelcoferus Styrius (5. Juli).

23. Vitus Pölandus Bavarus (8. Juli).

24. Sebastianus Röschel Suabacensis (8. Juli).

25. Sigismundus Fuchs Bavarus (8. Juli).

26. Joannes Walteperger (15. Juli).

27. Wernherus Minsinger receptus est in ditionem rectoris (18. Juli).

28. Valentinus Summer 1 patzen, reliquum propter tenuitatem remissum (20. Juli).

29. Jacobus Schultes Constantiensis 13 cruciatos (30. Juli).

30. Ludovicus Horn Gemundensis (2. Aug.).

31. Georgius Herlin Justingensis (7. Aug.).

32. Lucas Stengle Augustanus (9. Aug.).

33. Vrsus Camblinus Tigurensis (9. Aug.).

34. Zimbertus Hollerbusch Hallensis (10. Aug.).

---

14. Wohl der Reisebeschreiber; s. Will, Nürnberg. Gel.-Lexikon s. n. Münser.

15. Stip. 11. Febr. 39; *Schmoller 58.*

16. B. a. Febr. 39.

17. Stip. 15. Juni 38. — B. a. 19. Dez. 39. *MFABacc.:* Hunn. — M. a. 23. Juli 43. *MFAMag.:* Hunn. Marckpachensis. — *Schmoller 57:* Hun *und* Huner. — *Vgl. 131,41.*

18. B. a. Sept. 39. *MFABacc.:* Bayagk.

19. Stip. 1540; *Schmoller 62:* Laux, *Sohn des Tübinger Kunstmalers Lucas von Bregens.*

20. Stip. 27. April 38. — B. a. 11. März 41. — M. a. 23. Febr. 46. *MFA.-Bacc. u. Mag.:* Hagen. — *Schmoller 56; Schnurrer, Erl. 259.*

23. B. a. 25. Febr. 40. *MFABacc.:* V. Bolantus Frohentrahensis.

27. Vgl. 80,18 u. Roth S. 670.

32. B. a. 9. Sept. 40. *MFABacc.:* Stengling.

34. B a. 25. Febr. 40. *MFABacc.:* Simpertus Holderpusch. — *Erster evang. Pfarrer in Löchgau.*

35. Wolfgangus Dürr Noricus (18. Aug.).
36. Jacobus Grais Phorcensis (26. Aug.).[a]
37. Gangolfus Gruninger Esslingensis (27. Aug.).
38. Samuel Held Augustanus nihil dedit excusatus famulitio D. Pauli (29. Aug.).
39. Petrus Villenbachius admonitus ante dati sacramenti receptus fuit in ditionem rectoris, nil dedit.
40. Petrus Suns Zabernensis, nihil dedit affirmata paupertate (7. Sept.).
41. Georgius Doener Bischoueshainensis 6 β (11. Sept.).
42. Sebastianus Widman Norlingensis (14. Sept.).
43. Wendelinus Cipperus Tubingensis 11 cr. (17. Sept.).
44. Joannes Vogt Althusensis quia tenuior 8 cr. (19. Sept.).
45. Ludovicus Irnisch Augustanus (25. Sept.).
46. Christophorus Linge Salisburgensis Dr. iur. receptus sub ditionem rectoris nil dt. (1. Okt.).
47. Antonius Reuchlin Isnensis.
→ 48. Joannes Hantzelius Augustanus (4. Okt.).
49. Emeranus Schrötle Wendingensis propter tenuitatem 8 cr. (11. Okt.).
50. Christophorus Stahel Lenbergensis.
51. Joannes Forsterus Augustanus, cui merces inscriptionis honoris causa remissa est (17. Okt.).
52. Jacobus Degenhart Francofurdianus (18. Okt.).

---

a) Von hier an lautet die Zahlungsnotis regelmässig statt 6 β 18 cruciatos.

35. B. a. 19. Sept. 41. — 1545 in Wittenberg.
37. B. a. 19. Dez. 39. MFABacc.: G. Grieninger.
39. Vgl. 95,12.
42. In Wittenberg 1540.
47. In Wittenberg Mai 1540; 1542 Diakon in Leonberg, 1545 in Grötzingen, dann in Deckenpfronn, Markgröningen, Magstadt, dann in Strassburg. Vgl. dazu Tim. W. Röhrich, Mitteil. aus d. Gesch. d. evang. Kirche des Elsasses (1855) 2, 89.
48. Vgl. 124,43.
49. B. a. 15. Juni 41. MFABacc.: Schretlin. — M. a. 6. Aug. 44. MFA.-Mag.: Schrötlin Windingensis. — Pf. in Wolfschlugen vor dem Interim; später Abt in Maulbronn.
50. Stip. 9. Aug. 38. — B. a. 9. Sept. 40. MFABacc. u. Mag.: Leonbergensis. — M. a. 6. Aug. 44. MFAMag.: Stael. — Schmoller 57.
51. Studiert in Ingolstadt: in Wittenberg 1. Juni 1530. — Theol.: rec. in facult. theol. 7. Febr. 39; petiit admitti ad examen pro doctoratu, disputavit 29. Okt., promotus est 8. Dez. 39 in templo in doctorem sacrarum literarum. — Roth S. 427.

112. Sub rectoratu clarissimi viri dom. **Ludovici Gremp** iur. tur. D. a festo divi Lucæ a. **1538** ad usque Phil. et Jac. diem a. **1539** sequentium nomina in album universitatis recepta sunt:

1. Balthasarus Bestlin de Kalb (24. Okt.).
2. Jacobus Mosserus Tubingensis (24. Okt.).
3. Jheremias Kurtz de Rotenburg 6 β (24. Okt.).
4. Maximilianus Scharrar de Wasserburg Bavariæ oppido, cui propter inopiam pecunia est remissa (9. Nov.).
5. Leonhardus Breunlin Hailbrunnensis (11. Nov.).
6. Laurentius Vlbach Schorndorffensis stipendiatus principis est, sicut literæ testantur (30. Nov.).
7. Stephanus Lepus Augustanus (3. Dez.).
8. Christophorus Breulin de Stockaw ob paupertatem numeravit tantum 10 cr. (13. Dez.).
9. Valentinus Tilius Rubiaquensis Alsaticus (24. Dez.).

1539.

10. Johannes Plattenhard iur. utr. Lic. Esslingensis, cui honoris caussa pecunia inscripcionis remissa est (9. Jan.).
11. Caspar Stecher Bibracensis (21. Jan.).
12. Hainricus Alman Madenburgensis (24. Jan.).
13. Martinus Hillar (24. Jan.).
14. Joannes Dirr de Schorndorff (5. Febr.).
15. Joannes Metzger de Dornstett, est stipendiatus Lic. Farners, cui pecunia est remissa ob paupertatem (10. Febr.).
16. Jacobus Zeir de Herrenberg (14. Febr.).
17. Jheronimus Minsinger (26. Febr.).

---

1. B. a. 9. Sept. 40. — M. a. 6. Aug. 44. — *Präceptor in Wildberg 1547.*

2. B. a. März 44. — M. a. 4. Aug. 46. *MFAMag. [am Rand]:* utr. iur. Dr. comitum Oetingensium cancellarius. — Dr. iur. utr. 19. Dez. 69.

3. B. a. 11. März 41.

4. B. a. 25. Febr. 40. *MFABacc.:* Scharrer.

11. B. a. 25. Febr. 40.

12. Bl. f. württ. K.-Gesch. 4,64; Corp. Ref. 3,711.

13. B. a. 11. März 41. *MFABacc.:* Hiller Herenbergensis. — Dr. iur utr. 2. Aug. 57. — *DB. 78. 108.*

14. B. a. 8. Juni 40. — M. a. 4. Febr. 44.

15. B. a. 15. Juni 41.

16. B. a. 11. März 41. — M. a. 6. Aug. 44. *MFABacc. u. Mag.:* Cyrus.

17. Vgl. Roth.

18. Sebastianus Möglin ⎰
19. Sixtus Marggraf ⎰ Tubingenses (17. Febr.).

20. Christophorus Breuning Tubingensis (25. März).

21. Joannes Chrisostomus Heustetter Augustanus (15. April).

22. Thomas Walter ⎰
23. Joannes Muscat ⎰ Augustanus.

24. Joannes Kunig ⎰
25. Joannes Karg ⎰ Augustanus.

26. Michael Haidecker de Wisenstaig, qui ob inopiam nihil dedit (23. April).

27. Joannes Frauentraut (28. April).

28. Florianus Frauentraut (28. April).

29. Nicolaus Gugler Noricus (28. April).

cf Burmeister Schulgesellen p. 251

30. Mag. Conradus Braun senior, theologiæ baccalaureus et præpositus in Schonbuch, nomen suum antea inscriptum rursus professus est (29. April).

31. Joannes Kraus Waiblingensis suum nomen prius inscriptum rursus indicavit (30. April).

113. Sub rectoratu eximii viri dom. **Michaelis Ruckeri** med. Dr., a die festo ss. Phil. et Jac. a. **1539** usque ad festum divi Lucæ eiusdem anni, in studiosorum numerum recepti sunt infrascripti:

1. Anthonius Sibenbürger ex Braunaw Bavariæ oppidulo (12. Mai).
2. Jacobus Vlsumer Minsingensis (16. Mai).

---

18. B. a. 11. März 41. — M. a. 6. Aug. 44. *MF'AMag.*: Möglin. — *1551 Fürsprech beim consistorium academicum; vgl. dazu Roth.*

19. B. a. Febr. 42. — *1542 ein Buchführer dieses Namens in Tübingen (Türkensteuerlisten).*

21. B. a. 9. Sept. 40. *MF'ABacc.*: Christophorus Höchstetter.

22. B. a. 9. Sept. 40.

23. B. a. 9. Sept. 40.

24. B. a. 9. Sept. 40.

25. B. a. 9. Sept. 40. — *In Wittenberg 1543. Fischlin, memoria theolog. 1,87.*

26. B. a. Mai 42.

30. Vgl. 41,28.

31. Vgl. 94,22. — Dr. iur. utr. 2. März 46. *Jur.*: Kraus (ohne Mag.-Titel). — DB. *Register s. n.: im Oberrat 1550—1576.*

2. Stip. 15. Dez. 39. — B. a. 9. Sept. 40. *MF'ABacc.*: Ultzhamer. — M. a. 4. Febr. 44. *MF'AMag.*: Ultzamer. — *Schmoller 59: Ulsamer.*

3. Joannes Veyel Herbertingensis (16. Mai).
4. Crispinus Simell ex Backnang (19. Mai).
5. Marcus Stebenhaber Augustanus (19. Mai).
6. Michael Bechtoldt ex Buechen diocesis Wurtzburgensis, sub ditione tamen episcopi Moguntini (3. Juni).
7. Georgius Eyschinger ex Deckendorf Bavariæ oppido, promisit bona fide se esse pauperem atque id posse testari cum D. Leonardo Fuchsio et D. Wolfgango Thalhusero, dedit pedello 1 β (3. Juni).
8. Michael ⎱
9. Gallus ⎰ Piscator fratres Blaubeurenses (5. Juni).
10. Jacobus Muller ex Waltdorff (7. Juni).
11. Alexander Blessing de Kurchain abfuit hinc triennium reversus eodem die se indicavit (7. Juni).
12. Joannes David Weyler Phorcensis (8. Juni).
13. Petrus Sässlin Stutgardianus, cuius nomine dom. Erhardus Schnepfius rogavit, ut pecunia inscripcionis ob paupertatem donetur, persolvit duntaxat pedello 2 β (9. Juni).
14. Joannes Oefnerus cognom. Saltzeggerus prope Rauenspurgum (9. Juni).
15. David Kochhaf ex Mentzingen (22. Juni).   *Chytraeus*
16. Remigius Herman ex Bondorff (25. Juni).
17. Georgius a Neuneck (26. Juni).
18. Hieronymus ⎱
19. Lazarus ⎰ Zoch fratres ex Hala Saxonum (13. Juli).
20. Joannes Kung Tubingensis, quia pauper et petiit assumi in stipendiatum, soluit pedello 2 β (16. Juli).

---

4. Stip. 12. Mai 39. — B. a. 11. März 41. — M. a. 6. Aug. 44. *MFA.-Bacc. u. Mag.:* Cr. Semel Backenhaimensis. — *Schmoller 58:* Simel. — *Vgl. 132,19.*
7. *1547 Pfarrer in Mosbach.*
8. Stip. 1. Jan. 39; *Schmoller 57:* Fischer.
9. Stip. 4. Juli 40; *Schmoller 59:* Vischer.
10. B. a. Febr. 42. *MFABacc.:* J. Miller Altorffensis.
11. *Vgl. 104,12 u. 132,14.*
13. Stip. 7. Mai 39. — B. a. 11. März 41. *MFABacc.:* Goesslin. — *Schmoller 58:* Gesslin.
15. B. a. 11. März 41. *MFABacc.:* Mentzingensis. — M. a 6. Aug. 44. *MFAMag. [am Rand]:* Chytraeus, Dr. et professor theol. valde celebris et doctus in academia Rostochiana. *Vgl. Heyd, ADB.*
16. Stip. 24. Juni 40. *Schmoller 60:* R. H. von Nagolt.
20. B. a. Febr. 42. — M. a. 6. Aug. 44. *MFAMag. [am Rand]:* obiit Tubinge 9. März 1590. — *Syndikus d. Universität.*

21. Jacobus Wetzel ex Margdorff diocesis Constantiensis [famulus] D. Leon. Fuchsii, conquestus inopiam nihil dedit (20. Juli).
22. Jacobus Dachtler ex Balingen (21. Juli).
23. Joannes Salicetus ex Neuburg (22. Juli).
24. Barptholomaus Negelin
25. Abrahamus Schenckius } Esslingenses (23. Juli).
26. Joannes Volfgangus Grieninger
27. Christophorus Hack ex Dinckelspühel (25. Juli).
28. Melchior Tornetes ex Dinckelspühel (28. Juli).
29. Jacobus Schweickhart ex Kandtstatt bibliopola (30. Juli).
30. Petrus Werner ex Calw, famulus contubernii, dedit pedello 2 β (3. Aug.).
31. Michaël Wigman ex Herrhieden pago prope Vlmam (5. Aug.).
32. Joannes Rentius Vlmensis (5. Aug.).
33. Hainricus Mechler Esslingensis (20. Aug.).
34. Paulus Oettingerus Reutlingensis (26. Aug.).
35. Sebastianus Dieffenbeckh ex Landtshut, quia summopere conquestus est paupertatem, solvit tantum 6 cr. (1. Sept.).
36. Lazarus Hürsch ex Hainbach, ducatus Palatini, pauper famulus Sibenbürgeri, dedit pedello 2 β (1. Sept.).
37. Lampertus Gernreich, athleta, Noricus (10. Sept).
38. Joannes Jacobus Letzellter Vlmensis (16. Sept.).
39. Ludovicus Hoss Reutlingensis } stipendiati Reutlingensium
40. Wernherus Mieser Reutlingensis (25. Sept.).

<hr>

22. B. a. 15. Juni 41. — M. a. 6. Aug. 44. — *Pfarrer in Ebersbach 1547, reformiert in Wiesensteig 1558, dann Lehrer des Hebräischen in Tübingen. Vgl. OAB. Balingen 299; Heyd. — Vgl. 131,44.*
23. B. a. 20. Dez. 40. *MFABacc.:* Joh. Widman Lauingensis.
25. B. a. 9. Sept. 40. — M. a. 2. Jan. 42. *MFAMag. [am Rand]:* iurisconsultus. — *Im Dienst des Grafen Jos. v. Zollern: Zimmerische Chronik s. n.*
26. B. a. 9. Sept. 40.
30. Stip. 13. Sept. 39. — B. a. 19. Sept. 41. — *1548 Ludi moderator in Calw (Roth); vgl. dazu Schmoller 59.*
32. B. a. 20. Dez. 40. — M. a. 4. Febr. 44. *MFAMag.:* Rincius. — *Pfarrer in Zainingen OA. Urach; Rothenhäusler, Abteien u. Stifte 79.*
34. B. a. 19. Sept. 41. — M. a. 11. Febr. 45. *MFAMag.:* Oetinger.
38. B. a. 19. Sept. 41. *MFABacc.:* Letzelter.
39. B. a. 11. März 41. — M. a. 4. Febr. 44. — *Vor dem Interim Pfarrer in Aidlingen.*
40. B. a. 27. Dez. 41. *MFABacc.:* Musser.

41. Andreas Schmid ex Herzog Vrach diocesis Bombergensis, contubernii famulus, solvit pedello 2 β (30. Sept.).

42. Joannes Pflomeren de Vberlingen, futurus famulus, solvit duntaxat pedello 2 β (5. Okt.).

43. Christophorus Sinckmoser ex Hala comitatus Thyrolici (8. Okt.).

44. Anthonius Muller Schaffhusensis (18. Okt.).

114. Sub rectoratu celeberrimi sacr. theol. D. dom. **Balthazaris Köffelini,** a festo divi Lucæ a. 1539 usque ad festum divorum Phil. et Jac. a. 1540. infrascriptorum nomina in album scholæ Tubingensis recepta sunt:

1. Theobaldus Reus a Neuburga (23. Okt.).[a]

2. Sebastianus Schedel Norinbergensis (28. Okt.).

3. Gregorius Denschertz de nidern Ahach (30. Okt.).

4. Martinus Reitbacher Saltzburgensis (30. Okt.).

5. Joannes Schulthais ab Hal Suevorum (31. Okt.).

6. Andreas Daucher Norinbergensis (1. Nov.).

7. Conradus Geupel a Schelkripen nobilis (4. Nov.).

8. Sebastianus Beger de Westernhusen (4. Nov.).

9. Philippus de Harten
10. Wolphgangus de Harten } fratres nobiles (4. Nov.).

11. Michaël Wiest ex Esslingen (4. Nov.).

12. Theodoricus Schnepf nihil dedit, ob patrem enim donatum (5. Nov.).

13. Albertus Scheenstul a Rosenhaim (6. Nov.).

14. Johannes Koler ex Rotenburgo (8. Nov.).

---

a) *Von 1—14 lautet die Notiz über die Gebührenzahlung 6 β; von da an wieder 13 cr.*

44a. MFABacc.: Marcus Sinckmoser ex Oeniponto. B. a. 8. Juni 40. — M. a. 2. Jan. 42.

2. In Wittenberg 1532. — Vgl. Will, Nürnberg. Gel.-Lexikon s. n.: Arzt; 1547 erschossen.

8. B. a. 11. März 41. *MFA.:* Westenhausensis.

12. B. a. 15. Juni 41. *MFABacc.:* Stutgardianus. — M. a. 6. Aug. 44. *MFAMag.:* Wimpingensis *[am Rand:]* Dr. et professor theol. in hac schola et pastor ecclesie electus anno 1562. — *Theol.:* Derendingensis ecclesie minister 29. Mai 53 principium in Hieremiam fecit et habita disputatione 9. Mai 54 promotus est in Dr. theol. 1. Febr. 57 rec. est in professorem theol. ordinarium. -- Rect. 1561/62; 65/66; 69/70; 74/75; 81; 83/84.

14. B. a. 19. Sept. 41. — M. a. 6. Aug. 44. *Ein Hans Koler von Rain 1540 Prediger in Rottenburg (identisch?).*

15. Barptholomæus Wolphhardus Memmingensis (22. Nov.).
16. Henricus Klainman Bæsigkhaimensis (22. Nov.).
17. Joannes Welling Stuetgardianus (28. Nov.).
18. Joannes Buschius Stuetgardianus (29. Nov.).
19. Martinus Heubergius Rosenfeldensis (29. Nov.).
20. Magnus Brunner
21. Vdalricus Neidthart
22. Martinus Graf
23. Conradus Frelich
$\left.\right\}$ Laugingenses (1. Dez.).
24.· Henricus Hellerus ex Wilpergia (2. Dez.).
25. Wolphgangus Zeitlos Schwinfurtensis (3. Dez.).
26. Michaël Has Herrenbergensis (9. Dez.).
27. Philippus Grosschlack de Diepurg (22. Dez.).

1540.

28. Wolphgangus Knaus Norinbergensis (10. Jan.).
29. Jacobus Plan de Deutelbach, dedit pedello 2 β, reliquum allegata paupertate donatum est (13. Jan.).
30. Erasmus Lyrer filius Erasmi Deligatoris nihil dedit (14. Jan.).
31. Albertus Thum a Neuburg.
32. Joannes Conradus Thum a Neuburg.
33. Joannes Gulielmus Volmarus Rotwilensis (14. Jan.).
34. Mauritius Breyser Lypsensis (24. Jan.).
35. Sebastianus Finckius ex Anispachio (31. Jan.).
36. Nicolaus Bomhauer Norinbergensis (12. Febr.).
37. Michaël Solleder ex Stainach prope Steurmarckht (14. Febr.).
38. Joannes Bidenbach Brachenhaimensis (16. Febr.).

---

15. *In Wittenberg 1542.*
17. B. a. 15. Juni 41.
19. Stip. 1540. — B. a. Febr. 43. *MFA Bacc.*: Heuberger. — *Schmoller 61.*
20. *MFA Bacc.*: M. Br. Lawingensis Bacc. Ingolstad. rec. in consort. baccal.
19. Dez. 39. — M. a. 3. Juli 41.
21. B. a. 9. Sept. 40. *MFA.*: Neydthart. — *Pfarrer in Geislingen (Roth).*
23. B. a. 9. Sept. 40. *MFA Bacc.*: Frölich.
24. *Vgl. 121,15.*
26. B. a. 11. Sept. 41.
28. *In Wittenberg 1537: Knod, Deutsche Studenten in Bologna S. 255.*
29. *MFA Bacc.*: Jac. Plan Bacc. Erdford. rec. in consortium bacc.
1. Aug. 40. — M. a. 23. Juli 43. *MFA Mag.*: Jac. Blauus Dettelbachensis.
31. *DB. 77.*
36. Stip. 17. Aug. 40; *Schmoller 60.*

39. Gaspar Rumpus Vracensis (17. Febr.).
40. Martinus Hormoldt e Butice (2. März).
41. Job Sacellius ex Kirchen (8. März).
42. Joannes Wolphius   ⎫
43. Joannes Hallerus   ⎬ Tigurini (25. März).
44. Joannes Jacobus Weckius   ⎭
45. Joannes Venator Reutlingensis (26. März).
46. Joannes Bircklin de Wila im Schainbach, dedit pedello 1 batzium (30. März).
47. Joannes Apel Craelsamensis (30. März).
48. Joannes Ludovicus Castnar (1. April).
49. Michael Besch Tubingensis (6. April).
50. Sebastianus Schenkindt Rainensis (14. April).
51. Joannes Theodoricus Esslingensis (18. April).
52. Michaël Haug ex Leoberga (24. April).
53. Christophorus Schiffer ex Herrenkemser oppido Bavariæ nihil dedit (24. April).
54. Gaspar Vberreiter ex Schorndorf (26. April).
55. Joannes Eytel Herbolthaymer Franco ex Vffenhaim (28. April).

115. Sub rectoratu eximii viri dom. **Casparis Vollandli** iur. utr. D. a festo Phil. et Jac. apost. a. 1540 ad usque Lucæ evang. anni eiusdem sequentium nomina in album academiæ huius sunt relata:

1. Petrus Koetzman Nurnbergensis (8. Mai).
2. Itellus Schnellus Ochsenfurtensis (8. Mai).
3. Guolfgangus Bühler ex Straubingen Bavariæ oppido (12. Mai).
4. Sigismundus von Kreut zu Straß nobilis (14. Mai).
5. Matthias Lilgenfein ex Carlostadio (18. Mai).
6. Caspar Schmol ex Dinckelspuehl (19. Mai).

---

40. B. a. Sept. 42. *MFABacc.:* Pietingensis.
42. *Vgl. Roth.*
43. *Pfarrer in Zürich u. Bern.*
44. *Mit den beiden Vorhergehenden in Marburg Sept. 1540.*
50. *MFABacc.:* Seb. Schönckund Raynensis 15. Juni 40 receptus est in societatem nostrorum baccalaureorum, Lypsie honores illos consecutus.
52. B. a. 19. Sept. 41. *MFABacc.:* Hugo.
54. B. a. Mai 43. *MFABacc.:* Yberreiter. — Stip. 10. April 40; *Schmoller 60:* Hans Schreiners Sohn von Schorndorf, genannt Caspar Ueberreutter.
3. B. a. 11. März 41. *MFABacc.:* Wolfg. Byler.

7. Ludovicus Berchtold ex Nellingen (20. Mai).
8. Joannes Schollenberger famulus typographi dedit pedello 1 β.
9. Joannes Schlisselfelder Forchemius Bacc. Lypsensis (24. Mai).
10. Georgius Pherdtsfelterus de Vuyterspach nobilis (24. Mai).
11. Joannes Broller Forchemius studens Lypsensis (24. Mai).
12. Henricus de Egolphstain Lypsensis studens nobilis (24. Mai).
13. Jacobus Felber de Biberaco.
14. Foelix Soell Athesinus studens Vitenbergensis (1. Juni).
15. Burchardus Eberhardus Onolspachius studens Ingolstad. (3. Juni).
16. Vergilius Rauchenberger Saltzburgensis (5. Juni).
17. Bartholomeus Vuelsperger nobilis (7. Juni).
18. Ludovicus Gerhardt a Brixen nobilis (7. Juni).
19. Henricus Eltz Lucenburgensis nobilis (8. Juni).
20. Petrus Schnierlin ex Hala Suevorum (12. Juni).
21. Christophorus Rotenbuecher iunior Wulsiannensis studens Bononiensis (16. Juni).
22. Vitus From ex Holtzgerlingen Bacc. Friburgensis (22. Juni).
23. Jacobus Kreser Esselingensis (28. Juni).
24. Joannes Feuchtwoeck Laugingensis stud. Lypsensis (3. Juli).
25. Joannes Beringer Nordlingensis Ingolstad. studens (3. Juli).
26. Sebastianus Kysius a Gienga (5. Juli).
27. Henricus Schwartz Vracensis (8. Juli).
28. Vlricus Clingeler Canstadiensis (8. Juli).
29. Wendelinus Schmid ex Byhingen parochus Höfingensis (20. Juli).
30. Georgius Schantz de Vuerthayn (24. Juli).
31. Jacobus Herder Vuissenlochensis Haydelbergensis studens (30. Juli).
32. Matthæus Irenæus Vuürtzburgensis Vitebergensis Mag. (4. Aug.).
33. Joannes Oelhafen Nurnbergensis Viteberg. studens (4. Aug.).
34. Hugo a Fridingen nobilis studens Friburgensis (10. Aug.).
35. Paulus Frantz Nurnbergensis (11. Aug.).
36. Jacobus Opilio ex Kornwesten (15. Aug.).

----

7. B. a. 19. Sept. 41. *MFA Bacc.*: Ulmensis.
10. *Vgl. Bl. f. württ. K.-Gesch. 4,64.*
14. *Wittenberg 1539: F. Sell ex Brauneck Athesinus.*
17. B. a. 19. Sept. 41. *MFA Bacc.*: Barth. a Welsperg.
22. *Ein Veit Trumb will 1544 Kanonikus in Rottenburg-Ehingen werden.*
29. *Rothenhäusler, Abteien und Stifte S. 59: War Mönch in Hirsau.*
32. *Vgl. Bl. f. württ. K.-Gesch. 4,64.*
33. *Will, Nürnberg. Gel.-Lexikon 2,59: 1535 in Wittenberg.*
36. B. a. Sept. 42. *MFA.*: J. Schöfer Kornbestensis. — *Vgl. 125,51.*

37. Sebastianus Bohemus Dissingensis (21. Aug.).
38. Hartmannus Hartmanni a Nevumarck stud. Ingolst. (28. Aug.).
39. Joannes Jacobus Halbmaier ex Rotenburgo Bacc. Friburg.
    (1. Sept.).
40. Wendelinus Beg Herrenbergensis (3. Sept.).
41. Joannes Cůnberger Nurnbergensis (5. Sept.).
42. Joannes Jacobus Brasperger filius D. Gebhardi Braspergeri.
    Ab eo, quia pater publicus scholæ professor, nihil exegi (6. Juli).
43. Fridericus Fuchsius filius D. Leonardi Fuchsii. Ab eo inscrip-
    cionis nomine, quia pater professor publicus, nihil est exactum
    (7. Sept.).
44. Leonhardus Cuppler Saltzburgensis Lypsensis studens (8. Sept.).
45. Christannus Gros Saltzburgensis (8. Sept.).
46. Vitalis Melichius Saltzburgensis (8. Sept.).
47. Magnus Gros Noricus famulus propter paupertatem persolvit
    pedello 2 β (9. Sept.).
48. Gregorius Zoppel ex Oeniponto (13. Sept.).
49. Christophorus Mellinger ex Oeniponto (13. Sept.).
50. Martinus Hercules Rhätinger Saltzburgensis (13. Sept.).
51. Conradus Mayer ex Remmingshaym stipendiatus illustr. principis
    (14. Sept.).
52. D. Guolffgangus Thalhauser, professor medicus, eique ideo in-
    scripcionis pecunia remissa (15. Sept.).
53. Joannes Mülstetter ex Bruneck comitatus Tyrolensis (15. Sept.).
54. Vuolffgangus Eberhardt ex Dinckelspuhel stud. Vitenbergensis
    (20. Sept.).
55. Andreas Junius Altenburgensis studens Vitenberg. (4. Okt.).
56. Nicolaus Hilenius Bubenshaymensis (9. Okt.).
57. Joannes Bengel Vuimpinensis (9. Okt.).

---

37. Stip. 5. Aug. 40. — B. a. März 44. *MFABacc.:* Dischingensis. —
Schmoller 61: Behem, *des Diak. Sohn in Münsingen.*
    38. B. a. 11. März 41. *MFABacc.:* o. O. — *Vgl. Roth.*
    39. *MFABacc.:* rec. in consort. baccal. 20. Sept. 40. — M. a. 23. Juli 43.
    40. B. a. 27. Dez. (die Martis post Thome apostoli) 41. — *Vgl. 130,45.*
    42. B. a. Sept. 44. — M. a. 12. Febr. 50.
    43. B. a. Sept. 47. *MFA.:* Onoltzbachiensis.
    50. *MFABacc.:* M. H. Röttingerus Salisburgensis rec. in consort. baccal.
14. März 41.
    51. Stip. 17. Aug. 40. — B. a. Mai 42. — M. a. 11. Febr. 45. — *Schmoller 60.*
    52. Dec. fac. med. 1541; 43. *Med.:* Talheuser. — *DB. 193; vgl. Roth.*
    56. B. a. Febr. 42. *MFA.:* Hilenius Bubeshaimensis.

58. Georgius Maier ex Rockenburg Mag. Heydelberg. (11. Okt.).
59. Paulus Tetzel Noricus (13. Okt.).
60. Jacobus Welser Noricus (13. Okt.).
61. Leonhard Has Aichstettensis dedit pedello 2 β.
62. Petrus Feirabendt ex Hala Suevorum.

116. Sub rectoratu clarissimi viri dom. **Leonardi Fuchsii** med. D. a festo divi Lucæ a. 1540 ad usque divorum Phil. et Jac. apost. a. 1541 sequentes nomina sua scholæ hinc dederunt:

1. Stephanus Herman Neuburgensis (19. Okt.).
2. Christophorus Haute Tubingensis (20. Okt.).
3. Isaac Lochinger Bretthaimensis (30. Okt.).
4. David Maier Liechtenfeldensis (1. Nov.).
5. Conradus Ottinger Marpachensis (3. Nov.).
6. Michaël Schueicker Wisenstaigensis (3. Nov.).
7. Petrus Lidius Gallus (3. Nov.).
8. Jacobus Gerenius Gallus (3. Nov.).
9. Joannes Stahel Kornvuestensis (3. Nov.).
10. Gallus Mack Erlingensis (4. Nov.).
11. Cyprianus Eckart Beielstainensis (6. Nov.).
12. Joannes Den ⎤
13. Christophorus Den ⎦ Saltzburgenses (8. Nov.).
14. Mathias Stürmlin Stutgardiensis (12. Nov.).
15. Michaël Aichler Norimbergensis (14. Nov.).
16. Georgius Schibel Vuerdensis pauper nihil dedit (14. Nov.).
17. Vlrichus Morhart Tubingensis (16. Nov.).
18. Chilianus Perschig Pregentinus (29. Nov.).
19. Cyriacus Kener Schaffhausensis (7. Dez.).

---

2. B. a. Sept. 43. *MFABacc.*: Haudte. — M. a. 23. Febr. 46. *MFA.- Mag.*: Hantinus.
4. *Knod, Deutsche Studenten in Bologna S. 338.*
5. B. a. Febr. 42. *MFA.*: C. Ötinger Ulmensis; *vgl. Bl. f. württ. K.-Gesch. 4,64.*
9. *Diakon in Winnenden 1542.*
14. *Schulmeister in Blaubeuren 1545.*
17. *Vgl. 136,32 u. 142,108.*
18. Stip. 10. März 49; *Schmoller 85.* — B. a. Mai 42. — M. a. 11. Febr. 45. *MFABacc. u. Mag.*: Kil. Bertzsch. — Dr. iur. utr. 11. Mai 52. *Jur.*: Bertsch o. O.
19. B. a. Dez. 43.

20. Hieronymus Berlen Pleningensis (13. Dez.).
21. Joannes Hofman Phaingensis (17. Dez.).
22. Joannes Jeger Esslingensis (29. Dez.).
23. Christophorus Albertus a Conhaim (30. Dez.).

1541.

24. Nicolaus Schechin Schuebertingensis (7. Jan.).
25. Sigismundus Lupulus Rotenburgensis (13. Jan.).
26. Michaël Schnurrer Altorffensis famulus contubernii nihil dt. (14. Jan.).
27. Wilielmus Aman Viscernensis (18. Jan.).
28. Hieronymus Logenhomer Birchaimensis (18. Jan.).
29. Wilielmus Meglin Tubingensis (19. Jan.).
30. Conradus Albich Tubingensis (27. Jan.).
31. Ortholffus Eysenhamer Burchaimensis famulus contubernii nihil dt. (9. März).
32. Jacobus Frischlen Balingensis famulus meus dedit nihil (18. März).
33. Joannes Betzius Bietenchamensis (18. März).
34. Judocus Petrus Neithart Constantiensis (21. März).
35. Georgius Vuidman Vuembdingensis (27. März).
36. Joannes de Melem Francofurtensis (28. März).
37. Adamus Konler Noricus (30. April).
38. Martinus Vueiss Kürchaimensis (3. April).

---

20. Stip. 18. Okt. 40; *Schmoller 61:* Jer. Berlin, *Dr. Hans Bleningers Sohn von Stuttgart.* — B. a. Mai 42. *MFA Bacc.:* Birlen Tubingensis. — M. a. 11. Febr. 45. *MFA Mag. [am Rand]:* Dr. med.

21. B. a. Sept. 42.

24. B. a. Sept. 42. *MFA.:* Scheihing o. O.

25. Crusius ad 1540: Professor grammatices. Verf. v. Erotemata octo partium orationis Tub. 1538; später Pfarrer in Remmingsheim.

29. B. a. Sept. 43. *MFA Bacc.:* Megling. — M. a. 4. Aug. 46. *MFA. Mag.:* Megilin. — Dr. med. 11. Mai 52. — *Physikus in Rothenburg a. T., dann in Tübingen,* † *1565.* — *Vgl. 159,15.*

30. Stip. 1541. — B. a. Sept. 43. — *Schmoller 63.*

31. B. a. Sept. 42. *MFA.:* de Burckhausen.

32. Stip. 16. Dez. 41. — B. a. Febr. 43. — *Schmoller 64:* Fristle; *Vater des Nikodemus Frischlin.*

33. B. a. Sept. 42. *MFA.:* Pietingensis. — *Wird 1534 als Chorherr des St. Annenaltars in Tübingen investiert, 1545 Pfarrer in Lustnau.*

34. Heidelb.: *inscr. 14. Aug. 1536; B. a. 10. Dez. 38. — Marburg 1539. — In Basel 1544, gibt Institut. Iustiniani heraus. — 1546 in Wittenberg: Ulmensis.*

39. Casparus Herman Ablingensis (9. April).
40. Joannes Hofman Braunensis (9. April).
41. Joannes Walckerus Anglus (13. April).   *'Anglus'!*
42. Jacobus Fels Guntzenhausensis (19. April).   [*'Walker'?*]
43. Conradus Edelman Tubingensis (21. April).
44. Leonhardus Agricola Entzuaingensis (23. April).
45. Joannes Arnoldus Vogel Oberndorffensis (26. April).
46. Joannes Faber lignarius Nürtingensis (29. April).

117. Sub rectoratu generosi dom. D. **Alberti Arbogasti** baronis **ab Hewen**, a festo ss. Phil. et Jac. usque ad festum s. Lucæ anni 1541:

1. Augustinus Volmarus Frisius (1. Mai).
2. Joannes Vuegkerlin Cantaropolitanus (1. Mai).
3. Conradus Hofer Vlmensis (4. Mai).
4. Henricus Schechius Vlmensis (4. Mai).
5. Hieremias Vueiss Rotwilensis (10. Mai).
6. Joannes Huldereich Cantaropolitanus (16. Mai).
7. Joannes Friderichus Sessler Argentoratensis (16. Mai).
8. Joannes Heusler Leonbergensis (17. Mai).
9. Michaël Muller Wassertriegendingensis dedit 6 cr. et 7 cr. ob paupertatem ei remissi sunt (18. Mai).

39. B. a. Mai 42.
40. B. a. Sept. 42. *MFA.:* Brunoniensis.
43. B. a. Sept. 43. — *Schulmeister in Balingen 1554—1571.*
44. Stip. 1541. — B. a. Dez. 43. *MFABacc.:* Lienhardus Baur. — *Schmoller 62.*
46. Stip. 1541. — B. a. Sept. 42. *MFABacc.:* Joannes Zimerman [*von späterer Hand:*] ducis Wirtembergensis Christophori medicus. — M. a. 6. Aug. 44. *MFAMag.:* Joh. Schwarz Nurtingensis. — Dr. med. 8. Mai 49. *Med.:* J. Schwartz nominatus Zimmermann. — *Schmoller 62.*

2. B. a. Sept. 44. *MFA.:* Weckerlin.
4. B. a. Mai 42. *MFABacc.:* Schech. — M. a. 4. Febr. 44. — † *in Wittenberg 16. Juni 1554.*
5. B. a. 19. Sept. 41.
6. Stip. 14. Nov. 41. — B. a. Febr. 43. *MFABacc.:* Joannes Ulricus de Rotenburg ad Tuberam (*vgl. denselben Wechsel in der Ortsbezeichnung bei 120,15*). — M. a. 30. Juli 45. *MFABacc.:* Rotenburgensis. — *Schmoller 64:* Joh. Ulricus v. Candstatt.
7. B. a. Sept. 42.

10. Wolphgangus Hofman Wassertriegendingensis dedit 6 cr. reliqui 7 cr. sunt ei ob paupertatem remissi (18. Mai).
11. Joannes Dragoienus Illyricus ex oppido Stinigcknack (20. Mai).
12. Conradus Baier Noricus (20. Mai).
13. Joannes Vlstetter Noricus (20. Mai).
14. Philippus Seublin Vahingensis (21. Mai).
15. Georgius Seublin Vahingensis (21. Mai).
16. Christophorus Lindenfelsius Hechingensis (23. Mai).
17. Joannes Schenleben Thubingensis (30. Mai).
18. Jacobus Faber Waiblingensis (1. Juni).
19. Joannes Maier Plattenhartensis (1. Juni).
20. Christophorus Schneider Stutgardianus (1. Juni).
21. Joannes Henlin Wemdingensis (7. Juni).
22. Leonardus Koerer dt. 4 cr. (9. Juni).
23. Georgius Vdel Buthickamensis (14. Juni).
24. Sebastianus Leo Balingensis (18. Juni).
25. Augustinus Leo Balingensis (18. Juni).
26. Andreas Kauffman Mansfeldensis (22. Juni).
27. Paulus Grentz Stutgardianus (22. Juni).
28. Beatus Faber Illingensis (22. Jnni).
29. Michaël Ludovicus a Friburg (22. Juni).
30. Ferdinandus a Friburg (22. Juni).
31. Laurentius Chilianus Noricus (22. Juni).

11. B. a. Sept. 42. *In MFABacc. ist über einen Ortsnamen in cyrillischer Schrift* Stinichnak *überkorrigiert.* — M. a. 4. Febr. 44. *MFAMag.:* Tragoienus.

13. Eidam des P. Fagius: Pfarrer im Oberelsass.

14. Stip. 3. Juli 42. — B. a. Sept. 42. *MFABacc.:* Zeible. — *Schmoller 65.83.*

15. Stip. 3. Juli 42. — B. a. Juni 44. — *Schmoller 65. 83.* — *Vgl. 139.89.*

18. Stip. 1. Juni 41. — B. a. Febr. 43. -- M. a. 30. Juli 45. *MFAMag.:* Jac. Andreas Fabri; *[am Rand:]* Mortuo in Galliis D. Beuerlino et ex iisdem reversus D. Jac. Andreae eligitur scholae et cancellarius et professor anno 1562. — Dr. theol. 19. April 53. — *Schmoller 63:* Schmid; *vgl. Heyd s. n. Andreae.* -- *Vgl. 131,25.*

19. Stip. 1. Juni 41. — B. a. Dez. 42. — M. a. 11. Febr. 45. — *Schmoller 63.* — *Vgl. 130,16 u. 135,14.*

20. Stip. 1. Juni 41. — B. a. Dez. 42. *MFABacc.:* Sartor. — *Schmoller 63:* Sarctor.

21. B. a. Sept. 42. *MFABacc.:* Joh. Galliculus Funfstettensis.

22. B. a. Sept. 43. *MFABacc.:* L. Cherer Neüwenstattensis ad Aischam.

23. Stip. 11. Juni 41. — B. a. Mai 43. *MFABacc.:* Vdal. — M. a. 4. Aug. 46. *MFAMag.:* Hudel. — *Schmoller 63.* — *Vgl. 131,51.*

28. Stip. 13. Juni 41. — B. a. Febr. 43. — M. a. Juni 47. *MFAMag. [am Rand]:* iurisconsultus. — *Schmoller 63:* Schmid. — Dr. iur. utr. Okt. 64.

32. Josephus Sattler Waiblingensis (24. Juni).
33. Dionisius Vuolfstrigel Esslingensis (25. Juni).
34. Joannes Waltherus a Laubemberg (27. Juni).
35. Conradus Strobel Rotenburgensis (28. Juni).
36. Christophorus Vetter (28. Juni).
37. Melchior Maier Prembachensis (4. Juli).
38. David Capito Argentoratensis (9. Juli).
39. Wolphgangus Vogt Oetingensis (14. Juli).
40. Joannes Halbaicher Hechingensis dedit 10 cr. reliqui 3 cr. ob paupertatem ei remissi sunt (19. Juli).
41. Christophorus Munchsdenckingensis (26. Juli).
42. Joannes Schnetzer Schiltachensis (6. Aug.).
43. Isaac Schoenthaler Dornstettensis (8. Aug.).
44. Joannes Hofman Halensis (11. Aug.).
45. Petrus Lutz ex Kürchen ab der Halden (12. Aug.).
46. Matthæus Maier de Grumpach (15. Aug.).
47. Joannes Anthonius Thetingerus (18. Aug.).
48. Christophorus Mathias nihil dedit, qui ante aliquot annos etiam inscriptus fuit cum esset præceptor baronum de Zimbern (20. Aug.).
49. Joannes Christophorus Eerlin Rotwilensis (31. Aug.).
50. Valentinus Moserus petiit se rursum inscribi in album universitatis et nihil dedit eo quod ante aliquot annos etiam hic studiosus inscriptus fuerit (6. Sept.).
51. Andreas Sunderreuter Wasserburgensis (8. Sept.).
52. Andreas Jüngling Bæsickaimensis (8. Sept.).

---

36. B. a. Febr. 43. *MFABacc.*: de Mauren.

41. Stip. 22. Juli 41. — B. a. Sept. 43. *MFABacc.*: Chr. Herger Deckingensis. — *Schmoller 64:* Herger von Munderkingen.

42. Stip. 1544; *Schmoller 68.*

43. B. a. März 44. *MFABacc.*: Schenthaller. — Stip. 22. Juli 41; *Schmoller 64.*

47. *MFABacc.*: Jo. Ant. Tettingerus Rotwilensis Bacc. Friburgensis rec. in consort. baccal. 8. Sept. 41.

48. *Vgl. 99,1—3 u. Zimmerische Chronik s. n.: später Mainzischer Kanzler.*

49. B. a. Mai 43. *MFABacc.*: Joh. Chrisostomus Erndlin. — M. a. 30. Juli 45. *MFAMag.*: Ernlin.

50. *Vgl. 106,13; DB. 453: Geistl. Verwalter in Herrenberg 1565.*

52. B. a. Sept. 42. — *Diakonus in Güglingen 1558—60; Präzeptor in Besigheim 1560.*

53. Vitus Testherus Oenipontensis (13. Sept.).

54. Joannes Krieginger Hallensis nihil dedit, cui ob summam paupertatem quam allegabat ea pecunia remissa est (17. Sept.).

55. Georgius a Rotenhan (19. Sept.).

56. Georgius Detzel Noricus (19. Sept.).

57. Joannes Stetter Rotwilensis (21. Sept.).

58. Martinus Albrecht Weissenhornensis (25. Sept.).

59. Martinus Hornung Lipsensis (25. Sept.).

60. Conradus Suterus Tigurensis (27. Sept.).

61. Georgius Prugkbeck Monachensis (30. Sept.).

62. Joannes Wernherus Rotwilensis (8. Okt.).

63. Ludovicus Bebelius Bibrachensis (17. Okt.).

118. Sub rectoratu ornatissimi viri **Balthazaris Käffelin**
theol. D. a festo divi Lucæ a. 1541 usque ad festum Lucæ a. 1542,
quousque ei magistratus propter pestem prorogatus est, sequentes
in album accademiæ huius nostræ inscripti et recepti sunt:

1. Bartholomeus Blaurerus Constantiensis (1. Dez.).

2. Bartholomeus Lyster Geppingensis (2. Dez.).

3. Wernherus Weisbrot Geppingensis (2. Dez.).

4. Michaël Schol Geppingensis (2. Dez.).

5. Sebastianus Recklin de Grossen Bodtmar (8. Dez.).

6. Joannes Koch de Grossen Bodtmar (8. Dez.).

----

53. B. a. 27. Dez. 41. *MFABacc.:* Descher.

57. B. a. Sept. 43.

60. *Pellican, Chronikon 149: 1537 in Zürich.*

62. B. a. Febr. 43. — M. a. 23. Febr. 46.

63. B. a. Juni 44. — M. a. 12. Febr. 50. *MFABacc. u. Mag.:* Tubingensis.
— *MFAMag. [am Rand]:* Dr. med.

63a. *MFAMag.:* Johannes Ettlich Dornstatensis. — M. a. 30. Juli 45.

1. *1542 in Wittenberg; Prof. iur. in Jena: vgl. ADB.*

2. Stip. 28. Nov. 41. — B. a. Sept. 43. *MFABacc.:* Laister. — *Schmoller 64.*
*Vgl. 131,31. — War schon vor dem Interim Pfarrer in Remmingsheim, dann
entlassen.*

3. Stip. 28. Nov. 41. — B. a. Sept. 43. — *Schmoller 64.*

4. Stip. 29. Nov. 41. — B. a. Sept. 43. — *Schmoller 64.*

5. Stip. 7. Dez. 41. — B. a. Sept. 43. *MFABacc.:* de Botwar. —
Schmoller 64.

6. B. a. März 44. *MFABacc.:* Joh. Magirus Baupuuarensis. — *Hans
Koch, Pfarrer in Bergfelden.*

7. Joannes Steck de Stuetgarten (8. Dez.).
8. Caspar Leyserus de Wynada (13. Dez.).
9. Joannes Scherer de Balingen (15. Dez.).
10. Balthasar Lauserus Biningensis (19. Dez.).

1542.

11. Abrahamus Schwickler Augustanus, nihil dedit, moratur enim cum D. Wolphgango [Thalhäuser] (9. Jan.).
12. Joannes Henricus Keiss Thubingensis (13. Febr.).
13. Joannes Vollandius Thubingensis (24. Febr.).
14. Joannes Wilhelmus Benslin Thubingensis (24. Febr.).
15. Chasparus Balghammer Herrenbergensis (25. Febr.).
16. Eberhardus Bidenbach de Grunberg in Hassia (19. März).
17. Helias Thalfinger Vlmensis (13. April).
18. Joannes Gschwenter de Abling in Bavaria (25. April).
19. Martinus Geyss Hebbachensis (29. April).
20. Chasparus Herter de Weisach (8. Mai).
21. Wernherus Hamm de Krahelsheim (12. Mai).
22. Georgius Schweikhard de Sultz (6. Juni).
23. Joannes Hafenperger Stuetgardianus (17. Juni).
24. Gallus Eberlin de Gruningen (28. Juni).
25. Joannes Mettner de Saxenheim (28. Juni).

---

7. Stip. 7. Dez. 41. — B. a. Sept. 44. — *Schmoller 64, 83.*

8. Stip. 13. Dez. 41. — B. a. Sept. 43. — M. a. 4. Aug. 46. *MFABacc.* und *Mag.:* Leiser. — *Schmoller 64; Schnurrer, Erl. 234: Sattler, Herzoge 4 Beil. S. 71.*

9. B. a. März 44. — M. a. 8. Febr. 48. — *Vgl. 141,22.*

10. Stip. 18. Dez. 41. — B. a. März 44. *MFABacc. [von späterer Hand]:* Dr. medicus. — *Schmoller 65*

15. *1545 in Hirsau (Türkensteuerlisten).*

16. Stip. 23. März 42. — B. a. Juni 44. — M. a. 12. Febr. 50. *MFABacc.* und *Mag.:* Braccahaimensis. — *MFAMag. [von späterer Hand]:* abbas Babenhusanus. — Dr. theol. 2. Aug. 57. *Theol.:* Gronbergensis. — *Schmoller 65.*

17. B. a. Dez. 43. *MFA.:* Dalfinger.

20. Stip. 9. Mai 42. — B. a. Juni 44. *MFABacc.:* Hertter. — *Schmoller 65.*

21. B. a. Dez. 43. *MFABacc.:* Haim Keilzheimensis. — M. a. 23. Febr. 46. *MFAMag.:* Krailcensis.

23. *Vgl. 122,3.*

24. Stip. 28. Juni 42. — B. a. Dez. 43. — *Schmoller 65: Sohn des Pfarrherrn zu Schwieberdingen.*

25. Stip. 28. Juni 42. — B. a. Juni 44. — *Schmoller 65.*

26. Vrbanus Keller de Stuetgardia (28. Juni).
27. Jacobus Eckhard de Kanstat (28. Juni).
28. Joannes Schladerus Kirchensis (28. Juni).
29. Georgius Beringer Vlmensis (13. Juli).
30. Johannes Marquardus de Pfortzheim (13. Juli).
31. Nicolaus Rentz Stuetgardianus (26. Aug.).
32. Joannes Sattler de Hewpach (2. Sept.).

119. Sub rectoratu clariss. viri dom. **Joannis Sichardi** iur.
utr. D. a festo divi Lucæ a. 1542 usque ad festum ss. Phil. et Jac.
a. 1543 intitulati sunt sequentes:

1. Joannes Georgius Lempius de Wolfach nihil dedit, cui propter
   inopiam remissum est pretium inscriptionis (6. Nov.).
2. Conradus Beringer de Buttenfeld (7. Nov.).

1543.

3. Joannes Lydhorn Waiblingensis (21. März).
4. Jacobus Volcamerarius Illyricus (3. April).
5. Nicolaus Wren Trevirensis, famulus D. Pauli [Phrygionis],
   propter paupertatem nihil solvit (4. April).
6. Joannes Mundschius Curiensis famulus bursæ (4. April).
7. Christophorus Janelius Curiensis famulus bursæ (4. April).
8. Georgius Faber ex Winshym dedit pedello 1 batzen (14. April).
9. Lucas Jepler ex Wildperg fam. D. Balthasaris [Käufelin]
   pedello dt. 2 β (14. April).
10. Hermannus Soldow Hamburgensis patritius (18. April).

---

26. Stip. 28. Juni 42. — B. a. März 44. *MFABacc.:* Cellarius. — M. a.
27. Febr. 49. — *Schmoller* 65.

27. Stip. 24. Jan. 43. — B. a. Juni 44. — *Schmoller 66:* Eckher.

28. Stip. 28. Juni 42. — B. a. Sept. 44. *MFABacc.:* Symon Schl. —
Schmoller 65: Simon Schlader von K. under Teckh.

29. B. a. Dez. 43. — M. a. 30. Juli 45. *MFAMag.:* Böringer.

32. Stip. 1. Sept. 42. — *Schmoller* 65.

32a. *MFAMag.:* Petrus Gesslin Stuttgardianus. — M. a. 6. Aug. 44. —
Vgl. 63,106.

2. Stip. 30. April 43. — B. a. Juni 44. *MFABacc.:* de Bidenfeld. —
Schmoller 66. Vgl. Theol. Studien aus Württ. 4 (1883), 221.

4. B. a. Sept. 43. — *Univ.-Arch. V, 8: zicht 11. Mai 44 weg und lässt
philologische Bücher im Versatz zurück.*

11. Samuel Protagius Grüningensis filius parochi (30. April).

12. Israël Bulfinger Butikaimensis (30. April).

120. Sub rectoratu eximii viri dom. **Michaëlis Rückeri** med. D. a festo Phil. et Jac. a. 1543 usque ad festum Lucæ anni eiusdem intitulati sunt sequentes:

1. Conradus Hegen Geppingensis (2. Mai).
2. Thomas Farner ex Hendersingen prope Münsingen (8. Mai).
3. Rodolphus Riep Tubingensis (11. Mai).
4. Jodocus Riep Tubingensis (11. Mai).
5. Hermannus Ochsenbach Tubingensis (14. Mai).
6. Arbogastus Rechburger ex Zaberna Alsatiæ (21. Mai).
7. Christophorus de Hausen ex Dürmendingen prope Reutlingen[a] (22. Mai).
8. Benedictus Clewer Tubingensis (22. Mai).
9. Jacobus Lehlin Wilpergensis (22. Mai).
10. Joannes Kürner Hechingensis (29. Mai).
11. Gasparus Sattler Waiblingensis (1. Juni).
12. Ludovicus Schönläben ex Schwücbertingen (4. Juni).
13. Blasius Plaustrarius ex Schwüebertingen (13. Juni).
14. Bartholomeus Scheut diaconus Tubingensis nomen suum antea inscriptum rursus est professus, nihil dedit (6. Juni).

a) *Vielmehr* Riedlingen.

11. Stip. 30. April 43. — B. a. Sept. 44. — M. a. Juni 47. *MFABacç. und Mag.:* Geppingensis. Dr. iur. utr. Mai 54. *Jur.:* Prothagius Geppingensis. — *Schmoller 66:* Brothag.

1. B. a. Sept. 44. *MFABacc.:* Hega.

3. B. a. Sept. 46. *MFABacc.:* o. O. — *DB. 576 f.*

4. B. a. Sept. 46. *MFABacc.:* o. O. — M. a. 12. Febr. 50.

5. B. a. Sept. 45. — *1562 Burgvogt auf Hohentübingen und Rat des Herzogs (Roth).*

7. B. a. Sept. 44. *MFABacc.:* Christoph de Haussa. — *Zimmerische Chronik s. n.: Domherr zu Speier, ein wohlgelehrter, beredter und weltweiser Mann.*

8. B. a. Sept. 46. *MFABacc.:* Kleber o. O.

11. B. a. 24. Sept. 50. — M. a. 8. Febr. 53. — *1553 notarius publ. zu Speier, später Stadtschreiber in Brackenheim, dann in Güglingen:* † 1612.

12. Stip. 1. Nov. 43; *Schmoller 66:* Schönleber.

13. B. a. Febr. 46. *MFABacc.:* Bl. Wegner Schwiebertingensis. — M. a. 12. Febr. 50. *MFAMag.:* Wagner. — *Stiftsverwalter in Stuttgart.*

14. Scheidt, vor 1543 Pfarrer in Pfalzgrafenweiler, 1543 Diakon in Tübingen, 1545 Pfarrer in Zwiefalten; im Interim in Bietigheim (Theol. Studien aus Württ. 5 (1884), 162).

15. Casparus Vlrich ex Kandtstatt (9. Juni).

16. Casparus Krusenbach famulus contubernii, ob paupertatem pecunia inscriptionis remissa est (16. Juni).

17. Eustachius Nedelin Stutgardianus (19. Juni).

18. Georgius Rentz Phorcensis (20. Juni).

19. Nicolaus Lomüller Vracensis (22. Juni).

20. Georgius Schönläber Vracensis (22. Juni).

21. Albertus Augulinus Vlmensis (25. Juni).

22. Joannes Hainricus Fülmaur Herenbergensis (25. Juni).

23. Ludovicus Langnoferus Augustanus (27. Juni).

24. Melchior Linck Augustanus (27. Juni).

25. Michaël Zegeiner Illyricus ex Widpania 6 ß (29. Juni).

26. Wolphgangus Habeck Straubingensis Bavarus (3. Juli).

27. Georgius Dorner Relamensis (3. Juli).

28. Sebastianus Leysner Ratisbonensis (3. Juli).

29. Josephus Bentz ex Nürttingen (5. Juli).

30. Thomas Locher Bombergensis nomen suum antea inscriptum rursus indicavit, nihil dedit (8. Juli).

31. Christianus Latomus Argentinus (11. Juli).

32. Eucharius Weyckhersreutter ex Schwabach (16. Juli).

33. Joannes Schitwein Thubingensis (21. Juli).

34. Quirinus Schiestell ex Bittelbrun prope Bappenheim, famulus dom. D. Sichardi, ob paupertatem nihil dedit (23. Juli).

35. Gabriel Blech Ombergensis (5. Aug.).

36. Joannes Magenbuch Norinbergensis (5. Aug.).

37. Philippus Schertlin a Burtenbach (6. Aug.).

38. Jopst Bufler Lypsensis antea inscriptus nomen suum rursus indicavit, nihil dedit (11. Aug.).

---

15. B. a. Febr. 45. *MFABacc.*: Casp. Ulricus Rottenburgensis eis Tuberum.

17. B. a. Febr. 46. *MFABacc*: Nedele. — M. a. 12. Febr. 50. *MFAMag.*: Nädelin. — *1557 Stadtgerichtsadvokat in Stuttgart.*

19. B. a. Febr. 45. *MFABacc.*: Nic. Gerstneker o. O.

35. B. a. Sept. 43. *MFABacc.*: Mich. Sigarus. — M. a. 11. Febr. 45. *MFAMag.*: Zigeiner Vipachiensis.

29. Stip. 29. Juni 43; *Schmoller 66.*

35. B. a. Febr. 48. *MFABacc.*: G. Bleich Amburgensis.

36. *Will, Nürnberg. Gel.-Lexikon s. n.: studiert in Wittenberg Medizin.*

37. *Sohn des Sebastian (62,93), 1565 bei Aachen von den Spaniern erschossen (Roth).*

38. *Vgl. 91,6.*

39. Joannes Albertus a Machwitz nobilis dt. 6 β (13. Aug.).
40. Michaël Lodovicus ⎱ de Freyberg, fratres germani antea inscripti
41. Ferdinandus ⎰ denuo nomina sua sunt professi (21. Aug.).
42. Laurentius Kilianus Norinbergensis se rursus indicavit, eorum
    præceptor, nihil dederunt.
43. Joannes Wey ex Joachimi valle (21. Aug.).
44. Siphrydus Obergius Saxo (29. Aug.).
45. Dom. D. Jacobus Kapelbeckius Augustanus ante aliquot annos
    inscriptus nomen suum rursus dedit (1. Sept.).
46. Ludovicus Conradt ex Hala Sueviæ dt. 6 β (6. Sept.).
47. Valentinus Michaël ex Lancia pago vicino Curiæ Helvetiorum,
    famulus stipendii principis; propter paupertatem pecunia in-
    scriptionis remissa est (12. Sept.).
48. Joannes Krapner ex Frundtenhusen Bavariæ inferioris oppido
    (12. Sept.).
49. Joannes Schertlin ex Canstat dt. 6 β (18. Sept.).
50. Fridericus Krafft Vlmensis (19. Sept.).
51. Laurentius Grill ex Allthaim Bavariæ pago non procul a Landts-
    hutt (22. Sept.).
52. Joannes Gödler ex Diettenheim oppido marchionis Georgii
    Brandenburgensis (8. Okt.).
53. Josias Sesselius Phorcensis dt. 6 β (8. Okt.).
54. Joannes Geslinus Phorcensis dt. 6 β (8. Okt.).
55. Bernhardus Bocœmus Badensis ante inscriptus se rursus indi-
    cavit, nihil dedit (13. Okt.).
56. Joannes Conradus Bocœmus Offenburgensis dt. 6 β (13. Okt.).

---

*40 u. 41. Vgl. 117,29 u. 30; A. Schilling, D. Reichsherrsch. Justingen
S. 48 f.: Mich. Ludwig war Anhänger Schwenkfelds.*
42. Vgl. 117,31.
45. Vgl. 106,33.
48. B. a. Febr. 45. MFABacc.: o. O. — M. a. Juni 47. MFAMag.:
Hoc anno (1546) Joh. Krapner receptus est ad professionem musicae salario
viginti florenorum, ut legat feriatis diebus Jovis, Sabatti et Solis item temporibus
vacationum, precipue autem ut artis usum tradat et eius in templo edat specimen.
Actum et conclusum in pleno senatu universitatis et facultatis nostre IV Calen-
darum Maii. *(Vgl. 136,50). S. Roth S. 237. Rector der anatolischen Schule
bis 1577.*
50. Vgl. 137,25.
51. MFABacc.: L. Grill Altheimensis Bacc. Ingolstad. receptus; *rangiert
vor den promoti des Juni 44.* — M. a. 30. Juli 45.
54. B. a. Sept. 45. MFABacc.: Jo. Cesselius.
55. Vgl. 108,21.

57. Balthasar Boccœmus Confluentinus dt. 6 β (13. Okt.).
58. Nicolaus Varenbülerus Lindauiensis (13. Okt.).
59. Lodovicus Varenbülerus Lindauiensis (13. Okt.).
60. Mag. Jacobus Hœrbrandus Tubingensis ecclesiæ diaconus (17. Okt.).
61. Conradus Daner Göppingensis (19. Okt.).
62. Stephanus Geyger Rotenburgensis (19. Okt.).

121. Sub rectoratu clarissimi viri dom. **Gebhardi Brastpergeri** iur. utr. D. a festo divi Lucæ a. 1543 usque ad festum ss. Phil. et Jac. app. 1544 sequentes in album huius scholæ inscripti et recepti sunt:

1. Albertus Kessler ex Kirchen pago apud Neccharum circa oppidum Lauffen (29. Okt.).
2. Valentinus a Rodenstein nobilis dt. 6 β (29. Okt.).
3. Joannes Rul Spirensis (30. Okt.).
4. Sixtus Widman ex Neuburga oppido Bavariæ (31. Okt.).
5. Matheus Alber Reutlingensis filius D. Mathei Albers ibidem 6 β (8. Nov.).
6. Ludovicus Genisch Augustanus olim intitulatus, nomen suum rursus professus est (8. Nov.).
7. Georgius Varnbülerus Lindauiensis prius intitulatus, nomen suum rursus dedit albo (12. Nov.).
8. Joannes Spreter, Rotwilensis (15. Nov.).
9. Gregorius Craterus ex Landaw Bavariæ oppido (16. Nov.).
10. Joannes Thomas ex Rosenfeld sylvæ Herciniæ (16. Nov.).
11. Wolphgangus Zechner ex Althaim oppido Bavariæ, famulus bursæ, nihil dedit propter paupertatem (27. Nov.).
12. Henricus Künig Tubingensis filius dom. D. Joannis Künig foelicis memoriæ (2. Dez.).

58. Dr. iur. 23. Febr. 44. — Rect. 1554; 58; 78/79. — *Zeller 447; Heyd.*
60. Stip. 14. Dez. 43.; *Schmoller 84.* — Rect. 1559/60; 63/64; 68; 72; 77; 81/82; 85; 86/87. — *Vgl. Heyd.*

5. B. a. Febr. 46. — M. a. 12. Febr. 50. — *DB. 93;* † *1605.*
6. *Vgl. 111,45.*
7. Dr. iur. 23. Febr. 44.
8. *MFABacc.:* Bacc. Heidelb. rec. Dez. 43. — M. a. 23. Febr. 46. *MFAMag.:* Sprötter *[am Rand:]* iurisconsultus. — *Vgl. Weyermann 2,524 und Zimmerische Chronik s. n.; Prantl, 1,338.*
10. Stip. 3. Nov. 44. — B. a. Sept. 45. — *Schmoller 69.*

13. Joannes Ludovicus Reninger Tubingensis filius dom. D. Joannis Reningers f. memoriæ (14. Dez.).

14. Martinus Guldenn ex Oberndorf circa Rotwyl (22. Dez.).

15. Henricus Wildpergensis antea intitulatus, nomen suum rursus indicavit (27. Dez.).

1544.

16. Conradus Schertlin ex Canstatt (8. Jan.).

17. Melchior Haintzelman ex Memminga (11. Jan.).

18. Constantinus Schlech Rotwilensis (13. Jan.).

19. Joannes Steudlin ex Reutlinga dt. 6 β (15. Jan.).

20. Jacobus Künigspach ex Stutgardia olim intitulatus nomen suum iterum referri in album curavit (15. Jan.).

21. Marcus Zimmerman Augustanus (30. Jan.).

22. Mag. Erhardus Schnepfius ex oppido Hailprunna. Nihil dedit quia in professorem theologiæ a schola conductus sit (1. Febr.).

23. Jacobus Gusman ex Geppingen dt. 6 β (3. Febr.).

24. Carolus Schlecht ex oppido Rotwyl dt. 6 β (5. Febr.).

25. Ciriacus Vuernlin ex Stutgardia (6. Febr.).

26. Adamus Gyr ex Issentzhaim pago seu foro diocesis Herbipolensis (13. Febr.).

27. Joannes Vlricus Halbmaier ex Rotenpurgo (15. Febr.).

28. Severinus a Massapach nobilis (16. Febr.).

29. Melchior Volmarius Rotwylensis (16. Febr.).

30. Wilibaldus a Neuneck nobilis (16. Febr.).

31. Joannes Conradus a Neuneck nobilis (16. Febr.).

32. Joannes Erhardus Schnepfius Stutgardianus (26. Febr.).

33. Raymundus Voglerus Hailprunnensis (26. Febr.).

---

13. B. a. 24. Sept. 50. *MFABacc.:* Rheninger. — M. a. 2. Aug. 53.

15. *Vgl. 114,24:* Henricus Heller. — Stip. 25. Dez. 48; *vgl. Schmoller 83.*

20. *Vgl. 109,42.* — Dr. iur. utr. 19. April 53. *Jur.:* Künigspachius.

22. *Theol.:* 19. Febr. 44 insignibus doctoratus coronatus est, scholae huius in theologia ordinarius professor et parochus ecclesiae Tubingensis. — Rect. 1544/45.

23. Stip. 23. Juni 44; *Schmoller 84.*

27. B. a. Sept. 45. *MFABacc.:* Joh. Huldericus H.

29. *Vgl. 65,53.* — *Jur.:* Item 1 fl. a. Dr. M. Volmaro, qui receptus est ad facultatem iuridicam 27. März 36. — *MFAMag.:* M. Melior Volmarius Rufus Erythropolitanus, principis Huldrichi a consiliis ac utriusque linguae in hac percelebri academia professor publicus; 1546 receptus est cum M. Garbitio *[111,10]* secundum ordinationem, quam ab illustri principe novam acceperunt. — Dec. fac. art. 1546/47; 52/53. Rect. 1547. — *Heyd s. n. Volmar.*

33. *Vgl. 136,63.*

34. Petrus Hefner ex Muda pago circa Franckfordiam Oderæ (20. Febr.).
35. Matthias Schnepfius Hailprunnensis (26. Febr.).
36. Martinus Gantz ex Boppenwyler (3. März).
37. Caspar Ortlieb Wildpergensis dt. 6 β (3. März).
38. Wolphgangus Ruf ex oppido Wassertruhendig ducatus Branden-
     burgensis (8. März).
39. Joannes Emich ex Hechingen (9. März).
40. Chilianus Schönbichler ex Oberleom pago Austriæ (10. März).
41. David Nebelius ex Altenpurg oppido Mysiæ (26. März).
42. Vlricus Ruch ex Gochshaim oppido prope Bretten (27. März).
43. Paulus Koch de Beytelspach pago in Ramssthal (2. April).
44. Conradus Spreter Rotwylensis (2. April).
45. Martinus Spreter Rotwylensis (2. April).
46. Berchtoldus Muschgew ex oppido Ehingen dt. 6 β (2. April).
47. Georgius Berchtoldus Nitelius Stutgardianus (8. April).
48. Georgius Ganbachus Hallensis (12. April).
49. Caspar Buwhof Cantaropolitanus (18. April).
50. Joannes Clingler Cantaropolitanus (18. April).
51. Christophorus in Harena Schorndorffensis (19. April).
52. Joannes Conradus Truchsäs ab Hefingen nobilis (23. April).
53. Mag. Joannes Epp ex Nagolt prius intitulatus nomen suum
     rursus professus est (23. April).
54. Joannes Stickelius Stutgardianus 6 β (28. April).

_____ _____

34. Stip. 10. Sept. 44. — *Schmoller 69:* Petrus Figuli, *Herr Adams zu
Stuttgart sel. Verwandter.*
35. B. a. Sept. 45. *MFABacc.:* Snepfius. — M. a. 23. Juli 49. — *1560
Präzeptor in Lauffen.*
36. Stip. 3. März 44. — B. a. Sept. 45. *MFABacc.:* M. Gatz o. O. —
M. a. 23. Juli 49. *MFAMag.:* M. Ganss Marpachensis. — *Schmoller 68:* Gauss.
37. *Diakon in Boll* 1550.
40. B. a. Febr. 48. *MFABacc.:* Chilianus Schönbühler Austriacus.
41. Stip. 4. März 44. — *Schmoller 68:* von Torgau in Sachsen.
42. B. a. Sept. 46. *MFABacc.:* Rauch o. O.
43. Stip. 27. Juni 44. — B. a. Sept. 45. *MFABacc.:* o. O. — M. a.
23. Juli 49. — *Schmoller 68.*
44. B. a. Sept. 45. *MFABacc.:* Conr. Preterus o. O.
45. B. a. Febr. 45. *MFA.:* o. O.
46. B. a. Febr. 46. *MFABacc.:* B. Musca.
50. Stip. 19. April 44. — *Schmoller 68. 83.*
53. *Vgl. 103,12.*
54a. *MFABacc.:* Elhardus Hamburgensis. B. a. Febr. 48; *rangiert
zwischen 121,40 u. 120,35.*

122. Sub rectoratu clarissimi viri dom. **Jacobi Scheckii** med. D., a festo divorum Phil. et Jac. a. 1544 ad usque Lucæ ev. anni eiusdem sequentes nomina sua huic scholæ dederunt:

1. Joachimus Moutzbeck a Rosenfeld (6. Mai).
2. Bernhardus Schlaer cum aliquot menses a schola abfuisset se rursus indicavit, nihil dedit (18. Mai).
3. Joannes Hafenberger se iterum indicavit cum aliquandiu abfuisset a schola (21. Mai).
4. Christophorus Bemer Budissenus Silesius Mag. art. (22. Mai).
5. Ottomarus Moll Geppingensis (22. Mai).
6. Joannes Artzt Craielyheimensis (23. Mai).
7. Vlricus Stuolmüller de Reytern prope Augustam dt. 6 β (24. Mai).
8. David Godler Wassertridingensis dt. 6 β (24. Mai).
9. Michaël Volland Gröningensis (27. Mai).
10. Josias Hornolt Pieticamensis (6. Juni).
11. Thomas Beschorn Vracensis (7. Juni).
12. Joannes Jacobus Eheim Vracensis dt. 6 β (8. Juni).
13. Martinus Riserus Reitlingensis dt. 6 β (9. Juni).
14. Daniel Maler Reitlingensis dt. 6 β (9. Juni).
15. M. Benedictus Ayger iterum se ostendit, nihil dedit (11. Juni).
16. Georgius Drogoieuus Schinsnacus (12. Juni).
17. Joannes Trælius Spirensis (12. Juni).
18. Vlricus Denninger ex Herwatingen (20. Juni).
19. Balthasar Eyslinger Spirensis (20. Juni).
20. Joannes Crafft Vlmensis (22. Juni).
21. Joannes Leninger Wormaciensis (22. Juni).
22. Chasparus Altuatter Winadensis (28. Juni).
23. Josephus Hipp Tubingensis (2. Juli).
24. Conradus Kläber Tubingensis (2. Juli).

2. M. a. 6. Aug. 44. *MFAMag.:* B. Schlaher Argentinensis. — *Vgl. 107,19.*
3. *Vgl. 118,23.*
5. Stip. 21. Dez 44. — B. a. Febr. 46. *MFABacc.:* Mol. — *Schmoller 84.*
9. B. a. Febr. 46. — M. a. 23. Juli 49. *MFAMag. [am Rand]:* iuris-consultus. — *Vgl. 136,15.* — *Prokurator des R.-Kammergerichts.*
10. Stip. 5. Juni 68; *Schmoller 68. 83.* — *DB. s. n; vgl. 134,27.*
14. B. a. Febr. 46.
15. *Vgl. 96,18.* — Dr. iur. utr. 1546. *Jur.:* Ben. Aygner Permatingensis.
19. Stip. 19. Juni 44. — *Schmoller 83 f. DB. s. n.*
20. *Vgl. 137,14.*
21. B. a. Sept. 45. *MFABacc.:* Joh. Leyminger Calwensis.
22. Stip. 29. Juni 44. — B. a. Febr. 46. — M. a. 23. Juli 49. — *Schmoller 66.*
24. B. a. Sept. 47. *MFABacc.:* Cleber.

25. Joannes Schweitzer Tubingensis (5. Juli).
26. Ludovicus Storck Reitlingensis, cui prætium inscriptionis ob summam paupertatem condonavi. (8. Juli).
27. Stephanus Koch de Aistorff (8. Juli).
28. Wolpbgangus Mummi Cellerbadensis (9. Juli).
29. Ludovicus Fentzer a Mergamtain (9. Juli).
30. Augustinus Glieg Horbensis (15. Juli).
31. Conradus Stor Vracensis (25. Juli).
32. Wilhelmus Vuelling Stutgardiensis (28. Juli).
33. Joannes Rodolphus Ehinger Eyslingensis.
34. Joannes Georgius Lemlin de Horckain (3. Aug.).
35. Vlricus Müller Nürtingensis (5. Aug.).
36. Bernardus Sarctor Göppingensis (9. Aug.).
37. Joannes Piscator Bautwarensis (13. Aug.).
38. Augustinus Rösslin de Winsperg (15. Aug.).
39. Joannes Matthias Nellingus sub ditione Vlmensium (18. Aug.).
40. D. Aegidius Rösslin se rursus indicavit, his tamen receptus est conditionibus, ut in negotiis præteritis ipsius noluerit implicari universitas (30. Aug.).
41. Georgius Heckal de Aicha, condonavi inscriptionis prætium ob summam paupertatem (30. Aug.).
42. M. Philippus Vangio (5. Sept.).
43. M. Conradus Buschlerus Hallensis (11. Sept.).
44. Nicolaus Hecker Schorndorffensis (22. Sept.).
45. Hieremias Godelmann Gartachensis (25. Sept.).
46. M. Georgius Forsterus Hambergensis (25. Sept.).
47. Adolphus. Occo Augustanus (26. Sept.).

---

28. B. a. Sept. 46. *MFABacc.:* Mumins o. O. — M. a. 16. Juli 50.

32. Stip. 27. Juni 44. — B. a. 17. Juli 44. — *Schmoller 84.*

33. Stip. 1. Aug. 44. — *Schmoller 84.*

35. Stip. 13. Aug. 44. — B. a. Febr. 46. *MFABacc.:* Udalr. Molitor. — M. a. 27. Febr. 49. *MFAMag.:* Huldericus M. — *Schmoller 69. 83: vgl. 142,17.*

36. Stip. 9. Aug. 44. — B. a. Febr. 46. — M. a. 23. Juli 49. *MFABacc.* *und Mag.:* Gechingensis. — *Schmoller 68:* Schneider von Gechingen.

38. Stip. 28. Febr. 45. — B. a. Sept. 47. *MFABacc.:* Rösly. — *Schmoller 70,* *wo die Identifikation mit 127,8 unrichtig ist.*

40. Vgl. *102,28.*

45. B. a. Sept. 45. *MFABacc.:* Guglingensis. — M. a. 8. Febr. 46. *MFA-* *Mag.:* Gartachensis. — *Sekretär beim Grafen Michael von Wertheim, dann* *Vogt in Tuttlingen, hierauf Pfleger in Roseck, † 1582. DB. 263. 583.*

46. Dr. med. 29. Okt. 44.

47. *Arzt in Augsburg, herzoglicher Leibmedicus. DB. 194.*

123. Sub rectoratu clarissimi viri dom. **Erardi Schnepfii** theol. D., a festo Lucæ evang. a. 1544 usque ad festum divorum Phil. et Jac. apostol. a. 1545 sequentes inscripti sunt:

1. Carolus Hecker ex Hagenoia (24. Okt.).
2. Lucas Fullo Marpachius (25. Okt.).
3. Germannus Voltz a Schweigern (9. Nov.).
4. Joannes Zimmerman a Schweigern (9. Nov.).
5. Leonardus Kreber Stutgardianus (16. Nov.).
6. Joannes Widman Hailprunnensis (23. Nov.).
7. Dom. Albertus baro a Limpurg 1 flor. (29. Nov.).
8. Georgius Bürich a Weickersheim pedagogus baronis (29. Nov.).
9. Georgius Mercklin a Brackenheim (29. Nov.).
10. Joannes Leonardus Mumprot Constantiensis (1. Dez.).
11. Simeon Lentz a Kirchen iuxta Necharum (4. Dez.).
12. Joannes Kürsner a Bünigken (4. Dez.).
13. Wendelinus Ceplerus Böblingensis dt. 6 ß (10. Dez.).
14. Jacobus Reinhardi a Steinawe (10. Dez.).

1545.

15. Eusebius Schnepff Stutgardianus (2. Jan.).
16. Philippus Irenicus Badensis (7. Jan.).
17. Andreas Faus Tubingensis (9. Jan.).
18. Paulus Feringer a Rotemburgo Nechari famulus chalcographi (11. Jan.).
19. Samuel Halbmeyer a Brackenheim (30. Jan.).
20. Joannes Reinardus a Ranckucyl (9. Febr.).
21. Bartholomeus Gantz a Boppenweyler (21. Febr.).

1. B. a. Febr. 46.
2. Stip. 21. Mai 45. — B. a. Febr. 46. *MFABacc.:* Luc. Tinctor. — M. a. 27. Febr. 49. — *Schmoller 69:* Luc. Ferber.
4. Studiert Medizin.
5. Stip. 18. Nov. 44; *Schmoller 84.*
9. Stip. 30. Nov. 44. — B. a. Sept. 46. *MFABacc.:* o. O. — M. a. 16. Juli 50. — *Schmoller 69: OAB. 165.*
10. In Wittenberg 1542: Montprat.
13. B. a. Sept. 47. *MFABacc.:* Câpler.
16. Stip. 4. Jan. 45. — B. a. Febr. 45. *MFABacc.:* Eirenicus. — *Schmoller 84.*
17. Vgl. 139,89.
19. B. a. Sept. 47. *MFABacc.:* Halmayer. — Stip. 21. Jan. 45; *Schmoller 69; Rothenhäusler, Abteien und Stifte 183.*
21. Stip. 21. Febr. 45; *Schmoller 70.*

22. Andreas Scholl Stutgardianus (2. März).
23. Adamus Zürdanen Haganoensis (13. März).
24. Matheus Nägelin Vlmensis (28. März).
25. Petrus Lenlin Vlmensis (28. März).
26. Georgius Beuther Tubingensis (15. April).
27. Jacobus Trostell Tubingensis (15. April).
28. Mathias Kreber alias Baldreich a Murrha (17. April).
29. Clemens Pfeffle a Nürtingen (23. April).
30. Gualtherus Münchberger ab Hechingen (27. April).
31. Joannes Gans a Nürtingen (27. April).
32. Joannes Enslinus a Ditzingen (28. April).

124. Sub rectoratu clarissimi viri dom. **Casparis Vollandii** iur. utr. D. et canonici professoris ordinarii a festo Phil. et Jac. apost. anni 1545 usque ad Lucae evang. anni eiusdem sequentium nomina in album academiae Tubingensis sunt relata:

1. Jacobus Vernoysius, prius gradum bacca-   ⎫
    laureatus in schola Friburgensi assecutus   ⎬ omnes Montispelli
2. Joannes Jacobus Vatterlerus   gardenses (4. Mai).
3. Joannes Cariotus   ⎪
4. Claudius Bardotus   ⎭
5. Adamus Diem Heydelbergensis, studens Heydelbergensis (5. Mai).
6. Caspar Islingerus Spirensis studens Heydelbergensis (7. Mai).
7. Sebaldus Nebelius ex Torga Saxoniae (12. Mai).
8. David Bürglin Augustanus (14. Mai).
9. Martinus Ostermuncher Augustanus, studens Basileensis (17. Mai).
10. Georgius Hörwart Augustanus studens Ingolstadiensis (17. Mai).
11. David Hug Augustanus studens Ingolstadiensis (17. Mai).

—————

22. *Vgl. 131,6 u. 156,1.*
24. *Weiermann 1,415.*
26. M. a. 6. Febr. 51. *MFAMag.:* Beyter; *[am Rand:]* episcopi Augustani consiliarius iurisconsultus.
30. B. a. Sept. 46. *MFABacc.:* Münichberger.
31. B. a. Sept. 47. *MFABacc.:* Jo. Anserinus Neccherhusensis.
32. B. a. Sept. 47. — M. a. 12. Febr. 50. *MFAMag.:* Entzlin. — *DB. s. n.*
32a. *Schmoller 69:* Johannes Heinricus Fylmaier, M. Heinrich Malers zu Tübingen Sohn; Stip. 24. Jan. 45. *(Wohl nicht identisch mit 125,10.)*
1. Stip. 3. Mai 45. — *Schmoller 84.*
2. Stip. 3. Mai 45. — *Schmoller 84:* Valerletus.
3. Stip. 3. Mai 45. — *Schmoller 84:* Chariotus.
4. Stip. 3. Mai 45. — *Schmoller 84:* Pertotus.
6. Stip. 26. April 45. — *Schmoller 84.*

12. Hieronymus Rheys Monacensis (17. Mai).
13. Josephus Schütz Stutgardianus (18. Mai).
14. Wernherus Schermeyer Ulmensis (21. Mai).
15. Guilielmus ⎫ Schultheyssen, fratres ex Backnag solverunt
16. Joannes ⎭ 7 β (26. Mai).
17. Adamus Tötling Horbensis (28. Mai).
18. Michael Sayler Weinspergensis (29. Mai).
19. Joannes Riblinger a Gochtzheim (6. Juni).
20. Christophorus Sibenbürger a Salisburgo propter egestatem dedit 6 cr. (6. Juni).
21. Georgius Eckhart Dingkelspulensis, magister Vitebergensis (13. Juni).
22. Conradus Cünlin Stutgardianus (23. Juni).
23. M. Dominicus Stromerus Lipsensis (24. Juni).
24. Joannes Rotenburger, Tubingensis prius intitulatus se iterum indicavit, nihil dedit (1. Juli).
25. Guilielmus Abayer a Frödenföls, Helvetius studens Basileensis (8. Juli).
26. Joannes Hitzer a Wisensteig (14. Juli).
27. Joannes Georgius Beither a Rossen ex Alsatia (16. Juli).
28. Michael Dürrenschnabel a Cay (18. Juli).
29. Leonardus Büsler Nördlingensis prius intitulatus iterum se indicavit, nihil dedit (21. Juli).
30. Theobaldus Straus, Wimpinensis (6. Aug.).
31. Georgius a Kirchberg Lindauiensis, studens Vitebergensis (14. Aug.).
32. Joannes Knysser ex Waltenbuch (21. Aug.).
33. Joannes Stumpf a Werda ad Danufium, studens Ingolstadiensis (25. Aug.).
34. Leonardus Castner Heilspronnensis, studens Witebergensis (26. Aug.).
35. Thomas Reich Sorauiensis Silesius (26. Aug.).
36. Philippus a Nyperg nobilis (27. Aug.).
37. Joannes Andreas Irenicus Phorcensis (27. Aug.).

---

13. B. a. Febr. 48. — M. a. 9. Febr. 52. *MFAMag. [von späterer Hand]*: iurisconsultus.
18. Stip. 29. Mai 45. — B. a. Sept. 47. — M. a. 5. Aug. 51. — *Schmoller 70.*
22. B. a. Sept. 47. *MFABacc.:* Cünly. — M. a. 16. Juli 50. *MFAMag.:* Kenlin.
24. *Vgl. 82,17 (?).*
29. *Vgl. 95,20.*
37. B. a. Sept. 46. *MFABacc.:* Joh. Eirenicus o. O.

38. Joachimus Röser Calwensis (4. Sept.).
39. Georgius Gadtner ex Landtshuta Bavariae, studens Ingolstadiensis (8. Sept.).
40. Georgius Hutzler Gengensis (15. Sept.).
41. Joannes Nördlinger Besigkheymensis (15. Sept.).
42. Wolphgangus Hürter Reutlingensis (24. Sept.).
43. Joannes Heintzel Augustanus prius inscriptus nomen suum iterum est professus, nihil dedit (1. Okt.).
44. Paulus Heintzel Augustanus dicti Joannis frater germanus (1. Okt.).
45. Abrahamus Egk ex Kham Bavarie (3. Okt.).
46. Germanus Ärnlin Rotwilensis (4. Okt.).
47. Andreas Erbisser Wilensis (12. Okt.).
48. Vitus Hugo Wernher Oetlingensis (12. Okt.).
49. Joannes Balthasar Scheubelius Ingoldstadiensis (14. Okt.).
50. Erhardus Coler ex Comersheim, famulus dicti Schenbelii dedit 1 s (15. Okt.).

125. Sub rectoratu clarissimi viri dom. **Joannis Sichardi** iur. utr. Doctoris et legum ordinarii a festo Lucae evangelistae anni 1545 usque ad festum ss. Philippi et Jacobi apostolorum anni 1546 sequentes in album scholae Tubingensis inscripti sunt:

---

40. MFAMag.: Mense Aprili 1558 cum nova quaedam ratio studiorum mandato illustr. principis Christophori esset instituta, vocatus huc fuit decreto amplissimi senatus ad docendas graecas et latinas literas M. Georgius Hützlerus Giengensis qui easdem antea multos annos Argentinae magna cum laude docuerat, et statim in consilium artium receptus est. — Dec. fac. art. 1562; 69; 75; 80; 85. *MFA.:* Hitzler.

41. B. a. Sept. 46. *MFABacc.:* Norlinger o. O. — M. a. 27. Febr. 49.

42. B. a. 27. Sept. 48. — M. a. 6. Febr. 51. *MFABacc. und Mag.:* Wolfgangus Adolfus Hirter Spirensis. *MFAMag. [am Rand]:* Dr. iur. et camerae imperialis assessor. — Dr. iur. utr. 1558. *Jur.:* Wolfg. H. o. O.

43. Vgl. 111,48.

45. Stip. 5. Juni 46. — *Schmoller 71:* von Backnang.

46. B. a. Febr. 46. *MFABacc.:* Germanus Erendle. — M. a. 8. Febr. 48. *Vgl. 140,16.*

47. B. a. Sept. 47. *MFABacc.:* Tubingensis.

48. B. a. Sept. 47. *MFABacc.:* Vitus Hugwerner. — M. a. 23. Juli 49. *MFAMag.:* V. Hugwerner Eitlingensis.

50a. MFABacc.: Hieronymus Mekisser Dammensis, B. a. Febr. 48; *rangiert zwischen 124,13 u. 125,46.* — M. a. 4. Febr. 51. *MFAMag.:* Grieningensis. — Stip. 15. Nov. 45; *Schmoller 70:* Hieron. Meckhisser aus der Grüninger Vogtei.

1. Joannes Lutz alias Weinsperger Stutgardiensis (23. Okt.).
2. Noa Maurer Memmingensis scribae illic filius (25. Okt.).
3. Joannes Brentius Tubingensis (26. Okt.).
4. Hippolytus Schill Wildpergensis (26. Okt.).
5. Joannes Gaboldus Augustanus (29. Okt.).
6. Joannes Wyll Prutenus ex Gunspergo (31. Okt.).
7. Wilhelmus Krafft Ulmensis (1. Nov.).
8. Salomon Fuchsius (2. Nov.).
9. Joannes Menlishouerus Constantiensis (8. Nov.).
10. Joannes Henricus Ferler ex Neccaro Sulmo, studens Friburgensis et Heydelbergensis (8. Nov.).
11. Mag. Wolphgangus Igenaeus Kirchbergensis ex Misnia (11. Nov.).
12. Philippus a Freyburg nobilis studens Ingolstadiensis (11. Nov.).
13. Joannes Gauger Augustanus (11. Nov.).
14. Mattheus Reutterbaur Laugingensis famulus nil dt. (11. Nov.).
15. Georgius Christannus Alman Friburgensis (16. Nov.).
16. Jacobus Seyfridus ex Kircheim undereck (!) (16. Nov.).
→ 17. Joannes Scheyblin Bissingensis (16. Nov.).
18. Jacobus Balneator ex Ow (16. Nov.).
19. Georgius Rennerus ex Wasserbrulingen,[a] famulus contubernii (16. Nov.).
20. Sebastianus Volcius Kalbensis famulus contubernii (16. Nov.).
21. Isaak Han Augustanus (23. Nov.).
22. Blasius Brasperger Nürtingensis (25. Nov.).
23. Joannes Wyld Vayhingensis (1. Dez.).
24. Wilhelmus Pergentz von Mastrich apud Sixtum bibliopolam (1. Dez.).
25. Ulrich Apperantz von Herrenperg apud Hessum (1. Dez.).
26. Hanns Herstain von Weyssenburg by Hagenaw apud Hessum (1. Dez.).

---

a) *Fehler des Abschreibers statt* Wassertrudingen.

3. B. a. Sept. 47. — M. a. 9. Febr. 52. *MFAMag.:* Joh. Brentzle *[von späterer Hand:]* camerae imperii advocatus et procurator. — Dr. iur. utr. 4. Febr. 62. *Jur.:* Jo. Brentzlinus o. O.

4. B. a. 25. Sept. 49.

10. Vgl. 123,32a. — *Heidelb.: J. H. Firler ex N. 14. Mai 1540.* — Dr. iur. 11. Mai 52. *Jur.:* Jo. Henr. Fürlerus Neckersulmensis.

16. Stip. 19. Nov. 45. — *Schmoller 70.*

17. Stip. Nov. 45. — *Schmoller 70:* Schöblin.

18. Stip. 19. Nov. 45. — B. a. Sept. 47. *MFABacc.:* Jac. Bader Aensis. — M. a. 4 Febr. 51. *MFAMag.:* Auensis. — *Schmoller 70. Vgl. 141,46.*

27. Joannes Gering Augustanus (6. Dez.).
28. Joannes Caspar Menlishouerus Constantiensis, studens Wittenbergensis (7. Dez.).
29. Balthasar Bidenbach Brackenhaimensis stipendiatus (12. Dez.).
30. David Weygmannus Ulmensis studens Heydelbergensis (13. Dez.).
31. Josephus Hepperlin ex Gemmingen (20. Dez.).
32. Jonas Hochmüller Gerspachensis (22. Dez.).

1546.

33. Bernardus a Libenstein nobilis (9. Jan.).
34. Franciscus Kolb ex Gamundia studiosus Ingolstadiensis (13. Jan.).
35. Vitus Gyger ex Gamundia studens Ingoldstadiensis (13. Jan.).
36. Melchior Lemeler ex Gamundia (13. Jan.).
37. Joannes Sartor ex Gechingen (15. Jan.).
38. Joannes Raphael Kam Ulmensis (15. Jan.).
39. Paulus Jrenicus Badensis (16. Jan.).
40. Simon Kiehorn Waiblingensis, studens Moguntinensis (6. Febr.).
41. Christophorus Koska et
42. Joannes Koska fratres, barones a Stangenberg studiosi Kingspergenses, Prutteni dt. 7 β (9. Febr.).
43. Eusebius Thmrrus (?)ᵃ⁾ ex maiore Sachsenhaim (10. Febr.).
44. Marcus Stamler Augustanus studens Friburgensis Ingoldstadiensis et Senensis (12. Febr.).
45. Georgius Piscator ex Riedlingen (18. Febr.).
46. Andreas Ritelius Stutgardiensis (21. Febr.).

---

a) *Die Buchstaben sind vom Abschreiber, der den Namen offenbar in der Vorlage nicht entziffern konnte, absichtlich undeutlich geschrieben. Erst aus MFABacc. erfahren wir, dass der Name Taurus lautet.*

29. Stip. 13. Dez. 45. — B. a. 7. April 49. — M. a. 4. Febr. 51. *MFA.Mag. [am Rand]:* aulicus concionator. — *Schmoller 70 f.*
35. B. a. Febr. 48.
36. B. a. 27. Sept. 48. *MFABacc.:* Lemelin.
37. Stip. 5. März 48. — B. a. 24. Sept. 50. *MFABacc.:* Sarctor. — M. a. 31. Jan. 54. — *Schmoller 76: War zuerst Famulus.*
40. B. a. Sept. 46. *MFABacc.:* S. Kiehoren. — *Vgl. 153,105.*
43. B. a. Sept. 47. — M. a. 12. Febr. 50. *MFABacc. u. Mag.:* Eusebius Taurus Forchtenbergensis. — Stip. 1551. — Rep. — *Von Ostern 56 paedagogus in Bebenhausen; 29. April 61 wieder zurück ins Stift; 1562 Pfarrer zu Mauren.* — *Alb. stip.:* Sachenheimensis.
46. B. a. Febr. 48. *MFABacc.:* Rütellius.

47. Michael Flach
48. Bartholomeus Schmid ⎤ Campidonenses (4. März).
49. Andreas Rast a) ⎦
50. Marcus Wind ex Fussen (4. März).
51. Jacobus Schäffer ex Kornwesten indicavit se rursus rectori. (14. März).
52. Andreas Walch Rottenpurgensis (24. März).
53. Andreas Hofman Haylprunensis (26; März).
54. Dom. Sebastianus Hungarus, ludi magister Rotenburgensis se indicavit rursus rectori. Nam antea fatetur se esse membrum huius scholae (27. März).
55. Joannes Nicolaus a Bernhausen (27. März).
56. Jacobus ⎤ Hungari fratres (27. März).
57. Philippus ⎦
58. Jacobus Weyglin ex Mösskirch (27. März).
59. Sebastianus Weinmer ex Prackenheim studens Haydelbergensis (28. März).
60. Gaspar ⎤ a Karpffen fratres (31. März).
61. Balthasar ⎦
62. Isaac Schaller Augustanus (1. April).
63. Laurentius Rasch (1. April).
64. Theodericus a Graueneck (1. April).
65. Guilelmus Neuthardus Ulmensis (1. April).
66. Wolphgangus Theodericus a Knoringen (1. April).
67. Jo. Philippus ⎤
68. Jo. Jacobus ⎥ fratres Craffti Ulmenses (4. April).
69. Benedictus ⎥
70. Gregorius ⎦

---

a) *Über dem a von Rast ist vom Abschreiber ein u übergeschrieben.*

47. B. a. 15. Juni 48. *Vgl. 129,30.*
48. B. a. 15. Juni 48. — M. a. 27. Febr. 49. *Vgl. 129,29.*
49. B. a. 15. Juni 48. *MFABacc.*: Ryst. — M. a. 27. Febr. 49. *Vgl. 129,28.*
50. B. a. 15. Juni 48. *Vgl. 130,13.*
51. *Vgl. 115,36.*
54. *Vgl. 83,28 (?).*
56. B. a. Febr. 48. *MFABacc.*: Jac. Unger Herenbergensis. — M. a. 16. Juli 50. *MFAMag.*: Jac. Unger Rottenburgensis.
58. B. a. Sept. 47. *MFABacc.*: Weygly. — M. a. 9. Febr. 52. *MFA.-Mag.*: Veiglin.
59. Stip. 16. März 46. — B. a. Sept. 47. *MFABacc.*: Waymer. — *Schmoller 71*: Weinmar von Haberschlacht.

71. Christianus ⎫
72. Carolus   ⎬ fratres Craffti Ulmenses (4. April).
73. Michael Hutenloch ex Künigen (6. April).
74. Jacobus Ellinus Argentoratensis (8. April).
75. Abraham Maurer Memmingensis (8. April).
76. Fridericus Herter ab Herteneck nobilis praefecti filius (26. April).
77. Balthasar Bayer Tubingensis (26. April).
78. Nicodemus Ott Grieningensis (26. April).
79. Joachim a Sachsenhaim nobilis (26. April).
80. Georgius Rielin ex Calb (30. April).
81. Jacobus Stahel ex Leonberg (30. April).
82. Wolphgangus Vagendaj Tubingensis (30. April).
83. Joannes Hefelin (1. Mai).
84. Franciscus Göpfrid ex Herrenperg (1. Mai).
85. Philippus Bubius ex Eslinga (1. Mai).
86. Matthias Gesner ex Lor; nil dt. (1. Mai).

126. Sub rectoratu ornatissimi viri dom. **Leonarti Fuchsti** med. Doctoris a festo ss. Phil. et Jac. apost. a. 1546 usque ad Lucae evang. anni eiusdem sequentes nomina sua huic scholae dederunt:

1. Blasius Reich e Tabernis Alsaticis (3. Mai).
2. Georgius a Laubenberg nobilis (4. Mai).
3. Jodocus Kirser Tubingensis, famulus nil dt. (16. Mai).
4. Wilielmus Decker Reutlingensis (17. Mai).
5. Joannes Weys   ⎫
6. Nicolaus Staud ⎬ Reutlingenses (24. Mai).
7. Bernartus Scheltz Reutlingensis (27. Mai).
8. Conradus Vuidman Leonbergensis (1. Juni).

---

73. *Vgl. 135,22.*

79. B. a. 25. Sept. 49. *MF'ABacc.:* Joannes Joachimus Sachesamer Bietigcamensis.

81. B. a. 7. April 49. — M. a. 16. Juli 50. *MF'AMag. [am Rand]:* iurisconsultus.

83. Stip. 22. April 46. — B. a. 24. Sept. 50. *MF'ABacc.:* Hayterbachensis. *Schmoller 71:* Joh. Conrad Heffelin von Haiterbach.

85. B. a. Sept. 47. *MF'ABacc.:* Ph. Bůbius Tubingensis.

8. Stip. 7. Juni 46. — *Schmoller 71.*

9. Henricus Hortulanus Metzingensis (8. Juni).
10. Jacobus Volmarus Offenhausensis (9. Juni).
11. Joannes Israël Nubelspacher (9. Juni).
12. Joannes Deck Badensis famulus contubernii nil dt. (9. Juni).
13. Jacobus Kalberus Tubingensis (10. Juni).
14. Jacobus Voglerus Tubingensis (10. Juni).
15. Jacobus Fürderer Stutgardiensis (10. Juni).
16. Georgius Faber Deckingensis famulus contubernii nil dt. (10. Juni).
17. Michael Ribelman Tubingensis famulus stipendii illustrissimi principis nil dt. (10. Juni).
18. Joannes Beck Tutlingensis famulus stipendii principis nil dt. (10. Juni).
19. Daniel Kneuser Waltenbuchensis (19. Juni).
20. Joannes Vuerlin Stutgardiensis (20. Juni).
21. Georgius Hermannus Gailendorffensis (21. Juni).
22. Rupertus Vischer Herrenbergensis famulus stipendii illustrissimi principis nil dt. (30. Juni).
23. Wolphgangus Conradus Schuueicker a Sultz prope Herciniam sylvam, librorum compaginator (3. Juli).
24. Leopoldus Rhamminger Pfullendorffensis (9. Juli).
25. Ludovicus a Frauenberg nobilis (10. Juli).
26. Joannes Conradus a Kaltenthal nobilis (10. Juli).
27. David Planchenemius Hassus (28. Juli).
28. David a Kirchen (1. Aug.).
29. Henricus Vuidman Stutgardiensis (23. Aug.).
30. Christophorus Schreiber Grieningensis, famulus contubernü nil dt. (6. Sept.).
31. Henricus Rentz Wienspergensis (7. Sept.).
32. Balthasarus Piscator Entzweihingensis (11. Sept.).

---

9. Stip. 8. Juni 46. — *Schmoller 71:* Gertner von Mezingen under Aurach.
10. Stip. 22. Mai 71. — B. a. 24. Sept. 50. *MFABacc.:* Offenhausensis. — *Schmoller 71:* von Hechingen, *Pfarrherrn von Offenhausen Sohn.*
12. B. a. 7. April 49.
21. B. a. 7. April 49.
22. B. a. 12. März 50. *MFABacc.:* Rup. Piscator Hausensis. — M. a. 2. Aug. 53. *MFAMag.:* Robertus Fisches Hausensis. — Stip. April 53. — Rep. — *1554 Diakon in Stuttgart.*
29. Stip. 20. Aug. 46. — B. a. 15. Juni 48. — *Schmoller 71 f.*
31. Stip. 20. Aug. 46. — B. a. Febr. 48. — M. a. 4. Febr. 51. — *Schmoller 72.*
32. Stip. 28. Aug. 46. — B. a. 7. April 49. *MFABacc.:* Vischer. — *Schmoller 72.*

33. Joannes Rûff Geningensis famulus in stipendio principis, nil dt. (21. Sept.).
34. Balthassarus Friderichus Häer nobilis (11. Okt.).

127. Sub rectoratu eximii viri dom. **Balthasaris Keufelin** theol. D. a festo Lucae evang. a. 1546 usque ad festum ss. Phil. et Jac. apost. a. 1547 sequentes in album huius scholae inscripti sunt:

1. Rochius Holtzuuart Gamundianus (18. Okt.).
2. Andreas Seider de Burstal (1. Nov.).
3. Jacobus Camerarius a Zemetzhusen (1. Nov.).
4. Laurentius Zeberle ex Beblingen (10. Nov.).
5. Jacobus Rosenhammer de Lauingen (19. Nov.).
6. Nicolaus Plaustrarius ex Calb (20. Nov.).
7. Mathias Stephan ex Campidina (25. Nov.).
8. Udalricus Resslin ab Winsperg (17. Dez.).

1547.

9. Joannes Vollandius Gruningensis (29. Jan.).
10. Hieronimus Rentz Ulmensis, famulus nihil dedit (31. Jan.).
11. Vitus ⎫
12. Christophorus ⎬ Dreier ex Leonberg, fratres (26. Febr.).
13. Sebastianus Kainle Messingensis (1. März).
14. Michael Deimler Marpachensis (1. März).
15. Casparus ⎫
16. Philippus ⎬ Lindenfölsen fratres (1. März).
17. Martinus Knoll Herrenpergensis (8. März).
18. Georgius Heschle Tubingensis (9. März).
19. Nicolaus Megle Tubingensis (9. März).

6. Stip. 5. Nov. 46. — B. a. 24. Sept. 50. *MFABacc.*: **N. Wagner.** — *Schmoller* 72.
13. B. a. 15. Juni 48. *MFABacc.*: Seb. Kienlin Mess.........
14. B. a. 27. Sept. 48. — M. a. 4. F.... 51. *M*....
15. B. a. 15. Juni 48. *MFABacc*....... Rotenb......55.
MFAMag.: Johannes Chasparus L....
Jur.: Caspar a Lindenfels.
17. Stip. 4. März 47.
19. B. a. 24. Se...
Mag.: Möglin. — J....

20. Laurentius Velte Tubingensis (9. März).
21. Oswaldus Gruppenbacher Tubingensis (10. März).
22. Henricus Cornu Cralsamensis (12. März).
23. Absalon Ritter Cralsamensis (12. März).
24. Nicolaus Gretzinger Stutgardianus (12. März).
25. Petrus Currerus Herrenpergensis (14. März).
26. Joannes Ho Bambergensis (17. Mai).
27. Marcus Pfister Augustanus (21. März).
28. Simplicius Vollmar ex Thermis ferinis (21. März).
29. Gedeon Lindlin Stutgardianus (23. März).
30. Michaël Schrötlin Wimstatensis (24. März).
31. Jacobus Schmaltz Schletstadiensis (25. März).
32. Jonathas Ötinger Ulmensis (27. März).
33. Dominicus Vuigolt Tubingensis nihil dedit (30. März).
34. Georgius Edelman Walensis (31. März).
35. Joannes Spadman ex Ellwangen (2. April).
36. Joannes Zilcher de Wassertridingen (13. April).
37. Timotheus Mesch ex Memmingen (13. April).
38. Stephanus Arnoldus de Widern (16. April).
39. Georgius Berlinus Dinckelspilgensis (16. April).
40. Vincentius Coccius Hallensis (16. April).
41. Georgius Damner Blaueldensis (16. April).
42. Bonifacius Anglicus de Buswiler (18. April).
43. Carolus a Degenfeldt (21. April).
44. Christophorus Bodmerus Lindauiensis (22. April).
45. Joannes Andreas Halbmeyer Rotenburgensis (23. April).
46. Joannes Conradus a Schwartzach Constantiensis (23. April).
47. Christophorus Ebinger Esslingensis (24. April).
48. Joannes List Pfullingensis (25. April).

------

21. *Vgl. 164,41.*
22. B. a. 15. Juni 48. *MFABacc.*: Horn.
23. B. a. 15. Juni 48. *MFABacc.*: Rytter.
24. Stip. 5. März 47. — B. a. 7. April 49. — M. a. 5. Aug. 51. — *Schmoller 72.*
33. B. a. 24. Sept. 50. *MFABacc.*: Weygolt.
35. Stip. 30. April 47; *Schmoller 73:* Spagmann.
37. Stip. 13. April 47. — B. a. 25. Sept. 49. *MFABacc.*: Mosch. — *Schmoller 72.*
40. B. a. 7. April 49. *MFABacc.*: Eringensis. — *Vgl. 136,57.*
42. B. a. 15. Juni 48. *MFABacc.*: Bonif. Engelsch Argentoratensis.
43. *Vgl. 141,67.*
48. Stip. 21. April 47. — B. a. 24. Sept. 50. *MFABacc.*: Lischt.

49. Joannes Vuuniglich ab Ahausen (28. April).
50. Joachimus Ötinger Ulmensis (29. April).
51. Marcus Trunck Waiblingensis (29. April).

128. Rectore **Meliore Volmario Rufo** a festo ss. Phil. et Jac. apost. a 1547 usque ad Lucae evang. anni eiusdem scholae nomina dederunt hii:

1. Gnntherus Saxo Heringensis   quibus   precium   inscriptionis
2. Michael Rauch Saltzensis   petentibus et quia famuli futuri erant contubernii, remissum est (7. Mai).
3. Hieronimus Steinli Argentoratensis (7. Mai).
4. Joannes Haylman Constantiensis (14. Mai).
5. Gregorius Kelle   Wendingenses (15. Mai).
6. Isaac Müller
7. Jacobus Hotz Dornstettensis (16. Mai).
8. Philippus Simotheus Hallensis (17. Mai).
9. Melchior Bender Caltenwestensis (17. Mai).
10. Salomon Grüniger Dinckelspilensis (17. Mai).
11. Samuel Weinmar Botenhaimensis (18. Mai).
12. Georgius Gimperli Augustanus (20. Mai).
13. Malachias Ramminger Biberacensis (25. Mai).
14. Guilielmus Brandenberger Biberacensis (26. Mai).
15. Sixtus Schenck Oferdingensis nil dt. (27. Mai).
16. Theodoricus Schinagel Halprunensis (1. Juni).
17. Caspar Holtzapffel Rotenpurgensis (2. Juni).
18. Martinus Hauser Tubingensis (3. Juni).

52a. *Schmoller 73:* Johannes Schmid von Güglingen; Stip. 5. Mai 47; *ist ganz ausbliben.*

5. B. a. 12. März 50.
8. B. a. Febr. 48. — M. a. 16. Juli 50.
9. Stip. 6. Mai 47. — B. a. 7. April 49. *MFABacc.:* Binder. — M. a. 5. Aug. 51. — *Schmoller 73.*

11. Stip. 17. Mai 47. — B. a. 7. April 49. *MFABacc.:* S. Weinmer Brackenhaimensis. — *Schmoller 73.*

12. B. a. 27. Sept. 48. *MFABacc.:* Gümperlin.
13. B. a. 15. Juni 48. — M. a. 12. Febr. 50. *MFAMag. [am Rand]:* iurisconsultus et camerae imperialis advocatus ac procurator.

15. Stip. 25. Mai 47.

19. Joannes Dentiner }
20. Christophorus Kierlay } Wendingenses (4. Juni).
21. Joannes Hochman Biberacensis (9. Juni).
22. Christophorus Wendler Rotenburgensis (9. Juni).
23. Daniel Huntzelman Memmingensis (9. Juni).
24. Isaacus Reyble (10. Juni).
25. Gabriel Felmer Hallensis (11. Juni).
26. Caspar Schöunly Esslingensis (16. Juni).
27. Christophorus Grienewaldt Ulmensis (16. Juni).
28. Bernhardus Niger Weyssenburgensis (16. Juni).
29. Helias Hillenmayer Michelbachensis (21. Juni).
30. Anastasius Ortlieb Wildpergensis, is rogatus dare 13 cruciatos pertulit batzionem, quem unum se habere et pauperem professus est; reddidi illi suum batzionem (22. Juni).
31. Benedictus Clainschintz Ulmensis (22. Juni).
32. Chrysostomus Lindofels Braccanheimensis (25. Juni).
33. Sebastianus Schetzler Kitzingensis (28. Juni).
34. Vitus Bulling Augustanus (4. Juli).
35. Jacobus Vetter Zwifaltensis (5. Juli).
36. Petrus Janus }
37. Nicolaus Martius }
38. Thomas Wursinus } Dinckelspilenses (6. Juli).
39. Wentzeslaus Halbmeister }
40. Martinus Wagner }
41. Georgius Edellman Weyssenburgensis (6. Juli).
42. Paulus Rurer Onspachensis (6. Juli).
43. Martinus Betzly Weyhingensis (6. Juli).
44. Huldrichus Dollinger Sulgowensis (6. Juli).
45. Michael Holmayer Baeckenhaimensis ob paupertatem nihil dedit (6. Juli).
46. Renhardus Schlaher Waiblingensis (9. Juli).

21. B. a. Febr. 48. — M. a. 27. Febr. 49. MFAMag. [am Rand]: Prof. iuris. — Dr. iur. utr. 2. Aug. 57. — Rect. 1563; 69; 74; 79; 82/83; 87; 90; 92/93; 95; 98; 1602/03.
23. B. a. 7. April 49. — M. a. 5. Aug. 51. MFABacc. u. Mag.: Haintzelman.
26. B. a. Febr. 48. MFABacc.: Schöblin. — M. a. 23. Juli 49. MFA.-Mag.: Scheiblin. — Vgl. 139,111 u. 163,70.
30. Stip. 14. Juni 47. — B. a. 24. Sept. 50. — Schmoller 74.
32. Vgl. 162,90 u. 164,91.
42. B. a. 25. Sept. 49. MFABacc.: Rierer.
46. B. a. 24. Sept. 50. — Vgl. 141,47.

47. Erasmus Krapner Lantzhutensis (12. Juli).
48. Henricus Eytel Firler*) Neckersulmensis (15. Juli).
49. Georgius Scherrich Biberacensis (16. Juli).
50. Georgius Seyfried Wendingensis (18. Juli).
51. Albertus Gloss Ellwangensis (19. Juli).
52. Chilianus Reinhardus ⎰
53. Georgius Stelluuag   ⎱ Möckmülenses (22. Juli).
54. Udalricus Albertus Yetingensis (27. Juli).
55. Georgius Cuntzmannus famulus stipendii nihil solvit (28. Juli).
56. Nicolaus Richter Schmidenburgensis famulus contubernii nihil
    solvit (2. Aug.).
57. Daniel Gundelfinger Nörlingensis (3. Aug.).
58. Wolphgangus Stamler Ulmensis (7. Aug.).
59. Egenolphus Neydthart Ulmensis (13. Aug.).
60. David Hunly Lindauiensis (14. Aug.).
61. Josue Wolfart Waiblingensis (19. Aug.).
62. Joannes Piscator Ridlingensis (21. Aug.).
63. Joannes Fimpelin Gruningensis (23. Aug.).
64. Christophorus Stenntzing Steriensis (25. Aug.).
65. Nicolaus Burckart Spirensis (26. Aug.).
66. Georgius Abrahamus Sattler Hechingensis (26. Aug.).
67. Georgius Nalinger Schwaigernensis (28. Aug.).
68. Georgius Brenerus Elwangensis (29. Aug.).
69. Joannes Gasparus Hallensis (29. Aug.).
70. David Motzbeck Esslingensis (31. Aug.).
71. Joannes Fry Aspergensis (4. Sept.).
72. Augustinus Bernerus Tinganiensis (6. Sept.).
73. Jacobus Pfeffingerus Argentoratensis (9. Sept.).
74. Mattheus Heller Wildpergensis (10. Sept.).
75. Georgius Rith Stingensis (11. Sept.).

---

a) Oder ein Wort: Eitelürlert

51. B. a. 7. April 49.
52. Dr. iur. utr. Sept. 54.
55. Stip. 9. Mai 48. — B. a. 24. Sept. 50. *MFABacc.:* G. Contzmannus.
Hallensis. — M. a. 9 Febr. 52. — *Schmoller 76.*
60. Vgl. *139,62.*
61. B. a. 24. Sept. 51. *MFABacc.:* Wolfhardt. — M. a. 81. Juli 55.
63. B. a. 7. April 49. — M. a. 5. Aug. 51. *MFAMag.:* Vimpelin, iurisconsultus, archiepiscopia Trevirensis principis electoris consiliarius.
64. Vgl. *148,37.*
69. B. a. 27. Sept. 48. — M. a. 4. Febr. 51. *MFAMag.:* Caspar.

76. Joannes Leiphaimer Ulmensis (13. Sept.).
77. David Waltherus Augustanus (19. Sept.).
78. Philippus Ulianus Rauenspurgénsis (25. Sept.).
79. Wendelinus Engelman Wormaciensis famulus bursae nihil solvit (27. Sept.).
80. Bernhardus Niger Landagensis, famulus bursae nihil solvit (27. Sept.).
81. Georgius Zehender Ellwangensis (5. Okt.).
82. Georgius Kirmanner Argentoratensis (7. Okt.).

129. Sub rectoratu clarissimi viri dom. **Gebhardi Brastpergeri** iur. utr. D. a festo Lucae evang. a. **1547** usque ad festum ss. Phil. et Jac. apost. a. **1548** sequentes sunt intitulati:

1. Georgius Adelman Creilsaymensis (20. Okt.).
2. Georgius Leuthner ex Bürckenhausen Bavariae (30. Okt.).
3. Joannes Weytner Onoltzbacensis (30. Okt.).
4. Balthasar Wyland Ketner propter paupertatem nihil dedit (30. Okt.).
5. Ludovicus Stahel Esslingensis (31. Okt.).
6. Joannes Geyslin Esslingensis (31. Okt.).
7. Michael Hofmann Hallensis (3. Nov.).
8. Sebastianus Murer Tubingensis (3. Nov.).
9. Sebastianus Morholt Brackenhaymensis (4. Nov.).
10. Dom. Albertus baro a Lympurg, et praeceptor suus
11. Georgius Irach indicarunt se mihi, quod rursus velint esse sub universitate (7. Nov.).
12. Paulus Fryburger Gayldorffensis (7. Nov.).
13. Joannes Dieterich Wayblingensis (7. Nov.).
14. Egidius Hagenbuch Onoltzbacensis (7. Nov.).

---

76. B. a. 24. Sept. 50. *MFABacc.*: Leyphaim.
77. *Vgl. 142,1.*
82. *Med.*: Dom. Georgius Kyrmannus Argentinensis. Dr. med. 27. April 51.
82 a. *MFABacc.*: Philippus Göltzer Badensis. B. a. 7. April 49; *rangiert zwischen 128,51 u. 128,9; identisch mit 129,55?*

5. B. a. 25. Sept. 49. — M. a. 20. Juni 52.
7. Stip. 1. Nov. 47. — B. a. 15. Juni 48. — M. a. 12. Febr. 50. *MFA.-Mag. [am Rand]*: Dr. med. — *Schmoller 75.*
9. B. a. 7. April 49. *MFABacc.*: Maurholt.

15. Joannes Kuedorfer Franco nobilis (7. Nov.).
16. Thomas Hellerus Wildpergensis (8. Nov.).
17. Matheus Gyrhofen Augustanus (8. Nov.).
18. Joannes Drewer Esslingensis (9. Nov.).
19. Simon Martinus Giengensis (14. Nov.).
20. Sebastianus Boschman Hagennoensis (16. Nov.).
21. Joannes Renn de Sultz pago circa Wildperg sito (25. Nov.).
22. Sebastianus Schwend ex Eringa (26. Nov.).
23. Gregorius Caesar Leonbergensis (27. Nov.).
24. Christophorus Fabius Gugelius Norinbergensis (1. Dez.).
25. Rupertus Dürr Schorndorffensis (3. Dez.).
26. Joannes Agricola ex Scharenstetten pago districtus Ulmensis
    propter paupertatem nihil dedit (6. Dez.).
27. Diepoldus Ostertag ex Ringingen (7. Dez.).
28. Andreas Rist
29. Bartholomeus Schmid   } Campidonenses omnes se rursus indicarunt (7. Dez.).
30. Michael Flach
31. Joannes Gisswein ex Gamundia (11. Dez.).
32. Joannes Kempelius Uracensis (12. Dez.).
33. Henricus Heckle a Staineck nobilis (14. Dez.).
34. Marcus Linck Badensis (16. Dez.).
35. Sebastianus Rietmiller Öttingensis (19. Dez.).
36. Albertus Holtzapffel Rotenburgensis (19. Dez.).
37. Jacobus Durner de Zussmerhausen propter paupertatem nihil
    dedit (21. Dez.).
38. Thomas Schuler ex Eringa (23. Dez.).
39. Hieronimus Cobellerius Antuerpianus (28. Dez.).

---

16. B. a. 7. April 49. — M. a. 16. Juli 50.

18. B. a. 25. Sept. 49 *MFABacc.:* Treher.

21. Stip. 12. Nov. 47. — B. a. 24. Sept. 50. *MFABacc.:* Rhem Sulcensis. — M. a. 31. Jan. 54. *MFAMag.:* Rhöm. — *Schmoller 75.*

23. Stip. 15. Nov. 47. — B. a. 13. März 51. — *Schmoller 75:* G. Kayser von Höfingen.

24. B. a. 7. April 49. — M. a. 16. Juli 50. *MFABacc. u. Mag.:* Christoph. Fabius Gugel Noricus.

25. Vgl. *140,95.*

28. Vgl. *125,49.*

29. Vgl. *125,48.*

30. Vgl. *125,47.*

32. B. a. 12. März 50. — M. a. 21. Juli 54. *MFABacc. u. Mag.:* Kempel

39. B. a. 24. Sept. 50.

1548.

40. Jacobus Beck Tubingensis (7. Jan.).
41. Jacobus Schnierlin Tubingensis (8. Jan.).
42. Andreas Molitor Stutgardianus (21. Jan.).
43. Joannes Roschbeck ex Reckingen pago non procul ab Ötinga (23. Jan.).
44. Laurentius Voltz propter paupertatem et quia famulus bursae nihil dedit (24. Jan.).
45. Mathias Brotbeck Nurtingensis (23. Febr.).
46. Caspar Hernagius Dengensis, famulus contubernii nihil dedit (28. Febr.).
47. Joannes Waltherus ex Thorga, oppido Mysniae (3. März).
48. Jacobus Ganntz Göppingensis (6. März).
49. Joannes Gmelin Göppingensis (6. März).
50. Stephanus Stahel Buetigkhaymensis (6. März).
51. Joannes Piscatorius Uracensis (7. März).
52. Fridericus Stoll Uracensis (7. März).
53. Jacobus Serranus Campidonensis (10. März).
54. Joannes Milleus ex Gemerschen pago prope Spiram (14. März).
55. Joannes Geltzer Badensis (15. März).
56. Joannes Penthiclenius Argentinensis (15. März).
57. Andreas Suselin Tubingensis (21. März).
58. Philippus Grüer Tubingensis (21. März).
59. Andreas Hagstock ex Ylinga (23. März).
60. Josephus Widenmeyer ex Buetigkheym (6. April).

---

45. Stip. 15. Febr. 48. — B. a. 13. März 51. *MFABacc.:* M. Pistor. — *Schmoller 75.*

47. Stip. 29. Febr. 48. -- *Schmoller 76 f.:* Joh. Walther der jung von Wittenberg, *als Musikus angenommen.*

48. Stip. 15. März 48. — B. a. 24. Sept. 50. — M. a. 31. Jan. 54. *MFA.-Mag.:* Gans. — *Schmoller 76.*

49. Stip. 15. März 48. — B. a. 12. März 50. *MFABacc.:* Gmälin. — M. a. 20. Juni 52. *MFAMag.:* Gmelich. — *Schmoller 76:* J. Gmählich.

50. Stip. 6. März 48. — B. a. 12. März 50. — M. a. 20. Juni 52. — *Schmoller 76.*

57. B. a. 6. April 52. *MFABacc.:* Andr. Sausele Brackenheimensis. — M. a. 24. Juli 54.

58. B. a. 6. April 53. *MFABacc.:* Ph. Grawer Tubing. — Dr. med. 31. Okt. 64. *Med.:* o. O. — *Vgl. 200,72.*

61. Joannes Fessler et
62. Burchardus Fessler, Stutgardiani ambo, filii cancellarii principis ob honorem patris eis pecunia inscriptionis remissa est (6. April).
63. Joannes Moll ex Brackenheym (12. April).
64. Anshelmus Bullinger Gamundiânus (20. April).
65. Georgius Wigelius Noricus pauper et famulus stipendii principis nihil dedit (21. April).

130. Sub rectoratu eximii viri dom. **Michaëlis Ruckeri** med. D. a festo ss. Phil. et Jac. apost. a. 1548 usque ad festum Lucae evang. anni eiusdem sequentes nomina sua huic scholae dederunt:

1. Henricus Meier Memmingensis (2. Mai).
2. Martinus Vuagner Ulmensis (11. Mai).
3. Martinus Hess a Zella Ratholfi famulus contubernii nil dedit (11. Mai).
4. Joannes Vuinckelius Argentinensis (13. Mai).

5. Conradus Clock ex Bibaraco (14. Mai).
6. Erasmus Both ex Fulda famulus stipendii illustrissimi principis nihil dedit (16. Mai).
7. Hermannus Bomgartner ex Gelhusen prope Francofordiam (17. Mai).
8. Alexander Kopp ex Kirchen prope Teck (26. Mai).
9. Esaias Eberlin Ulmensis (28. Mai).
10. Joannes Amman
11. Abrahamus Hilsenbeck } Gingenses (28. Mai).
12. Michael Tyrer Herrenbergensis (30. Mai).

---

61. Stip. 6. April 48. — B. a. 25 Sept. 49. — M. a. 9. Febr. 52. — *Vgl. 145,44.* *Schmoller 84.*

62. Stip. 6. April 48. — B. a. 25. Sept. 49. — M. a. 9. Febr. 52. — Dr. iur. utr. 1558. — *Schmoller 84.*

63. Stip. 11. April 48. — B. a. 12. März 50. — M. a. 8. Febr. 53. — *Schmoller 76:* Moll von Güglingen.

64. B. a. 12. März 50. *MFABacc.:* Bulling.

10. B. a. 12. März 50.

12. B. a. 25. Sept. 49. *MFABacc.:* Deurer. — M. a. 5. Aug. 51. *MFA.-Mag.:* Teurer *[am Rand:]* iurisconsultus.

13. Marcus Vuind Fiessensis, antea sub rectoratu dom. D. Sichardi anno 46 inscriptus, nomen suum rursus indicavit (3. Juni).
14. Petrus Feurer Memmingensis (3. Juni).
15. Joannes Hartz de Menngen oppido iu Hegöw (16. Juni).
16. M. Joannes Meier antea inscriptus sub rectoratu dom. Arbogasti de Heben baronis se rursus indicavit (26. Juni).
17. Joannes Eberardus Holderman a Holderstein (27. Juni).
18. Georgius Schengk a Stauffenberg zu Wilfingen ⎫ fratres (27. Juni).
19. Guilelmus Schengk a Stauffenberg ⎭
20. Christophorus Kutz Stutgardianus (3. Juli).
21. Martinus Vuidman Kalbensis (5. Juli).
22. Joannes Gnaubenberg Francofordiensis (14. Juli).
23. Joannes Humelius Erdfordiensis (24. Juli).
24. Ludovicus Senger Esslingensis (10. Aug.).
25. Justus Cornus ex Waltza rogavit ob paupertatem sibi pecuniam inscriptionis remitti (13. Aug.).
26. Joannes Hirschman ex Schorndorff (17. Aug.).
27. Foelix Roschman ex Fuessen (18. Aug.).
28. Matheus Greinss Stutgardianus (20. Aug.).
29. Thomas Zelling ex Torga Misiae oppido, cui pecuniam inscriptionis, quia fuit secretarius illustrissimi principis et de schola bene meritus, remisi (29. Aug.).
30. Petrus Henricus Simplitius, Nar vocatus, Badensis (31. Aug.).
31. Renatus Hener Lindauiensis (3. Sept.).   *See*. Burmeister
32. Joannes Jacob a Stamma nobilis (10. Sept.).   Schulgesellen p. 283
33. Erardus Volland Tubingensis filius dom. D. Casparis Vollandii, cui pecuniam inscriptionis ob merita patris erga universitatem donandam esse putavi (17. Sept.).
34. Jacob a Nuihausen, nobilis zu Engstingen (17. Sept.).
35. Joannes Niseus Augustanus (21. Sept.).

---

13. *Vgl. 125,50.*
14. B. a. 15. Juni 48. — Dr. iur. utr. 19. April 53. *Jur.:* Aichstettensis.
16. *Vgl. 117,19 u. 135,14.*
20. B. a. 12. März 50. *MFABacc.:* Kautz. — M. a. 2. Aug. 53. *MFA.-Mag.:* Kautus.
26. *Vgl. 142,82.*
28. Stip. 20. Aug. 45. — *Schmoller 85.*
30. B. a. 7. April 49. *MFABacc.:* Simplicius. — M. a. 16. Juli 50.
33. B. a. 13. Sept. 52. — M. a. 27. Juli 58. — *Vgl. 146,10.*
35. B. a. 7. April 49. — M. a. 23. Juli 49. *MFABacc. u. Mag.:* Nysaeus.

36. Melchior Schned Nurnbergensis (22. Sept.).
37. David Held ex Dieffenau, distante quinque miliaria a Norimbergo (22. Sept.).
38. Vitus Zirn Blaubyrensis famulus contubernii nihil dedit (22. Sept.).
39. Samuel Isenmannus ex Hala Sueviae (27. Sept.).
40. Samuel Hartmannus Memmingensis (2. Okt.).
41. Sebastianus Meier Stainensis prope Marpach (3. Okt.).
42. Quirinus Simlerus Besigkeimensis (3. Okt.).
43. Joannes Lucas Vuelserus Augustanus (10. Okt.).
44. Georgius Wiertwein Leonstainensis (14. Okt.).
45. Wendelinus Bäg Herrenpergensis antea inscriptus se rursus indicavit; nil dt. (15. Okt.).

131. Sub rectoratu clarissimi viri dom. **Balthasaris Keuffelin,** theol. D. a festo Lucae evang. a. 1548 usque ad festum ss. Phil. et Jac. a. 1549 sequentes inscripti sunt:

1. Jacob Balistarius ex Elsäs Zabern (21. Okt.).
2. Georgius Candidus Augustanus (21. Okt.).
3. David Candidus alias Wyss Augustanus (21. Okt.).
4. Bernhardus Vualther Augustanus (21. Okt.).
5. Abrahamus Creberius Stutgardianus (23. Okt.).
6. Andreas Scholl Stutgardianus antea inscriptus rursum nomen suum indicavit (29. Okt.).
7. Johannes Schnabel Hailpronnensis (1. Nov.).
8. Eberardus Meier Calbensis (4. Nov.).

------

37. B. a. 25. Sept. 49. *MFABacc.*: Augustanus.

39. Vgl. *133,16.*

41. B. a. 25. Sept. 49. *MFABacc.*: Meyer. — M. a. 5. Aug. 51. — Dr. med. 26. Okt. 54. *Med.:* de Stainen prope Hailpron.

42. B. a. 25. Sept. 49. — M. a. 4. Febr. 51. *MFAMag.*: Georgius S.

45. Vgl. *115,40.*

45a. Schmoller *85:* Theodoricus Graneckler; Stip. 18. Juli 48.

45b. *MFAMag.*: Melchior Pindar Calwensis; M. a. 5. Aug. 51; *rangiert nach 130,12.*

2. B. a. 7. April 49. — M. a. 5. Aug. 51.

5. B. a. 12. März 50. — Stip. 23. April 50. — M. a. 20. Juni 52. — Schmoller *79.*

6. Vgl. *123,23* u. *156,1.*

8. B. a. 24. Sept. 50. — Stip. 9. Juni 51. — M. a. 24. Juli 54. — *Aus dem Stift entlassen 29. Dez. 53.*

9. Johel Schott Feringensis (5. Nov.).
10. Johannes Tucher Esslingensis (8. Nov.).
11. Samuel Scheffer Esslingensis (8. Nov.).
12. Joannes Scheck Gruningensis (11. Nov.)
13. Andreas Vuagner Besicamensis (12. Nov.).
14. Benedictus Zirn ex Blaubiren universitati ob paupertatem nihil dedit, sed pedello suam pecuniam numeravit (13. Nov.).
15. M. Sebastianus Pontanus Ulmensis (13. Nov.).
16. Vitus Vuick Ulmensis (15. Nov.).
17. Georgius Christophorus Vuintzelheuser ex Giglingen (8. Dez.).
18. Martinus Brem Ysnensis famulus Volmarii nihil dedit (12. Dez.).
19. Christophorus Altbusser Stutgardianus (21. Dez.).
20. Joannes Ludovicus Decker Uracensis (29. Dez.).

1549.

21. Joannes Vernherus Cnoder ex Wil im Schonbuch, cui propter patrem pecunia inscriptionis donata est (3. Jan.).
22. Gotschalkus Klock Biberacensis (8. Jan.).
23. Leonardus Öetlin ex Lauffen (13. Jan.).
24. Jacob Schranck ex Lauffen (13. Jan.).
25. Jacob Andreas Fabri Waiblingensis nomen suum rursus indicavit (17. Jan.).
26. Jacob Korn Rotuilensis (21. Jan.).
. 27. Leonardus Vueidenbach Hallensis (22. Jan.).

---

9. Stip. 27. Okt. 48. — *Schmoller 76*: Joel Sch. von Mülbach.
10. B. a. 12. März 50. — M. a. 20. Juni 52.
11. B. a. 24. Sept. 51. *MFABacc.*: Schäfer. — *Vgl.* ·136,64.
12. B. a. 12. März 50. *MFABacc.*: Schegk.
13. B. a. 12. März 50.
14. B. a. 24. Sept. 51. *MFABacc.*: Zyrn.
17. B. a. 25. Sept. 49.
19. B. a. 13. März 51. *MFABacc.*: Altpiesser. — M. a. 24. Juli 54. *MFAMag.*: Altbiesser.
20. Stip. 28. Nov. 48. — *Schmoller 76.*
21. B. a. 6. April 52. — M. a. 21. Jan. 55. *MFAMag.*: Stutgardianus [am Rand]: iur. utr. Dr. consiliarius Wyrtembergicus. — *Vgl.* 145,19.
23. Stip. 12. Jan. 49; *Schmoller 77.*
24. Stip. 12. Jan. 49. — B. a. 24. Sept. 50. — M. a. 2. Aug. 53. *MFA.-Bacc. und Mag.*: Jac. Mauck Lauffensis. — *Schmoller 77*: Maug.
25. *Vgl.* 117,18.
26. B. a. 25. Sept. 49.

28. Ludovicus Mirtzs Göppingensis (25. Jan.).
29. Georgius Ebenreich Hallensis (25. Jan.).
30. Paulus Phrigio Tubingensis nihil dedit (26. Jan.).
31. Leonardus Drunck Waiblingensis (30. Jan.).
32. Bartholomeus Sarctor ex Rixingen (31. Jan.).
33. Gallus Gricklerus ex Bulach (13. Febr.).
34. Barthomeus Laister antea inscriptus rursum nomen suum indi-
    cavit (15. Febr.).
35. Nicolaus Mutschelknus ex Bihelstein (17. Febr.).
36. Matthias Brenswecklin de Lansperg (20. Febr.).
37. Daniel Maisch de Dirkhaim (20. Febr.).
38. M. Marcus Krus ex Nurtingen iterum indicavit nomen suum
    (25. Febr.).
39. Michael Hainckin ex Kirchen iterum indicavit nomen suum
    (26. Febr.).
40. Thomas Müller ex Buchen (1. März).
41. M. Alexander Hundt iterum indicavit nomen suum (6. März).
42. Joannes Knechtlin ex Geuslingen (21. März).
43. Nicolaus Stadmannus Hallensis (22. März).
44. Jacob Dachtler rursum indicavit nomen suum (28. März).
45. Johannes Theobaldus Marckhart Argentinensis (3. April).

---

28. B. a. 24. Sept. 50. *MFABacc.:* Mertz.

30. B. a. 13. Sept. 52. — M. a. 17. Febr. 57. *MFAMag. [am Rand]:*
aulae Wyrtembergicae medicus.

32. Stip. 28. Jan. 49. — B. a. 24. Sept. 50. *MFABacc.:* Riegsingensis.
— *Schmoller* 77.

33. Stip. 22. Jan. 49. — B. a. 13. März 51. *MFABacc.:* G. Gryckeler
Buhelensis. — *Schmoller* 77.

34. *Vgl. 118,2.* — M. a. 8. Febr. 53. *MFAMag.:* Barptholomaeus L.
Gepingensis.

35. Stip. 15. Febr. 49. — B. a. 12. März 50. *MFABacc.:* Mutschelknaus
Begelstainensis. — *Schmoller* 77.

36. B. a. 12. März 50. *MFABacc.:* Benswecklin.

38. *Vgl. 106,18.*

39. *Vgl. 109,30.*

41. *Vgl. 111,17.*

43. *MFABacc.:* Johannes Stadman, Hallensis; B. a. 12. März 50
(muss wohl mit obigem identifiziert werden und nicht mit 133,34). — M. a.
9. Febr. 52. *MFAMag.:* Nicolaus St. *[am Rand:]* iurisconsultus, cancellarius
Brandenburgicus. *Vgl. 146,46.*

44. *Vgl. 113,22.*

46. Martinus Vollandt Grûningensis (4. April).
47. Georgius Stübler ex Minchingen (4. April).
48. Joannes Hummel ex Bermatingen (8. April).
49. Philippus Vuurtzelman ex Marpach (9. April).
50. Bartholomeus Burrer ex Lecha (15. April).
51. M. Georgius Udel ex Bithicam iterum indicavit nomen suum (16. April).
52. Albertus Knisser ex Waltenbuch (25. April).
53. Albertus Millerus Gettingensis (30. April).

132. Sub rectoratu clarissimi viri dom. **Joannis Sichardi** iur. utr. D. a. 1549 per semestre aestivale sequentium. nomina in album studiosorum sunt relata:

1. Paulus Seckel Hallensis, studens Haidelbergensis (2. Mai).
2. Georgius Byschlag Hallensis (2. Mai).
3. Henricus Knaur Cromakumensis dioecesis Bambergensis, famulus nihil dedit (6. Mai).
4. Jacobus Blanck ex Bibraco (7. Mai).
5. Paris Scholl ·Dinckelspulensis (7. Mai).

---

47. Stip. 15. März 49. — B. a. 24. Sept. 50. *MFABacc.:* Stuber. — *Schmoller* 77: Stüber.

50. Stip. 29. März 49. — B. a. 13. März 51. *MFABacc.*: Burer Lochkamensis. — *Schmoller* 77: von Löchgau.

51. *Vgl. 117,23.*

53. B. a. 13. März 51.

53a. *Schmoller* 77: Wendelinus Rodt von Riechzingen; Stip. 15. Mai 49. — *MFABacc.:* Wendelinus Rodt Phortzensis; B. a. 13. März 51.

53b. *MFABacc.:* Johannes Nopp Hechingensis; B. a. 24. Sept. 51. *rangiert zwischen 132,8 u. 33.*

53c. *MFABacc.:* Johannes Michael Vicklerus Villerstattensis; B. a. 12. März 50; *rangiert nach 131,13.* — M. a. 20. Juni 52. *MFAMag. [am Rand]:* utr. iur. Dr. camerae imperialis advocatus et procurator, stipendii sive collegii apud nos Fickleriani fundator. — *Vgl. 141,16.*

53d. *Schmoller* 77: Helias Fuchs von Neuffen; Stip. 20. Juni 49. — *MFABacc. u. Mag.:* Helias Fuchsius Esslingensis. — B. a. 24. Sept. 50; *rangiert zwischen 127,33 u. 132,14.* — M. a. 31. Jan. 54.

1. B. a. 24. Sept. 50. — M. a. 20. Juni 52.

4. B. a. 24. Sept. 51. *MFABacc.:* Planck. — M. a. 31. Juli 55.

5. B. a. 12. März 50. — M. a. 9. Febr. 52. *MFAMag. [am Rand]:* iurisconsultus, Uracensium archigrammaticus. — *Vgl. 152,15.*

6. Wendelinus Schemp Neustattensis ex agro Ulmensi (8. Mai).
7. Joannes Diepoldt Ulmensis (8. Mai).
8. Martinus Ysingrin Stutgardianus (9. Mai).
9. Jacob Herderlin Stutgardianus (9. Mai).
10. Joannes Waltherus Reich Tubingensis (14. Mai).
11. Lucas Berlinus Dinckelspulensis (14. Mai).
12. Dionisius Gremp Stutgardianus (16. Mai).
13. Luitfridus Volandius Rauenspurgensis (16. Mai).
14. Marcellus Scriba ex Backnau (16. Mai).
15. Sebastianus Vucickersreutter Schuabach (17. Mai).
16. Philippus Andreas Fabri Waiblingensis (18. Mai).
17. Otho Haym ex Craylsam (18. Mai).
18. Alexander Metz Marpachensis (2. Juni).
19. Crispinus Symmel praedicator in Syndolfingen nomen suum rursus indicavit (3. Juni).
20. Bartholomeus Hetler ex Hohenhaslach (4. Juni).
21. Leonardus Linckius Giglingensis (5. Juni).
22. Carolus a Schuendi (7. Juni).
23. Joannes Schenck Rotenburgensis ad Tubarum (7. Juni).
24. M. Alexander Plessing ex Kirchen iterum se indicavit (8. Juni).
25. Fridericus Walterus ⎫
26. Daniel   ⎬ ab Anweil (8. Juni).
27. Fridericus Jacobus ⎭

---

6. B. a. 24. Sept. 50. — M. a. 8. Febr. 58. *MFABacc. u. Mag.:* Ulmensis.

8. B. a. 24. Sept. 50. *MFABacc.:* Eysengrein.

9. B. a. 24. Sept. 51. *MFABacc.:* Hertele. — M. a. 21. Jan. 55. *MFA-Mag.:* Hertelin.

14. B. a. 24. Sept. 50.

15. B. a. 24. Sept. 50. *MFABacc.:* Weyckerschreyter.

16. Stip. 20. Juni 49. — B. a. 24. Sept. 51. *MFABacc.:* Phil. Faber. — *Schmoller 78.*

17. B. a. 18. März 51.

18. Stip. 1. Juni 49. — B. a. 18. März 51. — M. a. 2. Aug. 58. — *Schmoller 77.*

19. *Vgl. 113,4.*

20. Stip. 2. Juni 49. — B. a. 24. Sept. 50. — M. a. 2. Aug. 58. *MFAMag.* [am Rand]: artium apud nos professor. — *Schmoller 77.*

21. B. a. 6. April 53. — *Vgl. 136,73 a.*

23. B. a. 25. Sept. 49. — Dr. med. 26. Okt. 54. *Med.;* Schengkius.

24. *Vgl. 104,12 u. 113,11.*

28. Petrus
29. Paulus } a Gültlingen (18. Juni).

30. Daniel Volmarius, filius doctoris Volmarii nihil dedit (18. Juni).

31. Jacobus Scriba ex Backnau (19. Juni).

32. August.[a] Rayninger ex Pfullendorff (19. Juni).

33. Rudolphus Ziegler Stutgardianus (19. Juni).

34. Udalricus Mertz Göppingensis (21. Juni).

35. Valentinus Vuidman Leonbergensis (21. Juni).

36. Michael Baumeister Ulmensis (4. Juli).

37. Michael Greif ex Tutlinga (4. Juli).

38. Joannes Vogler ex Tutlinga (4. Juli).

39. Joannes Hilteprandus propter parentem nihil solvit (6. Juli).

40. Martinus Braun Bibracensis (12. Juli).

41. Lucas ab Hochfeldt Argentoratensis (22. Juli).

42. Joannes Vaccius Argentoratensis stud. Friburgensis (2. Aug.).

43. Thomas Ernst Nordlingensis (3. Aug.).

44. Joannes Brandmuller Bibracensis (6. Aug.).

45. Wolfgangus Arena ex Traunstain famulus nihil solvit (11. Aug.).

46. Martinus Rauber Mellingensis (19. Aug.).

47. Gregorius Faber Lucensis dioecesis Morsburgensis (20. Aug.).

48. Werichius Wilandus Vayhingensis (21. Aug.).

49. Josua Boschar Constantiensis (22. Aug.).

50. Sampson Hertzog Badensis (22. Aug.).

51. Gallus Hartman ex Fussen (27. Aug.).

52. Guilelmus Xilander Augustanus (27. Aug.). *Xylander!*

---

a) Augustus *oder* Augustinus?

31. B. a. 24. Sept. 50.

32. B. a. 24. Sept. 50. *MFABacc.*: Ramminger.

33. Stip. 23. April 50. — B. a. 24. Sept. 51.

35. Stip. 20. Juni 49. — B. a. 24. Sept. 51. — M. a. 24. Juli 54. — *Schmoller 78*: von Dätzingen (Ditzingen?)

39. B. a. 19. Sept. 54. — M. a. 17. Febr. 57.

42. B. a. 12. März 50.

43. B. a. 24. Sept. 51.

47. Dr. med. 9. Mai 54. *Med.*: Lutzensis.

48. Stip. 18. Aug. 49. — B. a. 13. März 51. *MFABacc.*: Wilychius Weylandt. — M. a. 31. Jan. 54. — *Vgl. 147,32; Schmoller 78.*

49. Dr. med. 19. April 58. *Med.*: Johannes Josua Boschar.

51. B. a. 12. März 50.

52. B. a. 12. März 50. *Xylander!*

53. Joannes Rem ex Fussen (27. Aug.).
54. Franciscus Bachman Nordlingensis studens Wittembergensis (28. Aug.).
55. Martinus Zueccius Argentoratensis (4. Sept.).
56. Godefridus a Zymbern (11. Sept.).
57. Cornelius Mediolanensis ex Holtzkirch (16. Sept.).
58. Eberardus Gerlach Böblingensis (8. Okt.).
59. Marcus Ferckelius Nurtingensis (8. Okt.).
60. Jacob Gruppenbacher Dornstettensis (10. Okt.).
61. M. Wendelinus Lucius ex Gerspach studens Wittembergensis (11. Okt.).

133. Sub rectoratu ornatissimi viri **Leonarti Fuchsii** med. D. a festo Lucae evang. a. 1549 usque ad festum ss. Phil. et Jac. a. 1550 sequentes nomina sua scholae dederunt:

1. Petrus Ortius Genhausensis pauper, nil dt. (22. Okt.).
2. Wernherus Seither Halensis[a] (26. Okt.).
3. Christophorus a Segendorff nobilis (2. Nov.).
4. Simon Titius Vinariensis (2. Nov.).

---

a) *Von hier an durch das ganze Rektorat ist die regelmäßige Inskriptionsgebühr mit 6 β bezeichnet.*

53. B. a. 12. März 50. *MFABacc.*: Rhem.

55. B. a. 12. März 50. *MFABacc.*: Zwetzius.

57. Stip. 9. Juni 51. *Alb. stip.*: Cornelius Mailender von Nürtingen; *17. Aug. 53 abgeschafft.*

59. B. a. 13. März 51. *MFABacc.*: Marcus Violman Nurtingensis *(so identifiziert wegen der Stellung zwischen 132,48 u. 133,6).* — M. a. 2. Aug. 53. *MFAMag.*: Marc. Feigkelman.

62a. *MFABacc.*: Michael Beck Uberlingensis; B. a. 24. Sept. 50; *rangiert zwischen 134,22 u. 132,20.*

62b. *Schmoller 78*: Michael Reblin von Bietigheim; Stip. 20. Juni 49. — *MFABacc.*: Michael Räblin Buticamensis; B. a. 24. Sept. 51; *rangiert zwischen 132,43 u. 133,5.*

1. B. a. 24. Sept. 50. *MFABacc. u. Mag.*: Gelnhusensis. — M. a. 31. Jan. 54.

2. B. a. 12. März 50. — M. a. 9. Febr. 52. *MFAMag. [am Rand]*: iurisconsultus, urbis Augustanae Vindelicae advocatus.

3. Vgl. 140,19.

4. B. a. 12. März 50. — M. a. 16. Juli 50. *MFABacc. u. Mag.*: Titius.

5. Joannes Andreas Schorndorffensis (4. Nov.).
6. Leonartus Isenmannus Halensis (5. Nov.).
7. Georgius Pfest Bibracensis. (6. Nov.).
8. Leonartus Kunig Wembdingensis (6. Nov.).
9. Georgius Furderer Urachensis pauper (9. Nov.).
10. Daniel Vuerner Daphammensis (15. Nov.).
11. Abrahamus Hechstetter Augustanus (19. Nov.).
12. Joannes Vuilfesheim Hagennoensis (21. Nov.).
13. Ulricus Philippus a Massenpach (25. Nov.).
14. Jacobus Relingerus Augustanus (26. Nov.).
15. Barptolomeus Saurzapff Sultzbachensis (28. Nov.).
16. Samuel Isenmannus Halensis se denuo indicavit; nil dt. (2. Dez.).
17. Joannes Vischer Wendingenus se iterum indicavit; nil dt. (3. Dez.).
18. Joannes Conradus Herpst ·Nagoltensis (5. Dez.).
19. Laurentius Fridlinus Bietigkhaimensis (15. Dez.).
20. M. Laurentius Brentzel iterum est receptus in studiosorum numerum; nil dt. (30. Dez.).

1550.

21. Constantinus Herman Venetus (15. Jan.).
22. Samuel Streler compaginator librorum (16. Jan.).
23. Joannes Stephanus Halensis (28. Jan.).
24. Georgius a Gablentz nobilis (30. Jan.).
25. Joannes Anshelmus Wisenstaigensis (30. Jan.).
26. Henricus Vollandus Gröningensis (5. Febr.).
27. Adolphus a Glaburg nobilis (10. Febr.).
28. Conradus Vuindlsin Gamundianus (12. Febr.).

---

5. B. a. 24. Sept. 51. — *Vgl. 157,89.*
6. B. a. 13. März 51. *MFABacc:* Bernh. Issmannus. — *Vgl. 146,12.*
9. B. a. 13. März 51. — M. a. 8. Febr. 53.
10. Stip. 23. April 50. — B. a. 24. Sept. 51. *MFABacc.:* Dophensis. — *Schmoller 78.*
12. B. a. 24. Sept. 50. *MFABacc.:* Uilfezhaim. — M. a. 5. Aug. 51. *MFAMag.:* Wyluesheim.
16. *Vgl. 130,39.*
17. *Vgl. 109,43.* — Dec. fac. med. primo 1568; ultimo 1586.
18. B. a. 24. Sept. 51. — M. a. 24. Juli 54.
20. *Vgl. 64,39?*
28. B. a. 24. Sept. 51. *MFABacc.:* Windeysin.

29. Zimpertus Miller a Bodman (8. März).
30. Oswaldus Schreckenfux Austriacus (8. März).   (1511 – 1575)
31. Lucius Gessler Memmingensis (8. März).
32. M. Martinus Kessler Budicensis (10. März).
33. Wolphgangus Albertus Rid nobilis (10. März).
34. Joannes Statmannus Halensis (22. März).
35. Rodolphus Gretler Dorenbulensis (29. März).
36. Joannes Hessus Norimbergensis (5. April).
37. Ulricus Zuickerus Memmingensis (11. April).
38. Christophorus Zuickerus Memmingensis (11. April).
39. Henricus Retzman Botamensis ⎱ ambo compaginatores librorum;
40. Joannes Pistor Sultzensis   ⎰ dederunt 1 β (12. April).
41. Joannes Steckius nomen suum denuo indicavit, nil dt. (16. April).
42. Balthasar Gugelius Noricus (18. April).
43. Sebastianus Schegk Gröningensis (27. April).
44. Balthassar Eglinger Waiblingensis (29. April).
45. Christophorus Geider Stutgardianus (29. April).

134. Sub rectoratu eximii viri dom. **Balthasaris Keufelin,**
theol. D. a festo ss. Phil. et Jac. apost. a. 1550 usque ad festum
Lucae evang. anni eiusdem sequentes nomina sua huic scholae
dederunt:

1. Sympertus Lyns Memingensis [a] (6. Mai).
2. Jeorius Ludtkircher Memingensis (6. Mai).
3. Thadeus May Brackenhaimensis (9. Mai).

---

a) *Von hier an beginnt eine neue Hand des Abschreibers; und die Bemerkung über die
Inskriptionsgebühr fehlt vollständig.*

30. B. a. 12. März 50. — M. a. 7. Febr. 51. *MFABacc. und Mag.:*
Schreckenfuchsius Austriacus. *MFAMag. [am Rand]:* Professor Fryburgensis.
34. Vgl. 131,43. — B. a. 24. Sept. 51. — M. a. 8. Febr. 53. — *Vgl. 145,45*
und 147,56.
43. B. a. 6. April 52. — M. a. 24. Juli 54. — *Vgl. 145,2.*
44. Stip. 28. April 50. — B. a. 6. April 52. *MFABacc.:* Walthasar
Edlinger Beblingensis. *(Die Verwechslung ebenso wie bei 134,5 unter dem*
Dekanat des Garbitius Jllyricus.) — M. a. 24. Juli 54. *MFAMag.:* Öglinger. —
Schmoller 78.
45. Stip. 28. April 50. — B. a. 24. Sept. 51. — *Schmoller 78.*
45a. MFABacc.: Michael Beck Vberlingensis. — B. a. 24. Sept. 50.
— M. a. 20. Juni 52. *MFAMag.:* Bögk.

   3. Stip. 9. Juni 51. *Alb. stip.:* Theobaldus M. — B. a. 6. April 53.
MFABacc.: Tatheus M. — *Diakonus in Herrenberg Sept. 55.*

4. Laurentius Marckvuart Studtgardianus (9. Mai).
5. Andreas Eib Waiblingensis (11. Mai).
6. Bartholomeus Egon ex Sultz (14. Mai).
7. Christopherus Khun Stutgardianus (16. Mai).
8. Hieronymus Bousch Studtgardianus (16. Mai).
9. Nicolaus Felter Minsingensis (17. Mai).
10. Jeorius Blos Minsingensis (17. Mai).
11. Christopherus a Lauuenberg (19. Mai).
12. David Pappus Lindauiensis (21. Mai).
13. Esaias Misnerus Studtgardianus (24. Mai).
14. Johannes Stainlin ex Hasloch (4. Juni).
15. Leonardus Serminger ex Watersfeld (4. Juni).
16. Johannes Keller ex Nurtingen (5. Juni).
17. Martinus Neis ex Peuren (5. Juni).
18. Johannes Herbick ex Gerteringen (6. Juni).
19. Joannes Hupertus Striter Spirensis (9. Juni).
20. Conradus Brothag Geppingensis (9. Juni).
21. Christopherus Grins Stutgardianus (13. Juni).
22. Renhardus a Hausa Tubingensis (15. Juni).

---

4. Stip. 28. April 50. — B. a. 6. April 52. — *Schmoller 78.*
5. Stip. 28. April 50. — B. a. 6. April 52. *MFABacc.*: Beblingensis.
— M. a. 24. Juli 54. — *Vgl. 133,44.*
6. B. a. 24. Sept. 51. — *Vgl. 140,10 u. 147,43.*
7. B. a. 6. April 52. *MFABacc.*: Khain. — M. a. 12. Aug. 56. *MFA.-*
Mag.: Kun.
8. B. a. 6. April 52. — M. a. 81. Jan. 54. — *MFABacc. u. Mag.*; Bausch.
MFAMag. [am Rand]: postea dom. D. Jacobi Scheckii gener 1563 et Haganoe
medicus.
9. Stip. 28. April 50. — B. a. 24. Sept. 51. *MFABacc.*: Velter. —
Schmoller 78.
10. Stip. 28. April 50. — B. a. 6. April 52. *MFABacc.*: Blöss. — M. a.
24. Juli 54. *MFAMag.*: Blaus. — *Schmoller 79.*
13. *MFABacc.*: Esaias Meychsner Stuttg. Bacc. Heydelberg. 26. Mai 50
se inscribi in album illud petiit.
14. Stip. 9. Juni 51. — B. a. 13. Sept. 52. *MFABacc.*: Steinling. — M. a.
21. Jan. 55. *MFA.Mag.*: Stain. — *Alb. stip.*: Stehelin.
16. Stip. 28. April 50; *Schmoller 79.*
17. Stip. 28. April 50; *Schmoller 79.*
18. Stip. 28. April 50. — B a. 13. Sept. 52. — *Schmoller 79*: Herwig.
19. B. a. Sept. 53. *MFABacc.*: Streitter. — Dr. med. 5. Okt. 62.
20. B. a. 6. April 52. *MFABacc.*: Prothans.
21. B. a. 6. April 52. *MFABacc.*: Greins. — Stip.; *Schmoller 85.*
22. B. a. 24. Sept. 50. *MFABacc.*: Reinh. de Hausen. — M. a. 8. Febr. 53.

23. Laurentius Conradus Montanus (29. Juni).
24. Sebastianus Keller Tubingensis (3. Juli).
25. Nicolaus a Moffan Montispellicardensis (8. Juli).
26. Hainricus Besserer Ulmensis (9. Juli).
27. Josias Hornvuolt ex Bitica iterum indicavit nomen suum (9. Juli).
28. Hermannus Paul ex Niderwisel, compaginator librorum (21. Juli).
29. Hermannus Vueis Isenacensis, compaginator librorum (26. Juli).
30. Jacobus Payer Reutlingensis (4. Aug.).
31. Johannes Ruff Lauffensis (7. Aug.).
32. Tobias Sterneis Landspergensis (20. Aug.).
33. Philippus Stahel Esslingensis (21. Aug.).
34. Christopherus Schenck Stutgardianus (29. Aug.).
35. Martinus Cles Studtgardianus (4. Sept.).
36. Petrus Kleutzen Hamburgensis (3. Okt.).
37. Casparus Bender Haydelbergensis (5. Okt.).
38. Florianus Beyer Uracensis (6. Okt.).
39. Joannes Erhardus Sturmlin Studtgardianus (8. Okt.).
40. Hector ab Hapsperg (10. Okt.).
41. Mattaeus Satler Haybachensis (12. Okt.).
42. Joannes Michael Vay Tubingensis (13. Okt.).

135. Sub rectoratu clarissimi viri dom. **Casparis Vollandii** iur. utr. D. et canonici professoris ordinarii a festo Lucae evang. a. 1550 usque ad festum divorum Phil. et Jac. apost. a. 1551 sequentes nomina sua huic scholae dederunt:

23. Dr. iur. utr. Sept. 54. — *Jur.*: Laur. Conr. Montanus Berckhaimensis.
24. Stip. 9. Juni 51. — *Wegen Negligenz geurlaubt 30. Juni 53.*
27. *Vgl. 122,10.*
30. B. a. 13. März 51. *MFABacc.*: Jac. Bauarus.
31. Stip. 9. Juni 51. — B. a. 13. Sept. 52. *MFABacc.*: Rueff. — M. a. 31. Juli 55. — *1557 Pfarrer in Gültlingen.*
35. Stip. 9. Juni 51. — B. a. 6. April 52. -- M. a. 24. Juli 54. — *MFABacc.* u. *Mag.*: Kless. — *Diakonus in Waiblingen Dez. 1558.*
38. B. a. 13. Sept. 52. *MFABacc.*: Fl. Burer Auracensis.
39. B. a. 24. Sept. 51.
42. B. a. 25. Sept. 55. *MFABacc.*: Vacius. — M. a. 17. Febr. 57. — Dr. iur. utr. Okt. 64. *Jur.*: Mich. Vayus.

1. Joannes Man Grönningensis (19. Okt.).
2. Ulricus Vuolfhardus Memingensis (23. Okt.).
3. Johannes Conradus ab Helmstet nobilis (24. Okt.).
4. Theophilactus Vueys Argentoratensis (27. Okt.).
5. Joannes Beck Uberlingensis (29. Okt.).
6. M. Jacobus Rabus Memingensis se rursus indicavit (2. Nov.).
7. Jacobus Burckart Stutgardianus (14. Nov.).
8. Andreas Muscay Ehingensis ad Danubium (15. Nov.).
9. Joannes Gysel Wayblingensis (22. Nov.).
10. Moises Stern Bretthaymensis (24. Nov.).
11. Martinus Hoffstetter Candtstadiensis (25. Nov.).
12. Sebastianus Rieber Zwifaltensis (26. Nov.).
13. Maximilianus a Kreut nobilis (20. Dez.).
14. M. Joannes Mayer se rursus indicavit (20. Dez.).
15. Johannes Vueckerlin Candtstadiensis se rursus indicavit (21. Dez.).
16. Christophorus Pistoris ex Nevnenburg (25. Dez.).
17. Joannes Faber Maisenbachensis (31. Dez.).
18. Venerandus Gabler med. Doctor se rursus indicavit (31. Dez.).

1551.

19. Daniel Scheublin Marpachensis se rursus indicavit (7. Jan.).
20. Gedeon Gretlin ex Rauenspurgo (15. Jan.).
21. David Erberman ex Neuuenstat (23. Jan.).
22. Michael Huttenloch ex Khungen rursus se indicavit (27. Jan.).
23. Casparus Vuief Rauenspurgensis (30. Jan.).
24. Georgius Marcus Cnoderus ex Weil im Schönbuch (15. Febr.).
25. Georgius Streit Stutgardianus (8. März).
26. Bernhardus Mettelin ex Pfirpago Turgauiae (11. März).

---

2. Dr. iur. utr. 19. April 53.
6. *Vgl. 106,2.*
8. B. a. 13. März 51. *MFABacc.:* Musca. — M. a. 8. Febr. 53.
11. B. a. 13. Sept. 52. — M. a. 31. Juli 55.
12. B. a. Sept. 53.
14. *Vgl. 117,19 u. 130,16.*
15. *Vgl. 117,2.*
16. *MFABacc.:* Bacc. Friburgensis rec. 4. Jan. 51 in consortium baccal.
18. *Vgl. 108,4.*
22. *Vgl. 125,73.*
26. B. a. 24. Sept. 51. *MFABacc.:* Mettelinn Pfinnensis. — M. a. 8. Febr.
52. *MFAMag.:* Mettellus Phinensis *[am Rand:]* medicinae Dr., Pomeraniae ducis medicus. — *Vgl. 144,3.*

27. David Thomae ex Lauffen (11. März).
28. Georgius Aicher ex Dingolfinga Bavarus (11. März).
29. Ulricus Bircklinus ex Wila in Schönbuch (15. März).
30. Daniel Cellarius Ulmensis (17. März).
31. Conradus Marchtaler modista (23. März).
32. Sebastianus Plous Minsingensis (31. März).
33. Abel Vinarius Argentoratensis (31. März).
34. Joannes Ânlin Schorndorfensis (5. April).
35. Aaron Jung ex Underohishaym (15. April).
36. Thobias Zorerus Augustanus (21. April).
37. Benedictus Burgoerus Lindauiensis (21. April).
38. Johannes Hergershouer Cûntzelsaugensis (24. April).
39. Joannes Vetter Norinbergensis (24. April).
40. Paulus Sidinschuher Norinbergensis (24. April).
41. Aaron Mang Ulmensis (27. April).

136. Sub rectoratu eximii viri dom. **Michaelis Ruckeri,**
med. D. a festo ss. Phil. et Jac. apost. anni 1551 usque ad festum Lucae
evang. anni eiusdem sequentes nomina sua huic scholae dederunt:

1. Anthonius Damas ⎫
2. Franciscus Damas, ⎬ fratres germani, Galli barones (3. Mai).
3. Jacobus Vagotius praeceptor illorum puerorum (3. Mai).
4. Philibertus Tholorionus, famulus eorum (3. Mai).
5. Thomas Hessus ex Kirchen sub Tecka (7. Mai).

——— — —

29. B. a. 6. April 53. *MFABacc.*: Huldrichus Burckly Weilensis in Schon-
bach, famulus tum bursarum.

32. Stip. 9. Juni 51. — B. a. 13. Sept. 52. *MFABacc.*: Bloss. — M. a.
24. Juli 54. *MFAMag.*: Blos. — Rep. — *Febr. 56 paedagogus su Hirsau.*

33. Stip. 9. Juni 51. — B. a. 13. Sept. 52. — M. a. 31. Jan. 54. *MFA.-
Bacc. u. Mag.*: Abel Vinerius Mezingensis. — *1554 (vom Stift aus) Pfarrer
in Hagelloch; 1556 Diakonus in Tübingen.*

35. B. a. 6. April 53. *MFABacc.*: Ausamensis.

41. Stip. April 52. — B. a. 13. Sept. 52. — M. a. 24. Juli 54.

41a. *Theol.*: Dom. Mag. Jacobus Heerbrandus Gengensis 22. April 1551
promotus est. Insignia doctoralia collata sunt a Balth. Keuffelin. Anno 1557 a
Porta Hercyniae (vulgo Pforzhaim) veniens in professorem theol. ordinarium receptus
est. — *Vgl. Heyd.*

5. Stip. 9. Juni 51. — B. a. 6. April 53. — M. a. 21. Jan. 55. — *Diakon
in Stuttgart 11. Jan. 57.*

6. Erasmus Rûber ex Bixendorf regionis Austriacae (11. Mai).
7. Egidius Hoffmayer, ex Degenseuw pago Bavariae (11. Mai).
8. Josephus Hürnbach Lindauiensis (12. Mai).
9. Jodocus Schad Ulmensis (14. Mai).
10. Ottho de Gins nobilis (19. Mai).
11. Conradus a Schvualbach nobilis (19. Mai).
12. Joannes Mendlin Conburgensis (19. Mai).
13. Hainricus de Sancto Engelberto nobilis Bipontinus (20. Mai).
14. Joannes Ziegler Nurtingensis (22. Mai).
15. Mag. Michael Vollandus Grieningensis se rursus indicavit (25. Mai).
16. Joannes Volmer ex Kitzingen (25. Mai).
17. Joannes Scholl ex Echtingen (26. Mai).
18. Israhel Didelhûber ex Macham pago distante duo miliaria a Lypsia (26. Mai).
19. Philippus Neidlingerus ex Langenaw (27. Mai).
20. Georgius Bruck Tremoniensis parrochus missarius Tubingensis (27. Mai).
21. Nicolaus Dalonuille Gallus (27. Mai).
22. Abrahamus Musculus Augustanus (29. Mai).
23. Panthaleon Klain de Rastet (1. Juni).
24. Simon Schuuycker Wolfenhusensis (1. Juni).
25. Philippus Schulthais ex Hala Suevorum (1. Juni).
26. Joannes Brastperger Uracensis (4. Juni).
27. Hugo Theodericus Kirser Badensis (6. Juni).

8. *MFA Bacc.*: Hirnbach, Bacc. Ingolstadt. rec. 12. Mai 51 in societatem baccalareorum. — M. a. 20. Juni 52. *MFA Mag.*: Hyrenpach.

12. B. a. 13. Sept. 52. *MFA Bacc.*: Mendel Chamburgensis. — M. a. 31. Jan. 54. *MFA Mag.*: Hallensis.

15. *Vgl. 122,9.* — Dr. iur. utr. Sept. 54.

16. B. a. 7. März 54. — M. a. 31. Juli 55. *MFA Bacc. und Mag.*: Volmarius.

18. Stip. 9. Juni 53. *Alb. stip.*: Isr. Dittelhofer; *ist abgeschafft von seines Unfleiss wegen a. 53.*

19. B. a. 13. Sept. 52. *MFA Bacc.*: Ulmensis.

22. B. a. 13. Sept. 52.

24. Stip. April 52. *Alb. stip.*: Schweickhart Herrenbergensis. — B. a. Sept. 53. *MFA Bacc.*: Schweiggher. — M. a. 12. Febr. 56. *MFA Mag.*: Sim. Schweickhart Herrenbergensis.

26. B. a. 13. Sept. 52. *MFA Bacc.*: Auracensis. — M. a. 21. Jan. 55. *MFA Mag. [am Rand]*: utr. iur. Dr. cancellarius Wyrtenbergicus. — Dr. iur. utr. Okt. 64.

28. Mag. Hieronymus Schnierlin ex Hala Suevorum (12. Juni).
29. Martinus Kapler Wildpergensis (20. Juni).
30. Wendelinus Scherb ex Hefingen (24. Juni).
31. Mattheus Herbrot Augustanus (27. Juni).
32. Ulricus Morhart typographi filius se rursus indicavit (29. Juni).
33. Martinus Phrechtus Ulmensis theol. Lic. (2. Juli).
34. Joannes Isimannus Hallensis (2. Juli).
35. Noa Ecker Kirchensis (11. Juli).
36. Joannes Schuuegelin Weinspergensis (11. Juli).
37. Christophorus Dum a Neuburg (11. Juli).
38. Georgius Scheck ex Malmsa (11. Juli).
39. Jacobus ab Honeck (12. Juli).
40. Joannes Theodericus a Gemmingen (12. Juli).
41. Jacobus Steck Stutgardianus (12. Juli).
42. Joannes Erhardus Sultzensis (17. Juli).
43. Gedeon Syngrien Reutlingensis (18. Juli).
44. Claudius Valottus ex Monte Pelegardo (19. Juli).
45. Marcus Krapner Fruntenhusensis (24. Juli)..
46. Conradus Öler ex Wyla in Schonbuch (24. Juli).
47. Joannes Alber Reutlingensis (25. Juli).
48. Joannes Lipp Bertenbaimensis (27. Juli).

— · ---   ·

29. Stip. 9. Juni 51. — B. a. 13. Sept. 52. *MFABacc.:* Caplerus. —
M. a. 21. Jan. 55. *MFAMag.:* Cappler. — *Diakonus in Sulz 12. Febr. 56.*

30. Stip. 9. Juni 51. — B. a. 6. April 53. *MFABacc.:* W. Schenn Leonbergensis. — M. a. 21. Jan. 55. *MFAMag.:* Scherb. — *1556 Diakon in Herrenberg.*

32. Vgl. 116,17 u. 142,108.

33. *Theol.:* 1554 vices egit Beurlini; obiit in fine mensis Septembris 1556.
— Rect. 1555/56.

35. B. a. 7. März 54.

36. Stip. 9. Juni 51. — B. a. 6. April 58. *MFABacc.:* Schwägerly. —
M. a. 21. Jan. 55. — *Sept. 55 Diakonus in Rosenfeld.*

41. B. a. 11. Sept. 56. — Vgl. 141,36.

42. Stip. 9. Juni 51. — B. a. Sept. 53. — *1553 gen Kirchheim gethan,
da er ein Provisor ist worden; dann wieder ins Stift aufgenommen, 1555 an
die Provisorei nach Stuttgart; vor 1558 Diakonus in Haubersbronn.*

43. B. a. 7. April 57. *MFABacc.:* Seingrin.
44. Stip. 9. Juni 51. — B. a. Sept. 53. *MFABacc.:* Fallotus. — *Vgl. Nro. 73 b.*
46. B. a. 13. Sept. 52. *MFABacc.:* Erler.
47. Stip. 9. Juni 51. — B. a. 6. April 53. — *Aus dem Stift entlassen
17. Aug. 53.*

49. Samuel Hailand Kalbensis (27. Juli).
50. Paulus Schnepfius ex Sultzbach ducatus superioris Palatini (1. Aug.).
51. Georgius Gast ex Sultzbach (1. Aug.).
52. Joannes Gutrecht Constantiensis (7. Aug.).
53. Balthassar Agricola Walcensis (8. Aug.).
54. Robertus Vischer ex Herenberg (9. Aug.).
55. Philippus Zoller ex Liechtenaw (12. Aug.).
56. Sebastianus Coccius ex Candstat, illustrissimi principis Eberhardi iunioris a Wirtenberg praeceptor (17. Aug.).
57. Vincentius Coocius ex Candstat se rursus indicavit (17. Aug.).
58. Victor Coccius (17. Aug.).
59. Joannes Wielandus ex Hala Suevorum (17. Aug.).
60. Vitus Ziegler Stutgardianus (21. Aug.).
61. Berchtoldus Nittel Stutgardianus (21. Aug.).
62. Hainricus Schwebling Bipontanus (22. Aug.).
63. Christophorus Pfisterus Augustanus (22. Aug.).
64. Samuel Scheffer Esslingensis se rursus indicavit (29. Aug.).
65. Rhaymundus Vogler Haylpronnensis se rursus indicavit (15. Sept.).
66. Joannes Bolther Curacensis (16. Sept.).
67. Dionisius Mager Fayingensis (17. Sept.).
68. Paulus Vuolfius Ratisbonensis (24. Sept.).
69. Thomas Linck ex Trochtelfingen (30. Sept.).
70. Georgius Imele ex Melchingen (30. Sept.).

---

49. Studiert vorher in Strassburg. — Stip. 9. Juni 51. — B. a. 6. April 58. *MFABacc.:* S. Hayland Basiliensis *[korrigiert aus* Calwensis]. — M. a. 31. Jan. 54. *MFAMag. [am Rand]:* Ethices professor postea factus. — 1555 Repet.; 1557—1592 Maior domus stipendii. — *MFAMag.:* 9. Nov. 60 rec. est S. Hayland Basiliensis professor doctrinae morum. — Dec. fac. art. 1564; 70; 76; 81; 86; 92.

50. MFABacc.: P. Snephius Sultzbachensis Bacc. Lypsensis rec. in societatem baccal. 1. Aug. 51. — M. a. 9. Febr. 52. — *MFAMag.:* 26. Aug. 1552 receptus est ad professionem musice conditionibus et salario, quibus supra M. Joh. Krapnerus *(vgl. 120,48).*

51. B. a. 13. Sept. 52. — M. a. 31. Jan. 54.
57. Vgl. 127,40. — M. a. 20. Juni 52. *MFAMag.:* Canstatensis.
58. B. a. 6. April 53. *MFABacc.:* Canstattensis. — *Vgl. 146,15.*
59. B. a. 6. April 53. — M. a. 12. Febr. 56.
64. Vgl. 131,11.
65. Vgl. 121,33.

71. Mattheus Villicus vocatus Mayer (30. Sept.).

72. Thobias Adelhart ⎫
73. Daniel Adelhart   ⎬ fratres Ulmenses (8. Okt.).

137. Sub rectoratu clarissimi viri dom. **Gebhardi Brastpergeri** iur. utr. D. a festo Lucæ evang. a. 1551 usque ad festum ss. Phil. et Jac. apost. a. 1552 sequentes sunt intitulati:

1. Martinus Cantzler ex Heslach (20. Okt.).
2. Joannes Fuirer Leutkirchensis (21. Okt.).
3. Samuel Deck Badensis (23. Okt.).
4. Joannes Mayer Undingensis (24. Okt.).
5. Joannes Faust Undingensis (24. Okt.).
6. Claudius Menegaldus Montispelgardtensis (24. Okt.).
7. Andreas Carthüser Monacensis (26. Okt.).
8. Hieronymus Rot a Schreckenstain (27. Okt.).
9. Petrus Klainer ex Herbertingen pago prope Rüdlingen (31. Okt.).
10. Gasparus Agricola Waltzensis (31. Okt.).
11. Joannes Georgius ⎫
12. Joachimus   ⎬ a Fryberg, fratres nobiles (2. Nov.).
13. Bernhardus ab Etlinstetten (2. Nov.).
14. Joannes Krafft a Delmessingen se rursus indicavit (2. Nov.).
15. Jacobus Bock Esslingensis (5. Nov.).
16. Georgius Gruppenbacher ex Dornstetten (12. Nov.).
17. Oswaldus Vogler Tubingensis (12. Nov.).
18. Rudolphus Ruthart ex Weyla oppido (12. Nov.).

---

72. B. a. 7. März 54.

73 a. *Alb. stip.:* Leonhartt Gröninger von Stuttgardt, rec. 9. Juni 51, ist mit Claudio Fallato *[No. 44]* von einer misshandlung wegen, so sie beide zu Calw begangen, entlassen. *Soll nach Hartmann identisch sein mit 132,61.*

73 b. *Alb. stip.:* Johannes Vogler von Tübingen, Stip. 9. Juni 51.

73 c. *Alb. stip.:* Nicolaus Thomas, rec. 9. Juni 51; ex hydropsi in domino obdormivit 4. Juni 1552.

1. Stip. 18. Aug. 53. — *Pfarrer in Bittenfeld 19. Jan. 55.*
5. Stip. 16. Febr. 57.
6. Stip. 1551. — *1553 als unfleissig, verlogen und versoffen entlassen.*
10. Vgl. *142,103.*
12. Vgl. *147,49.*
14. Vgl. *122,20.*
16. B. a. 6. April 53. *MFABacc.:* Groppenbach.
17. Vgl. *154,32.*

19. Hieremias Gerchinger Augustanus ⎫
20. Hieronymus Gerchinger Augustanus ⎭ fratres (12. Nov.).
21. Joannes Conradus a Kaltental nobilis (14. Nov.).
22. Mag. Mauricius Schmidmaister Uberlingensis (20. Nov.).
23. Joannes Jácobus Letzelter Ulmensis se rursus indicavit (22. Nov.).
24. Georgius Stainhar ex Trochtelfingen (1. Dez.).
25. Itel Federicus Krafft a Delmessingen se rursus indicavit (15. Dez.).

1552.

26. Soldanus de Vuirsperg nobilis (5. Jan.).
27. Matthias Buchbur Lantzendorfensis (5. Jan.).
28. Henricus a Kaltental nobilis (6. Jan.).
29. Reinhardus a Kaltental nobilis (6. Jan.).
30. Gasparus a Kaltental nobilis (6. Jan.).
31. Jodocus Nicolaus Halbmayer Rotenburgensis (10. Jan.).
32. Pelagius Niethamer ex Mercklingen vico circa Wylam oppidum (26. Jan.).
33. Hieronymus Prims Ratisbonensis (5. Febr.).
34. Wolfgangus Eschlingsperger Uberlingensis (11. Febr.).
35. Michael Kinscher ex Uttenwyler pago circa Rüdlingam (12. Febr.).
36. Andreas Santherus Colmariensis (17. Febr.).
37. Joannes Glast Lindauiensis (25. Febr.).
38. Joachimus Frosch ex Donawerda (26. Febr.).
39. Joannes Küpferlin Tubingensis (4. März).
40. Albertus Hartung Onolspachensis (7. März).
41. Lazarus Berlinus Dinckelspielensis (8. März).
42. Georgius Schertlinus Rotenburgensis (8. März).

---

23. *Vgl. 113,38.*
25. *Vgl. 120,50.*
26. *Vgl. 142,14.*
32. B. a. Sept. 53. *MFABacc.:* Niedthammer.
37. B. a. 18. Sept. 52.
38. Stip. 14. Sept. 52. — *Auf 1 Jahr zur Probe angenommen, aber bald nachher wieder in die „Singerei" (herzogl. Hofkapelle) zurückgeschickt.*
39. B. a. 7. März 54.
40. *Vgl. 151,82.*

43. Udalricus }
44. Joannes   } Dreiling fratres germani ex Schwatz (8. März).
45. Gasparus }
46. Adamus Zech ex Schwatz (8. März).
47. Philippus Senger Esslingensis (8. März).
48. Samuel Hornnolt Bietighaymensis (8. März).
49. Georgius Bavarus ex Oberstamfeld circa Marpach (13. März).
50. Joannes Itel a Bleningen nobilis (15. März).
51. Arminius Rittel Stutgardianus (27. März).
52. Christianus Buck Ehingensis apud Danubium (28. März).
53. Joannes Hesch Sultzensis (31. März).
54. David Mayer Tubingensis (31. März).
55. Valerius Pfeiffer Maysenhaymensis (1. April).
56. Benedictus Burgoerus Lindauiensis se rursus indicavit (2. April).
57. Joannes Conradus a Vuernow nobilis (10. April).
58. Martinus Reinisch Ingolstadiensis (10. April).
59. Nathanael Kleber Memingensis (11. April).
60. David Fabri ex Laychingen pago in alpibus ducatus (20. April).
61. Wilhelmus Bidenbach Brackenhaymensis (30. April).

138. Inscripti sub dom. **Balthasaro [Käufelin]** a Phil. et Jac. a. 1552 usque ad Lucae anno eodem:

1. Georgius a Sternenfels nobilis (6. Mai).
2. Israel Thomae Gartachensis (14. Mai).
3. Ludovicus Amelin ex Salmadingen (14. Mai).
4. Gallus Tuschelin Kürchensis (8. Mai).
5. Hieronimus Stemler Hagnoensis (8. Mai).
6. Casparus Menradus Kurchensis (9. Mai).

---

48. B. a. 6. Apr. 53. *MFABacc:* Hormoldt. — *Jur.:* Lic. S. Hormoldt prom. est Oct. 1562 in Dr. iur. utr. — *Vgl.* 153,20.

52. B. a. 6. April 53. *MFABacc.:* Bugg.

53. MFABacc.: Bacc. Friburg. rec. in album nostrorum 17. Aug. 52. — M. a. 2. Aug. 53.

60. B. a. Sept. 53. — M. a. 12. Aug. 56.

61. Stip. April 52. — B. a. Sept. 53. — M. a. 12. Febr. 56. *MFAMag.* [am Rand]: Dr. theol. insignis. Bebenhusii ὑφόθεν προκάρανος πεσὼν 1571 ἀπέθανεν. Ecclesiae Stutgardianae pastor. — Dr. theol. 5. Oct. 62.

4. MFABacc.: Tuschele, Bacc. Hadelberg. rec. 31. Mai 52. — M. a. 20. Juni 52. *MFAMag.:* Tutschelin.

5. MFABacc.: rec. in catalogum nostrorum 31. Mai 52. — *Vgl.* 153,63.

6. B. a. 13. Sept. 52.

7. Daniel Merlin Winendensis (15. Mai).
8. Joannes Reyser ex Simeringen (24. Mai).
9. Christophorus Schuartz ex Simeringen (24. Mai).
10. Joannes Christophorus a Gich (29. Mai).
11. Paulus Köllin Mercklingensis (30. Mai).
12. Joannes Jacobus Riss de Sultzbach (8. Juni).
13. Joannes Landtschad a Steinach (8. Juni).
14. Vendelinus Artzet Brusellanus (11. Juni).
15. Joannes Han Uberlingensis (11. Juni).
16. Ulricus Betz Stutgardianus (11. Juni).
17. Sebastianus Kenlin Tubingensis (11. Juni).
18. Jeorgius Maier Wisenstaigensis (11. Junï).
19. Joannes Kobolt Donowerdensis (11. Juni).
20. Abraamus Ruf Tubingensis (11. Juni).
21. Joannes Leopoldus a Lauenberg (16. Juni).
22. Berhardus Brentius Wilensis (16. Juni).
23. David Kolsch a Winada (21. Juni). '
24. Joannes Paulus Gerung (31. Juni).
25. Joannes Neyffer Stuttgardianus (31. Juni).
26. Ludovicus Böcklin a Böcklinsau Argentinensis (5. Juli).
27. Andreas Fauss Tubingensis iterum indicavit nomen suum (8. Juli).
28. Joannes Menegaldus Mempelgardensis (8. Juli).
29. Jonas Frechus ⎱
                ⎰ fratres (8. Juli).
30. Martinus Frechus
31. Lucas Piper Leonbergensis (9. Juli).
32. Joannes Renner Plabeurensis (9. Juli).

---

7. Stip. April 52. — B. a. Sept. 53. *MFABacc.*: Merly.

10. Dr. iur. utr. 19. Apr. 53. *Jur.:* Franco nobilis.

11. B. a. 6. April 53. *MFABacc.*: Vlmanus.

17. B. a. 19. Sept. 54. — M. a. 27. Juli 58. *MFABacc. u. Mag.*: Kienlin. Dr. med. 5. Okt. 62.

18. B. a. 7. März 54. — M. a. 27. Juli 58.

19. Dr. med. 19. April 53.

22. Stip. April 52. — B. a. Sept. 53. — M. a. 31. Juli 55.

23. Stip. 23. Aug. 53. — B. a. 19. Sept. 54. *MFABacc.:* Golsch. — M. a. 12. Aug. 56. — *2. Sept. 58 Diakonus in Möckmühl.*

27. *Vgl.* 123,17. — B. a. 6. April 53.

28. Stip. 1551. — *Bruder von 137,6; Des. 55 aus dem Stift entlaufen.*

32. *Alb. stip.:* Michael Renner von Plaupeiren, Stip. 27. Juli 55; *nachdem er zuvor famuliert hat: wegen Unfleiss exkludiert 15. Febr. 59. — Mit obigem identisch?*

33. Conradus Binder Holtzgärlingensis (9. Juli).

34. Joannes Bock Stuttgardianus (9. Juli).

35. Heinricus Wölfflin Saropontanus (9. Juli).

36. Joannes Winkauf Kürchpergensis (9. Juli).

37. Martinus Henlin Horbensis (12. Juli).

38. Richardus von dem Waldt (13. Juli).

39. Georgius Ribelius Spirensis (13. Juli).

40. Petrus ab Husen Luterburgunsis (13. Juli).

41. Wendalinus Rigerus ex Langabrücka (13. Juli).

42. Daniel Goll Schlettstadiensis (18. Juli).

43. Daniel Wetzel ex Vayhingen (18. Juli).

44. Moises Meschle ex Oberrixingen (18. Juli).

45. Michael Schuitzer ex Silmingen (19. Juli).

46. Georgius Pfister a Winada (19. Juli).

47. Jacobus Capler a Winada (19. Juli).

48. Joannes Hormolt a Büetighaim (19. Juli).

49. Martinus Consul Winspergensis (21. Juli).

50. Petrus Bartler ex Cupingen (22. Juli).

51. Wilhelmus Elahaintz Tubingensis (26. Juli).

52. Joannes Elahaintz Tubingensis (26. Juli).

---

33. Stip. 18. Aug. 53.

37. B. a. 7. März 54. *MFABacc.:* Hienlin.

39. B. a. Sept. 53. *MFABacc.:* Biberacensis.

40. B. a. Sept. 53.

41. B. a. Sept. 53. *MFABacc.:* Langenbruggensis.

42. B. a. 6. April 53. — M. a. 21. Jan. 54. — *MFABacc. u. Mag.:* Sele-stadiensis; *vgl.* 142,29.

43. Stip. April 52. — B. a. 7. März 54.

44. Stip. April 52. — B. a. 7. März 54. *MFABacc.:* M. Möschlin Rietzingensis.

45. Stip. Apr. 52. — B. a. 7. März 54. — M. a. 12. Febr. 56. *MFABacc. u. Mag.:* Schweitzer.

46. Stip. 18. Aug. 53. — *Diakonus in Dornstetten Sept. 55.*

47. Stip. 23. Aug. 53 — B. a. 19. Sept. 54.

48. B. a. 7. März 54.

49. Stip. April 52. — B. a. 7. März 54.

50. Stip. April 52. — B. a. 7. März 54. — M. a. 12. Febr. 56.

51. Stip. 22. Juli 54. *Alb. stip.:* des Pfarrherrn zu Holzgerlingen Sohn. — B. a. 19. Sept. 54. *MFABacc.:* Ölenhainz. — M. a. 12. Aug. 56. — *1. Mai 58 Schulmeister zu Bebenhausen.*

52. Stip. April 52. *Alb. stip.:* Holzgeringensis — B. a. 7. März 54. *MFA-Bacc.:* Ölenhaintz Holtzgerlingensis. — M. a. 12. Aug. 56. *MFAMag.:* Elenheintz.

53. Georgius Ritter ex Böblingen (26. Juli).
54. Petrus haro a Mörspurg (31. Juli).
55. Conradus Hug ex Menngen (31. Juli).
56. Joannes Ludovicus Heustetter Augustanus (4. Aug.).
57. Salomon Leffellad ex Wasserpurg (7. Aug.).
58. Gebhardus Brastperger Tubingensis (8. Aug.).
59. Menradus Vogt Augustensis (8. Aug.).
60. Joannes Karg Augustanus iterum indicavit nomen suum (8. Aug.).
61. Joannes Tuschelin Kürchensis (9. Aug.).
62. Joannes Krug Badensis (12. Aug.).
63. Christophorus Laiman Augustanus (13. Aug.).
64. Fridolinus Schüre e Neuburg (16. Aug.).
65. Gasparus Lausser ex Vilingen (16. Aug.).
66. Joannes Hummel Ebingensis (27. Aug.).
67. David Scheckius filius dom. Jacobi Scheckii (30. Aug.)
68. M. Malachias Raminger Biberacensis rursum indicavit nomen suum (1. Sept.).
69. Joannes Conradus Nüppenbürger a Prusel (2. Sept.).
70. Joannes Kolberus Bulachensis (10. Sept.).
71. Christophorus Ehem Augustanus (10. Sept.).
72. Joannes Kürischmidt Stuttgardianus (12. Sept.).
73. Justinus Milius Noricus (13. Sept.).
74. Joannes Theodoricus Giss Rotwilensis (14. Sept.).
75. Joannes Vendelinus Tecker Tubingensis (16. Sept.).
76. Ludovicus Pensel Tubingensis (16. Sept.).
77. Georgius Walch Rotenpurgensis (16. Sept.).

---

53. Stip. Apr. 52. *Alb. stip.*: Reutter. — B. a. 19. Sept. 54. *MFABacc.*: Reitter.

58. B. a. 25. Sept. 55. — *Vgl. 161,49.*

60. *Vgl. 112,25.*

61. *MFABacc.*: Tutschele, Bacc. Hadelberg. rec. 10. Aug. 52. — M. a. 2. Aug. 53. *MFAMag.*: Tuschely.

66. B. a. 7. März 54. — M. a. 12. Febr. 56.

67. B. a. 14. Sept. 58.

68. *Vgl. 128,13.*

69. B. a. Sept. 53. *MFABacc.*: Nippenburger Bruxellensis.

70. Stip. 27. Juli 55. — † *zu Bulach 2. Okt. 55.*

73. B. a. 7. März 54. — M. a. 24. Juli 54. *MFABacc. u. Mag.*: Mylius.

77. B. a. 19. Sept. 54. — M. a. 1. Febr. 59,

78. Joannes Bonsack Wilensis (17. Sept.).
79. Joannes Nicius Badensis (29. Sept.).
80. Basilius Ammerbachius Basiliensis (29. Sept.).
81. Matheus Heuprecht Kaufpeurensis (30. Sept.).
82. Christophorus Ubelhör Campidinensis (1. Okt.).
83. Christophorus Distelzuig Oberkürchensis (1. Okt.).
84. David Künlin Memingensis (2. Okt.).
85. Marcus Wolphhardus Memingensis (2. Okt.).
86. Georgius Motz Wertingensis (3. Okt.).
87. Joannes Cellarius Reichenwilensis (6. Okt.).
88. Jacobius Hohenbuchius Reichenwilensis (6. Okt.).
89. Mag. Leonhardus Albrecht Ytingensis (17. Okt.).
90. Esaias Gasser Nerlingensis (17. Okt.).

139. Rectore **Casparo Vollandio** iur. utr. D. et canonici ordinario a festo Lucae evang. a. 1552 usque ad festum apost. Phil. et Jac. a. 1553 sequentes sunt inscripti:

1. Eberhardus Kegelin Spirensis (20. Okt.).
2. Joachimus Geissbergius a S. Gallo (25. Okt.).
3. Ulricus Schlumpfius a S. Gallo (25. Okt.).
4. Uriel Abbazellensis a S. Gallo (25. Okt.).
5. Christophorus Langnet Aurimontanus Silesius (25. Okt.)
6. Ulricus Besserer Stutgardianus (25. Okt.).
7. Christianus a Szoyen nobilis Livoniensis (25. Okt.).
8. Joannes Artopoeus Sarburgensis (25. Okt.).
9. Daniel Schorndorffer Stutgardianus (26. Okt.).
10. Zacharias Huttenloch Stuttgardianus (26. Okt.).
11. Joannes Vetter Wilpergensis (30. Okt.).
12. Georgius Rivulus i. e. Bechlin Trochtelfingensis (31. Okt.).
13. Joann Dies ex Bariet (31. Okt.).
14. Albertus a Reyffenstein illustrissimi Bavariæ ducis a consiliis (1. Nov.).
15. Joannes Baptista Vueberus iur. utr. Dr. et civilis professor Ingolstadii (1. Nov.).

90a. Alb. stip.: Laurentius Fridlin, Stip. 11. März 53; *entlassen 20. Okt. 53.*

1. B. a. 6. April 53. *MFABacc.:* Eberh. Kegel Tubingensis.

10. Stip. 4. Sept. 53. — *8. Mai 56 wegen Übelhaltens aus d. Stift entlassen.*

16. Joannes Bürcklin Wayblingensis (3. Nov.).
17. Joannes Christophorus Sattler Wayblingensis (3. Nov.).
18. Jacob ⎱ Fessleri Stuttgardienses (4. Nov.).
19. Job ⎰
20. Joannes Volmar Kützingensis (4. Nov.).
21. Philippus Gräterus Herenpergensis (10. Nov.).
22. Jacobus Jung ex Bischoffszell (11. Nov.).
23. Caspar Buschler Hallensis (13. Nov.).
24. Georgius a Schuertach Constantiensis nobilis (13. Nov.).
25. Nicolaus Oberagker Constantiensis (13. Nov.).
26. Daniel Eysenmanner Brettensis (14. Nov.).
27. Sigismundus Melanchton Brettensis (14. Nov.).
28. Michael Leiher Heilpronnensis (15. Nov.).
29. Conradus Fröschlinmoser Memingensis (17. Nov.).
30. Joannes Fünck Memingensis (17. Nov.)
31. Joannes Georgius Zueifel Gamundamus (17. Nov.).
32. M. Damianus Hefft Algesheimensis diocoesis Moguntinae (19. Nov.).
33. Simon Balthasar Weidenkopff ⎱
34. Joannes Weidenkopff   ⎬ Ockenheimenses (19. Nov.).
35. Jonas Weidenkopff '   ⎰
36. Wolphgangus Gabelchouer Tubingensis (19. Nov.).
37. Osualdus Gabelchouer praedicti frater (19. Nov.).

---

16. Stip. 18. Aug. 53. *Alb. stip.*: Jo. Maier, genannt Bürcklin. — B. a. 7. März 54. — M. a. 31. Juli 55. *MFABacc. u. Mag.*: Bircklin. — *Febr. 56 paedagogus im Kloster Blaubeuren.*

18. B. a. 19. Sept. 54.

19. B. a. 19. Sept. 54.

21. B. a. 19. Sept. 54. *MFABacc.*: Gretterus. — M. a. 28. Juli 57. *MFA.- Mag.*: Greterus.

23. *Vgl. 145,61.*

26. *MFABacc.*: Samuel Isinmänger, Bacc. Witeberg. rec. 14. Nov. 52. — M. a. 31. Jan. 54. *MFAMag.*: Samuel Eisenmenger *[am Rand:]* mathematum professor designatus postea. *MFAMag. [an anderer Stelle]*: 30. Jan. 1558 M. Sam. Isenmengerus decreto senatus rec. est et cooptatus in collegium facultatis artium. — Dec. fac. art. 1563: Sam. Siderocrates. — Dr. med. 31. Okt. 64. *Med.*: Isenmenger o. O.

27. *MFABacc.*: Bacc. Witeberg. rec. 14. Nov. 52.

31. B. a. 19. Sept. 54. — *Vgl. 148,16.*

32. Lic. iur. utr. Mai 54. *Jur.*: Moguntinus. — Dr. iur. Okt. 62.

38. Joannes Brentius Hallensis (19. Nov.).
39. Felix Gaspar Hallensis (19. Nov.).
40. Jacobus Götz ex Veldtkürch (21. Nov.).
41. Thomas Arnoldus ex Neuburgo (22. Nov.).
42. Mölchior Rotmundus Sangollensis (22. Nov.).
43. Petrus Gandelfingerus Esselingensis (22. Nov.).
44. Gilbertus Schantz ex Wertheim (23. Nov.).
45. Petrus Maienberg ex Villingen (23. Nov.).
46. Joachimus Heckmaier Tubingensis (24. Nov.).
47. Joannes Christophorus Braitenacker ex Weyssenburg (28. Nov.).
48. Eberhardus Bilgarim Wormaciensis (28. Nov.).
49. Melchior Harst a Weyssenburg (28. Nov.).
50. Hieremias Gauger Augustanus (29. Nov.).
51. David Pflaum Augustanus. (29. Nov.).
52. Jodocus Zündelin Constantiensis (29. Nov.).
53. Casparus Widman Nördlingensis (6. Dez.).
54. Joannes Grünberger Onoltzbachensis (7. Dez.).
55. Joannes Eberhardus Rotenpurgensis ad Tuberam ab Hartertz-
hofen nobilis[a] (7. Dez.).
56. Lucius Gesler Memingensis (7. Dez.).
57. Marquartus Felber Biberacensis (10. Dez.).
58. Joannes Eytenbentz Horbensis (13. Dez.).
59. Joannes Conradus Faut Candtstadiensis (14. Dez.).
60. Joannes Bellinger ex Priputio Silesiae (22. Dez.).
61. Heinricus Kuglerus Argentinensis (28. Dez.).
62. David Hünlin Lindauiensis se rursus indicavit (29. Dez.).
63. Petrus Clammer Biberacensis (29. Dez.).

---

a) *Die 3 letzten Worte sind von anderer Hand hinzugeschrieben.*

38. B. a. 25. Sept. 55. — M. a. 16. Febr. 58. *MFAMag. [am Rand]
u. Theol.:* magni illius Brentii filius; professor academiae et superintendens illustris collegii Tubingensis; 1591 abbas Hirsaugiensis.

39. B. a. 27. März 55. *MFABacc.:* Foelix Chaspar Halensis. — M. a. 1. Febr. 59.

40. Vgl. *141,48.*

46. B. a. 19. Sept. 54. — M. a. 16. Febr. 58.

52. *MFABacc.:* Bacc. Heidelberg. rec. 14. Nov. 52. — M. a. 2. Aug. 53. *MFAMag.:* Zindelin.

53. *MFABacc.:* Bacc. rec. 23. Juni 54. — M. a. 24. Juli 54.

60. *MFABacc.:* J. Bellinger Silesius, Bacc. Ingolstad. rec. est inter nostros peregrinus. — M. a. 8. Febr. 53. *MFAMag.:* Belliger.

61. B. a. 7. März 54. *MFABacc.:* Kigler.

62. Vgl. *128,60.*

1553.

64. Melchior Stebenhawer Memingensis (1. Jan.).
65. Michael Cellarius Augustanus (3. Jan.).
66. Ulricus Zwicker Memingensis (4. Jan.).
67. Christophorus Zuicker, illius frater (4. Jan.).
68. Andreas Blau Norinbergensis (10. Jan.).
69. Joannes Engelhardus a Schönberg (23. Jan.).
70. Hieronimus Lenhart Dinckelspülensis (26. Jan.).
→ 71. Joannes Crusius Tubingensis (28. Jan.).
72. Christophorus Maro a Frysing ·Oenopontanus (31. Jan.).
73. Joannes Bubius Petersheymensis (31. Jan.).
74. Joannes Jacobus Herolt Hallensis (3. Febr.).
75. Wolphgangus Maler ex Hola Suevorum (3. Febr.).
76. Didymus Obrecht Argentinensis (3. Febr.).
77. Ernestus de Remchingen nobilis (6. Febr.).
78. Vitus Paruus ex Wyl im Schonbuch (8. Febr.).
79. Jacobus Cnellerus Wylensis (13. Febr.).
80. Jacobus Ruckenbrot Brettanus (15. Febr.).
81. Joachimus Faber ex Ansheim inferiori (15. Febr.).
82. Israel Steinlin ex Messingen (20. Febr.).
83. Jacobus Maier de Wisenstaig (27. Febr.).
84. Joannes Monhinweg Reutlingensis (5. März).
85. Simon Kürsman Wylensis (7. März).
86. Georgius Molitor de Göffingen (7. März).
87. Martinus Stockmaier Sindelfingensis (7. März).
88. Joannes a Creuelsheim ʒu Morſen (14. März).
89. Georgius Syblin Lic. iur. ex Vayhingen rursus se indicavit (16. März).
90. Georgius Frech Heydenheimensis (17. März).
91. Joannes Jacobus Vaultherelet ex Montepelegardo (21. März).

---

65. B. a. 19. Sept. 54.
73. Vgl. 141,32.
74. B. a. 7. März 54. — M. a. 31. Juli 55.
75. B. a. 7. März 54. MFABacc.: Moler.
77. Vgl. 155,19.
79. B. a. 19. Sept. 54.
80. B. a. 27. März 55. — M. a. 27. Juli 58.
89. Vgl. 117,15.
90. Stip. 24. Aug. 58. Alb. stip.: Sohn des Pfarrherrn zu Hermertingen.
1554 wegen Übelhaltens aus dem Stift entlassen.

92. Georgius Agricola genant Pawr Augustanus (22. März).
93. Georgius Walckmüller Stuttgardianus (26. März).
94. M. Wilhelmus Armbroster ex Rotwyl (28. März).
95. Valentinus Voltzius Horbensis (28. März).
96. Joannes Fischer ex Fürstemperg prope Brackenheim (30. März).
97. Sebaldus Motz Wertingensis (8. April).
98. Philippus Schneck a Khürn (10. April).
99. Philippus Schwilck ex Stamheim (13. April).
100. Lucas Osiander Norimbergensis (13. April).
101. Christophorus Ens ex Gotha Turingiae (14. April).
102. Thomas Thurnauer Salicedensis (14. April).
103. Wolphgangus Endlich ab Hohenalfingen (15. April).
104. Joannes Rheutzelius Niderhallensis (19. April).
105. Andreas Eckhart a Burchou (20. April).
106. Christophorus Stebenhawer Augustanus (20. April).
107. Joannes Gartner Augustanus (20. April).
108. Casimirus Lindenstockh ex Dünckelspuhel (22. April).
109. Georgius Hamberger ex Dünckelspuhel (22. April).
110. Abraamus Rockenbach ex Dünckelspuhel (22. April).
111. M. Casparus Scheublin Esselingensis se rursus indicavit
     (23. April).
112. Michel Hug Lewenbergensis se rursus indicavit (23. April).
113. Sigismundus Rot Argentinensis (29. April).

140. Rectore clarissimo viro **Jacobo Schegkio** philos. et art.
med. D. a festo div. Phil. et Jac. apost. a. 1553 usque ad festum
divi Lucae evang. anni eiusdem sequentes sunt inscripti:

---

95. Dr iur. utr. 1558. — Rect. 1567/68; 71/72; 76/77.

96. Stip. 24. März 53. *Alb. stip.*: von Fürstenberg Backhawer vogtey. —
30. Juni 53 wegen Übelhaltens entlassen.

100. Dr. theol. 31. Oct. 83. *Theol.*: concionator aulicus Wirtembergensis.

109. B. a. 27. März 55. *MFABacc. [am Rand]*: iam 1568 medicinae
professor ordinarius Tubingensis. — M. a. 12. Aug. 56. — Dr. med. 4. Febr. 62. —
Rect. 1575/76; 80; 84/85; 87/88; 90/91; 93/94; 98,99. — Dec. fac. med. primo
1569; ultimo 1598.

111. *Vgl. 128,26 u. 163,70.*

112. *Vgl. 114,52.*

113a. *MFABacc.*: Martinus Frechtus Vlmensis 1. B. a. 20. April 56.

1. Ludovicus Röslin Passauensis (3. Mai).
2. Theodorus Burgkman Coloniensis (5. Mai).
3. Philippus Vuernherus de Marckelsheim (9. Mai).
4. Georgius Wirt Öttlingensis (9. Mai).
5. Joannes Gerlach Böblingensis (9. Mai).
6. David Rockenbach Dinckelspülensis (11. Mai).
7. Joannes Jacobus Fietz Vracensis (14. Mai).
8. Georgius Ginckinger Ebingensis (15. Mai).
9. Michael Rot Argentinensis (15. Mai).
10. Bartholomeus Egon Sultzensis se rursus indicavit (19. Mai).
11. Thimotheus Kleuber Memingensis (21. Mai).
12. Adamus Zwickerus Memingensis (21. Mai).
13. Melchior Rubellus Rotwylensis (21. Mai).
14. David Joam Argentinensis (22. Mai).
15. Joannes Fünffrock de Saregmundt (23. Mai).
16. M. Germanus Arnlin Rotwylensis se iterum indicavit (23. Mai).
17. M. Theobaldus Grummer Offenburgensis (23. Mai).
18. Hector Vogelman Lauhingensis (23. Mai).
19. Christophorus de Seckendorf se rursus indicavit (25. Mai).
20. Jacobus Cromerus Schwabachensis (25. Mai).
21. Petrus Sennaar Rauenspurgensis (26. Mai).
22. Joannes Conradus Vischer Thubingensis (26. Mai).
23. Theodorus Collinus Tigurinus (26. Mai).
24. M. Christophorus Heyperger Vienensis (26. Mai).
25. Georgius Schnepffius Sultzpachensis (1. Juni).
26. Joannes Nefftzer Sultzbachensis (2. Juni).
27. Casparus Hertzog Monacensis (3. Juni).

---

5. B. a. 7. März 54. — M. a. 17. Febr. 57. *MFAMag.:* iur. Dr., summi iudicii Wyrtembergici advocatus et procurator. — Dr. iur. utr. Okt. 62.

7. B. a. 18. Sept. 59. *MFABacc.:* Vietz.

8. Stip. 25. Juli 53. — B. a. 20. April 56. *MFABacc.:* Genckinger. — *1556 wegen seines Übelhaltens aus dem Stift exkludiert.*

10. Vgl. 134,6 u. 147,43.

16. Vgl. 124,46. Dr. iur. utr. 2. Aug. 57. *Jur.:* Germ. Ernlinus.

19. Vgl. 133,3.

22. Stip. 23. Aug. 53. *Alb. Stip.:* Joh. Conradus Fischer. — B. a. 27. März 55. *MFABacc.:* Joannes Fischer. — M. a. 16. Febr. 58. *MFAMag.:* J. Piscarius. — *— Diakonus in Waiblingen 30. Nov. 59.*

26. B. a. 19. Sept. 54. *MFABacc.:* Neffzer. — M. a. 16. Febr. 58. *MFA.-Mag.:* Neffserus.

27. B. a. Sept. 53. — Vgl. 150,1.

28. Christophorus Kröel Issnensis (3. Juni).
29. Marcus Alberus Reutlingensis (3. Juni).
30. Georgius Stickel Stutgardianus (4. Juni).
31. Buckardus Stickel Stutgardianus (4. Juni).
32. Gregorius Crafft de Delmasingen se rursus indicavit (6. Juni).
33. Heinricus Efferenn Coloniensis (7. Juni).
34. Chaspar Renardus Bibracensis (10. Juni).
35. Melchisedeck Liderer Hildesheimensis (14. Juni).
36. Jacob Flaider de Langentzen (14. Juni).
37. Josephus Feyrabend Hallensis (16. Juni).
38. Christophorus Beg Hallensis (16. Juni).
39. Sigismundus Eybenspecher Brackenheimensis (17. Juni).
40. Philippus comes in Hanaw et dominus in Liechtenberg (18. Juni).
41. Fridericus a Dalperg (18. Juni).
42. Philippus Knebelius a Katzenelenbog (18. Juni).
43. Frobenius a Reyfenberg (18. Juni).
44. Joannes Dannenberg a Bussweyl (18. Juni).
45. Cornelius Faber a Wiserheim (18. Juni).
46. Joannes Vlotus Melosingensis (19. Juni).
47. Stephanus ⎫
⎬ Hilteprandi fratres Tubingenses (1. Juli).
48. Paulus ⎭
49. Jacob Ruf Tubingensis (10. Juli).
50. Joannes Hude Villingensis (15. Juli).
51. Philippus Caesar Haburgensis (21. Juli).
52. Mauritius ⎫
⎬ a Lobenberg fratres (22. Juli).
53. Carolus ⎭
54. Esaias Buschius Augustanus (28. Juli).

---

29. B. a. 7. März 54.

31. B. a. 15. März 59.

33. Dr. theol. 31. Aug. 58.

35. MFABacc.: Heydelsheimensis; rec. 25. Sept. 53.

*37. B. a. 19. Sept. 54. MFABacc.: Feierabent. — M. a. 17. Febr. 57. —
Stip. 1557. — Er hat das Magisterium erlangt, solange er im Stift famuliert
hat; zum Studium der Theologie ist ihm der Tisch „um eine gemeine Ver-
schreibung" vergönnt worden.*

38. B. a. 11. Sept. 56.

47. B. a. 11. Sept. 56. MFABacc.: Hiltemprandus. — M. a. 1. Febr. 59.

54. B. a. 27. März 55. — M. a. 27. Juli 58. — MFABacc. u. Mag.: Buschius.

55. Josias Creberus Stutgardianus (28. Juli).
56. Melchior Sattler Tubingensis (12. Aug.).
57. Joannes Melchior Vollandius Rauenspurgensis (16. Aug.).
58. Renaldus de Szöyn Livoniensis (16. Aug.).
59. Jodocus Lorwer Pambergensis (18. Aug.).
60. Joannes Bregentzer Tübingensis (18. Aug.).
61. Joannes Magirus Brackenheimensis (19. Aug.).
62. Paulus Liesch Esslingensis (22. Aug.).
63. M. Nicolaus Winckler Forcheimensis (22. Aug.).
64. Joannes Ballotus Lottharingus (25. Aug.).
65. Wendelinus Hippler Wimpinensis (25. Aug.).
66. Daniel Enselius Schertzheimensis (26. Aug.).
67. Heinricus Steinbock Elwangensis (27. Aug.).
68. Georgius Eysen de Enoltzheim (28. Aug.).
69. Matheus Arnoldus Neuburgensis (29. Aug.).
70. Gregorius Eberlin Marchdorfensis (29. Aug.).
71. Joannes Herrenberg Vayingensis (30. Aug.).
72. Joannes Kessman Nagoltensis (31. Aug.).
73. Salomon Engelhart Spirensis (31. Aug.).
.74. Hieronimus Brandenburger , Vayingensis (4. Sept.).

---

55. Stip. 22. Juli 54. — B. a. 19. Sept. 54. *MFABacc.:* Kreber. — M. a.
12. Aug. 56. — *Hat sich im Stift nie keins Guten beflissen, ist letztlich propter
bigamiam fürs Ehegericht gekommen und exkludiert worden. 1557 Diakonus
in Winnenden.*

56. B. a. 27. März 60. *MFABacc.:* Joannes Melchior S.
57. Vgl. 147,69.
59. *MFABacc.:* Jod. Lorbeer, Bacc. receptus est inter nostros 25. Sept. 53.
60. Stip. 19. Aug. 53. — B. a. 27. März 55. — *Aus dem Stift wegen Übelhaltens entlassen 8. Juni 56.*

61. Stip. 23. Aug. 53. — B. a. 27. März 55. *MFABacc.:* Baccanangensis. —
M. a. 28. Juli 57. *MFAMag.:* Baccahamensis. — *22. April 59 Diakonus zu
Stuttgart.*

62. Stip. 26. Aug. 58. *Alb. stip.:* P. Leisch, des Pfarrherrn Sohn zu W.
B. a. 27. März 55. *MFABacc.:* Wendlingensis. — *Schulmeister in Nagold Dez. 58.*
63. Dr. med. 31. Aug. 58.
64. Vgl. 145,8.
65. Vgl. 148,59 und 157,42.
71. Stip. 1. Sept. 53. — B. a. 27. März 55. *MFABacc.:* Herenberger. —
2. Sept. 58 gen Madelberg verordnet, theologiam allda zu profitieren.
72. Stip. 1. Sept. 58. — B. a. 20. April 56. *MFABacc.:* Kesman.

75. Georgius Conthesius Straubingensis (6. Sept.).
76. Melchior Hantelius Straubingensis (6. Sept.).
77. Julius Auer a Dobel in Bavaria (7. Sept.).
78. Christophorus a Schönberg in Bavaria (7. Sept.).
79. Philippus Geltzer se rursus indicavit (11. Sept.).
80. Bernhardus ab Hutten Birckenfeldensis (11. Sept.).
81. Philippus Fuchs Schweinshauptensis (11. Sept.).
82. Wolphgangus Klein Harburgensis (12. Sept.).
83. Wolphgangus Hindenach Harburgensis (12. Sept.).
84. Andreas Heluetius Marpachensis (16. Sept.).
85. Balthasar Pleninger Affalterpachensis (16. Sept.).   ·
86. Georgius Geyr Munderkingensis (16. Sept.).
87. David Neer Munderkingensis (19. Sept.).
88. Sebastianus Haucheysen Munderkingensis (19. Sept.).
89. Laurentius Sigel Ebingensis (22. Sept.).
90. Joannes Rid Wurmblingensis (23. Sept.).
91. Christophorus Rid Wurmblingensis (23. Sept.).
92. Christophorus Camerarius Novoforensis (24. Sept.).
93. Joannes Jacobus Grauius (25. Sept.).
94. Joannes Raphel Kam Ulmensis se iterum indicavit (29. Sept.).
95. Rupertus Dirr Schorndorfensis se iterum indicavit (29. Sept.).
96. Ezechiel Halmayer Brackenheimensis (2. Okt.).
97. Martinus Ruoland Frisingensis (4. Okt.).
98. Joannes Spon Rauenspurgensis (4. Okt.).

---

75. MFABacc.: Georgius Gundlachius Straubing. Bacc. Wiennensis rec.
5. Sept. 53. — M. a. 31. Jan. 54. *MFAMag.:* Gundlachius.

76. MFABacc.: Handelius, Bacc. Wiennensis rec. 5. Sept. 53. — M. a.
24. Juli 54. — Dr. med. 5. Okt. 62. *Med.:* Haindelius.

84. Stip. 16. Sept. 53. — B. a. 11. Sept. 56. *Alb. stip. u. MFABacc.:*
Schweitzer. — *15. Febr. 59 exkludiert aus dem Stift.*

85. Stip. 26. Sept. 53. *Alb. stip.:* Pfarrersohn von Affalterbach. — B. a.
11. Sept. 56. *MFABacc.:* Schorndorffensis.

87. B. a. 25. Sept. 55. *MFABacc.:* Neeher Mondrichingensis.

89. Stip. 28. Sept. 53. *Alb. stip.:* Laur. Sager v. E.

90. B. a. 26. Aug. 60. *MFABacc.:* Rydius. *Vgl. 151,79.*

92. B. a. 27. März 55.

94. Vgl. 125,38.

95. Vgl. 129,25. — Dr. theol. 9. Mai 54 [*mit 114,12*]. *Vgl. 145,35.*

96. Stip. 2. Juli 54. — B. a. 27. März 55. *MFABacc.:* Halbmaier. —
*10. Sept. 56 propter ebrietatem, negligentiam et alia vitia aus dem Stift exklu-
diert; dann wieder begnadigt, aber nach vielfältigem Übelhalten entlaufen.*

97. Vgl. 151,111.

99. Georgius Ferber Monheimensis (4. Okt.).
100. Georgius }
101. Christophorus } Ruckeri fratres Norinbergenses (9. Okt.).
102. Carolus Ehem Augustanus iterum se indicavit (9. Okt.).
103. Fridericus Hartung Onoltzpachensis (14. Okt.).
104. Martinus Mitterspach Rubeaquensis (16 Okt.).
105. Philippus Junckher Hirshornensis (16. Okt.).
106. Georgius Heck Bibracensis (18. Okt.).

141. Sub rectoratu dom. **Jacobi Beurlini** theol. D. a festo divi Lucae a. 1553 usque ad festum div. Phil. et Jac. a. 1554 sequentes sunt inscripti:

1. Waltherus Kalt Thubingensis (20. Okt.).
2. Davidt Schiuerdecker Blauensis (20. Okt.).
3. Georgius Gaudensis a Blumeneck Friburgensis (20. Okt.).
4. Albertus Nopp Hechingensis (24. Okt.).
5. Joannes Heroit Obernburgensis (26. Okt.).
6. Nicolaus Brucknerus mathematicus (26. Okt.).
7. Laurentius Blauius Detelbachensis (30. Okt.).
8. Wilhelmus Detelbach Onolspachensis (4. Nov.).
9. Joannes Bock nomen suum indicavit (10. Nov.).
10. Sigismundus a Seckendorff (11. Nov.).
11. Carolus Silberbonner Wormacensis (14. Nov.).
12. Philippus Eyler a Dippurg (16. Nov.).
13. Georgius Reüchle Vberlingensis (18. Nov.).
14. Thomas Reuchlin frater (18. Nov.).
15. Gallus Eschenreutter Vberlingensis (18. Nov.).

100. B. a. 7. März 54. *MFABacc.:* Rugger. — M. a. 31. Juli 55.
101. B. a. 7. März 54. *MFABacc.:* Rugger. — M. a. 24. Juli 54.
102. Vgl. 106,7.
106 a. MFABacc.: Chasparus Lorber Babenbergensis, B. a. 27. März 55; *rangiert zwischen 140,22 und 140,60; scheint mit 140,59 zusammen nach Tübingen gekommen zu sein.*
106 b. Jur.: Justus Lorbeer Bambergensis, Dr. iur. utr. 1558.

7. MFABacc.: Bacc. alibi promotus; rec. 2. April 54. — M. a. 24. Juli 54.
14. MFABacc: Bacc. alibi promotus; rec. 10. Dez. 53.
15. MFABacc.: Etschenreitte, Bacc.; rec. 10. Dez. 53. — M. a. 17. Febr. 57.
MFAMag. [am Rand]: Dr. medicus.

16. Joannes Michael Ficklerus Wilensis indicavit nomen suum, quod ante quadriennium fuerat professus, sed in hoc album forsitan negligentia vel incuria non relatum (20. Nov.).
17. Petrus Neser Tubingensis (21. Nov.).
18. Joannes Bisantius Dellifordensis (21. Nov.).
19. Vlrichus Bitter Hayldelpergensis (23. Nov.).
20. Balthasarus Ludescher Feldtkurchensis (23. Nov.).
21. Joannes Scytz ex Munderkingen (24. Nov.).
22. M. Joannes Scherer Balingensis indicavit nomen suum (24. Nov.).
23. Ernestus
24. Hugo 〉 a Rechberg (27. Nov.).
25. Philippus
26. Joannes a Lauingen (27. Nov.).
27. Joannes Pontius Ebersbachensis (27. Nov.).
28. Joannes Martinus Aichmann Leonbergensis (27. Nov.).
29. Samuel Neuheuser Esslingensis (29. Nov.).
30. Ulricus Wolffle Stutgardianus (4. Dez.).
31. Samuel Stephanus Esslingensis (6. Dez.).
32. Joannes Bubius Petersheimensis indicavit rursus nomen suum (16. Dez.).
33. Berchtoldus Hagen Hechiugensis (11. Dez.).
34. Christophorus Raff Nagoltensis (11. Dez.).
35. Joannes Mathias Rottwilensis (12. Dez.).
36. Jacobus Steck Stutgardianus (15. Dez.).
37. Jacobus Riserus Veringensis (18. Dez.).
38. Jacobus Castner Straubingensis (19. Dez.).
39. Daniel Moser Augustanus (20. Dez.).
40. Valentinus Fabri Herbipolensis (20. Dez.).
41. Jannes Neuheller Entringensis (29. Dez.).

16. Vgl. *131,53 c.*
20. MFABacc.: Lüdescher, Bacc. alibi promotus; rec. 5. Dez. 58.
22. Vgl. *118,9.*
27. B. a. 20. April 56. MFABacc.: Buntzius.
29. B. a. 25. Sept. 55. MFABacc.: Neuwheusser. — M. a. 16. Febr. 58. MFAMag.: celebris Ulmensium ecclesiastes.
32. Vgl. *139,73.*
34. Stip. Sept. 53. -- B. a. 20. April 56.
36. Vgl. *136,41.*
41. Vgl. *145,43.*

1554.

42. Joannes Molitor Minsingensis (4. Jan.).
43. Georgius Schnitzer Minsingensis (4. Jan.).
44. Alexander Offer ex comitatu Coriciensi (4. Jan.).
45. Andreas ab Hagen Livoniensis (4. Jan.).
46. M. Jacobus Bader Auensis indicavit iterum nomen suum (5. Jan.).
47. Renhardus Schlaher indicavit nomen (6. Jan.).
48. Jacobus Götz Feldtkürchensis indicavit nomen suum (7. Jan.).
49. Samuel Überman Iptingensis (11. Jan.).
50. Joannes Vrsinus Kitzingensis (14. Jan.).
51. Ludovicus Decius Polonus (15. Jan.).
52. Petrus Gnoiugenius Polonus (15. Jan.).
53. Steinslaus Vogelwaider (15. Jan.).
54. Jacobus Salenius Polonus (15. Jan.).
55. Theodoricus ab Aw (17. Jan.).
56. Georgius Vetter Norimbergensis (21. Jan.).
57. Jacobus Pistor Scheslicensis (21. Jan.).
58. Jacobus Schott Thubingensis (22. Jan.).
59. Mathias Höbsacker Tirolensis (25. Jan.).
60. Joannes Schuttenuuein Rotemburgensis indicavit nomen (26. Jan.).
61. Georgus a Jona Bohemus (5. Febr.).
62. Hugo Abriotus Lileusis ex Burgundia (15. Febr.).
63. Jonas Mon Minsingensis (20. Febr.).
64. Josephus Feichter Hallensis (21. Febr.).
→ 65. Thimotheus Appianus Ingolstadiensis (2. März).
66. Marcus Ludovicus Ziegler Spirensis (17. März).

---

42. Stip. 27. Juli 55. — *Wegen Unfleiss exkludiert a. 57.*
43. Stip. 22. Juli 54. — B. a. 20. April 56. — *2. August 58 exkludiert aus dem Stift.*
46. *Vgl. 125,18.*
47. *Vgl. 128,46.*
48. *Vgl. 139,40.*
49. Stip. 22. Juli 54. *Alb. stip.: Sohn des Pfarrherrn von Iptingen.* — B. a. 20. April 56. *MFABacc.:* Vberman Bauschlachensis. — *15. Febr. 59 exkludiert aus dem Stift, weil er „etliche böse Bossen gerissen". 1559 Collaborator in Vaihingen.*
59. B. a. 25. Sept. 55. *MFABacc.:* Hebsacker.

67. Carolus a Degenfeldt iterum indicavit nomen suum (21. März).
68. Martinus Bingnitzer Nördlingensis (21. März).
69. Philippus Schuch Landauiensis (25. März).
70. Benedictus Caeparilis Göppingensis (28. März).
71. Nicolaus Beinhardt Herwertingensis (31. März).
72. Fridericus Ramsius Francofordiensis (2. April).
73. Nicolaus Entringer Thubingensis (3. April).
74. Wolphgangus Theodoricus Engelhardt Danensis (3. April).
75. Jodocus Runst Sultzbachensis (4. April).
76. Georgius Mietenheuser Vracensis (7. April).
77. Joannes Hippler Wimpinensis (9. April).
78. Christophorus Mettenheimer Wormacensis (16. April).
79. Philippus Stephanus Pistoris Wormacensis (16. April).
80. Sebastianus Mütschelin Thubingensis (17. April).
81. Laurentius Guga Bergerscheimensis (18. April).
82. Joannes Sebastianus a Nüppenburg (18. April).
83. Michael Ruf Wisenstaigensis (18. April).
84. Christophorus Garbitius Thubingensis (18. April).
85. Bernhardus Thaler Monacensis (19. April).
86. Joannes Sauler[a] Vueschemiensis (20. April).
87. Franciscus ab Eltershouen (21. April).
88. Marquart Freer Augustanus (21. April).
89. Jonas Shaller Augustanus (21. April).
90. Joannes Dilbom Augustanus (21. April).
91. Joannes Spring Nurtingensis (24. April).
92. Joannes Leikauf Grunsfeldensis (24. April).
93. Georgius Vuincklerus Forcheimensis (24. April).
94. Petrus Schirfman Eysenbergensis (24. April).

---

a) *Oder* Sauler?

67. *Vgl. 127,43.*
70. B. a. 20. April 56. *MFABacc.*: Ceparius.
73. B. a. 19. Sept. 54.
76. B. a. 25. Sept. 55. *MFABacc.*: Miettenheuserus. — M. a. 27. Juli 58.
79. *MFABacc.*: Bacc. alibi promotus, rec. 6. Aug. 54. — M. a. 12. Aug. 56.
MFAMag.: Phil. Steph. Weber Wormatiensis.
84. B. a. 17. Sept. 61.
87. *Vgl. 147,72.*
91. B. a. 20. April 56. *MFABacc.*: Spreng. — M. a. 27. Juli 58.
93. B. a. 19. Sept. 54. — *Vgl. 156,24.*
94. *Vgl. 148,31.*

95. Georgius Lünckener Jagsthausensis (25. April).
96. Ludovicus Hennelutz Esslingensis (28. April).
97. Georgius Mario Herbipolensis (29. April).
98. Joannes Riss Alensis (30. April).
99. Melchior Mayerhouer ex Gmündt (30. April).
100. Balthasar Engelher Hechingensis (30. April).
101. Sebastianus Linck Vuimpinensis (30. April).

142. Sub rectoratu dom. **Nicolai Varenbüleri** iur. utr. D. et canonici ordinarii a festo Phil. et Jac. apost. anni 1554 usque ad festum div. Lucae inscripti sunt sequentes:

1. Daniel Walther Augustanus iterum indicavit nomen suum (2. Mai).
2. Georgius Zollner Pabergensis (3. Mai).
3. Johannes Fockh Augustanus (4. Mai).
4. Ausonius Steuss Treverensis (6. Mai).
5. Otto Lingenfeld
6. Johannes Cellensis } Confluentini (6. Mai).
7. Theodoricus Rhat Heilpronnensis (7. Mai).
8. Philippus Vuetzel Weinheimensis (7. Mai).
9. Heinricus Syluius Cameracensis (8. Mai).
10. Laurentius Schlehenried iur. utr. Dr. professor publicus (9. Mai).
11. Joannes Ludovicus a Seckendorf (15. Mai).
12. Wolphgangus Casimirus a Seckendorf (15. Mai).
13. Joannes Thomas Isenbergius (15. Mai).
14. Soldanus a Wirsperg indicavit se rursus (15. Mai).
15. Nicolaus Ludovicus ab Altenstein in Franconia (15. Mai).
16. Joannes Schenck Stutgardiensis (16. Mai).
17. Joannes Bolman de Bischoffsheim in Franconia (20. Mai).
18. Laurentius Schentz Ballingensis (22. Mai).

---

95. Stip. 22. Juli 54. *Alb. stip.:* Lenckner. — *Ist zu Calw von einer Misshandlung wegen, darumb er nicht hat gebührliche Straf wollen aufnehmen, entloffen.*

101. **Vgl. 148,58.**

1. *Wohl identisch mit 128,77.*

14. **Vgl. 137,26.**

18. Stip. 21. Juli 54. *Alb. stip.:* Schanz. — B. a. 25. Sept. 55. — *Nachmals gen Göppingen verordnet.*

19. Balthasar Vuagner Ballingensis (22. Mai).
20. Melchior Pfister |
21. Ludovicus Haug | Augustani (22. Mai).
22. Bruno Seidel Querfordensis (22. Mai).
23. Othmarus Reiser de Egisheim (23. Mai).
24. Matheus Albrecht Argentinensis (25. Mai).
25. Georgius Hassler Blauensis (28. Mai).
26. Joann von Waltmanshusen uß der Wederaw (28. Mai).
27. Philippus Renner Ortenbergensis (28. Mai).
28. Hermannus Friesenstein Franco (29. Mai).
29. Daniel Goll Selestadiensis nomen suum iterum indicavit (30. Mai).
30. Georgius Closner Eckenfeldensis Bavariae (30. Mai).
31. Joannes Hiltz Landshutanus (30. Mai).
32. Bernhardus Lachmann Heilpronnensis (30. Mai).
33. Wolphgangus Zennerus Summotoriensis (30. Mai).
34. Michael Burckhardus Horbensis (31. Mai).
35. Balthasar Vuirtz Balingensis (31. Mai).
36. Joannes Georgius Schäck Wassertruchingensis (!) (2. Juni).
37. Casparus Bruckmayer Reckingensis (2. Juni).
38. Servatius Ehinger Ulmensis (2. Juni).
39. Victor Velin |
40. David Cocus | Augustani (2. Juni).
41. Joannes Jacobus Velin |
42. Symon Scharrius Meidenburgensis (2. Juni).
43. Nicolaus Hammerer Brigantinus (2. Juni).
44. David Dendenerus Wemdingensis (3. Juni).
45. Georgius Becherer Nördlingensis (3. Juni).
46. Ytellus de Vuesternach (4. Juni).
47. M. Vlricus Miller Nurtingensis indicavit iterum nomen suum
    (4. Juni).

----

19. Stip. 2. Juni 56. — B. a. 7. April 57. — M. a. 31. Juli 60.

29. Vgl. *138,42.*

33. Dr. iur. utr. 4. Febr 62. *Jur.:* Wolfg. Zenger o. O.

34. B. a. 7. April 57. *MFABacc.:* Burcardus. — M. a. 1. Febr. 59. *MFA.-*
Mag.: Burchardus *[am Rand]:* iurisconsultus.

35. Stip. 21. Juni 56. *Alb. stip.:* von Ostorff Balinger ampts. — B. a.
20. April 56. *MFABacc.:* Würtz. — *Ist 15. März 59 in dem Herrn verschieden.*

44. B. a. 23. März 58. *MFABacc.:* Dentnerus Wendlingensis. — M. a.
10. Aug. 59. *MFAMag.:* Wendingensis.

45. B. a. 1. Sept. 57. *MFABacc.:* Bechrerus.

47. Vgl. *122,35.*

48. Georgius Moderus Manbernbamensis (5. Juni).
49. Theodorus Mayer Onoltzbachensis (8. Juni).
50. M. Michael Holtzvuart Badensis (13. Juni).
51. Justinianus Moser Vberlingensis (14. Juni).
52. Claudius |
53. Guilielmus } a Montfort Burgundi fratres germani (14. Juni).
54. Joannes |
55. Claudius Boguetius Burgundus eorum praeceptor (14. Juni).
56. Theobaldus Vareschouus (14. Juni).
57. Joannes Sontheimer Ehingensis ad Danubium (22. Juni).
58. Jacobus Forsterus Noribergensis (22. Juni).
59. Leonhardus Branhofer Velbregensis (26. Juni).
→ 60. Leonhardus Ranchvuolf Augustanus (5. Juli).
61. Conradus Wolphgangus Placenta e Pleidelsheim (17. Juli).
62. Joannes Kantengiesser |
63. Jonas Seninus | Vayhingensis (17. Juli).
64. Joannes Bernhardus Bademer ex Kuppenheim (17. Juli).
65. Ludoicus Sturmfeder a Boppenwiler (19. Juli).
66. Christophorus Egon Balingensis (20. Juli).
67. David Paab Bibracensis (20. Juli).
68. Casparus Jäger Blaubeurensis (22. Juli).
69. Adamus Jordan Moguntinensis (27. Juli).
70. Mathias Cesselius Pforcensis (30. Juli).
71. Joannes Albertus Frais Moguntinus (1. Aug.).

58. B. a. 11. Sept. 56.
61. Stip. 18. Juli 54. *Alb. stip.: des Pfarrherrn zu Pleidelsheim Sohn.*
— *B.* a. 25. Sept. 55. *MFABacc.:* Placius. — M. a. 28. Juli 57. *MFAMag.:*
Conr. Wolff Blatz *[am Rand]:* evangelicae Biberacensium ecclesiae pastor. —
Dr. theol. 31. Okt. 64. *Theol.:* Conr. Wolfius Placius Giengensis, pastor Bibracensis. — *4. April 60 Diakonus in Tübingen.*
62. Stip. 18. Juli 54. — B. a. 20. April 56. *Ist aus dem Stift exkludiert*
worden.
63. Stip. 18. Juli 54. — B. a. 20. April 56. *MFABacc.:* Jonas Greylich
Vahing. — *24. Juni 57 wegen einer Misshandlung aus dem Stift exkludiert.*
64. B. a. 25. Sept. 55.
66. B. a. 17. Sept. 61. *MFABacc.:* Egen.
67. Stip. 28. Juli 54. *Alb. stip.: des Pfarrherrn zu Dusslingen Sohn.*
B. a. 20. April 56. *MFABacc.:* Bab. — M. a. 1. Febr. 59. *MFAMag.:* Babius.
— *5. März 61 Diakonus in Stuttgart.*
68. Stip. 22. Juli 54. — *Entloffen u. 55.*
71. *Vgl. 160.6.*

72. Wilhelmus Calceator Herebergensis (1. Aug.).
73. Jacobus Scherlin Marpachensis (3. Aug.).
74. Christophorus Ballingerus Nordlingensis (5. Aug.).
75. Joannes Staud Wormaciensis (6. Aug.).
76. Sigismundus Vuoysel Vratislauiensis (7. Aug.).
77. Joannes Dieterus Augustanus (7. Aug.).
78. Marcus Arnoldus Neuburgensis Danubii (7. Aug.).
79. Christophorus Arnoldus Neuburgensis (8. Aug.).
80. Melchior Vueiss ⎫
81. Casparus Kurtz ⎭ von Rhiedt bey Waldtdorff (13. Aug.).
82. Joannes Hirsman Schorndorfensis se rursus indicavit (14. Aug.).
83. Heinricus Dirr Kalbensis (14. Aug).
84. Christophorus Lutz Heilpronnensis (17. Aug.).
85. Christophorus Riesch ex Buchhorn (18. Aug.).
86. Marsilius a Beinburg prope Kreitzenach (18. Aug.).
87. Georgius Kirchmayer Mosburgensis (24. Aug.).
88. Sebastianus Vuinderlin ⎫
89. Jo. Baptista Dettelbach ⎭ Onoltzbachenses (31. Aug.).
90. Gubertus ⎫
91. Couradus ⎭ Vay Thubingenses (2. Sept.).
92. Michael Vueydlin Monacensis (5. Sept.).
93. Adam Vuerntz Augustanus (6. Sept.).
94. Leonardus Vuittvueyler de Stockach (9. Sept.).
95. Petrus Heel Kaufbeurensis (15. Sept.).
96. Hieronymus ⎫
97. Georgius ⎭ Pfister Augustani (15. Sept.).
98. Clemens Munch a Münchhausen nobilis Saltzburgensis (15. Sept.).
99. Joannes Leffelarius legum Dr. Wemdingensis (17. Sept.).
100. Georgius Mejer Thubingensis (17. Sept.).

72. Stip. 13. Aug. 54. *Alb. stip.:* W. Schuomacher. — B. a. 11. Sept. 56. *MFABacc.:* Sutor. — *Dez. 61 Diakonus zu Sulz.*
73. Stip. 11. Aug. 54. — *Diakonus zu Göppingen 18. Aug. 59.*
77. Vgl. 144,27.
81. Stip. 13. Aug. 54. — B. a. 20. April 56. *MFABacc.:* Rietensis. — *22. Juni 58 aus dem Stift exkludiert, weil er sich ohne Erlaubnis verheiratet hat.*
82. Vgl. 130,26. — Dr. iur. utr. 2. Aug. 57. *Jur.:* Hirsmannus.
88. Vgl. 144,24.
90. B. a. 17. Sept. 61. *MFABacc.:* Gutbertus Vaius. — M. a. 28. Juli 63. — Dr. med. 10. Dez. 69. *Med.:* Mag. Gutb. Vaius.

101. Ferdinandus Seytz Heydelbergensis (18. Sept.).
102. Michael Hornberger Rotemburgius Tuberinus (19. Sept.).
103. Casparus Agricola de Waldtsee iterum nomen suum (21. Sept.).
104. Eustachius Lorber Pabergensis (22. Sept.).
105. Fridericus Geyssberg ex Schorndorf (25. Sept.).
106. Joannes Gablinger Augustanus (27. Sept.).
107. Michael Zoller Biberacensis (30. Sept.).
108. Ulricus Morhardus se iterum indicavit (2. Okt.).
109. Georgius Schlehenried Herbipolensis (7. Okt.).
110. Stephanus Ginginger Ebingensis (9. Okt.).
111. Jacobus Kennttner Werdensis Danubii (10. Okt.).
112. Marcus Stambler Augustanus se iterum indicavit (14. Okt.).
113. Christophorus Marggraf Thubingensis se iterum indicavit (14. Okt.).
114. Sigismundus Fichhauser Landauiensis Bavarus '(22. Okt.).
115. Sebastianus Helmberg Landeshutanus Bavarus (22. Okt.).
116. Guilielmus Volmarus Rotwilensis indicavit iterum nomen suum (23. Okt.).

143. Sub rectoratu clarissimi viri dom. **Leonhardi Fuchsii** med. D. et eiusdem professoris celeberrimi a festo divi Lucae a. 1554 usque ad idem festum a. 1555 sequentes inscripti:

1. Joannes Stockhammer ex inferioris Bavariae oppido Ottinga (29. Okt.).
2. Enoch Standtfest Burckhamensis (29. Okt.).
3. Adamus Beger ex Aichelay (29. Okt.).
4. Jacobus Sturm Antuerpiensis compaginator librorum (3. Nov.).

103. *Vgl. 137,10.*
105. *Vgl. 149,6.*
107. *B. a. 11. Sept. 56.*
108. *Vgl. 116,17 u. 136,32.*
110. *B. a. 25. Sept. 55. — M. a. 17. Febr. 57. MFABacc. und Mag.:* Genckinger.
113. *Vgl. 112,19 (?).*
114. *Vgl. 144,25.*
116. *Vgl. 114,33 (?).*
116 a. *MFABacc.:* Erasmus Krapner Frantenhusensis Bacc. Ingolstadiensis, rec. est in consortium baccal. nostrorum 1. Nov. 54. — M. a. 21. Jan. 55.
116 b. *MFABacc.:* Jonas Mörlin Ulmensis, B. a. 11. Sept. 56.
116 c. *MFABacc.:* Jacobus Mercator Sindelfingensis, B. a. 11. Sept. 56. — M. a. 1. Febr. 59.

5. Magnus Blanck Bibracensis (8. Nov.).
6. Hieremias Zieglerus Maibermensis (11. Nov.).
7. Bernhardtus Amemrich Heilpronnensis (12. Nov.).
8. Nicolaus Kechen, [a] compaginator librorum (13. Nov.).
9. Michael Cleber Thubingensis (4. Dez.).
10. Erhardtus Stickel Tubingensis (4. Dez.).
11. Adolphus Hellingius Mosellanus (27. Dez.).

1555.

12. Joannes Vuolckenstein Ulmensis (2. Jan.).
13. Melchior Monsterus Bessicamensis (26. Jan.).
14. Gregorius Vuidman Nördlingensis (28. Jan.).

Nota: sequentes inscripti sunt Calbae per dom. Jacobum
Peurlinum, vicerectorem:

15. Joannes Ehinger Kilpergensis (25. März).
16. Caspar Murer Marpachensis (18. April).
17. Adamus Feurer Hallensis (29. April).
18. Jacobus Dotzinger Thubingensis (3. Juni).
19. Richardus Kölblin Guntzenhausensis (3. Juni).
20. Bernhardtus Rul Rottempergensis (7. Juni).
21. Joannes Vuidman Calwensis (10. Juni).
22. Casparus Eysenlöffel Bentzheimiensis (24. Juni).
23. Wilhelmus a Mittelhausen (29. Juni).
24. Joannes Gabriel Ringler Vberlingensis (29. Juni).
25. Philippus Bartholomeus Seltzensis (29. Juni).
26. Andreas Grammer Bondorffensis (12. Juli).
27. Nicolaus Vuielandt Vayhingensis (17. Juli).

a) *Oder* Rechen?

7. B. a. 27. März 55. *MFABacc.:* Amenrych.
9. B. a. 7. April 57.
12. B. a. 11. Sept. 56.
13. B. a. 25. Sept. 55. *MFABacc.:* Munsterus. — M. a. 28. Juli 57.
15. B. a. 7. April 57. *MFABacc.:* J. Ehing Kirchbergensis.
16. B. a. 11. Sept. 56. — M. a. 7. Febr. 60. *MFABacc. u. Mag.:* **Murr.**
18. *Vgl.* 153,54. — B. a. 17. Sept. 61.
21. *Vgl.* 153,35.
22. B. a. 11. Sept. 56. *MFABacc. u. Mag.:* Eyssenlöffel. — **M.** a. 27. Juli 58.
26. Stip. 27. Juli 55. — B. a. 11. Sept. 56. — M. a. 1. Febr. 59. *MFA.-
Mag.:* praepositus Denckendorfensis, postea abbas Bebenhusanus. — *2. Okt. 60
Diakonus in Bottwar.*
27. Stip. 2. Aug. 55. — B. a. 11. Sept. 56. — M. a. 27. Juli 58. — *Rep.
rhetoricus und Pfarrer zu Hagelloch. — Dez. 62 Diakonus in Tübingen.*

28. Philippus Herbrandt Gyengensis (22. Juli).
29. Helias Himmelkorn Gültlingensis (24. Juli).
30. Paulus Bentz Horheimensis (24. Juli).
31. Joannes Bürckle Stutgardianus (26. Juli).
32. Samuel Eberlin Grieningensis (26. Juli).
33. Vitus Zipperer Herrempergensis (26. Juli).
34. Esebius Fry de Dachteln (26. Juli).
35. Conradus Pfyl Winnendensis (27. Juli).
36. Joannes Franck Giglingensis (27. Juli).
37. Christophorus Throner de Hall im Jntḥal (29. Juli).
38. Joannes Marcoleon Marpachensis (30. Juli).
39. Samson Baldreich Marpachensis (30. Juli).
40. Casparus Hermmannus Kirchensis (2. Aug.).
41. Petrus Gerber Calwensis (15. Aug.).
42. Jacobus Rieber Wisenstaigensis (16. Aug.).
43. Christophorus Schweitzer uß dem Wilbtpabt (17. Aug.).
44. Joannes Philippus Brassicanus Viennensis (17. Aug.).
45. Matheus Neustäel Ehingensis (17. Aug.).

28. B. a. 7. April 57. — M. a. 1. Febr. 59. *MFA.Mag.:* theol. Dr., ecclesiae Haganoensis pastor, Dr. Jacobi frater. - - Dr. theol. 31. Okt. 64.

29. Stip. 1. Aug. 55. — *4. Jan. 61 an das Pädagogium zu Stuttgart.*

30. Stip. 2. Aug. 55. *Alb. stip.:* von Horа. — B. a. 7. April 57. *MFA.-Bacc.:* Horbensis. — *20. Jan. 58 entloffen.*

31. Stip. 27. Juli 55. *Alb. stip.:* Bürckhlin. — *Wegen Unfleiss abgeschafft aus dem Stift a. 57.*

32. Stip. 27. Juli 55. — B. a. 7. April 57. *MFABacc.:* Eberle. — *27. Mai 59 wegen seines unzeitigen Heiratens aus dem Stift rejiciert.*

33. Stip. 27. Juli 55. — B. a. 7. April 57. *MFABacc:* Cyperer. — M. a. 31. Juli 60. — *4. Jan. 61 Präzeptor zu Hirsau.*

34. Stip. 1. Aug. 55. *Alb. stip.:* des Pfarrherrn zu Dachtel Sohn. — B. a. 7. April 57. *MFABacc.:* Eus. Frey Turmensis. — M. a. 7. Febr. 60. *MFA.-Mag.:* Eus. Frey Durmentzensis.

35. Stip. 1. Aug. 55. — B. a. 11. Sept. 56. - M. a. 7. Febr. 60. *MFA.-Bacc. u. Mag.:* Pfeil. — *4. Jan. 61 Diakonus zu Roseafeld.*

36. Stip. 10. Aug. 55. — B. a. 7. April 57. *MFABacc.:* Gigellensis. — *Excludiert aus dem Stift wegen unerlaubter Heirat.*

38. B. a. 7. April 57. — M. a. 7. Febr. 60.

40. Stip. 17. Aug. 55. — *5. Jan. 58 wegen Übelhaltens aus dem Stift excludiert.*

43. Dr. iur. utr. Okt. 62. *Jur.:* Schwenitzer ex Thermis ferinis.

45. B. a. 11. Sept. 56. *MFABacc.:* Math. Muschkay.

46. Adamus Wolpper Spilbergensis (17. Aug.).
47. Ambrosius Letzelter Ulmensis (26. Aug.).
48. Daniel Schnepffius Heilpronnensis (26. Aug.).
49. Martinus Augustus Marpachensis (18. Sept.).
50. Jacobus a Theos Northusanus (24. Sept.).
51. Joannes Gaysle Heunigensis (30. Sept.).
52. Petrus Kerner Thetelbachensis inscriptus die 13ᵃ Junii anno
　　1555 Thubingae per dom. Dr. Laurentium Schlehenriet.

144. Sub rectoratu clarissimi viri dom. **Martini Frechtii**
sacrarum literarum Lic. et earundem professoris celeberrimi a festo
divi Lucae evang. a. 1555 usque ad festum div. Phil. et Jac. a.
1556 sequentes inscripti:

Calbae:
1. Laurentius Schenckbecher Argentinensis (22. Okt.).
2. Franciscus Halbtiecher Brüxellensis (13. Nov.).
3. Sebastianus Mettelin Pfinensis (14. Nov.).
4. Vitus Rotempurgius Phonensis *) (11. Dez.).
5. Samuel Ricker Wildtpergensis (17. Dez.).

1556.
6. Joannes Franck Burckenfeldensis (4. Jan.).
7. Abraham Becker Hohenbergensis (15. Jan.).
8. Michael Reitterus Reitlingensis (8. Febr.).
9. Martinus Reyling Bopffingensis (10. Febr.).

Tubingae:
10. Daniel Finck ex Dinckelspühel (25. März).
11. Heinricus Millerus Brunsvicensis (1. April).

---

a) *Wahrscheinlich Fehler des Abschreibers für* Phorcensis.

46. Stip. 23. Aug. 55. — † 28. Aug. 55.
47. B. a. 11. Sept. 56. *MFABacc.:* Lebzelter.
50. Dr. med. 2. Aug. 57. *Med.:* Mag. Jac. Oetheus (Ortheus?) Northusanus
Thuringius.
52a. *Alb. stip.:* Salomon Schradinus, Stip. 1556. — *April 67 dimittiert:
vorher schon 1561 Pfarrer in Altenstaig: aus Reullingen stammend.*

3. *Vgl. 135,26.* — Dr. med. 31. Aug. 58.
5. *Vgl. 141,31a.*
6. B. a. 7. April 57. *MFABacc.:* Birckenfeldensis.
7. B. a. 7. April 57. *MFABacc.:* Hauenbergensis.
8. B. a. 1. Sept. 57. *MFABacc.:* Raiterus.

12. Joannes Diechman Hildeshemensis (1. April).
13. Andreas Textor Herbipolensis (8. April).
14. Nicolaus Grauer Thubingensis (8. April).
15. Daniel Fuchsius Thubingensis (10. April).
16. Lucas Bernhardtus Maier Thubingensis (11. April).
17. Georgius Benedictus Maier Thubingensis (11. April).
18. Theophilus Cluberus Argentinensis (13. April).
19. Matheus Melsch Rastettensis (13. April).
20. Severinus Jäger Obernkürchensis (13. April).
21. Petrus Knellius Leysendorffensis (13. April).
22. Clemens Schelling Esslingensis (14. April).
23. Georgius Bronner Egranus (23. April).
24. Sebastianus Vuinderlin Onelspachius se sursus indicavit (23. April).
25. Sigismundus Vichheuserus Landaniensis iterum indicavit nomen suum (23. April).
26. Joannes Neubaur Humburgensis (26. April).
27. Christophorus Vualtherus ex Cassel Hassiae (26. April).
28. Hermannus Lärschncrus ex Cassel (26. April).
29. Aurelius Augustinus Curio Montcalereanus (26. April).
30. Laurentius Frisens Rotempurgensis ad Tuberam (27. April).
31. Melchizedeck Reyner Lindaniensis (29. April).

145. Sub rectoratu clarissimi viri dom. **Jacobi Kapelbeckii** iur. utr. D. et professoris ordinarii celeberrimi a festo div. Phil. et Jac. a. **1556** usque ad festum divi Lucae evang. eiusdem anni inscripti sunt sequentes:

14. Vgl. 152,34.
15. B. a. 17. Sept. 61.
18. B. a. 7. April 57. — M. a. 27. Juli 58. *MFABacc. u. Mag.*: Cleberus.
19. Stip. 1555. — *Gewesener Conventual zu Herrenalb.*
20. Stip. 1555. — *Gewesener Conventual zu Herrenalb; 5. Jan. 58 auf die Pfarrei Herrenalb verordnet.*
21. B. a. 7. April 57. *MFABacc.*: P. Knel Kirchensis. — M. a. 27. Juli 58. *MFAMag.*: P. Knell Nurtingensis.
24. Vgl. 142,88.
25. Vgl. 142,114.
30. Dr. theol. 4. Febr. 62. *Theol.*: Laur. Frisaeus Francus, pastor et superintendens Brackenheimensis.
31a. *MFABacc.*: Samuel Zickler Kalbensis. B. a. 13. Sept. 59; *rangiert zwischen 140,7 u. 147,6: kann identisch sein mit 144,5.* -- M. a. 12. Aug. 62.

1. Hugo Abrioth Burgundius se rursus indicavit (8. Mai).
2. Mag. Sebastianus Scheck Gröningensis se rursus indicavit (11. Mai).
3. Andreas Gnan Nördlingensis (13. Mai).
4. Achilles Jason Vuidman Hallensis (16. Mai).
5. Hieronimus Bickel Sultzbachensis (17. Mai).
6. Petrus Remele Gundelfingensis (23. Mai).
7. Jacobus Leükircher Memingensis (23. Mai).
8. Joannes Ballot Visseliensis se indicavit (23. Mai).
9. Mag. Laurentius Phronto Kitzingensis (31. Mai).
10. Zacheus Eudrisch Nördlingensis (4. Juni).
11. Jacobus Fritz se indicavit (5. Juni).
12. Joachimus Decius Creusingensis Mag. (5. Juni).
13. Joannes Derrerus Fryburgensis in Brisgoia (8. Juni).
14. Wolphgangus Schile Windistaigensis Austriacus (11. Juni).
15. Sebastianus Mercklinus Villingensis (11. Juni).
16. Wolphgangus Schatzer Frontenhausensis (12. Juni).
17. Baptista Parauicinus Volturenus Retus (14. Juni).
18. Christophorus Lutzius Stutgardianus (16. Juni).
19. M. Joannes Wernherus Cnoderus se indicavit (16. Juni).
20. Joannes Hartmannus Ehingerus Ulmensis (18. Juni).
21. Albertus Muschkay Ehingensis (28. Juni).
22. Samson Hertzog se indicavit (30. Juni).
23. Melchior Kess Binnigheimensis (1. Juli).
24. Andreas Lorentz Landspurgensis (3. Juli).
25. Balthasarus Froschauer a Kranau (7. Juli).
26. Joannes Graff a Behel (8. Juli).
27. Joannes Dietherus Augustanus se indicavit (10. Juli).
28. Joannes Baptista Catzelor Botzemensis (10. Juli).
29. Christophorus Philippus Gress Augustanus (10. Juli).

2. *Vgl. 133,43.*
8. *Vgl. 140,64.*
9. Dr. med. 31. Aug. 58. *Med.:* Kittingensis.
19. *Vgl. 131,21.* — Dr. iur. utr. Okt. 64.
21. B. a. 7. April 57. *MFABacc.:* Muschgay. — M. a. 27. Juli 58. *MFA.-May.:* Muscay.
23. B. a. 7. April 57. *MFABacc.:* Melchior Caseus Binichamiensis. — M. a. 28. Juli 58. *MFAMag.:* Caseus.
26. B. a. 23. März 58. *MFABacc.:* J. Comes Beelensis.
27. *Vgl. 142,77.*

30. Elias Massaberger ⎫
31. Georgius Buroner ⎬ Augustani (10. Juli).
32. Franciscus Tucher ⎭
33. Georgius ab Hanaw nobilis (15. Juli).
34. Balthasar Oxenbach a Wald prope Anaspachium (22. Juli).
35. Rupertus Dirr Schorndorffensis theol. Dr. se indicavit (27. Juli).
36. Joannes Bernhardus Tuttlingensis (8. Aug.).
37. Antonius Perinotus Mumpelgardiensis (8. Aug.).
38. Zacharias Ezelius Nussdorffensis (8. Aug.).
39. Michael Hilmer Biettigheimensis (8. Aug.).
40. Joannes Knauss Vayhingensis (8. Aug.).
41. Wilhelmus Genuinus Mumpelgardensis (8. Aug.).
42. Joannes Kanachius Valkenburgensis (9. Aug.).
43. Joannes Neobolus se indicavit (12. Aug.).
44. M. Joannes Fesslerus se indicavit (13. Aug.).
45. Joannes Stadmannus se indicavit (17. Aug.).
46. Joannes Feurer Leitkurchensis (17. Aug.).
47. Wolphgangus Kolerus Cigneus Misnensis (18. Aug.).
48. Mag. Michael Zichlerus Norimbergensis sindicus Egerensis se indicavit (20. Aug.).
49. Joannes Sebastianus a Zedwitz in Liebenstein (20. Aug.).

32. B. a. 13. Sept. 59. *MFABacc.:* Thuecher. — M. a. 3. Febr. 62. *MFA.-Mag.:* Ducher.

35. Vgl. *129,25 u. 140,95.*

36. Stip. 10. Aug. 56. — B. a. 1. Sept. 57. *MFABacc.:* J. Berenhartus. — M. a. 1. Febr. 59. *MFAMag.:* Berhardus. — *MFABacc. u. Mag.:* Effingensis. *1559 Präzeptor in Bebenhausen; 1560 Diakonus in Metzingen.*

37. Stip. 11. Aug. 56. — B. a. 1. Sept. 57. *MFABacc.:* Anatonius Berenotus.

38. Stip. 11. Aug. 56. — B. a. 1. Sept. 57. *MFABacc.:* Ezel Nussertensis. — M. a. 1. Febr. 59. — Rep. — *1560 Diakonus zu Tübingen.*

39. Stip. 24. Aug. 56. — B. a. 14. Sept. 58. *MFABacc.:* Hylmer. — M. a. 31. Juli 60. *MFAMag.:* Hillmer. — *1561 Diakonus in Tübingen.*

40. Stip. 21. Aug. 56. — *Ist nachmals ausgetreten aus dem Stift.*

41. Stip. 11. Aug. 56. — *Wegen Unfleiss exkludiert 19. Sept. 58.*

43. Vgl. *141,41.* — Stip. 13. Aug. 56. *Alb. stip.:* des Pfarrherrn zu Entringen Sohn. — B. a. 15. März 59. *MFABacc.:* Jo. Neobulos Eslingensis. — M. a. 9. Juli 61. *MFAMag.:* J. Neobulos Entringensis.

44. Vgl. *129,61.* — Dr. iur. utr. 2. Aug. 57.

45. Vgl. *133,34 u. 147,56.*

47. Stip. 23. Juni 56. *Alb. stip.:* von Zwickanaw in Meuchsen. — *Soll nach fürstlichem Befehl musicam exercieren: bekommt ausser dem Tisch 10 fl. Ist im Herbst 56 entlaufen, weil er propter delictum aliquod in carcerem soll.*

50. Joannes Vuild a Wildenraid (20. Aug.).
51. Waltherus Trechsel Dinckelspühelensis (20. Aug.).
52. Georgius Braitner Spirensis (20. Aug.).·
53. Jacobus Miller Dinckelspühelensis (20. Aug.).
54. Mag. Joannes Kalb Spirensis (21. Aug.).
55. Jacobus Honold Waiblingensis (22. Aug.).
56. Benedictus Dempffius Thubingensis (29. Aug.).
57. Wilhelmus Scheffer Wintzhemius (30. Aug.).
58. David Fuchsius Thubingensis (14. Sept.).
59. Andreas Lawmayer Stutgardianus (15. Sept.).
60. Raphael Ninguarda Retus Vulturnensis (15. Sept.).
61. Casparus Buschlerus Hallensis se indicavit (15. Sept.).
62. Josephus Feuchter se indicavit (15. Sept.).
63. Joannes Fesenbeck a Ortrauf in Thuringia (22. Sept.).
64. Georgius Carolus Croatus Viennensis (22. Sept.).
65. Adamus Kemptner Viennensis (22. Sept.).
66. Joannes Strobel Viennensis (22. Sept.).
67. Mag. Valentinus Lauben Regiomontanus (29. Sept.).
68. Georgius Kranch Rappolwilensis (11. Okt.).
69. Wolphgangus 'Venator Marpachensis (12. Okt.).
70. Matheus Biene Stutgardianus (13. Okt.).
71. Sebaldus Feilner Carinthus (14. Okt.).
72. Balthasar Kerner Carinthus (14. Okt.).
73. Claudius Becharia Retus (14. Okt.).

146. Sub rectoratu clarissimi viri dom. **Chilliani Vogleri** iur. utr. D. et professoris ordinarii celeberrimi a festo divi Lucae evang. a. 1556 usque ad festum div. Phil. et Jac. a. 1557 sequentes sunt inscripti:

55. Stip. 22. Aug. 56. — B. a. 23. März 58. — M. a. 31. Juli 60. — *MFA.-Bacc. u. Mag.:* Honolt.
57. B. a. 7. April 57. *MFABacc.:* Guilh. Opilio Winsemus. — M. a. 16. Febr. 58. *MFAMag.:* Opilio Winsheymensis. — Dr. med. 31. Okt. 64. *Med.:* Vpilio o. O.
59. B. a. 23. März 58. *MFABacc.:* Laubmeyer. — M. a. 10. Aug. 59. *MFAMag.:* Laubmair. — Dr. iur. 23. Nov. 73. *Jur.:* Laubmarius. — Rect. 85/86; 89.
61. Vgl. *139,23.*
63. Dr. theol. 8. Mai 77. *Theol.:* Mag. Joh. Vesenbeccius, pastor Vlmensis.
69. B. a. 23. März 58. — M. a. 31. Juli 60. *MFAMag.:* W. Jäger Martpachensis.

1. Enoch Standtfest a Rädlkoven se rursus indicavit (23. Okt.).
2. Casparus Faber de Weilheim Bavariae (24. Okt.).
3. Mathias Gerhardus Heydelsheimensis (24. Okt.).
4. Israël Ehinger Heylpronnensis (25. Okt.).
5. Jacobus Rotmayer Saltzburgensis (26. Okt.).
6. Paulus Weller Norimbergensis (26. Okt.).
7. Georgius Knollius Vtenwylensis (30. Okt.).
8. Daniel Henselius e Dilinga se rursus indicavit (30. Okt.).
9. Gabriel Vollandius Tubingensis (31. Okt.).
10. Ehrhardus Vollandius Tubingensis se rursus indicavit (31. Okt.)
11. Sebastianus Rebstein Norimbergensis (31. Okt.).
12. Leonhardus Isenmannus se iterum indicavit (2. Nov.).
13. Wilhelmus Virntzler Neolitanus (8. Nov.).
14. Hieronimus Krapp Wittebergensis (8. Nov.).
15. Victor Coccius se iterum indicavit (9. Nov.).
16. Georgius Isenlöffel Bentzheimensis (11. Nov.).
17. Joannes Pannitonsor Bentzheimensis (11. Nov.).
18. Paulus Knot de Weiden (14. Nov.).
19. M. Haimbrandus Wenglin Vberlingensis (16. Nov.).
20. M. Joannes Albertus Engelhardt Dannensis (16. Nov.).
21. Wilhelmus Linder Vberlingensis (20. Nov.).
22. Michael Salenius Polonus (25. Nov.).
23. Balthasar Seprecht Illyricus (30. Nov.).
24. Joannes Richter Oenipontanus (3. Dez.).
25. Joannes Seccer Witius Vratislauiensis poeta (12. Dez.).
26. Leonhardus Alberus Denckendorfensis (15. Dez.).
27. Christophorus Hael Gemundianus (15. Dez.).

3. B. a. 23. März 58. — M. a. 10. Aug. 59. *MFA May:* Gerardus.
6. *Vgl. 152,30.*
9. B. a. 23. März 58. — M. a. 7. Febr. 60.
10. *Vgl. 130,33.*
12. *Vgl. 133,6.* — M. a. 16. Febr. 58.
15. *Vgl. 136,58.*
16. B. a. 15. März 59. *MFA Bacc.:* Eysenlöffel.
17. B. a. 15. März 59. — *Vgl. 158,28.*
25. Stip. 5. Juni 56. *Alb. stip :* Mag. Joh. Seckherwitz versieht eine Repetition. — *Bei seiner Verheiratung 7. Mai 57 aus dem Stift entlassen. 1557 Professor der Poesie und Geschichte, später in Greifswald.*
26. Stip. 7. Jan. 57. — *18. Sept. 59 Diakonus zu Nürtingen.*
27. Stip. 7. Jan. 57. *Alb. stip.:* Höl. — *15. Febr. 58 propter contractum matrimonium ecclusus est.*

1557.

28. Laurentius Ziser Reutlingensis (4. Jan.).
29. Jacobus Rockenbrot se rursus indicavit (7. Jan.).
30. Philippus Has a Klingenberg (12. Jan.).
31. Joannes Aubeler Laichheimensis (13. Jan.).
32. Gregorius Hartman a Wyla (19. Jan.).
33. Leonhardus Isenhut a Weickersheim (19. Jan.).
34. Christophorus Tauger Vlmensis (21. Jan.).
35. Andreas Rüttelius se rursus indicavit (23. Jan.).
36. Fridericus Batmann Antuerpianus (6. Febr.).
37. Othmarus Muscheler de Fiessen (16. Febr.).
38. Jacobus Hofacher Tigurinus (16. Febr.).
39. Christophorus Rid Messingensis (24. Febr.).
40. Anshelmus Pflug Böblingensis (4. März).
41. Heinricus Brendlin Vracensis (13. März).
42. Philippus Volmer Öringensis (13. März).
43. M. Thomas Heller se rursus indicavit (15. März).
44. Benedictus Halbmayster Lenthersheimensis (29. März).
45. Bernhardus Pfister de Sultzfeldt (4. April).
46. Nicolaus Stadtman Hallensis
47. Philippus Schultheis Hallensis
48. Heinricus Besserer Memingensis   } se rursus indicavit
49. Hieronimus Reinhardt Dinckelspühelensis   (4. April).
50. Lucas Berlin Dinckelspühelensis
51. Joannes Wilhelmus a Neuhausen (5. April).
52. Lucas Beltzinger Vlmensis (9. April).
53. Wolphgangus Winckler Lincensis ex Austria (10. April).
54. Conradus Frauentraut de Anspach (10. April).
55. Andreas Molitor Imenhusensis (17. April).
56. Joannes Entringer Tubingensis (24. April).
57. Georgius Bernhardus Gablerus Tubingensis (24. April).

30. B. a. 15. März 59. *MFABacc.*: Hass. — M. a. 9. Juli 59.
32. Stip. 15. Febr. 57.
33. Stip. 4. Febr. 57. — *Gewesener Conventual zu Wimpfen: 16. April 58 ist ihm weiterzuziehen erlaubt worden.*
39. B. a. 13. Sept. 59. *MFABacc.*: Ridius. — M. a. 3. Febr. 62. *MFA.- Mag.*: Ryd.
40. B. a. 15. März 59. — M. a. 9. Juli 61. *MFABacc. u. Mag.*: A. Pfluger Reuttlingensis.
46. Vgl. 131,43.
55. Vgl. 169,9 u. 178,16.

58. Christophorus Hermannus Kürchensis (26. April).

59. Philippus Wolff a Rosenbach (29. April).

147. Sub rectoratu clarissimi viri dom. **Michaelis Ruckeri** med. D. et professoris a festo div. Phil. et Jac. a. 1557 usque ad festum divi Lucae eiusdem anni sequentes sunt intitulati:

1. Gallus Hescht Kaisheimensis (1. Mai).
2. Ludovicus Jäger ex Krautta diocesis Moguntine (2. Mai).
3. Christophorus Schabel ex Monaco Bavariae (3. Mai).
4. Jodocus Christophorus Lang Stutgardiensis (4. Mai).
   Joannes Huber Dachantensis Bavariae foro (5. Mai).
5. Joannes Braitmayerus ex Braittenholtz (5. Mai).
6. Joannes Wursterus Noricus (6. Mai).
8. Joannes Sebastianus Meichsnerus Nagoltensis (7. Mai).
9. Carolus Pirreus Vlmensis (17. Mai).
10. Simon Ziernheld ex Dachau oppido Bavariae (17. Mai).
11. Sebastianus Brelochs ex Hala Suevica (17. Mai).
12. Joannes Conradus Ehinger Biberacensis (20. Mai).
13. Volmarus Rentz Weinspergensis (21. Mai).
14. Joannes Neuburg Waidenhouensis Austriacus (22. Mai).
15. Joannes Musicus Gedenensis Brutenus (23. Mai).
16. Achatius Hilss Bambergensis (25. Mai).
17. Joannes Weitmoserus ex Castinis (25. Mai).
18. Christophorus Weitmoserus frater (25. Mai).
19. Joannes Sentelius ex Castinis (25. Mai).
20. Abrahamus Engelschalck Inissentanus (25. Mai).
21. Hermannus Pincierus ex Wetta Hassiae oppido (25. Mai).

58. B. a. 23. März 58. — M. a. 7. Febr. 60. *MFAMag. [am Rand]:* theol. Dr. in urbe imperiali Esslinga ecclesiastes. — Dr. theol. 24. Sept. 72; *vgl. 158,57.*

59. Dr. iur. utr. 1558. *Jar.:* Phil. Wolphius Rosenbacensis.

1. Stip. 1557. *Alb. stip.:* G. Hetsch von Ichenhausen. — *Gewesener Conventual zu Kaisheim: ist 30. April 57 ohne Erlaubnis davongezogen.*

5. B. a. 1. Sept. 57. *MFABacc.:* J. Hueber Dachauensis.

6. B. a. 13. Sept. 59. — M. a. 12. Aug. 62.

11. B. a. 14. Sept. 58. — M. a. 31. Juli 60. — *MFABacc. und Mag.:* Brellochsius.

13. B. a. 15. März 59. — M. a. 9. Juli 61.

15. Stip. 1557. *Alb. stip.:* von Dantzig. — *Hat 18. März 58 sein Stip. aufgegeben und ist heimgezogen.*

22. Joannes Bom de Birchenstein Austriacus (25. Mai).

23. Joannes Schuebel Ratisbonensis (25. Mai).

24. Christophorus Beitelhuserus Ratisbonensis (25. Mai).

25. Leonhardus Sininger Neuburgensis circa Danubium (26. Mai).

26. Georgius Ostermayer Coronensis Transylvanus (29. Mai).

27. Philippus Salatinus Wimpinensis (29. Mai).

28. Philippus Wart Wormatiensis (29. Mai).

29. Eberhardus Conders ⎱
30. Fridericus Conders   ⎰ fratres Frisii (29. Mai).

→ 31. Michael Toxites Rhaetus. professor rhetorices se rursus indicavit (29. Mai).

32. Mag. Wilichius Wielandt se rursus indicavit (2. Juni).

33. Daniel Heminger Tubingensis (2. Juni).

34. Jacobus Schmidlapp Schorndorfensis (5. Juni).

35. Georgius Hellinger de Bitsch (5. Juni).

36. Melchior Hegelin ex Damm prope Grönigen (9. Juni).

37. Wilhelmus Holder Marpachensis (9. Juni).

38. Joannes Boltz ex Oberstenfeldt (11. Juni).

39. Georgius Silber ex Denckendorf (11. Juni).

40. Ernestus Kieser Nürtingensis (11. Juni).

41. Martinus Locher Nürtingensis (11. Juni).

23. Vgl. 156,42.

26. Alb. stip.: G. Östermayer von Cantstatt ist zum musico angenommen worden 6. Febr. 57. — *Des. 58 Organist in Stuttgart.*

27. MFABacc.: φιλιππος Salentinus Haidelbergae creatus Bacc. rec. 31. Mai 57. — M. a. 16. Febr. 58.

→ *31. Vgl. 99,5.* —— >(p. 270)

32. Vgl. 132,48.

34. Vgl. 155,1.

36. Stip. 8. Juni 57. — B. a. 14. Sept. 58. — M. a. 12. Febr. 61. *MFA.-Bacc. u. Mag.:* Damensis. — *Jan. 62 Diakonus zu Backnang* (Brackanang!)

37. Stip. 1. Juni 57. — B. a. 14. Sept. 58. — M. a. 3. Febr. 62. *MFA.-Mag. [am Rand]:* theologus, pastor ecclesiae Studgardianae. — *Rep. physicus; zugleich pastor Derendingensis. — 24. Juni 66 Pfarrer in Lauffen.*

38. Stip. 31. Juli 57. — *18. März 58 propter negligentiam aus dem Stift exkludiert.*

39. Stip. 18. Juni 57. *Alb. stip.:* von Nürtingen. — *Wegen Unfleiss aus dem Stift rejiciert 8. März 60.*

40. Stip. 18. Juni 57. *Alb. stip.:* Kieser. — B. a. 15. März 59. — *1. Okt. 61 aus dem Stift exkludiert propter matrimonium.*

41. Stip. 28. Juni 57. — B. a. 15. März 59. — M. a. 12. Aug. 62. — *Jan. 63 Diakonus zu Dornhan.*

42. Joannes Greyss Herenbergensis (11. Juni).
43. Bartholomeus Egon Sultzensis se rursus indicavit (11. Juni).
44. Egidius Paurnfeindt ex Weitingen (14. Juni).
45. Michael Bocksler Herbipolensis (14. Juni).
46. Gabriel Schicker Fillingensis (14. Juni).
47. Thobias Baltz Kirchensis prope Teck (15. Juni).
48. Georgius Volmar ex Wila infra Teck (16. Juni).
49. Joachimus a Freyberg se rursus indicavit (18. Juni).
50. Christophorus Huber Engensis Hagouiae (19. Juni).
51. Joannes Erbisser Wylensis (19. Juni).
52. Joannes Boner Wylensis (19. Juni).
53. Georgius Eitelhuber ex Ötinga Bavariae oppido (19. Juni).
54. Sebastianus Agricola Herenbergensis (3. Juli).
55. Vitus Pfaut Esslingensis (4. Juli).
56. Joannes Stadtman Hallensis (10. Juli).
57. Joannes Haischman ex Koburg Franconiae (10. Juli).
58. Dionisius Beller Stutgardianus (11. Juli).
59. Leonhardus Schmider Noricus (11. Juli).
60. Abraham Wintzhouer Northusensis (12. Juli).
61. Paulus Wernerus Hamelburgensis (15. Juli).
62. Petrus Jonas vel Jonianus Balaguarius Gallus (22. Juli).
63. Joannes Bonecker Badensis (22. Juli).
64. Foelix Finter Lorensis ex marchionatu Baden (22. Juli).
65. Esaias Raminger Biberacensis (23. Juli).
66. Mag. Georgius Seyfrid Kitzingensis (23. Juli).
67. Paulus Riederer Argentinensis (23. Juli).
68. Martinus Emmannus Gelhusensis (23. Juli).
69. Joannes Melchior Vollandt Rauenspurgensis se rursus indicavit
(24. Juli).

42. Stip. 18. Juni 57. — B. a. 27. März 60. *MFABacc.*: Greyss. — M. a.
28. Juli 63. — *Jan. 65 Diakonus in Schorndorf.*
43. *Vgl. 134,6 u. 140,10.*
47. B. a. 27. März 60. — M. a. 12. Aug. 62. — Dr. med. 10. Dez. 69.
49. *Vgl. 137,12.*
54. Stip. 15. Juni 57. — *Febr. 59 aus dem Stift ausgetreten.*
61. Stip. 8. Juli 57. — *23. Mai 58 propter matrimonium temere contractum
exkludiert; danach Diakonus in Weinsberg. War Conventual in Kaiersheim.*
62. Dr. med. 2. Aug. 57. *Med.*: Balagerius natione Gallus.
67. *MFABacc.*: Balthasar Riederer Argentinensis. B. a. 14. Sept. 58;
sind beide identisch?
69. *Vgl. 140,57.*

70. Nicolaus Fuchs Argentinensis (24. Juli).
71. Leonhardus Gaisser Boblingensis (24. Juli).
72. Franciscus ab Eltershof se rursus indicavit (28. Juli).
73. Petrus Sprengerus Herembergensis (31. Juli).
74. Eberhardus Schenck a Winterstetten (1. Aug.).
75. Andreas Notter ex Öttlinga (1. Aug.).
76. Lucas Breneysin Rottwylensis (6. Aug.).
77. Jacobus Miggrodius ex Alosto Brabantiae (14. Aug.).
78. Joannes Reydiger Vratislauiensis (14. Aug.).
79. Pangratius Gutthäter Vratislauiensis (14. Aug.).
80. Georgius Sylberhorner Stutgardianus (16. Aug.).
81. Laurentius Tubbius Pomeranus natus in academia Griswaldensi (16. Aug.).
82. Georgius Rosenberger
83. Christophorus Rosenberger } fratres patricii Augustani (16. Aug.).
84. Paulus Wonecker Badensis (20. Aug.).
85. David Jaxamer ab Edera nobilis (23. Aug.).
86. Franciscus Kommerel Nagoltensis (23. Aug.).
87. Joannes Hector Mayer Augustanus (27. Aug.).
88. Joannes Greyss Badensis (4. Sept.).
89. Daniel Dossanus Montpelicardiensis (5. Sept.).
90. Joannes Tobinck Luneburgensis (17. Sept.).
91. Theodoricus Diesterhob Luneburgensis (17. Sept.).
92. Joannes Setzer Monacensis (20. Sept.).
93. Ernestus Bomgartner ex Engenthal prope Norimbergam (22. Sept.).
94. Joannes Mitner Hirsbergensis diocesis Aystettensis (25. Sept.).
95. Joannes Baptista Schmardus Rhaetus Vulturunensis (25. Sept.).
96. Joannes Fridericus Heckner Badensis (29. Sept.).
97. Bernhardus Küehorn Franckfordiensis (1. Okt.).

72. Vgl. 141,87.
73. Stip. 28. Juli 57. — B. a. 14. Sept. 58. *MFABacc.:* Springer. — **M. a.** 12. Febr. 61. *MFAMag.:* Spreng. — Rep. hebreus. — *Juli 62 Präs. in Hirsau.*
74. Vgl. 160,78.
75. B. a. 15. März 59. — M. a. 9. Juli 61. *MFAMag.:* Ettlingensis.
84. Stip. Tiffernit 24. Juli 57. *Alb. stip.:* von Marggrauenbaden. — B. a. 14. Sept. 58. — M. a. 12. Febr. 61. - - *Consiliarius Badensis; iuris Dr.*
86. B. a. 14. Sept. 58. *MFABacc.:* Cumerell.
89. MFABacc.: Dan. Tossarius Basilee factus Bacc. rec. 12. Sept. 57. — Stip. 5. Dez. 58. — M. a. 1. Febr. 59. *MFAMag.:* Tossanus *[am Rand:]* theol. Dr. et professor in academia Heidelbergensi. — *1. Okt. 59 weggesogen.*
94. MFABacc.: J. Metner Hirschpergensis Ingolstadii factus Bacc. rec. 30. Sept. 57.

98. Theodoricus Brickel Fridtpergensis (1. Okt.).
99. Rhaimundus Pius Ficardus Francfordiensis (1. Okt.).
100. Sebastianus Hornolt Brackenheimensis iterum indicavit nomen suum (5. Okt.).
101. Simon Herolt Hallensis (7. Okt.).
102. Israël Wielandus Fayhingensis (7. Okt.).
103. Petrus Wesselius Fridtpergensis (14. Okt.).

148. Sub rectoratu clarissimi viri dom. **Jacobi Peurlini** s. theol. D. et professoris a festo divi Lucae evang. a. 1557 usque ad festum div. Phil. et Jac. a. 1558 sequentes sunt inscripti: Vicerectore dom. D. Michaele Ruckero:

1. Bartholomeus Statuer Onoltzbachensis (24. Okt.).
2. Georgius Batzer Eringensis (24. Okt.).
3. Erasmus Bürcklin Gengenbachensis (25. Okt.).
4. Bernhardus Hug Wolphachensis (29. Okt.).
5. Leonhardus Bodenstein Norimbergensis (30. Okt.).
6. Hieremias Gretterus Cantstadiensis (31. Okt.).
7. Georgius Burckhardus Wettelheimensis (3. Nov.).

101. B. a. 14. Sept. 58.
102. Stip. 31. Sept. 57. — B. a. 14. Sept. 58. — M. a. 31. Juli 60. — *1561 Diakonus in Nürtingen.*
103a. Alb. stip.: Johannes Colner, Stip. 27. Mai 57. — *Oh grave delictum in feriis paschalibus 1559 exkludiert.*
103b. Alb. stip.: Wilhelmus Schilt Coloniensis, Stip. 27. Mai 57. — *Wegen Verheiratung exkludiert 10. Jan. 58: bald darauf begnadet und Diakonus in Herrenberg.*
103c. Alb. stip.: Lucas Pistor von Leonberg, Stip. 2. Juni 57. — *An Fastnacht 1558 entlaufen.*
103d. Alb. stip.: Jodocus Sticher von Cempen, Stip. 19. Aug. 57. — *circa paschatis ferias 1559 propter tumultum excitatum exkludiert.*
103e. Alb. stip.: Johannes Giether von Stuttgardten, Stip. 8. Nov. 57. — *Juli 62 Diakonus in Marbach.*

,4. B. a. 14. Sept. 58. *MFABacc. u. Mag.:* B. Haug Wolfachensis. — **M.** a. 31. Juli 60. *MFAMag. [am Rand]:* iurisconsultus, summi dicasterii Wyrtembergici secretarius.
6. Stip. Juli 57. — B. a. 14. Sept. 58. — M. a. 31. Juli 60. — Rep. dialectus und versicht die Pfarrei Derendingen. - *1562 Diakonus in Urach.*
7. B. a. 14. Sept. 58. *MFABacc. u. Mag.:* Weissenburgensis. — M. a. 31. Juli 60. *MFAMag. [am Rand]:* Francus, dialectices in academia nostra professor, rec. a senatu scholae 1562. *Vgl. 188,107.* — Dec. fac. art. 82/83; 87/88; 93/94; 99/00; 1606/07.

8. Cleophas Mey Regiomontanus (5. Nov.).
9. Georgius Eysin ab Gnotzheim Rhoetus nomen suum rursus indicavit (6. Nov.).
10. Oswaldus Herman Rotwilensis (8. Nov.).
11. Georgius Moserus Thubingensis nomen suum rursus indicavit (8. Nov.).
12. Joannes Wilhelmus a Landenberg (17. Nov.).
13. Jodocus Holderman ab Holderstein (18. Nov.).
14. Erasmus a Stein (18. Nov.).
15. Philippus Toxitae, filius Michaelis Toxitae professoris (18. Nov.).
16. Goannes Georgius Zweyfel Gamundianus rursus indicavit nomen suum (27. Nov.).
17. Rhochius Zueyfel Gamundianus (27. Nov.).
     Ipso rectore dom. D. Jac. Peurlino:
18. Joannes Adam de Beroltzhoven (6. Dez.).
19. Wilhelmus Isengrien Spirensis (7. Dez.).
20. Jacobus Isengrien Spirensis (7. Dez.).
21. Joannes Seubolt Mergenthalensis (10. Dez.).
22. Alexander Laminetus Memingensis (12. Dez.).
23. Nicolaus Khomhardus Weyssenburgensis (13. Dez.).
24. Joannes Koch Böblingensis (15. Dez.).
25. Joannes Bock Feichtwangensis (16. Dez.).
26. Joannes Conradus Spräter Eritropolitanus (22. Dez.).
27. Martinus Milius Annabergensis (22. Dez.).
28. Georgius Heyn Dantiscanus (23. Dez.).
29. Wilhelmus Albertus Heber Neolitanus (24. Dez.).
30. David Eysenmenger Brettanus (29. Dez.).

1558.

31. Petrus Schuchmann Ferrimontanus nomen suum iterum indicavit (14. Jan.).
32. Thomas Besen Wisenstaigensis (22. Jan.).

10. *MFABacc.:* 10. Nov. 57 receptus est in numerum baccalaureorum nostrorum.
13. *Vgl. 156,20.*
16. *Vgl. 139,31.*
17. B. a. 17. Sept. 61.
19. B. a. 15. März 59. *MFABacc.:* Eysengrein.
30. B. a. 24. Mai 63. *MFABacc.:* Dav. Siderocrates. — M. a. 31. Juli 66.
31. *Vgl. 141,94.*
32. Stip. 2. Jan. 59. *Alb. stip.:* Bössman. — *Kurz darauf nach schwerer Krankheit aus diesem Jammertal verschieden.*

33. Fridericus Schütz Stutgardianus (28. Jan.).
34. Heinricus Schütz Stutgardianus (28. Jan.).
35. Wendelinus Dieterus Wimpinensis (28. Jan.).
36. Jacobus Gretzinger Dornstettensis (17. Febr.).
37. Christophorus Stentzing Stiriacus nomen suum rursus indicavit (30. Febr.).
38. Joannes Hartman de Regen. (3. März).
39. Leonardus Arcularius Monacensis (3. März).
40. Georgius Zimpertus Franck Bibracensis (5. März).
41. Joannes Schopffius Bernhausensis (7. März).
42. Joannes Reuchlin Nagoltensis (7. März).
43. Georgius Schroppius Vayhingensis (7. März).
44. Bernhardus Böringer Knittlingensis (7. März).
45. Esaias Edelman Giengensis (7. März).
46. Martinus Venator Albershausensis (7. März).
47. Georgius Lausinger (!) Göppingensis (7. März).
48. Georgius Diemius Friburgensis (10. März).
49. Thomas Beytlerus Rauenspurgensis (11. März).
50. Joannes Küehorn Franckfordianus (12. März).
51. David Ehem Augustanus (14. März).
52. Michael Elwein Vayhingensis (17. März).
53. Joannes Schmid Memingensis (24. März).

33. B. a. 13. Sept. 59. — Dr. iur. utr. 29. Okt. 76.
34. B. a. 13. Sept. 59.
37. Vgl. *128,64*
40. Vgl. *159,86.*
41. Stip. 5. März 58. — B. a. 15. März 59. — M. a. 12. Febr. 61. — *Jan. 62 Diakonus zu Lauffen.*
42. Stip. 5. März 58. — B. a. 15. März 59. — *28. Nov. 60 an das Pädagogium nach Stuttgart.*
43. Stip. 5. März 58. — B. a. 13. Sept. 59. *MFABacc.:* G. Schrok. — *20. Juni 60 exkludiert.*
44. Stip. 5. März 58. — *Bald aus dem Stift entlassen, weil er sich „su verschreiben" (verpflichten) weigert.*
45. Stip. 5. März 58. — *Alb. stip.:* von Memmingen, Heidenheimer ampts. — Rep. graecus. — B. a. 27. März 60. *MFABacc.:* Es. Eugenius Giengensis. — M. a. 3. Febr. 62. - - *Post magisterium Praec. zu Maulbronn.*
46. Stip. 5. März 58. — B. a. 15. März 59. -- *13. März 60 wegen seines Übelhaltens exkludiert.*
47. Stip. 5. März 58. — B. a. 13. Sept. 59. *Alb. stip.* und *MFABacc.:* Laichinger. — *18. März 60 propter morum dissolutionem exkludiert aus dem Stift.*
52. B. a. 13. Sept. 59. *MFABacc.:* Nussdorffensis.
53. B. a. 13. Sept. 59. · M. a. 3. Febr. 62.

54. Helias Murrer Veringensis (24. März).
55. Georgius Reytze Hallensis (12. April).
56. Petrus Birck Dróssingensis (21. April).
57. Georgius Pistorius Thubingensis (23. April).
58. Sebastianus Linck Wimpffingensis ⎫ indicarunt nomina (23. April).
59. Wendelinus Hiller Wimpinensis ⎭
60. Michael Boschius Winsheimensis (24. April).
61. Joannes Eckeltspach Bibracensis (24. April).
62. Joannes Jacobus Dorn Campidonensis (24. April).
63. Erasmus Klein Pfortzensis (24. April).
64. Wolphgangus Leschius Murrathensis (25. April).
65. Joannes Vlrichus Burrhus Horbensis (25. April).
66. Michael Joachimus Grieninger Pfortzensis (25. April).
67. Ezechiel Magnus Backenheimensis (28. April).
68. Erasmus Zeiter Böblingensis (30. April).

149. Sub rectoratu clarissimi viri dom. **Nicolai Varnbüleri**
iur. utr. D. et professoris ordinarii a festo div. Phil. et Jac. apost.
a. 1558 usqe ad festum divi Lucae evang. eiusdem anni sequentes
sunt inscripti:

1. Eberhardus Kælberer Wimpinensis (9. Mai).
2. David Doner Nördlingensis (9. Mai).
3. Joannes Eckman Stutgardianus (12. Mai).

---

56. B. a. 27. März 60. *MFABacc :* Duttlingensis.
57. B. a. 15. März 59. — M. a. 12. Febr. 61. *MFAMag.:* Esslingensis.
— Dr. med. 10. Dez. 69. *Med.:* Esslingensis.
58. *Vgl. 141,101.*
59. *Vgl. 140,65 (?).*
61. *Vgl. 151,43.*
64. B. a. 15. März 59. — M. a. 31. Juli 60. *MFABacc. u. Mag.:* Lesch.
65. *Vgl. 162,83.*
67. Stip. 15. März 58. *Alb. stip.:* von Stuttgart. — B. a. 15. März 59.
MFABacc.: Ezelius Magnus Backenheimensis. — *8. Dec. 60 propter matrimonium contractum aus dem Stift exkludiert.*
68. Stip. 19. April 58. — B. a. 14. Sept. 58. *MFABacc.:* Zeitter. —
M. a. 31. Juli 60. *MFAMag.:* Zitter. — *21. Jan. 61 Diakonus in Böblingen.*
68a. *MFABacc.:* Erasmus Famerus Schmuarachensis; B. a. 13. Sept. 59;
rangiert nach 149,7.
2. B. a. 14. Sept. 58. — M. a. 7. Febr. 60. *MFAMag.:* Thoner.
3. Stip. 18. Mai 58. *Alb. stip. u. MFA :* J. Weckmann. — B. a. 27. März 60. —
M. a. 8. Febr. 62. — Rep. dialecticus. — *Jan. 63 Diakonus in Kirchheim.*

4. Antonius Birck Vracensis (12. Mai).
5. Joannes Georgius Brecht Constantiensis (13. Mai).
6. Fridericus Gaisperg Schorndorffensis iterum indicavit nomen suum (14. Mai).
7. Joannes Jacobus Schweigger Stutgardianus (15. Mai).
8. Georgius Schmack Cantstattensis (17. Mai).
9. Martinus Textor Stutgardiensis (17. Mai).
10. Wilhelmus Zimmermann Neustattensis (17. Mai).
11. Vlricus Schnitzer Minsingensis (25. Mai).
12. Abrahamus Manne Schnaittensis (25. Mai).
13. Esaias Venator Beilsteinensis (25. Mai).
14. Joannes Jtelhuser Rosenfeldensis (29. Mai).
15. Nicolaus Garbitius Thubingensis (31. Mai).
16. Ludovicus Praetor, genant Schuldtheiß von Laufen (4. Juni).
17. Jacobus Schrod Endersbachensis (4. Juni).
18. Martinus Gebhardt Herrempergensis (5. Juni).
19. Magnus Michael Memingensis (5. Juni).
20. Joannes Mayer Herrempergensis (11. Juni).

4. Stip. 18. Mai 58. — B. a. 27. März 60. — M. a. 3. Febr. 62. *MFA.-Mag.:* Bürck. Rep. mathematicus *et parochus Hagellochensis. — Dez. 62 Schulmeister in Maulbronn.*
6. Vgl. 142,105.
7. B. a. 13. Sept. 59. — M. a. 9. Juli 61. *MFABacc. u. Mag.:* Joh. Jac. Schweicker Tubingensis.
8. Stip. 14. Mai 58. — B. a. 26. Aug. 60. — *18. März 60 aus dem Stift exkludiert propter temulentiam.*
9. Stip. 14. Mai 58. — B. a. 27. März 60. — *Juli 63 Provisor zu Gröningen.*
10. Stip. 18. Mai 58. — B. a. 27. März 60. — M. a. 12. Aug. 62. *MFA.Mag:* Neapolitanus *[am Rand:]* nunc 1582 Heidelbergae theol. Dr. insignis et electoris consiliarius. — Dr. theol. 19. Dez. 69. *Theol.:* pastor Heidelbergensis ad s. spiritum et post aliquot annos superintendens Graetzensis. — *24. Juni 60 Diakonus in Stuttgart.*
11. Stip. 23. Mai 58. — *Exkludiert aus dem Stift 18. März 60.*
12. Stip. 23. Mai 58. — B. a. 15. März 59. *MFABacc.:* Schneitensis. — M. a. 12. Febr. 61. *MFAMag.:* Schnaytensis. — *4. Juli 61 Diakonus in Bietigheim.*
13. Stip. 23. Mai 58. *Alb. stip.:* Es. Jager. — B. a. 27. März 60. — M. a. 17. Febr. 63. — *Dez. 64 Provisor in Stuttgart.*
14. Stip. 27. Mai 58. *Alb. stip.:* Itelheuser. — B. a. 27. März 60. *MFA.-Bacc.:* Vdalheuser. — *21. Mai 61 gen Alpirsbach verordnet.*
16. Stip. 27. Mai 58. — B. a. 15. März 59. *MFABacc.:* Pretor. — M. a. 9. Juli 61. — *April 62 Präzeptor in Adelberg.*
17. Stip. 27. Mai 58. — *Juli 63 Diakonus in Tuttlingen.*
18. Stip. 27. Mai 58. — B. a. 15. März 59. *MFABacc.:* M. Gebhardus Geppingensis. — M. a. 12. Febr. 61. *MFAMag.:* Cuppingensis. — *Dez. 61 parochus in Haubersbronn.*

21. Balthasar Mülbacher ex Corinthia (13. Juni).

22. Samuel Budina ⎫
23. Joannes Gebhardt ⎰ ex Carniola (22. Juni).

24. Joannes Conradus Öthingor Vlmensis (20. Juni).

25. Joannes Kommerlin Dinckelspühelensis (22. Juni).

26. Stephanus Ryelius von Hirslanden Leonperger ampts (28. Juni).

27. Joannes Ach von Bonlanden Stutgarter ampts (28. Juni).

28. Engelbertus Miclander Hadamarius (29. Juni).

29. Anthonius Haug ⎫
30. Joannes Conradus Haug ⎬ Augustani (29. Juni).
31. Joannes Heinricus Linck ⎭

32. Christophorus Philippus Cronecker ex Carinthia (29. Juni).

33. Gallus Milnius Messkürchensis (30. Juni).

34. Jacobus Mayer Augustanus (30. Juni).

35. Vlricus Maior Brigantinus (1. Juli).

36. Egidius Villicus Marpachensis (1. Juli).

37. Balthasarus Lepus Dieffenbronnensis (1. Juli).

38. Carolus Bucheleb Vienensis regii cancellarii filius (4. Juli).

39. Wolphgangus Gartner servitor Caroli ex Stiria (4. Juli).

40. Casparus Beschorn Aichensis ex Bavaria (4. Juli).

41. Nicolaus Paulus Vratislauiensis (4. Juli).

42. Daniel Gienger Noricus (4. Juli).

43. Georgius Dorn e Beyelstein (11. Juli).

44. Ludoicus a Hirshorn (2. Aug.).

45. Georgius Muhenhouer Noricus (7. Aug.).

46. Joannes Henach Hofstattensis prope Treveros (17. Aug.).

47. Bernhardus Mordini Monasteriensis ex Westphalia (20. Aug.).

48. Vlricus Vilser Landshutensis Bavarus (30. Aug.).

49. Joannes Jacobus Freyberger de Achstetten (1. Sept.).

22. Stip.Tiffernit.13.Juni 58. — B.a.17.Sept.61. MFABacc.: Labacensis. — Juli 63 entlassen aus dem Stift. — M. a. 1. Aug. 65.

23. Stip. Tiffernit. 13. Juni 58. — B. a. 17. Sept. 61; wie Nro. 22. — Jan. 62 exclusus propter improbitatem.

26. Stip. 2. Juni 58. Alb. stip.: v. Hirschland. — B. a. 15. März 59. — M. a. 9. Juli 61. MFABacc. u. Mag.: St. Rüelin (Rielin) Ochsenbachensis. — Dez. 61 Diac. Tubingensis.

27. Stip. 2. Juni 62. — B. a. 13. Sept. 59. MFABacc.: J. Auch Poalandensis. — M. a. 3. Febr. 62. MFAMag.: Auch. — April 62 propter bigamiam exclusus est: 1566—68 Klosterpräzeptor in St. Georgen.

36. B. a. 27. März 60. — M. a. 12. Aug. 62.

43. Stip. 9. Juni 58. · B. a. 15. März 59. — April 62 Präs. in Maulbronn.

48. Vgl. 151.75.

50. Nicolaus Pletanus Ringkauius Rydesheimensis (5. Sept.).
51. Gabriel Stepfel Öttingensis von Neuwen Ötting ex Bavaria (6. Sept.).
52. Christophorus Laist Bucheimensis am Ottenwaldt (6. Sept.).
53. Petrus Linck Bucheimensis (6. Sept.).
54. Adamus Getz Wormaciensis (9. Sept.).
55. Lucas Voglerus Argentinensis (12. Sept.).
56. Jacobus Steinlin Wimpinensis (16. Sept.).
57. Joannes Rottenberger Augustanus (20. Sept.).
58. Casparus Heydius Monacensis (20. Sept.).
59. Joannes Dirr Hochstettensis ex Palatinatu (24. Sept.).
60. Albertus Siluius, praeceptor sequentium puerorum nobilium Polonorum Coronensium et Premeschlientium (24. Sept.).
61. Joannes Jasmanius (24. Sept.).
62. Chilianus Draieuius (24. Sept.).
63. Martinus Strelezius (24. Sept.).
64. Steinislaus Pignozeck ⎱ fratres (24. Sept.).
65. Joannes Pignozeck ⎰
66. Nicolaus Kotcouius (24. Sept.).
67. Joannes Marcus Agricola Reitlingensis (24. Sept.).
68. Daniel Michael Memingensis (10. Okt.).
69. Wolphgangus Eberhardus Rotemburgensis (13. Okt.).

150. Sub rectoratu clarissimi viri **Jacobi Scheggii** med. D. et professoris a festo divi Lucae evang. a. 1558 usque ad festum div. Phil. et Jac. apost. a. 1559 sequentes sunt inscripti:

1. Casparus Hertzog Monacensis iterum se indicavit (20. Okt.).
2. Joachimus Firniss ex Hochstein in Marchionatu (21. Okt.).
3. Ludovicus Monsterus Bessigheimensis (22. Okt.).
4. Heinricus Dempf Thubingensis (25. Okt.).
5. Joannes Jacobus Ormannus Wormaciensis (25. Okt.).
6. Conradus Grubeck Polonus (25. Okt.).
7. Joannes Egenolphus Stöbenhaber Überlingensis (25. Okt.).

---

52. *MFABacc.*: Chr. Laist Buchensis Bacc. Ingolstadiensis receptus est 1. Juli 59.
53. *Vgl. 153,79.*
58. *Vgl. 151,75.*
67. B. a. 26. Aug. 60. -- M. a. 17. Febr. 63.
1. *Vgl. 140,27.*
3. B. a. 17. Sept. 61. — M. a. 28. Juli 63. *MFABacc. u. Mag.:* Munsterus.

8. Christophorus Hugo Vracensis (4. Nov.).
9. Laurentius Milleus Coppenheimensis (5. Nov.).
10. Fridericus Finger Spirensis (7. Nov.).
11. Dom. Albertus comes ab Hohenlohe (7. Nov.).
12. Dom. Wolphgangus eiusdem fräter (7. Nov.).
13. Theodoricus Pempel Furddüsseldorpensis (7. Nov.).
14. Conradus Linck Wimpinensis (9. Nov.).
15. Paulus ab Hochfeldt prope Argentinam (9. Nov.).
16. Ottmar Pappus Veldtkürchensis (10. Nov.).
17. Josephus Pappus Lindauiensis (10. Nov.).
18. Andreas Pappus Lindauiensis (10. Nov.).
19. Paulus Oberberger Lintzensis (11. Nov.).
20. Zacharias Sigel Stutgardiensis (15. Nov.).
21. Casparus Crafft a Delmensingen (15. Nov.).
22. Gallus Schmid Schnedtzbusensis Acronensis dioeceseos (16. Nov.).
23. Joannes Rorerus Esslingensis (19. Nov.).
24. Joannes Georgius Rorerus Esslingensis (19. Nov.).
25. Joannes Bissinger Schaffhusensis (24. Nov.).
26. David Eisenmannus Hallensis in Suevia (30. Nov.).
27. Ambrosius Ziegler Constantiensis (6. Dez.).
28. Christophorus Albinus Tonstorffensis (7. Dez.).
29. Michael Vuirt Semproniensis Pannonius (6. Dez.).
30. Carolus Biberstein Sultzpurgensis (13. Dez.).
31. Jacobus Kreps Rotempurgensis ad Tuberam (16. Dez.).
32. Michael Kölsch Bruckensis non procul a Norimperga (20. Dez.).
33. Joannes Funck Leonbergensis (29. Dez.).
34. Eucharius Volg Andlauiensis (29. Dez.).

1559.

35. Gangolpbus Vuanger Vienensis, art. Mag. et Bacc. theol. (1. Jan.).
36. Christophorus Vuiser Villacensis in Carinthia (2. Jan.).
37. Nicolaus Langius Bottuarensis (3. Jan.).
38. Joannes Nestelius Lauffensis (3. Jan.).

9. B. a. 27. März 60. *MFABacc.*: Millaeus Cuppenheimensis.
10. B. a. 17. Sept. 61.
26. B. a. 17. Sept. 61. *MFABacc.*: Isenman.
37. Stip. 2. Jan. 59. — B. a. 17. Sept. 61. *MFABacc.*: Lanius. - - *Jan. 62 reiectus propter insignem negligentiam.*
38. Stip. 2. Jan. 59. — B. a. 11. März 62. *MFABacc.*: Munckensis. — *April 66 Diakonus in Marbach.*

39. Joannes Sigismundus Fürbringer Rotempurgensis ad Tuheram (10. Jan.).
40. Gallus Beer Calwensis (12. Jan.).
41. Vlricus Scheggius ⎫
42. Laurentius Sterneisin ⎬ Schorndorphenses (12. Jan.).
43. Christophorus Frey ⎭
44. Leonhardus Schilling Backnensis (13. Jan.).
45. Mag. Georgius Ronerus Esslingensis (16. Jan.).
46. Joannes Nidermayer Burckhausensis Bavarus (19. Jan.).
47. Bernardus Lirerius Heiningensis (22. Jan.).
48. Josephus Zuifelius iterum se indicavit (30. Jan.).
49. Eusebius Schnepffius iterum se indicavit (2. Febr.).
50. Jacobus Hartungus Feichtwangensis (9. Febr.).
51. Conradus Steck Studtgardianus (13. Febr.).
52. Laurentius Agricola Waiblingensis (17. Febr.).
53. Joannes Seitz Wurtzachensis (25. Febr.).
→ 54. Samuel Gryneus Basiliensis (1. März).
55. Joannes Bron Weissenhornensis (1. März).
56. Joannes Huttenloch Phorcensis (2. März).
57. Gallus Grien Hechingensis (4. März).
58. Jacobus Schillingerus Pfullingensis (6. März).
59. Joannes Lerchenfelder Monacensis (6. März).
60. Bartholomeus Styx Amburgensis (6. März).
61. Fridericus Motzer Lewensteinensis (15. März).
62. Jacobus Schnitzer Minsingensis (26. März).
63. Joannes Heberus Neuensteinensis (17. März). (!)
64. Martinus Nopper Rotempurgensis ad Nicrum (4. April).
65. Vlricus Chelius Phorcensis (4. April).
66. Simon Landthold Bautmarensis (7. April).
67. Vrbanus Fetscher Esslingensis (7. April).
68. Wigoleus Hofer Monacensis (8. April).
69. Eusebius Cleberus Memingensis (9. April).

40. B. a. 26. Aug. 60.   M. a. 28. Juli 63.
50. Vgl. 151,2.
51. Vgl. 164,44.
55. B. a. 17. Sept. 61. — M. a. 9. Febr. 64. *MFABacc. u. Mag.:* Braun.
61. B. a. 26. Aug. 60.
67. B. a. 11. März 62. -- M. a. 9. Febr. 64. — *Vgl. 172,50 u. 178,33.*
69. B. a. 17. Sept. 61. - - M. a. 28. Juli 68.

70. Bartholomeus Bertelin Memingensis (9. April).
71. Joannes Jacobus Frisius Schnaitingensis in comitatu Haid. (9. April).
72. Pomponius Elar Schorndorphensis (9. April).
73. Paulus Vueiher Limpurgensis (10. April).
74. Joannes Alltenbach Balingensis ex vico Ostorff (10. April).
75. Abraham Höchstetter Augustanus se iterum indicavit (14. April).
76. Christophorus Leip Ebingensis (14. April).
77. Joannes Henningerus Tubingensis (15. April).
→ 78. Joannes Franciscus Ripensis Danus (16. April). [1532 - 1584]
79. Albertus Beck Danus (16. April).
80. Nicolaus Schleich Kürcheimensis (20. April).
81. Michael Bemblerus Herrempergensis (20. April).
82. Martinus Blancus Lintzensis (24. April).
83. Wolphgangus Lang Vaihingensis (25. April).
84. Laurentius Vnagner Weilheimensis Bavarus (27. April).
85. Hartmannus Bockius Gottanus ex Turingia (27. April).

151. Sub rectoratu clarissimi viri dom. **Gebhardi Brast-pergeri** iur. utr. D. et professoris a festo div. Phil. et Jac. a. 1559 usque ad festum divi Lucae evang. anni eiusdem sequentes sunt inscripti:

1. Christophorus Aythinger Ridensis Bavarus (2. Mai).
2. Joannes Offnerus Riedensis Bavarus (2. Mai).
3. Paulus Kellerman Rotemburgensis ad Tuberam (2. Mai).
4. Egenolphus Syringius Gelnhusensis (3. Mai).
5. Georgius Vuildtperger Eberspergensis Bavarus (9. Mai).
6. Vitus Sattler ex Ayblinga oppido Bavariae (11. Mai).
7. Heinricus Demelius ex Deltz, Bavariae oppido (11. Mai).
8. Moises Hormolt Biettigheimensis (12. Mai).
9. Jacobus Schopper Biberacensis (13. Mai).
10. Conradus Stilkraut ex Hertzogenaurach oppido Franconiae (14. Mai).

----

74. B. a. 16. Sept. 62. — M. a. 9. Febr. 64. *MFABacc. u. Mag.:* Joh. Altenbach Balingensis.
83. B. a. 26 Aug. 60. — M. a. 17. Febr. 63.
84. B. a. 24. März 63. *MFABacc.:* L. Wagner Belensis. — **M. a.** 20. Febr. 66. *MFAMag.:* Beelensis.

9. B. a. 17. Sept. 61. — M. a. 28. Juli 63. *MFAMag. [am Rand]:* Dr. theol. et professor in academia Altorfensi Norica.

11. Heinricus de Saulx, comes de Ligny, dom. de Rain (17. Mai)
12. Hermanfredus de Cusante, haro Sancti Juliani (17. Mai).
13. Stephanus de Laloge (17. Mai).
14. Annius Pellissorius Parisiensis (17. Mai).   N𝔅!
15. Heinricus Pemelfort Dusseldorpiensis (17. Mai).
16. Thomas Monsturellus Bisantinus (17. Mai).
17. Martinus Piscator de Neuwenstein (17. Mai).
18. Joannes Schwager de Jesingen (17. Mai).
19. Paulus Scheuringius Faurdensis prope Göppingam (18. Mai).
20. Michael Cöpplin Bonlandensis (18. Mai).
21. Matheus Campanus Felbachensis prope Stuttgardiam (18. Mai).
22. Wolphgangus Stücklin Lauffensis. (18. Mai).
23. Leonhardus Molitor Oberstenfeldensis prope Heilpronnam (18. Mai).
24. Georgius Eisenkopf Enderspachensis prope Schorndorf (18. Mai).
25. Ludovicus Vuarnerus Awensis (18. Mai).
26. Joannes Fabricius Campidonensis (19. Mai).
27. Petrus Kerner ex Backnang (19. Mai).
28. Tobias Kindsnatter ex Gienga[a] oppido (19. Mai).
29. Lucas Hoffmeisterus Primislauiensis marchionatus Branden-
    burgensis (19. Mai).
30. Joannes Vueinleib Berlinensis marchionatus Brandenburgensis
    (19. Mai).
31. Leonhardus Hisslerus Novoforensis superioris Palatinatus (20. Mai).

a) *Der Abschreiber schrieb ursprünglich* Grenga ; *von anderer Hand ist das Richtige überkorrigiert.*

14. Vgl. 164,83.   (p. 463)

19. Stip. 17. Mai. *Alb. stip.*: Scheurinus. - *13. März 60 exkludiert propter dissolutionem morum.*

20. Stip. 17. Mai 59. *Alb. stip.*: Röpplin. - *6. Aug. 60 propter contractum matrimonium exclusus.*

21. Stip. 17. Mai 59. — *Jan. 62 Diakonus in Metzingen.*

22. Stip. 17. Mai 59. *Alb. stip.*: Stöckhlin. — *18. März 60 exkludiert propter dissolutionem morum.*

23. Stip. 17. Mai 59. — *6. Aug. 60 exkludiert propter improbitatem morum.*

24. Stip. 17. Mai 59. — *Jan. 63 Parochus zu Gruibingen.*

25. Stip. 17. Mai 59. — B. a. 27. März 60. *MFABacc.*: L. Barnerus Kürchensis. — *Jan. 63 rejiciert propter insignem contumaciam.*

26. Stip. 18. Mai 59. - - B. a. 26. Aug. 60. — M. a. 28. Juli 63. — Rep. dialecticus. — *Juni 67 Diakonus in Stuttgart.*

27. Stip. 18. Mai 59. *Alb. stip.*: Körner. — B. a. 26. Aug. 60. - M. a. 17. Febr. 63. — *April 64 Schulmeister in Maulbronn.*

28. Stip. 18. Mai 59. — B. a. 26. Aug. 60. *MFABacc.*: Giengensis. M. a. 12. Aug. 62. — Rep. graecus; *vorher* repetiert er grammaticam latinam. — *Jan. 64 Diakonus in Ebingen.*

32. Thomas Ketzlerus Norimbergensis (21. Mai).

33. Wolphgangus Klammer Deltzensis Bavariae (22. Mai).

34. Jacobus Fabri ex Curia (zum Hof) oppido Voytlandiae (22. Mai).

35. Sebastianus Mockel ex Beilgries oppido Bavariae (22. Mai).

36. Hieronimus Velin ex Deckenpfrondt (22. Mai).

→ 37. Fridericus Scheubelius Kirchensis (22. Mai).

38. Guilhelmus Gmelin ex Weilheim oppido (22. Mai).

39. Jacobus Fabri Tubingensis (22. Mai).

40. Daniel Maier ex Marpach (23. Mai).

41. Jacobus Fabri Blaubeurensis (23. Mai).

42. Conradus Fabri Stutgardianus (23. Mai).

43. Joannes Egelspach Biberacensis rursus indicavit nomen suum (24. Mai).

44. Laurentius Nefftzer Sultzbachensis (24. Mai).

45. Samuel Krapff Marpachensis (24. Mai).

46. Vlricus Holp Bissingensis (24. Mai).

47. Jacobus Vueckerlin Calwensis (24. Mai).

---

34. Stip. 19. Mai 59. *Alb. stip.:* Schmidlin von Hoff. — B. a. 27. März 60. — M. a. 12. Aug. 62. *MFABacc. u. Mag.:* Jac. Faber Curiensis. — Rep. rhetoricus. — *April 63 Schulmeister zu Bietigheim.*

35. Stip. 19. Mai 59. -- B. a. 26. Aug. 60. *MFABacc.:* Beingriessensis. - M. a. 28. Juli 63. *MFAMag:* 1. Juni 63 commendata est lectio musicae erudito et honesto iuveni Sebastiano Mokel. — Rep. musicus. — *April 66 Diakonus zu Göppingen.*

36. Stip. 19. Mai 59. — *1561 Diakonus zu Haiterbach.*

37. Stip. 19. Mai 59. - B. a. 27. März 60. *MFABacc.:* Schöblin. — M. a. 12. Aug. 62. - *Jan. 63 ob matrimonium contractum rejiciert.*

38. Stip. 19. Mai 59. — B. a. 26. Aug. 60. — M. a. 17. Febr. 63. *MFA-Bacc. u. Mag. u. Alb. stip.:* Wilh. Lentulus Weilheimensis. — Rep. dialecticus. — *Jan. 64 Diakonus zu Cannstadt.*

39. B. a. 26. Aug. 60. — M. a. 12. Aug. 62. *MFABacc. u. Mag.:* Faber.

40. B. a. 24. März 63. — M. a. 20. Febr. 66.

41. Stip. 19. Mai 59. -- *Jan. 63 Diakonus zu Ebingen.*

42. B. a. 26. Aug. 60. — M. a. 12. Aug. 62. *MFABacc. u. Mag.:* Faber.

43. *Vgl. 148,61.*

44. Stip. 23. Mai 59. — B. a. 26. Aug. 60. — *April 63 propter negligentiam detrusus ad prorisoratum Vaihingensem.*

45. Stip. 23. Mai 59. — B. a. 26. Aug. 60. *MFABacc.:* Crapff Biningensis. — *eiectus.*

46. Stip. 23. Mai 59. — B. a. 26. Aug. 60. *MFABacc.:* Holpp. — M. a. 17. Febr. 63. — Rep. rhetoricus. -- *Okt. 64 Diakonus in Böblingen.*

47. Stip. 23. Mai 59. — B. a. 26. Aug. 60. — M. a. 17. Febr. 63. — Rep. dialecticus; *vorher grammaticus.* — *Präzeptor in Hirsau.*

48. Petrus Hirrick Vayingensis (24. Mai).

49. Joannes Martinus Hiller Betmoniensis Bavariae (25. Mai).

50. Andreas Vuendelstein Rotempurgensis (28. Mai).

51. Georgius Keutherus Regiomontanus Prussiae (29. Mai).

52. Conradus Villanus Neapolitanus Franconiae (30. Mai).

53. Martinus Grieninger ex Winada (31. Mai).

54. Mathias Vuall ex Landtzhutt (31. Mai).

55. Bernhardus Sprennger Herrempergensis (31. Mai).

56. Joannes Geer Vracensis (2. Juni).

57. Christophorus Dietmayer Memingensis (5. Juni).

58. Erhardus Hedeinck ex Villaco Carinthiae (6. Juni).

59. Joannes Hantin Tubingensis (9. Juni).

60. Ludovicus Dolp ex pago Waldtdorf (12. Juni).

61. Matheus Hofer ab Vrfarn nobilis (21. Juni).

62. Marius Hofer ab Vrfarn nobilis (21. Juni).

63. Bernhardus Hofer ab Vrfarn nobilis (21. Juni).

64. Erasmus Fanner ex Sommerach pago episcopatus Wirtzburgensis (21. Juni).

65. Casparus Laetus Teschinensis Silesius (24. Mai).

66. Joannes Rosdrasousky Polonus (24. Juni).

67. Joannes Vuelling Stutgardianus (1. Juli).

68. Sebastianus Vuidman Croelsheimensis (1. Juli).

69. Procopius Frendel ex Iglau oppido Moraviae (3. Juli).

70. Levi Vuechselberger Curiensis Viechtlandiae (5. Juli).

71. Martinus Crusius Bottensteinanus (5. Juli).

72. Christophorus ⎫
73. Fridericus ⎬ Ruckeri Tubingenses (7. Juli).

---

48. Stip. 23. Mai 59. *Alb. stip.*: Hirnick. - *11. Mai 60 exkludiert propter temere contractum matrimonium.*

50. B. a. 17. Sept. 61.

53. B. a. 26. Aug. 60. *MFABacc.*: Grueninger.

54. Stip. 18. Mai 59. *Alb. stip.*: v. Candtstatt. — B. a. 26. Aug. 60. *MFA.- Bacc.*: Walh. — M. a. 17. Febr. 60. -- *Jan. 63 remissus e stipendio.*

56. Stip. 18. Mai 64. — B. a. 26. Aug. 60. — M. a. 17. Febr. 63. — Rep. hebreus. -- *Juli 64 Diakonus in Bottwar.*

64. B. a. 13. Sept. 59. *MFABacc.*: Er. Fannerus Schmuarachensis.

71. M. a. 10. Aug. 59. *MFAMag.*: 9. Nov. 60 rec. ect in collegium studii bonarum artium professor graecae linguae et elementorum rhetorices. — Dec. fac. art. 1565; 77; 82; 87; 93; 99.

72. B. a. 27. März 60.

73. B. a. 27. März 60.

74. Martinus a Dann nobilis (10. Juli).
75. Vlricus Filser ex Landtshutt rursus receptus est in numerum studiosorum (11. Juli).
76. Georgius Altersheimerus Wasserburgensis (14. Juli).
77. Joannes Heberlinus Mergentalensis Franconiae (17. Juli).
78. Joannes Casparus Bieberkensis (20. Juli).
79. Joannes Rid Vurmlingensis rursus dedit nomen suum (28. Juli).
80. Georgius Vuachter ex civitate Leapolitana (29. Juli.).
81. Jacobus Molitor Lindauiensis (1. Aug.).
82. Albertus Hartongus Onoltzbachensis rursus indicavit nomen suum (1. Aug.).
83. Daniel Ziegler Wiltpergensis (12. Aug.).
84. Joannes Jordan Ochsenburgensis (12. Aug.).
85. Itellus Petrus Picreus Vlmensis (14. Aug.).
86. Josephus Vneigolt Tubingensis (14. Aug.).
87. Albertus Craussen Regiomontanus Prutenus (20. Aug.).
88. Nicolaus Faber Regiomontanus Brutenus (20. Aug.).
89. Joannes Andreae Schorndorfensis rursus dedit nomen suum (21. Aug.).
90. Joannes Lancea Rauenspurgensis (22. Aug.).
91. Melchior Rorhacher ex Giglingen (30. Aug.).
92. Michael Pistor ex Giglingen (30. Aug.).
93. Joannes Mor ex Tettingen under ſchloßperg (30. Aug.).
94. Martinus Fritz ex Underleiningen (31. Aug.).

—

75. Vgl. 149,48.
78. B. a. 4. März 66. -- M. a. 1. Febr. 70. MFABacc. u. Mag.: Biberacensis.
79. Vgl. 140,90.
82. Vgl. 137,40.
83. B. a. 26. Aug. 60. — M. a. 17. Febr. 63. — Stip. Juli 61. Alb. stip.: von Herrenberg. — April 64 Präzeptor in Adelberg.
85. Vgl. 158,76.
89. Vgl. 133,5.
90. Stip. 11. Mai 59. · · B. a. 27. März 60. -- M. a. 9. Juli 61. — Okt. 61 missus Hirschouiam, ut ibi artes doceret.
91. Stip. 11. Mai 59. — B. a. 26. Aug. 60. MFABacc.: Rhobacher. — M. a. 17. Febr. 63. MFAMag.: Robacher. — Okt. 63 Präzeptor in Bebenhausen.
92. Stip. 11. Mai 59. — B. a. 26. Aug. 60. · — M. a. 26. Juli 64. — Jan. 65 Diakonus in Balingen.
93. Stip. 11. Mai 59. — B. a. 26. Aug. 60. — M. a. 28. Juli 63. — Juli 64 reiectus ob matrimonium contractum.
94. Stip. 11. Mai 59. — B. a. 26. Aug. 60. MFABacc.: Joannes Fritz Leningensis. — 1563 propter impietatem et negligentiam exclusus.

95. Philippus Camerarius Tubingensis, filius dom. Joachimi Camerarii (31. Aug.).
96. Jacobus Hefel ex Eningen (31. Aug.).
97. Loth Ruff ex Bonlandt (31. Aug.).
98. Franciscus Ehrhardi Beblingensis (2. Sept).
99. Conradus Vuick Winedensis (2. Sept.).
100. Maternus Fuchs a Rüchenn nobilis (2. Sept.).
101. Nicolaus Heckel ex Grunbach (2. Sept.).
102. Georgius Kober ex Weinsperg (2. Sept.).
103. Michael Arnoldt ex Kirchen Neccari (2. Sept.).
104. Benedictus Vueinsperger ex Grieningen (2. Sept.).
105. Josua Zürlerus Villacensis (3. Sept.).
106. Christophorus Engel Vratislauiensis ex Silesia (7. Sept.).
107. Gregorius Nopp Hertzoguracensis ⎰ dioecesis Bombergensis
108. Joannes Vuelcker Hertzoguracensis ⎱ (8. Sept.).
109. Joannes Lang Vratislauiensis (14. Sept.).
110. Michael Artopoeus a Metzinga (17. Sept.).
111. Martinus Ruolandus Frissingensis rursus indicavit nomen suum (18. Sept.).
112. Christophorus Zehender a Kugelhof nobilis (18. Sept.).
113. Melchior ab Hoberg Austriacus nobilis (18. Sept.).
114. Wilhelmus Bernhardus Bohemus a Fritzheim Austriacus nobilis (18. Sept.).
115. Joannes Jacobus Herbrot Augustanus (18. Sept.).
116. Sigismundus Rudolphus Wertheimensis (18. Sept.).
117. Wolphgangus Artnerus Steyrensis (28. Sept.).

96. Stip. 11. Mai 59. — B. a. 26. Aug. 60. MFABacc.: Hefell Emingensis. — Vor 1562 propter improbitatem morum eiectus.
97. Stip. 11. Mai 59. — B. a. 26. Aug. 60. MFABacc.: Bonlandensis. — M. a. 28. Juli 63. — Juli 64 Diakonus in Leonberg.
98. Stip. 11. Mai 59. — 8. Dez. 60 ob matrimonium contractum exclusus.
99. Stip. 11. Mai 59. — B. a. 26. Aug. 60. — M. a. 17. Febr. 63. MFA.-Bacc. u Mag.: Weick. — Sept. 63 Präzeptor in Hirschau.
101. Stip. 11. Mai 59. — B. a. 26. Aug. 60. MFABacc.: Gronbachensis. — Jan. 63 Diakonus in Winterbach.
102. Stip. 11. Mai 59. Alb. stip.: von Weinsperg. — B. a. 26. Aug. 60. — M. a. 28. Juli 63. MFABacc. u. Mag.: Aspergensis. — April 64 missus Blaburam, ut ibi literas doceret in monasterio.
103. Stip. 11. Mai 59. — 21. April 61 exclusus propter improbitatem morum.
104. Stip. 11. Mai 59. — B. a. 26. Aug. 60. — M. a. 12. Aug. 62. — Jan. 63 propter contumaciam exclusus.
111. Vgl. 140,97.

118. Petrus Sengius Nördlingensis (2. Okt.).
119. Michael Huselius Nördlingensis (2. Okt.).
120. Gasparus Probst Nordlingensis (2. Okt.).
121. Martinus Schiferdecher Witembergensis (5. Okt.).
122. Hieronimus Zoberus Joachimicus (5. Okt.).
123. Jacobus Bromius Francofordiensis   } fratres (5. Okt.).
124. Jona Bromius Francofordiensis
125. Rudolphus Gunderotus Casselanus   } fratres (5. Okt.).
126. Wilhelmus Gunderotus Casselanus
127. Justus Jonas Rusther Francofordiensis (5. Okt.).
128. Vlricus Jebel Francofordiensis (5. Okt.).
129. Hieronimus Stephanus Francofordiensis (5. Okt.).
130. Michael Ecklehuober ·ex Patania Bavariae (14. Okt.).
131. Mathias Mader ex Monaco Bavariae (14. Okt.).
132. Conradus Reyser Reutlingensis (16. Okt.).
133. Hector a Joss Nidanus Hesso (17. Okt.).
134. Andreas Vayt a Rineck (17. Okt.).
135. Joannes Luchtius Ekelfordius (17. Okt.).
136. Lucas Bathodius Argentinensis (17. Okt.).

152. Sub rectoratu clarissimi viri dom. **Jacobi Hörprandi** s. theol. D. et professoris a festo divi Lucæ evang. a. 1559 usque ad festum div. Phil. et Jac. a. 1560 sequentes sunt inscripti:

1. Conradus Baldbinweg, Augustanus bibliopola iterum indicavit nomen suum (19. Okt.).
2. Jacobus Cupfferschmidt Duttlingensis (19.·Okt.).
3. Eusebius Begerus Reittlingensis (19. Okt.).
4. Antonius a Seubersdorff nobilis (22. Okt.).
5. Samuel Hail Schorndorffensis (24. Okt.).
6. Christopherus a Faulach, nobilis (27. Okt.).
7. Joannes Nördlinger Biettigheimensis (27. Okt.).
8. Heinricus Gayssperg Schorndorffensis (27. Okt.).
9. Jacobus Kilmayer Gengenbachensis (27. Okt.).

132. B. a. 16. Sept. 62. — M. a. 26. Juli 64.

2. B. a. 17. Sept. 61. — M. a. 28. Juli 63. *MFABacc. u. Mag.:* Kupfer-schmidt.

3. B. a. 16. Sept. 62. — M. a. 9. Febr. 64.

7. B. a. 26. Aug. 60. — M. a. 17. Febr. 63. *MFAMag. [am Rand]:* iurisconsultus.

8. Vgl. 186,24.

10. Joannes Leonhardus Haug Gamundianus (28. Okt.).
11. Sixtus Weselin Schorndorffensis (30. Okt.).
12. Jacobus Schedel Stutgardianus, bibliopola (30. Okt.).
13. Absolon Ritter Krailssheimensis iterum indicavit nomen (1. Nov.).
14. Bernhardus Thaler Augustanus iterum indicavit nomen (7. Nov.).
15. Mag. Paris Scholl Dinckelspühelensis rursus indicavit nomen suum (13. Nov.).
16. David Vuolschiess Hirsaugiensis (13. Nov.).
17. Dionisius Braun Augustanus (20. Nov.).
18. Joannes Marcus Rotempurgensis ad Tuberam (21. Nov.).
19. Sebastianus Nopp von Herßogaurach in episcopatu Bambergensis (25. Nov.).
20. Joannes Rauscherus Lipsensis (26. Nov.).
21. Gerardus Dorn a Mechlinia (27. Nov.).
22. Franciscus Cararius Bergomensis (27. Nov.).
23. Paulus Gensius Lauterbachensis (1. Dez.).
24. Iheremias Schvuanckeler ex Dacha Bavariae oppido (5. Dez.).
25. Casparus Rhigius Coburgensis (9. Dez.).
26. Alexander Trautvuein Rauenspurgensis (18. Dez.).
27. Paulus Höchstetter Dr. utr. iur. Augustanus (22. Dez.).
28. Gaudentius a Laubenberg (24. Dez.).
29. Sebastianus Linck Neapolitanus (24. Dez.).

1560.

30. Paulus Weller Norembergensis rursus indicavit nomen (4. Jan.).
31. Georgius Bernhackel ex Dachaw (4. Jan.).
32. Helias Volmar ex Thermis ferinis (8. Jan.).
33. Casparus Lutz Stutgardiensis (9. Jan.).
34. Nicolaus Grauer Tubingensis iterum dedit nomen suum (14. Jan.).
35. Petrus Frey Dürmüntzensis (14. Jan.).
36. Martinus Kieser Nürtingensis (15. Jan.).

---

15. *Vgl. 132,5.*

17. *MFAMag.:* 6. Sept. 60 rec. est in consortium magistrorum; qui, quod Wittenbergae 7. Martii huius anni gradum magisterii adeptus esset, locatus fuit post magistros septimo Februarii hic promotos.

28. *Vgl. 162,128.*

30. *Vgl. 146.6.*

32. *Vgl. 161,103.*

33. B. a. 17. Sept. 61. — Dr. iur. utr. 23. Nov. 73.

34. *Vgl. 144,14.*

36. *Famulus bis 1562.* — Stip. 19. Okt. 62. — B. a. 22. März 64. — Okt. 65 *Präzeptor in Alpirsbach.*

37. Vitus Ris Wiltpergensis (15. Jan.).
38. Hieronimus Faber Laugingensis (30. Jan.).
39. Samuel Miller Lindauiensis (1. Febr.).
40. Daniel Miller Lindauiensis (1. Febr.).
41. Daniel Thaner Nördlingensis (3. Febr.).
42. Michael Klingele Tubingensis (5. Febr.).
43. Joannes Martinus Huberus Basiliensis (5. Febr.).
44. Paulus a Prag, Haebreus natione, Norimpergae baptizatus (5. Jan.).
45. Joannes Heck Sultzbachensis praefecturae Weinspergensis (10. Febr.).
46. Paulus Marcoleon Marpachensis (11. Febr.).
47. Christophorus Neuhedel Spirensis (17. Febr.).
48. Casparus Vogler, filius D. Kiliani Voglers professoris (5. März).
49. Joannes Schotzach Issfeldensis (8. März).
50. Hieronimus von und zum Diemantstein (11. März).
51. Paulus Kelen Werdensis (12. März).
52. Wilhelmus Rumel Norimpergensis (16. März).
53. Joannes Conradus Menne Weylensis (19. März).
54. Bernhardus Ritter Wemdingensis (20. März).
55. Vrbanus Scheu Weickersheimensis in comitatu Hohloch (21. März).
56. Gregorius Bretzger Kürchensis iterum indicavit nomen (21. März).
57. Christophorus Engelhart Argentinensis (26. März).
58. Nicolaus Linck Coloniensis (26. März).
59. Marcus Reisenleiter Schwabacensis (26. März).
60. Laurentius Cellarius Nidernhallensis (29. März).
61. Christophorus Fridericus Kircher Pfortzensis (2. April).
62. Martinus Herting Neoburgensis ad Danubium (10. April).

37. Stip. 30. Mai 62. — *Vorher Famulus im Stift: Herbst 63 rejiciert.*
39. B. a. 22. März 64. *MFABacc.:* Dr. med. Campiduni 1576. — M. a. 31. Juli 66. — Dr. med. 19. Dez. 69.
40. Stip. 28. Dez. 61 (17. anno act.). — B. a. 20. Sept. 64. — *Juli 67 propter morum dissolutionem rejiciert.*
41. B. a. 27. März 64. *MFABacc.:* Doner.
45. B. a. 16. Sept. 62.
46. B. a. 24. März 63.
48. B. a. 24. März 63. — M. a. 26. Juli 64. — Dr. iur. 24. Sept. 72.
55. B. a. 17. Sept. 61. *MFABacc.:* Scheich. — M. a. 19. Febr. 64.
56. Vgl. *107,7.*
57. *MFABacc. und Jur.:* Christodorus E. — B. a. 15. Sept. 63. — Dr. iur. 24. Sept. 72.
59. Vgl. *163,68.*
60. B. a. 16. Sept. 62. — M. a. 26. Juli 64.

63. Michael Vueruher Villingensis (21. April).
64. Melchior Eckerus Kürchensis sub Teckh (23. April).
65. Franciscus Belleterius } Montpelgardenses (29. April).
66. Andreas Voillardus
67. Rochius Zvueifel Gamundianus iterum dedit nomen (29. April).
68. Marcus Moser Herrembergensis (29, April).
69. Petrus Thuri Montpelgardensis (1. Mai).
70. Petrus Ernstetter Viennensis (1. Mai).

153. Sub rectoratu clarissimi viri dom. **Anastasii Dembleri**
iur. utr. D. et professoris a festo div. Phil. et Jac. a. 1560 usque ad
festum div. Luc. evang. anni eiusdem sequentes sunt inscripti:

1. Bernhardus Grock Sultzfeldensis (3. Mai).
2. Joannes Bruntz Wurtzachensis (8. Mai).
3. Daniel Hauff Beurensis (9. Mai).
4. Samuel Bäsch
5. Wernerius Wesalius } Mumpelgardenses (9. Mai).
6. Antonius Tyrsellus

64. B. a. 24. März 63.
65. Stip. 6. April 60 (16. anno aetatis). *Alb. stip.:* Peleterius. — B. a.
15. Sept. 63. *MFABacc.:* Peleterius. — M. a. 20. Febr. 66. *MFAMag.:* Pelli-
terius. — *April 72 Diakonus in Mömpelgart.*
66. Stip. 6. April 60 (13. anno aetatis). *Alb. stip.:* Andr. Vaillach. —
B. a. 15. Sept. 63. *MFABacc.:* Woilhardus. — M. a. 1. Aug. 65. *MFAMag.:*
Voilardus. *Juli 66 hat er in patria eine Condition überkommen.*
69. Stip. 6. April 60 (13. anno aetatis). *Alb. stip.:* Petr. Turingensis. —
B. a. 15. Sept. 63. *MFABacc.:* P. Turingus Mömpelgartensis. — *Dez. 66 in
patriam missus.*
70a. *MFABacc.:* Mathaeus Kienlin Stutgardianus, B. a. 22. März 64;
rangiert vor 152,36. — *Vgl. 160,74.*
3. Stip. 2. Mai 60. — B. a. 17. Sept. 61. — M. a. 26. Juli 64. — *Juli 66
Diakonus zu Waiblingen.*
4. Stip. 2. Mai 60. *Alb. stip.:* Sam. Beesch von Bempflingen. — B. a.
16. Sept. 62. *MFABacc.:* Memmingensis. — *Okt. 63 propter negligentiam
exkludiert.*
5. Stip. 6. April 60 (16. anno aetatis). — B. a. 15. Sept. 63. — M. a.
20. Febr. 66. — *Ist Juli 67 ein Schulmeister worden in Mömpelgardischer
Herrschaft.*
6. Stip. 6. April 60 (15. anno aetatis). *Alb. stip.:* Tursellus. — B. a.
15. Sept. 63. *MFABacc.:* Tiersellius Diefionensis. — M. a. 20. Febr. 66. *MFA.-
Mag.:* Diuionensis. — *Ostern 67 Präzeptor zu Mömpelgart.*

7. Petrus Tullius
8. Nicolaus Dorellus } Mumpelgardenses (9. Mai).

9. Georgius Schrenckius Monacensis (10. Mai).

10. Marcus Rheninger Gertingensis (14. Mai).

11. Joannes Dold Moringensis (14. Mai).

12. Rhudolphus Krämer Hennenbergensis (14. Mai).

13. Helias Ofenbachius Francofordiensis (20. Mai).

14. Melchior Jäger Neiffensis (21. Mai).

15. Joannes Maul Sultzbachensis (21. Mai).

16. Georgius Kölner (21. Mai).

17. Joannes Wachterus Heilpronnensis, art. Mag. (21. Mai).

18. Vdalricus Kessel ex Thermis Badensibus (25. Mai).

19. Jacobus Dirr Dusslingensis (28. Mai).

20. Samuel Hormoldt, Lic. iur. iterum nomen suum indicavit (29. Mai).

21. Georgius Hebenstreit Augustanus (1. Juni).

22. Joannes Sebastianus Rauschart Bruscheldensis (1. Juni).

23. Georgius Queller Schorndorffensis (2. Juni).

24. Adamus Schuuartz
25. David Schuuartz } Straubingenses (5. Juni).
26. Georgius Stromaier

27. Alexander Demeler Tubingensis (10. Juni).

28. Andreas Heisinger (11. Juni).

---

7. Stip. 6. April 60 (15. anno aetatis). — B. a. 15. Sept. 63. *MFABacc.:* P. Dullus. — *Ostern 65 aus dem Stift ausgetreten.*

8. Stip. 6. April 60 (12. anno aetatis). *Alb. stip.:* Torellus. — B. a. 15. Sept. 63. — M. a. 1. Aug. 65. — *MFABacc. u. Mag.:* N. Taurellus. — *Ist April 1566 heimgezogen.*

10. Stip. 8. Mai 60. — B. a. 17. Sept. 61. *MFABacc.:* Renninger. — M. a. 14. Febr. 65. — *Herbst 65 nach Königsbronn verordnet.*

11. Stip. 8. Mai 60. *Alb. stip.:* Doll. — B. a. 17. Sept. 61. — M. a. 26. Juli 64. — *Jan. 65 Diakonus in Wildbad.*

12. Stip. 6. Mai 60. *Alb. stip.:* Rud. Kremmer von Herrenberg. — *1561 ausgetreten.*

15. B. a. 16. Sept. 62. *MFABacc.:* Sültzbachensis.

16. B. a. 16. Sept. 62. *MFABacc.:* G. Cellarius Sültzbachensis.

18. B. a. 11. März 62. — M. a. 9. Febr. 64.

19. B. a. 15. Sept. 63. — M. a. 1. Aug. 65.

20. Vgl. 137,48.

23. Stip. 12. März 60 (18. anno aetatis). *Alb. stip.:* Cueller. — *Im Herbst wieder ausgetreten, seductus a Bechollmaiero (Nr. 52).*

27. B. a. 15. Sept. 63.

29. Michael Knerus Aitisheimensis (14. Juni).
30. Chylianus Reichart Möckmülensis (14. Juni).
31. Georgius Cappler Wildtbergensis (14. Juni).
32. Joannes Magirus Gruppenchsis (!) (14. Juni).
33. Joannes Schlunckelius Bietigheimensis (14. Juni).
34. Heinricus Büchsenstein Kalbensis (14. Juni).
35. Joannes Widmannus Kalbensis iterum indicavit nomen suum (14. Juni).
36. Joannes ⎫
         ⎬ Varnbüleri fratres Badenses (15. Juni).
37. Jacobus ⎭
38. Albertus Buschius Wunsdorphensis (18. Juni).
39. Vlricus Maierlinus Nürtingensis (19. Juni).
40. Joannes Graw Neustattensis (20. Juni).
41. Conradus Epplin Binnigheimensis (23. Juni).
42. Fridericus Winckler de Bressel ⎫ compactores librorum
43. Bartholomeus Conradt de Brig ⎭ (24. Juni).
44. Chylianus Piscator (26. Juni).
45. Joannes Stecher (2. Juli).
46. Joannes Zeiner (2. Juli).

---

29. Stip. 11. Juni 60. — B. a. 17. Sept. 61. — M. a. 17. Febr. 63. *MFA.- Bacc. u. Mag.*: Kneer. — Rep. hebrens. — *April 64 Diakonus in Lauffen.*

30. Stip. 11. Juni 60. *Alb. stip.*: Reyhardus. — *In bachanaliis 63 ist er sine venia weggezogen und nit mehr kommen.*

31. Stip. 11. Mai 60. — B. a. 17. Sept. 61. — M. a. 9. Febr. 64. — *Okt. 64 Diakonus zu Neuffen.*

32. Stip. 11. Juni 60. *Alb. stip.*: Joh. Margrawe von Gruppenbach. — *Ausgetreten aus dem Stift.*

33. Stip. 11. Juni 61. — B. a. 16. Sept. 62. — *Okt. 62 ausgetreten aus dem Stift.*

34. Stip. 11. Juni 60. — B. a. 17. Sept. 61. *MFABacc.*: Bichsenstein. — *Okt. 65 Präzeptor in Lorch.*

35. *Vgl. 143,21.* — Stip. 11. Juni 60. — B. a. 17. Sept. 61. — M. a. 28. Juli 63. — Rep. graecus. — *Okt. 64 Diakonus in Cannstadt.*

37. *Vgl. 169,1.*

39. B. a. 16. Sept. 62. *MFABacc.*: Mairlin. — M. a. 26. Juli 64. *MFA.- Mag.*: Mörlin.

41. Stip. 20. Juni 60. — *Okt. 63 Diakonus in Bulach.*

44. B. a. 15. Sept. 63. — M. a. 14. Febr. 65. *MFABacc. u. Mag.*: Schleusingensis. — *Vgl. 159,59.*

45. Stip. 26. Juni 60. — B. a. 17. Sept. 61. *MFA. u. Alb. stip.*: Illingensis. — M. a. 9. Febr. 64. — Rep. hebreus. — *April 65 Präzeptor in Bebenhausen.*

46. Stip. 26. Juni 60. *Alb. stip.*: J. Zeyner von Schwarz. — *1562 insalutatis praeceptoribus abiit.*

47. Marcus Fabri (2. Juli).
48. Georgius Bücklin (2. Juli).
49. Marcus Zeberlin (2. Juli).
50. Casparus Binder Marpachensis (2. Juli).
51. Martinus Schuldtheis (2. Juli).
52. Joannes Bechermayer (2. Juli).
53. Joannes Otto a Gemingen, nobilis (8. Juli).
54. Jacobus Dotzinger Tubingensis iterum nomen suum professus (8. Juli).
55. Georgius Haldenberger Monacensis (13. Juli).
56. Joachimus Pomeranus (17. Juli).
57. Joannes Wolphius ex Tabernis montanis (17. Juli).
58. Jacobus Hagel Landauiensis (17. Juli).
59. Sebastianus Buck Wiesenstaigensis (19. Juli).
60. Joannes Linder (20. Juli).
61. Joannes Philippus Kircher Pfortzensis (24. Juli).
62. Joannes Vuiliminus Burgundus (5. Aug.).
63. Hieronimus Stemler Haganoensis iterum indicavit nomen suum (7. Aug.).
64. Augustinus Roth Vlmensis (7. Aug.).
65. Georgius Kinerus Walderbachensis (8. Aug.).

---

47. Stip. 26. Juni 60. — B. a. 16. Sept. 62. *MFABacc.:* M. Faber Beulstainensis. — *Okt. 62 exclusus.*

48. Stip. 26. Juni 60. — B. a. 11. März 62. *MFABacc.:* Geppingensis. — *Okt. 64 Diakonus in Winnenden.*

49. Stip. 26. Juni 60. — B. a. 11. März 62. *MFABacc.:* Beblingensis. — *Juli 64 Diakonus in Murrhardt.*

50. Stip. 26. Juni 60. — B. a. 17. Sept. 61. *MFABacc.:* Gasp. Vietor Marpachensis. — M. a. 28. Juli 63. *MFAMag.:* Casp. Vietor. — *Jan. 64 Präseptor in Maulbronn.*

51. Stip. 26. Juni 60. — B. a. 17. Sept. 61. *MFABacc.:* Möckmülensis. — *April 65 Diakonus in Ebingen.*

52. Stip. 26. Juni 60. *Alb. stip.:* Jo. Beckhellmayer von Calw. — *Ist im Herbst gleich ausgetreten und hat Georgium Quellerum mit sich geführt (vgl Nro. 23).*

54. Vgl. 143,18.

60. B. a. 24. Sept. 64. *MFABacc.:* Tubingensis.

62. Stp 28. April 60. *Alb. stip.:* Joh. Vilemminus, der Burgunder Präzeptor.

63. Vgl. 138.5.

66. Melchior Gedrotius
67. Fridericus Skummin
68. Stainislaus Knitta
69. Joannes ⎫ Wolafitsch fratres
70. Josephus ⎭
71. Petrus ⎫ Wesouiouii fratres
72. Joannes ⎭
73. Petrus Rorsag
74. Martinus Heyn
75. Georgius Zablotius praeceptor praecedentium

omnes ex magno ducatu Lituaniae (14. Aug.).

76. Stainislaus Clementis ⎫ Lituani (14. Aug.).
77. Thomas Reschi ⎭
78. Constantinus Schlech iterum indicavit nomen suum (18. Aug.).
79. Petrus Linck Bucheimensis iterum indicavit nomen suum (18. Aug.).
80. Joannes Bender Miltenburgensis (18. Aug.).
81. Zacharias Riuulus Augustanus (23. Aug.).
82. Georgius Steinheber Monacensis (24. Aug.).
83. Casparus Horneffel Schleisingensis compactor librorum (25. Aug.).
84. Joannes Holderbusch Halleusis (26. Aug.).
85. Joannes Bolimus Basiliensis (27. Aug.).
86. Joannes Liechtenberger Thuringius (29. Aug.).
87. Jonas Shollius Mostellantzbergianus (1. Sept.).
88. Jacobus Schueiggerus Schwaigensis (6. Sept.).
89. Georgius Hack Augustanus (8. Sept.).
90. Antonius Vuelseras Augustanus (8. Sept.).
91. Joannes Adolphus Neulichedel Weisenburgensis (20. Sept.).
92. Joannes Krug Geelbusensis (20. Sept.).
93. Bartholomeus Trachstetter Islebiensis (23. Sept.).
94. David Braunfalck Aussensis ex Stiria (23. Sept.).
95. Martinus Zinck Backnangensis (26. Sept.).

79. *Vgl. 149,53.*

80. B. a. 16. Sept. 62. *MFABacc.:* Bünder Mültenburgensis. — M. a. 9. Febr. 64. *MFAMag.:* Binder.

84. B. a. 24. März 63.

86. *Alb. stip.:* 3. März 60 zum Musiker in stipendio angenommen.

88. B. a. 17. Sept. 61. *MFABacc.:* Jac. Schweickerus Schwagernensis. — M. a. 28. Juli 63. *MFABacc.:* Schweikhart.

95. Stip. Herbst 60. — B. a. 11. März 62. *MFABacc.:* Mart. Linck Backnauiensis. — *Okt. 63 Diakonus in Haubersbronn.*

96. Michael Mack Weylensis prope Kirchen (26. Sept.).
97. Georgius Wetzel Vayhingensis (26. Sept.).
98. Michael Beck Kürchensis (26. Sept.).
99. Israël Nestelius Minckensis (26. Sept.).
100. Joannes Erasmus Höchstettensis (30. Sept.).
101. Joannes Ziegel Schorndorphensis (6. Okt.).
102. Joannes Diemer art. Mag. ex Aredunio Bavariae oppido (6. Okt.).
103. Wolphgangus Doner Frisingensis (6. Okt.).
104. Conradus Luder Lantzhutanus (6. Okt.).
105. Simon Küehorn Waiblingensis iterum indicavit nomen suum (7. Okt.).
106. Wolphgangus } Hypodimandri Zwingelbergenses (7. Okt.).
107. Balthasar
108. Valentinus Rudrauf Saltzingensis (7. Okt.).
109. Joachimus Guerntinus Vinauensis art. Mag. (9. Okt.).
110. Joannes Lubicus Pomeranus (10. Okt.).
111. Hermannus Caesarius art. Mag. Tyberiacensis prope Coloniam (14. Okt.).
112. Conradus Nüppenburger iterum professus est nomen suum (16. Okt.).

154. Sub rectoratu clarissimi viri dom. **Leonhardi Fuchsii,** med. Dr. et professoris a festo divi Lucae evang. 1560 usque ad festum div. Phil. et Jac. a. 1561 sequentes sunt inscripti:

1. Joannes Burger Nurtingensis (22. Okt.).
2. Jacobus Hartung Feichtwangensis se iterum indicavit (23. Okt.).
3. Christopherus Gyes Batenbergensis (30. Okt.).

96. Stip. Herbst 60. — B. a. 11. März 62. *MFABacc.:* Weylheymensis. — M. a. 9. Febr. 64. — *Okt. 63 Diakonus in Metzingen.*

97. Stip. Herbst 60. — B. a. 11. März 62. — M. a. 9. Febr. 64. — *Okt. 64 Diakonus in Neuenstadt.*

98. Stip. Herbst 60. *Alb. stip.:* v. Kirchen under Theckh. — *Juli 62 Präzeptor in Königsbronn.*

99. Stip. Herbst 60. *Alb. stip.:* von Lauffen. — B. a. 16. Sept. 62. *MFA.-Bacc.:* Münckensis. — *Okt. 63 Präzeptor in Anhausen.*

105. *Vgl. 125,40.*

109. Dr. med. 5. Okt. 62. *Med.:* Mag. Joachimus Querntenus Vinariensis.

111. Dr. med. 5. Okt. 62. *Med.:* Tiberiacensis.

1. *Vgl. 159,61.*

2. *Vgl. 150,50.*

4. Balthasar Eberlin Romanus (31. Okt.).
5. Gallus Monachus Norinbergensis (4. Nov.).
6. Fridericus Ranserus Hailbrunensis (4. Nov.).
7. David Pfeilsticker Lafensis (4. Nov.).
8. Petrus a Graueneck (7. Nov.).
9. Tobias Stehelin Alberspachensis (9. Nov.).
10. Dom. Joannes Georgius baro a Hedeck (10. Nov.).
11. Gallus Tuschelin Dr. iur. Nürtingensis se iterum indicavit (10. Nov.).
12. Joannes Martinus Tuschelin Argentinensis (10. Nov.).
13. Christophorus Rechin Augustanus (12. Nov.).
14. Achatius Rorbach Stutgardiensis (13. Nov.).
15. Joannes Freüburger Memingensis (16. Nov.).
16. Christophorus Eberhart Memingensis (16. Nov.).
17. Lucius Freüburger Memingensis (16. Nov.).
18. Stephanus Kirtzinger Geisenfeldensis (17. Nov.).
19. Joannes Blos Mensingensis (19. Nov.).
20. Joannes Stirtzel Holtzinger (22. Nov.).
21. Wolfgangus Jungmaier Landauiensis (22. Nov.).
22. Vlricus Capp Nagoltensis (3. Dez.).
23. Joannes Christophorus Piscator Rotuilensis (5. Dez.).
24. Nicolaus Buringer Vlmensis (7. Dez.).
25. Laurentius Vuincklerus Reichenbachius ex Silesia (12. Dez.).
26. Joachimus Vualtmüller Hailbrunensis (14. Dez.).
27. Paulus Zellerus Halanus (18. Dez.).
28. Stephanus Conberger Tubingensis (24. Dez.).
29. Casparus Schonhaiden a Mansfeld, minister pharmacopolae nostri (24. Dez.).
30. Michael Maius Norinbergensis (28. Dez.).

6. B. a. 17. Sept. 61. — M. a. 28. Juli 63.
7. B. a. 24. März 63.
14. B. a. 11. Mai 62. — M. a. 14. Febr. 65. — *MFABacc. und Mag.:* Tubingensis.
19. B. a. 24. März 63. *MFABacc.:* Mensingensis. — M. a. 1. Aug. 65. — *Vgl. 169.70.*
20. B. a. 11. Mai 62. *MFABacc.:* Sturzel Holtzensis. — M. a. 9. Febr. 64.
22. *Vgl. 158,44.*
26. B. a. 16. Sept. 62. — M. a. 1. Aug. 65. *MFABacc. und Mag.:* Walckmüller.
28. B. a. 22. März 64. *MFABacc.:* Stutgardianus.

1561.

31. Jacobus Hindlin Lindauiensis pharmacopolae nostri minister (4. Jan.).

32. Oswaldus Vogler Tubingensis iterum se indicavit (13. Jan.).

33. Franciscus Bernhardus Oler Vuilensis (13. Jan.).

34. Thomas Reüchlin a Meldeck nomen suum iterum indicavit (23. Jan.).

35. Martinus Mileck Brigantinus (6. Febr.).

36. Andreas Morhardus Tubingensis (10. Febr.).

37. Jacobus Resch Vuisenbrunensis (10. Febr.).

38. Joannes Casparus Sausele Tubingensis (10. Febr.).

39. Daniel Cleberus Stutgardianus (12. Febr.).

40. Joannes Berreütter a Rudelstat (16. Febr.).

41. David Hoderus Augustanus (17. Febr.).

42. Burcardus Vuimpselin Grönigensis (22. Febr.).

43. Joannes Lieblerus Tubingensis (22. Febr.).

44. Michael Kompff de Vuinada (7. März).

45. Joannes Eckstein Vueginilensis (7. März).

46. Mattheus Gutiar ex Dan (7. März).

47. Vitus Nerlinger Vuaiblingensis (7. März).

48. Jacobus Riep nomen suum iterum indicavit (9. März).

49. Daniel Mogling Tubingensis (15. März).

32. *Vgl. 137,17.*

36. B. a. 22. März 64.

37. B. a. 26. Sept. 65. *MFABacc.:* Weschenbrunensis. — M. a. 7. Aug. 67. *MFAMag.:* Wessebrunnensis.

39. B. a. 16. Sept. 62. — M. a. 9. Febr. 64. *MFABacc. u. Mag.:* Creber. *Vgl. 167,21.*

42. B. a. 11. März 62. — M. a. 9. Febr. 64. *MFABacc. u. Mag.:* Vimpelin.

43. B. a. 26. Sept. 65. — M. a. 18. Febr. 68.

44. Stip. 3. März 61. — B. a. 11. März 62. *MFABacc. und Alb. stip.:* Kumpf. — *Juli 64 propter improbitatem ritac rejiciert.*

45. Stip. 3. März 61. *Alb. stip.:* v. Möckhmül. — *Juli 62 ans Pädagogium nach Stuttgart.*

46. Stip. 3. März 61. *Alb. stip.:* Melchior Guthjar v. Tham. — B. a. 11. März 62. *MFABacc.:* Dammensis. — *April 62 eines Exzesses wegen, den er noch in Hirsau soll begangen haben. exkludiert, wiewoll er sich die Zeit über im stipendio nit übel gehalten.*

47. Stip. 3. März 61. — B. a. 11. März 62. *MFABacc. und Alb. stip.:* Nördlinger. — M. a. 9. Febr. 64. — *Okt. 64 Diakonus zu Göppingen.*

49. B. a. 11. April 65. — M. a. 7. Aug. 67. — Dr. med. 17. Dez. 72. — Rect. 1592. — Dec. fac. med. primo 1588; ultimo 1602.

50. Sebastianus Beerwarter Lenbergensis (16. März).
51. Alexander Hohenbucher Eringensis (18. März).
52. Leonhardus Plehst Stutgardianus (21. März).
53. Georgius Harff Stutgardianus (21. März).
54. Wolfgangus Bonacker Waiblingensis (21. März).
55. Joannes Buck Augustanus (21. März).
56. Jacobus Cober Gomundigensis (21. März).
57. Joannes Conamanus Blaubeurensis (21. März).
58. Casparus Vueidle Boldeshausensis (21. März).
59. Valentinus Funcius Velcuriensis (4. April).
60. M. Jodocus Riep iterum se indicavit (6. April).
61. M. Joannes Hyalmos Lagunensis (8. April).
62. Georgius Schemerus Bibracensis (10. April).
63. Joannes Jacobus Haller Horbensis (13. April).
64. Guilielmus Cnitelius ⎫
65. Joannes Cnitelius ⎭ Sigenses fratres (13. April).
66. Albertus Halberus Halensis (17. April).
67. Christopherus Stehelius Balingensis (17. April).
68. Georgius Erbiser Vuilensis (18. April).
69. Christianus Stetner Witenbergensis (20. April).
70. Stephanus Culingus Saltzensis (30. April).

---

50. B. a. 4. März 66. *MFABacc.:* Betzwarter.

52. Stip. 20. März 61. *Alb. stip.:* Joh. Leonh. Plepst. — B. a. 16. Sept. 62. *MFABacc.:* Pläbst. — M. a. 26. Juli 64. — *Jan. 65 Diakonus zu Vaihingen.*

53. Stip. 20. März 61. — B. a. 16. Sept. 62. *MFABacc.:* Harpf. — *April 65 propter improbitatem vitae rejicirt.*

54. Stip. 20. März 61. — B. a. 16. Sept. 62. — M. a. 14. Febr. 65. *MFA.-Mag.:* Wolfg. Leonhardus Bonacker. — Rep. graecus. — *Um Fassnacht 65 nach Maulbronn verordnet.*

55. Stip. 20. März 61. — B. a. 16. Sept. 62. — M. a. 14. Febr. 65. — *April 65 Präceptor in Hirschau.*

56. Stip. 20. März 61. — B. a. 16. Sept. 62. *MFABacc.:* J. Kober Gomendingensis. — *Juli 66 Diakonus in Ebingen.*

57. Stip. 20. März 61. *Alb. stip.:* Conneman. — B. a. 24. März 63. *MFABacc.:* Coneman. — *Febr. 65 Diakonus zu Wildberg.*

62. B. a. 24. März 63. *MFABacc.:* Schemmer.

66. B. a. 16. Sept. 62. — M. a. 26. Juli 64. *MFABacc. und Mag.:* Alb. Halberger.

70. MFAMag.: Dom. Steph. Culingius Saltzensis, poëtices professor publicus rec. 1561, qui post 29. Sept. 1562 iur. utr. Dr. creatus est. — *Jur.:* Dr. iur. Okt. 62.

{ feast day of St luke :
October 18

n/2 feast day of Saints philip and James
(apostle) is 1 May

418   155,1—28. — 1561.

155. Sub rectoratu clarissimi viri dom. **Jacobi Cappelbeckii**
iur. utr. Dr. et professoris a festo div. Phil. et Jac. a. 1561 usque
ad festum divi Lucæ evang. anni eiusdem sequentes sunt inscripti:

1. Jacobus Schmidlap Schorndorfensis se rursus indicavit (2. Mai).
2. Albertus Bensel Tubingensis (2. Mai).
3. Samuel Schweiggart Tubingensis (6. Mai).
4. Georgius Joannes Meng Pfortzensis (7. Mai).
5. Theobaldus Hartmanus Sulcensis (12. Mai).
6. Tobias Lins Tutlingensis (13. Mai).
7. Christopherus Nutz Tubingensis (13. Mai).
8. Joannes Zeus ex Moringa Franciae (14. Mai).
9. Joannes Ambrosius Brasicanus Vienensis (18. Mai).
10. Ernfredus a Bocdenal Westphalus (20. Mai).
11. Lampertus Wacker Sultwilensis (20. Mai).
12. Joannes Wager Möringensis (30. Mai).
13. Christopherus ex Termis ferinis se rursus indicavit (30. Mai).
14. Guilelmus Bucanus Rotomagus (2. Juni).
15. M. Paulus Calwerus se rursus indicavit (2. Juni).
16. Joannes Nuinoan Glogoniensis (2. Juni).
17. Jacob Franck Badensis (3. Juni).
18. Joannes Weltz Campidonensis (4. Juni).
19. Ernestus a Remchingen se rursus indicavit (4. Juni).
20. Joannes Burchardus ⎫
21. Fridericus Jacobus ⎬ ab Anweil (4. Juni).
22. Conradus ⎪
23. Joannes Albertus ⎭
24. Theophilus Alberus Reutlingensis (5. Juni).
25. Eliseus Rosle Pleningensis (5. Juni).   *Röslin! (b. 1545)*
26. Wilhelmus Jerger Austriacus (9. Juni).
27. Achatius a Lantau Austriacus (9. Juni).
28. Leonardus Hohenfelder Austriacus (9. Juni).

1. Vgl. 147,34.
3. B. a. 26. Sept. 65. *MFABacc.:* Schweicker.
12. B. a. 17. Sept. 61. — M. a. 17. Febr. 63.
14. *MFABacc.:* Wilh. Bucanus, Bacc. Basiliensis rec. 25. Okt. 61. —
M. a. 12. Aug. 62. *MFAMag.:* Rotenmagensis.
18. Stip. 2. Mai 61. *Alb. stip.:* organista. — *1561 Diakonus in Brackenheim.*
19. Vgl. 139,77.
24. B. a. 16. Sept. 62. — M. a. 14. Febr. 65.
25. B. a. 16. Sept. 62. *MFABacc.:* Elis. Röslin Blöningensis. — M. a.
1. Aug. 65. — Dr. med. 10. Dez. 69. *Med.:* Mag. Helis. Röslin.

29. Georgius Nux (9. Juni).
30. Georgius Lengker von Stadt Kronach (10. Juni).
31. Jacob Stockmar von Schleifingen (10. Juni).
32. Gabriel Berwarter Leonbergensis (13. Juni).
33. Petrus Beiterich Mumpelgartensis (14. Juni).
34. Gotfridus baro in Limpurg, imperii pincerna semperfrey (16. Juni).
35. M. Dionisius Jesselius Deckendorfensis (16. Juni).
36. Michael Muncau nobilis (16. Juni).
37. Hieronimus Höchstat Summerhausensis (16. Juni).
38. Georgius Thalerus Augustanus (17. Juni).
39. Joannes Georgius Schilling (20. Juni).
40. Joannes Jacobus Streit Badensis (23. Juni).
41. Joannes Grau ⎫
42. Samuel Grau ⎭ Culbachensis (24. Juni).
43. Joannes Gûtwasser Saltzensis (25. Juni).
44. Christopherus Hemmele Rotenburgensis (27. Juni).
45. Andreas Picus Siesensis (11. Juli).
46. Lucas Erhardus Sulcensis (11. Juli).
47. Bartholomeus Magnus Waiblingensis (11. Juli).
48. Joannes Mathias Steelin Marpachensis (16. Juli).
49. Joannes Jacobus Kirser Lic. iur. Badensis (18. Juli).
50. Rabinus Gklingharnisch Hanauiensis (21. Juli).
51. Luderus Glufer Premensis (21. Juli).
52. Fridericus Kleherus Gretzingensis (22. Juli).
53. Conradus Meikler Remmingheimensis (22. Juli).

---

33. Stip. 10. Juni 61. *Alb. stip.:* Bitterich. — B. a. 16. Sept. 62. *MFA.-Bacc.:* Beuterich. — *Ist in feriis paschalibus 1565 insalutatis praeceptoribus hinweggezogen.*

45. Stip. 8. Juli 61. *Alb. stip.:* von Seyssen Blaubeurer ampts. — B. a. 16. Sept. 62. — M. a. 14. Febr. 65. *MFABacc. u. Mag.:* Andr. Picus Mogelspergensis. — Rep. hebreus. — *April 65 Präceptor in Maulbronn.*

46. Stip. 8. Juli 61. — B. a. 16. Sept. 62. — M. a. 26. Juli 64. — Rep. graecus. — *Jan. 65 Präceptor in Bebenhausen.*

47. Stip. 8. Juli 61. *Alb. stip.:* B. Koch v. W. — B. a. 16. Sept. 62. *MFABacc.:* B. Mageirus. — *Okt. 63 propter improbitatem vitae exkludiert.*

48. Stip. 11. Okt. 61. *Alb. stip.:* v. Calw. — B. a. 24. März 63. — M. a. 31. Juli 66. — *Okt. 68 Diakonus in Bietigheim.*

52. Stip. 18. Juli 61. — B. a. 16. Sept. 62. *MFABacc.:* Kleiber. — *Jan. 65 Präceptor zu Lorch.*

53. Stip. 18. Juli 61. — B. a. 16. Sept. 62. *MFABacc.:* Maickler. — M. a. 14. Febr. 65. — *Bald danach Präceptor in Bebenhausen.*

54. Alexander Cerweckius Marpachensis (26. Juli).
55. David Heisner Pfaffenhofensis (26. Juli).
56. Petrus Heinle Backenauiensis (26. Juli).
57. Mattheus Chitreus Mentzingensis (26. Juli).
58. Gothereus Creberus Dietisheimensis (26. Juli).
59. Joannes Christophorus Gailing Weinspergensis (26. Juli).
60. Joannes Boltz Winendensis (29. Juli).
61. Simon Studian Vracensis (1. Aug.).
62. Joannes Andrae Tachtlensis (1. Aug.).
63. Hieronimus Suntheimer Botmarensis (1. Aug.).
64. Jacob Lorat Weilheimensis (1. Aug.).
65. Joannes Schulter Entringensis (6. Aug.).
66. Georgius Balinger (7. Aug.).
67. Joannes Heinricus Gebelius Spirensis (8. Aug.).
68. Petrus Adamus Meisner Wormaciensis (8. Aug.).

54. Stip. 18. Juli 61. — B. a. 16. Sept. 62. *MFABacc. u. Alb. stip.:* Zerweck. — M. a. 26. Juli 64. — *April 64 Präzeptor in Maulbronn.*
55. Stip. 18. Juli 61. — B. a. 16. Sept. 62. *MFABacc.:* Heisner. — *April 64 Provisor zu Bottwar.*
56. Stip. 18. Juli 61. — B. a. 16. Sept. 62. *MFABacc.:* Hainlin. — M. a. 26. Juli 64. — Rep. rhetoricus. — *Ostern 66 Diakonus zu Tübingen.*
57. Stip. 18. Juli 61. — B. a. 16. Sept. 62. *MFABacc.:* Chytraeus. — M. a. 9. Juli 64. — *Okt. 64 Präzeptor in Blaubeuren.*
58. Stip. 18. Juli 61. *Alb. stip.:* Gotterus Cr. — B. a. 16. Sept. 62. *MFABacc. u. Mag.:* Gotherus Cr. Buticamensis. — M. a. 20. Febr. 66. — *Febr. 67 phtysi periit in patria.*
59. Stip. 18. Juli 61. — B. a. 16. Sept. 62. — M. a. 14. Febr. 65. *MFA. Mag.:* Vinimontanus. — *Ostern 66 Subdiakonus in Göppingen.*
60. B. a. 24. März 63. *MFABacc.:* J. Kelts. — M. a. 1. Aug. 65. *MFA. Mag.:* J. Keltz. — *Vgl. 168,97.*
61. Stip. 1. Sept. 61. — B. a. 16. Sept. 62. *MFABacc. und Alb. stip.:* S. Studion Studtgardianus. — M. a. 14. Febr. 65. — *April 65 Collaborator im paedagogio; ist ein gelehrter, frommer Gsell gewesen, aber impeditae linguae.*
62. Stip. 1. Sept. 61. *Alb. stip.:* J. Andreas. — *Nach Georgi 62 ist er entloffen.*
63. Stip. 1. Sept. 61. — B. a. 16. Sept. 62. *MFABacc.:* Botwarensis. — *Okt. 64. Diakonus in Gruibingen.*
64. Stip. 1. Sept. 61. *Alb. stip. u. MFA.:* Jac. Lorhart. — B. a. 15. Sept. 63. *Okt. 66 Diakonus zu Münsingen.*
65. B. a. 11. April 65. *MFABacc. [am Rand]:* nunc 1585 Wirtemberg. cancellarius, jur. utr. Dr. — M. a. 7. Aug. 67. — *Vgl. 177,70.*
66. Stip. Juli 65. *Alb. stip.:* v. Tübingen *(Sohn des Stiftsprokurators gleichen Namens).* — B. a. 4. März 66. — *Okt. 67 in dem Herrn verschieden.*

69. Adamus a Berstet Argentinensis (18. Aug.).
70. Joannes Michael Heis Argentinensis (18. Aug.).
71. Joannes Vlricus Rudhart Marpachensis (18. Aug.).
72. Georgius Vetterus Hohenstadiensis (19. Aug.).
73. Adamus Sluscki Bohemus (19. Aug.).
74. Sigismundus Phluski (19. Aug.).
75. Heinricus Schwartzius (19. Aug.).
76. Balthasarus Scheffer a Beittelspach (21. Aug.).
77. Joannes Gockel (21. Aug.).
78. Joannes Hartman a Botmar (21. Aug.).
79. Fabianus Egon Wilensis (22. Aug.).
80. Georgius Statz Balingensis (22. Aug.).
81. Joannes Philippus ab Helmstet (25. Aug.).
82. M. Martinus Schreiber Buchemius (25. Aug.).
83. Joannes Conradus a Rosenberg ex Francia (5. Sept.).
84. Matthias Villicus se rursus indicavit (10. Sept.).
85. Joannes Schroll Bauarus (17. Sept.).
86. Joannes Jacobus Erlewein Jsnensis (17. Sept.).
87. Sebald Ernst Buchbinder (17. Sept.).
88. Casparus Schogk Wilensis (3. Okt.).
89. Jacobus Herbrandus iunior Tubingensis (5. Okt.).
90. Wilhelmus Heil a Gerspach (5. Okt.).
91. Jacobus Stamlerus Tubingensis (13. Okt.). 1561 *End of this rectorate*

156. Sub rectoratu clarissimi viri dom. **Theodorici Schnepffii** sacrosanctae theol. Dr. et professoris a festo divi Lucae evang. a. 1561 usque ad festum div. Phil. et Jac. a. 1562 inscripti sunt, ut sequitur:

1. Andreas Scholl rursus dedit nomen (20. Okt.). 1561
2. Joannes Pistor Cantropolitanus (25. Okt.).
3. Wolffgangus Ögel Frontenhusensis (25. Okt.).
4. Hieronymus Reitz Stutgardianus (27. Okt.).

78. Stip. 1. Sept. 61. — B. a. 16. Sept. 62. *MFABacc.:* Botwarensis. — Jan. 65 *Diakonus zu Calw.*
79. B. a. 24. März 63. *MFABacc.:* Egen. — *Vgl. 164,43.*
88. B. a. 11. März 62. *MFABacc.:* Scheck. — *Vgl. 173,50.*
89. B. a. 26. Sept. 66. — M. a. 16. Febr. 69.
91. B. a. 4. März 66.

1. *Vgl. 123,22 u. 131,6.* — Dr. iur. utr. Okt. 62.
2. B. a. 24. März 63.
4. *Vgl. 190,5.*

5. Georgius Gölz Trochtelfingensis (27. Okt.).

6. Caspar   }
7. Faedericus   } a Nostitz Regiomontani (31. Okt.).

8. M. Petrus Himelreich Regiomontanus (2. Nov.).

9. Bartholomeus Birer Duttlingensis (4. Nov.).

10. M. Andreas Dirtzel Straubingensis (10. Nov.).

11. Georgius Frobenius Leobergensis (10. Nov.).

12. Albertus Neuffer Herenbergensis (20. Nov.).

13. Joannes Hettinger Horbensis (25. Nov.).

14. Ludovicus Linck Memingensis (1. Dez.).

15. Rodolphus   }
16. Heinricus   } a Binaw Misnenses (4. Dez.).

17. Conradus Eschlinsperger Vberlingensis (6. Dez.).

18. Esaias Han Überlingensis (6. Dez.).

19. Martinus Strasser librorum compactor (7. Dez.).

20. Jodocus Holderman ab Holderstain se rursurs indicavit (10. Dez.).

21. Tobias Ahenarius Calweņsis (10. Dez.).

22. Jacobus Pogomus Zitauiensis (22. Dez.).

23. Gebhardus Rulandus Chamensis (29. Dez.).

24. Georgius Winckler Forchemius rursus se indicavit (31. Dez.).

1562.

25. Sebastianus Kirmaier Ratisbonensis (2. Jan.).
26. Melchior Rusius Altensis (3. Jan.).
27. Georgius Lehle Cellensis (9. Jan.).
28. Leonhardus Grim Göppingensis (9. Jan.).
29. Stephanus Dups Tubingensis (20. Jan.).
30. Jacobus Vuacker Stutgardianus (3. Febr.).

10. Dr. med. 5. Okt. 62. *Med.:* Dierntzel.

20. Vgl. *148,13.*

24. Vgl. *141,93.* — Dr. med. 31. Okt. 64.

26. Stip. Mömpelgardianus 8. Dez. 61. — *April 63 in die Grafschaft Mömpelgart geschickt.*

27. B. a. 20. Sept. 64. *MFABacc.:* Löblin Liebencellensis. — M. a. 6. Febr. 67. *MFAMag.:* Zellerbadensis. — *Vgl. 176,46.*

29. B. a. 20. März 67. *MFABacc.:* Dups. — M. a. 16. Febr. 69. *MFA.-Mag.:* Dupsius.

30. Stip. 15. Jan. 62. — *Juli 62 exkludiert ob amores alicuius puellae, in quos per simplicitatem imprudenter inciderat et matrimonium promiserat: alias bonus.* — B. a. 15. Sept. 63. — M. a. 20. Febr. 66. — *1566 Klosterpräseptor in Hirsau:* † *1587 als Stadtpfarrer in Backnang.*

31. Jacobus Gretter Hallensis (5. Febr.).
32. Volmarius ab Owe (5. Febr.).
33. Petrus a Dettingen (!) (5. Febr.).
34. Joannes Jacobus a Gemmingen (5. Febr.).
35. Vitus Lieb Tubingensis (5. Febr.).
36. Jacobus Bannullerus Heyingensis (6. Febr.).
37. Joannes Vdalricus Ruckerus Tubingensis (17. Febr.).
38. Julius Rorer Eslingensis (26. Febr.).
39. Michael Rienlin Tubingensis (7. März).
40. Alexander Bauhof Cantaropolitanus (10. März).
41. Paulus Holius Lindauiensis (10. März).
42. Joannes Schwebel Ratisbonensis rursus se indicavit (13. März).
43. Vdalricus Grösch Weissenburgensis (20. März).
44. Michael Cetener Wilensis (24. März).
45. Petrus Birck Trossingensis nomen suum rursus est professus (30. März).
46. Josephus Fickler Wilensis (25. März).
47. Joannes Liebenhauser Ötlingensis (1. April).
48. M. Philippus Dorstemus Marpurgensis (3. April).
49. Joannes Degenhardus Nörlingensis (3. April).
50. Joannes Tenhagen Stettingensis (4. April).
51. Joannes Geltz Weilhaimensis (5. April).
52. Joannes Eisenkremer Besikeimensis (6. April).
53. Joannes Stahel Weihaimensis (!) (6. April).
54. Josephus Cratzer Hallensis (7. April).
55. Andreas Hemmerichius Schweinfurtensis (6. April).
56. Crispinianus Einnodt Meisenhaimus (6. April).
57. Petrus Enckirch Mosellanus (6. April).
58. Valentinus Elephas Zebusiensis (6. April).
59. Georgius Janus Curiensis (18. April).
60. Daniel Balassar Göngensis (20. April).

30 here

NB Feb 22: Scheubel presents his polyhedra!

---

31. B. a. 24. März 63. — M. a. 14. Febr. 65.
32—34. *Vgl.* 161,97—99.
35. B. a. 26. Sept. 66. — M. a. 1. Febr. 70.
40. B. a. 24. März 63. — M. a. 26. Juli 64.
42. *Vgl.* 147,23.
52. Stip. 22. März 64. *MFABacc.*: Eysenkremer.
54. B. a. 15. Sept. 63.
60. B. a. 24. März 63. *MFABacc.*: Dan. Walleser Gengensis. — M. a. 1. Aug. 65. *MFAMag.*: Walliser.

61. Joannes Fridericus Spreter Rottwilensis (24. April).
62. Joannes Höppel Stutgardianus (24. April).
63. Josephus Daschütz Carniolanus (24. April).
64. Gallus Strominger Fronbacensis (27. April).
65. Rochius Etzel Onoltispachensis (27. April).

157. Sub rectura clarissimi viri dom. **Chiliani Vogleri** iur. utr. Dr. et professoris a festo Phil. et Jac. usque ad Lucae a. 1562:

1. Joannes Maier Osnabürgensis praeceptor puerorum sequentium (2. Mai).
2. Albertus Eneckel de Albrechtsberg et Lielach nobilis (2. Mai).
3. Christophorus Reütter (2. Mai).
4. Abraham Reütter (2. Mai).
5. Christophorus Brendel Lithopolitanus (2. Mai).
6. Georgius Wildtperger Limensis (2. Mai).
7. Georgius Findt Herenbergensis (2. Mai).
8. Laurentius Bechman von Weiffenfels organista (5. Mai).
9. Joannes Blanckenmaier Achensis (9. Mai).
10. Erhardus Schweickerus Stutgardianus (9. Mai).
11. Carolus Küehom Francofordiensis (11. Mai).
12. Samuel Harsch Schorndorfensis (12. Mai).
13. Melchior Sautter Cuppingensis (12. Mai).
14. Michael Haffner Heydenheimensis (12. Mai).
15. Conradus Notter Herenbergensis (12. Mai).
16. Eugenius Bertsch Schorndorffensis (12. Mai).
17. Joannes Albertus Calbensis (12. Mai).

62. B. a. 15. Sept. 63. *MFABacc.:* Joh. Hepelius Culmbachensis. — M. a. 31. Juli 66. *MFAMag.:* J. Höppelius Culmbachensis.

10. Stip. 14. Mai 62. *Alb. stip.:* Schweickhart. — B. a. 15. Sept. 63. — M. a. 20. Febr. 66. — Rep. musicus. — *Juli 71 Diakonus in Waiblingen.*

12. Stip. 18. Nov. 63 (18. anno aetatis). — B. a. 22. März 64. — *April 66 Diakonus in Urach.*

13. Stip. 9. Nov. 63 (19. anno aetatis). — B. a. 22. März 64. — *Ostern 66 aus dem Stift ausgetreten.*

15. Stip. 2. Febr. 65 (20. anno aetatis). — B. a. 22. März 64. — M. a. 7. Aug. 67. — *Juli 68 Präzeptor in Bebenhausen.*

16. Stip. 9. Nov. 63 (19. anno aetatis). — B. a. 22. März 64. — *Ostern 66 ausgetreten aus dem Stift.*

17. Stip. 8. Febr. 63. — B. a. 22. März 64. — *Jan. 66 Präzeptor zu Herrenalb.*

18. Jonas Paludanus Santhofensis (12. Mai).
19. Abrahamus Mörlin Nürtingensis (12. Mai).
20. Joannes Mörlin Calbensis (12. Mai).
21. Isac Hauser Tubingensis (12. Mai).
22. Martinus Laber Herenbergensis (12. Mai).
23. Joannes Venator Herenbergensis (12. Mai).
24. Simon Necker Nürtingensis (12. Mai).
25. Jacobus Stainer Haslachensis (12. Mai).
26. Joannes Schwab ab Hala Suevorum (13. Mai).
27. Heinricus Osterreicherus Vienensis (22. Mai).
28. Andreas Zecker Kircheimensis (23. Mai).
29. Joannes Kien Pfedelbachensis (25. Mai).
30. Joannes a Gallenperg Carniolanus (27. Mai).
31. Laurentius Paradeiser Carinthus (27. Mai).
32. Andreas Paradiser Carinthus (27. Mai).
33. Joannes Adrianus a Greisenegck Carinthus (27. Mai).
34. Sigismundus a Gaisrugtch Styrus (27. Mai).
35. Volfgangus Appelles Francus praecedentium praeceptor (27. Mai).
36. Joannes Kercher Stutgardianus (27. Mai).
37. Lazarus Wendelstain Rottenburgensis (27. Mai).
38. Martinus Sigwart Winidensis (29. Mai).
39. Casparus Albeck Undertrunckensis (29. Mai).

---

18. Stip. 1. Juni 62. *Alb. stip.:* v. Murrhardt. — *Ist im Herrn entschlafen wenig Wochen, nachdem er angenommen.*

19. Stip. 1. Juni 62. — B. a. 15. Sept. 63. — *Weihnachten 65 exkludiert aus dem Stift.*

20. Stip. 6. Febr. 65 (22. anno aet.). — B. a. 22. März 64. — *Pfingsten 67 Diakonus in Heidenheim.*

21. Stip. 9. Nov. 63 (19. anno aet.). — B. a. 22. März 64. — M. a. 6. Febr. 67. *Juli 68 Präzeptor zu Bebenhausen.*

22. Stip. 8. Febr. 63. — B. a. 22. März 64. — *April 67 Diakonus in Murrhardt.*

23. Stip. 2. Febr. 65 (20. anno aet.). — B. a. 22. März 64. — *Juli 67 propter singularem negligentiam exkludiert.*

24. Stip. 2. Febr. 65 (20. anno aet.). — B. a. 22. März 64. — M. a. 7. Aug. 67. *MFAMag.:* Sim. Neckar. — *Juli 68 Präzeptor in Bebenhausen.*

25. B. a. 15. Sept. 63.

27. Dr. med. 31. Okt. 64. *Med.:* Henr. Austriacus o. O.

28. B. a. 15. Sept. 63.

36. B. a. 15. Sept. 63. — M. a. 1. Aug. 65.

38. B. a. 24. März 63.

39. Stip. 15. Juni 62. — B. a. 24. März 63. *MFABacc.:* Cantropolitanus. — *Ostern 66 Diakonus in Weilheim.*

40. Melchior Brincker Mickmilensis (29. Mai).
41. Ludovicus Feige Casellanus (2. Juni).
42. Vendelinus Hyplerus Vimpinensis se iterum indicavit (5. Juni).
43. Fridericus Gänslin Ebingensis (5. Juni).
44. Wolfgangus Lutz Laufensis (5. Juni).
45. Christophorus Hoffman Winsheimensis (6. Juni).
46. Zacharias Kreutzmannus Giengensis (6. Juni).
47. Joannes Reck Heitterbachensis (6. Juni).
48. Joannes Ehesserus Blauberensis (6. Juni).
49. Gasparus Franck Blaubeirensis (6. Juni).
50. Vlricus Fäsch Blaubeirensis (6. Juni).
51. Mattheus Roch Argentoratensis (7. Juni).
52. Conradus a Rinckenperg (8. Juni).
53. Matthias Conradus Berblingensis (8. Juni).
54. Joannes Rottenburger Tubingensis se iterum indicavit (9. Juni).
55. Martinus Walthnerus Stiriacus (9. Juni).
56. Joachimus Schultze Landeshusensis (9. Juni).
57. Paulus Brondel Holenpurgensis Austriacus.
58. Paulus Knarner [a] ⎫
                        ⎬ Norinbergensis (15. Juni).
59. Joannes Knarner [a] ⎭
60. Andreas Byler Petouiensis (16. Juni).
61. Samuel Motzger Tubingensis (20. Juni).
62. Joannes Kleesattel Nordlingensis (23. Juni).
63. Sebastianus Maderus Waiblingensis (1. Juli).
64. Volmarius a Renchingen (2. Juli).
65. Daniel Harttmannus Sultzensis (3. Juli).
66. Fridericus Tradel Augustanus (7. Juli).

---

a) *Je über dem ersten n ist von anderer Hand ein l übergeschrieben, so dass der Name Klarner heissen würde.*

40. B. a. 24. März 63. *MFABacc.*: Bieneker.
42. *Vgl. 140,65,*
48. Stip. 10. Juli 64 (20. anno aet.). *Alb. stip.*: Eserus. — B. a. 22. März 64. *MFABacc.*: Ehser. — M. a. 6. Febr. 67. — Rep. dialecticus. — *Oktober 67 Diakonus in Tübingen.*
54. *Vgl. 124,24 u. 157,76.*
55. B. a. 15. Sept. 63. *MFABacc.*: Mart. Valthnerius.
56. B. a. 4. März 66. *MFABacc.*: Landtshutensis.
59. *Vgl. 167,34.*
61. *Vgl. 168,100.*
62. Dr. med. 18. Jan. 81.
63. B. a. 15. Sept. 63. — M. a. 6. Febr. 67.

67. Gasparus Beer Böblingensis (8. Juli).

68. Jared Herman von Kalb buchbinder gſell (13. Juli).

69. Christophorus Straas ⎫ Nordlingensis (13. Juli).
70. Casparus Örtlin   ⎭

71. Joannes Leonhartus Braitschwert Mercklingensis (14. Juli).

72. Joannes Wolfgangus ab Anweil (15. Juli).

73. Wirichus   ⎫ comes a Falckenstain fratres (16. Juli).
74. Sebastianus ⎭

75. Antonius Schimelius Vestphalus praeceptor eorum (16. Juli).

76. Joannes Rotenburger Tubingensis (16. Juli).

77. Georgius   ⎫ Rosenpergeri fratres Augustani se iterum
78. Christophorus ⎭   indicaverunt (19. Juli).

79. Chasparus Hertzog Monacensis se iterum indicavit (27. Juli).

80. Philippus Jacobus ab Helmstett (27. Juli).

81. Joannes Frei Dürmentzensis (13. Aug.).

82. Martinus Rieger Cantaropolitanus (13. Aug.).

83. Michael Gammel Vaihingensis (13. Aug.).

84. Michael Magyrus Vracensis (13. Aug.).

85. Joannes Zeberlin Beblingensis (13. Aug.).

86. Casparus Scharpf Pfortzhemius (13. Aug.).

87. Sebastianus Braun Vaihingensis (13. Aug.).

88. Bernardus Brentzius Tubingensis (13. Aug.).

89. Stephanus Gerlach Kintlingensis (13. Aug.).

90. Christophorus Zyck Külnbachensis (13. Aug.).

91. Conradus Zays Kirchaimensis (13. Aug.).

67. *Vgl. 169,30.*

72. *Vgl. 169,104.*

76. *Vgl. oben Nr. 54.*

81. Stip. 28. März 68. — B. a. 22. März 64. — *Juli 67 Subdiakonus in Kirchheim.*

82. Stip. 24. März 63 (19. anno aetatis). — B. a. 22. März 64. — M. a. 20. Febr. 66. — Rep. physicus. — *April 68 Diakonus in Augsburg.*

83. Stip. 18. Febr. 63. — B. a. 22. März 64. — M. a. 20. Febr. 66. — Rep. musicus. — *April 67 Diakonus in Murrhardt.*

85. Stip. 29. Juli 62. — *Ist bald danach in langwierige Krankheit verfallen und nach 4 Jahren zu Hause gestorben.*

88. Stip. 4. Aug. 64 (22. anno aet.). — *Ostern 67 Diakonus zu Bottwar.*

89. Stip. 23. Nov. 63 (18. anno aet.). Alb. stip. u. MFA.: Knittlingensis. B. a. 22. März 64. — M. a. 7. Aug. 67. — Rep. dialecticus. — Dr. theol. 23. Nov. 79. Theol: professor Tubingensis. — Rect. 91/92; 94/95; 97/98; 05. — *April 73 nach Konstantinopel abgefertigt unter der kaiserlichen Legation.*

91. Stip. 24. März 68 (17. anno aetatis). — B. a. 22. März 64. MFA Bacc.: Zeiss. — *Ostern 66 rejiziert.*

92. Pangratius Piscator Kirchaimensis (13. Aug.).

93. Martinus Episcopi Sindelfingensis (13. Aug.).

94. Georgius Schnytzer Kirchaimensis (13. Aug.).

95. Chilianus Villicus Beilstinensis (13. Aug.).

96. Elias Manellus ex Valle Joachimica (13. Aug.).

97. Joannes

98. Ottho　　} a Disca Saxones nobiles (13. Aug.).

99. Carolus

100. Eusebius Schnepffius praeceptor ipsorum iterum se indicavit (13. Aug.).

101. Georgius Winter famulus nobilium (13. Aug.).

102. Anastasius Stocklin Lauffensis (20. Aug.).

103. Stephanus Khüener Meckmilensis (20. Aug.).

104. Barnabas Waltherus Dagersheimensis (20. Aug.).

105. Sebastianus Flaitt Herenbergensis (20. Aug.).

106. Balthasarus Miesiggang Stutgardianus (20. Aug.).

107. Bernardus May Knittlingensis (20. Aug.).

108. Valentinus Wielandt Vaihingensis (20. Aug.).

109. Mattheus Weinlandt Meckmilensis (20. Aug.).

110. Marcus Schwilck Velbachensis (20. Aug.).

111. Gabriel Rosnagel Hallensis (20. Aug.).

112. Conradus Olbrecht Knittlingensis (20. Aug.).

113. Valentinus Bauarus Gamundiensis (20. Aug.).

114. Jacobus Armbruster Alttorfensis (20. Aug.).

---

92. Stip. 24. März 63. — B. a. 22. März 64. — *Ostern 67 exclusus.*

94. Stip. 29. Juli 62. — B. a. 15. Sept. 63. — M. a. 20. Febr. 66. — *Ist im Herbst 66 ausblieben und hat uxoriert.*

95. Stip. 27. Jan. 63. — B. a. 22. März 64. — *Okt. 65 Diakonus und Schulmeister in Unteröwisheim.*

104. Stip. 23. Nov. 63 (20. anno aet.). *Alb. stip.:* Walder. — B. a. 20. Sept. 64. — *Okt. 66 Diakonus in Bulach.*

107. Stip. 23. Nov. 63 (19. anno aet.). — B. a. 22. März 64. — *Jan. 66 exkludiert propter morum improbitatem.*

108. Stip. 15. Sept. 64 (19. anno aet.). — B. a. 22. März 64. — M. a. 6. Febr. 67. — *Okt. 65 Diakonus in Nürtingen.*

110. Stip. 23. Nov. 63 (20. anno aet.). *Alb. stip.:* Schwelckh. — B. a. 22. März 64. — *Febr. 66 ausgetreten.*

111. B. a. 22. März 64.

112. Vgl. No. 155 a.

114. Stip. 4. Sept. 64 (19. anno aet.). *Alb. stip. u. MFA.:* v. Walltorf. — B. a. 22. März 64. — M. a. 6. Febr. 67. — *Juli 67 Präzeptor in Bebenhausen.*

115. Joannes Tonsor Balingensis (20. Aug.).

116. Bartholomeus Son Cantharopolitanus (20. Aug.).

117. Wolfgangus Reiser Schafhusensis (20. Aug.).

118. Hieremias Sumerhardt Kalbensis (20. Aug.).

119. Georgius Bauarus Nirtingensis (20. Aug.).

120. Joannes Klein Böblingensis (20. Aug.).

121. Stephanus Marck Marpachensis (20. Aug.).

122. Joannes Georgius a Giningen se rursus indicavit (20. Aug.).

123. Jacobus Herlinus Argentoratensis (20. Aug.).

124. Georgius Mantz Stutgardianus (25. Aug.).

125. Paulus Harsdorfferus Noricus (27. Aug.).

126. Paulus Hessus Noricus (27. Aug.).

127. Vlricus Joannes Starck Noricus (27. Aug.).

128. Joannes Fâlensin Nürthingensis (27. Aug.).

129. Catilina Dulcis Genuensis (30. Aug.).

130. Joannes Fridericus Ifflinger Schaffusianus (4. Sept.).

131. Chasparus Holdt Waldsensis (4. Sept.).

132. Petrus Kraus Alensis (7. Sept.).

133. Euchario Roth Pfortzensis (12. Sept.).

134. Jacobus Dinckelackerus Kirchensis (12. Sept.).

135. Christophorus Boppius Bussensis (12. Sept.).

136. Joannes Steh Tubingensis (12. Sept.).

137. Joannes Jacobus Fabritius Steinanus (25. Sept.).

138. Joannes Steelinus Minsingensis (30. Sept.).

115. Stip. 7. Dez 64 (21. anno aet.). *Alb. stip.:* Tailfingensis. — *Okt. 66 ausgetreten aus dem Stift.*

116. Stip. 7. Dez. 64 (28. anno aet.). — *Pfingsten 67 Diakonus in Winnenden.*

119. Stip. 7. Dez. 64 (20. anno aet.) — B. a. 22. März 64. — M. a. 10. Aug. 69. *MFAMag.:* Juni 71 fuit praefectus officio musices. — Rep. musicus. — *1573 Diakonus in Balingen.*

124. B. a. 20. Sept. 64.

126. B. a. 20. Sept. 64. - M. a. 7. Aug. 67.

127. Vgl. 169,16.

129. Stip. 1562. *Alb. stip.:* v. Genff. — *Dimittiert 12. Mai 63: dann Weihnachten 66 wieder ins Mömpelgardische Stipendium aufgenommen: 14. Juni 67 wieder exkludiert.*

133. B. a. 24. März 63. *MFABacc.:* Eucharius R.

134. B. a. 20. Sept. 64. -- M. a. 13. Aug. 72.

136. B. a. 4. März 66. — Stip. Juli 66. — M. a. 10. Aug. 69. — *April 68 exkludiert propter improbitatem: 1572—1615 Pfarrer in Bodelshausen.*

138. Stip. 12. Febr. 63 (20. anno aetatis). — *Alb. stip.:* Ströhlin. — B. a. 22. März 64. — M. a. 20. Febr. 66. — Rep. mathematicus. — *Okt. 66 Präseptor in Denkendorf.*

139. Gottfridius Thum Wolfschlugensis (30. Sept.).

140. Michael Heluetius Waiblingensis (30. Sept.).

141. Zacharias Ruff Lauffensis (30. Sept.).

142. Sebastianus Brunfelsius Warmbrunensis (30. Sept.).

143. Jacobus Vnlauf Backenheimensis (30. Sept.).

144. Ismahel Schlengckius Reichenbachensis (30. Sept.).

145. Simon Gesticulator Calbensis (30. Sept.).

146. Wilhelmus Crusius Hallensis (4. Okt.).

147. Georgius Weickersreütter Schwabachensis (12. Okt.).

148. Michael Münchinger Aithishaimensis (12. Okt.).

149. Joannes Erhardus Eben Hohenthwielensis (15. Okt.).

150. Martinus Reiffch Haidelbergensis (16. Okt.).

151. Jacobus Leo Maier[a] Augustanus se iterum indicavit (16. Okt.).

152. Joannes Ludovicus Pomeranus se rursus indicavit (17. Okt.).

153. Gallus Beck Pomeranus (17. Okt.).

154. Joannes Bernardus Varnbülerus }
155. Nicolaus Varnbülerus   } fratres (18. Okt.).

158. Inscripti sub rectoratu dom. D. **Jacobi Schegkii,** quem gessit semestri, quod fuit inter sacrum diem divi Lucae et Phil. et Jac. a. 1562 in annum 1563:

----
a) Oder dem Wort: Leomaier?

139. Stip. 30. Dez. 62. *Alb. stip.:* v. Nürtingen und *an anderer Stelle* v. Grötzingen. — B. a. 15. Sept. 63. *MFABacc.:* Dum Wolfschlugensis. — M. a. 20. Febr. 66. — *Jan. 68 Diakonus in Lorch.*

141. Stip. 10. Febr. 65 (20. anno aet.). — B. a. 22. März 64. — M. a. 7. Aug. 67. — *Okt. 68 Diakonus in Möckmühl.*

142. Stip. 9. Nov. 64 (22. anno aet.). *Alb. stip.:* Brunfelsius. — B. a. 22. März 64. *MFABacc.:* Braunfels. — *Febr. 66 Provisor zu Weinsberg.*

143. Stip. 30. Dez. 62. — B. a. 22. März 64. — *Okt. 66 Diakonus in Göppingen.*

144. Stip. 8. März 64 (22. anno aet.). — *Ostern 66 Diakonus in Beilstein.*

145. Stip. 30. Dez. 62. *Alb. stip.:* Sim. Gauckhler. — B. a. 15. Sept. 63. — M. a. 6. Febr. 67. *MFABacc. und Mag.:* Gaukler. — *Jan. 68 Diakonus in Neuffen.*

146. B. a. 24. März 63. *MFABacc.:* W. Krauss.

148. B. a. 22. März 64. *MFABacc.:* Öthisheimensis.

149. B. a. 22. März 64. *MFABacc.:* Tuelensis.

154 u. 155. Vgl. 171,5 u. 8.

155a. *Alb. stip.:* Wolfgangus Olbert von Weinsberg, Stip. 28. Nov. 33. — B. a. 24. März 64. — M. a. 31. Juli 66. — Rep. musicus. — *24. Juni 67 Diakonus in Tuttlingen. (Wahrscheinlich identisch mit Nr. 112.)*

1. Joannes Bas Lausanensis (20. Okt.).
2. Samuel Roseletus Neowniensis (20. Okt.).
3. Israël Dimarus Epingensis (21. Okt.).
> 4. Leonhardus Engelhardt Halensis (21. Okt.).
5. Heinricus Trigelius Epingensis (21. Okt.).
6. Carolus Henberger a) Austriacus (23. Okt.).
7. Marcus a Zinzendorf Austriacus (23. Okt.).
8. Joannes Eben Memingensis (26. Okt.).
9. Joannes Strobel Hechingensis (27. Okt.).
10. David Wincklerus Silesius (30. Okt.).
11. Joannes Melchior Sattler iterum se indicavit (1. Nov.).
12. Joannes Hofman Hallensis (1. Nov.).
13. Joannes Georgius Gem . . ningensis b) prope Lauingen (1. Nov.).
14. Conradus Hondt Weydensattensis (1. Nov.).
15. Joannes Wendelinus Leer Sindelfingensis (3. Nov.).
16. Blasius Brysteling Carinthius (3. Nov.).
17. Burckhardus
18. Joannes Tobias } a Perlichen zu Goltolphin fratres (5. Nov.).
19. Carolus Kergl ʒu furt c) unnd Siesbach (5. Nov.).
20. Simon Hupertus Achensis praeceptor illorum (5. Nov.).
21. Albertus a Bac Misnensis (5. Nov.).
22. Jacobus Grachus Vlmensis (5. Nov.).
23. Joannes Gebhardus Oberiesingensis (5. Nov.).
24. David Ongerus Memingensis parochus in Kilperg (6. Nov.).
25. Antonius Reüchlin Argentinensis (7. Nov.).
26. Michael Heinricus Wagenman Hailbrunnensis (10. Nov.).
27. Joannes Cnoderus iterum se indicavit (11. Nov.).
28. Joannes Cuchſcherer Benshaimensis iterum se indicavit (12. Nov.).

---

a) Oder Heuberger?

b) Der durch zwei Punkte angedeutete Buchstabe war dem Abschreiber selbst ungewiss. Gemeint ist wohl das Dorf Gundremmingen (Bes.A. Dillingen).

c) So von einer späteren Hand mit anderer Tinte korrigiert; ursprünglich stand, soviel sich ersehen lässt, bar da.

4. Studiert in Heidelberg. — M. a. 12. Aug. 62. MFAMag. [am Rand]: art. professor hic; rec. 1562, deinde paedagogiarcha Studgardiae. — Ein jüngerer Träger desselben Namens ist B. a. 11. Sept. 67 und M. a. 10. Aug. 69.

12. Vgl. 169,85.

14. B. a. 22. März 64. — M. a. 20. Febr. 66. — MFABacc. u. Mag.: Honoldt Weydenstettensis.

15. B. a. 22. März 64. — M. a. 20. Febr. 66. — MFABacc. u. Mag.: Wendel. Leher.

28. Vgl. 146,17.

29. Melchior Thomae Meimsensis (12. Nov.).
30. Georgius Marquardus Dagersheimensis (13. Nov.).
31. Georgius Bron Tubingensis (14. Nov.).
32. Joannes Pistor Jesingensis (12. Nov.).
33. Andreas Kugelmannus Kirchensis (12. Nov.).
34. Joannes Pollinger Wangensis (12. Nov.).
35. Martinus Steinhofer Herenbergensis (12. Nov.).
36. Bartholomeus Schöffer Winbachensis (12. Nov.).
37. Stephanus Gör Vrachensis (13. Nov.).
38. Joannes Georgius Butz Balingensis (12. Nov.).
39. Philippus Hailprunner (12. Nov.).
40. Mattheus Ludouicus ⎱ Egolshaim (12. Nov.).
41. Vitus Ludouicus ⎰
42. Nicodemus Fröschlin Balingensis (12. Nov.).
43. Georgius Pfitz Stutgardianus (12. Nov.).

_30._ Stip. Juli 65. — B. a. 26. Sept. 65 (Bebenhus.). — M. a. 11. Aug. 68.
— _Okt. 69 Diakonus in Kirchheim u. T._

_31._ B. a. 22. Sept. 68. _MFABacc._: Braun. — M. a. 2. Aug. 71. — _Soll
Okt. 71 in das Tifernit. Stip. eintreten, resigniert Juli 72._

_32._ Stip. 4. Mai 63 (19. anno aet.). _Alb. stip._: J. Beckh v. Jesingen
bey Kirchen. — B. a. 22. März 64. — _Okt. 64 ausgetreten._

_33._ Stip. Mai 63 (19. anno aet.). — B. a. 22. März 64. _MFABacc._: Kugel-
mann. — _Okt. 64 ausgetreten._

_34._ Stip. 16. Nov. 63 (20. anno aet.). _Alb. stip._: J. Bollinger v. Cand-
stadt. — B. a. 22. März 64. — _Mai 66 Diakonus in Beilstein._

_35._ Stip. 16. Nov. 63 (20. anno aet.). — B. a. 22. März 64. — _Okt. 68
Präzeptor in Alpirsbach._

_36._ Stip. 17. Mai 63. — _Okt. 64 Präzeptor zu Alpirsbach._

_37._ Stip. 4. Mai 63 (19. anno aet.). — B. a. 22. März 64. — M. a. 31. Juli 66.
MFABacc. u. Mag.: Geer. — _24. Juni 67 Diakonus in Weinsberg._

_38._ B. a. 22. März 64.

_39._ Stip. 19. Okt. 62. _Alb. stip. u. MFA:_ von Enzweihingen. — B. a.
22. März 64. — M. a. 20. Febr. 66. — Rep. hebreus. — Dr. theol. 8. Mai 77.
Theol.: Phil. Heilbronner Vaihingensis, theologus Palatinus _(vgl. 162,24). — Jan. 67
Diakonus in Bietigheim._

_40._ Stip. 16. Nov. 63 (20. anno aet.). _Alb. stip._: Matth. Lud. v. Eg-
lingen. — B. a. 22. März 64. — _Febr. 67 Diakonus in Winterbach._

_41._ Stip. 10. Juli 64 (19. anno aet.). _Alb. stip._: v. Egelsheim. — B. a.
22. März 64. — M. a. 6. Febr. 67. — _April 67 Diakonus in Calw._

_42._ Stip. 20. Febr. 68. — B. a. 22. März 64. _MFABacc. [am Rand]:_
poeta laureatus et comes Palatinus 1580. — M. a. 1. Aug. 65. — Rep. graecus. —
Okt. 68 Prof. Virgilii in universitate.

_43._ Stip. 16. Nov. 63 (16. anno aet.). — B. a. 20. Sept. 64. — M. a. 7. Aug. 67.
— Rep. graecus. — _Ostern 70 Präzeptor in Bebenhausen._

44. Ulricus Capp Nagoltensis iterum se indicavit (12. Nov.).
45. Conradus Dietman von Ebereyfa Franco (17. Nov.).
46. Joannes Ruttland Neoburgensis (18. Nov.).
47. Joannes Tiffner Labacensis (24. Nov.).
48. Martinus Gferer Ebingensis (25. Nov.).
49. Abrahamus Schwegerlin Weinspergensis (5. Dez.).
50. Erhardus Feelin a Frickenhausen (8. Dez.).
51. Jodocus Velen Northusanus (8. Dez.).
52. Conradus Peter Neoburgensis (9. Dez.).
53. Valentinus Marlenius Polonus (11. Dez.).
54. Joannes Hartmannus Ehinger iterum se indicavit (16. Dez.).
55. Jacobus Rauch Argentinensis (21. Dez.).
56. Joannes Loditz Onoltzbachensis (22. Dez.).
57. Christophorus Hermannus Kirchensis iterum se indicavit (23. Dez.).

1563.

58. Helias Straub Kustertingensis (5. Jan.).
59. Georgius Volmarus Tubingensis iterum se indicavit (6. Jan.).
60. Joannes Jacobus Waldeck Argentinensis (7. Jan.).
61. Joannes Wernerus Lisch Phorcensis (12. Jan.).
62. Balthasar Lingerus Hengstettensis prope Calw (18. Jan.).
63. Joannes Bechtoldus a Flersheim in Palatinatu (25. Jan.).
64. Joannes Hermannus Borussus (25. Jan.).
65. Job Feslerus Stutgardianus iterum se indicavit (28. Jan.).
66. Joannes Jacobus Grönaeus Bernensis (1. Febr.).
67. Lucas Pemisius Elterlensis in Misnia (9. Febr.).
68. Michaël Hipp Tubingensis (9. Febr.).
69. Jacobus Schütz Mömingensis (16. Febr.).
70. Joannes Jacobus Stecherus Marchdorfensis (1. März).
71. Joannes Caspar Bockius Argentinensis (10. März).
72. Balthasar Engelhart Adelman von Adelmansfelden (11. März).

---

44. *Vgl. 154,22.*
49. Stip. 19. Okt. 62. — B. a. 15. Sept. 63. — M. a. 1. Aug. 65. *MF'AMag.*: 1582 parochus Pfullinge. — Rep. graecus. — *Febr. 67 Diakonus in Rosenfeld.*
57. *Vgl. 146,58.*
58. B. a. 11. Sept. 67 (ex monasterio Hirsaugiensi). — Stip. Okt. 68. — *Juli 70 exkludiert.*
65. *Vgl. 139,19.*
66. Dr. theol. 31. Okt. 64. *Theol.:* Grynaeus factus apostata Calvinianus.

73. Joannes Augspurger Spirensis (13. März).
74. Joannes Jacobus Gräck Vlmensis (17. März).
75. Achilles Korer Lindauiensis (22. März).
76. Itellus Petrus Bitterlin Vlmensis se iterum indicavit (22. März).
77. Georgius Indenlinus Oenobeyrensis (25. März).
78. Petrus Kraut Hagnoensis (26. März).
79. Joannes Vogt Vlmensis (27. März).
80. Christophorus Zickius Calenbachensis (1. April).
81. Tobias Mayer Geningensis (22. April).
82. Christophorus Herbrandus (22. April).
83. Petrus Kellin Heldenfingensis (30. April).

159. Inscripti sub rectoratu D. **Joannis Hochmanni,** quem gessit semestri a festo div. Phil. et Jac. usque a. 1563 ad festum div. [1563] Luc. eiusdem anni:

1. Ernestus Flaisban Babenhausianus (4. Mai).
2. Joannes Klog Schledstattiensis (4. Mai).
3. Georgius Rosbecher Spirensis (4. Mai).
4. Hieronymus Faut Canstadiensis (4. Mai).
5. Fridericus Moselanus ex Gallendorf (4. Mai).
6. Georgius Cratzerus ex Gallendorf (4. Mai).
7. Georgius Reicher Vlmensis (8. Mai).
8. Georgius Senner Waldtorffensis (8. Mai).
9. Joannes Florentinus (9. Mai).
→ 10. Joannes Franciscus Parisotus Bergamensis (9. Mai).
11. Joannes Petrus ab Ecclesia Strurdnensi (9. Mai).
12. Philippus Hel Campidonensis (9. Mai).
13. Casparus Dbelhör Campidonensis (9. Mai).

---

76. Vgl. 151,85.
81. B. a. 22. März 64. — M. a. 31. Juli 66. — *MFABacc. u. Mag.:* Giengensis.
82. B. a. 20. März 67. — M. a. 10. Aug. 69. — *MFABacc. u. Mag.:* Tubingensis.
83 a. MFABacc.: Michael Kienlin Tybingensis. B. a. 11. April 65. — M. a. 18. Febr. 68.

3. MFABacc.: Gg. Rosbecheus Spirensis Bacc. Haidelberg. rec. 11. März 65.
7. Vgl. 173,9.
12. B. a. 20. Sept. 64.
13. B. a. 20. Sept. 64.

14. Wolffgangus Mastlitzer Coburgensis (9. Mai).
15. Dom. D. Wilhelmus Möglin se iterum indicavit (14. Mai).
16. **Petrus Mecklinus** Campidonensis (14. Mai).
17. Petrus Krapsius Ochenheimensis (16. Mai).
18. Christophorus Brandt Ratisbonensis (17. Mai).
19. Hieronimus Fronhoffer Ratisbonensis (17. Mai).
20. Casparus Hartart Annmontanus (18. Mai).
21. Abraham a Schenberg (18. Mai).
22. Casparus a Schenberg (18. Mai).
23. Dieterich a Schlenitz (18. Mai).
24. Joannes Ridessel in Eisenbach (18. Mai).
25. Folprecht Ridessel in Eisenbach (18. Mai).
26. Martinus Hass Kirchensis (21. Mai).
27. Joannes Erberman Epingensis ex Palatinatu (21. Mai).
28. Conrad Bron Rottenburgensis circa Nicrum (31. Mai).
29. Wolffgangus Theodoricus a Mörlin qui dicitur Boëm (1. Juni).
30. Michael Pfaffenhoffer Austriacus (1. Juni).
31. Joannes Hefft Moguntinensis (1. Juni).
32. Jodocus Bappele Mömingensis famulus pharmacopola (4. Juni).
33. Jacobus Rosler Wittenbergensis (7. Juni).
34. Jacobus Weckerlin Wisensteigensis (8. Juni).
35. Matthias Koch Lindaniensis (9. Juni).
36. Sebaldus Lectiner ex Carinthia (11. Juni).
37. Joannes Würtz ex Carinthia (11. Juni).
38. Josephus Bartman Hallensis (11. Juni).
39. Nicolaus Klein Leinsenhoffensis (11. Juni).
40. Casparus Brandtner Filshoffensis ex Bavaria (14. Juni).
41. Petrus Wasenbentz Altheimensis (11. Juni).
42. Marcus Busch Vracensis (20. Juni).
43. Adamus Schenher Dinckelspilensis (22. Juni).

---

15. *Vgl. 116,29.*
16. B. a. 20. Sept. 64.
26. *Vgl. 167,39 u. 173,27.*
35. B. a. 26. Sept. 65. *MFABacc.:* Matthi. Rhot. — M. a. 7. Aug. 67.
36. *Vgl. 169,75.*
38. Stip. 18. Juni 63 (17. anno aetatis). *Alb. stip.:* Baumann. — B. a. 20. Sept. 64. *MFABacc:* Bawman. — M. a. 6. Febr. 67. — *Jan. 68 Diakonus in Schorndorf.*
39. B. a. 11. April 65.
41. B. a. 11. März 65. *MFABacc:* P. Wusenbentz. — M. a. 6. Febr. 67. *MFAMag.:* P. Wusenbentz Altenheimensis.

44. Hermanus comes a Wida (26. Juni).
45. Joannes Georgius comes Sulmensis (26. Juni).
46. Otho comes Sulmensis (26. Juni).
47. Christophorus Hemmiman a) Illenburgensis in Misnia (26. Juni).
48. Joannes Brens Cronenburgensis (26. Juni).
49. Heinricus ab Vrff (26. Juni).
50. Theodoricus Rieding Rottenburgensis circa Nicrum (27. Juni).
51. M. Heinricus Rieser se iterum indicavit (2. Juli).
52. Joannes Fridericus Schenck Eslingensis (9. Juli).
53. Bernhardus Seisler Mosbachensis (10. Juli).
54. Leonhardus Mercherick Illyricus (13. Juli).
55. Conradus Dnfrid Battingensis (13. Juli).
56. Horatius Bernecker Zizensis (14. Juli).
57. Michael Amher Balingensis (16. Juli).
58. Joannes Leonner Wirtzburgensis (20. Juli).
59. Chilianus Fischer Schleusingensis · iterum se indicavit (21. Juli).
60. Petrus Braitschwerdt Pfortzensis (24. Juli).
61. Joannes Burger Nürtingensis se iterum indicavit (28. Juli).
62. Balthasar Haufler Waiblingensis (5. Aug.).
63. Fridericus Shairbon Nortlingensis (5. Aug.).
64. Zacharias Curlmans b) Barnnensis in Misnia (5. Aug.).
65. Ludovicus Heck Norisensis in comitatu Ottingensi (5. Aug.).
66. Christophorus Berus (8. Aug.).
67. Georgius Stotz Balingensis (11. Aug.).
68. Christopherus Gerdiner Lubicensis (11. Aug.).
69. M. Melchior Casius se iterum indicavit (13. Aug.).
70. Abrahamus Hilsenbeck Gengensis (14. Aug.).
71. Georgius Kiriss Kircheimensis (16. Aug.).
72. Lactantius Ronius Laçamiensis (16. Aug.).
73. Paulus Engelschalius ex Thirolensi comitatu (19. Aug.).

---

a) Man glaubt es der Schrift ansusehen, dass der Abschreiber seine Vorlage nicht recht ent-
siffern konnte. Nach der Leipziger Matrikel heisst die Familie in Eilenburg Heneman oder Heynman.

b) Oder Quelmans?

57. Stip. 22. Juli 63 (20. anno aetatis). Alb. stip. u. MFA.: Ainhorn. —
B. a. 20. Sept. 64. — Juli 67 Diakonus in Gruibingen.

59. Vgl. 153,44.

60. Lic. iur. utr. 8. April 74.

61. Vgl. 154,1.

66. B. a. 20. April 64. MFABacc.: Chr. Beer Stutgardianus.

71. B. a. 4. März 66. MFABacc.: Kiris. — M. a. 10. Aug. 69. MFA.-
Mag.: Küriss.

74. Michael Frey Kaufbeürensis (20. Aug.).
75. Paulus Crönberger a Vilshoffen (20. Aug.).
76. Martinus Lidius Lubicensis (23. Aug.).
77. Philippus Wolfgangus a Sulꞔ (25. Aug.).
78. Conradus Sturm Weinspergensis (25. Aug.).
79. Joannes Woltzlin Nürtingensis (25. Aug.).
80. Joannes Durtz Mercklingensis (25. Aug.).
81. Thobias Beer Bretanus (25. Aug.).
82. Jeremias Issenminger Bretanus (26. Aug.).
83. Leonhardus Menkelius Mormacensis (!) (27. Aug.).
84. Joannes Reitter a Thonawehröt (29. Aug.).
85. Georgius Widman Nordlingensis (30. Aug.).
86. Georgius Zimprecht Franck Bibracensis se iterum indicavit (30. Aug.).
87. Georgius Albich Tubingensis (30. Aug.).
88. Nicolaus Dickelin Athesinus (6. Sept.).
89. Wolfgangus Poppius Cronachiensis (6. Sept.).
90. Michael Wolf Haslachensis (7. Sept.).
91. Thobias Gröneus Bernensis (8. Sept.).
92. Joannes Kentzelmannus Nörlingensis (11. Sept.).
93. Albertus Scheyerman Langenburgensis (11. Sept.).
94. David Vogelman Hale Suevorum (12. Sept.).
95. Heinricus a Monster (13. Sept.).
96. Joannes Splin Noricus (16. Sept.).
97. Joachimus Delber Lindauiensis (17. Sept.).
98. Petrus Funck Mömingensis (17. Sept.).
99. Jacobus Kess Lindauiensis (17. Sept.).

---

74. B. a. 11. April 65.

75. B. a. 20. Sept. 64. *MFABacc.:* Cronberger.

78. Stip. 18. Sept. 63 (19. anno aetatis). — B. a. 22. März 64. — *Ostern 66 wegen einer langwierigen Krankheit heimgezogen und gestorben.*

79. Stip. 18. Sept. 63 (18. anno aetatis). *Alb. stip.:* Welzlin. — B. a. 22. März 64. *MFABacc.:* Welzle. — M. a. 11. Aug. 68. *MFAMag.:* Wĕltzlin. — *April 69 Präzeptor in Lorch.*

80. Stip. 18. Sept. 63 (17. anno aetatis). *Alb. stip. u. MFA.:* J. Dürr v. M. — B. a. 22. März 64. — *Herbst 66 ist er ausblieben.*

82. B. a. 11. Sept. 67.

86. *Vgl. 148,40.*

98. B. a. 20. Sept. 64. — M. a. 31. Juli 66.

99. B. a. 22. März 64. *MFABacc.:* Käss.

100. Joannes Werntz Gomindingensis (18. Sept.).
101. Fridericus Bawman Spirensis (23. Sept.).
102. Hieronimus Niger Wolfacensis (27. Sept.).
103. Titus Frecht Vlmensis (27. Sept.).
104. Michael Maier Weisenburgensis (29. Sept.).
105. Casparus Sauwman Dinckelspilensis (29. Sept.).
106. Jodocus Hautinn Frisius (29. Sept.).
107. Joannes Widprecht Rottwilensis (29. Sept.).
108. David Maier Mömingensis (29. Sept.).
109. Joachimus Detzle Norimbergensi (1. Okt.).
110. Stephanus Neüdorffer ⎫
111. Hieronimus Corler   ⎬ Norimbergensis (1. Okt.).
112. Christophorus Agricola Gundelfingensis (7. Okt.).
113. Andreas Blanerus ex comitatu Tirolensi (9. Okt.).
114. Stephanus Bonerus Francofanus ᵃ⁾ (13. Okt.).
115. Hermannus Warnbuch Lubecensis (13. Okt.).
116. Nicolaus Othman Fratislalucensis ᵇ⁾ (13. Okt.).
117. David Rab a Dictitinaw (16. Okt.).
118. Joannes Fridericus Hebelius Crailsheimensis (16. Okt.).
119. David Breybusch a Gerlitz famulus bibliopole (17. Okt.).
120. Bartholomeus Wilhelm a Gena in Thuringia (17. Okt.).

160. Inscripti sub rectoratu dom. D. **Jacobi Herbraud** quem gessit semestri a festo div. Luce 1563 usque ad festum div. Philippi et Jacobi anno 1564:

1. Joannes Weickersreütter Tubingensis (25. Okt.).
2. Matthias Rosch Ottmarensis (29. Okt.).

---

a) *Soll wohl heissen* Francofurtanus. *Die spätere Copie macht daraus* Franciscanus.
b) *Sinnlos verschrieben statt* Vratislauiensis.

113. B. a. 20. Sept. 64. *MFABacc.:* Wolsenensis. — M. a. 20. Febr. 66. — Dr. med. 19. Dez. 69. *Med.:* Planerus Athesinus. — Rect. 86; 89/90; 94; 01. — Dec. fac. med. primo 1579; ultimo 1604. — *Vgl. 189,15.*

118. Stip. 31. Okt. 63 (14. anno aet.). *Alb. stip.:* J. Fr. Heppell v. Stuttgart. — *Ostern 67 exkludiert.*

120a. Alb. stip.: Casparus Lobmüller v. Reuttlingen, Stip. 22. Aug. 63 (15. anno aet.). — B. a. 11. April 65. — *Herbst 66 ist er in patria geblieben und hat principis permissu ein Diakonat angenommen.*

1. Stip. Juli 65. — B. a. 4. März 66. — M. a. 1. Febr. 70. — *Juli 72 Präseptor in Blaubeuren.*

3. Jacobus Spitzweck Mittelweyenensis (!) (1. Nov.).
4. Israel Vlstetter Reichenweyerensis (1. Nov.).
5. Andreas Ortelius Norinbergensis (1. Nov.).
6. Joannes Albertus Freys Moguntinus iterum indicavit (1. Nov.).
7. Venerandus Gablerus Thubingensis (2. Nov.).
8. Christophorus Gablerus Thubingensis (2. Nov.).
9. Eusebius Stetter Kirchensis sub Teck (5. Nov.).
10. Vitus Beyer Bietigkaimensis (9. Nov.).
11. Joannes Schaber Gretzingensis (9. Nov.).
12. Christophorus Spindler Göppingensis (9. Nov.).
13. Joannes Piscator Neapolitanus (9. Nov.).
14. Michael Eberhart Reüttlingensis (9. Nov.).
15. Manasse Schulthais Meckmülensis (9. Nov.).
16. Joannes Reiff Sindelfingensis (9. Nov.).
17. Joannes Frisch Gretzingensis (9. Nov.).
18. Jacobus Maier Kirchensis (9. Nov.).

---

3. Stip. 18. Okt. 63 (14. anno aetatis). *Alb. stip.:* v. Reichenweyher. —
B. a. 26. Sept. 66. — M. a. 10. Aug. 69. *MFAMag.:* Reichenvillanus. — *Juli 72 Diakonus in Reichenweier.*

4. Stip. 18. Okt. 63 (13. anno aetatis). — B. a. 26. Sept. 66. — M. a.
10. Aug. 69. — Rep. musicus. — *April 74 Diakonus in Reichenweier, später in Hagenau.*

6. Vgl. 142,71.

7. B. a. 26. Sept. 65.

8. B. a. 26. Sept. 65.

9. B. a. 22. März 64. — M. a. 20. Febr. 66.

10. Stip. 10. Febr. 65 (20. anno aet.). — B. a. 20. Sept. 64. — M. a. 7. Aug. 67.
— *April 68 Präzeptor in Maulbronn.*

11. B. a. 11. April 65 (Hirsaug.). *MFABacc.:* Schober. — Stip. Juli 65.
— M. a. 11. Aug. 68. — *Juli 68 ausgeschlossen propter uxorem ductam.*

12. Stip. 7. Febr. 65 (20. anno aet.). — B. a. 20. Sept. 64. — M. a. 7. Aug. 67.
— Rep. physicus. — *Febr. 69 Pfarrer in Laibach in Krain.*

13. B. a. 11. April 65 (Hirsaug.). — Stip. Juli 65. — *Jan. 69 Diakonus in Waldenbuch.*

14. Alb. stip., *MFABacc. u. Mag.:* Michael Ebert Knittlingensis; *sicher identisch mit dem Träger obiger Namensform; der falsche Ortsname ist durch Lesefehler des Abschreibers zu erklären.* — Stip. 17. Febr. 65 (20. anno aet.). —
B. a. 11. April 65. — M. a. 7. Aug. 67. — *Jan. 68 Präzeptor in Hirsau.*

15. Stip. 10. Febr. 65 (20. anno aet.). *Alb. stip.:* Man. Praetor v. Möckmühl. — B. a. 20. Sept. 64. — M. a. 18. Febr. 68. — *Jan. 69 Diakonus in Weilheim OA. Kirchheim.*

18. Stip. 12. Febr. 65 (20. anno aet.). — *Okt. 66 Diakonus in Suls.*

19. Georgius Tischmacher Thubingensis (10. Nov.).
20. Joannes Them Wolfschlugensis (10. Nov.).
21. Joannes Hutzele Kirchensis (10. Nov.).
22. Zacharias Ranch Lauffensis (10. Nov.).
23. Christophorus Liebler Dentzlingensis (10. Nov.).
24. Alexander Wenderlin Marpachensis (10. Nov.).
25. Jacobus Brentius Neüffensis (10. Nov.).
26. Joannes Brentius Willensis (10. Nov.).
27. Martinus Vetter Wilpergensis (17. Nov.).
28. Joannes Sixtus Werner a Scheina (17. Nov.).
29. Sebastianus Werner a Scheina (17. Nov.).
30. Michael Binder Schorndorffensis (20. Nov.).
31. Dom. Joannes Grönberger iterum se indicavit (22. Nov.).
32. Georgius Reütter Bastpergensis in Bavaria (26. Nov.).
33. Michael Trigel Epingensis (30. Nov.).
34. Joannes Jacobus vom Zweyffel (30. Nov.).
35. Joannes Wolfgangus a Stamheim (1. Dez.).
36. Joannes Aschman Bibracensis (1. Dez.).
37. Christophorus Sutor Backnangensis (1. Dez.).
38. Wolfgangus Tonsor Stutgardiensis (1. Dez.).
39. Casparus Zimmerman Neustattensis (1. Dez.).

---

19. Stip. 8. Nov. 64 (18. anno aet.). — B. a. 22. März 64. — *Juli 67 rejiciert.*

20. Stip. 10. Juli 64 (19. anno aet.). *Alb. stip. u. MFA.:* Thum. — B. a. 22. März 64. — M. a. 7. Aug. 67. — *April 68 Präceptor in Adelberg.*

21. Stip. 10. Juli 64 (19. anno aet.). *Alb. stip.:* Hutzelius Kirchensis ad Nicrum. — B. a. 22. März 64. — M. a. 6. Febr. 67. — Rep. musicus. — *April 69 Diakonus in Kirchheim.*

22. B. a. 22. März 64. *MFABacc.:* Raw.

23. Stip. 10. Juli 64 (18. anno aet.). — B. a. 22. März 64. — M. a. 7. Aug. 67. — *Jan. 68 Präceptor in Murrhardt.*

24. Stip. 8. Nov. 64 (20. anno aet.). *Alb. stip. u. MFA.:* Wunderlich. — B. a. 22. März 64. — *April 67 Diakonus in Cannstadt.*

25. Stip. 10. Juli 64 (19. anno aet.). — B. a. 22. März 64. — *April 67 Diakonus in Herrenberg.*

26. Stip. 8. Nov. 64 (18. anno aet.). *Alb. stip. u. MFA.:* Enzweihingensis. — B. a. 20. Sept. 64. — *Juli 68 Diakonus zu Gröningen.*

30. B. a. 4. März 66.

37. Stip. 17. Febr. 65 (22. anno aet.). — B. a. 20. Sept. 64. — *Herbst 66 Diakonus in Winzerhausen.*

38. Stip. 19. Jan. 64 (16. anno aet.). — B. a. 22. März 64. — M. a. 7. Aug. 67. — *Okt. 68 Diakonus in Owen.*

39. Stip. 19. Jan. 64 (17. anno aet.). — B. a. 22. März 64. — M. a. 6. Febr. 67. — Rep. rhetoricus. — *Jan. 65 Diakonus in Tübingen.*

40. Josua Bort Hildritzhausensis (1. Dez.).
41. Michael Küenlin Dürrenmetstettensis (1. Dez.).
42. Marcus Rogeisen Vayhingensis (1. Dez.).
43. Jacobus Cäsar Walttenbuchensis (1. Dez.).
44. Jacobus Günter von Dippelswalden (2. Dez.).
45. Jacobus Schmierer von Wittenberg (2. Dez.).
46. Marx Matthes von Augspurg (2. Dez.).
47. Matthias Thil von Leipfig (2. Dez.).
48. Martinus Riedlinger von Newburg (2. Dez.).
49. Balthasar Ottho von Zürch (2. Dez.).·
50. Joannes Wild von Thüwüngen (3. Dez.).
51. Joannes Vnderhöltzer Monacensis (4. Dez.).
52. M. Thomas Beüttlerus Rauenspurgensis se iterum indicavit (4. Dez.).
53. Joannes Brunlin Backnangensis (5. Dez.).
54. Joannes Wilhelmus Stuckius Tigurinus (7. Dez.).
55. Marcus Spiler Austriacus (8. Dez.).
56. Balthasar Eisengrien Stutgardianus (9. Dez.).
57. Conradus Arnoldt Bodelspachensis (10. Dez.).
58. Otho a Diepold nobilis (11. Dez.).
59. Wighardus Namius praeceptor eius (11. Dez.).
60. Caspar Melisander Norimbergensis (12. Dez.).
61. Joannes Hippolitus Drheer (!) Leonbergensis (14. Dez.).
62. Christophorus Dreer Leonbergensis (14. Dez.).
63. Georgius Rugerus Waltthausensis (14. Dez.).
64. Alexander Wernerus a Themar (18. Dez.).
65. Albertus Khun Stutgardiensis (20. Dez.).
66. Joannes Jacobus Nietheümer Winedensis (20. Dez.).
67. Ciriacus Sparn Stutgardiensis (20. Dez.).
68. Jacobus Rabus Argentoratensis (21. Dez.).
69. Martinus Truchsäs a Reinfelden (22. Dez.).

---

41. B. a. 20. Sept. 64. *MFABacc.*: Kiene.
42. Stip. 14. Febr. 65 (19. anno act.). — *Juli 67 ausgetreten.*
43. Stip. 19. Jan. 64. — B. a. 22. März 64. — M. a. 6. Febr. 67. — *Ostern 67 propter improbitatem exkludiert.*
B. a. 26. Sept. 65. — Dr. iur. utr. 28. Nov. 73. *Jur.*: Isengrien.
M. a. 9. Febr. 64.
B. a. 20. März 67.
56. B. a. 11. April 65. — *Vgl. 207,40.*
66. B. a. 11. April 65.

70. Christophorus ab Andlaw (22. Dez.).
71. Virgilius Bürckitzer Hellensis (29. Dez.).
72. Georgius Grembs ex eodem loco (29. Dez.).
73. Abrabamus Bürckhitzer, fratres (29. Dez.).
74. Mattheus Kienlin se iterum indicavit Stutgardiensis (30. Dez.).
75. Joannes Philippus Chonberg Stutgardiensis (31. Dez.).

1564.

76. Zacharias Meyer Lipsicus (1. Jan.).
77. Joannes Albertus Denckendorfensis (10. Jan.).
78. Eberhardus Schenck a Wintterstetten iterum se indicavit
(10. Jan.).
79. Adam Goltter Hirsensis (12. Jan.).
80. David Burger Lauingensis (16. Jan.).
81. Jacobus Sautter Kirchensis bey Ehingen (16. Jan.).
82. Stephanus Schelling Kornweftenfis (17. Jan.).
83. Simon ab Vngnad baro in Sonnech (22. Jan.).
84. Jacobus Schweicker Sultzensis (22. Jan.).
85. Philippus Lutz Stutgardianus (23. Jan.).
86. Vlricus Bentz Wisensteigensis (24. Jan.).
87. Oswaldus Vlianus Rauenspurgensis (29. Jan.).
88. Claudius Rex Geneuensis (7. Febr.).
89. Josua Miller Büelensis (10. Febr.).
90. Eberhardus Landtschad a Steinnach (10. Febr.).
91. Joannes Hasler Blauensis (11. Febr.).
92. Heinricus Reinwaldus Hallensis (11. Febr.).
93. Jacobus Hirckelius Spirensis (12. Febr.).
94. Joannes Glassenhardus Dnderelhingenfis (15. Febr.).

---

74. Vgl. 152,70 a.

77. B. a. 26. Sept. 66. — Stip. Juli 67; — M. a. 10. Aug. 69. — *Jan. 70 Diakonus in Winnenden.*

78. Vgl. 147,74.

82. B. a. 26. Sept. 65. — M. a. 7. Aug. 67.

84. Vgl. 180,10.

85. B. a. 26. Sept. 65. — M. a. 11. Aug. 68.

89. Stip. 9. Aug. 66 (Bebenhus. 15. anno aet.). *Alb. stip.:* v. Tübingen *und* von Bühell. — B. a. 7. April 68. — M. a. 2. Aug. 70. — *Jan. 72 Präseptor in Bebenhausen.*

92. Stip. 28. Dez. 64 (20. anno aet.). *Alb. stip. u. MFA.:* H. Reinaldus. — B. a. 20. Sept. 64. — *Ostern 67 Präseptor in Anhausen.*

93. B. a. 20. Sept. 64. *MFABacc.:* Huckel.

95. Joannes Deffenbach Zeiffenhaufenfis (12. Febr.).
96. Conradus Eislinger Göppingenfis (22. Febr.).
97. Christophorus Kraus Stutgardianus (22. Febr.).
98. Degenhardt Grim Stutgardianus (22. Febr.).
99. Chilianus Raw Lauffensis (25. Febr.).
100. Theodoricus Aquarius Laubeccensis (25. Febr.).
101. Michael Gretter Hallensis (28. Febr.).
102. Theophilactus Sartoris Mimingensis (1. März).
103. Joannes Seitz Millttenburgensis (2. März).
104. Bartholomeus Adam Mosbachensis (2. März).
105. Daniel Herod Spirensis (3. März).
106. Ambrosius Jung Augustanus (7. März).
107. Vlricus Meier Lipsensis (7. März).
108. Thomas Ketner Wilensis (8. März).
109. Joannes Jacobus Gutten Cellensis (10. März).
110. Conradus Eisenlöffel Bentzheimensis (14. März).
111. Michael Stadel Nürtingensis (14. März).
112. Ludovicus de Refuge Parrhisiensis (22. März).
113. Egidius Dieterich Gandauensis (22. März).⁻
114. Laurentius Bentz Massenbachensis (24. März).
115. Georgius Wertwein Leonsteinensis iterum se indicavit (31. März).
116. Leonhardus Sitzenheymer Bronouiensis (31. März).
117. Joannes Stetner Bronouiensis (31. März).
118. Joannes Moser Göppingensis (5. April).
119. Alexander a Freiberg (7. April).

---

95. B. a. 26. Sept. 65. *MFABacc.:* J. Foesenbeck; in actu [promotionis] gratias egit. — M. a. 7. Aug. 67. *MFAMag. (am Rand):* Dr. theol. iam 1577; Tubingae bonus concionator; anno 1582 autem Vlmensibus a principe nostro concessus est.

96. Stip. 17. Febr. 65 (19. anno aet.). — B. a. 11. März 65. — M. a. 7. Aug. 67. — *Febr. 68 Diakonus in Hornberg.*

99. Stip. 15. März 64 (17. anno aet.). *Alb. stip.:* v. Candstatt *und* v. Lauffen. — B. a. 26. Sept. 65. *MFABacc.:* Raub. — *Ostern 67 propter improbitatem aus dem Stift exkludiert.* — *Vgl. 173,74.*

100. Dr. med. 19. Dez. 69.

101. B. a. 4. März 66. — M. a. 16. Febr. 69.

108. Lic. iur. utr. 25. Okt. 75. *Jur.:* Kettnerus.

111. B. a. 26. Sept. 66.

115. *Vgl. 130,44.*

116. B. a. 26. Sept. 65. *MFABacc.:* Brunhouianus.

117. B. a. 26. Sept. 65.

118. B. a. 11. April 65. — M. a. 6. Febr. 67. — *Vgl. 173,2.*

120. Job Auer a Herenkirch (8. April).
121. Philippus Auer a Herenkirch, fratres (8. April).
122. Valentinus Tenner Chemicensis (8. April).
123. Wenceslaus Christophorus Osterreicher Vienensis (8. April).
124. Sigismundus Digel Cassalensis (8. April).
125. Erhard Hochenstat Wempinensis (10. April).
126. Jacob Rösch Ebingensis (15. April).
127. Joannes Huldericus Heck[a] a Steineck (17. April).
128. Gaudentius von Lawenberg zu Waged iterum se indicavit (17. April).
129. M. Joannes Pistorius Nidanus (18. April).
130. Joannes Pistorius Nidanus (18. April).
131. Heinricus Schickhardus Tubingensis (23. April).
132. Christophorus Seebach Vacbensis (24. April).
133. Paulus Biechner Norinbergensis (24. April).
134. Christophorus Clemens Daninger Rauenspurgensis (24. April).
135. Joannes Wilhelmus Geldricus a Sigmanshoffen (25. April).
136. Joannes Geslerus Duttlingensis (25. April).
137. Casparus Engel Waiblingensis (26. April).
138. Caspar Pastor Delspingensis (28. April).
139. Joannes Pappus Lindauiensis (29. April).
140. Joannes Conradus Hettinger Rottuilensis (30. April).
141. Theobaldus Spet a Schültzburg (30. April).
142. M. Joannes Seitz Vttenweillerensis (30. April).
143. Jacobus Philippus Gering Weylensis (30. April).
144. Joannes Burckhardus a Beyer (10. Mai).
145. Hupertus Siginger Ebingensis (11. Mai).

---

a) *Aus dem scheinbar zuerst bestehenden* Heck *hat eine spätere Hand* Höckl *korrigiert.*

128. *Vgl. 152,28.*
131. *Vgl. 168,71.*
134. *Vgl. 169,99.*
137. B. a. 4. März 66. *MFABacc.:* Elwangensis.
138. Stip. Mömpelgardianus 16. April 64. *Alb. stip.:* Delspurgensis (18. anno aet.). — *Jan. 65 ausgetreten.*
139. B. a. 20. Sept. 64. *MFABacc. (am Rand):* Nunc 1580 summi templi Argentinae pastor et Dr. — Dr. theol. 23. Nov. 78. *Theol.:* Mag. Joh. Pappus, superintendens Argentinensis.
143. *MFABacc. u. Mag.:* Philippus Gerum ex oppido Wila *(identisch?)*. B. a. 4. April 71; gratis promotus, quia pauper et famulus stipendii. — M. a. 5. Aug. 73.

146. Ludovicus Casimirus Neolitanus[a] (11. Mai).
147. Reinhardus a Sickingen (13. Mai).

161. Sub rectura clarissimi viri dom. **Anastasii Demleri** utr.
iur. Dr. a festo Phil. et Jac. usque ad divi Luce diem a. 1564
sequentes inscripti sunt:

1. Leo a Freüberg (3. Mai).
2. Pangratius Schorn Noricus (3. Mai).
3. Georgius Keller Dinckelspilensis (3. Mai).
4. Lazarus Finck Krayelsheimensis (3. Mai).
5. Joannes Pronnus Lübeccensis (3. Mai).
6. Heinricus a Lamberg Austriacus (3. Mai).
7. Joannes Burckhardus a Beiern (10. Mai).
8. Hubertus Siginger Eringensis (11. Mai).
9. Ludovicus Casimirus Heherus Neolitanus (11. Mai).
10. Reinhardus a Siccingen (11. Mai).
11. Josua Scheer de Schuuartzenberg (12. Mai).
12. Michael Beürlin Stutgardianus (17. Mai).
13. Joannes Othmar Augustanus (17. Mai).
14. Jacobus Wunderlich Marpachensis (18. Mai).
15. Abidon Gottfrid Herenbergensis (23. Mai).
16. Adrianus Beyhelmaier Cellensis (23. Mai).
17. Joannes Faber Weilheimensis (23. Mai).
18. Casparus Efferin Coloniensis (25. Mai).
19. Joannes Gotfridus ⎫
20. Philippus Ernestus ⎬ a Berlingen fratres germani (26. Mai).
21. Conradus ⎭
22. Joannes Tethschnerus Tressensis (27. Mai).
23. Melchior Panthaleon Keyserspergensis (28. Mai).

---

a) *An Stelle eines gestrichenen* Eingensis.

147 a. Alb. stip. u. MFA.: Mattheus Lilienfein Velbacensis, Stip. 4. Aug. 64
(18. anno aet.); *rangiert zusammen mit der Gruppe 157, 107—111.* — B. a.
22. März 64. — *Ostern 67 propter improbitatem exkludiert.*

13. Vgl. 169,46.

14. Stip. 18. Mai 64 (18. anno aet.). — B. a. 4. März 66. — *Weihnachten 66
exkludiert aus dem Stift.*

16. Stip. Juli 65. *Alb. stip. u. MFA.:* Bihellmaier. — B. a. 26. Sept. 65
(Hirsaug.). — *Jan. 69 eiectus ob contractum matrimonium.*

23. B. a. 11. April 65. — M. a. 6. Febr. 67.

24. Joannes Conradus Kees Lindauiensis (28. Mai).
25. Antonius Stotz Monacensis (30. Mai).
26. Joannes Franciscus Metensis (30. Mai).
27. Franciscus ⎫
28. Andreas ⎬ Spengleri fratres germani ac Norici (30. Mai).
29. Lazarus ⎭
30. Paulus ⎫
31. Christophorus ⎬ Houiani fratres germani Norici (30. Mai).
32. Hieremias ⎭
33. Andreas Balderslebius Sangerhusanus praeceptor praecedentium (30. Mai).
34. Joannes Rörach Stutgardianus (30. Mai).
35. Joannes Michael Kindius Basiliensis (3. Juni).
36. Sebaldus Appel Noricus (3. Juni).
37. Hiltebrandus Beringer Landtshutanus (6. Juni).
38. Wolfgangus Sigismundus a Geisruck Carinthus (6. Juni).
39. Valentinus Colinus Marckirchensis (6. Juni).
40. M. Philippus Herbrandus iterum se indicavit (6. Juni).
41. Joannes Semler Haarburgensis (9. Juni).
42. Georgius Löblin Liebenzellensis (9. Juni).
43. Joannes Holtzer Viennensis (9. Juni).
44. Sebaldus Stäntzing ex Stiria (9. Juni).
45. Daniel Dirnbacher (9. Juni).
46. Christophorus Dettelbach Onolspachensis (12. Juni).
47. Georgius Bemel Augustanus (13. Juni).
48. Erhardus Horn Cellius prope Moguntiam (14. Juni).
49. Dom. Gebhardus Brastbergerus rursurs se et
50. suum filium indicavit (15. Juni).
51. Melchior Wagner Miespachensis in Bavaria (17. Juni).

24. Vgl. *197,131.*
26. B. a. 20. Sept. 64.
34. B. a. 4. März 66.
37. B. a. 4. März 66.
40. Vgl. *182,2 u. 193,109.*
41. B. a. 4. März 66. *MFABacc.:* Rotensis.
42. B. a. 20. Sept. 64.
48. B. a. 11. April 65. *MFABacc.:* Erh. Cellius prolixo carmine in hoc actu [promotionis] gratias egit. — M. a. 6. Febr. 67. *MFABacc. u. Mag.:* Erh. Cellius Pfedersheimensis. — Dec. fac. art. 1590/91; 95/96; 01/02.
49. Vgl. *138,58.*

52. Erasmus Ilbeck
53. Sebastianus Aichbeck } Ratisbonenses (18. Juni).

54. Hieronimus Schurstab
55. Gabriel Schleücher } Norici (27. Juni).

56. M. Zacharias Orthus poëta, praeceptor praecedentium (27. Juni).

57. Hans Schöninger Lipsensis bibliopola (30. Juni).

58. Jodocus de Kostbot
59. Gotfridus de Welfersdorf } ambo Farisci (13. Juli).

60. Ernreüch Taufkircher Bavarus (20. Juli).

61. Joannes Francus Augustanus (20. Juli).

62. Georgius Faenerator Carinthus (20. Juli).

·63. Joannes Sewfrid Memingensis (25. Juli).

64. Walterus Gotstet Augustanus (27. Juli).

65. Jacobus Bletanus Ridelshemius (29. Juli).

66. Mathias König Stutgardianus (31. Juli).

67. Joannes Philippus
68. Joannes Wernherus } a Wolmarshaus (31. Juli).

69. Joachimus Zeller ab Etmansdorf (5. Aug.).

70. Antonius Bolman
71. Eiso Jarches } Frisii (8. Aug.).
72. Lubertus Vlghar

73. Joannes Wifardingus Frisius (8. Aug.).

74. Joannes Maier Schongauensis (11. Aug.).

75. Achatius Bürcklin Ratisbonensis (12. Aug.).

76. Mathias Dol Etlingensis (15. Aug.).

77. Joannes Thomas a Breckendorf (15. Aug.).

78. Joannes Cancer Rotenburgensis ad Tuberam (17. Aug.).

79. Georgius Schnepf Rotenburgensis ad Tuberam (17. Aug.).

80. Joannes Heinricus Person Atheniensis ex episcopatu Leodicensi (18. Aug.).

81. Christophorus Richardus Neuburgensis (19. Aug.).

82. Joannes Wiest Hallensis (20. Aug.).

83. Wilhelmus Thomas Sanwoldt Hallensis (20. Aug.).

84. Christophorus Fetscherus Eslingensis (20. Aug.).

---

54. *Vgl. 173,6.*
66. B. a. 4. März 66. *MFABacc.*: Kunig. — M. a. 14. Febr. 71.
78. B. a. 11. April 65.
79. B. a. 26. Sept. 65. — M. a. 6. Febr. 67.
81. Dr. iur. 20. Aug. 71. *Jur.*: Christ. Reichardus Neoburgensis.
82. B. a. 26. Sept. 65. *MFABacc.*: Joh. Eremitanus vel Wüst.

85. Bernhardus Reühing Eslingensis (20. Aug.).

86. Jodocus Jung Brisacensis (20. Aug.).

87. Marcus a Zintzendorf haro Austriacus (21. Aug.).

88. Vrbanus Syderus Vienensis famulus (21. Aug.).

89. Eustachius Kirchmeier Eleiteropolitanus praeceptor baronis (21. Aug.).

90. Joannes Magnus ⎫
91. Ludovicus Brum ⎬ stipendiarii (21. Aug.). ·
92. Martinus Eblin ⎭

93. Georgius Potingerus Bavarus (24. Aug.).

94. Magnus Kees Giengensis (24. Aug.).

95. M. Erasmus Klein Phorcemus iterum se indicavit (26. Aug.).

96. M. Nicolaus Mollingerus Phorcemus (26. Aug.).

97. Petrus a Deckingen ⎫
98. Volmarus ab Ow ⎬ iterum se indicaverunt (28. Aug.).
99. Joannes Jacobus a Gemingen ⎭

100. Joannes Klump Vberlingensis (1. Sept.).

101. Joannes Philippus Fleischbein Bussweileranus (6. Sept.).

102. Servatius Bart Monacensis (9. Sept.).

103. Elias Volmar ex Thermis ferinis se iterum indicavit (11. Sept.).

104. Achatius Bart Monacensis (12. Sept.).

105. Carolus a Rinchingen (13. Sept.).

106. Franciscus a Rinchingen (13. Sept.).

107. Joannes Buntz Ebersphachensis (14. Sept.).

108. Jacobus Bub Horbensis (19. Sept.).

109. Sebastianus Wintergerst Constantiensis (19. Sept.).

110. Oswaldus Eecius Lindauiensis (21. Sept.).

---

86. MFABacc.: Bacc. Friburgensis Brisgoie rec. 1. Nov. 64. — *Vgl. 177,30.*

90. Stip. 28. Dez. 64 (20. anno aet.). *Alb. stip.*: Joh. Georgius Mageirus v. Winaden *(an anderer Stelle auch Magnus)*. — B. a. 20. Sept. 64. *MFABacc.*: J. Magnus Winnedensis. — M. a. 6. Febr. 67. *MFAMag.:* J. G. Magnus. — Rep. hebreus. — *April 68 Diakonus in Augsburg.*

91. Stip. 8. Nov. 64 (18. anno aet.). *Alb. stip. und MFA.:* L. Braun v. Stuttgart. — B. a. 20. Sept. 64. — M. a. 6. Febr. 67. — *Juli 67 ob dissolutionem rejiciert.*

92. Stip. 28. Dez. 64 (21. anno aet.). *Alb. stip. u. MFA.:* v. Stuttgart. — B. a. 20. Sept. 64. — *April 67 Diakonus in Sulz.*

97—99. Vgl. 156,32—34.

103. Vgl. 152,32.

107. Vgl. 167,19.

110. B. a. 11. April 65. *MFABacc.:* Eccius.

111. Georgius Krapf Wormatiensis (24. Sept.).
112. Leonhardus Eschler Wailtingensis (24. Sept.).
113. Daniel Cellarius Wiltpergensis (29. Sept.).
114. Philippus Theodorus Noricus (29. Sept.).
115. Georgius Weinschreier Stutgardianus (29. Sept.).
116. Thobias Vogelius Canstadiensis (29. Sept.).
117. Samson Rupertus Glatbachensis (29. Sept.).
118. Helias Binignus Tubingensis (29. Sept.).
119. Daniel Magirus Waiblingensis (29. Sept.).
120. Jacobus Hartses Waiblingensis (29. Sept.).
121. Joannes Bogrieder Tubingensis (29. Sept.).
122. Joannes Sarctor Remingsheimensis (29. Sept.).
123. Joannes Arnoldi Schonhouianus Hollandus (2. Okt.).
124. Cornelius Petri Schonhouianus (2. Okt.).
125. Nicolaus de Thomitze haro ex Polonia (5. Okt.).
126. Andreas Barcouius Polonus minister eius (5. Okt.).
127. Jacobus Raye Brutenus (5. Okt.).
128. Georgius Pomorius Polonus praeceptor (5. Okt.).
129. Joannes Bebel Westerheimensis (5. Okt.).
130. Joannes Wernherus Reckrat a Saltzung (11. Okt.).
131. Joannes Fridericus Trafelman Moguntinus (14. Okt.).
132. Joannes Philippus Volland a Vollandseck (14. Okt.).
133. Christophorus Bäsch Neopolitanus (16. Okt.).
134. Michael Schaal Reuttlingensis (16. Okt.).

---

113. B. a. 11. April 65 (Bebenhus.). — Stip. Juli 65. — *Ist Juli 67 nit wieder kommen.*

114. B. a. 11. April 65 (Bebenhus.). — Stip. Juli 65. — *Juli 67 exkludiert aus dem Stift.*

115. B. a. 11. April 65 (Bebenhus.). — Stip. Juli 65. — *Jan. 69 verwest er die Pfarrei zu Kirchheim a. N.*

116. B. a. 11. April 65 (Bebenhus.). — Stip. Juli 65. — *Juli 67 exkludiert.*

117. B. a. 11. April 65 (Bebenhus.). *MFA Bacc.:* Glappachensis. — Stip. Juli 65. — *Okt. 66 rejiciert.*

118. B. a. 11. April 65 (Bebenhus.). — Stip. Juli 65. — M. a. 7. Aug. 67. — Rep. hebreus. — *Jan. 71 Diakonus in Tübingen.*

119. B. a. 11. April 65 (Bebenhus.). — Stip. Juli 65. — *Jan. 66 aus dem Stift ausgetreten.*

120. B. a. 11. April 65 (Bebenhus.). — Stip. Juli 65. Alb. stip.: Hartsesser. — M. a. 18. Febr. 68. — *April 68 dimittiert propter adversam valetudinem.*

122. B. a. 11. April 65 (Bebenhus.). — Stip. Juli 65. — *Juli 68 Präzeptor in St. Georgen.*

135. Sebastianus Morarius Göringensis (16. Okt.).
136. Conradus Brentnerus Brussellensis (16. Okt.).
137. Burckhardus Epp (16. Okt.).

162. Nomina sua me **D. Leonhardo Fuchsio** rectore scholae dederunt, qui subscripti sunt (a festo divi Lucae 1564 usque ad festum Philippi et Jacobi anno 1565): [a]

1. Praecelaus Irzykonnes de Backzyki Lituanus (20. Okt.).
2. Petrus Piethekouinski Polonus (20. Okt.).
3. Antonius Delbrock Lubeccensis (21. Okt.).
4. Georgius a Gemingen (25. Okt.).
5. Matthaeus Neser
6. Joannes Andreas Neser } frater (!) (25. Okt.).
7. Antonius comes in Orttenburg (29. Okt.).
8. Paulus ;a Welsberg (29. Okt.).
9. M. Sebastianus Rettinger (29. Okt.).
10. Steinislaus Lastz de Nielieclera Polonus (30. Okt.).
11. Joannes Piscator Argentoratensis (30. Okt.).
12. Wolfgangus Eislin Gamundiensis (1. Nov.).
13. Martinus Hug Marbachensis (1. Nov.).
14. Martinus Schuler Remingensis (1. Nov.).
15. Michael Rup Bietigheimensis (1. Nov.).
16. Casparus Heinrichman Schorndorfensis (1. Nov.).
17. Conradus Solden Brackenheimensis (1. Nov.).
18. Jacobus Studeon Vracensis (1. Nov.).

Handwritten margin notes:

b.1550

Anton Graf zu Ortenburg = nephew of Ulrich Fugger

see MLWL: 'comes' = count/earl

(Anton's mother was Ursula Fugger, younger sister of Ulrich)

[see Martha Schad Die Frauen...]

---

[a] *Das in Klammer Stehende ist mit anderer Tinte später hinzugefügt.*

135. B. a. 26. Sept. 66. *MFABacc.:* Seb. Murarius Reuttlingensis. *pp. 98 ff*
137. Vgl. 168,70.
137 a. *MFABacc.:* Jacobus Andreae Tubingensis, B. a. 26. Sept. 66. — M. a. 11. Aug. 68. — *1569 Pfarrer in Hagelloch.*
137 b. *MFABacc :* Heinricus Fronhofer Pfetterzensis, B. a. 26. Sept. 66.
11. Vgl. 165,3.
13. Stip. Febr. 65. *Alb. stip. u. MFA.:* Hag. — B. a. 26. Sept. 66. — M. a. 1. Febr. 70. — *Jan. 73 Präzeptor in Adelberg.*
14. B. a. 11. April 65 (Maulbronn.). *MFABacc. u. Alb. stip.:* Remmingshaimensis. — Stip. Juli 65. — *Okt. 67 in dem Herrn verschieden.*
15. B. a. 11. April 65 (Maulbronn.). *MFABacc:* Ruop. — Stip. Juli 65. — M. a. 11. Aug. 68. — *Jan. 69 Brunsvicam missus.*
17. B. a. 11. April 65 (Maulbronn.). *MFABacc.:* Solding. — Stip. Juli 65. — *Alb. stip.:* Soldin. — *Jan. 69 eiectus.*
18. B. a. 11. April 65 (Maulbronn.). — Stip. Juli 65. — *Diakonus in Nagold* Jan. 69.

19. Joannes Rancker Nürtingensis (1. Nov.).
20. Joannes Roreisen Weilheimensis (1. Nov.).
21. Matthias Frey Dirmensis (1. Nov.).
22. Joannes Rupertus Eidensheimensis (1. Nov.).
23. Martinus Weinkien Stutgardianus (1. Nov.).
24. Jacobus Helbrunner Ensweil (1. Nov.).
25. Melchior Wee Canstadiensis (1. Nov.).
26. Joannes Protagius Göppingensis (1. Nov.).
27. Jonas Plos Göppingensis (1. Nov.).
28. Blasius Osipiarius Reichenbach (1. Nov.).
29. Egidius Hirn Wenendensis (1. Nov.).
30. Michael Heberlin Brettahensis (1. Nov.).
31. Joannes Dentzelius Machdeldensis (1. Nov.).

---

20. B. a. 4. März 66.

22. Stip. Juli 65. *Alb. stip.:* v. Etishaym. — B. a. 4. März 66. — M. a. 11. Aug. 68. — *April 69 Brunsvicam missus.* — *MFAMag. [am Rand]:* 1582 concionator in oppido Haeringen duobus milliaribus ab Ilfelda, ubi dom. Michael Neander est.

23. Stip. Juli 65 *Alb. stip. u. MFA.:* Weinzirn. — B. a. 4. März 66. — *Juli 69 rejiciert: 1570 Collaborator in Leonberg.*

24. B. a. 11. April 65. (Maulbronn.). *MFA. u. Alb. stip:* Hailbrunner Entzweihingensis. — Stip. Juli 65. — M. a. 11. Aug. 68. — Rep. mathematicus. — *April 73 nach Österreich verschickt.* — Dr. theol. 8. Mai 77. *Theol.:* Jac. Heilbronnerus Vaihingensis, theologus Palatinus. (*Vgl. 158,39.*)

25. B. a. 11. April 65 (Maulbronn.). *MFABacc.:* Waech. — Stip. Juli 65. — M. a. 18. Febr. 68. — *April 69 versieht er den Pfarrherrn zu Leonberg.*

26. Stip. Juli 65. *Alb. stip. u. MFA.:* Brothag. — B. a. 26. Sept. 65 (Maulbronn.). — *Jan. 69 Diakonus in Winterbach.*

27. B. a. 11. April 65 (Maulbronn.). *MFABacc.:* Johannes Bloss Goppingensis. — Stip. Juli 65. — *Sept. 67 exkludiert.*

28. B. a. 11. April 65 (Maulbronn.). *MFABacc.:* Ephippiarius. — Stip. Juli 65. — M. a. 11. Aug. 68. — *April 69 Brunsvicam missus.*

29. B. a. 11. April 65 (Maulbronn.). *MFABacc.:* Hunnus. — Stip. Juli 65. *Alb. stip.:* Hunn. — M. a. 11. Aug. 68. *MFAMag. [am Rand]:* Dr. theol. iam 1577 Marpurgi cum laude docet. — Rep. rhetoricus. — Dr. theol. 16. Juli 76. *Theol.:* Hunnius Waiblingensis, professor Marpurgensis et Wittenbergensis. — *April 74 Diakonus in Tübingen.*

30. Stip. Juli 65. — B. a. 26. Sept. 65 (Maulbronnn.). — M. a. 11. Aug. 68. — *Jan. 69 Diakonus in Marbach.*

31. B. a. 11. April 65 (Maulbronn.). *MFABacc. u. Alb. stip.:* Machtelshaimensis. — Stip. Juli 65. — M. a. 18. Febr. 68. — *Juli 69 rejiciert; 1570 Collaborator in Bietigheim.*

32. Joannes Piscator Bautmardensis (1. Nov.).

33. Joachimus Manne Kirchensis (1. Nov.).

34. Hieronymus Schilling Nürtingensis (1. Nov.).

35. Joannes Dumler Vracensis (1. Nov.).

36. Wilhelmus Heuser Friburgensis (1. Nov.).

37. Wilhelmus Beltzbergerus Ortingensis (3. Nov.).

38. Arnoldus Heuitfeld ⎫ fratres
39. Jacobus Heuitfeld ⎬
40. Carolus Kirningus   ⎬ ex Dania (5. Nov.).
41. Joannes Lindeuo
42. Joannes Michaelis ⎭

43. Ludovicus Philippus Textor Stutgardiensis (6. Nov.).

44. Joannes Gerson Buthler Lindauiensis (7. Nov.).

45. Sigismundus Mezius Öringensis (7. Nov.).

46. Anastasius Kumerel Tubingensis (8. Nov.).

47. Michael Schmid Frickenhausensis (11. Nov.).

48. Jacobus Engel Wildbergensis (11. Nov.).

49. Martinus Eberbach Leonbergensis (11. Nov.).

50. Vitus Riederich Bietigheimensis (11. Nov.).

51. Joannes Durenbachius Ratisbonensis (11. Nov.).

52. Matthias Flaccius Illyrici filius (11. Nov.).

53. Georgius Palma Nürenbergensis (11. Nov.).

54. Balthasarus Engelhart Phorcensis (12. Nov.).

55. Casparus Gutman Constantiensis (12. Nov.).

56. Georgius Grin Melicensis (12. Nov.).

57. Joannes Wilhelmus Pocemius ⎫ fratres (12. Nov.).
58. Joannes Bernhardus Pocemius ⎬

---

32. B. a. 11. April 65 (Maulbronn.). *MFABacc.:* Botwarensis maioris. — Stip. Juli 65. *Alb. stip.:* Joh. Conradus Pisc.' — M. a. 18. Febr. 68. — *April 69 Coadiutor diaconi Dettingensis.*

33. B. a. 11. April 65 (Maulbronn.). — Stip. Juli 65. — M. a. 11. Aug. 68. *MFAMag.:* Menne. — *April 69 Diakonus in Rosenfeld.*

34. Stip. Juli 65. — *Okt. 65 Schulmeister zu Zaisenhausen.*

35. Stip. Juli 65. *Alb. stip.:* Thummler. — B. a. 4. März 66. — *Jan. 69 Diakonus in Schiltach.*

46. B. a. 22. Sept. 68. — M. a. 1. Febr. 70.

48. Stip. Juli 65. — B. a. 4. März 66. — *Juli 66 wegen Krankheit heimgeschickt und von Gott aus diesem Jammertal berufen.*

49. Stip. Juli 65. — B. a. 4. März 66. — *Juli 69 rejiciert.*

50. Stip. Juli 65. *Alb. stip. u. MFA.:* Kaderich, Kaederich. — B. a. 26. Sept. 65 (Hirsaug.). — M. a. 18. Febr. 68. — *Herbst 68 Klosterpräzeptor in Maulbronn.*

55. B. a. 4. März 66. *MFABacc.:* Gutteman. — Dr. med. 17. Dez. 72.

59. Joannes Molitor Holtzgerlingensis (13. Nov.).
60. Thomas Gros Thoma Eccius[a] (16. Nov.).
61. Jacobus Stortz Veldorfensis (16. Nov.).
62. Jacobus Brunsfelsius Varnbrunensis (22. Nov.).
63. Joannes Weidenbach Winterbachensis (23. Nov.).
64. Joannes Parsimonius Augustanus (23. Nov.).
65. Daniel Wachtler Gengenbachensis compactor librorum (25. Nov.).
66. Sebastianus Linck Erlickanensis (27. Nov.).
67. Joannes Nagolt Tubingensis (28. Nov.).
68. M. Henricus Remann Rotwilensis (28. Nov.).
69. Joannes Wilhelmus ⎫
70. Joannes Casparus ⎬ a Sperberseck (1. Dez.).
71. Joannes Ludovicus ⎭
72. Petrus Metz Knielingensis (5. Dez.).
73. Joannes Philippus Engelshofensis (11. Dez.).
74. Sebastianus Eschenrüterus Überlingensis (19. Dez.).
75. Tobias Retinger Nörlingensis (22. Dez.).
76. Burckhardus Comerel Nagoltensis (29. Dez.).
77. Benedictus Hiericus Quedelburgensis (29. Dez.).

1565.

78. Joannes Regius Noricus (2. Jan.).
79. Joannes Rauch Ehingensis (7. Jan.).
80. Joannes Jacobus Illetonius (9. Jan.).
81. Petrus Iggelius Rauenspurgensis (9. Jan.).
82. Franciscus Hiculus[b] Spirensis (13. Jan.).
83. Joannes Vdalricus Burrus Horbensis iterum se indicavit (14. Jan.)
84. Fridericus a Schauenberg (16. Jan.).
85. Bernhardus Caementarius (16. Jan.).
86. Caspar Mirus Illyricus (16. Jan.).

---

a) Oder *ein Wort:* Thomaeccius?
b) *Die Kopie liest* Hiuilus.

64. Stip. April 67. — B. a. 30. März 69. — M. a. 11. Febr. 73. — *Juli 74 Präseptor in Maulbronn.*
70. *Vgl. 180,26.*
76. B. a. 4. März 66.
79. B. a. 4. März 66.
81. B. a. 26. Sept. 66. *MFABacc.:* Egellius. — *Vgl. 179,54.*
83. *Vgl. 148,65.*
86. Stip. Tiffern. März 65 (24. anno aet.). *Alb. stip.:* Casp. Mirificis Labacensis, — *Pfingsten 66 dimittiert.*

87. Hugo Casparus Letzerus Norinbergensis (18. Jan.).
88. Joannes Jacobus Rentz Tubingensis (20. Jan.).
89. Martinus Kromer Metzingensis (23. Jan.).
90. Chrisostomus Lindenfels Brackenheimensis iterum se indicavit (24. Jan.).
91. Jacobus Kirsleber } Nürtingensis (24. Jan.).
92. Georgius Ferber }
93. Jacobus Siffer Rheningensis (24. Jan.).
94. Fridericus Schnell Malsmacensis (24. Jan.).
95. Michael Köll Artisheimensis (24. Jan.).
96. Michael Otto Schorndorfensis (24. Jan.).
97. Georgius Ruff Kornwestensis (24. Jan.).
98. Albertus Crafft Dornheimensis (24. Jan.).
99. Abraham Molitor Kirchensis (24. Jan.).
100. Christianus Schertlin Rotwilensis (24. Jan.).
101. Michael Tragus Weiblingensis (24. Jan.).
102. Georgius Faber Mercklingensis (24. Jan.).

---

87. Vgl. 168,83.

90. Vgl. 128,32 u. 164,91.

91. Stip. Juli 65. *Alb. stip.:* Keyrleber. — B. a. 4. März 66. — M. a. 16. Febr. 69. — *Juli 69 Präzeptor in Königsbronn.*

93. Stip. Juli 65. — B. a. 4. März 66. — *April 68 exkludiert propter improbitatem.*

93. Stip. Juli 65. *Alb. stip.:* Seyffer v. Remmingsen. — B. a. 26. Sept. 65 (Hirsaug.). *MFABacc.:* Scuffer Remmingensis. — *Juli 68 Diakonus in Dornstetten.*

94. Stip. Juli 65. — B. a. 26. Sept. 65 (Hirsaug.). *MFABacc. u. Alb. stip.:* v. Malmsheim. — M. a. 10. Aug. 69. — *Juli 70 Präzeptor in Blaubeuren.*

95. Stip. Juli 65. *Alb. stip. u. MFA.:* Mich. Köler v. Ötisheim. — B. a 26. Sept. 65 (Hirsaug.). — M. a. 18. Febr. 68. — *Jan. 69 Brunsvicam missus; Juli 70 wieder ins Stift aufgenommen; Jan. 71 Pfarrer in Wolfenhausen.*

96. Stip. Juli 65. — B. a. 26. Sept. 65. *MFABacc.:* Otho (Hirsaug.). — M. a. 11. Aug. 68. — *April 69 Brunsvicam missus.*

97. Stip. Juli 65. — *Okt. 69 Subdiakonus in Calw.*

98. B. a. 26. Sept. 65 (Herrenalb.). — Stip. Okt. 65. *Alb. stip. u. MFA:* v. Dornhan. — M. a. 11. Aug. 68. — *Jan. 69 Diakonus in Suls.*

99. B. a. 26. Sept. 65 (Herrenalb.). — Stip. Okt. 65. *Alb. stip.:* Müller v. Kirchheim u. T. — *Jan. 69 Diakonus in Laichingen.*

100. B. a. 26. Sept. 65 (Herrenalb.). — Stip. Okt. 65. *Alb. stip.:* Schärlin.

101. Stip Okt. 65. *Alb. stip. u. MFA:* Mich. Bock. — B. a. 26. Sept. 66. — M. a. 11. Aug. 68. — *Okt. 69 Diakonus in Hagenau.*

103. Georgius Pees Blawbeürensis (24. Jan.).

104. Wolfgangus Kesler Wisensteigensis (24. Jan.).

105. Joannes Schnitzer Minsingensis (24. Jan.).

106. Joannes Mamhardus Herbertingensis (24. Jan.).

107. Alexander Fritz Brackenheimensis (24.ᵥ Jan.).

108. Joannes Renardus Danhausensis (3. Febr.).

109. Georgius Wagner Tubingensis (3. Febr.).

110. Salamon Zweifel Sultzensis (7. Febr.).

111. Joannes Gerstenmann Heidelbergensis (7. Febr.).

112. Joannes Gasserus Mindelheimensis (5. März).

113. Joannes Fridericus Fleischammer Rotenburgensis (13. März).

114. Philippus Schopf Phorcensis (13. März).

115. Sebastianus Schlegel a Gruden (14. März).

116. Joannes Wilhelmus Möglin (15. März).

117. Georgius Sutor Obensis (21. März).

118. Christophorus Heintzmannus Rosenfeldensis (21. März).

119. Joannes Schwartz Stutgardianus (24. März).

120. Guilhelmus Lentz Hechingensis (28. März).

121. Isaacus Moser Tubingensis (28. März).

122. Joannes Fleischer Friburgensis (1. April).

---

103. Stip. 19. Febr. 65 (21. anno aet.). *Alb. stip.:* Betz.

104. B. a. 26. Sept. 65 (Herrenalb.). — Stip. Okt. 65. — M. a. 16. Febr. 69. — *Jan. 70 Diakonus in Bottwar; genannt Schwenk.*

105. B. a. 26. Sept. 63 (Herrenalb.). — Stip. Okt. 65. — M. a. 16. Febr. 69. — *Jan. 70 Diakonus in Wildberg.*

106. B. a. 26. Sept. 65 (Herrenalb.). *MFABacc.:* Memmhardus. — Stip. Okt. 65. *Alb. stip.:* Memmhart v. Herrenberg. — M. a. 2. Aug. 70. *MFAMag.:* 1578 scholae Lincianae procerum evangelicorum rector. — *Von 1568 an Informator junger Edelleute.*

107. B. a. 26. Sept. 65 (Herrenalb.). — Stip. Okt. 65. *Alb. stip. u. MFA.:* Backnangensis. — M. a. 16. Febr. 69. — *April 70 Diakonus in Heidenheim.*

109. B. a. 15. März 70 (Herrenalb.). — Stip. Juli 70 (20. anno aet.). — M. a. 11. Febr. 73. — *Jan. 75 Präzeptor in Herrenalb.*

111. Vgl. *169,134.*

114. *MFABacc.:* Bacc. Basiliensis rec. in consortium baccalaureorum nostrorum 19. Mai 65. — M. a. 1. Aug. 65.

117. B. a. 11. April 65 (Maulbronn.). *MFABacc.:* Auwensis. — Stip. Juli 65. — M. a. 11. Aug. 68. — *Juli 69 Präzeptor in Anhausen.*

118. Stip. Juli 65. — B. a. 4. März 66. — M. a. 16. Febr. 68. — *Jan. 70 Diakonus in Neuenstadt.*

119. B. a. 20. März 67. — M. a. 1. Febr. 70.

120. B. a. 7. April 68. — Stip. 28. Mai 68. — M. a. 2. Aug. 70. — *Jan. 74 Diakonus in Wimpfen.*

123. Hieremia Creitter Pforcensis (4. April).
124. Mattheus Hatten Sechstettensis (4. April).
125. Joannes Ebingensis (4. April).
126. Michael Eisenbart Rotenburgensis ad Tuberam (7. April).
127. Georgius Nackerus Lindauiensis (7. April).
128. Sebaldus Scheflerus Lindauiensis (10. April).
129. Nicolaus Faber Lindauiensis (10. April).
130. Bartholomeus Bertlinus Memingensis (13. April).
131. Melchior Fuckius Velcuriensis (13. April).
132. Wolfgangus Eberhardus (14. April).
133. Matthaeus Calidius Lindauiensis (14. April).
134. Wolfgangus Haller Dingelfingensis (15. April).
135. Sebastianus a Festenberg (17. April).
136. Michael Leipold Zeidensis (21. April).
137. Georgius Moch Elmandensis (24. April).
138. Joannes Conradus Streütterus Spirensis (24. April).
139. Casparus Schonhauben a Mansfeld (27. April).
140. Georgius Hutzel Holtzgerlingensis (27. April).

163. Catalogus eorum, qui nomina scholae nostrac dederunt sub rectoratu ornatissimi viri M. **Joannis Mendlini** Tubingensis, quem gessit a festo ss. apost. Phil. et Jac. a. 1565 usque ad festum s. Lucae evang. eiusdem anni:

1. Jacobus Faber Vlmensis (3. Mai).
2. Leonhardus Blepst Vlmensis (3. Mai).
3. Laurentius Waltherus Kuechell Vlmensis (4. Mai).
4. Conradus vonn Kürchenn Lindauiensis (4. Mai).
5. Mattheus Bockspergerus Vfflingensis (7. Mai).
6. Joannes Titterman Viennensis Austriacus (7. Mai).

---

123. B. a. 4. März 66. — M. a. 16. Febr. 69. *MFABacc. u. Mag.:* Kreutter.
126. B. a. 20. März 67.
127. B. a. 4. März 66. — M. a. 16. Febr. 69.
131. B. a. 26. Sept. 66. *MFABacc.:* Funccius.
134. B. a. 30. März 69.
137. B. a. 20. März 67. *MFABacc.:* Möch Ellmendingensis.
140. B. a. 11. Sept. 67. — M. a. 5. Aug. 73.

2. B. a. 4. März 66. *MFABacc.:* Plebst. — *Vgl. 169,92 u. 177,72.*
3. B. a. 26. Sept. 65. *MFABacc.:* Kiechlin. — M. a. 7. Aug. 67. *MFA-Mag.:* Kuechell. — *Vgl. 169,122.*

7. Joannes Stadelman a Waltzen (8. Mai).
8. Joannes Pistor Kirchensis (8. Mai).
9. Laurentius Laubergerus Memingensis (8. Mai). '
10. Michael Schaupp Baltringensis (10. Mai).
11. Georgius Otto Weulerensis iuxta Blawbeüram (10. Mai).
12. Joannes Gripsfillerus Kurnensis (11. Mai).
13. Joannes Maier Nornbergensis (11. Mai).
14. Marcus Güntter Stutgardianus (11. Mai).
15. M. Bartholomeus Mägerlin Vlmensis (14. Mai).
16. Balthasar Thierhinus Donauwerdensis (14. Mai).
17. Albertus Schunickerus Eslingensis (14. Mai).
18. Josephus Knoll Riedlingensis (15. Mai).
19. Christophorus Martinus Duttlingensis (16. Mai).
20. Joannes Bergerus Deckendorffensis (17. Mai).
21. Hieronymus Trisselkind Hellensis (17. Mai).
22. Jacobus Mock Friburgensis (19. Mai).
23. Samuel Michael Mömingensis (20. Mai).
24. Abrahamus Kern Ottingensis (20. Mai).
25. Matthaeus Felttuueger Molapagensis (23. Mai).
26. Joachimus Spülerus Viennensis (24. Mai).
27. Alexander Cammerer Tubingensis (25. Mai).
28. Nicolaus Voyt Faltlingensis (4. Juni).
29. Daniel Beringer Vlmensis (4. Juni).
30. Faelix Bressel Leüwkürchensis (4. Juni).
31. Joannes Fridericus Öffnerus a Winenden (5. Juni).
32. Joannes Renner Tridentinus (7. Juni).
33. Georgius Schmid Norinbergensis (7. Juni).
34. Jacobus Streit Villinganus (8. Juni).
35. Balthasar Rheelin Nördlingensis (9. Juni).
36. Andreas Hegellmüller Bruckensis (13. Juni).

---

7. *Vgl. 169,89.*
11. B. a. 26. Sept. 66. — M. a. 16. Febr. 69. *MFABacc. und Mag.:* Blaubeurensis.
14. B. a. 7. April 68. — M. a. 5. Aug. 73.
27. B. a. 15. März 69. — M. a. 2. Aug. 70. *MFAMag.:* Camerarius. - - Dr. med. 9. Mai 76.
29. *Vgl. 177,76.*
31. Stip. 18. Juli 65 (19. anno aet.). *Alb. stip.:* Joh. Fr. Öffner. — *Febr. 66 in dem Herrn entschlafen.*

37. Joannes Kettnacker Nellingensis (14. Juni).
38. Casparus Maier Waiblingensis (16. Juni).
39. Augustinus Brunnius Annemontanus (18. Juni).
40. Florianus Plenuuer ⎫
41. Christophorus Plenwer ⎭ Rauenspurgenses fratres (28. Juni).
42. Joannes Hausner Andorffensis (4. Juli).
43. Jacobus Hanckelman Leükürchensis (4. Juli).
44. Georgius Mathias Brettanus (10. Juli).
45. Georgius Ronerus Büdingensis (23. Juli).
46. Georgius Schweicker Sultzensis (31. Juli).
47. Georgius Botzenhart Gerstettensis (31. Juli).
48. Michael Hauber Nabernensis (31. Juli).
49. Joannes Vetter Holtzgerlingensis (31. Juli).
50. Gallus Venator Auwensis (31. Juli).
51. Wilhelmus Arnsperger Schneitheimensis (31. Juli).
52. Leonhardus Seitz Schorndorffensis (31. Juli).
53. Georgius Miller Vracensis (31. Juli).
54. Stephanus Schindlin Stutgardianus (31. Juli).
55. Georgius Lucas Calwensis (31. Juli).
56. Jacobus Muttschelin Herenbergensis (31. Juli).
57. Joannes Christophorus Löffler Tubingensis (31. Juli).
58. Melchior Widman Feürbachensis (31. Juli).

---

37. Stip. Juni 65 (18. anno aet.). *Alb. stip.:* J. Rottnackher. — **B. a.**
20. März 67. — *Juli 67 ob uxorem ductam rejiciert.*

38. Dr. med. 18. Jan. 81.

43. B. a. 26. Sept. 66. — M. a. 11. Febr. 73.

48. Stip. Juli 65. — B. a. 26. Sept. 65 (Bebenhus.). — *Okt. 68 Diakonus in Hornberg.*

49. Stip. Juli 65. — B. a. 26. Sept. 65 (Bebenhus.). — M. a. 16. Febr. 69. — *Juli 69 Präseptor in Adelberg.*

51. Stip. Juli 65. *Alb. stip.:* W. Arnsp. v. Aurach. — B. a. 26. Sept. 65 (Bebenhus.).

52. Stip. Okt. 65. — B. a. 4. März 66. — M. a. 12. Febr. 69. — *Jan. 70 Diakonus in Wildbad.*

53. Stip. Okt. 65. — B. a. 26. Sept. 66. — *Jan. 70 Diakonus in Münsingen.*

54. Stip. Juli 66. — B. a. 26. Sept. 66. *MFABacc.:* Schindle. — *Jan. 69 dimissus ob ingenii mediocritatem.*

56. Stip. Juli 65. — B. a. 26. Sept. 65 (Bebenhus.). *MFABacc.:* Mutschelius. — M. a. 18. Febr. 68. — *Juli 68 ob matrimonium rejiciert.*

57. Stip. Okt. 65. — B. a 11. Sept. 67. — M. a. 1. Febr. 70. — *April 71 Diakonus in Gröningen.*

58. Stip. Okt. 65. — B. a. 26. Sept. 66. — M. a. 1. Febr. 70. — *April 73 Diakonus in Backnang.*

59. Michael Mueslin Göppingensis (31. Juli).
60. Vitus Binderus Miltenburgensis (4. Aug.).
61. Alexius Constantius Rauenspurgensis (6. Aug.).
62. Georgius Brüeler Landtshuttensis (6. Aug.).
63. Joannes Vlricus
64. Joannes Sigismundus } a Konigsfeld (6. Aug.).
65. Joannes Fridericus Auuuerus (!) (6. Aug.).
66. Sigismundus Beringer Halensis (6. Aug.).
67. Paulus Preg Feüchtwangensis (13. Aug.).
68. M. Marcus Reüsenleütter Schwabachensis se iterum indicavit (16. Aug.).
69. Hieronymus Wackerus Dinckelspülensis (18. Aug.).
70. M. Casparus Scheublin Esslingensis se denuo indicavit (20. Aug.).
71. Timotheus Koch Wildpergensis (23. Aug.).
72. Joannes Conradus Beringer Vlmensis (29. Aug.).
73. Wintzeslaus Cremerus
74. Jacobus Kisslingus } Nisseni Silesii (30. Aug.).
75. Andreas Joriscus Grunpergensis Silesius (30. Aug.).
76. Jacobus Walther a Newhausen (1. Sept.).
77. Clemens Burgkeller Weissenburgensis (3. Sept.).
78. Philippus Witikundus Westphalus (4. Sept.).
79. Wilhelmus Curio Reiffenstein (8. Sept.).
80. Petrus Schweitzer compaginator librorum se rursus indicavit (13. Sept.).
81. Jacobus Sintz Wassertriedingensis (14. Sept.).
82. Georgius Vogler Tubingensis (17. Sept.).
83. Petrus Buron Caduinensis Normannus Gallus (22. Sept.).
84. Conradus Spies Waltzensis (22. Sept.).
85. Robertus
86. Moyses } de Heu Metensis (23. Sept.).
87. Nicolaus Glossius Lotharingus praeceptor (23. Sept.).
88. Christophorus Hubmer Welsensis Austriacus (23. Sept.).
89. Reichardus Halmer Vatohouiensis Austriacus (23. Sept.).
90. Joannes Camerarus Kapffenburgensis (23. Sept.).
91. Jacobus Melhorn Altenburgensis (24. Sept.).
92. Caspar Gerhardus Antuerpiensis (24. Sept.).

---

59. Stip. März 66. *Alb. stip.;* Müeslin. — B. a. 26. Sept. 66. *MFABacc.:* Mich. Miessle. — M. a. 10. Aug. 69. — *Juli 70 Diakonus in Boll.*
    68. Vgl. *152,59.*
    70. Vgl. *128,26* u. *139,111.*

[Handwritten margin note:] #75. He gave Crusius his copy of Grynaeus' Euclid / Proclus ed^n (received

93. Hieronymus Mörlinus Göttingensis .(26. Sept.).

94. Johannes de Hanan court (?)   } Burgundiones (28. Sept.).
95. Guillielmus Grinard praeceptor |

96. Nicolaus Rab a Kupfferberg, servus Wolfgangi Conradi compactoris librorum (2. Okt.).

97. Valentinus Egerer Herbipolensis (4. Okt.).

98. Leo Grachus Vlmensis (6. Okt.).

99. David Andree Tubingensis (12. Okt.).

100. Theodoricus Seitz de Ellingen (12. Okt.).

164. Sub rectura clarissimi viri dom. D. **Theodorici Schnepffii** a festo div. Luc. 1565 usque ad festum div. Phil. et Jac. a. 1566 sequentes nomina sua dederunt:

1. M. Joachimus Butzelius Überlingensis (23. Okt.).
2. Joannes Wagner Forchemius typographus (24. Okt.).
3. Martinus Kesler Erfordiensis typographus (24. Okt.).
4. Petrus Berionus Lugdunensis (24. Okt.).
5. Joannes Tassetus Parisiensis typographus (24. Okt.).
6. Georgius Cancer Vrsellensis typographus (24. Okt.).
7. Alexander Hack Bredingensis (24. Okt.).
8. Sebastianus Fischlin Stutgardianus (26. Okt.).
9. Eustachius Dorsch Kindelsheimensis (27. Okt.).
10. Matthias Veh Ballenburgensis (27. Okt.).
11. Martinus Mochinger Brutenus Turonensis (31. Okt.).
12. Petrus Grundlecher Eckenfeldensis (2. Nov.).
13. Christophorus Koch Monacensis (2. Nov.).
14. Georgius Schonauuer Eckenfeldensis (2. Nov.).
15. Mattheus Bogenrietter Tubingensis (2. Nov.).
16. Paulus Regulus Villingensis (5. Nov.).
17. Andreas Janus Liebenwerdensis (5. Nov.).
18. Virgilius   } Froschelmoser Saltzburgensis (6. Nov.).
19. Christophorus |
20. Joannes Hofman Northemius Francus (8. Nov.).

----

93. B. a. 4. März 66. *MFABacc.:* Güttingensis. — M. a. 18. Febr. 68.
99. B. a. 15. März 70. — M. a. 13. Aug. 72.
100a. *MFABacc.:* Johannes Andreae Tubingensis, B. a. 15. März 70. — M. a. 18. Aug. 72.

9. B. a. 20. März 67. *MFABacc.:* Küntzelheimensis. — M. a. 7. Aug. 67. *MFAMag.:* Kynzelsheimensis.

21. Petrus Hofflich Newenstatensis (9. Nov.).
22. Benedictus Ferrarius Venetus (10. Nov.).
23. Joannes Schretboltz Wilensis (14. Nov.).
24. Nicolaus Maier Bissingensis (14. Nov.).
25. Daniel Fritz Erfingensis (16. Nov.).
26. Jacobus Gutwasser rursum se indicavit (19. Nov.).
27. Joannes Christophorus à Littichaw (20. Nov.).
28. Valentinus Ottho Dorkeimensis (26. Nov.).
29. Joannes Niger Illsfeldensis (26. Nov.).
30. M. Joannes Hettenus Gruningensis (26. Nov.).
31. Hieronymus Schmutterer Blaubeirensis (27. Nov.).
32. Joannes Rumetsch Bulacensis (27. Nov.).
33. Daniel Grickler Bulacensis (27. Nov.).
34. Josephus Fuchs Schleittorffensis (27. Nov.).
35. Joannes Ringel Wildpergensis (27. Nov.).
36. Joannes Hehion Spirensis (5. Dez.).
37. Vdalricus Ehinger Constantiensis (15. Dez.).
38. Hieronymus Schultheis Constantiensis (15. Dez.).
39. Joannes Bartenbach Bottwirensis (18. Dez.).
40. Casparus Lutz Stutgardianus (22. Dez.).
41. Oswaldus Gruppenbach Tubingensis typographus rursus se indicavit (23. Dez.).

1566.

42. Vdalricus Varnbüler Tubingensis (4. Jan.).
43. Fabianus Egen rursus se indicavit (22. Jan.).
44. Conradus Steck Stutgardianus iterum se indicavit (28. Jan.).
45· Nicolaus Sterckius Ditmariensis (28. Jan.).
46. Petrus Jodocus Rasinus Zuziensis (30. Jan.).
47. Joannes Trauersus Zuziensis (30. Jan.).

---

29. B. a. 22. Sept. 68 (Herrenalb.). -- Stip. Dez. 68. *Alb. stip.:* Schwartz. — M. a. 14. Febr. 71. — *Jan. 72 Diakonus in Münsingen.*

33. B. a. 26. Sept. 66 (Bebenhus.). — Stip. Juli '67· — M. a. 10. Aug. 69. — *Jan. 71 Diakonus in Balingen.*

35. B. a. 26. Sept. 66 (Bebenhus.). — Stip. Juli 67. — *Jan. 73 an einer langwierigen Krankheit im Herrn verschieden.*

39. B. a. 26. Sept. 66 (Bebenhus.). — Stip. Juli 67. — M. a. 1. Febr. 70. — Rep. hebreus. — *Juli 1575 Professor der hebräischen Sprache in Tübingen.*

40. Vgl. 173,104.

41. Vgl. 127,21.

43. Vgl. 155,79.

44. Vgl. 160,51.

48. Joannes Breining Tubingensis (30. Jan.).

49. Conradus Burckkeller Weissenburgensis (22. Febr.).

50. Ambrosius Schmid Argentoratensis (22. Febr.).

51. Bartholomeus Wiest Tubingènsis (2. März).

52. Michael Thomas Wimpinensis (3. März).

53. Michael Piscator Bittlingensis (6. März).

54. Sebastianus Geir Wilensis (6. März).

55. Hieronymus Heppelius Culmbacensis (6. März).

56. Georgius Käs Binikeimensis (6. März).

57. Joannes Albertus Hofman Stutgardianus (6. März).

58. Joannes Schönleber Göppingensis (6. März).

59. Jacobus Hagmaier Blaubeirensis (6. März).

60. Jacobus Erhardus Sultzensis (6. März).

61. Sebastianus Lanius Calwensis (6. März).

62. Joannes Hainckin Kirchensis (6. März).

63. Andreas Geiger Blaubeirensis (6. März).

64. Joannes Maier Hermingensis (6. März).

65. Georgius Billing Dettingensis (6. März).

66. Vdalricus Kengel Waiblingensis (6. März).

67. Michael Süeskind Vinedensis (6. März).

53. B. a. 26. Sept. 66. *MFABacc.:* Bettlingensis. — Stip. Juli 67. — Jan. 71 *Diakonus in Rosenfeld.*

54. B. a. 26. Sept. 66. *MFABacc.:* Geher Weyllensis im Glemsgow. — Stip. Juli 67. *Alb. stip.:* Geer v. Weilheym. — *Okt. 69 rejiciert.*

55. B. a. 11. Sept. 67 (Hirsaug.). — Stip. Jan. 68. — *April 71 ausgetreten aus dem Stift.*

56. B. a. 26. Sept. 66. *MFABacc.:* Caseus. — Stip. April 67. — *Juli 68 aus dem Stift exkludiert.*

57. B. a. 26. Sept. 66. — Stip. Juli 67. — M. a. 10. Aug. 69. — *April 70 Präzeptor zu Maulbronn.*

58. B. a. 26. Sept. 66. — Stip. Juli 67. — M. a. 1. Febr. 70. — *Juli 71 aus dem Stift rejiciert.*

59. B. a. 26. Sept. 66. — Stip. April 67. — M. a. 16. Febr. 69. — Rep. graecus. — *Jan. 72 Diakonus in Kirchheim.*

60. B. a. 26. Sept. 66. — Stip. April 67. — M. a. 10. Aug. 69. — Rep. physicus. — *Jan. 72 Diakonus in Vaihingen.*

61. B. a. 26. Sept. 66. — Stip. Juli 67. — M. a. 1. Febr. 70. — *April 72 Diakonus in Rosenfeld.*

62. B. a. 20. März 67. *MFABacc.:* Kürchensis sub Teck (Hirsaug.). — Stip. Juli 67. — M. a. 1. Febr. 70. — *Juli 71 Diakonus in Murrhardt.*

66. B. a. 26. Sept. 66. — Stip. April 67. — M. a. 16. Febr. 69. — *Okt. 69 Präzeptor in Hirsau.*

67. B. a. 20. März 67 (Hirsaug.). — Stip. Juli 67. — M. a. 1. Febr. 70. *MFAMag.:* Porcensis. — *Juli 72 Subdiakonus in Kirchheim.*

68. Martinus Kerner Schorndorffensis (6. März).
69. Martinus Blanck Riedlingensis (6. März).
70. Balthasarus Burckhardus a Regis Curia (18. März).
71. Benedictus Vnger Hirsaugiensis (18. März).
72. Sigismundus Scheltz Reüttlingensis (23. März).
73. Joannes Schorp von Schwanndorff (23. März).
74. Jacobus Hack Selandus (25. März).
75. Adamus Burcardus Ochsenfurdensis (30. März).
76. Philippus Lirsnerus Marpurgensis (10. April).
77. Vdalricus Senensis Mümpelgardtensis (10. April).
78. Joannes Heitzel Mompelgardtensis (10. April).
79. Petrus Vilotus Elicuriensis (10. April).
80. Guilielmus ⎫ de Saulx comites de Ligni, barones de ramo aureo
81. Joannes ⎭ (28. April).
82. Julianus Viennetus (28. April).
83. Annius Polisserius Parisiensis rursus se indicavit (28. April).
84. Henricus Pempelfordus Dasseldorpensis praeceptor (28. April).
85. Adamus Gaum Brundrutensis (28. April).
86. Paulus Magirus Nörburgensis (29. April).
87. Joannes Egen Stutgardianus (30. April).
88. Wilhelmus Dieffenbecher Öppingensis (30. April).
89. Martinus Leschius Tubingensis (30. April.).
90. Gedeon Wager Rottwilensis (30. April).
91. Chrisostomus Lindenfels iterum se indicavit (30. April).

68. B. a. 20. März 67 (Hirsaug). — Stip. Juli 67. — M. a. 1. Febr. 70. — Rep. dialecticus. — *April 74 Diakonus in Bottwar.*

69. B. a. 20. März 67 (Hirsaug.). — Stip. Juli 67. — M. a. 1. Febr. 70. — Rep. graecus. — *Juli 75 Diakonus in Marbach.*

71. B. a. 11. Sept. 67. — M. a. 1. Febr. 70. *MFA Bacc. u. Mag.*: Pforcensis.

72. *Vgl. 171,6.*

75. B. a. 20. März 67. *MFA Bacc.*: Burckhardt.

77. Stip. Jan. 66 (16. anno aet.). *Alb. stip.*: v. Elecort; *auch* Mompelgart. — B. a. 15. März 70. — *Jan. 75 kommt er aus den Ferien nicht wieder.*

78. Stip. Jan. 66 (16. anno aet.). *Alb. stip.*: Heytzell. — B. a. 27. Sept. 69. — *April 73 Präzeptor in Hericourt.*

79. Stip. Jan. 66 (18. anno aet.). *Alb. stip*: v. Mömpelgart. — B. a. 15. März 70. — *Ist April 72 an einem langwierigen, unheilsamen Fieber gestorben.*

83. *Vgl. 151,14.*

88. B. a. 26. Sept. 66.

91. *Vgl. 128,32: 162,90 u. 191,14.*

91 a. *MFA Bacc.*: Laurentius Zaunberger Mömingensis, B. a. 20. März 67. — M. a. 10. Aug. 69. — *Vgl. 179,63.*

165. Sub rectura clarissimi viri dom. D. **Chiliani Vogleri**
a festo Philippi et Jacobi usque ad festum Lucae anno 1566:

1. Benedictus Grim Göppingensis (3. Mai).
2. Jacobus Bedrotus Viennensis (3. Mai).
3. Joannes Piscator Argentinensis (3. Mai).
4. Mauritius Schmeltzer (3. Mai).
5. Joannes Thomas Fridpergensis (4. Mai).
6. Bernardus Mylius Tabernaemontanus (6. Mai).
7. Petrus Koffmann Leodiensis (9. Mai).
8. Theodorus Vaudenhouen Rodeducensis (9. Mai).
9. Nicolaus Schopius Mechlinensis (9. Mai).
10. Robertus Stannerius Brabantinus (11. Mai).
11. Joannes Adamus Pletzger Spyrensis (11. Mai).
12. Christophorus Drach Stutgardianus (12. Mai).
13. Stephanus Kübel Bietigkaymensis (16. Mai).
14. Erasmus Lampfritzhaymer vonn Bircłḩa (18. Mai).
15. Jacobus Lauffer Schweiningensis (24. Mai).
16. Joannes Ruckwid Derendingensis (25. Mai).
17. Martinus ab Habsperg (25. Mai).
18. Jodocus Nassauw (25. Mai).
19. Lucas Gsell Memmingensis (30. Mai).
20. Troianus haro de Aursperg, Erbłḩammerer in Craien (31. Mai).
21. Gregorius Faschang Corniolanus (31. Mai).
22. Joannnes Wenck Fachensis (31. Mai).
23. Daniel Pappus Lindauiensis (31. Mai).
24. Hainricus Ludouicus Müller (31. Mai).
25. Wolfgangus Creützer Memingensis (3. Juni).
26. Marcus Zangmaister Memingensis (3. Juni).
27. Georgius Kurtzman Guntzenhausensis (5. Juni).
28. Albertus de Henitz (6. Juni).

---

3. Vgl. *162,11.* — M. a. 11. Aug. 68. *MFAMag. [am Rand]:* postea
Calvinianus. — *Er wurde später Professor in Herborn.*
13. B. a. 22. Sept. 68. — M. a. 2. Aug. 70.
19. Vgl. *170,129.*
21. Stip. Tiffernitanus 12. April 68 (18. anno aet.). *Alb. stip.:* v. Radmannsdorff. — *Jan. 29 eiectus e stipendio.*
23. B. a. 23. Sept. 66. — M. a. 16. Febr. 69. — Dr. theol. 23. Nov. 73.
Theol.: superintendens Argentinensis.
25 u. 26. Vgl. *171,20 u. 21.*

29. Balthasar Eissler Dingelfingensis (7. Juni).
30. Melchior Eissler Dingelfingensis (7. Juni).
31. Zacharias Scheutterer uß Bruckh typographus (8. Juni).
32. Arnoldus Horst Coloniensis typographus (8. Juni).
33. Leonhardus Maraula Labacensis typographus (8. Juni).
34. Michaël Weinman Vnderndürckhaymensis (11. Juni).
35. Michaël Sattler Stutgardianus (11. Juni).
36. Casparus Schad Stutgardianus (11. Juni).
37. Nicolaus a Conarsëhe (14. Juni).
38. Jacobus Gering Isingensis (14. Juni).
39. Jacobus Notter Herrenbergensis (14. Juni).
40. Jacobus Eckhardt Wangensis (14. Juni).
41. Hermannus Heinricus Frey Dirmensis (14. Juni).
42. Michaël Gerber Kirchensis (14. Juni).
43. Martinus Wagner Neapolitanus (14. Juni).
44. Andreas Hessus Colbergensis (14. Juni).
45. Jacobus Resch Stutgardianus (14. Juni).
46. Samuel Pistorius Neapolitanus (14. Juni).

—

29. Vgl. 169,100.
34. Stip. Juli 66. — *April 67 exkludiert.*
35. Stip. Juli 66. *Alb. stip.:* Mich. Ephippiarius. — B. a. 30. März 69. — *Okt. 71 Provisor in Cannstadt.*
36. Stip. Juli 66. — B. a. 11. Sept. 67. — M. a. 10. Aug. 69. — *Okt. 70 Präzeptor in Adelberg.*
38. Stip. Juli 66. — B. a. 26. Sept. 66. — M. a. 11. Aug. 68. — Rep. physicus. — *Jan. 71 Diakonus in Tübingen.*
39. Stip. Juli 66. — B. a. 26. Sept. 66. — M. a. 16. Febr. 69. — *Jan. 70 Diakonus in Calw.*
40. Stip. Juli 66. — B. a. 26. Sept. 66. — M. a. 16. Febr. 69. — *Jan. 70 Pfarrherr in Rieth.*
41. Stip. Juli 66. — B. a. 20. März 67. — M. a. 16. Febr. 69. — *Juli 70 Präzeptor in Adelberg.*
42. B. a. 20. März 67. — Stip. April 67. — *Okt. 68 ausgetreten aus dem Stift.*
43. Stip. Juli 67. — B. a. 11. Sept. 67. — M. a. 10. Aug. 69. — *April 70 Diakonus in Dettingen unter Urach.*
44. B. a. 20. März 67. *MFABacc.:* Calbergensis. — Stip. April 67. — M. a. 10. Aug. 69. *MFAMag.:* Höss. — *Juli 70 Präzeptor in Denkendorf.*
45. Stip. Juli 67. — B. a. 7. April 68. — M. a. 10. Aug. 69. — *April 71 Collaborator in Stuttgart.*
46. Stip. Juli 67. — B. a. 11. Sept. 67. — M. a. 1. Febr. 70. — *April 71 Diakonus in Herrenberg.*

47. Hieremias Pistorius Neapolitanus (14. Juni).
48. Abrahamus Ephipiarius Neapolitanus (14. Juni).
49. Johannes Jos Stutgardianus (14. Juni).
50. Isaac Minderlin Korbensis (14. Juni).
51. Joannes Schaber Nürtingensis (14. Juni).
52. Michael Cuon Geppingensis (14. Juni).
53. Balthassarus Pistor Sindelfingensis (14. Juni).
54. Joannes Stahel Beilshaimensis (14. Juni).
55. Georgius a Rautenberg (17. Juni).
56. Jacobus Dürr Hachstettensis (20. Juni).
57. Georgius Schmid Stockachensis (20. Juni).
58. Chilianus Bertschius Binningensis (24. Juni).
59. Georgius Eisslinger Selestadiensis (25. Juni).
60. Conradus Remi Meringensis (1. Juli).
61. Georgius Feer Northemius (4. Juli).
62. Jacobus Borneck Bingensis (5. Juli).
63. Joannes Marquardus Hausensis (9. Juli).
64. Franciscus Jacobus Moserus Tubingensis (11. Juli).
65. Petrus Reotus Mompelgardensis (13. Juli).
66. Balthassarus Cellarius Wildtpergensis (16. Juli).
67. Jacobus Vlshamerus Hornbergensis (16. Juli).
68. Georgius Machtolph Vahingensis (16. Juli).
69. Fridericus Riderer Osthaimensis (16. Juli).
70. Samuel Seger Weissenburgensis (17. Juli).
71. Joachimus Delius Hamburgensis (27. Juli).

47. Stip. Juli 67. — B. a. 11. Sept. 67. — M. a. 1. Febr. 70. — *Okt. 70 Präzeptor in Bebenhausen.*
48. Stip. Juli 67. *Alb. stip.:* Sattler. — B. a. 11. Sept. 67. — M. a. 10. Aug. 69. — *April 71 Diakonus in Weinsberg.*
49. Stip. Juli 67. — B. a. 7. April 68. *MFABacc.:* Jans. — *Obiit April 70.*
50. Stip. Juli 67. — B. a. 11. Sept. 67. — M. a. 1. Febr. 70. — *April 71 Diakonus in Neuenstadt.*
51. Stip. Jan. 68. *Alb. stip.:* Schauber. — B. a. 7. April 68. — M. a. 2. Aug. 70. — *Jan. 73 Diakonus in Nürtingen.*
52. Stip. Juli 67. *Alb. stip. u. MFA.:* Kun u. Chon. — B. a. 11. Sept. 67. — *Jan. 71 Diakonus in Dornstetten.*
57. B. a. 26. Sept. 66. *MFABacc.:* Stockensis.
65. Stip. Juli 69. *Alb. stip.:* Rayottus. — B. a. 27. Sept. 69. — *April 73 Präzeptor in Blamont.*
66. Stip. Juli 66. — *Jan. 69 eiectus.*
67. Stip. Juli 66. *Alb. stip.:* Ulshaymer. — *April 67 rejiciert.*

72. Polycarpus Leyserus Winidensis (31. Juli).
73. Philippus Bubius Esslingensis (31. Juli).
74. Jonas Kost Hallensis (31. Juli).
75. Leonhardus Alltdorfferus Sindelfingensis (7. Aug.).
76. Michael Scholl Böblingensis (7. Aug.).
77. Martinus Müller Kirchensis (7. Aug.).
78. Joannes Vochentzer Lauffensis (7. Aug.).
79. Joannes Dafel Rosenfeldensis (7. Aug.).
80. Thomas Hendel Bruntrautensis (7. Aug.).
81. M. Tillmannus Amelius Brunsvicensis (10. Aug.).
82. Georgius Dalmatinus Corniolanus (19. Aug.).
83. Guilielmus Minderer Schelcklingensis (21. Aug.).
84. Michael Ruoff Winterbachensis (21. Aug.).
85. Joannes Wildt Öttlingensis (23. Aug.).
86. M. Johannes Rambsbockius Herbipolensis (23. Aug.).
87. Georgius Obrecht Argentinensis (25. Aug.).
88. Andreas Lackner Cladenfordensis (25. Aug.).
89. Andreas Haillemann Stugardianus (26. Aug.).
90. Anthonius Varnbülerus professoris filius (27. Aug.).

72. Stip. Juli 66. *Alb. stip.:* v. Nürthingen. — B. a. 20. März 67. — M. a. 1. Febr. 70. *MFAMag. [am Rand]:* Nunc (1582) aliquot iam annos pastor ecclesiae et professor Witempergae, cuius pia opera excusum est D. Jacobi Heerbrandi compendium cum graeca versione M. Crusii. — Rep. physicus. — Dr. theol. 16. Juli 76. *Theol.:* professor Witenbergensis, pastor Brunsvicensis. — *Jan. 73 nach Österreich verschickt.*

73. B. a. 7. April 68. *MFABacc.:* Tubingensis. ·· M. a. 1. Febr. 70.

75. Stip. 9. Aug. 66 (Bebenhus.). — B. a. 30. März 69. — *Juli 71 exclusus propter matrimonium.*

76. Stip. 9. Aug. 66 (Bebenhus. 16. anno act). — B. a. 20. März 67. — *Juli 69 bei einem Monat in Pein, mit Tod abgegangen.*

77. Stip. 9. Aug. 66 (Bebenhus.). *Alb. stip.:* Molitor v. Kirchen unter Teck. — B. a. 11. Sept. 67. ·· M. a. 10. Aug. 69. — *April 70 Diakonus in Metzingen.*

78. Stip. 9. Aug. 66 (Bebenhus.). B. a. 20. März 67. *MFABacc.:* Fochetzer. — M. a. 16. Febr. 69. — *Jan. 70 Diakonus in Schorndorf.*

79. Stip. 9. Aug. 66 (Bebenhus.). *Alb. stip.:* Tafell. — B. a. 20. März 67. *MFABacc.:* Tafell. — M. a. 10. Aug. 69. — *April 70 Diakonus in Schorndorf.*

81. Dr. med. 19. Dez. 69. *Med.:* Tilemannus Hamelius.

82. Stip. Tiffernit. Okt 66 (Bebenhus.). *Alb. stip.:* v. Gurkfeld. — B. a. 30. März 69. — M. a. 10. Aug. 69. — *Juli 72 Prediger in Laibach.*

83. B. a. 22. Sept. 68. — M. a. 2. Aug. 70.

89. Stip. Okt. 66. *Alb. stip. u. MFA.:* Hailman. — B. a. 30. März 69. — M. a. 5. Aug. 73. — *April 75 Cantor in der [herzogl.] Kapelle.*

90. Vgl. 171,7 u. 177,45.

91. Joannes Judlerus Winidensis (28. Aug.).
92. Hieronymus Han Yberlingensis (31. Aug.).
93. Laurentius Has Zasenhusensis (1. Sept.).
94. Joannes Schëerlinus Augustanus (7. Sept.).
95. Carolus Borschius Horburgensis (7. Sept.).
96. Joannes Hausmannus Delicensis (7. Sept.).
97. Joannes Erberus Camensis (7. Sept.).
98. Christophorus Bisselius Camensis (7. Sept.).
99. Joannes Müller Tubingensis (13. Sept.).
100. Hieronymus Bertrandus Bruxellensis (17. Sept.).
101. Michael Haid Grieningensis (23. Sept.).
102. Joannes Ludovicus a Glauburg (26. Sept.).
103. M. Zacharias Pretorius poëta laureatus (15. Okt.).
104. Wolfgangus Resch a Wallerstein (18. Okt.).

166. Sub rectura clarissimi viri dom. D. **Jacobi Schegkii** :
festo div. Luc. 1566 usque ad festum apost. Phil. èt Jac. 1567:

1. Carolus Bauarus Winendensis (25. Okt.).
2. Ludovicus Aichbrunn Bipontinus (26. Okt.).
3. Petrus Rien Öringensis (27. Okt.).
4. Wolfgangus Selb Öringensis (27. Okt.).
5. David Batzer Öringensis (27. Okt.).
6. Joannes Scheuffelin Waldenburgensis (27. Okt.).
7. Wendelinus Arnoldus Dürmer Scheimensis (1. **Nov.**).
8. Jacobus Schuuartz Esslingensis (2. Nov.).
9. Waltherus Hainoldt Cellensis (2. Nov.).
10. Donatus Krapner Tubingensis (11. Nov.).
11. Michaël Demler Tubingensis, professoris filius (11. **Nov.**).
12. M. Joannes Flaischer Vratislauiensis (21. Nov.).
13. M. Chaspar Stran Chemnicensis (21. Nov.).
14. Christophorus Pfefferkorn Chemnicensis (21. Nov.).
15. Alexander Tritschler Esslingensis (22. Nov.).

---

97. Dr. med. 19. Dez. 69. *Med.:* Chamensis.
101. B. a. 26. Sept. 66 (Bebenhus.). — Stip. Juli 67. — *Jan. 69 excess.*
104. Dr. iur. utr. 2. März 75.
104 a. *Alb. stip.:* Zacharias Greins Stutgardianus, Stip. Juli 67. — B. a.
22. Sept. 68. — M. a. 13. Aug. 72. — *Okt. 75 Diakonus Nifae (in Neuffen).*

10. B. a. 26. Sept. 70.
11. B. a. 15. März 70. — M. a. 14. Febr. 72. — Dr. iur. utr. 17. Okt. 94.

16. Vlrichus Hailand Winterbachensis (22. Nov.).
17. Joannes Wendelinus Venator Esslingensis (22. Nov.).
18. Georgius Schütz Esslingensis (1. Dez.).
19. Martinus Aichman Schorndorffensis (5. Dez.).
20. M. Ludovicus Munsterus iterum se indicavit (5. Dez.).
21. Balthassar Simon Rayer Esslingensis (7. Dez.).
22. Bernardus Dürr Esslingensis (7. Dez.).
23. Balthassar König Gamundianus (10. Dez.).
24. Jacobus Walcker Tubingensis (14. Dez.).
25. Georgius Cuneus Norinbergensis parochus Esslingensis (15. Dez.).
26. Joannes Beer Gamundianus (27. Dez.).
27. Joannes Biecheler Gamundianus (27. Dez.).

1567.

28. Jacobus Liebler Tubingensis professoris filius (5. Jan.).
29. Conradus Hirsman Schorndorffeusis (8. Jan.).
30. Daniel Burckhardus Ochsenfurtensis (8. Jan.).
31. Wolfgangus Regius Norinbergensis (15. Jan.).
32. Joannes Andreae Göppingensis professoris filius (15. Jan.).
33. Thomas Rumpler von Radtmanßdorff Cranus (21. Jan.).
34. Joannes Liebenheuser Ötingensis iterum se indicavit (21. Jan.).
35. Otho haro a Liechtenstain (26. Jan.).
36. Thomas Zelling Stutgardianus (14. Febr.).
37. Joannes Hornung Vlmensis (19. Febr.).
38. Sebastianus Kautz Neapolitanus in Franconia (21. Febr.).
39. Theodoricus a Pleningen ⎫
40. Friderichus a Pleningen ⎬ fratres germani (22. Febr.).
41. Sigismundus a Pleningen ⎭
42. Oswaldus Ouicula Dirmensis (3. März).
43. Joannes Mosellanus Gaildorffensis (3. März).

---

17. B. a. 20. März 83. — M. a. 11. Aug. 85; *mit Obigem identisch?*
18. B. a. 30. März 69. — M. a. 2. Aug. 70.
19. Vgl. 176,45.
21. B. a. 22. Sept. 68. — M. a. 1. Febr. 70.
22. B. a. 22. Sept. 68. — M. a. 2. Aug. 70. — *Vgl. 202,64.*
28. B. a. 4. April 71. — M. a. 11. Febr. 73.
32. Wohl identisch mit 163,100a.
37. B. a. 7. April 68. — M. a. 1. Febr. 70.
42. Stip. Juli 67. — B. a. 7. April 68. — M. a. 1. Febr. 70. — *April 72 Diakonus in Wildberg.*
43. B. a. 11. Sept. 67 (Hirsaug.). — Stip. Jan. 68. — M. a. 2. Aug. 70. — *Juli 71 Diakonus in Gaildorf.*

44. Petrus Gusterus Kirchensis (3. März).
45. Wolfgangus Schendelinus Plaubeirensis (3. März).
46. Joannes Vetterus Auwensis (3. März).
47. Georgius Ölmayer Canstattensis (3. März).
48. Nicodemus Franck Holtzmadensis (3. März).
49. Jacobus Krafft Vayhingensis (3. März).
50. Joannes Stainhofer Herrenbergensis (3. März).
51. Georgius Rentz Wildtpergensis (3. März).
52. Justus Ömmeis Fachensis (3. März).
53. Gebhardus von der Haiden im Hartz (4. März).
54. Mathias Kaut Imenhausensis (8. März).
55. Conradus Grimm Grieningensis (8. März).
56. Ludovicus Pfeiffer Grieningensis (8. März).
57. Petrus Reichenberger Grossensachsensis (8. März).
58. Eusebius Schrötle Stugardiensis (8. März).

44. B. a. 11. Sept. 67 (Hirsaug.). — Stip. Jan. 68. *MFA. u. Alb. stip.:* Custerus. — M. a. 1. Febr. 70. — *Okt. 70 Präzeptor in Maulbronn.*

45. B. a. 11. Sept. 67 (Hirsaug.). — Stip. Jan. 68. *MFA. u. Alb. stip.:* Schindelin. — M. a. 1. Febr. 70. — *April 72 Diakonus in Winterbach.*

46. Stip. Juli 67. — B. a. 11. Sept. 67. — M. a. 10. Aug. 69. — *April 70 Diakonus in Beilstein.*

47. Stip. Juli 67. — B. a. 7. April 68. — M. a. 2. Aug. 70. *MFAMag.:* Olmarius. — *April 72 Collaborator in Stuttgart.*

48. B. a. 22. Sept. 68 (Herrenalb.). — Stip. Jan. 69. — *Juli 74 Diakonus in Möckmühl.*

49. B. a. 11. Sept. 67 (Herrenalb.). — Stip. Jan. 68. — *Juli 69 im Herrn verschieden.*

50. B. a. 11. Sept. 67 (Herrenalb.). — Stip. Jan. 68. — M. a. 2. Aug. 70. — *April 71 Präzeptor in St. Georgen.*

51. *Alb. stip.:* Johannes Jacobus Renz o. O.; *wird Juli 67 ins Stift aufgenommen, verschwindet aber sofort wieder aus den Listen; identisch mit obigem?*

54. Stip. Juli 67. — B. a. 22. Sept. 68. — M. a. 2. Aug. 70. *MFAMag.:* Matthi. Cautus. — *Jan. 72 Präzeptor in Maulbronn.*

55. Stip. Juli 67. — B. a. 22. Sept. 68. — M. a. 2. Aug. 70. — *Juli 71 Collaborator in Stuttgart.*

56. Stip. Juli 67. B. a. 22. Sept. 68. - M. a. 1. Aug. 71. — *April 73 Präzeptor in Alpirsbach.*

57. Stip. Juli 67. B. a. 22. Sept. 68. — *April 73 Collaborator in Vaihingen.*

58. Stip. Juli 67. — B. a. 22. Sept. 68. *MFABacc.:* Schrettlin. - - M. a. 2. Aug. 70. — *April 73 Diakonus in Gröningen.*

59. Joannes Greiff Tuttlingensis (8. März).
60. Joannes Philippus Brauch Gamundianus (10. März).
61. Georgius Lanius Bruckensis iuxta Monacum (10. März).
62. Jacobus Frütz Winendensis (12. März).
63. Christophorus a Lichauw (13. März).
64. Joannes Wolfgangus Freymannus Ingolstadiensis (18. März).
65. Abrahamus Textor Setzingensis (26. März).
66. Moses Pflacherus Emenhausensis bey Landtsperg (30. März).
67. Jacobus Bickher Stutgardianus (2. April).
68. Paulus Bautenbacher Nördlingensis (3. April).
69. Wilhelmus Sailer Dinckelspülensis (4. April).
70. Georgius Melissaeus Delphinensis in Holandia (4. April).
71. Joannes Waganerus Hornbacensis (5. April).
72. Joannes Stahelius Hornbacensis (5. April).
73. Petrus Schlemmerus Bipontinus (5. April).
74. Albertus Hugo Liechtenbergensis (5. April).
75. Henricus Schehëlius Bipontinus (5. April).
76. Joannes Trautman Otthackerzophon bey Bibrach (6. April).
77. Laurentius Franck Plaubeirensis (9. April).
78. Philippus Werlinus Nördlingensis (10. April).
79. Viricus Streulin Minsingensis (10. April).
80. Petrus Municeps Mompelgardensis (10. April).
81. Joannes Dromerus Neümarckensis bey Niernberg (13. April).
82. Wilhelmus Fridericus Lucius Tubingensis (15. April).
83. Joannes Wendelinus Auss Haylprunensis (15. April).

---

59. Stip. Juli 67. — B. a. 22. Sept. 68. — M. a. 2. Aug. 70. MFAMag.:
Gryphius. — Juli 72 Präseptor in Bebenhausen.
65. B. a. 11. Sept. 67 (Hirsaug.). — Stip. Jan. 68. — M. a. 1. Febr. 70. —
April 71 Präseptor in Denkendorf.
66. B. a. 7. April 68. — M. a. 10. Aug. 69. MFAMag.: Emmenhausensis.
— Dr. theol. 1. März 85. Theol.: Kaufbeurensis, pastor Campidoni.
67. B. a. 27. Sept. 69 (Bebenhus.). — Stip. Jan. 70. — Okt. 73 Collaborator
in Stuttgart.
70. B. a. 11. Sept. 67. MFABacc.: Delffensis. — M. a. 16. Febr. 69.
77. B. a. 7. April 68. MFABacc.: Ludovicus Fr. ex Bl. — Stip. Okt. 68.
Alb. stip. u. sonst immer: Laurentius Fr. — M. a. 14. Febr. 71. — April 73 Präseptor in Murrhardt.
80. B. a. 15. März 70. — Nach Alb. stip., das nichts von seiner Auf-
nahme berichtet, April 74 an einer langwierigen Krankheit im Herrn entschlafen.
81. B. a. 11. Sept. 67. — M. a. 11. Aug. 68. MFABacc. u. Mag.: Trummer.
82. B. a. 30. März 69. — M. a. 2. Aug. 70. — Dr. theol. 1. März 85.
83. Vgl. 177,82.

84. Hierimias Fürnhaber Hallensis (16. April).
85. Christophorus Rietmüller Öttingensis (21. April).
86. Ludovicus Metzler Leburgensis (27. April).

167.   Sub rectura clarissimi viri dom. D. **Jacobi Kappelbeckii**
a festo apost. Phil. et Jac. usque ad festum div. Luc. 1567:

1. Petrus Rauscherus Neüburgensis (2. Mai).   •
2. Sebastianus Wagerus Haydenhaimensis (3. Mai).
3. Paulus Harsdorffer Noricus se rursus indicavit (8. Mai).
4. Crispinus Vnger Bibracensis (11. Mai).
5. Conradus a Rosenberg (14. Mai).
6. Georgius Philippus a Berlichingen (14. Mai).
7. Michaël Sultzerus Hallensis (14. Mai).
8. Andreas Portnerus Hargenuensis (15. Mai).
9. Simon Brenneisin Martelshaimensis (17. Mai).
10. Martinus Marckh Rotenburgensis ad Tuberum (17. Mai).
11. Georgius Schilling Alltdorffensis (26. Mai).
12. Georgius Schönwaltherus Marbachensis (28. Mai).
13. Jacobus Neuwmayer de Liechgau (28. Mai).
14. Jacobus Missellius Bibracensis (28. Mai).
15. Jacobus Haug Stutgardianus (28. Mai).
16. Joannes Marquardus Neapolitanus (1. Juni).
17. Casparus a Seidlitz Silesius (6. Juni).
18. Joannes Waldtmanshausen Königstainensis (8. Juni).
19. Joannes Pontius iur. Dr. Ebersbachensis se rursus indicavit
    (10. Juni).
20. Philippus comes ab Hohenloch, dominus in Langenberg (12. Juni).
21. M. Daniel Creberus Stutgardianus se rursus indicavit (12. Juni).

----

84. B. a. 30. März 69. — M. a. 14. Febr. 71. *MFAMag.:* Firnhaber.

7. MFABacc.: Bacc. Heidelbergensis rec. 29. Juni 67 in consortium
nostrorum bacc. — M. a. 18. Febr. 68.

12. Stip. Juli 67. — B. a. 7. April 68. — M. a. 1. Febr. 70. *MFABacc.*
und Mag.: Schönwalter Martbachensis. — *Okt. 73 Diakonus in Metzingen.*

13. Stip. Juli 67. — B. a. 22. Sept. 68. *MFABacc.:* Lechgauwensis. —
Jan. 72 wegen Krankheit entlassen.

14. B. a. 26. März 72. — M. a. 16. Febr. 74. *MFABacc. u. Mag.:* Jac.
Mielich Biberacensis.

15. B. a. 22. Sept. 68. — M. a. 14. Febr. 71.

19. Vgl. *161,107.*

21. Vgl. *154,39.*

22. Jodocus Metzler Bipontinus (12. Juni).

23. Albertus Cunantz Hechingensis (12. Juni).

24. Georgius Linden Hechingensis (12. Juni).

25. Christophorus Frey Patauiensis Austriacus (12. Juni).

26. Joannes Cresus Blaupeirensis (20. Juni).

27. Conradus Herfler Vlbachensis (20. Juni).

28. Michael Epp Kirchensis ad Nicrum (20. Juni).

29. Absolon Sticher Langenstainbachensis (20. Juni).

30. Thomas Blaicher Hochstettensis (20. Juni).

31. Wolfgangus Fetz Mogstettensis (20. Juni).

32. Casparus Sauter Kuppingensis (20. Juni).

33. Andreas Bettinger Gechingensis (20. Juni).

34. Joannes Klarnar Noricus se rursus indicavit (20. Juni).

35. Michael Blumenhaber Hallensis (20. Juni).

36. Sebastianus Coruinus Neüburgensis (6. Juli).

37. Tobias Weigenmayer Norlingensis (6. Juli).

38. Valentinus Wildmaister a Gerltzhofen (8. Juli).

39. M. Martinus Haas Kirchensis sub Teck se rursus indicavit (10. Juli).

40. David Kremer a Wielstett prope Argentinam (18. Juli).

41. Joannes Conradus Nissensis Silesius (19. Juli).

42. Simon Buhss Gerspacensis (23. Juli).

---

25. Dr. theol. 17. Nov. 85. *Theol.:* Mag. Christ. Freius Bossauiensis, pastor Rottenmagi, Styrus.

26. B. a. 22. Sept. 68 (Herrenalb.). — Stip. Jan. 69. — *April 71 Collaborator in Cannstadt.*

27. B. a. 7. April 68. — Stip. 28. Mai 68. *MFA. u. Alb. stip.:* Erfflin. — M. a. 2. Aug. 70. — *Okt. 71 Präceptor in St. Georgen.*

29. B. a. 30. März 69 (Herrenalb.). — Stip. April 69. *MFA. u. Alb. stip.:* Stecher v. Steinbach. — *Okt. 71 Provisor in Lauffen.*

30. B. a. 7. April 68. — Stip. Aug. 68. — M. a. 2. Aug. 70. — *Juli 71 Präceptor in Königsbronn.*

31. B. a. 7. April 68. — Stip. Aug. 68. — M. a. 1. Aug. 71. — *April 73 Präceptor in Murrhardt.*

32. B. a. 11. Sept. 67 (Herrenalb.). — Stip. Jan. 68. — M. a. 1. Febr. 70. *Jan. 72 Präceptor in Bebenhausen.*

33. B. a. 7. April 68. — Stip. Aug. 68. — M. a. 2. Aug. 70. — *April 72 Diakonus in Waiblingen.*

34. Vgl. 157,59.

36. B. a. 11. Sept. 67. — M. a. 16. Febr. 69.

39. Vgl. 159,26 u. 173,27.

42. B. a. 30. März 69. *MFA. u. Med.:* S. Busius Gernsbacensis. — M. a. 1. Aug. 71. — Dr. med. 18. Jan. 81.

43. M. Joannes Dreller Islebiensis (3. Aug.).
44. Otto a Wernsdorff Bruttenus (4. Aug.).
45. Georgius Betz Waldenburgensis (6. Aug.).
46. Leonhardus Bruckmeller a Neuburg ad Danubium typographus
     (7. Aug.).
47. Christophorus Algaier Bessikaimensis (19. Aug.).
48. Daniel Hackner Vlmensis (27. Aug.).
49. Casparus Feirabendt Hallensis Suevorum (30. Aug.).
50. Mathias Praetoxius Hallensis Suevorum (5. Sept.).
51. Conradus Haberland Brunsvicensis (26. Sept.).
52. Henricus Brassicanus Schmalcaldensis (27. Sept.).
53. Joannes Siringius Gelhusanus (27. Sept.).
54. Lazarus Bertelinus Memmingensis (27. Sept.).
55. Jacobus Brentelius Styrius (29. Sept.).
56. David Gallus Ratisbonensis (29. Sept.).
57. Petrus Agricola Weilhaimensis ad Thegk (29. Sept.).

168. Sub rectura clarissimi viri dom. D. **Valentini Voltzii**
a festo div. Luc. **1567** usque ad festum apost. Phil. et Jac. **1568:**

1. Tobias Nessel Argentoratensis (15. Okt.).
2. Wolfgangus Canstatter Botwarensis (22. Okt.).
3. Joannes Sebastianus Balinger (31. Okt.).
4. Joannes Lemp Stainhaimensis (1. Nov.).
5. Valentinus Leber Nürtingensis (4. Nov.).
6. Philippus Schertlin Canstadiensis (5. Nov.).
7. Nicolaus Faho Salfeldensis (6. Nov.).
8. Georgius Milius Augustanus (6. Nov.).

55. *Vgl. 169,10 u. 179,53.*
57a. *MFABacc.*: Paulus Maior Nördlingensis, B. a. 22. Sept. 68. —
M. a. 2. Aug. 70. — *Vgl. 180,2.*

2. Stip. 6. Mai 68. — B. a. 22. Sept. 68. — M. a. 2. Aug. 70. — *Juli 72
Präseptor in Bebenhausen.*
3. B. a. 4. April 71.
4. B. a. 26. Sept. 70.
5. Stip. Okt. 67. *Alb. stip.*: v. Stuttgart. — B. a. 30. März 69. — M. a.
11. Febr. 73. *MFAMag.*: Lebär. — Rep. musicus. — *Jan. 77 Diakonus in
Gröningen.*
8. B. a. 7. April 68. — Dr. theol. 23. Nov. 79. *Theol.*: ecclesiae Augustanae
ad div. Annam superintendens; professor Wittembergensis et Jenensis.

9. Christophorus Bogner Röettingensis (6. Nov.).
10. Michael Graf Campidonensis (18. Nov.).
11. Joannes Hyblerus Constantiensis (24. Nov.).
12. Ludovicus Braunfels Königstenensis (24. Nov.).
13. Conradus Erer Haylprunensis (29. Nov.).
14. Jeremias Pistor Illingensis (4. Dez.).
15. Georgius Binder Gröningensis (4. Dez.).
16. Albertus Vnger Vracensis (4. Dez.).
17. Joannes Sturm Stutgardianus (4. Dez.).
18. Martinus Dorn Beilsthaimensis (4. Dez.).
19. Joannes Pleninger Wildtpergensis (4. Dez.).
20. Georgius Lölin Mercklingensis (4. Dez.).
21. Balthasarus Hofmann Stutgardianus (4. Dez.).
22. Philippus Windacher Weinspergensis (4. Dez.).
23. Stephanus Lieblerus Rinderichingensis (4. Dez.).
24. M. Conradus Hungenberger Plancicampianus (5. Dez.).
25. Joannes Wolffgangus a Wolffthal (5. Dez.).
26. Martinus Schmaltz Noricus (5. Dez.).
27. Vrbanus Kesslerus Wisenstaigensis (9. Dez.).
28. Vitalis Kreydenuueis Esslingensis (12. Dez.).

9. B. a. 22. Sept. 68. *MFABacc.*: Oettingensis. — M. a. 17. Febr. 74. *MFAMag.:* Neötingensis.

14. B. a. 7. April 68. — Stip. 29. April 68. — M. a. 1. Febr. 70. — Rep. graecus. — *Juli 72 Diakonus in Nürtingen.*

15. B. a. 27. Sept. 69. — Stip. Okt. 69. *MFA. u. Alb. stip.:* Grötzingensis. — *April 72 Provisor in Vaihingen.*

16. B. a. 27. Sept. 69 (Bebenhus.). — Stip. Jan. 70. — *April 72 Provisor in Stuttgart.*

17. B. a. 22. Sept. 68 (Bebenhus.). — Stip. Jan. 69. — *Juli 72 Collaborator in Weinsberg.*

18. Stip. Jan. 68. – B. a. 22. Sept. 68. — M. a. 14. Febr. 71. — *April 74 Diakonus in Boll.*

19. Stip. Jan. 68. — B. a. 22. Sept. 68. — M. a. 13. Aug. 72. *MFA. [am Rand]:* postea pius concionator Comarae in castris et Graeciis, ub mortuus *d. h. er war Feldprediger auf der Donauinsel Comora in Ungarn und starb 1579 als Prediger in Gras (vgl. Crusius).* — *Jan. 74 als Prediger nach Comora verschickt.*

20. B. a. 22. Sept. 68 (Bebenhus.). — Stip. Jan. 69. — *April 75 Diakonus in Gruibingen.*

21. Stip. Jan. 68. — *Jan. 69 Collaborator in Stuttgart.*

22. B. a. 7. April 68. – Stip. 23. April 68. — *Juli 68 excessit e stipendio.*

28. B. a. 30. März 69 (Bebenhus.). *MFABacc. u. Alb. stip.:* Joh. Vitalis v. Esslingen. — Stip. April 69. *(Alb. stip. an anderer Stelle wie oben).* — *Okt. 72 Collaborator in Stuttgart.*

1568.

29. Joannes Ölbafius Noricus (12. Jan.).

30. Erhardus Kallt ⎫
31. Matthaeus Kallt ⎭ fratres germani (13. Jan.).

32. Hieronymus Hecker Biettikaimensis (15. Jan.).

33. Thomas Wanger Dettingensis (15. Jan.).

34. Petrus Gutbrot Dettingensis (15. Jan.).

35. Martinus Gröninger Winendensis (15. Jan.).

36. Martinus Raden Dettingensis (15. Jan.).

37. Zacharias Decker Weinspergensis (15. Jan.).

38. Joannes Waltz Neuffensis (15. Jan.).

39. Samuel Brylhart Herbertingensis (15. Jan.).

40. Jacobus Steudlin Enteringensis (15. Jan.).

41. Georgius Schmagk Cantharapolitanus (15. Jan.).

42. Simon Kretz Leichingensis (15. Jan.).

43. David Gübelin Leichingensis (15. Jan.).

44. Melchior Ruoff Seuburgensis (15. Jan.).

32. Stip. 6. März 68. — B. a. 7. April 68. *MFABacc.*: Höcker. — M. a. 1. Febr. 70. — *Juli 72 Pfarrherr in Lossen [Loffen?]; vgl. dagegen Binder, Kirchen- u. Schulämter S. 791 u. 800.*

33. Stip. 3. Mai 68. *Alb. stip.*: v. Dettingen am Schlossberg. — *Jan. 70 Subdiakonus in Kirchheim.*

34. Stip. 11. Mai 68. *Alb. stip.*: Gûttbrott Dettingen Aurach.

35. B. a. 22. Sept. 68 (Maulbronn.). — Stip. Jan. 69. — M. a. 13. Aug. 72. — *Juli 75 Diakonus in Backnang.*

36. Stip. Jan. 68. — B. a. 7. April 68. — M. a. 2. Aug. 70. *MFAMag.*: Rhadenus. — *April 71 Collaborator in Stuttgart.*

37. B. a. 22. Sept. 68 (Maulbronn.). — Stip. Jan. 69. *Alb. stip.*: Thecker. — M. a. 14. Febr. 71. *MFAMag.*: Vinimontanus. — *April 74 Präzeptor in Lorch.*

38. B. a. 22. Sept. 68. (Maulbronn.). — Stip. Jan. 69. *Alb. stip.*: Jonas Walz. — M. a. 14. Febr. 70. — *April 72 Diakonus in Neuffen.*

39. B. a. 22. Sept. 68 (Maulbronn.). — Stip. Jan. 69. *Alb. stip. u. MFA.*: Bainhart. — *Okt. 69 im Fieber gestorben.*

40. B. a. 22. Sept. 68 (Maulbronn.). — Stip. Jan. 69. — M. a. 2. Aug. 70. — *Juli 71 Präzeptor in Herbertingen.*

42. B. a. 22. Sept. 68 (Maulbronn.). — Stip. Jan. 69. — M. a. 2. Aug. 70. *MFAMag.*: Crötzius. — *Juli 72 Präzeptor in Anhausen.*

43. *Alb. stip. u. MFA.*: Aubelin. — B. a. 22. Sept. 68 (Maulbronn.). — Stip. Jan. 69. — M. a. 1. Aug. 71. *MFAMag.*: Vlmensis. — *Juli 74 nicht mehr in den Stiftsakten: 1574 Präzeptor in St. Georgen.*

44. B. a. 22. Sept. 68 (Maulbronn.). *MFABacc.*: Seebrunnensis. — Stip. Jan. 69. *Alb. stip.*: v. Aych. — M. a. 14. Febr. 71. *MFAMag.*: Seeburgensis. — *April 73 Diakonus in Urach.*

45. Joannes Zeller Duttlingensis (15. Jan.).
46. Johannes Koch Tübingensis (15. Jan.).
47. Georgius Feyrmayer (16. Jan.).
48. Vitus Kirchbauw (16. Jan.).
49. Heinricus Knittelius Boias Landtshutanus (16. Jan.).
50. Eberhardus Riepp Tubingensis (19. Jan.).
51. Conradus Thalhamer Tubingensis (19. Jan.).
52. Jacobus Bausch Memmingensis (19. Jan.).
53. Heinricus Albert Mömmingensis (19. Jan.).
54. Jacobus Kindter Monacensis (19. Jan.).
55. Arnoldus Faber Noricus (19. Jan.).
56. Jacobus Hofmann ⎫
57. Erasmus Hofmann ⎭ fratres germani (19. Jan.).
58. Heinricus Weickersreitter Tubingensis (20. Jan.).
59. Thomas Ott Ginningensis (21. Jan.).
60. Ludovicus Kratzer Herrenbergensis (21. Jan.).
61. Paulus Schigkhart Herrenbergensis (21. Jan.).
62. Jacobus Kirmannus Sultzensis (21. Jan.).
63. Noë Breitter Kalwensis (21. Jan.).
64. Lazarus Molitor Kirchensis (21. Jan.).
65. Georgius Hemminger Gröningensis (21. Jan.).

45. B. a. 22. Sept. 68 (Maulbronn.). — Stip. Jan. 69. — M. a. 14. Febr. 71. — *Jan. 72 Präzeptor in St. Georgen.*
51. B. a. 27. Sept. 69. *MFA Bacc.:* Dalhaimerus. — M. a. 14. Febr. 71. — Dr. iur. utr. 9. Mai 76.
52. B. a. 27. Sept. 72. *MFA Bacc.:* Bösch. — M. a. 4. Aug. 74. *MFA-Mag.:* Bäsch.
53. B. a. 27. Sept. 72.
59. B. a. 22. Sept. 68 (Hirsaug.). — Stip. Jan. 69. — M. a. 1. Aug. 71. *MFA u. Alb. stip.:* Thom. Otto Gryningensis. — *April 73 nach Österreich verschickt.*
60. B. a. 7. April 68. — Stip. 24. Juli 68. — M. a. 2. Aug. 70. — *Juli 71 Schulmeister in Alpirsbach.*
61. B. a. 22. Sept. 68 (Hirsaug.). — Stip. Jan. 69. — M. a. 14. Febr. 72. — *Okt. 73 Diakonus in Münsingen.*
62. B. a. 7. April 68. *MFA Bacc.:* Kirschenmannus. — Stip. Jan. 69. *Alb. stip.:* Kirschman. — M. a. 14. Febr. 71. — *April 74 Diakonus zu Herbertingen.*
63. B. a. 7. April 68. — Stip. 24. Juli 68. *MFA. u. Alb. stip.:* Noah Braytter. — M. a 2. Aug. 70. — *April 71 Hirschovii praeceptor.*
64. B. a. 22. Sept. 68 (Hirsaug.). — Stip. Okt. 69. — M. a. 13. Aug. 72. — *Jan. 74 Diakonus in Tuttlingen.*
65. B. a. 22. Sept. 68 (Hirsaug.). — Stip. Okt. 69. — M. a. 14. Febr. 72. — *Jan. 74 Präzeptor in St. Georgen.*

66. Laurèntius Mederlin Kirchensis (21. Jan.).

67. Georgius Ludovicus Trigel Brackhenhaymensis (21. Jan.).

68. Gallus Mán Blaubeurensis (21. Jan.).

69. Samuel Sutor Herrenbergensis (21. Jan.).

70. Burckhardus Eppius Tubingensis ⎫ denuo nomina sua indi-
71. Henricus Schigkhardus Tubingensis ⎭ carunt (21. Jan.).

72. Joannes Stoltzburger Straubingensis (23. Jan.).

73. Nicolaus Theim ⎫
74. Marcus Plostrarius ⎭ Kitterichenses (26. Jan.).

75. Theodoricus Aquarius Lubeccensis ⎫ denuo sunt nomina professi
76. Christophanus Reichardus ⎭ et recepti (26. Jan.).

77. Valentinus Otto (26. Jan.).

78. Joannes Ruoff Tubingensis (1. Febr.).

79. Joannes Sechelius Stutgardianus (2. Febr.).

80. Balthasarus Moeningerus Öttingensis (4. Febr.).

81. Joannes Artopoeus Feldentinus (6. Febr.).

82. Casparus Letscher Noricus rursus nomen suum indicavit (9. Febr.).

83. Joannes Heuhenderffer Masachingensis (20. Febr.).

84. Marcus Rör Esslingensis (2. März).

85. Martinus Seidler Laubanus (9. März).

86. Paulus Welserus Augustanus (9. März).

87. Lucas Januarius Ermershausensis (13. März).

88. Marcus Homelius Vaihingensis (13. März).

66. B. a. 7. April 68. *MFABacc.*: Meiderlin. — Stip. Jan. 69. — M. a. 14. Febr. 72. — *April 73 exkludiert.*

67. B. a. 22. Sept. 68 (Hirsaug.). *MFABacc.*: Tregel. — Stip. Okt. 69. — M. a. 14. Febr. 72. — *April 73 nach Österreich verschickt.*

68. B. a. 7. April 68. *MFA.*: Mannius. — Stip. 24. Juli 68. — M. a. 2. Aug. 70. — *April 73 Präseptor in Blaubeuren.*

69. B. a. 7. April 68. — Stip. 24. Juli 68. — M. a. 2. Aug. 70. — *Jan. 71 Diakonus in Blaubeuren.*

70. Vgl. 161,137. — B. a. 30. März 69. — M. a. 14. Febr. 71.

71. Vgl. 160,131. — B. a. 22. Sept. 68.

75. Vgl. 160,100.

79. B. a. 22. Sept. 68.

80. B. a. 15. März 70. *MFABacc.*: Balth. Muningerus Öthingensis. — M. a. 1. Aug. 71. *MFAMag.*: Monninger [von des Crusius Hand:] convictor meus.

82. Vgl. 162,57.

87. B. a. 30. März 69 (Bebenhus.). — Stip. April 69. *MFA. u. Alb. stip.*: Ertmanshusensis. *Alb. stip. auch:* Luc. Jenner. — *Ist April 72 ausgetreten aus dem Stift.*

88. B. a. 22. Sept. 68 (Bebenhus.). — Stip. Okt. 68. *Alb. stip. u. MFA.*: Humelius. — M. a. 11. Febr. 73. - - *April 75 Diakonus zu Rosenfeld.*

89. Martinus Knollius Herrenbergensis (13. März).
90. Georgius Küpferlin Tubingensis (13. März).
91. Moyses Seng Reutlingensis (20. März).
92. Georgius Vogler Augustanus compactor librorum (21. März).
93. Michael Rey Sindelfingensis (2. April).
94. Bartholomeus Studeon Vracensis (3. April).
95. Joannes Eichon Gelenhausanus (6. April).
96. Petrus Weberus Meysenhaimensis (6. April).
97. M. Joannes Keltz Winendensis rursus nomen suum professus (7. April).
98. Oseas Hala Waiblingensis (8. April).
99. Wolffgangus Christophorus Blancus Neapolitanus (9. April).
100. Samuel Metzger Tubingensis rursus nomen indicavit (9. April).
101. Joachimus Krespach Dettingensis (12. April).
102. Josephus Hofsees Murrhartensis (17. April).
103. Casparus Heldelin Lindauiensis } fratres germani (25. April).
104. Vdalricus Heldelin Lindauiensis
105. Michael Bitrolphius Vlmensis (25. April).
106. Casparus Pfaut Bessickhaimensis (26. April).
·107. Michael Faenerator Reutlingensis (26. April).
108. Wendelinus Hainrich Bleydelshaimensis (29. April).
109. Christophorus Meck Miettingensis (29. April).
110. Andreas Haug Wimpffensis (30. April).
111. Joannes Ludovicus Hauuenreuterus Argentinensis (1. Mai).

93. B. a. 30. März 69. *MFABacc.:* Mich. Reuw Synadelphingensis. — M. a. 1. Aug. 71. *MFAMag.:* Reius.

94. Stip. April 68. — B. a. 22. Sept. 68. — M. a. 13. Aug. 72. — *April 73 Präseptor in Hagenau.*

97. Vgl. 155,60.

98. B. a. 27. Sept. 69 (Bebenhus.). — Stip. 12. Nov. 69. — *Okt. 72 impetravit dimissionem.*

100. Vgl. 157,61.

108. B. a. 15. März 70. — M. a. 13. Aug. 72.

111. Vgl. 205,12.

111a. *Alb. stip.:* Alexander Hunn v. Cannstadt. — Stip. Sept. 68. — B. a. 30. März 69. — *Juli 71 exclusus propter matrimonium.*

111b. *MFABacc.:* Zimpertus Schillinger Pfullingensis, B. a. 22. Sept. 68. — Stip. Okt. 68. *Alb. stip.:* Rupertus Schilling. — M. a. 10. Febr. 71. — *Okt. 73 Diakonus in Wildbad.*

111c. *MFABacc.:* Johannes Stayg Beuhelstainensis, B. a. 30. März 69. — Stip. Okt. 69. — M. a. 9. Febr. 75. — *April 76 Diakonus in Münsingen.*

169. Sub rectura clarissimi viri dom. D. **Jacobi Heerbrandi**
a festo apost. Phil. et Jac. usque ad festum div. Luc. a 1568:

1. Jacobus Varnbüler Badensis nomen suum iterum indicavit (2. Mai).
2. Johannes Wick Nörlingensis (4. Mai).
3. Carolus Lymerus Argentoratensis (5. Mai).
4. Thomas Wellwarter von Effingen (5. Mai).
5. Joachimus Theller Lindauiensis med. Dr. nomen suum iterum est professus (5. Mai).
6. Primus Truberus Rottenburgensis ad Tuberim (10. Mai).
7. Philippus Gesslerus Newweylensis (11. Mai).
8. Daniel Arcularius Casselanus (11. Mai).
· 9. Andreas Pistor vocatus Molitor Imenhausensis nomen suum iterum indicavit (11. Mai).
10. Andreas Tresch Ratisbonensis (14. Mai).
11. Christophorus Ebenhech Ratisbonensis (14. Mai).
12. Achatius } Hehenfelder ab Alstershaimb fratres (17. Mai).
13. Marcus
14. Paulus Dinsbed Ratisbonensis (17. Mai)..
15. Jacobus Breuning Noricus (18. Mai).
16. Vlricus Johannes Starck Noricus nomen suum iterum professus est (21. Mai).
17. Gottfridus Schilling Vratislauiensis nobilis (21. Mai).
18. Ludovicus Rottenburger Tübernimontanus (24. Mai).
19. Casparus Horenberger Angerlochensis (28. Mai).
20. Johannes Fridericus Hiltebrandus Bossanus Tirolensis (28. Mai).
21. Georgius Schew Goricianus (29. Mai).
22. Laurentius Engelshauserus Labacensis (29. Mai).
23. Daniel Vrabicius Goricianus (29. Mai).
24. Andreas Sauiniz Labacensis (29. Mai).
25. Georgius Gallus   } Ratisbonensis (31. Mai).
26. Georgius Schredsmelius

1. Vgl. 153,37.
6. Stip. Tiffernitanus Mai 68 (16. anno aet.). — B. a. 15. März 70. —
M. a. 5. Aug. 73. — Jan. 75 kehrt er aus den Ferien nicht wieder; wie sich später herausstellt, wegen Krankheit; drum wird er Okt. 75 in gratia entlassen.
9. Vgl. 146,55; 178,16 u. 202,18.
10. B. a. 27. Sept. 69. — M. a. 14. Febr. 71. MFABacc. u. Mag.: Dresch
16. Vgl. 157,127.
26. B. a. 15. März 70.

27. Ferdinandus Wincklerus Spitalensis Carinthus (31. Mai).
28. Fridericus Renglerus ⎫
29. Bartholomeus Frey   ⎭ Rottenburgenses ad Tuberim (1. Juni).
30. Casparus Beer Böblingensis iterum est receptus (3. Juni).
31. Johannes Lepus Blauensis (3. Juni).
32. Daniel Raiphius Coronensis (5. Juni).
33. Arnoldus de Beringhaufen (7. Juni).
34. Engelbertus Coppius Westphalus (7. Juni).
35. Marcus Hiller Tubingensis (10. Juni).
36. Vlricus Øltinger (10. Juni).
37. Johannes Lundtner Memmingensis (11. Juni).
38. Johannes Christophorus a Prag haro in Wintthag nomen suum
    referri voluit in catalogum studiosorum, tametsi hic non da-
    turus esset operam literis (13. Juni).
39. Georgius a Reden nobilis, minister baronis (13. Juni).
40. Georgius Sagittarius Bischoffhaimensis (14. Juni).
41. Johannes Cellarius Casselanus (16. Juni).
42. Marcus Volmarius Kittingensis (16. Juni).
43. Henricus Stroband Toronensis Prutenus (16. Juni).
44. Jonas Renz Stutgardianus (17. Juni).
45. Eberhardus Kegelius Memmingensis (17. Juni).
46. Johannes Ottmar Augustanus nomen suum iterum professus est
    (18. Juni).
47. Johannes Musculus Amenoburgensis (23. Juni).
48. Samuel Aurifaber Wittenbergensis (29. Juni).
49. Hugo Reiotto Montpelgardensis (6. Juli).
50. Jacobus Brentelius Stirius iterum est inscriptus (6. Juli). ·
51. Sigismundus ⎫
52. Nicomedes   ⎭ Schwebelit Ratisbonenses (6. Juli).
53. Johannes Cuplerus Eschingensis (7. Juli).

_27._ B. a. 22. Sept. 68. — M. a. 2. Aug. 70.
_28._ Dr. iur. 20. Aug. 71. _Jur.:_ M. Fridericus Rengerus.
_30._ Vgl. 157,67.
_32._ Stip. Aug. 68. _Alb. stip.:_ Dan. Reiphius v. Cronstadt. — _April 71
Präzeptor in Anhausen._
_35._ B. a. 30. März 69. _MFABacc.:_ Martinus _(am Rand: Marcus)._
_46._ Vgl. 161,13.
_50._ Vgl. 167,55. — B. a. 22. Sept. 68. — M. a. 2. Aug. 70. _MFAMag.:_ Ober-
uueltius. _MFABacc. [v. Crusius' Hand]:_ pater eius Jacohus ad 111 annos
vixit. — Vgl. 179,53.

54. Michael Hornecker Rottenburgensis ad Tuberim | typographi
55. Simon Cisius von Sprenberg Silesius | (11. Juli).

56. Maximilianus Vitus Holtzschucher   } Norici (12. Juli).
57. Sigismundus Örtelius

58. Petrus Anthonius de Berto (12. Juli).

59. Johannes Eckberger [a] Rottenburgensis ad Tuberim (16. Juli).

60. Bartholomaeus Dreer Isnensis (16. Juli).

61. Andreas Piscator Reutlingensis (16. Juli).

62. Johannes Stechmanus   } Budingenses (16. Juli).
63. Antonius Beyer

64. Johannes Thomas Schwarz Altdorffensis (21. Juli).

65. Christophorus Rabausch Stutgardianus   ⎫
66. Alexander Schmoltzrid Marpachensis   ⎬ ex monasterio Hirsaw
67. Martinus Kreb Tubingensis   (22. Juli).
68. Christophorus Gliz Stutgardianus
69. Philippus Jacobus Hang Vracensis   ⎭

70. M. Johannes Blos Minsingensis nomen suum iterum dedit
(22. Juli).

71. Christophorus Wurtzer Carinthius (23. Juli).

72. Andreas   } Dresselberg Dani fratres (24. Juli).
73. Guilhelmus

74. Chilianus Lilienfein Selbachensis (31. Juli).

75. Sebaldus Lehner Carinthius nomen suum iterum indicavit
(4. Aug.).

a) *Aus Versehen hat der Abschreiber schon nach Eckberger ein ad eingesetzt.*

60. B. a. 4. April 71. — M. a. 1. Aug. 71. *MFABacc. u. Mag.*: Barth. Tornarius.

64. Stip. 17. Juli 68. — B. a. 30. März 69. — M. a. 13. Aug. 72. *MFA. Bacc. u. Mag.*: Bottwarensis. — *Okt. 75 Diakonus in Wildberg.*

65. B. a. 27. Sept. 69 (Hirsaug.). — Stip. Jan. 70. — M. a. 4. Aug. 74. — — *Jan. 76 Diakonus in Boll.*

66. B. a. 30. März 69 (Hirsaug.). — Stip. Mai 69. *MFA. u. Alb. stip.*: Schmaltzrid v. Murr. — *Okt. 71 Provisor in Waiblingen.*

67. B. a. 22. Sept. 68 (Hirsaug.). — Stip. Okt. 69. — M. a. 14. Febr. 72. — Rep. rhetoricus. — *Okt. 75 Diakonus in Schorndorf.*

68. B. a. 27. Sept. 69. (Hirsaug.). — Stip. Jan. 70. — *April 73 aus dem Stift exkludiert.*

69. B. a. 27. Sept. 69 (Hirsaug.). — Stip. Juli 70. — *April 73 an einer langwierigen Krankheit gestorben.*

70. Vgl. 154,19.   (above = p. 415)

75. Vgl. 159,36.

76. Jacobus Müelich Bayrsbrunensis (7. Aug.).
77. Jacobus Cellarius praeceptor
78. Johannes Hartlieb
79. Jacobus Hartlieb } Augustani (7. Aug.).
80. Anthonius Rem
81. Johannes Conradus Dehlin
82. Henricus Schweicker Stutgardianus (7. Aug.).
Jacobus Agricola Phorcensis (11. Aug.).
83. Casparus Ernlin Rottenwilensis (15. Aug.).
85. Johannes Hoffman Hallensis (15. Aug.).
86. Nicolaus Reichardus Nörlingensis (15. Aug.).
87. Chilianus Agricola Öringensis (16. Aug.).
88. Henricus Berdicht Magdeburgensis (18. Aug.).
89. Johannes Stadelmann Waltzensis nomen suum iterum professus est (20. Aug.).
90. Maternus Huber Lauffenburgensis (22. Aug.).
91. Carolus Weinman Höchingensis (25. Aug.).
92. Leonhardus Blepst Vlmensis iterum inscriptus (29. Aug.).
93. Georgius Harteysen Braculeus Westphalus (29. Aug.).
94. Libocius Gayling Volkmariensis Westphalus (29. Aug.).
95. Martinus Bach Dornstettensis (3. Sept.).
96. Johannes Bocksperger Leipheimensis (8. Sept.).
97. Carolus Agricola Donawerdensis (12. Sept.).
98. Michael Delzer Donawerdensis (12. Sept.).
99. Christopherus Clemens Dauniger[a] Rauenspurgensis nomen suum iterum professus est (16. Sept.).
100. Balthasar Eyßler Dingelfingensis iterum est receptus a senatu (18. Sept.).
101. Assuerus Stainhaus Rauenspurgensis (20. Sept.).

a) Von der Hand des Crusius ist Tafinger darübergeschrieben.

82. B. a. 30. März 69. MFABacc.: Schweyckhart. — M. a. 14. Febr. 71. MFAMag. [am Rand:] obiit postea mense Augusto peste Tubingae.
83. B. a. 30. März 69. — M. a. 5. Aug. 73.
85. Vgl. 158,12. — B. a. 27. Sept. 69. — M. a. 14. Febr. 71.
86. B. a. 4. April 71. — M. a. 11. Febr. 73.
89. Vgl. 163,7.
92. Vgl. 163,2 u. 177,77.
95. B. a. 27. Sept. 72. MFABacc.: Acanthopolita. — M. a. 10. Aug. 75.
99. Vgl. 160,134.
100. Vgl. 165,29. – Dr. iur. utr. 23. Nov. 73. Jur.: Balt. Islerus Ingelfingensis.

102. Johannes Conradus ⎫
103. Eytellus Vlricus   ⎬ Varnbüleri fratres (20. Sept.).

104. Johannes Wolffgangus ab Anweyl nomen suum iterum indicavit (20. Sept.).
105. Georgius Piscator Butikhaimensis (20. Sept.).
106. Wolffgangus Comes zu Castell (21. Sept.).
107. Michael Meckelius Grettingensis praeceptor (21. Sept.).
108. Nicolaus Hoffman Heydenfelder (21. Sept.).
109. Marcellus Huntterus Transylvanus (21. Sept.).
110. Carolus a Daxsperg (23. Sept.).
111. Melchior a Ruoff (23. Sept.).
112. Laurentius Gualtherus Küechel Vlmensis nomen suum iterum indicavit (25. Sept.).
113. M. Joachimus Waldmüller nomen suum iterum professus est (26. Sept.).
114. Johannes Grynisius Franckenbergensis Francus (27. Sept.).
115. Alexander Sauerus Franckenbergensis (27. Sept.).
116. Rogerus Lotharus Augustanus (27. Sept.).
117. Leonhardus Romelius Dompilensis (1. Okt.).
118. Albertus Renglerus Rottenburgensis ad Tuberim (1. Okt.).
119. Johannes Deuserus Rottenburgensis ad Tuberim (1. Okt.).
120. Petrus Scipio Herbipolensis (1. Okt.).
121. Marcus Scipio frater Herbipolensis (1. Okt.).
122. Adamus Junius Pinipolitanus, Argentoratenses scholastici (1. Okt.).
123. Johannes Conradus Buck Tubingensis (3. Okt.).
124. Helias Michael Memmingensis (3. Okt.).
125. Johannes Fridericus comes a Nassau Sarbrücken dominus in Helfflingen (9. Okt.).
126. Johannes Ludovicus comes a Nassau Sarbrücken dominus in Helfflingen (9. Okt.).
127. Johannes Ludovicus ab Eudingen[a] (9. Okt.).

a) Oder wahrscheinlicher Endingen?

104. Vgl. 157,72.
108. Stip. Tiffernitanus Jan. 69. Alb. stip.: Marc. Honterus v. Cronstatt. — Okt. 69 dimittiert.
112. Vgl. 163,3. — Dr. med. 17. Dez. 72. Med.: Kuchelius.
116. B. a. 30. März 69. -- M. a. 14. Febr. 71.
118. B. a. 15. März 70. MFABacc.: Ringlerus.
124. B. a. 26. Sept. 70. — M. a. 14. Febr. 71.

128. Adamus Nicolaus Schurmius Giessensis iur. utr. Lic. (9. Okt.).
129. M. Adamus Hederau Fridburgensis (11. Okt.).
130. Mauritius comes a Diez ⎫ fratres (17. Okt.).
131. Ernestus comes a Diez ⎭
132. Nicolaus Confluentinus magister morum (17. Okt.).
133. Henrich Clemens von Spangenberg famulus comitum (17. Okt.).
134. Hans Gerstenmayr Heidelbergensis compactor librorum nomen suum iterum est professus (17. Okt.).

170. Sub rectura clarissimi viri dom. D. **Anastasii Demleri** a festo divi Lucae 1568 usque ad festum apostolorum Philippi et Jacobi anno 1569:

1. Melchior Thenn Salzburgensis (19. Okt.).
2. Carolus Hornik a Weigwitz Silesius (19. Okt.).
3. Johannes Albertus Portner Ratisbonensis (19. Okt.).
4. Daniel Pfinzing patricius Vratislauiensis (19. Okt.).
5. Tobias Theodoricus Sorauiensis in Silesia (19. Okt.).
6. Wolffgangus Finckeltauss Northusanus (19. Okt.).
7. Henricus Buther Lindauiensis (19. Okt.).
8. Johannes Scheer Schuacensis (19. Okt.).
9. Michael Beringer Balingensis (22. Okt.).
10. Theophilus Dachtlerus M. Jacobi Dachtleri filius (22. Okt.).
11. Vlricus Michler Memmingensis (24. Okt.).
12. Carolus von Arle Gallus et Parisiensis (25. Okt.).
13. Wolffgangus Spelt Coburgensis (26. Okt.).
14. Johannes Öchslin Gaislingensis (27. Okt.).
15. Johannes Wilhelmus ⎫ Boßhaim, Argentoratenses, se rursus
16. Johannes Bernhardus ⎭ significarunt (27. Okt.).
17. Johannes Mezelerus Langenbergensis (27. Okt.).

129. Vgl. 182,28.
134. Vgl. 162,111.
134 a. Alb. stip.: Georgius Vber v. Stuttgart. Stip. Jan. 70. — B. a. 26. Sept. 70. — M. a. 5. Aug. 73. — April 76 Präceptor in Anhausen.
134 b. MFABacc.: Marcus Volmarius Kleinlanckheimensis. — B. a. 30. März 69. — M. a. 2. Aug. 70. MFAMag.: Langheimius.
10. B. a. 31. März 74. MFABacc.: Biberacensis. — M. a. 1. Aug. 76.
11. B. a. 27. Sept. 69.
14. B. a. 27. Sept. 69. — M. a. 1. Aug. 71. MFAMag.: Exlinus.
17. Vgl. 180,25.

18. Johannes Fridéricus Welserus Augustanus (27. Okt.).
19. Jacobus Demlerus (28. Okt.).
20. Sebastianus Demlerus (28. Okt.).
21. Franciscus Grachus ⎱
22. Philippus Magnus ⎰ Sylvanectenses ex Gallia (28. Okt.).
23. Philippus Lershener Marpurgensis rursus nomen suum indicavit (29. Okt.).
24. Philippus Arcularius Hassus de Casteel (29. Okt.).
25. Johannes Eisengrein Stutgardianus (30. Okt.).
26. Michael Rieser Nürtingensis (30. Okt.).
27. Christophorus Binder Grezingensis (30. Okt.).
28. Petrus Werzlin Nurtingensis (30. Okt.).
29. Johannes Maier Lustauiensis (30. Okt.).
30. Georgius Volmar Vaihingensis (30. Okt.).
31. Conradus Wolffius Stutgardianus (1. Nov.).
32. Johannes Klein Plochingensis (1. Nov.).
33. Johannes Pictor Beutelsaphensis (!) (1. Nov.).
34. Georgius Auwer Gunzenhusanus (5. Nov.).
35. Michael Tobel Göppingensis (5. Nov.).
36. Joachimus Einbacher Grecensis in Styria (5. Nov.).
37. Lucas Daminck Linenburgensis (5. Nov.).
38. Franciscus Tucher Augustanus rursus nomen suum indicavit (7. Nov.).

26. B. a. 30. März 69 (Maulbronn.). — Stip. April 69. *MFA. u. Alb. stip.:* Kieser. — M. a. 1. Aug. 71. — *Jan. 73 Diakonus in Vaihingen.*

27. B. a. 30. März 69 (Maulbronn.). — Stip. April 69. *MFA. u. Alb. stip.:* Nürtingensis. — M. a. 13. Aug. 72. — *April 75 Diakonus in Göppingen.*

28. B. a. 30. März 69 (Maulbronn.). *MFABacc.:* Weltzlin. — Stip. April 69. *Alb. stip.:* Wältzlin, musicus. — *April 73 exkladiert.*

29. B. a. 30. März 69 (Maulbronn.). — Stip. April 69. *Alb. stip. u. MFA.:* Villicus. — *Juli 70 ausgetreten aus dem Stift.*

30. B. a. 30. März 69 (Maulbronn.). — Stip. April 69. — M. a. 1. Aug. 71. — Rep. physicus. — *April 75 Pfarrer in Hogenau.*

31. B. a. 30. März 69 (Bebenhus.). — Stip. April 69. — *1573 Collaborator in Schorndorf.*

32. B. a. 30. März 69 (Bebenhus.). — Stip. April 69. — *Jan. 71 aus dem Stift rejiciert; später wieder angenommen.* — M. a. 13. Aug. 72. — *Juli 74 Präseptor in Adelberg.*

33. B. a. 30. März 69 (Bebenhus.). — Stip. April 69. — M. a. 5. Aug. 73. — *Jan. 76 Diakonus in Neuenstadt.*

34. Dr. iur. utr. 4. Febr. 78. *Jur.:* Ower.

35. B. a. 15. März 70. *MFABacc.:* Thobelius.

39. Johannes Greisius (8. Nov.).
40. Georgius Christophorus Greisius (8. Nov.).
41. Abrahamus Volmar Vraciensis (10. Nov.).
42. Wilhelmus Vogt Memmingensis (11. Nov.).
43. Eustachius Bernardus Parisiensis (11. Nov.).
44. Andreas Marius Schakouiensis (12. Nov.).
45. Michael Recheler Rohrdorfensis (12. Nov.).
46. Theodoricus Georgius Bercka baro de Tuba dominus in Leipa et novo Strenof (17. Nov.).
47. Domianus Pflug Misnensis (17. Nov.).
48. Johannes Pflug (17. Nov.).
49. Hieronimus Pelicanus Vratislauiensis (17. Nov.).
50. Boruinus Saboschi (17. Nov.).
51. Gabriel Genger Noricus (24. Nov.).
52. Martinus de Embden Magdeburgensis (24. Nov.).
53. M. Georgius Pistorius rursus suum nomen indicavit (24. Nov.).
54. Georgius Gerwius Schorndorfensis (25. Nov.).
55. Johannes Sattler Schorndorfensis M. M. Sattleri filius (25. Nov.).
56. Franciscus Gall a Gallenstain zum Lug Carniolanus (26. Nov.).
57. Georgius Niffergall Bornercensis in Hassia (28. Nov.).
58. Martinus Feserus Altdorfensis, prope Rauensperg (28. Nov.).
59. Philippus Schrayvogel Herrenbergensis (3. Dez.).
60. Stephanus Biderman Tübingensis (3. Dez.).
61. Michael Mästle Göppingensis (3. Dez.).
62. Theophilus Edlmanns Balingensis (3. Dez.).
63. Johannes Bez Göppingensis (3. Dez.).
64. Martinus Lanz Stutgardianus (3. Dez.).

41. B. a. 28. Sept. 70. — M. a. 11. Febr. 73.
58. B. a. 30. März 69 (Herrenalb.). *MFABacc.*: famulus contubernii.
59. B. a. 30. März 69 (Herrenalb.). — Stip. April 69. — *Jan. 71 aus dem Stift rejiciert.*
60. B. a. 30. März 69 (Herrenalb.). — Stip. Nov. 69. — *Jan. 73 Provisor in Leonberg.*
61. B. a. 30. März 69 (Herrenalb.). — Stip. April 69. — M. a. 1. Aug. 71. — Rep. mathematicus. — *Vgl. 201,21.* — *Jan. 77 Diakonus in Backnang.* MFAMag. [am Rand]: Heidelbergae et postea Tubingae mathematum professor.
62. B. a. 30. März 69 (Herrenalb.). — Stip. April 69. *Alb. stip. u. MFA.*: Edelmann. — M. a. 1. Aug. 71. — *Okt. 72 Präzeptor in Königsbronn.*
63. B. a. 30. März 69 (Herrenalb.). — Stip. 11. Nov. 69. — M. a. 11. Febr. 73. *Okt. 73 Collaborator in Stuttgart.*
64. Stip. Jan. 70. — B. a. 15. März 70. — M. a. 1. Aug. 71. — *Okt. 72 obiit.*

65. Conradus Schoch Stutgardianus (3. Dez.).
66. M. Georgius Beitzerus Butisinus (8. Dez.).
67. Laurentius Tremperus Northusanus (8. Dez.).
68. Philippus Jacobus Wolfius Wimpinensis (9. Dez.).
69. Johannes Fridericus Dauinger Rauenspurgensis (10. Dez.).
70. Petrus Würſt von Radelſtetten Göppingensis praefecturae (11. Dez.).
71. Sebastianus Walckmüller Haylprunensis (14. Dez.).
72. Johannes Vldaricus Necklin (!) a Staineck rursus nomen suum indicavit (14. Dez.).
73. Melchior Bestlin Beblingensis (29. Dez.).
74. Paulus Vogel Gerlingensis (29. Dez.).
75. Johannes Algeher Stutgardianus (29. Dez.).
76. Michael Haass Biettikhaimensis (29. Dez.).

1569.

77. Petrus Alienarius Dürlacensis (2. Jan.).
78. Johannes Globius Marpergelianus prope Wintzhaimb (7. Jan.).
79. Johannes Krinner Casteniensis (8. Jan.).
80. Andreas Althaimer Salisburgensis (8. Jan.).
81. Johannes Knoll Bappenhaimensis (10. Jan.).
82. Alexius Moroldus Newburgensis (15. Jan.).
83. Eberhardus a Reuchingen*) (29. Jan.).
84. Thomas Dietheuw Nörlingensis (30. Jan.).
85. Johannes Lucas Raminger Augustanus (31. Jan.).
86. Albertus a Stetten Augustanus (31. Jan.).
87. Martinus Sauselin (4. Febr.).
88. Elias Elinger Augustanus (5. Febr.).
89. Johannes Conradus ab Aurbach (7. Febr.).

---

a) *Über dem u steht von anderer Hand ein m; der Name heißt* Remchingen.

65. Stip. Jan. 70. — B. a. 27. Sept. 69 (Herrenalb.). — *April 73 Diakonus in Leidringen.*

69. B. a. 27. Sept. 69. — M. a. 14. Febr. 71. *MFABacc. u. Mag.:* J. Fr. Tafinger.

72. *Vgl. 160,127.*

73. B. a. 27. Sept. 69 (Hirsaug.). — Stip. Juli 70. *MFA. u. Alb. stip.:* Baestlinus. — M. a. 11. Febr. 73. — *April 75 Präzeptor in Königsbronn.*

74. B. a. 30. März 69 (Hirsaug.). — Stip. Mai 69. — M. a. 13. Aug. 72. — Rep. dialecticus. — *Okt. 74 Diakonus in Cannstadt.*

75. B. a. 15. März 70 (Hirsaug.). — Stip. 18. Febr. 71. — M. a. 4. Aug. 74. — *Juli 76 Präzeptor in Maulbronn.*

76. B. a. 27. Sept. 69 (Hirsaug.). *MFABacc.:* Has. — Stip. 18. Febr. 71 — M. a. 17. Febr. 74. — *Jan. 76 Diakonus in Brackenheim.*

90. Casparus Arcularius Cassellanus (9. Febr.).
91. Georgius Bruder Bibracensis rursus nomen suum indicavit (15. Febr.).
92. Johannes Bufenreut Augustanus (17. Febr.).
93. Johannes Baptista Hebenstreit Augustanus Mag. (19. Febr.).
94. Luderus a Wensen Sapo Linenburgensis (29. Febr.).
95. Henricus Bellonus Westphalus (29. Fehr.).
96. Bartholomeus Kienlin Öttingensis (7. März).
97. Johannes Sauwer Noricus (7. März).
98. Ludolphus Moltzan
99. Joachimus Moltzan
100. Theodorus Moltzan — Megapolitani et fratres (7. März).
101. Bernhardus Moltzan
102. Johannes Heinricus Hecklin (!) a Steineck (9. März).
103. Franciscus Conradus Scheer a Schuuarzburg (9. März).
104. Paulus Seutter ex pago Stain (11. März).
105. Johannes Morsius Esslingensis (13. März).
106. Georgius Pimicerius Randensis Silesius (14. März).
107. Johannes
108. Sigismundus a Keitschach ex Carinthia (14. März).
109. Wolffgangus
110. Wilhelmus Schurff ex Eniponto (14. März).
111. Wilhelmus a Feustritz (14. März).
112. Johannes Reißner Mindelhaimensis (14. März).
113. Felix Turnner (14. März).
114. Andreas Büchlerus ex Styria rursus nomen suum indicavit (14. März).
115. Carolus
116. Christophorus — Berner fratres (14. März).
117. M. Volmarius Renz rursus nomen suum indicavit (14. März).
118. Georgius Brockelius Forchemius (21. März).
119. Albertus Scheienstul zu Biber Rosenhaimb in Bavaria (21. März).
120. Georgius Schrecksmelius Ratisbonensis (21. März).
121. Georgius Gallus
122. David Gallus — Ratisbonenses (22. März).
123. Georgius a Stain a Reichenstain (24. März).

124. Georgius Leonhardt Vlmensis (25. März).

125. Zacharias Hayn Gerensis ⎱
126. Matheus Hayn Gerensis   ⎰ in Misnia (26. März).

127. Christophorus Meinhardtus Mansfeldensis (26. März).

128. Carolus Gerhardus Kauffbeurensis (27. März).

129. Lucas Gesellius Memmingensis rursus nomen suum indicavit (27. März).

130. Matheus Balinger Tubingensis (9. April).

131. Georgius Geiger Vlmensis (13. April).

132. Simon Hynrichius Northalbensis (14. April).

133. Johannes Wolfhart Vlmensis (15. April).

134. Michael Krettlerus Isnensis (15. April).

135. Johannes Morhardt Tubingensis (16. April).

136. Georgius Kyrman Tubingensis (18. April).

137. Hainricus Wellinus Tubingensis (18. April).

138. Bernhardinus Stainer ⎱
139. Franciscus Stainer   ⎰ fratres Litropolitani (22. April).

140. Johannes Christophorus Ehinger ⎱
141. Johannes Jacobus Ehinger   ⎰ Lindauienses (22. April).

142. Henricus ab Holz Hamburgensis (22. April).

143. Eustachius Rigerus Neünburgensis (22. April).

144. Rulandus Rucher Giengensis (22. April).

145. Andreas Hamer Rotensis (23. April).

146. Philippus Seidinbinder Wormacensis (23. April).

124. Vgl. 184,2.

128. B. a. 27. Sept. 69. — M. a. 1. Aug. 71. *MFAMag.:* patriae suae ludi magister, qui ante semestre promovendus ex patria reverti propter hyemis magnitudinem non potuerat.

129. Vgl. *165,19.* — B. a. 27. Sept. 69. *MFABacc.:* Xellius. — M. a. 1. Aug. 71. *MFAMag. [von der Crusius Hand]:* convictor meus; anno 1576 concionator in patria.

131. B. a. 15. März 70.

134. B. a. 27. Sept. 69. *MFABacc.:* Kröttler. — M. a. 1. Aug. 71.

135. B. a. 23. Sept. 73. — M. a. 16. Febr. 76. *MFAMag. [am Rand]:* postea Dr. med. et civitatis Halensis Suevicae physicus. — Vgl. *204,11.*

137. B. a. 23. Sept. 73. — M. a. 10. Aug. 75.

138. Stip. Tiffernitanus 13. Mai 68 (22. anno aet.). — B. a. 30. März 69. — M. a. 10. Aug. 69. *Alb. stip.:* v. Stein im Krainland. — *Juli 69 aus dem Stift entlassen, weil er des jungen Herrn von Auersperg (171,64) Präzeptor wurde.*

143. B. a. 15. März 70.

147. Foelicianus Truberus (23. April).
148. Gregorius Dorberd Rotenburgensis ad Tuberim (23. April).
149. Theodorus Runtzler Oelsnicensis (26. April).
150. Johannes Sebastianus Grauwer[a] Zbifaltensis (26. April).
151. Josephus Engelhardt Tübingensis (27. April).
152. Albertus
153. Georgius Henricus } Stibari fratres de Buttenhaim (28. April).
154. Pangratius
155. Petrus Bernhardus Laubanus (28. April).
156. Samuel Friceus Calbensis (28. April).
157. Alexander Rinbinus Gittelianus Dr. sacrae theologiae et philosophiae (28. April).

171. Sub rectura clarissimi viri dom. D. **Joannis Hochmanni** a festo apostolorum Philippi et Jacobi usque ad festum divi Lucae anno 1569:

1. Johannes Richardus Hug Gamundanus (3. Mai).
2. Johannes a Beuren (3. Mai).
3. Waltherus a Beuren (3. Mai).
4. Balthasar a Benckar (3. Mai).
5. Johannes Bernhardus
6. Vlricus
7. Anthonius } Varenbüleri fratres (3. Mai).
8. Nicolaus
9. Johannes Jacobus Varenbülerus (3. Mai).

a) Oder Brauwer?

147. Stip. 15. Mai 75 (19. anno aet. e monasterio Adelbergensi). *Alb. stip.:* von Derendingen. — B. a. 28. Sept. 75. — M. a. 30. Juli 78. *MFABacc. und Mag.:* Campidunensis. — *Jan. 81 Diakonus in Laibach. — Juli 95 wird ihm bewilligt, als hospes stipendii so lange den Tisch zu haben, bis die Hauspostille in wendischer Sprache gedruckt sei: Jan. 96 geht er wieder nach Laibach.*

151. B. a. 31. März 74. — M. a. 16. Febr. 76. *MFABacc. und Mag.:* Eppingensis. *MFAMag. [am Rand]:* postea Dr. iur. utr. et consiliarius Palatinus electoralis. — *Vgl. 190,22.*

156. *MFABacc. u. Mag. u. Jur.:* Samuel Haiden, B. a. 26. Sept. 70; *identisch?* — M. a. 14. Febr. 72. — Dr. iur. 14. Mai 78.

5. Vgl. 157,154.

6. Vgl. 164,42. — Dr. iur. utr. 9. Mai 77. *Jur.:* Joannes Ulricus Varenbulerus.

7. Vgl. 165,90 u. 177,45.

8. Vgl. 157,155. — Dr. iur. utr. 9. Mai 76.

10. Christophorus Marckan Rotenburgensis ad Tuberim (3. Mai).
11. Johannes Bernhardus Werzelius Gerospachensis (4. Mai).
12. Reymundus Hermannus Augustanus (5. Mai).
13. Matheus Schorem Augustanus (5. Mai).
14. Ekhardus Vigelius Gasselanus Hassus (6. Mai).
15. Johannes Laminetus Memingensis (9. Mai).
16. Jonas Laminetus Memingensis (9. Mai).
17. Lazarus Conradinus Swarensis (9. Mai).
18. Anoch Beckel Ratisponensis (9. Mai).
19. Boennius Volkerus Frisius (10. Mai).
20. Wolffgangus Cruziger Memingensis, iterum nomen suum professus est (11. Mai).
21. Marius Zangmeiſter Memingensis se iterum indicavit (11. Mai).
22. Adamus Hagen ex Carinthia nobilis (12. Mai).
23. Ludovicus a Dietrichstain nobilis (12. Mai).
24. Gallus Binder Wayblingensis (12. Mai).
25. Balthasarus Wild (12. Mai).
26. Oswaldus Kreel Lindauiensis (14. Mai).
27. Johannes Christophorus a Brag comes iterum se indicavit (16. Mai).
28. Georgius a Rieden iterum suum nomen professus est (16. Mai).
29. Johannes a Studenberg comes (16. Mai).
30. Johannes Hext Austrianus (16. Mai).
31. Basilius Ezinger (16. Mai).
32. Johannes Claus von Jenua, Buchbindergeſell (17. Mai).
33. Samuel Grigguelus Mümpelgardensis (17. Mai).
34. Georgius Ludovicus a Neyperg (18. Mai).
35. Bernhardus a Mentzig (18. Mai).
36. Sebastianus Koler Horbensis in die ascensionis Christi (18. Mai).

---

15. B. a. 15. März 70. *MFABacc.:* Lamenet. — M. a. 14. Febr. 72.
16. B. a. 15. März 70. — M. a. 14. Febr. 72.
20. *Vgl. 165,25.* — B. a. 27. Sept. 69.
21. *Vgl. 165,26.* — B. a. 15. März 70. — M. a. 13. Aug. 72.
24. B. a. 15. März 70. — *Vgl. 226,2.*
25. B. a. 26. Sept. 70. — M. a. 5. Aug. 73. *MFABacc. u. Mag.: Sur.*
gardianus.
33. Stip. Juli 69. — R. a. 27. Sept. 69. — *April 73 Präzeptor u*
Mömpelgart.
35. *Vgl. 180,6.*

37. Conradus Heyl Hanouiensis (20. Mai).
38. Petrus Stainleđher Hanouiensis (20. Mai).
39. Jacobus Faber Bietigheimensis (21. Mai).
40. Joachimus Keller Stutgardianus (21. Mai).
41. Joannezerus Jacobius Haybachensis (21. Mai).
42. Johannes Heinricus Zelesius Norinbergensis (23. Mai).
43. Wolffgangus a Stetten (23. Mai).
44. Johannes Rainhardus a Stetten (23. Mai).
45. Johannes Wiest Halensis iterum se indicavit (23. Mai).
46. Petrus Faber Sormensis (24. Mai).
47. Adamus Gess Wormacensis iterum se indicavit (24. Mai).
48. Casparus Zwickel Zeapolitanus (24. Mai).
49. Melchior Bletenberger Coloniensis (25. Mai).
50. Stephanus Giesser Landauiensis ex Bavaria (25. Mai).
51. Thomas Brendige Rupingensis (28. Mai).
52. Erenricus Ungnað haro et dominus in Sonneckh (28. Mai).
53. Otto Reinboldus Somrodensis (28. Mai).
54. Michael Gothardus Cristaleck (28. Mai).
55. Laurentius Berlin Rupingensis (31. Mai).
56. Mathius Cladius Witenbergensis (2. Juni).
57. Marcus Scheitz Constantiensis (3. Juni).
58. Thomas Vich Harburgensis (7. Juni).
59. Johannes Franciscus Hockelius Spirensis iterum se indicavit (8. Juni).
60. Nicolaus Gerbelius Argentinensis (8. Juni).
61. Georgius Taurus Elwangensis (11. Juni).
62. Philippus Maubire Bituricensis (12. Juni).
63. Michael Molitor Sindringensis (13. Juni).
64. Andreas ab Awrſperge dominus in Schönberg haro (17. Juni).

37. MF'ABacc.: Bacc. Marpurgensis 20. Sept. 69 rec. in numerum nostrorum bacc. — M. a. 1. Aug. 71.
39. Stip. Juli 69 (Bebenhus.). — B. a. 27. Sept. 69. — M. a. 13. Aug. 72. — *April 75 Präzeptor zu Blaubeuren.*
40. Stip. Juli 69 (Bebenhus.). — B. a. 27. Sept. 69. — M. a. 5. Aug. 73. — *Juli 75 Diakonus in Göppingen.*
41. Stip. Juli 69 (Bebenhus.). *Alb. stip.:* Joh. Ezri Hewbach. — B. a. 15. März 70. — M. a. 4. Aug. 74. *MF'ABacc. u. Mag.:* Joanetzri Jacoboeus Haybachensis. — *Jan. 76 Diakonus in Pfullingen.*
63. MF'ABacc.: Mich. Molitor Memmingensis, B. a. 15. März 70; *identisch?* — M. a. 14. Febr. 72. *MF'AMag.:* Sindringensis.
64. Vgl. 170,138 Note.

65. Jacobus Gall a Gallenstain (17. Juni).
66. Michael Zhesker Labacensis (17. Juni).
67. Johannes Langius (20. Juni).
68. Zacharias Tholhopf Labacensis (21. Juni).
69. Mathias Bohemus Carniolanus (23. Juni).
70. Johannes Sneckius Noribergensis (26. Juni).
71. Jacobus Monaw Vratislauiensis (29. Juni).
72. Georgius Piscator Bethlingensis (30. Juni).
73. Fridericus a Praecht zu Undtermarck (1. Juli).
74. Paulus Schegzius Ortenheumensis (2. Juli).
75. Ludovicus Metzler Seborgensis iterum suum nomen professus est (2. Juli).
76. M. Rubertus Lar Aquiburgensis (8. Juli).
77. Johannes Widman Ingolstadiensis (8. Juli).
78. Johannes Bickel Francus (14. Juli).
79. Gregorius Hoffenmann Laubensis (14. Juli).
80. Hieronimus Weyß Augustanus (14. Juli).
81. Valentinus Traub Heudolffsheimensis (16. Juli).
82. Nicolaus Köler Cleinlangheimensis (17. Juli).
83. Martinus Pfliger Gogsamensis (17. Juli).
84. Alexander Panitius Porentusianus (18. Juli).
85. Thomas Hendellus Poruntusianus se iterum indicavit (18. Juli).
86. Johannes Haffner Memingensis (20. Juli).
87. Jacobus Hainlin Eglingensis (22. Juli).
88. Mathias Curtius Kauffbeurensis (23. Juli).
89. Johannes Klengk Dilebergensis (25. Juli).
90. Carolus Ruder Tübingensis (26. Juli).
91. Johannes Reichardt Weiblingensis (26. Juli).

67. B. a. 15. März 70. — M. a. 1. Aug. 71. *MFABacc. und Mag.*: J. L. Memmingensis. — *MFAMag. [am Rand]*: Eius pater Joannes scholae Memmingae praeest; ipse concionator Memmingae anno 80 et 99. — *Vgl. 173,48.*

76. Stip. Juli 70. *Alb. stip.*: Mag. Rup. Laar v. Wasserburg. — *Juli 71 nach Kärnthen geschickt.*

87. Stip. Tiffernitanus Juli 69. *Alb. stip.*: Stutgardia *(aus dem Pädagogium)* missus. — B. a. 27. Sept. 69. — M. a. 14. Febr. 72. — *April 74 Diakonus in Alpirsbach.*

88. B. a. 15. März 70. — M. a. 1. Aug. 71.

91. B. a. 27. Sept. 69 (Bebenhus.). — Stip. 11. Jan. 70. — M. a. 11. Febr. 73. — *Juli 74 Präzeptor in Bebenhausen.*

92. Erhardus Weinman Binickhamensis (26. Juli).
93. Martinus Monsom Bolheimensis (26. Juli).
94. Casparus Maurer Stutgardianus (26. Juli).
95. Michael Mayer Grosenbettlingensis (26. Juli).
96. Abraham Binger Balingensis (26. Juli).
97. Andreas Keller Wiltpergensis (26. Juli).
98. Ludovicus Göring Leonsteinensis (26. Juli).
99. Melchior Currer Herrenbergensis (26. Juli).
100. Ludovicus Mortenrdus (!) Stainbachensis (30. Juli).
101. Andreas Köler Hengstueldensis (30. Juli).
102. Hieronimus Fischer Wendingensis (6. Aug.).
103. Johannes Ludovicus Irennicus Wildfeldensis (6. Aug.).
104. Martinus Hag Tubingensis (6. Aug.).
105. Georgius Eninger Weiblingensis (6. Aug.).
106. Johannes Cuppel Beblingensis (6. Aug.).
107. Michael Milho Müttelstatensis (6. Aug.).
108. Christophorus Bauarus Owensis (6. Aug.).

92. B. a. 15. März 70 (Bebenhus.). *MFABacc.:* Bernhardus W. — Stip. Juli 70. *Okt. 75 exkludiert; er kommt aber später wieder.*
93. B. a. 15. März 70 (Bebenhus.). *MFABacc.:* Mart. Munsum. — Stip. 6. März 71. — M. a. 17. Febr. 74. — *Okt. 74 Präzeptor in Alpirsbach.*
94. B. a. 15. März 70 (Bebenhus.). — Stip. 6. März 71. — *Juli 73 exkludiert.*
95. Stip. April 70. — *April 74 Collaborator im paedagogio zu Stuttgart.*
96. B. a. 27. Sept. 69 (Bebenhus.). — Stip. 11. Jan. 70. *MFA. u. Alb. stip.:* Abr. Burger. — M. a. 13. Aug. 72. — *Okt. 73 Präzeptor in Adelberg.*
97. Stip. 12. Nov. 69. *Alb. stip.:* Cellarius. — B. a. 15. März 70. — *April 76 Subdiakonus in Marbach.*
98. B. a. 15. März 70 (Bebenhus.). *MFABacc.:* Lud. Gayling. — Stip. 23. Dez. 70. *Alb. stip. u. MFAMag.:* Ludov. Friedr. Gayling. — M. a. 10. Aug. 75. — *Jan. 77 Präzeptor in Königsbronn.*
102. B. a. 11. März 73. — Dr. med. 12. Jan. 82. *Med.:* Viscerus.
103. B. a. 15. März 70 (Maulbronn.). — Stip. Juli 70. *Alb. stip. u. MFA.:* Illfeldensis. — *April 72 am Fieber gestorben.*
104. Stip. 10. Nov. 69. — B. a. 15. März 70. — M. a. 14. Febr. 72. — *Jan. 75 Präzeptor in Maulbronn.*
105. B. a. 15. März 70 (Maulbronn.).
106. B. a. 15. März 70 (Maulbronn.). — Stip. Juli 70. — M. a. 11. Febr. 73. — *Jan. 75 Präzeptor in Bebenhausen.*
107. B. a. 15. März 70 (Maulbronn.). *MFABacc.:* Mich. Molitor. — Stip. Juli 70. — *Alb. stip.:* Müller. — M. a. 5. Aug. 73. — *Jan. 74 ausgetreten aus dem Stift.*
108. B. a. 15. März 70 (Maulbronn.). — Stip. 23. Febr. 71. — M. a. 17. Febr. 74. — *Okt. 75 Provisor in Bietigheim.*

109. Johannes Mayer Nürtingensis (6. Aug.).
110. Simon Lenz Braďenheimensis (6. Aug.).
111. Casparus Vlricus Bonlandensis (9. Aug.).
112. Conradus Plieninger Affterbachensis (9. Aug.).
113. Bartholomeus Maurarius in superiore marchionatu Brandenburgensi (9. Aug.).
114. Bernhardus Kreudel Hessus (9. Aug.).
115. Johan Schweißel Hessus (9. Aug.).
116. Johannes a Dalwick (9. Aug.).
117. Fridericus a Zerzin (9. Aug.).
118. Samuel a Daluick (9. Aug.).
119. Helias a Sigelsdorff zu großen Windthlern ex Carinthia (11. Aug.).
120. Peter Buchbinder se iterum per uxorem suam indicavit (11. Aug.).
121. Christianus Fistor Boffingensis (17. Aug.).
122. Martinus Rub Lacacensis (18. Aug.).
123. Johannes Berlin Göppingensis (19. Aug.).
124. Thomas Birck Vracensis (19. Aug.).
125. Hieronimus Erbisser Wilensis (19. Aug.).
126. Conradus Glenzing Vracensis (19. Aug.).
127. Thomas Spindler Göppingensis (19. Aug.).
128. Georgius Werlin Gerstettensis (19. Aug.).
129. Balthasar a Rotkirch Silesius (21. Aug.).
130. Johannes Ecker Lindauiensis (3. Sept.).
131. David Lepusculus Memingensis (9. Sept.).

109. B. a. 15. März 70 (Maulbronn.). — Stip. Juli 70. — *April 73 aus dem Stift ausgetreten.*

110. B. a. 15. März 70 (Maulbronn.).

111. B. a. 15. März 70 (Maulbronn!). — Stip. 20. Juni 71 (Herrenalb!) — M. a. 5. Aug. 73. — *Okt. 75 Diakonus in Leidringen.*

112. B. a. 15. März 70 (Maulbronn.). *MFABacc.:* Affalterbachensis. — Stip. 28. Febr. 71. — M. a. 10. Aug. 75. — *Okt. 76 Diakonus in Bulach.*

123. B. a. 15. März 70 (Hirsaug.). — Stip. Jan. 72. — M. a. 17. Febr. 74. — *Okt. 75 Diakonus in Weinsberg.*

124. B. a. 27. Sept. 69 (Hirsaug.). — Stip. Juli 70. *Alb. stip.:* Bürck. — M. a. 13. Aug. 72. — *Juli 73 Collaborator in Stuttgart.*

126. B. a. 27. Sept. 69 (Hirsaug.). *MFABacc.:* Glintzing. — Stip. 18. Febr. 71. — M. a. 4. Aug. 74. — *Jan. 75 Provisor in Cannstadt.*

127. B. a. 27. Sept. 69 (Hirsaug.). — Stip. Jan. 70. — M. a. 13. Aug. 72. — *Okt. 73 Präzeptor in Bebenhausen.*

132. Philippus Ludovicus comes ab Hanaw et Ryneck dominus in Mynzenberg (9. Sept.).
133. Johannes Syluarius Eucubechius (9. Sept.).
134. Martinus Delius Hamburgensis (9. Sept.).
135. Fridericus Quatt Wichrath (9. Sept.).
136. Andreas Reschlin von Bischweilen (9. Sept.).
137. Zacharias Martini von Bronschweig (9. Sept.).
138. Johannes Siringerius Gelhausanus (9. Sept.).
139. Jorg von Hain von Bon bey Kirch (9. Sept.).
140. Paulus Coquus (9. Sept.).
141. Ludovicus a Miechselrain baro in Waldeck (10. Sept.).
142. Joachimus Mogerl (15. Sept.).
143. Wolffgangus a Pain (15. Sept.).
144. Johannes Jacobus a Greysneck (15. Sept.).
145. Wendelinus Ochsenbach (15. Sept.).
146. Israel Dymar Eppingensis iterum se indicavit (23. Sept.).
147. Wolffgangus Stren baro a Schwartzenaw (23. Sept.).
148. Aaron Harnisch Joachimius (23. Sept.).
149. Georgius Laubius Augustanus (24. Sept.).
150. Sigisimundus Orzel Norinbergensis (26. Sept.).
151. Leonhardus Scyz Stepffenhaimensis (27. Sept.).
152. Eberhardus Victor Cornus (29. Sept.).
153. Johannes Fridericus a Gloich (29. Sept.).
154. Bernhardinus }
155. Andreas   } a Gloich (29. Sept.).
156. Leonhardus a Sauraw (29. Sept.).
157. Henricus Berichner von Wertheim (7. Okt.).
158. Tobias Schimonenski Tiropolitanus (7. Okt.).
159. Johannes Berlocher Schengauiensis Bavarus (8. Okt.).
160. Amandus Beurer Aprisiazensis Styrius (8. Okt.).
161. David Vnger Memingensis (10. Okt.).
162. Vrbanus Vnger Memingensis (10. Okt.).
163. Vitus Schopper (12. Okt.).

149. B. a. 15. März 70.
159. B. a. 15. März 70. - M. a. 16. Febr. 76.
160. B. a. 15. März 70. *MFABacc.*: Abusiacensis.
161. B. a. 27. Sept. 72. - - Stip. Okt. 72. *Alb. stip.*: v. Killperg. M. a. 16. Febr. 76. — *Okt. 76 Diakonus in Winterbach.*
162. B. a. 23. Sept. 73 (Hirsaug.). - Stip. 12. Jan. 74 (20. anno aet.). - *Okt 76 Diakonus in Herrenberg.*

164. Georgius Roch Lindauiensis (12. Okt.).
165. Georgius Mayer Haganawensis (14. Okt.).
166. Marcus Neumayer Augustanus (15. Okt.).
167. Tobias Bron Augustanus (24. Okt.).
168. M. Edo Huldericus Jenvensis (26. Okt.).
169. M. Wolffgangus Mulck Memingensis (26. Okt.).
170. Rudolphus Riep Tubingensis (26. Okt.).
171. Ludovicus Riep Tubingensis (26. Okt.).
172. Johannes Vlricus Ruckerus se iterum indicavit (26. Okt.).

172. Sub rectura clarissimi viri dom. D. **Theodorici Schnepfii** a festo divi Lucae 1569 usque ad festum apost. Phil. et Jac. a. 1570 sequentes sunt inscripti:

1. Tobias Fabri Tubingensis (28. Okt.).
2. Hieronymus Varnbüler Tubingensis (29. Okt.).
3. Joannes Rus Hittishaimensis (29. Okt.).
4. Thomas Ribein Lubecensis (30. Okt.).
5. Constantinus Ferberus Dantiscanus (30. Okt.).
6. Fridericus Meller Saxo (30. Okt.).
7. Joannes Koler Pfortzensis (5. Nov.).
8. M. Nicolaus Schraikerus Augustanus (5. Nov.).
9. Titus Laurentius Frechtus iterum nomen suum indicavit (7. Nov.).
10. Joachimus Eberhardus Augustanus (7. Nov.).
11. Henricus Or Hellstatt nobilis (10. Nov.).
12. Georgius Hartmann Öringensis (15. Nov.).
13. Melchior Groner Kirchensis (15. Nov.).
14. Fridericus Orth Hailpronensis (19. Nov.).
15. Hieronymus Lederer Nornbergensis (21. Nov.).

167. B. a. 26. Sept. 70. *MFABacc.*: Thob. Bruno. — M. a. 17. Febr. 74. — Dr. theol. 11. Dez. 88. *Theol.*: Mag. Bruno, concionator aulicus palatini Philippi Ludovici.
170. B. a. 1. Sept. 74. — M. a. 13. Febr. 77. *MFAMag.*: Riepius.
172a. *MFABacc.*: Philippus Wörnlinus Tubingensis, B. a. 26. Sept. 70.
172b. *MFABacc.*: Josias Leyrer Tubingensis, B. a. 26. Sept. 70.

2. Vgl. 177,46 u. 198,29.
3. B. a. 15. März 70. *MFABacc.*: J. Rusius. - M. a. 1. Aug. 71. *MFA.-Mag.*: Ruos.
7. B. a. 31. März 74. — M. a. 16. Febr. 76. — *Vgl. 179,17.*
10. B. a. 26. Sept. 72.

16. Philippus Haliander Göttingensis (21. Nov.).
17. Caspar Altmann Oßwirt (21. Nov.).
18. Sebaldus Kepplerus (22. Nov.).
19. Joannes Georgius Schilling Leonbergensis (24. Nov.).
20. Joannes Stainhaufen Rattingensis (26. Nov.).
21. Christophorus Schwebel Ratisbonensis (26. Nov.).
22. Joannes Murarius Montanus (27. Nov.).
23. Joannes Critzenthaler Ambergensis (28. Nov.).
24. Hieronymus a Glanburg Francofurdianus (28. Nov.).
25. Joannes Ludovicus Felder Waltorffensis (28. Nov.).
26. Joannes Gusmann Göppingensis (29. Nov.).
27. Christophorus Wagner ex Beneck Misius (1. Dez.).
28. Martinus Rümelin Ebingensis (1. Dez.).
29. Martinus Neander Silesius Neobergensis (5. Dez.).
30. Casparus Hagius Monacensis (8. Dez.).
31. Georgius Kuchenbrot Studtgardianus (12. Dez.).
32. Georgius Grüninger Winendensis (12. Dez.).
33. Georgius Decknerus Studtgardianus (12. Dez.).
34. Laurentius Körber Cantaropolitanus (12. Dez.).
35. Joannes Walch Schorndorffensis (12. Dez.).
36. Joannes Stentzing Tubingensis (12. Dez.).
37. Stephanus Molitor Gültlingensis (12. Dez.).
38. Martinus Schreyius Stöslingensis (12. Dez.).
39. Vlricus Ment Augustanus (12. Dez.).

26. Stip. 28. Okt. 69. -- B. a. 15. März 70. — M. a. 17. Febr. 74. — *Okt. 75 im Herrn entschlafen.*
28. *Vgl. 188,80.*
31. B. a. 15. März 70 (Herrenalb.). — Stip. Juli 70. *MFA. u. Alb. stip.:* Ruckenbrot. -- M. a. 13. Aug. 72. — *Jan. 75 Präseptor in Anhausen.*
32. Stip. März 70. --.B. a. 15. März 70 (Herrenalb.). — *Post Pascha 1570 non venit: April 72 obiit.*
33. B. a. 15. März 70 (Herrenalb.). Stip. Juli 70. *MFA. u. Alb. stip.:* Deckinger. — M. a. 13. Aug. 72. — *April 74 Diakonus in Calw.*
34. B. a. 15. März 70 (Herrenalb.). — Stip. 1. März 71. -- M. a. 4. Aug. 74. — *Okt. 75 Diakonus in Murrhardt.*
35. B. a. 15. März 70 (Herrenalb.). — Stip. 1. März 71. -- M. a. 5. Aug. 73. -- Rep. musicus. — *April 78 Diakonus in Nürtingen.*
36. B. a. 15. März 70 (Herrenalb.). — Stip. Juli 70. -- M. a. 11. Febr. 73. -- *Okt. 73 exclusus ob matrimonium.*
37. B. a. 15. März 70 (Herrenalb.). *MFABacc.:* Christophorus Molitor. -- Stip. 20. Juni 71. *Alb. stip.:* Steph. Molitor. — M. a. 5. Aug. 73. — *Juli 74 Diakonus in Leonberg.*

40. Joannes Pimel Augustanus (12. Dez.).
41. Balthasar Bitniger Memmingensis (13. Dez.).
42. Georgius Ottho de Rodenstein (13. Dez.).
43. Casparus Kantengiesser Erfurdiensis (13. Dez.).
44. Josephus Kellerus Sebusiensis (13. Dez.).
45. M. Arnoldus Sartorius Trindelburgensis Hessus (16. Dez.).
46. M. Joannes Angelus Marburgensis (16. Dez.).
47. Sebastianus Rentz Wiltpergensis (16. Dez.).
48. Jacobus Schemerer Bibracensis (20. Dez.).
49. Rodolphus Raw de Holtzhausen (20. Dez.).
50. M. Vrbanus Vetscher Esslingensis nomen suum rursus indicavit (23. Dez.).
51. Wolffgangus Finckeldaus nomen suum denuo professus est (26. Dez.).

1570.

52. Hermanus Kamptze Megapolensis (5. Jan.).
53. Sebastianus Scholl Dinckelspulensis (15. Jan.).
54. Vlricus Andreae Göppingensis (16. Jan.).
55. Georgius Müller Abtsgmundanus (16. Jan.).
56. Joannes Jacobus Kirchensis (18. Jan.).
57. Daniel Ludovicus Montpeligardensis (21. Jan.).
58. Albertus Thum a Neuburg (23. Jan.).
59. Josephus ab Aw Wachendorffensis (23. Jan.).
60. Joannes Christannus Wachendorffensis (23. Jan.).
61. Nicolaus Ricker Francofordianus (19. Jan.).
62. Michael Weckman Studtgardianus (27. Jan.).
63. Clarissimus dom. D. Philippus Apianus venit pridie Calendas Februarii (31. Jan.).
64. Ernestus a Bomka (31. Jan.).
65. Joannes Dobenneccerus (31. Jan.).
66. Vitus Schmid Bietikainensis (1. Febr.).
67. Johannes Fridericus Gelderich Rauenspurgensis (6. Febr.).

50. Vgl. 150,67 u. 178,33.
54. Dr. med. 12. Nov. 84. Med.: Doctoris Jacobi, cancellarii filius.
57. B. a. 15. März 70. — Juli 72 nondum rediit.
60. B. a. 31. März 74. — M. a. 1. Aug. 76.
62. Stip. Jan. 70. — B. a. 26. Sept. 70. MFABacc.: Werckman. — M. a. 4. Aug. 74. — April 76 Diakonus in Beilstein.
63. MFAMag.: 1569 Dr. Philippus Apianus, cum in schola Ingolstadiensi propter purae doctrinae professionem locum habere non posset, a scholae senatu receptus est astronomiae et geometriae professor. — Dec. fac. art. 1572: 78.

68. Wiricus a Gemmingen in Guttenberg (8. Febr.).
69. Joannes Conradus Canius Lindaniensis nomen suum rursus indicavit (12. Febr.).
70. Hieronymus Rumensattler Phallingensis (12. Febr.).
71. Johannes Weininger Tubingensis (12. Febr.).
72. Joannes Kreüslin Winedensis (12. Febr.).
73. Anthonius Deckerus Reutlingensis (15. Febr.).
74. Marcus Antonius Cariesius (15. Febr.).
75. Georgius Widmann Monacensis (17. Febr.).
76. Gergius Wilius Northusanus (27. Febr.).
77. Nicolaus Kleinfaldth Dantiscanus (28. Febr.).
78. Vlricus Besoldus Phorcensis (30. Febr.).
79. Wilhelmus a Gronbach (2. März).
80. Johannes Dorner Rauenspurgensis (13. März).
81. Johannes Georgius Hungerlin Hailpronnensis (14. März).
82. Thomas Bin Hailpronnensis (18. März).
83. Georgius Widman Hernbergensis (18. März).
84. Joannes Schuler Göppingensis (18. März).
85. Casparus Rottner Kungsbronnensis (18. März).
86. Sigisimundus Scheiberus Brackenhaimensis (18. März).
87. Joachimus Molitor Northensis (18. März).
88. Casparus Schaufel Tubingensis (18. März).

70. B. a. 26. Sept. 70 (Hirsaug.). *MFABacc.*: Pfullingensis.

71. B. a. 26. Sept. 70 (Hirsaug.). -- Stip. Jan. 72. -- M. a. 17. Febr. 74. — *Jan. 76 Diakonus in Bottwar.*

72. B. a. 26. Sept. 70 (Hirsaug.). — Stip. April 72. - M. a. 9. Febr. 75. -- *April 76 Diakonus in Wildbad.*

78. *Vgl. 162,30 u. 217,20.*

81. *Vgl. 177,88.*

83. B. a. 26. Sept. 70 (Bebenhus.). -- Stip. 6. März 71. — *Juli 72 Provisor in Nürtingen.*

84. B. a. 26. Sept. 70 (Bebenhus.). — Stip. 15. Juni 71. — M. a. 17. Febr. 74. -- Rep. graecus. — *April 78 parochus in Hagelloch.*

85. B. a. 26. Sept. 70 (Bebenhus.). -- Stip. 15. Juni 71. — M. a. 5. Aug. 73. — Rep. rhetoricus. — *Jan. 78 Diakonus in Schorndorf.*

86. B. a. 26. Sept. 70 (Bebenhus.). *MFABacc.*: Sig. Schaberus. — Stip. 15. Juni 71. *Alb. stip.*: Schayber. -- M. a. 10. Aug. 75. - *Okt. 76 Diakonus in Dettingen.*

87. B. a. 26. Sept. 70 (Bebenhus.). — Stip. Juni 71. *Alb. stip.*: v. Northeim. — M. a. 4. Aug. 74. — *Okt. 75 Präceptor in St. Georgen.*

88. B. a. 26. Sept. 70 (Bebenhus.). -- Stip. Juni 71. M. a. 17. Febr. 74. — *April 74 Collaborator im paedagogio zu Stuttgart.*

89. Sebastianus Scheler Rauenspurgensis (6. April).
90. Johannes Vlricus Mummius Cillensis (13. April).
91. Georgius Schilling nomen suum rursus indicavit (17. April).
92. Jacobus Kimmichius Argentinensis (18. April).
93. Antonius Welser Foelix Augustanus (21. April).
94. Marcus Schorerus Augustanus (21. April).
95. Magnus Probstelius Fiessensis (21. April).
96. Joachimus Schönhausen Stendallensis (21. April).
97. Huldericus Bentius Reutlingensis (24. April).
98. Hieronymus Deler Nörlingensis (24. April).
99. Georgius Weygenmaier Esslingensis (25. April).
100. Martinus Korn Argentinensis (25. April).
101. Joannes Conradus Conberger (26. April).
102. M. Joannes Vlricus Carpentarius (26. April).
103. Christophorus Beer, rursus nomen suum indicavit (27. April).
104. Franciscus Heiles Lautrensis (28. April).
105. M. Henricus Polanus a Bolandsdorff (29. April).
106. Joannes Wolffgangus Kneusel nobilis Austriacus (29. April).
107. Henricus Wolffgangus Kneusel Austriacus nobilis (29. April).
108. Ferdinandus Geyer ab Osterburg Austriacus nobilis (29. April).
109. Johannes Staiger Vienensis nobilis (29. April).
110. Daniel Schnepff Stutgardianus (30. April).
111. Bernardus Schwirin Pomeranus (30. April).

173. Sub rectura clarissimi viri dom. D. **Chiliani Vogleri**
a festo Phil. et Jac. usque ad festum divi Luc. a. 1570:

1. Vitus Spon Vberliugensis (3. Mai).
2. M. Joannes Moserus Goppingensis se iterum indicavit (3. Mai).
3. Joannes Sigismundus a Greiseneck Carinthus (6. Mai).
4. Wilhelmus Zaich Carinthus (6. Mai).
5. Johannes Weidner Lendsidelensis praeceptor (6. Mai).
6. Hieronymus Scheurstab Norinbergensis iterum receptus (7. Mai).

89.   Vgl. 183,83.
98.   B. a. 26. März 72.
102. Vgl. 177,95.

2.   Vgl. 160,118. — Dr. iur. 28. Nov. 73.
6.   Vgl. 161.54.

7. Jonas Heckingerus Augustanus (8. Mai).
8. Samuel Mann Blawbirensis (8. Mai).
9. Georgius Reicherus Vlmensis iterum sese indicavit (8. Mai).
10. Andreas liber baro de Windischgrätz (16. Mai).
11. Georgius Sigisimundus de Mindorff (16. Mai).
12. Bernhardinus de Mindorff (16. Mai).
13. Christophorus a Ratmansdorff (16. Mai).
14. Seufridus Rinschad (16. Mai).
15. Wolffgangus Staiger (16. Mai).
16. Sigisimundus Lutzendorffer (16. Mai).
17. Georgius Campana (16. Mai).
18. Sigisimundus a Gleisbach (16. Mai).
19. Sigisimundus Funccius (16. Mai).
20. Joannes Meinhardus Heidenhaimensis horum (10—19) praeceptor (16. Mai).
21. Philippus ab Awen (19. Mai).
22. Wolffgangus Theodorus ab Awen (19. Mai).
23. Christophorus Thumb a Neuuburg (19. Mai).
24. Burchardus a Wernauu (19. Mai).
25. Jacobus Ruffinus a Munderkingen (19. Mai).
26. Hieronymus Han Vberlingensis se iterum indicavit (20. Mai).
27. M. Martinus Has Kirchaimensis se iterum indicavit (20. Mai).
28. Carolus Held Argentinensis (20. Mai).
29. Georgius Schwimmer Ehenfeldensis (20. Mai).
30. Joannes Reinhardus a Berlingen (20. Mai).
31. Martinus Zeis Mergentheimius eius praeceptor (25. Mai).
32. Henricus Wolffius Tigurinus (26. Mai).
33. Joannes Jacobus Nuschelerus Tigurinus (26. Mai).
34. Wolffgangus a Wildenstein Neumarckensis (27. Mai).
35. Georgius Andreas a Gleisbach (29. Mai).
36. Sigisimundus Rindscheidt a Fridberg (29. Mai).
37. Andreas Fabritius Leobschützensis (29. Mai).
38. Augustinus Fabritius Leobschützensis (29. Mai).
39. Nicolaus Argnetius Mompelgardensis (29. Mai).

8. *M F A Bacc. (bei den Eintragen vom 26. März 72): Sam. Mann propter adversam valetudinem abfuit. - B. a. 27. Sept. 72. - M. a. 9. Febr. 75.*
9. *Vgl. 159,7.*
26. *Vgl. 165,92 u. 180,74.*
27. *Vgl. 159,26 u. 167,39.*
37. *Dr. iur. utr. 4. Febr. 78.*

40. Michael Bopp Esslingensis (80. Mai).
41. Georgius Gebelius Rotwülensis (30. Mai).
42. Jacobus Trusch Argentinensis (3. Juni).
43. Matheus Zangmaister Memmingensis (3. Juni).
44. Ludovicus Casimirus Ehrer Kündtelshaimensis (3. Juni).
45. Joannes Silerus Hallensis (3. Juni).
46. Joannes Köberer Hallensis (3. Juni).
47. Sernatius Rem Vlmensis (5. Juni).
48. David Küberus Argentinensis (7. Juni).
49. Joannes Rauch Saxenfluorensis (7. Juni).
50. Casparus Scheck Wylanus se iterum indicavit (8. Juni).
51. Georgius Amman Giengensis (10. Juni).
52. Joannes Bayer Confluentinus (11. Juni).
53. Jodocus Setz Bavarus (11. Juni).
54. Matthias Wideman (13. Juni).
55. Abrahamus Dettelbach Myssnensis (14. Juni).
56. Foelix Manlich Augustanus (15. Juni).
57. Pangratius Wolff Rietheimensis (16. Juni).
58. Georgius Baldinus Patauinus Vindelicus (20. Juni).
59. Jacobus Wolff Reuthlingensis (21. Juni).
60. Bernhardus Reichardt Weissenburgensis (21. Juni).
61. Wendelinus Kellerus Weissenburgensis (21. Juni).
62. Michael Kellerus Weissenburgensis (21. Juni).
63. Georgius Braittling Gechingensis (22. Juni).
64. Joannes Weyler Nordlingensis (23. Juni).
65. Georgius Rollerus Argentinensis (25. Juni).
66. Georgius Harst Wissenburgensis (26. Juni).
67. Joannes Müller Ehingensis (28. Juni).
68. Johannes Schmidinger Welsensis Austriacus (9. Juli).
69. David Wirsinger Augustanus (10. Juli).

---

40. B. a. 31. März 74. · M. a. 1. Aug. 76. *MFAMag.:* Poppius.
42. B. a. 26. Sept. 70. - M. a. 13. Aug. 72.
43. B. a. 4. April 71. — M. a. 11. Febr. 73.
45. B. a. 4. April 71. · M. a. 11. Febr. 73.
46. B. a. 4. April 71.   M. a. 13. Aug. 72.

48. MFABacc.: Dav. Kiberus Argentinensis, in patria bacc. creatus his
diebus *(März—Sept. 70)* in numerum baccal. receptus est. — M. a. 1. Aug. 71.
MFAMag. [von des Crusius Hand]: meus convictor, ut Langus *(171,67)*. Pater
eius David olim me hebraice Argentinae docuit.

50. Vgl. *155,88.* — · M. a. 2. Aug. 70.

64. B. a. 4. April 71.

70. Heinricus Heerwart Augustanus (10. Juli).

71. David Hang Augustanus (14. Juli).

72. Theodoricus Scheer Fuldensis (17. Juli).

73. Georgius Fleck Kalbensis (20. Juli).

74. Chilianus Rauch Lauffensis se iterum indicavit (30. Juli).

75. Martinus Kégerlinus Esslingensis (31. Juli).

76. Petrus Wusenbentz se iterum indicavit (1. Aug.).

77. Vlricus Raucker Nürtthingensis (4. Aug.).

78. Conradus Guntzerus Selestadiensis (4. Aug.).

79. Ludovicus Laneus Tabernensis (4. Aug.).

80. Daniel Beringer Vlmensis nomen suum iterum professus est (4. Aug.).

81. Christianus Toldius Francomontanus Hessus (15. Aug.).

82. Joannes Buolacher Hechingensis (16. Aug.).

83. Daniel Merhat Blaubyrensis (17. Aug.).

84. Jacobus Schopff Stuggardianus (17. Aug.).

85. Alexander Wolffhart Waiblingensis (17. Aug.).

86. Michael Wolff Herrenpergensis (17. Aug.).

87. Joannes Decker Weinspergensis (17. Aug.).

88. Philippus Franciscus ab Ehingen (18. Aug.).

89. Joannes Thein Mogontinus (18. Aug.).

90. Melchior Hepparius Moguntinus (18. Aug.).

91. Marcus Hartlebius cognomento Walsperg Augustanus (21. Aug.).

92. Bernhardus Mader Rottenburgensis ad Tuberim (22. Aug.).

---

73. B. a. 26. März 72. *MFABacc. [am Rand]:* concionator et organista apud nos 1580; hodie parochus Uraci 1599. M. a. 16. Febr. 74. - Dr. theol. 23. Aug. 92. *Theol.:* Sultzensis.

74. Vgl. 160,99.

78. B. a. 4. April 71. *MFABacc.:* Gyntzer.

81. Dr. iur. utr. 11. Juli 82.

82. B. a. 31. März 74. *MFABacc.:* Bulacher. - *Vgl. 188,59.*

83. B. a. 26. März 72 (Hirsaug.). *MFABacc.:* Meerrot. — Stip. 10. Juni 72. *Alb. stip.:* Mehrad. - *Okt. 74 Provisor in Leonberg.*

84. B. a. 26. März 72 (Hirsaug.). · Stip. April 72. *Alb. stip. [an einer Stelle]:* v. Nürtingen. -- M. a. 10. Aug. 75. - *Okt. 76 Diakonus in Owen.*

85. B. a. 26. März 72 (Hirsaug.). -- Stip. 18. Juni 72. -- M. a. 10. Aug. 75. - Rep. hebreus. -- *Okt. 79 Diakonus in Cannstadt.* — *MFAMag.:* posteris temporibus abbas Alpersbachensis.

86. B. a. 26. März 72 (Hirsaug.). Stip. 10. Juni 72. *Okt. 73 mortuus*

87. B. a. 26. März 72 (Hirsaug.). Stip. 10. Juni 72. M. a. 1. Aug. 76. — *April 77 Diakonus in Ganslosen.*

93. Magnus Göie
94. Falco Göie
95. Ericus Langius   } Dani (22. Aug.).
96. Severinus Schütz

97. Jonas Treubot Erfordiensis (22. Aug.).
98. Joachimus Roth Candelius (23. Aug.).
99. Osswaldus Keudel Rottenburgensis ad Tuberim (23. Aug.).
100. Leonhardus Vetter Onoltzbachensis (25. Aug.).
101. Conradus Buntinckh Honobriensis (26. Aug.).
102. Joannes Assum Nürttingensis (26. Aug.).
103. Conradus Alltach Hamburgensis receptus est in civem cum uxore decreto universitatis (27. Aug.).
104. Casparus Lutz Stugardianus (30. Aug.).
105. Joannes Wild Vahingensis (30. Aug.).
106. Matthias Schick Zillhusianus (30. Aug.).
107. Cornelius Berre Vracensis (30. Aug.).
108. Thomas Leer Sindelfingensis (30. Aug.).
109. Jacobus Alber Metzingensis (30. Aug.).
110. David Rotschmid Waiblingensis (30. Aug.).
111. David Pistorius Neapolitanus (30. Aug.).
112. Wilhelmus in Arena Schorndorffensis (30. Aug.).
113. Joannes Möringer Stugardianus (30. Aug.).

102. B. a. 4. April 71 (Herrenalb.). — Stip. 20. Juni 71. — M. a. 5. Aug. 73.
— Rep. dialecticus. - *Juli 75 Präzeptor in Adelberg.*

104. Vgl. 164,40. — Stip. 28. Aug. 70 (15. anno aet.). — B. a. 4. April 71.
M. a. 5. Aug. 73. — Rep. dialecticus. — *April 76 Pfarrer in Lustnau.*

105. B. a. 4. April 71 (Maulbronn.). — Stip. 16. Juni 71. -- M. a. 17. Febr. 74.
Juli 75 Diakonus in Reichenweier.

106. B. a. 4. April 71 (Maulbronn.). — Stip. 16. Juni 71. — M. a 17. Febr. 74.
--- *Okt. 75 Diakonus in Kirchheim.*

107. B. a. 4. April 71 (Maulbronn.). — Stip. 16. Juni 71. --- M. a. 17. Febr. 74.
— *Juli 76 Diakonus in Lauffen.*

108. B. a. 4. April 71 (Maulbronn.). *MFABacc. [von der Hand des
M. Crusius]:* Synadelphingensis. -- Stip. 16. Juni 71. — M. a. 11. Febr. 78. —
Rep. physicus. — *Okt. 76 Diakonus in Tübingen.*

110. B. a. 4. April 71 (Maulbronn.). *MFABacc.:* D. Radschmid. — Stip.
16. Juni 71 (21. anno aet.). *Alb. stip.:* Rottschmid. - - *Febr. 72 Diakonus in
Derendingen.*

111. B. a. 26. März 72 (Maulbronn.). - - Stip. April 72. *Alb. stip.:* v. Newenstatt. — M. a. 10. Aug. 75. -- *Juli 76 Präzeptor in Bebenhausen.*

113. Stip. 16. Juni 71 (Maulbronn. 21. anno aet.). — B. a. 27. Sept. 72. —
Juli 73 Collaborator in Kirchheim.

114. Gotfridus Kreber Bietigkeymensis (30. Aug.).
115. Matheus Ritter Vlmensis (1. Sept.).
116. Joannes Piscator Münchingensis (5. Sept.).
117. Michael Stumpf Mynsingensis (15. Sept.).
118. Georgius Keegel Tubingensis (17. Sept.).
119. Christophorus a Seiboltzdorff (19. Sept.).
120. Simon Petrus Lun Gengenbachensis (20. Sept.).
121. Jacobus Dotzler Hailprunensis (20. Sept.).
122. Sedracus Thomannus Tigurinus (20. Sept.).
123. Eleazar Berealdus ex agro Bernensi (25. Sept.).
124. Michael Hützlerus Nördlingensis (26. Sept.).
125. Martinus Büler Stugardianus (26. Sept.).
126. Conradus Egen Stugardianus (28. Sept.).
127. Sebastianus Suenus Stugardianus (28. Sept.).
128. Joannes Kraus Leonbergensis (30. Sept.).
129. Martinus Silber Schorndorffensis (30. Sept.).
130. Martinus Jung Sindelfingensis (30. Sept.).
131. Joannes Braitling Kalbensis (30. Sept.).
132. Jacobus Schäler Walltorffensis (30. Sept.).
133. Jacobus Seiperdus Godeltzensis (2. Okt.).
134. Melchior Zendeuis Godeltzensis (2. Okt.).
135. David Steudlin Vlmensis (3. Okt.).
136. Christophorus Stehelin Stugardianus (11. Okt.).

114. Stip. 16. Mai 71 (Maulbronn.). — *„Ist zu Maulbronn bedacht worden, quia valetudinarius," (scheint also im Stift gar nicht eingetreten zu sein).*
116. B. a. 26. März 72. — M. a. 16. Febr. 74. — *Vgl. 201,31.*
124. *Vgl. 179,52.*
125. Stip. 8. Nov. 70 (16. anno aet.). — B. a. 4. April 71. — M. a. 4. Aug. 74. — *April 76 Diakonus in Ingersheim.*
126. B. a. 4. April 71. — M. a. 4. Aug. 74.
128. B. a. 4. April 71 (Bebenhus.). — Stip. 15. Juni 71. — *Juli 76 Kantor in Memmingen.*
129. B. a. 4. April 71 (Bebenhus.). — Stip. April 72. — *Okt. 75 Provisor in Cannstadt.*
. *130.* B. a. 4. April 71 (Bebenhus.). — Stip. April 72. — M. a. 4. Aug. 74. — *Jan. 75 abiit sine venia.*
131. B. a. 4. April 71 (Bebenhus.). — Stip. April 72. — M. a. 17. Febr. 74. — *Okt. 75 Diakonus in Winnenden.*
132. B. a. 4. April 71 (Bebenhus.). *MFABacc.:* Scheiler. — Stip. Juni 71. — M. a. 9. Febr. 75. · *April 76 Diakonus in Winterbach.*
136. Stip. 4. Nov. 70 (16. anno aet.). — B. a. 4. April 71. - M. a. 4. Aug. 74. — Rep. physicus. — *April 79 Diakonus in Tübingen.* - Dr. theol. 28. Febr. 91. *Theol.:* Stählin, superintendens Herrenbergensis.

137. Conradus Vetscherus Esslingensis (11. Okt.).
138. Sebastianus Wellingius Stugardianus (13. Okt.).
139. Joannes Comes Leickirchensis (13. Okt.).
140. Georgius Wüest Leonbergensis (13. Okt.).
141. Gerhardus Steinhaus Rauenspurgensis (14. Okt.).
142. Ezechiel Ockerus Brackenhaimensis (16. Okt.).

174. Sub rectura clarissimi viri dom. D. **Jacobi Scheckii**, a festo div. Lucae 1570 usque ad festum apost. Phil. et Jac. a. 1571:

1. Christophorus Ḩirniͬ Merstettensis (21. Okt.).
2. Joannes Monachus Salueldensis (21. Okt.).
3. Joannes Henricus Linćk Augustanus (21. Okt.).
4. Mathias Kagbeck Augustanus (21. Okt.).
5. Joannes Rilius Augustanus (21. Okt.).
6. Hieronymus Hubner Austriacus Welsensis (28. Okt.).
7. Joannes Adamus Hoffmann iiber baro in Bümpfel et Streichaw (31. Okt.).
8. Andreas Wolffgang a Polheim baro (31. Okt.).
9. Sigisimundus a Teuffenbach Stirius (31. Okt.).
10. Michael Reichart Ratisbonensis (31. Okt.).
11. Andreas Hofer Austriacus Weisenofer (31. Okt.).
12. Joannes Kölwellius Sirerlingensis Austriacus (3. Nov.).
13. Joannes Reiner Tubiugensis (3. Nov.).
14. Jacobus Eppius Auracensis (4. Nov.).
15. Joannes Glicrer Walthorffensis an der Jps Austria inferior (5. Nov.).
16. Joannes Paulus Zangmaisterus Augustanus (6. Nov.).
17. Vlricus Farcerus Tigurinus (7. Nov.).
18. Jacobus Opscrus Marchdorffensis (7. Nov.).
19. Christophorus Schwartzt (11. Nov.).
20. Georgius Sartor Gerlingensis (13. Nov.).

139. B. a. 28. Sept. 75. – M. a. 13. Febr. 77. *MFABacc. u. Mag.:* Leofanus.
142. B. a. 4. April 71 (Bebenhus.). -- Stip. April 72. *MFA. u. Alb. stip.:* Ockher *oder* Ocker. - M. a. 10. Aug. 75. — *Juli 76 Präzeptor in Denkendorf.*
142a. MFABacc.: Wilhelmus Meglinus Tybingensis, B. a. 4. April 71.; *rangiert zwischen 173.43 u. 45.* — M. a. 11. Febr. 73.

19. B. a. 23. Sept. 73. -- M. a. 10. Aug. 75.   *Vgl. 204,8.* — Dr. med. 17. Nov. 85. *Med. u. MFA.:* Chr. Schwartz Studgardianus.
20. B. a. 26. März 72 (Herrenalb.). — Stip. April 72. -- *Jan. 74 ausgetreten.*

21. Paulus Dondersperger Stirius Löibensis (13. Nov.).
22. Ludovicus Schmelßer eiusdem patriae (13. Nov.).
23. Florianus Sochodolius Transylvanus (13. Nov.).
24. Pancratius Bront S. Vitum Carinthius (16. Nov.). ·
25. Weickhardus liber baro a Polheim et Wartemburg Austriacus (20. Nov.).
26. Bernhardus Reichart Ratisbonensis (20. Nov.).
27. Wolffgangus Hedenig Welsensis (20. Nov.).
28. Andreas Hess Minsingensis (21. Nov.).
29. Joachimus Koler Schorndorffensis (21. Nov.).
30. Conradus Brottbeck Kirchensis sub Teck (21. Nov.).
31. Paulus Reaner Weyssenburgensis (22. Nov.).
32. Vitus Kirner Gundelfingensis (25. Nov.).
33. Hieremias Manlich Augustanus (3. Dez.).
34. Georgius Sigenst Schaffhusianus (4. Dez.).
35.· Jacobus Binder Tuttlingensis (5. Dez.).
36. Theodoricus Forstelius licentiatus Lyncensis (8. Dez.).
37. Georgius Philippus a Bomgarten Bavarus München (9. Dez.).
38. M. Osswaldus Freuel Tubingensis (9. Dez.).
39. Joannes Lauinger Vaingensis (16. Dez.).
40. Josephus Brentius Stutgardianus (19. Dez.).
41. Joannes Häse von Bruckh 5 meil vnder Wüttenberg (21. Dez.).

1571.

42. Hermannus Schlorffius Rostochiensis (4. Jan.).
43. Benignus Pauserus Tyrolensis (11. Jan.).
44. Matthaeus Körper (12. Jan.).
45. Christophorus Schmik Erfordiensis (20. Jan.).
46. Otho Gogreue Schaumbergensis (22. Jan.).
47. Martinus Dieterlin Herrenbergensis (28. Jan.).

28. Stip. 19. Nov. 70 (16. anno aet.). — B. a. 4. April 71. -- M. a.
4. Aug. 74. - April 76 Präzeptor in Alpirsbach.
29. B. a. 27. Sept. 72. — M. a. 4. Aug. 74.
32. Vgl. 177,59.
35. B. a. 31. März 74 (Bebenhus.). -- Stip. Juli 74. M. a. 13. Febr. 77.
April 77 Präzeptor in Hirsau.
36. Dr. iur. utr. 11. Dez. 70. Jur.: Straubingensis.
40. B. a. 23. Sept. 73. -- M. a. 16. Febr. 76. Dr. med. 11. Dez. 83.
M FA Mag. [am Rand]: physicus Halosuevensis.
41. Vgl. 184,76.
45. B. a. 1. Sept. 74.
47. B. a. 4 April 71 (Herrenalb.). - Stip. Jan. 72. M. a. 17. Febr. 74.
— Okt. 75 Diakonus in Gruibingen.

48. Martinus Tafel Roseufeldensis (28. Jan.).

49. Joannes Rueff Rosenfeldensis (28. Jan.).

50. Joannes Kürffner Herrenbergensis (28. Jan.).

51. Michael Wagner Nürtingensis (28. Jan.).

52. Michael Osterlin Wilpergensis (28. Jan.).

53. Johannes Schleifferus Sernestadiensis Saxo (7. Febr.).

54. Richardus Ruoff (7. Febr.).

55. Daniel Burckhardus Obehenburgensis iterum se indicavit (26. Febr.).

56. Michael a Gelingen (2. März).

57. Lucas Volmarius Esslingensis (3. März).

58. Hieremias Seng Nordlingensis (5. März).

59. Melchior Achatius Spirensis (6. März).

60. Joannes Krautwaffer Boblingensis (7. März).

61. Franciscus Heinrich Schweickardt Tubingensis (7. März).

62. Heinricus Weiskircher Reutlingensis (8. März).

63. Andreas Sindlinger Altingensis (16. März).

64. Joannes Gilotus Mümpelgardensis (20. März).

65. Joannes Israel Achatius Spirensis (21. März).

66. Sebastianus Stoll Oringensis (29. März).

48. B. a. 4. April 71 (Herrenalb.). — Stip. 20. Juni 71. — M. a. 5. Aug. 73. *MFAMag.:* Dafelius. — *Okt. 75 Diakonus in Pfullingen.*

49. B. a. 4. April 71 (Herrenalb.). *MFABacc.:* Ruof. — Stip. 20. Juni 71. *Alb. stip.:* Ruff. - - M. a. 17. Febr. 74. — *Okt. 75 Präzeptor in Bebenhausen.*

50. B. a. 4. April 71 (Herrenalb.). *MFABacc.:* Kyrsner. — Stip. 20. Juni 71. *Alb. stip.:* Kirschner. - - M. a. 5. Aug. 73. — *Okt. 75 Präzeptor in Remmingsheim (sic!).*

51. B. a. 26. März 72 (Herrenalb.). — Stip. April 72. -- M. a. 9. Febr. 75. — *April 76 Diakonus in Böblingen.*

52. B. a. 26. März 72 (Herrenalb.). *MFABacc:* Österling. - Stip. 10. Juni 72. — M. a. 17. Febr. 74. -- *Jan. 76 Diakonus in Leonberg.*

57. B. a. 27. Sept. 72.

58. *Vgl. 196,4.*

59. *MFABacc.:* frater Joannis Israëlis *(vgl. Nr. 65)* Bacc. Basiliensis: rec. 2. April 71. — M. a. 11. Febr. 73.

60. B. a. 26. März 72 (Herrenalb.). — Stip. 10. Juni 72. — M. a. 17. Febr. 74. — *Okt. 75 Präzeptor in Denkendorf.*

62. B. a. 31. März 74. — M. a. 10. Aug. 75. *MFABacc. u. Mag.:* Weiskircher.

63. B. a. 28. Sept. 75. — M. a. 13. Febr. 77.

65. *MFABacc.:* D. Israëlis Acacii, superintendentis Durlacensis filius. Bacc. Basiliensis rec. in societatem nostrorum baccal. 27. März 71. — M. a. 13. Aug. 72 *(vgl. Nro. 59).*

67. Antonius Schweicker Monacumensis (30. März).
68. Petrus Heerenbrand (4. April).
69. Joannes Jacob Küngspach Stutgardianus (9. April).
70. Isaac Volmarius Vracensis (17. April).
71. Wolffgang Zott Tubingensis (20. April).
72. Thomas Deiblinger Francofurdianus ad Moenum (22. April).
73. Theodoricus Wachner Franckfurdianus (22. April).
74. Albertus a Berlingen (22. April).
75. Eberhardus ab Eltershofen (22. April).
76. Christopherus Engel Vratislauiensis se iterum indicavit (22. April).
77. Mathaeus Enzlinus Studgardianus (25. April).
78. Andreas Schimer Mezingensis (28. April).

175. Sub rectura clarissimi viri dom. D. **Jacobi Cappelbeckhii**
a festo apost. Phil. et Jac. usque ad festum divi Lucae a. 1571:

1. Joannes Lieb Leningensis (8. Mai).
2. Georgius Schnitzer Minsingensis (9. Mai).
3. Josephus Zerr Studtgardianus (9. Mai).
4. M. Paulus Pelhöfer Forchensis (10. Mai).
5. Tobias Fabri se rursus indicavit (13. Mai).
6. Richardus a ⎫ Liechtenstain fratres germani, barones, Erb-
7. Sigisimundus ⎭ hammerer in Steuwr, Landtmarschalckhen inn
   · Kerndten, Herrn zw Morauw (14. Mai).
8. Christophorus Sax Cornicensis in Carinthia, famulus dictorum
   dominorum (14. Mai).
9. Antonius Serrarius Mompelgardensis (23. Mai).

68. Vgl. 179,31.
69. B. a. 27. Sept. 72. MFABacc.: Küngspach.
76. Dr. med. 24. Juli 71.
77. Dr. iur. utr. 8. Dez. 76. — Rect. 88/89; 91.

1. Stip. 19. Mai 71 (16. anno aet. e paedag. Stutgard.). — B. a. 27. Sept. 72.
.- M. a. 18. Febr. 77. — Jan. 81 Diakonus in Münsingen.
2. Stip. 19. Mai 71 (16. anno aet. e paedag. Stutgard.). B. a. 27. Sept. 72.
.- M. a. 9. Febr. 75. — April 76 Präzeptor in Herrenalb.
3. Stip. 19. Mai 71 (15. anno aet. e paedag. Stutgard.). Alb. stip.: Zerrer.
— B. a. 27. Sept. 72. MFABacc.: Zörrer. · M. a. 16. Febr. 76. — April 77
Präzeptor in Adelberg.
9. Stip. 22. Mai 71 (17. anno aet.). · B. a. 27. Sept. 72. — Juli 77 ausgetreten aus dem Stift.

10. Fridericus princeps et comes in Würtemberg et Mümpelgardt. qui per magistrum aulae suae Samuelem a Reischach nomen suum indicavit (25. Mai).

11. Samuel a Reischach, qui simul indicavit totam familiam praedicti principis et comitis debere esse sub iure universitatis.

12. Nicolaus a Rotemburg nobilis et camerarius dicti principis (25. Mai).

13. Fridericus a Plieningen (25. Mai).

14. Sebastianus a Plieningen (25. Mai).

15. Achatius a Gutemberg (25. Mai).

16. Raphael ab Helmstett (25. Mai).

17. Joannes Chassotus praeceptor Gallicus dicti principis (25. Mai).

18. Joannes a Landenberg (28. Mai).

19. Jeronymus Breinlin Gamundanus (28. Mai).

20. Jodocus Datt Esslingensis (28. Mai).

21. Joannes Horneffer Wismariensis in ducatu Megalburgensi (29. Mai).

22. Georgius Seiter Campidonensis (6. Juni).

23. Joannes Heinricus Heintzelius Augustanus (8. Juni).

24. Joannes Butzius Carinthius (12. Juni).

25. Melchior Butz (12. Juni).

26. Christophorus Butz (12. Juni).

27. Joannes Jacobus Rienhart Steinhaimensis prope Marpachiam (18. Juni).

28. Joannes Huberinus a Glatt prope Augustam (24. Juni).

29. Leo Crafft Vlmensis (27. Juni).

30. Rodolphus Bonrieder Kauffpeirensis (4. Juli).

31. M. Balthasarus Vogtius Vlmensis (6. Juli).

32. Joannes Jacobus Merk Vlmensis (6. Juli).

33. Nicolaus Grauuer Tubingensis se rursus indicavit (7. Juli).

34. Joannes Binder Waiblingensis (23. Juli).

35. Casparus Eisingrein Studtgardianus (24. Juli).

36. Vitus Rupertus a Sauraw in Styria (30. Juli).

37. David Lang Memmingensis (3. Aug.).

10. Rect. 1573/74.

27. Dr. iur. utr. 10. Jan. 82.

28. B. a. 26. März 72. — M. a. 16. Febr. 74. *MFABacc. und Mag.:* Glittanus.

30. B. a. 27. Sept. 72.

37. *Vgl. 180 79.*

38. Florianus Mayer ab Oberriexingen (3. Aug.).
39. Joannes Neuhart Hornbacensis (29. Aug.).

In Septembri Esslingae inscripti:
40. Joannes Fetscherus Esslingensis (11. Sept.).
41. Joannes Stahel Esslingensis (12. Sept.).
42. Joannes Dürr Esslingensis (13. Sept.).
43. Matheus Mayer Litzelburgensis (14. Sept.).
44. Conradus Rettich Esslingensis (15. Sept.).
45. Stephanus Speidelius Esslingensis (19. Sept.).
46. Hieronymus Meggisser Studtgardianus (25. Sept.).
47. Andreas Huldreich Muigmilensis (29. Sept.).
48. Joannes Hieronymus Binderus pastoris filius in Schweicfhaim (12. Okt.).
49. Ludovicus comes in Oetingen (14. Okt.).
50. Gotfredus Moser Tubingensis (16. Okt.).
51. Theodorus Gallus Oetingensis (16. Okt.).
52. Nicolaus Moserus Tubingensis (16. Okt.).
53. Leonhardus Lanius Esslingensis (16. Okt.).

176. Sub rectura clarissimi viri dom. D. **Valentini Voltzii** a festo divi Lucae a. **1571** usque ad festum apost. Phil. et Jac. a. **1572:**

1. Johannes Conradus Essich Rodensheimensis (20. Okt.).
2. Georgius Struthius Plattenhartensis (25. Okt.).
3. Jacobus Feirabent Hailprunnensis (26. Okt.).
4. Philippus a Neuperg (26. Okt.).
5. Michael Bracher Ingolstadiensis (27. Okt.).
6. Ludovicus Blossius Mynsingensis (27. Okt.).
7. Johannes Greins Stuggardianus (31. Okt.).

38. Stip. Juli 73. — *Jan. 75 in cancellarium convocatus nobis non amplius comparuit.*
44. B. a. 1. Sept. 74. — M. a. 1. Aug. 76.
46. B. a. 1. Sept. 74. *MFABacc.:* Meggysserus. — M. a. 13. Febr. 77.
52. *Vgl. 189,112.*

1. B. a. 31. März 74. *MFABacc. u. Mag.:* Hirsaugiensis. — M. a. 10. Aug. 75. *MFAMag. [am Rand]:* postea syndicus nostrae universitatis Tubingensis.
2. B. a. 31. März 74. — M. a. 1. Aug. 76.
6. B. a. 27. März 77. — M. a. 16. Aug. 81.
7. B. a. 23. Sept. 73. *MFABacc.:* Waiblingensis.

8. Johannes Christophorus ab Engelshofen (31. Okt.).
9. Jacobus }
10. Johannes } Hettler fratres Nürtingenses (3. Nov.).
11. Dionysius Eham Heilprunnensis (5. Nov.).
12. Johannes Pleucardus Landtschad a Stainach (6. Nov.).
13. Joannes Wagnerus Horbacensis denuo professus est nomen suum (7. Nov.).
14. Andreas Königspach Stuggardianus (14. Nov.).
15. Mathaeus Obermayer Hezendorffensis (20. Nov.).
16. Paulus Knoderer Esslingensis (21. Nov.).
17. Heinricus Altmann a Filtzwert (26. Nov.).
18. M. Andreas Laumeyer denuo professus est nomen suum (7. Dez.).
19. Philippus } Marbachii fratres Argentoratenses (18. Dez.).
20. Erasmus }
21. Conradus Hüller Tubingensis (28. Dez.).
22. Sebastianus Kemmerlin Stuggardianus (31. Dez.).

1572.

23. Abrahamus Jung Feichwangensis (2. Jan.).
24. Joannes Essinger Wilensis pagi parrochi filius (2. Jan.).
25. Balthasarus Ehinger Hirsoniensis (3. Jan.).

8. Vgl. 198,39.
9. Stip. Jan. 72 (e schola Nürtingensi). — B. a. 23. Sept. 73. — M. a. 10. Aug. 75. — Rep. dialecticus; April 78 graecus. — Jan. 82 Diakonus in Vaihingen. - - Vgl. 184,9.
10. Stip. Jan. 72 (e schola Nürtingensi). — B. a. 23. Sept. 73· — M. a. 10. Aug. 75. — Jan. 77 Diakonus in Calw.
11. B. a. 27. Sept. 72. MFABacc.: Dion. Oehemius. — M. a. 17. Febr. 74. MFAMag.: Ehemius.
14. B. a. 1. Sept. 74. MFABacc.: Kindtspachius. — M. a. 1. Aug. 76.
15. B. a. 1. Sept. 74 (Hirsaug.). — M. a. 16. Febr. 76.
16. B. a. 31. März 74. MFABacc.: P. Nodererus. -- M. a. 16. Febr. 76. MFAMag. [am Rand]: Dr. iur. — Vgl. 197,36.
22. Stip. Jan. 72 (e paedag. Stutgard.). — Ist auf der Stiegen gefallen, als er seine Bucher in seine Kammer hat tragen wollen, und ist ihm bei selbigem Fall auch ein Buch in den Leib gegangen, dass er gebrochen hat und daran nach 14 Tagen gestorben ist (19. Jan. 72).
23. Vgl. 182,21.
24. MFA. u. Alb. stip.: Eisenman. — Stip. Jan. 73 (e paedag. Stutgard.). — B. a. 23. Sept. 73. — M. a. 16. Febr. 76. — Jan. 77 Präseptor in Murrhardt.
25. B. a. 23. März 75. - M. a. 13. Febr. 77.

26. Steffanus Klemp Bessikaimensis (6. Jan.).
27. Joannes Hole Nürtingensis (9. Jan.).
28. Joannes Vdel Biettikaimensis (9. Jan.).
29. Thomas Schüssler Dürrenzimerensis (9. Jan.).
30. Helias Pistorius Neapolitanus (9. Jan.).
31. Michael Këelle Schorndorffensis (9. Jan.).
32. Philippus Neucam Vaihingensis (9. Jan.).
33. Joannes Körner Neapolitanus (9. Jan.).
34. Israel Stehlin Ilingensis (9. Jan.).
35. Georgius Mörlin Winendensis (9. Jan.).
36. Jacobus Weltzle Nürtingensis (9. Jan.).
37. Vlricus Nicolaus Stuggardianus (9. Jan.).
38. Wolffgangus Contzmann Stuggardianus (9. Jan.).
39. Joannes Schröttliu Vaihingensis (9. Jan.).
40. Bartholomeus Schemel Beblingensis (9. Jan.).
41. Melchior Schölin Beblingensis (9. Jan.).

27. B. a. 26. März 72 (Maulbronn.). *MFABacc.*: Joh. Hoyler. - Stip.
April 72. *Alb. stip.*: Joh. Hainlin u. Hoylin. — M. a. 17. Febr. 74. *MFAMag.*:
Hoilin. — *Okt. 75 Präzeptor in Hirsau.*
28. Stip. April 72. - B. a. 27. Sept. 72 (Maulbronn.). — M. a. 16. Febr. 76.
— *1576 weggezogen und ausgeblieben.*
29. B. a. 27. Sept. 72 (Maulbronn.). — Stip. 20. April 73. *Alb. stip.*:
Schissler. — M. a. 16. Febr. 76. — *Okt. 76 Diakonus in Balingen.*
30. B. a. 26. März 72 (Maulbronn.). — Stip. Okt. 72. — M. a. 10. Aug. 75.
— *Okt. 76 Diakonus in Winnenden.*
31. B. a. 26. März 72 (Maulbronn.). *MFABacc.*: Köller. — Stip. Okt. 72.
Alb. stip.: Köllin. — M. a. 16. Febr. 76. — *Okt. 76 Präzeptor in Adelberg.*
32. B. a. 27. Sept. 72 (Maulbronn.). *MFABacc.*: Neukumm. — Stip.
30. April 73. — M. a. 16. Febr. 76. — *Jan. 77 Diakonus in Herbertingen.*
33. B. a. 27. Sept. 72. (Maulbronn.). — Stip. 20. April 73. *MFA. und
Alb. stip.*: Dörner. — *Jan. 77 Provisor in Calw.*
34. B. a. 27. Sept. 72 (Maulbronn.). — Stip. 30. Juli 73. — *April 75 ob
libidines exkludiert.*
35. B. a. 27. Sept. 72 (Maulbronn.). — Stip. 30. April 73. — M. a. 10. Aug. 75.
— *Okt. 76 Präzeptor in Hirsau.*
36. B. a. 31. März 74 (Maulbronn.). Stip. 7. Juni 74. — *Juli 80 Kolla-
borator in Leonberg.*
37. B. a. 23. Sept. 73 (Maulbronn.). — Stip. 9. Jan. 74. — *Jan. 78 Kolla-
borator in Schorndorf.*
39. B. a. 27. Sept. 72 (Maulbronn.). — Stip. 30. April 73. — M. a. 16. Febr. 76.
— Rep. physicus. — *Juli 81 Diakonus in Bietigheim.*
40. B. a. 27. Sept. 72 (Bebenhus.). *MFABacc.*: Schimmel. — Stip. Okt. 72.
— *Ist Okt. 75 ausgetreten und man sagt, er sei nach Würzburg gezogen:
kommt wieder und wird Jan. 76 exkludiert.*

42. Martinus Zuperer Herenbergensis (9. Jan.).

43. Joannes Schädlin Herenbergensis (9. Jan.).

44. Andreas Harttmann Esslingensis (9. Jan.).

45. Martinus Eichman Schorndorffensis denuo professus est nomen
suum (29. Jan.).

46. Georgius Löblin Zellerbadensis denuo professus est nomen suum
(5. Febr.).

47. Joannes Mayer Weilsteinensis (11. Febr.).

48. Joannes Weiss Landauiensis (11. Febr.).

49. Johannes Batzner Teruisiensis nobilis (6. März).

50. Michael Binder Esslingensis (20. März).

51. Martinus Cantzler Murensis (14. März).

52. Vlricus Loser Weinspergensis (14. März).

53. Albertus Balinger Tubingensis (19. März).

54. Martinus Wirt Stuggardianus (19. März).

55. Joannes ⎱ Westheimer fratres Rotenburgenses ad Tuberam
56. Georgius ⎰   (4. April).

57. Johannes Philippus ⎱ König fratres Tubingenses (12. April).
58. Johannes Ludovicus ⎰

59. Michael Sandberger Stuggardianus (14. April).

60. Matthias Bernhardus ⎫
61. Tobias   ⎬ Maulich fratres Augustani (14. April).
62. Maximilianus   ⎭

63. Jacobus Beurlinus Tubingensis (15. April).

64. Leo Wolffhardus Memmingensis (17. April).

65. Joannes Georgius Marthaler Vlmensis (17. April).

43. B. a. 27. Sept. 72 (Bebenhus.). — Stip. 27. April 72. — M. a. 16. Febr. 76.
— *Okt. 76 Präzeptor in Lorch.*

45. Vgl. 166,19. — Dr. iur. utr. 11. Febr. 77.

46. Vgl. 156,27.

51. Stip. April 73 (e paedag. Stutgard.) *Alb. stip.:* v. Murr u. v. Tuttlingen. — B. a. 28. Sept. 73. *MFABacc. u. MFAMag.:* Duttlingensis. — M. a.
10. Aug. 75. — *Juni 77 Diakonus in Marbach.*

52. Stip. April 73 (e paedag. Stutgard.). — B. a. 28. Sept. 73. — *April 76
dimissus cum gratia.*

54. Stip. April 73 (e paedag. Stutgard.). — B. a. 30. März 74. — *April 75
ob libidines exkludiert.*

58. B. a. 28. Sept. 79. — M. a. 1. Febr. 81. — *Vgl. 203,38.*

59. B. a. 31. März 74. — M. a. 1. Aug. 76. · *Vgl. 192,26.*

63. B. a. 19. März 78. *MFABacc.:* Joh. Jac. Beurlinus.

64. B. a. 11. März 73.

65. B. a. 11. März 73.

66. Jacobus Burraus Metzingensis (17. April).
67. Joannes Saurzapff Ostrohouensis (22. April).
68. Paulus Milius Schweinfurtensis (24. April).

177. Sub rectura clarissimi viri dom. D. **Jacobi Heerbrandi** a festo apost. Phil. et Jac. usque ad festum div. Luc. a. 1572:

1. Itellus Vlricus et
2. Joannes Jacobus Varnbüleri fratres Badenses nomina sua iterum professi sunt (29. Mai).
3. Stephanus Müller Müttelstattensis (31. Mai).
4. Christophorus Reihing Studtgardianus (1. Juni).
5. Georgius Sicher Oettingensis (2. Juni).
6. Ezechiel Herman ⎫
7. Georgius Wuchter ⎬ Reuttlingenses (5. Juni).
8. Nicolaus Staud ⎭
9. Georgius Eremita Vlmensis (5. Juni).
10. Augustanus Hussaera Friesingensis pharmacopoei minister (5. Juni).
11. Joannes Gockel Bentzingensis (5. Juni).
12. Casparus Bucher Kirchschlachensis Austriacus (6. Juni).
13. Joannes Huldenreich Glatzensis Silesius (7. Juni).
14. Jacobus Audler Herrenbergensis (7. Juni).
15. Joannes Ruthardus Herrenbergensis (9. Juni).
16. Fridericus Heller Wirtzburgensis (9. Juni).
17. Casparus Caseus Denckendorffensis (11. Juni).
18. Israel Widman Münssheimensis (11. Juni).

68. B. a. 31. März 74. — M. a. 1. Aug. 76.
68 a. *MFABacc.*: Tobias Fabri Stutgardianus, Basilee creatus superiore anno Bacc. filius dom. Beati Fabri, utr. iur. Dr., et consiliarii illustrissimi principis nostri, rec. in societatem nostrorum baccal. mense Maio medio 1572. — M. a. 11. Febr. 78.

7. B. a. 1. Sept. 74. *MFABacc.*: Wuchther. — M. a. 1. Aug. 76.
12. B. a. 24. Sept. 78. — M. a. 12. Aug. 80. — *Vgl. 189,36.*
13. B. a. 1. Sept. 74. *MFABacc.*: Huldenrichius Glattensis. — M. a. 1. Aug. 76. *MFAMag.*: Huldricus.
14. B. a. 23. Mai 75. — M. a. 1. Aug. 76. — Dr. iur. utr. 17. Dez. 82.
17. B. a. 28. Sept. 75. — M. a. 14. Aug. 77. — *Vgl. 183,47.*
18. B. a. 27. Sept. 72 (Hirsaug.). — Stip. Okt. 72. *MFA.* u. *Alb. stip.*: v. Mensheim. — *Juli 76 exkludiert aus dem Stift.*

19. Christianus Salicetus Tubingensis (11. Juni).
20. Latzarus Bertsch Schorndorffensis (12. Juni).
21. Josephus Hailprunner Entzuayhingensis (12. Juni).
22. Conradus Pfeüffer Bottwarensis (12. Juni).
23. Martinus Entz Kircheimius (12. Juni).
24. Petrus Sturmius Blawbyrensis (12. Juni).
25. Petrus Meyderlin Kirchemius (12. Juni).
26. Stephanus Lanius Tubingensis (13. Juni).
27. Josephus Köllin Schlachtensis (14. Juni).
28. Mag. Joannes Pullamerus Bibracensis (16. Juni).
29. Joannes Leonhardus Fleiner Esslingensis (17. Juni).
30. Jodocus Jung Brisacensis iterum nomen suum indicavit (17. Juni).
31. Jacobus Egellius Rauenspurgensis (17. Juni).
32. Fridericus Rech Gertringensis (18. Juni).
33. Georgius Schefer Grinningensis (18. Juni).
34. Christophorus Eser Blaubyrensis (18. Juni).

19. B. a. 27. Sept. 72 (Hirsaug.). — Stip. 23. April 73. — *Juli 76 Provisor in Bietigheim.*

20. B. a. 27. Sept. 72 (Hirsaug.). — Stip. 23. April 73. — *Okt. 76 Pfarrer in Ganslosen.*

21. B. a. 27. Sept. 72 (Hirsaug.). — Stip. 23. April 73. — M. a. 10. Aug. 75. — *Okt. 76 Präzeptor in Königsbronn.*

22. B. a. 27. Sept. 72 (Hirsaug.). — Stip. 23. April 73. — M. a. 10. Aug. 75. — *Okt. 76 Präzeptor in Bebenhausen.*

23. B. a. 27. Sept. 72 (Hirsaug.). Stip. 25. Juli 73. — M. a. 10. Aug. 75. — *Okt. 76 Diakonus in Metzingen.*

24. B. a. 27. Sept. 72 (Hirsaug.). — Stip. 18. Okt. 73. — M. a. 16. Febr. 76. *Jan. 77 Subdiakonus in Schorndorf.*

25. B. a. 27. Sept. 72 (Hirsaug.). — Stip. 28. Okt. 73. *Alb. stip.:* Meüderlin. — M. a. 10. Aug. 75. — *April 76 Präzeptor in St. Georgen.*

27. B. a. 28. März 75. *MFABacc.:* Flachensis. — M. a. 13. Febr. 77.

29. B. a. 31. März 74. — M. a. 10. Aug. 75. *MFAMag. [am Rand:]* postea legum. — Dr. et syndicus Esslingensium. — Dr. iur. utr. 17. Dez. 82.

30. *Vgl. 161,86.*

32. B. a. 27. Sept. 72 (Bebenhus.). *MFABacc.:* Raech. — Stip. 27. April 73. *Alb. stip.:* Röch. — M. a. 10. Aug. 75. *MFAMag.:* Rhe. — *Okt. 76 Subdiakonus in Schorndorf.*

33. B. a. 11. März 73 (Bebenhus.). — Stip. 18. Okt. 73. *Alb. stip.:* v. Grüningen. — M. a. 1. Aug. 76. - *April 77 Diakonus in Pfullingen.*

34. B. a. 27. Sept. 72 (Bebenhus.). *MFABacc.:* Chr. Aeser. — Stip. 27. April 73. — M. a. 10. Aug. 75. *MFAMag.:* Ezer. — *Juli 76 Diakonus in Gruibingen.*

35. Vlricus Burger Kirchensis (18. Juni).
36. Georgius Kun Grünningensis (18. Juni).
37. Matthias Lecker Studtgardianus (18. Juni).
38. Wendelinus Krafft Vayhingensis (19. Juni).
39. Wolffgangus Deisser Hohenhaslachiensis (19. Juni).
40. Joannes Schlayer Tubingensis (19. Juni).
41. Ludovicus Bartholomeus Studtgardianus (19. Juni).
42. Joannes Casparus Eglinger Waiblingensis (19. Juni).
43. Salomon Schweücker Sultzenses et
44. Jacobus Erhardus [a] (19. Juni).
45. Anthonius
46. Hieronymus   } Varnbuleri fratres Tubingenses (26. Juni).
47. Joannes Wilhelmus
48. Mag. Joannes Vesenbeccius Leysenhausensis nomen suum
iterum professus est (26. Juni).

———— ————

a) *Ist auf derselben Linie zu Nr. 43 hinzugeschrieben, wo ursprünglich Sultzensis stand.*

35. B. a. 11. März 73 (Bebenhus.). — Stip. Juli 73. — M. a. 16. Febr. 76.
— *Jan. 77 Diakonus in Rosenfeld.*
36. B. a. 11. März 73. (Bebenhus.). — Stip. 18. Okt. 73. *Alb. stip.:*
Grüningensis. — M. a. 16. Febr. 76. — *Jan. 77 Diakonus in Dettingen u. T.*
37. B. a. 27. Sept. 72 (Bebenhus.). — Stip. 27. April 73. *Alb. stip.:*
Löckher.
38. B. a. 27. Sept. 72 (Herrenalb.). — Stip. Okt. 72. — M. a. 9. Febr. 75.
— *April 75 Kantor in der [herzogl.] Kapelle.*
39. Stip. Okt. 72 (Herrenalb.). *Alb. stip.:* Theisser. — B. a. 23. Sept. 73.
— *Okt. 75 selbst ausgetreten ob matrimonium.*
40. B. a. 27. Sept. 72 (Herrenalb.). — Stip. 6 Mai 73. *Alb. stip.:* Jacobus
Schlaier. — M. a. 9. Febr. 75. — *Jan. 76 Präzeptor in Murrhardt.*
41. B. a. 27. Sept. 72 (Herrenalb.). — Stip. 6. Mai 73. — M. a. 10. Aug. 75.
— *Juli 76 Diakonus in Unteröwisheim.*
42. B. a. 27. Sept. 72 (Herrenalb.). — Stip. 6. Mai 73. — M. a. 1. Aug. 76.
— *Jan. 79 Diakonus in Leonberg.*
43. B. a. 23. Sept. 73 (Herrenalb.). — Stip. 18. Okt. 73. *MFABacc. [am
Rand]:* Hic 1. Jan. 1578 Constantinopolim ingressus concionator aulicus fuit
dom. Joachimi a Sinzendorff, legati ad Turcas caesarei. Inde Crusio et Gerlachio
scripsit. Postea 3. März 81 Alexandriam, Hierosolymam, Damascum profectus
10. Nov. Tubingam rediit; nunc concionator in hoc ducatu est. — *Okt. 76 ausgetreten.*
44. B. a. 11. März 73 (Herrenalb.). — Stip. 6. Mai 73. *Alb. stip. u.
MFA.:* v. Sultz. — M. a. 9. Febr. 75. — *April 76 Präzeptor in Adelberg.*
45. Vgl. 165,90 u. 171,7. — Dr. theol. 10. Nov. 84. *Theol.:* concionator
aulicus Stutgardianus, abbas Hirsaniensis.
46. Vgl. 172,2 u. 198.29.

49. Joannes Jacobellus Augustanus (3. Juli).
50. Georgius Rupertus baro a Polheim (3. Juli).
51. Joannes Schüferus a Jernharting Austriacus (3. Juli).
52. Matthaeus Anomaeus Wonsiglensis ex Variscis praeceptor (3. Juli).
53. Balthasarus Sprenger Beuchbachensis Austriacus (3. Juli).
54. Philippus Jacobus Leffler Tubingensis (6. Juli).
55. Joannes Jacobus a Gundelfingen Vracensis (6. Juli).
56. Joannes Jacobus Stickel Tubingensis (11. Juli).
57. Joannes Vlricus Rucker Tubingensis iterum se indicavit (16. Juli).
58. Joannes Rincker Guntzenbusanus (17. Juli).
59. Vitus Kirner Gundelfingensis, iterum nomen suum professus est (31. Juli).
60. Georgius Philippus a Berlingen ⎫
61. Wilhelmus a Grumbach ⎬ nomina sua iterum indicarunt
62. Eberhardus ab Eltershofen ⎭ (1. Aug.).
63. Adamus Koch, Spirensis nomen suum iterum indicavit (8. Aug.).
64. Wilhelmus Dietterus Durlacensis (8. Aug.).
65. Joannes Jacobus Cappelbeck Tubingensis (11. Aug.).
66. Gabriel Neudorfferus Noricus (15. Aug.).
67. Lucas Pastor Studtgardianus (15. Aug.).
68. Michael Grimm Grinningensis (23. Aug.).
69. Wolffgangus Philippus Berre Vracensis (23. Aug.).
70. Mag. Joannes Schulter Entringensis nomen suum iterum indicavit (28. Aug.).
71. Wolffgangus Vicethum Patauiensis (30. Aug.).
72. Christophorus Thraynerus Ratisbonensis (30. Aug.).

52. M. a. 5. Aug. 73. — Dr. med. 28. Juni 81. Med.: Wonsidlensis. Vgl. 195,23.
53. B. a. 27. März 77. MFABacc.: Beurbacensis Austriacus. — M. a. 25. Febr. 79.
54. Stip. 14. März 75. - - B. a. 28. Sept. 75. — M. a. 25. Febr. 78. — Okt. 81 Pfarrer in Oberneyzenhaim(!) in Franken.
59. Vgl. 174,32. — Dr. iur. utr. 2. März 75. Jur.: Kürner.
64. B. a. 1. Sept. 74. — M. a. 1. Aug. 76.
65. Dr. iur. utr. 25. Sept. 87.
67. B. a. 11. März 73 (Bebenhus.). — Stip. 27. April 73. — Jan. 75 exkludiert aus dem Stift.
69. B. a. 31. März 74 (Bebenhus.). -- Stip. April 74. - M. a. 13. Febr. 77. — Rep. musicus. — Juli 82 Diakonus in Brackenheim.
70. Vgl. 155.65. — Dr. iur. utr. 9. Mai 76.

73. Joannes Adamus Schrottius Kimbergius Styrius (30. Aug.).
74. Pangratius Brentelius Styrius (30. Aug.).
75. Nicolaus Vlricus Studtgardianus nomen suum iterum dedit (3. Sept.).
76. Daniel Beringer Vlmensis ⎰ nomina sua iterum dederunt
77. Leonhardus Plepst Vlmensis ⎱ (5. Sept.).
78. Fridericus a Brecht nomen suum iterum indicavit (8. Sept.).
79. Joannes Werner Neagorensis (8. Sept.).
80. Matthaeus Heminger Dinckelspülensis (10. Sept.).
81. Narcissus Dettelbach Dünckelspülensis (10. Sept.).
82. Joannes Wendelinus Anns Hailprunnensis nomen suum iterum dedit (13. Sept.).
83. David Lehendtner Augustanus (14. Sept.).
84. Joannes Fridericus a Nippenburg (14. Sept.).
85. Wolffgangus a Wildenstein (15. Sept.).
86. Conradus Strobel Rangendingensis (15. Sept.).
87. Georgius Brenning Weidensis (15. Sept.).
88. Joannes Georgius Hingerlin Hailprunnensis nomen suum iterum indicavit (15. Sept.).
89. Paulus Greins Waiblingensis (15. Sept.).
90. Joannes Georgius Godelmann Dutlingensis (18. Sept.).
91. Wilhelmus Fridericus Heintzelius Augustanus (18. Sept.).
92. Christophorus Heintzelius Augustanus (23. Sept.).
93. Christophorus Hailfinger Villacensis (23. Sept.).
94. Joannes Hermannus Ochsenbach Tubingensis (26. Sept.).

75. B. a. 11. März 73 (Herrenalb.). -- Stip. 31. Juli 73. -- Jan. 76 Provisor in Bietigheim.

76. Vgl. 163,29.

77. Vgl. 163,2 u. 169,92. — Dr. iur. utr. 23. Nov. 73. Jur.: Leosthenes Blepst •

79. B. a. 11. April 76. MFABacc.: Würner. — M. a. 13. Febr. 77. MFAMag.: Wirner.

82. Vgl. 166,83.

87. B. a. 11. März 73. MFABacc.: G. Brenningius Weidensis natione Variscus. — M. a. 4. Aug. 74.

88. Vgl. 172,81.

90. B. a. 31. März 74. MFABacc. [am Rand]: hodie 1599 Dresdae consiliarius, utr. iur. Dr. - M. a. 16. Febr. 76. MFAMag. [am Rand]: Professor Rostochiensis, comes Palatinus caesareus, tandemque electoris Saxoniae consiliarius.

94. B. a. 28. Sept. 79.

95. Joannes Vlricus Carpentarius Lorschensis ex Palatinatu nomen suum iterum professus est (26. Sept.).
96. Laurentius Hipperius Martpurgensis (28. Sept.).
97. Georgius Marius Augustanus (31. Sept.).
98. Christophorus Merckle Rhenanus (1. Okt.).
99. Joannes Jacobus Beutterus Weylensis prope Hechinger (2. Okt.).
100. Philippus Beutterus praecedentis frater (2. Okt.).
101. Jacobus Pfefferle Studtgardianus (3. Okt.).
102. Albertus a Liebenstein (15. Okt.).
103. Conradus Steck Vayhingensis (17. Okt.).
104. Wilhelmus a Remchingen (17. Okt.).

178. Sub rectura clarissimi viri dom. D. **Anastasii Demleri** a festo div. Luc. 1572 usque ad festum Phil. et Jac. a. 1573:

1. Mag. Lucas Gsellius Memmingensis theol. stud. iterum nomen suum indicavit (21. Okt.).
2. Agnes Künigspächin relicta vidua in Christo defuncti Dr. Jacobi Künigspachii quondam illustrissimi Christophori ducis Wirtembergensis piae recordationis consiliarii cum tota familia ad intercessionem illustrissimi principis Ludovici in tutelam universitatis est recepta (22. Okt.).
3. Wernhardus Hanfstengel a Wemmenburg ex ducatu Anhaltino (24. Okt.).
4. Hainricus Wetterow a Seygletz ex marchionatu Brandenburgensi (24. Okt.).
5. Jacobus Burckhardus Schorndorffensis (28. Okt.).
6. Petrus Andreas ab Allendorf (28. Okt.).

95. *Vgl. 172,102.*
96. *Vgl. 182,80.*
97. B. a. 11. März 73. - M. a. 17. Febr. 74. *MFAMag.:* Marcus.
98. B. a. 11. März 73. *MFABacc.:* Christ. Merckelius Neunburgensis — M. a. 17. Febr. 74.
101. B. a. 11. März 73 (Bebenhus.). — Stip. 18. Okt. 73. — *April ?* ausgetreten.
103. B. a. 1. Sept. 74.
104 a. *MFABacc.:* Johannes Jacobus Reinharterus Steinanus. B. . 23. Sept. 73. - - M. a. 10. Aug. 75. *MFAMag. [am Rand]:* postea Dr. iur. utr. camerae imperialis assessor et tandem cancellarius Wyrtembergicus.

7. Joannes Kössler ⎫
8. David Kössler   ⎬ fratres Hallenses (29. Okt.).

9. Christophorus Maier Marpurgensis (29. Okt.).
10. Georgius Wilhelmus Velckel Haganoensis (29. Okt.).
11. Georgius Schuler Argentinensis (31. Okt.).
12. Jodocus Müller Basiliensis ⎫ ambo ministri
13. Joannes Tuchman de Baccara ex Lotharingia ⎬ Gruppenbachii in officina typographica (2. Nov.).
14. Couradus Merckh Vracensis (7. Nov.).
15. Petrus Faber Montispelgardiensis (10. Nov.).
16. Andreas Pistor Immahusensis minister ecclesiae nuper eiectus ex comitatu Bittschensi iterum nomen suum indicavit (11. Nov.).
17. Ludovicus Langensel Lindaniensis (12. Nov.).
18. Joannes Saum Memmingensis (19. Nov.).
19. Albinus Hellwigius Vratislauiensis (20. Nov.).
20. Christophorus Fleck Calbensis (24. Nov.).
21. Christophorus Hans Haylprunnensis (27. Nov.).
22. Joannes Häderlin (30. Nov.).
23. Petrus Clericus Hamburgensis (9. Dez.).
24. Blasius Budina Tirolensis (10. Dez.).
25. Andreas Kettner Wilensis iterum nomen suum indicavit (31. Dez.).

1573.

26. Bernhardus Dum a Stetten (3. Jan.).
27. Petrus Bülfinger Phorcensis (9. Jan.).
28. Joannes a Thill Noricus (16. Jan.).
29. Joannes Faber Blobyrianus (16. Jan.).
30. Joannes Bürck Studtgardianus (24. Jan.).
31. Joannes Simlerus Esslingensis (24. Jan.).

10. B. a. 1. Sept. 74. MFABacc.: Völckel.
11. B. a. 28. Sept. 75. · M. a. 14. Aug. 77.
16. Vgl. 169,9 u. 202,18.
18. B. a. 23. Sept. 73. M. a. 9. Febr. 75. MFAMag.: Joh. Somus.
24. Stip. Tiffernitanus 20. Nov. 72. B. a. 1. Sept. 74. MFABacc. u. Mag.: Bruneckensis. — Okt. 76 dimissus in patriam. Aug. 77 denuo receptus. — M. a. 5. Febr. 78. · April 78 mortuus ad Divum Georgium.
27. B. a. 23. März 75. MFABacc.: Bilfinger. — M. a. 1. Aug. 76.
29. Stip. April 73 (e paedag. Stutgard.) Alb. stip.: Joh. Schmid. B. a. 1. Sept. 74. — M. a. 14. Aug. 77. — April 80 Diakonus in Rottenacker.
30. B. a. 23. Sept. 73 (Hirsaug.).

32. Joannes Eckenfelder Haigerlochensis (17. Febr.).
33. Mag. Vrbanus Vetscher Esslingensis iterum nomen suum indicavit (19. Febr.).
34. Wilhelmus a Kornberg Hassus (12. März).
35. Georgius Wicelius Hassus praeceptor praecedentis (12. März).
36. Bernhardus Lachmann Haylprunnensis (12. März).
37. Wilhelmus Kenner Langenburgensis ex comitatu Hohenloch (17. März).
38. Jacobus Neufferus Herrenbergensis (17. März).
39. Daniel Andreae Tubingensis (21. März).
40. Carolus Fridericus Heerbrandus (24. März).
41. Andreas Schmid Fridingensis ex comitatu Collerensi (25. März).
42. Jacobus Bernhardus Schegkius Tubingensis (26. März).
43. Wirichius Wielandus Tubingensis (3. April).
44. Valentinus Mohr Kriessheimensis prope Pfedersheim (4. April).
45. Petrus Schlossberger Esslingensis (6. April).
46. Georgius Stenr Walcensis (7. April).
47. Joannes Ruth ⎫
48. Canutus Ruth ⎭ fratres et Dani (7. April).
49. Isaec Mauritius Danus praeceptor corum (7. April).
50. Anastasius Demler Tubingensis (8. April).
51. Josua ⎫
52. Daniel ⎭ Maagenstreutter fratres ex inferiori Bavaria (14. April).
53. Joannnes Emhardus Wimpinensis (20. April).
54. Erasmus Posthomius ex Hala Suaevorum (20. April).
55. Fabritius Docurt ⎫
56. Antonius Quelotus ⎭ Montispelgardenses (23. April).
57. Hainricus antiquioris notae comes ab Ortenburg (26. April).
58. Balthasar Imbritius Künigshofensis Francus praeceptor (26. April).

33. *Vgl. 150,67 u. 172,50.*
40. B. a. 28. Sept. 75. *MFABacc.:* Tubingensis. — M. a. 14. Aug. 77.
43. Stip. April 73 (e paedag. Stutgard.). *Alb. stip.:* v. Güglingen. — B. a. 1. Sept. 74. — M. a. 14. Aug. 77. - *Okt. 78 Diakonus in Herbrechtingen.*
53. B. a. 23. Sept. 73. — M. a. 17. Febr. 74. *MFAMag. [von der Hand des Dr. Ludwig Colb]:* postea praeceptor scholae Wimpinensis et meus fuit praeceptor; tandem pastor factus in pago Biberach prope Wimpinam. Eius anima sit in bona dictione.
55. Stip. April 73. *Alb. stip.:* von Porrentrautten. — B. a. 31. März 74. — *Juli 77 ausgetreten.*
56. Stip. April 73. -- B. a. 23. März 75. — *Jan. 76 ausgetreten aus dem Stift.*

59. Joannes Ciriacus liber baro Polhemius (26. April).
60. Fridericus Stock Neuenburgensis praeceptor comitis (26. April).
61. Joannes Reinhardus Ehrenreutter famulus (26. April).
62. Leonhardus Bruckmiller von Neuwburg famulus in officina typographica iterum nomen suum indicavit (27. April).
63. Mathaeus Kletzel von ˙Bürgel famulus in eadem officina (27. April).
64. Hans Breyer Coloniensis famulus in eadem officina (27. April).
65. Casparus Burger Nörlingensis (28. April).
66. Joannes Michael ⎱
67. Abrahamus ⎰ Hunn fratres Martisbachenses (30. April).

179. Sub rectura clarissimi viri dom. D. **Joannis Vischeri** a festo apost. Phil. et Jac. usque ad festum divi Luc. a. 1573:

1. Matheus Grabisgrad Studtgardianus (4. Mai).
2. Ludovicus a Jarsdorff (6. Mai).
3. Laurentius Büttner Francus a Tettelbach (10. Mai).
4. Ludovicus Döcker Tubingensis (12. Mai).
5. David Hecker Schorndorffensis (15. Mai).
6. Joannes Baasch Memmingensis (15. Mai).
7. Burcardus Lesch Tubingensis (15. Mai).
8. Michael Werner Berckfeldensis bey Sultz (15. Mai).
9. Hieronimus Gerhardus Studtgardianus (17. Mai).
10. Petrus Menlin Göppingensis (21. Mai).
11. Jacobus Merling von Winnedaw (21. Mai).
12. Lazarus Ziegler Hornbergensis (21. Mai).
13. Henricus Hirle Sindelfingensis famulus in stipendio principis (21. Mai).

66. B. a. 28. Sept. 76. *MFABacc.*: Maulbrunnensis.

1. B. a. 31. März 74. — M. a. 16. Febr. 76.
6. B. a. 23. März 80. *MFABacc.*: Bäsch.
9. B. a. 1. Sept. 74. — **M. a.** 16. Febr. 76. *MFAMag. [am Rand]*: postea Dr. iur. utr. et cancellarius Wyrtembergicus. — *Vgl. 190,52 u. 195,48.*
10. B. a. 23. Sept. 73 (Hirsaug.). — Stip. 12. Jan. 74. *Alb. stip.*: Mendlin. — **M. a.** 1. Aug. 76. · *Juli 78 Diakonus in Sulz.*
11. B. a. 31. März 74 (Hirsaug.). -- Stip. April 74. *MFA. u. Alb. stip.*: Mörlin. — M. a. 13. Febr. 77. — *Juli 77 Präzeptor in Sulz.*
12. B. a. 31. März 74 (Hirsaug.). -- Stip. April 74. — *Jan. 76 exclusus e stipendio.* — M. a. 13. Febr. 77.

14. Conradus Beringer vom Weiler zu Stain (21. Mai).
15. Jacobus . . .ᵃ⁾ (21. Mai).
16. Wendelinus Pontanus von . . .ᵃ⁾ bey Kirchen (21. Mai).
17. Joannes Köler Pfortzhensis iterum se significavit (27. Mai).
18. Jacobus Scherer Studtgardianus (30. Mai).
19. Nicolaus Olerus von Kreutznach in Palatinatu (3. Juni).
20. Nicolaus Hugelius Tabermontanus (6. Juni).
21. Franciscus a Bilderbeck Pomeranus (8. Juni).
22. Leo Rauenspurger Augustanus (12. Juni).
23. Conradus Dold Entringensis (13. Juni).
24. Joannes Kegele Messingensis (13. Juni).
25. Ludovicus von Onctol Studtgardianus (19. Juni).
26. Wolfgangus Vetter Wiltpergensis (19. Juni).
27. Joannes Huttenloch Illingensis bey Maulbrun (19. Juni).
28. Nicolaus Haselmayr von Canstatt (19. Juni).
29. Daniel Brusst Waiblingensis (19. Juni).
30. Joannes Rauch von Nähren (19. Juni).
31. Petrus Herbrandus Dr. Jacobi filius (25. Juni).

a) *Vom Abschreiber sind hier Lücken gelassen.*

14. B. a. 23. Sept. 73 (Maulbr.). — Stip. Jan. 74. — M. a. 16. Febr. 76.
— *Jan. 77 Präzeptor in St. Georgen.*
15. Alb. stip. u. MFABacc.: Jacobus Franck v. Blaubeuren. — B. a.
31. März 74 (Maulbr.). — Stip. April 74. — *Jan. 77 Diakonus in Bulach.*
17. Vgl. 172,7.
18. Stip. April 73 (e paedag. Stutgard.). — B. a. 1. Sept. 75. — M. a.
13. Febr. 77. — *April 77 Präzeptor in Anhausen.*
19. B. a. 28. Sept. 75. — M. a. 14. Aug. 77. MFABacc. u. Mag : Nic.
Böler Crucinacensis.
24. B. a. 28. Sept. 79. MFABacc.: Joh. Kögelius.
25. B. a. 23. Sept. 73 (Herrenalb.).
26. B. a. 23. Sept. 73 (Herrenalb.). — Stip. 30. März 74. — M. a. 13. Febr. 77.
— *Jan. 78 Präzeptor in Bebenhausen.*
27. B. a. 23. Sept. 73 (Herrenalb.). — Stip. 30. März 74. — M. a. 1. Aug. 76.
— *April 77 Präzeptor in Maulbronn.*
28. B. a. 23. Sept. 73 (Herrenalb.). — Stip. 30. März 74.   M. a. 1. Aug. 76.
— Rep. dialecticus. — *Juli 78 Subdiakonus in Göppingen.*
29. B. a. 23. Sept. 73 (Herrenalb.). — Stip. 2. Juni 74. — M. a. 13. Febr. 77.
— Rep. dialecticus. — *Juli 80 Diakonus in Herrenberg.*
30. B. a. 23. März 73 (Herrenalb.). — Stip. 17. Jan. 74. — M. a. 1. Aug. 76.
— *Juli 78 Diakonus in Göppingen.*
31. Vgl. 174,68. — B. a. 23. Sept. 73. MFABacc.: Tubingensis. — M. a.
9. Febr. 75.

32. Gallus Schütz Reutlingensis (30. Juni).
33. David Bauuman Hallensis (3. Juli).
34. Franciscus Maier Norlingensis (19. Juli).
35. Eustachius Ernst Norlingensis (19. Juli).
36. Sebastianus Scholl Ensingensis (21. Juli).
37. Adrianus Wenger Kittingensis (21. Juli).
38. Joannes Tripodius Wormaciensis (22. Juli).
39. Eberhardus Schwend Waldeburgensis (24. Juli).
40. Onophrius Hinterofen Noribergensis (27. Juli).
41. Eva uxor Joannis Wernheri Knoderers una cum sex liberis
    (31. Juli).
42. Bernhardus Egen Balingensis (1. Aug.).
43. Josaphat Weinle Hernbergensis (1. Aug.).
44. Fridericus Schweickhart Studtgardianus (4. Aug.).
45. Georgius Wild Vaihingensis (4. Aug.).
46. Wolffgangus Alberus Metzingensis (4. Aug.).
47. Joannes Grim Stutgardianus (5. Aug.).
48. Balthasar Schön Batauiensis (9. Aug.).
49. Daniel Berleburg Hessus (14. Aug.).
50. Eustachius Regner Nörlingensis (15. Aug.).
51. Adamus Junius Feuchtwangensis ante inscriptus privilegia petiit
    (15. Aug.).
52. Michael Hitzler Norlingensis similiter (15. Aug.).
53. Jacobus Brentelius Styrius (15. Aug.).
54. Petrus Egellius Rauenspurgensis (15. Aug.).

---

32. B. a. 28. Sept. 75. — M. a. 13. Febr. 77.
34. B. a. 31. März 74. — M. a. 10. Aug. 75.
38. B. a. 23. Sept. 73. — M. a. 9. Febr. 75.
42. B. a. 31. März 74 (Bebenhus.). - Stip. März 74. — M. a. 13. Febr. 77.
— *Juli 80 minister verbi zu Graz.*
43. B. a. 31. März 74 (Bebenhus.). — Stip. März 74. — M. a. 1. Aug. 76.
— Rep. rhetoricus. — *April 79 Diakonus in Kirchheim.*
44. B. a. 23. März 75. *MFABacc.:* Schweycker.
45. Stip. 19. Aug. 73. — B. a. 1. Sept. 74. — M. a. 13. Febr. 77. — Rep.
rhetoricus. — *April 82 Diakonus in Marbach.*
46. Stip. 4. Aug. 73. — B. a. 23. Mai 75. — M. a. 14. Aug. 77. — *Juli 78
Präzeptor in Königsbronn.*
51. Vgl. 186,51 u. 190,59.
52. Vgl. 173,124. — Stip. Tiffernit. Aug. 73. — B. a. 23. Sept. 73. —
M. a. 9. Febr. 75. — *Juli 76 Präzeptor in Owen.*
53. Vgl. 167,55 u. 169,50.
54. Vgl. 162,61. - Dr. med. 15. Dez. 74.

55. Christophorus a Seubelsdorff (15. Aug.).
56. Joannes Adamus Schrot Styrus (15. Aug.).
57. Nicodemus Schwebelius Ratisbonensis (15. Aug.).
58. Christophorus Thraner Ratisbonensis (15. Aug.).
59. Wolfgangus Vietzthum Basauiensis (16. Aug.).

Hi septem (53—59) secundo dederunt nomina.
60. Otharus Koch Vberlingensis (16. Aug.).
61. Johannes Helffenstain Norlingensis (18. Aug.).
62. Georgius Fridericus Linck von Schwabach (4. Sept.).
63. Laurentius Zaunberger Memingensis secundo nomen dedit
    (13. Sept.).
64. Joannes Baptista Mecchardus Augustanus (30. Sept.).
65. Casparus Gnan Nordlingensis (4. Okt.).
66. Philippus Lerchner Styrius (13. Okt.).
67. Nicodemus Figulus Francfordianus (13. Okt.).   ˙
68. Nicolaus Ricker Francfordianus (13. Okt.).
69. Joannes Philippus Volcker Francfordianus (13. Okt.).
70. Joannes Conradus Gretzinger Dornstattensis (13. Okt.).
71. Nicolaus Schön Helicuriensis (17. Okt.).

180. Sub rectoratu illustrissimi principis **Friderici comitis
Würtembergensis** et Mombelgardensis a festo divi Luc. 1573 usque
ad festum apost. Phil. et Jac. a. **1574**:

1. Wolffgangus comes et dominus in Castel una cum suo
   praeceptore.
2. Mag. Paulo Mayr Norlingensi petiit iterum privilegiorum usum
   (25. Okt.).
3. Casparus Fleck Bibracensis (29. Okt.).
4. Henricus Brunner Vracencis (5. Nov.).   •
5. Hieronimus Reitz Studtgardianus secundo nomen est professus
   (6. Nov.).
6. Bernhardus a Mentzingen iterum nomen dedit (6. Nov.).
7. Georgius a Mentzingen (10. Nov.).
8. Franciscus Laurentius Graseck Studtgardianus (10. Nov.).

71. Stip Okt. 74. *Alb. stip.*: v. Mömpelgartt. — B. a. 26. Sept. 76. —
Juli 77 ausgetreten.

71 a. *MFABacc:* Johannes Maior Beuelsteinensis. B. a. 28. Sept. 75.

2. *Vgl. 167,57 a.*
5. *Vgl. 156,4.*
6. *Vgl. 171,35.*

9. Georgius Pfeiffer Wildbergensis (14. Nov.).
10. Jacobus Schweickhart Sultzensis (14. Nov.).
11. Michael Heyselius Vahingensis (14. Nov.).
12. Petrus Spengler Göppingensis (14. Nov.).
13. Andreas Wachter von Blawbeuren (14. Nov.).
14. Henricus Goldtbeck ex Marchia (16. Nov.).
15. Stephanus Arnoldt Beylsteinensis (18. Nov.).
16. Georgius Wildholtz Studtgardianus (18. Nov.).
17. Martinus Textor Studtgardianus (18. Nov.).
18. Johan Walther Ziegler Grieningensis (18. Nov.).
19. Constantinus Leher Sindelfingensis (18. Nov.).
20. Wilhelmus Widman Hallensis (21. Nov.).
21. Osualdus a Götz ex Marchia veteri (25. Nov.).
22. Johannes Schöck Waiblingensis (1. Dez.).
23. Joannes Weyser Grieningensis (1. Dez.).
24. Jacobus Lauffer Schweiningensis (1. Dez.).
25. Joannes Metzler Langenbergensis seeundo dedit nomen (3. Dez.)
26. Joannes Caspar a Sperberseck similiter (3. Dez.).
27. Hieronymus Hoppelius Culmarensis similiter (7. Dez.).

9. B. a. 31. März 74 (Bebenhus.). -- Stip. Jan. 75. — M. a. 13. Febr. 77.
— *Okt. 77 Präzeptor in Adelberg.*

10. Vgl. 160,84. — B. a. 1. Sept. 74 (Bebenhus.). — Stip. 15. Mai 75. —
Okt. 76 Diakonus in Leidringen.

11. B. a. 31. März 74 (Bebenhus.). — Stip. Jan. 75. *Alb. stip.*: Heuslin.
MFABacc. u. Alb. stip.: v. Vhingen. — *Juli 76 exkludiert aus dem Stift.*

12. B. a. 31. März 74 (Bebenhus.). — Stip. Jan. 75. *Alb. stip. u. MFA.:*
Spindler. — *Okt. 76 ausgetreten aus dem Stift.*

13. B. a. 31. März 74 (Bebenhus.). — Stip. Jan. 75. — M. a. 13. Febr. 77.
MFAMag.: Blauifontanus. — *Jan. 79 Diakonus in Leidringen.*

15. B. a. 31. März 74 (Hirsaug.). — Stip. 7. Juni 74. *Alb. stip. u. MFA.:*
von Austein. — *Jan. 79 dimissus in Bipontinatum.*

16. B. a. 31. März 74 (Hirsaug.). — Stip. 10. Nov. 74. — *April 76 Provisor in Vaihingen.*

17. B. a. 31. März 74 (Hirsaug.). — Stip. 15. Mai 75. — *Juli 76 exkludiert aus dem Stift.* — *Vgl. 200,55.*

18. B. a. 31. März 74 (Hirsaug.). — Stip. 10. Nov. 74. — M. a. 13. Febr. 77.
— *Juli 77 Präzeptor in Bebenhausen.*

19. B. a. 31. März 74 (Hirsaug.). — Stip. 15. Mai 75. *MFA. u. Alb. stip.:*
Löher. — M. a. 13. Febr. 77. — *Juli 78 obdormivit in domino.*

20. Vgl. 192,80.

25. Vgl. 170,17.

26. Vgl. 162,70.

28. Andreas Gigler
29. Adamus Gigler } Grätzenses (7. Dez.).
30. Abraham Gigler
31. Michael Rucker Tubingensis (8. Dez.).
32. Balthasar a Rust (9. Dez.).
33. Joannes Rudolphus a Berckheim (9. Dez.).
34. Joannes Kol Marbachensis (9. Dez.).
35. Abraham Schauber Calwensis (10. Dez.).
36. Sixtus Mayr Beyhelstainensis (10. Dez.).
37. Vitus Seytz Schorndorffensis (10. Dez.).
38. Matheus Renner Beringensis (10. Dez.).
39. Bartholomeus Rauchmayr Denckendorffensis (10. Dez.).
40. Jacobus Huberus Burckenheimensis (19. Dez.).
41. Christophorus Hannstett Braunschuicensis (24. Dez.).

1574.

42. Franciscus Michael Ölerus Wylensis (9. Jan.).
43. Sebastianus Stol ex comitatu Hohenloe secundo dedit nomen suum (13. Jan.).
44. Conradus Rucker iterum nomen suum est professus (19. Jan.).
45. Michael Scheuffelin Nürtingensis (20. Jan.).
46. David Vischer von Haufen Herenberger ampt (27. Jan.).
47. Melchior Renner Basiliensis
48. Georgius Franck von Corgaw } typographi (31. Jan.).
49. Hans Lehman von Witteberg
50. Gallus Schweller Metzingensis famulus in contubernio (6. Febr.).
51. Georgius Spon Hamelburgensis (19. Febr.).

---

35. B. a. 31. März 74 (Herrenalb.). — Stip. 15. Mai 75. — M. a. 14. Aug. 77.
-- *Okt. 81 Diakonus in Dornstetten.*

36. B. a. 31. März 74 (Herrenalb.). — Stip. 16. Nov. 74. — *Juli 76 Pfarrer in Unterjettingen in marchionatu (jetzt OA. Herrenberg).*

37. B. a. 31. März 74 (Herrenalb.). — Stip. 15. Mai 75. — M. a. 14. Aug. 77.
— *Okt. 79 Präzeptor in Lorch.*

38. B. a. 31. März 74 (Herrenalb.). — Stip. 15. Mai 75. *Alb. stip.:*
v. Ginningen. — M. a. 14. Aug. 77. ··· *April 78 Präzeptor in Hirsau.*

39. B. a. 31. März 74 (Herrenalb.). *MFA.:* Raumayer. — Stip. 15. Mai 75.
Alb. stip.: Rhawmayer. — M. a. 14. Aug. 77. — *Okt. 77 Collaborator in Stuttgart.*

45. Stip. 20. Jan. 74 (e paedag.). — *Jan. 75 exclusus.*

46. Stip. 24. Jan. 74 (e paedag.). *Alb. stip.:* von Herrenberg. — B. a.
28. Sept. 75. — M. a. 5. Febr. 78. — *Jan. 80 Diakonus in Marbach.*

52. Anshelmus Hegeloh Bäblingensis (19. Febr.).

53. Melchior Bertsch Billingensis (19. Febr.).

54. Joannes Zann Entzweihingensis (19. Febr.).

55. Vlricus Scheible Vahingensis (19. Febr.).

56. Paulus Sauter Derdingensis (19. Febr.).

57. Johan Wolffgang Hamman Oberstenfeldensis (19. Febr.).

58. Thobias Kraus Nürtingensis (19. Febr.).

59. Joannes Walther von Dagersheim (19. Febr.).

60. Michael Burckhardt Kirchensis ad Teck (19. Febr.).

61. Andreas Renner Kirchensis (19. Febr.).

62. Matheus Vrbanus Gailing Botamacensis (19. Febr.).

63. Daniel Schrötle Vaingensis (19. Febr.).

64. Joannes Herus Lorchensis (2. März).

65. Joannes ab Osthcim Frisius (8. März).

66. Joannes Schmuck Erfordianus (12. März).

67. Georgius Weller Argentinensis (15. März).

68. Balthasar Loser von Backenhaim (17. März).

---

52. B. a. 1. Sept. 74 (Herrenalb.). — Stip. 15. Mai 75. *Alb. stip. u. MFA.:* Hagenlocher. — M. a. 14. Aug. 77. — Rep. mathematicus. — *Juli 81 Diakonus in Leonberg.*

53. B. a. 1. Sept. 74 (Maulbronn.). — Stip. 5. Jan. 75. *Alb. stip. u. MFA.:* Binningensis. — M. a. 13. Febr. 77. — *April 78 Diakonus in Winnenden.*

54. B. a. 1. Sept. 74 (Hirsaug.). *MFABacc.:* Zan. — Stip. 15. Mai 75. *Alb. stip.:* Zaan. — M. a. 14. Aug. 77. — *Jan. 79 Präzeptor in Bebenhausen.*

55. B. a. 1. Sept. 74 (Maulbronn). — Stip. 5. Jan. 75. *MFABacc. u. Alb. stip.:* Scheubelius Vhingensis. — *Okt. 76 ausgetreten aus dem Stift.*

56. B. a. 1. Sept. 74 (Herrenalb.). *MFABacc.:* P. Sautterus Derendingensis.

57. B. a. 1. Sept. 74 (Maulbronn). *MFABacc.:* Hamma. — Stip. 5. Jan. 75. — M. a. 13. Febr. 77. *MFAMag.:* Hammius. — *Jan. 78 Präzeptor in Herrenalb.*

58. B. a. 1. Sept. 74 (Maulbronn.). — Stip. 5. Jan. 75. — M. a. 14. Aug. 77. — *Okt. 80 Diakonus in Rosenfeld.*

59. B. a. 1. Sept. 74 (Hirsaug.). — Stip. 15. Mai 75. — *Juli 77 Collaborator in Schweinfurt.*

60. B. a. 23. März 75 (Maulbronn.). — Stip. 18. Juli 75. *Alb. stip.:* Burcardi. — *April 78 Diakonus in Dettingen am Schlossberg.*

61. B. a. 23. März 75 (Maulbronn.).

62. B. a. 23. März 75 (Herrenalb.). — Stip. 18. Juli 75. *Alb. stip. u. MFA.:* v. Bottwar. — *Jan. 79 Diakonus in Wildberg.*

63. B. a. 23. März 75 (Bebenhus.). — Stip. 18. Juni 75. — M. a. 14. Aug. 77. — *Juli 79 Bauschlicus (?) Marchionicus concionator. (Nach Binder u. Hartmann ist Schrötlin 1580 Diakonus in seinem Heimatort: 1581 Pfarrer in Bauschlott in Baden).*

68. Stip. 16. März 74 (o paedag.). *Alb. stip.:* v. Stuttgart [und an anderer Stelle:] v. Weinsperg.

69. Joannes Laetus Lawinganus (26. März).

70. Jacobus Zebelius Lawinganus (26. März).

71. Christophorus Greter Hallensis (29. März).

72. Jacobus Bawhoff von Canſtat (1. April).

73. Georg Wilhelm Wernauuer von Dieſſen ober Horb (2. April).

74. Hieronimus Hann Vberlingensis secundo nomen est professus
(4. April).

75. Georgius Mauch von Wangen (16. April).

76. Jacobus Gotfridus Schmalburgensis ex diocoesi Coloniensi
(18. April).

77. Joannes Wilhelmi Arnimensis ex ducatu Geldriensi (18. April).

78. Michael Mayr Lawinganus (19. April).

79. David Lang Memingensis (19. April).

80. Johann Baptista Mayr Memingensis (19. April).

81. Georgius Schiess Memingensis (19. April).

82. Jacobus ⎱ Widebach Studtgardiensis (19. April).
83. Daniel ⎰

84. Petrus Mayr Tubingensis (23. April).

85. Thomas Straub Memingensis (26. April).

86. Georgius Heckoldus Argentinensis (27. April).

69. B. a. 1. Sept. 74. — M. a. 10. Aug. 75. *MFAMag. [am Rand]:*
factus postea Dr. iur. et consiliarius Palatinus Neoburgicus.

70. B. a. 1. Sept. 74. — M. a. 10. Aug. 75.

72. Stip. 17. März 74 (e paedag.). — B. a. 28. Sept. 75. — M. a. 14. Aug. 77.
— Rep. hebreus. — *April 83 Diakonus in Nürtingen.*

74. *Vgl. 165,92 u. 173,26.*

75. B. a. 1. Sept. 74. — M. a. 15. Febr. 76. *MFABacc. u. Mag.:* Vangianus.

76. M. a. 10. Aug. 75. *MFAMag.:* Schmalenburgensis e ducatu Brunsvicensi.

78. B. a. 1. Sept. 74. — M. a. 10. Aug. 75.

79. *Vgl. 175,37.* — B. a. 1. Sept. 74. — M. a. 1. Aug. 76.

80. B. a. 1. Sept. 74. — M. a. 1. Aug. 76. — *Vgl. 196,74.*

81. B. a. 1. Sept. 74. — M. a. 13. Febr. 77.

82. B. a. 28. Sept. 75. *MFABacc.:* Bidenbach. — M. a. 14. Aug. 77. —
Stip. Sept. 78. — *April 80 Diakonus in Lauffen.*

83. B. a. 28. Sept. 75. *MFA.:* Bidenbach. — Stip. Juli 81. — M. a.
25. Febr. 79. — *April 83 Diakonus in Dettingen unter Urach.*

85. B. a. 1. Sept. 74.

86 a. Alb. stip. u. *MFABacc.:* Laurentius Pistor Kirchenteckhensis. —
B. a. 23. März 75. — Stip. 18. Juli 75 *(rangiert neben Nr. 60 u. 61).* — *Jan. 80
Provisor in Kirchheim.*

181. Sub rectura clarissimi viri dom. D. **Joannis Hochmanni** a festo apost. Phil. et Jac. usque ad festum divi Luc.
a. 1574:

1. Joannes Lundorpius Franckfurtensis (3. Mai).
2. Joannes Adolphus a Glauburg Frankfurtensis (3. Mai).
3. Laurentius Scherer Vlmensis (4. Mai).
4. Symon Capeller Viennensis in Austria (4. Mai).
5. Albertus   } Senfft a Saulburg (11. Mai).
6. Christophorus}
7. Andreas Valch Schorndorffensis (17. Mai).
8. Joannes Reidlerus Silesius (21. Mai).
9. Melchior Welserus   } Augustani (21. Mai).
10. Melchior Manlichius }
11. Valentinus Otto Dorckheimensis iterum professus est nomen
    suum (26. Mai).
12. Ludovicus Otto Dorckheimensis operam dans arti scribendi
    (26. Mai).
13. Paulus   } Werner (26. Mai).
14. Andreas }
15. Joannes Metzger Esslingensis (27. Mai).
16. Dom. Joannes comes in Hardeck, Glotz et Machland, baro de
    Starenberg, dominus in Kreytzing, hereditarius pincerna archi-
    ducatus Austriae et dapifer Styriae etc. in Lotrintz (29. Mai).
17. Georgius Clossius Hirsbergensis Silesius (29. Mai).
18. Joannes Eichorn von Stramberg Carinthius (29. Mai).
19. Joannes Dionysius Letouicensis Moravus (29. Mai).
20. Andreas Walch iterum nomen suum professus est et in notarium
    universitatis receptus est Rotenburgensis (29. Mai).
21. Symon Longus Vratislauiensis (7. Juni).
22. Joannes Knopfer von Cheyßberg }
23. Votmar Düner von Erfurth   }
24. Nicolaus Roth von Elßnitz   } typographi (13. Juni).
25. Matheus Rottnecker   }
26. Michael Rietmaier (20. Juni).
27. Albertus von Berlohin se iterum significavit (20. Juni).
28. Michael Vollandt Weyssenburgensis (3. Juli).

-- -- -- --

7. *Vgl. unten Nr. 20.*
20. *Vgl. oben Nr. 7 u. 199,54.*
24. *Vgl. 184,24.*

29. Joannes Ruckerus Regimontanus (3. Juli).
30. Thomas Fessenbeck Züsenhausensis (3. Juli).
31. David Herb Vracensis (3. Juli).
32. Jacobus Loeblin Wiltpergensis (3. Juli).
33. Joannes Andreas Messnann Brackenheimensis (3. Juli).
34. Christophorus Geysler Stutgardianus (3. Juli).
35. Joannes Snitzer Minsingensis (3. Juli).
36. Michael Parsimonius Cantaropolitanus (13. Juli).
37. Samuel Florus Argentoratensis (20. Juli).
38. Michael Tutterle Tubingensis (20. Juli).
39. Joannes Seuffert Vracensis (28. Juli).
40. Dom. Mathias Tinctorius pastor Sweinfurdensis consecutus est apud nos honores doctoreos (28. Juli).
41. Conradus Gerichen von Reichenweyher (5. Aug.).
42. Theophilus Brey von Rottnacker (5. Aug.).
43. Laurentius Hitzler (5. Aug.).

———— -

29. B. a. 23. März 75 (Bebenhus.). — Stip. 1. Jan. 76. *Alb. stip.: v.* Königsperg *u. v.* Denkendorf. — M. a. 30. Juli 78. — *April 81 Diakonus in Owen.*

30. B. a. 1. Sept. 74 (Bebenhus.). — Stip. 15. Mai 75. *MFA. u. Alb. stip.:* Vesenbeck. — *Jan. 80 Diakonus zu Capislabershaim (?) am Rhein.*

31. B. a. 23. März 75 (Bebenhus.). — Stip. 18. Juli 75. — *April 77 Provisor in Schorndorf.*

32. B. a. 1. Sept. 74 (Hirsaug.). — Stip. 4. Jan. 76. — M. a. 5. Febr. 78. - *Okt. 79 Präseptor in Adelberg.*

33. B. a. 1. Sept. 74 (Hirsaug.) — Stip. 18. Juli 75. *Alb. stip. u. MFA.-Bacc.:* Messnang. — M. a. 14. Aug. 77. *April 79 Diakonus in Urach.*

34. B. a. 1. Sept. 74 (Hirsaug.). — Stip. 18. Juli 75. — *Jan. 77 provisor Stocardianus.*

35. B. a. 23. März 75 (Hirsaug.). — Stip. 18. Juli 75. — *April 78 Diakonus (ohne Ortsangabe). Nach Hartmann in Wildberg.*

36. B. a. 28. Sept. 75 (Hirsaug.) — Stip. 4. Jan. 76. — M. a. 30. Juli 78. — *Okt. 78 obdormivit in domino.*

37. *MFABacc.:* rec. in numerum baccal. 4. Aug. 74; in patria factus Bacc. — M. a. 10. Aug. 75.

38. Stip. 7. Mai 74 (e paedag.). *Alb. stip.:* aegrotat. — B. a. 27. März 77. *Alb. stip. u. MFA.:* Dieterlin. — M. a. 12. Aug. 79. — *Jan. 80 der alten Markgräfin und Frauen von Sulz Hofprediger.*

41. Stip. Mömpelgart. 4. Aug. 74. *Alb. stip.:* Jenichen. — B. a. 27. März 77. *MFABacc.:* Jennichius. — *Juli 77 ausgetreten.*

42. B. a. 23. März 75 (Maulbronn.). *MFABacc.:* Bruy. — Stip. 12. Jan. 76. *Alb. stip.:* Breüw. — M. a. 5. Febr. 78. *MFAMag.:* Preuu. — Rep. mathematicus. — *April 82 in Galliam verschickt.*

43. B. a. 23. März 75 (Maulbronn.). — Stip. 12. Jan. 76. *Alb. stip. u. MFA.:* Murrhartensis. — *Jan. 77 Provisor in Hagenau.*

44. Philippus Hofmann von Sultzbach (5. Aug.).
45. Alexander Volmarus von Weinsperg (5. Aug.).
46. Wendelinus Bulfinger Leonbergensis (5. Aug.).
47. Joannes Dhaler (5. Aug.).
48. Gottfridus Heuell Eringensis (6. Aug.).
49. Michael Schweicker ex Hala Suevorum (26. Aug.).
50. Martinus Müller Memmingensis (6. Sept.).
51. Daniel Ezinger Nombatziensis in Austria (18. Sept.).
52. Michael Türsbeck Wolsensis (18. Sept.).
53. Joannes Bleuckhardus a Berlichingen (20. Sept.).
54. Christophorus Hemerus Ratisbonensis (22. Sept.).
55. Ambrosius Widman a Möringen (22. Sept.).
56. Hieronymus Witzendorff Luneburgensis (2. Okt.).
57. Hartnicus Wipperman Luneburgensis (2. Okt.).
58. Jacobus Bentele von Palmenschweiler (7. Okt.).
59. Zacharias Hetler Nürtingenſis (15. Okt.).
60. Wilhelmus Grim Studgardianus (15. Okt.).
61. Rudolphus Wolfgangus von der Grien (15. Okt.).
62. Joannes Vlricus Linck Kirchensis (15. Okt.).
63. Otto Heinricus a Veningen (15. Okt.).
64. Joannes Hantzler Vlmensis (15. Okt.).
65. Georgius a Dürberg (15. Okt.).
66. Jacobus Ruf Stutgardianus (15. Okt.).

---

44. B. a. 23. März 75 (Maulbronn.). — Stip. April 76. — *Juli 79 Diakonus in Dettingen unter Urach.*

45. B. a. 23. März 75 (Maulbronn.). — Stip. 12. Jan. 76. — M. a. 5. Febr. 78. *MFAMag.:* Vinimontanus. — *Juli 82 Diakonus in Ebingen.*

46. B. a. 23. März 75 (Maulbronn.). *MFABacc.:* Pülfinger. — Stip. April 76. — M. a. 30. Juli 78. — *April 80 Diakonus in Nagold.*

47. B. a. 23. März 75 (Maulbronn.). *MFABacc.:* Joh. Thaler Owensis.

48. B. a. 23. März 75. *MFABacc.:* Gotfr. Höfel Eningensis. — M. a. 1. Aug. 76.

49. B. a. 11. April 76. — M. a. 14. Aug. 77.

50. B. a. 23. März 75. *MFABacc.:* Müllner. — M. a. 13. Febr. 77. — *Vgl. 194,22.*

51. B. a. 27. März 77.

54. M. a. 9. Febr. 75. *MFAMag.:* Hemmerus.

59. B. a. 27. März 77. — M. a. 25. Febr. 79. — Dr. iur. utr. a. 84.

60. Vgl. 200,95.

64. B. a. 23. März 75. *MFABacc.:* Heinzlerus.

66. Stip. 24. Okt. 74 (16. anno aet. e paedag.). — B. a. 26. Sept. 76. — M. a. 17. Aug. 80. — *Jan. 84 Diakonus in Tuttlingen.*

67. Balthasar Bachman Vlmensis (15. Okt.).
68. Christophorus Spindler Stutgardianus (15. Okt.).
69. Joannes Koch Stutgardianus (15. Okt.).
70. Joannes Carolus König Tubingensis (17. Okt.).
71. Joannes Casparus Betz Gröningensis (17. Okt.).

182. Sub rectura clarissimi viri dom. D. **Theodorici Snepfii**
a festo divi Luc. 1574 usque ad festum apost. Phil. et Jac. a. 1575:

1. Paulus   } Heerbrandt Dr. Heerbrandi filii (20. Okt.).
2. Philippus }
3. Joannes Druckses ab Höfingen (20. Okt.).
4. Christophorus Bernhardus Druckses ab Höfingen (20. Okt.).
5. Martinus Knieff Owensis (26. Okt.).
6. Georgius Haidenreich Nörlingensis (26. Okt.).
7. Eberhardus et
8. Georgius germani fratres, barones de Limpurg Erbschenken,
   semper frey (29. Okt.).
9. Samuel Scheuring Wembdingensis (29. Okt.).
10. Adamus Bersinus Rosenfeldensis (29. Okt.).
11. Joannes Hasius Serreshemius (29. Okt.).
12. Joannes Eichholtz Winedensis (29. Okt.).

----

67. B. a. 23. März 75.
68. Stip. 24. Okt. 74 (16. anno aet. e paedag.). — B. a. 27. März 77. —
M. a. 10. Febr. 80. — *Jan. 84 Diakonus in Dettingen am Schlossberg.*
69. Stip. 24. Okt. 74 (16. anno aet. e paedag.). *Alb. stip.:* Joh. Koch,
alias Gläri, *auch* Glarin. — B. a. 27. März 77. *MFABacc.:* Jo. Glareanus. —
April 78 Provisor in Marbach.
71. B. a. 25. Sept. 77 (e contubernio). — M. a. 25. Febr. 79.
71 a. Alb. stip.: David Rösler von Hall; Stip. Tiffernit. 14. Mai 74. —
B. a. 28. Sept. 75. — M. a. 14. Aug. 77. — *Okt. 79 Diakonus in Hall.*
71 b. MFABacc.: Johannes Rösler Halensis. — B. a. 28. Sept. 75. —
M. a. 13. Febr. 77.
2. Vgl. 161,40 u. 192,109.
10. B. a. 28. Sept. 75 (Herrenalb.). — Stip. April 76. — *Juli 81 praeceptor*
filiorum Mag. Stabuli (sic!)
11. B. a. 23. März 75 (Herrenalb.). — Stip. 18. Juli 75. *Alb. stip.:* Haas.
— M. a. 14. Aug. 77. *MFAMag.:* Serrisheimensis. — *Okt. 81 Diakonus in*
Gröningen.
12. B. a. 23. März 75 (Herrenalb.). — Stip. 18. Juli 75. — *Juli 77 Prä-*
zeptor in Denkendorf.

13. Michael Neher Betzenriedensis (29. Okt.).
14. Albertus Minderlin Cantaropolitanus (29. Okt.).
15. Albertus Christophorus a Rosenberg (29. Okt.).
16. Carolus Widman Hallensis (29. Okt.).
17. Casparus Widman Norlingensis (1. Nov.).
18. Henricus Funcenius Biberacensis (2. Nov.).
19. Christophorus Birer Pferdensis (4. Nov.).
20. Joannes Jacobus Grönberger Tubingensis (5. Nov.).
21. Abrahamus Junius rursus nomen suum indicavit (7. Nov.).
22. Gualtherus Faut Haydenhaimensis (17. Nov.).
23. Jacobus von Gültlingen (21. Nov.).
24. Caspar Traub Haidelshaimensis (27. Nov.).
25. Oswaldus Caesar Wilensis (28. Nov.).
26. Nicolaus Schwenck Eisfeldensis (28. Nov.).
27. Renatus Trauersius Andeganensis Gallus (28. Nov.).
28. Mag. Adamus Hedera Fridburgensis Vuederanus rursus nomen suum indicavit (29. Nov.).
29. Christianus Egenolphus Francofordianus (29. Nov.).
30. Vdalricus Besoldus Phorcensis (1. Dez.).
31. Melchior Besoldus Emendingensis (1. Dez.).
32. Joannes Jacobus Sigelman (1. Dez.).
33. Bartolomeus Vuelserns Augustanus (6. Dez.).
34. Sebastianus Dreer Derndingensis (6. Dez.).
35. Joannes Ludovicus Gaisberg (6. Dez.).
36. Joannes Riecker Cantaropolitanus (6. Dez.).
37. Caspar Mack Noricus (14. Dez.).
38. Theodoricus Hessus Vlmensis (14. Dez.).

---

13. B. a. 23. März 75 (Herrenalb.). — Stip. 11. Jan. 76. *Alb. stip. u. MFA.:* v. Betzgenried. — M. a. 5. Febr. 78. *MFAMag.:* Mich. Naer Goppingensis. — *April 82 Coadjutor auf der Pfarrei zu Kirchheim a. N.*

14. B. a. 23. März 75 (Herrenalb.). — Stip. 11. Jan. 76. — M. a. 5. Febr. 78. — *Juli 78 exclusus propter petulantiam in matrimonium.*

17. B. a. 28. Sept. 75. — M. a. 13. Febr. 77.

21. Vgl. *176,23.*

24. B. a. 26. Sept. 76.

28. Vgl. *169,129.*

30. Vgl. *172,78* u. *217,20.*

31. B. a. 23. März 80. — M. a. 6. Febr. 83.

38. Vgl. *191,91.*

39. Georgius Guntzman Cantaropolitanus (14. Dez.).
40. Elias Hasenmüller Nörlingensis (14. Dez.).
41. Christophorus Stamler Tubingensis (14. Dez.).

1575.

42. Philippus Straus Oppenheimensis (2. Jan.).
43. Joannes Christophorus Zenger Tubingensis (2. Jan.).
44. Balthasar Hain Silesius pharmacopola (10. Jan.).
45. Christophorus Butzman Argentinensis (16. Jan.).
46. Vlricus Hack Feringensis (19. Jan.).
47. Wolfgangus Ludovicus a Neuhausen (19. Jan.).
48. Georgius Lilienfein Felbacensis (26. Jan.).
49. Josua Grieninger Winedensis (26. Jan.).
50. Christophorus Gauckler Caluensis (26. Jan.).
51. Elias Stephani Nürtingensis (26. Jan.).
52. Georgius Stecher Weinspergensis (26. Jan.).
53. Eustachius Leblin Wiltpergensis (26. Jan.).
54. Jacobus Hamlaus Kirchemius (26. Jan.).
55. Andreas Reinnecker von Meiſſen (27. Jan.).

39. B. a. 28. März 75 (Bebenhus.). - - Stip. 1. Jan. 76. *Alb. stip.:*
Cünzmannus *und* Contzmann. — M. a. 5. Febr. 78. — *April 81 Diakonus in*
Wildberg.

40. B. a. 28. März 75 (Bebenhus.). — Stip. 1. Jan. 76. — M. a. 5. Febr. 78.
Alb. stip.: v. Gomendingen. — *Juli 80 ob furta quaedam clam e stipendio abire iussus.*

41. B. a. 28. März 75 (Bebenhus.). — Stip. 1. Jan. 76.—M. a. 5. Febr. 78.
— *April 80 Prediger zu Graz.*

43. B. a. 28. Sept. 79. — M. a. 1. Febr. 81. — *Vgl. 204,4.*

48. Stip. 15. Mai 75. — B. a. 28. Sept. 75. — *April 76 Collaborator in*
Nürtingen.

49. Stip. 15. Mai 75. — B. a. 28. Sept. 75. — M. a. 30. Juli 78. —
Jan. 83 ausgetreten (nach Binder, Kirchen- und Schulämter, als Diakonus
in Murrhardt).

50. B. a. 28. Sept. 75. — Stip. 7. Jan. 76. - - M. a. 5. Febr. 78. —
Okt. 79 Präceptor in St. Georgen.

51. B. a. 28. Sept. 75 (Adelberg.). *MFA.:* Helias Stephanus. — Stip.
7. Jan. 76. — M. a. 5. Febr. 78. — *Jan. 81 Diakonus in Dettingen.*

52. B. a. 28. Sept. 75 (Adelberg.). — Stip. 7. Jan. 76. — M. a. 30. Juli 78.
MFAMag.: Stocher. — *Okt. 80 Präceptor in Hirsau.*

53. B. a. 28. Sept. 75 (Adelberg.). — Stip. April 76. — *Juli 80 excessit*
e stipendio.

54. B. a. 28. Sept. 75 (Adelberg.). *MFABacc.:* Hamlailin. — Stip. April 76.
Alb. stip.: Hammeleylin. — M. a. 30. Juli 78. *MFAMag.:* Hamlailing. —
April 81 Diakonus in Reichenweier.

56. Mathias Frickelman Neiffensis (27. Jan.).
57. Jacobus Reinlin Schorndorffensis (27. Jan.).
58. Ludovicus Weickersreuter (27. Jan.).
59. Mag. Thobias Vuegius Augustanus (5. Febr.).
60. Georgius Fridlinus Metzingensis (5. Febr.).
61. Joannes Grininger Reutlingensis (6. Febr.).
62. Lampertus Culingius Schnolensis (7. Febr.).
63. Joannes Baptista ⎫
64. Joannes Fridericus ⎪
65. Joannes Jacobus ⎬ Heintzelii Augustani (7. Febr.).
66. Joannes Ludovicus ⎪
67. Marcus ⎭
68. Joannes Vlricus ⎫ Vehlin Augustani (7. Febr.).
69. Joannes Paulus ⎭
70. Joannes Bussenreutter Augustanus nomen suum denno professus est (7. Febr.).
71. Georgius Kern Carniopolitanus (7. Febr.).
72. Georgius Stes Speccensis (16. Febr.).
73. Christophorus Stengelhaimer (21. Febr.).
74. Mathias Knayr Tubingensis (18. März).
75. Joannes Wolf Herenbergensis (18. März).
76. Martinus Bohemus Merstetensis (18. März).

---

56. B. a. 28. Sept. 75 (Hirsaug.). *MFABacc.:* Feuckelmann. — Stip. April 76. *Alb. stip.:* Feyckelman. — M. a. 12. Aug. 79. — *Juli 82 Präzeptor in Neuffen.*

57. B. a. 28. Sept. 75 (Hirsaug.). *MFABacc.:* Reylin. - Stip. 4. Jan. 76. *Alb. stip.:* Reychlin und Reülin. — *Okt. 78 Diakonus in Herrenberg.*

58. B. a. 28. Sept. 75 (Hirsaug.). — Stip. April 76. *Alb. stip. u. MFA.:* Calwensis; *Alb. stip. auch:* Hirsaugiensis. — M. a. 30. Juli 78. *April 83 Diakonus in Wildbad.*

61. B. a. 27. März 77. — M. a. 30. Aug. 78.

69. Dr. iur. utr. 17. Nov. 85.

70. Vgl. *170,92.*

73. B. a. 23. März 75 (Bebenhus.). — Stip. Tiffernit. 29. Mai 75. *Alb. stip. und MFA.:* Studtgardianus. — M. a. 14. Aug. 77. — *Jan. 78 Präzeptor in St. Georgen.*

74. B. a. 28. Sept. 75 (Maulbronn.). *MFABacc.:* Kneer. — Stip. 3. Juli 76. *Alb. stip.:* Martinus Knör. — *Juli 77 entloffen.*

75. B. a. 28. Sept. 75 (Maulbronn.). — Stip. 3. Juli 76. — M. a. 5. Febr. 78. — *Okt. 79 Präzeptor in Adelberg.*

76. B. a. 28. Sept. 75 (Maulbronn.). — Stip. 3. Juli 76. *Alb. stip.:* Böhem. — M. a. 5. Febr. 78. — *Jan. 81 Diakonus in Colmar.*

77. Daniel Leherus Syndeltingensis (18. März).

78. Georgius Gen Bautwarensis (18. März).

79. Leuinus Buschius (23. März).

80. Laurentius Hyperius rursus nomen suum indicavit (5. April).

81. Daniel Naurath Weilburgensis (6. April).

82. Simon Libeccius Stettinensis Pomeranus (11. April).

83. Henricus Becker Lunenburgensis (11. April).

84. Christophorus Drechselius Dinckelspülensis (11. April).

85. Joannes Sartor Holperhusianus (13. April).

86. Andreas Hartman Vlmensis (13. April).

87. Georgius Schnuicker Monacensis (13. April).

88. Eliseus Fürstenlob Reichenuillanus (13. April).

89. Joannes Wild Hemmingensis (13. April).

90. Joannes Lilienfein Felbacensis (13. April).

91. Stephanus Pistor Marpacensis (27. April).

92. Sebastianus Spengler Studtgardianus (27. April).

93. Michael Merer Neckerweyhingensis (27. April).

94. Christophorus Hain Nürtingensis (27. April).

95. Joannes Heuningerus Dentzlingensis (28. April).

96. Michael Laminet Memmingensis (29. April).

97. David Eckenspergerus Memmingensis (29. April).

---

77. Stip. 3. Juli 76 (Maulbronn.). — B. a. 26. Sept. 76. — M. a. 25. Febr. 79.
— April 80 der Junker von Berlichingen Prediger.

78. B. a. 11. April 76 (Maulbronn.). — Stip. 3. Juli 76. Alb. stip.: Genth.
— M. a. 5. Febr. 78. MFAMag.: Gent. — Jan. 79 Präzeptor in Denkendorf.

80. Vgl. 177,96. — Dr. med. 10. Mai 75. Med.: L. Hyperius Hessus.

81. B. a. 11. April 76. MFABacc.: Dan. Neurath Waiblingensis. —
M. a. 13. Febr. 77. MFAMag.: Neurhat Weilburgensis.

89. B. a. 11. April 76 (Bebenhus.). — Stip. 22. Okt. 76. — M. a. 12. Aug. 79.
— April 83 Diakonus in Göppingen.

90. B. a. 28. Sept. 75 (Bebenhus.). — Stip. April 76. — M. a. 30. Juli 78.
— April 80 Schulmeister zu Kempten.

91. B. a. 28. Sept. 75 (Bebenhus.). — Stip. April 76. — M. a. 14. Aug. 77.
— Juli 81 Diakonus in Waiblingen.

92. B. a. 28. Sept. 75 (Bebenhus.). — Stip. April 76. — April 77 ausgetreten.

93. B. a. 28. Sept. 75 (Bebenhus.). — Stip. April 76. Alb. stip.: Mehrer.
— M. a. 5. Febr. 78. — April 79 Präzeptor in Maulbronn.

94. B. a. 28. Sept. 75 (Bebenhus.). — Stip. April 76. Alb. stip. u. MFA:
Haim und Heim. — April 78 Subdiakonus in Kirchheim.

96. B. a. 28. Sept. 75. — M. a. 5. Febr. 78.

97. B. a. 28. Sept. 75. MFABacc.: Eggenspergerus. — M. a. 5. Febr. 78.

98. Elias Waldnerus Memmingensis (29. April).
99. Joannes Holffdecker Tygurinus (29. April).
100. Christophorus Meder Basiliensis (29. April).
101. Martinus Hellrigel genannt Schneitler von Sal (29. April).

183. Sub rectura clarissimi viri dom. D. **Chiliani Vogleri**
a festo apost. Phil. et Jac. usque ad festum div. Luc. a. 1575:

1. Mag. Paulus Calberus iterum nomen suum indicavit (16. Mai).
2. Simon Hornung Rotempurgensis ad Tuberim (21. Mai).
3. Christophorus et
4. Wolffgangus Nicolaus Zülharti fratres germani (21. Mai).
5. Christophorus Reytz (21. Mai).
6. Georgius Marius Borussus (21. Mai).
7. Christophorus Spitzuueck Bruckensis (21. Mai).
8. Samuel Heuel Eningensis (26. Mai).
9. Thobias Hermannus Augustanus (26. Mai).
10. Joannes Papius Francus (26. Mai).
11. Michael Burckard Musbergensis (30. Mai).
12. Vdalricus Werder Wangheimensis (31. Mai).
13. Christophorus König Stutgardianus (1. Juni).
14. Petrus Meglinus Studtgardianus (1. Juni).
15. Joannes Schuneitzer Stutgardianus (1. Juni).
16. Nicolaus Cratis Vinariensis (1. Juni).
17. Illustris et generosus dominus Albertus Ludovicus comes in
    Ötingen (3. Juni).
18. Wilhelmus von Neideck (3. Juni).
19. Joannes a Vuernsdorff (6. Juni).
20. Christophorus Helnicus· Geraniensis (7. Juni).

98. B. a. 28. Sept. 75. — M. a. 14. Aug. 77. — Dr. med. 11. Sept. 83.

6. B. a. 11. April 76. *MFABacc.:* Schackouiensis. — *Vgl. 198,4.*

7. B. a. 28. Sept. 75.

12. B. a. 28. Sept. 75. *MFABacc.:* Vangianus. — M. a. 13. Febr. 77.

13. Stip. 15. Mai 75 (16. anno aet. e paedag.). *Alb. stip.:* Kunig. —
B. a. 26. Sept. 76. — *Juli 77 obiit.*

14. Stip. 15. Mai 75 (16. anno aet. e paedag.). *Alb. stip.:* Möglin. —
Okt. 76 rejiciert.

15. Stip. 15. Mai 75 (16. anno aet. e paedag.). — B. a. 26. Sept. 76. —
M. a. 25. Febr. 79. — Rep. graecus. — *April 84 Pfarrverweser in Lusuheim.*

21. Joannes Hainlin Backenhaimensis (7. Juni).
22. Thomas Custos Edenburgensis Vngarus (7. Juni).
23. Joannes et   ⎫ Jörger, agnati, liberi barones Austriac
24. Joannes Christophorus ⎭   superioris (10. Juni).
25. Mag. Paulus Dintzbeck Ratisbonensis (10. Juni).
26. Nicodemus Schuuebelius Ratisbonensis (10. Juni).
27. Joannes Sebastianus Interseher Austriacus (10. Juni).
28. Joannes Sperreisin Austriacus (10. Juni).
29. Josephus Regulus Villinger Hallensis (10. Juni).
30. Joannes Fridericus Regulus Villinger Hallensis (10. Juni).
31. Josephus Stadman Hallensis (10. Juni).
32. Mag. Georgius Regerus Lauinganus (19. Juni).
33. Joannes Jacobus Grabisgaden Argentinensis (28. Juni).
34. Eberhardus Hohman Phortzhemius (28. Juni).
35. Wolfius Burckhardus Wilsingus (6. Juli).
36. Caspar Molitor   ⎫ Stutgardiani (7. Juli).
37. Valentinus Bickar   ⎭
38. Joannes Leyer Kalbensis (7. Juli).
39. Joannes Dicklin Leonbergensis (7. Juli).
40. Abrahamus Ratzbeck Augustanus (8. Juli).
41. Georgius Fridericus comes Hohenloensis et dominus in Langen-
    berg (9. Juli).
42. Balthasar Kechler von Schwandorff (9. Juli).
43. Philibertus von Kippenhaim (9. Juli).
44. Eberhardus Bildhauer (9. Juli).
45. Philippus Bubius (9. Juli).
46. Conradus Laetus Lauinganus (11. Juli).

·

21. Stip. 18. Juni 75. — B. a. 25. Sept. 77. — *Jan. 79 praeceptor puerorum magistri curiae (sic!).*

28. B. a. 26. Sept. 76. — M. a. 14. Aug. 77. *MFABacc. u. Mag.:* Well-
sensis. — *Vgl. 189,116.*

37. B. a. 28. Sept. 75 (Herrenalb.). *MFABacc:* Bickhart. — Stip. April 76.
— *Jan. 77 mortuus in patria.*

38. B. a. 28. Sept. 75 (Herrenalb.). — Stip. 17. Juli 76. — M. a. 5. Febr. 78.
— *Okt. 79 Präzeptor in Hirsau.*

39. B. a. 28. Sept. 75 (Herrenalb.). — Stip. April 76. *Alb. stip. u. MFA:*
Dücklin. — M. a. 5. Febr. 78. — *April 79 Diakonus in Münsingen.*

40. *Vgl. 194,57.*

46. *Vgl. 188,12.* — B. a. 19. März 78. — M. a. 12. Aug. 79.

47. Caspar Caseus iterum nomen suum indicavit (15. Juli).
48. Batholomeus Sutor Binickhaimensis (15. Juli).
49. Joannes Grien Leonbergensis (15. Juli).
50. Henricus et
51. Casparus Effrem Schorndorffenses (15. Juli).
52. Joannes von Kapff Schorndorffensis (15. Juli).
53. Jacobus Reblin Argentoratensis (22. Juli).
54. Georgius Ludovicus Laetus Lauinganus (8. Aug.).
55. Mathias Stehelin Giglingensis (8. Aug.).
56. Joannes Kleinelius Steinheimensis Lauinganus (8. Aug.).
57. Martinus Kless Knittlingensis (9. Aug.).
58. Matheus Alberus Baynstheimensis (10. Aug.).
59. Martinus Mercator Backenhaimensis (10. Aug.).
60. Joannes Paludanus Winidensis (10. Aug.)
61. Mathias Paulus Lauinganus (11. Aug.).
62. Jacobus Macklerus Blaumundiensis (17. Aug.).
63. Joannes Hindenlang Vannianus (12. Sept.).
64. Georgius Schmid Biberacensis (12. Sept.).
65. Balthasar Moller Ascanius Saxo (12. Sept.).

47. Vgl. 177,17.
48. B. a. 25. Sept. 77 (e contubernio). — M. a. 25. Febr. 79.
50. MFABacc.: Efferhen Bacc. Basiliensis, rec. in numerum baccal.
20. Juli 75. — M. a. 14. Aug. 77. — *Vgl. 194,23.*
51. Wie Nr. 50. — M. a. 13. Febr. 77.
53. B. a. 28. Sept. 75. — M. a. 13. Febr. 77.
54. B. a. 23. März 80. — M. a. 1. Febr. 81.
55. Stip. 18. Juli 75 (e paedag.). — B. a. 26. Sept. 76. — M. a. 12. Aug. 79.
— *Okt. 81 ludimoderator in Ebingen.*
57. B. a. 11. April 76 (Maulbronn.). *MFABacc.:* Kläss. — Stip. 3. Juli 76.
— M. a. 10. Febr. 80. *MFAMag.:* Knielingensis. *Alb. stip. später:* v. Königsbronn. — *April 85 Diakonus in Wildbad.*
58. B. a. 11. April 76 (Bebenhus.). — Stip. 22. Okt. 76. *Alb. stip.:*
v. Beinstein. — M. a. 30. Juli 78. — Rep. dialecticus. — *April 83 Diakonus in
Bietigheim.*
60. B. a. 11. April 76 (Bebenhus.). — Stip. 22. Okt. 76. — M. a. 25. Febr. 79.
— *Juli 83 Diakonus in Backnang.*
61. B. a. 11. April 76. — M. a. 14. Aug. 77.
62. Stip. Aug. 75. — B. a. 26. Sept. 76. *MFA. u. Alb. stip.:* v. Mömpelgart. — *Juli 77 ausgetreten aus dem Stift.*
64. B. a. 19. März 78. — M. a. 10. Febr. 80.

66. Casparus Reinhardus Steinanus.

Sequentes studiosi a clarissimo viro dom. D. Theodorico Schnepfio
    prorectore inscripti sunt:

67. Joannes Christophorus Herter ab Hertneck (23. Sept.).
68. Achatius
69. Georgius } Guttheter Poloni nobiles (23. Sept.).
70. Lucas
71. Joannes Schilling nobilis (23. Sept.).
72. Heinricus Starckenfelser von felſen typographus (27. Sept.).
73. Sebastianus Pontanus Norlingensis (27. Sept.).
74. Joannes Kiener Vahingensis (28. Sept.).
75. Joannes Jacobus Stehelin Illingensis (28. Sept.).
76. Joannes Georgius Siguuart Winidensis (28. Sept.).
77. Philippus Binder Brackenheimensis (28. Sept.).
78. Georgius Seydlin Tubingensis (28. Sept.).
79. Burckhardus Lutz Stutgardianus (28. Sept.).
80. Euseubius Herman Reutlingensis (28. Sept.).
81. Joannes Stump Minsingensis (28. Sept.).
82. Sebastianus Schöler Rauenspurgensis nomen suum rursus indi-
    cavit (28. Sept.).

66. B. a. 27. März 77.

73. Vgl. 195,34.

74. B. a. 11. April 76 (Adelberg.). — Stip. 7. Juli 76. *Alb. stip. u. MFA.:*
Jacobus Küener. — M. a. 5. Febr. 78. — *Jan. 80 Diakonus in Möckmühl.*

75. B. a. 11. April 76 (Adelberg.). — Stip. 7. Juli 76. *Alb. stip.:* Jacobus St.
— M. a. 10. Febr. 80. — *Jan. 81 dimittiert auf ein Paedagogium zu Wien.*

76. B. a. 11. April 76 (Adelberg.). — Stip. 7. Juli 76. — M. a. 5. Febr. 78.
— Rep. physicus. — *Jan. 85 Diakonus in Tübingen.* — Dr. theol. 22. Sept. 89.
Theol.: pastor et professor Tubingensis.

77. B. a. 11. April 76 (Adelberg.). *MFABacc.:* Phil. Victor Brackenheimensis. — Stip. 7. Juli 76. — M. a. 25. Febr. 79. — *Jan. 82 Provisor in
Stuttgart.*

78. B. a. 11. April 76 (Adelberg.). — Stip. 27. Okt. 76. — *Juli 80 praeceptor filiorum baronis Schwendii.*

79. B. a. 11. April 76 (Adelberg.). — Stip. 23. Okt. 76. — M. a. 25. Febr. 79.
— *April 81 Diakonus in Calw.*

80. B. a. 11. April 76 (Adelberg.). *MFABacc.:* Eusebius Hermannus. —
Stip. 6. Nov. 76. *Alb. stip.:* v. Urach. — M. a. 25. Febr. 79. — *Okt. 81 Diakonus in Blaubeuren.*

81. B. a. 11. April 76 (Adelberg.). — Stip. 6. Nov. 76. — *Juli 81 Diakonus
in Biberach.*

82. Vgl. 172,89.

83. Joannes Crato Burchaymensis (5. Okt.).
84. Ludolphus Maltzam nomen suum denuo professus est (6. Okt.).
85. Georgius Gloccerus Argentinensis (6. Okt.).
86. Nicolaus Kuppenheimer Backenhamensis (10. Aug.).[a]

184. Sub rectura clarissimi viri dom. D. **Georgii Hambergeri** a festo div. Lucae 1575 usque ad festum apost. Phil. et Jac. a 1576:

1. Joannes Fridericus Junius Argentinensis (19. Okt.).
2. Gregorius Leonhardt Ulmensis iterum nomen suum professus est (22. Okt.).
3. Joannes Mayer } Froncfortenses (23. Okt.).
4. Philippus Rückerus }
5. Christophorus Ludovicus } Volckeri Francofortenses (23. Okt.).
6. Joannes Philippus }
7. Joannes ·Casparus Tubingenses (24. Okt.).
8. Joannes Wolfgangus Rabus Argentinensis (25. Okt.).
9. Jacobus Hetlerus Nürtingensis (25. Okt.).
10. Magnus Breuningius Weidensis (26. Okt.).
11. Georgius Wolmersheuserus Aspachensis (26. Okt.).
12. Leonhardus Rennerus Rosfeldensis (26. Okt.).
13. Christophorus Widman Hallensis in Suevia (27. Okt.).
14. Gabriel Horen Oberstettensis in ditione Rotenburgensi ad Tuberam (29. Okt.).
15. Paulus Cellarius } Casselani Hassi (29. Okt.).
16. Wilhelmus Buchius }
17. M. Joannes Neeser Rottenburgensis ad Tuberam (2. Nov.).
18. Burckhardus Aff Wimpinensis (14. Nov.).
19. Joannes Frobenius Nissensis Silesius (14. Nov.).

a) *Steht in der Matrikel an seinem Ort zwischen Nro. 59 u. 60, wurde aber von mir bei der Abschrift übersehen und erst bei der Korrektur nachgetragen.*

85. MFABacc.: Bacc. Argentinensis, rec. in numerum baccal. 20. Okt. 75.
86. B. a. 11. April 76 (Bebenhus.). *MFA.:* von Backhnang. — Stip. 22. Okt. 76. — M. a. 30. Juli 78. — *Juli 80 Präzeptor in St. Georgen.*
86 a. MFABacc.: Gregorius Lebkircher Wimpinensis. — B. a. 19. März 78. — M. a. 12. Aug. 79. *MFAMag.:* Lebkiecher.

2. Vgl. 170,124. — Dr. iur. utr. 15. Juni 80.
9. Vgl. 176,9. — B. a. 23. März 80. *MFABacc.:* Josephus H. — M. a. 14. Febr. 82. *MFAMag.:* Josephus H., M. Bartholomei, professoris filius. — *Vgl. 207,27.*
11. B. a. 11. April 76.
12. B. a. 27. März 77. — M. a. 5. Febr. 78.

20. Laurentius Hering Marburgensis (16. Nov.).
21. Carolus Millerus Rosenfeldensis (17. Nov.).
22. Joannes Rahus Neoburgensis (20. Nov.).
23. Christophorus Lemannus Schwandorfius (21. Nov.).
24. Nicolaus Rott von Olsniꜩ antea suum professus ⎫
    est nomen   ⎪ typographi
25. Joannes frölich von Bonn prope Coloniam ⎬ (28. Nov.).
26. Andreas Eichhorn Francofortensis cis Oderam ⎪
27. Zacharias Turnerus Crempsensis Austriacus (28. Nov.).
28. Joannes Henricus a Stein ꜫu Bühel (1. Dez.).
29. Carolus de Wacongne baro in Campsart ⎫
30. Antonius Dorinalius Parisiensis   ⎬ Galli (2. Dez.).
31. Caesar Seua Lugdunensis   ⎭
32. Michael Reichshofferus Hallensis in Suevia (2. Dez.).
33. Carolus ab Anweil (3. Dez.).
34. Petrus Durandus Tolosanus Gallus (6. Dez.).
35. Joannes Jacobus Osuualdt Constantiensis (9. Dez.).
36. Joannes Jacobus a Lamberg liber baro in Stein et Guttenberg
    (13. Dez.).
37. Andreas a Hohenwart ꜫum Gerlachſtain unꝺ Rabenſperg (13. Dez.).
38. Maximilianus Gall ꜫu Ruꝺolphſedꜩ (13. Dez.).
39. Joannes Ludovicus Saur ꜫum Koſiedꜩ unꝺ Trephen.
40. Wolphgangus Christophorus Plandꜩ Culmbacensis rursus nomen
    suum indicavit (13. Dez.).
41. Georgius Johst Carinthius (13. Dez.).
42. Michael Lang Misnensis (13. Dez.).
43. Melchior Albertus Meckmülensis (14. Dez.).
44. Sebastianus Chammerhuber Stutgardiensis (14. Dez.).
45. Sebastianus Wegsetzer Tubingensis (14. Dez.).
46. Georgius Waller Brackenheimensis (14. Dez.).

22. B. a. 11. April 76. — M. a. 14. Aug. 77.
23. B. a. 11. April 76. *MFABacc.:* Lehemannus. — M. a. 13. Febr. 77.
MFAMag.: Lehmannus *(am Rand:)* paulo post praeceptor in monasterio Bi-
pontini Hornbach factus.
24. *Vgl. 181,24.*
43. B. a. 11. April 76 (Hirsaug.).
44. B. a. 11. April 76 (Hirsaug.). — Stip. 25. Okt. 76. *Alb. stip.:* Kammerhuber. — M. a. 25. Febr. 79. — *Jan 82 Präzeptor in Herrenalb.*
45. B. a. 11. April 76 (Hirsaug.). — Stip. 6. Nov. 76. — M. a. 12. Aug. 79.
— *April 81 Diakonus in Dornstetten.*
46. B. a. 11. April 76 (Hirsaug.). — Stip. Juli 76. — M. a. 25. Febr. 79.
— *Juli 83 Diakonus in Pfullingen.*

47. Casparus Kantz Dettingensis (14. Dez.).
48. Joannes Conradus Kiene Stutgardianus (14. Dez.).
49. Joannes Oswaldus Winterbachensis (14. Dez.).
50. Christianus Egenolphus Francofortensis iterum nomen suum indicavit (19. Dez.).
51. Carolus Drachsstett Luneburgensis (19. Dez.).
52. Joannes von Kolen Hamburgensis (19. Dez.).
53. Matheus Schleifferus Überlingensis (22. Dez.).

1576.

54. Bernhardus von der Schulenburg (13. Jan.).
55. M. Vitus Kaltbrunn Nehusanus (13. Jan.).
56. Cyriacus Schultheis Betzendorfensis (13. Jan.).
57. Eberhardus Lamp Kirchentelensfurtensis (13. Jan.).
58. Joannes Schirstab Noricus (16. Jan.).
59. M. Gerhardus Schlaphius Osnaburgensis (17. Jan.).
60. M. Bernhardus Mader iterum suum nomen indicavit
61. Joannes Westhamer nomen suum quoque rursum professus
62. Joannes Wilhelmus Wernitzer
63. Fridericus Brenninger

omnes Rotenburgenses ad Tuberam (27. Jan.).

64. Joannes Melchior Reinhardus Spirensis (27. Jan.).
65. Sebastianus Hobenschilt Horbensis (3. Febr.).
66. Joannes Christophorus Neubergerus Augustanus (6. Febr.).
67. M. Achatius Rorbach denuo indicavit nomen suum (14. Febr.).
68. Christianus Fries Danus (21. Febr.).
69. Joannes Magerus Vahingensis (22. Febr.).

47. B. a. 11. April 76 (Hirsaug.). — Stip. Juli 76. — M. a. 26. Febr. 79. — April 83 Subdiakonus in Kirchheim.
48. B. a. 11. April 76 (Hirsaug.).
49. B. a. 11. April 76 (Hirsaug.). — Stip. Juli 76. — M. a. 30. Juli 78. — Juli 81 Präzeptor in Anhausen.
63. B. a. 27. März 77. MFABacc.: Prenninger. — M. a. 30. Juli 78. — Dr. inr. utr. 17. Juni 83.
66. B. a. 26. Sept. 76. MFABacc.: Neubergius. — M. a. 5. Febr. 78. MFAMag.: Neiperger.
69. B. a. 26. Sept. 76 (Maulbronn.). MFABacc. u. Mag.: Magirus. — Stip. 2. Juni 77. — M. a. 12. Aug. 79. MFAMag. u. Alb. stip.: Stutgardianus. — Rep. rhetoricus. — Juli 84 Diakonus in Herrenberg.

70. Albertus Feigel Beitelspachensis (22. Febr.).
71. Joannes Nörlinger Marchpachensis (22. Febr.).
72. Thomas Rummel Hebbachensis (22. Febr.).
73. Joannes Balinger Vahingensis (22. Febr.).
74. Joannes Eysenlocher Marchpachensis (22. Febr.).
75. Foelix Grettlerus Halensis (3. März).
76. Joannes Hees von Bruck prope Wittempergam typographus rursum dedit nomen suum (6. März).
77. Joannes Christophorus Spengler a Neckerburg (19. März).
78. Nicolaus Agricola Ratisponensis (24. März).
79. Georgius Tauffmannus Gintzpurgensis (27. März).
80. Andreas Osiander Stutgardianus (28. März).
81. Cosmas Wolfling Weiblingensis (2. April).
82. Burckhardus Hentzius Tubingensis (11. April).
83. Jacobus Frischlinus Balingensis (11. April).
84. Bernhardus Wagner Calbensis (11. April).

---

70. Stip. 29. Okt. 76 (Maulbronn.). *Alb. stip.:* Veyhell. — B. a. 27. März 77. *MFABacc.:* Feigelius. — *April 79 Provisor in Besigheim.*

71. B. a. 26. Sept. 76 (Maulbronn.). — Stip. 29. Okt. 76. *Alb. stip.:* v. Marbach. — M. a. 23. Febr. 79. — *Okt. 83 Diakonus in Haiterbach.*

72. B. a. 26. Sept. 76 (Maulbronn.). — Stip. 21. Nov. 76. — M. a. 25. Febr. 79. — *Juli 82 Subdiakonus in Schorndorf.*

73. B. a. 26. Sept. 76 (Maulbronn.). — Stip. 21. Nov. 76. — *April 80 aegrotabat: dann Präzeptor in Murrhardt.*

74. B. a. 26. Sept. 76 (Maulbronn.). *MFABacc.:* Eysenloher. — Stip. 21. Nov. 76. *Alb. stip.:* Issenlouwer. — *Jan. 80 rejiciert.*

75. B. a. 25. Sept. 77 (e stipendio Martini). — M. a. 12. Aug. 79. *MFABacc. u. Mag.:* Fel. Graeter.

76. Vgl. *174,41.*

78. B. a. 26. Sept. 76. — M. a. 14. Aug. 77.

80. Stip. April 76 (e paedag.). — B. a. 27. März 77. *MFABacc.:* Blabyrensis. — M. a. 12. Aug. 79. — Rep. mathematicus. — *Juli 84 Diakonus in Urach.* — Dr. theol. 23. Aug. 92. *Theol.:* concionator aulicus Stutgardianus.

81. Stip. April 76 (e paedag.). — B. a. 27. März 77. *Alb. stip. u. MFA.:* Cosmas Wölfflin. — M. a. 12. Aug. 79. — Rep. hebreus. — *Okt. 86 Diakonus in Göppingen.*

82. Stip. Juli 76. — B. a. 26. Sept. 76. *Alb. stip. u. MFA.:* Hertz. — M. a. 25. Febr. 79. — *Okt. 82 Diakonus in Heidenheim.*

83. Stip. Juli 76. — B. a. 26. Sept. 76. — *Jan. 78 rejiciert ob matrimonium.* — M. a. 5. Febr. 78.

84. B. a. 26. Sept. 76 (Herrenalb.). — Stip. 29. Okt. 76. — M. a. 30. Juli 78. — *April 80 Präzeptor in Königsbronn.*

85. Joannes Wernerus Calbensis (11. April).
86. Vdalricus Kaķeberger Herpfingensis (11. April).
87. Ludovicus Zwing Plieningensis (11. April).
88. Alexander Hugener Schorndorfensis (11. April).
89. Theodorus Schuler Ingersheimensis (11. April).
90. Jacobus Weis Herenalbensis (11. April).
91. Joannes Wilhelmus Kast Stutgardianus (11. April).
92. Wilhelmus Olheintz Böblingensis (11. April).
93. Heliseus Müller Rosenfeldensis (11. April).
94. Michael Faber Leonbergensis (11. April).
95. Stephanus Jebinger Scherdingensis Bavarus (11. April).
96. Heinricus Laubnerus Babenhusanus sub comite Philippo Hanoensi (21. April).
97. Joannes Ludovicus Hatzelberg ⎫
98. Nicolaus Hiller ⎭ Constantienses (26. April).
. 99. M. Georgius Faber Wirtzburgensis (26. April).
100. Hieronymus Hyrusius Constantiensis (26. April).
101. Joannes Vitalis Lupius Memmingensis (26. April).
102. Georgius Martius Augustanus pharmacopola (26. April).

85. B. a. 26. Sept. 76 (Herrenalb.). — Stip. 29. Okt. 76. — *Okt. 77 missus Commoram (d. h. in das württ. Feldlager auf der Donauinsel Comora).*
86. B. a. 26. Sept. 76 (Herrenalb.). — Stip. 29. Okt. 76. *Alb. stip. u. MFA.:* v. Erpfingen. — M. a. 30. Juli 78. — *April 80 domi mortuus.*
87. B. a. 26. Sept. 76 (Herrenalb.). — Stip. 23. Febr. 77. — M. a. 25. Febr. 79. — *Okt. 81 Präzeptor in Maulbronn.*
88. B. a. 26. Sept. 76 (Herrenalb.). — Stip. 1. Febr. 77. — M. a. 12. Aug. 79. — *Jan. 81 Präzeptor in Bebenhausen.*
89. B. a. 26. Sept. 76 (Herrenalb.). — Stip. 1. Febr. 77. — M. a. 25. Febr. 79. *MFAMag.:* Grossingersheimensis. — *Juli 82 Diakonus in Pfullingen.*
90. B. a. 27. März 77 (Herrenalb.). — Stip. 17. Juni 78. — M. a. 17. Aug. 80. — *Jan. 83 Präzeptor in Hirsau.*
91. B. a. 26. Sept. 76 (Herrenalb.). — Stip. Febr. 78. — M. a. 17. Aug. 80. — *Jan. 86 Diakonus in Dettingen unter Urach.*
92. B. a. 26. Sept. 76 (Herrenalb.). *MFABacc.:* Ölhaintz. — Stip. 17. Juni 78. *Alb. stip.:* Elenheintz. — M. a. 16. Aug. 81. — *Juli 85 Kirchendiener unter dem Herrn v. Salm.*
93. B. a. 27. März 77 (Herrenalb.).
94. B. a. 26. Sept. 76 (Herrenalb.).
96. B. a. 27. März 77. *MFABacc.:* Leubner.
97. B. a. 27. März 77. *MFABacc.:* Hatzenberg.
100. Vgl. 197,13.
102. Vgl. 189,49.

185. Sub rectura clarissimi viri dom. D. **Anastasii Demeleri**
a festo apost. Phil. et Jac. usque ad festum div. Luc. a. 1576.

1. Chilianus Hofman Halensis (4. Mai).
2. Foelix Roshman Halensis (4. Mai).
3. Joannes a Melen ⎫
4. Conradus Winneck ⎬ Francofordienses (5. Mai).
5. Bernhardus Peier Schafhusianus (5. Mai).
6. Wolfgangus Ernst a Thala Brunschuicensis (10. Mai).
7. Christophorus Ruoff Studgardianus (10. Mai).
8. Joannes Zieglerus Riexingensis (18. Mai).
9. Nicolaus Wilius Reichaimensis (19. Mai).
10. Wolfgangus Eidenbachius Regiorurius (24. Mai).
11. Mathaeus Sattler Schorndorffensis (26. Mai).
12. Georgius Kalberus Tubingensis (26. Mai).
13. Joannes Pfaw Wimpinensis (28. Mai).
14. Stephanus Prichinger ex oppido Minster in Bavaria (5. Juni).
15. Wilhelmus Krauss Stutgardianus (8. Juni).
16. Christophorus Thomas Stutgardianus (8. Juni).
17. Martinus Herden Genensis (14. Juni).
18. Abrahamus Seutz Augustanus (16. Juni).
19. Nathanael Figulus Francofurdiensis (22. Juni).
20. Otto a Ratmansdorf in Sturnberg ⎫
21. Dietmarus Rindschad in Schichleuten ⎬ hi tres sunt nobiles
22. Erenricus Rindschad frater praecedentis ⎭ ex Styria (24. Juni).
23. Abrahamus Dettelbach Misnensis praeceptor praecedentium
nobilium rursus nomen suum indicavit (24. Juni).
24. Wernherus Reinman Halensis (25. Juni).
25. Georgius Kast Gernspachensis (4. Juli).
26. David Byrer Reitlingensis (6. Juli).
27. Gabriel Faber Blobyrensis (7. Juli).
28. Balthasarus Tuchscherer Stutgardianus (7. Juli).
29. Joannes Sattler Syndelfingensis (10. Juli).

---

2. *Vgl. 199,18.*
7. Stip. 8. Dez. 76 (e paedag.). — *Okt. 81 Diakonus in Schorndorf.*
9. B. a. 26. Sept. 76. — M. a. 30. Juli 78.
15. *Vgl. 202,40.*
16. B. a. 24. Sept. 78. *MF'ABacc.:* Thumas.
27. B. a. 27. März 77 (Adelberg.). — Stip. 9. Juli 77. — *Jan. 83 Diakonus in Haiterbach.*
29. B. a. 27. März 77 (Bebenhus.). — Stip. 20. Juli 77. — *April 82 gnädiglich dimittiert.*

30. Samuel Panner Grieningensis (10. Juli).
31. Christophorus Rotner Regiofontanus (10. Juli).
32. Georgius Tröster Nürtingensis (10. Juli).
33. Jacobus Klopfer Herenbergensis (10. Juli).
34. Jacobus Kraybold Herenbergensis (10. Juli).
35. Jacobus Götfrid Herenbergensis (10. Juli).
36. Joannes Eib Anhusensis (10. Juli).
37. Joannes Schlotterbeck, Mesopolitanus (10. Juli).
38. Zacharias Erhardus Bliderhusensis (10. Juli).
39. Jacobus Walther Marpachensis (10. Juli).
40. Philippus Kappeller Winendensis (10. Juli).
41. Bernhardus Sick Leonbergensis (10. Juli).
42. Christophorus Lindlin Stutgardianus (11. Juli).
43. Melchior Nördlinger Marpachensis (12. Juli).

30. B. a. 27. März 77 (Bebenhus.). — Stip. 17. Juli 77. *Alb. stip. u. MFA.*:
Baur u. Bauer. — M. a. 1. Febr. 81. *MFAMag.*: Agricola. — *April 84 Herrn
Wolfgang Jörgers, Freiherrn in Österreich, Prediger.*
31. B. a. 27. März 77 (Bebenhus.). — Stip. 17. Juli 77. *Alb. stip.*:
von Künigsbrunn. — M. a. 10. Febr. 80. — *Jan. 85 Diakonus in Sulz.*
32. B. a. 26. Sept. 76 (Bebenhus.). — Stip. 6. Nov. 76. — M. a. 25. Febr. 79.
— *Okt. 82 nach Ungarn verschickt.*
33. B. a. 26. Sept. 76 (Bebenhus.). — Stip. 6. Nov. 76. — M. a. 10. Febr. 80.
— *Juli 80 exclusus ob matrimonium.*
34. B. a. 27. März 77 (Bebenhus.). — Stip. 16. Juli 78. *Alb. stip*: Kraibolt
u. Krayboldt. — M. a. 16. Aug. 81. — *Jan. 84 Pfarrer in Horb.* '
35. B. a. 27. März 77 (Bebenhus.). *MFABacc.*: Gepfridus. — Stip.
16. Juli 78. *Alb. stip.*: Göptfrid. — M. a. 14. Febr. 82. — *Jan. 86 Diakonus
in Ebingen.*
36. B. a. 27. März 77 (Bebenhus.). — Stip. 16. Juli 78. *Alb. stip.*: Gör-
lingensis. — M. a. 16. Aug. 81. *MFAMag.*: Schorndorffensis. — *Jan. 86 Diakonus in Owen.*
37. B. a. 26. Sept. 76 (Hirsaug.). — Stip. 6. Nov. 76. *Alb. stip.*: v. Mittel-
stadt. — M. a. 30. Juli 78. — *Okt. 80 Präzeptor in Maulbronn.*
38. B. a. 26. Sept. 76 (Hirsaug.). — Stip. 6. Nov. 76. — *April 79 ausgetreten aus dem Stift.*
39. B. a. 26. Sept. 76 (Hirsaug.). — Stip. 19. Jan. 77. — M. a. 25. Febr. 79.
— *Juli 80 Präzeptor in Lorch.*
40. B. a. 26. Sept. 76 (Hirsaug.). *MFABacc.*: Phil. Capella. — Stip.
Jan. 78. — M. a. 17. Aug. 80. — *Okt. 84 Diakonus in Winterbach.*
41. B. a. 26. Sept. 76 (Hirsaug.). — Stip. 19. Jan. 77. *Alb. stip.*: Martinus Sickh. — M. a. 10. Febr. 80. — *April 82 Schulmeister in Blaubeuren.*
42. Stip. Juli 76 (e paedag.). — B. a. 25. Sept. 77. — M. a. 10. Febr. 80.
— Rep. musicus. — *Juli 85 Diakonus in Vaihingen.*
43. Stip. Juli 76 (e paedag.). — B. a. 28. Sept. 79. — *April 81 exclusus.*

44. Christophorus Metz Honackerensis (12. Juli).
45. Joannes Wernlin Stutgardianus (12. Juli).
46. Joannes Conradus Dolmetsch Schorndorfensis (19. Juli).
47. Joannes Digitius Hopferstattensis (20. Juli).
48. Mathias Zoller Fiessensis (25. Juli).
49. Martinus Northman Lubeccensis (25. Juli).
50. Matheus Weindritt Brigensis Sylesius (25. Juli).
51. Joannes   ⎫ Bidenbachii fratres, abbatis Bebenhusensis filii
52. Eberhardus ⎭   (25. Juli).
53. Joannes Georgius Maior Memingensis (30. Juli).
54. Joannes Maierus Lucchouiensis Saxo (30. Juli).
55. Joannes Binder Tygurinus (1. Aug.).
56. Casparus Kieffer Wersensis (2. Aug.).
57. Joannes Fisch Molensis Helvetius (5. Aug.).
58. Georgius Koppius Rottenburgensis ad Tuberim (5. Aug.).
59. Joannes Chiden Linenburgensis (5. Aug.).
60. Georgius Busmannus Ochsenfurtensis (6. Aug.).
61. Matthaeus Bartholus Montispeligardensis (7. Aug.).
62. Martinus Curbin Schorndorfensis (8. Aug.).
63. Joannes Rentz Zainingensis (8. Aug.).
64. Josua Sorg Stutgardianus (8. Aug.).
65. Vdalricus Gigel Botwarensis (8. Aug.).

44. Stip. Juli 76 (e paedag.). *Alb. stip.*: v. Neckarweihingen. — B. a.
8. April 79. *MFABacc.:* Marpachensis. — *Jan. 81 exclusus.*
    45. B. a. 25. Sept. 77 (e contubernio). — M. a. 25. Febr. 79.
    46. B. a. 24. Sept. 78.
    47. B. a. 25. Sept. 77 (e contubernio).
    50. Stip. Tiffernit. 9. Dez. 76. — B. a. 27. März 77. *MFA. u. Alb. stip.*:
Weintritt. — *Juli 79 dimissus in gratia.* — M. a. 12. Aug. 79.
    51. B. a. 24. Sept. 78. — M. a. 1. Febr. 81. — Dr. iur. utr. 23. Febr. 91.
    52. B. a. 24. Sept. 78. — M. a. 1. Febr. 81.
    53. B. a. 27. März 77. *MFABacc. [am Rand]* Romae obiit anno 80.
— M. a. 30. Juli 78.
    54. Dr. iur utr. 15. Juni 80.
    55. *Vgl. 198,83 u. 211,75.*
    61. Stip. 23. Juli 76. — B. a. 25. Sept. 77. — *Juli 78 ausgetreten.*
    62. B. a. 27. März 77 (Maulbronn.). — Stip. 20. Juli 77. — M. a.
10. Febr. 80. — Rep. dialecticus. — *April 86 Diakonus in Stuttgart.*
    63. B. a. 27. März 77 (Maulbronn.). — Stip. 20. Juli 77. — M. a. 12. Aug. 79.
— *April 82 Diakonus in Boll.*
    64. B. a. 27. März 77 (Maulbronn.). — Stip. 20. Juli 77. — M. a. 17. Aug. 80.
— *Okt. 80 Collaborator in Stuttgart.*
    65. B. a. 27. März 77 (Maulbronn.). — Stip. Jan. 78. *Alb. stip.*: Gugell.
M. a. 1. Febr. 81. — *Jan. 86 Diakonus in Blaubeuren.*

66. Joannes Schueckler Lauffensis (8. Aug.).
67. Ludovicus Burzer Vahingensis (8. Aug.).
68. Lucas Rorerus Esslingensis (8. Aug.).
69. Joannes Laurentius Bernninger Rotenburgensis ad Tuberim (8. Aug.).
70. Balthasar Ketner Migelensis ex Misnia (18. Aug.).
71. David Wideman Vlmensis (18. Aug.).
72. Daniel Stemler Ingolstadiensis (20. Aug.).
73. Jacobus ab Ehingen nobilis (21. Aug.).
74. Sebastianus Vogt Hagenoensis (21. Aug.).
75. Joannes Mors Esslingensis (21. Aug.).
76. Conradus Borgerus Durlacensis (1. Sept.).
77. Joannes Jacobus Frey Lindauiensis (3. Sept.).
78. Balthasar Kotler Nörlingensis (15. Sept.).
79. Anthonius a Stamp Viennensis (15. Sept.).
80. Joachimus Rothut Viennensis (15. Sept.).
81. Georgius Rothut Gretzensis (15. Sept.).
82. Jacobus Mielich Augustanus (15. Sept.).
83. Joannes Fabritius Stutgardianus (20. Sept.).
84. Laurentius Draco Lorensis ex episcopatu Moguntinensi (21. Sept.).
85. Joannes Gans Volkachensis (21. Sept.).
86. Andreas Gechnerus Volkachensis (21. Sept.).
87. Joannes Rupertus Swinfurtensis (21. Sept.).
88. Georgius Grippendorfius Erfordianus (25. Sept.).
89. Joannes Corninus Vinnensis (25. Sept.).
90. Joannes Hainricus Crato Eppenhaimensis (25. Sept.).
91. Petrus Schandene Basiliensis (27. Sept.).
92. Georgius Kröel a Schillingsfürst nobilis (28. Sept.).

66. B. a. 27. März 77 (Maulbronn.). *MFABacc.:* Schweckler. — Stip. Jan. 78. — M. a. 17. Aug. 80. — *Okt. 82 Präzeptor in Bebenhausen.*
67. B. a. 27. März 77 (Maulbronn.). *MFABacc.:* Burrer. — *Vgl. 189,109 und 204,9.*
71. B. a. 27. März 77.
75. *Vgl. 170,105.*
83. Stip. Jan. 78 (e paedag.). — B. a. 8. April 79. *MFA.:* Schmidlin. — M. a. 8. Aug. 82. *MFAMag.:* Laurentii secretarii filius. — *Juli 84 ob matrimonium contractum des stipendii erlassen.*
85. B. a. 24. Sept. 78. *MFABacc.:* Joh. Anser Volcacius. — M. a. 17. Aug. 80.
88. *MFABacc.:* Georgius Crippedorfius Erfordianus rec. 21. Okt. 78, in patria gradum baccal. adeptus.

93. Joannes Vlricus a Warthausen nobilis (28. Sept.).
94. Michael Volland Argentinensis (1. Okt.).
95. Joannes Theodoricus Rebel a Fridland ⎫ nobiles (4. Okt.).
96. Zacharias Rebel a Schenenflüssen ⎭
97. M. Hainricus Achemius ex ducatu Lünenburgensi praecedentium nobilium praeceptor (4. Okt.).
98. Bonauentura Bodeckher Brutenus (5. Okt.).
99. Wolfgangus Vrmüller a Wolfotingen ex Bavaria nobilis (5. Okt.).
100. Paulus Griessbacher Niderhusensis ex inferiore Bavaria (5. Okt.).
101. Joannes Meier Minderensis (13. Okt.).
102. Nicolaus a Münchausen nobilis (15. Okt.).
103. Otho a Münchausen nobilis (13. Okt.).
104. Joannes Schröter Argentinensis famulus Wildii compactoris librorum (15. Okt.).
105. Florianus Wieland Halensis (15. Okt.).
106. Casparius Häberlinus Rotenburgensis ad Tuberim (15. Okt.).
107. Joannes Suntz Lindauiensis (15. Okt.).

186. Sub rectura clarissimi viri dom. D. **Valentini Voltzii a** festo div. Luc. 1576 usque ad festum apost. Phil. et Jac. a. 1577:

1. Paulus Papius Pipionopolitanus Francus (18. Okt.).
2. Christophorus Varerus Prundrutanus (19. Okt.).
3. Petrus Ludouicus Mompelgardensis (20. Okt.).
4. Michaeas Vbiscrus Silesius Glogouiensis (20. Okt.).
5. Georgius ⎫
6. Christophorus ⎬ dom. Mag. Georgii Liebleri filii (20. Okt.).
7. Josephus ⎭
8. Wilhelmus Beholdus Ementingensis (22. Okt.).
9. Samuel Pictor Reutlingensis (25. Okt.).
10. Joannes Mastelheuser Burckbernhaimensis (25. Okt.).
11. Vlricus Proll ⎫ Stutgardiani (25. Okt.).
12. Andreas Leer ⎭

100. B. a. 23. März 80.
101. Vgl. 197,6.

3. Stip. Febr. 79. — *Okt. 80 Diakonus und Präseptor in Mömpelgart.*
6. B. a. 8. März 84.
7. B. a. 23. Sept. 84. — M. a. 22. Febr. 87. *MFAMag. [am Rand]:*
Hic carmine elegiaco latino in actu [promotionis] gratias egit.
11. Dr. iur. utr. 22. Sept. 89.
12. Stip. 27. Okt. 76. *Alb. stip.:* Löher (e paedag.). — *April 78 dimittiert.*

13. Abraham Schuuartz Altdorffensis (1. Nov.).
14. Joannes Huldenreich Stutgardianus (5. Nov.).
15. Michael Fendius Monheimius (6. Nov.).
16. Magnus Agricola Holtzemius (6. Nov.).
17. Simon Nordlinger Bietigheimensis (6. Nov.).
18. Joannes Schopp Nürtingensis (7. Nov.).
19. Paulus Rucker Kirchensis (7. Nov.).
20. Joannes Maisterle Marckbachensis (7. Nov.).
21. Wolffgangus Mairus Kirchensis (7. Nov.).
22. Christophorus Megelin Minsingensis (7. Nov.).
23. Joannes Brentius Nürtingensis (7. Nov.).
24. Heinricus Gaissberger Schorndorffensis denuo professus est nomen suum (7. Nov.).
25. Georgius Stösser Schorndorffensis (7. Nov.).
26. Hieremias Gastelius Haiterbachensis (7. Nov.).
27. Joannes Cenentarius Vmdensis (7. Nov.).
28. Georgius Zellarius Wiltpergensis (7. Nov.).

13. B. a. 23. März 80. — M. a. 14. Febr. 82.
15. *Vgl. 194,34.*
16. B. a. 27. März 77. — M. a. 30. Juli 78.
17. B. a. 24. Sept. 78.
18. B. a. 27. März 77 (Bebenhus.). — Stip. Febr. 79. *MFA. u. Alb. stip.:* Schopf; *auch* v. Stuttgart. — M. a. 1. Febr. 81. — *Juli 84 Diakonus in Bottwar.*
19. B. a. 27. März 77 (Bebenhus.). — Stip. Febr. 79. *Alb. stip.:* von Denkendorf. — M. a. 1. Febr. 81. — *Jan. 84 Präzeptor in Maulbronn.*
20. B. a. 27. März 77 (Bebenhus.). *MFA Bacc.:* Maisterlinus. — Stip. Jan. 78. — M. a. 1. Febr. 81. — *April 84 Präzeptor in Königsbronn.*
21. *MFA. u. Alb. stip.:* Vrbanus Magirus Kirchensis; *unzweifelhaft mit Obigem identisch.* — B. a. 27. März 77 (Bebenhus.). — Stip. Febr. 79 (23. anno aet.). — *April 81 exclusus.*
22. B. a. 27. März 77 (Bebenhus.). — Stip. Jan. 78. *Alb. stip.:* von Möglingen. — *Jan. 80 ludimoderator in Schiltach.*
23. B. a. 27. März 77 (Bebenhus.). — Stip. Jan. 78. — M. a. 16. Aug. 81. — *Jan. 84 Diakonus in Neuffen.*
24. *Vgl. 152,8.*
25. B. a. 27. März 77 (Adelberg.). — Stip. 20. Juli 77. — M. a. 12. Aug. 79. — *Okt. 82 Diakonus in Böblingen.*
26. B. a. 27. März 77 (Adelberg.). — Stip. 20. Juli 77. — M. a. 10. Febr. 80 — *Juli 80 „jüngst aus diesem Jammerthal verschieden".*
27. B. a. 27. März 77 (Adelberg.). *MFA. u. Alb. stip.:* Joh. Cementarius Ombdensis. — Stip. 20. Juli 77. — M. a. 12. Aug. 79. — *Okt. 80 Diakonus in Klagenfurt; 17. Sept. 82 zurück und Jan. 83 Diakonus in Tuttlingen.*
28. B. a. 27. März 77 (Adelberg.). — Stip. Jan. 78. — M. a. 17. Aug. 80. — *April 81 dimissus.*

29. Valentius Kläss Knitlingensis (16. Nov.).

30. Christophorus Strauss $\Big\}$ Dillacenses (17. Nov.).
31. Christophorus Griessouer

32. Franciscus Böst Oberaysensis (17. Nov.).

33. Jacobus Mayr Binicensis (20. Nov.).

34. Jacobus Grinaeus Veringensis (20. Nov.).

35. Joannes Concelmannus Rotwilensis (20. Nov.).

36. Jacobus Voit Wochensis (25. Nov.).

37. Casparus Theodoricus Constantiensis (25. Nov.).

38. Arnoldus Lilienfein Oringensis (25. Nov.).

39. Theodorus Has Stadensis (1. Dez.).

40. Josephus Kiglerus Wolffacensis (4. Dez.).

41. Melchior $\Big\}$ Caluueri fratres Tubingenses (7. Dez.).
42. Jacobus

43. Ludouicus Wilhelmus Moserus Ottingensis (7. Dez.).

44. Simon Schefferus Gröningensis (12. Dez.).

45. Helias Selman Ebingensis (12. Dez.).

46. Joannes Linck Kirchensis (12. Dez.).

47. Fridericus Schenck Schorndorfensis (12. Dez.).

48. Jacobus Gerger Rosenheimanus (15. Dez.).

49. Joannes Ludovicus Binder Markbachensis (17. Dez.).

50. Paulus Nicolai Valensis Danus (18. Dez.).

51. Adamus Junius Feichtwangensis denuo nomen suum professus est (24. Dez.).

---

29. Stip. 18. Nov. 76 (e paedag.). — B. a. 24. Sept. 78. — M. a. 16. Aug. 81. *Alb. stip. (später):* v. Königsbronn. — *Jan. 66 Austrius concionator Schlickensis comitis.*

33. B. a. 23. März 80. — M. a. 14. Febr. 82. *MFAMag. (von Crusius' Hand):* Τῶν μου παίδων παιδαγωγός, qui pleraque, quae proximis annis Constantinopolim scripsi, munde descripsit, etiam compendii theologiae Heerbrandi conversionem meam graecam scil. maiorem.

38. Stip. Tiffernit. 4. Juli 76. — B. a. 27. März 77. — M. a. 5. Febr. 78. — *Jan. 79 Präzeptor in Anhausen.*

44. B. a. 27. März 77 (Hirsaug.). — Stip. 19. Juni 78. — M. a. 17. Aug. 80. — *Juli 82 Präzeptor in Alpirsbach.*

45. B. a. 27. März 77 (Hirsaug.). *MFABacc.:* Selbman. — Stip. Febr. 79. — M. a. 1. Febr. 81. — *Juli 81 Collaborator in Hagenau.*

46. B. a. 27. März 77 (Hirsaug.). — Stip. Jan. 78. — *April 81 Collaborator in Neuenstadt.*

47. MFA. u. Alb. stip.: Frid. Binder *(muss mit Obigem identisch sein).* — B. a. 27. März 77 (Hirsaug.). — Stip. 19. Juni 78. — M. a. 14. Febr. 82. — *April 83 Collaborator in Hagenau.*

49. B. a. 24. Sept. 78. — M. a. 17. Aug. 80. — *Vgl. 206,12.*

51. Vgl. 179,51 u. 190,59.

1577.

52. Jacobus Currerus Herenbergensis (14. Jan.).
53. Christophorus Sauselin Tubingensis (15. Jan.).
54. M. Lambertus Calemius Lunenburgensis Saxo (16. Jan.).
55. Christophorus Freidenhaimer Regiomontanus (19. Jan.).
56. Christophorus Kelle Stutgardianus (19. Jan.).
57. David Strobel Vlmensis (19. Jan.).
58. Joannes Jacobus Kalher Tubingensis (19. Jan.).
59. Michael Reiter Reutlingensis (7. Febr.).
60. Antonius Horitz Bertinensis (17. Febr.).
61. Joannes Köricher Kaysereschensis (17. Febr.).
62. Petrus Wirpilotus Mompelgardensis (17. Febr.).
63. Leonhardus ⎫ Beurlin fratres Rotenburgenses ad Tuberam
64. Erhardus ⎬ (18. Febr.).
65. Joannes Hoschius Tubingensis (24. Febr.).
66. Joannes Georgius Sattlerus Rotenburgensis ad Nicrum (25. Febr.).
67. Georgius Mantz Rotenburgensis ad Nicrum (2. März).
68. Michael Raudenbusch Eltzensis (4. März).
69. Joannes Bernhardus Strölin Böblingensis (6. März).
70. Julius Schlech Rotwilanus (6. März).
71. Mauritius Bullingerus Tubingensis (18. März).
72. M. Theophilus Regner Nörlingensis (18. März).
73. Christianus Grabmüller Nürtingensis (19. März).
74. Joannes Burer Vracensis (19. März).
75. Tobias Cellarius Wiltpergensis (19. März).

55. B. a. 25. Sept. 77 (Adelberg.). — Stip. 18. Mai 78. *Alb. stip. u. MFA.:* Freudenhaimer v. Königsberg. — *Juli 80 in gratia dimissus.*

56. B. a. 25. Sept. 77 (Adelberg.). *MFABacc.:* Cöllinus. — Stip. Febr. 79. — M. a. 16. Aug. 81. — *Okt. 84 ablegatus ad tempus ad ministerium; Jan. 85 rediit: 1. April 85 Pfarrer in Maudach.*

59. B. a. 28. Sept. 79. *MFABacc.:* Reuterus. — M. a. 1. Febr. 81.

62. Stip. 14. Febr. 77 (16. anno aet.). *Alb. stip.:* Wepillotus. — *Juli 78 ausgetreten.*

65. B. a. 28. Sept. 80. — M. a. 8. Aug. 82.

69. B. a. 24. Sept. 78. *MFABacc.:* Joh. Bernh. Stralingus. — M. a. 16. Aug. 81.

73. B. a. 25. Sept. 77 (Maulbronn.). — Stip. 28. Juni 78. — *April 83 exclusus est.*

74. B. a. 25. Sept. 77 (Maulbronn.). *MFABacc.:* Birer. — M. a. 17. Aug. 80. — *Okt. 82 zu dem Herrn von Strain (auf Schwarzenau in Österreich) als Prediger verschickt.*

75. B. a. 25. Sept. 77 (Maulbronn.). — Stip. 26. Juni 78. — M. a. 17. Aug. 80. — *Juli 85 Hofprediger des Herrn von Salm.*

76. Jacobus Nottacker Hopffensis (19. März).

77. Georgius Bauarus Dentzlingensis (19. März).

78. Joannes Stürlin Tubingensis (21. März).

79. Georgius Hail Norlingensis (23. März).

80. Blasius Klettenmaier Steinensis (8. April).

81. Joannes Hipp Balingensis (8. April).

82. Mathias Stüklin Nürtingensis (8. April).

83. Nicolaus Pistor Waiblingensis (8. April).

84. Joannes Maik Lauffensis (8. April).

85. Georgius Stephanus Hedelfingensis (8. April).

86. Joannes Christophorus Brem Lindauiensis (12. April).

87. Christophorus Ruff Knibelensis (13. April).

88. Theophilus Voltzius Tubingensis (16. April).

89. Casparus Schelhamer Rotenburgensis ad Nicrum (16. April).

90. Thobias Schentz Owensis (16. April).

91. Matthaeus Weil Stutgardianus (16. April).

92. Samuel Sauter Dettingensis (16. April).

---

76. B. a. 19. März 78. — Stip. Febr. 79 (Maulbronn.). — M. a. 16. Aug. 81. — *April 84 Prediger des Herrn von Prösing in Oberösterreich.*

77. B. a. 25. Sept. 77 (Maulbronn.). — Stip. Febr. 79. — M. a. 1. Febr. 81. — *Jan. 85 Pfarrer in Glattbach.*

80. B. a. 25. Sept. 77 (Bebenhus.). *MFABacc.:* Haidenheimensis. — Stip. Febr. 79. — M. a. 1. Febr. 81. — *Okt. 82 in die Pfalz geschickt.*

81. B. a. 25. Sept. 77 (Bebenhus.). — Stip. 11. April 80. — M. a. 8. Aug. 82. — *April 84 an einem hitzigen Fieber gestorben.*

82. B. a. 19. März 78. *MFABacc.:* Stuekle. — Stip. 11. April 80. — M. a. 14. Febr. 82. *MFAMag.:* Stycklinus. — *Okt. 85 Diakonus in seiner Heimatstadt.*

83. B. a. 25. Sept. 77 (Bebenhus.).

84. B. a. 19. März 78. *MFABacc.:* Joh. Mauck Lauensis. — Stip. 11. April 80. — M. a. 6. Febr. 83. — *Jan. 85 Prediger zu Schipf in Franken unter dem Herrn von Rosenberg.*

85. B. a. 19. März 78. — Stip. 29. Aug. 80 (Bebenhus.). — M. a. 6. Febr. 83. — *April 84 Präzeptor in Gröningen.*

86. B. a. 25. Sept. 77 (e stipendio Martini). — M. a. 10. Febr. 80.

88. B. a. 18. Sept. 83.

90. B. a. 25. Sept. 77 (Adelberg.). — Stip. 5. Juli 78. *Alb. stip.:* Schentz. — M. a. 16. Aug. 81. — *Okt. 82 propter matrimonium entlassen.*

91. B. a. 25. Sept. 77 (Adelberg.). — Stip. Jan. 78. — *Alb. stip. u. MFA.:* Matthä. Beiel (auch Michael Beyhell). — M. a. 17. Aug. 80. — *Jan. 84 Diakonus in Möckmühl.*

92. B. a. 25. Sept. 77 (Adelberg.). *MFABacc.:* ex Tettingen praefectarae Haidenhaimensis. — Stip. Febr. 79. — M. a. 1. Febr. 81. — *Okt. 82 nach Ungarn verschickt.*

93. Matthaeus Bonhaut Dentzlingensis (16. April).
94. Joannes Kürner Schorndorfensis (16. April).
95. Casparus Fritz Plochingensis (16. April).
96. Joannes Zuneiffel Leonbergensis (16. April).
97. Matthaeus Mechardus Augustanus (18. April).
98. Hieronimus Schilling Dantislanus (20. April).
99. Rupertus Graff
100. Wolffgangus Schaub } Pfortzenses (20. April).
101. Joannes Landsperger Buchdorfensis (27. April).
102. Bathasar Bidenbach Stutgardianus (27. April).
103. Paulus Leitner Cremsensis (29. April).
104. Erasmus Carle Cremsensis (29. April).

187. Sub rectura clarissimi viri dom. D. **Jacobi Heerbrandi** a festo Phil. et Jac. usque ad festum div. Luc. a. **1577**:

1. Marcus Syblinus Lauffenbergensis (3. Mai).
2. David Grüenblat Rosenauiensis (8. Mai).
3. Wilhelmus Palmacker Eberstattensis (8. Mai).
4. Joannes Castalus Waiblingensis (8. Mai).
5. Martinus Widman Sindelfingensis (8. Mai).

93. B. a. 19. März 78. *MFABacc.:* Banhart. — Stip. 11. April 80. *Alb. stip.:* Bainhardt (Adelberg.). — M. a. 6. Febr. 83. — *Jan. 84 exclusus.*

94. B. a. 19. März 78. *MFABacc.:* Kirner. - - Stip. 11. April 80. *Alb. stip.:* Körner (Adelberg.). — M. a. 6. Febr. 83. — *Jan. 86 Diakonus in Lauffen.*

95. B. a. 19. März 78.

96. B. a. 19. März 78. — Stip. 11. April 80 (Adelberg.). — M. a. 8. Aug. 82. — *Okt. 84 Provisor in Reichenweier.*

99. B. a. 23. März 80. - - M. a. 14. Febr. 82. *MFABacc. u. Mag.:* Rup. Comes.

102. Stip. 17. Mai 77 (e paedagogio). — *April 79 excessit e stipendio.*

104. B. a. 23. März 80. *MFABacc.:* Carl. - - M. a. 14. Febr. 82. *MFA-Mag.:* Carolus.

2. B. a. 19. März 78. *MFABacc.:* Grienblat. — M. a. 25. Febr. 79. *MFAMag.:* Pannonius. — Dr. med. Juli 82.

3. B. a. 25. Sept. 77 (Herrenalb.).

4. *MFA. u. Alb. stip.:* Joh. Castolus Hunnus Waiblingensis. — B. a. 25. Sept. 77 (Herrenalb.). — Stip. 6. Okt. 79. — M. a. 16. Aug. 81. — *Juli 83 Präzeptor in St. Georgen.*

5. B. a. 25. Sept. 77 (Herrenalb.). Stip. März 79. — M. a. 16. Aug. 81. — *Juli 85 Diakonus in Nagold.*

6. Martinus Haupt Herenbergensis (8. Mai).
7. Abrahamus Sailer Stainenbergensis (8. Mai).
8. Albertus Kugler Vracensis (8. Mai).
9. Albertus Hess Minsingensis (8. Mai).
10. Joannes Laubhan Herenbergensis (8. Mai).
11. Joannes Conberger Waiblingensis (8. Mai).
12. Joannes Pfefferlin Efertingensis (8. Mai).
13. David Berttele Memmingensis (8. Mai).
14. Joannes Jacobus Engler Memmingensis (8. Mai).
15. Abrahamus Manne Saxenhaimensis (9. Mai).
16. Joannes Hess Noricus (10. Mai).
17. Joannes Holderlin Nürtingensis (13. Mai).
18. Jacobus Ruele Vracensis (15. Mai).
19. Andreas Kellerman Garttachensis (16. Mai).
20. Joannes Michael Kemnacensis (16. Mai).
21. Jacobus Gaske Lignicensis (16. Mai).
22. Matthaeus Operinus Augustanus (25. Mai).
23. Joannes Bisinger Windelheimensis (25. Mai).
24. Christophorus Fuchsbogner Pfaffendorfensis Austriacus (25. Mai).
25. Simon Renhart Winterbachensis (4. Juni).
26. M. Joannes Seuerinus Choldingensis Danus (4. Juni).
27. M. Laurentius Martinus Stopdorffius Holsatus (4. Juni).
28. Paulus Huldenricus Stutgardianus (5. Juni).
29. Maximilianus de Vos (6. Juni).

6. B. a. 25. Sept. 77 (Herrenalb.). *MFABacc.*: Hauptius.
7. B. a. 25. Sept. 77 (Herrenalb.). — Stip. Jan. 78. — M. a. 17. Aug. 80.
- *Jan. 82 Präzeptor in Königsbronn.*
8. B. a. 25. Sept. 77 (Herrenalb.).
9. B. a. 25. Sept. 77 (Herrenalb.). — Stip. März 79. — M. a. 1. Febr. 81.
· *Juli 83 Präzeptor in Murrhardt.*
10. B. a. 19. März 78.
11. B. a. 25. Sept. 77 (Herrenalb.). — Stip. 17. Juni 78. — M. a. 17. Aug. 80.
April 83 Diakonus in Colmar.
13. B. a. 19. März 78. — M. a 17. Aug. 80. *MFABacc. u. Mag.*: Berttin.
14. B. a. 19. März 78.
15. *Vgl. 196,44.*
17. B. a. 24. Sept. 78. *MFABacc.*: Hulderling.
18. B. a. 28. Sept. 79. *MFABacc.*: Rielin. — M. a. 1. Febr. 81.
24. B. a. 23. März 80. — M. a. 8. Aug. 82. *MFABacc. u. Mag.*: Hierupolitanus (Pfaffendorffensis).
26. B. a. 28. Sept. 79. — M. a. 16. Aug. 81.

30. Joannes Baue (6. Juni).
31. Joannes Souet (6. Juni).
32. M. Georgius Otto (6. Juni).
33. Joannes Brantz Biberacensis (11. Juni).
34. Georgius Kaas Windelheimensis (14. Juni).
35. Marcus Freiberger Fiessensis (18. Juni).
36. Joannes Steinle Hohenhaslachensis (18. Juni).
37. Josephus Stehelin Illingensis (18. Juni).
38. Vlricus Maier Cantharopolitanus (18. Juni).
39. Christophorus Kautz Gerlingensis (18. Juni).
40. Georgius Würth Gülsteinensis (18. Juni).
41. Joannes Bruder Balingensis (18. Juni).
42. Joannes Conradus Beurlin Nagoltensis (18. Juni).
43. Matthias Haffenreffer Lorchensis (18. Juni).
44. Georgius Vogel Regimontanus (18. Juni).
45. Fridericus Francus Norlingensis (19. Juni).
46. Joannes Crollius Wetteranus (24. Juni).
47. Conradus Maier Alperspacensis (27. Juni).
48. Tobias Vlricus Berolsheimius an ber 2lltmülen (5. Juli).
49. Jacobus Obersperger Padensis Austriacus (11. Juli).
50. Stephanus Thonbeck Padensis Austriacus (11. Juli).

———

33. B. a. 23. März 80. — M. a. 14. Febr. 82.

36. B. a. 25. Sept. 77 (Hirsaug.). *MFABacc.:* Steinlinus. — Stip. 6. Okt. 79. — M. a. 6. Febr. 83. — *Okt. 84 excessit e stipendio.*

37. B. a. 25. Sept. 77 (Hirsaug.). — Stip. 6. Okt. 79. — *April 81 exkludiert.*

38. Stip. Okt. 78. — *Jan. 82 gestorben.*

39. B. a. 25. Sept. 77 (Hirsaug.). — Stip. 6. Okt. 79. — M. a. 8. Aug. 82. — *Jan. 87 Diakonus in Weinsberg.*

40. B. a. 19. März 78. *MFABacc.:* Gilchstaniensis. — Stip. 11. April 80 (Hirsaug.). *Alb. stip.:* v. Herrenberg.

41. B. a. 25. Sept. 77 (Hirsaug.). — Stip. 6. Okt. 79. — M. a. 16. Aug. 81. — *April 83 Diakonus zu Eferdingen in Austria.*

42. B. a. 19. März 78. — Stip. 11. April 80 (Hirsaug.). — *Juli 80 „an der neuwen Krankheit verschieden".*

43. B. a. 25. Sept. 77 (Hirsaug.). — Stip. 6. Okt. 79. — M. a. 16. Aug. 81. — Rep. mathematicus. — *April 86 Diakonus in Herrenberg.* — *Vgl. 217,65.*

44. B. a. 19. März 78. — Stip. April 80 (Hirsaug.). *Alb. stip.:* v. Herrenberg; *später:* v. Alpirsbach. — M. a. 5. Aug. 84. — *Juli 86 Pfarrer zu Gröndelstetten (?)*

45. B. a. 24. Sept. 78. — M. a. 17. Aug. 80.

47. *Vgl. 203,9.*

48. B. a. 19. März 78. — M. a. 10. Febr. 80.

51. Oswaldus Consul Ratisponensis (11. Juli).

52. Joannes Bergerus Transsylvanus (17. Juli).

53. Caspar Caluinus Honispergensis Transsylvanus (17. Juli).

54. Georgius Pholus Öttingensis (18. Juli).

55. Jeremias Lutz Murhartensis (18. Juli).

56. Mattheus Maier e Thermis ferinis (27. Juli).

57. Beatus Fabri Stutgardianus (30. Juli).

58. Joannes Göpfrid Herenbergensis pharmacopola (30. Juli).

59. Alexander Glaser Hochdorffensis (31. Juli).

60. David Wollmersheuser Aspacensis (2. Aug.).

61. Christianus Specklin   } Vangiani (3. Aug.).
62. Jacobus Miltz

63. Hieronymus Toxites Sorauiensis (6. Aug.).

64. Joannes Eberhardus Stickel Groningensis (7. Aug.).

65. Bernhardus Hauss Knielingensis (8. Aug.).

66. Michael Hoffmann Knielingensis (8. Aug.).

67. Marcus Weickman Donauuerdensis (8. Aug.).

68. Daniel Hecker Schorndorffensis (8. Aug.).

69. Joannes Hoffman Volckauiensis (8. Aug.).

70. Joannes Wilhelmus Wieland Vayhingensis (6. Sept.).

71. Laurentius Jonischerus Weydensis Silesius (15. Sept.).

72. Michael Senensis Pannonius (15. Sept.).

73. Daniel Hermannus Campidonensis (26. Sept.).

74. Conradus Binder Babenhusanus (26. Sept.).

75. Georgius Haidenreich Nördlingensis (31. Sept.).

76. Georgius Vinter Lorensis (31. Sept.).

. . . . . —

56. B. a. 28. Sept. 79 (e paedag.). — Stip. 27. Juli 77. — *Juli 82 cum gratia dimissus.*

57. B. a. 24. Sept. 78 (e paedag.). — Stip. 20. Juli 77. — M. a. 1. Febr. 81. — *Okt. 84 krankheitshalber heimgezogen und ausgeblieben.*

59. B. a. 19. März 78.

63. M. a. 1. Febr. 81. *MFA Mag. [am Rand]:* factus est concionator apud baronem Styriae dom. Joh. Fridericum Hofmannum 1584.

65. B. a. 19. März 78. — M. a. 10. Febr. 80.

66. B. a. 24. Sept. 78. *MFA Bacc.:* Turlacensis. — M. a. 17. Aug. 80.

67. B. a. 28. Sept. 80. — M. a. 8. Aug. 82. *MFA Bacc. u. Mag.:* Marc. Wegman Marckdapfhaimensis.

68. B. a. 24. Sept. 78. — Stip. 12. Aug. 77 (e paedag.). — M. a. 1. Febr. 81. — Rep. graecus; Juli 85 musicus. — *Jan. 86 Diakonus in Schorndorf.*

70. B. a. 28. Sept. 79. — M. a. 14. Febr. 84.

73. B. a. 28. Sept. 79. — M. a. 14. Febr. 82.

77. Israel Spach Argentinensis (4. Okt.).
78. Georgius Eccardus Augustanus (7. Okt.).
79. Georgius Sigmundus Wolffskeel a Reichenberg (7. Okt.).
80. Georgius Binder Rotenburgensis (7. Okt.).

188. Sub rectura clarissimi viri dom. D. **Jacobi Kappelbeckii** a festo div. Luc. 1577 usque ad festum Phil. et Jac. a. 1578:

1. Jacobus Rulichius Augustanus (21. Okt.).
2. Nicolaus Stupanus Clauenensis Retus (27. Okt.).
3. Gubertus a Salicibus Clauenensis Retus (27. Okt.).
4. Joannes Christophorus Seberger Euertingensis Austriacus (29. Okt.).
5. Balthasarus Baur Otingensis famulus in bursa (1. Nov.).
6. Samuel Calhart Lauingensis famulus in bursa (1. Nov.).
7. Joannes Vogt Memmingensis (3. Nov.).
8. M. Georgius Aier im Schmaltz Lanshutensis (7. Nov.).
9. Joannes Voller Nurnbergensis typographus (10. Nov.).
10. Michael Rump Hallensis schriftgiesser (10. Nov.).
11. Antonius Rassert Antwerpianus typographus (10. Nov.).
12. Conradus Letus Lauinganus (13. Nov.).
13. Leonhardus Mergklinus Brackenheimensis (15. Nov.).
14. Conradus Volter Daphensis (15. Nov.).
15. Joannes Echter Lauffensis (15. Nov.).
16. Jacobus Voltzius Sultzensis (15. Nov.).

---

77. *Vgl. 193,55.*
78. B. a. 19. März 78. — M. a. 17. Aug. 80. *MFA Mag.:* Eckhartus.
80. B. a. 24. Sept. 78. — M. a. 17. Aug. 80.

1. B. a. 19. März 78. — M. a. 25. Febr. 79.
9. *Vgl. 193,42.*
10. *Vgl. 194,45.*
12. *Vgl. 163,46.*
13. B. a. 19. März 78. *MFA Bacc.:* Leonh. Marcoleon. — Stip. Febr. 79 (Maulbronn.). — *Okt. 80 Collaborator in Stuttgart.*
14. B. a. 19. März 78. — Stip. 6. Okt. 79 (Maulbronn.). *Alb. stip. u. MFA.:* Velter. — M. a. 14. Febr. 82. — *Juli 85 ob dissolutionem exclusus.*
15. *MFA. u. Alb. stip.:* Ochsner u. Öchsner. — B. a. 19. März 79. — Stip. Febr. 79 (Maulbronn.). — M. a. 14. Febr. 82. — *Okt. 83 exclusus ob matrimonium.*
16. B. a. 24. Sept. 78. — Stip. 29. Aug. 80 (Maulbronn.). — *Jan. 84 exclusus.*

17. Joannes Georgius Textor Stutgardianus (15. Nov.).
18. Conradus Ochsenbach Reutlingensis (15. Nov.).
19. Joannes Bauarus Jesingensis (15. Nov.).
20. Joannes Richart (!) Marpachensis (15. Nov.).
21. Sebastianus Mangolt Rauenspurgensis (19. Nov.).
22. Sebastianus Sapidus Bernensis (21. Nov.).
23. Samuel Fengier Bernensis (21. Nov.).
24. Georgius Eltzius Lindauiensis (23. Nov.).
25. Philippus Megetzer a Veldorff (25. Nov.).
26. Joannes Lagus Cruceburgensis, magister artium (26. Nov.).
27. Joannes Weidner Hallensis (27. Nov.)
28. David Schuueicker Hallensis (1. Dez.).
29. Jodocus Krack Casselensis apothecarius (4. Dez.).
30. Georgius Bulciarius Letkiecher Wimpinensis (6. Dez.).
31. David Pflacher Emahausensis (6. Dez.).
32. Sebastianus Ruidinger Auensis in Franconia (7. Dez.).
33. Casparus Kusmanus }
34. Jacobus Kusmanus   } Gorticenses fratres (11. Dez.).
35. Wolfgangus Martius Augustanus (18. Dez.).
36. Joannes Heluuinger Talhaimensis (20. Dez.).
37. David Bessererus Lauinganus (29. Dez.).

1578.

38. Bernhardus Stupanus Clauenensis (10. Jan.).
39. Leonhardus Weidner Schabatensis (10. Jan.)
40. Jacobus Blosius Gechingensis (10. Jan.).

17. B. a. 8. April 79.
18. B. a. 24. Sept. 78.
19. B. a. 24. Sept. 78. — Stip. 6. Okt. 79 (Maulbronn.). — *Juli 81 Collaborator in Urach.*
20. B. a. 24. Sept. 78. *MFABacc.:* Pickhart. — Stip. 11. April 80 (Maulbronn.). *Alb. stip.:* Bickhardt. — M. a. 6. Febr. 83. — *April 84 dimissus e stipendio.*
24. MFABacc.: Bacc. Argentinensis, rec. in numerum nostrorum baccal. Dez. 77. — M. a. 25. Febr. 79.
32. MFABacc.: Seb. Riedinger Aubensis Francus Bacc. Argentinensis rec. Dez. 77. — M. a. 25. Febr. 79.
35. B. a. 26. Sept. 81.
40. B. a. 19. März 78. — Stip. 6. Okt. 79 (Herrenalb.). *Alb. stip.:* Jac. Blosa von Willperg. — M. a. 8. Aug. 82. — *Okt. 86 Diakonus in Heidenheim.*

41. Jacobus Bach Vaingensis (10. Jan.).
42. Ludovicus Hensler Bessicheimensis (11. Jan.).
43. Joannes Entzinger Lautingensis (13. Jan.).
44. Abrahamus Löher Sindelfingensis (15. Jan.).
45. Jacobus Rölin Neoburgensis famulus in contubernio (15. Jan.).
46. Jacobus Stahel Horbensis famulus in contubernio (15. Jan.).
47. Jacobus Seidlinus Tubingensis (16. Jan.).
48. Michael Hirschman Schorndorffensis (17. Jan.).
49. Mattheus Leinstetter von Gilstain (23. Jan.).
50. Bernhardus Lilienfeind Eningensis (25. Jan.).
51. Daniel Schön Wegscheidensis (25. Jan.).
52. Georgius Haug Esslingensis (25. Jan.).
53. Joannes Wilhelmus Winter Stutgardianus (2. Febr.).
54. Timotheus Textor a Zimmern (5. Febr.).
55. Felix Bidenbach (5. Febr.).
56. Amandus Bucha Spirensis (13. Febr.).
57. Joannes Rebstock Jesingensis famulus in stipendio principis (17. Febr.).
58. Augustinus Köckert Lubecensis (17. Febr.).
59. M. Joannes Bulacher Hechingensis se rursus indicavit (18. Febr.).
60. Michael Brenninger Rotenburgensis ad Tuberim (18. Febr.).
61. Joannes Fräuel Tubingensis (2. März).
62. Vitus Herman Reutlingensis (2. März).
63. Otto Kugler Elwangensis (4. März).
64. Georgius Sultzburger Augustanus (5. März).

---

41. B. a. 19. März 78. — Stip. 11. April 80 (Herrenalb.). — M. a. 14. Febr. 82. — Rep. rhetoricus. — *Jan. 87 Pfarrherr zu Derendingen, als solcher April 87 wieder ins Stift aufgenommen; Juli 87 Diakonus in Marbach.*

44. B. a. 23. März 80. — M. a. 14. Febr. 82. — *Vgl. 204,78.*

45. B. a. 4. April 82. *MFABacc.:* Jac. Rhelinus Nördlingensis.

50. B. a. 28. Sept. 80. *MFABacc.:* B. Lilienfein Oringensis. — M. a. 6. Febr. 83.

53. Stip. Jan. 78. *Alb. stip.:* Wilh. Winnther. — B. a. 28. Sept. 79. — *April 81 Collaborator in Lauffen.*

55. Stip. Jan. 78. *Alb. stip.:* v. Stuttgart (e paedag.). — B. a. 28. Sept. 79. — M. a. 6. Febr. 83. — *Juli 86 Diakonus in Waiblingen.* — Dr. theol. 15. Mai 1604. *Theol.:* concionator aulicus Stuttgardianus.

56. B. a. 28. Sept. 79. — M. a. 16. Aug. 81.

59. *Vgl. 173,82.*

61. B. a. 26. Sept. 82. — M. a. 5. Aug. 84.

62. B. a. 26. Sept. 81. — M. a. 6. Febr. 83.

64. B. a. 23. Sept. 78. — M. a. 14. Febr. 82. *MFABacc. u. Mag.:* Gg. Salzhuber Miesbachensis. — *Vgl. 212,61 u. 229,42.*

65. Jacobus Rabus Monhaimensis (5. März).
66. Gabriel Staichelius Augustanus (5. März).
67. Thobias Manlich ⎫
68. Conradus Kircher ⎪
69. Paulus Hartlieh   ⎬ Augustani (5. März).
70. Vlricus Kreer   ⎪
71. Joannes Green   ⎭
72. Wolfgangus Göler nobilis a Rauenspurg (5. März).
73. Thomas Schlair Tubingensis (11. März).
74. Joannes Teurer Jesingensis (11. März).
75. Andreas Henerus Lindauiensis (18. März).
76. Paulus Seauer Halstadiensis (21. März).
77. Christianus Tholdius Frauuenpergensis in Hassia se rursus indicavit (24. März).
78. Eberhardus et ⎫
                  ⎬ fratres (26. März).
79. Joannes Heinricus a Dienheim ⎭
80. Martinus Rümele Ebingensis se rursus indicavit (2. April).
81. Nicolaus Ochsenbach Tubingensis (3. April).
82. Crispinus Fluggius Lubecensis (5. April).
83. Sebastianus Pichselius (6. April).
84. Leonhardus Pistor Hohenfelsensis (8. April).
85. Antonius Frey Lindauiensis (9. April).
86. Casparus Schol Tubingensis (10. April).
87. Georgius Schneck Hallensis famulus in contubernio (11. April).
88. Gottlieb Wernher Rotenburgensis ad Tuberim (11. April).
89. Petrus Rhor Argentinensis (11. April).
90. Joannes Oldorphiostanus ex Dania (14. April).
91. Ludovicus Pretorius Königsteinensis (16. April).

—

. B. a. 24. Sept. 78. — M. a. 12. Aug. 80.
  B. a. 24. Sept. 78. — M. a. 14. Aug. 83. — *Vgl. 197,52.*
  B. a. 24. Sept. 78. — M. a. 16. Aug. 81.
. B. a. 24. Sept. 78.
  B. a. 24. Sept. 78. *MFABacc.:* Krayer.
. B. a. 24. Sept. 78. *MFABacc.:* Gruen.
  B. a. 28. Sept. 80. — Dr. med. 25. Sept. 87.
  Vgl. 172,28. — Dr. iur. utr. 10. Jan. 82.
  M. a. 14. Febr. 82.
. B. a. 23. März 80. — M. a. 8. Aug. 82.
  B. a. 22. März 80. — M. a. 16. Aug. 81. — Dr. iur. utr. 17. März 87.
. **66.** B. a. 24. Sept. 78. *MFABacc.:* Wermerus. — M. a. 17. Aug. 80.
MFAMag.: Bibcracensis.

92. Nicolaus Breneisin Rotwilensis (17. April).

93. Georgius Wech Reutlingensis (18. April).

94. Joannes Jacobus } Haintzelii fratres Augustani (19. April).
95. Joannes Ludovicus }

96. M. Joannes Busaret se rursus indicavit (19. April).

97. Abrahamus Catzbeckius (19. April).

98. Marcus Then Augustanus (19. April).

99. Jacobus Agricola Norlingensis (20. April).

100. Paulus Horterus Alsensis (23. April).

101. Paulus Koch Hohenbergensis (23. April).

102. Joannes Georgius Gruppenbach Tubingensis (25. April).

103. Joannes Leo Fuchs Rotenburgensis ad Tuberim (26. April).

104. Joannes Petrus Schon Schweinfortensis (26. April).

105. Joannes Volckmar Rotenburgensis ad Tuberim (26. April).

106. Vitus Müller Bülheimensis (26. April).

107. M. Georgius Burckhard se rursus indicavit (26. April).

108. Casparus Brei Weissenburgensis (26. April).

109. Simon Stamler Stutgardianus (28. April).

110. Aristoteles Engelhart (28. April).

111. Joannes Venebergius Campidonensis (28. April).

112. Wendelinus Scherb Ditzingensis (30. April).

189. Sub rectura clarissimi viri dom. D. **Joannis Vischeri** a festo apost. Phil. et Jac. usque ad festum div. Luc. a. **1578**:

1. Joannes Hoffman Vormatiensis (4. Mai).
2. Lucas Eberlin Argentoratensis (4. Mai).
3. Philippus Schirbart Argentoratensis (4. Mai).

---

93. B. a. 26. Sept. 81. *MFABacc.:* Wächius. — M. a. 6. Febr. 83.

99. B. a. 23. März 80. — M. a. 16. Aug. 81.

106. B. a. 28. Sept. 79. *MFABacc.:* Büllenheimensis. — M. a. 16. Aug. 81. *MFAMag.:* Bülnhaimensis.

107. Vgl. 148,7.

109. Stip. 11. April 80 (Adelberg.). *Alb. stip.:* iam antea Tubingae. — B. a. 15. März 81. — *Juli 83 Provisor in Brackenheim.*

110. Vgl. 194,45.

111. B. a. 8. April 79. — M. a. 14. Febr. 81. *MFABacc. u. Mag.:* Fennenberger.

4. Bartholomaeus Vollmayer von Neuburg (10. Mai).
5. Georgius Albertus Burcardus (14. Mai).
6. Guolffgangus Ludovicus Reinig Studtgardianus (14. Mai).
7. Engelbertus Knöller Spirensis (14. Mai).
8. Joannes Conradus Machtolff Eslingensis (15. Mai).
9. Christophorus Forschan von Klagenfurt (17. Mai).
10. Mauritius Forschan (17. Mai).
11. Joannes Freymaier (17. Mai).
12. Joannes Vnenckh Hirschauensis prope Ambergam famulus (19. Mai).
13. Stephanus Schreiber von Stain bey Krembs famulus (22. Mai).
14. Adamus Richter Görlitzensis (24. Mai).
15. Dr. Andreas Planerus iterum nomen suum dedit (26. Mai).
16. Paulus Vueniger von Schwandorff bey Langenfeldt famulus (26. Mai).
17. Alexander Brasberger Nurtingensis (26. Mai).
18. Sebastianus Mutschelin (29. Mai).
19. Albertus Regnardus Mumpelgardensis (29. Mai).
20. Guilhelmus Turinus Mumpelgardensis (29. Mai).

4. B. a. 23. März 80. *MFABacc.:* Volmarius.
5. B. a. 8. März 84. — M. a. 22. Febr. 87. *MFABacc. und Mag.:* Tubingensis. — *MFAMag. (von des Crusius Hand):* respondit ei M. Erhardus Cellius, contubernii rector, audire in schola docentes melius esse quam his neglectis domi libros legere. — *Vgl. 216,66.*
6. *MFA. u. Alb. stip.:* Reihing. — B. a. 28. Sept. 79. — Stip. 28. Mai 83. *Alb. stip.:* ex bursa receptus. — M. a. 16. Aug. 81. — *Juli 85 Diakonus in Güglingen.*
8. *Vgl. 202,49.*
9. Stip. Tiffernit. 1. Juli 79. — B. a. 15. März 81. *MFABacc.:* Fascanius. — *Okt. 82 Prediger des Freiherrn zu Liechtenstein.*
10. Stip. Tiffernit. Mai 80 (e paedag. Strassburg.). *Alb. stip.:* Fuschan, Carniolanus. — B. a. 15. März 81. — M. a. 6. Febr. 83. — *Okt. 85 cum gratia dimissus.*
15. *Vgl. 159,113.*
16. B. a. 26. Sept. 81. *MFABacc.:* Wenninger, Schwandorffensis. — M. a. 14. Aug. 83. *MFAMag.:* Cignocomoeus.
18. B. a. 23. März 80. — M. a. 16. Aug. 81. *MFABacc. u. Mag.:* Nürtingensis. — Dr. iur. utr. 17. März 87.
19. Stip. 27. Mai 78 (16. anno aet.). — *Okt. 80 Präseptor in der Mömpelgartischen Vogtei.*
20. Stip. 27. Mai 78 (16. anno aet.). — B. a. 28. Sept. 80. — *Jan. 84 Präseptor in ? (Rinaw?)*

21. Joannes Vuerner Brantusianus (29. Mai).
22. Casparus Culimanus Münpelgardensis (29. Mai).
23. Simeon Vueinzürn Contantiensis (30. Mai).
24. Jacobus Schuuanigius Danus (1. Juni.).
25. Druderus }
26. Jacobus } Biorno fratres Dani (2. Juni.).
27. Hieronymus von Stain Borussus praeceptor illorum (2. Juni.).
28. Georgius Bogner Turingus famulus (2. Juni.).
29. Martinus von Remchingen (5. Juni).
30. Georgius Coquus Kreislheim (8. Juni).
31. Christophorus Beyſchlag von Eringenn (9. Juni).
32. Joannes Hyso von Newenſtain (9. Juni).
33. Philippus Guilhelm von Eringenn (9. Juni).
34. Ludovicus Bruno Salzburgensis (9. Juni).
35. Georgius Muller von Monheim (12. Juni).
36. Casparus Bucher Austriacus (12. Juni).
37. Joachim Lederle Noribergensis typographus (20. Juni).
38. Joannes Christophorus Parsimonius Studtgardianus (20. Juni).
39. Michael Hockh von Bachenhaim (20. Juni).
40. Andreas Comes von Neuſtatt am Kocher (20. Juni).
41. Valentinus Lebeysen von Heydennhaim (20. Juni).

---

21. Stip. 27. Mai 78 (15. anno aet.). *Alb. stip.:* Johannes Mutius v. Mömpelgart; *muss mit Obigem identisch sein. Okt. 83 ludimoderator (in seiner Heimat?).*

22. Stip. 27. Mai 78 (15. anno aet.). *Alb. stip.:* Casp. Quileminus. — B. a. 26. Sept. 81. *MFABacc.:* Guileminus. — *Okt. 84 mortuus est.*

24. B. a. 28. Sept. 79. *MFABacc.:* Schwaningius.

30. *MFABacc.:* Georgius Magirus Chemnicensis, B. a. 26. Sept. 81; *identisch?* — *Vgl. 191,87.*

35. B. a. 23. März 80. *MFABacc.:* Milerus.

36. *Vgl. 177,12*

38. B. a. 24. Sept. 78. — Stip. Jan. 79 (Hirsaug.). — M. a. 1. Febr. 81. *MFAMag.:* Hirsaugiensis. — *April 83 Präzeptor in Herrenalb.*

39. B. a. 24. Sept. 78. *MFABacc.:* Mich. Hock Backnaniensis. — Stip. 29. Aug. 80 (Hirsaug.). — M. a. 8. Aug. 82. — Rep. dialecticus. — *Jan. 87 Diakonus in Backnang.*

40. B. a. 24. Sept. 78. — Stip. 29. Aug. 80 (Hirsaug.). *Alb. stip.:* Graf. — *Bleibt Juli 82 fort.*

41. B. a. 24. Sept. 78. — Stip. 2. Jan. 80 (Hirsaug.). *Alb. stip.:* v. Natten. — M. a. 6. Febr. 83. — *April 84 Prediger des Freiherrn von Polheim.*

42. Georgius Pfluger Studtgardianus (20. Juni).
43. Joannes Osuuald Vracensis (20. Juni).
44. Josephus Reutter Tubingensis (23. Juni).
45. Johannes Jacobus Heitler von Kaufbeyrenn (27. Juni).
46. Erhardus Morsensis Juliacensis (27. Juni.).
47. Casparus Castner Franckfurdensis ad Oderam (27. Juni).
48. Albanus Saëtaler von Oberbelz in Stiria (30. Juni).
49. Georgius Martius iterum receptus (2. Juli).
50. Beatus Guilhem im Thurn Schaffhusianus (2. Juli).
51. Georgius Gustavus comes Palatinus Rheni, dux Bauariae, comes Valdentiae etc. (2. Juli).
52. Fridericus Melchior, comes de Falckenstain dominus in Oberstain etc. (2. Juli).
53. Joannes Leo Bucholz hoffmaister (2. Juli).
54. Daniel Pappus praeceptor (2. Juli).
55. Philibertus de Kippenheim (2. Juli).
56. Joannes Heluetius eques (2. Juli).
57. Joannes coquus (2. Juli).
58. Gallus pedis equus (2. Juli).
59. Georgius Leo Studtgardianus (10. Juli).
60. Joannes Kürner Tubingensis (10. Juli).
61. Hector Carre Mümpelgardensis (11. Juli).
62. Joannes Helman Francus famulus (11. Juli).
63. Michael Arnold von Horb pauper (12. Juli).
64. Bartholomeus Caseus Denckendorfensis (12. Juli).
65. Martinus Leutemaier von Waffertruhenndig (14. Juli).
66. Hieronymus Bernhart Olauiensis ex Silesia (16. Juli).
67. Eusebius Drach Etlingensis (19. Juli).
68. Leonhartus Rhor Hallensis famulus (21. Juli).
69. Georgius Staminger Ratisbonensis (22. Juli).
70. Philippus Junius von Feuchtwang (23. Juli).
71. Henricus Despach von Widekopf Hessus (23. Juli).

---

42. B. a. 24. Sept. 78. *MFABacc.*: Pflieger. — Stip. 29. Aug. 80 (Bebenhus.). *Alb. stip.*: Johannes Pflieger. — M. a. 6. Febr. 83. — *Jan. 86 Parochus in Biberafeld bei Hall.*

43. B. a. 24. Sept. 78. — Stip. 2. Jan. 80 (Bebenhus.). — M. a. 6. Febr. 83. — *Jan. 85 Collaborator in Mömpelgart.*

49. *Vgl. 184,102.*

64. B. a. 8. April 79. — M. a. 17. Aug. 80. — *Vgl. 198,5.*

67. B. a. 20. März 83.

70. B. a. 24. Sept. 78. — M. a. 10. Febr. 80.

72. Petrus Hegius
73. Melchior Wolfstain } Dani (28. Juli).

74. Sebastianus Ofentreschen von Cürcfa an der Hardt (1. Aug.).
75. Tilemannus Trigeterson Hessus pauper (2. Aug.).
76. Thomas Opelius von Gunßenhaufen (5. Aug.).
77. Joannes Kapeller von Huingen (7. Aug.).
78. Valentinus Egen Marbacensis (7. Aug.).
79. Melchior Scherer Studtgardianus (7. Aug.).
80. Christophorus Negler von Gemerßingen bey Lauffen (7. Aug.).
81. Mathias Hertlin von Sachfennhaim (7. Aug.).
82. Joannes Naschult Studtgardianus (7. Aug.).
83. Joannes Molitor von Danßtet bey Aurach (7. Aug.).
84. Jacobus Bog Waiblingensis (7. Aug.).
85. Abel Vuerner Calbensis (7. Aug.).
86. Hieronymus Franck von Newftatt am Kocher (7. Aug.).
87. Joannes Vueiss Tubingensis (7. Aug.).
88. Adamus Geiss von Wirßburg (9. Aug.).
89. Franciscus Rebenstock von Jefingenn (13. Aug.).

---

77. B. a. 28. Sept. 79. — Stip. 29. Aug. 80 (Adelberg.). *Alb. stip. u. MFA.:* v. Uhingen. — *Okt. 81 Collaborator in Tübingen.*

78. B. a. 28. Sept. 79. *MFABacc.:* Volmarins Egon. — Stip. 29. Aug. 80 (Adelberg.). *Alb. stip.:* Valentinus E. — *April 83 exclusus.*

79. B. a. 8. April 79. — Stip. 2. Jan. 81 (Adelberg.). — M. a. 6. Febr. 83. — *Juli 85 Diakonus in Löchgau.*

80. B. a. 28. Sept. 79. *MFABacc.:* Chr. Nagler Gemmerkheimensis. — Stip. 9. Mai 81 (Adelberg.). — M. a. 24. Febr. 84. — *Juli 86 Diakonus in Winnenden.*

81. B. a. 8. April 79. — Stip. 11. April 80 (Maulbronn.). — M. a. 14. Febr. 82. — *Jan. 85 von Gott abgerufen.*

82. B. a. 8. April 79. *MFABacc.:* Nascholdus. — Stip. 2. Jan. 81 (Maulbronn.). *Alb. stip.:* Neschold. — M. a. 6. Febr. 83. — *Juli 85 Präseptor in Königsbronn.*

83. B. a. 8. April 79. *MFABacc.:* Dunstettensis. — Stip. 2. Jan. 81 (Maulbronn.). *Alb. stip.:* v. Donstetten. — M. a. 6. Febr. 83. — *Jan. 84 Präseptor in Hirsau.*

84. B. a. 8. April 79.

85. B. a. 8. April 79. — Stip. 9. Mai 81 (Maulbronn.). — *Juli 84 Collaborator ludi in Brackenheim.*

86. B. a. 8. April 79. — Stip. 29. Aug. 80 (Maulbronn.). — *Juli 81 ausgetreten aus dem Stift.*

87. B. a. 8. April 79. — Stip. 29. Aug. 80 (Maulbronn.). — *April 83 exclusus.*

89. B. a. 23. März 86 (Maulbronn.). — Stip. 2. Dez. 87. *Alb. stip.:* Rebstock. — M. a. 6. Aug. 89. — *Jan. 91 Präseptor in Königsbronn.*

90. Joannes Friseus Tubingensis (18. Aug.).

91. Joannes Segniz Kützingensis (19. Aug.).

92. Georgius von Hanhortz Brunsuicensis (22. Aug.).

93. Melchior Vuildkin von Hanouer (22. Aug.).

94. Laurentius Beer ⎫
                 Roteburgenses (26. Aug.).
95. Georgius Eccard ⎭

96. Joannes Sigismundus Leidenmaier famulus (26. Aug.).

97. David Heckmair Tubingensis (27. Aug.).

98. Jacobus Schegkius Tubingensis (27. Aug.).

99. Christianus Pfister Tubingensis (27. Aug.).

100. Christophorus Berlipsch (9. Sept.).

101. Bartholomeus Kellenbenz von Sieshaim bey Göppingenn (9. Sept.).

102. Hieronymus Schad Vlmensis (9. Sept.).

103. Simon Ayhin Vayingensis (10. Sept.).

104. Joannes Eplin von Guglingen (10. Sept.).

105. Conradus Machtolf Vayingensis (10. Sept.).

106. Joannes Künduneiler Haganoësis (11. Sept.).

107. Michael Spaz Augustanus (11. Sept.).

108. Guolfgangus Kürsner von Mergethaim (13. Sept.).

109. Ludovicus Buter Vayngensis iterum se indicat (15. Sept.).

110. Joannes Henricus Panthaleon Basiliensis (17. Sept.).

111. Martinus Moser Tubingensis (18. Sept.).

112. Nicolaus Moser Tubingensis iterum se indicat ante inscriptu[s]
     anno 72 (19. Sept.).

113. Dietmair Schallenberger   ⎫
                          patrueles Austriaci (22. Sept.).
114. Christophorus Schallenberger ⎭

115. Nicolaus Günthirus Ratisbonensis (22. Sept.).

90. B. a. 8. April 79. — Stip. 29. Aug. 80 (Herrenalb.). *Alb. stip.:*
v. Brackenheim. — M. a. 8. Aug. 82. — *Jan. 83 in domino obdormivit.*
     91. B. a. 20. März 83. — M. a. 14. Aug. 83. — *Vgl. 209,23.*
     94. B. a. 23. März 80.
     97. B. a. 18. Sept. 83. — M. a. 11. Aug. 85. — Dr. iur. utr. 14. Nov. 95.
98. Dr. iur. utr. 7. Sept. 91. *Jur.:* Herrenbergensis.
     99. B. a. 20. März 83. — M. a. 17. Febr. 85.
     101. *Vgl. 203,31.*
     103. B. a. 23. März 80. *MFABacc.:* Aihin. — M. a. 8. Aug. 82. *MFA.*
Mag.: Ahinus. — *Vgl. 210,77.*
     106. B. a. 23. März 80. *MFABacc.:* Kindweyler. — M. a. 16. Aug. 81.
     108. B. a. 23. März 80. — M. a. 8. Aug. 82.
     109. *Vgl. 185,67 u. 204,9.*
     112. *Vgl. 175,52.*

116. Joannes Spereysen Austriacus iterum se indicat (22. Sept.).
117. Guilbelmus Eckstain von Scheßliz in diocesi Bambergensi (22. Sept.).
118. Jacobus Böhemer Noribergensis (27. Sept.).
119. Michael Demler Waiblingensis (27. Sept.).
120. Joannes Gailbouer von Gundelfingenn (Okt.).
121. Stephanus Rodenfelder Neuburgensis (Okt.).
122. Bartholomaeus Othmar Stab Campidauensis (Okt.).
123. Joannes Baptista M. Eccardus Augustanus iterum dedit nomen (Okt.).
124. Christophorus Vuinckelbouer Schuuarzensis (Okt.).
125. Casparus Kratzer Vlmensis Jesuita (Okt.).
126. Eschillus Christierni Danus (Okt.).

190. Sub rectura clarissimi viri dom. D. **Nicolai Varenbuleri** a festo div. Luc. 1578 usque ad festum apost. Phil. et Jac. 1579:

1. Georgius Melchior Kiruuang Spirensis (31. Okt.).
2. Ludovicus Casimirus Lanckman Velbergensis (2. Nov.).
3. Joannes Leonhardi Grecensis famulus gratis (2. Nov.).
4. Paulus Segedinus
5. Fabianus Piso Bellerius
6. David Sigismundus Cassouiensis } Vngari (2. Nov.).
7. Michael Carolinus
8. Laurentius Schirius Vlmensis prius inscriptus (6. Nov.).
9. Samuel Hugauitius Brigensis Silesius (6. Nov.).
10. Mathias Husius Knielingensis (7. Nov.).
11. Christophorus Ruoff von Grübel prius inscriptus (8. Nov.).
12. Vitus Theodoricus von Eyb Franco (10. Nov.).
13. Joannes Georgius Metzger Stutgardianus (13. Nov.).

---

116. *Vgl. 183,28.*
120. B. a. 28. Sept. 79. — M. a. 17. Aug. 80. *MFAMag.:* Gailhofer.
121. B. a. 28. Sept. 79. *MFABacc :* Sebastianus Rosenfelder. — M. a. 17. Aug. 80. *MFAMag.:* Steph. Rosenfelder.

1. Dr. iur. utr. 19. Dez. 86.
2. Stip. Tiffernit. 6. Febr. 80. — B. a. 15. März 81. — *April 84 cum gratia dimissus.*
10. B. a. 28. März 80. — M. a. 14. Febr. 82. *MFABacc. u. Mag.:* Hausius.
13. Stip. Jan. 79 (e paedag.). — B. a. 28. Sept. 80. — *April 84 Collaborator in Calw.*

14. Sebastianus Eiting Stutgardianus (13. Nov.).
15. Mathias Eschenmair Stutgardianus (13. Nov.).
16. Laurentius Drechter Neoburgensis (21. Nov.).
17. Samuel Vielmann Geisslingensis (22. Nov.).
18. Joannes Codicillus Dulecharius Bohemus (22. Nov.).
19. Guolffgangus· Jacobus Notthafft ab Hohenberg (26. Nov.).
20. Jacobus Eberhardus von Reyſchach (26. Nov.).
21. Vlrichus Rentz Winspergensis (26. Nov.).
22. M. Josephus Engelhard prius inscriptus (29. Nov.).
23. Christophorus Guilhelmus a Massenbach (29. Nov.).
24. Georgius Hospes Rotenburgensis Tuberanus (29. Nov.).
25. Samuel Hartman Ottingensis (1. Dez.).
26. Georgius Bolanus a Bolansdorff Silesius (1. Dez.)
27. Petrus Balmanus Transsylvanus (3. Dez.).
28. Leo Crafft Vlmensis ⎫ uterque prius inscriptus
29. Georgius Seither Campidonensis ⎭ (10. Dez.).
30. Sebastianus Blosius Minssingensis (15. Dez.).
31. Vidua doctoris Joannis Carters von Landſchadt ⎫
32. Doctoris Chiliani [Vogler] soror ⎪ receptae pro
33. Vidua Brentzii ⎬ civibus uni-
33a. Socrus Frischlini ⎪ versitatis
34. Vidua dom. Davidis Schegkii ⎭ (15. Dez.).
35. Joannes Chrisostomus Grigkler von Rodtfeld (15. Dez.).
36. Joannes Dirrschnabel Herrenbergensis (15. Dez.).
37. Christophorus Morholdt Neoburgensis (15. Dez.).
38. Joannes Ludovicus Gaisberg von Schnaidt prius inscriptus (15. Dez.).

1579.
39. Joannes Humelius Neoburgensis (5. Jan.).
40. Henricus Hertelius Silgenstatensis (16. Jan.).

---

14. Stip. Jan. 79 (e paedag.). — B. a. 26. Sept. 81. *MFABacc.*; Eyttingerus. — M. a. 24. Febr. 84. — *Okt. 85 Präseptor in Herrenalb.*

16. B. a. 28. Sept. 79.

22. *Vgl. 170,151.*

24. B. a. 8. April 79.

30. B. a. 8. April 79. — M. a. 17. Aug. 80. — Dec. fac. med. primo. 1601; ultimo 1627.

35. B. a. 26. Sept. 82. — M. a. 11. Febr. 84. *MFABacc. u. Mag.*: Joh. Christophorus Grickler Bulacensis.

37. *Vgl. 197,39.*

39. B. a. 28. Sept. 79. — M. a. 17. Aug. 80. *MFABacc. u. Mag.*: Michael Humelius.

41. Joannes Itellus a Neuhausen (16. Jan.).
42. Joannes Casparus Doner Mettingensis (18. Jan.).
43. Joannes Schritthonius Francobergensis (22. Jan.).
44. Joannes Wendelinus Leger von Deitzisouu (23. Jan.).
45. Martinus Ruoff Tubingensis pauper (23. Jan.).
46. Joannes Sebastianus Biechelberger Halensis (30. Jan.).
47. Joannes Christophorus Scherbius Nördlingensis (30. Jan.).
48. Andreas Rindberger[a] Judenburgensis pauper famulus (30. Jan.).
49. Christophorus Cless Knittlingensis (1. Febr.).
50. Georgius Schlair Rotemburgensis Nicri (2. Febr.).
51. Andreas Langnerus Madeburgensis (5. Febr.).
52. M. Hieronymus Gerhard prius inscriptus (5. Febr.).
53. Georgius Faber Sclavus Klamicensis pauper (10. Febr.).
54. Bonifacius Lanckmann Velbergensis pauper (10. Febr.).
55. Eberhardus Beer Binigckaimensis (13. Febr.).
56. Joannes Christophorus a Degenfeld (14. Febr.).
57. Joannes Bouey Reutlingensis (16. Febr.).
58. Franciscus Guelotus Bruntrutensis (20. Febr.).
59. Adamus Junius Feuchtwangensis, prius inscriptus (26. Febr.).
60. Joannes Zehender Besigkaimensis (27. Febr.).
61. Joannes Theodoricus Schnepfius Tubingensis vicecancellarii filius (4. März).
62. David Ehinger Argentinensis pauper (10. März).
63. Michael Gering Kirchensis (15. März).
64. Lucas Judae Kirchensis (19. März).
65. Nicolaus Seirer Knitlingensis (23. März).

---

a) *Oder* Kindberger.

45. B. a. 20. März 83 (Bebenhus.). — Stip. 25. Sept. 84. — M. a. 22. Febr. 87. — *Juli 91 Diakonus in Unteröwisheim.*
52. *Vgl. 179,9 u. 195,48.*
55. B. a. 23. März 80. — M. a. 14. Febr. 82. *MFAMag.:* Eberh. Baer Stutgardianus. — Dr. jur. utr. 13. Dez. 92.
57. B. a. 20. März 83. *MFABacc.:* Boffayus.
59. *Vgl. 179,51 u. 186,51.* — Dr. med. 18. Jan. 81.
60. Stip. Tiffernit. Jan. 79 (e paedag.). — B. a. 26. Sept. 81. — M. a. 14. Aug. 83. — *Juli 84 Diakonus in Durlach.*
61. B. a. 26. Sept. 82. — M. a. 14. Febr. 84.
64. B. a. 15. März 81.
65. B. a. 26. Sept. 81. — M. a. 6. Febr. 83. *MFABacc. u. Mag.:* Nic. Seurerus Reutlingensis.

66. Joannes Bauueisen Bolingensis prope Vlmam pauper (24. März).
67. Mathias Ehem Augustanus (6. April).
68. Zacharias Lorcher Stutgardianus (8. April).
69. Joannes Vuestermair Moglingensis (8. April).
70. Balthasar Reiss Schorndorfensis (8. April).
71. Casparus Jebinger Scherdingensis (10. April).
72. Joannes Ludovicus von Münſter eius famulus (13. April).
73. Sigismundus Riedinger (13. April).
74. Sebastianus Dohner Biettigkaimensis (13. April).
75. Jacobus Laureus Nordlingensis pauper (16. April).
76. Fridericus Castalio Basiliensis famulus bursae (16. April).
77. Georgius Finger Geroltzhouensis Franco (16. April).
78. M. Philippus Matthaeus Marpurgensis (21. April).
79. Rambertus Frese Frisius orientalis (21. April).
80. Jacobus Jacobellus Nouiforensis Silesius cum uxore
81. Anna Seligerin Heidelbergensi, modista (21. April).
82. Michael Hagkelius Bissershaimensis (23. April).
83. Nicolaus Kaltenbach Franckstatinus (23. April).
84. Joannes Theodoricus Brettanus (24. April).
85. Guolffgangus Oldenrit Campidonensis (27. April).
86. M. Philippus Agricola Friburgensis (29. April).
87. Wernerus Eglinger von Albingen (29. April).
88. Joannes Binder Gartachensis (29. April).
89. Vitus et
90. Johannes Ernestus Herrn von Schonburch, Herren zu Glochaw u. Waldenburg (29. April).

---

66. B. a. 28. März 80. *MFABacc.*: Joh. Hauueysen Bullingensis. — M. a. 16. Aug. 81. *MFA Mag.*: Hauueyssin.

68. B. a. 28. Sept. 79. *MFA. u. Alb. stip.*: Zach. Nocker v. Stuttg. -- Stip. 2. Jan. 80 (Bebenhus.). — M. a. 24. Febr. 84. — *Jan. 86 Praeceptor in Königsbronn.*

69. B. a. 28. Sept. 79. *MFABacc.*: Westermarius. — Stip. 9. Mai 81 (Bebenhus.). *Alb. stip.*: v. Üpfelsbom. — *Jan. 85 ausgetreten aus dem Stift.* — M. a. 3. Aug. 86.

70. B. a. 28. Sept. 79. — Stip. 24. Sept. 81 (Bebenhus.). — M. a. 14. Aug. 81. — *Okt. 86 Diakonus in Schorndorf.*

74. B. a. 28. März 80.

83. B. a. 28. Sept. 80. — M. a. 6. Febr. 83. *MFABacc. u. Mag.*: Pfungstattensis.

84. *MFABacc.*: Heidelbergae creatus, 9. Jan. 80 rec. est in numerum nostrorum baccal. — M. a. 10. Febr. 80.

87. B. a. 15. März 81. — M. a. 5. Aug. 84.

91. Maximilianus freyherr von Scharpfennburg (29. April).
92. Guntherus a Binauu
93. Rudolphus a Binauu ⎬ tres nobiles baronum (29. April).
94. Vuolffgangus a Berbisdorff
95. M. Pangratius Siessenbach Hirsbergensis praeceptor baronum (29. April).
96. Michael Berger Bericensis (29. April).

191. Sub rectura clarissimi viri dom. D. **Joannis Hochmanni** a festo div. PhiL et Jac. usque ad festum div. Luc. a. 1579:

1. Philippus Kolbius Weylburgensis (2. Mai).
2. Balthasarus Holtzwardus Memmingensis (4. Mai).
3. Thobias Herman Memmingensis (4. Mai).
4. Salomon Pistorius Bopfingensis (4. Mai).
5. Melchior Plienninger Schorndorfensis (5. Mai).
6. Philippus Vuagnerus Biberauianus prope Darmſtatt (6. Mai).
7. Joannes Rottenburger Tabernimontanus (11. Mai).
8. Georgius Vuolfgangus a Kaltenthal (11. Mai).
9. Christophorus a Dinnſtett (11. Mai).
10. Gottfrid Thum a Neuburg (11. Mai).
11. Joannes Girbertus Blanckenburgensis (14. Mai).
12. Georgius Rhemus Augustanus (14. Mai).
13. Joannes Georgius Grinsch Augustanus (14. Mai).
14. Rursus se indicavit Chrisostomus Lindenfels (15. Mai).
15. Jacobus Hess Sirtzensis (15. Mai).
16. Theodoricus Daschonius Lubeccensis (15. Mai).
17. Gallus Linck Baiblingensis (16. Mai).
18. Joannes Petrus Maier Balingensis (18. Mai).
19. Petrus Musculus Honnauensis (22. Mai).
20. Joannes Bernhardus Sattler Goppingensis (22. Mai).
21. Vuolfgangus Schetelius Constadtensis (23. Mai).

---

2. B. a. 28. Sept. 79.
3. B. a. 28. Sept. 79. — M. a. 14. Febr. 82.
5. B. a. 23. März 80. — M. a. 14. Febr. 82.
6. *MFABacc.*: Phil. Wagner Beberaveanus Hassus, ante triennium Marpurgi factus baccal. in consort. nostrorum baccal. rec. 9. Mai 79.
14. *Vgl. 164,91.*
16. B. a. 28. Sept. 79. — M. a. 6. Febr. 83. *MFABacc. u. Mag.*: Dassouius.
18. B. a. 20. März 83. — M. a. 11. Aug. 85. *MFABacc. u. Mag.*: Petrus Maier.

22. Georgius Socherus Stainensis (23. Mai).
23. Vdalricus Wegst Vracensis (25. Mai).
24. Petrus Henerus Lindauiensis (26. Mai).
25. Petrus Grimaldus Mümpelgardtensis (26. Mai).   •
26. Philippus Engelhardus Tubingensis (26. Mai).
27. Joannes Georgius Rheinhardus Spirensis (26. Mai).
28. Joannes Ludovicus Kirchberger Austriacus (28. Mai).
29. Helmhardus Kirchberger Austriacus (28. Mai).
30. Fridericus Schuuannigius Danus (29. Mai).
31. Balthasarus Raberus Fuldensis (29. Mai).
32. Theodoricus Winterus Tabernimontanus (1. Juni).
33. Joannes Neomarius Bappenheumensis (1. Juni).
34. Bertholdus a Kirchhoff Saxo (1. Juni).
35. Balthasar Fregius Eslingensis (5. Juni).
36. Joannes Wolffart Lorchensis (11. Juni).
37. Joannes Heffel Enningensis (11. Juni).
38. Michael Rentz Schlättorfensis (11. Juni).
39. Bartholomeus Bischoff Vayingensis (11. Juni).
40. Jacobus Ruthardt Herrenbergensis (11. Juni).
41. Justus Opermannus Eynburgensis in ducatu Brunschuuicensi,
   cui ob paupertatem pretium inscriptionis remisi (12. Juni).
42. Simon Enkrich Bipontanus (19. Juni).
43. Georgius 3immermann Marpachensis (19. Juni).
44. Scipius Gentilis Sanctogonesius (21. Juni).
45. Jacobus Schalbius Augustanus (26. Juni).

---

23. B. a. 15. März 81. — M. a. 6. Febr. 83.

24. *Vgl. 202,24.*

25. Stip. 20. Mai 79. — *Okt. 83 ausgetreten als Diakonus (in seiner Heimat?)*

26. B. a. 28. Sept. 80. — M. a. 6. Febr. 83. — *Vgl. 210,76.*

35. B. a. 23. März 80. — M. a. 16. Aug. 81. *MFAMag.:* Vergius.

36. B. a. 28. Sept. 79. — Stip. 9. Mai 81 (Herrenalb.). — M. a. 6. Febr. 83. — *April 85 Pfarrer in Jebenhausen.*

37. B. a. 28. Sept. 79. — Stip. 29. Aug. 80 (Herrenalb.). *Alb. stip.:* Heffel. — *April 83 exclusus est.*

38. B. a. 28. Sept. 79. — Stip. 9. Mai 81 (Herrenalb.). *Alb. stip.:* v. Schlayttorf. — M. a. 14. Aug. 83. — *Jan. 87 gestorben.*

39. B. a. 28. Sept. 79. — Stip. 9. Mai 81 (Herrenalb.). — M. a. 6. Febr. 83. — *April 84 exclusus e stipendio.*

40. B. a. 23. März 80 (Herrenalb.). — Stip. 21. Okt. 81. — M. a. 11. Aug. 85. — *April 89 Collaborator scholae Stutgardianae.*

46. Joannes Coruinius Rostockius (30. Juni).
47. Albertus Schilling Lubicensis (30. Juni).
48. Christianus vonn Höffelin Lubicensis (30. Juni).
49. Andreas Muffelius Norimbergensis (2. Juli).
50. Nicolaus Apianus alias Beneuuitz Leisnizensis (3. Juli).
51. Georgius Armbroster Vuidpergensis, cui ob paupertatem inter-
cedente M. Georgio Lieblero remisi pretium inscriptionis (5. Juli).
52. Casparus Beuer Onoltzbachensis (9. Juli).
53. Mattheus Heller Kirchensis (18. Juli).
54. Casparus Zeyr Tubingensis (21. Juli).
55. Georgius Ströliz Tubingensis (22. Juli).
56. Hieremias Vogel Tubingensis (22. Juli).
57. Joannes Guilhelmus Gundelfinger Nerdlingensis (24. Juli).
58. Joannes Georgius Sighardus Augustanus (31. Juli).
59. Joannes Spaninberger Tubingensis (1. Aug.).
60. Vuindelinus Ryckerus Rottemburgo Tuberanus (3. Aug.).
61. Mag. Simon Hartmann Crautensis (3. Aug.).
62. Josua Pontanus Austriacus (6. Aug.).
63. Elias Broth Saxo (7. Aug.).
64. Jacobus Troll Danus (7. Aug.).
65. Burgerus Troll Danus (7. Aug.).
66. Huldenricus Sellius a Bruneck in Tyrol (7. Aug.).
67. Matthaeus Alberus Dinckendorffensis (12. Aug.).
68. Daniel Büttel Würtzburgensis (17. Aug.).
69. Abraham Lorherus Augustanus (17. Aug.).
70. Hartmannus Saltus Tigurinus (19. Aug.).
71. Fridericus Hayd Studtgardianus (20. Aug.).
72. Adrianus Scheler Vlmensis (22. Aug.).
73. Joannes Jacobus Schrisler Augustanus (24. Aug.).
74. Joannes Drintz Enipontanus (24. Aug.).
75. Jacobus Kruss Leonmontanus (27. Aug.).

54. B. a. 28. Sept. 85.

57. Vgl. *192,6.*

59. Stip. 2. Jan. 81 (auss der schul zu Tüwingen). — B. a. 26. Sept. 82.
MFABacc.: Spangenberger. — M. a. 5. Aug. 84. — *Juli 86 Präseptor in
Maulbronn.*

62. *MFABacc.*: Josua Pontanus Atzbacensis Austrius Bacc. Argentinae
promotus rec. in consortium baccal. nostrorum 23. Juli 88.

75. Stip. 21. Aug. 79 (e paedag.). *Alb. stip.*: Jac. Creuslin von Leonberg. — B. a. 28. Sept. 80. — M. a. 8. Aug. 82. *MFAMag.*: Crusius. — Rep.
musicus; *und pastor Derendingensis.* — *April 88 nach Marbach verschickt.*

76. Adamus Salomon Schneutensis (27. Aug.).
77. Guilhelmus Barstius Nouiforensis (1. Sept.).
78. Christophorus Barstius Nouiforensis (1. Sept.).
79. Joannes Volcker Mergentheimensis (1. Sept.).
80. Georgius Reinhart Volkatzensis (1. Sept.).
81. Dominicus Hertzelius Lauinganus (10. Sept.).
. Sebastianus Diethlin Gerlentzhouius (11. Sept.).
Samuel Binder Nürtingensis (11. Sept.).
Georgius Melchinger Nürtingensis (11. Sept.).
Balthasar Krabath Austriacus (15. Sept.).
Lebenstain Bachman Corbachiensis (17. Sept.).
. Georgius Coccus Krelheimensis iterum se significavit (18. Sept.).
Georgius Vitus Metzingensis (18. Sept.).
. Abrahamus Engelhardt Studtgardianus (18. Sept.).
Jacobus Friseus Tubingensis (18. Sept.).
. Theodoricus Hessus Vlmensis iterum se indicavit (19. Sept.).
Joannes Strasser Austriacus (19. Sept.).
82
84. Georgius Neunoffer (19. Sept.).
Laurentius Paribelles de Sutoin ex valle Tellina in Rhetia
trans alpes (19. Sept.).
95. Joannes Conradus ab Absperg (19. Sept.).
96. Leonhardus Taurinus Marckopilortanus pagus in Franconia (Okt.).
97. Georgius Ryderer Augustanus (Okt.).

76. Stip. 21. Aug. 79 (e paedag.). — B. a. 28. Sept. 80. — M. a. 6. Febr. 88.
— Rep. graecus, später (Jan. 86) musicus. — Juli 86 Diakonus in Möckmühl.
79. B. a. 4. April 82.
83. B. a. 23. März 80 (Adelberg.). — Stip. 25. Sept. 81. Alb. stip. u.
MFA.: Sam. Binder v. Adelberg. — Okt. 84 dimissus ob negligentiam.
84. B. a. 23. März 80 (Adelberg.). — Stip. 25. Sept. 81. — Juli 83 Provisor in Göppingen. — M. a. 14. Febr. 88.
86. Dr. iur. utr. 1. Febr. 81. Jur.: Hassus.
87. Vgl. 189,30.
88. B. a. 23. März 80 (Adelberg.). — Stip. 25. Sept. 81. — M. a. 24. Febr. 84.
— Juli 85 paedagogus in Bebenhausen. — Dr. theol. 11. Mai 02. Theol.:
specialis Groningensis.
89. B. a. 23. März 80 (Adelberg.). — Stip. 25. Sept. 81. — M. a. 5. Aug. 84.
— April 87 Diakonus in Rosenfeld.
90. B. a. 23. März 80 (Adelberg.).
91. Vgl. 182,38.
96. B. a. 23. März 80. — M. a. 14. Febr. 82. 'MFABacc. u. Mag.: Marco-
bibertanus.
97. B. a. 23. März 80. — M. a. 11. Aug. 85.

98. Joannes Petrus Breuttenacker Weissenburgensis (Okt.).
99. Heinricus Gersthemius Linbeccensis (Okt.).
100. Joannes Jacob Gretter Halensis (Okt.).

192. Sub rectura clarissimi viri dom. D. **Chiliani Vogleri** a festo div. Luc. a. 1579 usque ad festum div. Phil. et Jac. a. 1580:

1. Georgius Ludovicus Laetus se iterum indicavit (23. Okt.).
2. Joannes Neiffer Beblingensis (29. Okt.).
3. Andreas Marchilaetus (29. Okt.).
4. Vlricus Motius Lauinganus (3. Nov.).
5. Joannes Ludovicus Reutterus Nordlingensis (3. Nov.).
6. Joannes Guilhelmus Gundelfingerus Nordlingensis se rursus indicavit (3. Nov.).
7. Heinricus Tholdius Hassus (3. Nov.).
8. Casparus Rittelius Augustanus (9. Nov.).
9. Rudolphus Vuilius Windecensis (9. Nov.).
10. Jacobus Eckstain Scheslicensis (9. Nov.).
11. Mag. Andreas Kragius Danus (9. Nov.).
12. Bassius Ericus Danus (9. Nov.).
13. Philippus Beuckerus Kirchaimensis (9. Nov.).
14. Christianus Vuidelau Halberstattensis (9. Nov.).
15. Ludovicus Buchler Saltzburgensis (10. Nov.).
16. Philippus Schickhardus Herrenbergensis (10. Nov.).
17. Christianus Zeis Badensis (10. Nov.).
18. Georgius Ritter Tubingensis (10. Nov.).
19. Joannes Lauch Neuburgensis (16. Nov.).
20. Hainrich Reiß, herr von Blawenn der mitler quia noch jung fidem dedit manu stipulata (17. Nov.).
21. Joannes vonn Dettennborn (17. Nov.).

98. Dr. iur. utr. 17. Nov. 85.

100. B. a. 26. Sept. 81. *MFABacc.:* Grätherus. — M. a. 24. Febr. 84.

6. Vgl. 191,57.

15. Vgl. 198,79.

16. B. a. 23. März 80 (Herrenalb.). — Stip. 21. Okt. 81. — M. a. 14. Aug. 88. — Rep. mathematicus. — *Juli 88 Diakonus in Kirchheim u. T.*

17. B. a. 23. März 80 (Herrenalb.). *MFABacc.:* ex Thermis ferinis. — Stip. 21. Okt. 81. *Alb.* stip.: v. Strimpfelbach. — M. a. 14. Aug. 83. — *April 86 Collaborator in Hagenau.*

19. B. a. 28. März 80. — M. a. 16. Aug. 81.

22. Oswaldus Consul Ratisbonensis iterum nomen suum indicavit (20. Nov.).

23. Joannes Buchler Austriacus (20. Nov.).

24. Petrus Iuo Friburgensis Danus (20. Nov.).

25. Maternus Dolmetsch Pfortzensis (20. Nov.).

26. M. Michael Sandtberger Studtgardianus nomen suum iterum dedit (1. Dez.).

27. Joannes Pistor Vaihingensis (1. Dez.).

28. Georgius Molitor Vracensis (3. Dez.).

29. Nicolaus Gerstneckher Gretzingensis (3. Dez.).

30. Theophius (!) Regius Aldingensis (3. Dez.).

31. Joannes Vualtherus Austrius (3. Dez.).

32. Joannes Calber Tubingensis (14. Dez.).

33. Christophorus Calber Tubingensis (23. Dez.).

34. Hercules a Salicibus Glauiensis Rhetus (24. Dez.).

35. Mattheus Agriensis (24. Dez.).

36. Hieronymus von Awennberg (24. Dez.).

1580.

37. Ludovicus Gottfrid Othmann Oetingensis (6. Jan.).

38. Joannes Veihel Reutlingensis (11. Jan.).

39. Richardus Konig Oetingensis (11. Jan.).

40. Guolfgangus Bouisseck ex Holsetia (18. Jan.).

41. Joannes Andreas a Croaria Constantiensis (18. Jan.).

42. Joannes Fridericus Braunstain alias dictus Kirisschmidt Studtgardianus (29. Jan.).

43. Helias fürstennlob Richenwyrensis (1. Febr.).

44. Abraham May vonn Wurtzenn aus dem Lannd zu Meyßen (7. Febr.).

45. Hannß Laderisch vonn Nürnnberg formschneider (7. Febr.).

46. frannß Kolb vonn franckhfurdt (7. Febr.).

26. *Vgl. 176,59.* — Dr. iur. utr. a. 84.

27. B. a. 23. März 80 (Hirsaug.). — Stip. 22. Okt. 81. — *Juli 86 nach Steiermark verschickt.*

28. B. a. 23. März 80 (Hirsaug.). — Stip. 9. Mai 81. — M. a. 14. Aug. 88. — *Jan. 87 Pfarrer in Grüntal.*

29. B. a. 23. März 80 (Hirsaug.). — Stip. 22. Okt. 81. — *April 85 Provisor in Blaubeuren.*

30. B. a. 24. März 80 (Hirsaug.). — Stip. 22. Okt. 81. — *Juli 88 cum gratia dimissus.*

33. B. a. 31. März 85.

47. Hainrich Awene vonn Haydelberg (7. Febr.).
48. Georg Fritz vonn Nürthingen (7. Febr.).
49. Corficius Grub Norweganus (8. Febr.).
50. Andreas Eyb Anhusanus (9. Febr.).
51. Mathias Spindler Goppingensis (9. Febr.).
52. Conradus Hagenmayer Blauifontanus (9. Febr.).
53. Georgius Sarctor Studtgardianus (9. Febr.).
54. Guilhelmus Stephanus Nurtingensis (18. Febr.).
55. Theodorus Kaul Marpachensis (18. Febr.).
56. Martinus Büler Bondorffensis (18. Febr.).
57. Joannes Feinaug Studtgardianus (18. Febr.).
58. Sebastianus Vveron Studtgardianus (18. Febr.).
59. Guolfgangus Schiler Malschensis (18. Febr.).
60. Georgius Berckmüler Herrenbergensis (18. Febr.).
61. Georgius Fridericus Bauser Minsingensis (18. Febr.).
62. Joannes Gifftheil Eberspachensis (18. Febr.).

50. B. a. 15. März 81. — Stip. 17. Sept. 81 (Adelberg.). — M. a. 3. Aug. 86.
— *Jan. 91 Diakonus in Ebingen.*
51. B. a. 15. März 81. — Stip. 17. Sept. 82 (Adelberg.). — M. a. 17. Febr. 85.
— *Juli 90 Diakonus in Winterbach; wird 1592 Prediger zu Linz; kehrt
April 98 ins Stift zurück; Juli 98 Pfarrer in Möttlingen.*
52. B. a. 15. März 81. — Stip. 17. Sept. 82 (Adelberg.). *Alb. stip.:*
v. Blaubeuren. — *Juli 86 Collaborator in Stuttgart.*
53. B. a. 15. März 81. — Stip. 17. Sept. 82 (Adelberg.). — *Juli 86
Collaborator in Urach.*
54. B. a. 15. März 81. — Stip. 19. Sept. 81 (Maulbronn.). — M. a.
24· Febr. 84. — *Jan. 85 in die Grafschaft Hanau verschickt.*
55. B. a. 15. März 81. — Stip. 19. Sept. 81 (Maulbronn.). — *Okt. 84
excessit e stipendio.*
56. B. a. 15. März 81. — Stip. 19. Sept. 81 (Maulbronn.). — M. a.
24. Febr. 84. — *Juli 85 Präzeptor in St. Georgen.*
57. B. a. 26. Sept. 81. *MFABacc.:* Finaugius. — Stip. 17. Sept. 82
(Maulbronn.). — M. a. 3. Aug. 86. — *April 89 Diakonus in Balingen.*
58. B. a. 26. Sept. 81. *MFABacc.:* Seb. Veronensis. — Stip. April 83. —
Jan. 85 mit Gnaden des stipendii erlassen.
59. B. a. 26. Sept. 81. — Stip. 17. Sept. 82 (Maulbronn.). — M. a. 5. Aug. 84.
MFAMag.: Wolfg. Schiller Stutgardianus. — *Okt. 86 in gratia dimissus.* —
Dr. med. 8. März 92.
60. B. a. 26. Sept. 81. *MFABacc.:* Bergmüllerus. — Stip. 17. Sept. 82
(Maulbronn.). — M. a. 5. Aug. 84. — *Jan. 87 Parochus in Wüstenglattbach.*
61. B. a. 26. Sept. 81.
62. B. a. 26. Sept. 81. — Stip. April 83. — M. a. 17. Febr. 85. — *Jan. 86
Präzeptor in Adelberg.*

63. Bartholomeus Fullo Marpachensis (18. Febr.).
64. Joannes Spitzer Marpachensis (18. Febr.).
65. Philippus Michael Kaul Marpachensis (18. Febr.).
66. Joannes Dirnauer Wilensis (18. Febr.).
67. Gedeon Sigel Hornackherensis (18. Febr.).
68. David Piper Glattensis (18. Febr.).
69. Martinus Feibel Marpachensis (18. Febr.).
70. Josephus Breunning Plieuningensis (18. Febr.).
71. Christophorus Vuolfius Annæmontanus Misnensis praeceptor (27. Febr.).
72. Joannes Georgius a Rottenhan (27. Febr.).
73. Guilhelmus a Rottenhan (27. Febr.).
74. Guolfgangus Christophorus a Rottenhan (27. Febr.).
75. Melchior Vualerus Bopfinganus (27. Febr.).
76. Joannes Feucht Studtgardianus (27. Febr.).
77. Georgius Leo Vualtennbuchensis (2. März).
78. Chilianus Fronmüller Hallensis Suevus (12. März).
79. Adamus Eberhardt Kraisheimensis (15. März).
80. Guilhelmus Vuidmann Hallensis se iterum indicavit (17. März).
81. Joannes Schrefferlin Augustanus (18. März).
82. Joannes Georgius Brencker Augustanus (18. März).
83. Joannes Georgius Regulus Hallensis (2. April).
84. Ludovicus Vogelwaidt Reutlingensis (7. April).

---

63. B. a. 26. Sept. 81. — Stip. April 83. — M. a. 11. Aug. 85. ·—· *Jan. 86 Präzeptor in Alpirsbach.*

64. B. a. 26. Sept. 81. — Stip. 17. Sept. 82 (Maulbronn.). — M. a. 5. Aug. 84. — *April 85 in seiner Heimat an dem Hauptwehe gestorben.*

65. B. a. 26. Sept. 81. — Stip. April 83. — M. a. 11. Aug. 85. — *April 86 Collaborator in Stu tgart.*

66. B. a. 15. März 81. — Stip. 17. Sept. 82 (Bebenhus.). *Alb. stip.:* Durnauwer. — M. a. 5. Aug. 84. — *Okt. 86 Diakonus in Haiterbach.*

67. B. a. 28. Sept. 80. — Stip. 24. Sept. 81 (Bebenhus.). *MFA. und Alb. stip.:* v. Honacker. — *Juli 83 Provisor in Tübingen.*

68. B. a. 15. März 81. *MFABacc.:* Dav. Pistor. — Stip. 17. Sept. 82 (Bebenhus.). *Alb. stip.:* Pfister. — *Juli 88 Diakonus in Dettingen unterm Schlossberg.*

69. B. a. 28. Sept. 80. — Stip. 24. Sept. 81 (Bebenhus.). — M. a. 14. Aug. 83. — *Juli 85 Präzeptor in Adelberg.*

70. B. a. 28. Sept. 80. — Stip. 24. Sept. 81 (Bebenhus.). — M. a. 14. Aug. 83. — *Juli 88 Diakonus in Wildberg.*

80. *Vgl.* 180,20. — Dr. iur. utr. 2. Aug. 86.

84. B. a. 20. März 83. — M. a. 17. Febr. 85. — *Vgl. 206,51.*

85. Sebastianus Vueissius Marcobiberdanus Francus (7. April).
86. Casparus Sutor Essingensis (11. April).
87. Christophorus Koch Tubingensis (11. April).
88. Georgius Gerttner Reutlingensis (13. April).
89. Joachimus a Broizem Brunschwicensis (13. April).
90. Jodocus Saur Küttingensis (14. April).
91. Joannes Stoldteruotus Lubeccensis (16. April).
92. Caspar Büttner Samennheimensis (18. April).
93. Georgius Eucharius Helffrich, cognomento Massenbach Wormaciensis (18. April).
94. Matthaeus Cellarius Wilpergensis (21. April).
95. Beatus Vollandt Argentinensis (21. April).
96. Joannes Garderus Mompelgartensis (21. April).
97. Casparus Beurfell Neckergmindtensis (21. April).
98. Sebastianus Faber Byluergensis (21. April).
99. Albertus Johan vonn Schipff (22. April).
100. Bernhardt Vuendel von Köln ain setzer (22. April).
101. Paulus Jenischius Antuerpiensis (23. April).
102. Joannes Soldanus Franckenburgensis Hassus (24. April).
103. Hartmannus Causius Gronenbergensis Hassus (24. April).
104. Ludovicus Leibsig Winterlingensis (26. April).
105. Georgius Schmidt Lustnauiensis, librorum compactor (26. April).
106. Salomon Bap Studtgardianus (27. April).
107. Simon Sicius Cellensis Saxo (28. April).
108. Joannes Bernhardus Scheckius Studtgardianus (29. April).
109. Philippus Herbrandus se iterum indicavit (30. April).
110. Paulus Franckh Straubingensis (30. April).
111. Christophorus Kaintz Cremsensis Austrius (30. April).

193. Sub rectura clarissimi viri dom. D. **Georgii Hambergeri** a festo div. Phil. et Jac. usque ad festum div. Luc. a. 1580:

104. Stip. 11. April 80 (e paedag.). — B. a. 26. Sept. 81. *MFABacc.:* Leyptzig. — M. a. 24. Febr. 84. — *Jan. 87 Diakonus in Wildbad.*

106. Stip. 11. April 80 (e paedag.). — B. a. 26. Sept. 81. *MFABacc.:* Salom. Babius Weinspergensis. — M. a. 5. Aug. 84. — *Okt. 88 Diakonus in Beilstein.*

109. *Vgl. 182,2.* — B. a. 28. Sept. 80. — M. a. 6. Febr. 83. *MFABacc. und Mag.:* Tubingensis.

111a. *Jur.:* Elias Perottus Lingouiensis, Dr. iur. utr. 12. April 81.

111b. *Jur.:* Johannes Büttnerus Francus, Dr. iur. utr. 3. Sept. 82.

1. Joannes Magnus Debrecinus Vngarus (2. Mai).
2. Jacobus Magirus Vahingensis (4. Mai).
3. Matheus Casparus Studgardianus (4. Mai).
4. Joannes Ziss Ortelfingensis prope Neoburgum (4. Mai).
5. Joannes Hessius Biberacensis (5. Mai).
6. Joannes Khimmelius Menobernensis Francus (6. Mai).
7. Jörg Frölich Argentoratensis compactor librorum (8. Mai).
8. Casparus Bauhinus Basiliensis (9. Mai).
9. Sebastianus Wintersolerus Augustanus (13. Mai).
10. Heinricus ⎫
    ⎬ a Stetten fratres Augustani (13. Mai).
11. Fridericus ⎭
12. Martinus Nordanus Lubeccensis (14. Mai).
13. Alexander Lüneburgf Lubeccensis (14. Mai).
14. Marcus Bemlerus Tigurinus (18. Mai).
15. Joannes Casparus Murerus Tigurinus (18. Mai).
16. Georgius ⎫
17. Erenricus ⎬ a Camberg Carinthii fratres (20. Mai).
18. Adamus ⎭
19. Casparus Feurerus Hirschfeldensis Hassus (24. Mai).
20. Georgius Erenricus Berger Austrius (27. Mai).
21. Jacobus Sanglius Frainstettinensis Austrius (27. Mai).
22. Georgius Erenricus Bar Crempsensis Austrius (27. Mai).
23. Joannes David Enegkhelius zu Albrechtsberg Austrius (28. Mai).
24. Melchior Nestelbach Vratislauiensis huius nobilis famulus (28. Mai).
25. Joannes Osiander Studtgardianus (30. Mai).
26. David Franck Augustanus (30. Mai).
27. Mathias Piscator Rideranus prope Halam Suevorum (3. Juni).
28. Nicolaus Eysner Wertheimensis (6. Juni).
29. Fridericus Schnueigckhardus Wilmadingensis (6. Juni).
30. Joannes Jacobus Dauinger Rauenspurgensis (8. Juni).

---

2. Stip. 11. April 80 (e paedag.). *Alb. stip.*: v. Stuttgart. — B. a. 26. Sept. 81. — M. a. 14. Aug. 82. — Rep. graecus. — *Jan. 88 Diakonus in Bietigheim.*

3. Stip. 11. April 80 (e paedag.). *Alb. stip.*: v. Gruiningen. — B. a. 26. Sept. 81. — M. a. 14. Aug. 83. *MFAMag.*: Gastparus. — *April 88 Diakonus zu Bottwar.*

25. Stip. Juli 80. — B. a. 26. Sept. 81. — M. a. 14. Aug. 83. — Rep. hebreus. — *Okt. 87 Diakonus in Cannstadt.*

27. B. a. 26. Sept. 82. — M. a. 5. Aug. 84. *MFAMag.*: Kraelsheimensis.

29. B. a. 8. März 84. — M. a. 3. Aug. 86.

31. Simon Martini Giengensis (8. Juni).
32. David Prey Miesbachensis in Bavaria (9. Juni).
33. Joannes Dreibler Nördlingensis (9. Juni).
34. David a Kirch Lindauiensis (10. Juni).
35. Laurentius Joannes Mulerus Danus (16. Juni).
36. Paulus Calembergius Gotthanus (16. Juni).
37. Joannes Schmid Gotthanus (16. Juni).
38. Ottho Gryphius Choarinus in ripa Rheni (20. Juni).
39. Michael Schuman zum Geßen prope Witebergam typographus (20. Juni).
40. Daniel Soltanus Francobergensis (20. Juni).
41. Andreas Küelmannus Studtgardianus (21. Juni).
42. Joannes Voller Norimbergensis typographus iterum indicavit suum nomen (21. Juni).
43. Christianus Achilleus Danus Stengeropius (22. Juni).
44. Georgius Engelhardtus Neapolitanus Francus (28. Juni).
45. Abrahamus Byrckhardus Dinckelsbühelensis (30. Juni).
46. Henricus Copsius Berneccensis Variscus (2. Juli).
47. Joannes Gimpelius Amerndorffensis (2. Juli).
48. Georgius Ruffus Zütlingensis prope Wimpinam (6. Juli).
49. Joannes Plato a Trochtersheim sub archiepiscopo Bremensi (12. Juli).
50. Joannes Georgius Khienlin Blabyrensis (12. Juli).
51. M. Joannes Winckelman Cattohompergensis Hassus (14. Juli).
52. Eustachius Bauman Saltzburgensis, compactor librorum (17. Juli).
53. Vlricus Friderici Layngensis (19. Juli).
54. Daniel Lindenmannus Pforcensis pharmacopola (26. Juli).
55. Israhel Spach Argentoratensis iterum professus est nomen suum (27. Juli).
56. Joannes Eytellus Senfft a Saulburg (1. Aug.).

---

31. B. a. 28. Sept. 80. — M. a. 8. Aug. 82.
32. B. a. 26. Sept. 81. *MFABacc.:* Preuius. — M. a. 24. Febr. 84.
33. B. a. 26. Sept. 81. *MFABacc.:* Treublerus.
38. B. a. 15. März 81. — M. a. 6. Febr. 83. *MFABacc. und Mag.:* Goarinus Hassus.
40. B. a. 18. Sept. 83. — M. a. 11. Aug. 85. — *Vgl. 220,53.*
42. *Vgl. 188,9.*
44. B. a. 15. März 81. — M. a. 6. Febr. 83. *MFABacc. u. Mag.:* Wülffershusanus.
50. B. a. 15. März 81. — M. a. 6. Febr. 83. — Dr. iur. utr. 22. Sept. 89.
53. *Vgl. 217,136.*
55. *Vgl. 187,77.* — Dr. med. 13. Sept. 81.

57. Abrahamus Rulichius Augustanus (2. Aug.).

58. Philippus Feselius Argentoratensis (6. Aug.).

59. Nicolaus Jungius Lubeccensis Saxo (10. Aug.).

60. Georgius Scholpius Wangensis (16. Aug.).

61. Jacobius Rauchius Sultzensis (16. Ang.).

62. David Vogelius Oberleiningensis (16. Aug.).

63. Ludovicus Biechler Studtgardianus (16. Aug.).

64. Andreas Veringer Herrenbergensis (16. Aug.).

65. Joannes Gebhartus Kodweis Martisbachensis (16. Aug.).

66. Conradus Weiss Martisbachensis (16. Aug.).

67. Helias Niedtheimerus Tubingensis (16. Aug.).

68. Joannes Carrerius ⎫

69. Nicolaus Encelius ⎬ Mompelgardenses (19. Aug.).

70. Jacobus Vagotius ⎭

71. Bartholomeus Widman Haslachensis in Bavaria (19. Aug.).

72. Albertus Danckhartus Mompelgardensis (22. Aug.).

73. Joannes Balthasarus Eglingerus Lorchensis prope Basileam (27. Aug.).

74. Joannes Seger Luneburgensis (29. Aug.).

75. Henningius Floringk Wistochiensis (29. Aug.).

59. M. a. 14. Febr. 84.

60. B. a. 15. März 81. — Stip. 21. Okt. 81 (Herrenalb.). *Alb. stip.*: Scholp. — *Okt. 85 Diakonus und Schulmeister in Knittlingen.*

61. B. a. 15. März 81. — Stip. 17. Sept. 82 (Herrenalb.). *Alb. stip.*: Rauch. M. a. 5. Aug. 84. — *Juli 85 paedagogus in Maulbronn.*

62. B. a. 4. April 82 (Herrenalb.). — Stip. April 83. *Alb. stip.*: v. Ober-leningen. — *Juli 90 Diakonus zu Herrenberg.*

63. B. a. 15. März 81. — Stip. 17. Sept. 82 (Herrenalb.). *Alb. stip.*: Büecheler. — M. a. 5. Aug. 84. — *Jan. 86 Diakonus in Boll bei Göppingen.*

64. B. a. 15. März 81. — Stip. 17. Sept. 82 (Herrenalb.). *Alb. stip.*: Vöringer. — M. a. 5. Aug. 84. *MFAMag.*: Johannes Föringer. — Rep. physicus; *versieht daneben parochiam Derendingensem. — Juli 88 Diakonus in Herrenberg.*

65. B. a. 15. März 81. — Stip. 17. Sept. 82 (Herrenalb.). — M. a. 5. Aug. 84. — *Jan. 88 Diakonus in Güglingen.*

66. B. a. 26. Sept. 82 (Herrenalb.). — Stip. 18. Mai 84. *Alb. stip. u. MFA.*: v. Herrenalb. — M. a. 5. Febr. 89. — *Jan. 94 Diakonus in Bulach.*

67. B. a. 20. März 83. — M. a. 17. Febr. 85. *MFAMag.*: Niethamer. — *Vgl.* 225,67.

68. Stip. 2. Aug. 80. — B. a. 26. Sept. 82. — *Jan. 85 ludimagister zu Mömpelgart.*

69. Stip. 2. Aug. 80. *Alb. stip.*: Nic. Heytzelius. — *Jan. 85 Diakonus in Héricourt.*

70. Stip. 2. Aug. 80. — B. a. 26. Sept. 82. — *April 85 Schulmeister in seiner Heimat.*

76. Michael Cellerus Campidunensis (30. Aug.).
77. Georgius Mockling Campidunensis (30. Aug.).
78. Marcus Blarer Constantiensis (7. Sept.).
79. Joannes Sebastianus a Waldendorff (8. Sept.).
80. Casparus Kugelmannus Neckersulmensis (8. Sept.).
81. Marcus Hiller Herrenbergensis (10. Sept.).
82. Ludovicus Eberhardt von Zillenhart (11. Sept.).
83. Samuel Tilianus Campidunensis (13. Sept.).
84. Wolphgangus Praetorius ober Richter, Damensis (14. Sept.).
85. Joannes Gardnerus Labacensis (15. Sept.).
86. Hippolitus Textor Studtgardianus (15. Sept.).
87. Theodoricus Rambacherus Gemmingensis (15. Sept.).
88. Joannes Pfeiffer Neapolitanus (19. Sept.).
89. Bartholomeus Mercklinus Lauinganus (20. Sept.).
90. Jacobus Kirchmeyer Monhemius (24. Sept.).
91. Andreas Campelius Closter-Neuburgensis Austrius (27. Sept.).
92. Joannes Georgius Boes Rotenburgensis ad Tubarim (27. Sept.).
93. Joannes Bosius Guarinus Hassus (28. Sept.).
94. Michael Elzelius Murrhardensis (28. Sept.).
95. Antonius Ludingchusen Lubeccensis (4. Okt.).
96. Joannes Vulteius Wetteranus (5. Okt.).
97. Heinricus Gernandus Wetteranus (5. Okt.).
98. Andreas Scholl Tubingensis (10. Okt.).

—

76. B. a. 26. Sept. 82. — M. a. 14. Febr. 84. *MFAMag.*: Zellerus.

77. B. a. 26. Sept. 82. *MFABacc.*: Megklinus.

85. B. a. 20. März 83. *MFABacc.*: Garttnerus. — M. a. 11. Aug. 85. — Dr. med. 12. Nov. 95.

86. Stip. 29. Aug. 80 (e paedag.). — B. a. 26. Sept. 82. — M. a. 11. Aug. 85. — Okt. 86 *Präseptor in Alpirsbach.*

87. B. a. 26. Sept. 82. — M. a. 5. Aug. 84.

88. Stip. 29. Aug. 80 (e paedag.). *Alb. stip.*: von Newenstatt. — B. a. 26. Sept. 82. *MFABacc. u. Mag.*: Pfeffer. — M. a. 5. Aug. 84. — *Juli 89 Diakonus in Möckmühl.*

89. B. a. 15. März 81. *MFABacc.*: Lauinianus. — M. a. 8. Aug. 82. — Vgl. 211,43.

91. Vgl. 201,64.

92. B. a. 20. März 83. *MFABacc.*: Booss. — M. a. 17. Febr. 85. *MFAMag.*: Bohs. — Dr. iur. utr. 14. Okt. 90.

94. B. a. 28. Sept. 85. — M. a. 14. Febr. 88. *MFAMag.*: Etzelius Marbachensis.

98. Vgl. 197,5 u. 209,21.

98 a. *MFABacc.*: Jacobus Hoschius Sulcensis. B. a. 15. März 81. — M. a. 6. Febr. 83. *MFAMag.*: Heschius.

194. Sub rectura clarissimi viri dom. D. **Anastasii Demleri**
a festo div. Luc. a. 1580 usque ad festum Phil. et Jac. a. 1581:

1. Michael Neupauwer Gretzensis (24. Okt.).
2. M. Jacobus Zebelius Lauinganus iterum se indicavit (24. Okt.).
3. Philippus Schmid e Salinis Saxonicis (24. Okt.).
4. Conradus Weisselius Fridtbergensis prope Francofordium
    (24. Okt.).
5. Georgius Hayden ab Instersdorff Austrius (28. Okt.).
6. Eberhardus Gerlachius Tubingensis (29. Okt.).
7. Mathias Bosselt Reichenbergensis Silesius typographus (31. Okt.).
8. Joannes Jacobus Vogler Tubingensis (2. Nov.).
9. Albertus a Dassel Lunenburgensis (3. Nov.).
10. Leonhardus Tobinckh Lunenburgensis (3. Nov.).
11. Joannes Sigeler Liechtenowensis (4. Nov.).
12. Joannes Kremer Bielensis (4. Nov.).
13. Casparus Eyckelius Hochstadiensis ex Palatinatu superiore
    (7. Nov.).
14. Stephanus Gallus Clausenburgensis Transsylvanus (13. Nov.).
15. Paulus Blow Viennensis (13. Nov.).
16. Abrahamus Wimmerus Pfarkirchensis Bavarus (16. Nov.).
17. Joannes Georgius Eyssinkopff Dutlingensis (17. Nov.).
18. Christophorus Hitzenawer Brunoniensis Bavarus (18. Nov.).
19. Michael Speet Esslingensis (18. Nov.).
20. Joannes Machtolff Vayhingensis (19. Nov.).
21. Christophorus Buckel Carinthius (19. Nov.).
22. Martinus Molitor Memmingensis se iterum indicavit (19. Nov.).
23. Hainricus Efferhen Schorndorffensis iterum nomen suum pro-
    fessus est (19. Nov.).
24. Sebastianus Fadiga Ciliensis ex Styria (23. Nov.).
25. Joannes Jacobus Walch Schorndorffensis (28. Nov.).
26. Jacobus Zwincker Schorndorffensis (28. Nov.).
27. Daniel Stemler rursus se indicavit (28. Nov.).

----

  2. *Vgl. 180,70.* — Dr. iur. utr. 11. Juli 82.
  6. B. a. 31. März 85.
  8. B. a. 8. März 84. — M. a. 3. Aug. 86.
  16. *Vgl. 204,79.*
  20. *Vgl. 210,35.*
  22. *Vgl. 181,50.*
  23. *Vgl. 183,50.*
  26. B. a. 26. Sept. 82. — M. a. 5. Aug. 84. — *Vgl. 216,18.*

28. Ludovicus Stöbenhaberus Memmingensis (11. Dez.).
29. Burckhardus Knisel Stutgardianus (14. Dez.).
30. Joannes Seyfuss Schorndorffensis (14. Dez.).
31. Elias Blanckenhorn Dalfingensis (14. Dez.).

1581.

32. Georgius Reicholt Eschenbachensis ex superiore Palatinatu (2. Jan.).
33. Joannes Jacobus Kegel de Donawerdt (2. Jan.).
34. Michael Fendius Monhemius iterum se indicavit (2. Jan.).
35. Philippus Jacobus Hunn Studtgardianus (2. Jan.).
36. Jordanus Neidlinger Botmarensis (5. Jan.).
37. Paulus Treutzius Oenopontanus (13. Jan.).
38. Elias Grienenwaldt Niderstettensis (31. Jan.).
39. Andreas Linckh Noricus (4. Febr.).
40. Joannes Ericus Löscher Spirensis (4. Febr.).
41. Alexander Faber (4. Febr.).
42. Joannes Ludovicus Heller Studtgardianus (10. Febr.).
43. Joannes Vdalricus Weiss Nürtingensis (13. Febr.).
44. Vitus Schefle Tubingensis (17. Febr.).
45. Aristoteles Engelhardt rursus nomen suum dedit (18. Febr.).
46. Jacobus Peurlinus Studtgardianus (21. Febr.).
47. Emanuel Hebsackh Vracensis (21. Jan.).
48. Joannes Theodoricus Fellmieth Studtgardianus (21. Febr.).

29. B. a. 26. Sept. 81.

30. B. a. 26. Sept. 81. *MFABacc.*: Syfussius.

31. B. a. 26. Sept. 81. — Stip. 17. Sept. 82 (Hirsaug.). — *Okt. 90 ein Adjunkt des Katechisten zu Knittlingen.*

34. Vgl. 186,15.

35. Stip. 2. Jan. 81 (e paedag. Stutgard.). — B. a. 20. März 83. — *Jan. 84 Collaborator in Balingen (? schwer leserlich). Im Magisterbuch von Hartmann steht „Schulmeister in Weilersteisslingen".*

36. B. a. 26. Sept. 82. — M. a. 5. Aug. 84.

41. *Jur.*: Mag. Alex. Faber Bietigheimensis, Dr. iur. utr. a. 1584; *mit obigem identisch?*

45. Vgl. 188,110. — B. a. 26. Sept. 82.

46. B. a. 26. Sept. 81. — Stip. 17. Sept. 82 (Hirsaug.). — M. a. 5. Aug. 84. — *Jan. 86 Präzeptor in St. Georgen.*

47. B. a. 26. Sept. 81. *MFABacc.*: Hebsaccerus. — Stip. 17. Sept. 82 (Hirsaug.). *Alb. stip.*: Hebsacker. — M. a. 5. Aug. 84. — *April 88 Adjunkt der Kirche zu Neuenstadt.*

48. B. a. 26. Sept. 81. *MFABacc.*: Felmedt.

49. Joannes Reichardus Reustensis (21. Febr.).
50. Samuel Hebsackh Vracensis (21. Febr.).
51. Sebastianus Gottfridt Herrenbergensis (21. Febr.).
52. Georgius Han Lepsingensis ex Nordlingensium ditione (25. Febr.).
53. Joannes Christophorus a Menlinhofon Memmingensis (20. März).
54. M. Sigismundus Frey Feldtkirchensis (28. März).
55. Joannes Georgius Leuchtlin Gomeringensis (28. März).
56. Petrus Talmannus Carinthius (4. April).
57. Abrahamus Katzbeckh Augustanus iterum professus est nomen suum (5. April).
58. Leonhardus }
59. Erhardus   } Vranii Gerstettenses (6. April).
60. Christophorus Bidenbach Studtgardianus (8. April).
61. Michael Curtius Schorndorffensis (10. April).
62. Samuel Molitor Heppachiensis (10. April).
63. Joannes Scheidt Haganoensis (15. April).
64. Adamus Wildesheim Haganoensis (15. April).
65. Otto Rosenkrantz Danus nobilis (18. April).
66. Nicolaus Fridaugius Hadelensis ex Saxonia huius nobilis praeceptor (18. April).
67. Wolfgangus Hutstockerus   }
68. Thobias Schwartzbeccius   } Cremsenses Austrii (18. April).
69. Vdalricus Millerus   }
70. Vitus Cunis praeceptor eorum }
71. Bartholomeus Judex Culmbachensis ex marchionatu Brandenburgensi praecedentium famulus (18. April).

49. B. a. 26. Sept. 81. — Stip. 17. Sept. 82 (Hirsaug.). — M. a. 5. Aug. 84. — *Jan. 87 versieht er die Pfarrei zu Ruith.*

50. B. a. 26. Sept. 81. — Stip. April 83 *(kam erst Dezember 83).* — M. a. 8. Aug. 86. — *April 88 Präzeptor in Königsbronn.*

51. B. a. 26. Sept. 81. *MFABacc.:* Göptfridius. — Stip. April 83 *(kam erst Des. 83).* — M. a. 8. Aug. 86. — *Juli 89 Diakonus in Haiterbach.*

54. Dr. iur. utr. 5. Juli 86.

55. B. a. 8. März 84. *MFABacc.:* Leichtlin. — M. a. 3. Aug. 86. — *MFAMag.:* Leychtlinus.

57. *Vgl. 183,40.*

58. B. a. 20. März 83. — M. a. 11. Aug. 85.

59. B. a. 20. März 83. — M. a. 3. Aug. 86.

60. Stip. 29. März 80 (e paedag.). — B. a. 26. Sept. 82. — *Juli 84 cum gratia dimissus.*

61. B. a. 26. Sept. 82. — *Vgl. 226,62 u. 231,22.*

72. Joannes Casparus Esslingensis (19. April).
73. Nicolaus Bebinger Francfordiensis (20. April).
74. Matthaeus Büechele Memmingensis (26. April).
75. Thomas Fischer Neckerdalfingensis (26. April).
76. Bernhardus Bibelius Neuburgensis (27. April).
77. Andreas Euflerus Sultzbachensis ex superiore Palatinatu (27. April).
78. Joannes Wellinus Halensis (27. April).

195. Sub rectura clarissimi viri dom. D. **Theodorici Snepffii** a die festo div. Phil. et Jac. apost. usque ad div. Lucam. a. 1581:

1. Joannes Ernestus Brantius Wolfacensis (3. Mai).
2. Eliseus Wilhelmus Rotenburgensis ad Tuberam (5. Mai).
3. Thomas Freigius Schalbacensis (5. Mai).
4. Joannes Comerus Schalbaccensis (5. Mai).
5. Martinus Wolfius Specccnsis (5. Mai).
6. Carolus Kienlin Phorcemius (5. Mai).
7. Conradus Lindenman Durlacensis (5. Mai).
8. Petrus Pfaltzlerus Reutlingensis (8. Mai).
9. M. Joannes Scholtzius Vratislauiensis (9. Mai).
10. Vlricus Bittlinger Argentinensis (12. Mai).
11. Erhartus Snepffius Tubingensis (12. Mai).
12. Georgius Burcardus Demlerus Tubingensis (12. Mai).
13. Hieronymus Lucius Stutgardianus (17. Mai).
14. Joannes Vesperleuter Herrenbergensis (19. Mai).
15. David Kantz Bethlingensis (19. Mai).
16. Jacobus Schopff Studtgardianus (19. Mai).

---

72. B. a. 23. Sept. 84.
74. B. a. 26. Sept. 81. *MFABacc.:* Büecbelinus. — M. a. 5. Aug. 84.
75. B. a. 18. Sept. 83. — M. a. 3. Aug. 86. *MFABacc. u. Mag.:* Piscator.
76. B. a. 26. Sept. 81. — M. a. 6. Febr. 83. *MFABacc. u. Mag.:* Büchelius.
78. B. a. 26. Sept. 82. *MFABacc.:* Wellingus. — M. a. 11. Aug. 85.

6. B. a. 18. Sept. 83. - - M. a. 9. Febr. 86.
7. B. a. 20. März 83. — M. a. 11. Aug. 85.
8. B. a. 5. April 87.
11. B. a. 8. März 84. — M. a. 9. Febr. 86.
12. B. a. 8. März 84. *MFABacc.:* Esslingensis. — Dr. iur. utr. 10. Mai 92.
15. B. a. 4. April 82 (Adelberg.). — Stip. 17. Sept. 82. — M. a. 5. Aug. 84.
— Rep. rhetoricus. — *Jan. 89 Diakonus in Waiblingen.*
16. B. a. 4. April 82 (Adelberg.). — Stip. 17. Sept. 82. *Alb. stip.:* v. Nürtingen. — M. a. 3. Aug. 86. — *Jan. 91 Diakonus in Gröningen.*

17. Wolfgangus baro in Eck et Hungerspach etc. (20. Mai).
18. Georgius Sigismundus baro in Eck et Hungerspach etc. (20. Mai).
19. Georgius Andreas Katianus Vigacinensis (20. Mai).
20. Joannes Weichselberger famulus horum baronum (20. Mai).
21. Wolfgangus Philippus a Gemmingen ʒu fürfelòt (23. Mai).
22. Georgius Schanhelius Styrus (27. Mai).
23. M. Mathias Anomoeus Variscus denuo se indicavit (28. Mai).
24. Balthazarus Hohenecker Hohenburgensis (28. Mai).
25. Wolfgangus Schick Lintzensis (28. Mai).
26. Melchior Pontanus Atzbacensis (28. Mai).
27. Martinus Bes Phorcensis (29. Mai).
28. Ludovicus Heins Engstingensis (29. Mai).
29. Paulus Flettacher Ratisbonensis (1. Juni).
30. Heinricus   ⎫ ab Einsidel Misnenses (5. Juni).
31. Hiltebrandus ⎭
32. Balthasarus Crassus Werdensis praeceptor eorum (5. Juni).
33. Blasius Schneider Basiliensis typographus (5. Juni).
34. Sebastianus Pontanus Nörlingensis rursus nomen suum pro-
    fessus est (5. Juni).
35. Albertus Dretsch Studtgardianus (5. Juni).
36. Erasmus Segnitius Cittingensis (17. Juni).
37. Marcus Adelgensis Lauinganus (19. Juni).
38. Wolfgangus Christman Noburgensis (19. Juni).
39. Joannes Martini Giengensis (19. Juni).
40. Nicolaus Conradus Steinheimensis (19. Juni).
41. Sebastianus Hornmoldus Tubingensis (19. Juni).
42. Gebhardus a Mayendorff Saxo (1. Juli).
43. Brisso Clamerus ab Aluensleben Saxo (1. Juli).
44. Joannes Himselius Northusanus (1. Juli).
45. Georgius Rentz Waiblingensis (5. Juli).
46. Jacobus Facundus Kirchemius (5. Juli).

23. Vgl. 177,52.
24. Vgl. 198,80.
26. Vgl. 207,17.
28. B. a. 26. Sept. 82. — M. a. 24. Febr. 84.
34. Vgl. 183,73.
35. Dr. iur. utr. 25. Sept. 87.
38. B. a. 26. Sept. 81. — M. a. 6. Febr. 83.
40. B. a. 26. Sept. 82.
45. B. a. 18. Sept. 83.
46. B. a. 26. Sept. 81.

47. David Mageirus Vayhingensis (14. Juli).

48. M. Hieronymus Gerhardus iterum se indicavit (14. Juli).

49. Gabriel Tellerus Lindauiensis (18. Juli).

50. Georgius Mageirus Binicensis (18. Juli).

51. Georgius Sattler

52. Joannes Leitzmuller } Reichenwilerenses (18. Juli).

53. Joannes Diem

54. Martinus Grete Lubecensis } typographi (9. Aug.).

55. Joannes Hailman Francofortensis }

56. M. Joannes Montanus Hilperhusanus (14. Aug.).

57. Hieremias Rauchschneider Burtenbacensis (18. Aug.).

58. Georgius Ehinger Lauinganus (18. Aug.).

59. Wilhelmus Imhoff Springensis (18. Aug.).

60. Ricardus Morallus } Mompelgardenses (22. Aug.).

61. Ogerius Cucuelus }

62. Georgius Lederer Neiffensis (22. Aug.).

63. Alexander Grimaldus Mompelgardensis (22. Aug.).

64. Casparus Hiller Isnensis (23. Aug.).

65. Joannes Petroeus Rostochiensis (23. Aug.).

66. Caspar Vlricus Ramminger Spirensis (25. Aug.).

67. Bernhartus Erhartus Gassenstattensis (29. Aug.).

68. Florianus Cappeler Vhingensis (29. Aug.).

47. B. a. 26. Sept. 82. *MFABacc.*: D. Joannis Mageiri praepositi Stutgardiensis filius. — M. a. 17. Febr. 85. — *Vgl. 212,24.*

48. *Vgl. 179,9 u. 190,52.* — Dr. iur. utr. 11. Juli 82.

51. Stip. Mömpelg. Juli 80. *Alb. stip.*: v. Mittelweyher. — *Jan. 83 exclusus est.*

52. Stip. Mömpelg. Juli 80. — B. a. 20. März 83. — M. a. 9. Febr. 86. — *Juli 88 Diakonus in Ostheim.*

53. Stip. Mömpelg. Juli 80. *Alb. stip.*: v. Mittelweyher. — *Excessit ante autumnum 82.*

60. Stip. Okt. 83. — B. a. 8. März 84. *MFABacc.*: Morellus. — *Okt. 86 in patriam missus.*

61. Stip. Okt. 83. *Alb. stip.*: Augerius Cucuellus. — B. a. 18. Sept. 83. — *Okt. 86 Mömpelgardum missus.*

62. B. a. 20. März 82. — M. a. 17. Febr. 85.

64. *MFABacc.*: Bacc. Argentinensis rec. 10. März 82.

67. B. a. 26. Sept. 82 (Adelberg.). — Stip. April 83. *Alb. stip.*: v. Gussenstatt. — M. a. 11. Aug. 85. — *Juli 87 Pfarrer in Unteröwisheim.*

68. B. a. 26. Sept. 82 (Adelberg.). — Stip. April 83. — *Jan. 88 e stipendio exclusus.*

69. Georgius Tröster Collstettensis (29. Aug.).
70. Joannes Berg Schlirbacensis (29. Aug.).
71. Georgius Rex Herbertingensis (29. Aug.).
72. Christophorus Agricola Riningensis (30. Aug.).
73. Sigismundus Kremer Rosswagensis (30. Aug.).
74. Sebastianus Dicklinus Leonbergensis (30. Aug.).
75. Joannes Hartlieb Tubingensis (30. Aug.).
76. Joannes Egen Marbacensis (30. Aug.).
77. Abel Weinlin Herrenbergensis (30. Aug.).
78. Leui Schentz Owensis (30. Aug.).
79. Ludovicus Münsterus Waiblingensis (30. Aug.).
80. Egidius Klein Marpachensis (30. Aug.)
81. Christophorus Dicklin Leonbergensis (30. Aug.).
82. Joannes Cuntzmannus Cantaropolitanus (30. Aug.).
83. Bernhardus Bonacker Möckmülensis (30. Aug.).

69. B. a. 26. Sept. 82 (Adelberg.). — Stip. Jan. 84. *Alb. stip.:* v. Kolstetten. — M. a. 9. Febr. 86. *MFAMag.:* Uracensis. — *Okt. 86 Präzeptor in Hirsau.*

70. B. a. 26. Sept. 82 (Adelberg.). *MFABacc.:* Joh. Jacobus Beg Schlirstattensis.

71. B. a. 26. Sept. 81 (Adelberg.). — Stip. Jan. 84. *Alb. stip.:* König. — *Juli 87 cum gratia dimissus.*

72. B. a. 4. April 82 (Maulbronn). *MFABacc.:* Grieningensis.

74. B. a. 4. April 82 (Maulbronn.). — Stip. Jan. 84. — M. a. 9. Febr. 86. — *Jan. 88 Diakonus in Wildberg.*

75. B. a. 4. April 82 (Maulbronn.). — Stip. Jan. 84. — M. a. 3. Aug. 86. — *Okt. 87 Präzeptor in Murrhardt.*

76. B. a. 4. April 82 (Maulbronn.). — Stip. 17. Sept. 82. *Alb. stip. und MFA.:* Jacobus Egen. - M. a. 5. Aug. 84. — *Juli 90 cum gratia dimissus.*

77. B. a. 4. April 82 (Maulbronn.). — Stip. Jan. 84. — M. a. 9. Febr. 86. *MFAMag.:* Abel Vinarius Lorchensis. — Rep. musicus. — *Dez. 90 Diakonus in Bietigheim.*

78. B. a. 20. März 83 (Maulbronn.). — Stip. 18. Mai 84. — M. a. 22. Febr. 87. — *April 89 Präzeptor in Herrenalb.*

79. B. a. 20. März 83 (Maulbronn.). — Stip. 18. Mai 84. — M. a. 3. Aug. 86. — Rep. mathematicus. — *Juli 91 Diakonus in Brackenheim.*

80. B. a. 20. März 83 (Maulbronn.). — Stip. 30. Juni 86. — *April 89 Collaborator in Tübingen.*

81. B. a. 20. März 83 (Maulbronn.). — Stip. 18. Mai 84. — M. a. 3. Aug. 86. — *Okt. 87 ausgetreten aus dem Stift.*

82. B. a. 20. März 83 (Maulbronn.). — Stip. 25. Sept. 84. *Alb. stip.:* Joh. Contzman; *auch* Conrad C. — M. a. 22. Febr. 87. — Rep. physicus. — *April 90 des Herrn Küelmanns Hofprediger.*

83. B. a. 20. März 83 (Maulbronn.). — Stip. 25. Sept. 84. — *Okt. 85 Marbachii obiit.*

84. Georgius Schroppius Regiofontanus (30. Aug.).
85. Petrus Beringerus Esslingensis (1. Sept.).
86. Daniel Glut Clivensis (1. Sept.).
87. Joannes Rittingerus Culsheimensis (1. Sept.).
88. Melchior Nörlinger Bessigkaimensis (4. Sept.).
89. Caspar Scheib Giessensis (5. Sept.).
90. Hieronymus Herold Ambergensis (6. Sept.).
91. Joannes Closius Argentinensis (9. Sept.).
92. Jacobus Rösslerus Hallensis (14. Sept.).
93. Nicolaus Hermannus Nonius (15. Sept.).
94. Oswaldus Heberlin Rauenspurgensis (18. Sept.).
95. Andreas Puchemius Brunsvicensis (19. Sept.).
96. Laurentius Wensinus Holsatus (19. Sept.).
97. Joannes Wedenhouius Lubeccensis (19. Sept.).
98. Martinus Dicknetherus Grimmelfingensis (20. Sept.).
99. Joannes Henricus Kirchensis (26. Sept.).
100. Wolfgangus Denck Botenhaimensis (26. Sept.).
101. Samuel Bauarus Dentzlingensis (26. Sept.).
102. Beatus Weron Stutgardianus (26. Sept.).
103. Joannes Cnoderus Beblingensis (26. Sept.).
104. Michael Vlin Sinadelphingensis (26. Sept.).   ·

84. B. a. 20. März 83 (Maulbronn.). - Stip. Jan. 84. *Alb. stip.*: von
Maulbronn. — M. a. 9. Febr. 86. — Rep. graecus. — *Okt. 90 Diakonus in
Vaihingen.*
87. B. a. 18. Sept. 83. *MFABacc.*: Rüdinger.
88. B. a. 18. Sept. 88. — *Vgl. 212,18.*
94. B. a. 26. Sept. 82. — M. a. 11. Aug. 85. — *Vgl. 206,39.*
95. Dr. theol. 14. März 86.
97. *Vgl. 207,94.*
98. B. a. 20. März 88. — M. a. 11. Aug. 85.
99. B. a. 4. April 82 (Bebenhus.). - Stip. Jan. 84. -- M. a. 9. Febr. 86. —
Juli 87 Diakonus in Hornberg.
100. Stip. 17. Sept. 82 (Bebenhus.). - B. a. 4. April 82. — M. a. 3. Aug. 86.
— *April 91.Diakonus in Neuenstadt.*
101. B. a. 4. April 82 (Bebenhus.). - Stip. April 83.   *Okt. 85 mit
Gnaden stipendii erlassen.*
102. B. a. 4. April 82 (Bebenhus.). -- Stip. 17. Sept. 82. — M. a. 5. Aug. 84.
- *Juli 85 in domino obdormivit.*
103. B. a. 4. April 82 (Bebenhus.). - Stip. April 83.   M. a. 11. Aug. 85.
Jan. 88 obdormivit in domino.
104. B. a. 4. April 82 (Bebenhus.). - Stip. April 83. *Alb. stip. u. MFA.*:
Jelin. — M. a. 11. Aug. 85. — *Okt. 86 Präzeptor in Blaubeuren.*

105. David Pistor Bodelshusianus (26. Sept.).
106. Mattheus Vogel Regiomontanus (26. Sept.).
107. Joannes Georgius Kochelius Wormatiensis (27. Sept.).
108. Bartholomeus Molitor Stutgardianus (27. Sept.).
109. Michael Hilmayer Studtgardianus (29. Sept.).
110. Joannes Georgius Marpacensis (29. Sept.).
111. Paulus Werner Schornbacensis (29. Sept.).
112. Fridericus Nippenburgerus Studtgardianus (29. Sept.).
113. Jonas Weidenbach Thamensis (29. Sept.).
114. Joannes Herenberger Artlingensis (29. Sept.).
115. Conradus Linde Leonbergensis (29. Sept.).
116. Conradus Faber Marpurgensis (29. Sept.).
117. Matthaeus Hornmold Bietigkaimensis (29. Sept.).
118. Tobias Fetzer Deckendorffensis (30. Sept.).
119. Joannes Weiss Labacensis (3. Okt.).
120. Blasius Langenmantel Villacensis (7. Okt.).

105. B. a. 4. April 82 (Bebenhus.). — M. a. 24. Febr. 84.
106. B. a. 4. April 82 (Bebenhus.). — Stip. Okt. 83. *Alb. stip.:* von Alpirsbach. — M. a. 11. Aug. 85. — *Juli 88 Präzeptor in Alpirsbach.*
108. B. a. 4. April 82 (Bebenhus.). — Stip. Juli 83. *Alb. stip.:* Müller. *Juli 88 cum gratia dimissus.*
109. B. a. 4. April 82. *MFABacc.:* Hilmar. - Stip. 17. Sept. 82 (Herrenalb.). *Alb. stip.:* Hilmer. - M. a. 17. Febr. 85. *MFAMag.:* Hillmarius. — *Jan. 91 Diakonus in Bietigheim.*
110. B. a. 4. April 82 (Herrenalb.). — Stip. April 83. — M. a. 3. Aug. 86. - - *Okt. 87 reiectus e stipendio.*
111. B. a. 26. Sept. 82 (Herrenalb.). - Stip. Jan. 84. — M. a. 3. Aug. 86. *Juli 87 praeceptor puerorum beim Amtmann zu Kreuth.*
112. B. a. 26. Sept. 82 (Herrenalb.). — Stip. Jan. 84. *Alb. stip.:* Johann Friedr. N. -- *April 86 an einer langwierigen Krankheit verschieden.*
113. B. a. 26. Sept. 82 (Herrenalb.). *MFABacc.:* Johannes W. — Stip. Jan. 84. — *Juli 88 propter negligentiam reiectus.*
114. B. a. 26. Sept. 82 (Herrenalb.). *MFABacc.:* Aitlingensis. — Stip. 18. Mai 84. *Alb. stip.:* Ottlingensis. M. a. 3. Aug. 86. — *Juni 91 Diakonus in Dettingen unter Urach.*
115. B. a. 26. Sept. 82 (Herrenalb.). *MFABacc.:* Lende. -- Stip. 18. Mai 84. *Alb. stip.:* Lendlin. — M. a. 3. Aug. 86. — *Juli 87 Präzeptor zu Alpirsbach.*
117. Stip. 21. Okt. 81 (e paedag.). *Alb. stip. u. MFA.:* Mathias H. — B. a. 20. März 82. - M. a. 11. Aug. 85. — *Okt. 88 Diakonus in Herbrechtingen.*
118. Stip. 21. Okt. 81 (e paedag.). — B. a. 20. März 82. — M. a. 17. Febr. 85. — *Jan. 86 des Herrn Küelmans Kinder praeceptor; April 92 Diakonus in Owen.*

121. Matthaeus Langenmantel ⎤
122. Benedictus Moser ⎦ Villacenses (7. Okt.).
123. Wilhelmus Erbenbacher Goarinus (9. Okt.).
124. Joannes Waldenstein Cassellanus (9. Okt.).

196. Sub rectura clarissimi viri dom. D. **Jacobi Heerbrandi** a festo div. Luc. 1581 usque ad festum div. Phil. et Jac. a. 1582:

1. Helffridus Lauch Neuburgensis (20. Okt.).
2. Joannes Cazaeus Hungarus Miskoltzinus (24. Okt.).
3. Vitus Zanckius Baronensis Hungarus (24. Okt.).
4. Hieremias Seng Nördlingensis nomen suum iterum indicavit (25. Okt.).
5. Bernhardinus Barbo a Wachsenstein Carniolanus (25. Okt.).
6. Joannes Melchior Pultz Wormatiensis (25. Okt.).
7. Joannes a Zedlitz in Wilkau Silesius (5. Nov.).
8. Georgius Facundus Kirchensis (6. Nov.).
9. Benedictus Magnus Memmingensis (7. Nov.).
10. Laurentius Josius Larensis (7. Nov.).
11. Joannes Jacobus Wolffius Tigurinus (8. Nov.).
12. Henricus Schwartzius Schaffhusianus (8. Nov.).
13. Joannes Michael Hirschmannus Schorndorffensis (15. Nov.).
14. Stephanus Steinle Tubingensis (20. Nov.).
15. Joannes Ludovicus Walch Rottenburgensis (20. Nov.).
16. Joannes Renglerus Argentinensis (20. Nov.).
17. Georgius Verbitius Carniolanus (21. Nov.).
18. Gregorius Glareanus Stutgardianus (23. Nov.).
19. Ernestus Gaisberg a Schnait (24. Nov.).
20. Joannes Schmidlap Schorndorffensis (24. Nov.).
21. Joannes Adamus Rurstorfferus nobilis Austriacus (29. Nov.).

1. B. a. 8. März 84.
4. *Vgl.* 174,58. — Dr. med. 12. Jan. 82.
8. B. a. 18. Sept. 83. — *Vgl.* 209,3.
9. B. a. 26. Sept. 82. — M. a. 5. Aug. 84. — *Vgl.* 210,80.
13. *Vgl.* 222,26.
15. B. a. 23. März 86. — M. a. 14. Febr. 88.
18. Stip. Jan. 84 (e paedag.). — B. a. 20. März 83. — M a. 3. Aug. 86. — Juni 91 *Diakonus in Gruibingen.*
19. *Vgl.* 202,65.
20. *Vgl.* 206,24.

22. Elias Maurer Cremsensis (29. Nov.).
23. Beniamin Kantz Dettingensis sub Auraco (5. Dez.).
24. Petrus Trettoranus Kudriffinensis Helvetius (6. Dez.).
25. Esaias Reichardus Tubingensis·(8. Dez.).
26. Sebastianus Möglin Münsingensis (14. Dez.).
27. Casparus Murr Marbachensis (15. Dez.).
28. Joannes Georgius Brem Lindauiensis (18. Dez.).

1582.

29. Georgius Keurleber Nürttingensis (3. Jan.).
30. Joannes Ludovicus Schönleber Tubingensis (7. Jan.).
31. Joannes Vlricus Kremer Waiblingensis (8. Jan.).
32. Andreas Hermadinger Osterheimensis Austriacus (11. Jan.).
33. Hieronymus Moser Herrenbergensis (15. Jan.).
34. Georgius Fridericus
35. Joannes Ludovicus } Hutteni fratres (20. Jan.).
36. Carolus Sigismundus
37. Valentinus Koler Reischensis Francus (20. Jan.).
38. Franciscus Aloysius ab Hauckhort Lotharingus (29. Jan.).
39. Georgius Riedling Hittenbergensis (31. Jan.).
40. Georgius Widman Waiblingensis (1. Febr.).
41. Georgius Franciscus Epp Kirchensis (1. Febr.).
42. Andreas Wild Tubingensis (3. Febr.).
43. Reinholdus Kienle Tubingensis (6. Febr.).
44. Abrahamus Manne Sachsenheimensis nomen suum iterum est professus (10. Febr.):
45. Joannes Bader Ehingensis ad Danubium (19. Febr.).
46. David Gscheidlin Kuchensis (22. Febr.).
47. Christophorus Beer Ebertingensis (26. Febr.).
48. Chilianus Scheckhius Tubingensis (8. März).

23. B. a. 31. März 85.
27. B. a. 18. Sept. 83. *MFABacc.*: Murrhus. — M. a. 3. Aug. 86.
31. B. a. 18. Sept. 83. — M. a. 2. Aug. 87.
39. B. a. 27. Sept. 87. *MFABacc.*: G. Riedlinus Hittenbergensis Algoicus.
40. B. a. 8. März 84. — M. a. 2. Aug. 87.
41. B. a. 18. Sept. 83. — M. a. 9. Febr. 86. — *Vgl. 227,51.*
42. B. a. 5. April 87.
44. *Vgl. 187,15.* — B. a. 20. März 83. *MFABacc.*: Bietigkheimensis.
47. B. a. 20. März 83.

49. Wilhelmus Daser Monacensis (9. März).

50. Franciscus Wendelinus Öler Tubingensis (12. März).

51. Leopoldus Thomanus Harburgensis (13. März).

52. Philippus Senger Nördlingensis (14. März).

53. Ludovicus Hessus Marpurgensis (17. März).

54. Samuel Fabritius Herrenbergensis (17. März).

55. Georgius Fridericus Orttolff Vracensis (23. März).

56. Jacobus Lauster Münsterensis (27. März).

57. Joannes Abelius Winnedensis (27. März).

58. Christophorus Hitzer Stutgardianus (27. März).

59. Adamus Chaim Gröningensis (27. März).

60. Michael Schmid Bömpfflingensis (27. März).

61. Joannes Geissius Hallensis (5. April).

62. Wolfgangus Bauhinger Berwagensis Austriacus (10. April).

63. Albertus Happach Effingensis (13. April).

64. Erhardus Happach frater (13. April).

65. Jacobus Schlaich Lindauiensis (19. April).

66. Fridericus Bloss Oberackerensis (22. April).

67. Andreas Bayr Stutgardianus (22. April).

68. Samuel Nigrinus Weickersheimensis (27. April).

---

49. Alb. stip. u. MFA.: Wilh. Daser von Stuttgart. — Stip. April 82. — B. a. 8. März 84. — *April 85 des stipendii mit Gnaden entlassen.* — M. a. 3. Aug. 86.

52. B. a. 18. Sept. 83. - M. a. 9. Febr. 86. *MFABacc. u. Mag.:* Stutgardianus.

55. B. a. 23. Sept. 84. — M. a. 3. Aug. 86.

56. B. a. 18. Sept. 83.

57. B. a. 26. Sept. 82 (Hirsaug.). — Stip. April 83. *Alb. stip.:* Abelin. — M. a. 22. Febr. 87. — *Jan 88 Provisor in Besigheim.*

58. B. a. 26. Sept. 82 (Hirsaug.). — Stip. Jan. 84. *Alb. stip.:* Hetzer. — M. a. 9. Febr. 86. — Rep. hebreus. — *Juni 91 Diakonus in Nürtingen.*

59. B. a. 26. Sept. 82 (Hirsaug.). — Stip. Juli 83. — M. a. 11. Aug. 85. — *Jan. 90 cum gratia dimissus.*

60. B. a. 26. Sept. 82 (Hirsaug.). — Stip. 18. Mai 84. — M. a. 3. Aug. 86. — *Juni 91 Diakonus in Rosenfeld.*

61. B. a. 18. Sept. 83. *MFABacc.:* Geussius.

62. B. a. 8. März 84. *MFABacc.:* W. Bauchinger Peurbacensis.

63. B. a. 18. Sept. 83. *MFABacc.:* Vffingensis Francus.

64. Vgl. 212,25.

65. B. a. 8. März 84. — M. a. 9. Febr. 86. — *Vgl. 211,46.*

66. B. a. 26. Sept. 82. *MFABacc.:* Haganoënsis. — M. a. 5. Aug. 84. *MFAMag.:* Sebastianus Fridericus Bloss.

67. B. a. 20. März 88. — M. a. 11. Aug. 85. — *Vgl. 217,5.*

69. Henricus Sutor Auckensis (27. April).
70. Joannes Schrot Ecksteinensis (27. April).
71. Martinus Gifftheil Pforcensis (27. April).
72. Nicolaus Bart Holtzensis (27. April).
73. Jacobus Spannsail Durlacensis (28. April).
74. M. Joannes Baptista Meyer Memmingensis, nomen suum iterum
    est professus (28. April).
75. Wilhelmus Procerus Nordlingensis (30. April).
76. Fridericus Pyser Besigkheimensis (30. April).
77. Wilhelmus a Rogendorff et Mollenburg, baro (30. April).
78. Abraham Schollius Laureacensis Austrius (30. April).
79. Joannes Bernhardus a Boicken (30. April).
80. Michael Ziegler Gröningensis (1. Mai).

   197. Sub rectura clarissimi viri dom. D. **Joannis Visceri** a
festo apost. Phil. et Jac. usque ad festum div. Luc. a. 1582:

1. Michael Benedictus Burdegalensis (5. Mai).
2. Philippus Jacobus Rieber Hochstettensis (5. Mai).
3. Erasmus Prey Alensis (7. Mai).
4. Joannes Elias Alt von Pfalzgrauenweiler (8. Mai).
5. Andreas Schol Tubingensis iterum se indicavit (10. Mai).
6. Joannes Meierer Mindarensis iterum dedit nomen (12. Mai).
7. Melchior von Stainberg Brunsuicensis (12. Mai).
8. Wolfgangus Nicolaus Grienthaler Austriacus (12. Mai).
9. Michael Herrlich Vrsellensis (12. Mai).
10. Georgius Ratenberger ⎫
11. Andreas Falckenberg ⎭ Austriaci (12. Mai).

69. B. a. 18. Sept. 83. — M. a. 9. Febr. 86. *MFA Mag.*: Röttellanus.
70. B. a. 18. Sept. 83. *MFA Bacc. u. Mag.*: Durlacensis. — M. a. 11. Aug. 85.
71. B. a. 18. Sept. 83. — M. a. 9. Febr. 86.
72. B. a. 18. Sept. 83.
73. B. a. 18. Sept. 83.
74. *Vgl. 180,80.*
76. B. a. 18. Sept. 83. — M. a. 3. Aug. 86.
80. B. a. 18. Sept. 83. — M. a. 11. Aug. 85. — *Vgl. 212,19.*

   4. B. a. 31. März 85. — M. a. 22. Febr. 87. *MFA Bacc. u. Mag.*: Pala-
tinocomaeus.
   5. *Vgl. 193,98 u. 209,21.*
   6. *Vgl. 185,101.*

12. Georgius Ernlinus Rotwilensis (12. Mai).
13. Hieronymus Hirus Constantiensis secundo dedit nomen (12. Mai).
14. Josephus Coher von Gengichen (14. Mai).
15. Thobias Friderawn Erfordianus (16. Mai).
16. Joannes Mugelius Kirchensis (17. Mai).
17. Andreas Faustus Neerensis (17. Mai).
18. Albertus Geyr Austriacus (17. Mai).
19. Joannes Satler vonn Canstatt (22. Mai).
20. Martinus Lutz Herrenbergensis (22. Mai).
21. Joannes Mair von Canstatt (22. Mai).
22. Joannes Faber von Guntzenhausen (22. Mai).
23. Joannes Maurer von Gaildorff (23. Mai).
24. Stephanus Waidman von Waltdorff (23. Mai).
25. Adamns Weinmann von Canstatt (28. Mai).
26. Michael Kugler von Dinckelsbühel (28. Mai).
27. Joannes Wilhelmus a Schnitzbaum, liber baro in Sönneck et Dornaw (28. Mai).
28. Conradus Wachman Nienburgensis Saxo, praeceptor huius baronis (28. Mai).
29. Magnus Tornarius Austriacus (28. Mai).
30. Zacharias Faltzöder Hoffkirchensis (30. Mai).
31. Ludovicus Albertus
32. David Küchlinus } Memmingenses (31. Mai).
33. Martinus Wolstrabius
34. Georgius Butzemair
35. Balthasar Scheurman von Castel (1. Juni).

---

13. Vgl. *184,100.*
14. B. a. 20. März 83. *MFABacc. u. Mag.:* Öfingensis. — M. a. 11. Aug. 85.
16. B. a. 25. Sept. 88. *MFABacc.:* Mockelius. — Stip. 10. Febr. 91 (Bebenhus.). *Alb. stip.:* Meckel. — *Ist Juli 93, als er sich mit der Schafwirtin allhie verheiratet, dimittiert worden.*
17. B. a. 25. Sept. 88.
20. B. a. 23. Sept. 84. — M. a. 22. Febr. 87. *MFABacc. u. Mag.:* Lius.
21. B. a. 23. Sept. 84. — M. a. 22. Febr. 87.
28. Dr. iur. utr. 25. Sept. 87. *Jur.:* Newenburgensis. — *Vgl. 216,4.*
29. B. a. 8. März 84. · M. a. 11. Aug. 85. *MFAMag.:* Lonfeldensis.
31. B. a. 20. März 83.
32. B. a. 20. März 83. — M. a. 17. Febr. 85.
33. B. a. 20. März 83. *MFABacc.:* Wolfstruffius. — M. a. 5. Aug. 84.
34. B. a. 20. März 83. — M. a. 5. Aug. 84. *MFAMag.:* Botzenmayer.
35. B. a. 18. Sept. 83. *MFABacc.:* Castellanus Francus.

36. Paulus Noderer Esslingensis iterum dedit nomen (2. Juni).

37. Simon Eysen
38. Joannes Baptista Eysen } von Kreylshaim (5. Juni).

39. Christophorus Morold Neuburgensis iterum dedit nomen (6. Juni).

40. Leonhartus Hamerer Haganoensis (8. Juni).

41. Wolfgangus Holand von Seeflingen bey Ulm (8. Juni).

42. Vlricus Hoger vonn Marckhkirch in Alsatia (8. Juni).

43. Adamus Brenwurst Esslingensis (9. Juni).

44. Georgius Ernestus Northusanus Saxo (11. Juni).

45. Joannes Kindsuatter von Remingsheim (13. Juni).

46. Jacobus Fischer Hailbrunensis (14. Juni).

47. Franciscus Hermannus Vlmensis (14. Juni).

48. Mattheus Clochius Bibracensis (15. Juni).

49. Joannes Molitor Auracensis (18. Juni).

50. Franciscus Wesele Schorndorffensis (21. Juni).

51. Joannes Breidner Schorndorffensis (21. Juni).

52. Gabriel Steuchel Augustanus iterum dedit nomen (22. Juni).

53. Vlricus Dretzler
54. Bartholomaeus Hieber
55. Michael Gugel
56. Christophorus Steuchel   } Augustani (22. Juni).
57. Michael Rütelius
58. David Schön
59. Thobias Wüest

60. Christophorus Mülbacher Trostbergensis Bavarus (22. Juni).

61. Sigismundus Freiberger vonn Gayldorff (23. Juni).

62. Joannes Schneck Halensis (23. Juni).

36. Vgl. 176,16. — Dr. iur. utr. 17. Dez. 82.

37. Dr. iur. utr. 17. Dez. 82.

39. Vgl. 190,37.

41. B. a. 23. Sept. 84. *MFABacc.:* Ulmensis. ·· M. a. 3. Aug. 86.

45. B. a. 23. März 86. ·· M. a. 14. Febr. 88.

49. B. a. 8. März 84. — M. a. 3. Aug. 86.

51. B. a. 26. Sept. 82. — M. a. 5. Aug. 84.

52. Vgl. 188,66.

53. B. a. 18. Sept. 83. — M. a. 3. Aug. 86. *MFABacc. u. Mag.:* Bretzlerus.

54. B. a. 18. Sept. 83.

58. B. a. 18. Sept. 83. — M. a. 3. Aug. 86.

59. B. a. 18. Sept. 83. — M. a. 3. Aug. 86.

61. B. a. 18. Sept. 83.

62. B. a. 26. Sept. 82. - M. a. 5. Aug. 84.

63. Christophorus Platius Bibracensis (23. Juni).
64. Jacobus Eberhartus Giengensis (4. Juli).
65. Vitus Breitschwert vonn Bachnan (6. Juli).
66. Hieronymus ⎫
67. Joannes ⎬ Rantzofius Holsatus (6. Juli).
68. Mathias ⎭
69. Nicolaus Göritius Salqualensis praeceptor eorum (6. Juli).
70. Joannes Sigismundus ⎫
71. Laurentius ⎭ a Munster (10. Juli).
72. Laurentius Kopff Lipsensis praeceptor (10. Juli).
73. Helias Kreütlin Stutgardianus (12. Juli).
74. Alexander Lutz von Zaferweyhe (12. Juli).
75. Joannes Zeiter von Holtzgerlingen (12. Juli).
76. Josephus Löher vonn Sindelfingen (12. Juli).
77. Joannes Munster Weiblingensis (12. Juli).
78. Hans Ulrich Höchstetter (13. Juli).
79. Joannes Georgius ⎫
80. Georgius Fridericus ⎭ Unrhuw Bohemi (14. Juli).
81. Johann Steinweg Montensis ex ducatu Juliacensi (14. Juli).
82. Jacobus Martinus Basiliensis (15. Juli).
83. Joannes Springer Viennensis (18. Juli).
84. M. Joannes Hartungus Witebergensis (18. Juli).
85. Sebastianus Arnold Noribergensis (27. Juli).
86. Joannes Burcardus Neuber vonn Oppenheim (27. Juli).
87. Caspar Neunhöfer von Briehestatt in Francia (30. Juli).

63. B. a. 18. Sept. 83. — M. a. 3. Aug. 86.

64. B. a. 20. März 83. — M. a. 17. Febr. 85.

73. B. a. 20. März 83 (Herrenalb.). — Stip. 25. Sept. 84. — *Okt. 86 exclusus e stipendio.*

74. B. a. 20. März 83 (Herrenalb.). — Stip. 25. Sept. 84. — M. a. 22. Febr. 87. — Rep. rhetoricus. — *Jan. 92 Diakonus in Marbach.*

75. B. a. 20. März 83 (Herrenalb.). — Stip. 30. Juni 85. — M. a. 2. Aug. 87. *MFAMag.:* in actu [promotionis] gratias egit. — *Juli 88 Prediger unter Herrn Andre Teuffel in Österreich (zu Enzersdorf).*

76. B. a. 20. März 83 (Herrenalb.). — Stip. 30. Juni 85. — M. a. 2. Aug. 86. — *Okt. 89 Präzeptor in Herrenalb.*

81. Dr. iur. utr. 11. Dez. 88. *Jur.:* Joh. Steinweg Belga.

82. *MFABacc.:* Bacc. Basiliensis, 26. Febr. 83 receptus est.

83. B. a. 31. März 85. — M. a. 3. Aug. 86.

88. Joannes Beidinger Labacensis (6. Aug.).
89. Jacobus Westheimer von Oppelsbaum bey Wynede (8. Aug.).
90. Samuel Demeler Calwensis (10. Aug.).
91. Laurentius Schmidelinus Stutgardianus (18. Aug.).
92. Joannes Edel Vlmensis (19. Aug.).
93. Michael Hugo von Weyl der Statt (20. Aug.).
94. Petrus Greser aus Westerich (21. Aug.).
95. Matthaeus Batellus }
96. Samuel Ludovicus   } Montisbelgardenses (22. Aug.).
97. Claudius Marmetus   }
98. Joannes Christophorus Cellarius Memmingensis (24. Aug.).
99. Melchior Reichart Heinricapolitanus (25. Aug.).
100. Joannes } Czeika ab Obramowitz etc. in Cazo barones Bohemi
101. Adamus }   (28. Aug.).
102. Joannes Beneschius Marcamannus Hunobradensis Moravus (28. Aug.).
103. Joannes Schwartz Bohemus (28. Aug.).
104. Georgius Heinlinus Metzingensis (29. Aug.).
105. Joannes Georgius Hascha ab Augezda Bohemus (17. Sept.).
106. Matthias Timinus Marcomannus (17. Sept.).
107. Joannes Prew Nördlingensis (9. Sept.).
108. Magnus Lezelter   }
109. Joannes Jacobus Burcardus } Vlmenses (12. Sept.).
110. Daniel Streitz von Wansidel (15. Sept.).
111. Jacobus Zielinsky de Zelancha }
112. Pius Cziecziesky   } Poloni (18. Sept.).
113. David Heliconius Livonius (18. Sept.).
114. David Occam Adolphi filius Augustani (23. Sept.).

88. *MFABacc.*: Joh. Weidinger Corniolanus rec. 6. Aug. 82, qui mense Maio 1581 Haidelberge factus erat baccalaureus. — M. a. 24. Febr. 84. *MFA-Mag.*: Weidinger.

89. B. a. 18. Sept. 83. *MFABacc.*: Westermaier. — M. a. 9. Febr. 86.

91. B. a. 18. Sept. 83. *MFABacc* : Laur. Schmidl. — M. a. 10. Febr. 91.

92. B. a. 8. März 84. — M. a. 22. Febr. 87.

95. Stip. Nov. 83. *Alb. stip.*: Matth. Vatellus. — *Jan. 87 Präseptor in seiner Heimat.*

96. Stip. Okt. 83. — *Jan. 88 in patriam missus.*

97. Stip. Okt. 83. *Alb. stip.*: Marmettus. — *Okt. 87 domum missus ad ministerium.*

107. B. a. 18. Sept. 83. *MFABacc.*: Preu. — M. a. 11. Aug. 85.

109. B. a. 8. März 84.

110. B. a. 18. Sept. 83. *MFABacc.*: Strätzius.

115. Georgius Berckmayer Augustani (24. Sept.).
116. Nicolaus Lindefels Vracensis (24. Sept.).
117. Joannes Schumair vonn Sundthaim bey Heydenhaim (24. Sept.).
118. Anastasius Hund Waiblingensis (24. Sept.).
119. Joannes Henricus Scheubelius Auracensis (24. Sept.).
120. Andreas Horner Nürtingensis (24. Sept.).
121. Ludovicus Distler Tubingensis (25. Sept.).
122. Philippus Erdt Campidonensis (1. Okt.).
123. Jocobus Angelayr Bibracensis (3. Okt.).
124. Henricus Kolhausius Neuhusanus Francus (6. Okt.).
125. Ericus Mägerlin Carinthius (7. Okt.).
126. Jacobus Wagner von Newsal Vngariae (15. Okt.).
127. Gothartus a Starnberg baro et dominus in Stainbühel (15. Okt.).
128. Reichartus a Starnberg baro auff Ribcth, Wildperg et Lahenstein (15. Okt.).
129. Georgius Denn Saltzburgensis (15. Okt.).
130. Sigismundus Fierer von Blackhing (15. Okt.).
131. M. Joannes Conradus Casius Lindaniensis praeceptor horum nomen dedit iterum (15. Okt.).
132. Marcus Kumbrecht von Labach (16. Okt.).
133. Stephanus Koch von Zilhausen bey Balingen (17. Okt.).
134. Hieronymus Zaklika in Grizow Polonus (17. Okt.).
135. Stanislaus Gorsky in Dediza praefectus (17. Okt.).
136. Michael Keym vonn Donawerdt (17. Okt.).

116. B. a. 20. März 83 (Bebenhus.). — Stip. 18. Mai 84. — M. a. 3. Aug. 86. — *Juni 91 Diakonus in Heidenheim.*

117. B. a. 20. März 83 (Bebenhus.). — Stip. Jan. 84. — *Alb. stip.:* Schuchmayer. — M. a. 9. Febr. 86. — Rep. dialecticus. — *Okt. 90 obiit.*

118. B. a. 20. März 83 (Bebenhus.). — Stip. 18. Mai 84. *Alb. stip. und MFA.:* Hunn. — M. a. 3. Aug. 86. — *Okt. 90 cum gratia dimissus.*

119. B. a. 20. März 83 (Bebenhus.). *MFABacc.:* Joh. Henr. Scheblin.

120. B. a. 20. März 83 (Bebenhus.). - Stip. 18. Mai 84. — M. a. 3. Aug. 86. — *Okt. 87 Provisor in Nürtingen.*

121. Stip. 17. Sept. 82 (e paedag. Stutgard.). — B. a. 31. März 85. — M. a. 14. Aug. 88. — *Alb. stip.:* dissolutus et negligens. - *April 91 Provisor in Marbach.*

122. B. a. 18. Sept. 83. — M. a. 9. Febr. 86.

123. B. a. 18. Sept. 83. *MFABacc.:* Angelin. — M. a. 22. Febr. 87. *MFAMag.:* Angelinus.

131. Vgl. 161,24.

133. B. a. 24. Sept. 89. *MFABacc.:* Steph. Mageirus. — M. a. 3. Febr. 94. *MFAMag.:* Balingensis.

198. Sub rectura clarissimi viri dom. D. **Joannis Hochmanni**
a festo div. Luc. 1582 usque ad festum div. Phil. et Jac. a. 1583:

1. Matthaeus Hambs Grundius Villacensis (19. Okt.).
2. Martinus Mederdorffer Carinthius (19. Okt.).
3. Ernestus Wilhelmus a Miltitz in Badtorff et Steinberg (21. Okt.).
4. Georgius Marius Borussus Schocauiensis iterum professus est
   nomen suum (22. Okt.).
5. M. Bartholomaeus Casius iterum se indicavit (22. Okt.).
6. Burckhardus Reinhardt Enfalstattensis Francus (22. Okt.).
7. Joannes Billinger vonn Bachnaw (22. Okt.).
8. Christophorus Henigke Marchiacus (22. Okt.).
9. Melchior Schlandersbach Norinbergensis (23. Okt.).
10. Robertus Gechenius Echendorpius (23. Okt.).
11. Michael Sorg Stutgardianus (23. Okt.).
12. Joannes Jodocus Weinheimensis (23. Okt.).
13. Fridericus Orthlebius Weinheimensis (23. Okt.).
14. Joannes Humel Engstingensis (23. Okt.).
15. Jacobus Schmidlap Schorndorffensis (24. Okt.).
16. Joannes Rieth Bosnauiensis (25. Okt.).
17. Felix Habenstatt Viennensis (26. Okt.).
18. Wilhelmus Küenlin Blobeürensis (26. Okt.).
19. Heinricus Gyss Gienensis ex Borussia[a] (26. Okt.).
20. Joannes Magnus Danus (26. Okt.).
21. Tobias Schmidhofer Nördlingensis (30. Okt.).
22. Joannes Folberpst Nördlingensis (30. Okt.).
23. Joannes Kergelius Julimontanus (30. Okt.).
24. Wenceslaus Trattler Pragensis (30. Okt.).

----

a) *Ist mit roter Tinte eingeklammert.*

1. *Vgl. 183,6.*
5. *Vgl. 189,64.*
6. B. a. 18. Sept. 83. *MFABacc.*: Eiffelstatensis. — M. a. 17. Febr. 85.
MFAMag.: Eubelstadiensis.
7. B. a. 31. März 85. *MFABacc. u. Mag.*: Bollinger. — Stip. Jan. 86.
Alb. stip.: Joh. Bollinger Wangensis. — M. a. 14. Aug. 88. — *April 89 super
vitam in mortem commutavit.*
11. Stip. 17. Sept. 82 (e paedag.). — B. a. 8. März 84. -- M. a. 3. Aug. 86.
— *April 91 Diakonus in Pfullingen.*
15. Dr. med. 8. März 92.
18. B. a. 23. Sept. 84. — M. a. 22. Febr. 87. — Dr. iur. utr. 17. Okt. 94.
22. B. a. 8. März 84. *MFABacc.*: Volherpst.

25. Joannes Betting ⎫
26. Zacharias Betting ⎬ Pragenses (30. Okt.).

27. Daniel Reinoel von Ploch̄ingen (30. Okt.).
28. Joachimus Giffthail von Pfor߳haim (31. Okt.).
29. Hieronymus Varenbüler iterum se indicavit (1. Nov.).
30. Conradus ⎫
31. Albicus ⎬ comites Tubingenses fratres (2. Nov.).
32. Hermannus ⎭
33. Caspar Cantegisser[a] praeceptor eorum se iterum indicavit (2. Nov.).
34. Felix Welper Wilserlaurensis ⎫
35. Jacobus Statnanus Kupfferzellensis ⎬ famuli comitum (2. Nov.).
36. Nicolaus Korbius Bretzingensis (3. Nov.).
37. Carolus Gostenhouerus Marchicus (3. Nov.).
38. Paulus Laurentz vonn Preßlaw (5. Nov.).
39. Joannes Christophorus ab Engelshouen se iterum indicavit (5. Nov.).
40. Joannes Kün Birckenfeldensis (5. Nov.).
41. Laurentius Haslarius zu St. Margrethen in Helvetia (6. Nov.).
42. Joannes Jacobus Hofman Samenhamensis (8. Nov.).
43. Sebastianus Sprenger Sultzensis (8. Nov.).
44. Leonhardus Alber Deucodorffensis (10. Nov.).
45. Sebastianus Hartmuth Göppingensis (10. Nov.).
46. Joannes Steinbruch Haydenheimensis (10. Nov.).
47. Nicolaus Herman Vberlingensis (12. Nov.).
48. David Schweitzer Stutgardianus (15. Nov.).

---

a) *Ursprünglich stand* Cantgisser *da, das andere ist durch spätere Hand dazukorrigiert.*

27. Stip. 17. Sept. 82 (e paedag.). — B. a. 23. Sept. 83. — M. a. 2. Aug. 87. — *Juli 91 Diakonus in Urach.*
29. *Vgl.* 172,2 *u.* 177,46.
30. Rect. 1584.
37. B. a. 28. Sept. 85. *MFABacc.*: C. Gustenhofer Hochbergensis.
39. *Vgl.* 176,8.
43. B. a. 20. März 83 (Adelberg.). — Stip. 18. Mai 84. — M. a. 3. Aug. 86. *MFAMag.*: Springer. — *Okt. 89 aus dem Stift ausgetreten.*
44. Stip. 18. Mai 84. — B. a. 18. Sept. 83. — *Juli 86 in domino obdormivit.*
45. B. a. 20. März 83 (Adelberg.). — Stip. 18. Mai 84. — M. a. 3. Aug. 86. — *Okt. 88 Präzeptor in St. Georgen.*
46. B. a. 20. März 83 (Adelberg.). — Stip. Jan. 84. *Alb. stip. u. MFA.*: Steinbuch. — M. a. 9. Febr. 86. — *Juli 86 obiit.*
48. B. a. 18. Sept. 83. — Stip. Jan. 84 (Hirsaug.). — M. a. 9. Febr. 86. — — *Okt. 87 Parochus in Schöngraben, in Austria unter Andre Teuffel.*

49. Ludovicus Vrabitzius Gorizensis (16. Nov.).
50. Georgius Borsick Nobobsecky (16. Nov.).
51. Gebhardus a Knothlin (19. Nov.).
52. Hartmannus Petri (19. Nov.).
53. Joannes Georgius Stahel Herrenbergensis (21. Nov.).
54. Eberhardus a Newenstein (23. Nov.).
55. Casparus Kaio Toringensis Borussus (27. Nov.).
56. Joannes Schwaba von Freiberg im Landts Meichfen (29. Nov.).
57. Ernest Wilhelm a Miltitz (29. Nov.).
58. Helias Epplin Güglingensis (3. Dez.).
59. Joannes Theodoricus Neuburgensis ad Danubium (4. Dez.).
60. Fridericus Heffentresch Dorckheimensis (4. Dez.).
61. Michael Keuff Tuttlingensis (5. Dez.).
62. Emanuel Golder Argentoratensis (10. Dez.).
63. Georgius Lutzius Wendingensis (10. Dez.).
64. Wilhelmus Muschler Palatinus Rheticus (10. Dez.).
65. Michael Wolffius vonn Schwäbifchen Gmündt (12. Dez.).
66. Joannes Hartbrecht Walheimensis (14. Dez.).
67. Mathias Widenman Augustanus (14. Dez.).
68. Martinus Kodwitz Bohemus (15. Dez.).
69. Joannes Crispus (15. Dez.).
70. Joannes Wonlichius Tigurinus (15. Dez.).
71. Abraham Gintenroth Bohemus (15. Dez.).
72. Adamus Hartman Marpachensis (17. Dez.).
73. Aegidius Isimanus Gusenstatensis (17. Dez.).
74. Joannes Franck Wayblingensis (17. Dez.).
75. Joannes Adamus Heroldus Iltzhouensis (17. Dez.).
76. Joannes Christophorus Hermannus Augustanus (20. Dez.).

58.. B. a. 31. März 85. — M. a. 22. Febr. 87.
61. Vgl. 217,115: Greiff.
63. B. a. 18. Sept. 83.
66. Vgl. 209,2.
69. Vgl. 199,6.
72. B. a. 20. März 83 (Hirsaug.). — Stip. 25. Sept. 84. — M. a. 22. Febr. 87.
-- April 87 Collaborator am Pädagogium zu Stuttgart.
73. B. a. 20. März 83 (Hirsaug.). — Stip. 25. Sept. 84. Alb. stip.: Eyse-
man. — Okt. 88 exclusus propter negligentiam.
74. B. a. 20. März 83 (Hirsaug.). — Stip. 18. Mai 84. — M. a. 3. Aug. 86.
— Juli 87 Präzeptor in Hirsau.
75. B. a. 20. März 83 (Hirsaug.). MFABacc.: Iltzhouensis. — Stip.
18. Mai 84. Alb. stip. u. MFAMag.: Halensis. — M. a. 3. Aug. 86. — Jan. 87
Präzeptor in Bebenhausen.

77. Andreas Vinter Badensis (20. Dez.).
78. David Wilhelmus vonn Dindelsbühel (28. Dez.).
79. Ludovicus Püchler Salisburgensis iterum se indicavit (31. Dez.).

1583.

80. Balthasar Hochnecker Hochenburgensis se iterum indicavit (1. Jan.).
81. Stanislaus Stotzyzowsky Polonus famulus (4. Jan.).
82. Adamus Teutſch (4. Jan.).
83. Joannes Binder Tigurinus iterum se indicavit (4. Jan.).
84. Wilhelmus Truchses ab Höfingen (5. Jan.).
85. Joannes L . . . . . . .ª) Tigurinus (5. Jan.).
86. Thomas Richter vonn Mußlin (11. Jan.).
87. Henricus Bernhardus Hertzog Sebastensis (15. Jan.).
88. Jacobus
89. Joannesᵇ) } a Werden fratres (16. Jan.).
90. Joannes Georgius Flosculus Wormatiensis (19. Jan.).
91. Joannes Strauss vonn Plattenhartt (29. Jan.).
92. Ernestus Rentz ex monasterio divi Georgii (26. Jan.).
93. Hans Koltz von Purga Buchdruckhergeſell (27. Jan.).
94. Joannes Georgius a Seckendorff (30. Jan.).
95. M. Joannes Hofstetter von Krützberg in Thuringia praeceptor (30. Jan.).
96. Joannes Casimirus Kruss vonn Sugenhaim (30. Jan.).
97. Albertus Melemanus (31. Jan.).
98. Joannes Georgius Fürbringer in Dyrbach apud Rotenburgun ad Tuberim (3. Febr.).
99. Vrbanus Zesling Laningensis (4. Febr.).
100. Joannes Fridericus Haug Rotenburgensis ad Nicrum (5. Febr.).
101. Anthonius Heerwardt Augustanus (7. Febr.).
102. Joannes Michael Heppelius Stutgardianus (15. Febr.).

---

a) *Nach* L *ist der Platz freigelassen.*
b) *Ist mit roter Tinte eingeklammert.*

78. Dr. iur. utr. 10. Mai 92.
79. *Vgl. 192,15.*
80. *Vgl. 195,24.*
83. *Vgl. 185,55 u. 211,75.*
91. B. a. 28. Sept. 85.
92. B. a. 23. Sept. 84. — Stip. 10. Nov. 84. — M. a. 22. Febr. 87. — *Juni 91 Diakonus in Nagold.*
99. *Vgl. 201,66.*

103. Georgius Tripodius Pfedersheimensis (18. Febr.).
104. Abrahamus Sysser Wilmendingensis (18. Febr.).
105. Joannes Sartor Melchingensis (18. Febr.).
106. Georgius Rockenstil Reutlingensis (20. Febr.).
107. Christianus Leblin Wildpergensis (21. Febr.).
108. David Woltz Brackenhaimensis (21. Febr.).
109. Joannes Bauser Mynsingensis (21. Febr.).
110. Jacobus Holder Nürtingensis (21. Febr.).
111. Georgius Hass Kürchensis (21. Febr.).
112. Bernhardus Beer Calbensis (21. Febr.).
113. Conradus Voltz Gültlingensis (21. Febr.).
114. Sebastianus Kürleben Nürtingensis (21. Febr.).
115. Samuel Gramer Nürtingensis (21. Febr.).
116. Maximilianus Schissleder von Krembs uß Öſterreich (23. Febr.).
117. Christophorus Wiser von Greꜩ (23. Febr.).
118. Heinricus Stamichius Brunsuicensis (27. Febr.).
119. Erasmus Marius Würtzburgensis (6. März).
120. Calixtus Ruthman Sant Gallensis (8. März).
121. Casparus Rothmund San Gallensis (8. März).

107. B. a. 18. Sept. 83. — Stip. 25. Sept. 84 (Maulbronn.). — M. a.
2. Aug. 86. — *Jan. 92 nach Graz gezogen.*
108. B. a. 18. Sept. 83. — Stip. 30. Juni 85 (Maulbronn.). *MFA. u. Alb.*
stip.: Wälz. — M. a. 2. Aug. 87. *MFAMag.:* Welzius. — *Okt. 90 ludimode-*
rator in Biberach.
109. B. a. 8. März 84. — Stip. 30. Juni 85 (Maulbronn.). — M. a. 14. Febr. 88.
— *Okt. 89 Präzeptor in Maulbronn.*
110. B. a. 23. Sept. 84. — Stip. 16. Febr. 86 (Maulbronn.). — *Juli 88*
Provisor auf der Schule zu Tübingen. — M. a. 25. Febr. 90.
111. B. a. 8. März 84. *MFABacc.:* Kirchoteccensis. — Stip. 30. Juni 85
(Maulbronn.). — *Jan. 87 exclusus.*
112. B. a. 23. Sept. 84. — Stip. 16. Febr. 86 (Maulbronn.). — M. a.
14. Aug. 88. — *April 92 gen Bösingen promoviert.*
113. B. a. 23. Sept. 84. — Stip. 30. Juni 85 (Maulbronn.). — M. a.
2. Aug. 87. *MFAMag.:* Caluensis. — *Okt. 91 wegen seines unzeitigen Heurats*
rejisiert.
114. B. a. 23. Sept. 84. — Stip. 16. Febr. 86 (Maulbronn.). *Alb. stip.:*
Keurleber. — M. a. 14. Febr. 88. — *April 93 Vicarius in Hessigheim.*
115. B. a. 8. März 84. — Stip. 30. Juni 86 (Maulbronn.). *Alb. stip.:*
Grammer. — M. a. 2. Aug. 87. *MFAMag. (v. des Crusius Hand):* graece in
actu [promotionis] verba fecit; obiit post horam decimam nocturnam die 18. Mart.
1590 in coenobio S. Georgii Hercynio, carminis Graeci optimi scriptor, Nonni
imitator. — *Jan. 89 Präzeptor in St. Georgen.*
120. *Vgl. 212,39.*

122. Jacobus Faber Burckhemius (10. März).
123. Joannes Ulmerus Schafhusianus (14. März).
124. Joannes Jacobus Frey Schafhusianus (14. März).
125. Caspar Haffner }
126. Hans Vrss   } Vlmensis (14. März).
127. Jacobus Lustnawer Tubingensis (15. März).
128. Joannes Philippus Zweifel Backenhaimensis (26. März).
129. Wendelinus Janius Wickeranus bei Maintz (7. April).
130. Michael Genslin Lewenbergensis (9. April).
131. Andreas Sarusius Vngarus (11. April).
132. Joannes Sarcosius Vngarus (11. April).
133. Eberhardus a Gemmingen (11. April).
134. Anthonius Müller Augustanus (12. April).
135. Nicolaus Wielandus Vayhingensis (14. April).
136. Valentinus Grapius Bithlingensis ex marchionatu Branden-
     burgensi (16. April).
137. Georgius Marius }
138. Zacharias Buchner } Vlmenses (18. März).
139. Guilhelmus Rutcliffius Anglus iterum dedit nomen suum (19. April).
140. Amandus Polonus Oppaniensis Silesius (19. April).
141. Josephus Gronbach Halensis (19. April).
142. Georgius a Stetten Augustanus (19. April).
143. Andreas Hurer Austriacus (22. April).
144. Joannes Flurer Rotemburgensis ad Tuberim (24. April).
145. Nicolaus Leger Tubingensis (24. April).
146. Joannes Albertus Huchbar Kupfferzellensis (26. April).
147. Matthaeus Isenman Hallensis (26. April).
148. Andreas Schwager Labacensis (26. April).
149. Nicolaus Phenius Schwinfurtensis (27. April).
150. Joannes Jacobus Regulus Hallensis (27. April).

---

128. B. a. 8. März 84.
129. *Vgl. 208,10.*
134. B. a. 23. Sept. 84. — M. a. 9. Febr. 86.
135. B. a. 23. Sept. 84. *MFABacc.:* Martbachensis. - M. a. 22. Sept. 87.
MFAMag.: Tybingensis.
141. B. a. 23. Sept. 84. *MFABacc.:* Grunbach.
144. B. a. 18. Sept. 83. — *Vgl. 203,27.*
145. Stip. Jan. 86. — B. a. 5. April 87. — *Juli 89 Tods verfahren.*
147. B. a. 8. März 84. *MFABacc.:* Matthias J.
149. B. a. 18. Sept. 83. — M. a. 11. Aug. 85. *MFABacc. u. Mag.:* Fennius.

151. Wilhelmus de Werha (28. April).
152. Fridericus de Bylla (28. April).
153. Albertus a Gemmingen (28. April).
154. Wilhelmus Aemilius Storburgensis praeceptor praedictorum (28. April).

199. Sub rectura clarissimi viri dom. D. **Anastasii Demleri** a festo div. Phil. et Jac. usque ad festum div. Luc. a. 1583:

1. Nicolaus Geyer Saltzburgensis (2. Mai).
2. Sebastianus Milius Grunstattensis Vangio (3. Mai).
3. Benedictus Joccetus Yuerdunensis in Bernatum ditione (3. Mai).
4. Christophorus Stephanus Nürtingensis (6. Mai).
5. Heinricus Screta Pragensis (6. Mai).
6. Joannes Crispus Pragensis praeceptor huius iterum dedit nomen (6. Mai).
7. Conradus Hessus Bidencapensis (6. Mai).
8. Michael Sautnerus Wassertrihendingensis in ditione marchionis Onolspachensis (10. Mai).
9. Leonhardus Liermerus Nördlingensis (10. Mai).
10. Stephanus Schormund famulus Gruppenbachii (10. Mai).
11. Wolfgangus Theodoricus Neoburgensis (15. Mai).
12. Wilhelmus Khun Tubingensis (15. Mai).
13. Vlricus Villicus Metzingensis (17. Mai).
14. Sebastianus Weitbrecht Reutlingensis (17. Mai).
15. Albertus
16. Carolus ⎫ liberi barones a Limpurg (17. Mai).
17. Ludovicus Georgius ⎭
18. Felix Roschman Halensis praeceptor iterum dedit nomen (17. Mai).
19. Joannes Sigismundus Mendel a Steinfels, praeceptor morum nobilis (17. Mai).
20. Adamus Reitter famulus eorum (17. Mai).

---

4. B. a. 18. Sept. 83. — M. a. 3. Aug. 86.
6. Vgl. 198,69. — *MFABacc.:* Bacc. Pragensis 9. April 83 hic receptus est. — M. a. 14. Aug. 83.
12. B. a. 23. Sept. 84.
13. B. a. 28. Sept. 86. — M. a. 5. Febr. 89.
14. B. a. 5. April 87.
18. Vgl. 185,2.
19. Vgl. 208,7.

21. Fridericus Herman Halensis (17. Mai).
22. Joannes Wagnerus Weissenburgensis (18. Mai).
23. M. Joannes Fladenstein Culmbacensis (18. Mai).
24. Joannes Christophorus Kadolphus Rotenburgensis ad Nicrum (18. Mai).
25. Joannes Vlsenheimerus Neapolites ad flumen As (19. Mai).
26. Adamus Cumerus Tegernowensis (22. Mai).
27. Andreas Rab Weidhofensis Austriacus (23. Mai).
28. Conradus Weick Meckmülensis (24. Mai).
29. Joannes Mauritius Bidenbach Stutgardianus (25. Mai).
30. Theodoricus Osenbrück Saldwedelensis in marchionatu Brandenburgensi (25. Mai).
31. Daniel Bodenburgensis Osterodensis sub principe Wolfgango Luneburgensi (25. Mai).
32. Joannes Fridericus a Degernaw Halensis (26. Mai).
33. Joannes Strasfelder Gretzensis (26. Mai).
34. Joannes Baun Francobergensis Hassus (27. Mai).
35. Wolfgangus Sultzer   ⎫
36. Joannes Jacobus Genisch ⎬ Augustani (28. Mai).
37. Joannes Vlricus ab Eckenberg ex Styria nobilis (31. Mai).
38. Philippus Widerkeer Bramingarttensis Helvetius (31. Mai).
39. Sebastianus Federlin Vlmensis (31. Mai).
40. Georgius Diener Labacensis (3. Juni).
41. Fridericus Daicker Tubingensis (3. Juni).
42. Joannes Jacobus Fecker Vinimontanus (3. Juni).
43. Hieronymus Stahel Leonbergensis (3. Juni).

21. Dr. iur. utr. 7. Sept. 91.
23. Dr. iur. utr. 14. Okt. 90.
27. B. a. 18. Sept. 83. — M. a. 17. Febr. 85.
28. B. a. 23. März 86. — *Vgl. 214,50.*
29. Stip. April 83. *Alb. stip.:* Mauricius B. — B. a. 23. Sept. 83. — M. a. 14. Febr. 88. — *April 90 propter valetudinem cum gratia dimissus.*
31. B. a. 18. Sept. 83. — M. a. 17. Febr. 85.
40. Stip. Tiffernit. 28. Mai 83. — *Okt. 84 impetravit dimissionem.*
41. B. a. 23. März 86. *MFABacc.:* Thayckerus. — M. a. 14. Febr. 88.
42. B. a. 23. Sept. 84. *MFABacc.:* Veckerus. — Stip. 16. Febr. 86 (Herrenalb.). *Alb. stip.:* Fäger v. Weinsperg. — M. a. 14. Aug. 88. *MFAMag:* Vögger. — *Jan. 95 Vikar in Cannstadt.*
43. B. a. 8. März 84. — Stip. 16. Febr. 86 (Herrenalb.). — M. a. 14. Febr. 88. — *Jan. 91 Präseptor in St. Georgen; wegen Krankheit zurück als hospes stipendii; Jan. 95 Pfarrer in Schönberg.*

44. Martinus Embdschoch Nürtingensis (3. Juni).

45. Casparus Scharpff Betterspachensis (3. Juni).

46. Georgius Schueitzer Marpachensis (3. Juni).

47. Bartholomaeus ⎫
48. Martinus ⎭ a Starnberg (4. Juni).

49. Paulus Viereckel famulus eorum (4. Juni).

50. Thobias Hess Münsingensis (4. Juni).

51. Samuel Ruch Nürtingensis (4. Juni).

52. Policarpus Seitz Nürtingensis (4. Juni).

53. Joannes Heinricus Wiellaudus Marpachensis (4. Juni).

54. Andreas Walch Schorndorffensis iterum se indicavit (4. Juni).

55. Joannes Strehlin Lorchensis (4. Juni).

56. Jacobus Schapp Kirchaimensis (4. Juni).

57. Balthasarus Greiner Cellensis (4. Juni).

58. Joannes Wendelinus Fauss Schorndorffensis (4. Juni).

59. Jodocus Maukius Brixenstadianus Francus (5. Juni).

60. Joannes Wendelinus Hippler Tubingensis (6. Juni).

61. Georgius Neumayr ⎫
62. Martinus Neumayer ⎭ Monacenses fratres (10. Juni).

---

44. B. a. 18. Sept. 83. — Stip. 30. Juni 85 (Herrenalb.). — M. a. 2. Aug. 87. — *Jan. 88 Präzeptor in Adelberg.*

45. B. a. 18. Sept. 83. — Stip. 16. Febr. 86 (Herrenalb.). *Alb. stip. und MFA.:* v. Grünenwetterspach. — M. a. 14. Febr. 88. — *April 92 Diakonus in Gäglingen.*

46. B. a. 18. Sept. 83. — Stip. 16. Febr. 86 (Herrenalb.). *Alb. stip. und MFA.:* Schweytzer. — M. a. 13 Febr. 88. — *Juli 88 Präzeptor in Maulbronn.*

50. B. a. 8. März 84. — Stip. 30. Juni 85 (Hirsaug.). — M. a. 2. Aug. 87. — *Jan. 92 Diakonus in Münsingen.*

51. *MFA. u. Alb. stip.:* Kuch. — B. a. 8. März 84. — Stip. 30. Juni 85 (Hirsaug.). — M. a. 14. Febr. 88. — *Juni 91 Subdiakonus in Kirchheim.*

52. B. a. 8. März 84. — Stip. 30. Juni 85 (Hirsaug.). — M. a. 14. Febr. 88. — *Jan. 92 Diakonus in Winterbach.*

53. B. a. 8. März 84. — Stip. 30. Juni 85 (Hirsaug.). *Alb. stip.:* Heinrich W. — M. a. 2. Aug. 86. — Rep. rhetoricus. — *Jan. 93 Diakonus in Tübingen.*

54. Vgl. *181,7 u. 40.* — B. a. 8. März 84.

55. B. a. 8. März 84. *MFABacc.:* Strälin. — Stip. 16. Febr. 86 (Hirsaug.). *Alb. stip.:* Ströhlin. — M. a. 14. Febr. 88. — *April 93 Pfarrer in Ruith.*

56. B. a. 8. März 84. — Stip. 16. Febr. 86 (Hirsaug.). — *Juli 90 Schulmeister in Köngen.*

57. B. a. 8. März 84. *MFABacc.:* Kirchensis. — Stip. 16. Febr. 86 (Hirsaug.). — M. a. 14. Aug. 88. — *Okt. 89 Präzeptor in Hirsau.*

58. B. a. 27. März 88. — Stip. 8. Sept. 89 (Herrenalb.). *Alb. stip.:* Wendel. Fauss v. Stuttgart. — *Okt. 90 cum gratia dimissus.*

63. Philippus Hügelius Mergenthalensis (10. Juni).
64. Christophorus Greins Wayblingensis (14. Juni).
65. Daniel Altenbach Ostdorffensis ex praefectura Balingensi (18. Juni).
66. Joannes Burckhardus ab Helmstett (19. Juni).
67. Christophorus Leysser in Idoltzberg et Kranseckh | ex inferiori
68. Erasmus } | Austria
69. Ernricus | a Gehra fratres germani · | (22. Juni).
70. Georgius Schernhag | Lubeccenses (26. Juni).
71. Heinricus Schreder |
72. Casparus Mylius Grünstattensis (9. Juli).
73. Christophorus a Beerlips | Hassi nobiles (9. Juli).
74. Erasmus a Butler |
75. Gallus Brantius Biberacensis (15. Juli).
76. Nicolaus Katona Theluensis | Hungari (22. Juli).
77. Valentinus Zarnias Varinus |
78. Joannes Gaysserus Beblingensis (31. Juli).
79. Joannes Mayer Vlmensis (5. Aug.).
80. Bartholomaeus Wegbecher Weissenburgensis (6. Aug.).
81. Joannes Meerlinus Vlmensis (6. Aug.).
82. Salomon Friderich Hallensis (8. Aug.).
83. Joannes Wagnerus Balhausensis (15. Aug.).
84. Melchior Kuhn Newburgensis (17. Aug.).
85. Foelix (vel) Pius Ciecierski de Spyczopi iterum nomen suum professus est (20. Aug.).
86. Joannes Przypkowsky nobilis Polonus (20. Aug.).
87. Melchior Codicius praeceptor praecedentis (20. Aug.).
88. Martinus Codicius famulus (20. Aug.).
89. Joannes Bader Lauinganus (20. Aug.).
90. Gotfridius Spangenbergius Mansfeldensis (21. Aug.).
91. Vitus Micillus Haganoensis (23. Aug.).
92. Thomas Wilhelmus Danus (28. Aug.).
93. Benedictus Im Thurn Schafhusianus (28. Aug.).
94. Vlricus Bucher Antemontanus (28. Aug.).
95. Sebastianus Theodoricus Winshemius (1. Sept.).

63. B. a. 23. Sept. 84. *MFA Bacc.:* Hichelius.
64. B. a. 31. März 85. — *Vgl. 226,8.*
65. B. a. 28. Sept. 86. – M. a. 6. Aug. 89. *MFA Bacc. u Mag.:* Balingensis.
71. *Vgl. 209,40.*
75. B. a. 27. Sept. 87. — M. a. 6. Aug. 89.
91. B. a. 18. Sept. 83.
93. *Vgl. 204.98.*

96. Martinus Faber Nördlingensis (2. Sept.).
97. Christophorus Neudeck Marchiobadensis (2. Sept.).
98. Balthasarus Hocheisin Belingensis (12. Sept.).
99. Martinus Rulandus Lauinganus (13. Sept.).
100. Augustinus Thomas Vlmensis (13. Sept.).
101. Joannes Theodoricus Faustus Nehrensis (18. Sept.).
102. Joannes Jacobus Altluser Bietigkhaimensis (18. Sept.).
103. Michael Khun Studgardianus (18. Sept.).
104. Michael Deylin Dieffenbachensis (18. Sept.).
105. Wolfgangus Kammerhuber Stutgardianus (18. Sept.).
106. Joannes Georgius Anatius Herrenbergensis (18. Sept.).
107. Christophorus Herman Esslingensis (18. Sept.).
108. Burckhardus Stadman Halensis (21. Sept.).
109. Waltherus Grieb Vayingensis (23. Sept.).
110. Albertus Calisius Polonus (26. Sept.).
111. Philippus Eitellus a Seckendorff (27. Sept.).
112. Joannes Wolfgangus Fuchs a Dornhaim (27. Sept.).
113. Joannes Adam ab Ellerischhausen (27. Sept.).
114. Joannes Schüelin Crailsheimensis praeceptor (27. Sept.).
115. Stephanus Vögelinus Feüchtwangensis (27. Sept.).
116. Casparus Dipelius Hasso Francobergensis (1. Okt.).

98. B. a. 31. März 85. — M. a. 3. Aug. 86. *MFABacc. u. Mag.:* Bollingensis.
100. Vgl 205,7.
101. B. a. 8. März 84. — Stip. 25. Sept. 84 (Bebenhus.). — M. a. 22. Febr. 87.
— *April 91 Diakonus in Cannstadt.*
102. B. a. 8. März 84. *MFABacc.:* Altbiesser. — Stip. 25. Sept. 84
(Bebenhus.). *Alb. stip.:* Altbüsser. — *April 87 ausgetreten.*
103. B. a. 8. März 84. — Stip. 30. Juni 85 (Bebenhus.). — M. a. 2. Aug. 87.
MFAMag.: Mich. Cuno. — *Juli 91 Diakonus in Winnenden.*
104. Alb. stip. u. MFA.: Casparus Deiblin Dieffenbachensis (muss mit
obigem identisch sein). — B. a. 23. Sept. 84. — Stip. 16. Febr. 86. *Alb. stip.:*
auch Deubler. — *Juli 87 Provisor in Tübingen.*
105. B. a. 8. März 84. — Stip. 30. Juni 85 (Bebenhus.). — M. a. 2. Aug. 87.
-- *Jan. 89 Präzeptor in Hirsau.*
106. B. a. 8. März 84. *MFABacc.:* Joh. Jacobus Anatius. — Stip.
30. Juni 85 (Bebenhus.). — M. a. 14. Aug. 88. — *Jan. 95 Vicar in Linsenhofen.*
107. B. a. 23. Sept. 84. — Stip. 16. Febr. 86 (Bebenhus.). *Alb. stip.:* Hörmann von Kirchen. - - M. a. 14. Aug. 88. -- *Jan. 95 Subdiakonus in Schorndorf.*
109. B. a. 31. März 85.
116 a. MFABacc.: Casparus Beurtellius Nicomondensis, B. a. 8. März 84.
116 b. MFABacc.: Nicolaus Wielandt Marthachensis, B. a. 23. Sept. 84.
— M. a. 22. Sept. 87. *MFAMag.:* Tybingensis.

200. Sub rectura clarissimi viri dom. D. **Theodorici Snepffii**,
a festo div. Luc. a. 1583 usque ad festum apost. Phil. et Jac. a. 1584:.

1. Joannes Rosman Carniolanus (21. Okt.).
2. Casparus Okorn Carniolanus (21. Okt.).
3. Georgius Stampelius Soltquellensis (22. Okt.).
4. Joannes Vricus (!) Bengelius Marpacensis (22. Okt.).
5. Guilielmus Schenck Marpurgensis (22. Okt.).
6. Andreas Walch Schorndorffensis (22. Okt.).
7. Georgius Sattler Schorndorffensis (22. Okt.).
8. Wendelinus Enderlin Schorndorffensis (22. Okt.).
9. Nicolaus Knauff Erfordiensis (23. Okt.).
10. Georgius Gall Nörlingensis (26. Okt.).
11. Christophorus Arquerius Hernriensis (28. Okt.).
12. Melchior Binniger Meckmülensis (28. Okt.).
13. Christophorus Fridericus Wildersin ⎫
14. Joannes Geys ⎬ Phorcemii (29. Okt.).
15. Chilianus Werner ⎭
16. Marcus Henningius Augustanus (29. Okt.).
17. Oswaldus Hoffmannus Hallensis (3. Nov.).
18. Jacobus Meeruuart Vndersteinbachensis (6. Nov.).
19. Thomas Zanckelius Kippenhaimensis (7. Nov.).
20. Ludovicus Hirsman Schorndorffensis (13. Nov.).
21. Georgius Faber Heuingensis (15. Nov.).
22. Joannes Durchdenbach Nürtingensis (15. Nov.).
23. Daniel Salonis Schorndorffensis (15. Nov.).

———

1. B. a. 27. Sept. 87. *MFABacc.:* Creinburgensis Carniolamus.
7. B. a. 23. März 86.
9. *Vgl.* 211,19.
10. B. a. 8. März 84. — M. a. 11. Aug. 85.
13. B. a. 31. März 85.
14. B. a. 31. März 85.
15. B. a. 31. März 85.
19. B. a. 28. Sept. 86. *MFABacc.:* Lorensis. — M. a. 14. Aug. 88.
MFAMag.: Larensis.
21. B. a. 8. März 84. — Stip. 25. Sept. 84 (Bebenhus.). *Alb. stip. u. MFA.:*
v. Höfingen. — M. a. 22. Febr. 87. — *Juli 91 Diakonus in Balingen.*
22. B. a. 8. März 84. — Stip. 30. Juni 85 (Bebenhus.). — *Okt. 88 exclusus*
propter negligentiam.
23. B. a. 8. März 84. *MFABacc.:* Salomon. — Stip. 25. Sept. 84 (Bebenhus.). *Alb. stip.:* v. Schnaytt. — M. a. 22. Febr. 87. — *Okt. 87 Präzeptor in*
Königsbronn.

24. Georgius Osuualdus Vracensis (15. Nov.).
25. Melchior Voltz Botmarensis (15. Nov.).
26. Fridericus Christophorus Dillbaum. Settbergensis (17. Nov.).
27. Georgius Galgenmayer Donauuertanus (17. Nov.).
28. Daniel Manardus Lauinganus (17. Nov.).
29. Georgius Elchingerus Lauinganus (17. Nov.).
30. Leonhardus Kirchmayer Monhemius (17. Nov.).
31. Ludovicus Huberus Vlmensis (18. Nov.).
32. Ludovicus Rabus Vlmensis (18. Nov.).
33. Georgius Luschnauer Wiltpergensis (18. Nov.).
34. Lucius a Mendelshouen patricius (21. Nov.).
35. Conradus Faber Stutgardianus (3. Dez.).
36. Joannes Petrus Wertwein Phorcensis (4. Dez.).
37. Joannes Iringus Alendorffensis Hassus (4. Dez.).
38. Daniel Craybolt Herenbergensis (9. Dez.).
39. Georgius Sigelius Honackerensis (11. Dez.).
40. Joannes Faschan Carinthus (14. Dez.).

1584.

41. Georgius Hambergerus Dinckelsbühelensis (14. Jan.).
42. Marcus Rollus Lignicensis Silesius (20. Jan.).
43. Joannes Mantz Nürtingensis (21. Jan.).
44. David Vogelius Regiomontanus (24. Jan.).
45. M. Joannes Hartmannus Beyer Francofurtensis (28. Jan.).
46. Leonhardus Bauman Bessingensis (29. Jan.).
47. Jacobus Widman Donnenwerdensis (29. Jan.).

24. B. a. 8. März 84. — Stip. 30. Juni 85 (Bebenhus.). — M. a. 2. Aug. 87.
— Okt. 88 Präzeptor in Adelberg.
25. B. a. 8. März 84. — Stip. 30. Juni 85 (Bebenhus.). — M. a. 2. Aug. 87.
— Okt. 87 Präzeptor in Bebenhausen.
27. B. a. 8. März 84. MFABacc.: Wertanus. — M. a. 11. Aug. 85.
29. B. a. 8. März 84. — M. a. 17. Febr. 85.
32. MFABacc.: D. Ludovici Rabi filius, Bacc. 20. Mai 81 Heidelbergae
factus, hie 9. Jan. 84 receptus est.
33. B. a. 23. März 86. — M. a. 14. Aug. 88.
35. B. a. 23. Sept. 84. — M. a. 3. Aug. 86. — Vgl. 216,65.
41. Stip. Tiffernit. Okt. 84. — B. a. 23. März 86. — M. a. 14. Aug. 88. —
Jan. 93 proficiscens in patriam dimissus est.
44. B. a. 31. März 85. — Stip. 9. Juli 86. Alb. stip: v. Alpirsbach. —
M. a. 2. Aug. 87. — Jan. 92 Diakonus in Murrhart.
45. Dr. med. 18. Dez. 88. Med.: singulariter doctus vir.

48. Joannes Albertus Neiffer (30. Jan.).
49. Michael Volckamer Strubingensis (31. Jan.).
50. Paulus Schnepffius Tubingensis (9. Febr.).
51. Melchior Crusius (9. Febr.).
52. Joannes Christophorus Walch Spirensis (9. Febr.).
→ 53. Martinus Crusius Tubingensis (9. Febr.).
54. Jacobus Gruppenbach Tubingensis (10. Febr.).
55. M. Martinus Textor rursus nomen suum indicavit (10. Febr.)_
56. Nathanael Tilesius Hirspergensis Silesius (11. Febr.).
57. Joannes Wilhelmus Dettelbach Onoltospacensis (23. Febr.).
58. Thimotheus Voltzius Tubingensis (23. Febr.).
59. Leo Roth Vlmensis (2. März).
60. Abrahamus Schopffius Stutgardianus (4. März).
61. Wolffgangus Theodoricus Hug Tubingensis (4. März).
62. Josephus Ölenhaintz Beblingensis (12. März).
63. Georgius Anshelmus Marbachensis (12. März).
64. Georgius Wolff Weiblingensis (12. März).
65. Michael Spitzer Marbachensis (12. März).
66. Elias Castner Lomershaimensis (12. März).
67. Christophorus Rey Syndelphingensis (12. März).

---

50. B. a. 28. Sept. 86. — M. a. 14. Febr. 88.

52. B. a. 23. März 86. — M. a. 14. Febr. 88. — Dr. iur. utr. 10. Mai 92_

53. B. a. 27. Sept. 87. *MFABacc. [am Rand]:* Martini professoris filius_

55. *Vgl. 180,17.*

56. Stip. Tiffernit. April 84. *Alb. stip :* v. Ströln. — *Juli 86 dimissus e stipendio.*

58. B. a. 5. April 87. — M. a. 5. Febr. 89. — Dr. iur. utr. 27. April 97.

60. B. a. 31. März 85. — M. a. 3. Aug. 86. *MFABacc. u. May.:* Nürtingensis. — Dr. med. 8. März 92.

61. B. a. 31. März 85. *MFABacc.:* Wolfg. Theod. Hugo. — M. a. 22. Febr. 87.

62. B. a. 23. Sept. 84. — Stip. 30. Juni 85 (Bebenhus.). — M. a. 14. Febr. 88. — *Jan. 94 Diakonus in Grossbottwar.*

63. B. a. 23. Sept. 84. — Stip. 16. Febr. 86 (Bebenhus.) — M. a. 14. Aug. 88. — *Jan. 95 Vikar in Murrhart.*

64. B. a. 23. Sept. 74. — Stip. 16. Febr. 86 (Bebenhus.). — M. a. 14. Aug. 88. — *Ist Jan. 95 Vikar geworden.*

65. B. a. 31. März 85 (Maulbronn.). — Stip. Febr. 86. — M. a. 14. Aug. 88. — *April 91 Pfarrer zu Kilchberg.*

66. B. a. 28. Sept. 85 (Maulbronn.). — Stip. 18. Okt. 86. — M. a. 14. Aug. 88. — *Juli 89 Präzeptor in Blaubeuren.*

67. B. a. 23. Sept. 84. — Stip. 16. Febr. 86 (Maulbronn.). — M. a. 14. Febr. 88. — *Juli 90 Präzeptor zu Adelberg.*

68. Ezechiel Frey Dachtelensis (12. März).

69. Samuel Vberman Weissachensis (12. März).

70. Abraham Bauman Marbachensis (12. März).

71. Leonhardus Molitor Winedensis (12. März).

72. Dom. D. Philippus Grauwer Tubingensis rursus nomen suum indicavit (14. März).

73. D. Casparus Hirsch secretarius provincialium Styriae nobilis (16. März).

74. Jacobus Heuser Cappellensis (17. März).

75. Joannes Stephanus Onoltspacensis (26. März).

76. Joannes Albertus ab Anweil (31. März).

77. Joannes Ylinus Vlmensis (6. April).

78. Gabriel Schrenck Vlmensis (10. April).

79. Joachimus Baier Nördlingensis (10. April).

80. Fridericus Areanus Mümpelgardensis (10. April).

81. Gabriel Schemberger Salisburgensis (17. April).

82. Heinricus Gwalterus Frumariensis (20. April).

83. Samuel Didymus Vlmensis (22. April).

84. Henricus Pistor Vracensis (23. April).

85. Ezechiel Hebsacker Vracensis (23. April).

86. Stephanus Zan Leomontanus (23. April).

87. Joannes Zeirer Nürtingensis (23. April).

68. B. a. 23. Sept. 84. — Stip. 18. Okt. 86 (Maulbronn.). *Alb. stip.:* v. Dachtell. — M. a. 14. Aug. 88. · *Jan. 89 Präseptor in Bebenhausen.*

69. B. a. 23. Sept. 84. — Stip. 16. Febr. 86 (Maulbronn.). — M. a. 14. Febr. 88. — *April 89 exclusus e stipendio.*

70. B. a. 23. Sept. 84.

71. B. a. 23. Sept. 84. — Stip. Okt. 86 (Herrenalb.). *Alb. stip.:* Johannes Leonh. Molitor. — M. a. 14. Aug. 88. - *Juli 93 wegen seines unzeitigen Verheiratens dimittiert.*

72. *Vgl. 129,58.* —

75. B. a. 23. März 86. *MFABacc.:* Kleinaspacensis.

79. *Vgl. 206,16.*

80. Stip. 28. Dez. 84. — B. a. 5. April 87. — *Juli 91 domi mansit in vacantiis.*

83. B. a. 23. Sept. 84. — M. a. 22. Febr. 87.

84. B. a. 23. Sept. 84. -- Stip. 16. Febr. 86 (Bebenhus.). — M. a. 14. Aug. 88. — *Jan. 95 Vikar in Tübingen.*

85. B. a. 23. Sept. 84. — Stip. 30. Juni 85 (Bebenhus.). — *Okt. 87 aus dem Stift ausgetreten.*

86. B. a. 23. März 86 (Bebenhus.). — Stip. 18. Okt. 86. *Alb. stip.:* Zaan v. Lewenberg. — M. a. 14. Aug. 88. — *Jan. 95 Diakonus in Winnenden.*

87. B. a. 23. Sept. 85 (Bebenhus.). — Stip. 16. Febr. 86. *Alb. stip. und MFA.:* Zeitter. — *Juli 87 Provisor in Nürtingen.*

88. Isaac Strölin Lorchensis (23. April).
89. Jacobus Molitor Dornstettensis (23. April).
90. Daniel Eisinger Bettlingensis (23. April).
91. Joannes Kantz Bettlingensis (23. April).
92. Joannes Külman Stutgardianus (24. April).
93. Joannes Schmaltzingagius Vlmensis (24. April).
94. Vdalricus Settelinus Hundersingensis (24. April).
95. Wilhelmus Grimm Stutgardianus, suum nomen denuo indicavit (27. April).
96. Abrahamus Schnops Vinariensis (27. April).
97. Hieremias Cotta Ismacensis (27. April).
98. Matthias Regel Esslingensis (29. April).
99. Joannes Weckman Stutgardianus (29. April).

201. Sub rectura illustris ac generosi domini, dom. **Conradi, comitis de Tübingen** et domini in Liechteneck a festo div. Phil. et Jac. usque ad festum d. Luc. a. 1584:

1. Franciscus Wernerus Streling Beblingensis (5. Mai).
2. Florianus Günstigerus Kitzingensis (5. Mai).
3. Daniel Schumeyer Suntheimensis (6. Mai).
4. Heinricus Lins Herenbergensis (6. Mai).
5. Joannes Conradus Göltzer Comburgensis (9. Mai).
6. Georgius Rösler Hallensis Suevus (9. Mai).

---

88. B. a. 28. Sept. 85 (Bebenhus.). - Stip. 16. Febr. 86. — M. a. 14. Febr. 88. — *Jan. 93 Diakonus in Lorch.*

89. B. a. 28. Sept. 85 (Bebenhus.). *MFABacc.*: Dunstettensis. — Stip. 16. Febr. 86. *Alb. stip.*: Jac. Mahler v. Donnstetten. — *Juli 89 aus dem Stift exkludiert.*

90. B. a. 28. Sept. 85 (Bebenhus.). — Stip. 18. Okt. 86. — M. a. 14. Aug. 88. — *Jan. 90 an einer langwierigen Krankheit verschieden.*

91. B. a. 28. Sept. 85 (Bebenhus.). — Stip. 18. Okt. 86. *Alb. stip.:* von Bätlingen. — *Jan. 88 Provisor in Güglingen.*

95. *Vgl. 181,60.* — Dr. iur. utr. 1. März 85.

1. B. a. 23. März 86. — M. a. 14. Febr. 88.

2. B. a. 28. Sept. 86. *MFABacc.*: Genstererus.

3. B. a. 31. März 85. — M. a. 2. Aug. 87. — *Jan. 92 hospes stipendii. — Ist April 94 von Markgraf Ernst mit der Pfarr zu Graben versehen worden.* — *Vgl. 216,36.*

4. B. a. 28. Sept. 86.

5. B. a. 31. März 85. *MFABacc.*: Chombergensis. — M. a. 2. Aug. 87. *MFAMag.*: Comburgensis.

7. Josias Pistorius Neapolitanus (9. Mai).

8. Wolffgangus Erenricus Jagenreutter Austriacus (11. Mai).

9. Andreas Holdt Austriacus (11. Mai).

10. Georgius Fuchs

11. Joannes Brey Welsensis   } Austriaci (11. Mai).

12. Joannes Stengel Welsensis

13. Christophorus Lucius Viennensis } Austriaci (11. Mai).

14. Joannes Hapfezeder Grieskriensis }

15. Wolffgangus Gabelkouerus Göppingensis (12. Mai).

16. Antonius a Streitthorst Saxo nobilis (12. Mai).

17. Heinricus Bocerus Westphalus praeceptor ipsius (12. Mai).

18. Hieronymus Haluerius Basiliensis (14. Mai).

19. Matthaeus Corberus Augustanus (14. Mai).

20. Christophorus a Pleiningen nobilis (16. Mai).

21. M. Michael Maeschtlinus Göppingensis nomen repetiit (16. Mai).

22. Erasmus Grünninger Winendensis (16. Mai).

23. Fridericus Constantinus Phrygio Stutgardianus (22. Mai).

24. Georgius Otto Nörlingensis (22. Mai).

25. Joannes Menta Augustanus (22. Mai).

26. Matthaeus Heinricus Augustanus (22. Mai).

27. M. Foelicianus Clarus Mindensis Saxo (22. Mai).

28. M. Engelbertus Gebelius Hanouiensis (22. Mai).

---

7. B. a. 5. April 87. — M. a. 5. Febr. 89.

11. B. a. 31. März 85. *MFABacc.*: Prey. — M. a. 2. Aug. 87.

13. B. a. 28. Sept. 85. — M. a. 22. Febr. 87. *MFAMag. (von des Crusius Hand)*: oculis caecus, ideo oratiuncula mea fuit de visu et caecitate.

14. B. a. 28. Sept. 85. *MFABacc.*: Hapfeneder. — M. a. 22. Febr. 87. *MFAMag.*: famulus Lucii coeci *(Nr. 13)*.

15. B. a. 31. März 85. — M. a. 14. Febr. 88.

17. Dr. iur. utr. 1. März 85. *Jur.*: Salcathenus. — Professor iurium feudalium et criminalium Tubingae 1595- 1630.

19. B. a. 31. März 85.

21. *Vgl. 170,61.* — Dec. fac. art. 88/89; 94/95; 1600/01; 07/09; 10 11; 15; 23; 29. *MFAMag.*: 23. Mai a senatu scholae nostrae ad docenda mathemata publice conductus.

22. *MFABacc.*: Bacc. Heidelbergensis, 18. Mai 84 in consortium baccal. receptus est. — Stip. April 85. — M. a. 3. Aug. 86. — Rep. physicus; *von Jan 91 an musicus. — Jan. 92 Diakonus in Kirchheim.*

23. B. a. 23. März 86.

24. B. a. 23. Sept. 84. — M. a. 9. Febr. 86.

25. B. a. 23. Sept. 84. — M. a. 3. Aug. 86.

26. B. a. 23. Sept. 84. — M. a. 3. Aug. 86.

29. Joachimus Rholonius Rupiensis Marchiacus (30. Mai).
30. Bernhardus Heiboldus Gundelfingensis Palatinus (1. Juni).
31. M. Joannes Fischerus Münchingensis nomen suum iterum est professus (4. Juni).
32. Philippus Thomas haereditarius imperii mareschallus in Bappenheim (5. Juni).
33. Wilhelmus a Kreidt (5. Juni).
34. Martinus Sollflesch paedagogus (5. Juni).
35. Sigismundus ⎫
36. Melchior ⎭ Gammersfelder Passauiensis (9. Juni).
37. Andreas Besler Staffelsteinensis Francus (9. Juni).
38. Balthasar Fischer Grätzensis Styrus (12. Juni).
39. Michael Hag Memmingensis (15. Juni).
40. Joannes Molitor Wimpinensis (15. Juni).
41. Melchior Voglerus Hailbrunnensis (15. Juni).
42. Joannes Breyer Silesius Franckensteinensis (17. Juni).
43. Paulus Schwartz Noribergensis (17. Juni).
44. Joannes Andreas Wisentheidensis Francus (17. Juni).
45. Marcus Schmidthaüser Düngingensis Bavarus (17. Juni).
46. Jacobus Koch Tubingensis (17. Juni).
47. Benedictus Schuman Kembergensis Saxo (17. Juni).
48. Georgius Copp Kitzingensis (17. Juni).
49. Georgius Preisslinger Rosfeldensis (17. Juni).
50. Christophorus Reutter Nürtingensis (17. Juni).
51. Joannes Heerbrandus Gengensis (18. Juni).
52. Joannes Heinricus Rösslin Stutgardianus (18. Juni).
53. Elias Imlinus Hailbrunnensis (18. Juni).
54. Jacobus Tonsor Hallensis Suaevus (23. Juni).

---

31. *Vgl. 173,116.*
34. *Vgl. 209,49.*
35. B. a. 27. März 88. — M. a. 12. Aug. 90.
36. B. a. 5. April 87. — M. a. 14. Aug. 88.
38. M. a. 22. Febr. 87. *MFAMag. (von des Crusius Hand): hebraice dixit (nämlich bei der Promotionsfeierlichkeit).*
39. B. a. 31. März 85.
43. B. a. 31. März 85.
51. Stip. Tiffernit. Okt. 84. — B. a. 31. März 85. *MFABacc. u. Alb. stip. Giengensis. — M. a. 2. Aug. 87. — Juli 90 baronis Hardeccensis concionator aulicus.*
53. *Vgl. 212,8.*
54. B. a. 28. Sept. 85.

55. Stephanus Blum Onoltzpacensis (30. Juni).
56. Marcus Streich Ebingensis (1. Juli).
57. Georgius in Arena Schorndorffensis (1. Juli).
58. Wolffgangus Fabri Stutgardianus (1. Juli).
59. Jacobus Alandus Basiliensis (2. Juli).
60. Paulus Steinbachius Waldenburgensis Missenus (7. Juli).
61. Joannes Baptista Entringer Rauenspurgensis (8. Juli).
62. Augustinus Heroldt Iltzhouensis Suevus (8. Juli).
63. Henricus Bergius Livonus (8. Juli).
64. Andreas Campelius Closterneuburgensis Austriacus nomen suum repetiit (17. Juli).
65. Joannes Württemberger Mensheimensis (20. Juli).
66. Vrbanus Zeschlinus Lauinganus nomen repetiit (21. Juli).
67. Joannes Maior Aurbacensis ex superiori Palatinatu (23. Juli).
68. Joannes Rudolphi Wickius Vlmanus (31. Juli).
69. Hieronymus Niessius Vlmanus (31. Juli).
70. Samuel Neüheüser Esslingensis (31. Juli).
71. Georgius Döderlinus Nörlingensis (1. Aug.).
72. Reinhardus Heyber Nörlingensis (2. Aug.).
73. Paulus Rambacherus Gemmingensis (4. Aug.).
74. Balthasarus Stattmüllerus Campidonensis (16. Aug.).
75. Martinus Beürerus Gengensis (16. Aug.).
76. Matthias Fabricius Carniolanus (19. Aug.).
77. Joannes Jacobus Haug } Augustani (20. Aug.).
78. Ludovicus Maior
79. Sigismundus a Gottfridt (20. Aug.).
80. Thomas Müller Onoltzpacensis (22. Aug.).
81. Leonhardus Stiber Suabacensis (22. Aug.).
82. Albertus Arbogastus Benninger Montispeligardensis (26. Aug.).

57. B. a. 28. Sept. 85 (Bebenhus.). — Stip. 18. Okt. 86. — M. a. 5. Febr. 89. - Jan. 91 Collaborator in Stuttgart.
58. B. a. 28. Sept. 85 (Bebenhus.). — Stip. 11. Mai 87. — M. a. 6. Aug. 89. -- April 95 Diakonus in Rosenfeld.
64. Vgl. 193,91.
66. Vgl. 198,99.
70. B. a. 28. Sept. 86. MFABacc.: Vlmensis. — M. a. 14. Aug. 88.
73. B. a. 8. April 90. — M. a. 21. Febr. 93.
75. B. a. 31. März 85. — M. a. 14. Aug. 88. MFABacc. und Mag.: Giengensis.
77. Vgl. 215,97.

83. Jeremias Hutenlochius Ilingensis (27. Aug.).
84. Elias Seutter Nürttingensis (27. Aug.).
85. Tobias Ceparius Oberweldensis (27. Aug.).
86. Jacobus Schroppius Heleshcimensis (27. Aug.).
87. Michael Beringer Vlbacensis (27. Aug.).
88. Fridericus Mann Nürttingensis (27. Aug.).
89. Georgius Henricus Bickling Tubingensis (27. Aug.).
90. Wilhelmus Bertschinus Blauifontanus (27. Aug.).
91. Melchior Münster Waiblingensis (27. Aug.).
92. Christoph Ludovicus Moser Heidenheimensis (27. Aug.).
93. Georgius Kern Wimsensis (27. Aug.).
94. Georgius Lusch Metzingensis (27. Aug.).

83. B. a. 31. März 85 (Maulbronn.). — Stip. 18. Okt. 86. — M. a. 14. Aug. 88.
— *Jan. 89 Präzeptor in Murrhardt.*

84. B. a. 31. März 85 (Maulbronn.). — Stip. 18. Okt. 86. *Alb. stip. und
MFA.:* Zeytter u. Zeyther von Oberboyhingen. — M. a. 14. Aug. 88. — Rep.
musicus. — *Okt. 92 Diakonus in Leonberg.*

85. B. a. 28. Sept. 85 (Maulbronn.). — Stip. 18. Okt. 86. *Alb. stip.:* Thomas
und Tobias) Ceparius v. Oberwälden. — M. a. 5. Febr. 89. — *April 93 Diakonus
in Boll.*

86. B. a. 28. Sept. 85 (Maulbronn.). — Stip. 11. Mai 87. *Alb. stip. und
MFA.:* v. Eglosheim. — M. a. 5. Febr. 89. — *Juli 90 Präseptor in Königsbronn.*

87. B. a. 28. Sept. 85 (Maulbronn.). *MFABacc. [am Rand]:* hodie 1599
hebraeae linguae professor Tubingae. — Stip. 11. Mai 87. — M. a. 5. Febr. 89.
— Rep. hebraeus. *(Zunächst Okt. 91 repetierte er astronomiam.) — Ist Juli 95
junger Herrschaft Präseptor geworden; Mai 98 als des Herzogs Friedrich
gewesener Präzeptor hospes stipendii; kam April 1600 als professor hebraeae
linguae aus dem Stipendium.* — Dr. iur. utr. 22. April 1600.

88. B. a. 28. Sept. 85 (Maulbronn.). — Stip. 11. Mai 87. *Alb. stip. und
MFA.:* Mang. — M. a. 6. Aug. 89. — Rep. mathematicus. — *April 96 Diakonus
zu Vaihingen.*

89. B. a. 23. März 86 (Herrenalb.). — Stip. 2. Dez. 87. · M. a. 25. Febr. 90.
— *Juli 95 Vikar in Murrhardt.*

90. B. a. 31. März 85 (Hirsaug.). -- Stip. 16. Febr. 86. *Alb. stip.:* Bertsch.
— M. a. 14. Aug. 88. *MFAMag.:* Bertschin. — *Jan. 95 Diakonus in Cannstadt.*

91. B. a. 31. März 85 (Hirsaug.). *MFABacc.:* Monsterus. — Stip.
16. Febr. 86. — M. a. 14. Febr. 88. — *Jan. 92 Diakonus in Wildbad.*

92. B. a. 31. März 85 (Hirsaug.). — Stip. 18. Okt. 86. — M. a. 14. Aug. 88.
— *April 91 Diakonus in Schorndorf.*

93. B. a. 31. März 85 (Hirsaug.). — Stip. 18. Okt. 86. *Alb. stip.:* von
Wimbschen. — M. a. 6. Aug. 89. — *Ist Okt. 92 in Österreich gezogen.*

94. B. a. 31. März 85 (Hirsaug.). — Stip. 18. Okt. 86. *Alb. stip. u. MFA.:*
Losch. — M. a. 14. Aug. 88. — *Juli 90 zu Hof der jungen Herrn Präzeptor.*
· Dr. iur. ntr. 20. Febr. 98.

95. Ezechiel Feuermus Gruningensis (27. Aug.).
96. Erhardus Frischman Sultzensis (27. Aug.).
97. Jeremias Grötter Balingensis (27. Aug.).
98. Georgius Harttlieb Tubingensis (27. Aug.).
99. Laurentius Wernius Rauenspurgensis (29. Aug.).
100. Emanuel Birglius Augustanus (30. Aug.).
101. Daniel Xilander Carniolanus (31. Aug.).
102. Jacobus Bucherus Monasteriensis Alsatus (31. Aug.).
103. Michael Jaccerus Nördlingensis (31. Aug.).
104. Balthasar Kayh Antuerpiensis (2. Sept.).
105. Vlricus Lublicus
106. David Brem   } Lindauienses (3. Sept.).
107. Antonius Rott
108. Vitus Wolffgangus Cellinus Onoltzpacensis (4. Sept.).
109. Wolffgangus Murc Reinertzhouensis (5. Sept.).
110. Elias Hoffmannus Hesenauensis (7. Sept.).
111. Joannes Eckhardus Augustanus (8. Sept.).
112. Jeremias Herrmannus Augustanus (8. Sept.).
113. Hieronymus Scheibelius Vlmensis (8. Sept.).

95. B. a. 28. Sept. 85 (Herrenalb.). 'MFABacc.: Ez. Feurenus Marcogröningensis. — Stip. Okt. 86. Alb. stip.: Feüri. — M. a. 14. Aug. 88. MFA.-Mag.: Feürinus. — April 89 exclusus e stipendio.

96. B. a. 28. Sept. 85 (Herrenalb.). MFABacc.: Wiffershausensis. Stip. Okt. 86. Alb. stip.: v. Wittershausen. — M. a. 14. Aug. 88. — Jan. 90 Feldprediger des Junkers Hans Christof Schären (?).

97. B. a. 28. Sept. 85 (Herrenalb.). — Stip. 11. Mai 87. Alb. stip.: Gräther. · M. a. 5. Febr. 89. — Juli 90 Präzeptor in St. Georgen.

98. B. a. 28. Sept. 85 (Herrenalb.). — Stip. 11. Mai 87. - M. a. 6. Aug. 89. Juli 90 hat in Austria ein paedagogium. — Vgl. 219,43.

99. MFABacc: Bacc. Heidelbergae anno 81 factus in numerum nostrorum baccal. 31. Aug. 84 receptus. — M. a. 9. Febr. 86. MFAMag. [am Rand]: sinistra manu mancus [von des Crusius Hand]: φύσει.

101. B. a. 5. April 87. MFABacc.: Labacensis. — M. a. 16. Febr. 92.

102. Stip. Mompelgard. 29. Aug. 84. — B. a. 23. März 86. — M. a 14. Aug. 88. — Okt. 90 in patriam geschickt ad ministerium.

105. B. a. 28. Sept. 85. — M. a. 14. Febr. 88. MFABacc. u. Mag.: Löblich.

106. B. a. 28. Sept. 85. — M. a. 14. Aug. 88.

107. B. a. 23. März 86. — M. a. 6. Aug. 89. MFABacc. u. Mag.: Ant. Erythräus.

111. B. a. 31. März 85. - - M. a. 2. Aug. 87.

112. B. a. 31. März 85. — M. a. 14. Aug. 88.

113. B. a. 5. April 87. MFABacc.: Kirchoteccensis.

114. Matthaeus Albertus Stutgardianus (9. Sept.).
115. Erasmus Heckelberger ⎫
116. Joannes Andreas Fürst ⎪
117. Wolffgangus Aufflieger ⎬ Austriaci (11. Sept.).
118. Wolffgangus Springerus ⎭
119. Matthias Amman in Grottendorff (11. Sept.).
120. Josephus Amman in Grottendorff (11. Sept.).
121. Melchior Steinbergius Görlitzensis Silesius (11. Sept.).
122. Vlricus Held Thonastettensis Suevus (14. Sept.).
123. Georgius Bilerus Gerstettensis (17. Sept.).
124. Amandus Mörschwein Falckensteinensis (17. Sept.).
125. Joannes Adamus a Kreidt (19. Sept.).
126. Marcus Hirscher Transylvanus (22. Sept.).
127. Henricus Cöler Nouburgensis (25. Sept.).
128. Justus Gryphius Goarinus (26. Sept.).
129. Joannes Craus Steinacensis (26. Sept.).
130. Henricus Schmidt Heidelbergensis (28. Sept.).
131. Georgius Schmidelinus Augustanus (5. Okt.).
132. Christophorus Mölaun Ambergensis (7. Okt.).
133. Joannes Vehlinus Augustanus (10. Okt.).
134. Joannes Thanadus Adorffensis Variscus (12. Okt.).
135. Hermannus haro in Milchling et Wilhermsdorff cum praeceptore suo
136. Philiberto Martio Augustano (12. Okt.).

202. Sub rectura clarissimi viri dom. D. **Georgii Hambergeri** a festo div. Luc. a. 1584 usque ad festum Phil. et Jac. a. 1585:

1. Anastasius Fabricius Erfeldensis Hassus (21. Okt.).
2. Franciscus Hieronymus Schürstabius Norimbergensis (21. Okt.).
3. Johannes Theodoricus Wertheimer Meckmülensis (21. Okt.).
4. Johannes Dauberus Marburgensis (22. Okt.).

114. B. a. 28. Sept. 86. *MFABacc.*: Matthä. Aulberus.
126. Dr. med. 5. Juli 86. *Med.*: Coronensis Transsylvanus.
128. B. a. 31. März 85. — M. a. 3. Aug. 86.
130. B. a. 28. Sept. 85.
132. B. a. 28. Sept. 85. — M. a. 2. Aug. 87. *MFABacc. u. Mag.*: Melonius.
136a. *MFABacc. und Mag.*: Johannes Vlricus Schönleder Tubingensis, B. a. 28. März 86. — M. a. 14. Aug. 88.

3. B. a. 28. Sept. 86.

5. Justus Basilius **Marburgensis** (22. Okt.).
6. Jacobus Schuuartzius **Altdorffensis** (22. Okt.).
7. Gebhardus Scherpflinus **Memmingensis** (23. Okt.).
8. Philippus Pithoboeus **Salsanus** (26. Okt.).
9. Johannes Christophorus Lemle von Rheinhardtshouen (27. Okt.).
10. Franciscus Gretzinger **Balingensis** (28. Okt.).
11. Wolffgangus Stamler **Vlmensis** (29. Okt.).
12. Albertus Schadius **Vlmensis** (29. Okt.).
13. M. Wilhelmus Fridericus Lutz **Nörlingensis** (29. Okt.).
14. Johannes Hubnerus **Austriacus** (29. Okt.).
15. David Beck **Giengensis** (30. Okt.).
16. Antonius Columbinus **Francofordensis** (1. Nov.).
17. Balthasar Bruno **Feuchtwangensis** (2. Nov.).
18. Andreas Pistorius Immenhausensis iterum aut tertio se indicavit (2. Nov.).
19. Johannes Henricus Queckius **Basiliensis** (4. Nov.).
20. Henricus Hack   }
21. Georgius Mackenrod } **Marburgenses** (4. Nov.).
22. Christophorus Palm **Schorndorffensis** (5. Nov.).
23. Enoch Brey **Myesbachensis** (9. Nov.).
24. Petrus Henerus Lindauiensis iterum indicavit nomen suum (9. Nov.).
25. Conradus Ayng **Vahingensis** (15. Nov.).
26. Johannes Neumeyr **Monacensis** (17. Nov.).
27. Salomon Frentzelius **Vratislauiensis** (19. Nov.).
28. Johannes Michel **Allersheimensis** (20. Nov.).
29. Georgius Rentz **Winspergensis** (24. Nov.).
30. Nicolaus Heller **Kirchensis** sub Teck (25. Nov.).
31. Johannes Philippus Hirter **Heuningensis** (26. Nov.).

6. B. a. 28. Sept. 86.
8. *MFABacc.*: Pithopoeus, Bacc. Heidelbergae 28. Mai 83 factus 27. Okt. 84 ad numerum nostrorum baccal. adscriptus. — *Vgl. Töpke, Heidelberg II, 105. 142: Kueferus.*
17. Dr. med. 22. Sept. 89.
18. *Vgl. 169,9 u. 178,16.*
24. *Vgl. 191,24.* — Dr. med. 17. Nov. 85. *Med.:* patre Renato, avo autem Joanne.
29. *MFABacc.*: Bacc. Heidelbergae 28. Mai 83 factus, hic 24. Nov. 84 in consortium baccal. receptus est. — *Vgl. 223,17.*
30. B. a. 28. Sept. 85.
31. B. a. 23. März 86. *MFABacc.*: Göppingensis. — Dr. iur. utr. 10. Mai 92.

32. Marcus Conradus Rhau Mosbachensis (26. Nov.).
33. Gregorius Keller Walheimensis (27. Nov.).
34. Chrysostomus Lindefels Vracensis (27. Nov.).
35. Johannes Strobelius Vffenheimensis (3. Dez.).
36. Johannes Bilfinger Phorcensis (4. Dez.).
37. Christophorus Agricola Argentoratensis (7. Dez.).
38. Johannes Jacobus Niedtheimerus Jesingensis sub Teck (7. Dez.).
39. Christophorus Ferchs Livonus (18. Dez.).

1585.

40. Gulielmus Krauss Studtgardianus iterum se indicavit (4. Jan.).
41. Johannes Walch Waldenbergensis (12. Jan.).
42. Michael Launeus Mompelgardensis (13. Jan.).
43. Johannes Dax Neisselheimensis (18. Jan.).
44. Petrus Matthiao Grienstadianus (19. Jan.).
45. Gabriel Sauter Massabacensis (19. Jan.).
46. Petrus Cyrus Öttingensis (22. Jan.).
47. Johannes Adamus a Sternefels (26. Jan.). a)
48. Philippus Rüttelius Studtgardianus (26. Jan.).
49. Johannes Conradus Machtolph Esslingensis se iterum indicavit (28. Jan.).
50. Daniel Cyriacus Hombergensis Hassus (3. Febr.).
51. Hector Menger Hanauiensis (3. Febr.).
52. Casparus Cellarius Hanauiensis (3. Febr.).
53. Martinus Gruel Wanckensis (4. Febr.).
54. Johannes Ringedorffer Haganoensis (4. Febr.).
55. Johannes Grindlinger Weissenburgensis (7. Febr.).
56. Gulielmus Schnoed Vlmensis (10. Febr.).
57. Martinus Schwenck Tyrolensis Matreanus (10. Febr.).
58. Conradus Merboth Castaniopolitanus (20. Febr.).
59. Johannes Crato Wittenbergensis (20. Febr.).

a) Ist von anderer Hand am Rand eingefügt.

32. Vgl. 214,24.
33. B. a. 28. Sept. 86.
35. Dr. iur. utr. 1. März 85. Jur.: Onoltzpacensis, alias Uffenheimensis.
40. Vgl. 185,15. — Dr. iur. utr. 17. Nov. 85.
42. Stip. 28. Dez. 84 (v Basilea). - April 88 in patriam zu einem Schuldienst geschickt.
49. Vgl. 189,8.
51. B. a. 31. März 85. -- M. a. 9. Febr. 86.
53. Vgl. 209,10.

60. Chilianus Brastbergerns Studtgardianus (1. März).
61. Sebaldns Stophel Reutlingensis (3. März).
62. Matheus Gebhardus Brasbergerus Spirensis (4. März).
63. Michael Clenöuius Hamburgensis (5. März).[a]
64. M. Bernhardus Dürr Esslingensis iterum nomen suum professus
     est (11. März).
65. Ernestus a Geysberg zu Schneitten iterum suum nomen indicavit
     (15. März).
66. Georgius Spitzer Widernensis (17. März).
67. Wilhelmus Rahi Vlmensis (17. März).
68. Christophorus Kedrich Vndertürckensis (22. März).
69. Vlricus Bollinger Wangensis (22. März).
70. Johannes Falco Vnderesingensis (22. März).
71. Michael Mack Weilheimensis (22. März).
72. Daniel Lebeysen Nattensis (22. März).
73. Ludovicus Breitmeyr Gerestettensis (22. März).
74. Magnus Clemens Suecus (26. März).
75. Johannes Casparus Weinman Herrenbergensis (27. März).
76. Johannés Hanerus   }
77. Georgius Wagner   } Halenses (27. März).
78. Leonhardus Craushar Lensidlensis (27. März).
79. Johannes Degelin Vlmensis (2. April).

a) Ist von anderer Hand am Rand eingefügt.

60. B. a. 28. Sept. 86.
61. B. a. 28. Sept. 86. - M. a. 14. Aug. 88.
64. Vgl. 166,22.
65. Vgl. 196,19.
66. Vgl. 209,80.
68. B. a. 28. Sept. 85 (Bebenhus.). – Stip. 18. Okt. 86. — M. a. 14. Aug. 86.
— Rep. graecus. — Okt. 97 Diakonus in Bottwar.
69. B. a. 28. Sept. 85 (Bebenhus.). MFABacc.: Vlr. Bollinger Baka-
nangensis. — Stip. 11. Mai 87. Alb. stip.: Wangensis. — M. a. 6. Aug. 89. —
Okt. 90 Präzeptor in Bebenhausen.
70. B. a. 28. Sept. 85 (Bebenhus.). — Stip. 11. Mai 87. Alb. stip.:
Ensingensis ad Nürtingam. — M. a. 5. Febr. 89. — Jan. 91 Präzeptor in St.
Georgen.
71. B. a. 28. Sept. 85 (Bebenhus.). MFABacc.: Mok. — Stip. 11. Mai 87.
· · M. a. 6. Aug. 89. MFAMag.: Weilheimensis sub Teck. — Jan. 95 Vikar.
72. B. a. 28. Sept. 85 (Bebenhus.). — Stip. 18. Okt. 86. Alb: stip.: von
Natben. — M. a. 14. Aug. 88. — Jan. 93 Diakonus in Herbertingen.
73. B. a. 28. Sept. 85 (Bebenhus.). — Stip. 18. Okt. 86. Alb. stip.: von
Gerastetten. — M. a. 14. Aug. 88. - - Rep. physicus. — Jan. 92 Diakonus in
Waiblingen.

80. Casparus Episcopus Greffenhausensis (2. April).
81. Eustachius Knoderus Wilensis (2. April).
82: Christophorus Scheyble Schleitdorffensis (2. April).
83. Johannes Stecherus Leobergensis (13. April).
84. Johannes Remboldus Funccius Lindauiensis (15. April).
85. Johannes von Holghausen Francofortensis (18. April).
86. Lucas Osiander Studtgardianus (20. April).
87. Johannes Schemmer Biberacensis (21. April).
88. Josephus Rhonius Campidonensis (24. April).
89. Johannes Schleissius Sinstettensis (25. April).
90. Ludovicus Müllerus Hallensis (28. April).
91. Christophorus Rüd |
92. Ludovicus Arenspergerus | Schorndorffenses (28. April).
93. Vitus Birckmeyr Schornbachensis (28. April).

203. Sub rectura clarissimi viri dom. D. **Jacobi Herbrandi** a festo apost. Phil. et Jac. usque ad festum div. Luc. a. 1585:

1. Balthasar Dinſtorffer Austriacus Lintzensis (2. Mai).
2. Noah Gerhardus Wiltbungensis ex comitatu Waldeccensi (3. Mai).
3. Johannes Seitz Gundelfingensis (6. Mai).
4. Jacobus Kesselman Giengensis (6. Mai).

80. B. a. 23. März 86 (Herrenalb.). — Stip. 2. Dez. 87. *Alb. stip. und MFA.:* Deffingensis. — M. a. 25. Febr. 90. — *April 95 Diakonus in Bietigheim: er war nach Alb. stip. nicht Repetent.*

81. B. a. 23. März 86 (Herrenalb.). — Stip. 2. Dez. 87. *Alb. stip.:* von Weyl im Schönbuch. — M. a. 21. Febr. 90. *MFAMag.:* ex Villa Schombachica. — *Juli 93 gen Neuneck zu den Herren von Ehingen promoviert.*

82. B. a. 23. März 86 (Herrenalb.). *MFABacc.:* Schaybelius. — Stip. Okt. 88. *Alb. stip.:* Schöblin. — M. a. 12. Aug. 90. — *April 91 Präzeptor in Alpirsbach.*

84. B. a. 23. März 86. *MFABacc.:* Joh. Reimboldus F.

86. Stip. April 85. — B. a. 28. Sept. 86. — M. a. 14. Aug. 88. — Rep. physicus. — *Jan. 92 Diakonus in Göppingen.* — Dr. theol. 26. Mai 1619. *Theol.:* consiliarius Württembergicus et praesul monasterii Maulbronnensis, professor Tubingensis.

87. B. a. 5. April 87.

91. B. a. 28. Sept. 86. *MFABacc.:* Ridius. — M. a. 5. Febr. 89.

92. B. a. 28. Sept. 86. — M. a. 14. Aug. 88.

93. B. a. 28. Sept. 86. *MFABacc.:* Bürckemayer.

1. B. a. 28. Sept. 86. *MFABacc.:* Dienstorfferus.

3. B. a. 28. Sept. 85. — M. a. 2. Aug. 87.

4. B. a. 23. März 86.

5. Joannes Geidinger Bavarus Filtzhovensis (7. Mai).
6. Ludovicus Schmeltzing Neuburgensis (7. Mai).
7. Basilius Küenecker Austriacus ʒu Ens (7. Mai).
8. Fridericus Schmotzer Neapolitanus prope Norinbergam (7. Mai).
9. Conradus Mayer Alpersbachensis iterum nomen suum est professus (7. Mai).
10. Leonhardus Broger Dünckelspühelensis (8. Mai).
11. Jacobus Schad ⎫
12. Hieronymus Schleicher ⎰ Vlmenses (8. Mai).
13. Joannes Straub Vlmensis (11. Mai).
14. Petrus Strobelius Norinbergensis (11. Mai).
15. Joannes Georgius Hormoldus Tubingensis (12. Mai).
16. Christophorus Spitzmaserus Augustanus (14. Mai).
17. M. Joannes Steindecker Francfurtensis (17. Mai).
18. Joannes Patiens Landauiensis (17. Mai).
19. Bernhardus Stiber Rottenburgo Tuberanus (17. Mai).
20. Georgius Phos Rottenburgo Tuberanus (17. Mai).
21. Abraham Hartmannus Neuensteinensis in comitatu Hohenloico (18. Mai).
22. Georgius Knoder Argentinensis (18. Mai).
23. Leonhardus Neglinus Oettingensis (19. Mai).
24. Philippus Düringer Moguntinus (21. Mai).
25. Christophorus Gess Balingensis (24. Mai).
26. Joannes Eblingerus Basiliensis (28. Mai).
27. Joannes Flurer Rottenburgensis ad Tuberim iterum nomen suum est professus (28. Mai).
28. Joannes Hagneus Westphalus (4. Juni).
29. Gottfridus Calberus Tubingensis (6. Juni).
30. Joannes Bartholomeus Vlmensis (9. Juni).

9.   *Vgl. 187,47.*
12.   *Vgl. 221,60.*
16.   B. a. 27. März 88. — M. a. 5. Febr. 89.
19.   B. a. 28. Sept. 85. — M. a. 2. Aug. 87. — Dr. med. 8. März 92.
21.   B. a. 28. Sept. 85. — M. a. 22. Febr. 87.
22.   B. a. 5. April 86. — M. a. 5. Febr. 89. — Dr. iur. utr. 10. Okt. 99.
25.   B. a. 5. April 87. ·· M. a. 5. Febr. 89.
27.   *Vgl. 198,144.*
29.   B. a. 25. Sept. 88. — M. a. 10. Febr. 91.
30.   B. a. 28. Sept. 86. – M. a. 14. Aug. 88.

31. Bartholomeus Kellenbentz Siessensis iterum nomen suum professus est (10. Juni).
32. Gerhardus Haningenius Frisius (10. Juni).
33. Joannes Schramius Bousesensis Francus (10. Juni).
34. Valentinus Siess Argentinus (11. Juni).
35. Georgius Kurtzmannus Guntzenbausensis (18. Juni).
36. Michael Nellinus Studtgardianus (18. Juni).
37. Helias Steudlin Vlmensis (21. Juni).
38. M. Joannes Ludovicus König Tubingensis iterum nomen suum est professus (21. Juni).
39. Andreas Brademannus Fürstenwaldensis Marchianus (22. Juni).
40. Georgius Clemens Labacensis Carniolanus (22. Juni).
41. Hieronymus Gabelkofer Göppingensis (1. Juli).
42. Matthaeus Moller Argentinensis (6. Juli).
43. Christophorus Scholtzius Vratislauiensis (6. Juli).
44. Ludovicus Lortzing Rottenburgensis ad Tuberam (9. Juli).
45. Theodoricus
46. et Hieronymus fratres barones ab Eck (12. Juli).
47. Joannes Petrus a Neuburg (12. Juli).
48. Leonhartus Kien Sultzbacensis (12. Juli).
49. Laurentius Frisoeus Tubingensis (12. Juli).
50. Wilhelmus Kölsch Winedensis (12. Juli).
51. Jacobus Burer Pfullingensis (12. Juli).

31. Vgl. 189,101. — Dr. iur. utr. 17. März 87.
32. M. a. 3. Aug. 86. *MFAMag.:* Gerh. Hainckenius Frisius.
36. B. a. 28. März 86.
37. Vgl. 214,5.
38. Vgl. 176,58.
40. Stip. Tiffernit. Jan. 86. — B. a. 5. April 87. - - M. a. 6. Aug. 89. — Jan. 91 aus dem Stift entlassen.
41. B. a. 5. April 87. — M. a. 5. Febr. 89.
43. M. a. 3. Aug. 86.
49. B. a. 5. April 89 (Bebenhus.). — Stip. Juli 90. Alb. stip.: v. Stuttgart. M. a. 16. Febr. 92. — Juli 97 Diakonus in Besigheim.
50. B. a. 23. März 86 (Hirsaug.). *MFABacc.:* Kolschius. — Stip. 18. Okt. 86. — M. a. 14. Aug. 88. - - Okt. 91 propter dissolutionem reiectus; ist 20. Juli 92 wieder rejiciert worden; ist Jan. 93 zum andernmal propter ebrietatem rejiciert.
51. B. a. 23. März 86 (Hirsaug.). — Stip. 11. Mai 87. Alb. stip. u. MFA.: Birer. — M. a. 5. Febr. 89. — Rep. rhetoricus. -- April 96 Diakonus in Cannstadt.

52. Daniel Ziegler Wildbergensis (12. Juli).
53. Ernfridus Vrselius[a] Balingensis (12. Juli).
54. Samuel Magirus Maulbrunnensis (12. Juli).
55. Georgius Bossenhart (12. Juli).
56. Moses Chartter Francus Schipffensis (17. Juli).
57. Jeremias Griessmayr Lauginganus (17. Juli).
58. Michael Wolmut Neoburgensis (17. Juli).
59. Wolfgangus Hohenfelder
60. Ludovicus Hohenfelder   } fratres (17. Juli).
61. Marcus Hohenfelder
62. Georgius Achatius Enengdel (17. Juli).
63. Jsaac Etzinger Lambacensis famulus illorum (17. Juli).
64. Ludovicus Schwarzamer Ambergensis (24. Juli).
65. Martinus Ratzius Gutenspergensis Hassus (24. Juli).
66. Conradus Wagner Kirchaimensis Hassus (24. Juli).
67. Joachimus Zimmerman Ochsenburgensis (28. Juli).
68. Melchior Pistorius   }
69. Vitus Hortensius   } Norimbergenses (29. Juli).
70. Elias Breu Mispachensis (30. Juli).
71. Georgius Bernhardus Kirchberger   }
72. Joannes Sigismundus Kirchberger   } Austriaci fratres (31. Juli).
73. M. Georgius Grynaeus Budizenus Bannonius praeceptor (31. Juli).
74. Johannes Christophorus Schillingus Heidelbergensis (2. Aug.).
75. Michael Freyman Donauuerdanus (6. Aug.).
76. Joannes Kreutter Esslingensis (6. Aug.).
77. Samuel Venator Waiblingensis (9. Aug.).
78.· Christophorus Senfft a Salburg (9. Aug.).
79. Christophorus a Laymingen (10. Aug.).
80. Joannes Adamus Preiß Tubingensis (12. Aug.).

a) Von anderer Hand ist ein M vor Vrselius eingefügt.

52. B. a. 23. März 86 (Hirsaug.). — Stip. 11. Mai 87. - M. a. 6. Aug. 89. — *Jan. 94 Diakonus in Neuffen.*

53. B. a. 23. März 86 (Hirsaug.). *MFABacc.:* Murselius. — Stip. 14. Febr. 87. *Alb. stip.:* Murschel u. Mursellus. — M. a. 5. Febr. 89. — *Jan. 91 Präceptor in Alpirsbach.*

54. B. a. 23. März 86 (Hirsaug.). — Stip. 11. Mai 87. *Alb. stip.:* Stutgardianus. — M. a. 5. Febr. 89. — Rep. hebreus. — *April 96 Diakonus zu Tübingen.*

75. B. a. 23. März 86. — M. a. 14. Febr. 88.

76. B. a. 27. März 88. — M. a. 12. Aug. 90. *MFAMag.:* Kreiterer.

77. B. a. 5. April 87. *MFABacc.:* Jäger.

80. B. a. 25. Sept. 88. — M. a. 10. Febr. 91.

81. Conradus Weigersheimer Öttlingensis (12. Aug.).
82. Joannes Casparus Schweiniker Fuldensis (12. Aug.).
83. Alexius Vetter Lindauiensis (13. Aug.).
84. Alexius Neukum Lindauiensis (13. Aug.).
85. Casparus Schepachius Burgouius (18. Aug.).
86. Andreas Dalner Suuifortensis (18. Aug.).
87. Michael Schreiner Geilenkirchensis prope Halam Suevorum. (25. Aug.).
88. Joannes Vlricus Schiffman Phorcensis (25. Aug.).
89. Johannes Rüeber Honauiensis (26. Aug.).
90. Johannes Widmannus Nörlinganus (28. Aug.).
91. Melchior Welsch ⎫
92. Georgius Degenhart ⎭ Nördlingoni (28. Aug.).
93. Conradus Rieger Waiblingensis (29. Aug.).
94. Joannes Bernhardus Hugo Tubingensis (30. Aug.).
95. Johannes Conradus Schlofftein Argentinensis (31. Aug.).
96. Johannes Huselius Bitterfeldensis (3. Sept.).
97. Johannes Schilling Holtzgerlingensis (4. Sept.).
98. Georgius Anwander Kauffbürensis (6. Sept.).
99. Helmhardus a Fridekheim (6. Sept.).
100. Henricus Elsenbamero Saltzburgensis (6. Sept.).
101. Johannes Fridericus Philander Medebacensis praeceptor (6. Sept.).
102. Matthias Trost Wipacensis Carniolanus (7. Sept.).
103. Joannes Molitor Herbipolensis (14. Sept.).
104. Casparus Pfister Tubingensis compactor librorum (14. Sept.).
105. M. Paulus Weiss Strölensis Silesius professor theologiae in academia Regiomontana (22. Sept.).
106. Thomas Beittler Rottenburgo-Tuberanus (22. Sept.).
107. Thomas Wideman Nördlingensis (24. Sept.).

84. B. a. 5. April 87. *MFABacc.:* Neukom. — M. a. 5. Febr. 89.
91. *Vgl. 215,95.*
93. B. a. 28. Sept. 86.
94. B. a. 28. Sept. 86. — M. a. 5. Febr. 89. *MFABacc. u. Mag.:* Joh. Bernhardus Hugo.
96. B. a. 23. März 86 (Maulbronn.). — Stip. 2. Dez. 87. - M. a. 6. Aug. 89. — *Jan. 95 Diakonus in Cannstadt.*
97. B. a. 5. April 87. — M. a. 25. Febr. 90.
102. *MFABacc.:* Matthi. Trost Hippacensis (!) Viennae 1582 factus baccalaureus 23. Nov. 86 in catalogum nostrorum baccal. receptus est. — M. a. 6. Aug. 89.
106. B. a. 28. Sept. 86. *MFABacc.:* Beuttlerus. — M. a. 14. Aug. 88.
107. B. a. 23. März 86. *MFABacc.:* Widman. — M. a. 22. Febr. 87.

108. Thomas Laurentii Aboensis, ecclesiae cathedralis pastor in
Finlandia sub corona regis Sueciae (24. Sept.).
109. Erasmus Kurtzleb Carinthius (26. Sept.).
110. Sigismundus Senos Carinthius (26. Sept.).
111. Ferdinandus Bridel Styrus (26. Sept.).
112. Joannes Christophorus Wertwein Pfortzensis (26. Sept.).
113. Theodoricus a Schliben   } Borussii nobiles (27. Sept.).
114. Christophorus a Schliben }
115. Abraham Strauß Blattenhartensis (27. Sept.).
116. Raimundus Strupinus Hailbrunnensis (29. Sept.).
117. David Soldanus Francobergensis Hassus (30. Sept.).
118. Jonathan Fulterus   } Battenburgenses (30. Sept.).
119. Johannes Fulterus   }
120. Matthias Grienesius Francobergensis (30. Sept.).
121. Georg Lang von Lauffen bey Nürmberg compactor librorum
(5. Okt.).
122. Johannes Geisserus Leolitanus Leonsteinius (8. Okt.).

204. Sub rectura clarissimi viri dom. D. **Andreae Laubmarii**
a festo div. Luc. 1585 usque ad festum div. Phil. et Jac. 1586:

1. Georgius Fridericus Mayer Onolsbacensis (20. Okt.).
2. Joannes Sebastianus Hornmoldt Bietigkaymensis (27. Okt.).
3. Sigismundus Lederer Neyffensis (30. Okt.).
4. M. Christophorus Zengerus iterum nomen suum professus
(1. Nov.).
5. Franciscus Christophorus Herpst (2. Nov.).
6. Bartholomeus Mederus Schafhusianus (2. Nov.).
7. Wilhelmus Rott Durlacensis (3. Nov.).

108. M. a. 9. Febr. 86.   MFAMag.: Aboensis cathedralis ecclesiae
primarius pastor.
115. B. a. 19. März 89. — M. a. 2. Aug. 92.
116. M. a. 22. Febr. 87. MFAMag.: Strubinus.

2. B. a. 27. März 88. - M. a. 6. Aug. 89.
3. B. a. 28. Sept. 86. -- M. a. 14. Aug. 88. — Stip. 2. Mai 93 (aus der
Burs.). · Okt. 96 Diakonus in Beilstein.
4. Vgl. 182,43. - - Dr. iur. utr. 5. Juli 86.
5. B. a. 27. März 88. — M. a. 12. Aug. 90. MFABacc. u. Mag.: Rotwilanus. -- Vgl. 227,27.

8. M. Christophorus Schuuartz iterum nomen suum professus est (3. Nov.).
9. Ludovicus Burrer Vayhingensis iterum nomen professus est (4. Nov.).
10. Rabanus a Liebenstain (6. Nov.).
11. M. Joannes Morhardus Tubingensis iterum nomen .professus est (7. Nov.).
12. Fridericus Beyer Schafhusianus (8. Nov.).
13. Jacobus Siccius Nördlingensis (9. Nov.).
14. Joannes Schuierlinus Oetingensis (10. Nov.).
15. Gotfridus Riebelinus Oetingensis (14. Nov.).
16. Joannes Anastasius Gotfridi Reichenbacensis (19. Nov.).
17. Joannes Conradus Mendlin Gelbingensis (19. Nov.).
18. Georgius Joannes Genckinger Tuttlingensis (25. Nov.).
19. David Renlinus Ulmensis (26. Nov.).
20. Albertus Hartmannus Newensteinensis (27. Nov.).
21. Henricus Frey Halensis (1. Dez.).
22. Georgius Hugo Esslingensis iterum nomen suum professus (1. Dez.).
23. Paulus Manlich Augustanus (5. Dez.).
24. Joannes Reselius Hersbruccensis (5. Dez.).
25. Bernhardus Christophorus Schlatt Wormacensis (14. Dez.).
26. Joannes Christophorus a Zillhart (14. Dez.).
27. Georgius Schall Reuttlingensis (15. Dez.).
28. Matthias Yelinus Flachtensis (23. Dez.).
29. Joannes Waltherus Langenbrunnensis (23. Dez.).
30. Petrus Huber Walhaymensis (23. Dez.).

8. *Vgl. 174,19.* — Dr. med. 17. Nov. 85.
9. *Vgl. 185,67 u. 189,109.* — Dr. iur. utr. 5. Juli 86. *Jur.:* Burter.
11. *Vgl. 170,135.* — Dr. med. 17. Nov. 85.
20. B. a. 28. Sept. 86.
21. *Vgl. 207,34.*
23. *Vgl. 214,11.*
27. B. a. 27. Sept. 87. - M. a. 6. Aug. 89. *MFA Bacc. u. Mag.:* Gg. Schaal Betzingensis.
28. B. a. 23. März 86 (Bebenhus.).
29. B. a. 23. März 86 (Bebenhus.). - - Stip. 2. Dez. 87. *Alb. stip. u. MFA.:* v. Langenbrand. — *Juli 88 Collaborator in Kempten.*
30. B. a. 23. März 86 (Bebenhus.). — Stip. 2. Dez. 87. — M. a. 6. Aug. 89. — *April 91 Präzeptor in Maulbronn.*

31. Joannes Helderlin Nürtingensis (23. Dez.).

32. Joannes Schlackwein Vayhingensis (23. Dez.).

1586.

33. Leonhardus Burlein Marckgeyselwindensis (4. Jan.).

34. Joannes Reym Durlacensis (6. Jan.).

35. Georgius Wuchter Reuttlingensis (7. Jan.).

36. David Schram } Nördlingenses (10. Jan.).
37. Joann Mettinger

38. Michael Hilscher Beigensis Silesius (10. Jan.).

39. Georgius Bihelmayer Ratisbonensis (12. Jan.).

40. Joannes Ruff Buchensis (13. Jan.).

41. Abrahamus } Kressii Oeningenses (13. Jan.).
42. Joannes

43. Georgius Gabler Wassertrudingensis (13. Jan.).

44. Abrahamus Wolffskeel Spirensis (18. Jan.).

45. Joannes Wagner Brickstadius Francus (21. Jan.).

46. Joannes Volmarius Esslingensis 21pot$\mathfrak{h}$eďergefell (28. Jan.).

47. David Stadman Halensis (4. Febr.).

48. Matthaeus Feickelmann Nürtingensis (5. Febr.).

49. Antonius Ranslerus Augustanus illuminista (17. Febr.).

50. Jacobus Kleber Reuttlingensis (18. Febr.).

51. Christophorus Fridericus Scriba Heidenhaymensis (19. Febr.).

52. Joannes Conoman Blaubeyrensis (19. Febr.).

53. Balthasarus Stockmayer Syndelfingensis (19. Febr.).

54. Melchior Bengel Nicrokirchensis (19. Febr.). ·

31. B. a. 28. März 86 (Bebenhus.). — Stip. 2. Dez. 87. *Alb. stip.:* Joh. Melchior Hölderlin. — *Okt. 89 mortuus.*

34. *MFAMag.:* Johannes Rhenanus Durlacensis, M. a. 21. Febr. 94 *(identisch mit Obigem?).* — *In Heidelberg März 1590.*

35. B. a. 25. Sept. 88.

48. B. a. 5. April 87.

50. B. a. 25. Sept. 88.

51. B. a. 28. Sept. 86 (Bebenhus.). — Stip. 2. Dez. 87. *Alb. stip. u. MFA.:* v. Stuttgart. — M. a. 25. Febr. 90 *(nach Alb. stip.: in MFAMag. ist er nicht aufgeführt).* — *Okt. 91 rejiciert propter contractum matrimonium.*

52. B. a. 28. Sept. 86 (Bebenhus.). — Stip. Juli 89. — *April 91 Provisor in Tübingen.*

53. B. a. 28. Sept. 86 (Bebenhus.). *MFABacc.:* Stockmarius. — Stip. 31. Okt. 88. · *Juli 91 dimissus.*

54. B. a. 28. Sept. 86 (Bebenhus.). - - Stip. Okt. 88. - - M. a. 12. Aug. 90. *MFAMag. [am Rand]:* concionator Stutgardianus 1599. — *Jan. 95 Vikar in Stuttgart.*

55. Georgius Katzenberger Erpffingensis (19. Febr.).
56. Hieronymus Dinckel Dannensis (19. Febr.).
57. Heinricus Theurer Leobergensis (19. Febr.).
58. Georgius Geer Vracensis (19. Febr.).
59. Joannes Conradus Gerhardt Horensis (19. Febr.).
60. Hamboldus Flettacher Ratisbonensis (19. Febr.).
61. Vitus Steinhammer Öttingensis (20. Febr.).
62. Valentinus Fuchs a Dornheim Francus (23. Febr.).
63. Simon Scharpff Wetterspachensis (24. Febr.).
64. Ludovicus Fabritius Herrenbergensis (24. Febr.).
65. Christophorus Ziegeleysen Wendlingensis (24. Febr.).
66. Georgius Hunnius Marbacensis (24. Febr.).
67. Joannes Heinricus Scheffler Westheymensis (24. Febr.).
68. Christophorus Lang Marbacensis (24. Febr.).
69. Marcus Meienküchlin Herenbergensis (24. Febr.).

---

55. B. a. 28. Sept. 86 (Bebenhus.). — Stip. Okt. 88. — M. a. 12. Aug. 90.
— *Juli 91 ausgetreten.*

56. B. a. 5. April 87 (Bebenhus.). — Stip. Okt. 88. *Alb. stip.:* v. Thamm.
— M. a. 12. Aug. 90. — *Jan. 97 Diakonus in Backnang.*

57. B. a. 28. Sept. 86 (Bebenhus.). — Stip. Okt. 88. — *Juli 89 Tods verfahren.*

58. B. a. 28. Sept. 86 (Bebenhus.). *MFABacc.:* Geeris. — Stip. Okt. 88.
— M. a. 12. Aug. 90. — *Jan. 93 Hirschauiam promotus zu einem Substituten praeceptorum.*

59. B. a. 28. Sept. 86 (Bebenhus.). — Stip. Okt. 88. *Alb. stip.:* v. Horrheim. — M. a. 12. Aug. 90. — *Jan. 93 dimissus et medicinae studiosus factus est.* — Dr. med. 27. April 97.

63. B. a. 5. April 87 (Maulbronn.). — Stip. Okt. 88. — M. a. 12. Febr. 92.
— *Jan. 97 Pfarrer in Leonbronn.*

64. B. a. 5. April 87 (Maulbronn.). — Stip. Okt. 88. *Alb. stip. u. MFA.:*
Johannes Ludov. Fabricius. — M. a. 10. Febr. 91. — *Jan. 96 Diakonus in Herrenberg.*

65. B. a. 5. April 87 (Maulbronn.). — Stip. Okt. 88. *Alb. stip.:* Ziegelheuser. — M. a. 12. Aug. 90. — *April 95 Diakonus in Weilderstadt.*

66. B. a. 5. April 87 (Maulbronn.). — Stip. Juli 89 (Herrenalb.). — *April 91 e stipendio exclusus.*

67. B. a. 5. April 87 (Maulbronn.). — Stip. 2. Dez. 87. *Alb. stip.:* von Backnang. — M. a. 6. Aug. 89. — Rep. physicus. — *Jan 96 Diakonus in Nürtingen.*

68. B. a. 5. April 87 (Herrenalb.). — Stip. Okt. 88. — M. a. 10. Febr. 91.
— *Okt. 91 ausgeblieben.*

69. B. a. 5. April 87 (Herrenalb.). — Stip. Okt. 88. *Alb. stip.:* Mayenküechlin. — *Juli 91 excessit e stipendio.*

70. Martinus Schnitzerus Vracensis (24. Febr.).
71. Christophorus Stadelberger Senstattensis (24. Febr.).
72. Joannes Pfenner Norimbergensis (25. Febr.).
73. Alexander Weidenkopff Spirensis (25. Febr.).
74. Wolffgangus Jaritius Klagenfurtensis (1. März).
75. Sebastianus Hoffmannus Segnicensis Francus (7. März).
76. Joannes Christophorus Österreicher Vienensis (10. März).
77. Zacharias Startzer Vienensis (12. März).
78. M. Abrahamus Löher Sindelfingensis iterum nomen professus est (15. März).
79. Abrahamus Winnerus Pfarrkirchensis Bavarus iterum nomen dedit (16. März).
80. Gerhardus Han von Kleinen Prag, Buchbindergeſell beim alten Pfiſter (19. März).
81. Bernhardus Neher Gamundensis (3. April).
82. Wolfhardus Spangenberg Mansfeldensis (5. April).
83. Jacobus a Rhode Saxo (7. April).
84. Cosmas Hagius Goslariensis (7. April).
85. Sebastianus Stierlin Ebingensis (12. April).
86. Joannes Ulricus Schad ⎱
87. Valentinus Schradin   ⎰ Ulmenses (13. April).
88. Joannes Dürr Braytenholtzensis (13. April).
89. Joannes Molinus Antuerpianus Truckergeſell bei Aleranber Hockenn (15. März).
90. Eberhardus Herman Neapolitanus (15. April).
91. Wolfgangus Casparus Cob Stettensis (15. April).

---

70. B. a. 5. April 87 (Maulbronn.). — Stip. Okt. 88. — M. a. 12. Aug. 90. — *April 93 Präseptor in Bebenhausen.*

71. B. a. 5. April 87 (Herrenalb.). — Stip. Okt. 88. *Alb. stip.:* v. Senstetten. — M. a. 12. Aug. 90. *MFAMag.:* Bissingensis. — *April 93 Präseptor zu Maulbronn.*

75. B. a. 5. April 87.

77. Dr. iur. utr. 14. Okt. 90.

78. *Vgl. 188,44.*

79. *Vgl. 194,16.*

81. B. a. 25. Sept. 88. — M. a. 11. Aug. 91.

82. B. a. 27. März 88. — M. a. 10. Febr. 91.

83. Dr. iur. utr. 5. Juli 86.

84. Dr. iur. utr. 5. Juli 86. *Jur.:* Saxo.

85. B. a. 27. März 88. — M. a. 12. Aug. 90.

88. B. a. 19. März 89.

92. Sebastianus Faber Bilfingensis iterum nomen est professus (16. April).

93. Melchior Schall Gruoenensis (21. April).

94. Matthaeus Speetius Anhusanus (21. April).

95. Joannes Jacobus Reinwald Schonbacensis (21. April).

96. M. Victorinus Streitberger Culmbacensis (24. April).

97. Petrus Schweitzer Buchbinder, receptus in civitatem scholasticam (26. April).

98. Benedictus im Thurn Schafhusianus iterum nomen est professus (27. April).

99. David Lubeelinus Hamburgensis (27. April).

100. Martinus Tenglerus Wiltpergensis (29. April).

101. Joannes Zettelius Oeningensis (29. April).

102. Michael Kresinger
103. Christophorus Asch } Ulmenses (30. April).
104. Joannes Krafft

105. Wolfgangus Hopff } Rotenburgo Tuberani (30. April).
106. Joannes Schwartz

205. Sub rectura clarissimi viri dom. D. **Andreae Planeri**, a festo div. Phil. et Jac. usque ad fest. div. Luc. a. 1586:

1. M. Mathias Marci Suecus Alandensis (2. Mai).

2. Laurentius Fortelius Gothus (3. Mai).

3. Jacobus Mannerus Orbachius in superiori Palatinatu (5. Mai).

4. Joannes Wolfgangus a Berbisdorf Misnia oriundus (5. Mai).

5. M. Abrahamus Langius Dresdensis (5. Mai).

---

94. B. a. 28. Sept. 86. *MFABacc.:* Matthias Späthius. — M. a. 14. Aug. 88.

95. B. a. 27. März 88.

96. Dr. iur. utr. 25. Sept. 87. *Jur.:* Vict. Streitberger Culmbacensis, alias Curiensis Variscus.

98. *Vgl. 199,93.*

102. B. a. 28. Sept. 86. *MFABacc.:* Kraysingerus. — M. a. 5. Febr. 89.

105. *MFABacc. u. Mag.:* Georgius Hopf Rotenburgotuberanus, B. a. 5. April 87. — M. a. 14. Febr. 88.

106 a. *MFABacc. u. Mag.:* Georgius Joannes Gaenckinger Leobergensis, B. a. 5. April 87. — M. a. 14. Aug. 88.

106 b. *MFABacc.:* Melchior Costus Neerensis, B. a. 5. April 87. — M. a. 6. Aug. 89. *MFAMag.:* Kost.

6. Joannes Angelus Lorchensis (7. Mai).

7. Augustinus Thonnerus Ulmensis denuo est professus suum nomen (9. Mai).

8. Joannes Zobelius Öringensis in comitatu Hohenloënsi (12. Mai).

9. Nicolaus Eberhardus Winclerus Halensis (18. Mai).

10. Tobias Raisman Kürchoteccensis (21. Mai).

11. Christophorus Visches Auracensis (23. Mai).

12. D. Joannes Ludovicus Hauuenreutterus Argentinensis professor (24. Mai).

13. Fridericus Meurer Spirensis (25. Mai).

14. Edo Christophorus Meurer Spirensis (25. Mai).

15. Joannes Jacobus a Ramingen Spirensis (25. Mai).

16. Mathias Scholtius Vienensis Austriacus (25. Mai).

17. Valentinus Seuboldus Vienensis (25. Mai).

18. Joannes Georgius Eberhardus Nürtingensis (27. Mai).

19. Conradus Phentnerus Hoffeldensis Francus (31. Mai).

20. Joachimus Treerus Lübeccensis (31. Mai).

21. Heinricus Brokes Lübeccensis (31. Mai).

22. Erhardus Schirmannus Derfeliensis Westphalus (31. Mai).

23. Leonhardus Pistor Wittershausensis (2. Juni).

24. Laurentius Helmerus Winshemius (3. Juni).

25. Tobias Seuterus Augustanus (3. Juni).

26. Magnus Castus Augustanus (3. Juni).

27. Daniel Braschius Halensis sub Saltzburg (3. Juni).

28. Antonius Beck Vberlinganus (3. Juni).

29. Joannes Schermer Vlmensis (6. Juni).

30. Joannes Conradus Weidenkopff Durmsteinensis (9. Juni).

31. Helmhartus Jorger in Tolet et Stainegg, liber haro in Creuspach (19. Juni).

---

6. B. a. 27. Sept. 87. — M. a. 25. Febr. 90. *MFABacc. und Mag.:* Schorndorffensis.

7. *Vgl. 199,100.*

9. *Vgl. 208,82.*

12. *Vgl. 168,111.* — Dr. med. 5. Juli 86. *Med.:* Doctoris Sebaldi filius.

18. B. a. 27. Sept. 87. — M. a. 12. Aug. 90.

19. B. a. 28. Sept. 86. *MFABacc.:* Conr. Pfentnerns Holfeldensis Franco. — M. a. 2. Aug. 87. *MFAMag.:* Pfaentner.

23. B. a. 16. Sept. 90. — M. a. 5. Sept. 93.

24. B. a. 28. Sept. 86. — M. a. 5. Febr. 89. *MFAMag.:* Wenshemius Francus.

26. B. a. 28. Sept. 86. *MFABacc.:* Castius.

32. Hildebrandus Jorger in Tolet et Brandegg, liber baro in Creuspach (19. Juni).
33. Joannes Diethmarus Grientaler in Grembseck (19. Juni).
34. Wolfgangus Christophorus Stubner a Dross (19. Juni).
35. Georgius Lagelberger Austriacus (19. Juni).
36. Wolfgangus Ehinger Styrus (19. Juni).
37. Christophorus Schildt Ratisbonensis (19. Juni).
38. Petrus Tetschmannus
39. Michael Leuthnerus } Halenses (25. Juni).
40. Joannes Eberhardus
41. Reichardus Fuchsius Linderstainensis in Marchionatu (1. Juli).
42. Sigismundus Messenbech in Schuuendt Bavarus (3. Juli).
43. Wolfgangus Hector Jagenreutter in Bernauu Austriacus (3. Juli).
44. Wolfgangus Christophorus Jagenreutter Austriacus (3. Juli).
45. Adamus a Weg ex Palatinatu (3. Juli).
46. Georgius Fridericus Muesman von Anspach (6. Juli).
47. Georgius Ludovicus Frobenius von Jphofen in Franconia (6. Juli).
48. Joannes Wendelinus Voltzius Schorndorffensis (8. Juli).
49. Jacobus Weiss Waldorffensis (18. Juli).
50. Christophorus Lanius Vlpacensis (19. Juli).
51. Beatus a Giltling in Berneck (20. Juli).
52. Andreas Luschnitius Labacensis (21. Juli).
53. Joannes Bammerus Goxhaim (22. Juli).
54. Joannes Reisenhan Vlmensis (22. Juli).
55. Wilibaldus Schuuartz Noricus (22. Juli).
56. Joannes Altenbachius Osdorfensis (1. Aug.).
57. Simon Petrus Werlin Vracensis (1. Aug.).
58. Joannes Conradus Grammer Göppingensis (1. Aug.).

B. a. 27. Sept. 87. *MFABacc.:* Detschmanus. — M. a. 6. Aug. 89.
B. a. 27. Sept. 87. *MFABacc.:* Mich. Lächnerus.
B. a. 27. Sept. 87. — M. a. 6. Aug. 89.
38. *Vgl. 216,70.*
40. B. a. 5. April 87.
54. B. a. 5. April 87. *MFABacc.:* Reisenzein. — M. a. 25. Febr. 90.
56. B. a. 5. April 87 (Hirsaug.). — Stip. Okt. 88. *Alb. stip.:* v. Ostdorf. — M. a. 12. Aug. 90. *MFAMag.:* Balingensis. — *Jan. 92 nach Graz verschickt.*
57. B. a. 5. April 87 (Hirsaug.). — Stip. 2. Dez. 87. *Alb. stip.:* Wörle. — M. a. 25. Febr. 90. *MFAMag.:* Urachius praefecturae Vahingensis. — *April 91 Präceptor in Murrhart.*
58. B. a. 5. April 87 (Hirsaug.). — Stip. Okt. 88. — M. a. 12. Aug. 90. — *Jan. 95 medicus factus est. — Vgl. 231,67.*

59. Joannes Capell Etschaimensis (1. Aug.).
60. Georgius Beumlerus Herrenbergensis (1. Aug.).
61. Paulus Parsimonius Hirschauensis (1. Aug.).
62. Bernhardus Bentz Kaltwestensis (1. Aug.).
63. Joannes Engelhardus Leomontanus (3. Aug.).
64. Tobias Lother Augustanus (4. Aug.).
65. Joannes Georgius Magnus Augustanus (4. Aug.).
66. Joannes Bering Phorcensis (5. Aug.).
67. Christophorus Sicherer Eslingensis (13. Aug.).
68. Joannes Huldenreich (14. Aug.).
69. Andreas Stephanus Donowertanus (15. Aug.).
70. Cornelius ab Oed Austrius (23. Aug.).
71. Burchardus Clammer Saltzburgensis (23. Aug.).
72. Wolffgangus Erenricus Jagenreutter Austrius (23. Aug.).
73. Joannes Wuestholtzius Breitingensis (23. Aug.).
74. Balthasar Stenglin von Larchingen (23. Aug.).
75. Marcus Pennerus Gamundianus (5. Sept.).
76. Heinricus Hermannus Eslingensis (9. Sept.).
77. Joannes Schab Spirensis (13. Sept.).
78. Mattheus Daniel Nithardus Augustanus (13. Sept.).
79. Sebastianus Antonius Nithardus Augustanus (13. Sept.).
80. Philippus Leius Krailshaimensis (17. Sept.).
81. Casparus Ziegler Krailshaimensis (17. Sept.).
82. Enoch Hutzingus Dantiscanus (20. Sept.).

---

59. B. a. 5. April 87 (Hirsaug.). — Stip. 2. Dez. 87. *Alb. stip. u. MFA.:*
v. Ötisheim. — M. a. 6. Aug. 89. — *April 91 Präzeptor in Bebenhausen.*

60. B. a. 5. April 87 (Hirsaug.). — Stip. Okt. 88. *Alb. stip.:* Bömler. —
M. a. 12. Aug. 90. — *Okt. 93 Präzeptor in Alpirsbach.*

61. B. a. 27. März 88 (Hirsaug.). — Stip. 30. Dez. 88. — *Jan. 92 Provisor in Weinsberg.*

62. B. a. 27. März 88. — M. a. 10. Febr. 91.

63. B. a. 25. Sept. 88. — M. a. 10. Febr. 91. — *Vgl. 224,19.*

64. B. a. 5. April 87. — M. a. 5. Febr. 89. *MFABacc. u. Mag.:* Lotharius.
— Dr. theol. 10. Nov. 12. *Theol.:* ecclesiae collegiatae Stutgardianae ecclesiastes.

65. B. a. 27. März 88. — M. a. 12. Aug. 90.

67. B. a. 5. April 87. — M. a. 5. Febr. 89.

73. B. a. 27. Sept. 87. — M. a. 6. Aug. 89. *MFABacc. und Mag.:*
Oringensis. — *Vgl. 214,69.*

76. B. a. 25. Sept. 88. — M. a. 12. Aug. 90. — *Vgl. 231,68.*

80. M. a. 14. Febr. 88.

83. Sambson Sturtz Bockenhaimensis Westriacus (21. Sept.).
84. Laurentius Fabritius Stutgardianus (23. Sept.).
85. Fridericus Braunbaum Phafenhofensis (23. Sept.).
86. Joannes Riegker Schorndorfensis (23. Sept.).
87. Balthasarus Ölhaintz Beblingensis (23. Sept.).
88. Andreas Weinhardt Kirchensis (23. Sept.).
89. Philippus Heerbrandus Haganoënsis (23. Sept.).
90. Casparus Ens Lorchensis (23. Sept.).
91. M. Cosmas Vackius Flensburgensis Holsatus (26. Sept.).
92. Georgius Titus Marquardus Summeracensis (26. Sept.).
93. Sebastianus Seuerus Vaihingensis (27. Sept.).
94. Ehrenfridus Genslinus Balingensis (27. Sept.).
95. Jacobus Lorhardus Minsingensis (27. Sept.).
96. Jacobus Maierus Nürtingensis (27. Sept.).

---

84. B. a. 5. April 87 (Bebenhus.). *MFABacc.:* Laur. Schmidlin. — Stip. 14. Mai 89. *Alb. stip.:* Uracensis. — *Ist Okt. 92 nach Österreich gezogen, um ein Pädagogium anzunehmen.* — Lic. iur. 10. Okt. 99.

85. B. a. 5. April 87 (Bebenhus.). — Stip. Okt. 88. *Alb. stip.:* Braunbaum v. Pfaffenhofen. — M. a. 12. Aug. 90. *MFAMag. (von des Crusius Hand):* Defecit postea ad Calvinistas Heidelbergae, apud quos 1598 mortus est. — *Ist Jan. 93 abtrünnig und meineidig worden und gen Heidelberg zu den Calvinisten geloffen.*

86. B. a. 5. April 87 (Bebenhus.). — Stip. 14. Mai 89. — *Jan. 92 Provisor in Tübingen.* — M. a. 16. Febr. 92.

87. B. a. 5. April 87 (Bebenhus.). *MFABacc.:* Elenheintzius. — Stip. 14. Mai 89. — M. a. 11. Aug. 91. — *April 95 Diakonus in Sindelfingen.*

88. B. a. 5. April 87 (Bebenhus.). *MFABacc.:* Andr. Weinlandus Ombdensis. — Stip. Juli 90. *Alb. stip.:* A. Weinland v. Kirchen. — M. a. 12. Febr. 92. — *Okt. 96 Diakonus in Winterbach.*

89. B. a. 5. April 87 (Bebenhus.). *MFABacc.:* Hagaënsis. — Stip. Okt. 88. — M. a. 12. Aug. 90. — *April 95 propter dissolutos mores rejiciert.*

90. B. a. 5. April 87 (Bebenhus.). — Stip. 14. Mai 89. — *April 91 excessit e stipendio.*

93. B. a. 27. Sept. 87 (Herrenalb.). — Stip. 14. Mai 89 (Bebenhus.). *Alb. stip.:* Seyfferus. — M. a. 10. Febr. 91. — *Jan. 93 Diakonus in Haiterbach.*

94. B. a. 27. Sept. 87 (Herrenalb.). — Stip. 8. Sept. 89. — M. a. 16. Febr. 92. — *Ist Frühjahr 95 propter morbum gnädig dimittiert worden.* — Vgl. 227,62.

95. B. a. 27. Sept. 87 (Herrenalb.). — Stip. 14. Mai 89. — M. a. 12. Aug. 90. — Rep. dialecticus. — *April 94 physicus professor zu Durlach.* — Vgl. 226,38.

96. B. a. 27. Sept. 87 (Herrenalb.). — Stip. Juli 90. *Alb. stip.:* v. Stuttgart. — *Okt. 91 wegen eines bewussten bösen delicti exkludiert.*

97. Philippus Hailandus Tubingensis (13. Okt.).
98. Mattheus Hofstetter Landtspergensis (18. Okt.).

206. Sub rectura clarissimi viri dom. D. **Jacobi Heerbrandi**
a festo div. Luc. a. 1586 usque ad festum div. Phil. et Jac. a. 1587:

1. Sebastianus Bohemus Mörstettensis (25. Okt.).
2. David Rungius Pomeranus (26. Okt.).
3. Melchior Bonacker Vracensis (2. Nov.).
4. Joannes Ludwig Dögker Vracensis (2. Nov.).
5. Adamus Vinmannus Luneburgensis (4. Nov.).
6. Benedictus Zedelius Öringensis (10. Nov.).
7. Joannes Thomas a Braitten Landenbergensis (11. Nov.).
8. Joannes Wilhelmus a Gemmingen (12. Nov.).
9. Christophorus Erberman Neapolitanus (12. Nov.).
10. Ulricus Hirschmann Schorndorffensis (14. Nov.).
11. Joannes Casimirus Wurmrauscher a Frawenberg (14. Nov.).
12. Joannes Ludovicus Binder nomen suum iterum est professus (15. Nov.).
13. Alexander Hohenbuch Vangio (15. Nov.).
14. Lambertus Norttanus Lubecensis (15. Nov.).
15. Wernerus Bontius Spirensis (16. Nov.).
16. Joachimus Bayr Nördlingensis nomen suum iterum est proféssus (18. Nov.).
17. Erhardus Müller Schleusingensis (18. Nov.)..
18. Joannes Krenhüeber Petersdorffensis (19. Nov.).

------

97. Stip. Okt. 86 (ex Auracensi paedagogio). — B. a. 27. März 88. — M. a.
25. Febr. 90. *MFAMag.*: Georgius Phil. Haylandus. — Rep. rhetoricus. —
Jan. 94 Subdiakonus in Göppingen.

98a. *Alb. stip. u. MFA.*: Johannes Schlayss von Senstetten. — Stip.
14. Febr. 87. — B. a. 5. April 87. — M. a. 5. Febr. 89. — *April 93 Diakonus in*
Dettingen unterm Schlossberg.

1. Stip. 24. Mai 88. *Alb. stip.*: Seb. Behem v. Mörstetten. — B. a.
8. April 90. — *Jan. 95 Provisor in Reichenweier.*
2. Stip. Okt. 86. *Alb. stip.*: Gribswaldensis, hospes stipendii. — M. a.
22. Febr. 87. — *April 89 cum gratia dimissus.*
3. B. a. 27. März 88. — M. a. 25. Febr. 90.
4. B. a. 27. März 88. — M. a. 10. Febr. 91. *MFABacc. u. Mag.*: Daickher.
12. *Vgl. 186,49.* — Dr. iur. utr. 25. Sept. 87.
16. *Vgl. 200,79.*
17. B. a. 17. März 88. — M. a. 3. Febr. 94. *MFABacc. u. Mag.*: Mylius.
18. B. a. 8. April 90. *MFABacc.*: Joh. Krenhuberus Austriacus.

19. Melchior Pädopater Witzenhusanus Hassus (23. Nov.).
20. Ludovicus Mor Marpurgensis (23. Nov.).
21. Georgius Bernhardus Reihing Esslingensis (2. Dez.).
22. David Regulus Villinger Vlmensis (7. Dez.).
23. Bartholomeus Sack Silesius (12. Dez.).
24. Joannes Schmidlapp Schorndorffensis nomen suum iterum est professus (14. Dez.).
25. Christophorus Hecht Vaihingensis (19. Dez.).
26. Jacobus Breuning Esslingensis (28. Dez.).
27. Pomponius Ellama bibliopola (30. Dez.).

1587.

28. Joannes Georgius Hamberger Tubingensis (7. Jan.).
29. Joannes Hiemer Tubingensis (10. Jan.).
30. Joannes Vogelius Hollenbachensis (18. Jan.).
31. Georgius Spiegel Danus (30. Jan.).
32. Vitus Ulricus Truchsess ab Hennenberg (30. Jan.).
33. Joannes Conradus Zinnius Öringensis (30. Jan.).
34. Andreas Guntershaimer Friburgensis (30. Jan.).
35. Michael Molitor Schwenningensis (31. Jan.).
36. Joannes Jacobus Aulberus Stutgardianus (15. Febr.).
37. Joannes Christophorus Mauss Stockachensis (18. Febr.).
38. Joannes Minderer Osswilensis (1. März).
39. M. Osswaldus Heberlin Rauenspurgensis nomen suum iterum indicavit (7. März).
40. Balthasar Eberhardus Herbrechtingensis (8. März).
41. Joannes Greiss Nöllingensis (8. März).

. *Vgl. 221,40.*
. *Vgl. 196,20.* — Dr. iur. utr. 25. Sept. 87.
. B. a. 19. März 89. — M. a. 10. Febr. 91.
. B. a. 24. Sept. 89. — Dr. med. 10. Okt. 99.
20/38. Stip. 14. Jan. 87 (14. anno aet.). — B. a. 25. Sept. 88. — M. a. 10. Febr. 91. — *Jan. 95 Vikar in Waiblingen.*
B. a. 27. Sept. 87. — M. a. 6. Aug. 89.
Dr. iur. utr. 17. Okt. 94.
33. *Vgl. 195,94.* — Dr. med. 22. Sept. 89.
39. B. a. 27. März 88. — Stip. 14. Mai 89 (Maulbronn). *Alb. stip.:* Herbertingensis. — M. a. 10. Febr. 91. — *Ist April 93 zum Grafen von Erbach kommen.*
41. B. a. 27. März 88. — Stip. 14. Mai 89 (Maulbronn). *Alb. stip.:* von Nellingen. — M. a. 2. Aug. 92. — *Juli 95 Diakonus in Pfullingen.*

42. Michael Kleber Gretzingensis (8. März).
43. Daniel Heinricus Kirchensis (8. März).
44. Matthias Rollin (!) Bietigkeimensis (8. März).
45. Martinus Schnuppius Sinstettensis (8. März).
46. Joannes Ehinger Stutgardianus (8. März).
47. Joannes Kless Knittlingensis (8. März).
48. Fabianus Schroppius Regiofontanus (8. März).
49. Joannes Rodolphus Fabii a Praepositis Rhetus Curiensis (8. März).
50. Joannes Murarius Reuttlingensis (18. März).
51. M. Ludovicus Vogelweid Reuttlingensis nomen suum iterum est professus (18. März).
52. Jodocus Jungius Esslingensis (18. März).
53. Hieronymus Theodoricus Augustanus (26. März).
54. Lazarus Piscator Regiomontanus (26. März).
55. Erhardus Bechmannus Swinfortensis (26. März).
56. Antonius de Saumaire Burgundus (27. März).
57. Joannes Rodolphus Mögling Tubingensis (27. März).
58. Ulricus Glück Offenhausensis (1. April).
59. Joannes Münster Hailpronnensis (1. April).

---

42. B. a. 28. März 88. — Stip. 6. Okt. 88 (Maulbronn.). — M. a. 10. Febr. 91. — *Juli 96 Pfarrer in Möckmühl.*

43. B. a. 27. März 88. *MFABacc.:* Kirchensis Tecc. — Stip. Okt. 88 (Maulbronn.). — M. a. 12. Aug. 90. — *Juli 93 Diakonus in Neuenstadt; er trat aber nach Binder sein Amt nicht an.* — Dr. med. 17. Okt. 94.

44. B. a. 27. März 88. — Stip. Okt. 88 (Maulbronn.). *Alb. stip. u. MFA.:* Köllin. — M. a. 12. Aug. 90. — *April 92 Präzeptor zu Blaubeuren.*

45. B. a. 27. März 88. — Stip. 8. Sept. 89 (Maulbronn.). *Alb. stip. u. MFA.:* M. Schropp v. Sönstetten. — *April 91 excessit e stipendio.*

46. B. a. 25. Sept. 88. — Stip. 14. Mai 89 (Maulbronn.). — *Jan. 90 Collaborator in Tübingen.*

47. B. a. 25. Sept. 88.

50. B. a. 19. März 89. — M. a. 10. Febr. 91. *MFABacc. und Mag.:* Gomeringensis.

51. Vgl. *192,84.*

52. B. a. 19. März 89. *MFABacc.:* Junius. — M. a. 10. Febr. 91. *MFA.-Mag.:* Jacobus Jungius.

53. B. a. 27. Sept. 87. — M. a. 14. Aug. 88.

55. B. a. 27. Sept. 87. — M. a. 14. Aug. 88.

57. B. a. 25. Sept. 88. — M. a. 12. Aug. 90. — Dr. med. 17. Okt. 94.

58. B. a. 25. Sept. 88. — M. a. 10. Febr. 91.

59. B. a. 19. März 89. — M. a. 10. Febr. 91.

60. Caspar Hauserus Remingsheimensis (7. April).
61. Christophorus Leibfrid Herbipolensis (9. April).
62. Joannes Hippolitus, Brentius Tubingensis (15. April).
63. Michael Hoppff Rotenburgo Tuberanus (15. April).
64. Laurentius Segnitz Kittingensis (22. April).
65. Christophorus Körner Halensis (23. April).
66. Joannes Georgius Phrysius Vlmensis (23. April).
67. Antonius Hinderoffen a Genua (25. April).
68. Marcus Neu Göppingensis (26. April).
69. Matthaeus Gloning Augustanus (28. April).
70. Jacobus Killinger Dinckelspühlensis (30. April).

207. Sub rectura clarissimi viri dom. D. **Joannis Hochmanni** a festo div. Phil. et Jac. usque ad festum div. Luc. 1587:

1. Andreas Ziegler Merchingensis (3. Mai).
2. Sebastianus Mylius Gronstadianus Vangio (5. Mai).
3. Adam Sedelmaier Halensis (8. Mai).
4. Joannes Wilhelmus a Lawenberg (8. Mai).
5. Joannes Holl Augustanus (8. Mai).
6. Jonas Eccardus Augustanus (8. Mai).
7. Joannes Wolffgangus Sysser Grienbergensis (16. Mai).
8. Statius Borcholdt Saxo (17. Mai).
9. Jacobus Bernheuser Stutgardianus (18. Mai).
10. Josephus Parsimonius Hirsawensis (18. Mai).

---

60. B. a. 28. Sept. 91 (Maulbronn.). — Stip. Jan. 98. — M. a. 13. Febr. 95. — *Jan. 98 Diakonus in Balingen.*

62. B. a. 19. März 89. — M. a. 11. Aug. 91.

63. B. a. 27. Sept. 87.

64. B. a. 25. Sept. 88.

66. B. a. 27. Sept. 87. — M. a. 6. Aug. 89. *MFABacc. u. Mag.; Frisius.*

68. B. a. 27. Sept. 87. — M. a. 6. Aug. 89. — Dr. iur. utr. 20. Febr. 98.

70. B. a. 27. März 88. — M. a. 6. Aug. 89.

70a. *MFABacc. und Mag.:* Alexius Eggerus Lindauiensis. — B. a. 27. März 88. — M. a. 12. Aug. 90.

2. Dr. med. 25. Sept. 87.

5. B. a. 27. Sept. 87. — M. a. 5. Febr. 89.

6. B. a. 27. Sept. 87. — M. a. 12. Aug. 90.

9. B. a. 27. Sept. 87 (Hirsaug.). — Stip. Okt. 88. — M. a. 11. Aug. 91. — *April 93 Diakonus in Ebingen.*

10. B. a. 27. März 88. — Stip. 30. Dez. 88. — M. a. 10. Febr. 91. — *April 94 Pfarrer in Liebenstein.*

11. Daniel Krafft Vaihingensis (18. Mai).
12. Conradus Haselmaier Canstadiensis (18. Mai).
13. Bartholomaeus Eberhard Nürttingensis (18. Mai).
14. Samuel Melter Dornstettensis (18. Mai).
15. Ezechias Thaurinus Henschicheimensis (18. Mai).
16. Joanes Joachimus a Zintzendorff liber haro (21. Mai).
17. Melchisedech Pontanus praeceptor eius iterum se indicavit (21. Mai).
18. Sigismundus Kalber Tubingensis (22. Mai).
19. Christophorus Sautter Lindauiensis (22. Mai).
20. Balthasar Haffner Monacensis (29. Mai).
21. Matthias Ehinger Stutgardianus (29. Mai).
22. Paulus Bronner Memmingensis (29. Mai).
23. Sebastianus ab Hatzfeldt (29. Mai).
24. Marsilius a Ryd (29. Mai).
25. Fridericus a Reyffenberg (29. Mai).
26. Adamus Weho Bubardrensis horum praeceptor (29. Mai).
27. M. Josephus Hettlerus se iterum indicavit (29. Mai).
28. Joannes Wolffart Lischwitzensis ⎫
29. Laurentius Classen von Werlitz   ⎪
30. Joannes Daus von Salmünster   ⎬ typographi (5. Juni).
31. Bastin Keßner von Großenwäler   ⎪
32. Erasmus Herz von Starrenberg (6. Juni). ⎭

---

11. B. a. 27. Sept. 87 (Hirsaug.). — Stip. 3. Sept. 89. *Alb. stip. auch:* David Kraft. — M. a. 11. Aug. 91. — *Juli 92 Präseptor zu Maulbronn.*

12. B. a. 27. Sept. 87 (Hirsaug.). — Stip. 14. Mai 89. — M. a. 11. Aug. 91. — *Okt. 95 Diakonus in Unteröwisheim.*

13. B. a. 27. Sept. 87 (Hirsaug.). — Stip. 14. Mai 89. — M. a. 10. Febr. 91. — *Juli 92 Präseptor in Hirsau.*

14. *MFA. u. Alb. stip.:* Salomon Molitor v. Dunstetten. — B. a. 27. Sept. 87 (Hirsaug.). — Stip. Juli 90. — M. a. 2. Aug. 92. *MFAMag.:* Dornstettensis. — *Jan. 95 Vikar in Böblingen; dann wieder im Stip.; wird April 96 in Alsatiam promoviert; April 97 Diakonus in Kirchheim.*

17. Vgl. 195,26.

19. B. a. 27. März 88. — M. a. 12. Aug. 90.

20. Stip. Juli 87 (e paedag. Stutgard.). — B. a. 25. Sept. 88. — *Wird Jan. 92 dimittiert.*

21. Stip. Juli 87 (e paedag. Stutgard.). — B. a. 19. März 89. — *Jan. 90 Collaborator in Cannstadt.*

22. B. a. 27. Sept. 87. *MFABacc.:* Prummerus. — M. a. 5. Febr. 89. — *Vgl. 217,58.*

27. Vgl. 184,9. — Dr. iur. utr. 25. Sept. 87.

33. Andreas Tallinger famulus.(6. Juni).

34. Henricus Frey Halensis nomen suum iterum indicavit (8. Juni).

35. Joannes Conradus Schwartzbalg Argentinensis (16. Juni).

36. Hermannus a Pendlinck Westphalus (22. Juni).

37. Leonhardus Braitschwert Backnangensis (22. Juni).

38. Georgius Ulricus ⎫
39. Ludovicus Ernestus ⎰ a Welwart fratres (22. Juni).

40. Joannes Jacobus Niethamer nomen suum iterum est professus (29. Juni).

. Martinus Conradus Werobernensis Francus (5. Juli).

41. Christophorus Cratzerus Gaildorffensis (6. Juli).
43. Joannes Dirr Stutgardianus (11. Juli).

44. Nicolaus Moritz Labacensis (19. Juli).

Arbogastus a Rechperg (21. Juli).

. Conradus Heller Stutgardianus (21. Juli).

45. Josephus Saltzstetter Fegkelbergensis (31. Juli).
48. Conradus Siluius Mompelgardensis (1. Aug.).

49. Fridericus Maier Tubingensis (1. Aug.).

50. Christophorus Ortholff Uracensis (7. Aug.).

51. Christophorus Spitzmacher Augustanus (7. Aug.).

52. Nicolaus Müllerus Schlesingensis (9. Aug.).

53. Joannes Fridericus Regulus iterum se indicavit (15. Aug.).

54. Gotfried Zoch Oetingensis (15. Aug.).

55. Joannes Thyrsellus ⎫
56. Albertus Marllardus ⎰ Mompelgardenses (21. Aug.).

---

34. Vgl. 204,21.
40. Vgl. 160,66.
41. B. a. 27. Sept. 87. — M. a. 5. Febr. 89. *MFABacc. u. Mag.:* Mönobernenensis Franco.
43. B. a. 19. März 89. *MFABacc.:* Dürr.
44. Stip. Tiffernit. Juli 87. *Alb. stip.:* Nicol. Wuritsch. — B. a. 25. Sept. 88. *MFABacc.:* N. Wuritsch Croata Wuccouskhiensis. — M. a. 11. Aug. 94. — *Ist April 95 in patriam zum ministerio vociert worden.*
48. Stip. 30. Juli 87. *Alb. stip.:* Gerhardus Sylvius. — *Okt. 90 exkludiert.*
49. B. a. 8. April 90. — M. a. 5. Sept. 93.
50. Stip. 5. Aug. 87. *Alb. stip.:* Ortholph. — B. a. 25. Sept. 88. — M. a. 10. Febr. 91. — *April 95 Präseptor in Hirsau.*
52. B. a. 27. März 88. — M. a. 25. Febr. 90. *MFABacc. u. Mag.:* Mylius.
55. Stip. 20. Aug. 87. *Alb. stip.:* v. Blamont. — B. a. 25. Sept. 88. — *Juli 90 exclusus, Okt. 90 in gratiam receptus est; April 91 denuo exclusus.*
56. Stip. 20. Aug. 87. *Alb. stip.:* Maylardus. — B. a. 25. Sept. 88. *MFA.-Bacc.:* Mahiliardus. — *April 93 gen Blamont promoviert.*

57. Gerardus Fograndus   ⎫
58. Daniel Simonius   ⎬   Mompelgardenses (21. Aug.).
                       ⎭

59. Joannes Fridericus Florus Argentinensis (21. Aug.).
60. Joannes Vlricus Ecker Lindauiensis (23. Aug.).
61. Sigismundus Haffnerus Spirensis (30. Aug.).
62. Enoch Legner Wetoffensis (31. Aug.).
63. Jacobus Grienthaler Lincensis (31. Aug.).
64. Michael Beer Graecensis (31. Aug.).
65. Michael Hubner Welsensis (31. Aug.).
66. Henricus Seuboldt Halensis (5. Sept.).
67. Georgius Gerlachius Tubingensis (8. Sept.).
68. Joannes Wolbertus Worsati Saxo (9. Sept.).
69. Ciriacus Dreer Biitigkheimensis (!) (13. Sept.).
70. Laurentius Eplin Windlingensis (13. Sept.).
71. Jacobus Kupfferschmid Nusdorffensis (13. Sept.).
72. Joannes Jacobus Laher Nuffingensis (13. Sept.).
73. Casparus Eysendrucker Nürttingensis (13. Sept.).
74. Christophorus Daumiller Dettingensis (13. Sept.).
75. Michael Mögelin Sindelfingensis (13. Sept.).

----

57. Stip. 20. Aug. 87. *Alb. stip.:* Georgus Feurandus. — B. a. 24. Sept. 89. *MFABacc.:* Feyrandus. — *Okt. 91 im Herrn verschieden.*

58. Stip. 23. Febr. 89. — B. a. 8. April 90. — *Ist Juli 93 gen Blamont zur Schul gebracht worden.*

59. B. a. 8. April 90. — Stip. Tiffernit. Jan. 91. — *April 92 wieder in patriam gezogen.*

60. B. a. 19. März 89.

66. *Vgl. 211,78.*

69. B. a. 27. März 88. — Stip. Juli 90 (Bebenhus.). — M. a. 16. Febr. 92. — *Ist April 93 dem jungen Herrn von Mömpelgart zu einem praeceptori verordnet worden.*

70. B. a. 27. März 88. — Stip. Juli 90 (Bebenhus.). *Alb. stip. u. MFA.:* v. Wendlingen; *Alb. stip. auch:* Johannes E. — *Jan. 92 praeceptor nobilium adolescentium zu Awe.* — M. a. 16. Febr. 92.

71. B. a. 25. Sept. 88. — Stip. 16. Febr. 91 (Bebenhus.). — M. a. 5. Sept. 93. — *April 97 Pfarrer in Langenbrand.*

72. B. a. 25. Sept. 88. — Stip. Juli 90 (Bebenhus.). *Alb. stip.:* von Nufringen. — M. a. 2. A ç. 92. — *Okt. 96 Diakonus in Ebingen.*

73. B. a. 27. März 88. — Stip. Juli 90 (Bebenhus.). — M. a. 16. Febr. 92. — *Okt. 93 Präzeptor in St. Georgen.*

74. B. a. 25. Sept. 88. *MFABacc.:* Tauumiller. — Stip. Juli 90 (Bebenhus.\

75. B. a. 27. März 88. — Stip. 16. Febr. 91 (Bebenhus.). *Alb. stip.:* Mägelin. — M. a. 21. Febr. 93. — *Okt. 96 Diakonus in Nagold.*

76. Jacobus Lutz Göppingensis (13. Sept.).
77. Mathias Hager Lindaviensis (26. Sept.).
78. Christophorus Wilhelmus a Stokingen (28. Sept.).
79. M. Thomas Metzgerus Laupheimensis (28. Sept.).
80. Jacobus Haman Ratisbonensis (2. Okt.).
81. Joannes Keppler Leomontanus (5. Okt.).
82. Georgius Molitor Windensis (5. Okt.).
83. Joannes Ulricus Holp Leobergensis (5. Okt.).
84. Joannes Fabri Tubingensis (5. Okt.).
85. Georgius ⎱ a Schulnburg fratres (11. Okt.).
86. Leopoldus ⎰
87. Balthasar a Seiden praeceptor (11. Okt.).
88. David Zappff von Driepolſchwalden famulus (11. Okt.).
89. Joannes Waltherus a Lindenfels (11. Okt.).
90. Hieronymus Wegkerlin Dinkelspülhensis (11. Okt.).
91. Joannes Rupertus Flaismann Phortzensis (13. Okt.).
92. Christophorus Brentius Tubingensis (13. Okt.).
93. Joannes Georgius Biderman Erigensis (14. Okt.).
94. Joannes Wedemhoffen Lubeccensis se iterum indicavit (16. Okt.).
95. Franciscus Brackelmannus Lubeccensis (16. Okt.).
96. M. Jacobus Backmarstius Rostochiensis (16. Okt.).
97. Ludovicus Schropperus (17. Okt.).

—— — ———

76. B. a. 27. März 88. — Stip. 14. Mai 89 (Bebenhus.) — M. a. 10. Febr. 91.
— *Juli 91 Präzeptor in Adelberg.*
77. B. a. 19. März 89. — M. a. 21. Febr. 93.
81. B. a. 25. Sept. 88. — Stip. 3. Sept. 89 (Maulbronn.). — M. a. 11. Aug. 91.
— *Ist April 94 gen Gratz professionem mathematicam daselbsten anzunehmen
mit gnädiger Erlaubnis gezogen.*
82. B. a. 25. Sept. 88. — Stip. Juli 90 (Maulbronn.). — M. a. 16. Febr. 92.
— *Jan. 95 Vicarius Wilensis; Juli 95 Diakonus in Haiterbach.*
83. B. a. 25. Sept. 88. — Stip. Juli 90 (Maulbronn.). — M. a. 16. Febr. 92.
— *Juli 96 gen Neidlingen promoviert.*
84. B. a. 25. Sept. 88. — Dr. med. 19. Dez. 93. — *Vgl. 231,61.*
87. Dr. iur. utr. 22. Sept. 89. *Jur.:* Balth. a Senden Saxo.
92. B. a. 16. Sept. 90. — Dr. iur. utr. 27. April 97.
94. Vgl. 195,97.
97 a. Alb. stip.: Theodorus Fynsamer von Creueldt hospes stipendii
10. Dez. 87. — *Okt. 88 cum gratia in patriam dimittiert.*
97 b. MFAMag.: Christophorus Fridericus Ramminger Studtgardianus,
M. a. 25. Febr. 90.

208. Sub rectura clarissimi viri dom. D. **Georgii Hambergeri**
a festo div. Luc. a. 1587 usque ad festum div. Phil. et Jac. a. 1588:

1. Balthasar Nössler Meningensis (22. Okt.).
2. Matthias Kleman von der Mittweid in Misnia (22. Okt.).
3. Jacobus Koberus Öffingensis (24. Okt.).
4. Joannes Petri natione Suecus (25. Okt.).
5. Wolffgangus Scholl Uracensis (29. Okt.).
6. Eberhardus baro in Rappolstein (30. Okt.).
7. Joannes Sigismundus Mendel a Steinfels Hoffmeister iterum
   professus est nomen (30. Okt.).
8. Mattheus Robertus Lotharingus praeceptor (30. Okt.).
9. Egenolphus von Girsberg famulus (30. Okt.).
10. Wendelinus Junius (!) Wickeranus iterum professus est nomen
    (31. Okt.).
11. David Megerle Tubingensis (1. Nov.).
12. Joannes Mütschelius Stutgardianus (3. Nov.).
13. Joannes Jacobus Wernerus Phortzemius (5. Nov.).
14. Casparus a Kienburg Styrus (7. Nov.).
15. Joannes Marckius Weilheimensis (10. Nov.).
16. Tobias Hessus Noricus (12. Nov.).
17. Joannes Mülhöltzer Noricus (12. Nov.).
18. Casparus a Stein a Reichenstein (12. Nov.).
19. Felix Welperus Larensis iterum professus est nomen (12. Nov.).
20. Matthias Welperus Larensis (12. Nov.).
21. David Stadmannus Halensis Suevus (12. Nov.).
22. Nicolaus Regius Imonaetanus (14. Nov.).
23. David Baumannus Augustanus (14. Nov.).
24. Christophorus Meyr Stutgardianus (14. Nov.).
25. Antonius Scheltzius Reuttlingensis (15. Nov.).

---

5. B. a. 19. März 89. — M. a. 10. Febr. 91.

7. *Vgl. 199,19.*

10. *Vgl. 198,129.*

11. B. a. 8. April 90. *MFABacc.:* Megerlin. — M. a. 16. Febr. 92. —
Dr. iur. utr. 20. Febr. 98.

13. B. a. 24. März 91. — M. a. 3. Febr. 94.

15. B. a. 25. Sept. 88. — M. a. 12. Aug. 90. *MFABacc. u. Mag.:* Mack.

16. Dr. iur. utr. 10. Mai 92.

21. *Vgl. 204,47.* — B. a. 27. März 88. — M. a. 6. Aug. 89.

22. B. a. 27. März 88. *MFABacc.:* Ilmenaitanus. — M. a. 6. Aug. 89.
MFAMag.: Ilmenas Hennenbergius.

26. Joannes Ritter Schleusingensis (15. Nov.).
27. Joannes Matt Esslingensis (16. Nov.).
28. Paulus Laurentius Pfreinder a Bruck (29. Nov.).
29. Marcus Dolmetsch Schorndorffensis (29. Nov.).
30. Martinus Hartungus Kittingensis (2. Dez.).
31. Fridericus Cremerus Canstadiensis (4. Dez.).
32. Joannes Ludovicus Steng Tuttlingensis (7. Dez.).
33. Georgius Schuckanus Rhoetus Curiensis (7. Dez.).
34. Joannes Schellhans Creutzburgensis (12. Dez.).
35. Michael } Ellysius Transylvani (15. Dez.).
36. Franciscus
37. Isaac Waradius Transylvanus Gladiapolitanus (15. Dez.).
38. Raphael Hauuenreütter Graezensis (16. Dez.).

1588.

39. Fridericus Lindenfels Vracensis (13. Jan.).
40. Joannes Bartholomeus Hetlerus Tubingensis (15. Jan.).
41. Zacharias Ezelius Marbacensis (21. Jan.).
42. David Kircher
43. Marcus Bechler } Augustanus (17. Febr.).
44. Philippus Mylius
45. Tobias Albeck Rudspergensis (28. Febr.).
46. Martinus Loch Jesingensis (28. Febr.).
47. Israel Moll Hambsheymensis (28. Febr.).
48. Georgius Treittwein Nirttingensis (28. Febr.).

---

26. B. a. 27. März 88.
27. B. a. 16. Sept. 90.
29. B. a. 19. März 89.
30. B. a. 8. April 90.
31. B. a. 19. März 89. — M. a. 10. Febr. 91. *MFAMag.:* Phorcensis.
38. B. a. 27. März 88. *MFABacc.:* Haunreutter.
39. B. a. 19. März 89. — M. a. 11. Aug. 91. — Lic. iur. 10. Okt. 99.
40. B. a. 28. Sept. 91. — M. a. 5. Sept. 93.
45. B. a. 25. Sept. 88. *MFABacc.:* Altbeck. — Stip. Juli 90 (Hirsaug.).
— M. a. 16. Febr. 92. — *Okt. 96 Diakonus in Mundelsheim.*
46. B. a. 25. Sept. 88. *MFABacc. u. Alb. stip.:* Locher. — Stip. Juli 90
(Hirsaug.). — M. a. 2. Aug. 92. *MFAMag.:* Isingokürchensis. — *Juli 96 Diakonus su Neuenstadt.*
47. B. a. 25. Sept. 88. — Stip. Juli 90 (Hirsaug.). *Alb. stip.:* v. Heymbsen.
— M. a. 16. Febr. 92. — *Juli 92 aus dem Stift rejiciert.*
48. B. a. 25. Sept. 88. — Stip. 10. Febr. 91 (Hirsaug.). *Alb. stip. u. MFA.:*
Treuttwein. — M. a. 5. Sept. 93. — *Jan. 95 Collaborator in Stuttgart.*

49. Joannes Schaubelius Soristettensis (28. Febr.).
50. Vitus Ludouici Pleidelsheymensis (28. Febr.).
51. Bernhardus Roller Wildbergensis (28. Febr.).
52. Abrahamus Mans Nirtingensis (28. Febr.).
53. Christophorus Koberus Bittendorffensis (28. Febr.).
54. Bartholomeus Sutor Neobergensis (28. Febr.).
55. Ulricus Pauli Dettingensis (28. Febr.).
56. Joannes Doldius Calebachensis (28. Febr.).
57. Bartholomeus Heck Weissachensis (28. Febr.).
58. Joannes Wielandus Nirttingensis (28. Febr.).
59. Joannes Hutzele Blauifontanus (28. Febr.).
60. Hieronymus Molitor Weilheimensis (28. Febr.).
61. Joannes Honoldus Weiblingensis (28. Febr.).

---

49. B. a. 25. Sept. 88. — Stip. Juli 90 (Hirsaug.). *Alb. stip. u. MFA.:*
v. Sönstetten. — M. a. 2. Aug. 92. — *April 94 in Ulm von einem Laden herab
su Tod gefallen.*

50. B. a. 25. Sept. 88. — Stip. 10. Febr. 91 (Hirsaug.). — M. a. 5. Sept. 93.
— *Jan. 97 Pfarrer in Flöslingen.*

51. B. a. 25. Sept. 88. — Stip. 10. Febr. 91 (Hirsaug.). — M. a. 21. Febr. 93.
— *Ist Jan. 97 Vikarius su Gelshausen geworden und daselbst gestorben.*

52. B. a. 25. Sept. 88. — Stip. 10. Febr. 91 (Hirsaug.). *Alb. stip. u. MFA.:*
Mantz. — M. a. 5. Sept. 93. — *Jan. 96 Pfarrer su Dettingen.*

53. B. a. 19. März 89 (Herrenalb.). — Stip. 10. Febr. 91. *Alb. stip. u.
MFA.:* v. Wittendorf. — M. a. 5. Sept. 93. — *April 95 dimittiert.*

54. B. a. 19. März 89 (Herrenalb.). — Stip. 10. Febr. 91. *Alb. stip.:* v.
Newenburg. — M. a. 2. Aug. 92. — *Jan. 94 Provisor in Stuttgart.*

55. B. a. 25. Sept. 88. — Stip. Juli 90 (Herrenalb.). *Alb. stip.:* v. Tettingen
under Urach. — M. a. 16. Febr. 92. — *Jan. 94 Präseptor in Herrenalb.*

56. B. a. 25. Sept. 88. *MFA Bacc.:* Kallenbachensis. — Stip. Juli 90
(Herrenalb.). *Alb. stip.:* v. Kalmbach. — M. a. 16. Febr. 92. — *Jan. 96 Diakonus in Tuttlingen.*

57. B. a. 25. Sept. 88. — Stip. Juli 90 (Herrenalb.). — M. a. 16. Febr. 92.
— *Juli 94 Präseptor su Alpirsbach.*

58. B. a. 25. Sept. 88. — Stip. 10. Febr. 91 (Bebenhus.). — M. a. 21. Febr. 93.
— *Juli 94 dimittiert aus dem Stift.*

59. B. a. 25. Sept. 88. *MFA Bacc.:* Kirchensis. — Stip. Juli 90. *Alb.
stip.:* Hutzelin v. Bl. — M. a. 12. Febr. 92. — Rep. musicus und Vicarius zu
Tübingen. — *Okt. 97 Diakonus in Brackenheim.*

60. B. a. 25. Sept. 88.

61. B. a. 19. März 89 (Maulbronn.). — Stip. Juli 90. — M. a. 16. Febr. 92
— Rep. hebreus. — *Jan. 97 Diakonus in Gröningen.*

62. Abrahamus Reiser Oberdunckensis (28. Febr.).
63. Vitus Woltz Backnangensis (28. Febr.).
64. Joannes Rendwick Ascanius (1. März).
65. Udalricus Broll iterum professus est nomen (1. März).
66. Joannes Bisinger Remingsheimensis (29. März).
67. Bartholdus Völger Suecus (1. April).
68. Urbanus Crusius Tubingensis (2. April).
69. Petrus Patiens Landauiensis (2. April).
70. Joannes Malleolus Hamelburgensis (11. April).
71. Christophorus Creilsheimer Strässensis (14. April).
72. Casparus Georgius Steinmüller Gertzensis (15. April).
73. Henricus Rymtisius Hamelensis Saxo (17. April).
74. Andreas Lay Lindauiensis (17. April).
75. Georgius Bosch Rossfeldensis (18. April).
76. Balthasar ⎫
77. Gebhardus ⎭ Mitschelius Nürtingenses (19. April).
78. Joannes Wilhelmus Fiess Tubingensis (19. April).
79. Simon Retter Hembaensis (21. April).
80. Philippus Jacobus Weihenmayr Lauinganus (21. April).
81. Casparus Lautenschlager Lauinganus (21. April).
82. Nicolaus Eberhardus Wincklerus iterum professus est nomen (22. April).
83. Erasmus Wincklerus Halensis (22. April).

— · — · — · · — · — —

62. B. a. 24. Sept. 89 (Maulbronn.). *MFABacc.*: Oberweldensis. — Stip. Juli 90. *Alb. stip.*: v. Oberthürcken. — M. a. 16. Febr. 92. — *April 97 Präzeptor in Calw.*
63. B. a. 25. Sept. 88.
66. B. a. 25. März 92 (Bebenhus.). — Stip. 23. Aug. 93. — M. a. 13. Aug. 95. — *April 99 Diakonus in Hornberg.*
68. B. a. 24. März 91. *MFABacc. [am Rand von der Hand des M. Crusius]*: † 8. Mai 1592 pie.
69. B. a. 19. März 89.
71. B. a. 25. Sept. 88. — M. a. 25. Febr. 90. *MFABacc. und Mag.*: Strassensis.
75. B. a. 24. März 91.
77. B. a. 8. April 90. *MFABacc.*: Mütschelin.
79. B. a. 25. Sept. 88. *MFABacc.*: Hembauiensis. — M. a. 6. Aug. 89. *MFAMag.*: Hembaccensis.
80. Vgl. *224,26.*
81. B. a. 25. Sept. 88. — M. a. 25. Febr. 90.
82. Vgl. *205,9.*

84: Joannes Hauff ⎱
85. Jacobus Weiss ⎰ Wendlingenses (26. April).

86. Hierimias Albernus Boppffingensis (26. April).
87. Laurentius Kelbling Bietigkheimensis (29. April).
88. Georgius Schapelerus Ulmensis (29. April).

89. Joannes Schwartz ⎱
90. Elias Scherlin ⎰ Rottwilanus (30. April).

91. Joannes Sigel Hilpenhusanus (30. April).
92. Sebastianus Sewfridt Nittlingensis (30. April).

209. Sub rectura clarissimi viri dom. M. **Georgii Liebleri** a festo div. ·Phil. et Jac. usque ad festum div. Luc. a. 1588:

1. Jacobus Micyllus Haidelbergensis (2. Mai).
2. Joannes Harprecht Walheimensis ⎱ iterum professi sunt nomina
3. Georgius Facundus Kirchensis ⎰　　　(3. Mai).
4. Georgius Rauus Lindauiensis (4. Mai).
5. Joannes Heinricus Schärtlin a Burtembach (6. Mai).
6. Elias Kock Gallus famulus Schärtlini (6. Mai).
7. Andreas Amptman Clagenfordensis (6. Mai).
8. Michael Mack Dinckelsbühelensis (7. Mai).
9. Conradus Unckel Coloniensis (11. Mai).
10. Martinus Gruelerus Wanckensis iterum professus est nomen (11. Mai).
11. Christophorus Schmidlinus Stutgardianus (11. Mai).
12. Balthasar Moser Tubingensis (11. Mai).
13. Joannes Wolfgangus Faut Stutgardianus (11. Mai).

---

84. B. a. 25. Sept. 88. *MFABacc.:* Nördlingensis.
85. B. a. 25. Sept. 88. *MFABacc.:* Nördlingensis. — *Vgl. 215,21.*
87. B. a. 8. April 90. — M. a. 2. Aug. 92.
88. B. a. 25. Sept. 88. — M. a. 25. Febr. 90.
92a. *MFABacc.:* Melchior Limnander Connstattensis, B. a. 25. Sept. 88.
92b. *MFABacc. und Mag.:* Joannes Vlricus Rentzius Weinspergensis, B. a. 24. Sept. 89. — M. a. 2. Aug. 92.

　2. *Vgl. 198,66.* — Dr. iur. utr. 22. Sept. 89.
　3. *Vgl. 196,8.* — Dr. iur. utr. 23. Febr. 91.
　7. B. a. 8. April 90. — M. a. 11. Aug. 91.
　10. *Vgl. 202,53.*
　11. B. a. 8. April 90. — M. a. 16. Febr. 92.
　12. B. a. 8. April 90. — M. a. 16. Febr. 92. *MFAMag.:* Stutgardianus.

14. Joannes Roslerus Stutgardianus (11. Mai).
15. Christophorus Spindler Labacensis Carniolanus (15. Mai).
16. Egenolphus Stebenhaber Memmingensis (20. Mai).
17. Marcus Cunileus Memmingensis (20. Mai).
18. Joannes Glattber Wildungensis Hassus (21. Mai).
19. Joannes Donsol Mömpelgartensis (21. Mai).
20. Christophorus Winther ex Palatinatu Norburgensium principum (21. Mai).
21. Andreas Scholl Tubingensis iterum est professus nomen suum (30. Mai).
22. Joannes Wegelin Augustanus (1. Juni).
23. M. Joannes Segnitius Kittingensis iterum indicavit nomen (2. Juni).
24. Joannes Burckhardus Schademan Lindauiensis (3. Juni).
25. Joannes Heinricus Stockheim Moguntinus (4. Juni).
26. Ulricus Schermar Ulmensis (4. Juni).
27. Melchior Seeman Cantharapolitanus (4. Juni).
28. Joannes Andreas Flussbart zum Dorff unðer Thal (7. Juni).
29. Hermannus Salburger Falckensteinensis (7. Juni).
30. Joannes David Hersdörffer a Matzeldorff (7. Juni).
31. Ludovicus Kalbruckius Leutzensis (7. Juni).
32. Joannes Sigismundus Luppius Memmingensis (9. Juni).
33. Hieremias Bechelius Augustanus (11. Juni).
34. Joannes Erhardus Schottenstonianus Francus (13. Juni).
35. Joannes Jacobus Gaiger Francisci Villanus (13. Juni).

---

14. B. a. 8. April 90. *MFABacc.*: Rösler. — M. a. 2. Aug. 92. — *Ist als* stud. iur. 6. Febr. 04 *von Marburg wieder kommen.* — Dr. iur. utr. 15. Mai 04.

15. Stip. Tiffernit. (supervacuarius) Juli 88 (15. anno aet.). — B. a. 19. März 89. — *Jan. 91 aus dem Stift entlassen.*

17. B. a. 25. Sept. 88. *MFABacc.*: Cunilaeus. — *Vgl. 217,8.*

18. Stip. 11. Mai 88. *Alb. stip.*: Joh. Glathar vou Wildungen. — B. a. 8. April 90. — *Ist Juli 93 nach Mömpelgart gezogen, allda um einen Dienst anzuhalten; wurde daraufhin exkludiert; März 96 wieder einige Tage hospes stipendii; darauf Diakonus zu Blaubeuren.*

19. Stip. Mai 88. *Alb. stip.*: Donsell *(auch* Denzelius). — *Juli 93 in patriam ad scholam promoviert.*

21. *Vgl. 193,98 u. 197,5.* — Dr. med. 10. Juli 88.

22. B. a. 25. Sept. 88. — M. a. 25. Febr. 90.

23. *Vgl. 189,91.* — Dr. iur. utr. 22. Sept. 89.

24. B. a. 8. April 90. *MFABacc.*: Scharmannus.

27. M. a. 12. Aug. 90.

33. B. a. 16. Sept. 90. — M. a. 21. Febr. 93.

36. Petrus Paulus Höchstetterus Tubingensis iterum indicavit nomen (17. Juni).
37. Jacobus Nortius Heidelsheimensis (22. Juni).
38. Adolphus Wernherus a Themar (29. Juni).
39. Joannes Ulricus Rentz Bartensteinensis (3. Juli).
40. Henricus Schröderius Lubeccensis, iterum professus est nomen (4. Juli).
41. Thobias Dauberus Illingensis (13. Juli).
42. Joannes Braunbom Pfaffenhovensis (15. Juli).
43. Lambertus Bohemus Rosenbronnensis inferioris Austriae (15. Juli).
44. Philippus Adamus ⎫
45. Joannes Adamus   ⎬ a Freiberg (20. Juli).
46. Georgius Adamus ⎭
47. Ferdinandus Leitwein famulus ipsorum (20. Juli).
48. Ludovicus Notnagelius Wertheimensis (22. Juli).
49. Martinus Solfleisch Altenburgensis, iterum professus est nomen (1. Aug.).
50. Martinus Neuberger Augustanus (1. Aug.).
51. Ludovicus Biberus Halensis (1. Aug.).
52. Wolfgangus Ronerus Ulmensis (1. Aug.).
53. Joannes Elsässer Ebingensis (5. Aug.).
54. Wolfgangus Kisel Ebingensis (5. Aug.).
55. Ulricus Pfeilsticker Lauffensis (6. Aug.).
56. Joannes Erhardus Cellius Tubingensis (15. Aug.).
57. Michael Wolffhartus Waiblingensis (17. Aug.).
58. Joannes Balthasarus Palm Schorndorffensis (18. Aug.).
59. Joannes Bayer Ulmensis (19. Aug.).
60. Peter Zinck von Franckfurt am Mayn (20. Aug.).

---

36. Dr. med. 10. Juli 88.
40. *Vgl. 199,71.* — Dr. med. 4. Sept. 88.
41. Stip. Dez. 88. — B. a. 19. März 89. — M. a. 11. Aug. 91. *MFAMag.:* Tauber *(am Rand)* organista. — Rep. logicus. — *Okt. 96 Diakonus in Herrenberg.*
42. *MFABacc.:* Bacc. Argentoratensis 30. Juli 88 receptus est.
.*48.* B. a. 8. April 90.
49. *Vgl. 201,34.* — M. a. 14. Aug. 88. — Dr. med. 14. Okt. 90. *Med.:* Aldenburgensis Misnicus. — *Liber decanatus fac. med.:* professorium munus adiit 165?, sed morte 1654 proventus decanatum subire nequiit.
56. B. a. 16. Sept. 90. — M. a. 2. Aug. 92.
57. B. a. 8. April 90. — M. a. 2. Aug. 92.
58. *Vgl. 224,22.*
59. B. a. 19. März 89. *MFABacc.:* Bavarus.

61. Hanß Schickhartt vonn Hoff im Voytlandt (20. Aug.).
62. Hanß Brieffer von Trier, alle drei Buchtruckergesellen bei Georgio Gruppenbach (20. Aug.).
63. Joannes Ruffius Memmingensis (21. Aug.).
64. Magnus Michael Memmingensis (21. Aug.).
65. Vitus Rhot Weissemburgensis Noricus (25. Aug.).
66. Joannes Burckhartus Weisemburgensis Noricus (25. Aug.).
67. Joannes Fleischmann Tumbacensis (26. Aug.).
68. Joannes Welserus Augustanus (27. Aug.).
69. Esaias Lotharius Augustanus (27. Aug.).
70. Joannes Kun Stutgardianus (28. Aug.).
71. Joannes Sorg Stutgardianus (28. Aug.).
72. Joannes Kauffman Nürtingensis ⎫
73. Blasius Grönerus Heidenheimensis ⎪ omnes ex
74. Georgius Hengher Tubingensis ⎪ monasterio
75. Joannes Ulricus Schnitzer Grüenenhausensis ⎬ Maulbrunnensi
76. Simon Murr Martbachensis ⎪ (29. Aug.).
77. Georgius Schroppius Regiofontanus ⎪
78. Michael Angelus Backnangensis ⎭
79. Ulricus Schönberger Backnangensis ex monasterio Albano (29. Aug.).

---

63. B. a. 19. März 89. — M. a. 12. Aug. 90.

64. B. a. 19. März 89. — Vgl. 219,44.

67. B. a. 19. März 89. MFABacc.: Joh. Sarcander Kirchendumbachensis. — M. a. 12. Aug. 90.

70. B. a. 8. April 90. — M. a. 12. Febr. 92. — Stip. 80. April 98 (e bursa). — Wird Juli 96 in Alsatiam verschickt.

71. B. a. 8. April 90. — M. a. 2. Aug. 92. MFABacc. u. Mag.: Sorgius. — Dr. iur. utr. 23. Aug. 99.

74. B. a. 19. März 89 (Maulbronn.). — Stip. Juli 90. Alb. stip.: Hingher. — M. a. 16. Febr. 92. — Jan. 94 Präzeptor zu St. Georgen; Jan. 96 Diakonus in Sulz.

75. B. a. 19. März 89 (Maulbronn.). MFABacc.: Gräfenhausensis. — Stip. Juli 90. Alb. stip.: v. Grabenstetten. — M. a. 16. Febr. 92. — Rep. physicus. — April 98 Diakonus in Böblingen.

76. B. a. 19. März 89 (Maulbronn.). MFABacc.: Murius. — Stip. 10. Febr. 91. — M. a. 21. Febr. 93. — Ist April 94 in Austriam gezogen, dass er eines jungen Herrn von Starenberg zu Wels Präseptor werde.

78. B. a. 19. März 89 (Maulbronn.). — Stip. 10. Febr. 91. Alb. stip. u. MFA.: Engel. — M. a. 5. Sept. 93. — April 97 Diakonus in Murrhart.

79. B. a. 19. März 89 (Herrenalb.).

80. Georgius Spitzerus Widernensis iterum professus est nomen (7. Sept.).
81. Burckhartus Spitzerus Widernensis (7. Sept.).
82. Achatius Sturmius Rhetzensis (7. Sept.).
83. Casparus Frech Schmidensis (9. Sept.).
84. Michael Weida Cibiniensis Transyluanus (13. Sept.).
85. Casparus Geiglin Herbertingensis ⎫ hi tres ex monasterio
86. Joannes Bogenrieder Bartholomeensis ⎬ Bebenhusano
87. Casparus Auperlin Winendensis ⎭ (18. Sept.).
88. Martinus Junckerus Darmstattensis (28. Sept.).
89. M. Joannes Hillemayer Austriacus (1. Okt.).
90. Georgius Kelblin Butigkamensis (1. Okt.).
91. Jacobus Gab Butigkamensis (1. Okt.).
92. Georgius Wild compactor librorum, filius Joannis Wildii com-pactoris, decreto senatus 29. septembri receptus et inscriptus est conditionaliter, quod illi diserte et expresse dictum est in praesentia patris, et indicatum, non recipi eum, nisi hac condi-tione, si bene et honeste se gerat, et absque omni querela; sin minus senatum posse illum quoque tempore dimittere (3. Okt.).
93. Joannes Philippus Grauuer Badensis (15. Okt.).
94. Georgius Schreier pistor contubernii (15. Okt.).
95. Conradus Backhaus Walterhausensis Thuringus (15. Okt.).

---

80. Vgl. 202,66. — Dr. iur. utr. 22. Sept. 89.
82. B. a. 24. Sept. 89. *MFABacc.:* Rhözensis Palatinus. — M. a. 2. Aug. 92.
83. B. a. 16. Sept. 90.
85. B. a. 19. März 89 (Bebenhus.). — Stip. 10. Febr. 91. — M. a. 21. Febr. 93.
— *Jan. 94 im Elsass zu Rottenburg Präseptor etlicher Jungen von Adel bei Wolf Caspar von Rottenburg.*
86. B. a. 19. März 89 (Bebenhus.). — Stip. 10. Febr. 91. — M. a. 21. Febr. 93.
— *Juli 94 Collaborator in Hagenau, damit er bald daselbst Rektor werde.*
87. *Alb. stip. u. MFA.:* Conradus Auperlin. — B. a. 19. März 89 (Bebenhus.). — Stip. 10. Febr. 91. — M. a. 4. Sept. 93. — *Ist Okt. 97 als Vikar su Ostdorf selig im Herrn verschieden.*
88. *Heidelberg: Anastasius Juncker incr. 13. Nov. 85.* — *MFABacc.:* Anastasius Junckher Bacc. Heidelb. rec. 1. Okt. 88.
90. B. a. 8. April 90.
91. B. a. 8. April 90.
93. B. a. 28. Sept. 91. — M. a. 21. Febr. 93. *MFAMag.:* Philippi, med. doctoris filius. — Dr. med. 20. Febr. 98.
95 a. *Alb. stip.:* Michael Knab Constantiensis monachus hospes stipendii, rec. 6. Sept. 88; deinde in Bucha vixit; iterum rec. Jan. 89, audit hic lectiones theologicas et exercet se concionando. — *April 89 cum gratia dimissus.*

210. Sub rectura clarissimi viri dom. **Matthaei Entzlini** a
festo div. Luc. 1588 usque ad festum div. Phil. et Jac. a. 1589:

1. Henricus Grabenius Brunsuicensis (22. Okt.).
2. Mathias Kichelius Ulmensis (24. Okt.).
3. Wolff Dieterich Schichte Saxo (29. Okt.).
4. Johannes Mornerus (29. Okt.).
5. Jacobus Teick Ternburgensis (29. Okt.).
6. Nicolaus Ringius Suecus (29. Okt.).
7. Johannes Hacken Meiningensis (29. Okt.).
8. Daniel ⎫
9. Israel ⎬ Mögling (31. Okt.).
10. Joachimus Bingeser Esslingensis (4. Nov.).
11. Adamus Strauss Nörtingensis (4. Nov.).
12. Johannes Paulus Rodt Ulmensis (5. Nov.).
13. Matthaeus Schulter Entringensis (5. Nov.).
14. Joannes Christophorus ⎫
15. Joannes Seruatius ⎬ a Dämentstein (13. Nov.).
16. Leonhardus Dax Steinheimensis (19. Nov.).
17. Joannes Hartmann Beyer iterum professus est nomen (19. Nov.).
18. Johannes Valentinus Neuffer Herrenbergensis (26. Nov.).
19. Martinus Rigerus Augustanus (4. Dez.).
20. Daniel Hofing Augustanus (4. Dez.).
21. Berchtoldus Geltz Weilheimensis (16. Dez.).
22. Joannes Lechner Moglingensis (16. Dez.).
23. Joannes Eisinger Neifensis (16. Dez.).

---

5. Dr. iur. utr. 22. Sept. 89. *Jur.:* Deich.

6. M. a. 5. Febr. 89. *MFA Mag.:* Smalandensis Suecus.

8. B. a. 24. März 91. — M. a. 21. Febr. 93. *MFA Bacc. u. Mag.:* Danielis, med. D. et professoris filius, Sebusianus. — Dr. iur. utr. 10. Okt. 99.

9. B. a. 24. März 91. — M. a. 21. Febr. 93. — Dr. med. 10. Okt. 99. *Med.:* alter filius D. Danielis.

11. B. a. 24. Sept. 89. — M. a. 10. Febr. 91. *MFA Bacc. u. Mag.:* Nördlingensis.

12. Dr. iur. utr. 20. Febr. 98.

16. B. a. 24. Sept. 89. — M. a. 21. Febr. 93.

18. B. a. 8. April 90.

19. *Vgl. 213,44.*

21. B. a. 19. März 89 (Bebenhus.). *MFA Bacc.:* Weilheimensis sub Teck.

22. B. a. 16. Sept. 90 (Bebenhus.). — Stip. 10. Febr. 91. *Alb. stip. u. MFA.:* Löchner. — *Jan. 92 Provisor zu Waiblingen.*

23. B. a. 8. April 90 (Bebenhus.). — Stip. 10. Febr. 91. — M. a. 5. Sept. 93. - - *Jan. 96 dimissus.*

24. Josephus Düringer Weinensis (17. Dez.).
25. Vitus Ertellius Rottmensis Stirus (19. Dez.).
26. Clemens Drechsler Lauingensis (19. Dez.).

1589.

27. Adamus Ernestus Stutgardianus (10. Jan.).
28. Johannes Georgius Rauschenberger Herbipolensis (13. Jan.).
29. Johannes Nüernberger Rhotensis (13. Jan.).
30. Martinus Ludovicus von Renchingen (14. Jan.).
31. Theodoricus Engelhard Spirensis propter aetatem iniuratus (16. Jan.).
32. Adamus Hanckius Jegerdorffensis (18. Jan.).
33. Georgius Rudolphus Widmann Halensis (18. Jan.).
34. Georgius Mantz Biberacensis (2. Febr.).
35. Joannes Machtolff Vahingensis iterum nomen professus est (4. Febr.).
36. Joannes Georgius Scyfridus Rottenburgensis ad Tuberam (5. Febr.).
37. Fridericus Drechsler Lauingensis (6. Febr.).
38. Daniel Lotharius Augustanus (7. Febr.).
39. Leonhardus ⎫
40. Fridericus ⎬ Fuchsii Ulmenses (7. Febr.).
41. Ertellus Eberhardus Besserer Ulmensis (7. Febr.).
42. Christophorus Lauber Kaufbeurensis (7. Febr.).
43. David Beckelerus Ulmensis (7. Febr.).
44. Andreas Kauffman Norinbergensis (8. Febr.).
45. Casparus Müller Steinheimensis (11. Febr.).
46. Zacharias Startzer repetiit inscriptionem (11. Febr.).
47. Josephus Heroldus Mincamensis sub comite ab Hohenlöe (17. Febr.).
48. Abrahamus Kremer Waiblingensis (18. Febr.).

---

24. B. a. 8. April 90. *MFABacc.:* Jos. Dürrius Wainingensis. — **M.** a. 11. Aug. 91. *MFAMag.:* Jos. Durr Wainensis.

26. B. a. 19. März 89. *MFABacc.:* Trechsler.

29. B. a. 24. Sept. 89. *MFABacc.:* Rottensis.

33. B. a. 8. April 90.

35. *Vgl. 194,20.* — Lic. iur. 22. Sept. 89. *Jur.:* Joh. Conr. Machtolph.

47. B. a. 8. April 90. — M. a. 2. Aug. 92.

48. B. a. 16. Sept. 90 (Maulbronn). — Stip. Okt. 91. — M. a. 5. Sept. 93. — *April 97 Pfarrer in Sulzbach.*

49. Fridericus Lariot Stutgardianus (18. Febr.).
50. Fridericus Loheit Stutgardianus (18. Febr.).
51. Valerius Weinſchreyer Marpachensis (18. Febr.).
52. Stephanus Rupff Bietickensis (18. Febr.).
53. Georgius Hier Nürttingensis (18. Febr.).
54. Joannes Stephanus Studion Marpachensis (18. Febr.).
55. Petrus Endtſchuch Nürtingensis (18. Febr.).
56. Joannes Jacobus Engelhard propter aetatem iniuratus (18. Febr.).
57. Joannes Jacobus Oſchwaldt, genant Bedth, antiqui procuratoris filius (20. Febr.).
58. Georgius Silberman Napenburgensis (22. Febr.).
59. David Calberus Tubingensis (11. März).
60. Johannes Jacobus Schadius Ulmensis (17. März).
61. Georgius Belserus Ulmensis (21. März).
62. David Steinmarius Ulmensis (21. März).
63. Conradus Reiferus (!) Ulmensis (21. März).
64. Joannes Ulricus Demmingerus Ulmensis (21. März).
65. Christophorus Wolffgangus Thamer Bavarus (28. März).
66. Casparus Lobmüller ⎱
67. Benedictus Gretzingerus ⎰ Reuttlingenses (11. April).

------

49. B. a. 16. Sept. 90 (Maulbronn.). — Stip. Okt. 91. *Alb. stip.*: Cariot. — M. a. 5. Sept. 93. *MFAMag.*: Chariot. — *April 95 Präseptor in St. Georgen; April 96 in Alsatiam verschickt; Okt. 96 wieder zurück ins Stift.*

50. B. a. 16. Sept. 90 (Maulbronn.). *MFABacc.*: Lohet. — M. a. 5. Sept. 93.

51. B. a. 8. April 90 (Maulbronn.). — Stip. 10. Febr. 91. — M. a. 21. Febr. 93. — *Jan. 96 Vicarius bei St. Georgen.*

52. B. a. 8. April 90 (Maulbronn.). — Stip. 10. Febr. 91. *Alb. stip.*: Ruof. — M. a. 21. Febr. 93. *MFAMag.*: Ruofus. — *April 96 als Feldprediger nach Ungarn verordnet; 14. Jan. 97 aus dem Ungarischen wieder zurück; April 97 Diakonus in Neuffen.*

53. B. a. 24. Sept. 89 (Maulbronn.). *MFABacc.*: Hör. — Stip. 10. Febr. 91. *Alb. stip.*: Höher. — M. a. 21. Febr. 93. — *April 95 Präseptor in Adelberg.*

54. B. a. 16. Sept. 90 (Maulbronn.). — Stip. Okt. 91. — M. a. 11. Aug. 94. — *April 95 Provisor in Cannstadt; tardus ingenio et mediocriter diligens.*

55. B. a. 24. Sept. 89 (Maulbronn.). — Stip. 10. Febr. 91. *Alb. stip.*: Embdschoch. — M. a. 21. Febr. 93. — *Jan. 97 Vikar in Lauffen; April 97 Diakonus in Herbertingen.*

59. B. a. 28. Sept. 91.

61. B. a. 24. Sept. 89. — M. a. 11. Aug. 91.

63. Vgl. 215,20.

66. B. a. 28. Sept. 91. — M. a. 3. Febr. 94.

67. MFABacc.: Henricus Grötzinger Reutlingensis, B. a. 28. Sept. 91; *mit obigem identisch?* — M. a. 5. Sept. 93. *MFAMag.*: Benedictus Gr.

68. Joannes Philippus Heilbronner Lauingensis (15. April).
69. Georgius Planerus Argentinensis (18. April).
70. Paulus Traurer Staniensis ex Austria (19. April).
71. Daniel Wanerus Ulmensis (22. April).
72. Georgius Waltz Tubingensis (24. April).
73. Tobias Biberstein Ispringensis in ducatu Badensi (24. April).
74. Erasmus Widman Halensis Suevus (28. April).
75. Leonardus Speidel Syndelfingensis (28. April).
76. Philippus Engelhardus Tubingensis inscriptionem repetiit (29. April).
77. M. Simon Ahen Vahingensis repetiit inscriptionem (29. April).
78. Wolffgangus) barones a Bolheim in Wartenburg et Lützel-
79. Fridericus ∫   berg, fratres (30. April).
80. M. Benedictus Magnus Memmingensis praeceptor iterum professus nomen (30. April).
81. Joannes Trach famulus (30. April).
82. Martinus Lutius Oringensis in agro Ulmensi (30. April).
83. Joannes Ulricus Neupharius Reinhusanus (1. Mai).

211. Sub rectura clarissimi viri dom. D. **Andreae Laubmarii** a festo div. Phil. et Jac. usque ad festum div. Luc. a. 1589:

1. Joannes Messerschmid Schorndorffensis (2. Mai).
2. Petrus Eberhardus Ellama (6. Mai).
3. Matthias Mockelius Offterdingensis (6. Mai).
4. Joannes Wilhelmus Engelhart Adelbergensis (7. Mai).

68. B. a. 24. Sept. 89. — M. a. 10. Febr. 91.
69. B. a. 28. Sept. 91. — M. a. 5. Sept. 93. *MFAMag.:* Andreae Planeri med. doctoris et professoris filius. — Dr. iur. utr. 10. Okt. 99. *Jur.:* Tubingensis.
71. B. a. 24. Sept. 89. *MFABacc.:* Thrauner.
72. B. a. 15. März 92.
73. B. a. 4. April 93. *MFABacc.:* Pforcensis.
74. B. a. 8. April 90.
76. *Vgl. 191,26.* — Dr. iur. utr. 14. Okt. 90.
77. *Vgl. 189,103.* — Dr. iur. utr. 14. Okt. 90.
80. *Vgl. 196,9.*
81. B. a. 16. Sept. 90. *MFABacc.:* Joh. Draco Welsensis Austriacus.
82. B. a. 16. Sept. 90. *MFABacc.:* Ersingensis, hic propter mortum absens promotus est.
83 a. *Alb. stip.:* Robertus Clintenus Hybernus, hospes stipendii Mai 89 (30. anno aet.). — *Juli 90 cum gratia dimissus.*
3. B. a. 24. März 91. — M. a. 21. Febr. 93.
4. *Vgl. 213,16.*

5. Joannes Sthelin (!) Neidlingensis (12. Mai).
6. Georgius Christmannus Neuburgensis (13. Mai).
7. David Pliderheuser Vaihingensis (13. Mai).
8. Stephanus Kienlin Tubingensis (16. Mai).
9. Anastasius Maierus Tubingensis (16. Mai).
10. Martinus Dezius Ungarus (17. Mai).
11. Joannes Wolffgangus Hitzlerus Heidenheimensis (21. Mai).
12. Joannes Fridericus Weckerlin Kirchensis (21. Mai).
13. Burchardus Magrus (!) Steinbachensis (22. Mai).
14. Josephus Niethammer Hausensis (22. Mai).
15. Vitus Reisberger Calwensis (22. Mai).
16. Christophorus Kiener Sultzensis (22. Mai).
17. Ludovicus Herpst Stutgardianus (26. Mai).
18. Christophorus Voltz Schorndorffensis (27. Mai).
19. Nicolaus Knauff Erdfordensis iterum nomen suum professus (2. Juni).
20. Joannes Stephanus Wertanus iterum nomen professus (5. Juni).
21. Mattheus Foenerator Reutlingensis (6. Juni).
22. Leonhardus Burgstaler Grieskirchensis Austrius (8. Juni).
23. Jacobus Weigenast Halsbrunnensis (9. Juni).
24. Joannes Jacobus Eisengrein Stutgardianus (10. Juni).
25. Ulricus Cellarius Neerensis (11. Juni).
26. Joannes Abrahamus ⎫
27. Joannes   ⎬ Ebingeri Ulmenses (12. Juni).

--- — —- -

7. B. a. 24. März 91.
8. B. a. 26. Sept. 93 (Hirsaug.). — Stip. Juli 95. — M. a. 1. Febr. 97. — Okt. 99 *Diakonus zu Neuenbürg.*
9. B. a. 28. Sept. 91.
11. B. a. 24. Sept. 89 (Hirsaug.). — Stip. 10. Febr. 91. — M. a. 21. Febr. 93. — *Jan. 95 Präceptor in Alpirsbach.*
12. B. a. 24. Sept. 89 (Hirsaug.). *MFABacc.:* Kirchensis sub Teck. — Stip. Okt. 91. *Alb. stip.:* Weckerle. — M. a. 5. Sept. 93. — *Jan. 98 Diakonus in Boll.*
13. B. a. 8. April 90 (Herrenalb.). — Stip. 10. Febr. 91. *Alb. stip. u. MFA.:* v. Wiltperg. — M. a. 5. Sept. 93. — *April 97 Pfarrer in Schömberg.*
14. B. a. 8. April 90 (Herrenalb.). — Stip. Okt. 91. *Alb. stip.:* v. Hausen a. d. Würm. — M. a. 5. Sept. 93. — *Oktober 96 Collaborator in St. Georgen.*
15. B. a. 8. April 90 (Herrenalb.). — Stip. Okt. 91. — M. a. 5. Sept. 93. — *Okt. 96 Diakonus in Marbach.*
16. B. a. 8. April 90 (Herrenalb.). — Stip. Okt. 91. *Alb. stip. u. MFA.:* Kirner u. Kürner. — M. a. 11. Aug. 94. — *Juli 97 Präceptor zu Blaubeuren.*
19. *Vgl. 200,9.* — M. a. 6. Aug. 89.
20. B. a. 8. April 90. — M. a. 2. Aug. 92.

28. M. Leonhardus Huttenus Ulmensis (12. Juni).
29. Chilianus Kingot Reuttlingensis (15. Juni).
30. M. Joannes Zikhwolff Hailpronnensis (15. Juni).
31. Andreas Reutterus Bopffiagensis (16. Juni).
32. Jacobus Leislerus Wolfheimensis (17. Juni).
33. Joannes Relinus Nördlingensis (18. Juni).
34. Conradus Candidus ⎫ Bernates (23. Juni).
35. Simon Huberus   ⎭
36. Joannes Junius Feuchtwangensis (25. Juni).
37. Petrus Christophorus Braunfalck Styrus (7. Juli).
38. Wenceslaus Vogel Litzelsteinensis (7. Juli).
39. Joannes Henricus Röslin Schwaikensis (7. Juli).
40. Christophorus Entzlinus Heidenheimensis (7. Juli).
41. Georgius Medinger Nürtingensis (7. Juli).
42. Theodoricus Wunderlich Marbacensis (7. Juli).
43. Joannes Weckerlin Kirchoteccensis (7. Juli).
44. Tobias Eberus Danowerdanus Bavarus (8. Juli).
45. Ludovicus Jäger Kirchemius (9. Juli).
46. M. Jacobus Schlaich Lindaniensis iterum professus nomen suum (22. Juli).
47. Jacobus Lins Lindauiensis (22. Juli).

---

33. B. a. 8. April 90. — M. a. 16. Febr. 92.

34. Vgl. 216,33.

35. B. a. 15. März 92.

38. B. a. 8. April 90 (Bebenhus.). — Stip. Okt. 91. *Alb. stip.:* v. Lützel-stein. — *Okt. 92 discessit e stipendio.*

39. B. a. 8. April 90 (Bebenhus.). — Stip. Okt. 91. *Alb. stip.:* v. Schwaicken. — M. a. 5. Sept. 93. — *April 97 Pfarrer in Heumaden.*

· *40.* B. a. 16. Sept. 90 (Bebenhus.). — Stip. Okt. 91. — M. a. 5. Sept. 93. — Rep. rhetoricus. — *Juli 99 Diakonus in Urach.*

41. B. a. 8. April 90 (Bebenhus.). — Stip. Okt. 91. — M. a. 5. Sept. 93. — *Jan. 95 Präseptor in Liebenstein; dann wieder zurück und Okt. 96 Colla-borator in Stuttgart.*

42. B. a. 8. April 90 (Bebenhus.). — Stip. Okt. 91. — M. a. 5. Sept. 93. — *Okt. 95 Diakonus in St. Georgen: wegen Krankheit ins Stift zurück und Okt. 96 Vicarius in Zuffenhausen; Jan. 97 Diakonus in Wildberg.*

43. B. a. 8. April 90 (Bebenhus.). — Stip. Okt. 91. — M. a. 5. Sept. 93. — *Okt. 98 Diakonus zu Güglingen.*

44. B. a. 8. April 90. *MFABacc.:* Beurfeldensis. — Stip. Mompelg. Jan. 91. — *April 93 Diakonus in Reichenweier.*

45. B. a. 8. April 90.

46. Vgl. 196,65.

48. Bartholomaeus Mercklinus Lauinganus iterum nomen professus (25. Juli).

49. Joannes Jacobus Graeter Halensis (3. Aug.).

50. Philippus Ludovicus Braitschedel Neoburgensis (8. Aug.).

51. Joannes Schuchmacherus Biberacensis (9. Aug.).

52. Franciscus Dräher Stutgardianus (12. Aug.).

53. Henricus a Gitelde Saxo (13. Aug.).

54. Joannes Georgius Henslerus }
55. Michael Müllerus } Ulmenses (19. Aug.).

56. Erasmus a Rhedern Austriacus (21. Aug.).

57. Jonas Grieninger Windensis (27. Aug.).

58. Ludovicus Cauaj Stutgardianus (27. Aug.).

59. Christophorus Hertz Stutgardianus (27. Aug.).

60. Martinus Faber Stutgardianus (27. Aug.).

61. Christianus Hörnlin Weissachensis (27. Aug.).

62. Ernfridus Gräter Balingensis (27. Aug.).

63. Gallus Rotfelder Calwensis (27. Aug.).

64. Maximilianus Igelshofer Austriacus (28. Aug.).

65. Ludovicus Hermannus Niderhalensis (30. Aug.).

66. Helias Engler Memmingensis (31. Aug.).

67. Jacobus Eberspergerus iterum nomen professus (2. Sept.).

68. Carolus }
69. Wilhelmus } Kechleri a Schwandorff (8. Sept.).

----

48. Vgl. *193,89.* — Dr. med. 22. Sept. 89.

49. B. a. 16. Sept. 90.

51. B. a. 16. Sept. 90. — M. a. 2. Aug. 92.

57. B. a. 16. Sept. 90 (Maulbronn.). *MFABacc.:* Winnendensis.

58. B. a. 8. April 90 (Bebenhus.). *MFABacc.:* Cabay. — Stip. Okt. 91. *Alb. stip.:* Caway. — M. a. 3. Febr. 94. — Rep. musicus. — *Juli 99 selig im Herrn verschieden.*

59. B. a. 28. Sept. 91 (Maulbronn.). — Stip. April 92. — M. a. 11. Aug. 94. *— April 96 Präzeptor in Bebenhausen.*

60. B. a. 16. Sept. 90 (Maulbronn.). — Stip. Okt. 91. *Alb. stip.:* Schmid. — M. a. 5. Sept. 93. *MFAMag.:* Schmidius. — *Jan. 95 Diakonus in Knittlingen.*

61. B. a. 16. Sept. 90 (Maulbronn.). — Stip. Okt. 91. — M. a. 5. Sept. 93. *— Jan. 94 in Böhmen Präzeptor der Söhne des Freiherrn Jörg von Schwanberg.*

62. B. a. 28. Sept. 91 (Maulbronn.). — Stip. April 92. — M. a. 11. Aug. 94. — Rep. hebreus. — *April 01 Diakonus in Kirchheim.*

63. B. a. 28. Sept. 91 (Maulbronn.). — Stip. April 92. — M. a. 11. Aug. 94. *— April 95 exkludiert.*

67. Vgl. *167,49.* — Dr. med. 22. Sept. 89. *Med.:* Badensis Austriacus.

70. Christophorus Thaler Awensis (8. Sept.).
71. Mathias Brecheler Abusiacensis (10. Sept.).
72. Laurentius 'Thammer Blawfeldensis (15. Sept.).
73. Adrianus Sibelius Lippiensis (15. Sept.).
74. Teilmannus Lichtenawer Salcotensis (15. Sept.).
75. Joannes Binder Tigurinus iterum nomen professus (28. Sept.).
76. Andreas Stenkelius Claudiforensis (29. Sept.).
77. Stephanus Gratius Padibornensis (5. Okt.).
78. Henricus Seyboldus Halensis iterum nomen professus est
    (18. Okt.).

212. Sub rectura clarissimi viri dom. D. **Andreae Planeri**
a festo div. Luc. a. 1589 usque ad festum div. Phil. et Jac. a. 1590:

1. Joannes Sebastianus Lintz Stutgardianus (20. Okt.).
2. Joannes Zillerus Wilpergensis (20. Okt.).
3. Joannes Leyrer Herrenbergensis (20. Okt.).
4. Theodorus Glaser Nestedensis (22. Okt.).
5. Hermannus Eisenhut Aufhausensis (22. Okt.).
6. Georgius Hermannus Neustadensis (22. Okt.).
7. Albertus Senft a Sulburg (23. Okt.).
8. Helias Imlinus Hailbronnensis rursus professus est nomen suum
   (23. Okt.).
9. Joannes Waidenlich Giglingensis (27. Okt.).
10. Joannes Georgius Wolckenstein Ulmensis (29. Okt.).
11. Henricus Dettelbach Cygnocomaeus (30. Okt.).
12. Josephus Pingelius Marbachensis (31. Okt.).

---

70. B. a. 24. März 91. *MFABacc.*: Apusiacensis.
72. Dr. iur. utr. 10. Mai 92. *Jur.*: Danner.
75. *Vgl. 185,55 u. 198,83.*
78. *Vgl. 207,66.*
78 a. *MFA. u. Alb. stip.*: Samuel Fabritius Ebingensis. — B. a. 8. April 90.
— Stip. April 91 (Herrenalb.). — M. a. 21. Febr. 93. — *April 97 Pfarrer in*
Wangen.

2. B. a. 20. März 94. — M. a. 1. Febr. 97. *MFABacc. u. Mag.*: Ziegler.
3. B. a. 24. März 91.
8. *Vgl. 201,53.*
9. B. a. 24. März 91.
11. B. a. 8. April 90. — M. a. 11. Aug. 91.
12. B. a. 28. Sept. 91. — M. a. 5. Sept. 93. *MFABacc. u. Mag.*: Bengelius.

13. Wolffgangus ⎞
14. Ludovicus ⎬ Hohenfelder Austriaci (31. Okt.).
15. Marcus ⎠
16. Hermannus Salburger Austrius (31. Okt.).
17. Georgius Achatius Ennenckl Austriacus (31. Okt.).
18. Melchior Nörlinger Bessigkeimensis (31. Okt.).
19. Michael Ziegler Grieningensis (31. Okt.).
20. Ludovicus Kalbruck Lintzensis (31. Okt.).
21. Joannes Creslinus Sucigerensis (31. Okt.).
22. Joannes Armbrust Waltdorffensis (5. Nov.).
23. Daniel Grammerus Göppingensis (5. Nov.).
24. David Mageirus Stutgardianus inscriptionem suam repetiit (10. Nov.).
25. Erhardus Harbach von Jſingen inscriptionem suam sub D. Heerbrando anno 82 factam repetiit (18. Nov.).
26. Adamus Weinmann Stutgardianus iterum nomen suum professus est (22. Nov.).
27. Georgius Aberman Heningensis (24. Nov.).
28. Dom. Wilhelmus ⎞
29. Dom. Conradus ⎬ barones a Lympurg (24. Nov.).
30. Dom. Henricus ⎠
31. M. Conradus Geerus Mospacensis (24. Nov.).
32. Philippus Pistorius Obenheim Vangio (24. Nov.).
33. Joannes Oggerus Kalbensis (24. Nov.).
34. Joannes Ruff Machinensis (25. Nov.).

---

18. *Vgl. 195,88.* — Dr. iur. utr. 7. Sept. 91.

19. *Vgl. 196,50.* — Dr. med. 27. April 97. *Med.:* noster professor physicus. — Dec. fac. art. 97/98; 04/05; 09/10; 12.

21. B. a. 27. Sept. 98 (Maulbronn.). — Stip. 5. März 1600 (21. anno aet.). — M. a. 10. Febr. 02. — *April 07 Adiunctus zu Dürrments.*

22. B. a. 24. März 91.

24. *Vgl. 195,47.* — Dr. iur. utr. 23. Febr. 91.

25. *Vgl. 196,64.* — B. a. 16. Sept. 90. *MFABacc.:* Vffingensis. — M. a. 16. Febr. 92.

32. *MFABacc.:* Bacc. Marpurgi circa festum penthecostes factus, hic 1590 receptus est.

33. B. a. 15. März 92. — M. a. 11. Aug. 96.

34. B. a. 16. Sept. 90 (Hirsaug.). — Stip. April 92. *Alb. stip. u. MFA.:* Ruoff v. Maichingen. — *April 93 von wegen seines grossen Unfleiss und deviae adulterinae rejiciert.*

35. Joannes Hauber Megerchimensis (25. Nov.).
36. David Bab Winspergensis (25. Nov.).
37. Jacobus Bantzhart Gerstetensis (25. Nov.).
38. Henricus Groschlak ʒu Cibburg (26. Nov.).
39. Calixtus Rietmann S. Gallensis denuo inscriptus est (1. Dez.).
40. Johannes Klendh von Eningen pistor stipendii (15. Dez.).
41. D. Erasmus a Starremberg (26. Dez.).
42. M. Christophorus Brem Lindauiensis (26. Dez.).
43. Andreas Tallinger (26. Dez.).
44. Joannes Rudolffus Huherus Helvetius (31. Dez.).

1590.

45. Sebastianus Seidel von Sankt Anneberg Misnius,
46. Ehrenreich Sachs von Cübingen, typographi ambo (12. Jan.).
47. Ludovicus Althimerus von Wels (15. Jan.).
48. Marcus Schmidlapp Tubingensis (17. Jan.).
49. Joannes Michael Schmidlapp Tubingensis (17. Jan.).
50. Joannes Leikardus Wildius Uberkingensis (21. Jan.).
51. Philippus Sultzerus Mospacensis (26. Jan.).
52. Philippus Robertus a Remchingen (27. Jan.).
53. Joannes Mosellanus von Gailborff (6. Febr.).
54. Ernestus Heinoldt von Closter ʒu Sankt Georgen (23. Febr.).
55. Jacobus Rotbus Augustanus (27. Febr.).
56. Martinus Kuen Weissenburgensis (13. März).
57. Wolffgangg Jacobus Gretterus Halensis (13. März).

---

35. B. a. 16. Sept. 90 (Hirsaug.). *MFABacc.:* Megerichingensis. — Stip.
Okt. 91. *Alb. stip.:* Mägreinningensis. — M. a. 5. Sept. 93. — Rep. logicus. —
Juli 99 Diakonus zu Tübingen. — Dr. theol. 10. Nov. 1612. *Theol.:* aulae
Württembergicae Stutgardianae ecclesiastes.

36. B. a. 16. Sept. 90 (Hirsaug.). — Stip. Okt. 91. — M. a. 5. Sept. 93. —
April 97 Diakonus in Dettingen.

37. B. a. 16. Sept. 90 (Hirsaug.). — Stip. Okt. 91. *Alb. stip. u. MFA.:*
Bantzhaf. — M. a. 5. Sept. 93. — *Okt. 95 Diakonus in Königsbronn.*

39. *Vgl. 198,120.*

48. B. a. 20. März 94.

49. B. a. 20. März 94. — M. a. 11. Aug. 96

50. *Vgl. 226,57.*

53. B. a. 24. März 91. *MFABacc. (von der Hand des Crusius):* hodie
1599 est rector Sueviohalae et med. Dr. — 5. April 97 hospes stipendii.

54. B. a. 24. März 91. — M. a. 21. Febr. 93. — Dr. iur. utr. 15. Juli 01.

55. B. a. 16. Sept. 90. — M. a. 2. Aug. 92.

58. Joannes Conradus Vai Nagoltensis (13. März).
59. Georgius Bisinger von Pfullingen typographus (15. März).
60. Andreas Kern Tubingensis (19. März).
61. M. Georgius Saltzhuber Augustanus inscriptionem enam repetiit (26. März).
62. Georgius Roslerus Halensis Suevus (26. März).
63. Salomon Huberus Helvetius (26. März).
64. Joannes Harder Ulmensis (1. April).
65. Bernhardus Hippolytus Rösle Stutgardianus (7. April).
66. Joannes Jacobus Lins Wilheimensis (8. April).
67. Joannes Georgius Blessing Göppingensis (8. April).
68. Michael Stuber Calwensis (8. April).
69. Heinricus Kreber Böblingensis (8. April).
70. Joannes Tafelius Schorndorffensis (10. April).
71. Balthasar Mercken Schorndorffensis (10. April).
72. Michael Bezoldus Rotemburgotuberanus (11. April).
73. Jacobus Jenisch Augustanus (25. April).
74. Hieronymus Bechelius Augustanus (25. April).
75. Joannes Eberhardus Herbstius Stutgardianus (28. April).
76. Antonius Piscator Rosenfeldensis (28. April).
77. Johannes Georgius Eschenmaierus (28. April).
78. Ludovicus Gulhausen Marpurgensis (30. April).
79. Sixtus a Linga Stutgardianus (30. April).

---

58. B. a. 28. Sept. 91.

60. Stip. Aug. 93 *(war zuvor famulus stipendii).* — B. a. 4. April 98. — M. a. 14. Aug. 95. — *April 99 Diakonus in Wildbad.*

61. Vgl. 188,64 u. 229,42.

63. Alb. stip.: Samuel Huberus exul Bernensis 26. Juli 88 hospes stipendii; *gewesener Pfarrherr zu „Burttolf" (Burgdorf) im Berner Gebiet, wird Jan. 89 Pfarrer in Derendingen.*

64. Dr. med. 19. Dez. 93.

65. B. a. 28. Sept. 91. — M. a. 3. Febr. 94.

66. B. a. 24. März 91 (Herrenalb.). — Stip. April 92. *Alb. stip.:* Linsius. — M. a. 3. Febr. 94. — *Jan. 98 Diakonus in Lauffen.*

67. B. a. 24. März 91 (Herrenalb.). — Stip. April 92. — M. a. 11. Aug. 94. — *Juli 97 Diakonus in Winnenden.*

68. B. a. 24. März 91 (Herrenalb.). — Stip. April 92. — M. a. 11. Aug. 94. — *Juli 98 Diakonus in Haiterbach.*

69. B. a. 24. März 91 (Herrenalb.). — Stip. April 92. *Alb. stip.:* Chreber v. Wildtperg. — M. a. 3. Febr. 94. — *Okt. 94 propter proterviam rejiciert.* — *Vgl. 228,68.*

70. B. a. 28. Sept. 91.

71. B. a. 15. März 92.

75. B. a. 28. Sept. 91.

213. Sub rectura clarissimi viri dom. D. **Joannis Hochmanni**
a festo div. Phil. et Jac. usque ad festum div. Lucae a. 1590:

1. M. Joannes Salemontanus Suecus (3. Mai).
2. Michael Gualterus Obercennensis (5. Mai).
3. Joannes Henricus Menne Wilensis im Schonbuch (5. Mai).
4. Wilhelmus Honold Wilenstettensis (6. Mai).
5. Jacobus Burgmeister Geislingensis (6. Mai).
6. Joannes Vischer Vlmensis (6. Mai).
7. David Schmackalter Marpurgensis (7. Mai).
8. Damianus Haselmayer Canstattensis (8. Mai).
9. Jacobus Kautz Knüttlingensis (8. Mai).
10. Joannes Piscator Neapolitanus am Kocher (11. Mai).
11. Sebastianus Aychmann Tubingensis (14. Mai).
12. Jacobus Kienlin Kirchenhaimensis (14. Mai).
13. Joannes Conradus Burckhardus Tubingensis (14. Mai).
14. Sebastianus
15. Joannes Ernestus } a Gültlingen fratres (15. Mai).
16. Joannes Wilhelmus Engelhardus Adelbergensis nomen suum
    iterum indicavit (1. Juni).
17. Gabriel Voltzius Tubingensis (1. Juni).
18. Joannes Neffzerus Monhemius (2. Juni).
19. Joannes Staberus Memmingensis (2. Juni).
20. Joannes Bayer Gronauiensis (2. Juni).
21. Sebastianus Greysch Uberlingensis (2. Juni).
22. M. Philippus Rihelius Argentinensis (4. Juli).
23. Albertus Ruopp Monacensis (6. Juli).
24. Fridericus
25. Carolus } a Kostboth Varisci tres fratres (18. Juli).
26. Justus

---

1. Stip. hospes April 91. — *April 92 wieder in patriam gezogen.*
2. B. a. 24. März 91. *MFA Bacc.:* Walther. — M. a. 21. Febr. 98.
3. B. a. 15. März 92. — M. a. 11. Aug. 94.
4. B. a. 16. Sept. 90. *MFA Bacc.:* Widenstettensis. — M. a. 2. Aug. 92.
MFAMag.: Weidenstettensis.
5. B. a. 16. Sept. 90. *MFA Bacc.:* Burckmaister.
6. B. a. 15. März 92. *MFA Bacc.:* Piscator.
8. B. a. 24. März 91. — M. a. 5. Sept. 98.
16. Vgl. 211,4.
17. B. a. 11. Sept. 94. — M. a. 1. Febr. 97. — Stip. 2. Juli 97. — *April 02*
mit Gnaden dimittiert.
18. B. a. 24. März 91. — M. a. 16. Febr. 92.

27. Stephanus Schelhas Crutzenburgensis praeceptor eorum (18. Juli).
28. Justinianus Latro Spirensis (29. Juli).
29. Joannes Petrus Latro Genensis (29. Juli).
30. Joannes Rochus Zweifell[a)] Nörlingensis (29. Juli).
31. Ludovicus Bischoff Ulmensis (4. Aug.).
32. Joannes Gretzinger Dornstettensis (4. Aug.).
33. Joannes Waltz Neuffensis (7. Aug.).
34. Theodoricus Simmul Uracensis (7. Aug.).
35. Gallus Statelius Nürtingensis (7. Aug.).
36. Nicolaus Faber Lindauiensis (14. Aug.).
37. Joannes Jacobus Kalt Spirensis (16. Aug.).
38. Joannes Hornius ab Onoltzheim (17. Aug.).
39. Christophorus Vischer Campidonensis (17. Aug.).
40. Elias Schacher Campidonensis (17. Aug.).
41. Ludovicus Schopperus Biberacensis (18. Aug.).
42. Michael vom Berg Onoltzbachensis (18. Aug.).
43. Joannes Jacobus Andreae von Tußlingen (19. Aug.).
44. Martinus Riegerus Augustanus (22. Aug.).
45. Joannes Ulricus Alber Stutgardianus (24. Aug.).
46. Joannes Georgius Nockher Stutgardianus (24. Aug.).
47. Tobias Eggerus Kircheimensis (24. Aug.).
48. Joannes Conradus Fiscesius Stutgardianus (24. Aug.).
49. Joannes Wellius Kirchensis (24. Aug.).

a) Zweifell *ist später einkorrigiert.*

32. B. a. 11. Sept. 94.

34. B. a. 15. März 92. *MFABacc.:* Schmollius. — M. a. 11. Aug. 94. *MFAMag.:* Schmol.

35. B. a. 28. Sept. 91. — *Vgl. 217,51.*

36. B. a. 28. Sept. 91.

38. B. a. 16. Sept. 90. — M. a. 11. Aug. 91.

39. B. a. 15. März 92. *MFABacc.:* Fiscerus.

40. M. a. 5. Sept. 93.

42. Dr. iur. utr. 16. Mai 93.

44. *Vgl. 210,19.* — B. a. 16. Sept. 90. — M. a. 2. Aug. 92.

46. B. a. 28. Sept. 91 (Bebenhus.). — Stip. April 92. — M. a. 3. Febr. 94. — *Juli 97 Feldprediger in Ungarn; April 98 zurück; Juli 98 Pfarrer in Alpirsbach.*

47. B. a. 28. Sept. 91 (Bebenhus.). — Stip. April 92. *Alb. stip.:* Eckerus u. Eckhardt. — M. a. 10. Aug. 94. — *Ist Juli 96 wegen seines Übelverhaltens zu Weil rejiciert worden.*

48. B. a. 25. März 92 (Maulbronn.). *MFABacc.:* Fischäs. — Stip. 27. Aug. 93. *Alb. stip.:* Vischäss. — M. a. 13. Aug. 95. — *April 97 Präzeptor in Adelberg.*

49. B. a. 25. März 92 (Maulbronn.). *MFABacc.:* Kirchotecoensis. — Stip. 27. Aug. 93. — M. a. 13. Aug. 95. — *Jan. 98 Diakonus in Ebingen.*

50. Rubertus Mendlinus Eningensis (24. Aug.).
51. Georgius Pfytz Velbacensis (24. Aug.).
52. Ernestus Kyser Nürtingensis (24. Aug.).
53. Marcus Löffler Ruebgartensis (24. Aug.).
54. Conradus Weinmann Stutgardianus (25. Aug.).
55. Fridericus Finger Weinspergensis (25. Aug.).
56. Georgius Hugo Ruff Dennenbronnensis (25. Aug.).
57. Zacharias Schäffer Bernhusanus (25. Aug.).
58. Sebastianus Scholl Göppingensis (25. Aug.).
59. Josias Bartler Velbacensis (25. Aug.).
60. Eberhardus Schroppius Mulbronnensis (25. Aug.).
61. Samuel Strobel Nürtingensis (26. Aug.).
62. Fridericus Isenmann von Oberrod (28. Aug.).
63. Georgius Stierlinus Tubingensis (28. Aug.).
64. Joannes Valentinus Saltzmann Argentinensis (28. Aug.).

---

50. B. a. 28. Sept. 91 (Maulbronn.). *MFABacc.*: Hubertus M. — Stip.
April 92. *Alb. stip.*: Rup. Mennlin. — M. a. 11. Aug. 94. — *Juli 97 Diakonus
zu Hornberg.*

51. B. a. 27. Sept. 92 (Maulbronn.). — Stip. Jan. 93. *Alb. stip.*: Pfutz
u. Pflüz. — *Okt. 96 propter melancholiam cum gratia dimittiert.* — M. a. 10. Aug. 97.
— *Vgl. 227,34.*

52. B. a. 28. Sept. 91 (Maulbronn.). — Stip. April 92. *Alb. stip.*: v. Wolfschlugen. — M. a. 3. Febr. 94. — *April 96 Diakonus zu Weilheim.*

53. B. a. 24. März 91 (Bebenhus.). — Stip. April 92. — M. a. 3. Febr. 94.
— *Ist Juli 95 zu Wilhelm von Grumbach nach Böhmen geschickt worden:
Juli 97 Pfarrer in Warth.*

54. B. a. 28. Sept. 91 (Bebenhus.). — Stip. April 92. — M. a. 11. Aug. 94.
— *Juli 97 Diakonus zu Bulach.*

55. B. a. 28. Sept. 91 (Bebenhus.). — Stip. April 92. — M. a. 11. Aug. 94.
— *Seit Juli 95 krank und dann entlassen.*

56. B. a. 28. Sept. 91 (Bebenhus.). — Stip. April 92. — M. a. 11. Aug. 94.
MFAMag.: Trichtingensis. — *April 95 rejiciert.*

57. B. a. 28. Sept. 91 (Bebenhus.). *MFABacc.*: Schoeffer. — Stip. April 92.
Alb. stip.: Schäfer. — M. a. 3. Febr. 94. *MFAMag.*: Petricellanus. — *Ist Okt. 96
in Bohemiam verschickt worden, zu dem Herrn von Ransberg.* — *Vgl.* 229,30.

58. B. a. 28. Sept. 91 (Maulbronn.). — Stip. April 92. — M. a. 11. Aug. 94.
— *April 97 Pfarrer in Degenfeld.*

59. B. a. 15. März 92 (Maulbronn.). — Stip. Jan. 93. — M. a. 13. Febr. 95.
— *Jan. 97 Pfarrer in Uhlbach.*

60. B. a. 27. Sept. 92 (Herrenalb.). *MFABacc.*: Mulifontanus. — Stip.
26. Juni 94. *Alb. stip.*: v. Königsbronn. — *Juli 96 cum gratia dimittiert.*

61. B. a. 16. Sept. 90 (Bebenhus.). — Stip. April 92. — M. a. 11. Aug. 94.
— *Ist Juli 95 zum Grafen von Leiningen gekommen.*

62. B. a. 28. Sept. 91. *MFABacc.*: Fr. Eysenman Oberrattensis.

65. Balthasar Moser Herrenbergensis (28. Aug.).
66. Joannes Fridericus Kronman Spirensis (28. Aug.).
67. Joannes Burckhardt Stadman Culmbacensis (3. Sept.).
68. Georgius Hoffman Culmbacensis (3. Sept.).
69. Sebastianus Willing Onoltzbacensis (3. Sept.).
70. Marcus Koler Rieterus (4. Sept.).
71. Michael Rottenbeck Norinbergensis (5. Sept.).
72. Melchior Reinhart Botumensis (14. Sept.).
73. Joannes Henricus Cantarapolitanus (14. Sept.).
74. Heningus Junius Brunsuicensis (24. Sept.).
75. Casparus Huldenricus a Ramingen se iterum indicavit (4. Okt.).
76. Georgius Ludovicus ⎫
77. Ludovicus Valentinus ⎬ a Mylen fratres (8. Okt.).
78. Joannes Ernestus Frisch Grotacensis (8. Okt.).
79. Wolffgangus Mögling Cronweissenburgensis ad Rhenum (8. Okt.).
80. Nicolaus Mobel Megapolitanus (8. Okt.).
81. Bartholomaeus Neyscheler Reuttlingensis (8. Okt.).
82. Georgius Lieblerus Mercklingensis (8. Okt.).
83. Joachimus Faber Canstattensis (8. Okt.).
84. Michaël Pfeiffer Tubingensis (8. Okt.).
85. Wolffgangus Facundus Kirchensis (16. Okt.).
86. Vitus Vochelius Palatinatus superioris (17. Okt.).

---

67. *Vgl. 218,1.*

69. Dr. iur. utr. 30. Juli 04.

72. B. a. 15. März 92. — M. a. 4. Febr. 94. *MFABacc. u. Mag.*: Bottwarensis.

79. B. a. 20. März 94. *MFABacc.*: Tubingensis. — M. a. 11. Aug. 96. *MFAMag.*: Sebusianus.

83. B. a. 24. März 91. *MFABacc. (am Rand)*: Dr. iur. utr. et consiliarius Wirtemb. necnon dicasterii supremi assessor. — *Vgl. 223,29.*

85. B. a. 4. Sept. 98. *MFABacc.*: Kirchoteccensis.

86 a. *MFA. u. Alb. stip.*: Albertus Schutz Marpachensis. — B. a. 16. Sept. 90. — Stip. Okt. 91 (Bebenhus.). — M. a. 5. Sept. 93. — *Okt. 97 Pfarrer in Uhlbach.*

86 b. *MFABacc.*: Mattheus Wucherer Reutlingensis. — B. a. 14. März 91. — M. a. 21. Febr. 98.

86 c. *MFABacc. u. Mag.*: Johannes Georgius Bader Vlmensis. — B. a. 14. März 91. — M. a. 21. Febr. 98.

86 d. *MFABacc.*: Marcus Kellenrietter Rauenspurgius. — B. a. 14. März 91. — M. a. 2. Aug. 92. *MFAMag.*: Kellenreitter.

214. Sub rectura clarissimi viri dom. D. **Georgii Hambergeri** a festo div. Luc. a. 1590 usque ad festum div. Phil. et Jac. a. 1591:

1. Christophorus Bader Undingensis (20. Okt.).
2. Matthaeus Kauffman Sindelfingensis (20. Okt.).
3. Esaias Edelmann Memmingensis ex pago prope Ulmam (20. Okt.).
4. Johannes Tossanus Wandocuriensis prope Mömpelgardum (20. Okt.).
5. Elias Steudlinus Ulmensis iterum professus est nomen (24. Okt.).
6. Henricus Bluem Gorlitzensis (24. Okt.).
7. Andreas Baumannus Rigensis Livonus (26. Okt.).
8. Johannes Wick Rigensis Livonus (26. Okt.).
9. Andreas Wolmuttius Neuburgensis (29. Okt.).
10. Joannes Planck Vohenstrausensis Variscus (29. Okt.).
11. Paulus Manlich Augustanus iterum professus est suum nomen (31. Okt.).
12. Johannes Creuserus Kirchensis sub Teck (2. Nov.).
13. Johannes Heusler Hallensis (4. Nov.).
14. Georgius Lechnerus Hallensis (4. Nov.).
15. Georgius Conradi Meinbernensis (4. Nov.).
16. Guilielmus Peltzbergerus Altensteigensis bei Geißlingen (5. Nov.).
17. Johannes Rosatus Grandissonensis sub ditione Bernensium et Friburgensium (5. Nov.).
18. Petrus Violetus Orbensis sub eadem ditione (5. Nov.).
19. Gebhardus Brastpergerus Wilaesyluanus (12. Nov.).
20. Johannes Murmannus Norinbergensis (12. Nov.).

---

1. B. a. 28. Sept. 91 (Hirsaug.). — Stip. April 92. — M. a. 11. Aug. 94. — *Sept. 94 pie obiit Tubingae.*

2. B. a. 28. Sept. 91 (Hirsaug.). — Stip. April 92. — M. a. 11. Aug. 94. *MFAMag.:* Stutgardianus. — *April 99 Diakonus in Sindelfingen.*

3. B. a. 28. Sept. 91 (Hirsaug.). — Stip. April 92. — M. a. 11. Aug. 94. *MFABacc. u. Mag.:* Rotenackerensis. — *Okt. 94 Provisor zu Tübingen.*

5. Vgl. *203,37.*

6. Stip. hospes Okt. 90. — *Ist 10. Sept. 92 in patriam dimittiert worden.*

9. B. a. 24. März 91. *MFABacc.:* Wuolmueth. — M. a. 2. Aug. 92.

10. B. a. 24. März 91. *MFABacc.:* Blancus. — M. a. 2. Aug. 92.

11. Vgl. *204,23.* — Dr. med. 23. Febr. 91.

12. B. a. 27. Sept. 92.

13. B. a. 15. März 92. *MFABacc.:* Heuselius. — M. a. 21. Febr. 93.

14. B. a. 15. März 92. *MFABacc.:* Löchnerus. — M. a. 5. Sept. 93.

15. B. a. 24. März 91. — M. a. 11. Aug. 91.

19. B. a. 15. März 92.

21. Johannes Stophel Norinbergensis (13. Nov.).
22. Gerhardus Sigismundus a Leschwitz in Misnia (26. Nov.).
23. Fridericus ab Hertingshausen in Hassia (28. Nov.).
24. Marcus Conradus Rhaw Mosbachensis in Palatinatu iterum indicavit nomen suum (28. Nov.).
25. Paulus Biberstein Isbringensis (30. Nov.).
26. Jacobus Zollerus Biberacensis (1. Dez.).
27. Georgius Theodoricus Megentzer von Deþldorf (1. Dez.).
28. Wendelinus Grönwaldt Spirensis (1. Dez.).
29. Johannes Baptista Brock Austrius (7. Dez.).
30. M. Conradus Weick iterum professus est suum nomen (7. Dez.).
31. Sebastianus Viscerus Norinbergensis (7. Dez.).
32. Johannes Jacobus Rhe Stutgardianus (30. Dez.).

1591.

33. Andreas ⎱
34. Nicolaus ⎰ Phlacheri Argentoratenses (5. Jan.).
35. Johannes Beyr Kirchensis sub Teck (8. Jan.).
36. Johannes Curionius Osterburgensis (11. Jan.).
37. Johannes Müllerus Heilbronnensis (14. Jan.).
38. Lazarus Reichardus Reystensis (18. Jan.).
39. Michael Ruckerus D. iterum suum nomen professus est (20. Jan.).
40. Johannes Busch Spirensis (23. Jan.).
41. Johannes Jacobus Secklerus Stutgardianus (25. Jan.).
42. Ludovicus Gebhart Tubingensis (28. Jan.).

---

21. Dr. iur. utr. 7. Sept. 91.
24. Vgl. 202,32.
25. Vgl. 224,10.
26. B. a. 28. Sept. 91. — M. a. 3. Febr. 94.
30. Vgl. 199,28.
32. B. a. 11. Sept. 94. — M. a. 10. Aug. 97. — Stip. 28. März 99. —
April 04 Pastor zu Roth.
35. MFABacc.: Joannes Banarus, Viennae ante quinquiennium factus
baccalaureus Juli 90 in numerum nostr. baccal. receptus est. — M. a. 10. Febr. 91.
37. B. a. 31. März 96. — M. a. 10. Aug. 97.
38. B. a. 4. April 93. MFABacc.: Blasius Reichardus.
41. B. a. 24. März 91. — M. a. 2. Aug. 92. — Stip. Sept. 92. — *April 95*
Diakonus in Ebingen.
42. B. a. 28. Sept. 91 (Bebenhus.). — Stip. Jan. 93. — M. a. 13. Febr. 95.
— Juli 97 Pfarrer in Kusterdingen; er war nach Alb. stip. nicht Repetent
(gegen Binder).

43. Jacobus Heerbrand Haganoënsis (28. Jan.).

44. Ludovicus Raff Degerlochensis (28. Jan.).

45. Johannes Paulus Myesto Dirnauensis (28. Jan.).

46. Jacobus Zaiser Stutgardianus (28. Jan.).

47. Jacobus Neher Gartachensis (28. Jan.).

48. Josephus Hitzelius Blauifontanus (28. Jan.).

49. Johannes Rhaw Heldelfingensis (28. Jan.).

50. Joannes Jacobus Gremp von freiwdenstein (5. Febr.).

51. Joannes Georgius Butz Balingensis (22. Febr.).

52. Joannes Jacobus Genckinger Ebingensis (22. Febr.).

53. Leonhardus Geisserus Böblingensis (22. Febr.).

54. Wilhelmus Gmähele Gertringensis (22. Febr.).

55. Ludovicus Drexlerus Ulmensis (4. März).

56. Michael Strauss Nördlingensis discipulus pharmacopolae (8. März).

57. Georgius Thumas Stutgardianus (9. März).

58. Christophorus Besoldus Tubingensis (12. März).

59. Lucas Blattenhart Esslingensis (12. März).

60. Michaël Pfaff Lucernensis exul, olim s. Francisci monachus
   (12. März).

---

43. B. a. 28. Sept. 91 (Bebenhus.). — Stip. Jan. 93. *Alb. stip.:* Tubingensis.
— M. a. 13. Febr. 95. — *April 98 Diakonus in Lins.*

44. B. a. 28. Sept. 91 (Bebenhus.). — Stip. Jan. 93. *MFA. u. Alb. stip.:*
Fridericus Raaff *(oder* Raph). — M. a. 14. Febr. 95. — *April 96 Präzeptor zu
Maulbronn.*

46. B. a. 28. Sept. 91 (Bebenhus.).

47. B. a. 28. Sept. 91 (Bebenhus.). — Stip. Jan. 93. *Alb. stip.:* v. Kleinen
Gartach. — M. a. 13. Febr. 95. — *Jan. 96 reiectus.*

48. B. a. 28. Sept. 91 (Bebenhus.). *MFABacc.:* Huzele. — Stip. Juli 92.
— M. a. 11. Aug. 94. — *April 98 aus dem Stift.*

49. B. a. 15. März 92 (Bebenhus.). *MFABacc.:* Rauw. — Stip. 23. Aug. 93.
Alb. stip.: v. Hedelfingen. — *Jan. 96 Collaborator in Unteröwisheim.*

51. B. a. 28. Sept. 91 (Herrenalb.). — Stip. Jan. 93. — M. a. 13. Febr. 95.
— *Ist Jan. 97 Vikar zu Weissach worden und gestorben.*

52. B. a. 28. Sept. 91 (Herrenalb.). — Stip. Jan. 93. — *April 95 rejiciert.*

53. B. a. 28. Sept. 91 (Herrenalb.). — Stip. 4. Sept. 93. — M. a. 13. Aug. 95.
— *April 99 Diakonus zu Herbertingen.*

54. B. a. 28. Sept. 91 (Herrenalb.). — Stip. 4. Sept. 93. *Alb. stip.:*
Gmälin. — M. a. 13. Aug. 95. — Rep. physicus. — *Ist ein gelehrter und fleissiger
Magister; Okt. 99 Diakonus in Calw.*

55. B. a. 28. Sept. 91. *MFABacc.:* Drecksler.

57. B. a. 27. Sept. 92. — M. a. 11. Aug. 94.

58. B. a. 15. März 92. — M. a. 5. Sept. 93. — Dr. iur. utr. 23. Aug. 99.

59. B. a. 27. Sept. 92. — M. a. 11. Aug. 94.

61. Conradus Dilgerus Vlmensis (23. März).
62. Johannes Georgius Dups Tubingensis (25. März).
63. Johannes Adamus Eppich Tubingensis (26. März).
64. Tobias Hornerus Dinckelsbühelensis (30. März).
65. Johannes Stenglinus (15. April).
66. David Wetzelius Hallensis (16. April).
67. Thomas Frechius Lucingensis (17. April).
68. Nicolaus Reysig Pragensis officinae minister (18. April).
69. M. Johannes Wieſtholß Oeringensis iterum suum est professus nomen (20. April).
70. Vitus Knör Öringensis (20. April).
71. Ulricus Wernerus Öringensis (20. April).
72. Johannes Norenstein Hohensteinensis (20. April).
73. Casparus Eysen
74. Simon Vischerus
75. Johannes Winter   Carolshemii (20. April).
76. Conradus Ziegler
77. Andras Wernerus Nörlingensis (22. April).
78. Johannes Georgius Keller Stutgardianus (24. April).
79. Theodosius Bruno Guntzenhusanus (24. April).
80. Bartholomaeus Dannberger Onoldinus (24. April).
81. Martinus Epplin Vahingensis (26. April).
82. David Holder Stutgardianus (26. April).
83. Franciscus Arnoldus Heilbrunnensis (26. April).
84. Johannes Georgius Menhardus Augustanus (27. April).

---

61. Vgl. 229,20.
62. B. a. 31. März 96.
63. B. a. 31. März 96.
65. B. a. 28. Sept. 91. — M. a. 3. Febr. 94. *MFABacc. und Mag.:* Deckingensis.
66. B. a. 15. März 92. *MFABacc.:* Witzell.
67. B. a. 28. Sept. 91. — M. a. 2. Aug. 92.
69. Vgl. 205,73.
70. B. a. 15. März 92. — Vgl. 227,37.
71. B. a. 15. März 92. — M. a. 3. Febr. 94.
72. *MFABacc. u. Mag.:* Joh. Hohenstain Crailshemius. — B. a. 28. Sept. 91. — M. a. 2. Aug. 92.
77. B. a. 28. Sept. 91. — M. a. 21. Febr. 93.
78. B. a. 20. März 94. *MFABacc.:* Cellarius.
81. B. a. 4. April 93.
82. B. a. 15. März 92. — M. a. 3. Febr. 84. — Dr. iur. utr. 27. April 03.
84. B. a. 28. Sept. 91. — M. a. 21. Febr. 93.

85. Michael Marschalckus Augustanus (27. April).
86. Christophorus Nischelius Neoburgensis (28. April).
87. Ernestus Heiden
88. Alexander Hutstocker   } Austriaci Viennenses nobiles
89. Johannes Adamus a Neideck   (29. April).
90. Johannes Dürr Ulmensis (30. April).

215. Sub rectura clarissimi viri dom. D. **Matthaei Entzlini** a festo div. Phil. et Jac. usque ad festum div. Lucae anno 1591:

1. Georgius Fridericus Pistorius Oringensis (3. Mai).
2. Jacobus Dideus Piritiensis Pomeranus (3. Mai).
3. Burckhardus a Weiler (7. Mai).
4. Andreas Colmarus Palatinus (7. Mai).
5. Johannes Conradus Reüing propter aetatem iniuratus, sed iussus ut anno exacto praestet iuramentum solenne (7. Mai).
6. Johannes Chelius Widersheimensis Hassus (12. Mai).
7. Georgius Krol Lipsensis typographus (12. Mai).
8. Georgius Scheidlin von Oſte in der Graffſchafft Ötingen etiam typographus (12. Mai).
9. Johannes Joliottus Montpelgardensis (14. Mai).
10. Philippus Engelhardus Montpelgardensis (14. Mai).
11. Martinus Gaza Hilpoltsteinensis Noricus (14. Mai).
12. Christophorus Lassa a Lassereckh Saltzburgensis nobilis (14. Mai).
13. Michael Scheffer Petercellensis, qui pagus non procul situs est a monasterio Alberſpach (14. Mai).

---

85. B. a. 28. Sept. 91. — M. a. 21. Febr. 93.

89 a. MFABacc. u. Mag. u. Jur.: Joannes Heinricus Bauhoff Canstadiensis. — B. a. 27. Sept. 92. — M. a. 13. Febr. 95. — Stud. iur. 29. Sept. 98. — Dr. iur. 15. Mai 04.

2. MFABacc.: Facultas artistica concessit 7. Aug. 98 Jacobo Tydaeo Pirizensi ius baccalaureorum in nostra schola, cum bene doctus assumpturus esset honores secundae laureac. — M. a. 9. Aug. 98.

9. Stip. Juli 91. *Alb. stip.:* Joliotus. — B. a. 4. April 98. — *Ist Juli 94 auf sein demütig Supplizieren neben Zustellung von 50 fl. dimittiert worden.*

10. Stip. Juli 91. *Alb. stip.:* Basiliensis. — *Febr. 92 im Herrn verschieden.*

11. B. a. 27. Sept. 92. — M. a. 21. Febr. 93.

13. Stip. Juli 91. — B. a. 15. März 92. — M. a. 3. Febr. 94. — Rep. mathematicus. — *Jan. 01 Diakonus zu Marbach.*

14. Fridericus Orth Hailbronnensis (18. Mai).
15. Jacobus Hillar Herrenbergensis (19. Mai).
16. Samuel Faulhaber Ulmensis (20. Mai).
17. Joannes Georgius Malschius Rotenburgensis ad Tuberam (25. Mai).
18. Gottofridus Jacobus Holtzelfingensis, propter aetatem iniuratus (26. Mai).
19. Johannes Mayer Öttingensis (26. Mai).
20. Conradus Reiserus (!) Ulmensis iterum nomen suum est professus cum ante biennium fuisset inscriptus (27. Mai).
21. M. Jacobus Weiss Nörlingensis repetiit nomen ante biennium sub dom. D. Hambergero inscriptum (29. Mai).
22. Petrus Limpius Nörlingensis (29. Mai).
23. Andreas Marggraff Gerstettensis Saxo (1. Juni).
24. Johannes Felsius Clagenfurtensis Carinthius (4. Juni).
25. M. Georgius Fleck ex decreto senatus iterum receptus (5. Juni).
26. Johannes Ölmayer (7. Juni).
27. Martinus Widmann Zuffenhausensis (8. Juni).
28. Laurentius Elenheintz Böblingensis (8. Juni).
29. Martinus Schwartz Winendensis (8. Juni).
30. Laurentius Amentruder Alfendanus Noricus (14. Juni).
31. Joannes Joachimus Gwandtſchneider Noricus (14. Juni).
32. Sebastianus Egen-Viennensis (14. Juni).
33. Johannes Martinus Becker Pfortzensis (16. Juni).

---

15. B. a. 4. April 93. — Stud. iur. 22. Juni 03. *MFJur.*: Mag. Jac. Hiller, nomen repetiit.

16. B. a. 28. Sept. 91. — *MFAMag.*: Locum quartum decimum inter magistros (5. Sept. 93) habuisset, sed 2. Aug. in patria mortuus est, bonus et doctus adolescens.

17. B. a. 27. Sept. 92. — M. a. 11. Aug. 94.

18. B. a. 20. März 94. *MFABacc.*: Gottfr. Jacobaeus. — M. a. 18. Febr. 96.

19. B. a. 20. März 94. — M. a. 13. Aug. 95.

20. Vgl. *210,63.*

21. Vgl. *208,85.*

22. B. a. 4. April 93.

23. *MFABacc.*: Andr. Marggraff Gerbstedensis, Bacc. Francofurtanus ad Oderam, anno 1591 asscriptus est in numerum baccalaureorum.

26. B. a. 27. Sept. 92. *MFABacc.*: Canstadiensis. — M. a. 3. Febr. 94. *MFAMag.*: Olearius.

27. B. a. 28. Sept. 91 (Maulbronn.). — M. a. 3. Febr. 94. — Stip. April 95. — *Jan. 98 Diakonus in Kirchheim.*

28. B. a. 28. Sept. 91 (Maulbronn.).

29. B. a. 28. Sept. 91 (Maulbronn.).

33. B. a. 4. April 93. — M. a. 11. Aug. 96.

34. Johannes Jacobus Kaut Tubingensis (22. Juni).
35. Jacobus Dulschackius Carniolanus (24. Juni).
36. Leonhardus Klein Schwabacensis, sub marchione Friderico (27. Juni).
37. Georgius Blentzius Bilensis Pomeranus (29. Juni).
38. Philippus Walterus ab Hesthaim (29. Juni).
39. Georgius Ortius Bonnensis diocoesis Moguntinensis (29. Juni).
40. Antonius Schweickhard Tubingensis propter aetatem iniuratus (30. Juni).
41. Marcus Wildt Waiblingensis propter aetatem iniuratus, quia puer tantum 13 annorum (1. Juli).
42. Paulus Hess Norinbergensis, 12 annorum ideo iniuratus (10. Juli).
43. Johannes Fleder Pleiningensis (11. Juli).
44. Heidericus Ortius Batenbergensis Hassus (14. Juli).
45. Michael Deublin Tubingensis, 12 annorum iniuratus (17. Juli).
46. Jacobus Bleisserus Nörlingensis (26. Juli).
47. Leonhardus Sutor Augustanus dom. D. Varnbüleri scriba (28. Juli).
48. Johannes Gebelius Noribergensis (4. Aug.).
49. Christophorus Erberman Neapolitanus (4. Aug.).
50. Conradus Scheffer Herrenbergensis (10. Aug.).
51. Johannes Wendelinus Bawhoff Canstadiensis (10. Aug.).
52. Sebastianus Kugelman Fleinheimensis (10. Aug.).
53. Johannes Melchior Hutzelin Blawbeürensis (10. Aug.).
54. Lazarus Ziegler Wildtpergensis (10. Aug.).
55. Jacobus Burck von Ober-Nippelspach Newburger ampts (10. Aug.).

35. Stip. Tiffernit. Nov. 90. *Alb. stip.:* Jac. Tüllschach Laubacensis. — B. a. 28. Sept. 91. — M. a. 13. Aug. 95. — *6. März 96 propter negligentiam et dissolutos mores dimittiert.*

40. B. a. 4. April 93.

45. B. a. 28. Sept. 97 (Bebenhus.). — Stip. 24. Febr. 98 (19. anno aet.). — M. a. 13. Aug. 1600. — *Juli 07 Diakonus zu Dettingen.*

50. B. a. 25. März 92 (Bebenhus.). — Stip. 23. Aug. 93. *Alb. stip.:* Schäffer. — *Okt. 95 propter melancholiam entlassen.*

51. B. a. 25. März 92 (Bebenhus.). — Stip. 23. Aug. 93. — M. a. 13. Aug. 95. — *April 98 Coadiutor bei St. Georgen.*

52. B. a. 25. März 92 (Bebenhus.).

53. B. a. 25. März 92 (Bebenhus.). — Stip. 26. Juni 94. — M. a. 11. Aug. 96. — *Okt. 99 Diakonus zu Dettingen; ist Juli 1600 zurück ins Stift gekommen; Okt. 01 Diakonus zu Metzingen.*

54. B. a. 25. März 92 (Bebenhus.). — Stip. 26. Juni 94. — *Jan. 97 rejiciert.*

55. B. a. 25. März 92 (Bebenhus.). — Stip. 26. Juni 94. *Alb. stip.:* v. Ober Nibelspach. — M. a. 11. Aug. 96. *MFAMag.:* Wiebelspachensis. — *Juli 97 aus dem Stift.*

56. Georgius Schawer Tubingensis (10. Aug.).
57. Johannes Bindel Ilfendensis (10. Aug.).
58. Marcus Necker Nürtingensis propter aetatem non iuravit (10. Aug.).
59. Johannes Philippus Rentz Wimpffingensis (11. Aug.).
60. Hector Dinotus Mompelgardensis (18. Aug.).
61. Gabriel
62. Joannes Christoph } Lutzii Stutgardiani (18. Aug.).
63. Christophorus Magnus Augustanus (19. Aug.).
64. Paulus Chemnitius Brunsuicensis (21. Aug.).
65. Georgius Anrendt Lindauiensis (23. Aug.).
66. Georgius Thum Wolfschlugensis (23. Aug.).
67. Georgius Ritter Schleusingensis (25. Aug.).
68. Joannes Breistadt Brunsuicensis (27. Aug.).
69. Jacobus Philippus Schleiher Tubingensis propter aetatem iniuratus (27. Aug.).
70. Martinus Humelius Ebingensis (1. Sept.).
71. Georgius Schiltkopff Heiningensis (1. Sept.).
72. Joannes Krauss Vayhingensis (1. Sept.).
73. Joannes Jacobus Kner Saxenheimensis (1. Sept.).

---

56. B. a. 25. März 92 (Bebenhus.). — Stip. 23. Aug. 93. *Alb. stip.:* Schewer. — M. a. 13. Aug. 95. — *April 97 Pfarrer in Pfäffingen.*

57. B. a. 25. März 92 (Bebenhus.). *MFABacc.:* Bintel Ilfeldensis. — Stip. Juli 95. *Alb. stip.:* J. Bentel v. Stuttgart. — M. a. 1. Febr. 97. — Rep. musicus. — *Juli 04 Diakonus in Göppingen.*

58. B. a. 4. April 93 (Bebenhus.). *MFABacc.:* Tettingensis sub arce Teck. — Stip. Mai 95. — M. a. 1. Febr. 97. *MFAMag.:* Weissachensis. — *Ist Okt. 99 ob contractum matrimonium rejiciert worden.*

60. Stip. Aug. 91. *Alb. stip.:* Johannes Dinotus. — B. a. 4. April 93. — M. a. 18. Febr. 96. *MFABacc. u. Mag.:* Hector D. — *Juli 96 aus dem Stift.*

61. B. a. 4. April 93. *MFABacc.:* Luschnauiensis.

63. Stip. Jan. 92. — B. a. 4. April 93. — M. a. 18. Febr. 96. *MFAMag. u. Alb. stip. (später):* Lauffensis. — *Okt. 99 Diakonus zu Neuenstadt.*

66. B. a. 27. Sept. 92 (Hirsaug.). — Stip. 26. Juni 94. *Alb. stip.:* Thumb. — M. a. 11. Aug. 96. — *Jan. 99 Diakonus in Löchgau.*

70. B. a. 25. März 92 (Bebenhus.). — Stip. 26. Juni 94 (Bebenhus.). — M. a. 11. Aug. 96. — *Jan. 1600 Adjunkt zu Murrhardt.*

71. B. a. 25. März 92 (Maulbronn.). — Stip. 27. Aug. 93. *Alb. stip. u. MFA.:* Schöllkopf. — M. a. 13. Aug. 95. — *April 97 Diakonus in Beilstein.*

72. B. a. 25. März 92 (Maulbronn.). — Stip. 27. Aug. 93. *Alb. stip. u. MFA.:* Knaus. — M. a. 13. Aug. 95. — *Okt. 99 adiunctus ad Divum Georgium.*

73. B. a. 25. März 92 (Maulbronn.). — Stip. 26. Juni 94. — M. a. 18. Febr. 96. — *Jan. 01 Pfarrer zu Schützingen.*

74. Felix Röss Itzelbergensis (1. Sept.).
75. Zacharias Geirlinus Murhardensis (1. Sept.).
76. Johannes Conradus Unfried Bietigkheimensis (1. Sept.).
77. Heinricus Dauberus Illingensis (1. Sept.).
78. Georgius Keppelmann Gertringensis (1. Sept.).
79. Christophorus Krafft Hopffingensis (1. Sept.).
80. Wolffgangus Reinhardus Weinspergensis (1. Sept.).
81. Adamus Turringus Nürtingensis (1. Sept.).
82. Joannes Narlingerus Überlingensis (2. Sept.).
83. Melchior Anthopaeus Brettanus (2. Sept.).
84. M. Petrus Mayer Nörlingensis (4. Sept.).
85. Melchior Eislinger Nörlingensis (4. Sept.).
86. Johannes Mackius Ulmensis (8. Sept.).
87. Philippus Georgius ⎫
88. Fridericus   ⎬ comites Solmenses fratres germani
89. Christophorus   ⎪   (9. Sept.).
90. Albertus Ottho   ⎭
91. M. Johannes Bucher praeceptor prius inscriptus (9. Sept.).
92. Jacobus Weitz Laubacensis   ⎫ tres ministri pre-
93. Johannes Georgius Preyss Laubacensis ⎬ dictorum comitum
94. Ludovicus Person Vicensis   ⎭   (9. Sept.).
95. Melchior Welsius Nörlingensis prius sub dom. D. Heerbrando
    inscriptus anno 1586 (10. Sept.).

74. B. a. 25. März 92 (Maulbronn.). — Stip. 26. Juni 94. *Alb. stip.:* Rösch.
— M. a. 18. Febr. 96. — *April 97 Diakonus in Königsbronn.*
75. B. a. 27. Sept. 92 (Maulbronn.). — Stip. 26. Juni 94. *Alb. stip. u.*
MFA.: Geiglin. — M. a. 18. Febr. 96. — *April 97 concionator castrensis*
Ungariae.
76. B. a. 27. Sept. 92 (Maulbronn.). — Stip. 26. Juni 94. — M. a. 11. Aug. 96.
— *Okt. 99 Prediger zu Unteröwisheim.*
77. B. a. 25. März 92 (Hirsaug.). — Stip. Jan. 93. — M. a. 13. Febr. 95.
— *Jan. 99 Diakonus in Nürtingen.*
78. B. a. 25. März 92 (Hirsaug.). — Stip. Jan. 93. — M. a. 13. Febr. 95.
— *April 97 Pfarrer bei Georg am Wald zum Dürrenhof in Thurgau.*
79. B. a. 25. März 92 (Hirsaug.). — Stip. 1. Sept. 93. *Alb. stip. u. MFA.:*
Hopfensis. — M. a. 13. Aug. 95. *MFAMag.:* Hopfawensis. — *Jan. 98 Pfarrer*
in Breitenberg.
80. B. a. 25. März 92 (Hirsaug.). — Stip. 1. Sept. 93. — M. a. 13. Aug. 95.
— *Jan. 98 Diakonus zu Leonberg.*
82. B. a. 27. Sept. 92. — M. a. 13. Aug. 95. *MFABacc. und Mag.:*
Joh. Herlinger Vberkingensis.
95. *Vgl. 203,91.*

96. Salomon Cruselius Heckstadiensis Saxo (11. Sept.).
97. Johannes Jacobus Haug Augustanus ante inscriptus sub comite Tubingensi, D. Snepffio prorectore repetiit suum nomen (12. Sept.).
98. Christophorus Bernwaidt Tubingensis 13 annorum et ideo non iuratus (14. Sept.).
99. Georgius Wessius Janensis (22. Sept.).
100. Christophorus Hedingerus Giengensis (27. Sept.).
101. Johannes Peliterius Mompelgardensis (27. Sept.).
102. Johannes Plebst Stutgardianus (27. Sept.).
103. Johannes Jacobus Jungius Augustanus (1. Okt.).
104. M. Georgius Meisnerus Lubecensis (2. Okt.).
105. Hieronymus Lympurg Lubeccensis (2. Okt.).
106. Heinricus Brenth Lubeccensis.
107. Matthias Cruntingerus Lubeccensis (9. Okt.).
108. Petrus Rossellus Mompelgardensis (9. Okt.).

216. Sub rectura clarissimi viri dom. D. **Stephani Gerlachii** a festo div. Luc. a. 1591 usque ad festum div. Phil. et Jac. a. 1592:

1. Martinus Mayer Lintzensis Austrius (22. Okt.).
2. Georgius Rössner Sultzdorffius (23. Okt.).
3. David Frisch Gutacensis (25. Okt.).
4. Conradus Wachmann Carniolanus iur. utr. Dr. inscriptionem repetiit (29. Okt.).
5. Georgius Henricus Feyrabendt Hallensis (29. Okt.).
6. Andreas Faber
7. Johannes Bernhardus Faber } Vayhingenses (29. Okt.).
8. David Faber

Hi duo fratres posteriores propter aetatem iniurati manu fidem dederunt.

---

97. *Vgl. 201,77.* — Dr. med. 8. März 92. — Dec. fac. med. primo 1609; ultimo 1615.
98. B. a. 28. Sept. 97. *MFABacc.*: Beruuart.
100. B. a. 15. März 92. *MFABacc.*: Hädinger. - M. a. 3. Febr. 94.
101. B. a. 27. Sept. 92.
102. B. a. 4. April 93. — M. a. 13. Aug. 95. *MFABacc. und Mag.*: Joh. Jacobus Plebst. Dr. iur. utr. 16. Sept. 01.
108 a. *Alb. stip. u. MFA.*: Fridericus Kober Marpachensis. — B. a. 25. März 92 (Hirsaug.). — Stip. 1. Sept. 93. — M. a. 13. Aug. 95. — *April 99 rejiciert.*
108 b. *MFJur.*: Levinus Buchius Saxo, Dr. iur. utr. 7. Sept. 91.
108 c. *MFJur.*: Christophorus Osterwaldt Saxo, Dr. iur. utr. 7. Sept. 91.

2. B. a. 15. März 92. — M. a. 21. Febr. 93.
4. *Vgl. 197,28.*
6. *Vgl. 217,60.*

· 9. Sebastianus Lang Gröningensis (29. Okt.).

10. Marcus Ruff Meckmülensis fidem manu dedit (30. Okt.).

11. Vincentius Ortelius Schwandorffensis (31. Okt.).

12. Leonhardus Schuuartz Spirensis (1. Nov.).

13. Simon Lentz Stutgardianus (6. Nov.).

14. Georgius Seuferliu Rotenburgotuberanus (6. Nov.).

15. Joaunes Becht Francofurtensis (7. Nov.).

16. Sigismundus Donnersperger Styrus ex monte anteriore ⎫ nobiles

17. Hieronymus Geyderus Styrius   ⎬ (7.Nov.).

18. M. Jacobus Zwinckerus Schorndorffensis horum paedagogus repetiit nomen (7. Nov.).

19. Georgius Seitz Emerkingensis (10. Nov.).

20. Johannes Christophorus Schmid Niderstotzingensis (11. Nov.).

21. ....ᵃ⁾ Riedesel nobilis Hassus (16. Nov.).

22. Daniel Duomur Montpelgardensis (25. Nov.).

23. Johannes Georgius Casius Stutgardianus (26. Nov.).

24. Georgius Negelin Augustanus compactor librorum (28. Nov.).

25. Johannes Conradus Wagnerus Leobergensis (1. Dez.).

26. Josias Cantzler Murrensis (1. Dez.).

27. Augustinus Höllwag Nürtingensis (1. Dez.).

28. Johannes Metz Uracensis (1. Dez.).

29. Johannes Fauding Göppingensis (1. Dez.).

a) Für den Vornamen ist Raum freigelassen.

9.   Vgl. 217,114.

10. B. a. 26. Sept. 93.

11. B. a. 15. März 92. - M. a. 21. Febr. 93.

14. B. a. 27. Sept. 92. — M. a. 11. Aug. 94.

16. u. 17.   Vgl. 217.35 u. 36.

18.   Vgl. 194,26 u. 217,34.

19. B. a. 27. Sept. 92. — M. a. 11. Aug. 94.

20. B. a. 4. April 93. — M. a. 13. Febr. 95.

22. Stip. Jan. 92. Alb. stip.: Dumont. – B. a. 4. April 93. — M. a. 13. Aug. 95. MFABacc. u. Mag.: du Mont. · Jan. 96 reiectus.

23. B. a. 26. Sept. 93. MFABacc.: Denkendorfensis.

25. B. a. 27. Sept. 92 (Herrenalb.). · · Stip. 4. Sept. 93. -- M. a. 14. Aug. 95. — Ist April 96 propter contractum matrimonium dimittiert worden.

26. B. a. 27. Sept. 92 (Herrenalb.). — Stip. 26. Juni 94. — M. a. 11. Aug. 96. · - Juli 99 soll er bei seinem Vater auf eine Vokation warten.

27. B. a. 27. Sept. 92 (Herrenalb.). — Stip. 26. Juni 94. Alb. stip.: Hellwag. — M. a. 11. Aug. 96.   April 98 Präseptor zu Maulbronn.

28. B. a. 27. Sept. 92 (Herrenalb.). · Stip. 26. Juni 94. — April 96 dimittiert, petiit ad Johannem Wolfium Mundelshemium.

29. B. a. 27. Sept. 92 (Herrenalb.). MFABacc.: Pfauding.

30. Israel Berblinger Durlacensis (6. Dez.).
31. Joannes Schad Ulmensis (13. Dez.).
32. Hieronymus Reyhing Augustanus (13. Dez.).
33. Joannes Conradus Weyss Bruckensis Helvetius nomen suum repetiit sub dom. D. Laubmario inscriptus (13. Dez.).
34. Josephus Textor Hallensis (13. Dez.).
35. Andreas Deller Lindauiensis (17. Dez.).
36. M. Daniel Schumaier repetiit inscriptionem (22. Dez.).
37. Joannes Huldenreich ex decreto senatus in civem academiae receptus, auff fein erbietten, daß er feine studia continuirn wölle (27. Dez.).

1592.

38. Abrahamus Schopffius ⎫ ambo candidati medicinae repetierunt
39. Wolffgangg Schillerus ⎰   inscriptionem (13. Jan.).
40. Joannes Nicolaus Bellenerus Brundrutensis (17. Jan.).
41. Zacharias Biccius Budissinus Lusatius (8. Febr.).
42. Joannes Schadnerus
43. Melchior Schadnerus
44. Udalricus Pittii   Viennenses Austrii (8. Febr.).
45. Casparus Schütterus
46. Casparus Biccius Budissinus horum praeceptor (8. Febr.).
47. Sebaldus Artnerus Edenburgensis (8. Febr.).
48. Michael Küefuss Mentzingensis (17. Febr.).
49. Jacobus Winter Schorndorffensis ⎫
50. Joannes Regius Leomontanus   ⎪ ex coenobio
51. Jacobus Lieb Göppingensis   ⎬ Hirsaugiensi
52. Albertus Kuen Leomontanus   ⎪ (18. Febr.).
53. Conradus Wennagel Bitigkheimensis ⎭

33. *Vgl.* 211,34. — Stip. Tiffernit. April 92. *Alb. stip.:* Bernensis. — B. a. 4. April 93. — *April 94 aus dem Stift.*
36. *Vgl.* 201,3: 24. Jan. 92 *als hospes stipendii wieder aufgenommen.*
47. B. a. 15. März 92 (Hirsaug.). *MFABacc.:* Oedemburgensis.
49. B. a. 27. Sept. 92. - Stip. 26. Juni 94. - M. a. 11. Aug. 96. — *Von Okt. 97 an Vikar in Mundelsheim: ist in philosophia ein gelehrter Gesell, sonsten mediocris in concionibus et moribus.*
50. B. a. 27. Sept. 92. Stip. 26. Juni 94. — M. a. 11. Aug. 96. — *Okt. 99 Diakonus in Tuttlingen.*
51. B. a. 27. Sept. 92. — Stip. 26. Juni 94. - - M. a. 11. Aug. 96. — *April 99 Pfarrer auf dem Lotenberg.*
52. B. a. 27. Sept. 92. -- Stip. Juli 95. *Alb. stip. u. MFA.:* Khuon. -- M. a. 10. Aug. 97. — *Okt. 99 Präzeptor in Hirsau.*
53. B. a. 27. Sept. 92. · Stip. Juli 95. *Alb. stip.:* Wendnagel. — M. a. 1. Febr. 97. --- *Jan. 01 Diakonus zu Balingen.*

54. Joannes Schreyerus Oberbrunnensis (20. Febr.).
55. Matthaeus Mageirus Brettachensis (22. Febr.).
56. Joannes Weininger Wilensis
57. Joannes Zeller Rochfeldensis
58. Joannes Gotfrid Thum Hedelfingensis
59. Christophorus Binderus Rossweldensis
60. Joannes Marquardus Weltzheimensis
61. Josias Pistorius Reichenuillanus
62. Joannes Jacobus Schertelius Thermaeferinus

omnes ex monasterio Bebenhusano (25. Febr.).

63. Joannes Stiberus Rotenburgotuberanus (27. Febr.).
64. Conradus Kelblin Bietigkheimensis (29. Febr.).
65. M. Conradus Fabri Stutgardianus
66. M. Georgius Adelbertus Burckhardus Tubingensis

repetierunt inscriptionem (29. Febr.).

67. Joannes Treymannus Wissmariensis Megapolitanus (1. März).
68. Paulus Remus Augustanus (1. März).
69. Hieronymus Hörwardt Augustanus (3. März).
70. Wolffgangus Christophorus Jagenreutter Austriacus repetiit inscriptionem (7. März).

56. B. a. 27. Sept. 92. *MFABacc.:* Tubinganus. — Stip. 26. Juni 94. *Alb. stip.:* von Weyl im Scheinbuech. — M. a. 11. Aug. 96. — *April 99 dimissus.*
57. B. a. 27. Sept. 92. *MFABacc.:* Rotfeldensis. — Stip. Juli 95. *Alb. stip.:* v. Rohttfeld. · M. a. 1. Febr. 97. — *Juli 1600 Diakonus zu Heidenheim.*
58. B. a. 27. Sept. 92. *MFABacc.:* Heidelfingensis. — Stip. 26. Juni 94. *Alb. stip. u. MFAMag.:* v. Dürrmentz. — M. a. 18. Febr. 96. · - *Juli 99 Diakonus zu Metzingen.* — Dr. theol. 31. Okt. 1617. *Theol.:* pastor Grünawensis, designatus superintendens in Herrenalb.
59. B. a. 27. Sept. 92. — Stip. 26. Juni 94. *Alb. stip.:* Johannes Christoph. B. — M. a. 18. Febr. 96. — Rep. logicus. — *Okt. 01 Diakonus in Cannstadt.* — Dr. theol. 10. Nov. 12. *Theol.:* concionator aulicus; obiit abbas Maulbrunnensis 4. Juni 16.
60. B. a. 27. Sept. 92. — Stip. 26. Juni 94. — M. a. 11. Aug. 96. — *Juli 99 Pfarrer in Marschalkenzimmern.*
61. B. a. 4. April 93. — Stip. Juli 95. *Alb. stip.:* Pistor. — M. a. 1. Febr. 97. — *April 1600 Diakonus in Bulach.*
62. B. a. 4. April 93. *MFABacc.:* Schaertlinus.
63. B. a. 28. Sept. 96.
64. B. a. 26. Sept. 93. — M. a. 18. Febr. 96.
65. *Vgl. 200,35.* — Dr. iur. utr. 13. Dez. 92.
66. *Vgl. 189,5.* - Dr. iur. utr. 10. Mai 92.
67. Dr. iur. utr. 10. Mai 92.
68. *Vgl. 231,59.*
70. *Vgl. 205,44.*

71. Tobias Schönleb Salisburgensis (7. März).
72. Joannes Leonhardus Volmarius Esslingensis (10. März).
73. Joannes Albertus Benssle Tubingensis (1. April).
74. Christophorus Meyer Ulmensis (5. April).
75. Paulus Weckbecher Sebusiensis (5. April).
76. Melchior Erasmus Lauinganus (7. April).
77. Burckhardus Fritzberger Wachendorffensis (18. April).
78. Joannes Glück Offenhausensis (18. April).
79. Josua Wolffhart Waiblingensis (19. April).
80. Hieronymus Christophorus Rosenberger Augustanus (20. April).
81. Andreas Welserus Augustanus (20. April).
82. Christophorus Conradus Neithardus Augustanus (22. April).
83. Bartholomaeus Hammer Bietigkheimensis (23. April).
84. Michael Griesmeyer Lauinganus (30. April).
85. Martinus Wanger Kirchensis (30. April).
86. Bartholomaeus Krottendorffer Neoburgensis Brisgoius (1. Mai).
87. Jacobus Vesenmeyer Memmingensis Buchbindergeſell (1. Mai).
88. Christianus Winterbach Rotenburgotuberanus (1. Mai).

217. Sub rectura clarissimi viri dom. D. **Danielis Möglingi**
a festo div. Phil. et Jac. usque ad fest. div. Lucae anno 1592:

1. Casparus Notthafft ab Hochenberg (2. Mai).
2. Wilhelmus Notthafft euis frater (5. Mai).
3. Sebastianus Lanius Neoburgensis, qui ob aetatem iuramentum
   non praestitit (5. Mai).
4. Joannes Wilhelmus a Gemmingen Treschklingensis repetiit
   nomen (6. Mai).
5. M. Andreas Beyer Stutgardianus sub dom. D. Heerbrando
   inscriptus nomen repetiit (6. Mai).
6. Timotheus Lotschan Schemnicensis Panonius (9. Mai).
7. Joannes Christophorus Herpst Winendensis (10. Mai).

72. B. a. 4. April 93.
74. Stip. 5. April 92; exspectat stipendium Tiffernitanum. — B. a.
20. März 94. M F'A Bacc.: Johannes Christoph. Maior.
76. B. a. 27. Sept. 92. — M. a. 5. Sept. 93.
83. B. a. 26. Sept. 93.
88 a. M F'A Bacc.: Joannes Andreas Senger Stutgardianus, B. a. 4. April 93.
— Dr. med. 11. Mai 02. Med.: Andreas Senger.
88 b. Jur.: Johannes Hammerer Ostrofrancus, Dr. iur. utr. 10. Mai 92.

5. Vgl. 196,67. - Dr. iur. utr. 20. Febr. 93.

8. M. Marcus Conilaeus Memmingensis nomen repetiit sub M. Lieblero inscriptus (14. Mai).

9. Michael Bezolt Rotenburgotuberanus (16. Mai).

10. Joannes Wirsing Zeapolitanus (23. Mai).

11. Thomas Egerter Valesianus (30. Mai).

12. Joannes Anastasius } Cellii Tubingenses (30. Mai).
13. Joannes Gedeon

14. Joannes Metzlerus Langstadianus (30. Mai).

15. Antonius Fabricius Laubachensis comitum Solmensium praeceptor (30. Mai).

16. David Pistor Neapolitanus } fratres (31. Mai).
17. Joannes Michael Pistor Spirensis

18. David Wideman Ulmanus notarii substitutus (1. Juni).

19. Georgius List Pfullingensis (3. Juni).

20. Udalricus Besoldt repetiit nomen (3. Juni).

21. ʹJoannes Sebastianus Engelhardus Leobergensis (4. Juni).

22. Joannes Andreas Singerus Onotzspachensis dom. D. Ludovici filius (5. Juni).

23. Georgius Lorhardus Dalheimensis (6. Juni).

24. Gabriel Langenmantel ab Aar nobilis Tirolis (7. Juni).

25. Martinus Breinlin Ulmensis (8. Juni).

26. Nicolaus Röslin Hagenauensis dom. D. Elisaei filius (16. Juni).

27. Bernhardus Molitor Widernensis (16. Juni).

28. Joannes Balthasarus Eisengrein Stutgardianus dom. D. Balthasari filius (18. Juni).

29. Clemens Mattenmay Buchbindergeſell bei Georg Schmiden (21. Juni).

30. Jeremias Neobulus Entringensis (27. Juni).

31. Heinricus a Tribneck in Schwartzenstein Styrus (1. Juli).

32. Joannes Wolffinger Labacensis (1. Juli).

33. Laurentius Sagittarius Megapolitanus (1. Juli).

---

8. Vgl. 209,17.

10. B. a. 4. April 93. — M. a. 11. Aug. 94.

13. B. a. 16. März 97. — M. a. 15. Aug. 99. — Stud. iur. 1. April 1600.

16. Stip. Juli 93 (aus der Burse aufgenommen) Alb. stip.: v. Reichenweyer. — B. a. 20. März 94. MFABacc.: D. Pistorius Spirensis. — M. a. 1. Febr. 97. MFAMag.: Neostadiensis. — April 98 Collaborator in Reichenweier.

17. B. a. 20. März 94.

20. Vgl. 172,78 u. 182,30.

23. B. a. 24. Sept. 95.

30. Stip. Juli 99. — B. a. 28. Sept. 99 (Bebenhus.). MFABacc.: Endingensis. — M. a. 18. Febr. 01. — Juli 03 ob vitam dissolutam rejicirt.

34. M. Jacobus Zwinckerus ⎫
35. Sigismundus Dondersperg ⎬ repetierunt nomina (1. Juli).
36. Hieronymus Geüder ⎭
37. Gratia Dei a Spaur, dominus in Pflaum haro (5. Juli).
38. Georgius Fridericus a Spaur, ipsius frater (5. Juli).
39. Lazarus Hainckelius Wienensis (5. Juli).
40. Georgius a Kirch Lindauiensis (5. Juli).
41. M. Joannes Casparus Lindauiensis (5. Juli).
42. Voltpertus ⎫
43. Hermannus ⎬ fratres Ridesel in Eysenbach (5. Juli).
44. Georgius ⎭
45. Wolffgang Hartmanni Schutzpar dictus Milchling in Buseck (5. Juli).
46. M. Jacobus Miccius Novimorsensis Cattus (5. Juli).
47. Jacobus Eyselius Spangenbergensis Cattus (5. Juli).
48. Hartmannus a Berlepsch Turingus (5. Juli).
49. Antonius a Kerschenbrock Mansfeldensis (5. Juli).
50. Zacharias Gropperus Carniolanus (5. Juli).
51. Gallus Stadelius Nürtingensis inscriptus sub dom. D. Hochmanno repetiit nomen (7. Juli).
52. Jeremias Buschius Augustanus (8. Juli).
53. Joannes Georgius Bonritterus Kauffbeurensis (8. Juli).
54. David Burckhardus Vogelmanuus Halensis Suevorum (12. Juli).
55. Philippus Schonerus Znoymensis Moravus (13. Juli).
56. Casparus Simonis Hamelburgensis Francus (14. Juli).
57. Joannes Schwab Viennensis (15. Juli).
58. Paulus Bromer Memmingus repetiit nomen (17. Juli).
59. Udalricus Leyser a Weierburg Austriacus (19. Juli).
60. Heinricus Conradus Wentzelick a Serabitz haro (20. Juli).
61. Sigismundus Matthias eius frater (20. Juli).
62. Philippus Hillemarius Austriacus (20. Juli).
63. Wencelaus Mautner Moravus famulus (20. Juli).

———— —

34. Vgl. 216,18. — Dr. med. 13. Dez. 92.
35 u. 36. Vgl. 216,16 u. 17.
40. B. a. 4. April 93. — Vgl. 226,22.
51. Vgl. 213,35.
52. Dr. iur. utr. 13. Dez. 92.
54. B. a. 4. April 93. — M. a. 18. Febr. 96.
56. B. a. 27. Sept. 92. -- M. a. 5. Sept. 93.
58. Vgl. 207,22.

64. Paulus Reichelinus Göttingensis Saxo (27. Juli).

65. D. M. Matthias Hafenreffer repetiit nomen (2. Aug.).

66. Christophorus Ernestus Gaier ab Osterberg Austriacus (3. Aug.).

67. Wilhelmus Hess von franckfurtt Schrifftgießergesell (8. Aug.).

68. Gabriel Lay von Lindaw Buchbindergesell beim jungen Wilden (12. Aug.).

69. Joannes Mauchius Wangensis (19. Aug.).

70. Joannes Schad Eschingensis

71. Daniel Hitzler Heidenheimius

72. Joannes Reichhart Canstadiensis

73. Conradus Cellarius Hegaeus a)

74. Joannes Gerber Backhaimensis

75. Martinus Rosslin Winendensis

76. Joannes Huttmacher Stutgardensis

77. Vitus Mauser Göppingensis

} stipendiarii Bebenhusani (21. Aug.).

78. Henricus Sattlerus Schorndorffensis (21. Aug.).

79. Jacobus Flaider Plieningensis (23. Aug.).

80. Andreas Faber Vayhingensis repetiit nomen (23. Aug.).

81. M. Joannes Conrad Raumelius Nörlingensis (25. Aug.).

82. Heruardus

83. Weickhardus

84. Theodoricus

} liberi barones in Auersperg (26. Aug.).

_____

a) *Auf einer Rasur.*

65. *Vgl. 187,43.* — Dr. theol. 23. Aug. 92. *Theol.:* academiae Tubingensis professor.

69. B. a. 4. April 93. *MFABacc.:* Wangensis Algouius.

70. B. a. 26. Sept. 93. — Stip. Juli 95. *Alb. stip.:* Schaden. -- M. a. 1. Febr. 97. — *Juli 92 Diakonus in Sulz.*

71. B. a. 26. Sept. 93. — Stip. Juli 95. — M. a. 1. Febr. 97. — Rep. physicus. — *April 03 Diakonus zu Waiblingen.*

72. B. a. 26. Sept. 93. — Stip. Juli 95. — M. a. 1. Febr. 97. — *April 02 Diakonus zu Waiblingen.*

73. B. a. 4. April 93. *MFABacc. u. Mag.:* Hilzingensis. — Stip. Juli 95. *Alb. stip.:* v. Göppingen. — M. a. 1. Febr. 97. — *Okt. 99 Präseptor zu Bebenhausen.*

74. B. a. 20. März 94. — Stip. 23. Juni 96. — M. a. 15. Febr. 98. — *Ist April 03 gen Dürrmenz kommen.*

75. B. a. 26. Sept. 93. — Stip. Juli 95. — M. a. 1. Febr. 97. — *Jan. 01 Diakonus zu Nagold.*

76. B. a. 26. Sept. 93. -- Stip. Juli 95. *Alb. stip.:* Huettmacher. — *Ist April 96 propter blasphemias et mores dissolutos exkludiert worden.* — M. a. 1. Febr. 97.

77. B. a. 20. März 94.

80. *Vgl. 216,6.* — M. a. 21. Febr. 93.

81. Dr. med. 19. Dez. 93. *Med.:* Rhumelius.

85. Heruardus a Lamperg, haro in Sawſtein (26. Aug.).
86. Laurentius Nürnberg Summariensis Thuringus (26. Aug.).
87. Leonhardus Faschangang Carniolanus (26. Aug.).
88. Matthaeus Kupfferschmid Nussdorffensis (28. Aug.).
89. Christophus Bicklin Backhaimensis
90. Fridericus Sturm Stutgardianus
91. Joannes Has Vahingensis
92. Alexander Bawhoff Waiblingensis
93. Erhardus Schweickhard Ştutgardianus
94. Michael Mayer Bettlingensis
95. Ludovicus Reitter Nürtingensis
96. Jacobus Zeittler Bauttmariensis
97. Joânnes Gottfrid Thum Kirchensis
98. Christophorus Beier Nürtingensis
99. Ulricus Seisser Hernalbanus
100. Blasius Braun Stutgardianus

omnes stipendarii
Maulbronnenses
(29. Aug.).

101. Zacharias Rentz Diuogeorgianus stipendarius Hirschauiensis (30. Aug.).

---

89. B. a. 4. April 93. *MFABacc.:* Backnangensis.

90. B. a. 4. April 93. — Stip. 26. Juni 94. — M. a. 11. Aug. 96. — *Jan. 98 Vikar in Aurich.*

91. B. a. 4. April 93. — Stip. 26. Juni 94. — M. a. 11. Aug. 96. — *Jan. 01 Diakonus zu Untertürkheim.*

92. B. a. 4. April 93. — Stip. Juli 95. — M. a. 1. Febr. 97. *MFAMag.:* Weinspergensis. — *Juli 99 ad parentes relegatus.*

93. B. a. 4. April 93. — Stip. Juli 95. *Alb. stip.:* Schweicker. — M. a. 1. Febr. 97. — *Jan. 01 Vikar in Maimsheim; daselbst Okt. 02 selig im Herrn verschieden.*

94. B. a. 20. März 94. — Stip. Juli 95. — M. a. 1. Febr. 97. — *Jan. 01 Vikar zu Lienzingen.*

95. B. a. 20. März 94. — Stip. Juli 95. — *Ist April 96 wegen eines Schlaghandels zu Weil dimittiert worden.*

96. B. a. 20. März 94. - Stip. 23. Juni 96. *Alb. stip.:* Zeidler v. Bottwar. — *Juli 99 Collaborator zu Herrenberg.*

97. B. a. 20. März 94. — Stip. 23. Juni 96. *Alb. stip.:* Kirchoteccensis. — M. a. 15. Febr. 98. — *Jan. 03 Pfarrer in Lienzingen.* — Stud. iur. 1. März 1600.

98. B. a. 20. März 94.

99. B. a. 20. März 94. — Stip. 23. Juni 96. — M. a. 15. Febr. 98. — *April 04 Diakonus zu Gröningen.*

100. B. a. 20. März 94. — Stip. 23. Juni 96. — M. a. 15. Febr. 98. — *April 05 aus dem Stift.*

101. B. a. 26. Sept. 93. — Stip. Juli 95. — M. a. 1. Febr. 97. — *Ist im Aug. 99 selig im Herrn verschieden.*

102. Bartholomaeus Kisel Ebingensis } stipendarii Hirschauienses
103. Michael Wissenfaut Vahingensis }   (30. Aug.).
104. Ludovicus Gfrerer Böblingensis
105. Andreas Lanius Neoburgensis
106. Marcus Mercklin Erdmerchhausensis   stipendiarii
107. Joannes Ulricus Veisch Neoburgensis   Herrenalbani
108. Georgius Samuel Werlin Eschenawensis   (30. Aug.).
109. Leui Lutz Zaisersweyerensis
110. Henricus Schombertus Mompelgartensis (31. Aug.).
111. Petrus Wirt Elsenbergensis Vangio (1. Sept.).
112. Joannes Conradus Senfft (6. Sept.).
113. Maximilianus a Diettrichstein (8. Sept.).
114. Sebastianus Lang Gröningensis repetiit nomen (11. Sept.).
115. Michael Greiff Duttlingensis pharmacopaei servus repetiit nomen
     (12. Sept.).
116. M. Vitus Isenmannus Hallensis (12. Sept.).
117. Ulricus feringer von Tübingen typographus uxoratus (16. Sept.).
118. Casparus Heuchelius Lauinganus (17. Sept.).
119. Hieronymus Besserer Memmingensis (20. Sept.).
120. Joannes Sigismundus Spreng Kirchensis (22. Sept.).

------

102. B. a. 26. Sept. 93. — Stip. 23. Juli 96 (Bebenhus.). *Alb. stip.:* Kysel
v. Thalfingen. — M. a. 15. Febr. 98. — *Juli 03 Diakonus zu Rosenfeld.*

103. B. a. 26. Sept. 93. — Stip. 23. Juni 96 (Bebenhus.). — M. a.
15. Febr. 98. — *April 1600 Präzeptor zu Bebenhausen.*

104. B. a. 26. Sept. 93. *MFABacc:* Gfrörer. — Stip. Juli 95. *Alb. stip.:*
Gfrerer. — M. a. 1. Febr. 97. — *Ist im Juli 98 selig im Herrn verschieden.*

106. B. a. 26. Sept. 93. — Stip. Juli 95. *Alb. stip. u. MFA.:* r. Erdt-
manhausen. — M. a. 1. Febr. 97. — Rep. graecus. — *Juli 04 Diakonus zu Bottwar.*

107. B. a. 26. Sept. 93. — Stip. Juli 95. *Alb. stip.:* Fäsch v. Newenbürg
(*auch* Joh. Conrad F.). — M. a. 1. Febr. 97. — *Okt. 99 Diakonus zu Rosenfeld.*

108. B. a. 26. Sept. 93. — Stip. Juli 95. *Alb. stip.:* Wehrlin v. Geer-
stetten. — M. a. 1. Febr. 97. — *Jan. 01 exclusus.*

109. B. a. 26. Sept. 93. — Stip. Juli 95. *Alb. stip. und MFA.:* Giglingensis. — M. a. 1. Febr. 97. — *Okt. 97 Präzeptor zu Adelberg.*

112. B. a. 4. April 93. *MFABacc.:* Schwinfordianus. — M. a. 10. Aug. 97.
MFAMag.: J. Conr. Synapius. — Dr. med. 10. Okt. 99. *Med.:* Swinphordianus
Ostrofrancus.

114. *Vgl. 216,9.* — M. a. 21. Febr. 93.

115. *Vgl. 198,61:* Keuff.

116. Dr. med. 12. Nov. 95.

118. B. a. 4. April 93. — M. a. 5. Sept. 93. — Dr. iur. utr. 10. Okt. 99.

120. B. a. 15. April 95. *MFABacc.:* Kirchoteccensis. -- M. a. 10. Aug. 97.
— Dr. iur. utr. 17. Nov. 97.

121. Christianus Flaischmannus Pfortzensis (25. Sept.).
122. Jacobus Pantalaeon
123. David Pantalaeon
124. Christophorus Stetter
125. Thomas Spindler ⎬ Labacenses Carniolani (25. Sept.).
126. Seyfridus Gall
127. Joannes Vinetianus
128. Georgius Broscerus
129. Joannes Georgius a Melheim Francofurdiensis (28. Sept.).
130. Ernestus Fridericus Fabricius Uracensis pharmacopaei discipalus (28. Sept.).
131. Joannes Georgius Haffner Ratisponensis (29. Sept.).
132. Philippus Schrayuogel (1. Okt.).
133. Joannes Ziegler Melchingensis Francus (1. Okt.).
134. Michael Schweigkhard Uracensis (3. Okt.).
135. Andreas Gundelfinger Reichenawensis Transyluanus (7. Okt.).
136. Ulricus Friderici Lauinganus nomen repetiit (9. Okt.).
137. Joannes David Mögling Weissenburgensis (14. Okt.).
138. Ernestus Fridericus Mollingerus Durlacensis (14. Okt.).
139. Ludovicus Rabus Monhaimensis (17. Okt.).
140. Matthaeus Feinaug Stutgardianus[a] (29. Aug.).

a) Gehört zwischen Nr. 93 u. 94.

125. B. a. 20. März 94. — Hospes stipendii Juli 92. — *April 96 propter negligentiam et dissolutos mores dimittiert.*

127. Stip. Tiffernit. Mai 96 (17. anno act.). — B. a. 16. April 97. *MFABacc.:* Uiniziauer. — M. a. 15. Aug. 99. — *Soll April 02 bei dem Oberrogt zu Blaubeuren mit Diensten bedacht werden.*

128. B. a. 4. April 93. *MFABacc.:* Proscerus.

133. B. a. 26. Sept. 93. — M. a. 13. Aug. 95. — Dr. med. 10. Okt. 99.

134. B. a. 15. April 95. — M. a. 1. Febr. 97.

135. B. a. 4. April 93. — M. a. 13. Aug. 95.

136. *Vgl. 193,53.* — Dr. med. 27. April 97.

137. B. a. 27. Sept. 98. *MFABacc.:* Sebusianus. — Dr. med. 11. Sept. 05.

138. B. a. 11. Sept. 94.

139. B. a. 4. April 93. — M. a. 5. Sept. 93.

140. B. a. 4. April 93 (Maulbronn.). — Stip. Juli 95. — M. a. 1. Febr. 97. *Jan. 1600 propter dissolutionem et blasphemias rejiciert.*

140a. Alb. stip. u. *MFA.:* Andreas Scheffler Backnangensis. — B. a. 20. März 94 (Bebenhus.). — Stip. 23 Juni 96. — M. a. 15. Febr. 98. — *Okt. 1600 Prediger zu Kempten.*

140b. *MFA.* u. Alb. stip.: Johannes Jacobus Ulsheimer Bolhaimensis. — B. a. 26. Sept. 93 (Hirsaug.). — Stip. 26. Juni 96 (Bebenhus.). — *April 97 rejiciert.*

140c. *Jur.:* Sebastianus Dietlin Gerlitzhouensis Franco, Dr. iur. utr. 13. Dez. 92.

218. Sub rectura clarissimi viri dom. D. **Johannis Hochmanni**
a festo div. Luc. a. 1592 usque ad'festum div. Phil. et Jac. anno 1593:

1. Johannes Burckhard Stadtmann Culbacensis, iterum suum nomen est professus (22. Okt.).
2. Johann Gaudentz Mocher von Balsheim (30. Okt.).
3. Abel Fascangus Carniolanus (30. Okt.).
4. Joannes Wilhelmus Zimmerman Wimflingensis (3. Nov.).
5. Carolus Ludovicus Schegg Turbacensis (7. Nov.).
6. Joann Christoph Broller Suevus (7. Nov.).
7. Josephus Agricola Hallensis (7. Nov.).
8. Joannes Halpronner Lauinganus (7. Nov.).
9. M. Michael Socius Adoltzhamensis (8. Nov.).
10. Daniel Blamenhawer Hallensis (12. Nov.).
11. Vrias Stehelin Canstadiensis (13. Nov.).
12. Martinus Groll Rostokiensis (15. Nov.).
13. Joannes Garb Geneuensis[a] (15. Nov.).
14. Burckhardus Münner Reichenbergensis (19. Nov.).
15. Joannes Wernerus
16. Marquardus Carolus } a Hohenegg fratres (26. Nov.).
17. Philippus
18. Philippus Gruppenbach Tubingensis (26. Nov.).
19. M. Joannes a Fuchs Antuerpianus (30. Nov.).
20. Andreas Rauch Reuttlingensis (1. Dez.).
21. Joannes Jacobus Gabelchouer Stutgardianus (12. Dez.).
22. Jacobus Löfflerus (12. Dez.).
23. Michael Müller Schwingensis (22. Dez.).
24. Caspar Weißgaw von Lauschniz bei Leipzig Buchtruckhergesell (22. Dez.).

---

a) *Ursprünglich stand* Geneusis *da; ue ist später dazukorrigiert.*

1. Vgl. 213,67. — Dr. iur. utr. 29. April 01.

3. B. a. 24. Sept. 95. *MFABacc.:* Labacensis. — M. a. 15. Febr. 96.
MFAMag.: Scelzensis.

4. B. a. 20. März 94.

5. B. a. 20. März 94. *MFABacc.:* Durlacensis. — M. a. 11. Aug. 96.
MFAMag.: Stutgardianus. — Stud. iur. 18. März 97.

7. B. a. 20. März 94.

8. B. a. 4. April 93. — M. a. 3. Febr. 94. — *Vgl. 226,110 u. 232,29.*

14. B. a. 20. März 94. *MFABacc.:* Miner.

20. B. a. 31. März 96. — M. a. 9. Aug. 98. *MFABacc. u. Mag.:* Rauch.

21. B. a. 20. März 94. — M. a. 11. Aug. 96. *MFAMag.:* Göppingensis.

22. B. a. 24. März 02. *MFABacc.:* Löchtgöwensis. — Dr. iur. utr. 13. Febr. 09.

23. *Vgl. 231,33:* Schweiningensis.

25. Joann Hoffman von Cronweiffenburg (22. Dez.).
26. Joannes Rodolphus Wick Vlmensis iterum suum professus est nomen (29. Dez.).
27. Michael Kerlinus Nördlingensis (29. Dez.).

1593.

28. Petrus Lemp Nördlingensis iterum professus est nomen (8. Jan.).
29. Joannes Stetner Labacensis (15. Jan.).
30. Franciscus Bertoldus a Flerßhaim (19. Jan.).
31. Joannes Adamus Dogt zue Sumoltftein (19. Jan.).
32. Sambson von Ratzenhaufen von Stein (19. Jan.).
33. Joann a Fledthenftein (19. Jan.).
34. Marcus Conradus Vayhingensis praeceptor (19. Jan.).
35. Matthias Hesch Seltzensis famulus praedictorum nobilium (19. Jan.).
36. Christianus Neserus Wissenburgensis (19. Jan.).
37. Joannes Jacobus Bontz Spirensis (26. Jan.).
38. Joannes Jacobus Heischner Pfortzensis (28. Jan.).
39. Erhardus Weinman Knittlingensis (28. Jan.).
40. Philippus Walther Drechselius Neuburgensis (1. Febr.).
41. M. Ludovicus Lucius Stutgardianus (1. Febr.).
42. Georgius Grieneifen Esslingensis (3. März).
43. Ludwig Friderich von Anweil (7. März).
44. Wilhelmus a Massenbach (8. März).
45. Reinhardus a Gemmingen (8. März).
46. M. Joannes Burnius Conburgensis (27. März).
47. Joannes Christophorus Rumelius Nordlingensis (30. März).
48. Joannes Jacobus Rumelius Nördlingensis (30. März).
49. M. Daniel Heiden Nördlingensis (2. April).
50. Joannes Augustinus Assum Stutgardianus (9. April).

---

25. B. a. 11. Sept. 94. — M. a. 1. Febr. 97.
26. *Vgl. 201,68.* - - Dr. iur. utr. 16. Mai 93.
28. *Vgl. 215.22.*
39. Stip. 1. Sept. 94. — B. a. 11. Sept. 94. — M. a. 1. Febr. 97. — Rep. hebreus. — *Okt. 03 Diakonus zu Bietigheim.*
47. B. a. 26. Sept. 93. — M. a. 13. Aug. 95. — *Vgl. 231,13.*
48. B. a. 26. Sept. 93. — M. a. 13. Aug. 95. — Stud. iur. 25. Juni 02.
49. Dr. iur. utr. 16. Sept. 01.
50. B. a. 20. März 94 (Bebenhus.). — Stip. 26. Juni 96. *Alb. stip. u. MFA.:* v. Weickersheim. — M. a. 15. Febr. 98. — *Ist Okt. 03 des jungen Herzog Julii Friderici Präzeptor worden.*

51. Philippus Albertus Kaltenwestensis (9. April).
52. Joannes Kuquellus Mompelgardensis (10. April).
53. Werthman von Winterfeldt (20. April).
54. Bado von Hochze (20. April).
55. Johannes von Verde (20. April).
56. Ignatius Hamil Scheffelbonenfis (20. April).
57. Theodorus von Senden Lubeccensis (20. April).
58. Heinricus Muggius Saxo (29. April).
59. Wendel (!) a Steinfelz (29. April).

219. Sub rectura clarissimi viri dom. D. **Joannis Halbrütteri**
a festo div. Phil. et Jac. usque ad festum div. Lucae a. 1593:

1. Matthaeus Dötschmann Halensis Suevorum (1. Mai).
2. Ludouicus et
3. Melchior Jägeri in Gärtringen fratres (3. Mai).
4. Joannes Leonhardus Fleiner Esslingensis (4. Mai).
5. Georgius Jung Esslingensis (4. Mai).
6. Heinricus Keissius Tubingensis propter aetatem iniuratus (4. Mai).
7. Leonhardus Fallotus Mümpelgartensis (8. Mai).
8. Georgius Stein Hagenouuensis (14. Mai).
9. Joannes Volckard a Concin in Wockbing et Wildenstein (14. Mai).
10. Joannes Gottfrid Linsmair in Weinzierl (14. Mai).

51. B. a. 20. März 94 (Bebenhus.).   *MFABacc.:* Phil. Albertus Hala
Kaltenwestensis. — M. a. 10. Aug. 97. *MFAMag.:* Phil. Alb. Hala Francofurtanus.
     52. Stip. 10. April 93. — B. a. 20. März 94. — *Okt. 96 ad scholam in*
Blaumont vocatus.
     59 a. *MFABacc.:* Johannes Georgius Rentz Vayhingensis, B. a. 11. Sept. 94.
     59 b. *MFABacc. u. Mag. u. Jur.:* Johannes Jacobus Riepp Stutgardianus.
— B. a. 11. Sept. 94. — M. a. 1. Febr. 97.   Stud. iur. 27. Febr. 97. — Dr. iur.
14. Mai 06.
     59 c. *MFABacc.:* Georgius Lieblerus Brackenheimensis, B. a. 11. Sept. 94.
— M. a. 18. Febr. 96. — Stip. Juli 99 *(aus der Burs aufgenommen.).* — *Jan. 03*
Diakonus zu Güglingen.
     59 d. *MFABacc.:* Jacobus Lauffer Haupersbrunnensis, B. a. 11. Sept. 94.
— *MFAMag.:* J. L. Schorndorffensis, M. a. 1. Febr. 97.
     59 e. *MFABacc.:* Jacobus Philippus Voloch Hailprunnensis, B. a. 11. Sept. 94.
— *MFAMag.:* Joh. Phil. Vollock, M. a. 11. Aug. 96.

     4. B. a. 11. Sept. 94.
     6. B. a 20. März 94. *MFABacc.:* Kaissius. — M. a. 18. Febr. 96. —
Stud. iur. 4. Mai 03.   Dr. iur. 14. Dez. 03.
     7. Stip. Mai 93. — B. a. 20. März 94. — *Jan. 96 reiectus.*

11. Joannes Christophorus Fernberger in Egnberg haereditarius
Austriae superioris camerarius (14. Mai).
12. Joannes Ulricus Wertz Sultzburgensis (17. Mai).
13. Ulricus ⎤
14. Henricus ⎬ Schilling a Canstatt fratres propter aetatem iniu-
15. Casparus ⎦ rati (22. Mai).
16. Bernhardus Praetorius Jespurgensis poëta laureatus (22. Mai).
17. Philippus Hiller Lempergensis (26. Mai).
18. Philippus Melanchton ⎤
19. Sigismundus Melanchton ⎦ Weissenburgenses (2. Juni).
20. Joannes Sebastianus a Schleunitz Misnius (9. Juni).
21. Jeronimus Hauser Grätzensis Styrus (9. Juni).
22. Joannes Jacobus Vayh Norlingensis (10. Juni).
23. Friedericus Riep Tubingensis (11. Juni).
24. Hermannus Betzius Francomontanus superioris Hassiae (13. Juni).
25. David Hötzel Geisslingensis (15. Juni).
26. Daniel Jäger Metzingensis (15. Juni).
27. Joannes Schuuallengrebel ⎤
28. Jacobus Troge ⎦ Stettinenses (15. Juni).
29. Eberhardus a Vuobendezki Bohemus (15. Juni).
30. Joannes Brastperger Stutgardianus (15. Juni).
31. Gotfridus comes ac dominus in Castel (24. Juni).
32. M. Joannes Neuhofer praeceptor Francus (24. Juni).
33. Paulus Püdtner Feurbachensis famulus (24. Juni).
34. Johannes Höntherus Transsyluanus Coronensis (24. Juni).
35. Vinotus Bartholus Montispeligardensis (11. Juli).
36. Fridericus a Weluuard (3. Aug.).
37. Jacobus Sorg Stutgardianus (3. Aug.).
38. Henricus Hermannus Schutzper liber baro in Burg-Milchlingen
et Wilbermsdorff (11. Aug.).
39. Joannes Brunsterer Norinbergensis praeceptor (11. Aug.).
40. Joannes de Normandia Gallus famulus (11. Aug.).

22. B. a. 20. März 94. — M. a. 18. Febr. 96. *MFAMag.*: Stuccardianus.
— Stud. iur. 21. März 97.
25. B. a. 26. Sept. 93. - M. a. 13. Aug. 95. *MFABacc. u. Mag.*: Hetzelius.
— Dr. med. 20. Febr. 98.
26. B. a. 16. April 97.
35. Stip. Mai 93. *Alb. stip.*: Viennotus B. — B. a. 20. März 94. —
M. a. 13. Aug. 95. — *Ist April 96 a consiliariis Mompelgartensibus in patriam
vociert worden.*
37. B. a. 24. Sept. 95. — M. a. 10. Aug. 97.

41. Joannes
42. Sebastianus } Hoenstadii Wimpinenses (12. Aug.).
43. M. Georgius Hartlieb Tubingensis nomen repetiit (14. Aug.).
    Magnus Michael Memmingensis nomen repetiit (15. Aug.).
44. Chilianus Voglerus Tubingensis (15. Aug.).
46. Jacobus Heerbrand Syndelfingensis (22. Aug.).
47. Joannes Conradus Bengel Marpacensis (22. Aug.).
48. Andreas Knoblach Spirensis (22. Aug.).
49. Hieronymus Keltz Lauffensis (22. Aug.).
50. Adamus Pfeilstücker Lauffensis (22. Aug.).
51. Georgius Fridericus Engelhart Adelbergensis (22. Aug.).
52. Joannes Conradus Rebellio (25. Aug.).
53. Joannes Regulus Villingerus Vlmensis (25. Aug.).
54. Andreas Franciscus Ballenbergensis (26. Aug.).
55. Joanes Jacobus Bulsheimer Walheimensis (26. Aug.).
56. Joannes Geer Hengizensis (26. Aug.).
57. Joannes Christophorus Schuler Reitenheimensis (26. Aug.).
58. Christophorus Kreuser Kirchensis (26. Aug.).
59. Joannes Ludovicus Schleiffer Metzingensis (26. Aug.).
60. Georgius Joannes Kautz Stutgardianus (29. Aug.).

— — —

43. Vgl. 201,98.

44. Vgl. 209,64.

46. B. a. 15. April 95. — M. a. 18. Aug. 97. *MFABacc. u. Mag.*: Johannes
Jac. Heerbrand.

49. MFABacc.: Georgius Keltz Lauffensis, B. a. 24. Sept. 95; *mit obigem
identisch?* — M. a. 10. Aug. 97. *MFAMag.*: Hieronimus K. — Stud. iur.
17. Nov. 97; nomen repetiit 22. Juni 03. *MFJur.*: Monasteriensis. — Dr. iur.
15. Mai 04.

56. B. a. 11. Sept. 94 (Hirsaug.). *MFABacc.*: Joh. Gehr Uracensis. —
Stip. 26. Juni 96 (Bebenhus.). *Alb. stip.*: Geerus Hengensis. — M. a. 15. Febr. 98.
— *Juli 02 nach Gallneukirchen in Österreich sub Starnbergio verschickt.*

57. B. a. 11. Sept. 94 (Hirsaug.). *MFABacc.*: Schlaier Riettenheimensis.
— Stip. 26. Juni 96 (Bebenhus.). *Alb. stip.*: Schlayer Riettensis. — M. a. 9. Aug. 98.
MFAMag.: Schlaier Hienriethaeus. — *Ist Juli 1600 illustrissimi principis Fri-
derici Achillis Praeceptor worden.*

58. B. a. 11. Sept. 94 (Hirsaug.). *MFABacc.*: Kirchoteccensis. — Stip.
26. Juni 96 (Bebenhus.). — M. a. 15. Febr. 98. — *Juli 1600 Feldprediger in
Ungarn; Juli 01 rediens ab Ungarico exercitu. Juli 03 Diakonus in Owen.*

59. B. a. 11. Sept. 94 (Hirsaug.). — Stip. 26. Juni 96 (Bebenhus.).
Alb. stip.: v. Dochtel. — M. a. 15. Febr. 98. — *Juli 99 nobis insciis hinweggezogen.*

60. B. a. 30. März 94 (Herrenalb.). — Stip. 26. Juni 96 (Bebenhus.).
Alb. stip.: v. Knitlingen. M. a. 15. Febr. 98. — *Juli 01 dimissus.* Stud.
iur. 2. Nov. 02.

61. Albertus Bauhoff Canstattensis (29. Aug.).
62. Andreas Bettinger Gochsheimensis (29. Aug.).
63. Andreas Mederus Colmariensis (31. Aug.).
64. Bertholdus Weccius Hanoueranus (3. Sept.).
65. Joannes Lüneburg Lubecensis (3. Sept.).
66. Joannes Theodoricus Wertheimer (3. Sept.).
67. Samuel Kindtsuater ⎱ Reutlingenses propter aetatem iniuratl
68. Jacobus Aichle ⎰ (6. Sept.).
69. Joannes Werckschneider Horburgensis (10. Sept.).
70. Thomas Engelhartus Dünckelspülensis (14. Sept.).
71. Sixtus Sartor Augustanus (14. Sept.).
72. Jacobus Maier Ulmensis (15. Sept.).
73. Joannes a Schallenberg Austriacus (15. Sept.).
74. Laurentius Sautter Stutgardianus (19. Sept.).
75. Joannes Wild Reichennueilensis (19. Sept.).
76. Conradus Weinland Omdensis (19. Sept.).
77. Jacobus Heincken Schuuibertingensis (19. Sept.).
78. Jacobus Andreae Herenbergensis (29. Sept.).
79. Joannes Baptista Summer Austriacus (29. Sept.).
80. Joannes Engelhardus Halensis (29. Sept.).

———

61. B. a. 30. März 94 (Herrenalb.). — Stip. 26. Juni 96 (Bebenhus.). — M. a. 2. Febr. 98. — *Okt. 99 cum gratia propter adversam valetudinem in oppidum ad cognatos dimissus.*

62. B. a. 30. März 94 (Herrenalb.). — Stip. 26. Juni 96 (Bebenhus.). *Alb. stip.:* Gochensis. — M. a. 15. Febr. 98. — *April 03 propter Calvinismum exkludiert.*

67. B. a. 31. März 96. *MF'A Bacc.:* S. Kindtsuatter Tubingensis. — M. a. 15. Febr. 98.

69. Stip. Aug. 93. *Alb. stip.:* Joh. Bergschneider v. Reichenweyer. — B. a. 24. Sept. 95. *MF'A Bacc.:* Bergschneider Haarburgensis. — M. a. 10. Aug. 97. — *Juli 99 Collaborator in Reichenweier.*

71. B. a. 20. März 94. *MF'A Bacc.:* Xistus Sarctor. — M. a. 18. Febr. 96.

74. B. a. 11. Sept. 94 (Bebenhus.). — Stip. 26. Juni 96. — M. a. 15. Febr. 98. — *Jan. 04 Pfarrer in Uhlbach.*

75. B. a. 11. Sept. 94 (Bebenhus.). *MF'A Bacc.:* Saxenheimensis. - Stip. 26. Juni 96. — M. a. 15. Febr. 98. — *Jan. 04 Diakonus zu Weinsberg.*

76. B. a. 11. Sept. 94 (Bebenhus.). — Stip. 26. Juni 96. — M. a. 15. Febr. 98. — *April 03 Diakonus in St. Georgen.*

77. B. a. 11. Sept. 94 (Bebenhus.). *MF'A Bacc.:* Heinricus. — Stip. 26. Juni 96. *Alb. stip.:* Heinckitz. — M. a. 15. Febr. 98. — *Wird Jan. 1600 nach Steiermark verschickt.*

78. B. a. 11. Sept. 94 (Bebenhus.). — Stip. 26. Juni 96. *Alb. stip. u. MF'A:* Regiofontanus. — M. a. 9. Aug. 98. — *Juli 03 Diakonus zu Herrenberg.*

79. B. a. 15. April 95.

220. Sub rectura clarissimi viri dom. D. **Georgii Hambergeri** a festo div. Luc. a. 1593 usque ad festum div. Phil. et Jac. anno 1594:

1. Michael Platz Biberacensis (20. Okt.).
2. Christophorus Frölich Austriacus Ambstettensis (23. Okt.).
3. Emanuel Heeruuort Augustanus (25. Okt.).
4. Johannes Ortolphus Geyman in Geitzpach et Treitteneck et Walhen (28. Okt.).
5. Fridericus Volmihusius Calensis praeceptor (28. Okt.).
6. Symon Sterer Wetteraulensis famulus (28. Okt.).
7. Philippus Mutius Marburgensis Hassus famulus contubernii (29. Okt.).
8. Johan Georgius Besoldus Tubingensis (2. Nov.).
9. M. Johannes Rinck Eybingensis Rheingauus (4. Nov.).
10. Fridericus Magnus ⎱ comites ab Erdbach fratres (7. Nov.).
11. Ludovicus ⎰
12. Casparus Kandtengiesser praeceptor repetiit inscriptionem (7.Nov.).
13. Feitz Dieterich uonn Cor comitum famulus, sed non studiosus (7. Nov.).
14. Lucas Engelhardus Mompelgardensis famulus puer (7. Nov.).
15. Casparus Thulschackius Labacensis Carniolanus (8. Nov.).
16. Ferdinandus Dreyspring Heylbronnensis (11. Nov.).
17. Jacobus Breidnerus Schorndorffensis (12. Nov.).
18. Johannes Rudolphus Chammerer Reutlingensis (14. Nov.).
19. Ludovicus ⎱ a Renchingen fratres (15. Nov.).
20. Christophorus ⎰
21. Mattheus Menhardus Augustanus (16. Nov.).
22. Johannes Textor Halensis famulus (29. Nov.).
23. Johannes Ergentzinger Rotenburgensis ad Nicrum (3. Dez.).
24. Johannes Conradus Ruppius Holtzensis ex marchionatu (11. Dez.).
25. Gallus Linck Weiblingensis repetiit nomen suum et pro eo intercessit illustrissimus noster princeps; receptus est ad annum vel biennium hac conditione ne nobis molestias creat (20. Dez.).

---

1. B. a. 11. Sept. 94. - - M. a. 11. Aug. 96.

2. B. a. 20. März 94.

6. B. a. 20. März 94. *MFABacc.:* Simon Störer Weidruiensis Austriacus. — M. a. 13. Febr. 95. *MFAMag.:* Weitrawensis.

9. Dr. med. 19. Dez. 93.

17. B. a. 31. März 96.

18. B. a. 28. Sept. 97. — M. a. 15. Aug. 99. *MFAMag.:* Joh. Rud. Camerarius Tybingensis. — Dr. med. 14. Dez. 03. *Med.:* physici Reutlingensium filius.

1594.

26. David Bernhard Meder Öringensis (2. Jan.).
27. Johannes Fabritius Weinspergensis famulus stipendii (5. Jan.).
28. Johannes Jacobus Norlinger Stutgardianus (15. Jan.).
29. Johannes Stebius Marbachensis (15. Jan.).
30. M. Johannes Vogel Ambergensis (22. Jan.).
31. Johannes Horrengus[a] Rotenburgensis ad Tuberam (24. Jan.).
32. Balthasarus Horbacher Rotenburgensis Tuberanus famulus contubernii (31. Jan.).
33. Ezechiel Ganser Tutlingensis (5. Febr.).
34. Johannes Cellarius Hohenstattensis (8. Febr.).
35. Johannes Godauius Olschnitius Vrillandus famulus contubernii (10. Febr.).
36. Tobias Olbertus Thonningensis stipendiarius Maulbronnensis (19. Febr.).
37. Wilhelmus Frey Echterdingensis
38. Andreas Faber Ebingensis
39. Philippus Molitor Backnangensis
40. Conradus Stamler Sindelfingensis
41. Jacobus Klinger Winethensis
42. Johannes Conradus Stocker Stutgardianus

} stipendiarii Maulbronnenses (20. Febr.).

---

a) Horen *stand ursprünglich da; daraus ist Obiges korrigiert.*

26. B. a. 11. Sept. 94.
27. B. a. 31. März 96. *MFABacc.*: Joh. Faber. - M. a. 15. Febr. 98.
28. B. a. 24. Sept. 95. — M. a. 10. Aug. 97.
29. B. a. 24. Sept. 95. — Stud. iur. 5. April 98.
31. B. a. 20. März 94. — M. a. 13. Aug. 95. *MFABacc. u. Mag.*: Joh. Hornung.
34. B. a. 11. Sept. 94. *MFABacc.*: Hochstadiensis Franco. — M. a. 1. Febr. 97.
36. B. a. 15. April 95 (Herrenalb.). — Stip. 23. Juni 96 (Bebenhus.). — M. a. 15. Febr. 98. — Rep. rhetoricus. — *Jan. 03 Diakonus zu Dettingen unter Urach.*
37. B. a. 15. April 95. — Stip. 23. Juni 96. — M. a. 15. Febr. 98. — *Juli 03 Diakonus in Balingen.*
38. B. a. 15. April 95. — Stip. 23. Juni 96. — M. a. 15. Febr. 98. — *Juli 01 Diakonus in Königsbronn.*
39. B. a. 15. April 95. — Stip. 23. Juni 96. — M. a. 15. Febr. 98. — *April 03 Diakonus in Hagenau.*
40. B. a. 24. Sept. 95. — Stip. 23. Juni 96. — M. a. 15. Febr. 98. — *Juli 99 nobis insciis hinweggezogen.*
41. B. a. 24. Sept. 95. — Stip. 23. Juni 96. — M. a. 15. Febr. 98. — *Juli 02 Diakonus in Herbrechtingen.*
42. B. a. 24. Sept. 95. — Stip. 23. Juni 96. — M. a. 15. Febr. 98. — *Juli 03 Diakonus in Blaubeuren.*

43. Michael Reyle Vayhingensis stipendiarius Maulbronnensis (20. Febr.).

44. Ludovicus Möstlinus Heidelbergensis (26. Febr.).

45. Georgius Groneysin Esslingensis famulus (27. Febr.).

46. Johan Alexander Cellius Tubingensis (28. Febr.).

47. Jacobus Stecher Lauffensis (28. Febr.).

48. Albertus Vaius Nagoltensis (1. März).

49. Johannes Planerus Tubingensis D. Planeri filius (6. März).

50. Johannes Jacobus Loeserus Boeblingensis notarii scriba (11. März).

51. Leonhardus Korn Leonbergensis (11. März).

52. Georgius Wechlinus Rotelanus (15. März).

53. Daniel Soldanus Francobergensis iterum suum indicavit nomen (25. März).

54. Jacobus Cellerus Rotenfeldensis (16. April).

55. Johannes Conradus Umgelter Stutgardianus (17. April).

56. Ludovicus Brauch ⎫
57. Balthasarus Bletzger ⎬ Schorndorffenses (21. April).

58. Johannes Michael Weckerle Studtgardianus (22. April).

59. David Walther ⎫
60. Martinus Gassenfaid ⎪
⎬ Rotenburgo-Tuherani omnes (23. April).
61. Johannes Schomelius ⎪
62. Michael Zieglerus ⎭

63. Alexander Lutz Stutgardianus (23. April).

64. Jodocus Machtolph Vayhingensis (26. April).

---

43. B. a. 24. Sept. 95. *MFABacc.:* Rheilin. — Stip. 19. Nov. 96. — M. a. 9. Aug. 98. — *Juli 03 Diakonus in Neuenstadt.*

44. B. a. 5. April 98. *MFABacc.:* L. Maestlin Tybingensis. — M. a. 13. Febr. 1600.

47. B. a. 15. April 95 (Herrenalb.). — Stip. 23. Juni 96 (Bebenhus.). *Alb. stip.:* v. Thobel. — M. a. 15. Febr. 98. — *April 1600 Diakonus in Neuenbürg.*

49. B. a. 28. Sept. 96. — M. a. 9. Aug. 98. — Dr. med. Mai 04.

51. *Vgl. 226,10ʒ.*

53. *Vgl. 193,40.*

54. B. a. 24. Sept. 95. — M. a. 15. Febr. 98.

55. B. a. 31. März 96.

58. B. a. 31. März 96.

59. B. a. 11. Sept. 94. — M. a. 11. Aug. 96.

60. B. a. 11. Sept. 94. — M. a. 1. Febr. 97. *MFABacc. u. Mag.:* Mart. Gassenfaidt Mergetheimensis. — Stud. iur. 15. Mai 04.

61. B. a. 11. Sept. 94. *MFABacc.:* Schemelius.

62. B. a. 11. Sept. 94.

63. Stip. Mömpelgart. 3. Mai 94. — B. a. 24. Sept. 95. *Alb. stip. und MFA.:* von Luschnaw. — M. a. 10. Aug. 97. — *Juli 99 nobis insciis hinwegezogen.*

65. Petrus Dumbest Thumbachensis (27. April).
66. Philippus Lang Weiblingensis (27. April).
67. Johannes Christophorus Stehelin Mödlingensis (30. April).
68. Andreas Heerwart Esslingensis (30. April).

221. Sub rectura clarissimi viri dom. D. **Andreae Planeri** a festo div. Phil. et Jac. usque ad festum div. Lucae a. 1594:

1. Balthasarus Langenmantel Augustanus (2. Mai).
2. Adamus Norlinger Bietigkaimensis (3. Mai).
3. Petrus Stukanus Zutziensis Rhaetus (3. Mai).
4. Matthias Nizolius Doromiensis Borussus (4. Mai).
5. Heinricus Mochinger (4. Mai).
6. Heinricus Strobandt (4. Mai).
7. M. Petrus Uffenbachius Francofurtensis (6. Mai).
8. Helias Staebius Boldshausensis (6. Mai).
9. Joannes Huberus Remlingensis Francus (6. Mai).
10. Theodoricus Roth Vangio (7. Mai).
11. Joannes Moninnus Mompelgardensis (7. Mai).
12. Georgius Wolfgangus Bogenreutter Divo - Bartholomeanus (21. Mai).
13. Joannes Schottel Vitensis ex Carinthia (22. Mai).
14. Joannes Heinricus Voltz Schorndorffensis (22. Mai).
15. Joannes Conradus Schok Waiblingensis (24. Mai).
16. Joannes Episcopius Herbipolensis, olim decanus in Bondorff, in ditione Werden (25. Mai).
17. Joannes Ulricus Unfridt Bietigkaimensis (27. Mai).
18. Bernhardus Rosa Laubacensis Hassus (30. Mai).
19. Martinus Weiss Nürtingensis (31. Mai).
20. Ludovicus Schönuualter Zimetshaimensis (31. Mai).

---

12. B. a. 31. März 96. *MFABacc.:* Bogenritter. — M. a. 15. Febr. 98.
14. B. a. 31. März 96. — M. a. 15. Febr. 98. — Stud. jur. 26. Aug. 98.
15. B. a. 31. März 96. — M. a. 15. Febr. 98. *MFABacc. u. Maj.:* Schögk.
17. B. a. 31. März 96. — M. a. 15. Febr. 98.
19. B. a. 24. Sept. 95 (Hirsaug.). — Stip. 19. Nov. 96 (Bebenhus.). — M. a. 9. Aug. 98. — *April 05 aus dem Stift.*
20. B. a. 24. Sept. 95 (Hirsaug.). — Stip. 26. Juni 96 (Bebenhus.). *Alb. stip. u. MFA.:* von Simmetsheim. — M. a. 15. Febr. 98. *MFAMag.:* Marbachensis. — *Okt. 1600 Diakonus zu Hornberg.*

21. Joannes Otho Schorndorffensis (31. Mai).
22. Philippus Joachimus Gremp Stutgardianus (5. Juni).
23. Achatius a Leimingen Stutgardianus (7. Juni).
24. Ludovicus ab Anuueil Stutgardianus (7. Juni).
25. Joannes Casparus a Mendelshouen Memingensis (7. Juni).
26. Valentinus Lettenbauer Erbesbudisheimensis (7. Juni).
27. Daniel Tonnerus Grecensis Styrius (10. Juni).
28. Abel Venetus Grecensis Styrius (10. Juni).
29. Joachimus Zullius Stolpensis Pomeranus (13. Juni).
30. Philippus Ludovicus Reichardus Neuburgensis ad Danubium (14. Juni).
31. Christophorus Zehel Neoburgensis (14. Juni).
32. Joannes Juglerus Sultzbachensis (14. Juni).
33. Georgius Simon Barus Sultzbachensis (14. Juni).
34. Michael Laminet Memingensis (17. Juni).
35. Michael Joannes Hailbrunensis (18. Juni).
36. Julius Herkowitz Illiricus Barasiensis (20. Juni).
37. Thomas Albanus Langendorffer Wimpinensis (20. Juni).
38. Melchior Reinstein von Erfurtt typographus apud Gruppenbachium (20. Juni).
39. Noha Enninger Grieningensis (23. Juni).
40. Ludovicus Mor Marpurgensis nomen suum iterum repetiit (25. Juni).
41. Justus Akartus Alsfeldianus Hassus (25. Juni).
42. Georgius Sebastianus Satler Stutgardianus (27. Juni).
43. Petrus a Planta Rhetus (30. Juni).
44. Joannes Maius Fridbergensis Wedderanus (5. Juli).

---

21. B. a. 24. Sept. 95 (Hirsaug.). — Stip. 19. Nov. 96 (Bebenhus.). — M. a. 9. Aug. 98. — *Jan. 04 Diakonus in Ebingen.*

26. Stip. Tiffernit. 12. Jan. 95. — M. a. 18. Febr. 96. — *April 1600 Diakonus zu Dettingen.*

30. B. a. 15. April 95. — Dr. iur. utr. 22. April 1600.

31. B. a. 15. April 95. — M. a. 11. Aug. 96. *MFABacc. u. Mag.:* Löhel.

32. B. a. 15. April 95. *MFABacc.:* Sultzbachius Noricus. — M. a. 1. Febr. 97.

34. B. a. 31. März 96.

35. B. a. 31. März 96. — M. a. 9. Aug. 98.

37. B. a. 31. März 96. — M. a. 9. Febr. 98.

39. B. a. 31. März 96. — M. a. 15. Febr. 98.

40. *Vgl. 205,20.*

41. Dr. iur. utr. 23. Aug. 99.

42. B. a. 31. März 96.

44. B. a. 28. Sept. 96. — M. a. 15. Febr. 98.

45. Petrus Zingk Buchſtabengießer nomen suum repetiit (8. Juli).
46. Sebastianus Schopperus Biberacensis (8. Juli).
47. Joachim von der Oſten Saxo Pomeranus (12. Juli).
48. Georgius Conradus Meickler Enderspachensis (15. Juli).
49. Christophorus Frecht Göppingensis (15. Juli).
50. Sebastianus Beck Goppingensis (15. Juli).
51. Tobias Schuemaier Sundtheimensis (15. Juli).
52. Joannes Reineel Blochingensis (15. Juli).
53. Joannes Heinricus Hiemer Tubingensis (15. Juli).
54. Joannes Joachimus Bavarus Nabrunensis in praefectura Kircheimensi (15. Juli).
55. Balthasar Reiher Bernburgensis Saxo (24. Juli).
56. Jeremias Bregetzer Tubingensis (26. Juli).
57. Conradus Geldrich von Sigmansḩouen (27. Juli).
58. Joannes Heinricus ab Ostendorff cliens principis (27. Juli).
59. Joannes Plekardus Werlin Eschenauensis (7. Aug.).
60. Jeronimus Schleicher Ulmensis nomen repetiit (10. Aug.).
61. Georgius Resch Schorndorffensis (10. Aug.).
62. Augerius Debutius ⎫
63. Daniel Bartolus ⎭ Mompelgardenses (12. Aug.).

---

48. B. a. 15. April 95 (Bebenhus.). *MFABacc.:* Mayckler. — Stip. *26.* Juni 96. *Alb. stip.:* Maucler. — M. a. 15. Febr. 98. — *Juli 03 Subdiakonus in Schorndorf.*

49. B. a. 15. April 95 (Bebenhus.). — Stip. 19. Nov. 96. — *April 97 selig gestorben.*

50. B. a. 15. April 95 (Bebenhus.). — Stip. 26. Juni 96. — M. a. 15. Febr. 98. — *Jan. 1600 Diakonus in Knittlingen.*

51. B. a. 15. April 95 (Bebenhus.). — Stip. 19. Nov. 96. — M. a. 9. Aug. 98. — *April 1600 selig im Herrn verschieden.*

52. B. a. 15. April 95 (Bebenhus.). — Stip. 19. Nov. 96. *Alb. stip.:* Reinöl. M. a. 9. Aug. 98. — Rep. rhetoricus. — *Juli 05 Diakonus zu Besigheim.*

53. B. a. 12. März 1600 (Bebenhus.). — Stip. April 02. *Alb. stip.:* Hüemer sartoris Tubingensis filius. — M. a. 15. Febr. 04. — Rep. mathematicus. — *April 10 Diakonus in Herrenberg.* — Dr. theol. 10. Nov. 1612. *Theol.:* Professor Tubingensis.

54. B. a. 24. Sept. 95. *MFABacc.:* Joh. Jacobus Bauarus.

60. *Vgl. 203,12.* — Dr. iur. utr. 16. Mai 98.

61. B. a. 28. Sept. 96. *MFABacc.:* Rösch. — M. a. 9. Aug. 98. — Stud. iur. 14. Aug. 98. *MFJur.:* Russ.

62. *MFA. u. Alb. stip.:* Augerius de Bout. — B. a. 11. Sept. 94. — Stip. Jan. 97. — *Ist Juli 97 in patriam promoviert worden.*

63. B. a. 11. Sept. 94. — Stip. Juli 95. — *April 97 Präzeptor in Mömpelgart.*

64. Joannes Dokander Landauiensis (14. Aug.).
65. Georgius Dieterich von Abelßheim (16. Aug.).
66. Bernhardus Stossan Aspacensis (28. Aug.).
67. Ernestus Helber Alberspacensis (28. Aug.).
68. Thomas Lantz Bergensis
69. Andreas Steininger Schuuans[ensis] } Austriaci (3. Sept.).
70. Dom. Otho Hohenfelder
71. Dom. Christoph Hohenfelder } in Aisterhaim fratres (16. Sept.).
72. Johannes Fehius Gailndorphensis (16. Okt.).

Historia exilii Herrenbergensis et Calbensis anno 1594:

Cum in aestate anni millesimi quingentesimi nonagesimi quarti in omnibus fere Germaniae locis dira pestis lues horrendum seviret, tandem Tubingensem etiam agrum invasit. Quam ob causam schola quoque suas mutare sedes coacta fuit. Diligenti igitur habita deliberatione illustrissimi principis domini ac domini Friderici ducis Wirttembergici et clementi impetrato consensu in duas vicinas civitates Herrenbergam et Caluam translata est. Ita quidem, ut duae facultates iuridica nimirum et medica Herrenbergae, theologica vero et bonarum artium Caluae commorarentur. Cuius exilii tempus cum in septembri anni nonagesimi quarti initium habuisset, in februario anni proxime sequentis nonagesimi quinti divina benignitate finem suum consecutus est. Cum enim circa festum Michaelis schola dicta in loca discessisset ad Matthiae festum sequentis veris propriam ad sedem reversa est.

Quia vero duobus in locis vivendum erat, duobus etiam schola capitibus opus fuit. Postquam igitur praecedentis semestris magnificus rector D. Andreas Planerus sub Lucae festum (quo secundum academiae statuta novus rector eligendus est) duas facultates ad

---

64. B. a. 11. Sept. 94.
67. B. a. 31. März 96. *MFABacc.:* Helwer.
68. B. a. 15. April 95. — Stud. iur. 23. Jan. 98. — Dr. iur. utr. 3. Dez. 04. *Jur.:* Lansius.
69. B. a. 15. April 95. — M. a. 11. Aug. 96. — *Vgl. 227,63.*

novi rectoris designationem Calua Herrenbergam evocasset atque
pridie electionis quatuor iuris et duo medicinae doctores quorum
nomina suo loco subsignata sequuntur, renunciati essent, statuto die
decimo octavo octobris, divo Lucae sacro, in rectorem magnificum
(qui Herrenbergae scholae sceptra gereret) electus est clarissimus
et consultissimus vir D. Andreas Laubmarius utr. iur. Dr., in pro-
rectorem autem (qui Caluensis scholae caput esset) designatus est
reverendus et clarissimus vir Stephanus Gerlachius theol. D. et
professor celeberrimus.   Sub utriusque rectura qui Herrenbergae,
quique Caluae interea nomina sua in album universitatis dederint,
sequens catalogus ordine explicabit.

Prius tamen recitanda sunt nomina professorum, et eorum,
qui Herrenbergae, et eorum qui Caluae docuerunt.

Herrenbergae fuerunt iuris professores:

Nicolaus Varnbülerus Doctor professor emeritus.
Johannes Hochmannus D.
Andreas Laubmaierus D.
Matthaeus Entzlinus D.
Johannes Halbritterus D.
Johannes Harpprechtus D.
David Mageirus D.
Heinricus Bocerus D.

Medici:

Andreas Planerus D. Rector magnificus.
Georgius Hambergerus D.
Daniel Möglinus D.

Caluae fuerunt professores theologiae:

Stephanus Gerlachius prorector D.
Jacobus Heerbrandus cancellarius et decanus D.
Mathias Hafenrefferus D.

Artium professores:

M. Michael Maestlinus decanus.
M. Martinus Crusius.
M. Georgius Burckhardus.
M. Erhartus Cellius.
M. Vitus Müller.

M. Michael Ziegler.
M. Georgius Weigenmaierus.
M. Heinricus Wellingius.
M. Casparus Bucherus.
M. Erhardus Vranius rector contubernii.

Nota.

Antequam inscriptorum catalogus texatur recensere libet nomina candidatorum, qui decimo septimo octobris pridie renunciationis rectoris Herrenbergae in templo cathedrali doctoreis honoribus coronati sunt promotoribus Johanne Hochmanno utr. iur. doctore et Georgio Hambergero doctore medico. Promotorum nomina sunt:

iur. D. Michael Demler Tubingensis.
iur. D. Hieronymus Schleicher Ulmensis.
iur. D. Wilhelmus Küenlin Blaubeurensis.
iur. D. Johannes Jacobus Aulberus Stutgardianus.
med. D. Johannes Rudolphus Möglingus.
med. D. Johannes Dürr Stutgardianus.

Ubi et hoc memoriae consecrandum quid ante ipsum prandium istius promotionis clarissimus et consultissimus vir Johannes Hochmannus utr. iur. D., nomine Gottschalcki Klockii consulis Biberacensis elegans deauratum poculum (quod adhuc dum in schola asseruatur) uniuersitati obtulit, in testificationem et obsecrationem, quanto studio et diligentia tum nominis sui gratam memoriam conservatam tum testamentum suum quo scholam Tubingensem suarum facultatum haeredem constituerat, custoditum vellet.

222. Catalogus eorum, qui Herrenbergae nomina sua professi sunt sub rectura clarissimi viri dom. D. Andreae Laubmarii a festo div. Luc. anno 1594 usque ad festum div. Phil. et Jac. a. 1595:

1. Daniel Sauonius Losamensis (11. Dez.).
2. Gothardus Amman Graezensis (28. Febr.).

Catalogus eorum qui Caluae sua nomina professi sunt, sub prorectura reverendi et clarissimi viri dom. D. **Stephani Gerlachii** a festo div. Lucae 1594 usque ad festum Phil. et Jac. anno 1595:

3. Johannes Heinricus Beyel Stutgardianus (20. Okt.).
4. Johannes Georgius Beyel, fratres Stutgardiani (20. Okt.).
5. David de Verneto Montpelgardensis (9. Nov.).
6. Georgius Miner Kornuuestensis (9. Nov.).
7. Johannes Spönlin Hailbrunnensis (9. Nov.).
8. Balduinus Burg Stutgardianus
9. Johannes Sponn Haidenhaimensis
10. Johannes Fridericus Haug Stutgardianus
11. Mattheus Lanius Hattenhouensis
12. Martinus Püchler Claudiforensis (15. Dez.).

> ex monasterio Hirschaugiensi (18. Nov.).

1595.

13. Gabriel Renninger von Beitlspach
14. Christophorus Binder Göppingensis
15. Johannes Georgius Hohenstat, Giglingensis
16. Andreas Bercholt Weinspergensis
17. Jacobus Glieg Sultzensis

> ex monasterio Herrenalbensi (8. Jan.).

---

3. B. a. 31. März 96.

4. B. a. 31. März 96.

8. B. a. 24. Sept. 95 (Hirsaug.). *MFABacc.:* Burrig. — Stip. 26. Juni 96 (Maulbronn.). *Alb. stip.:* Burg. — M. a. 9. Aug. 98. — *Juli 02 Diakonus zu Winnenden.*

9. B. a. 24. Sept. 95. – Stip. 26. Juni 96 (Maulbronn.). *Alb. stip.:* Sponius. — *Jan. 98 pie obiit.*

10. B. a. 24. Sept. 95. – Stip. 19. Nov. 96 (Maulbronn.). — M. a. 9. Aug. 98. — *Jan. 06 Diakonus zu Böblingen.*

11. B. a. 24. Sept. 95. — Stip. 19. Nov. 96 (Maulbronn.). — M. a. 9. Aug. 98. — *Juli 03 Diakonus zu Heidenheim.*

13. B. a. 15. April 95 (Herrenalb.). — Stip. 19. Nov. 96 (Bebenhus.). — M. a. 9. Aug. 98. — *Jan. 06 Diakonus zu Lauffen.*

14. B. a. 15. April 95. — Stip. 19. Nov. 96 (Bebenhus.). *Alb. stip.:* v. Regenspurg. — M. a. 9. Aug. 98. — *14. Nov. 04 Diakonus zu Balingen.*

15. B. a. 24. Sept. 95 (Herrenalb.). — Stip. 19. Nov. 96 (Bebenhus.). — *Okt. 97 aus dem Stift ausgetreten.*

16. B. a. 24. Sept. 95. — Stip. 2. Juli 97 (Bebenhus.). *Alb. stip.:* Berchtoldt. — M. a. 13. Febr. 1600. — *Juli 06 Diakonus in der Freudenstadt.*

17. B. a. 24. Sept. 95. *MFABacc.:* Gliegk. — Stip. 2. Juli 97 (Bebenhus.). — M. a. 13. Febr. 1600. – *Okt. 04 Diakonus zu Haiterbach.*

18. Engelhardus Bauboff Hornbergensis ex monasterio Herrenalbensi (8. Jan.).
19. M. Georgius Leibenstein Hailbrunensis (25. Jan.).
20. Christophorus Knafelius Creinburgensis Carniolanus (5. Febr.).
21. Christophorus Mederdörffer Carinthius Villacensis (8. Febr.).
22. Fridericus Rittelius | fratres Stutgardiani tanquam minorennes
23. Armenius Rittelius | fidem manu dederunt (12. Febr.).

Post reditum Tubingae:

24. Clemens Andler Brackenheimensis (4. März).
25. Johannes Jacobus Gailingus Bondorffensis (6. März).
26. Johannes Michael Hirschman Schorndorffensis, iterum professus est nomen suum (11. März).
27. Johannes Ludovicus Stehelin Tubingensis (12. März).
28. Heinricus Brasperger Wilesylvanus (13. März).
29. Jacobus Moll Neuffensis (14. März).
30. Johannes Jacobus Schlossberg Herrenbergensis (15. März).
31. Johannes Bernhardus Sindenus |
32. Georgius Drenn | Wimpinenses (17. März).
33. Johannes Conradus Mannus Bitzfeldensis (19. März).
34. Johannes Jacobus Mörlin Schneitheimensis (19. März).
35. Casparus Sautter Kuppingensis (19. März).
36. Wendelinus Heppelius Botuuarensis (19. März).

---

18. B. a. 24. Sept. 95. *MFABacc.:* Herrenpergensis. — Stip. 2. Juli 97 (Bebenhus.). *Alb. stip.:* v. Hornberg. — M. a. 15. Aug. 99. *MFAMag. (von des Crusius Hand):* gratias carmine egit [in actu promotionis].

22. B. a. 28. Sept. 96.

23. B. a. 28. Sept. 96. — Stud. iur. 8. Mai 98.

24. B. a. 31. März 96. — Stud. iur. 22. Juni 04.

26. Vgl. *196,13.*

27. B. a. 28. Sept. 96. — M. a. 15. Aug. 99. — Stud. iur. 1. April 1600.

28. B. a. 31. März 96. — M. a. 10. Aug. 97. — Dr. med. 11. Mai 02.

33. B. a. 24. Sept. 95 (Bebenhus.). — Stip. 19. Nov. 96. — M. a. 9. Aug. 98. — *Jan. 99 cum gratia dimissus, ut fiat praeceptor comitis Hohenloche in Neuenstein.*

34. B. a. 31. März 96 (Maulbronn.). — Stip. 2. Juli 97. — *Juli 01 seines mediocris ingenii halb entlassen.*

35. B. a. 31. März 96 (Maulbronn.). — Stip. 19. Nov. 96. — M. a. 9. Aug. 98. — *Jan. 1600 nach Steiermark verschickt.*

36. B. a. 24. Sept. 95 (Bebenhus.). — Stip. 2. Juli 97. *MFA. u. Alb. stip.:* Hoppel. — *Okt. 99 per veniam Lutetias abiit.*

37. Esaias Hasenmüllerus Gomendingensis (19. März).
38. Ernestus Plossius Hornbergensis (19. März).
39. Andreas Wernerus Sultzensis (19. März).
40. Theophilus Maccius vonn Köngen (19. März).
41. Johannes Jacobus Notter Erdmanhusanus (19. März).
42. Sebastianus Scheuhing Stutgardianus (19. März).
43. Johannes Christophorus Molitor Backnangensis (19. März).
44. Johannes Ulricus Hann Schorndorffensis (19. März).
45. Christophorus Beurer Heydenheimensis (19. März).
46. Bartholomaeus Lederschneider von Herrnberg (19. März).
47. Johannes Balthasarus Plieninger Weylsteinensis (19. März).
48. Sebastianus Hemminger Grieningensis (19. März).
49. Albertus Kupfferschmid von Nußdorff (19. März).
50. Jacobus Schuueickhard Tubingensis (19. März).

---

37. B. a. 24. Sept. 95 (Bebenhus.). — Stip. 2. Juli 97. *Alb. stip.:* Hassen-
müller. — M. a. 18. Febr. 01. — *Juli 02 Präzeptor zu Adelberg.*

38. B. a. 24. Sept. 95 (Bebenhus.). *MFABacc.:* Herrenbergensis. — Stip.
19. Nov. 96. *Alb. stip.:* Bloss v. Hornberg. — M. a. 9. Aug. 98. — *Jan. 1600
Präzeptor in Adelberg.*

39. B. a. 31. März 96 (Maulbronn.). — Stip. 19. Nov. 96. *Alb. stip.:*
Wehrner. — M. a. 9. Aug. 98. — *April 02 Schulmeister zu Sulz.*

40. B. a. 24. Sept. 95 (Bebenhus.). — Stip. 2. Juli 97. *Alb. stip. u. MFA.:*
Mack. — M. a. 15. Aug. 99. — *April 05 aus dem Stift.*

41. B. a. 31. März 96 (Maulbronn.). — Stip. 2. Juli 97. — M. a. 13. Febr. 1600.
— *April 07 Diakonus zu Rosenfeld.*

42. B. a. 24. Sept. 95 (Bebenhus.). — Stip. 2. Juli 97. — M. a. 13. Aug. 1600.
— *Jan. 06 Diakonus zu Haiterbach.*

43. B. a. 31. März 96 (Maulbronn.). — Stip. 19. Nov. 96. — M. a. 9. Aug. 98.
— *Jan. 99 selig im Herrn verschieden.*

44. B. a. 31. März 96 (Maulbronn.). — Stip. 19. Nov. 96. *Alb. stip. u.
MFA.:* Haan. — M. a. 9. Aug. 98. — *Aug. 98 Präzeptor in Maulbronn.*

45. B. a. 31. März 96 (Maulbronn.). *MFABacc.:* Beyrer. — Stip. 2. Juli 97.
— *Ist April 98 venia impetrata ad cognatos ausgetreten; ist aber dann nach
Strassburg verzogen und nicht wieder gekommen.*

46. B. a. 31. März 96 (Maulbronn.). — Stip. 19. Nov. 96. — M. a. 9. Aug. 98.
— *April 02 Pfarrer zu Erligheim.*

47. B. a. 24. Sept. 95 (Bebenhus.). *MFABacc.:* Saxoweilensis. — Stip.
19. Nov. 96. *Alb. stip.:* v. Steinweiler. — M. a. 9. Aug. 98. — Rep. logicus. —
Juli 05 Diakonus zu Cannstadt.

48. B. a. 24. Sept. 95 (Bebenhus.). — Stip. 19. Nov. 96. — M. a. 9. Aug. 98.
— *April 1600 Präzeptor in Blaubeuren.*

49. B. a. 28. Sept. 96 (Bebenhus.). — Stip. 2. Juli 97. — M. a. 15. Aug. 99.
— *Jan. 06 Pfarrer in Heumaden.*

50. B. a. 28. Sept. 96.

51. Andreas Arnoldus Hilperhusanus Francus (20. März).
52. Wilhelmus Grieb Kraingensis (29. März).
53. Adamus Stainerus Claudiforensis (29. März).
54. Johannes Christophorus Rotner Botuuarensis (31. März).
55. Johannes Boierus Richenuuilanus (31. März).
56. Gregorius Rab Carniolanus (16. April).
57. Johannes Conradus Huebnerus Tubingensis (16. April).
58. Johannes Georgius Luſtnawer Tubingensis (22. April).
59. Marcus Langius Vaihingensis (28. April).
60. Heinricus Gerhardi Munster Dreysensis (29. April).

'223· Sub rectura clarissimi viri dom. D. **Johannis Hochmanni** a festo div. Phil. et Jac. anno 1595 usque ad festum divi
Lucae eiusdem anni:

1. Christophorus Stephanus von Kleinen·Aſpach suum nomen pro-
   feſſus est (3. Mai).
2. Stephanus Hennricus Haffner Spirensis (3. Mai).
3. Jonas Eddelerus, Hamelensis (3. Mai).
4. Philippus Bonacker Uracensis (6. Mai).
5. Johannes Pfaff Uracensis (6. Mai).
6. Johann Conradus Sauselin (7. Mai).
7. Johannes Martinus Kornbech Kronweißenburgenſis am Rein
   (8. Mai).
8. Hennricus Bomborff Beldfeldensis in comitatu Rauenspurg (9. Mai).
9. Georgius Dieterich Tubingenſis (9. Mai).

---

53. B. a. 16. März 97. — M. a. 9. Aug. 98.
55. Stip. 14. März 95. *Alb. stip.:* Joh. Poierus Horburgensis. ·· B. a.
16. März 97. *MFABacc. u. Mag.:* J. Poyger Horburgensis. — M. a. 18. Febr. 01.
— *Jan. 03 Diakonus in Reichenweier.*
60. B. a. 31. März 96. *MFABacc.:* Munsterdreisensis Palatinus.
M. a. 15. Febr. 98.
60 a. *MFABacc. u. Mag.:* Conradus Lejus Crailshaimensis Franco. —
B. a. 31. März 96. — M. a. 10. Aug. 97.
1. B. a. 16. April 97. -— M. a. 14. Febr. 99. *MFABacc. u. Mag.:* M.
Johannes Christ. Stephanus.
4. B. a. 28. Sept. 96. — M. a. 9. Aug. 98.
5. B. a. 28. Sept. 96. — M. a. 9. Aug. 98. *MFA Mag. (am Rand):* postea
ecclesiae patriae superintendens.
6. B. a. 28. Sept. 96. *MFABacc.:* Conr. Sauselin Stutgardianus.
7. B. a. 28. Sept. 96. *MFABacc.:* Cornbeck. — M. a. 13. Aug. 1600.

10. Ludouicus Munsterus Ḩailbronnenſis (10. Mai).
11. Johannes Jacobus Binder Tubingensis (12. Mai).
12. Nicolaus Bumenreis von Einbedh Gruppenbachii Crudhergeſell (13. Mai).
13. Balthaſar Ruch von Steerlen aus der Mardh, iſt typographi Gruppenbachii famulus (13. Mai).
14. Johannes Hillerus Halensis (14. Mai).
15. Alexander Sündtleiter Brudhenſis ex Styria (15. Mai).
16. Arnestus Langiar von Dornſtetten (16. Mai).
17. Georgius Rentzius nomen suum professus est, antea inscriptus sub rectore Ḩambergero anno 1585 (19. Mai).
18. Johannes Michael Wolffart Dindhelſpilenſis (19. Mai).
19. Philipp Melchior Wolffart Dindelſpülenſis frater prioris (19. Mai).
20. Nicolaus Ḩerenberger Herbipolensis (19. Mai).
21. Georgius Spyßer Ebingensis (20. Mai).
22. Georg Achatius Stauffer Austriacus (21. Mai).
23. Petrus Lauda Mympelgardensis (21. Mai).
24. Samuel Docurd Mumpelgartensis (21. Mai).
25. Johannes Balthasar Moser Göppingensis (21. Mai).
26. Johannes Nowadh Graecensis (21. Mai).
27. Johannes Wilhelmus Koch Sunthemius (21. Mai).
28. Sebastianus Stibarus von Dannerbadh (21. Mai).
29. Joachimus Faber Canstadianus nomen repetiit (21. Mai).
30. Fridericus Hertelius Graecensis (21. Mai).
31. Daniel Reffinger Labacensis (21. Mai).
32. Jodocus Kolb Spirensis (2. Juni).
33. Thobias Alberus Stuttgardianus (2. Juni).

10. B. a. 31, März 96.
11. B. a. 24. März 02 (Bebenhus.). *MFABacc.:* Jacobus Binder. — Stip. Juni 03. *Alb. stip.:* filius Erasmi B., pistoris. — M. a. 6. Febr. 05. *MFAMag.:* Joh. Jac. Binder. — *April 09 Diakonus zu Bulach.*
16. B. a. 28. März 96.
17. *Vgl. 202,29:* Weinspergensis. — Dr. med. 12. Nov. 95.
18. u. 19. B. a. 31. März 96. –- M. a. 15. Febr. 98. *MFAMag.:* Rotenburgotuberani.
21. B. a. 24. Sept. 95. — M. a. 10. Aug. 97.
26. B. a. 28. Sept. 96. *MFABacc.:* Noback.
27. B. a. 24. Sept. 95. — M. a. 1. Febr. 97. *MFABacc. u. Mag.:* Joh. Wilh. Mageirus Schnaitheimensis. –- Stud. iur. 16. Mai 97.
29. *Vgl. 213,83.* –- Dr. iur. utr. 20. Febr. 98.
32. Dr. iur. utr. 22. April 1600.
33. B. a. 16. März 97. — Stud. iur. 22. Dez. 1600.

34. Fridericus Karray Stuttgardianus (2. Juni).
35. Fridericus Regulus Dillinger Ulmenſis (3. Juni).
36. Nicolaus Sißlin Ulmenſis (3. Juni).
37. Georgius Wuchenawer Heydenhemensis (4. Juni).
38. David Haffnerus Halensis (10. Juni).
39. Christoph Berdſhen Neapolitanus (10. Juni).
40. Johannes Wilhelmus Mayer Cantstatensis (14. Juni).
41. Daniel Wernedin Carinthus Therfusiensis (18. Juni).
42. Andreas Laborator Carinthus (18. Juni).
43. Joachimus Aichmannus Albimontanus (18. Juni).
44. Christophorus Cress Balingensis (20. Juni).
45. Nicolaus Bulacherus Balingensis (20. Juni).
46. Bartholomaeus Gesslerus Tubingensis (21. Juni).
47. Jacobus Kurnerus Honaviensis (24. Juni).
48. Johannes Steinocker Grossingingensis (!) (29. Juni).
49. Johann Baptista Wionna*⁾ Lincensis (7. Juli).
50. Johann Scholer von Arlauff (10. Juli).
51. Johann Maier Tubingensis (13. Juli).
52. Elias Baier Vienensis (14. Juli).
53. Johann Albertus Arstetterus Austriacus in Wertberg (14. Juli).
54. Casparus Beuss Francofordensis, Hessus praeceptor praecedentium [Nr. 52 u. 53] (14. Juli).
55. Johannes Gerstenmaier Tubingensis (17. Juli).
56. Michael Wenniger Weylenſis us dem Schonbuch (19. Juli).
57. David Wicſh Dornſtättenſis (19. Juli).
58. Marquard Beer von Stutgartt Apotedſhergeſell (28. Juli).
59. Johan Christophorus ⎱
60. Georgius Wilhelm   ⎰ ab Ostheim fratres (2. Aug.).
61. Johann Schönmeel Neostadiensis ad Oderam apotecarius (3. Aug.).

---

a) Aus dem ursprünglichen Wionna ist nachher mit anderer Tinte Wroana korrigiert worden.

35. Jur.: Johannes Fridericus Regulus Halensis, Dr. iur. utr. 14. Nov. 95. Identisch mit obigem?

36. B. a. 24. Sept. 95. — M. a. 10. Aug. 97. MFAMag.: Nicodemus S.

40. Dr. iur. utr. 27. April 97.

43. B. a. 28. Sept. 96. — M. a. 9. Aug. 98. MFABacc. u. Mag.: Joach. Dryander Wittenbergensis Marchita.

45. B. a. 31. März 96. MFABacc.: Tubingensis.

46. B. a. 28. Sept. 97 (Bebenhus.). — Stip. 24. Febr. 98 (18. anno aet.\ — M. a. 13. Aug. 1600. — April 06 Diakonus in Wildbad.

49. B. a. 24. Sept. 95. · M. a. 1. Febr. 97. MFABacc. u. Mag.: Wronna.

51. B. a. 27. Sept. 98. · M. a. 13. Aug. 1600.

57. B. a. 31. März 96. MFABacc.: Memmingensis.

60. Stud. iur. 7. Jan. 03.

62. Michael Hornung Rotenburgo-Tuberanus (5. Aug.).
63. Daniel Scharpff Grienenwetterspachenſis (5. Aug.).
64. Justinus Wielandus Marbachensis (5. Aug.).
65. Romay Langjar Wuetershaußenſis (6. Aug.).
66. Johannes Conrad Rossnagel Halensis (7. Aug.).
67. Erhardus Agricola Lichtenbergensis (11. Aug.).
68. Theophilus Boschius Argentinensis (12. Aug.).
69. Theophilus Lanius von Blawbeuren
70. Johan Musslin Dyrnawensis
71. Martinus Bach Vaingensis
72. Leonhardus Seitz Schorndorffenſis
73. Johannes Sebastianus Plancfhenhorn Stuttgardianus
74. Chilianus Bartubach Tubingensis
75. Georgius Blepſt Stuttgardtanus
76. Josephus Laichner Mylingensis
77. Georgius Steinhöffer Herrenberg

ex monas-
terio Maul-
bronnensi
(27. Aug.).

Hirsauienses (27. Aug.).

---

62. B. a. 31. März 96.
63. B. a. 16. April 97. — M. a. 15. Aug. 99. — Stip. Juli 03. *Alb. stip.:*
v. Öschelbron. — *Juli 04 Diakonus zu Wildberg.*
64. B. a. 16. April 97. — M. a. 14. Febr. 99.
65. B. a. 28. Sept. 97. *MFABacc.:* Remigius Langiahr Wittershausensis.
66. B. a. 31. März 96.
67. B. a. 31. März 96. — M. a. 15. Febr. 98. *MFAMag.:* Liechtenbergensis
Variscus.
69. B. a. 28. Sept. 96 (Maulbronn.). — Stip. 2. Juli 97. — *Okt. 99 rejiciert.* — M. a. 13. Febr. 1600.
70. B. a. 28. Sept. 96. *MFABacc.:* Miesslin. — Stip. 2. Juli 97. *Alb. stip.:*
Müeslin. — M. a. 15. Aug. 99. — *April 03 Diakonus zu Knittlingen.*
71. B. a. 28. Sept. 96. — Stip. 2. Juli 97. — M. a. 13. Aug. 1600. —
Okt. 01 ob immaturum coniugium und offenem diactionem libidinum exkludiert.
72. B. a. 28. Sept. 96. — Stip. 2. Juli 97. — M. a. 13. Febr. 1600. —
April 02 in die Grafschaft Leiningen gekommen.
73. B. a. 28. Sept. 96. — Stip. 24. Febr. 98. *Alb. stip.:* Blanckenhorn.
— M. a. 13. Aug. 1600. — *Juli 07 Diakonus zu Münsingen.*
74. Stip.' Tiffernit. April 95. — B. a. 24. Sept. 95. — M. a. 15. Febr. 98.
— *April 1600 abbas in Neuhausen, Tuttlinger Amts.*
75. B. a. 28. Sept. 96 (Maulbronn.). — Stip. 2. Juli 97. *Alb. stip. u.*
MFA.: Plebst, — M. a. 15. Aug. 99. — *Okt. 02 Diakonus in Kirchheim.*
76. B. a. 28. Sept. 96 (Maulbronn.). — Stip. 24. Febr. 98. *Alb. stip. u.*
MFA.: Jos. Lechner v. Möglingen. — M. a. 13. Aug. 1600. — *Juli 07 Diakonus zu Heidenheim: durus ingenio, sed adhibet omnes vires.*
77. B. a. 28. Sept. 96 (Maulbronn.). — Stip. 24. Febr. 98. *Alb. stip. u.*
MFA.: Steinhofer. — M. a. 13. Aug. 1600. — Rep. graecus. — *Okt. 07 Diakonus in Brackenheim.*

78. Johannes Jacobus Albich Tubingensis, Hirsauiensis (27. Aug.).
79. Johannes Burg Stutgart
80. Guuiriacus Colenberger Neostadiensis
81. Johannes Molitor Weylensis
82. Henricus Pfening Leonbergenfis
83. Bernhardus Werner Neostadiensis

ex monasterio Herrn-albensi (27. Aug.).

84. Nicolaus Schillingius von Nattenhaußen, das gehn Rochenburg gehörig (28. Aug.).
85. Georgius Ryscher Mondensis Austriacus (3. Sept.).
86. Wolffgang Pramerus Viennensis nobilis (7. Sept.).
87. Johannes Georgius Stainhaußer Eschenbachenfis (7. Sept.).
88. Lambertus Germanus Megapolitanus (10. Sept.).
89. Ericus Bielfhi Suuecus (10. Sept.).
90. Johannes Uniotus Blomontanus (11. Sept.).
91. Wilhelmus Berntrandus Montisbelgardensis (11. Sept.).
92. Jeremias Kleilin Augustanus (18. Sept.).
93. Johannes Horn Knittlingenfis
94. David Brauch Leomontanus

Bebenhusani (22. Sept.).

---

78. B. a. 28. Sept. 96 (Maulbronn.). — Stip. 24. Febr. 98. — M. a. 18. Febr. 1600. — *April 03 Diakonus zu Gruibingen.*

79. B. a. 28. Sept. 96 (Bebenhus.). — Stip. 2. Juli 97. — M. a. 15. Aug. 99. — *Juli 03 Diakonus zu Haiterbach.*

80. B. a. 28. Sept. 96. — Stip. 2. Juli 97. *Alb. stip. u. MFA.:* Kallenberger v. Newenstadt. — M. a. 18. Febr. 1600. — *Juli 05 Diakonus zu Winterbach.*

81. B. a. 28. Sept. 96 (Bebenhus.). *MFABacc.:* Weilheimensis.

82. B. a. 28. Sept. 96 (Bebenhus.). — Stip. 24. Febr. 98 (21. anno aet.). — M. a. 13. Febr. 1600. — *17. Nov. 04 Diakonus zu Bulach.*

83. B. a. 28. Sept. 96 (Bebenhus.). — Stip. 24. Febr. 98 (20. anno aet.). — M. a. 13. Aug. 1600. — *April 05 aus dem Stift.*

84. B. a. 31. März 96. *MFABacc.:* Nic. Schelling Nettenhausensis.

85. B. a. 31. März 96. *MFABacc.:* G. Riser Monasteriensis Austriacus.

90. Stip. Juli 96 (e contubernio). — B. a. 31. März 96. *Alb. stip. u. MFA.:* Joh. Vienotus Mompelgartensis. — M. a. 15. Febr. 98. — *Ist Juli 1600 nach Mömpelgart vociert worden.*

91. Stip. Okt. 95. *Alb. stip.:* Bertrandus. — B. a. 31. März 96. — M. a. 15. Febr. 98. — *Ist Juli 01 zur Schule nach Mömpelgart promoviert.*

92. B. a. 31. März 96. *MFABacc.:* Kneülin. — M. a. 10. Aug. 97. *MFAMag.:* Hieronymus Kneilin.

93. B. a. 28. Sept. 96 (Bebenhus.). — Stip. 24. Febr. 98 (20. anno aet.). — M. a. 13. Aug. 1600. — *Juli 05 Diakonus zu Münsingen.*

94. B. a. 28. Sept. 96.

95. Matthaeus Heiden Tubingensis
96. Melchior Faber Bottmacensis
97. Ludovicus Fridericus Mostey Stuttgardianus
98. Andreas Brentius Entzweihingen
99. Johannes Ulricus Bregenzer Cuſtertingen
100. Balthasarus Alberus Unberbranden
101. Johannes Hegelius Bottnacensis

Bebenhusani
(22. Sept.).

102. Johannes Andreas Stabler zue Stabel (22. Sept.).
103. Georgius Ernreichus Stabler von Stabel (22. Sept.).
104. Christophorus Rudelius Silesius (22. Sept.).
105. Valentinus Brigel Iglauensis ex Moravia (22. Sept.).
106. Gregorius Nastran Labacensis Carniolanus (30. Sept.).
107. Christophorus Castnerus Villacensis (30. Sept.).
108. Theodoricus a Schullenburg (30. Sept.).
109. Paulus Golbſtein Saxo Megapolitanus (30. Sept.).
110. Wendelinus Odontius Nörblingenſis (1. Okt.).
111. Nicolaus Macklerus Mumpelgardensis (3. Okt.).
112. Hugo Bellicus Mompelgardensis (3. Okt.).
113. Johannes Felner Wilensheimensis Francus (4. Okt.).
114. Conrad Nay Kraißheimenſis (13. Okt.).
115. Henricus Norman Kronacenſis (14. Okt.).
116. Gangolphus Dietreich Thornamfiensis (14. Okt.).

---

95. B. a. 28. Sept. 96. — Stip. 2. Juli 97 (21. anno aet.). *Alb. stip.:* von Newenstadt. — M. a. 13. Febr. 1600. — *April 02 excessit et reiectus est.*

96. B. a. 28. Sept. 96. — Stip. 24. Febr. 98 (20. anno aet.). *Alb. stip.:* v. Bottwar. — M. a. 13. Febr. 1600. — *April 04 Diakonus zu Dettingen.*

97. B. a. 28. Sept. 96. — Stip. 24. Febr. 98 (21. anno aet.). — M. a. 10. Febr. 02. — *April 02 aus Gnaden dimittirt.*

98. B. a. 28. Sept. 96. — M. a. 9. Aug. 98. — *Vgl. 229,37.*

99. B. a. 28. Sept. 96. -- Stip. 2. Juli 97. — M. a. 15. Aug. 99. *MFAMag.:* Pregitzer Tybingensis. — Rep. mathematicus. — *April 06 Diakonus zu Tübingen.* — Dr. theol. 10. Mai 1620. *Theol.:* posta ecclesiae Calwensis et vicinarum superintendens ecclesiarum; Tubingensis pastor et professor ordinarius.

100. B. a. 28. Sept. 96. — Stip. 2. Juli 97. *Alb. stip.:* Unterbrändensis u. Unterensingensis. — M. a. 15. Aug. 99. — *Jan. 06 Diakonus zu Jesingen.*

101. B. a. 28. Sept. 96. — Stip. 24. Febr. 98. *Alb. stip.:* Joh. Högel v. Botwar. — M. a. 13. Febr. 1600. — *Juli 04 Diakonus zu Liebenzell.*

111. Stip. Okt. 95. — B. a. 31. März 96. — M. a. 10. Aug. 97. — *Okt. 99 Collaborator zu Mömpelgart.*

112. Stip. Okt. 95. — B. a. 31. März 96. — M. a. 10. Aug. 97. — *April 98 gen Blamont zur Schul gekommen.*

113. B. a. 31. März 96. — M. a. 10. Aug. 97. *MFAMag.:* Feldner.

117. Hector Steinhamer Nördlingensis (16. Okt.).
118. Otto Johannes Rentz von St. Jörgen (18. Okt.).
119. Jacob Hag Tubingensis, Bebenhusanus (22. Sept.). a)

224. Sub rectura clarissimi viri dom. D. **Matthiae Hafen-
refferi** a festo div. Luc. a. 1595 usque ad festum div. Phil. et
Jac. a. 1596:

1. Johannes Baptista Lysmannus Augustanus (21. Okt.).
2. Casparus Christophorus Rhor Pfortzensis (21. Okt.).
3. Joannes Lucas Belsinger Ulmensis (23. Okt.).
4. Johannes Baptista Großschedel Ratisponenfis (27. Okt.).
5. Johannes Laiterberger Kürchenfis (29. Okt.).
6. Nicolaus Gerbat Argentinensis (30. Okt.).
7. Georgius Machtolff Brackenheimensis (30. Okt.).
8. Sebastianus Machtolff precedentis frater (30. Okt.).
9. Michael Wolffinger Carniolanus (4. Nov.).
10. Paulus Biberstein Pfortzenfis nomen suum repetiit (7. Nov.).
11. Jacobus Dürr von Braitenholtz (7. Nov.).
12. Petrus Eckensperger von Memmingen (7. Nov.).
13. Wilhelmus Münderer Dürrenbachensis (7. Nov.).
14. Augustus iunior Brunsuicensium et Lunaeburgensium dux (9. Nov.);
    cuius aulici:
15. Volradt de Waltzendorff aulae magister (9. Nov.).

---

a) *Gehört zwischen Nr. 99 und 100.*

117. B. a. 16. März 97. — Stip. Okt. 99. — M. a. 13. Aug. 1600. —
Juli 04 Diakonus in Altensteig.

119. *Alb. stip. u. MFA.:* Haag. — B. a. 28. Sept. 96 (Bebenhus.). — Stip.
24. Febr. 98 (20. anno aet.).—M. a. 13. Aug. 1600.—*Juli 06 Diakonus zu Mundelsheim.*

119 a. *Alb. stip. und MFA.:* Jacobus Andreae Metzingensis. — B. a.
28. Sept. 96 (Bebenhus.). — Stip. 2. Juli 97. — M. a. 15. Aug. 99. *MFA Mag.:*
cancellarii nostri beati nepos. — *Juli 03 Feldprediger unter Herrn Casimir von
Hohenlohe in Ungarn.*

1. B. a. 31. März 96. — M. a. 14. Febr. 99.

5. B. a. 23. Sept. 01 (Maulbronn.). — Stip. Juni 08. *Alb. stip.:* victoris
(Käfers) Kirchensis filius. — M. a. 6. Febr. 05. — *April 09 Diakonus in Haiterbach.*

7. Stud. iur. 5. April 98.

8. Stud. iur. 5. April 98. — Dr. iur. utr. 19. Juni 05.

10. *Vgl. 214,25.*

11. B. a. 28. März 99.

13. B. a. 5. April 98. — M. a. 13. Febr. 1600. *MFA Bacc. u. Mag.:* Ober-
hochstattensis.

16. Theodorus de Synden praeceptor (9. Nov.).
17. Tedel Burckhardt ⎫ Hi duo nobiles solenne praestiterunt iura-
18. Johannes Fink ⎭ mentum; sed aulae magister (habita ratione ducis) loco iuramenti stipulata manu promisit fidem (9. Nov.).
19. Johannes Engelhardus Leomontanus repetiit nomen suum (15. Nov.).
20. Johannes Jacobus Engelbard Entzweihingensis (15. Nov.).
21. Johannes Binderus Aldingensis (20. Nov.).
22. Johannes Balthasarus Palm Schorndorffensis, repetiit nomen suum (24. Nov.).
23. Heinricus Lang Waiblingen (28. Nov.).
24. Johannes Wilhelmus Harquerius Montisbelgardensis (29. Nov.).
25. Matthaeus Müller Campidonensis (13. Dez.).
26. Philippus Jacobus Weihenmaier Lauinganus repetiit nomen (15. Dez.).
27. Joannes Schaudelin von Entringen Buchtruckhergesell (19. Dez.).

1596.

28. Joannes Wielandus studiosus iuris, repetiit nomen (12. Jan.).
29. Petrus Krantz Borussus (12. Jan.).
30. Melchior Nicolaus Schorndorff (16. Jan.).
31. Heinricus Marquart Weltzheimensis (19. Jan.).
32. Michael Lederschneider von Kürchen under Tecth (19. Jan.).
33. Pangratius Küffnerus Lammersdorff (23. Jan.).
34. Jacobus Ungern Pfortzensis (11. Febr.).
35. D. Alexander Faber repetiit nomen suum (11. Febr.).
36. Johannes Jacobus von Holtzelfingen (16. Febr.).

----

19. Vgl. 205,63. — Dr. iur. utr. 27. April 97.
21. B. a. 5. April 98. MFABacc.: Tuttlingensis. — M. a. 13. Febr. 1600.
22. Vgl. 209,58.
25. B. a. 5. April 98. — Dr. med. 11. Mai 02.
26. Vgl. 208,80. — Dr. iur. utr. 27. April 97.
28. Vgl. 187,70 oder 199,53.
30. B. a. 28. Sept. 96. — M. a. 15. Febr. 98. — Stip. Okt. 99 (ex contubernio). — Juli 03 Diakonus in Waiblingen. — Dr. theol. 26. Mai 1619. Theol.: pastor et specialis Marpacensis, professor Tubingensis extraordinarius.
31. B. a. 27. Sept. 98. MFABacc.: Hausensis.
32. B. a. 12. Sept. 99. MFABacc.: Herrenbergensis. — M. a. 10. Febr. 02. MFAMag.: Mich. Eiselin cognominatus Lederschneider.
36. B. a. 28. Sept. 97. — M. a. 13. Febr. 1600. MFABacc. und Mag.: Jacobaeus.

37. Johannes Jacobus Linck Colmariensis (21. Febr.).
38. Matthias Kauffmann Noribergensis (27. Febr.).
39. Joachimus Monsterus Haylbronnensis (28. Febr.).
40. Georgius Zimmermannus Hailbronnensis (28. Febr.).
41. Johannes Georgius Castner Badensis (3. März).
42. Melchior Pful ex oppido Trebennitz (4. März).
43. Felix Binder Meskirchensis (5. März).
44. Urbanus Busius Basiliensis (16. März).
45. Johannes Christophorus Schad Ulmensis (26. März).
46. Christophorus Heller Ratisbonensis (8. April).
47. Abel Brasch Augustanus (15. April).
48. Johannes Casparus Giengensis (17. April).
49. Johannes Fridericus Thum Neoburgensis (19. April).
50. Joannes Philippus Freyburger Meringensis (19. April).
51. Laurentius Hyperius Reuttlingensis (22. April).
52. Hugold Bhere nobilis Pomeranus (22. April).
53. Samuel Bhere praecedentis frater (22. April).
54. Daniel Ziegler Merchingensis (27. April).
55. Wilhelmus Dalerus et ⎫ fratres Ouuenses, quia minorennes fidem
56. Josephus Dalerus   ⎭   manu dederunt (29. April).
57. Elisaeus Gerlach dom. D. Gerlachii filius Tubingensis propter
     aetatis defectum promisit stipulata manu (29. April).
58. David Lipsius Erdfordiensis (30. April).

225. Sub rectura illustrissimi principis ac domini dom.
Johannis Friderici ducis Würtembergici et Teccii, comitis Montispeligardi etc. a festo div. Phil. et Jac. a. 1596 usque ad festum Lucae
anni eiusdem prorectore dom. D. **Matthia Hafenreffero:**

1. Heinricus a Landauu haro, quia minorennis promisit illustrissimo
     rectori stipulata manu (2. Mai).

     39. B. a. 28. Sept. 97. *MFABacc.:* Münster. — M. a. 15. Aug. 99.
     40. B. a. 5. April 98. — M. a. 18. Febr. 01.
     44. M. a. 11. Aug. 96.
     46. B. a. 28. Sept. 96. — M. a. 10. Aug. 97.
     48. B. a. 5. April 98. *MFABacc.:* Joh. Gaspar.
     55. B. a. 28. Sept. 97. *MFABacc.:* Wilh. Christoph. Gendringensis. —
M. a. 13. Aug. 1600.
     56. B. a. 28. Sept. 97. *MFABacc.:* Gendingensis. — M. a. 13. Aug. 1600.
— Dr. med. 25. Aug. 07.
     57. Stip. Mai 96. — B. a. 16. März 97. — *Okt. 97 cum gratia propter*
invaletudinem dimissus. — M. a. 15. Aug. 99.

2. M. Georgius Lebennicus Austriacus baronis praeceptor (2. Mai).
3. Martinus Vuelsorus famulus (2. Mai).
4. Johannes Thomas Hitzlerus Landauiensis (2. Mai).
5. Leonhardus Bartholus Mompelgartensis (3. Mai).
6. Alexander Scharpf Grünennueterspachensis (4. Mai).
7. Leonhardus Keller Siesheimensis (5. Mai).
8. Georgius Widmannus Nagoltensis (6. Mai).
9. Ferdinandus Ernestus Nördlingensis (7. Mai).
10. Erhardus Zilger Neubronnensis (7. Mai).
11. Melchior Kurrer Rotenburgensis (8. Mai).
12. Johannes Christoph Gernhard Francus (10. Mai).
13. Johannes Adamus a Linghaim nobilis Styrus (10. Mai).
14. Andreas Dotting Bettauiensis Styrus (10. Mai).
15. Leonhardus Bruno Neoburgensis praecedentium praeceptor (10. Mai).
16. Michael Bibenberger Ratisponensis (12. Mai).
17. Joannes Conradus Wolffius Stutgardianus, quia minorennis promisit stipulata manu (14. Mai).
18. Carolus Egen Viennensis Austriacus (14. Mai).
19. Johannes Weckerus Öringensis (15. Mai).
20. Johannes Jacobus Krumbain Balingensis, quia minorennis promisit stipulata manu (17. Mai).
21. Christophorus Reutzerus Rözensis (17. Mai).
22. Johannes Jacobus Manna Lauinganus (19. Mai).
23. Henricus Hailbronnerus Lauinganus (19. Mai).
24. Michael Scharpff Grünennuetterspachensis (28. Mai).
25. Georgius Zorn Minungensis (1. Juni).

3. B. a. 16. März 97. *MFABacc.:* Martinus Welser Lintzensis.
6. B. a. 28. Sept. 97. — M. a. 13. Aug. 1600.
7. B. a. 16. März 97. — M. a. 14. Febr. 99. *MFABacc. und Mag.:* Sieshaimensis.
9. B. a. 16. März 97. — M. a. 15. Aug. 99.
10. B. a. 28. Sept. 96.
17. B. a. 28. Sept. 97.
19. B. a. 16. März 97. — M. a. 14. Febr. 99.
20. B. a. 28. Sept. 97. — M. a. 15. Aug. 99.
21. Stud. iur. 18. Nov. 96. — Dr. iur. utr. 14. Mai 06. *Jur.:* Rezensis Palatinus.
22. B. a. 28. Sept. 96.
23. B. a. 28. Sept. 96. — M. a. 15. Febr. 98.
24. B. a. 28. Sept. 97. — M. a. 13. Aug. 1600.
25. B. a. 16. März 97.

26. Johannes Jacobus Leffler Tubingensis (5. Juni).
27. Samuel Unfried Rechentshoffensis, propter aetatis defectum promisit stipulata manu (8. Juni).
28. Jacobus Vogt Tubingensis (10. Juni).
29. Johannes Jacobus Artopaeus Stutgardianus (11. Juni).
30. Eittel Heinrich von Stain | quia minorennes, promiserunt stipu-
31. David von Stain fratres | lata manu (24. Juni).
32. Michael Trauu Weidensis Misnianus (25. Juni).
33. Jacobus Marinus Clagenfortensis (30. Juni).
34. Joannes Brauchardus Thuringius (1. Juli).
35. Gottefridus comes ab Öttingen promisit illustrissimo rectori fidem manu (7. Juli).
36. Helfricus Senfft a Solnburg (7. Juli).
37. Christophorus Miesslin Göppingensis (9. Juli).
38. Henricus Beurlin Halensis (10. Juli).
39. Claudius Perdix | Mompelgarttenses fratres propter aetatem
40. Nicolaus Perdix | minorem promiserunt stipulata manu (15. Juli).
41. David Pistorius Eningensis promisit stipulata manu (22. Juli).
42. Georgius Agricola Rotenburgo-Tuberanus (23. Juli).
43. Johannes Wolffgangus Sanuuald Halensis Suevus (26. Juli).
44. Joannes Jacobus Zuueifel Nördlingensis (27. Juli).
45. Christophorus Heselinus Memingensis (6. Aug.).
46. Carolus Hornung Rotenburgo-Tuberanus (9. Aug.).
47. Johannes Hornung illius frater (9. Aug.).
48. Johannes Fridericus Reichshöfer Rotenburgotuberanus (9. Aug.).
49. Silvester Walther Rotenburgotuberanus (9. Aug.).
50. Vitus Erasmus Hosman (!) Onoltzbachensis (24. Aug.).
51. Philippus Franciscus a Flersheim Lotharingus nobilis (28. Aug.).
52. Johannes Nicolaus a Stockheim Geisenheimensis. Hi duo nobiles propter aetatem minorem promiserunt stipulata manu (28. Aug.).

— —— ———

26. B. a. 24. Sept. 1600.
27. B. a. 28. Sept. 97. *MFABacc.:* Bietighaimensis.
37. B. a. 28. Sept. 97. *MFABacc.:* Magdelsheimensis. — M. a. 15. Aug. 99.
38. B. a. 5. April 98. *MFABacc.:* Joh. Henr. Beurlin.
39. Stip. Sept. 96. *Alb. stip.:* Johannes Perdix. — B. a. 5. April 98. —
M. a. 18. Febr. 01. *MFA.Bacc. und Mag.:* Hericuriensis. — *Juli 05 aus dem Stift.*
40. Stud. iur. 8. Febr. 01. *MFJur.:* Hericuriensis.
41. B. a. 12. Sept. 99. *MFABacc.:* Eningensis sub Böblinga. — M. a. 15. Febr. 03.
46. B. a. 16. März 97.
47. B. a. 12. Sept. 03. — M. a. 22. Aug. 04.
50. Dr. iur. utr. 10. Okt. 99. *MFJur.:* Vitus Erasmus Hofmann Francus.

53. Johannes Xylander Nördlingensis (30. Aug.).
54. M. Leonhardus Kilianus Mergenthalensis (30. Aug.).
55. Johannes Gemphinus Leutkirchensis (7. Sept.).
56. Christophorus Coruinus Noribergensis (10. Sept.).
57. Marcus Colludor Labacensis (11. Sept.).
58. Jacobus Dörner Beutingensis in comitatu Hohenlohensi (13. Sept.).
59. Johannes Hennerus Bescouiensis Marchicus (17. Sept.).
60. Christophorus Kürner Tubingensis (26. Sept.).
61. Jacobus Zuuirckorus Weiherrensis (27. Sept.).
62. Georgius Mytelius Werthemius Francus (27. Sept.).
63. Sigismundus Andreas Marcus Ihenensis (27. Sept.).
64. Paulus Wentzelius Hagennoensis (1. Okt.).
65. Johannes Zimermannus Equersheimensis (1. Okt.).
66. Johannes Baptista Moschan ʒum Churn am hart uff Liechten-
    walde und Gurgfelden, hauptmann uff Adelsperg (2. Okt.).
67. M. Elias Nietheimer praeceptor repetiit nomen (2. Okt.).
68. Eberhardus a Bothmar Brunsuicensis (4. Okt.).
69. Johannes Fridericus Hüngler Gerntzheimensis episcopatus Mo-
    guntini (16. Okt.).

226. Sub rectura illustrissimi principis ac domini dom.
Augusti iunioris **ducis Brunsuicensis** et Lunaeburgensis etc. a festo
div. Lucae a. 1596 usque ad festum div. Phil. et Jac. a. 1597 prorectore dom. D. **Daniele Möglingo:**

1. M. Christophorus Butelius Giricensis Marchicus (22. Okt.).
2. Gallus Pindarus Waiblingensis repetiit nomen, nihil (23. Okt.).
3. Balthasarus a Franckenberg Silesius (24. Okt.).
4. Joachimus Stattmanus Halensis Suevus (25. Okt.).

---

57. Stip. April 96 (14. anno aet.). — B. a. 5. April 98. — M. a. 13. Aug. 1600.
— *Juli 04 Präzeptor allhie bei D. Andler.*
58. B. a. 28. Sept. 97. *MFABacc.*: Bietingensis.
59. Dr. iur. utr. 5. Sept. 03.
60. B. a. 28. März 99. — M. a. 10. Febr. 92.
— 67. *Vgl. 193,67.*
69 a. *MFABacc.*: Joannes Hefelius Memingensis, B. a. 16. März 97.
69 b. *MFABacc.*: Joannes Jacobus Brotbeccius Stutgardianus. B. a.
28. Sept. 97. — *MFJur.*: Joh. Conradus Brotbeck Stutgardianus, stud. iur. 30. Jan. 01.
2. *Vgl 171,24.* — Stud. iur. 17. Nov. 96.
4. B. a. 28. Sept. 97. — M. a. 15. Aug. 99.

5. Andreas Vuendelstain Rotenburgensis ad Neccarum (26. Okt.).
6. Johannes Jacobus Algaier Brachenheimensis (26. Okt.).
7. Johannes Zimmermannus Münsterensis Francus (27. Okt.).
8. Christophorus Grains Waiblingensis nomen repetiit, venit cum uxore et ancilla (28. Okt.).
9. Theodoricus Schonberger Mainshaimensis stipulata manu ob aetatem promisit (28. Okt.).
10. Gotthardus Nolden Livoniensis nobilis (28. Okt.).
11. Theodoricus Beer ⎫
12. Johannes Beer ⎬ utrique Livonii nobiles fratres (29. Okt.).
13. Justus Glandorpius Arcemsis Saxo ipsorum praeceptor (29. Okt.).
14. Gondaeus Lang ⎫
15. Thicho Lang ⎬ utrique Dani nobiles fratres (29. Okt.).
16. Johannes Rotenburgius Antuerpianus ipsorum praeceptor (29. Okt.).
17. Andreas Bregentzer Schorndorffensis (1. Nov.).
18. Petrus Fluuius Bartinopolitanus Buchtruckhergesel bey dem Hochhen (3. Nov.).
19. Joannes Ulricus Rhumelius Tubingensis 12 annorum stipulata manu promisit (5. Nov.).
20. Ludouicus Heintz Vahingensis Buchbindergesell bey dem Jung Gerstenmayer (7. Nov.).
21. Johannes Kaiser Stutgardianus stipulata manu promisit (8. Nov.).
22. Georgius a Kürch Lindauiensis repetiit nomen (10. Nov.).
23. Joannes Georgius Weigenmaierus Tubingensis stipulata manu promisit professoris filius (10. Nov.).
24. Joannes Jacobus Güssmannus Göppingensis promisit manu stipulata (10. Nov.).

---

6. B. a. 5. April 98. *MFABacc.:* Joh. Jac. Adelgaier. — Stud. iur. 01.

7. B. a. 16. März 97.

8. *Vgl. 199,64.* — Dr. iur. utr. 10. Okt. 99.

9. Stud. iur. 13. Dez. 1600.

17. B. a. 28. Sept. 97. *MFABacc.:* Pregitzer.

19. B. a. 28. März 99. — Stud. iur. 16. Mai 04.

21. B. a. 5 April 98.

23. Stip. April 99. *Alb. stip.:* Weihenmair. — B. a. 28. März 99. — M. a. 19. Aug. 01. — Rep. hebreus. — *Jan. 09 Pfarrer zu Poltringen.*

24. Stip. Jan. 99. *Alb. stip.:* Gussmann. — B. a. 12. März 1600. *MFABacc.:* Joh. Jac. Gussmann Tubingensis. — M. a. 16. Febr. 08. — *Nachdem er Juli 05 viel bei einer Magd gewesen, wird er Okt. 05 nach Österreich zum Herrn von Polheim promoviert.*

25. Philippus Jacobus Hütstock Stutgardianus stipulata manu promisit (10. Nov.).
26. Christophorus Vuelling Tubingensis stipulata manu promisit et quia parens professor (16. Nov.).
27. Jacobus a Bolhausen Gemmingensis (17. Nov.).
28. Bernhardus Gintzelius Ulmensis (17. Nov.).
29. Philippus Zorerus Neopurgensis (18. Nov.).
30. Gotfridus Egen Dornstettensis stipulata manu promisit (22. Nov.).
31. Bernhardus Fischer Bessigheimensis (23. Nov.).
32. Adamus Vualch ⎰ duo fratres Rotenburgenses ad Nicrum
33. Christophorus Vualch ⎱ (28. Nov.).
34. Christophorus Dinckelacker Metzingensis sub Uraco (2. Dez.).
35. Eberhardus Stetterus Tubingensis (2. Dez.).
36. Joannes Jacobus Jnnueiler Tubingensis (2. Dez.).
37. Jacobus Spannenberger Tubingensis (2. Dez.).
38. M. Jacobus Lorhardus Mynsingensis nomen repetiit, nihil. (4. Dez.).
39. Daniel de Verneto Montepeligardensis (6. Dez.).
40. Wilhelmus Herbrandt Wielhemiensis (9. Dez.).
41. Hieronymus Kessler Augustanus ein Maler und Conterfeyter (23. Dez.).
42. Jacobus Oeberhardt Montispeligardensis (27. Dez.).

1597.
43. Georgius Kübel Metterzimmerensis (15. Jan.).
44. Petrus Stierlin Tubingensis (17. Jan.).

25. B. a. 1. April 01. *MFABacc.*: Hittstock. — M. a. 26. Febr. 06.
26. B. a. 12. Sept. 99. *MFABacc.*: M. Heinrici professoris filius. — M. a. 18. Febr. 01. — Dr. iur. utr. 13. Febr. 09.
29. Stud. iur. 22. Nov. 96. *MFJur.*: Neoburgensis ad Istrum.
31. Stip. Okt. 96. — B. a. 16. April 97. — M. a. 15. Aug. 99. — *April 02 Diakonus zu Dettingen am Schlossberg.*
36. B. a. 12. Sept. 99.
37. B. a. 27. Sept. 98. — M. a. 19. Aug. 01.
38. *Vgl. 205,95.*
40. Stip. Nov. 96 (16. anno aet.). *Alb. stip.*: Ulma venit. — B. a. 5. April 98. *MFABacc.*: Weilensis. — M. a. 18. Febr. 01. *MFAMag.*: Weilensis ad Nicrum. — *Juli 08 Diakonus zu Urach.*
42. B. a. 12. Sept. 99. *MFABacc.*: Euuerhardt. — Stip. Sept. 99. *Alb. stip.*: Eberhardt u. Oeuuardus. — M. a. 13. Aug. 1600. — *Jan. 05 Diakonus zu Blamont.*
43. B. a. 28. Sept. 97. — M. a. 15. Aug. 99. *MFABacc. und Mag.*: Bietigheimensis.
44. B. a. 24. März 02.

45. Johannes Philippus Cellius Tubingensis cuius pater professor (27. Jan.).
46. Andreas Rambacher Gemmingensis (27. Jan.).
47. Jacobus Currerus Herenbergensis (4. Febr.).
48. David Sthelinus (!) Tubingensis (4. Febr.).
49. Rudolphus Riep Tubingensis stipulata manu promisit (4. Febr.).
50. Johannes Hermannus Rotenburgotuberanus (8. Febr.).
51. Georgius Vuolffgangus Jäger Catolspurgensis (8. Febr.).
52. Abrahamus Stainlinus *) Dünckelspilensis (12. Fcbr.).
53. Johannes Lang Memmingensis (14. Febr.).
54. Jacobus Müllerus Memingensis (14. Febr.).
55. Johannes Rebman Tubingensis (14. Febr.).
56. Heinricus Dups Tubingensis stipulata manu promisit (15. Febr.).
57. M. Johannes Pleucardus Vuildt Uberkingensis nomen repetiit (22. Febr.).
58. Johannes Jacobus Schauuerus Tubingensis data manu promisit (22. Febr.).
59. Casparus Gerstenmayer Tubingensis stipulata manu promisit (22. Febr.).
60. Johannes Burckhardus Rittenhausanus, pauper famulus (25. Febr.).
61. Andreas Dngnadt liber haro inn Sonnedh (8. März).
62. Michael Curtius Schorndorfensis aulae magister repetiit nomen (8. März).
63. Casparus Bekesi Transylvanus (8. März).
64. Abrahamus Dnuerzagt Schemnicensis Panonius (8. März).
65. Gregorius Sonaritsch (!) Sarbariensis (8. März).
66. Philippus Schadaeus Spirensis (9. März).

---

a) *Von späterer Hand ist* Staimlinus *daraus korrigiert.*

48. B. a. 28. März 99. — Stip. Nov. 01. *Alb. stip. u. MFABacc.*: David Stählin Herrenbergensis. — M. a. 17. Aug. 08. — *Juli 05 geht von ihm das Geschrei, als ob er mit einer Wittfrauen M. Christophori Ziegelheuser, gewesenen Pfarrers zu Langensteinbach sich ehelich verlobt und sie schwanger sein soll; Okt. 05 ob matrimonium immaturum rejiciert.*

52. B. a. 24. Sept. 1600.

53. B. a. 16. April 97. — M. a. 15. Aug. 99. *MFAMag. (von des Crusius Hand): Cuius patrem Joannem, hodie Memingae ecclesiasten, Aug.* 1571 *etiam magistrum feceramus (vgl. 171,67).*

54. B. a. 28. Sept. 97. — M. a. 13. Febr. 1600. *MFABacc. u. Mag.*: Molitor.

55. B. a. 12. März 1600. — M. a. 16. Febr. 08.

57. Vgl. 212,50.

62. Vgl. 194,61 u. 231,22.

63 u. 65. Vgl. 231,23 u. 24.

67. Johannes Christophorus Gailing Kirchoteckcensis (14. März).
68. Balthasarus Moningerus Tubingenſis (14. März).
69. Fridericus Mergentḣaler Stutgardianus (14. März).
70. Bernhardus Lacḣerus Sindelfingensis (14. März).
71. Ludovicus Camentarius Weilheimensis (14. März).
72. Andreas Gall Baccanaugensis (14. März).
73. Vlricus Vietor Vracencis (14. März).
74. David Pistorius Winendensis (14. März).
75. Johannes Benignus Nürtingensis (14. März).
76. Joannes Jacobus Daler Önuensis (14. März).
77. Johannes Jacobus Kuppler Eschingensis (14. März).
78. Johannes Conradus Lanius Neopurgensis (14. März).
79. Ernestus Jacobus Stecherus Danckendorfensis (14. März).
80. Vlricus Tritschlerus Kürchensis (14. März).

---

67. B. a. 28. Sept. 97 (Bebenhus.). — Stip. 24. Febr. 98 (18. anno aet.).
— M. a. 13. Aug. 1600. — *Jan. 02 aus dem Stift.*

68. B. a. 28. Sept. 97 (Bebenhus.). — Stip. 24. Febr. 98 (18. anno aet.).
— M. a. 13. Aug. 1600. — *Okt. 05 Diakonus su Königsbronn.*

69. B. a. 28. Sept. 97 (Bebenhus.). — Stip. 24. Febr. 98 (20. anno aet.).
— M. a. 13. Febr. 1600. — *Juli 02 Präzeptor su Maulbronn.*

70. B. a. 28. Sept. 97 (Bebenhus.). — Stip. 24. Febr. 98 (18. anno aet.).
Alb. stip. u. MFA.: Bernh. Ludovicus Löber v. S. — M. a. 13. Febr. 1600. —
Rep. physicus. — *Okt. 05 Diakonus zu Urach.* — Dr. theol. 10. Nov. 1612.
Theol.: nosodochii Stutgardiani concionator.

71. B. a. 28. Sept. 97 (Bebenhus.). — Stip. 24. Febr. 98. *Alb. stip.:*
Cementarius. — M. a. 13. Aug. 1600. — *Jan. 03 Diakonus su Beilstein.*

72. B. a. 28. Sept. 97 (Bebenhus.). — Stip. Juli 99. *Alb. stip.:* Hohenbergensis. — *Nov. 99 gen Gültlingen verschickt.*

73. B. a. 28. Sept. 97 (Bebenhus.). — Stip. Juli 99. — M. a. 19. Aug. 01.
— *Juli 04 Rector scholae zu Landau.*

74. B. a. 28. Sept. 97 (Bebenhus.). — Stip. Juli 99. — M. a. 19. Aug. 01.
— *April 06 in Gnaden dimittiert.*

75. B. a. 28. Sept. 97 (Bebenhus.). — Stip. Juli 99. — M. a. 19. Aug. 01.
— *Juli 07 Diakonus zu Winnenden.*

76. B. a. 28. Sept. 97 (Bebenhus.).

77. B. a. 28. Sept. 97 (Bebenhus.). — Stip. Juli 99. — M. a. 11. Aug. 02.
— *Okt. 07 Schulmeister zu Vaihingen.*

78. B. a. 28. Sept. 97 (Bebenhus.). — Stip. Juli 99. — M. a. 18. Febr. 01.
MFAMag.: Newenburgensis. — *Juli 04 Diakonus in Unteröwisheim.*

79. B. a. 28. Sept. 97 (Bebenhus.). — Stip. Juli 99. *Alb. stip.:* Denckendorfensis. — M. a. 19. Aug. 01. *MFAMag.:* Bebenhusanus. — *Juli 04 cum
gratia dimittiert.*

80. B. a. 28. Sept. 97 (Bebenhus.).

81. Hieronymus Sonthaimer Frickenhouensis (14. März).
82. Christophorus Draco Stutgardianus (14. März).
83. Joannes Conradus Vnfridt Rechentzhouensis (14. März).
84. Otho Bielmaier Guttacensis (14. März).
85. Christophorus Vinarius Lorchensis (14. März).
86. Jacobus Maier Grunarius (15. März).
87. Georgius Mergenthaler Celsagriensis (15. März).
88. Johannes Fabri Stutgardianus (15. März).
89. Daniel Roher (!) Effingensis (15. März).
90. Johannes Hornickel Göppingensis (15. März).
91. Conradus Grim Stutgardianus (15. März).
92. Isaacus Wagner Leobergensis (15. März).
93. Johannes Georgius Halprunner Horheimensis (15. März).
94. Joachimus Vuaidner Bietighaimensis (15. März).

— · ··

81. B. a. 28. Sept. 97 (Bebenhus.). *MFA Bacc.:* Frickenhofensis. — Stip.
Juli 99. *Alb. stip.:* Burstellensis; *fast allzeit krank.* — M. a. 19. Aug. 01. —
Juli 07 Diakonus zu Winterbach.

82. B. a. 28. Sept. 97 (Bebenhus.). *MFA Bacc.:* Drach. — Stip. Juli 99.
— M. a. 19. Aug. 01. — *Okt. 06 Vikarius zu Köngen.*

83. B. a. 28. Sept. 97 (Bebenhus.). — Stip. Juli 99. — *Juli 01 entlassen.*

84. B. a. 28. Sept. 97 (Bebenhus.). — Stip. Juli 99. — M. a. 19. Aug. 01.
— *Jan. 04 Diakonus zu Boll.*

85. B. a. 5. April 98 (Bebenhus.). — Stip. Juli 99. *Alb. stip.:* Joh.
Balthasar Christoph. Weinlin Lorchensis. — M. a. 18. Febr. 01. — *Juli 01 Diakonus in Blaubeuren.*

86. B. a. 28. Sept. 97 (Maulbronn.). *MFA Bacc.:* Cronauius. — Stip.
24. Febr. 98. *Alb. stip.:* Grunauius. — M. a. 13. Aug. 1600. — *Juli 04 Diakonus zu Pfullingen.*

87. B. a. 28. Sept. 97 (Maulbronn.). — Stip. 24. Febr. 98. *Alb. stip.
u. MFA.:* v. Honacker. — M. a. 13. Aug. 1600. — *April 05 aus dem Stift.*

88. B. a. 28. Sept. 97 (Maulbronn.). — Stip. 24. Febr. 98. — M. a.
13. Febr. 1600. — *Juli 06 Diakonus zu Calw.*

89. B. a. 28. Sept. 97 (Maulbronn.). — Stip. 24. Febr. 98. *Alb. stip. u.
MFA.:* Dan. Cober. — M. a. 13. Aug. 1600. — *Juli 03 Diakonus zu Bussweiler
in der Grafschaft Hanau.*

90. B. a. 28. Sept. 97 (Maulbronn.). — Stip. 24. Febr. 98. — M. a.
13. Aug. 1600. — *April 03 Collaborator zu Schorndorf.*

91. B. a. 28. Sept. 97 (Maulbronn.). — Stip. Juli 99. — M. a. 19. Aug. 01.
— *April 08 aus dem Stift.*

92. B. a. 28. Sept. 97 (Maulbronn.). — Stip. Juli 99. — M. a. 19. Aug. 01.
— *17. Febr. 02 selig im Herrn verschieden.*

94. B. a. 5. April 98 (Maulbronn.). — Stip. Juli 99. *Alb. stip.:* Weidner.
— M. a. 18. Febr. 01. — *April 04 Präzeptor zu Blaubeuren.*

95. Johannes Conradus Pfeill Winendensis (15. März).
96. Christophorus Deihel Stutgardianus (15. März).
97. Philippus Beringer Rosswagensis (15. März).
98. Nicolaus Mageirus Brettacensis (15. März).
99. Bernhardus Brothag Goppingensis (15. März).
100. Mathaeus Deübler Dieffenbachensis (15. März).
101. Fridericus Bäftlin Steinheimenfis (15. März).
102. Ludouicus Neneinger Lauffensis (15. März).
103. Martinus Merlöt Neapolitanus (15. März).
104. Josua Schopff Feurbaccensis (15. März).
105. Otto Leonhardus Frech Murhartensis (20. März).
106. Leonhardus Korn Leobergensis repetiit nomen (21. März).
107. Ernestus Jacobus a Vuildingen (5. April).
108. Fridericus Breningerus Rotenburgotuberanus (6. April).
109. Jacobus Beurlin Göppingensis Buchbindergefell bei Cafparn Piftorn (11. April).
110. M. Johannes Hailprunner Lauinganus repetiit nomen (12. April).
111. Wolfgangus Bonadher Vracensis (12. April).

---

95. B. a. 5. April 98 (Maulbronn.). — Stip. Juli 99. — M. a. 11. Aug. 01. — Rep. rhetoricus. — *Jan. 09 Diakonus su Cannstadt.*

96. B. a. 5. April 98 (Maulbronn.). — Stip. Juli 99. — M. a. 18. Febr. 01. — Rep. hebreus. — *Juli 06 Diakonus zu Vaihingen.*

97. B. a. 5. April 98 (Maulbronn.). — Stip. Juli 99. — M. a. 10. Febr. 02. — *Juli 07 Diakonus zu Tuttlingen.*

98. B. a. 5. April 98 (Maulbronn.). — Stip. Juli 99. — M. a. 18. Febr. 01. — *Okt. 03 aus dem Stift.*

99. B. a. 28. Sept. 97 (Maulbronn.). — Stip. 24. Febr. 98. — M. a. 13. Aug. 1600. — *Juli 02 ad praefectum in Blaubeuren dimissus.*

100. B. a. 5. April 98 (Maulbronn.). — Stip. Juli 99. — M. a. 19. Aug. 01. — *Juli 03 ob immaturum contractum matrimonium rejiciert.*

102. B. a. 5. April 98 (Maulbronn.). — Stip. Juli 99. *Alb. stip. u. MFA.:* Nenninger. — M. a. 19. Aug. 01. — *Juli 05 nach Lienzingen.*

103. B. a. 5. April 98 (Maulbronn.). — Stip. 5. März 1600. *Alb. stip.:* Merleth. — M. a. 10. Febr. 02. — *Juli 07 gen Angelloch kommen.*

104. B. a. 5. April 98 (Maulbronn.). — Stip. 5. März 1600. — M. a. 16. Febr. 03. — *Jan. 08 Diakonus zu Wildberg.*

105. B. a. 5. April 98 (Maulbronn.). — Stip. 5. März 1600. — M. a. 10. Febr. 02. — *Juli 06 Diakonus zu Hornberg.*

106. Vgl. 220,51.

108. B. a. 28. Sept. 97. — M. a. 18. Febr. 01. *MFABacc. und Mag.:* Prenninger.

110. Vgl. 218,8 u. 232,29. — Stud. iur. 14. April 97.

111. B. a. 27. Sept. 98. — Stud. iur. 10. Dez. 1600.

112. Johannes Kechelin Vracensis (12. April).
113. Daniel Hirſching Rotemburgo-Tuberanus (16. April).
114. Georgius Doll Rotemburgo-Tuberanus (16. April).
115. Christophorus Hechelbach Strasbergensis pauper famulus (19. April).
116. Caspar Bauarus
117. Johannes Ulricus Bauarus } Brettachenses (19. April).
118. Melchior Bestlin Frauuenzimmerensis (19. April).
119. Petrus Vuepillatus
120. Nicolaus Schon } Monspeligardensis (19. April).

227. Sub rectura clarissimi viri dom. D. **Joannis Halbritteri** a festo div. Phil. et Jac. usque ad festum div. Lucae a. 1597:

1. Fridericus Cellerus Rotueldensis (3. Mai).
2. Joannes Leonhardus Grickler Bulacensis stipulata manu promisit (3. Mai).
3. Timotheus Volckmarus Schrisheimensis promisit stipulata manu (3. Mai).
4. Petrus Ziegler Wildpergensis (3. Mai).
5. Michael Zimerman Neapolitanus (3. Mai).
6. Johannes Bernhardus Haupffel Tubingensis (3. Mai).

———————

112. B. a. 27. Sept. 98. — Stud. iur. 10. Dez. 1600.
113. B. a. 28. Sept. 97. *MFABacc.:* Hirsing.
116. B. a. 27. Sept. 98.
117. B. a. 27. Sept. 98.
118. B. a. 27. Sept. 98. — Stud. iur. 01.
119. Stip. April 98. *Alb. stip.:* Wirbillotus. — B. a. 28. Sept. 98. *MFABacc.:* Wirpillotus. — M. a. 13. Aug. 1600. — *Okt. 05 gen Mömpelgart promoviert.*
120. Stip. 2. Juli 97. — B. a. 28. Sept. 96. *Alb. stip. u. MFA.:* Schön. — *April 02 zur Schule nach Mömpelgart.*

1. B. a. 28. März 99.
2. B. a. 28. März 04 (Bebenhus.). — Stip. Nov. 05. — M. a. 26. Aug. 07. — *Juli 11 Diakonus zu Balingen.*
3. B. a. 27. Sept. 98. — M. a. 18. Febr. 01. *MFAMag.:* Schriessensis Palatinus.
4. B. a. 27. Sept. 98. — M. a. 13. Aug. 1600.
5. B. a. 5. April 98 (Bebenhus.). — Stip. Juli 99. *Alb. stip.:* Zimmermann. — M. a. 19. Aug. 01. — *Juli 06 Diakonus zu Dettingen am Schlossberg.*
6. B. a. 5. April 98 (Bebenhus.). — Stip. Juli 99. — M. a. 19. Aug. 01. — *April 04 selig im Herrn verschieden.*

7. Vlricus Kinger Deckenpfrundensis (3. Mai).
8. Joannes Jacobus Hess Frickenhusanus (3. Mai).
9. Samuel Sutor Seissensis (3. Mai).
10. Mattaeus Schissler Balingensis (3. Mai).
11. Joannes Balthasarus Loser Vayhingensis (3. Mai).
12. Balthasarus Vueltzlin Stutgardianus (3. Mai).
13. Georgius Megisser Calbensis (3. Mai).
14. Leonhardus Christophorus Geisslerus Nagoltanus (3. Mai).
15. Joannes Hörus Göppingensis (3. Mai).
16. Joannes Ziegler Backnangensis (3. Mai).
17. Georgius Binder Rosenfeldensis (3. Mai).
18. Samuel Sutor Tutlingensis (3. Mai).
19. M. Johannes Melchior König Rotwilanus (7. Mai).
20. Johannes Sueuus Wimpinensis (7. Mai).

7. B. a. 5. April 98 (Bebenhus.). — Stip. Juli 99. *Alb. stip.:* Kingelius. — M. a. 19. Aug. 01. — *Juli 03 Präzeptor zu Bebenhausen.*

8. B. a. 5. April 98 (Bebenhus.). — Stip. Juli 99. — M. a. 18. Febr. 01. — *Juli 02 in Cimbriam ad Metellicos allegatus.*

9. B. a. 5. April 98 (Bebenhus.).

10. B. a. 5. April 98 (Bebenhus.). — Stip. Juli 99. *Alb. stip.:* Schusler. — M. a. 19. Aug. 01. — *Juli 07 Diakonus zu Nürtingen.*

11. B. a. 5. April 98 (Bebenhus.). — Stip. 5. März 1600 (Maulbronn.). — M. a. 10. Febr. 02. — *17 Nov. 04 publice rejiciert propter inobo:dientiam et compotationes.*

12. B. a. 5. April 98 (Bebenhus.). — Stip. 4. März 1600. — M. a. 10. Febr. 02. — *April 06 Diakonus zu Gruibingen.*

13. B. a. 5. April 98 (Bebenhus.). — Stip. 5. März 1600 (Maulbronn.). — M. a. 10. Febr. 02. — *Juli 06 Diakonus zu Königsbronn.*

14. B. a. 5. April 98 (Bebenhus.). — Stip. 4. März 1600. — *Jan. 02 aus dem Stift entlassen.*

15. B. a. 5. April 98 (Bebenhus.). *MFABacc.:* Heerus. — Stip. 4. März 1600. *Alb. stip.:* Hörer. — M. a. 10. Febr. 02. — *Juli 02 ad Nippenburgensem in Riexingen dimissus.*

16. B. a. 5. April 98 (Bebenhus.). — Stip. 4. März 1600. — M. a. 11. Aug. 02. — *April 06 Diakonus in Sulz.*

17. B. a. 27. Sept. 98 (Bebenhus.). — Stip. 5. März 1600 (Maulbronn.). *Alb. stip. u. MFA.:* v. Rosswelden. — M. a. 10. Febr. 02. — *Juli 06 rejiciert ob suspicionem propter furtum.*

18. B. a. 27. Sept. 98 (Bebenhus.). — Stip. 4. März 1600. *Alb. stip. und MFA.:* Sartor. — M. a. 10. Febr. 02. *MFAMag.:* Caiensis. — *April 04 Collaborator zu Stuttgart; dann wieder im Stift; April 07 rejiciert propter diuturniorem absentiam apud nuptias Leonbergenses. — Alb. stip. auch:* Renningensis.

20. B. a. 28. März 99. — M. a. 18. Febr. 01. — Stud. iur. 20. Sept. 01.

21. Johannes Georgius Diepelius Wimpinensis (7. Mai).
22. Samuel Bender Neccerhusanus (10. Mai).
23. Johannes Castelus Hunnius Vnder-Eubingensis (11. Mai).
24. Eberhardus Andreae Metzingensis (19. Mai).
25. Johannes Schitzius Metzingensis (19. Mai).
26. Ludovicus Casparus Günther Stutgardianus stipulata manu promisit (23. Mai).
27. M. Franciscus Christophorus Herbst Rotwilensis repetiit nomen (23. Mai).
28. Anthonius Varenbüler Tubingensis promisit stipulata manu et quia avus professor, nihil solvit (25. Mai).
29. Paulus Eckstein Alzensis (30. Mai).
30. Marcus Astfalck Reitlingensis (30. Mai).
31. M. Wendelin Vuilfinger receptus cum uxore et familia ex intercessione principis (2. Juni).
32. Johannes Megerthopaeus Pomeranus (12. Juni).
33. Johannes Christianus Rhumelius Nerlingensis (18. Juni).
34. Georgius Pfitz Felbacensis repetiit nomen (19. Juni).
35. M. Elias Opala Bithniensis minister verbi et quia persona honorata nihil dedit (20. Juni).
36. Johannes Herman Hoffmann Halensis Suevus (20. Juni).
37. M. Vitus Knöer Öringensis, repetiit nomen (23. Mai).
38. Philippus Ludovicus Eben Neuburgensis ad Istrum (2. Juni).
39. Johannes Wilhelmus Graeter Halensis (6. Juni).
40. Johannes Vietor Allsfeldianus Hessus (16. Juni).
41. Balthasar Chelius Vidersheimensis Hessus (16. Juni).
42. Jakob Götz vonn Macheburg, Buchtruckhergesell (16. Juni).
43. Johannes Albertus a Sperberseck (17. Juni).
44. Petrus Hopffius Weidensis Variscus famulus (5. Aug.).

21. B. a. 28. März 99. — M. a. 18. Febr. 01. *MFABacc.:* Trippelius.
22. B. a. 5. April 98. *MFABacc.:* Sam. Binder Ratisbonensis.
23. B. a. 27. Sept. 98. — M. a. 10. Febr. 02. *MFABacc. und Mag.:* Joh. Castolus Hunnius Vnderaisheimensis.
24. B. a. 1. April 01. — M. a. 17. Aug. 03.
27. *Vgl. 204,5.*
28. B. a. 24. Sept. 1600.
29. B. a. 12. März 1600.
30. B. a. 12. März 1600. — M. a. 16. Febr. 03.
34. *Vgl. 213,51.*
37. *Vgl. 214,70.*
38. B. a. 28. Sept. 97. *MFABacc.:* Phil. Lud. Ebeni. — M. a. 9. Aug. 98.
39. B. a. 28. Sept. 97. — M. a. 14. Febr. 99.

45. Elias Ehinger Augustanus (8. Aug.).
46. Johannes Acardus ⎫
47. Johannes Stroband ⎬ Torungenses Borussii (8. Aug.).
48. Johannes Preuss ⎭
49. Johannes Jacobus Scköck Schorndorffensis (11. Aug.).
50. Petrus Reiffschneiderus Nusslochensis (11. Aug.).
51. M. Georgius Franciscus Eppius Kirchensis repetiit nomen (13. Aug.).
52. Stephanus Spalatinus Stadensis Saxo (14. Aug.).
53. Johannes Korn Viennensis Austriacus famulus (15. Aug.).
54. Philippus Brunnius Heidenheimensis (15. Aug.).
55. Johannes Jacobus Maier Danubio-Werdanus propter aetatem iniuratus (19. Aug.).
56. Simon Haindl Styrensis Austriacus (28. Aug.).
57. Johannes Linsenman von Nittenaw prope Nicrum (1. Sept.).
58. Andreas Rulandus Lauinganus (3. Sept.).
59. Johannes Fridericus Effinger a Wildeck (3. Sept.).
60. Johannes Melchior Eisenhardt Spirensis (3. Sept.).
61. Johannes Christophorus Noderus Tubingensis propter aetatem iniuratus (6. Sept.).
62. M. Ernfridus Gensslin Balingensis, repetiit nomen (6. Sept.).
63. M. Andreas Steininger Suansensis Austriacus repetiit nomen (6. Sept.).
64. Erasmus Ackerberger ab Hohenberg (6. Sept.).
65. Abrahamus Höltzellus Wirdingensis (6. Sept.).
66. Sebastianus Siabor Eystadiensis Austrius (6. Sept.).
67. Mathias Klinger Schürfflingensis (6. Sept.).
68. Michael Walckensperger Lyncensis (6. Sept.).

---

50. B. a. 28. März 99. *MFABacc.*: Joh. Peter Reiffenschneider Pforcensis.

51. *Vgl. 196,41.*

52. Stud. iur. 14. Aug. 97.

54. B. a. 24. Sept. 1600. — M. a. 11. Aug. 02. *MFABacc. und Mag.*: Philibertus Brunnius.

55. B. a. 24. März 02. — M. a. 22. Aug. 04. *MFABacc. und Mag.*: Joh. Jac. Meier, Crusianus, Donawerdensis.

56. Dr. iur. utr. 28. Aug. 99. *Jur.*: Handl.

61. B. a. 1. April 01. — M. a. 13. Aug. 06. *MFABacc. u. Mag.*: Noderer.

62. *Vgl. 205,94.*

63. *Vgl. 221,69.*

67. B. a. 5. April 98.

69. Wolffgang Zürner Oelsnicensis famulus (12. Sept.).
70. Johannes Fases Cronachensis famulus (12. Sept.).
71. Andreas Auenarius Cronachensis famulus (12. Sept.).
72. Johannes Nenduuig ⎫
73. Jonathas Nenduuig ⎬ Veldbergenses (16. Sept.).
74. Leonhardus Reinhardt ⎭
75. Johannes Machtholff Brackenheimensis (16. Sept.).
76. Johannes Dannenreutter Stutgardianus (20. Sept.).
77. Wolffgangus Cramerus Suinfurtensis Francus (7. Okt.).
78. Mathaeus Spindler Eysterheimensis Austrius (16. Okt.).
79. Johannes David Siguuardus Tubingensis propter aetatem iniu-
    ratus stipulata manu promisit. Et hi ambo [Nro. 78 u. 79]
    ob parentes de academia bene meritos nihil solverunt (16. Okt.).

228. Sub rectura clarissimi viri dom. D. **Stephani Gerlachii**
a festo div. Lucae 1597 usque ad festum div. Phil. et Jac., usque 1598:

1. Hector Schlandorff Alsfeldianus Hassus (19. Okt.).
2. Aegidius Agricola Newkirchensis (19. Okt.).
3. Petrus Grokenaldus Montpelgartensis (26. Okt.).
4. Laurentius Kupelich Feuchtwangensis (31. Okt.).
5. Gotefridus Georgius Cuno Oetingensis (31. Okt.).
6. Samuel Gerlach Tubingensis professoris filius, nihil dedit (31. Okt.).

69. M. a. 14. Febr. 99. *MFAMag.:* Olsnicensis Variscus.

72. B. a. 12. Sept. 99. *MFABacc.:* Joh. Nentwig Rotelanus.

76. B. a. 27. Sept. 98. *MFABacc.:* Dannenritter.

77. Dr. iur. utr. 27. April 03.

78. B. a. 12. Sept. 99.

79. B. a. 12. Sept. 99. *MFABacc.:* Dom. D. Joannis Georgii, parochi
nostri Tybingensis filius, puer ingeniosus, organon templi artificiose pulsans,
etiam calcando. Itaque quando inter fistulas organi sedet τὰ αὐλοῦ πάντα
ἐνεργεῖ: ἄνω ἡ κεφαλή, κάτω οἱ πόδες, ἐν μέσῳ τὼ χεῖρε: πρᾶγμα θαυμάσιον.
Nondum potest diductione digitorum comprehendere octavas, sed aliter τεχνικῶς
compensat: ζῴη καὶ εὐτυχοίη ὁ γενναῖος! — M. a. 16. Febr. 03.

2. *MFJur.:* Georgius Agricola Neukirchensis, stud. iur. 1. März 1600;
identisch?

3. B. a. 5. April 98. *MFABacc.:* P. Grorenaldus Blaumontanus. — Stip.
Dez. 99. *Alb. stip.:* P. Grossengwalt (ex contubernio); *auch:* Groringnaldus.
— M. a. 18. Febr. 01. — *April 05 aus dem Stift.*

4. Stud. iur. 29. Nov. 97. *MFJur.:* studens Helmstadianus.

5. Stud. iur. 29. Nov. 97. *MFJur.:* Kutz, studens Helmstadianus.

6. Stip. Okt. 97. — B. a. 5. April 98. — M. a. 18. Febr. 01. — Rep.
mathematicus. — *Jan. 03 Diakonus zu Göppingen.*

7. Johannes Vlricus Gusman ⎱ Tubingenses stipulata manu pro-
8. Johannes Georgius Gusman ⎰ miscrunt (5. Nov.).
9. Georgius Gesenus Sanderslebiensis Anhaldinus pauper (6. Nov.).
10. Nicolaus Varnbülerus Tubingensis (8. Nov.).
11. Georgius de Prato Sedunus (10. Nov.).
12. Wernerus Albrechtius Tigurinus (10. Nov.).
13. Vdalricus Carinus Rhetus (10. Nov.).
14. Vrbanus Büchler Noviforensis Styrus (15. Nov.).
15. Samuel Oekerus Mettlingensis (15. Nov.).
16. Daniel Grickler Bulacensis ⎫
17. Johannes Fridericus Köler Frawenzimmerensis ⎪
18. Johannes Höcker Horheimensis ⎪ ex monasterio
19. Petrus Meiderlin Undereysensis ⎬ Maulbronnensi
20. Sigismundus Schmidlin Sindelfingensis ⎪ (16. Nov.).
21. Paulus Pistor Besigkheimensis ⎪
22. Johannes Breunlin Goppingensis ⎭
23. Daniel Bernholt ab Eschach (16. Nov.).
24. Andreas Maul Onoldinus (16. Nov.).
25. Johannes Rieger Onoldinus (16. Nov.).
26. Johannes Fritzlinus Giglingensis (18. Nov.).
27. M. Georgius Rosa Hamburgensis (18. Nov.).

———

7. Stip. Tiffernit. April 1600 (ex aedibus patris). — B. a. 22. Sept. 02. — M. a. 22. Aug. 04. — *Ist April 07 als ein Tifernit in Austriam nach einem Kirchendienst gezogen. Als er (seinem Fürgeben nach) selbigen nit bekommen, und abziehen wöllen, ist er wegen Schulden vom rectore magnifico allhie bis zur Bezahlung arretiert.*

10. B. a. 28. März 99.

16. B. a. 27. Sept. 98. — Stip. 19. Nov. 02. — M. a. 17. Aug. 03. — *April 07 Diakonus zu Bulach.*

17. B. a. 27. Sept. 98. — Stip. Dez. 1600. — M. a. 16. Febr. 08 — *Okt. 08 Diakonus zu Gruibingen.*

18. B. a. 27. Sept. 98. — Stip. Dez. 1600. *Alb. stip.:* Joannes Höckher. — M. a. 11. Aug. 02. — Rep. logicus. — *Jan. 09 Diakonus in Tübingen.*

19. B. a. 27. Sept. 98. — Stip. 5. März 99. *Alb. stip.:* v. Underösheim. *MFABacc.:* Unteraisheimensis. — M. a. 10. Febr. 02. — Rep. musicus. — — *Jan. 08 Diakonus zu Kirchheim.*

20. B. a. 27. Sept. 98. *MFA.:* Uracensis.

21. B. a. 27. Sept. 98. — Stip. 19. Okt. 01. *Alb. stip.:* Pistorius. — M. a. 17. Aug. 03. — *Okt. 07 Diakonus zu Calw.*

22. B. a. 27. Sept. 98. — Stip. Dez. 1600. — M. a. 17. Aug. 02. — *Okt. 04 Präzeptor zu Adelberg.*

26. Dr. iur. utr. 18. Febr. 09.

28. Hieronymus Hitzler Ravenspurgensis (19. Nov.).
29. Sebastianus Hösch Sultzensis (20. Nov.).
30. Johannes Conradus Tisler, Stutgardianus (21. Nov.).
31. Wolffgangus Österlinus Constadiensis
32. Sebastianus Ruckenbrot Beyhingensis
33. Johannes Conradus Laubhaimerus Blobyrensis
34. Johannes Heinricus Ferber Waltdorffensis
35. Johannes Bauarus Nabernensis
36. Johannes Casparus Erhardus Messingensis
37. Johannes Ludovicus a Graben Stutgardianus
38. Christophorus Faber Stutgardianus

} ex monasterio
Bebenhusano
(21. Nov.).

39. Johannes Christophorus Assum Botwarensis (24. Nov.).
40. Johannes Nicolaus Blossius Lauinganus (24. Nov.).
41. Johannes Martinus Eysengrein Stutgardianus (24. Nov.).
42. Johannes Ulricus Niglin Bautwarensis (27. Nov.).
43. Paulus Resius Gerauiensis Hassus (28. Nov.).
44. Johannes Angelus Marpurgensis (5. Dez.).
45. Johannes Hegelin Bietigkheimensis (7. Dez.).
46. Wilhelmus Ölenheintz Boblingensis (15. Dez.).

28. B. a. 27. Sept. 98. — M. a. 18. Febr. 01.
29. B. a. 28. März 99. — M. a. 13. Aug. 1600.
30. B. a. 27. Sept. 99. *MFABacc. u. Jur.:* Joh. Conr. Distler. — Stud. jur.
13. Dez. 1600.
31. B. a. 27. Sept. 98 (Bebenhus.). — Stip. 5. März 1600 (Maulbronn.). —
M. a. 10. Febr. 02. — *Juli 04 Diakonus in Kirchheim.*
33. B. a. 27. Sept. 98. — Stip. 4. März 1600. — M. a. 16. Febr. 03. —
Ist Juli 03 rejiciert worden.
34. B. a. 27. Sept. 98. — Stip. Dez. 1600. — M. a. 11. Aug. 02. — *Okt. 02*
ob matrimonium immaturum contractum rejiciert.
35. B. a. 28. Sept. 98. — Stip. Juni 01. — M. a. 16. Febr. 03. — *Okt. 06*
aus dem Stift.
36. B. a. 28. März 99. — Stip. 4. März 1600. *Alb. stip.:* Palatinowilensis.
— M. a. 16. Febr. 02. *MFAMag.:* Lusbemius. — *Okt. 03 ob contractum matri-*
monium contra voluntatem parentis dimittiert.
37. B. a. 27. Sept. 99. — Stip. 4. März 1600. *Alb. stip.:* a Grab. — M. a.
10. Febr. 02. — *Jan. 05 Diakonus zu Blaubeuren.*
38. B. a. 27. Sept. 99. *MFABacc.:* Chr. Smid. — Stip. 4. März 1600. —
M. a. 10. Febr. 02. *MFAMag.:* Schmid. — *April 08 Diakonus zu Dettingen.*
42. B. a. 28. März 99. — M. a. 19. Aug. 01.
43. *MFABacc.:* P. Reisius, Bacc. Marpurgensis, receptus est in numerum
baccalaureorum nostrorum 7. Dez. 97. — M. a. 15. Febr. 98.
44. *MFABacc.:* Bacc. Marpurgensis receptus est 7. Dez. 97. — M. a. 15. Febr. 98.
45. B. a. 28. März 99.
46. B. a. 28. März 99.

47. Hieronymus Brunn von £ufdnaw Budbinder (19. Dez.).
48. Casparus Hagius Augustanus (23. Dez.).
49. Sebaftian Albredt von Weiffenfelg auf Meidgen, Budbinder
Gefell (29. Dez.).

1598.

50. Elias Willer Demingensis (4. Jan.).
51. Johannes Wiringius Hassus, minister pharmacopaei (8. Jan.).
52. Johannes Starck Baiersdorffensis, a Jesuitis Dilingensibus ad
nos venit, propter inopiam nihil dedit (13. Jan.).
53. Jacobus Michel Göppingensis
54. Josephus Brentius Caluensis
55. Johannes Broll Mogstettensis
56. Isaacus Hirschman Schorndorffensis
57. Christophorus Brunnius Jesingensis
58. Johannes Francus Rietensis
59. Conradus Besserer Stutgardianus
60. Johannes Weyler Böblingensis
61. Johannes Olbertus Dalfingensis

ex monasterio Beben-
husano (15. Jan.).

62. Johannes Hottenstein Entzweihingensis (26. Jan.).
63. Georgius Kretschanrius Weidensis Variscus (1. Febr.).
64. Andreas Khol Ambergensis (2. Febr.).
65. Georgius Bittorfius Styrus, repetiit nomen (17. Febr.).
66. Nicolaus Kottulinski, Silesius (19. Febr.).
67. Georgius Eberhardus Coccius Brackenheimensis (21. Febr.).

53. B. a. 27. Sept. 98. — Stip. 4. März 1600. *MFA. u. Alb. stip.*: Maichel.
— M. a. 10. Febr. 02. — *Juli 06 Diakonus zu Altensteig.*

54. B. a. 27. Sept. 98. — Stip. Dez. 1600. — M. a. 11. Aug. 02. — *Jan. 05
Präseptor zu Bebenhausen.*

55. B. a. 27. Sept. 98. — Stip. Dez. 1600. — M. a. 11. Aug. 02. — *Jan. 06
Diakonus zu Mömpelgart.*

56. B. a. 27. Sept. 98. — Stip. Dez. 1600. — M. a. 11. Aug. 02. — *April 08
Diakonus in Schorndorf.*

57. B. a. 27. Sept. 98. — Stip. Dez. 1600. *Alb. stip.*: Brunn. — M. a.
11. Aug. 02. *MFAMag.*: Heidenheimensis. — *Ist April 08 in Galliam gezogen.*

58. B. a. 27. Sept. 98. — Stip. Dez. 1600. *Alb. stip. u. MFA.*: Ruitensis.
— M. a. 16. Febr. 03. *MFAMag.*: Stutgardianus. — *Juli 07 Diakonus in Ebingen.*

59. B. a. 27. Sept. 98.

60. B. a. 28. März 99. — Stip. 19. Nov. 01 (Bebenhus.). — M. a. 17. Aug. 03.
— *April 04 Collaborator in Stuttgart.*

62. B. a. 28. März 99. — M. a. 19. Aug. 01.

68. M. Heinricus Kreber, Wiltpergensis, provisor anatolicus repetiit
nomen (25. Febr.).

69. Jacobus Erhardus Eschelbrunensis (6. März).

70. Elias Reinhardt Silesius (10. März).

71. Geörg Negelin Augustanus Buchbinder (11. März).

72. Michael Mörer Kilchbergensis (14. März).

73. Johannes Georgius Weinhartt Waltenbuchensis (22. März).

74. Balthasarus Gockel Melchingensis (27. März).

75. Johannes Praetorius Hilperhusanus Francus (6. April).

76. Johannes Funccius Werdo-Danubianus (11. April).

77. Johannes Ernestus Fleinerus Tubingensis (20. April).

78. Lucas Höruuardt a Bittenfeldt (20. April).

79. Samuel Wepillotus Montpelgardensis (20. April).

80. Wilhelmus Manner Lintzensis (20. April).

81. Johannes Gebelius (!) Kisselbronnensis (24. April).

82. Casparus Nigrinus Echzellanus (29. April).

83. Wilhelm Ernst, Graff und Herr zur Waldeckh*) (29. April).

84. Krafft Melchior Zenge (29. April).

85. Johann Windeckher Asumbhemius (29. April).

86. Marcus Früewierth Corneuburgensis, notarii scriba (29. April).

229. Sub rectura clarissimi viri dom. D. **Joannis Hochmanni**
a festo div. Phil. et Jac. usque ad festum div. Luc. anno 1598:

1. Joannes Klopfer Esslingensis famulus in contubernio (2. Mai).

---

a) *Am Rand ist auf gleicher Linie ein Kreus.*

68. *Vgl. 212,69.*

69. Stip. Tiffernit. April 1600 (ex contubernio). — B. a. 23. Sept. 01. —
M. a. 17. Aug. 03. — *Ist Okt. 07 entlassen worden.*

70. Dr. iur. utr. 23. Aug. 99.

72. Stip. April 02 (Bebenhus.). *Alb. stip.:* Mehrer. — B. a. 28. März 99.
MFABacc.: Kirchbergensis sub praefectura Marpachensi. — *April 04 im Herrn*
verschieden.

73. B. a. 1. April 1601. — M. a. 17. Aug. 03.

74. B. a. 12. Sept. 99. — M. a. 18. Febr. 01.

75. B. a. 27. Sept. 98.

78. *Vgl. 230,9.*

81. B. a. 28. März 99. *MFABacc.:* Joh. Bebelius Phorcensis. — M. a.
19. Aug. 01. *MFAMag.:* J. Bebelius Gisselbronnensis.

82. *MFABacc.:* Bacc. Marpurgensis rec. in consortium nostrorum baccal.
3. Mai 98. — M. a. 9. Aug. 98.

86 a. *Med.:* Casparus Beüssius Francobergensis Hassus, Dr. med. 23. Aug. 98.

2. Joannes Neuffer Mynsingensis (3. Mai).
3. Beatus Jacobus a Rappenberg (4. Mai).
4. Emanuel Erhardus a Reichenvueiher (4. Mai).
5. Joannes Georgius Volmarius Hagenowensis (11. Mai).
6. Christophorus Volmarius Hagenowensis (11. Mai).
7. Fridericus Krell von Baden in inferiore Austria (12. Mai).
8. Joannes Ludovicus Orth von Fengftingen hinder Straßburg im Wefterreich (12. Mai).
9. Joannes Vdalricus Vlmensis (17. Mai).
10. Casparus Sauter Stutgardianus Apotedergefell (17. Mai).
11. Georgius Gensmacher Rotenburgo-Tuberanus (17. Mai).
12. Gallus Scheyr Lindauiensis (18. Mai).
13. M. Valentinus Steinmetz Lipsensis (22. Mai).
14. Joannes Melchior Cades alias Orth dictus (22. Mai).
15. Aegidius a Lancke (30. Mai).
16. Georgius Dauius Bapalauensis (31. Mai).
17. Melchior Nörlinger Bütigheimensis (31. Mai).
18. Simon Nörlinger Bütigheimensis (31. Mai).
19. Martinus Zand Hypolitanus (3. Juni).
20. M. Conradus Tilgerus Vlmensis iterum professus est nomen suum (7. Juni).
21. Jacobus Mayer Esslingensis (9. Juni).
22. Henricus Reinhardt von Dedenbach (14. Juni).

2. B. a. 12. März 1600. — Stud. iur. 30. Jan. 1601.

4. Stip. März 98. *Alb. stip.*: Em. Eckhart von Volckholzheim. — *Ist Juli 99 ohne Erlaubnis weggezogen.*

5. B. a. 27. Sept. 98. — M. a. 15. Aug. 99.

6. Stip. 11. Jan. 99. — B. a. 27. Sept. 98. — M. a. 18. Febr. 01. — Rep. physicus. — *Jan. 08 Diakonus zu Bietigheim; fällt Juli 03 mit zwei anderen Magistern auf, weil sie „zerfasselte Krägen" tragen.*

7. B. a. 27. Sept. 98. — M. a. 18. Febr. 01.

13. Dr. iur. utr. 9. Juli 99. *Jur.*: Perquam doctus et disertus iuvenis, qui recens creatus doctor, statim cum finito doctorali actu valde illustri cum sponsa sua honesta et venusta virgine Margaretha Ochsbachia nuptias celebravit, invitatis ad eas plerisque academiae professoribus, exorato etiam promotore ad sponsam in ecclesiam deducendam et reducendam in hospitium agni. Ist alles ehrlich u. wohl abgangen; es hat aber Gott also gefallen, daß der herrlich jung mann bald hernach beschwehrlich kranckh worden, und noch den 2. monats decembris selbigen 99. iahrs in Gott seeliglich entschlaffen.

16. B. a. 12. März 1600. *MFABacc.*: Gg. Dag.

18. B. a. 28. März 99. — Stud. iur. 19. Nov. 02.

20. *Vgl. 214,61.* — Stud. iur. 7. Juni 98.

22. *Vgl. 231,47.*

23. Hieronymus Gabelkoffer iterum nomen suum indicavit (15. Juni).

24. Joannes Erasmus
25. Georgius Erenreich } barones a Schauburg cognati[a] (18. Juni).

26. Joannes Ernfridus Jörger liber haro in Tholet
27. Joannes Maximilianus Jörger   } fratres (18. Juni).
28. Joannes Ernricus Jörger

29. Laurentius Fabricius, der Jorger praeceptor iterum suum nomen professus est (18. Juni).

30. Zacharias Schefferus Petricellius der von Schauburg[b] praeceptor, iterum professus est nomen suum (18. Juni).

31. Georgius Steinmüller a (!) Dorffensis famulus deren von Schauburg (18. Juni).

32. Joannes Crazwesky von Lub (18. Juni).

33. Elias Neumar ansser (!) in Austria (18. Juni).

34. Martinus Glecklinus Pfronstettensis (20. Juni).

35. Wilhelmus Stiber Carinthius Villacensis (22. Juni).

36. Joannes Erhardus Hofmannus Lintzensis (24. Juni).

37. Andreas Brentius Entzweihingensis iterum suum nomen professus est (27. Juni).

38. Michael Agricola Hallensis (29. Juni).

39. Andreas Jeger von Brackenhaim (5. Juli).

40. Joannes Lechnerus Franco (8. Juli).

41. Otho Luchinus (!) Rhetus (11. Juli).

42. M. Georgius Saltzhuber Mysbachensis rediens ex Austria, iterum professus est nomen suum (18. Juli).

43. Joannes Georgius Gremerus Schweinfurtensis (19. Juli).

44. Joannes Hitzinger Schweinfurtcnsis (19. Juli).

45. Joannes Austriacus (19. Juli).

46. Joannes Albinus Schlick comes a Passauu et haro a Weisskirchen (28. Juli).

47. Georgius Campanus Schlickensis famulus praedicti comitis (28. Juli).

---

a) *Am Rand von anderer Hand:* Schaanberger.
b) *Am Rand von anderer Hand:* Schwanberg.

30. *Vgl. 213,57.*

37. *Vgl. 223,98.*

38. B. a. 12. Sept. 99.

39. B. a. 28. März 99. — M. a. 19. Aug. 01. — Stud. iur. 30. Juni 02.

40. Stud. iur. 8. Juli 98. *MFJur.:* Leuchsnerus Francus.

41. Stud. iur. 11. Juli 98. *MFJur.:* Otto Zuichemius Rhetus.

42. *Vgl. 188,64 u. 212,61.*

43. B. a. 12. Sept. 99. *MFABacc.:* Kramerus.

48. Gotfrid Butner Binzenzinerensis (28. Juli).
49. M. Joachimus Pollio Furdislaniensis (28. Juli).
50. Georgius Pfitzmarus Neoburgensis (1. Aug.).
51. Ludovicus Marquardus a Vels (9. Aug.).
52. Joannes Widman Lauinganus (13. Aug.).
53. David Raff Degerlachensis
54. Jobus Cramer Denckendorfensis
55. Andreas Büler Weilensis ex pago
56. Joannes Balthasarus Bidenbach Loffensis
57. Christophorus Deckinger Stutgardianus
58. Joannes Albertus Aubelinus Entzweihingensis
59. Renatus Nuss Stutgardianus
60. Conradus Heyd Stutgardianus
61. Daniel Weckman Stutgardianus
62. Joannes Jacobus Bomgarter Göppingensis
63. Joannes Conradus Brotbeck Nürtingensis (18. Juli).
64. Elias Molitor Kirchendeckensis (18. Juli).
65. Jacobus Andreae Winitensis (18. Aug.).

ex coenobio
Maulbronnensi
(17. Aug.).

---

53. B. a. 12. März 1600. — Stip. 19. Nov. 01. — M. a. 17. Aug. 08. — Okt. 07 *Diakonus in Güglingen.*

54. B. a. 12. März 1600. *MFABacc.:* Job Grammer Brockenheimensis. — Stip. April 02. — M. a. 15. Febr. 04. — *April 08 Diakonus in Murrhardt.*

55. B. a. 12. März 1600. — Stip. April 02. *Alb. stip. u. MFA.:* v. Weilheim. — M. a. 15. Febr. 04. — *Okt. 07 Diakonus in Unteröwisheim.*

56. B. a. 12. März 1600. — Stip. April 02. *Alb. stip.:* v. Stuttgart. — *Ist Jan. 04 mit Gnaden dimittiert worden.*

57. B. a. 12. März 1600 (Maulbonn.). — Stip. Juli 02 (Bebenhus.). — M. a. 15. Febr. 04. — *Okt. 07 Diakonus zu Altensteig.*

58. B. a. 12. März 1600. — Stip. Juli 02. — M. a. 15. Febr. 04. — *Okt. 07 Diakonus in Liebenzell; vorher war er nach Ungarn verschickt.*

59. B. a. 12. März 1600. — Stip. Juli 02. *Alb. stip. u. MFA.:* Reinhardus Nuss. — *Juli 03 ob divagationes exkludiert worden.*

60. B. a. 12. März 1600. — Stip. Juli 02. — M. a. 15. Febr. 04. — *Ist Okt. 05 auf sein Supplizieren hin entlassen worden.*

61. B. a. 12. März 1600. — Stip. Juli 02. — M. a. 15. Febr. 04. — *Juli 07 rejiciert propter negligentiam et vagores.*

62. B. a. 12. März 1600. — Stip. Juli 02. *Alb. stip.:* Baumgartner. — M. a. 15. Febr. 04. — *Juli 08 Diakonus zu Winterbach.*

63. B. a. 20. März 05. — Stip. Nov. 05. *MFA. u. Alb. stip.:* Stutgardianus. — *April 06 dimittiert.*

64. B. a. 12. März 1600 (Maulbronn.).

65. B. a. 12. März 1600 (Bebenhus.). — Stip. April 02. — M. a. 15. Febr. 04. *MFAMag.:* Jesingensis. — *Ist April 04 cum gratia dimittiert worden.*

66. Joannes Berlin Grabenstetensis (18. Aug.).
67. Vincentius Geltz Weckheimensis ⎫
68. Ludovicus Weckerlin Stutgardianus ⎮
69. Daniel Baur Schorndorffensis ⎮
70. Josephus Sorg Stutgardianus ⎮
71. Anastasius Kopff Marpachensis ⎬ e monasterio Bebenhusano
72. Georgius Lang Blaubeurensis ⎮   (18. Aug.).
73. Nicodemus Francus Meckmülensis ⎮
74. Theodorus Rauch Geppingensis ⎮
75. Philippus Lutz Stutgardianus ⎭
76. Joannes Christophorus Donner Gellersdorffensis Austriacus
    (28. Aug.).
77. Christophorus Wysingerus Esslingensis (3. Sept.).
78. Wernher Winterbach von Rotenburg an der Tauber (4. Sept.).
79. Gotfrid Ress von Rotenburg uf der Tauber (4. Sept.).
80. Vrbanus Rheying Esslingensis (15. Sept.).
81. M. Laurentius Cellarius Niderhallensis (20. Sept.).
82. Laurentius Leuchtlin (28. Sept.).

----

66. B. a. 12. März 1600 (Maulbronn.). — Stip. Juli 02. — M. a. 15. Febr. 04.
-- Rep. graecus. — *Ist Juli 08 zu dem Herrn Marschalk in Stuttgart, dem Herrn Grafen zu Eberstein promoviert.*
67. B. a. 12. März 1600. *MFABacc.:* Weilheimensis. — Stip. April 02.
Alb. stip.: v. Waiblingen. — M. a. 15. Febr. 04. — *April 07 Diakonus zu Dettingen am Schlossberg.*
68. B. a. 12. März 1600. — Stip. Juli 02. *Alb. stip.:* consiliarii Wirtembergici filius. — M. a. 15. Febr. 04. — *Jan. 08 vocatus ad curiam.*
69. B. a. 12. März 1600. — Stip. Juli 02. — M. a. 15. Febr. 04. — *Ist April 07 wegen Melancholie dimittiert worden.*
71. B. a. 12. März 1600. — Stip. Juli 02 (Maulbronn.). — M. a. 15. Febr. 04.
— *Jan. 06 Collaborator zu Stuttgart.*
72. B. a. 12. März 1600. — Stip. Juli 02. — *Hat Jan. 04 dicessionem erlangt.*
73. B. a. 12. März 1600. — Stip. Juli 02. — M. a. 22. Aug. 04. — *Juli 08 Diakonus zu Blaubeuren.*
74. B. a. 12. März 1600. — Stip. Juli 02. *Alb. stip.:* Raw. — M. a.
15. Febr. 04. *MFAMag.:* Theod. Rouch Ravenspurgensis. — *Juli 08 Diakonus zu Sindelfingen.*
75. B. a. 1. April 01. — Stip. Juni 03. — M. a. 6. Febr. 05. — *Okt. 07 vocatus ad curiam.*
78. Stud. iur. 4. Sept. 98. *MFJur.:* Wernher Lauttenberg Rotenburgensis.
79. Stud. iur. 4. Sept. 98. *MFJur.:* Ross.
82. B. a. 12. Sept. 99. — M. a. 19. Aug. 01. *MFABacc. u. Mag.:* Biberacensis.

83. Georgius Schill von ðer Newenſtatt an ðer Eyſt (10. Okt.).
84. Georgius Beck Onoldinus (10. Okt.).
85. Jacobus Edituus Schalstattensis (12. Okt.).
86. Johannes Waltherus Pollicensis (12. Okt.).
87. Bernhardtus Reichardt Mütſchelin (14. Okt.).
88. Arnold Wickhard Bacheracensis (17. Okt.).

230. Sub rectura clarissimi viri dom. D. **Georgii Hambergeri** a festo div. Lucae a. 1598 usque ad festum div. Phil. et Jac. a. 1599:

1. Christianus de Luma nobilis, stipulata manu promisit loco iuramenti (25. Okt.).
2. Johannes Molitor Hallckendorffensis prope Pborchemium (25. Okt.).
3. Josephus Wetzel Bessigheimensis (13. Nov.).
4. Johannes Busch Vracensis (13. Nov.).
5. Hieremias Schuuartz Altdorffensis (27. Nov.).
6. Matthias Spiessius Lintzensis (27. Nov.).
7. Matheus Schlossberger Esslingensis (5. Dez.).
8. Waltherus Eben Neubingensis (5. Dez.).
9. Lucas Höruuard a Bittefeld iterum professus est suum nomen sub dom. D. Stephano Gerlachio inscriptus (6. Dez.).
10. M. Valentinus Cleinius Werthemius (8. Dez.).
11. Johannes Perdix Mompelgardensis puer stipulata manu dedit fidem (19. Dez.).
12. Johannes Ludovicus et ⎫ Möglingi, dom. D. Danielis filii
13. Johannes Wilhelmus ⎭ (19. Dez.).

---

83. Stud. iur. 10. Okt. 98. *MFJur.:* Schëll. — Dr. iur. utr. 16. Sept. 01. *Jur.:* G. Scholl Francus.

87. Stip. 31. Aug. 98. *Alb. stip. u. MFA.:* Stutgardianus. — B. a. 12. März 99. — M. a. 16. Febr. 03. — *Jan. 08 Diakonus zu Herbertingen.*

1. Stud. iur. 13. Febr. 01.

4. B. a. 12. März 1600 (Bebenhus.). — Stip. April 02 (Maulbr.). — M. a. 15. Febr. 04. — *Jan. 08 Diakonus zu Löchgau.*

5. B. a. 24. Sept. 1600. — M. a. 16. Febr. 03.

9. Vgl. 228,78.

12. B. a. 22. Sept. 02. — M. a. 6. Febr. 05. *MFABacc. u. Mag.:* Haidelbergensis. — Dr. med. 8. Mai 09. *Med.:* Danielis Mögling, olim clarissimi professoris filius et latinae linguae professor. Dec. fac. med. primo 1618; ultimo 1624.

13. B. a. 22. Sept. 02.

1599.

14. Adamus Baur Tubingensis (3. Jan.).

15. Abel Erhardus Weinsperger et ⎫ Stutgardiani ambo Maulbrun-

16. Jacobus Haistung   ⎭   nenses (5. Jan.).

17. Johannes Joachimus a Grienthal Austriacus (7. Jan.).

18. Christophorus Gabelskouerus Stutgardianus (8. Jan.).

19. Johannes Casparus Sigler Glarianus typographus apud dom. Cellium (9. Jan.).

20. Johannes Philippus Baur Stutgardianus (9. Jan.).

21. Fridericus Gultenius Artzbergensis (12. Jan.).

22. Andreas Era Augustanus (26. Jan.).

23. Johannes Stangius Halensis (5. Febr.).

24. Marcellus Dieterich Neoburgensis (6. Febr.).

25. Christophorus Hebnerus Villacensis Carinthius (7. Febr.).

26. Wilhelmus Ressius Bibracensis (7. Febr.).

27. Johannes Fridericus a Fenningen (8. Febr.).

28. Bernhardus Helferich Livonus (27. Febr.).

29. Andreas Dinnerus Würtzburgensis (15. März).

30. Wilhelmus Stahel etiam Würtzburgensis (15. März).

31. Princeps illustrissimus Augustus, Philippi Ludovici Palatini Neoburgensis filius, vel aulae magister celsitudinis ipsius nomine,

32. Wolffgangus Philippus a Brand (23. März).

33. M. Caspar Heuchelin Lauinganus (23. März).

34. Philippus Wolff Lemle a Renhartshoffen (23. März).

35. Johannes Bertramus a Scheid, cognomento Weschpfenning (23. März).

36. Theodorus a Siberg Belga (23. März).

37. Martinus Hürsterus Ortelfingensis (23. März).

38. Andreas Machtolphus Brackenheimensis (25. März).

39. Johannes Vlricus Ruckerus Biberacensis stipulata manu promisit (27. März).

15. B. a. 12. März 1600. — Stip. Juli 02. *Alb. stip. u. MFA.:* Abel Erhart Weinspergensis. — M. a. 25. Febr. 04. — *April 08 aus dem Stift.*

16. B. a. 12. März 1600 (Maulbronn.). — Stip. Juni 03. — M. a. 6. Febr. 05. — *April 08 Präzeptor des Rheingrafen zu Nürtingen.*

20. B. a. 12. März 99.

24. Stud. iur. 97, nomen Argentina rediens repetiit 28. Febr. 04. — Dr. iur. 15. Mai 04. *Jur.:* Neoburgopalatinus.

26. B. a. 12. März 1600. *MFABacc.:* Röess.

29. Dr. iur. utr. 27. April 03.

38. B. a. 12. März 1600.

40. Caspar Bodenmüller etiam Bibracensis (27. März).
41. Georgius Burckhardus ⎫ Vlmenses (2. April).
42. Hieremias Jacobus ⎭
43. Georgius Vischer Waldenbergensis cum intercessione comitis Hoenloensis (10. April).
44. Johannes Christannus Fenningensis ⎫
45. Johannes Rulandus Schleicher Trugenhofensis ⎮
46. Lucas Feuchterus Weilheimensis ⎮
47. Fridericus Rot Neoburgensis ⎮ Hi novem stu-
48. Johannes Lautenschlager Lauinganus ⎮ diosi Lauinga
49. Maximilianus Hartmannus Öttingensis ⎬ huc venerunt
50. Michael Ramspeck von Ⴌeᴙδeᴄᵗ̄ᶜ̄ ⎮ (17. April).
51. Johannes Beringer Lauinganus ⎮
52. Simon Heuchelin Lauinganus ⎭
53. Johannes Ruff Gültlingensis (20. April).
54. Andreas Albinus Turingus Sultzensis, prope Jenam (20. April).
55. Georgius et ⎫ fratres, dom. D. Harpprechti privigni, pro-
56. Jacobus Schützii ⎭ miserant manu stipulata (20. April).
57. Georgius Keltz Schweickensis promisit manu stipulata (21. April).
58. Dom. pastor superintendens Rotelanus Weiningerus adduxit sex studiosos, quorum nomina sunt:
59. Isaac Fecklerus ⎫
60. Johannes Mathias Schneberus ⎮ omnes Rotelani (21. April).
61. Georgius Ritter ⎮
62. Sebastianus Agricola ⎭

-----

43. Stud. iur. 4. Mai 99. *MFJur.*: Vaidenbergensis.
45. B. a. 12. Sept. 99. — M. a. 13. Febr. 1600.
46. B. a. 12. Sept. 99. *MFABacc.*: in Palatinatu Neoburgensi. — M. a. 13. Febr. 1600.
49. B. a. 12. Sept. 99. *MFABacc.*: Offingensis in marchionatu Burgouiensi. — M. a. 13. Febr. 1600. *MFAMag.*: Offingensis.
50. B. a. 12. Sept. 99. *MFABacc.*: Heideccensis.
51. M. a. 15. Aug. 99.
52. M. a. 15. Aug. 99.
53. B. a. 12. März 1600. — M. a. 19. Aug. 01. — Stip. 15. Mai 02 *(aus der Burs aufgenommen). — April 04 Diakonus zu Neuenbürg.*
55. B. a. 28. März 04. — Stud. iur. 1. Nov. 04.
56. B. a. 28. März 04. — Stud. iur. 1. Nov. 04.
57. B. a. 24. Sept. 1600.
60. B. a. 12. Sept. 99. *MFABacc.*: Schneiber. — M. a. 10. Febr. 02. *MFAMag.*: Schneüberus.

63. Jacobus Gostelius Rotelanus (21. April).
64. Michael Weininger Tubingensis iterum profitetur suum nomen (21. April).
65. Johannes Andreas Hessus Frickenhusensis (23. April).
66. Ludovicus Dolmetscher Stutgardianus (23. April).
67. Georgius Rodolphus Weckerle Stutgardianus (24. April).
68. Johannes Schiffer ⎫
69. Erhardus Artner   ⎬ Sempronienses (25. April).
70. Johannes Däubler Oetingensis (25. April).
71. Christophorus Keller Stutgardianus (26. April).
72. Johannes Windecker   ⎫
73. Philippus Anshelmus Pistorius ⎬ Augustani (29. April).
74. Ezechiel Ocker Möringensis (30. April).

231. Sub rectura clarissimi viri, dom. **Joannis Harpprechti,** iur. utr. D., a festo div. Phil. et Jac. usque ad festum div. Luc. a. 1599:

1. Georgius Rösler Waldenburgensis (2. Mai).
2. Severinus Amandus Gabelchouer Styro-Graecensis (3. Mai).
3. Sigismundus Scherckel Styro-Graecensis (3. Mai).
4. Martinus Händl Carinthius (5. Mai).
5. Tobias Fraunberger Viennensis Austriacus (6. Mai).
6. Joannes Engelhardus Enzueihingensis et
7. Jodocus Engelhardus Enzueihingensis fratres, quorum hic propter teneram aetatem stipulata manu, loco juramenti, promisit (6. Mai).
8. Generosus baro Rudolphus a Tieffenbach (6. Mai).
9. Joannes Lang Waiblingensis (7. Mai).
10. Joannes Wendelinus Decker (8. Mai).

---

64. B. a. 12. Sept. 99. *MFABacc.:* Rötelanus. — M. a. 16. Febr. 03.
65. Stud. iur. 13. Dez. 1600.
71. Stud. iur. 30. Juni 02.
73. B. a. 12. Sept. 99. *MFABacc.:* Francofordianus Moeni.
74. Alb. stip.: Samuel Ogger Möringensis; Stip. 19. Nov. 01. — B. a. 28. März 99. *MFABacc.:* Samuel Ocker Meringensis auff den Herdern. — M. a. 16. Febr. 03. — *A vacanciis autumnalibus 04 non rediit ad stipendium.*

6. B. a. 14. Sept. 1600. *MFABacc.:* Joh. Michael Engelhart.
7. B. a. 23. Sept. 01.
9. B. a. 12. März 1600. — M. a. 19. Aug. 01.

11. Isaacus Schwarß ⎫
12. Conradus Reylin ⎭ Vracenses (8. Mai).

13. Joannes Christianus Rumelius Nordlingensis, nomen repetiit (14. Mai).

14. Joannes Kies Waiblingensis (15. Mai).

15. Abrahamus Geisel Caluensis, stipulata manu promisit (15. Mai).

16. Georgius Heinricus Lieblerus Wendlingensis (15. Mai).

17. Joannes Baier Oettingensis (16. Mai).

18. Gottfrid Kauffer Oettingensis (16. Mai).

19. Martinus Müller Bernauiensis Marchicus (18. Mai).

20. Georgius Herman Schanhausensis (26. Mai).

21. Generosus dom. Andreas Vngnad liber haro in Goneckh (!) (16. Mai).

22. Michael Curtius Schorndorffensis, aulae magister (16. Mai).

23. Casparus Beckesi Tran- ⎫ iterum nomina sua professi sunt,
    silvanus ⎪ inscripti sub dom. D. Möglingio pro-
24. Gregorius Luonaritz (!) ⎬ rectore illustrissimi principis Augusti,
    Saruariensis Pannonius ⎭ ducis Brunsuicensis etc. (16. Mai).

25. Johannes Baptista Reuchl Viennensis Austriacus (16. Mai).

26. Joannes Wilhelmus Trachsel in Stubenberg et Neuhaus (1. Juni).

27. Georgius Sigismundus a Wildenstein Wildbachii (1. Juni).

28. Isaacus Volmarius Steislingensis (2. Juni).

29. Joannes Jacobus Büttnerus Augustanus (4. Juni).

30. Philippus Henischius Augustanus (4. Juni).

31. Michael Mann Bizfeldensis, stipulata manu promisit (8. Juni).

32. Ernestus Fridericus Böringer Turlacensis (8. Juni).

— — — .

11. B. a. 24. Sept. 1600. — M. a. 10. Febr. 02.

13. Vgl. *218,47.*

14. B. a. 24. Sept. 1600. — M. a. 15. Febr. 04. — Stip. Febr. 04. *Alb. stip.:* Capitani Neuffensis filius. — Rep. graecus. — *Nov. 09 Diakonus in Nürtingen.*

15. B. a. 23. Sept. 01.

16. B. a. 1. April 01 (Bebenhus.). — Stip. Juni 03. *Alb. stip.:* Heinrich L., pastoris Regenspurgensis filius. — M. a. 6. Febr. 05. — *Juli 09 Diakonus zu Rosenfeld.*

19. B. a. 12. Sept. 99.

20. B. a. 24. Sept. 1600. — Stud. iur. 01.

22—24. Vgl. *226,62. 63 u. 65.*

28. B. a. 24. Sept. 1600. — M. a. 17. Aug. 03. *MFABacc. und Mag.:* Vracensis.

29. Stud. iur. 10. März 1600.

33. Michael Müller cognomento Fenderich Schueiningensis ad Neccarum, repetiit nomen suum inscriptus sub rectore dom. D. Heerbrando anno 1587 mense Januario (8. Juni).

34. Conradus Huber Steckoburgensis (10. Juni).

35. Georgius Buck Vberkingensis (13. Juni).

36. Carolus Jörger, liber haro in Tolet, stipulata manu promisit (16. Juni).

37. Zacharias Präntl Austriacus (16. Juni).

38. Joannes Bartholomaeus Liechtensteiger Argentoratensis (16.Juni).

39. Georgius Achacius Capelan Austriacus (16. Juni).

40. Zacharias Sortelius Tachouinus Bohemus (19. Juni).

41. Anthonius Perdix Montpelgartensis (22. Juni).

42. Matthaeus Reitmor Ratisponensis (2. Juli).

43. Joannes Christophorus Laubenberger Reutlingensis (2. Juli).

44. Joannes Fridericus Rengerus Rotenburgo-Tuberanus (3. Juli).

45. Vlricus Dritschler Kircboteccensis (5. Juli).

46. Nicolaus Helffant Turlacensis (7. Juli).

47. Heinricus Richardus Deccenbacensis Hessus, repetiit nomen inscriptus sub rectore Hochmanno (7. Juli).

48. Illustrissimi principes ac domini, dominus Philippus, et

49. dominus Albertus, haeredes Noruagiae, fratres, duces Schlesuici et Holsatiae, Stormariae Dietmariaeque, comites Oldenburgi et Delmenhorsti (7. Juli).

50. Bernbardus Meirius e Cimbris Flensburgensis (7. Juli).

51. Mauritius ab Hocken (7. Juli).

52. Benedictus ab Alefeld stipulata manu promisit (7. Juli).

53. Petrus Johannis (7. Juli).

54. Theophilus Brentzlo Francofurtensis ad Oderam, pharmacopolae Alberti Benslini minister (16. Juli).

55. Wolffgangus Halberger Halensis (17. Juli).

56. Joannes Christophorus a Gottfardt (17. Juli).

57. Albertus Frey Tabernaemontanus (20. Juli).

58. Joannes Wilhelmus Cellius Tubingensis (20. Juli).

---

33. Vgl. 218,23.

34. B. a. 12. Sept. 99. MFABacc.: Steckenburgensis iuxta Halam Suevicam. — M. a. 18. Febr. 01.

38. Dr. iur. utr. 10. Okt. 99.

43. B. a. 24. März 02.

46. Stud. iur. 97. MFJur.: Nicolaus ab Helphant.

47. Vgl. 229,22.

57. B. a. 12. Sept. 99. — M. a. 18. Febr. 01.

59. Paulus Rhem Augustanus nomen repetiit, sub dom. D. Gerlachio anno 92. 1. Martii inscriptus (23. Juli).
60. Alexander Hauserus Rheningheimensis (27. Juli).
61. Joannes Fabri Tubingensis med. Dr., nomen repetiit inscriptus
sub rectore Hochmanno anno 1587 (30. Juli).
62. Joannes Georgius haro a Warttenberg (3. Aug.).
63. Joannes Nicolaus Popel baro a Lobkouitz, cum tribus famulis
et inspectore
64. Catharino Dulci, qui suam fidem omnium nomine interposuit,
ipse etiam ante triginta annos inscriptus (3. Aug.).
65. Henningus Stein von Hildesheim, Saxo (11. Aug.).
66. Johannes Emhardus Wimpinensis (13. Aug.).
67. Mag. Joannes Conradus Grammer, Brackhenheimensis nomen
repetiit inscriptus sub rectore dom. D. Planero (13. Aug.).
68. Mag. Heinricus Hermannus Esslingensis repetiit nomen, inscriptus sub dom. D. Planero (14. Aug.).
69. Joannes Ederus Salisburgensis (14. Aug.).
70. Casparus Zobelius Lipsensis (14. Aug.).
71. Joannes Schellhamer Crinizensis (14. Aug.).
72. Bernhardus Kienlinus Tubingensis stipulata manu promisit
(20. Aug.).
73. Melchior Ungerus Biberacensis (20. Aug.).
74. Joannes Erasmus Ziegler Merchingensis (20. Aug.).
75. Albertus Boss Tachouiennsis (1. Sept.).
76. Joannes Frey Spirensis (10. Sept.).
77. Nicolaus Adolphus Spirensis (10. Sept.).
78. Philippus Ludovicus haro in Limpurg, sac. Rom. imperii pincerna haereditarius, semperque liber un cuma praeceptore
79. Bartholomaeo Hettlero Tubingensi,
80. et famulo Friderico Wüstum de Michelbach (14. Sept.).

---

59. *Vgl. 216,68.* — Dr. iur. utr. 10. Okt. 99.
60. B. a. 23. Sept. 01. — M. a. 15. Febr. 04.
61. *Vgl. 207,84.* — Dec. fac. med. primo 1605, ultimo 1619.
65. Dr. iur. utr. 15. Mai 04.
67. *Vgl. 205,58.* — Dr. med. 10. Okt. 99.
68. *Vgl. 205,76.*
72. M. a. 22. Sept. 02. — M. a. 22. Aug. 04. — Stud. iur. 14. März 05.
73. B. a. 23. Sept. 01. — M. a. 26. Febr. 06.
74. B. a. 12. März 1600. — M. a. 13. Aug. 1600.
75. B. a. 12. März 1600. *MFABacc.:* Alb. Pohs Dachouiensis.

81. Joannes Kretſchmar Vratislauiensis Silesius (2. Okt.).
82. Martinus Kretſchmar Vratislauiensis Silesius (2. Okt.).
83. Albertus Schilling Vratislauiensis Silesius (2. Okt.).
84. Fridericus Schilling Vratislauiensis Silesius (2. Okt.).
85. Mag. Joannes Schollius Battenbergensis Hessus (3. Okt.).
86. Casparus Lacardus Echzellanus Wetterauius (3. Okt.).
87. Ottho Rosaemarius Verdensis (5. Okt.).
88. Georgius Moser Torgensis pharmacopala (6. Okt.).
89. Joannes Schluodinus Stuotgardianus, alumnus coenobii Blaui-
    fontani, natus annos circiter tredecim, stipulata manu promisit
    (12. Okt.).
90. Joannes Jacobus Nuzius Vormatiensis (13. Okt.).
91. Joannes Moeler Noribergensis (13. Okt.).
92. Wolffgangus Heber Neolitanus (13. Okt.).
93. Mattheus Sturzelius Augustanus (13. Okt.).
94. Joannes Ludovicus Riepius Tubingensis (14. Okt.).
95. Joannes Jacobus Miner Schorndorffensis (17. Okt.).
96. Thomas Schlosberg Esslingensis stipulata manu promisit (17. Okt.).

232.   Sub rectura illustrissimi principis ac domini, dom.
Augustini, Palatini Rheni, ducis Bavariae, comitis Veldentiani et
Sponhemii etc. a festo div. Luc. anno 1599 usque ad fest. div.
Phil. et Jac. anno 1600,
    Prorectore clarissimo viro dom. D. **Johanne Harpprechto:**

1. Michael Krombein Balingensis (19. Okt.).
2. Johannes Bernhardus Brenzius Graffenbergensis (20. Okt.).
3. Casparus Waguerus Francus poeta laureatus (20. Okt.).
4. Christophorus Michael Dietfurtensis (20. Okt.).
5. Johannes Vlricus Henslerus Besigkheimensis (26. Okt.).
6. Johannes a Popschitz Silesius (30. Okt.).
7. Johannes Jacobus Müller Esslingensis propter aetatem stipulata
   manu promisit (30. Okt.).
8. Johannes Ludovicus Beihel Studtgardianus (1. Nov.).

---

86. M. a. 13. Febr. 1600.
90. B. a. 24. Sept. 1600.
93. Dr. iur. utr. 16. Sept. 01.
95. B. a. 24. Sept. 1600. — M. a. 16. Febr. 03.

3. Dr. iur. utr. 22. April 1600.
5. B. a. 24. Sept. 1600. — Stud. iur. 01.

9. Johannes Vlricus a Weitershausen Würtenbergicus (1. Nov.).
10. Johannes Vlricus Vogt Blauofontanus (3. Nov.).
11. Jacobus Strelinus Wolffenhausensis propter paupertatem nihil dedit (16. Nov.).
12. Christianus a Bellin (21. Nov.).
13. Balthasarus a Schimonsky (21. Nov.).
14. Johannes Paulus ⎫
15. Johannes Ludovicus ⎬ Geiman fratres (23. Nov.).
16. Johannes Georgius ⎭
17. Johannes Anomaeus Variscus (23. Nov.).
18. Wolffgangus ⎫
  ⎬ Furt fratres (23. Nov.).
19. Helfricus ⎭
20. Johannes Sieherus Misnensis (23. Nov.).
21. Anna Alexandri Camerarii medicinae doctoris p[rofessoris] m[edici] vidua cum liberis suis inscriptionem repetiit (23. Nov.).
22. Georgius Kornhoffer Hilperhusanus (30. Nov.).
23. Benedictus Kresslinus Lechtauiensis (1. Dez.).
24. Zacharias ḥauptman von Zerbſt auß dem fürſtenthum Anhaldt (16. Dez.).
25. Johannes Lindenoffsky von der Neyß (16. Dez.).
26. Christophorus Vthstym Pomeranus (18. Dez.).
27. M. Fridericus Rechenberg Hainensis Misnicus (22. Dez.).

1600.

28. M. Wolffgang Zörcklerus Falconouiensis (3. Jan.).
29. Johannes Heilbronner Lauinganus nomen repetiit inscriptus sub rectore D. Hochmanno ante septennium et rursus sub rectore D. Mögling ante triennium (4. Jan.).
30. Johannes Bernhardus Varnbüler Mülbergensis (11. Jan.).
31. Ludovicus a Janowitz (12. Jan.).
32. Ludovicus ab Halweil (12. Jan.).
33. Fridericus a Venningen (12. Jan.).
34. Johannes Bellus Rorheimensis (20. Jan.).
35. Philippus Heinricus Burckhardt Hendschisheimensis (20. Jan.).

---

11. B. a. 23. Sept. 01. — M. a. 15. Febr. 04.
29. *Vgl. 218,8 u. 226,110.* — Dr. iur. utr. 22. April 1600.
31. Stud. iur. 7. Jan. 03.
32. Stud. iur. 7. Jan. 03.

36. Abrahamus Müller Marbachensis (12. Febr.).
37. Anthonius Orth Butingensis (12. Febr.).
38. Theodorus Thum Husanus (18. Febr.).
39. M. Jodocus Faltzius Ambergensis (18. Febr.).
40. Wolffgangus Müller Öttingensis (19. Febr.).
41. Christophorus Mackh Weilheimensis (23. Febr.).
42. Michael Senfft Lauinganus (23. Febr.).
43. Ludovicus Matthias Vlmensis famulus contubernii sive bursae (18. März).
44. Hieronymus Breitſchwerdt Studtgardianus (27. März).
45. Burckhardtus Stickelius Studtgardianus (27. März).
46. Casparus Junius Guntzenheimius (2. April).
47. Johannes Remboldus Funckius Memmingensis (3. April).
48. Johannes Georgius Drechſel a Feustet (8. April).
49. Johannes Ludovicus a Glanburg Francofurtensis ad Moenum (8. April).
50. Johannes Glotseisius Lauinganus (9. April).
51. Simon Martini Lauinganus (9. April).
52. Johannes Myllius Giessensis Hassus (11. April).
53. Johannes Georgius Scheiffelius Megersheimensis Francus (12. April).
54. Joachimus Schauppius Biberacensis (12. April).
55. Johannes Jacobus Neobulus Entringensis (12. April).
56. Georgius Christophorus haro a Zinzendorff, Erb-Land-Jäger- Meinſter in Öſterreich (14. April).
57. Johannes Andreas baro a Trautmansdorff (14. April).

---

37. B. a. 12. März 1600. — M. a. 19. Aug. 01. *MFABacc. und Mag.:* Budingensis. — Stud. iur. 02.

38. B. a. 12. Sept. 03 (Maulbronn.). *MFABacc. u. Mag.:* Hedelfingensis. — Stip. März 04. *Alb. stip.:* pastoris Grossingersheimensis filius. — M. a. 26. Febr. 06. — *Jan. 09 Subdiakonus in Stuttgart.* — Dr. theol. 22. Sept. 18. *Theol.:* pastor et professor Tubingensis.

41. B. a. 23. Sept. 01. — Stip. Juni 03. — M. a. 6. Febr. 05. *MFAMag.:* Wiloteccensis. — *Juli 08 Diakonus zu Balingen.*

46. B. a. 24. Sept. 1600. — M. a. 18. Febr. 01.

50. B. a. 23. Sept. 01. *MFABacc.:* Glotseisius. — M. a. 10. Febr. 02. — Dr. med. 20. Sept. 06. *Med.:* Glotzeys.

51. Stud. iur. 5. Juni 01.

54. B. a. 1. April 01.

55. B. a. 22. Sept. 02. — M. a. 22. Aug. 04.

58. Balthasar Thonradt L[egum] B[accalaureus] (14. April).

59. Tobias Kirchmaier Austriacus (14. April).

60. Georgius Christophorus Schmizberger Austriacus (14. April).

61. Balthasar Franco Silesius (14. April).

62. Tobias Eisengrein Studtgardianus (14. April).

63. Laurentius a Saxen Marpurgensis (14. April).

64. Johannes Heinricus Scheurer Gebrodanus Rhenanus (14. April).

65. Philippus Braun Neoburgensis (16. April).

66. Michael Bickel Rauenspurgensis, caecus *) (16. April).

67. Paulus Rücklinus Küttingensis Francus (19. April).

68. Philippus Werderus Mannheimensis (19. April).

69. Johannes Breuning Tübingensis (21. April).

70. Samuel Haffenreffer Herrenbergensis (21. April).

71. Johannes Georgius Gerlachius Tübingensis (21. April).

72. Johannes Georgius Müllerus Tübingensis (21. April).

73. David Müllerus Tübingensis (21. April).

74. Johannes Georgius Siguuardt Tübingensis. Hi sex stipulata manu promiserunt propter aetatem (21. April).

75. Joachimus Boelius Helmstadensis D. Cellii typographus (23. April).

76. Matthaeus Reimer Regiomontanus Borussus (23. April).

77. Georgius Grawius Suanfeldensis (24. April).

78. Martinus Heckelius Ratisponensis (25. April).

---

a) *Der Zusatz von späterer Hand.*

62. Dr. med. 8. Mai 09. *Med.:* principis consiliarii filius.

65. B. a. 24. Sept. 1600. — M. a. 18. Febr. 01.

68. B. a. 24. März 02. — M. a. 17. Aug. 03.

69. B. a. 1. April 01.

70. B. a. 1. April 01. *MFABacc.:* Tubingensis. — M. a. 15. Febr. 04. — Dr. med. 16. Febr. 14. *Med.:* theol. professoris filius. — Dec. fac. med. primo 1649.

71. B. a. 13. April 03. — M. a. 3. Febr. 06.

72. Stip. Tiffernit. 1. Nov. 02. *Alb. stip.:* professoris ethices filius. — B. a. 23. Sept. 01. — M. a. 17. Aug. 03. — *Ist Jan. 07 mit Erlaubnis der fürstlichen Kommissarien nach Strassburg und Bussweiler zu seinem Schwestermann D. Nördlinger verreist.*

73. B. a. 23. Sept. 01. — M. a. 26. Aug. 07. — Dr. iur. utr. 27. April 14.

74. B. a. 1. April 01. — M. a. 22. Aug. 04. — Stud. iur. 26. Aug. 04. — Dr. iur. 10. Nov. 12.

78. B. a. 1. April 01.

79. Georgius Heilbronner Ambergensis (25. April).
80. Ludovicus Schaualitzki a ⎱ hi duo propter teneram aetatem
　　Muckontell　　　　　　　⎰　　stipulata manu promiserunt
81. Ludovicus a Liebenstein ⎰　　　　　(25. April).
82. Johannes Bernhardus Epp Studtgardianus (25. April).
83. Johannes Ludovicus Bozius Halensis Suevus (29. April).
84. M. Georgius Wiegelein Isnensis (29. April).
85. David Vnkauff Aschensis (29. April).

　　79. B. a. 24. Sept. 1600. — M. a. 18. Febr. 01.
　　82. B. a. 23. Sept. 01.
　　85 a. *MFJur.*: Otto Hohenfelderus, stud. iur. 3. Mai 1600.
　　85 b. *MFJur.*: Christophorus Hohenfelderus, frater, stud. iur. 3. Mai 1600.

Scheubel – like names

p323   [1545]

Schreckenfuchs : matric 8 March 1550 *   p: 346
(1511-1575)   [aget ~ 39]
   * so taught by Scheubel ...)

Röslin : matric 5 June 1561 *   p. 418
  * so taught by Scheubel ...)
[& witnessed gift of polyhedra?)

... Parisiensis   p. 401
... 'Anglus'   p 305

Anton Graf zu Ortenburg   29 Oct 1564   p450
   (nephew of Ulrich Fugger)

Toxites   p 388
      p 392

Lightning Source UK Ltd.
Milton Keynes UK
UKHW02n1229290718
326419UK00005B/31/P

9 780365 609223

←

[offusius search:
    started @ 1520 : p 227]

7/19 Search now concluded <u>on line</u>!
      [This book available on line
       & then secured using |Ctrl| |F| !!]

⋛ Joannes Blos [1560] p. 415 ─(→ & p 482)

  Basilius Ammerbach [1552] p. 360

      ⋛ D. CHYTRAEUS [1539]. p. 296

  Nicolaus Gugler Noricus [1539] p. 295

  Renatus Hener   [1548] p. 337

  Timothy Appian   [1554]   p. 371

  'Leonhardus Ranchvuolf Augustanus' [1554] p. 375
  (ie Rauwolf!)
                              ↑
                          Augsburg:

  Jacobus Rabus : p. 281

  Martin Crusius [son] [1584]   p. 621

    Joannes Franciscus Ripensis Danus [1559] p400